实践教学系列教材

化工原理实验

主编　贾冬梅

副主编　刘元伟　姚海波

山东省普通本科高校应用型人才培养专业发展支持计划资助

滨州学院教材出版基金资助

科学出版社

北京

内 容 简 介

化工原理实验是化工原理课程的重要组成部分，是理论与实践结合的重要途径，也是培养学生动手能力和创新能力的重要环节。通过化工原理实验教学可以提高学生在实验方案设计、设备操作、处理工程实际问题、分工协作及报告撰写方面的能力。本书侧重培养学生的动手能力和实验技能，提高其分析和解决工程问题的能力，与化工原理理论课程教学紧密结合，设置了较多的思考题，便于巩固和加深学生对教学内容的理解。

全书分绪论、实验数据的测量及误差分析、实验研究方法与数据的处理、实验项目、附录五部分，包括流体流动能量转换实验、流体阻力测定实验、离心泵性能测定实验、旋风分离器性能实验、总传热系数测定、精馏实验、洞道干燥实验等17个实验项目。

本书可作为高等学校化学、化工、环境、制药、食品、材料、生物等专业的化工原理实验教材，也可供相关领域专业人员选用或参考。

图书在版编目（CIP）数据

化工原理实验 / 贾冬梅主编. —北京：科学出版社，2016.4
实践教学系列教材
ISBN 978-7-03-047983-9

Ⅰ. ①化…　Ⅱ. ①贾…　Ⅲ. ①化工原理-实验-高等学校-教材
Ⅳ. ①TQ02-33

中国版本图书馆 CIP 数据核字（2016）第 062043 号

责任编辑：陈雅娴 / 责任校对：贾伟娟
责任印制：张　伟 / 封面设计：迷底书装

科学出版社 出版
北京东黄城根北街16号
邮政编码：100717
http://www.sciencep.com

北京中石油彩色印刷有限责任公司 印刷
科学出版社发行　各地新华书店经销

*

2016年5月第　一　版　开本：720×1000　1/16
2022年11月第五次印刷　印张：7 1/4
字数：144 000

定价：28.00 元

前　言

化工原理实验是化工原理课程的一个重要教学环节，与理论课具有同等重要的教学地位。它起着从理论到实践的过渡作用，也是化工、环境、安全、制药、食品、生物工程等专业教学计划中的一门必修课程，具有很强的工程实践性。

编者从化工原理实验的教学特点和教学目的出发，根据地方工科院校培养应用型工程技术人才的要求，结合任课老师多年实践经验和现有实验装置设备条件，力求编写一本适合地方工科院校的针对性强的实验教材。旨在强化学生的工程实践能力，培养学生分析实际问题和解决工程问题的能力，为以后从事化工生产、解决工程问题打下基础。

编者共分为 3 章：第 1 章为实验数据的测量及误差分析，主要介绍实验误差来源、分类、分析以及随机误差的正态分布；第 2 章为实验研究方法与数据的处理，主要介绍直接实验法、因次分析法和数学模型法三种实验研究方法，以及列表法和图示法两种实验数据处理方法；第 3 章为实验项目，主要涉及动量传递、热量传递与质量传递典型单元操作共 17 个实验项目。

本书由贾冬梅任主编，刘元伟和姚海波任副主编。第 1 章和附录由刘元伟编写，第 2 章和第 3 章的实验一～实验十由贾冬梅编写，第 3 章的实验十一～实验十七由姚海波编写。

本书承蒙仇汝臣教授、邓文生副教授和龙秉文副教授审阅，并提出许多宝贵意见，在此向他们表示衷心的感谢。感谢山东省普通本科高校应用型人才培养专业发展支持计划项目的资助。

限于编者水平，书中不妥之处在所难免，恳请广大读者批评指正。

编　者

2016 年 3 月

目　　录

绪　论

1. 化工原理实验课程的目的和任务

化工原理实验是化工原理课程的重要组成部分。化工原理主要研究化工单元操作的基本原理、典型设备的结构原理、操作性能和设计计算，是化学、化工、环境、轻工等专业的重要技术基础课。由于化工原理的自身特点，在其自身发展过程中，形成了以实验方法和数学模型为主的研究方法。实验方法是直接通过各种实验或因次分析方法指导下进行实验，直接测定并将各变量之间的关系以图表或经验公式的形式表示出来。数学模型方法是对复杂的实际问题在深刻理解其内部规律的基础上，提出一个比较接近实际问题的物理模型，建立描述这个物理模型的数学方程，然后确定方程的初始条件，并求解方程。虽然随着计算机技术的发展，人们求解数学方程的能力得到很大提高，但由于化工过程的复杂性，建立物理模型及数学方程的难度仍然很大，其应用受到了限制。另外，数学模型法也离不开实验，只有通过实验了解其内部规律，才能提出准确的模型，而且最后还要依靠实验来检验其模型的等效性并确定模型参数。因此，化工原理是建立在实验基础上的学科，化工原理的发展离不开实验技术的发展。

2. 实验课教学内容及教学方法

通过化工原理实验课的教学让学生掌握工科实验的学习过程，化工原理实验过程包括：实验预习、实验操作与实验数据记录和数据处理与实验报告撰写。

1）实验预习

（1）认真阅读实验指导书和有关参考资料，了解实验目的和要求。

（2）进行实验室现场预习。了解实验装置，摸清实验流程、测试点、操作控制点，此外还需了解所使用的检测仪器、仪表。

（3）预先组织好 3～4 人的实验小组，实验小组讨论并拟订实验方案，预先做好分工，并写出实验预习报告，预习报告的内容应包括：①实验目的和内容；②实验的基本原理及方案；③实验装置及流程图；④实验操作要点及实验数据的布点；⑤设计原始数据的记录表格。

2）实验操作与数据记录

（1）进行实验操作，要求认真细致地记录实验原始数据。操作中应能进行理论联系实际的思考。

（2）实验做完后，所记录的数据经指导老师检查合格后，才可结束实验；实验若有短缺或不合理应该补全或重做。结束实验后，指导老师在原始数据表上签字。

（3）实验结束后，应将使用的仪器设备整理复原。检查水、电、气等是否已确实关断，并将场地打扫干净。

3）数据处理与实验报告撰写

实验数据的处理，如果用计算机处理实验数据，则学生还须有一组手算的计算示例。撰写实验报告，内容大致包括：①实验目的和原理；②实验装置；③实验数据及数据处理；④实验结果及讨论。

3. 实验守则

（1）进入实验室要自觉遵守实验室守则，保持安静，严禁喧哗和打闹。

（2）进入实验室要穿实验服，不能赤脚或穿拖鞋。遵守纪律，不迟到不早退，在实验室内保持安静，不大声谈笑，听从教师指导。

（3）实验前要认真预习，写好预习报告，经教师提问通过后，方可参加实验。

（4）实验时要严格遵守仪器、设备、电路的操作规程，不得擅自变更，操作前须经教师检查同意后方可接通电路和开车，操作中仔细观察，如实记录现象和数据。仪器设备发生故障严禁擅自处理，应立即报告教师。

（5）实验后根据原始记录、处理数据、分析问题及时写好实验报告。

（6）爱护仪器，注意安全，水、电、药品要节约使用。

（7）保持实验室整洁，废品、废物丢入垃圾箱内。

（8）实验室仪器设备使用后需要在仪器使用记录本上详细记录使用人、使用时间和仪器状态。

（9）实验室电器设备的功率不得超过电源负载能力。电器设备使用前应检查是否漏电，常用仪器外壳应接地。使用电器时，人体与电器导电部分不能直接接触，也不能用湿手按触电器插头。

（10）实验完毕，记录数据须经教师审查签字。做好清洁工作，恢复仪器设备原状，关好门窗，检查水、电、气是否关好，方可离开实验室。

4. 实验报告的书写要求

按照一定的格式和要求表达实验过程和结果的文字材料称为实验报告。它是实验工作的全面总结和系统概括，是实验工作中最重要的实验环节之一。一份完整的实验报告应包括以下内容。

（1）实验名称：实验报告的名称，又称为标题，应该列在报告的最前面。实验名称要求简洁、鲜明、准确，一目了然，能很恰当地反映实验内容。

（2）实验目的：应该简明扼要地说明为什么要进行本实验，通过该实验解决什么问题，可以锻炼什么能力，学到什么知识。要求语言表达简洁准确。

（3）实验原理：简单地说明本实验所依据的基本原理，包括实验设计的主要概念，实验依据的重要定律、公式及数据处理中所需要的推理过程和结果。要求概念清晰，充分了解原理的内容，推理准确并且有依据，结果真实可信。

（4）实验装置流程示意图：简单地画出实验装置的流程示意图，测试点的位置和主要设备，仪表的名称，关键部位的尺寸大小，各种调节阀的标号及需要注意的关键节点等。同时在流程图的下面标出图的名称和相应标号的仪表名称等。

（5）实验操作方法和注意事项：根据实际操作程序进行实验分工，注重各操作人员的密切配合；按照实验的先后将整个实验过程划分为几个步骤，并进行排序和标注，以使实验过程条理分明。一般实验步骤的划分以改变某一组参数、实验条件或实验对象作为一个步骤。对于每一个操作步骤，应该简单明了。

注意事项中应包括如下内容：由于不按照规程操作而引起各种事故，实验过程中存在的一些易燃易爆装置，用电的安全，容易损坏的仪表或设备，某些对实验结果影响比较大的操作等情况。

（6）数据记录：实验数据是在实验过程中测量仪表所读取的数值，要根据仪表的精度决定实验数据的有效数字位数。读取数据的方法要正确，数据记录要准确。要求原始数据和计算数据表分开。对于数据较多时，可以将此表格作为附录放在报告的后面。

（7）数据的处理和作图：数据处理是实验报告的重点内容之一，要求将实验数据整理、加工成图形或表格的形式。数据处理时应根据有效数字的运算规则进行。一般将重要的中间计算值和最后计算结果列在数据整理表格中。表格要精心设计，使其易于显示数据的变化规律、几个参数的相关性。实验数据不经重复实验不得修改，更不得伪造数据。

（8）作图：作图是为了更直观地表达出变量之间的相互关系或通过图形求取某些数据。根据数据的变化情况选用合适的坐标纸确定若干点，然后用光滑曲线连接，画出相关曲线。

（9）数据的整理计算过程举例：数据的整理计算是以某一组原始数据为例，把各项计算过程列出，以说明数据整理表中的结果是如何得到的。

（10）对实验结果的分析与讨论：实验结果的分析与讨论十分重要，是实验者理论水平的具体体现，也是对实验方法和结果进行的综合分析研究。实验讨论范围应只限于本实验有关的内容。讨论的内容包括：从理论上对实验结果进行分析和解释，说明其必然性；对实验中存在的异常现象进行分析讨论；分析误差的大小和原因，如何提高测量精度。

（11）实验结论：结论是根据实验结果所做出的最后判断，得出的结论要从实际出发，有充分的理论根据。

第 1 章　实验数据的测量及误差分析

1.1　实验数据的测量

化工原理实验中的测量参数按照测量方式的不同可分为直接测量和间接测量。在实验中可以用仪器、仪表直接读出数据的测量称为直接测量。例如，用温度计测量温度、用秒表计时间、用压力表测量压强等。凡是基于直接测量值得出的数据再按一定函数关系式，通过计算才能求得测量结果的测量称为间接测量。例如，套管换热器传热面积的测定，需要测量换热器的外径 d 和长度 l，再用公式 $S_0=\pi dl$，计算出面积 S_0，S_0 就属于间接测量的物理量。

1.1.1　实验数据的真值和平均值

1. 真值

真值是指某物理量客观存在的确定值。由于测量仪器、测量方法、环境、人员及测量程序等都不可能完美无缺，实验误差难于避免，故真值是无法测得的，是一个理想值。在分析实验测定误差时，一般用如下方法替代真值：①实际值是现实中可以知道的一个量值，用它可以替代真值；②平均值是指对某物理量经多次测量算出的平均结果，用它替代真值。

2. 平均值

工程中常用的平均值有算术平均值、几何平均值和对数平均值。

1）算术平均值

设 x_1、x_2、…、x_n 代表各次的测量值，n 代表测量次数，则其算术平均值为

$$\overline{x}=\frac{x_1+x_2+\cdots+x_n}{n}=\frac{\sum_{i=1}^{n}x_i}{n} \tag{1-1}$$

凡测量值的分布服从正态分布时，用最小二乘法原理可证明：在一组等精度的测量中，算术平均值为最佳值或最可信赖值。在化工实验和科学研究中，数据的分布一般为正态分布，因此算术平均值是较普遍使用的一种平均值。

2）几何平均值

几何平均值的定义为

$$\bar{x}_{几} = \sqrt[n]{x_1 x_2 \cdots x_n} \tag{1-2}$$

对一组测量值取对数，所得图形的分布曲线轴对称时，常用几何平均值。几何平均值常小于算术平均值。

3）对数平均值

在动量、热量与质量传递中，分布曲线多具有对数特性，此时可采用对数平均值表示量的平均值。

设有两个量 x_1、x_2，其对数平均值为

$$\bar{x}_{对} = \frac{x_1 - x_2}{\ln x_1 - \ln x_2} = \frac{x_1 - x_2}{\ln \dfrac{x_1}{x_2}} \tag{1-3}$$

两个量的对数平均值总小于算术平均值。若 $1 < x_1/x_2 < 2$ 时，可用算术平均值代替对数平均值，引起的误差不超过 5%。

1.1.2　实验数据的有效数字

在实验数据的测量和处理过程中，有效数字的取舍是经常需要考虑和处理的问题。数据中小数点的位置在前或在后仅与所用的测量单位有关。另外，在实验测量中所使用的仪器仪表只能达到一定的准确度，因此，测量或计算的结果不可能也不应该超越仪器仪表所允许的准确度范围。例如，温度测量中，若标尺的最小分度为 0.1℃，其读数可以读到 0.01℃（估计值），故数据的有效数字是四位。

实验数据（包括计算结果）的准确度取决于有效数字的位数，而有效数字的位数又由仪器仪表的准确度来决定。换言之，实验数据的有效数字位数必须反映仪表的准确度和存在疑问的数字位置。

在判别一个已知数有几位有效数字时，应注意非零数字前面的零不是有效数字。例如，质量为 0.003 52kg，前面的三个零不是有效数字，它与所用单位有关，若用 g 为单位，则为 3.52g，其有效数字为三位。非零数字后面用于定位的零也不一定是有效数字。例如，20 800 是五位还是四位有效数字，取决于最后面的零是否用于定位。为了准确地读出有效数字位数，应该用科学计数法，写成一个小数与相应的 10 的幂的乘积。若 20 800 的有效数字为五位，则可写成 2.0800×10^4；有效数字为三位的数可写成 2.08×10^4。这种计数法的特点是小数点前面永远是一位非零数字，乘号前面的数字都为有效数字。这种科学计数法表示的有效数字，位数就一目了然了。

对于位数很多的近似数，当有效位数确定后，应将多余的数字舍去。舍去多

余数字常用四舍五入法。这种方法简单、方便，适用于舍、入操作不多且准确度要求不高的场合，因为这种方法大于等于 5 就入，易使所得数据偏大。

在数据运算过程中，为兼顾结果的精度和运算的方便，所有的中间运算结果，工程上一般宜取 5 或 6 位有效数字。

1.2 实验误差分析

1.2.1 误差的定义

误差是实验测量值（包括直接和间接测量值）与真值（客观存在的准确值）之差。误差的大小表示每一次测得值相对于真值不符合的程度。误差具有的特点：误差永远不等于零、误差具有随机性、误差是未知的。

1.2.2 误差的分类

根据误差的性质及产生的原因，误差分为系统误差、随机误差和过失误差三种。

系统误差：在测量或实验过程中未发觉或未确定的因子所引起的误差。当实验条件一经确定，其大小和符号固定不变。

随机误差：在已经消除系统误差的一切测量值的观察中，所测数据仍在末一位或末两位数字上有差别，而且它们的绝对值和符号的变化时大时小、时正时负。随机误差的算术平均值趋近于零。

过失误差：由于实验人员粗心大意造成与事实不符的误差。

1.2.3 误差的表示法

1. 测量点的误差

1）绝对误差

测量（给出）值 x 与真值 x^*之差的绝对值称为绝对误差 d，即

$$d=|x-x^*| \text{ 或 } d=|x-x_m| \tag{1-4}$$

式中，x——测量值；

x^*——真值；

x_m——最佳值，$x_m=(x_1+x_2+\cdots+x_n)/n$。

2）相对误差

绝对误差 d 与真值的绝对值之比称为相对误差 e_r，它的表达式为

$$e_r=d/x^* \text{ 或 } e_r=d/x_m \tag{1-5}$$

2. 测量集合的误差

1）算术平均误差

n 次测量值的算术平均误差又称为极限误差，其定义为

$$\varDelta=\sum\frac{|x_i-x_m|}{n}=\sum\frac{d_i}{n} \tag{1-6}$$

2）标准误差

n 次测量值的标准误差（也称均方根误差）为

$$\sigma=\sqrt{\frac{\sum(x_i-x_m)^2}{n}}=\sqrt{\frac{\sum d_i^2}{n}} \tag{1-7}$$

$$\text{有限次测量：}\sigma=\sqrt{\frac{\sum d_i^2}{n-1}}\text{(实际)} \tag{1-8}$$

$$x_m=\frac{x_1+x_2+\cdots+x_n}{n}=x_0+\frac{e_1+e_2+\cdots+e_n}{n}=x_0+\delta$$

$$\delta=x_m-x_0=\frac{e_1+e_2+\cdots+e_n}{n}=\sigma_m=\sqrt{\frac{\sum\sigma_i^2}{n^2}}=\frac{\sigma}{\sqrt{n}} \tag{1-9}$$

$$(x_1,x_2\text{是同等精度测量值，其中}\sigma_i=\sigma)$$

$$\delta=\sigma_m=\frac{\sigma}{\sqrt{n}}=\sqrt{\frac{\sum d_i^2}{n(n-1)}} \tag{1-10}$$

式中，σ_m——均值标准误差，即算术平均值的标准误差。

因此，$x_m\pm\delta=x_m\pm\sigma_m$。

σ 不是一个具体的误差，它的大小只说明在一定条件下等精度测量集合中的每一个观测值对其算术平均值的分散程度。

3）算术平均误差与标准误差的联系和差别

n 次测量值的重复性（也称重现性）越差，n 次测量值的离散程度越大，n 次测量值的随机误差越大，则 δ 值和 σ 值均越大。因此，可以用 δ 值和 σ 值来衡量 n 次测量值的重复性、离散程度和随机误差。但算术平均误差的缺点是无法表示出各次测量值之间彼此符合的程度。因为偏差彼此相近的一组测量值的算术平均误差，可能与偏差有大中小三种情况的另一组测量值的相同。而标准误差对一组测量值中的较大偏差或较小偏差很敏感，能较好地表明数据的离散程度。

1.2.4　精密度和准确度

测量的质量和水平可用误差概念来描述，也可用准确度等概念来描述。为了

指明误差的来源和性质，通常用以下两个概念。

1. 精密度

精密度可以衡量某物理量几次测量值之间的一致性，即所测量的数据重现性的程度。它可以反映随机误差的影响程度，精密度高指随机误差小。

2. 准确度

准确度（或称精确度）表示测量值和真值之间的符合程度，反映了测量中所有系统误差和随机误差的综合。因此，准确度表示测量结果与真值的逼近程度。

精密度高，准确度不一定高；但准确度高，其精密度一定高。

1.3 随机误差的正态分布

在系统误差忽略条件下，一个物理量在同一条件下进行多次测量，发现有一定规律。例如，用流量计测定一固定流量，其结果服从正态分布。其特点如下所述。

（1）单峰性：绝对值小的误差出现的概率大。

（2）对称性：绝对值相同的正、负误差的概率相同。

（3）有界性：大的误差出现概率小，且不超过一定的限度。

（4）抵偿性：随着测量次数的增加，随机误差的算术平均值等于零。

误差分析曲线积分可得，误差大于 3σ 出现的概率，在 370 次观测中只有一次。

1.3.1 σ 法则

凡是误差大于 3σ 的数据点应予以舍弃（实际测量次数一般不超过 10 次）。

1.3.2 间接测量误差估计

设间接测量 y 和直接测量 x_i 间有如下关系：

$$y = f(x_1, x_2, \cdots, x_n) \tag{1-11}$$

令 Δx_1、Δx_2、$\cdots$、Δx_n 为各个直接测量的绝对误差

$$\Delta y = \frac{\partial f}{\partial x_1}\Delta x_1 + \frac{\partial f}{\partial x_2}\Delta x_2 + \cdots + \frac{\partial f}{\partial x_n}\Delta x_n \text{ (泰勒展开)}$$

式中，$\dfrac{\partial f}{\partial x}$——误差传递系数。

极限绝对误差：

$$\Delta y_{\mathrm{m}} = \sum_{i=1}^{n}\left|\frac{\partial f}{\partial x_i}\Delta x_i\right| \tag{1-12}$$

实际上，直接测量误差 Δx_i 是互不相关的随机量，根据概率论，要确定未知量 y 的随机误差，应将各部分误差平方再相加，然后求其开方值，即

$$\Delta y=\sqrt{\sum_{i=1}^{n}\left(\frac{\partial f}{\partial x_i}\right)^2\Delta x_i^2} \tag{1-13}$$

标准误差：

$$\sigma_{ym}=\sqrt{\sum_{i=1}^{n}\left(\frac{\partial f}{\partial x_i}\right)^2\sigma_{x_i\mathrm{m}}^2} \tag{1-14}$$

由于真值未知，常用 σ_{m} 代替 δ。

1.3.3　测量结果表示方法

1. 单次测量结果

$$x_0=x_i\pm\Delta_{仪} \tag{1-15}$$

$$\Delta_{仪}=量程\times仪表精度$$

或高精度仪器：$x_0=x_i\pm\Delta_{仪}/\sqrt{3}$；低精度仪器：$x_0=x_i\pm\Delta_{仪}/2\sqrt{3}$

2. 多次测量结果

$$单变量：x_0=x_{\mathrm{m}}\pm\sigma_{\mathrm{m}},\sigma_{\mathrm{m}}=\sqrt{\frac{\sum(x_i-x_{\mathrm{m}})^2}{n(n-1)}} \tag{1-16}$$

$$多变量：y=y_{\mathrm{m}}\pm\sigma_{y\mathrm{m}},\sigma_{y\mathrm{m}}=\sqrt{\sum_{i=1}^{n}\left(\frac{\partial f}{\partial x_i}\right)^2\sigma_{x_i\mathrm{m}}^2} \tag{1-17}$$

注意：计算的 $\sigma_{\mathrm{m}}\geqslant\Delta_{仪}$时，用 σ_{m}；否则用 $\Delta_{仪}$。

例 1-1　圆柱体的半径 r 为（2.1±0.1）cm，长度 l 为（6.4±0.2）cm，求圆柱体体积及均值标准误差。

解：

$$V=\pi r^2\pm\sigma_{\mathrm{m}}$$

$$\begin{aligned}\sigma_{\mathrm{m}}&=\sqrt{\sum\left(\frac{\partial f}{\partial x_i}\right)^2\sigma_{x_i\mathrm{m}}^2}=\sqrt{(2\pi rl)^2\sigma_{\mathrm{m}r}^2+(\pi r^2)^2\sigma_{\mathrm{m}l}^2}\\&=\sqrt{(2\times3.14\times2.1\times6.4\times0.1)^2+(3.14\times2.1\times2.1\times0.2)^2}\\&=8.88\end{aligned}$$

$V=\pi\times(2.1)^2\times6.4\pm\Delta_{\mathrm{m}}=88.7\pm8.9=89\pm9\ (\mathrm{cm}^3)$

第 2 章　实验研究方法与数据的处理

2.1　实验研究方法

工程实验不同于基础课程的实验，后者采用的方法是理论的、严密的，研究的对象通常是简单的、基本的，甚至是理想的，而工程实验面对的是复杂的实验问题和工程问题，对象不同，实验研究方法必然不一样，工程实验的困难在于变量多，涉及的物料千变万化，设备大小悬殊，困难可想而知。化学工程学科如同其他工程学科一样，除了生产经验总结以外，实验研究是学科建立和发展的重要基础。多年来，化工原理在发展过程中形成的研究方法有直接实验法、因次分析法和数学模型法三种。

2.1.1　直接实验法

直接实验法是一种解决工程实际问题的最基本的方法，对特定的工程问题直接进行实验测定，所得到的结果也较为可靠，但它往往只能用于条件相同的情况，具有较大的局限性。例如，过滤某种物料，已知滤浆的浓度，在某一恒压条件下，直接进行过滤实验，测定过滤时间和所得滤液量，根据过滤时间和所得滤液量两者之间的关系，可以作出该物料在某一压力下的过滤曲线。如果滤浆浓度改变或过滤压力改变，所得过滤曲线也都将不同。

对一个多变量影响的工程问题，为研究过程的规律，往往采用网格法规划实验，即依次固定其他变量，改变某一变量测定目标值。例如，影响流体阻力的主要因素有：管径 d、管长 l、平均流速 u、流体密度 ρ、流体黏度 μ 及管壁粗糙度 ε，变量数为 6，如果每个变量改变条件次数为 10 次，则需要做 10^6 次实验，不难看出变量数是出现在幂上，涉及变量越多，所需实验次数将会剧增，因此实验需要在一定的理论指导下进行，以减少工作量，并使得到的结果具有一定的普遍性。因次分析法是化工原理广泛使用的一种研究方法。

2.1.2　因次分析法

因次分析法所依据的基本理论是因次一致性原则和白金汉（Buckingham）π 定理。因次一致性原则是：凡是根据基本的物理规律导出的物理量方程，其中各项的因次必然相同。白金汉 π 定理是：用因次分析所得到的独立的因次数群个数，等于变量数与基本因次数之差。

因次分析法是将多变量函数整理为简单的无因次数群的函数，然后通过实验归纳整理出算图或准数关系式，从而大大减少实验工作量，同时也容易将实验结果应用到工程计算和设计中。

使用因次分析法时应明确因次与单位是不同的，因次又称量纲，是指物理量的种类，而单位是比较同一种类物理量大小所采用的标准。例如，力可以用牛顿和千克力来表示。

因次有两类：一类是基本因次，它们是彼此独立的，不能相互导出；另一类是导出因次，由基本因次导出。例如，在力学领域内基本因次有三个，通常为长度[L]、时间[θ]、质量[M]，其他力学的物理量的因次都可以由这三个因次导出并写成幂指数乘积的形式。

现设某个物理量 Q 的导出因次为$[Q]=[M^a L^b \theta^c]$，式中，a、b、c 为常数。如果基本因次的指数均为零，这个物理量称为无因次数（或无因次数群），如反映流体流动状态的雷诺数就是无因次数群。

1. 因次分析法的具体步骤

（1）找出影响过程的独立变量。

（2）确定独立变量所涉及的基本因次。

（3）构造因变量和自变量的函数式，通常以指数方程的形式表示。

（4）用基本因次表示所有独立变量的因次，并表示出各独立变量的因次式。

（5）依据物理方程的因次一致性原则和 π 定理得到准数方程。

（6）通过实验归纳总结准数方程的具体函数式。

2. 因次分析法举例说明

以获得流体在管内流动的阻力和摩擦系数 λ 的关系式为例。根据摩擦阻力的性质和有关实验研究，得知由于流体内摩擦而出现的压降Δp 与 6 个因素有关，写成函数关系式为

$$\Delta p = f\left(d, l, u, \rho, \mu, \varepsilon\right) \tag{2-1}$$

这个隐函数是什么形式并不知道，但从数学上讲，任何非周期性函数，用幂函数的形式逼近是可取的，所以化工上一般将其改为下列幂函数的形式：

$$\Delta p = K d^a l^b u^c \rho^d \mu^e \varepsilon^f \tag{2-2}$$

尽管式（2-2）中各物理量上的幂指数是未知的，但根据因次一致性原则可知，方程式等号右侧的因次必须与Δp 的因次相同。由式（2-1）分析，变量数 $n=7$（包括Δp），表示这些物理量的基本因次 $m=3$（质量[M]、长度[L]、时间[θ]），因此，根据白金汉 π 定理可知，组成的无因次数群的数目为 $N=n-m=4$。

通过因次分析，将变量无因次化。式（2-2）中各物理量的因次分别是

$$\Delta p=[ML^{-1}\theta^{2}] \quad d=l=[L] \quad u=[L\theta^{-1}]$$

$$\rho=[ML^{-3}] \quad \mu=[ML^{-1}\theta^{-1}] \quad \varepsilon=[L]$$

将各物理量的因次代入式（2-2），则两端因次为

$$ML^{-1}\theta^{-2}=KL^{a}L^{b}(L\theta^{-1})^{c}(ML^{-3})^{d}(ML^{-1}\theta^{-1})^{e}L^{f}$$

根据因次一致性原则，上式等号两边各基本量的因次的指数必然相等，可得方程组：

对基本因次$[M]$：$d+e=1$

对基本因次$[L]$：$a+b+c-3d-e+f=-1$

对基本因次$[\theta]$：$-c-e=-2$

此方程组包括 3 个方程，却有 6 个未知数，设用其中三个未知数 b、e、f 来表示 a、d、c，解此方程组。可得

$$\begin{cases}a=-b-c+3d+e-f-1\\ d=1-e\\ c=2-e\end{cases} \qquad \begin{cases}a=-b-e-f\\ d=1-e\\ c=2-e\end{cases}$$

将求得的 a、d、c 代入式（2-2），即得

$$\Delta p=Kd^{-b-e-f}l^{b}u^{2-e}\rho^{1-e}\mu^{e}\varepsilon^{f} \tag{2-3}$$

将指数相同的各物理量归并在一起得

$$\frac{\Delta p}{u^{2}\rho}=K\left(\frac{l}{d}\right)^{b}\left(\frac{du\rho}{\mu}\right)^{-e}\left(\frac{\varepsilon}{d}\right)^{f} \tag{2-4}$$

$$\Delta p=2K\left(\frac{l}{d}\right)^{b}\left(\frac{du\rho}{\mu}\right)^{-e}\left(\frac{\varepsilon}{d}\right)^{f}\left(\frac{u^{2}\rho}{2}\right) \tag{2-5}$$

将式（2-5）与计算流体在管内摩擦阻力的公式

$$\Delta p=\lambda\frac{l}{d}\left(\frac{u^{2}\rho}{2}\right) \tag{2-6}$$

相比较，整理得到研究摩擦系数 λ 的关系式，即

$$\lambda=2K\left(\frac{du\rho}{\mu}\right)^{-e}\left(\frac{\varepsilon}{d}\right)^{f} \tag{2-7}$$

或

$$\lambda=\Phi\left(\mathrm{Re}\cdot\frac{\varepsilon}{d}\right) \tag{2-8}$$

由以上分析可以看出，在因次分析法的指导下，将一个复杂的多变量的管内流体阻力的计算问题简化为摩擦系数 λ 的研究和确定。它是建立在正确判断过程

影响因素的基础上，进行了逻辑加工而归纳出的数群。上面的例子表明 λ 是 Re 与 ε/d 的函数，至于它们之间的具体形式，归根到底还要靠实验来确定。通过实验变成一种算图或经验公式，用以指导工程计算和工程设计。著名的穆迪（Moody）摩擦系数图即“摩擦系数 λ 与 Re、ε/d 的关系曲线”就是这种实验的结果。许多实验研究了各种具体条件下的摩擦系数 λ 的计算公式，其中较著名的如适用于光滑管的布拉休斯（Blasius）公式

$$\lambda = \frac{0.3164}{\mathrm{Re}^{0.25}} \tag{2-9}$$

其他研究结果可以参看有关教科书及手册。

因次分析法有两点值得注意：①最终所得数群的形式与求解联立方程组的方法有关，在管内流动的阻力和摩擦系数 λ 的关系式中，如果不以 b、e、f 来表示 a、d、c，而改为以 d、e、f 表示 a、b、c，整理得到的数群形式也就不同，不过，这些形式不同的数群可以通过互相乘除，仍然可以变换成前例中所求得的四个数群；②必须对所研究的过程的问题有本质了解，如果有一个重要的变量被遗漏或者引进一个无关的变量，就会得出不正确的结果，甚至导致错误的结论。因此，应用因次分析法必须持谨慎的态度。

从以上分析可知，因次分析法是通过将变量组合成无因次数群，从而减少实验自变量的个数，大幅度地减少实验次数。此外，另一个极为重要的特性是，若按式（2-1）进行实验时，为改变 ρ 和 μ，实验中必须换多种液体；为改变 d，必须改变实验装置（管径）。而应用因次分析所得的式（2-5）指导实验时，要改变 $du\rho/\mu$，只需改变流速；要改变 l/d，只需改变测量段的距离，即两测压点的距离，从而可以将水、空气等的实验结果推广应用于其他流体，将小尺寸模型的实验结果应用于大型实验装置。因此，实验前的无因次化工作是规划一个实验的一种有效手段，在化工上广为应用。

2.1.3　数学模型法

1. 数学模型法主要步骤

数学模型法是在对研究的问题有充分认识的基础上，按以下主要步骤进行工作。

（1）将复杂问题作合理又不过于失真地简化，提出一个近似实际过程又易于用数学方程式描述的物理模型。

（2）对所得到的物理模型进行数学描述即建立数学模型，然后确定该方程的初始条件和边界条件，求解方程。

（3）通过实验对数学模型的合理性进行检验并测定模型参数。

2. 数学模型法举例说明

以求取流体通过固定床的压降为例。固定床中颗粒间的空隙形成许多可供流体通过的细小通道，这些通道是曲折而且互相交联的，同时，这些通道的截面大小和形状又是很不规则的，流体通过如此复杂的通道时的压降自然很难进行理论计算，但可以用数学模型法来解决。

1）物理模型

流体通过颗粒层的流动多呈爬流状态，单位体积床层所具有的表面积对流动阻力有决定性的作用。这样，为解决压降问题，可在保证单位体积表面积相等的前提下，将颗粒层内的实际流动过程作如下大幅度的简化，使其可以用数学方程式加以描述。

将床层中的不规则通道简化成长度为 L_e 的一组平行细管，并规定：①细管的内表面积等于床层颗粒的全部表面；②细管的全部流动空间等于颗粒床层的空隙容积。

根据上述假定，可求得这些虚拟细管的当量直径 d_e

$$d_e = \frac{4\times 通道的截面积}{润湿周边} \tag{2-10}$$

分子、分母同乘 L_e，则有

$$d_e = \frac{4\times 床层的流动空间}{细管的全部内表面} \tag{2-11}$$

以 $1m^3$ 床层体积为基准，则床层的流动空间为 ε，每立方米床层的颗粒表面即为床层的比表面 α_B，因此

$$d_e = \frac{4\varepsilon}{\alpha_B} = \frac{4\varepsilon}{\alpha(1-\varepsilon)} \tag{2-12}$$

按此简化的物理模型，流体通过固定床的压降即可等同于流体通过一组当量直径为 d_e、长度为 L_e 的细管的压降。

2）数学模型

上述简化的物理模型，已将流体通过具有复杂的几何边界的床层的压降简化为通过均匀圆管的压降。对此，可用现有的理论作如下数学描述：

$$h_f = \frac{\Delta p}{\rho} = \lambda \frac{L_e}{d_e}\frac{u_1^2}{2} \tag{2-13}$$

式中，u_1——流体在细管内的流速。u_1 可取为实际填充床中颗粒空隙间的流速，它与空床流速（表观流速）u 的关系为

$$u = \varepsilon u_1 \tag{2-14}$$

将式（2-12）和式（2-13）代入式（2-14）得

$$\frac{\Delta p}{L} = \left(\lambda \frac{L_e}{8L}\right)\frac{(1-\varepsilon)\alpha}{\varepsilon^3}\rho u^2 \tag{2-15}$$

细管长度 L_e 与实际长度 L 不等，但可以认为 L_e 与实际床层高度 L 成正比，即 $\frac{L_e}{L}=$常数，并将其并入摩擦系数中，于是

$$\frac{\Delta p}{L} = \lambda' \frac{(1-\varepsilon)\alpha}{\varepsilon^3}\rho u^2 \tag{2-16}$$

式中，$\lambda' = \frac{\lambda}{8}\frac{L_e}{L}$。

式（2-16）即为流体通过固定床压降的数学模型，其中包括一个未知的待定系数 λ'。λ' 称为模型参数，就其物理意义而言，也可称为固定床的流动摩擦系数。

3）模型的检验和模型参数的估值

上述床层的简化处理只是一种假定，其有效性必须经过实验检验，其中的模型参数 λ' 也必须由实验测定。

康采尼和欧根等均对此进行了实验研究，获得了不同实验条件下不同范围的 λ' 与 Re' 的关联式。

3. 数学模型法和因次分析法的比较

对于数学模型法，决定成败的关键是对复杂过程的合理简化，即能否得到一个足够简单、既可用数学方程式表示而又不失真的物理模型。只有充分地认识了过程的特殊性并根据特定的研究目的加以利用，才有可能对真实的复杂过程进行大幅度的合理简化，同时在指定的某一侧面保持等效。求取流体通过固定床的压降例子进行简化时，只在压降方面与实际过程这一侧面保持等效。

对于因次分析法，决定成败的关键在于能否如数地列出影响过程的主要因素。它无需对过程本身的规律有深入理解，只要做若干析因分析实验，考察每个变量对实验结果的影响程度即可。在因次分析法指导下的实验研究只能得到过程的外部联系，而对过程的内部规律则不甚了然。然而，这正是因次分析法的一大特点，它使因次分析法成为对各种研究对象原则上皆适用的一般方法。

无论是数学模型法还是因次分析法，最后都要通过实验解决问题，但实验的目的大相径庭。数学模型法的实验目的是为了检验物理模型的合理性并测定为数较少的模型参数，而因次分析法的实验目的是为了寻找各无因次变量之间的函数关系。

2.2　实验数据的处理方法

通常，实验的结果最初是以数据的形式表达的。要想进一步得出结果，必须对实验数据做进一步的整理，使人们清楚地了解各变量之间的定量关系，以便进一步分析实验现象，提出新的研究方案或得出规律，指导生产与设计。

2.2.1　列表法

列表法就是将实验数据列成表格表示，通常是整理数据的第一步，为标绘曲线图或整理成数学公式打下基础。

1. 实验数据表的分类

一般分为两大类：原始记录数据表和整理计算数据表。

（1）原始记录数据表必须在实验前设计好，以清楚地记录所有待测数据，如传热实验原始记录数据表的格式见表 2-1。

表 2-1　对流传热系数测定实验数据记录表

序号	冷水进口温度 t_1/℃	冷水出口温度 t_2/℃	热水进口温度 T_1/℃	热水出口温度 T_2/℃	管外壁温度 T_A/℃	管外壁温度 T_B/℃	冷水流量 $w_c/(m^3 \cdot h^{-1})$	热水流量 $w_h/(m^3 \cdot h^{-1})$
1								
2								
⋮								

（2）整理计算数据表应简明扼要，只表达主要物理量（参变量）的计算结果，有时还可以列出实验结果的最终表达式。

2. 拟定实验数据表应注意的事项

（1）数据表的表头要列出物理量的名称、符号和单位。符号与单位之间用斜线“/”隔开。斜线不能重叠使用。单位不宜混在数字之中，造成分辨不清。

（2）要注意有效数字位数，即记录的数字应与测量仪表的准确度相匹配，不可过多或过少。

（3）物理量的数值较大或较小时，要用科学计数法来表示。以“物理量的符号×$10^{\pm n}$/单位”的形式，将$10^{\pm n}$记入表头。注意：表头中的$10^{\pm n}$与表中的数据应服从下式：

$$物理量的实际值\times 10^{\pm n}=表中数据$$

（4）为便于排版和引用，每一个数据表都应在表的上方写明表号和表题（表名）。表格应按出现的顺序编号。表格的出现在正文中应有所交代，同一个表尽量不跨页，必须跨页时，在此页上须注上“续表…”。

（5）数据表格要正规，数据一定要书写清楚整齐，不得潦草。修改时宜用单线将错误的数据划掉，将正确的数据写在下面。各种实验条件及作记录者的姓名可作为“表注”，写在表的下方。

2.2.2　图示法

图示法的优点是直观清晰，便于比较，容易看出数据中的极值点、转折点、周期性、变化率及其他特性。准确的图形还可以在不知数学表达式的情况下进行微积分运算，因此得到广泛的应用。

图示法的第一步就是按列表法的要求列出因变量 y 与自变量 x 相对应的 y_i 与 x_i 数据表格。

作曲线图时必须依据一定的法则（如下面介绍的），只有遵守这些法则，才能得到与实验点位置偏差最小而光滑的曲线图形。

1. 坐标纸的选择

化工中常用的坐标系为直角坐标系，包括笛卡儿坐标系（又称普通直角坐标系）、半对数坐标系和对数坐标系。

半对数坐标系指一个轴是分度均匀的普通坐标轴，另一个轴是分度不均匀的对数坐标轴。

对数坐标系指两个轴（x 和 y）都是对数标度的坐标轴。

（1）变量之一在所研究的范围内发生了几个数量级的变化。

（2）在自变量由零开始逐渐增大的初始阶段，当自变量的少许变化引起因变量极大变化时，此时采用半对数坐标纸，曲线最大变化范围可伸长，使图形轮廓清楚。

（3）需要将某种函数变换为直线函数关系，如指数 $y=ae^{bx}$ 函数。

在下列情况下应用对数坐标纸：①如果所研究的函数 y 和自变量 x 在数值上均变化了几个数量级；②需要将曲线开始部分划分成展开的形式；③当需要变换某种非线性关系为线性关系时，如抛物线 $y=ae^{bx}$ 函数。

2. 坐标分度的确定

坐标分度是指每条坐标轴所能代表的物理量的大小，即指坐标轴的比例尺。如果选择不当，那么根据同组实验数据作出的图形就会失真而导致错误的结论。若测量数据的误差不知道，那么坐标轴的分度应与实验数据的有效数字位数相匹配，即实验曲线的坐标读数的有效数字位数与实验数据的位数相同。在一般情况下，坐标轴比例尺的确定，既要不会因比例常数过大而损失实验数据的准确度，又不会因比例常数过小而造成图中数据点分布异常的假象。

2.2.3 回归分析法

尽管图示法有很多优点，但它的应用范围毕竟很有限，目前在寻求实验数据的变量关系间的数学模型时，应用最广泛的一种数学方法为回归分析法。回归分析法与电子计算机相结合，已成为确定经验公式最有效的手段之一。

1. 回归分析法的含义和内容

1）回归方程

回归分析是处理变量之间相互关系的一种数理统计方法。用这种数学方法可以从大量观测的散点数据中寻找到能反映事物内部的一些统计规律，并可以按数学模型形式表达出来，故称它为回归方程（回归模型）。

2）线性和非线性回归

回归也称拟合。对具有相关关系的两个变量，若用一条直线描述，则称一元线性回归；若用一条曲线描述，则称一元非线性回归。对具有相关关系的三个变量，其中一个因变量、两个自变量，若用平面描述，则称二元线性回归；若用曲面描述，则称二元非线性回归。依次类推，可以延伸到多维空间进行回归，则称多元线性或非线性回归。处理实际问题时，往往将非线性问题转化为线性来处理。建立线性回归方程的最有效方法为线性最小二乘法，以下主要讨论依最小二乘法拟合实验数据。

2. 线性回归分析法

在取得两个变量的实验数据之后，若在普通直角坐标纸上标出各个数据点，如果各点的分布近似于一条直线，则可考虑采用线性回归法求其表达式。

设给定 n 个实验点$(x_1, y_1), (x_1, y_1), \cdots, (x_n, y_n)$，其离散点图如图 2-1 所示。

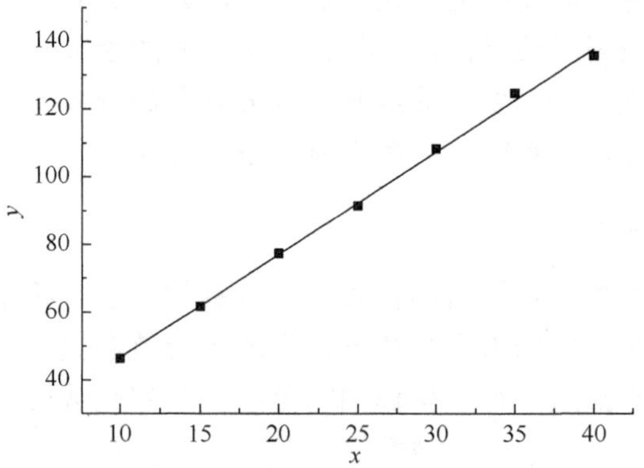

图 2-1 实验点离散点及线性拟合图

于是，可以利用一条直线来代表它们之间的关系：

$$\hat{y} = ax + b \tag{2-17}$$

式中，$\hat{y}$——由回归式算出的值，称回归值；

a，b——回归系数。

第3章　实 验 项 目

实验一　雷 诺 实 验

一、实验目的

（1）学习和观察流体的流动形态，并对层流和湍流的现象进行比较。

（2）了解转子流量计的原理、结构和使用。

（3）了解雷诺实验装置。

二、实验内容

（1）改变流量观察流体的流动形态。

（2）计算雷诺数并比较雷诺数值与流动形态的关系。

三、实验原理

流速较小时，管中心的有色液体呈一条平稳的细线沿管轴通过全管，表明水的质点沿着彼此平行的线而运动，与侧旁的流体并无任何宏观的混合，这种流动称为层流或滞流，其特点是质点只沿流动方向运动。层流时管内的水即分割成无数同心圆筒向前滑动。流速加至一定程度后，有色液体便成为波浪形细线，并且不规则地波动；速度再增，细线的波动加剧，然后被冲断而向四周散开，最后可使全管内水的颜色均匀一致。后一种流动称为湍流或紊流，其特点是质点在总的运动方向（沿管轴方向）之外，还附加有各个方向的运动，即质点做不规则的脉动，彼此混合并有旋涡生成。

层流与湍流是两种完全不同的流动形态。除了流速外，管径、流体黏度和密度，对流动情况也有影响，流动状况同时由这几个因素决定。

$$\mathrm{Re}=\frac{du\rho}{\mu} \tag{3-1}$$

雷诺数 Re 是没有单位的。根据雷诺的实验，流体在管内的流动：若雷诺数 Re＜2000，则流动总是层流；若雷诺数 Re＞4000，则流动总是湍流；2000＜Re＜4000 时，流动处于一种过渡状态，可能是层流也可能是湍流，或是二者交替出现，为外界条件所左右。由于外界条件，Re＜2000，也可能出现波浪线。

四、实验装置及流程

雷诺实验装置图如图 3-1 所示，有一金属针管插于透明玻璃管一端，管的出口有阀，可以调节水的流出速率。储水槽上方有一小瓶，内充有色液体（红色和蓝黑色墨水），可从瓶底引出通过金属针管注入管内。从有色液体的流动状况可以观察到管内水流中质点的运动情况。已知玻璃管内径 d=19cm，流道横截面积 S=283.53cm^2。

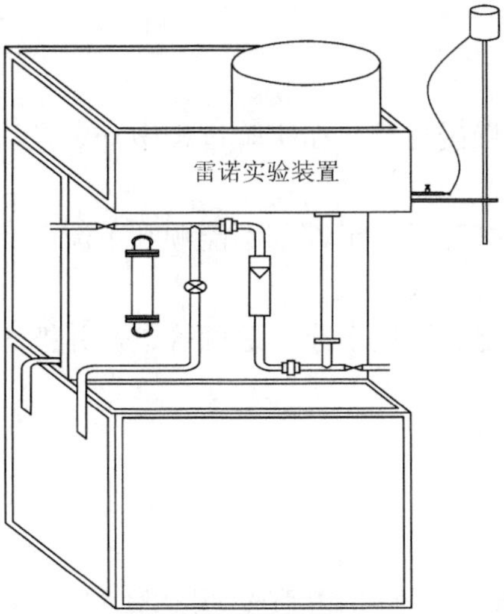

图 3-1　雷诺实验装置

五、实验预习要求

（1）熟悉流体的流动类型、各自的流动特点和判断流型。

（2）面对实验装置快速复述流程。

（3）熟悉阀门的开关方向、转子流量计的安装与使用方法、转子流量计的读数在实验条件下校正方法。

（4）掌握影响流型的因素。

（5）通过上次实验装置的预习，演示基本操作步骤。

六、实验步骤及注意事项

1. 实验步骤

（1）打开水槽进水阀，使水位至溢流管出水后打开出水调节阀。

（2）将装有示踪剂的下口瓶放入支架，并调整支架高度使下口瓶距支架固定套约 90cm。

（3）使整个管路中充满水，若局部有气，开启排气阀将气体排出管外。

（4）旋转出水调节阀调节转子流量计的流量至 $35L\cdot h^{-1}$，打开下口瓶的出液阀，调节阀门开关使示踪剂通过金属针管平稳流出且呈一条直线。

（5）加大流体流量，观察示踪剂变化情况。

（6）关闭下口瓶出液阀，并通过旁边的排气阀注水冲洗管路中剩余的示踪剂，以防示踪剂的沉积物堵塞金属针管。

（7）关闭进水。

2. 注意事项

（1）出水调节阀要慢慢打开，在实验过程中一定是流量从小到大变化，不允许阀门开大后再回调。

（2）若示踪剂阀门打开后，示踪剂不能顺利下流，可敲打示踪剂的金属管道或者检查示踪剂管道是否堵塞。

（3）实验结束后一定要清洗干净示踪剂管道，并把水槽内的水放空。

七、实验数据及结果分析

1. 数据记录（表 3-1）

表 3-1　不同流量时的雷诺实验现象记录表

序号	不同流量，水温_______℃		不同温度，流量=_______$L\cdot h^{-1}$	
	流量 $V/(L\cdot h^{-1})$	示踪剂现象	水温 t/℃	示踪剂现象
1 2 ⋮				

2. 数据处理

根据 Re 的定义式分别计算不同条件下的雷诺准数，并确定流体的流动类型（表 3-2）。

表 3-2　不同温度时的雷诺实验现象记录表

不同流量，水温_______℃						
序号	流量 $V/(L\cdot h^{-1})$	流速 $u/(m\cdot s^{-1})$	密度 $\rho/(kg\cdot m^{-3})$	黏度 $\mu/(Pa\cdot s)$	Re	流体流动类型
1 2 ⋮						

续表

不同温度，流量=________L·h^{-1}						
序号	水温 t/℃	流速 u/(m·s^{-1})	密度 ρ/(kg·m^{-3})	黏度 μ/(Pa·s)	Re	流体流动类型
1 2 ⋮						

八、思考题

（1）为什么实验过程中出水阀不允许回调？

（2）实验过程中哪些因素会导致稳定的流型突然发生改变？为什么？

（3）同一种流动情况，不同单位制中，雷诺数相同吗？为什么？

实验二　流体流动能量转换实验

一、实验目的

（1）熟悉流动流体具有的各种能量和压头的概念，了解它们之间的相互转换关系，在此基础上掌握伯努利方程的应用。

（2）掌握流体在管内流动时流体阻力的表现形式、来源和计算。

二、实验内容

（1）测量几种情况下的压头，并作分析比较。

（2）测定管中水的平均流速。

（3）根据测量压头损失，计算直管摩擦系数、局部阻力系数，并与查取值比较。

三、实验原理

流体流动具有三种机械能：位能、动能和静压能。它们均可以用一段液柱高度来表示其大小，所以又称之为位压头、动压头和静压头。

流体在流动过程中，由于管路情况的变化，如位置的高低、管径的大小或者流经不同的管件等，这三种机械能相互转化。

理想流体的黏度为零，流动过程将不产生任何机械能损失。如果流体做稳定流动，则在同一管路中的任何两个截面上，尽管这三种机械能各自大小不尽相同，但其总和是相等的。

实际流体的黏度不为零，由于内摩擦力的作用，在流动过程中，部分机械能将转化成热能而损耗掉。因此，不同的截面，总的机械能是不相等的，二者之差便是阻力损失。因此，在进行机械能衡算时，就必须将这部分机械能加在第二截面上去，其和才等于流体在第一截面的机械能总和。单位流体在流动过程中的机械能衡算式，称为伯努利方程。

流体在管路中由 1-1 截面流至 2-2 截面时列出伯努利方程如下

$$H_{1位}+H_{1动}+H_{1静}=H_{2位}+H_{2动}+H_{2静}+H_{损} \tag{3-2}$$

式中，$H_{1位}$、$H_{2位}$——1、2 截面的位压头，m；

$H_{1动}$、$H_{2动}$——1、2 截面的动压头，m；

$H_{1静}$、$H_{2静}$——1、2 截面的静压头，m；

$H_{损}$——流动流体由 1-1 截面流至 2-2 截面的阻力损失，称损失压头，m。

四、实验装置及流程

1. 实验装置流程（图 3-2 和图 3-3）

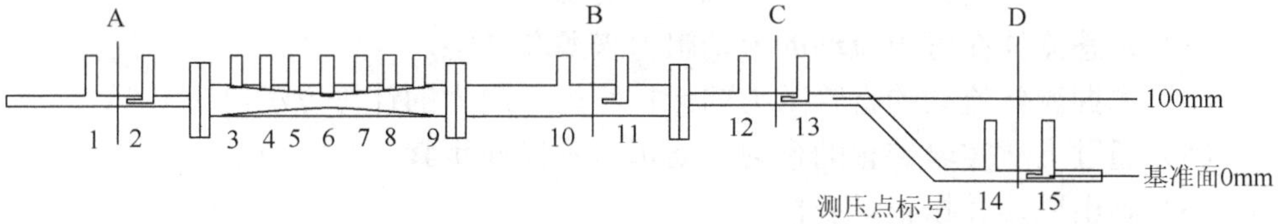

图 3-2　实验测试导管管路图

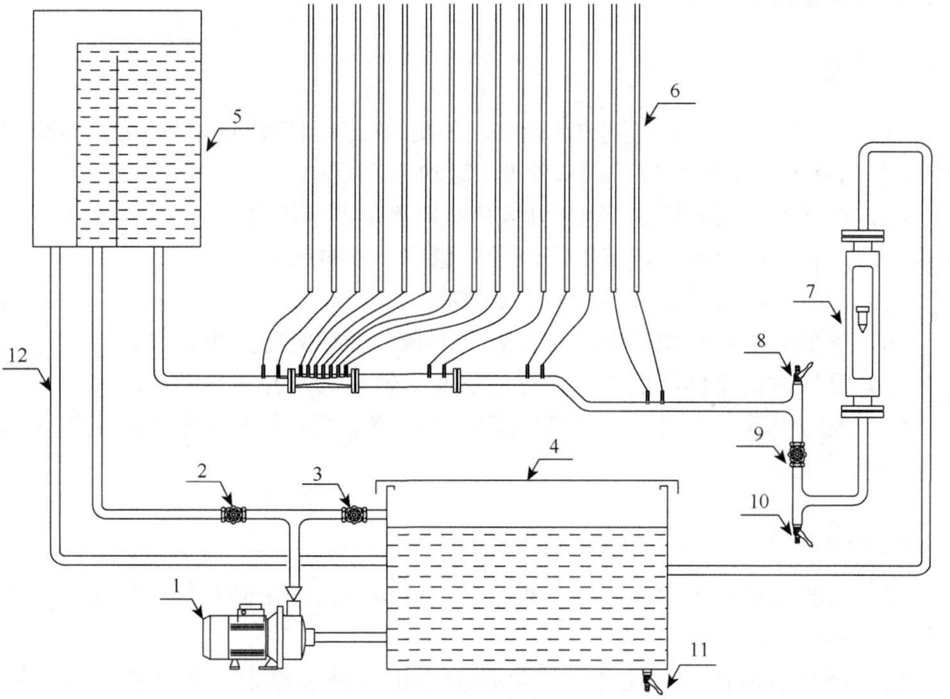

图 3-3　流体流动能量转换实验流程图

1. 离心泵；2. 流量调节阀；3. 旁路调节阀；4. 水箱；5. 高位水箱；6. 玻璃管压差计；7. 转子流量计；8. 排气阀；9. 调节阀；10. 排水阀；11. 水箱放水阀；12. 溢流管

2. 实验设备主要技术参数

A 截面的直径 14mm；B 截面直径 28mm；C 截面、D 截面直径 14mm；以 D 截面的中心为零基准面；D 截面中心距基准面为 Z_D=0mm。A 截面和 D 截面间距离为 100mm；A、B、C 截面 Z_A=Z_B=Z_C=100mm（标尺为 100mm）。

五、实验预习要求

（1）面对实验装置快速复述流程，简述实验内容。

（2）了解伯努利方程的原始形式及其适用条件。

（3）熟悉流体在管内流动的流动阻力来源和类型。

（4）掌握流体流动的直管阻力的计算和局部阻力的计算方法。

（5）通过上次实验装置的预习，演示基本操作步骤。

（6）画出原始数据记录表格。

六、实验步骤及注意事项

1. 实验步骤

（1）向水箱 4 加入一定量的蒸馏水，关闭离心泵出口流量调节阀 2、旁路调节阀 3、排气阀 8、排水阀 10、调节阀 9，启动离心泵。

（2）打开旁路调节阀 3，逐步开大离心泵流量调节阀 2，当高位槽溢流管有液体溢流后，利用调节阀 9 调节出水流量。稳定一段时间。

（3）待流体稳定后读取并记录各点数据。

（4）逐步关小流量调节阀，重复以上步骤，继续测定多组数据。

（5）分析讨论流体流过不同位置处的能量转换关系并得出结论。

（6）关闭步骤（1）中所开启的阀门，关闭离心泵，把高位水箱的水放回水箱 4 内，结束实验。

2. 注意事项

（1）离心泵出口上水阀不要开得过大，以免水流冲击到高位槽外面，导致高位槽液面不稳定。

（2）调节水流量时，注意观察高位槽内水面是否稳定，随时补充水量保持稳定。

（3）减小水流量时阀门调节要缓慢，以免水量突然减小使测压管中的水溢出管外。

（4）注意排除实验导管内的空气泡。

（5）避免离心泵空转或离心泵在出口阀门全开的条件下工作。

七、实验数据及结果分析

1. 数据记录（表 3-3）

表 3-3　实验数据记录表

序号		流量 600L·h^{-1}		流量 500L·h^{-1}		流量 400L·h^{-1}	
		压强测量值/mmH_2O	压头/mmH_2O	压强测量值/mmH_2O	压头/mmH_2O	压强测量值/mmH_2O	压头/mmH_2O
1	静压头						
2	冲压头						
3	静压头						
4	静压头						
5	静压头						
6	静压头						
7	静压头						
8	静压头						
9	静压头						
10	静压头						
11	冲压头						
12	静压头						
13	冲压头						
14	静压头						
15	冲压头						

2. 数据处理

根据所测数据做出各测压管静压头、动压头、冲压头及截面间压头损失分析，并举例说明计算过程。

八、思考题

（1）对于不可压缩流体，在水平不等径的管内流动，流速和管径的关系如何？

（2）关小调节阀后，静压头发生什么变化？为什么？

（3）若要通过实验方法测定某截面上的总压头，应如何测定？又如何得到截面上的动压头？

实验三　流体阻力测定实验

一、实验目的

（1）掌握管路阻力的计算方法和测量原理。

（2）掌握细光滑管和内插螺纹管直管摩擦阻力系数 λ 的测定方法，并对两者粗糙度进行比较。

（3）测量和估算某一弯头、阀门（全开和半开）及涡轮流量计在一定流量下的阻力系数 ξ 值。

二、实验内容

（1）测定不同的流体流型状态下摩擦阻力系数 λ 与雷诺数 Re 之间的关系。

（2）测定不同管件在不同开度时的局部阻力系数。

（3）在对数坐标纸上绘制 λ 与 Re 的关系曲线。

三、实验原理

直管的摩擦阻力系数是雷诺数和管壁相对粗糙度的函数，即 $\lambda = f(\mathrm{Re}, \varepsilon / d)$，所以对一定的相对粗糙度而言，$\lambda$ 与 Re 才有一定的关系。λ 随 Re 的变化规律与流体流型有关。

流体以不同的流速在一定长度等直径的水平圆管内流动时，其管路阻力引起的能量损失为

$$h_f = \frac{p_1 - p_2}{\rho} = \frac{\Delta p_f}{\rho} \tag{3-3}$$

又因为摩擦阻力系数与阻力损失之间有如下关系（范宁公式）：

$$h_f = \lambda \cdot \frac{l}{d} \cdot \frac{u^2}{2} \tag{3-4}$$

整理式（3-3）和式（3-4）两式得

$$\lambda = \frac{2d}{\rho \cdot l} \cdot \frac{\Delta p_f}{u^2} \tag{3-5}$$

$$\mathrm{Re} = \frac{du\rho}{\mu} \tag{3-6}$$

分析式（3-5）和式（3-6），当直管的 l 和 d 被确定之后，得知流体的温度，则流体的 ρ 和 μ 也是定值。所以该实验即为测定直管段的流体阻力引起的压降 Δp_f 与流速 u 之间的关系。调节一系列的流量 V，就可测定和计算一系列的 λ 和 Re 值。

局部阻力系数为

$$\xi = \frac{2 \cdot \Delta p_f}{\rho \cdot u^2} \tag{3-7}$$

式中，ξ ——局部阻力系数，无因次；

$\Delta p'_f$ ——局部阻力引起的压强降，Pa；

h'_f ——局部阻力引起的能量损失，J·kg^{-1}。

局部阻力引起的压降 $\Delta p'_f$ 可用下面的方法测量：在一条各处直径相等的直管段上，安装待测局部阻力的阀门，在其上、下游开两对测压口 a-a′和 b-b′，见图 3-4，使 ab=bc，a′b′=b′c′，则 $\Delta p_{f,ab}=\Delta p_{f,bc}$，$\Delta p_{f,a'b'}=\Delta p_{f,b'c'}$，在 a～a′之间列伯努利方程式：

$$p_a-p_{a'}=2\Delta p_{f,ab}+2\Delta p_{f,a'b'}+\Delta p'_f \tag{3-8}$$

在 b～b′之间列伯努利方程式：

$$\begin{aligned} p_b-p_{b'}&=\Delta p_{f,bc}+\Delta p_{f,b'c'}+\Delta p'_f \\ &=\Delta p_{f,ab}+\Delta p_{f,a'b'}+\Delta p'_f \end{aligned} \tag{3-9}$$

联立式（3-8）和式（3-9），得 $\Delta p'_f=2(p_b-p_{b'})-(p_a-p_{a'})$。

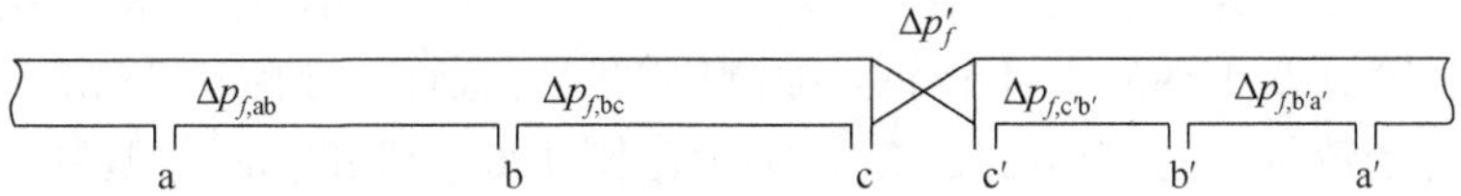

图 3-4　局部阻力测量取压口布置图

为了便于区分，称（$p_b-p_{b'}$）为近点压差，（$p_a-p_{a'}$）为远点压差。其数值通过差压传感器来测量。

四、实验装置及流程

1. 单相流动阻力测定实验装置流程图（图 3-5）

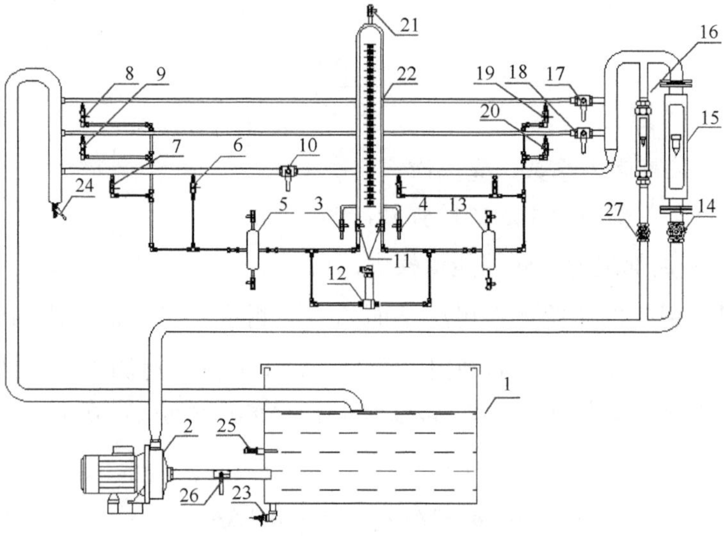

图 3-5　单相流动阻力测定实验装置流程图

1. 储水箱；2. 离心泵；3、4. 放水阀；5、13. 缓冲罐；6. 局部阻力近端测压阀；7. 局部阻力远端测压阀；8、20. 粗糙管测压阀；9、19. 光滑管测压阀；10. 局部阻力管阀；11. U 形管进出水阀；12. 压力传感器；14. 大流量调节阀；15、16. 水转子流量计；17. 光滑管阀；18. 粗糙管阀；21. 倒置 U 形管放空阀；22. 倒置 U 形管；23. 水箱放水阀；24. 放水阀；25. 温度计；26. 切断阀；27. 小流量调节阀

2. 实验装置技术参数

离心泵：型号 WB 70/055，流量 $8m^3 \cdot h^{-1}$，扬程 12m，电机功率 550W。

被测直管段：光滑管管径 d=0.008m，管长 L=1.695m，不锈钢；粗糙管管径 d=0.010m，管长 L=1.695m，不锈钢。被测局部阻力直管：管径 d=0.021m，不锈钢。

玻璃转子流量计：型号 LZB-25，测量范围 100～1000$L \cdot h^{-1}$；型号 VA10-15F，测量范围 10～100$L \cdot h^{-1}$。

压差传感器：型号 LXWY，测量范围 0～200kPa。

数字显示仪表：温度测量 Pt100。

数显仪表：AI501B。

五、实验预习要求

（1）简述摩擦阻力的计算方法及测量原理。

（2）根据实验装置设计实验步骤。

（3）列出实验设计中存在的疑问。

（4）画出实验数据记录表格，简述实验结果分析内容。

六、实验步骤及注意事项

1. 实验步骤

（1）向储水箱 1 内注水至三分之二为止（最好使用蒸馏水，以保持管路清洁）。开启面板上总电源开关，仪表上电并检查仪表是否正常。以光滑管阻力测定为例。

（2）光滑管阻力测定。关闭所有阀门，打开切断阀 26，打开阀门 19、8，将光滑管路阀门 17 全开。启动离心泵后全开阀门 11、14 和 27，缓慢打开转子流量计 15 的阀门 14，在大流量下将实验管路气泡全部排出［赶气泡方法见操作（5）］。

（3）关闭阀门 11、27，改变阀门 14 的开度，相应改变流量计 15 的流量。待数据稳定后读取压差读数和转子流量计 15 的数值。取 6～9 组数据。

（4）关闭阀门 14，在流量为零的条件下，打开通向倒置 U 形管的进水阀 11，检查导压管内是否有气泡存在。若倒置 U 形管内液柱高度差不为零，则表明导压管内存在气泡。需要进行赶气泡操作。

（5）赶气泡的操作方法如下：导压系统如图 3-6 所示。全开阀门 27 加大流量，打开 U 形管进水阀门 11，使倒置 U 形管内液体充分流动，以赶出管路内的气泡。分别缓慢地打开两个缓冲罐的排气阀，以达到排空缓冲罐中气体的目的。若观察气泡已赶净，将大小流量调节阀关闭，倒置 U 形管进、出水阀 11、3、4 关闭，慢慢旋开倒置 U 形管上部的放空阀 21 后，分别缓慢打开阀门 3、4，使液柱降至中点上下时马上关闭，管内形成气-水柱，此时管内液柱高度差不一定为零。关闭放空阀 21，打开 U 形管进出水阀 11，此时 U 形管两液柱的高度差应为零（1～2mm 的高度差可以忽略），如不为零则表明管路中仍有气泡存在，需要重复进行赶气泡操作。

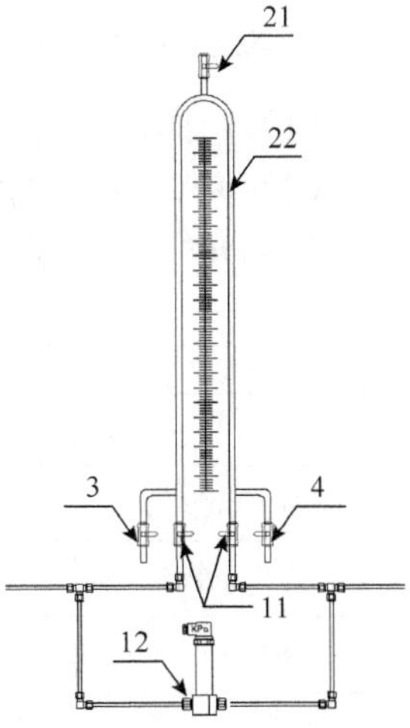

图 3-6　导压系统示意图

（6）缓慢开启小转子流量计流量调节阀 27 为 $100L \cdot h^{-1}$，用倒置 U 形管读取两端液柱高度。改变流量稳定后测取流量和压差。

（7）该装置两个转子流量计并联连接，根据流量大小选择不同量程的流量计测量流量。

（8）差压变送器与倒置 U 形管亦是并联连接，用于测量压差，小流量时用倒

U 形管压差计测量，大流量时用差压变送器测量。应在最大流量和最小流量之间进行实验操作，一般测取 15～20 组数据。

（9）在测大流量的压差时应关闭 U 形管的进出水阀 3、4，防止水利用 U 形管形成回路影响实验数据。

（10）分别测取实验前后水箱水温。待数据测量完毕，关闭流量调节阀，停泵。

（11）粗糙管、局部阻力测量实验方法同前光滑管实验相同。

2. 注意事项

（1）启动离心泵之前以及从光滑管阻力测量过渡到其他测量之前，都必须检查所有流量调节阀是否关闭。

（2）利用压力传感器测量大流量下 Δp 时，应切断空气-水倒置 U 形玻璃管的阀门，否则将影响测量数值的准确性。

（3）在实验过程中，每调节一个流量之后，应待流量和直管压降的数据稳定以后方可记录数据。

七、实验数据及结果分析

1. 数据记录（表 3-4）

（1）内插螺纹管：内径 22mm，外径 23mm，管长 1.5m。

（2）Φ10 不锈钢管：内径 5.32mm，管长 1.5m。

（3）90°弯头：内径 22.8mm。

表 3-4　流体阻力测定实验记录表

	1	2	3	4	5	6	7
流量 $V/(m^3 \cdot h^{-1})$							
压降 Δp/Pa							
温度 t/℃							

2. 数据处理

（1）计算不同的流体流型状态下摩擦阻力系数 λ 与雷诺数 Re 之间的关系。

（2）计算不同管件在不同开度时的局部阻力系数。

（3）将计算获得的数据在对数坐标纸上绘制 λ-Re 的关系曲线。

八、思考题

（1）摩擦系数与相对粗糙度和雷诺数的关系是什么？

（2）直管摩擦阻力系数随雷诺数的变化规律是什么？

（3）本实验中用水为工作介质，作出的 λ-Re 曲线对其他流体能否适用？为什么？

实验四　离心泵性能测定实验

一、实验目的

（1）熟悉离心泵的操作方法。
（2）熟练运用伯努利方程。
（3）掌握离心泵的性能测定及其图示方法。

二、实验内容

（1）测定不同流量下离心泵的性能参数。
（2）测定离心泵的特性曲线。
（3）分析离心泵特性曲线的最佳工况参数，并与铭牌数据比较分析。

三、实验原理

在一定的转数下，离心泵的性能如扬程、功率和效率与其流量呈一定的关系。根据流体力学方程（伯努利方程），在离心泵进口、出口之间进行能量衡算，则

$$\frac{u_1^2}{2g}+\frac{p_1}{\rho g}+z_1+H=\frac{u_2^2}{2g}+\frac{p_2}{\rho g}+z_2+H_f \tag{3-10}$$

$$H=\frac{u_2^2-u_1^2}{2g}+\frac{p_2-p_1}{\rho g}+\left(z_2-z_1\right)+H_f \tag{3-11}$$

由于阻力损失，H_f 可以忽略，则

$$H=\frac{u_2^2-u_1^2}{2g}+\frac{p_2-p_1}{\rho g}+\left(z_2-z_1\right) \tag{3-12}$$

$$N_e=QH_e\rho g \tag{3-13}$$

$$\eta=N_e/N\times 100\% \tag{3-14}$$

式中，z、$\frac{u^2}{2g}$、$\frac{p}{\rho g}$——位头（位压头）、速度头（动压头）、压力头（静压头），三者之和称为总压头；

p_1——进口压力，MPa；

p_2——进口压力，MPa；

H——扬程，m；

Q——流量，$m^3 \cdot s^{-1}$；

N_e——有效功率，W；

N——轴功率，W。

四、实验装置流程图

离心泵性能测定实验装置流程图如图3-7所示。

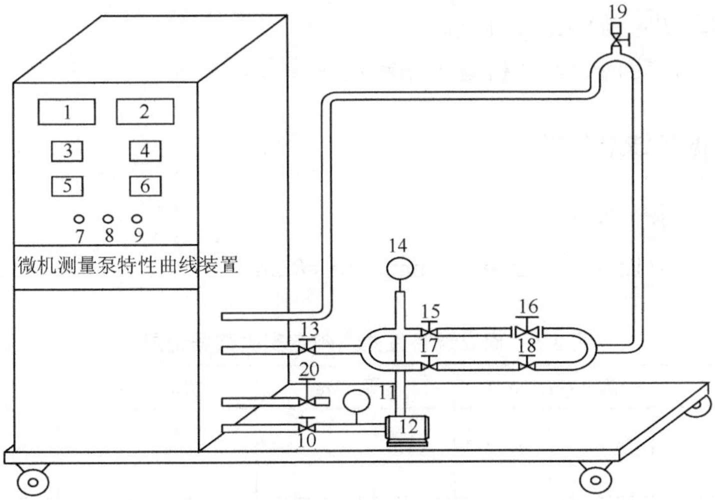

图3-7 离心泵性能测定实验装置流程图

1. 水流量显示；2. 电动阀控制器；3. 泵出口压力；4. 泵功率显示；5. 泵入口真空度；6. 水温度显示；7. 离心泵开关；8. 总电源开；9. 总电源关；10. 水箱阀门；11. 真空测量；12. 离心泵；13. 回水阀门；14. 压力测量；15、17、18. 调节阀门；16. 电动阀门；19. 放空阀门；20. 放水阀

五、实验预习要求

（1）面对实验装置快速复述流程，简述实验内容。

（2）掌握离心泵的工作原理、离心泵的气缚现象及防止发生气缚现象的措施。

（3）分析实验过程中记录水温的目的。

（4）了解离心泵的开车、停车步骤及原因。

（5）通过上次实验装置的预习，演示基本操作步骤。

六、实验步骤及注意事项

1. 实验步骤

（1）开启离心泵以前，关闭旁路阀及离心泵出口阀，然后自加水斗处向离心泵内注满水。

（2）启动离心泵，先打开旁路阀进行排气，然后缓慢打开离心泵出口阀，调节至较大流量，进行排气，排气时间需要5～10min，然后关闭旁路阀。

（3）配合调节离心泵两个出口阀，调至测定所需流量，开始进行实验测定。
（4）实验测定完毕，停泵，放净管路及泵内的积水。

2. 注意事项

（1）离心泵必须注满水后方可合闸开启。
（2）实验测定前要充分排气。
（3）实验测定前一定要检查旁路阀是否关紧。

七、实验数据及结果分析

1. 数据记录（表 3-5）

已知：D_i=31.5mm，D_0=35.4mm，Δz=0.2m。

表 3-5　离心泵特性曲线测定实验数据记录表

序号	流量 $Q/(m^3 \cdot h^{-1})$	扬程 H/m	功率 N/kW	效率 η
1				
2				
⋮				

2. 数据处理

（1）计算不同流量下离心泵的性能参数。
（2）根据计算得到的数据在坐标纸上绘制离心泵的特性曲线。
（3）根据离心泵特性曲线获得最佳工况参数，与铭牌数据比较分析。

八、思考题

（1）启动离心泵前为什么要灌泵？
（2）开泵后用哪个阀门排气？
（3）试从理论和实验结果来分析流量变化对离心泵进口真空表和出口压力表读数的影响。

实验五　旋风分离器性能实验

一、实验目的

（1）掌握旋风分离器、沉降室的结构、特点和工作原理。

（2）了解分离器的分离效果和流动阻力随进口气速的变化趋势，掌握进口气速对旋风分离器分离性能的影响。

二、实验内容

（1）测定不同空气流量下旋风分离器分离性能参数。

（2）画出旋风分离器的分离效率曲线。

三、实验原理

鼓风机吸入口在管路的分支处，一部分经流量调节阀吸入，一部分经布袋除尘柜吸入，后者的流量随流量调节阀的开度而变化。布袋除尘柜与旋风分离器和沉降室相连，启动风机后产生吸力，将物料通过物料进口吸入，较大颗粒在通过沉降室时受重力作用而沉降，微小颗粒随气体进入旋风分离器中进一步分离。

1. 旋风分离器工作原理

含尘气体由旋风分离器圆筒部分上的进气管沿切线方向进入，受气壁的约束而做向下的螺旋形运动。气体和尘粒同时受到惯性离心力作用，因尘粒的密度远大于气体的密度，所以尘粒所受到的惯性离心力远大于气体的。在这个惯性离心力的作用下，尘粒在做向下旋转运动的同时也做向外的径向运动，其结果是尘粒被甩向器壁与气体分离，然后在气流摩擦力和重力作用下，再沿器壁表面做向下的螺旋运动，最后落入锥底的排灰口内。含尘气体在做向下螺旋运动的过程中逐渐净化。在到达分离器的圆锥部分时，被净化了的气流由以靠近器壁的空间为范围的下行螺旋运动改为以中心轴附近空间为范围的上行螺旋运动，最后由分离器顶部的排气管排出。下行螺旋在外，上行螺旋在内，但两者的旋转方向是相同的。下行螺旋流的上部是主要的除尘区。在演示实验中所看到的螺旋状轨迹，是已经被甩到器壁上的粉粒被下行螺旋气流吹扫着器壁表面向下螺旋运动的情况。由此可以清晰地看到含尘气体、固体尘粒和气体的流动路线。

2. 进口气速对分离效果和流动阻力的影响

气体在分离器内的流速常用进口气速 u_i 来表示。临界直径 d_c 和分割直径 d_{50} 的计算公式如下

$$d_c = \sqrt{\frac{9\mu B}{\pi N_e u_i \rho_s}} \tag{3-15}$$

$$d_{50} = 0.27\sqrt{\frac{\mu D}{u_i \rho_s}} \tag{3-16}$$

由式（3-16）可看出，提高分离器的进口气速 u_i，可以减少临界直径 d_{50}，提高分离效率。但若进口气速过高，则会招致分离器内气体的涡流加剧，破坏固体尘粒在径向上的正常运动，延长尘粒离心沉降的时间，甚至使之未及到达器壁，或者沉降后又被气体涡流重新卷起而带走，造成分离效果下降。

在任何情况下，永远是进口气速 u_i 越大，气体通过分离器的流动阻力 $\Delta p = \zeta \frac{pu_i^2}{2}$ 越大，且由 $\frac{d(\Delta p)}{du_i} = \left(\zeta \frac{p}{2}\right) \cdot 2 \cdot u_i$ 可知，u_i 值越大，Δp 随 u_i 的变化率 $\frac{d(\Delta p)}{du_i}$ 就越大。因此，旋风分离器的进口气速过小或过大都不好，一般控制 $u_i = 10 \sim 25 m \cdot s^{-1}$ 为宜。

四、实验装置的基本情况

1. 实验装置流程图

实验装置流程示意图如图 3-8 所示。

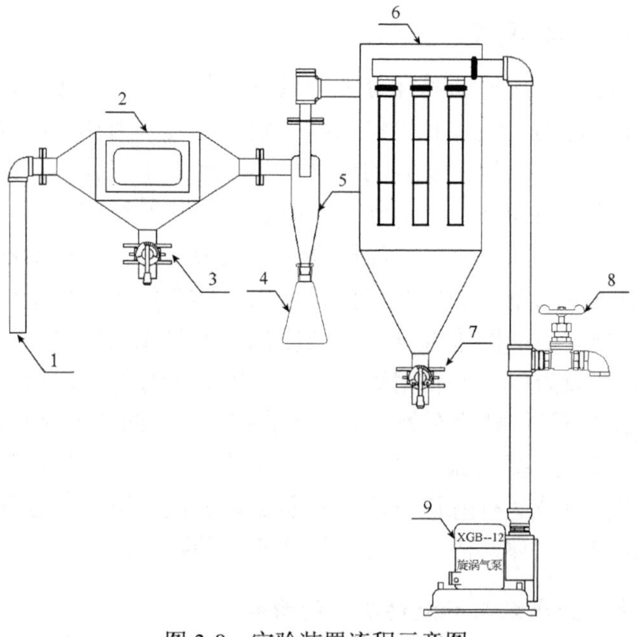

图 3-8　实验装置流程示意图

1. 进料口；2. 沉降室；3. 蝶阀；4. 玻璃接收瓶；5. 旋风分离器；6. 布袋除尘器；7. 蝶阀；8. 气体旁路调节阀；9. 风机

2. 实验设备主要技术参数

（1）旋风分离器：圆筒部分的直径 D=80mm。为兼顾便于加工、流动阻力小和分离效果好三方面的要求，本装置取旋风分离器进气管为圆管，其直径确定方法如下：

$$d_i = \frac{1}{2} \times (D - D_1)$$

式中，D——圆筒部分的直径，m；

D_1——排气管的直径，m。

（2）鼓风机（旋涡气泵）：型号 XGB.12。

五、实验预习要求

（1）面对实验装置快速复述流程，简述实验内容。

（2）熟悉旋风分离器的工作原理。

（3）了解旋风分离器分离效率表示方法。

（4）掌握空气气速对旋风分离器的分离性能影响。

（5）通过上次实验装置的预习，演示基本操作步骤。

六、实验步骤及注意事项

1. 实验步骤

（1）置流量调节阀 8 处于全开状态。接通风机电源开关，启动风机。

（2）逐渐关小流量调节阀，增大通过沉降室、旋风分离器的风量，了解气体流量的变化趋势。

（3）将空气流量调节阀关闭一定状态，将实验用的固体物料（玉米面、洗衣粉等）倒入容器中，靠近物料进口 1 处，观察沉降室与旋风分离器中物料运动情况。为了能在较长时间内连续观察到上述现象，可用手轻轻拍打容器，推动尘粒连续加入。虽然观察者实际所看到的是尘粒的运动轨迹，但因尘粒沿器壁的向下螺旋运动是气流带动所致，所以完全可以由此推断出含尘气流和气体的流动路线。

（4）结束实验时，先将流量调节阀全开，再切断鼓风机电源开关。若今后一段时间不使用该设备，应将集尘室清理干净。

2. 注意事项

（1）开车或停车操作时，要先将流量调节阀置于全开状态，然后再接通或切断风机的电源开关。

（2）旋风分离器的排灰管与集尘室的连接要比较严密，以免因内部负压漏入空气而将已分离下来的尘粒重新吹起被带走。

（3）实验时，若气体流量足够小，且固体粉粒比较潮湿，则会发生固体粉粒沿着向下螺旋运动轨迹黏附在器壁上的现象。若想去掉黏附在器壁上的粉粒，可加大进气流量，利用从含尘气体中分离出来的高速旋转的新粉粒，将黏附在器壁上的粉粒冲刷掉。

七、实验数据及结果分析

1. 数据记录（表 3-6）

表 3-6　旋风分离器分离性能测定实验数据记录表

序号	空气流量 $Q/(m^3 \cdot h^{-1})$	除尘室分离效率 η_1	旋风分离器分离效率 η_2	总效率 η
1				
2				
⋮				

2. 数据处理

（1）计算不同空气流量下旋风分离器的分离性能参数。

（2）根据计算得到的数据在坐标纸上画出旋风分离器的分离效率曲线。

八、思考题

（1）影响沉降速度的因素有哪些？

（2）旋风分离器的性能参数有哪些？

（3）空气流量变化对旋风分离器分离效率有何影响？试从理论和实验结果来分析。

（4）分析重力沉降与离心沉降的区别。

实验六　板框式恒压过滤实验

一、实验目的

（1）熟悉板框过滤机的结构和操作方法。
（2）测定在恒压过滤操作时的过滤常数。
（3）掌握过滤问题的简化工程处理方法。

二、实验内容

（1）测定某一压力下，过滤方程中的过滤常数 K、q_e、τ_e。
（2）一定洗涤速率与过滤末速率的关系。

三、实验原理

恒压过滤方程为

$$(q+q_e)^2=K(\tau+\tau_e) \tag{3-17}$$

式中，$q=\dfrac{V}{A}$——单位过滤面积获得的滤液体积，$m^3 \cdot m^{-2}$；

V——滤液体积，m^3；

A——过滤面积，m^2；

q_e——单位过滤面积上的虚拟滤液体积，$m^3 \cdot m^{-2}$；

τ——实际过滤时间，s；

τ_e——虚拟过滤时间，s；

K——过滤常数，$m^2 \cdot s$。

由式（3-17）微分得

$$\frac{d\tau}{dq}=\frac{2}{K}q+\frac{2}{K}q_e \tag{3-18}$$

式（3-18）为一个直线方程，一般各数据点的时间间隔不大时，以增量比$\dfrac{\Delta\tau}{\Delta q}$替代$\dfrac{d\tau}{dq}$。在直角坐标上绘出$\dfrac{\Delta\tau}{\Delta q}$对 q 的关系，求直线斜率和截距，便可得出 K、q_e 和 τ_e 值。

四、实验装置与流程

板框式恒压过滤实验装置的主要技术指标见表 3-7，其实验装置流程如图 3-9 所示。

表 3-7　板框式恒压过滤实验装置的主要技术指标

名称	材质	规格	说明
板框	不锈钢	外形 170mm×170mm，板框过滤体积 192mL/每个框（圆形，Φ120mm×17mm）	一台装置共四个框
储浆罐	不锈钢	7L，耐压 0.3MPa	—
电子秤	—	15kg	精度 5g
自动搅拌器	—	多级调速	见其说明书
压缩机	—	0.3MPa	无油
操作压力	—	0.05～0.1MPa	最高 0.15MPa
秒表	—	电子表（可读累积时间）	每套装置 1 块

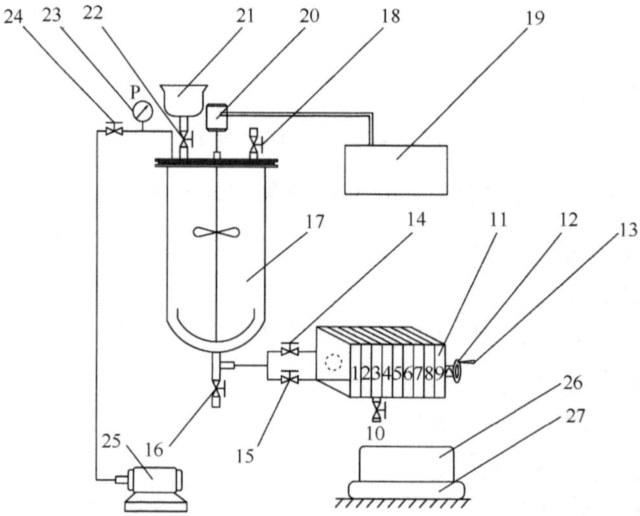

图 3-9　板框式恒压过滤实验装置流程图

1～9. 板框；10. 板框放液阀；11. 板框过滤机；12. 摇柄轮；13. 摇柄轮把手；14. 洗涤水阀；15. 滤液阀；16. 放液阀；17. 储浆罐；18. 放气阀；19. 搅拌控制器；20. 搅拌电机；21. 加料斗；22. 加液阀；23. 压力表；24. 调压阀；25. 空压机；26. 滤液桶；27. 电子秤

五、实验预习要求

（1）按流程示意图找出装置上各设备、仪表及部件，并熟悉装置上各个设备、仪表及部件的使用方法。

（2）滤布和板框的安装方法；浆料的配制和加入。

（3）根据实验装置设计实验步骤。

（4）列出实验设计中存在的疑问。

（5）画出实验数据记录表格，简述实验结果分析内容。

六、实验步骤及注意事项

1. 实验步骤

（1）将滤布由下往上围裹滤框，使过滤通道、洗涤通道分别穿过滤布上的两个孔，然后按框上的号码从左向右依次排列，转动后机头上的旋转手柄压紧板框。

（2）参见流程示意图，关闭阀 14、15、16，打开放气阀 18。

（3）将配好的浆液用棍搅拌到盆内无沉淀，打开加液阀 22，将滤浆倒入加料斗，同时打开电动搅拌器开关，调至 2 挡或 3 挡（300rad/min 左右），滤浆灌完后，关闭阀 18、22。

（4）打开压缩机开关，调节调压阀使压力表维持在 0.02MPa（或一指定压力）。同时电子搅拌器转速增大至 3 挡。

（5）观察电子秤读数是否为零，若不为零，可按“置零”键将读数置零，将滤液盆放在电子秤上称量并记录。

（6）打开阀 10，再将滤液阀 15 全开，在滤液流出时立即用秒表记录时间。按每增加 0.5kg 记录一次时间，滤液量显著减少时，即滤液出口处的液流由管口不呈线状而下时，过滤结束。关闭阀 15。

（7）慢慢打开放气阀 18，待储浆罐压力为零时，停止搅拌，从阀 14 处放出余下的浆液（如需做物料衡算可称量）。再向滤浆釜加入清水洗涤，直到从阀 16 流出清水时，即关闭阀 16。

（8）从加料斗 21 加入 0.2～4L 水，转入洗涤操作，洗涤阶段停止搅拌，再调压至过滤操作时的压强，再打开阀 14 记录时间，然后再增加一定量（如 0.2kg）的水，记录一次时间，记录数次时间后可结束洗涤。松开过滤机摇柄轮，取下滤饼称量。

（9）将滤布、滤框拆下，冲洗干净。放净储浆罐内的清水，切断电源，一切复原。

2. 注意事项

（1）必须阅读各类设备使用说明书，明确其使用要点后，再进行使用和操作。

（2）操作压力不准超过 0.15MPa，搅拌挡位不准超过 4 挡，禁止无料搅拌，使用温度为常温，否则设备易被损坏。过滤和洗涤阶段必须保持压力恒定。

（3）滤布必须湿透，安装时滤布要对准滤机定位孔，表面拉平，不起皱纹。滤板、滤框和管路阀门的启、闭要正确，以免返工。

七、实验数据及结果分析

1. 数据记录（表 3-8）

表 3-8　板框恒压过滤实验记录表

物料 m/g	
水温 t/℃	
料浆浓度	
过滤滤液量 m/g	过滤时间 τ/s
1 2 ⋮	
洗涤用水量 m/g	洗涤时间 τ/s
1 2 ⋮	

2. 数据处理

（1）计算某一压力下，过滤方程中的过滤常数 K、q_e 和 τ_e。

（2）由实验数据确定一定洗涤速率与过滤末速率的关系。

八、思考题

（1）试分析过滤时滤液浑浊的可能原因。

（2）滤液流出不通畅的处理办法是什么？

（3）过滤压力上不去的原因和处理办法是什么？

（4）影响过滤的因素有哪些？

实验七　套管换热器对流传热系数测定实验

一、实验目的

（1）掌握对流传热系数 α 的测定方法。
（2）加深对对流传热系数 α 的概念及其影响因素的理解。
（3）学会应用多元线性回归分析方法确定 $\mathrm{Nu}=A\mathrm{Re}^m\mathrm{Pr}^n$ 中的常数 A、m、n。

二、实验内容

（1）测定 6～9 个不同流速下本套管换热器的对流传热系数 α。
（2）对 α 的实验数据进行多元线性回归，求准数关联式 $\mathrm{Nu}=A\mathrm{Re}^m\mathrm{Pr}^n$ 中的常数 A、m、n。

三、实验原理

1. 对流传热原理

对流传热是流体和壁面之间的传热过程。用对流传热系数计算 K 值是确定 K 值的重要途径，对流传热系数是评估对流传热过程的不可缺少的数据。

由于流体和壁面之间的传热比较复杂，影响对流传热系数 α 的因素很多，如流体的流动状态，引起流动的原因，流体的性质，传热面的形状、大小和位置。用因次分析方法，对无相变时的强制对流传热系数的影响因素进行归纳可得

$$\mathrm{Nu}=f(\mathrm{Re}\cdot\mathrm{Pr}) \tag{3-19}$$

若流体是在圆形直管内做强制湍流传热，则式（3-19）可表示成

$$\mathrm{Nu}=A\mathrm{Re}^m\mathrm{Pr}^n \tag{3-20}$$

式中，努塞特准数：

$$\mathrm{Nu}=\frac{a_1d_1}{\lambda} \tag{3-21}$$

雷诺准数:

$$\mathrm{Re}=\frac{d_1u\rho}{\mu} \tag{3-22}$$

普朗特准数：

$$\Pr = \frac{c_p \mu}{\lambda} \tag{3-23}$$

A、m、n 为常数，其数值由实验测定。

本实验将实践 α 值的直接测定方法和由实验确定式（3-18）的方法。对流传热系数 α 可根据牛顿冷却定律来实验测定：

$$Q = \alpha_1 S_1 (t_w - \bar{t}) \tag{3-24}$$

$$\alpha_1 = \frac{Q}{S_1 (t_w - \bar{t})} \tag{3-25}$$

式中，S_1——传热管的内表面积，$S_1=\pi d_1 L$，m^2（d_1——传热管内径，m）；

$\bar{t}$——冷流体平均温度，$\bar{t} = \frac{t_1 + t_2}{2}$，℃；

t_w——传热管内外壁表面的平均温度，℃。

同时

$$\alpha_0 = \frac{Q}{S_0 (\bar{T} - t_w)} \tag{3-26}$$

式中，$\bar{T}$——传热体平均温度，$\bar{T} = \frac{T_1 + T_2}{2}$。

2. 对流传热系数准数关联式的实验确定

$$\mathrm{Nu} = A\mathrm{Re}^m \Pr^n \tag{3-27}$$

对式（3-25）两边取对数得

$$\lg \mathrm{Nu} = \lg A + m \lg \mathrm{Re} + n \lg \Pr$$

$$或 \lg \frac{\mathrm{Nu}}{\Pr^n} = m \lg \mathrm{Re} + \lg A \tag{3-28}$$

在强制湍流时，当温度变化范围不太大，温度对流体的特性影响较小，在温度上升时，n=0.4，Pr 为常数，其表达式中的 c_p、μ、λ、ρ 均指在平均温度 $\bar{t}$ 下的平均值。

设 $y = \lg \frac{\mathrm{Nu}}{\Pr^n}$，$b_0$=lg$A$，$X$=lgRe，则式（3-26）变为

$$y=mx+b_0 \tag{3-29}$$

以 x 为自变量，y 为因变量，进行二元线性回归，求得 m、b_0，即可求得 A，或在对数坐标纸上，以 $\frac{\mathrm{Nu}}{\Pr^n}$ 为纵坐标，Re 为横坐标，作出一条直线，求其斜率，即为 m。

四、实验装置

1. 实验流程示意图（图 3-10）

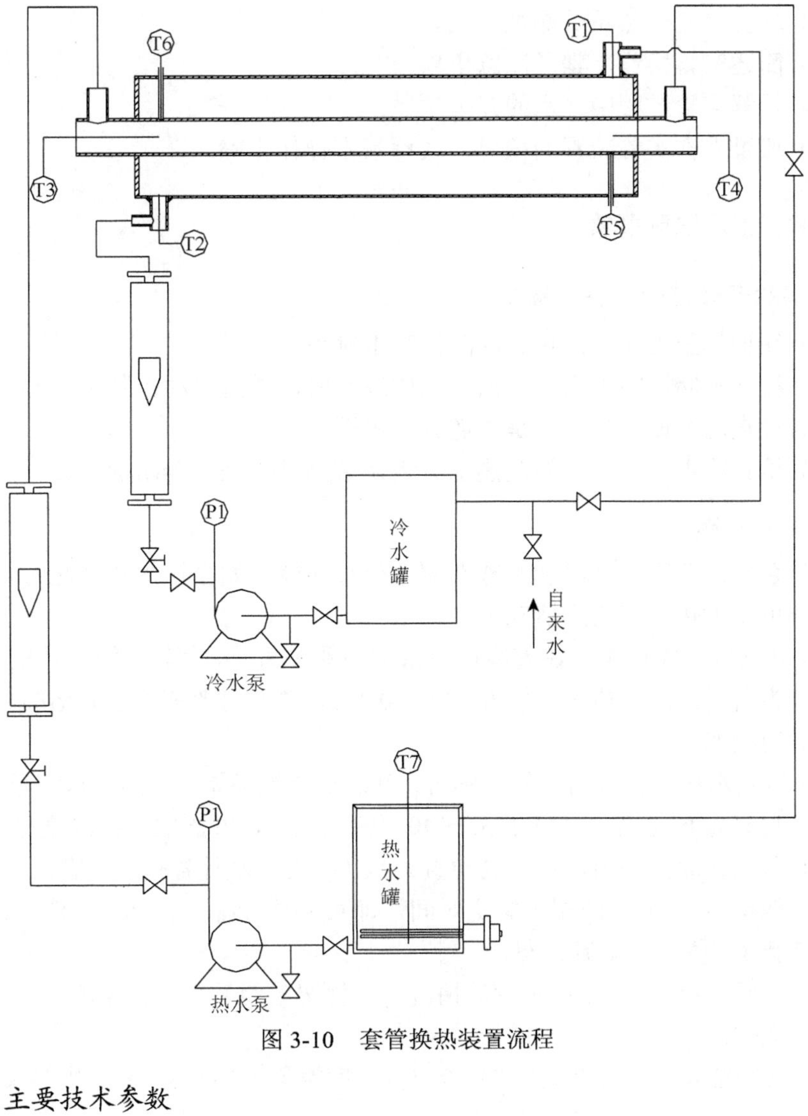

图 3-10　套管换热装置流程

2. 主要技术参数

套管式换热器，内径 d 为 20mm，有效长度 L 为 1.20m。

3. 主要设备和仪表

L7B-40 型转子流量计，量程为 $0.25\sim2.5\text{m}^3\cdot\text{h}^{-1}$ 数显测温表，单向自吸水泵 2 台。

套管式换热器，热水加热釜，冷水储槽，调压器。

五、实验预习要求

（1）面对实验装置快速复述流程，简述实验内容。
（2）掌握对流传热系数测量方法。
（3）简述实验操作步骤及注意事项。
（4）了解实验过程中冷水的开关顺序。
（5）通过上次实验装置的预习，演示基本操作步骤。

六、实验步骤及注意事项

1. 实验开始前的准备和检查

（1）往加热釜内加水，使釜内液位基本满罐。
（2）往冷水储槽中加水，当槽中水位适当时，浮阀自动控制液位。
（3）检查两个调压电位器是否逆旋至极端。
（4）检查冷水流量调节阀及热水流量调节阀是否处于全闭状态。

2. 实验步骤

（1）合电源总闸，此时加热釜左侧两个加热器开始全压加热（此时是否需要开通两个可调加热器视实际情况为定）。

（2）开动冷水输送泵并调整冷水流量调节阀的大小，使转子流量计的读数 V_{20}（$m^3 \cdot h^{-1}$）为所需的最小值（一般为 0.20～0.25），并及时改变冷水储槽的冷水补给量保持溢流状态。

（3）待热水加热釜有明显的热感时，开启热水循环泵，关闭热水流量调节阀。

（4）观察 t_w 值是否已达到了 35～40℃的范围内，并固定一个温度值。

（5）若已在此范围内，再认真检查一次 V_{20} 是否为所需的最小值。

（6）保持 3～5min 的相对稳定时间，即可测读 V_{20}、t_w、t_1、t_2 值。改变 V_{20} 值，保持新 V_{20} 值下的溢流状态。

（7）参照（4）在维持 t_w 不变的情况下，测另一组数据，直至测完 V_{20} 为最大值的一组数据。

（8）实验结束时，先切断电加热釜电源，后停泵。停冷水，将所用的仪器复原。

3. 注意事项

（1）热水预热的温度不宜过高，一般在 40～50℃为宜。
（2）V_{20}（$m^3 \cdot h^{-1}$）即冷水流量计读数应从小到大进行实验比较好。
（3）实验过程中一定要随时调节冷水储槽补充水的流量，保持水溢流，一方面要防止抽干，另一方面要防止冒顶溢出。

（4）要求每一组实验的 t_w 和 t_1 值保持不变。

七、实验数据及结果分析

1. 数据记录（表 3-9）

表 3-9 套管换热器对流传热系数测定实验数据记录表

序号	冷水进口温度 t_1/℃	冷水出口温度 t_2/℃	热水进口温度 T_1/℃	热水出口温度 T_2/℃	管外壁温度 T_A/℃	管外壁温度 T_B/℃	冷水流量 $w_c/(m^3\cdot h^{-1})$	热水流量 $w_h/(m^3\cdot h^{-1})$
1								
2								
⋮								

2. 数据处理

（1）计算不同流速下管换热器的对流传热系数 α（表 3-10）。

表 3-10 套管换热器对流传热系数测定数据处理表

序号	冷水流量 $w_c/(m^3\cdot h^{-1})$	热水流量 $w_h/(m^3\cdot h^{-1})$	传热温差 Δt/℃	Q/W	定性温度 t/℃	α /(W·m^{-2}·℃$^{-1}$)	Nu	Re
1								
2								
⋮								

（2）在双对数坐标纸上绘制 Nu-Re 关系曲线。

（3）对 α 的实验数据进行多元线性回归，计算得到准数关联式 $\mathrm{Nu}=A\mathrm{Re}^m\mathrm{Pr}^n$ 中的常数 A、m、n。

八、思考题

（1）在实验中有哪些因素影响实验的稳定性？

（2）若水-水换热器内已结垢，问本实验测得的 α 与经验公式 $\mathrm{Nu}=0.023\mathrm{Re}^{0.8}\mathrm{Pr}^{0.4}$ 中的 α 是否有不同之处？

（3）实验中若所得的公式与经典公式不相符，有哪些原因？

（4）实验中管壁的温度接近哪侧流体的温度？为什么？

实验八　总传热系数测定

一、实验目的

（1）熟悉螺旋板式换热器的结构，掌握其传热性能及测量计算方法。
（2）了解和掌握螺旋板式换热器的结构特点及其性能的差别。
（3）了解和认识逆流流动方式换热器换热能力的差别。
（4）学会换热器的操作方法，掌握换热器主要性能指标的测定方法。

二、实验内容

（1）分别测定冷热流体在 5～6 个不同流速下本套管换热器的总传热系数。
（2）计算不同情况下的总传热系数，并与实验值进行比较。
（3）分析强化传热的途径。

三、实验原理

1. 螺旋板式换热器的结构及换热原理

螺旋板式换热器结构简单而精密，它由两块或四块长金属薄板绕同一个中心卷制而成，板与板之间焊有定距柱，形成了两条或四条间距相同又各自完全独立的螺旋形流道。螺旋板换热器的特点如下所述。

1）流道内容易形成湍流

螺旋板式换热器的流道呈同心状，同时具有一定数量的定距柱。流体在雷诺数较低时，也可以产生湍流。通过这种优化的流动方式，流体的热交换能力得到了提高，而颗粒沉积的可能性下降。

2）流道内不易堵塞

由于螺旋板式换热器采用了单流道结构，因此在处理易沉积流体、黏稠流体和含有颗粒的流体时，它一般是主流选择。这是由于螺旋板式换热器本身具有自清洁功能，这样在阻塞没有完全形成之前，已经被流体冲洗干净。

3）流道长度形状灵活，适应各种流体

由于流道的几何形状具有很大的灵活性，因此，螺旋板式换热器可以根据已有的条件和需求进行适当的调整。同时，螺旋板式换热器具有比较长的单独流道，可以为许多不易处理的流体提供足够长的热交换距离，这样，流体可以在一个设备中进行完全处理，并且避免了由于流体的突然转向而产生的堵塞问题。

4）可直接安装在塔顶，实现多级冷凝

螺旋板式换热器的另一个突出特点是它可以被焊接或是用法兰连接在塔顶成

为塔顶冷凝器，这样还可以实现多级冷凝。由于使用螺旋板式换热器可以减少管道连接，因此相关的安装费用也降到了最低。同时，由于我们的产品既可以采用自己的设计方案，也可以使用传统的 Rosenblad 方案，因此客户在选择替换已有的产品时，可以根据自己不同的情况来选择方案，这样客户就不需要进行过多的管线调整。可以明显地降低费用。

5）无泄漏，降低工作危险

螺旋板式换热器的另一个特点是从螺旋形流道的中心到壳体全部是由连续不断的金属薄片卷制而成，这样就完全避免了由于存在不易处理的焊缝而产生的泄漏危险。因此它可以用来处理敏感的、不稳定的危险流体。

6）结构紧凑，占用空间少

由于螺旋板式换热器的流道呈同心状环绕，这种设计使得换热器的结构紧凑，占用空间大大减少。据统计，在处理相同的流体时，使用螺旋板式换热器所占的空间仅是传统列管式换热器的六分之一，所以，螺旋板式换热器可以在多种条件下使用并能降低客户的安装费用。

2. 螺旋板式换热器数据计算

传热系数 K_0 用实验来测定：

$$K_0 = \frac{Q_i}{\Delta t_m S_0} \tag{3-30}$$

式中，K_0——传热系数，$W\cdot(m^2\cdot℃)^{-1}$；

Q_i——传热速率，W；

S_0——换热面积，m^2；

Δt_m——平均温度差，℃。

Δt_m 由下式确定：

$$\Delta t_m = \frac{(T_1 - t_2) - (T_2 - t_1)}{\ln \dfrac{T_1 - t_2}{T_2 - t_1}} \tag{3-31}$$

式中，t_1、t_2——冷流体的入口、出口温度，℃；

T_1、T_2——热流体的入口、出口温度，℃；

换热面积 $S = 1.5m^2$，由热量衡算式：

$$Q_i = W_m c_{pm}(t_2 - t_1) \tag{3-32}$$

其中质量流量由下式求得

$$W_m = \frac{V_m \rho_m}{3600} \tag{3-33}$$

式中，V_m——冷流体在套管内的平均体积流量，$m^3\cdot h^{-1}$；

c_{pm}——冷流体的比热容，kJ·(kg·℃)$^{-1}$；

ρ_m——冷流体的密度，kg·m^{-3}。

c_{pm}和ρ_m可根据定性温度t_m查得，$t_m = \frac{t_1 + t_2}{2}$为冷流体进出口平均温度。$t_1$，$t_2$，$T_1$，$T_2$，$V_m$可采取一定的测量手段得到。

四、实验装置

1. 实验设备主要技术参数

实验设备主要技术参数如表 3-11 所示。

表 3-11　螺旋板式换热器实验装置结构参数

换热面积/m^2		1.5
孔板流量计孔流系数及孔径		C_0=0.65、d_0=0.017m
旋涡气泵		XGB-12 型
加热釜	操作电压	≤200V
	操作电流	≤10A

2. 实验装置流程

实验装置流程示意图如图 3-11 所示。

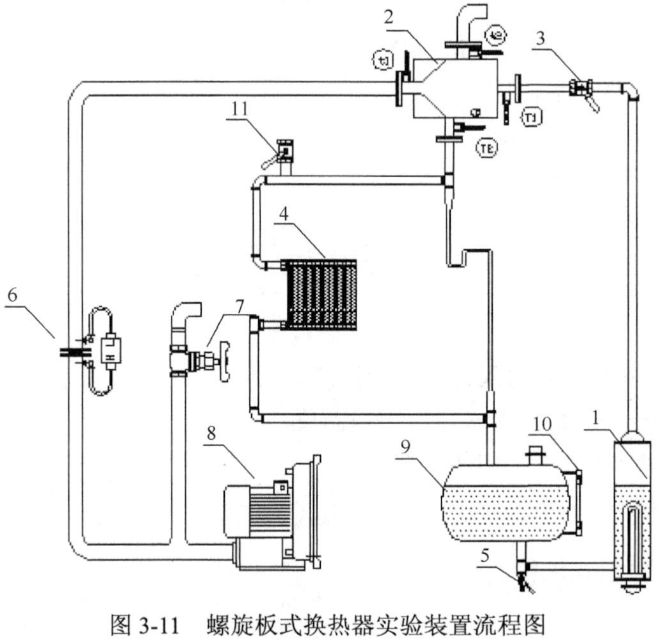

图 3-11　螺旋板式换热器实验装置流程图

1. 蒸汽发生器；2. 螺旋板式换热器；3. 螺旋板式换热器蒸汽进口阀；4. 散热器；5. 排水阀；6. 孔板流量计；7. 空气旁路调节阀；8. 旋涡气泵；9. 储水罐；10. 液位计；11. 排气阀

实验装置面板图如图3-12所示。

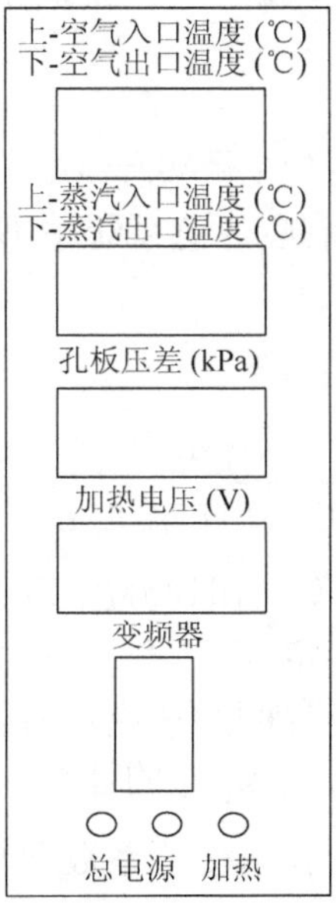

图3-12 螺旋板式换热器实验装置面板图

五、实验预习要求

（1）按流程示意图找出装置上各设备、仪表及部件，并熟悉装置上各个设备、仪表及部件的使用方法。

（2）根据实验装置设计实验步骤。

（3）列出实验设计中存在的疑问。

（4）画出实验数据记录表格，简述实验结果分析内容。

六、实验步骤及注意事项

1. 实验步骤

（1）熟悉设备流程。检查各阀门的开关情况。

（2）向储水罐内加水，至液面计高度的2/3以上即可。

（3）打开加热开关，将加热电压调至160V。

（4）待排气阀11有蒸汽冒出后关闭，开始实验。

（5）启动风机，利用空气旁路调节阀7调节空气流量。

（6）待空气流量稳定后，分别测量空气进、出口温度与蒸汽进、出口温度和空气流量。

（7）改变空气流量重复进行步骤 6。空气流量由小到大调节。

（8）实验完毕后，切断加热电源。关闭总电源。

2. 注意事项

（1）要经常观察加热器水位使之不低于 1/2 高度。

（2）进行实验步骤（4）之前应注意系统中不凝汽的排放情况。

七、实验数据记录及结果分析

空气孔板流量计压差：________kPa。

空气进口温度 t_1 =________℃，出口温度 t_2 =________℃。

热水进口温度 T_1=________℃，出口温度 T_2=________℃。

（1）空气平均物性常数的确定。

（2）空气实际体积流量和空气的质量流量 G。

（3）换热器面积和平均温度差 $\Delta t_{m,逆}$ 的计算。

（4）根据计算得到的数据计算总传热系数并与经验数据进行比较。

八、思考题

（1）在实验中，有哪些因数影响总传热系数 K？

（2）在传热中，总传热系数接近哪侧的对流传热系数？为什么？

（3）试分析提高本套实验装置总传热系数的途径有哪些。最有效的措施是什么？

（4）实验过程中如何判断系统已经稳定，可以读取数据？

实验九 精 馏 实 验

一、实验目的

（1）了解板式精馏塔的结构和操作。
（2）掌握精馏塔总板效率的测量方法，并掌握影响精馏操作的因素。

二、实验内容

（1）测定精馏塔在全回流条件下，稳定操作后的全塔理论塔板数和总板效率。
（2）测定精馏塔在部分回流条件下，稳定操作后的全塔理论塔板数和总板效率。

三、实验原理

对于二元物系，如已知其气液平衡数据，则根据精馏塔的原料液组成、进料热状况、操作回流比及塔顶馏出液组成、塔底釜液组成，可以求出该塔的理论板数 N_T。按照式（3-34）可以得到总板效率 E_T，其中 N_P 为实际塔板数：

$$E_T=\frac{N_T}{N_P}\times 100\% \tag{3-34}$$

部分回流时，进料热状况参数的计算式为

$$q=\frac{c_{pm}(t_{BP}-t_F)+r_m}{r_m} \tag{3-35}$$

式中，t_F——进料温度，℃；
t_{BP}——进料的泡点温度，℃；
c_{pm}——进料液体在平均温度（t_F+t_{BP}）/2 下的比热容，kJ·(kmol·℃)$^{-1}$；
r_m——进料液体在其组成和泡点温度下的汽化潜热，kJ·kmol^{-1}；

$$c_{pm}=c_{p1}M_1x_1+c_{p2}M_2x_2 \tag{3-36}$$

$$r_m=r_1M_1x_1+r_2M_2x_2 \tag{3-37}$$

式中，c_{p1}，c_{p2}——纯组分 1 和组分 2 在平均温度下的比热容，kJ·(kmol·℃)$^{-1}$。
r_1，r_2——纯组分 1 和组分 2 在泡点温度下的汽化潜热，kJ·kmol^{-1}。
M_1，M_2——纯组分 1 和组分 2 的摩尔质量，kg·kmol^{-1}。
x_1，x_2——纯组分 1 和组分 2 在进料中的摩尔分数。

四、实验装置基本情况

1. 实验设备流程图

精馏实验设备流程图如图 3-13 所示。

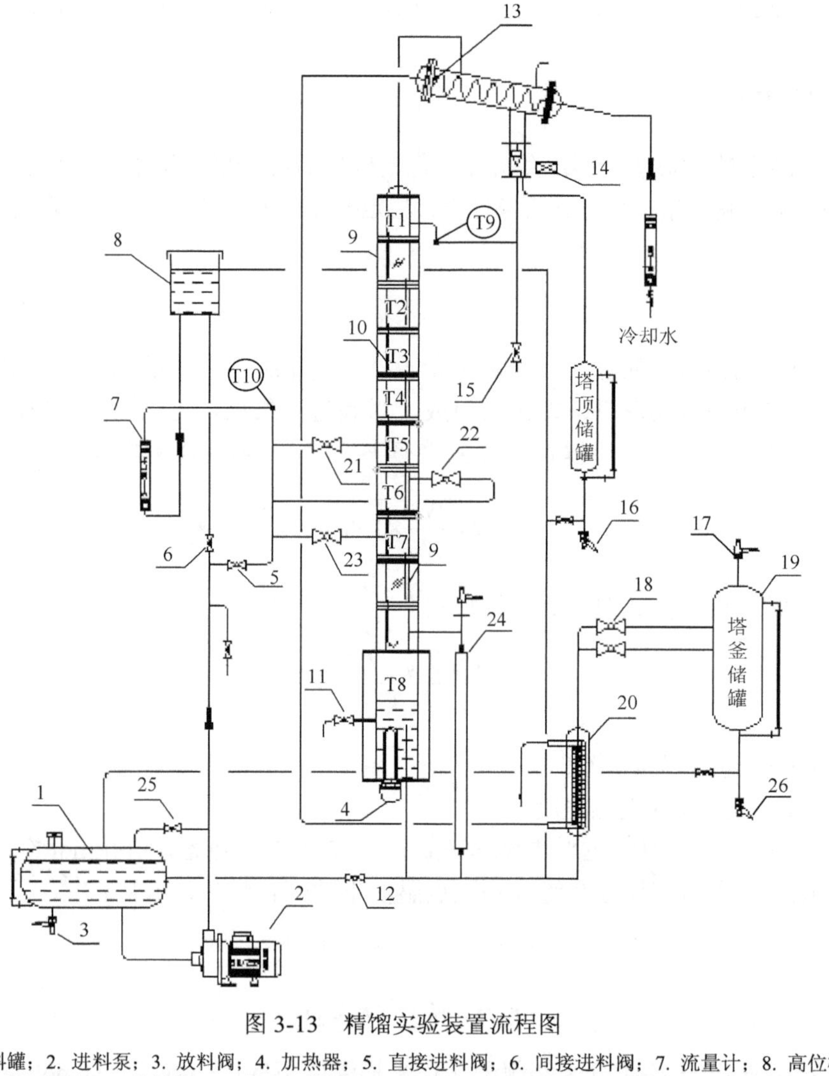

图 3-13　精馏实验装置流程图

1. 储料罐；2. 进料泵；3. 放料阀；4. 加热器；5. 直接进料阀；6. 间接进料阀；7. 流量计；8. 高位槽；9. 玻璃观察段；10. 精馏塔；11. 塔釜取样阀；12. 釜液放空阀；13. 塔顶冷凝器；14. 回流比控制器；15. 塔顶取样阀；16. 塔顶液回收罐；17. 放空阀；18. 电磁阀；19. 塔釜储料罐；20. 塔釜冷凝器；21. 第五块板进料阀；22. 第六块板进料阀；23. 第七块板进料阀；24. 磁翻转液位计；25. 料液循环阀；26. 釜残液出料阀

2. 实验设备主要技术参数

精馏塔实验装置结构参数见表 3-12。乙醇沸点：78.3℃；正丙醇沸点：97.2℃。

表 3-12　精馏塔结构参数

名称	直径/mm	高度/mm	板间距/mm	板数/块	板型、孔径/mm	降液管/mm	材质
塔体	Φ57×3.5	100	100	9	筛板 2.0	Φ8×1.5	不锈钢
塔釜	Φ100×2	300					不锈钢
塔顶冷凝器	Φ57×3.5	300					不锈钢
塔釜冷凝器	Φ57×3.5	300					不锈钢

3. 实验仪器及试剂

（1）实验物系：乙醇-正丙醇。

（2）实验物系纯度要求：化学纯或分析纯。

（3）实验物系平衡关系见表 3-13。

表 3-13　乙醇-正丙醇 *t-x-y* 关系（以乙醇摩尔分数表示，x 为液相，y 为气相）

t/℃	97.60	93.85	92.66	91.60	88.32	86.25	84.98	84.13	83.06	80.50	78.38
x	0	0.126	0.188	0.210	0.358	0.461	0.546	0.600	0.663	0.884	1.0
y	0	0.240	0.318	0.349	0.550	0.650	0.711	0.760	0.799	0.914	1.0

（4）实验物系浓度要求：15%～25%（乙醇质量分数），浓度分析使用阿贝折光仪（自备），折光率与溶液浓度的关系见表 3-14。

表 3-14　不同温度下折光率-液相组成之间的关系

质量分数	0	0.050 52	0.099 85	0.197 4	0.295 0	0.397 7	0.497 0	0.599 0
25℃	1.382 7	1.381 5	1.379 7	1.377 0	1.375 0	1.373 0	1.370 5	1.368 0
30℃	1.380 9	1.379 6	1.378 4	1.375 9	1.375 5	1.371 2	1.369 0	1.366 8
35℃	1.379 0	1.377 5	1.376 2	1.374 0	1.371 9	1.369 2	1.367 0	1.365 0
质量分数	0.644 5	0.710 1	0.798 3	0.844 2	0.906 4	0.950 9	1.000	
25℃	1.360 7	1.365 8	1.364 0	1.362 8	1.361 8	1.360 6	1.358 9	
30℃	1.365 7	1.364 0	1.362 0	1.360 7	1.359 3	1.358 4	1.357 4	
35℃	1.363 4	1.362 0	1.360 0	1.359 0	1.357 3	1.365 3	1.355 1	

30℃下质量分数与阿贝折光仪读数之间关系也可按下列回归式计算：

$$W=58.844\,116-42.613\,25\times n_D \tag{3-38}$$

式中，W——乙醇的质量分数；

n_D——折光仪读数（折光率）。

通过质量分数求出摩尔分数（X_A），公式如下（乙醇相对分子质量 M_A=46；正丙醇相对分子质量 M_B=60）

$$X_A=\frac{(W_A/M_A)}{(W_A/M_A)+[1-W_A]/M_B}$$

4. 实验设备面板图

实验设备面板图如图 3-14 所示。

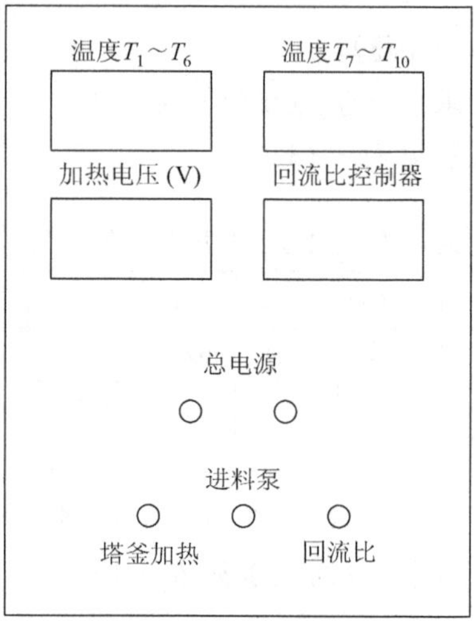

图 3-14　精馏设备仪表面板图

T_1. 塔顶温度；T_2.第三块板温度；T_3. 第四块板温度；T_4. 第五块板温度；T_5. 第六块板温度；T_6. 第七块板温度；T_7. 第八块板温度；T_8. 塔釜液相温度；T_9. 回流液温度；T_{10}. 进料温度

五、实验预习要求

（1）面对实验装置快速复述流程，简述实验内容。

（2）掌握理论塔板数测定方法。

（3）简述实验操作步骤及注意事项。

（4）实验过程中为什么先开冷水，后关冷水？

六、实验步骤及注意事项

1. 实验前检查准备工作

（1）将与阿贝折光仪配套使用的超级恒温水浴调整运行到所需的温度（阿贝折光仪和超级恒温水浴自备），并记录这个温度。将取样用注射器和镜头纸备好。检查实验装置上的各个旋塞、阀门均应处于关闭状态。

（2）配制一定浓度（质量浓度 20%左右）的乙醇-正丙醇混合液（总容量 15L 左右），倒入储料罐。

（3）打开直接进料阀门和进料泵开关，向精馏釜内加料到指定高度（冷液面在塔釜总高 2/3 处），而后关闭进料阀门和进料泵。

2. 实验操作

1）全回流操作

（1）打开塔顶冷凝器进水阀门，保证冷却水足量（$60L·h^{-1}$ 即可）。

（2）记录室温。接通总电源开关（220V）。

（3）调节加热电压约为 130V，待塔板上建立液层后再适当加大电压，使塔内维持正常操作。

（4）当各块塔板上鼓泡均匀后，保持加热釜电压不变，在全回流情况下稳定 20min 左右。期间要随时观察塔内传质情况直至操作稳定。然后分别在塔顶、塔釜取样口用 50mL 三角瓶同时取样，通过阿贝折光仪分析样品浓度。

2）部分回流操作

（1）打开间接进料阀门和进料泵，调节转子流量计，以 $2.0\sim3.0L·h^{-1}$ 的流量向塔内加料，用回流比控制调节器，调节回流比为 $R=4$，馏出液收集在塔顶液回收罐中。

（2）塔釜产品经冷却后由溢流管流出，收集在容器内。

（3）待操作稳定后，观察塔板上传质状况，记下加热电压、塔顶温度等有关数据，整个操作中维持进料流量计读数不变，分别在塔顶、塔釜和进料三处取样，用折光仪分析其浓度并记录下进塔原料液的温度。

3）实验结束

（1）取好实验数据并检查无误后可停止实验，此时关闭进料阀门和加热开关，关闭回流比调节器开关。

（2）停止加热后 10min 再关闭冷却水，一切复原。

（3）根据物系的 t-x-y 关系，确定部分回流条件下进料的泡点温度，并进行数据处理。

3. 注意事项

（1）由于实验所用物系属易燃物品，因此实验中要特别注意安全，操作过程中避免洒落，以免发生危险。

（2）本实验设备加热功率由仪表自动调节，注意控制加热升温要缓慢，以免发生爆沸（过冷沸腾）使釜液从塔顶冲出。若出现此现象应立即断电，重新操作。升温和正常操作过程中釜的电功率不能过大。

（3）开车时要先接通冷却水再向塔釜供热，停车时操作反之。

（4）检测浓度使用阿贝折光仪。读取折光率时，一定要同时记录测量温度并按给定的折光率-质量分数-测量温度关系（表 3-14）测定相关数据（折光仪和恒温水浴由用户自购，使用方法见说明书）。

（5）为便于对全回流和部分回流的实验结果（塔顶产品质量）进行比较，应尽量使两组实验的加热电压及所用料液浓度相同或相近。连续开出实验时，应将前一次实验时留存在塔釜、塔顶、塔底产品接收器内的料液倒回原料液储罐中循环使用。

七、实验参考数据记录及数据处理

实验数据处理过程举例（表 3-15）如下。

表 3-15　精馏实验原始数据及处理结果

实际塔板数：9	实验物系：乙醇-正丙醇		折光仪分析温度：30℃		
	全回流：$R=\infty$		部分回流：$R=4$　进料量：$2\mathrm{L\cdot h^{-1}}$　进料温度：30.4℃		
	塔顶组成	塔釜组成	塔顶组成	塔釜组成	进料组成
折光率 n	1.3611	1.3769	1.3637	1.3782	1.3755

全回流：塔顶样品折光率 n_D=1.3611。

乙醇质量分数：

$$W=58.844\,116-42.613\,25\times n_D=58.844\,116-42.613\,25\times 1.361\,1=0.843$$

摩尔分数:

$$x_D=\frac{(0.843/46)}{(0.843/46)+(1-0.843)/60}=0.875$$

同理，塔釜样品折光率 n_D=1.3769。

乙醇质量分数：

W=58.844 116−42.613 25×n_D=58.844 116−42.613 25×1.376 9=0.169

摩尔分数：

$$x_W=0.209$$

在平衡线和操作线之间图解理论板，然后求全塔效率 E_T。

八、思考题

（1）精馏的依据是什么？回流比对精馏操作的影响是什么？

（2）全回流的目的是什么？适宜回流比是如何选择的？

（3）全回流改为部分回流时理论板数如何改变？全塔效率如何改变？为什么？

（4）单板效率的测定方法及计算方法是什么？

实验十　填料吸收塔的操作及其 K_ya 的测定

一、实验目的

（1）了解填料吸收塔的结构与流程，学习吸收的操作。
（2）了解填料塔的流体力学性能。
（2）学习填料吸收塔传质能力和传质效率的测定方法。

二、实验内容

（1）观察流体在填料吸收塔的操作情况。
（2）测量空气流量固定、吸收剂的流量改变时的吸收总传质系数和吸收率。
（3）测量吸收剂流量固定、空气的流量改变时的吸收总传质系数和吸收率。

三、实验原理

吸收是分离混合气体时利用混合气体中某组分在吸收剂中的溶解度不同而达到分离的一种方法。不同的组分在不同的吸收剂、不同的吸收温度、不同的液气比、不同的吸收剂进口浓度时，吸收速率是不同的。所选用的吸收剂对某组分具有选择性吸收。

吸收总传质系数的测定如下。

传质速率式：

$$N_A=K_ya\cdot H\cdot \Delta Y_m \tag{3-39}$$

物料衡算式：

$$G_{空}(Y_1-Y_2)=L(X_1-X_2) \tag{3-40}$$

相平衡式：

$$Y=mX \tag{3-41}$$

式（3-39）和式（3-40）式联立得

$$K_ya=\frac{\gamma}{H}\frac{Y_1-Y_2}{\Delta Y_m} \tag{3-42}$$

式中，γ——空气中惰性组分的流量，$kmol\cdot s^{-1}$；

K_ya——与塔结构和填料层高度有关，$kmol\cdot m^{-3}\cdot s^{-1}$。

由于实验物系是清水吸收氨气，惰性气体为空气，气体进口中氨气浓度 y_1＜10%，属于低浓度气体吸收，所以

$$Y_1=\frac{y_1}{1-y_1} \qquad Y_2=\frac{y_2}{1-y_2}$$

$$\Delta Y_m=\frac{(Y_1-mX_1)-(Y_2-mX_2)}{\ln\dfrac{Y_1-mX_1}{Y_2-mX_2}} \tag{3-43}$$

$$X_2=0 \qquad X_1=\frac{G_{空}}{L}(Y_1-Y_2)$$

式中，L——吸收剂的流量，$kmol\cdot s^{-1}$。

四、实验装置流程图

实验设备流程图如图 3-15 所示。

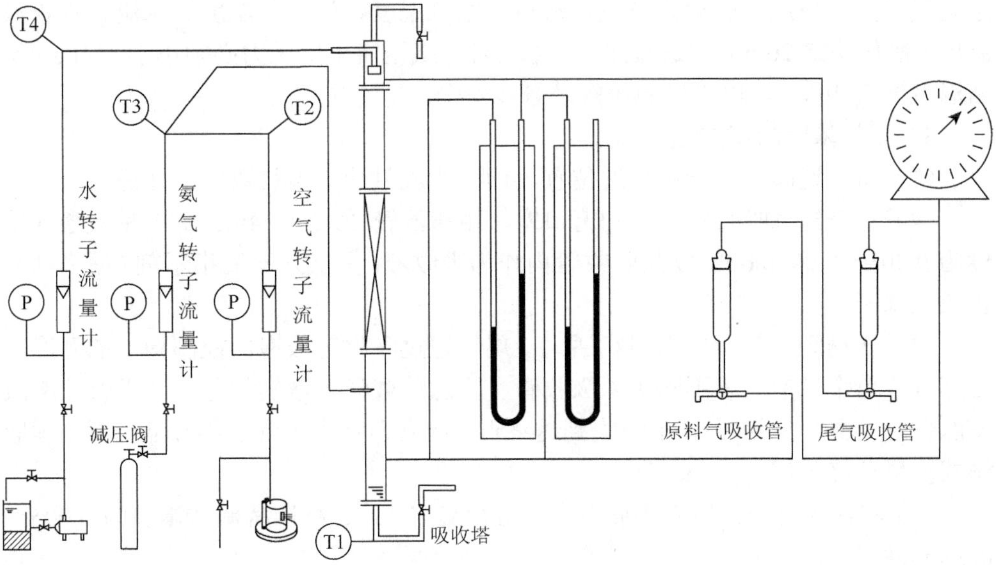

图 3-15　吸收实验装置图

实验装置参数：塔内径，89mm；填料高度，400mm；塔总高，1500mm；最大空气流量，$17m^3\cdot h^{-1}$；最大液体流量，$250L\cdot h^{-1}$；压力，常压；电压，220V；功率，1000W

五、实验预习要求

（1）按流程示意图找出装置上各设备、仪表及部件，并熟悉装置上各设备、仪表及部件的使用方法。

（2）根据实验装置设计实验步骤。

（3）列出实验设计中存在的疑问。

（4）画出实验数据记录表格，简述实验结果分析内容。

六、实验步骤及注意事项

1. 实验步骤

1）填料塔流体力学测定操作（注：不需要打开氨气）

启动离心泵，打开阀10、调节阀9使流量到最大；开动空气系统，调节旋涡气泵流量，慢慢加大气速到液泛，观察液泛现象；固定某一液量，测定不同气速下的填料压降。

2）传质系数测定的操作

调节水流量、空气流量到实验值，稳定后依次打开氨气钢瓶、氨稳压阀，再调节氨气流量到一定值。一般氨气在原料中的浓度为2%～10%（体积分数）。记录尾气压力、塔压降、湿式流量计流量、空气温度、混合气温度、水温、吸收液温度，操作稳定20min后进行尾气分析。注：氨钢瓶出口压力必须小于1MPa（氨瓶温度低于30℃），以确保稳压阀及管线安全。

3）尾气浓度测试方法

（1）将三通阀1置于不导通位置，读湿式流量计的当前数值，并记录。

（2）打开尾气吸收管上部的磨口塞，用移液管加入2～4mL标准稀硫酸（浓度为0.005～0.008$mol\cdot L^{-1}$）到吸收管内作为吸收液，并加入一滴指示剂（甲基红），再盖上塞子。

（3）转动阀1与尾气入口相通，让尾气通过吸收管鼓泡，控制阀1的开度，使尾气成单个气泡连续不断进入吸收管，注意观察吸收液的颜色，当吸收液刚改变颜色时（由红变黄），表示吸收到达终点，应立即将阀1置于不导通位置，读取湿式流量计终示值。

（4）将阀4打开，用锥形瓶取样，进行滴定（注：标准稀硫酸浓度为0.005～0.008$mol\cdot L^{-1}$）。

（5）按（1）～（3）步骤测原料气含量。

（6）按实验要求，可改变气量和液量，记录不同实验条件下的实验结果。

（7）停止实验，先关闭氨气钢瓶，再关闭稳压阀，然后将水、空气流量调至零后，再关闭水泵和气泵。

2. 注意事项

（1）要经常观察加热器水位使之不低于1/2高度。

（2）进行实验步骤（4）之前应注意系统中不凝汽的排放情况。

七、数据处理及计算举例

1. 数据记录

（1）干塔（表 3-16）。

表 3-16 吸收实验干塔测定原始数据记录表

序号	空气流量 V /($m^3 \cdot h^{-1}$)	压降 Δp/mmH_2O U 形压差计读数		空塔气速 u /($m \cdot s^{-1}$)	单位填料层高度压降 $\Delta p/Z$ /(mm$H_2O \cdot m^{-1}$)
		全塔压差	塔釜压力		
1 2 ⋮					

（2）水的流量 L=100L·h^{-1}，喷淋密度 U=0.004 47m·s^{-1}（表 3-17）。

表 3-17 吸收实验测定 L=100L·h^{-1} 时原始数据记录表

序号	空气流量 V /($m^3 \cdot h^{-1}$)	压降 Δp/mmH_2O U 形压差计读数		空塔气速 u /($m \cdot s^{-1}$)	单位填料层高度压降 $\Delta p/Z$ /(mm$H_2O \cdot m^{-1}$)
		全塔压差	塔釜压力		
1 2 ⋮					

（3）水的流量 L=150L·h^{-1}，喷淋密度 U=0.006 70m·s^{-1}（表 3-18）。

表 3-18 吸收实验测定 L=150L·h^{-1} 时原始数据记录表

序号	空气流量 V /($m^3 \cdot h^{-1}$)	压降 Δp/mmH_2O U 形压差计读数		空塔气速 u /($m \cdot s^{-1}$)	单位填料层高度压降 $\Delta p/Z$ /(mm$H_2O \cdot m^{-1}$)
		全塔压差	塔釜压力		
1 2 ⋮					

2. 数据处理公式

喷淋密度：

$$U = \frac{液体流量L(m^3 \cdot s^{-1})}{塔面截面积(m^2)}$$

空塔气速：

$$u=\frac{\text{气体流量}V(\mathrm{m^3\cdot s^{-1}})}{\text{塔面截面积}(\mathrm{m^2})}$$

单位填料层压降：

$$\Delta p=\frac{\text{压降}\Delta p(\mathrm{mmH_2O})}{\text{填料层高度}Z(\mathrm{m})}$$

3. 吸收系数 K_ya 的测定

1）数据记录（表 3-19）

表 3-19　吸收实验吸收系数测定数据记录表

<table>
<tr><td rowspan="2">操作塔负荷及温度</td><td colspan="4">气体浓度分析</td></tr>
<tr><td colspan="4">吸收用标准稀硫酸溶液的体积：v_0=　　mL</td></tr>
<tr><td>水的流量：L=　　$\mathrm{L\cdot h^{-1}}$</td><td colspan="4">标准稀硫酸溶液的浓度：c=　　$\mathrm{mol\cdot L^{-1}}$</td></tr>
<tr><td>氨气流量：v=　　$\mathrm{m^3\cdot h^{-1}}$</td><td rowspan="2"></td><td rowspan="2">温度/℃</td><td colspan="2">湿式流量计读数/L</td></tr>
<tr><td>空气流量：V=　　$\mathrm{m^3\cdot h^{-1}}$</td><td>起始读数 v_1</td><td>终了读数 v_2</td></tr>
<tr><td>吸收液温度：t_1=　　℃</td><td>进气：</td><td></td><td></td><td></td></tr>
<tr><td>进水温度：t_2=　　℃</td><td>尾气：</td><td></td><td></td><td></td></tr>
<tr><td rowspan="2">空气温度：t=　　℃</td><td rowspan="2">吸收液：</td><td colspan="3">取样体积：v_1=10mL</td></tr>
<tr><td colspan="3">消耗标准稀硫酸的体积：v_d=　　mL</td></tr>
</table>

2）数据处理

（1）Y_1、Y_2的计算。

（2）X_1、X_2的计算。

吸收液中氨的含量：

$$X_1=\frac{cv_\mathrm{d}\times 2}{1000\times\left(v_1\times\dfrac{\rho_{\mathrm{H_2O}}}{18}\right)}$$

（3）Y_1^*、Y_2^*的计算。

吸收液平均温度：

$$t_{\text{平}}=\frac{t_1+t_2}{2}(℃),\quad Y_2^*=0$$

（4）吸收率 φ_A 的计算。

$$\varphi_\mathrm{A}=\frac{Y_1-Y_2}{Y_1}\times 100\%$$

（5）填料层上下两端面上气相推动力的对数平均值：

$$\Delta Y_{\mathrm{m}} = \frac{(Y_1 - Y_1^*) - (Y_2 - Y_2^*)}{\ln\frac{(Y_1 - Y_1^*)}{(Y_2 - Y_2^*)}}$$

（6）气相总传质单元数：

$$N_{\mathrm{OG}} = \frac{Y_1 - Y_2}{\Delta Y_{\mathrm{m}}}$$

（7）气相总传质单元高度 H_{OG}：

$$H_{\mathrm{OG}} = \frac{Z}{N_{\mathrm{OG}}}$$

（8）气相总体积吸收系数 $K_y a$。

空填料塔的横截面积：

$$\Omega = \frac{\pi}{4} D^2$$

$$K_y a = \frac{V}{H_{\mathrm{OG}} \times \Omega}$$

八、思考题

（1）塔底排出液体的管道有什么特点？为什么要这样？

（2）吸收系数与喷淋密度有关吗？

（3）影响吸收系数的主要因素有哪些？

实验十一　板式塔性能测定实验

一、实验目的

（1）学习掌握板式塔的结构及精馏原理。

（2）了解板式塔的操作方法，观察塔板上的气液接触状态及不正常的操作状态。

（3）掌握塔板性能图测定方法和塔板的操作弹性。

二、实验内容

（1）通过冷模实验可以观察到实验塔内正常与几种不正常的操作现象，并进行塔板压降的测量。

（2）通过实验测得每种塔板的负荷性能图，计算不同塔板的操作弹性。

三、实验原理

本实验装置所采用的实验塔为三种塔板复合而成，具有流程简单的优点，但在设计和测试中却带来了一定困难。由于三块塔板具有各自的性能，在同一操作条件下每块塔板的操作状况不同且相互影响。塔板负荷性能图如图 3-16 所示。

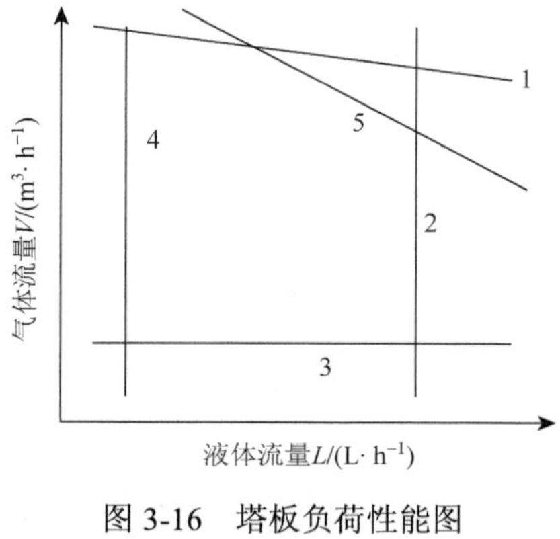

图 3-16　塔板负荷性能图

1. 液沫夹带线；2. 最大液相线；3. 漏液线；4. 最小液相线；5. 液泛线

四、实验装置及流程

实验设备流程图如图 3-17 所示。

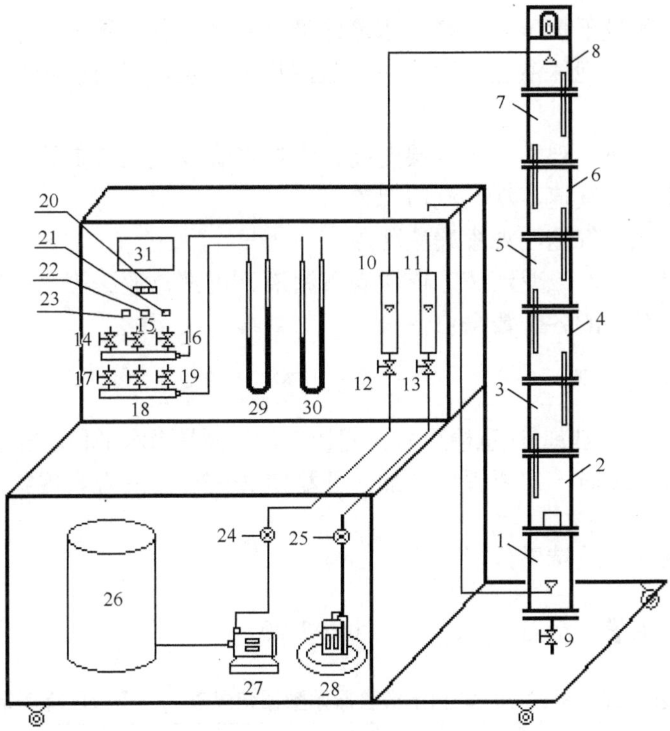

图 3-17　板式塔性能测定实验装置

1～8. 测压口；9. 出口阀；10. 水流量计；11. 气体流量计；12. 水流量调节阀；13. 气体流量调节阀；14～19. 测压口；20. 测温按键；21. 风机开关；22. 总开关；23. 水泵开关；24. 水泵旁路阀；25. 风机旁路阀；26. 水箱；27. 水泵；28. 风机；29、30. U 形管压差计；31. 数显仪

五、实验预习要求

（1）面对实验装置快速复述流程，简述实验内容。

（2）简述精馏原理及温度、组成沿塔的变化情况。

（3）掌握液泛、漏液、雾沫夹带的定义。

（4）了解塔板压降的组成。

（5）通过上次实验装置的预习，演示基本操作步骤。

六、实验步骤及注意事项

1. 实验步骤

（1）接好上下水路及电源。

（2）打开总电源开关。

（3）打开水泵和空气泵的电源开关，调节 U 形管压差计液面至两边水平，调节空气流量，测量干板压降；打开水流量调节阀至一固定数值，塔板操作正常，正常操作时，板上泡沫液层高度适中，鼓泡均匀，表示气液接触状态良好，测量塔板压降。

（4）加大气速，观察泡沫液层变高、大量液滴被气流带走的雾沫夹带现象。

（5）继续加大气速，观察淹塔现象。

（6）逐渐减小气速，观察漏液现象。

（7）固定气速，改变液速，依次观察漏液、正常、液泛等实验现象。

（8）记录对应的各个数据点。

2. 注意事项

（1）测定干板压降时注意检查U形管压差计液面是否水平和通气管是否没有水。

（2）调节气速时一定要缓慢增加，并稳定2～3min后观察现象。

七、实验数据记录及结果分析

（1）干板压降，水温________℃（表3-20）。

表3-20 板式塔性能测定实验原始数据记录表——干板压降测定

项目	1	2	3	4
全塔压降				
空气流量/($m^3 \cdot h^{-1}$)				
筛板压降及实验现象				
浮阀压降及实验现象				
舌形压降及实验现象				

（2）在空气流量一定时记录数据（表3-21）。

表3-21 板式塔性能测定实验空气流量一定时原始数据记录表

空气流量/($m^3 \cdot h^{-1}$)			
水流量/($L \cdot h^{-1}$)			
全塔压降			
筛板压降及实验现象			
浮阀压降及实验现象			
舌形压降及实验现象			

（3）在水流量一定时记录数据（表 3-22）。

表 3-22 板式塔性能测定实验水流量一定时原始数据记录表

水流量/($L·h^{-1}$)			
空气流量/($m^3·h^{-1}$)			
全塔压降			
筛板压降及实验现象			
浮阀压降及实验现象			
舌形压降及实验现象			

（4）结果分析。

八、思考题

（1）在实验中有哪些因素影响塔的稳定性？

（2）比较三块塔板的性能。

（3）防止发生淹塔的措施有哪些？

实验十二　洞道干燥实验

一、实验目的

（1）了解实验室干燥设备的基本构造与工作原理，掌握恒定干燥条件下物料的干燥曲线和干燥速率曲线的测定方法。

（2）学习物料含水量的测定方法。加深对物料临界含水量 X_c 的概念及其影响因素的理解。

（3）学习恒速干燥阶段物料与空气之间对流传热系数的测定方法。

二、实验内容

（1）每组在空气流量和温度不变的条件下，测量一种物料的干燥曲线、干燥速率曲线和临界含水量。

（2）测定恒速干燥阶段物料与空气之间对流传热系数。

三、实验原理

对于一定的湿物料在恒定的干燥条件下（温度、湿度、风速、接触方式不变）与干燥介质相接触时，物料表面的水分开始气化，并向周围介质传递。根据干燥过程中不同期间的特点，干燥过程可分为两个阶段。

第一个阶段为恒速干燥阶段。在此阶段，由于整个物料中的含水量较大，其内部的水分能迅速地达到物料表面。因此，干燥速率为物料表面上水分的气化速率所控制，故此阶段亦称为表面气化控制阶段。在此阶段，干燥介质传给物料的热量全部用于水分的气化，物料表面的温度维持恒定（为空气的湿球温度），物料表面处的水蒸气分压也维持恒定，故干燥速率恒定不变。

第二个阶段为降速干燥阶段，当物料被干燥达到临界湿含量后，便进入降速干燥阶段。此时，物料中所含水分较少，水分自物料内部向表面传递的速率低于物料表面水分的气化速率，干燥速率为水分在物料内部的传递速率所控制，故此阶段亦称为内部迁移控制阶段。随着物料湿含量逐渐减少，物料内部水分的迁移速率也逐渐减少，故干燥速率不断下降。

恒速段的干燥速率和临界含水量的影响因素主要有：固体物料的种类和性质；固体物料层的厚度或颗粒大小；空气的温度、湿度和流速；空气与固体物料间的相对运动方式。

恒速段的干燥速率和临界含水量是干燥过程研究和干燥器设计的重要数据。

本实验在恒定干燥条件下对帆布物料进行干燥，测定干燥曲线和干燥速率曲线，目的是掌握恒速段干燥速率和临界含水量的测定方法及其影响因素。

（1）干燥速率的测定：

$$U = \frac{\mathrm{d}W}{S\mathrm{d}\tau} \approx \frac{\Delta W}{S\Delta\tau} \tag{3-44}$$

式中，U——干燥速率，$\mathrm{kg\cdot(m^2\cdot min)^{-1}}$；

S——干燥面积，$\mathrm{m^2}$（实验室现场提供）；

$\Delta\tau$——时间间隔，min；

ΔW——$\Delta\tau$ 时间间隔内干燥气化的水分量，kg。

（2）物料干基含水量：

$$X = \frac{G - G_\mathrm{c}}{G_\mathrm{c}}$$

式中，X——物料干基含水量，kg 水·kg 绝干物料$^{-1}$；

G——固体湿物料的量，kg；

G_c——绝干物料量，kg。

（3）恒速干燥阶段，物料表面与空气之间对流传热系数的测定：

$$U_\mathrm{c} = \frac{\mathrm{d}W}{S\mathrm{d}\tau} = \frac{\mathrm{d}Q}{r_\mathrm{tw}S\mathrm{d}\tau} = \frac{\alpha(t - t_\mathrm{w})}{r_\mathrm{tw}} \tag{3-45}$$

$$\alpha = \frac{U_\mathrm{c} \cdot r_\mathrm{tw}}{t - t_\mathrm{w}} \tag{3-46}$$

式中，α——恒速干燥阶段物料表面与空气之间的对流传热系数，$\mathrm{W\cdot(m^2\cdot ℃)^{-1}}$；

U_c——恒速干燥阶段的干燥速率，$\mathrm{kg\cdot(m^2\cdot min)^{-1}}$；

t_w——干燥器内空气的湿球温度，℃；

t——干燥器内空气的干球温度，℃；

r_tw——t_w 下水的汽化热，$\mathrm{J\cdot kg^{-1}}$。

（4）干燥器内空气实际体积流量的计算由节流式流量计的流量公式和理想气体的状态方程式可推导出：

$$V_t = V_{t_0} \times \frac{273 + t}{273 + t_0} \tag{3-47}$$

式中，V_t——干燥器内空气实际流量，$\mathrm{m^3\cdot s^{-1}}$；

t_0——流量计处空气的温度，℃；

V_{t_0} ——常压下 t_0 时空气的流量，$m^3 \cdot s^{-1}$；

t ——干燥器内空气的温度，℃。

$$V_{t_0} = C_0 \times A_0 \times \sqrt{\frac{2 \times \Delta p}{\rho}} \tag{3-48}$$

$$A_0 = \frac{\pi}{4} d_0^2$$

式中，C_0——流量计流量系数，C_0=0.67；

A_0——节流孔开孔面积，m^2；

d_0——节流孔开孔直径，d_0=0.050m；

Δp——节流孔上下游两侧压降，Pa；

ρ ——孔板流量计处 t_0 时空气的密度，$kg \cdot m^{-3}$。

四、实验装置流程

洞道干燥实验设备流程图如图 3-18 所示。

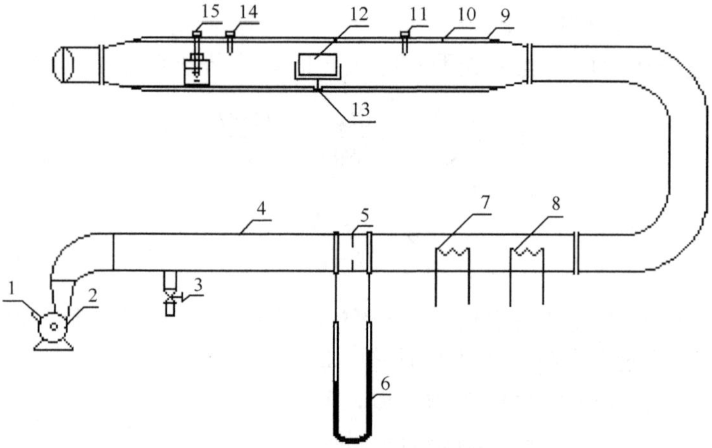

图 3-18　洞道干燥实验设备流程图

1. 空气入口；2. 旋涡气泵；3. 流量旁路调节阀；4. 风道；5. 孔板流量计；6. U 形管压差计；7. 常热加热电阻丝；8. 控温加热电阻丝；9. 洞道干燥主体；10. 保温层；11. 控温铂电阻；12. 湿试件；13. 称重传感器；14. 干球铂电阻；15. 湿球铂电阻

五、实验预习要求

（1）面对实验装置快速复述流程，简述实验内容。

（2）熟悉干燥速率的计算方法，干燥过程分几个阶段，及其控制因素。

（3）掌握湿球温度的定义及测量方法。

（4）了解物料水含量的表示及分类。

（5）通过上次实验装置的预习，演示基本操作步骤。

六、实验步骤及注意事项

1. 实验前准备工作

（1）按流程及板面布置、电器线路示意图检查设备及仪器、仪表是否齐全、完好。熟悉装置上各个设备、仪表和部件使用方法，了解有关注意事项。

（2）检查湿球温度测量铂电阻包装、安装是否正确，并将玻璃管内水加到指定孔口。

（3）将试件事前称准绝干料质量，再将物料湿透后，放在烘箱内烘干（一般在80～90℃下烘烤），用精密天平称量，几次称量值相同后，可视为绝干料量，也可由实验室提供该值。实验前必须浸湿当前要用的试件（参考试件可为帆布）。

2. 实验操作步骤

（1）打开风机电源插座，调节流量，设定加热温度，调节控温电流为3～4A，并调节常热电流1～2A。

（2）当温度稳定后，注意观察质量显示仪读数是否稳定，当读数稳定后，准备开始实验。

（3）当零点值和湿球温度读数稳定后，记下流量和各点温度值。将准备好的湿试件（物料）放入干燥器内（注意手不能按称重传感器上的托架）。记下湿物料质量。

（4）用秒表在一定时间间隔内（如5min）记下称重传感器显示的质量值。连续测试，直至较长时间间隔（如10min）物料质量保持不变为止。

（5）在计时过程中随时注意控温点的干球温度和湿球温度的显示值，整个操作过程中湿球温度基本不变。否则系统未达到稳定或湿球计内缺水或物料已烘干。

（6）停止加热，让风机继续运转几分钟，待温度降低后停风机并取出试样，然后一切复原。

3. 注意事项

（1）物料干燥前应测定好绝干料质量和有关尺寸。实验操作前必须先将物料充分湿透。

（2）准确安装湿球温度计，并保证玻璃管内有足够量的水。

（3）流量不宜过大，防止噪声大，且标定流量计时，流量计算式应在一定读数范围内使用。

（4）加热器电流不宜过大，否则使控温精度降低。

（5）称重传感器属贵重仪表且极易损坏。零点受温度影响较大，使用时一定不能超重，严禁用手按压。

（6）打开加热管段处的法兰，即可更换加热用的电阻丝。

七、实验数据及结果分析

1. 数据记录（表 3-23）

表 3-23　洞道干燥实验数据记录表

实验试件	帆布		
U 形管压差计读数/mmH$_2$O 柱		湿球平均温度 t_w/℃	
流量计处平均温度 t_0/℃		绝干料质量 G_{c1}/g	
干燥器进口控温平均温度 t_1/℃		试件尺寸（长×宽）/mm	
干球平均温度 t_2/℃		试件架质量 G_c/g	
时间 τ/min	质量 m/g	时间 τ/min	质量 m/g

2. 数据处理

（1）计算干基含水量、干燥速率。

（2）在直角坐标纸上绘制物料的干燥曲线和干燥速率曲线，获得临界含水量和平衡含水量。

（3）计算恒速干燥阶段物料与空气之间对流传热系数。

八、思考题

（1）在相同温度和湿度条件下，提高空气压强对干燥有何影响？

（2）空气温度升高后平衡含水量与临界含水量如何改变？

（3）影响临界含水量的因素有哪些？

（4）干燥速率曲线对设计干燥器和指导生产有何意义？

实验十三 流化床干燥实验

一、实验目的

（1）熟悉单级连续流化床干燥的操作方法，加深对干燥操作过程及其机理的理解。

（2）测定在流化床内物料与空气之间的平均体积对流传热系数及固体颗粒的平均保留时间，估算热损失。

（3）需要时也可进行流化床液体力学实验，测定压降和气速（Δp-u）关系曲线。

二、实验内容

（1）考察流化床干燥过程，连续操作中床层压降的变化。

（2）计算物料在流化床干燥器内的平均停留时间 τ 和体积对流传热系数 α_T。

（3）通过计算说明本次实验操作，判断最终排气状态是否符合正常干燥操作的要求。

（4）计算本次实验操作的热损失。

三、实验原理

流化床干燥又称沸腾床干燥，是流态化技术在干燥操作中的应用。流化床干燥器种类很多，大致可分为：单层流化床干燥器、多层流化床干燥器、卧式多室流化床干燥器、喷动床干燥器、旋转快速干燥器、振动流化床干燥器、离心流化床干燥器和内热式流化床干燥器等。流化床干燥的特点为：①具有较高的传质传热速率；②物料在干燥器中停留时间可自由调节，可以得到含水量很低的产品；③干燥器结构简单，造价低，操作维修方便；④适合处理粒径为 30μm～6mm 的粉粒状物料。

颗粒物料放置在干燥器的分布板上，热空气从分布板的底部送入，使其均匀地分布并与物料接触。通过控制气速在最小流化速度与带出速度之间，使颗粒在流化床中上下翻动，彼此间碰撞混合，气固间进行传热和传质。干燥器内的气体温度沿轴向降低，湿度增大，物料含水量不断降低，最终在干燥器的底部得到干燥产品。

对流传热干燥操作是一种能耗高的单元操作，所以在进行干燥操作时，要努力做到：物料平衡，热量平衡，减少热损失。热损失一般占输入总热量的 5%～10%，尽量提高热效率 η。

$$\eta = \frac{\text{干燥系统中蒸发水分所消耗的热量}}{\text{对干燥系统加入的总热量}} \times 100\% \tag{3-49}$$

1. 干燥系统物料衡算式

$$V = \frac{\bar{W}}{H_2 - H_1} = G_c \frac{X_1 - X_2}{H_2 - H_1} \tag{3-50}$$

式中，V——空气质量流量，kg 绝干空气·s^{-1}；

$\bar{W}$——水分蒸发量，kg 水·s^{-1}；

G_c——绝干物料质量流量，kg 绝干料·s^{-1}；

X_1、X_2——湿物料进、出干燥器时的干基含水量，kg 水·kg 绝干料$^{-1}$；

H_1、H_2——空气进、出干燥器时的湿度，kg 水·kg 绝干空气$^{-1}$。

2. 干燥系统热量衡算式

$$Q = Q_P + Q_D = L(I_2 - I_0) + G_c(I_2' - I_1') + Q_L \tag{3-51}$$

$$I' = (c_s + Xc_w)\theta = c_m\theta \tag{3-52}$$

若近似取空气进、出干燥器前后水蒸气焓 I 不变，湿物料比热容 $c_{m_1} = c_{m_2}$，则

$$Q = Q_P + Q_D = 1.01L(t_2 - t_0) + \bar{W}(2490 + 1088t_2) + G_c c_{m_2}(\theta_2 - \theta_1) + Q_L \tag{3-53}$$

式中，Q_P——预热器加热速率，W；

Q_D——向干燥器补充热量的速率，W；

Q_L——干燥器热损失速率，W；

t_0、t_2——空气进预热器、出干燥器的温度，℃；

θ_1、θ_2——物料进、出干燥器的温度，℃；

I_1、I_2——空气进、出干燥器的焓值，kJ·kg 绝干空气$^{-1}$，$I=I_H=(1.01+1.88H)t+2490H$；

I_1'、I_2'——物料进、出干燥器焓值，kJ·kg 绝干料$^{-1}$；

c_s——绝干物料的比热容（变色硅胶为 0.783），kJ·(kg·℃)$^{-1}$；

c_w——水的比热容，其值为 4.1871kJ·(kg·℃)$^{-1}$；

L——绝干空气流量，kg 绝干空气·s^{-1}。

3. 排气状态的核算

干燥器出口的排气状态，应保证在除尘设备中不会产生冷凝水。

由 t_2、H_2 得到 φ_2，比较 φ_2 和 φ_2'，$\varphi_2 < \varphi_2'$ 即满足要求。其中 φ 为空气的相对湿度：

$$\varphi = \frac{p}{p_s} \times 100\% \tag{3-54}$$

式中，p——湿空气中水蒸气分压，Pa；

p_s——同温度下水的饱和蒸气压，Pa。

4. 固体颗粒在流化床床层中的平均保留时间 τ

$$\tau = \frac{A \cdot h_0 \cdot \rho_b}{G_c} \tag{3-55}$$

式中，A——流化床床层截面积，m^2；

h_0——床内物料静止时的床层高度，m；

ρ_b——物料密度，$\rho_b = \frac{干料质量}{干料体积}$，$kg \cdot m^{-3}$。

5. 流化床床层内体积传热系数 α_T 的计算

$$\alpha_T = Q' / V \cdot \Delta t_m = Q' / A \cdot h \Delta t_m \tag{3-56}$$

式中，Q'——流化床的传热速率，$Q' = L(I_1 - I_2) + Q_D$，W；

A——流化床的截面积，m^2；

h——流化物料的平均床层高度，m；

Δt_m——平均温度，$\Delta t_m = \frac{t_1 - t_2}{\ln \frac{t_1 - \theta_m}{t_2 - \theta_m}}$，℃；

θ_m——物料平均温度，℃。

四、实验装置与流程

流化干燥器：直径 0.075m，有效段高度 0.5m；空气预热器：2 个电热器并联，每个电热器的额定功率为 450W；温度测量：精度 0.5℃。流化床干燥实验流程示意图见图 3-19。

五、实验预习要求

（1）面对实验装置快速复述流程，简述实验内容。

（2）了解物料在流化床干燥器内的平均停留时间 τ、体积对流传热系数 α_T、物料水含量的表示及分类。

（3）通过上次实验装置的预习，演示基本操作步骤。

六、实验步骤及注意事项

1. 实验步骤

（1）实验开始前记录空气初始状态（湿度、温度），打开进干燥器主阀，关闭

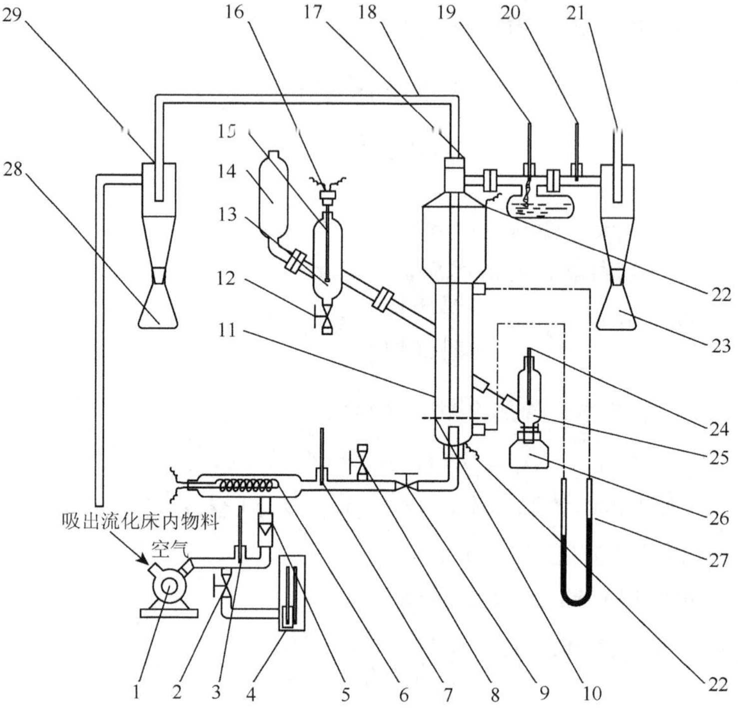

图 3-19　流化床干燥实验装置流程图

1. 旋涡气泵；2. 空气流量调节阀；3. 温度计（测进流量计前空气温度）；4. 干湿球温度计；5. 转子流量计；6. 空气预热器（电加热）；7. 干燥器进口温度计；8. 热空气旁路阀；9. 进干燥器主阀；10. 气体分布板（二层 80 目不锈钢丝）；11. 流化床干燥器（玻璃制品，外镀导电膜）；12. 剩余料放出阀；13. 加料管（湿固料）；14. 加料管（湿固料）；15. 进料搅拌器；16. 直流电机；17. 取干燥器内剩余固料插入口；18. 可移动吸管；19. 湿球温度计（测干燥器出口）；20. 干球温度计（测干燥器出口）；21. 旋风分离器；22. 透明膜电加热电极引线；23. 粉尘接收瓶；24. 温度计（测固料出口温度）；25. 出料控制瓶；26. 固料接收瓶；27. U 形管压差计；28. 干燥器内剩料接收瓶；29. 抽干干燥器剩料的吸料器

其他阀，启动风机及加热开关，将控温温度设定在 80℃，控温电流调至 4A。

（2）当预热器出口温度计读数接近指定值（80℃）时，打开保温开关，将保温电流调至 1A，等待出口干球温度计的读数接近或略低于进口温度的读数后（>60℃）稳定 10min。

（3）打开热空气旁路阀，关闭进干燥器主阀，将已筛分好的一定粒径的变色硅胶加蒸馏水（使湿含量最高为 0.15 左右），拌匀后称取湿料 400g 左右，缓慢倒入加料管内，将剩余一定量的湿物料封存好，待测含水量。

（4）打开进干燥器主阀，关闭热空气旁路阀，将空气转子流量计流量调至 25～30$m^3 \cdot h^{-1}$，记录一次空气流量与各处温度计读数。启动加料搅拌电机，记录加料时间，观察流化床器内颗粒流动状况，读取 U 形管压差计的数据。

（5）每隔 5min 记录一次空气流量与各处温度计读数。

（6）记下干料自动出料的时间和流化床床层高度（h），稳定出料时压差计的读数。待加料管停止加料后，停止加热，放净出料瓶内干料，封存好，待测含水量。打开热空气旁路阀，关闭进干燥器主阀，记下静料层高度 h_0。

（7）放出剩余湿物料，称量。取出流化床器内全部干料，并称量和测取体积。

（8）停风机，一切复原。

（9）利用快速水分测定仪，在进行干燥操作的同时，测取湿物料的含水量 W_1；待干燥操作结束，立即测定干料的含水量 W_2。

（10）测取干、湿物料的质量和含水量后，将所有物料都放在一个容器内，封存好，备用。

2. 注意事项

（1）物料的初始含水量不要太高，保持其流动性。

（2）准确安装湿球温度计，并保证玻璃管内有足够量的水。

（3）加热器电流不宜过大，否则使控温精度降低。

（4）及时清理流化床下漏的固体物料，否则影响床层高度。

七、实验数据及结果分析

1. 数据记录（表 3-24）

冷空气干球温度：

湿球温度：

加热电流 4A，保温电流 1A。

流化床床层截面积 $A = 3.14 \times 0.04^2 = 5 \times 10^{-3}(\mathrm{m}^2)$，镀膜保温电阻 70Ω。

表 3-24　流化床干燥实验原始数据记录表

时间	进预热器温度 t_1/℃	出预热器进流化床温度 t_2/℃	出流化床干球温度 t_3/℃	出流化床湿球温度 t_4/℃	出料温度 θ/℃
1 2 ⋮					

2. 数据分析

（1）根据实验数据绘制连续操作中床层压降的变化曲线。

（2）计算物料在流化床干燥器内的平均停留时间 τ 和体积对流传热系数 α_T。

（3）分析最终排气状态是否符合正常干燥操作的要求。

（4）计算本次实验操作的热损失。

八、思考题

（1）流化床干燥操作的优点是什么？单级流化床干燥的主要缺点是什么？实际生产中如何加以改进？

（2）进料的湿含量为什么要控制在一个合适的范围？

（3）热损失过大有什么坏处？怎么办？

实验十四　NaOH 水溶液降膜蒸发实验

一、实验目的

（1）了解蒸发原理，对降膜蒸发及液体的膜状分布有直观的认识。
（2）掌握溶液沸点的计算方法。
（3）掌握蒸发器蒸发量的计算、加热蒸汽消耗量的计算、传热面积的计算。

二、实验内容

（1）测定原料液、浓缩液及清液的溶质的质量含量。
（2）通过经验公式对溶液的沸点进行计算。
（3）通过本实验所测得的数据对本装置的蒸发量、加热蒸汽消耗量及传热面积进行计算。

三、实验原理

使含有不挥发的溶液沸腾气化并移出蒸气，从而使溶液中溶质浓度提高的单元操作称为蒸发，所采用的设备称为蒸发器。被蒸发的溶液可以是水溶液，也可以是其他溶剂的溶液，而化学工业中以蒸发水溶液为主。

蒸发操作可以在加压、常压或减压下进行，工业上的蒸发操作经常用减压进行，这种操作称为真空蒸发。其特点在于：①减压下沸点下降，有利于处理热敏性物料，且可利用低压蒸汽或废蒸汽作为热源；②溶液处于减压时可以提高传热总温度差；③真空蒸发系统要求有减压装置，使系统的投资费用和操作费用都提高。

若是蒸发浓度或黏度较大的溶液，可采用降膜蒸发器。原料由加热室顶部加入，经管端的液体分布器均匀地加入加热管内，在溶液本身的重力作用下，溶液沿管内壁呈膜状下流，并进行蒸发。为了使溶液在壁上均匀布膜，本实验装置特别设计了液体分布器。为了使二次蒸汽不由管顶端直接窜出，本装置采用了减压蒸发操作。

四、实验装置

NaOH 水溶液降膜蒸发实验装置流程图如图 3-20 所示。

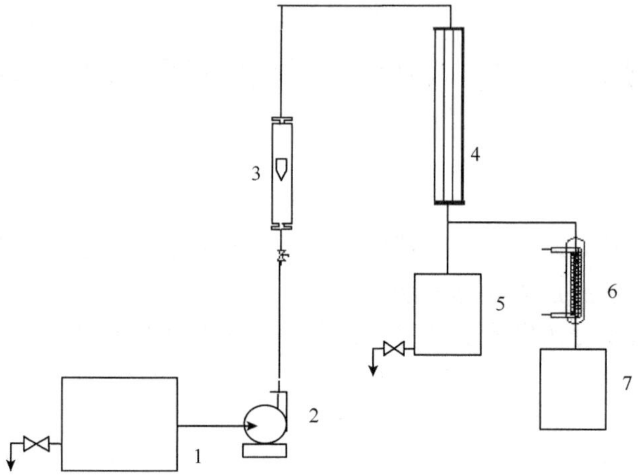

图 3-20　NaOH 水溶液降膜蒸发实验装置

1. 原料储罐；2. 离心泵；3. 转子流量计；4. 降膜蒸发器；5. 产品收集罐；6. 冷凝器；7. 水罐

五、实验预习要求

（1）按流程示意图找出装置上各设备、仪表及部件，并熟悉装置上各设备、仪表及部件的使用方法。

（2）根据实验装置设计实验步骤。

（3）列出实验中存在的疑问。

（4）画出实验数据记录表格，简述实验结果分析内容。

六、实验步骤及注意事项

1. 实验步骤

（1）首先配好 NaOH 水溶液 12L，可根据实验室不同要求配制 10%～20%的原料液，配好后倒入原料桶中并取样分析，将各个玻璃磨口连接的地方以及真空管线中的连接口涂上密封胶；连接好冷凝器的冷却水管线，在实验开始的时候打开。

（2）关闭所有的阀，检查电路无误后插上电源。

（3）将设备总电源开关打开，打开冷凝器的冷却水，检查并确认进料管线上的阀门都处于关闭状态，检查所有真空系统并开启真空泵，将泵的进口阀门全开，然后开泵。

（4）打开泵的出口阀门，并打开加热开关将原料液加热到 60℃，缓慢调节进料管线上的调节阀开始进料，进料速度在 1～2L·h^{-1}，记录下开始进料的时间，打开蒸发器开始加热，使均匀分布在蒸发器内表面的原料液开始蒸发，控制蒸发器的温度在120～130℃。

（5）观察蒸发器内的液体分布是否均匀，如果分布不是很均匀，可以稍微加大进料量，为了使蒸发器的蒸发效果好，要将进料速度调节到一个最佳的状态，既要让原料液在蒸发器内壁均匀地分布，又要使原料液在蒸发器内的停留时间足够长。

（6）收集大约气液分离器2/3体积的浓缩液，停止实验。

（7）关闭加热及加热开关，关闭进料管线上的调节阀，停止进料，关闭真空泵，停止抽真空。

（8）将气液分离器中的浓缩液放出并用量筒测量体积，取样并分析其浓度，放出清液罐中清液并用量筒计量其体积，分析浓度并记录下来。

（9）再次打开进料泵调节进料量大一点将进料管线和蒸发器都清洗一次然后关掉原料泵。

（10）对分析后的数据进行处理。

2. 注意事项

（1）蒸发管、预热管外壁均电加热，操作时注意安全。

（2）实验开始先启动泵并调节流量后再加热；实验结束先切断加热电路再关闭流量计阀，再停泵，泵回流阀在试验过程中不许关闭。

（3）实验过程要密切观察流型及壁温变化，严防干壁。一旦出现干壁，壁温会急剧增加，此时应立即减小或完全切断加热电路电源，否则会损坏设备。

七、实验数据及结果分析

1. 数据记录

原料流量 F______，实验时间______，原料液质量浓度______，浓缩液质量浓度______，常压下100℃水蒸气的气化热______，原料NaOH溶液的沸点______，实验室蒸发器温度______。

2. 数据处理

（1）蒸发量的计算。

（2）加热蒸汽消耗量的计算：

a. 溶液的稀释热不可以忽略；b. 溶液的稀释热可以忽略。

（3）基于外表面的总传热系数 K_0 的计算。

八、思考题

（1）单管降膜蒸发器有哪些优点？又有哪些不足？

（2）为什么在实验开始时，泵的旁路阀要打开到最大开度？

实验十五 萃取实验

一、实验目的

（1）了解转盘萃取塔的结构和特点。

（2）掌握液-液萃取塔的操作。

（3）掌握传质单元高度的测定方法，并分析外加能量对液-液萃取塔传质单元高度和通量的影响。

二、实验内容

（1）以水萃取煤油中的苯甲酸为萃取物系，以煤油为分散相，水为连续相，进行萃取过程的操作。

（2）测定不同流量下的萃取效率（传质单元高度）。

（3）测定不同转速下的萃取效率（传质单元高度）。

三、实验原理

萃取是利用原料液中各组分在两个液相中的溶解度不同而使原料液混合物得以分离。

将一定量萃取剂加入原料液中，然后加以搅拌使原料液与萃取剂充分混合，溶质通过相界面由原料液向萃取剂中扩散，所以萃取操作与精馏、吸收等过程一样，也属于两相间的传质过程。

与精馏和吸收过程类似，由于过程的复杂性，萃取过程也被分解为理论级和级效率，或传质单元数和传质单元高度。对于转盘塔、振动塔这类微分接触的萃取塔，一般采用传质单元数和传质单元高度来处理。传质单元数表示过程分离难易的程度。

对于稀溶液，传质单元数可近似用下式表示：

$$N_{OR}=\int_{x_2}^{x_1}\frac{dx}{x-x^*} \tag{3-57}$$

式中，N_{OR}——萃余相为基准的总传质单元数；

x——萃余相中的溶质的浓度，以摩尔分数表示；

x^*——与相应萃取浓度成平衡的萃余相中溶质的浓度，以摩尔分数表示。

H_{OR}、K_xa 分别表示两相进塔和出塔的萃余相浓度传质单元高度，表示设备传质性能的好坏，可由下式表示：

$$H_{OR}=\frac{H}{N_{OR}} \tag{3-58}$$

$$K_x a=\frac{L}{H_{OR}\Omega} \tag{3-59}$$

式中，H_{OR}——以萃余相为基准的传质单元高度，m；

H——萃取塔的有效接触高度，m；

$K_x a$——萃余相为基准的总传质系数，$kg\cdot(m^{-3}\cdot h^{-1})$；

L——萃余相的质量流量，$kg\cdot h^{-1}$；

Ω——塔的截面积，m^2。

已知塔高度 H 和传质单元数 N_{OR}，可由式（3-58）取得 H_{OR} 的数值。H_{OR} 反映萃取设备传质性能的好坏，H_{OR} 越大，设备效率越低。影响萃取设备传质性能 H_{OR} 的因素很多，主要有设备结构因素、两相物质性因素、操作因素及外加能量的形式和大小。

四、实验装置及流程

实验设备流程图如图 3-21 所示。

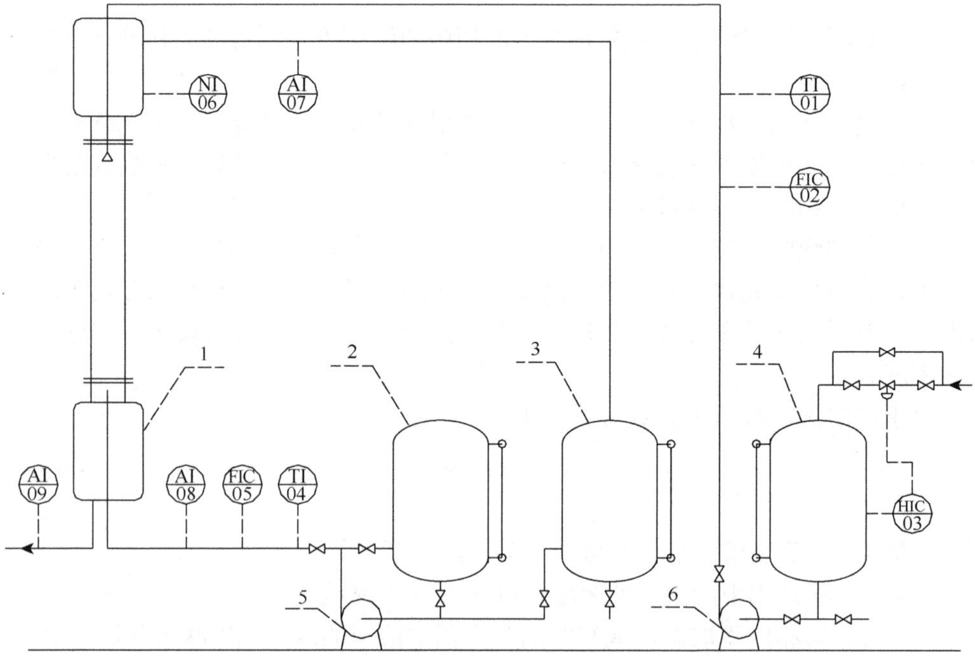

图 3-21　转盘萃取塔流程

1. 萃取塔；2. 轻相料液罐；3. 轻相采出罐；4. 水相储罐；5. 轻相泵；6. 水泵

本实验以水为萃取剂，从煤油中萃取苯甲酸。煤油相为分散相，从塔底进，向上流动从塔顶出。水为连续相从塔顶入，向下流动至塔底经液位调节罐出。水相和油相中的苯甲酸的浓度由滴定的方法确定。由于水与煤油是完全不互溶的，而且苯甲酸在两相中的浓度都非常低，可以近似认为萃取过程中两相的体积流量保持恒定。

设备技术参数如下：

塔径：50mm；塔高：750mm；有效高度：600mm；转盘数：16；转盘间距：35mm；转盘直径：34mm；固定环内径：36mm。

五、实验预习要求

（1）按流程示意图找出装置上各设备、仪表及部件，并熟悉装置上各设备、仪表及部件的使用方法。

（2）根据实验装置设计实验步骤。

（3）列出实验中存在的疑问。

（4）画出实验数据记录表格，简述实验结果分析内容。

六、实验步骤及注意事项

1. 实验步骤

（1）在水原料罐中注入适量的水，在油相原料罐中放入配好浓度（如 0.002kg 苯甲酸·kg 煤油$^{-1}$）的煤油溶液。

（2）全开水转子流量计，将连续相水送入塔内，当塔内液面升至重相入口和轻相出口中点附近时，将水流量调至某一指定值（如 $4L \cdot h^{-1}$），并缓慢调节液面调节罐使液面保持稳定。

（3）将转盘速度旋钮调至零位，然后缓慢调节转速至设定值。

（4）将油相流量调至设定值（如 $6L \cdot h^{-1}$）送入塔内，注意并及时调整罐使液面保持稳定，保持在重相入口和轻相出口中点附近。

（5）操作稳定半小时后，用锥形瓶收集油相进出口样品各 40mL 左右，水相出口样品 50mL 左右分析浓度。用移液管分别取煤油溶液 10mL、水溶液 25mL，以酚酞为指示剂，用 $0.01mol \cdot L^{-1}$ 的 NaOH 标准溶液滴定样品中苯甲酸的含量。滴定时，需加入数滴非离子表面活性剂的稀溶液并激烈振荡至滴定终点。

（6）取样后，可改变两相流量或转盘转速，进行下一个实验点的测定。

2. 注意事项

（1）在操作过程中，要绝对避免塔顶的两相界面在轻相出口以上，因为这会导致水相混入油相储槽。

（2）由于分散相和连续相在塔顶、塔底滞留很大，改变操作条件后，稳定时间一定要足够长，大约要用半小时，否则误差极大。

（3）煤油的实际体积流量并不等于流量计的读数。需用煤油的实际流量数值时，必须用流量修正公式对流量计的读数进行修正后方可使用。

七、实验数据及结果分析

实验数据记录表（表 3-25）和数据处理表（表 3-26）如下。

表 3-25　实验数据记录表

项目		1	2	3	平均
原溶液					
水流量=4L·h^{-1} 油相流量=4L·h^{-1} n=300	萃取相				
	萃余相				
水流量=8L·h^{-1} 油相流量=4L·h^{-1} n=300	萃取相				
	萃余相				
水流量=4L·h^{-1} 油相流量=4L·h^{-1} n=500	萃取相				
	萃余相				

表 3-26　20℃苯甲酸在水和煤油中的平衡浓度

x_R						
y_E						
x_R						
y_E						

注：x_R——苯甲酸在煤油中的浓度，kg 苯甲酸·kg 煤油$^{-1}$。

y_E——对应的苯甲酸在水中的平衡浓度，kg 苯甲酸·kg 水$^{-1}$。

八、思考题

（1）液液萃取设备与气液传质设备的主要区别在哪里？

（2）本实验为什么不易用水作分散相？若用水作分散相，操作步骤是怎样的？两相分层分离段应该设在塔顶还是塔底？

（3）重相出口为什么采用倒U形管？倒U形管的高度是怎么确定的？

（4）什么是萃取塔的液泛？在操作过程中，你是怎样确定液泛速度的？

（5）对液液萃取过程来说是否外加能量越大越有利？

实验十六　膜分离实验

一、实验目的

（1）了解膜的结构和影响膜分离效果的因素，包括膜材质、压力、流量等。
（2）了解膜分离的主要工艺参数，掌握膜组件性能的表征方法。
（3）了解并熟悉超滤膜分离的工艺过程。

二、实验内容

（1）测定水温，膜进出口压力，产水和浓水的流量，进水、产水、浓水的电导值。
（2）计算淡水产率及膜对盐的截留率。

三、实验原理

1. 反渗透

反渗透（RO）技术是利用高压液体的高压作用，克服渗透膜的渗透压，使溶液中水分子逆方向渗透过渗透膜到达离子浓度较低的一端，从而达到去除溶液中大部分离子的目的。反渗透膜的孔径为 0.1～1nm。

为了防止被截留下来的其他离子越积越多而堵塞反渗透膜，往往采用动态的方法来进行反渗透，即在进行反渗透的同时，利用一股液体流连续冲刷膜表面的截留物，以保持反渗透膜表面始终具有良好的通透性。因此，反渗透设备的出水有两股，一股为透过液（淡水），一股为截留液（浓水）。

实验采用 NaCl、$MgSO_4$ 溶液进行实验，用在线电导仪测定进水、“淡水”和“浓水”的电导率变化，表示反渗透膜的处理效果（图 3-22）。

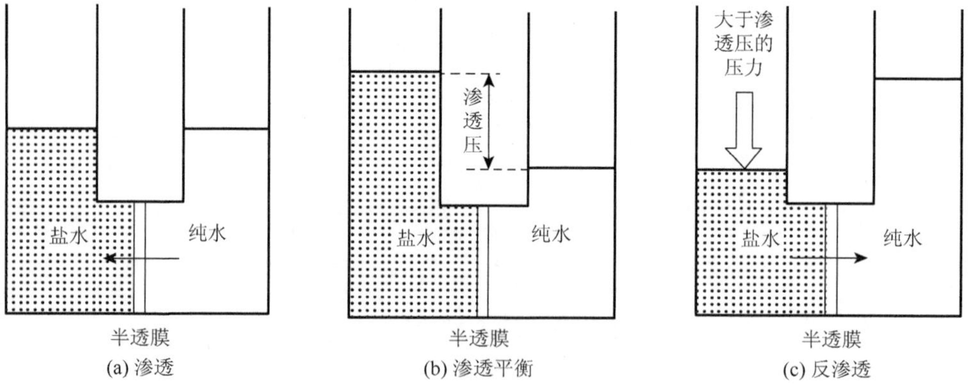

图 3-22　反渗透示意图

2. 纳滤

纳滤（NF）技术是从反渗透中派生出来的一种膜分离技术，是超低压反渗透技术的延续和发展分支。纳滤膜的孔径范围介于反渗透膜和超滤膜之间。一般认为，纳滤膜存在纳米级的细孔，可以截留95%的最小分子约为1nm的物质。

纳滤膜的特点在于较低的渗透压和较高的膜通透性，因此可以节能；通过纳滤膜的渗透作用，可以去除多价的离子，保留部分低价的对人体有益的矿物离子。

为了防止被截留下来的其他离子越积越多而堵塞纳滤膜，同样采用动态的方法来进行纳滤，即在进行纳滤的同时，利用一股液体流连续冲刷膜表面的截留物，以保持纳滤膜表面始终具有良好的通透性。因此，纳滤设备的出水也有两股，一股为透过液（淡水），一股为截留液（浓水）。

实验采用 NaCl、$MgSO_4$溶液进行实验，用在线电导仪测定进水、“淡水”和“浓水”的电导率变化，表示纳滤膜的处理效果。同时将纳滤和反渗透对一价和二价离子的截留效果进行比较，可以知道纳滤膜出水中保留了比反渗透出水中更多的有益矿物离子。

四、实验装置及流程

实验设备流程图如图3-23和图3-24所示。

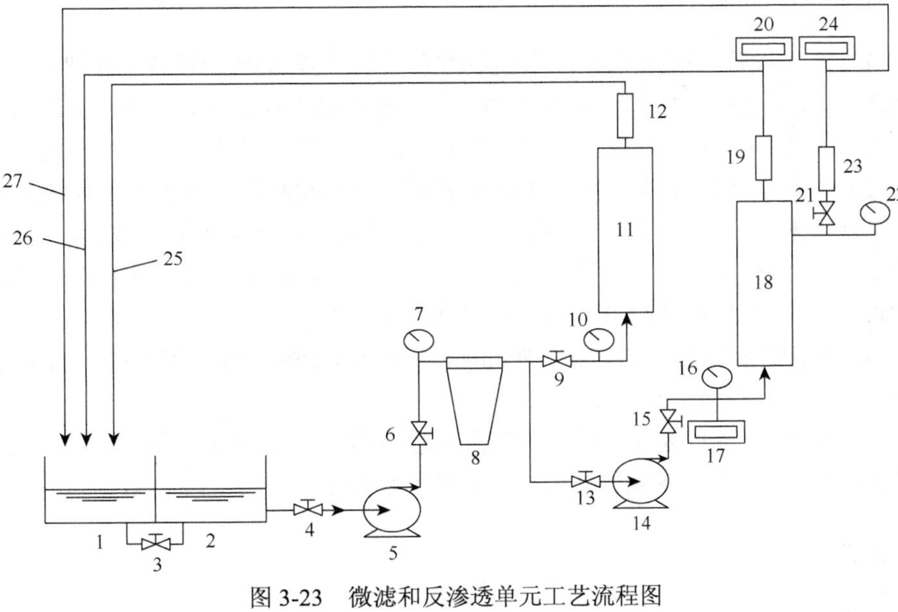

图3-23 微滤和反渗透单元工艺流程图

1. 出水箱；2. 进水箱；3、4、6、9、13、15、21. 调节阀；5. 增压泵；7、10、16、22. 压力表；8. 粗滤柱；11. 微滤膜柱；12、19、23. 流量计；14. 反渗透高压泵；17、20、24. 在线电导仪；18. 反渗透膜柱；25. 微滤出水；26. 反渗透淡水；27. 反渗透浓水

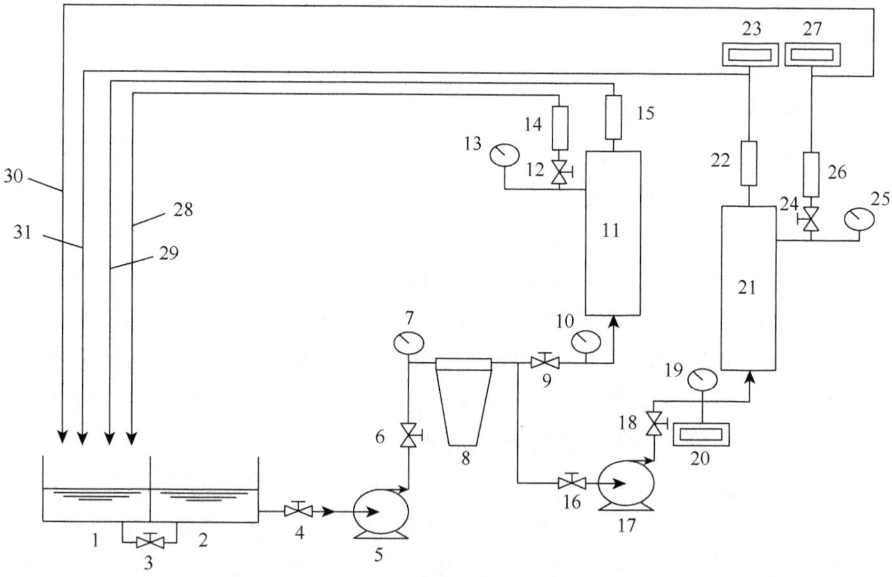

图 3-24　超滤和纳滤单元工艺流程图

1. 出水箱；2. 进水箱；3、4、6、9、12、16、18、24. 调节阀；5. 增压泵；7、10、13、19、25. 压力表；8. 粗滤柱；11. 超滤膜柱；14、15、22、26. 流量计；17. 纳滤高压泵；20、23、27. 在线电导仪；21. 纳滤膜柱；28. 超滤浓水；29. 超滤淡水；30. 纳滤浓水；31. 纳滤淡水

五、实验预习要求

（1）熟悉设备。根据上述的工艺流程图，结合实际的实验设备，仔细了解设备的管路连接、流通方向、取水样的位置、各个阀门的控制功能、各个压力表所指示的位置、电气控制箱中各控制开关所控制的对象、各显示仪表所对应的检测点。

（2）去离子水的准备。实验盐液采用去离子水配制，去离子水由反渗透膜自制。进行反渗透产水之前，必须将水箱中（进水箱、出水箱）的水放光，洗干净。打开进水箱、出水箱之间的连通阀门，向水箱中放满自来水，调节膜进口压力0.7MPa 左右，收集反渗透产品水（已准备好）。

（3）反渗透实验用水的准备。$500\text{mg}\cdot\text{L}^{-1}$ 的 NaCl 溶液和 $1000\text{mg}\cdot\text{L}^{-1}$ 的 $MgSO_4$ 溶液各 40L，用去离子水配制。

（4）纳滤实验用水的准备。与反渗透一样，$500\text{mg}\cdot\text{L}^{-1}$ 的 NaCl 溶液和 $1000\text{mg}\cdot\text{L}^{-1}$ 的 $MgSO_4$ 溶液各 40L，用去离子水配制。

六、实验步骤

1. 反渗透实验

反渗透实验的目的是检验反渗透膜对离子的截留效果，可从在线电导仪上得到数据来了解离子的截留情况。反渗透膜的淡水电导率远低于浓水的电导率，浓水的电导率略大于进水的电导率。

由于电导率近似正比于离子浓度，因此反渗透膜对离子的截留率计算可近似为

$$离子的截留率=\frac{进水电导率-淡水电导率}{进水电导率}\times 100\%$$

由于进行反渗透实验时进水箱、出水箱之间是连通的，加之本实验设备的单位时间处理量较大，因此，实验时的进水量可以开得大一些。具体步骤如下。

（1）打开增压泵的进水阀4、出水阀6（不要全开），高压泵的进水阀13、出水阀15（不要全开）及反渗透浓水阀21（不要全开）。注意：这时的阀门9一定要关闭。

（2）在电器箱上，首先打开反渗透增压泵的电源，等反渗透浓水有水流出并完全排完空气（从浓水流量计观察，水中无气泡）后，开启反渗透高压泵的电源。这时，缓慢调节高压泵的出水阀15和反渗透浓水阀21，使反渗透进水压力在0.8MPa（最高不得超过1.0MPa），浓水流量在600$L\cdot h^{-1}$左右，最后通过调节增压泵出水阀6，使增压泵的出水压力在0.08MPa左右。因为阀门15和21的调节不易掌握，随意调动会引起总进膜流量和压力的变动，所以在上述两阀门调节好的情况下，一般不再调节，这样才能稳定反渗透膜的进水条件便于实验。

（3）正常运行10min后，可直接读出反渗透产水和浓水的流量、反渗透进水、产水和浓水的电导值，它们的一组数据即可评价反渗透膜的除盐性能。

2. 纳滤实验

纳滤实验的目的是检测纳滤膜对离子的截留作用，因此，可从在线电导仪上得到的数据来了解离子的截留情况。纳滤膜的淡水电导率应远低于进水的电导率，浓水的电导率略大于进水的电导率。

纳滤膜对离子的截留率计算与上述反渗透实验的截留率计算一样。

通过NaCl和$MgSO_4$两种不同价态离子溶液的过滤实验，可以测定反渗透和纳滤两种膜对一价和二价离子的不同截留特性。

由于进行纳滤实验时进水箱、出水箱之间是连通的，加之本实验设备的单位时间处理量较大，因此，实验时的进水量可以开得大一些。

具体步骤如下。

（1）打开增压泵的进水阀4、出水阀6（不要全开），高压泵的进水阀16、出水阀18（不要全开）及纳滤浓水阀24（不要全开）。注意：这时的阀门9一定要关闭。

（2）在电器箱上，首先打开纳滤增压泵的电源，等纳滤浓水有水流出并完全排完空气（从浓水流量计观察，水中无气泡）后，开启纳滤高压泵的电源。这时，缓慢调节高压泵的出水阀 18 和纳滤浓水阀 24，使纳滤进水压力在 0.8MPa（最高不得超过 1.0MPa），浓水流量在 600L·h^{-1} 左右（纳滤总流量尽量与反渗透实验总流量一致），最后通过调节增压泵出水阀 6，使增压泵的出水压力在 0.08MPa 左右。因为阀门 18 和 24 的调节不易掌握，随意调动会引起总进膜流量和压力的变动，所以在上述两阀门调节好的情况下，一般不再调节，这样才能稳定纳滤膜的进水条件便于实验。

（3）正常运行 10min 后，可直接读出纳滤产水和浓水的流量、纳滤进水、产水和浓水的电导值，它们的一组数据即可评价纳滤膜的除盐性能。

3. 膜清洗

实验结束后，应对反渗透膜和纳滤膜进行清洗。

反渗透膜的清洗方法为：先排空盐液，向水箱中不断加入自来水，同时将浓水移出水箱，产水另外收集，循环清洗一段时间至原水电导下降至 200μs·cm^{-1} 以下时，停止加入自来水，并加入已收集的去离子水，同样操作循环清洗至原水电导至 10μs·cm^{-1} 左右，清洗过程遵循低压大流量的原则。若一段时间不使用反渗透膜，应做好水封以防止其发霉长菌。

纳滤膜的清洗方法为：先排空盐液，向水箱中不断加入去离子水，同时将浓水移出水箱，循环清洗至原水电导至 10μs·cm^{-1} 左右，清洗过程遵循低压大流量的原则。若一段时间不使用纳滤膜，应做好水封以防止其发霉长菌。

4. 注意事项

（1）因为这一系列可做微滤和反渗透两种实验，先明确要做哪种实验，然后开启相对应支路上的阀门，关闭另一支路上的阀门，两个阀门只能有一个处于开启状态。因为实验室电压不足，不具备同时做两种实验的能力。

（2）反渗透膜和纳滤膜的进水浊度有严格的要求，所以用作实验材料的浊度严格控制为小于 1°，并且每次使用前必须将水箱清洗干净。

（3）启动泵前一定要灌泵。

七、实验数据及结果分析

记录每组实验下的水温，膜进出口压力，产水和浓水的流量，进水、产水、浓水的电导值（表 3-27 和表 3-28），并计算淡水产率及膜对盐的截留率。

$$跨膜压差=\frac{进口压力+出口压力}{2}$$

$$淡水产率=\frac{淡水流量}{进水流量}\times 100\%$$

$$进水流量=淡水流量+浓水流量$$

表 3-27 膜分离数据记录表 1

项目			温度/℃	跨膜压差/MPa		原水电导率 $/(\mu s\cdot cm^{-1})$	淡水电导率 $/(\mu s\cdot cm^{-1})$	原水流量 $/(L\cdot h^{-1})$	淡水流量 $/(L\cdot h^{-1})$	浓水流量 $/(L\cdot h^{-1})$	截留率/%	淡水产率/%
				进口压力	出口压力							
反渗透实验	1	NaCl 溶液（$500mg\cdot L^{-1}$）										
	2	$MgSO_4$ 溶液（$1000mg\cdot L^{-1}$）										
纳滤实验	3	NaCl 溶液（$500mg\cdot L^{-1}$）										
	4	$MgSO_4$ 溶液（$1000mg\cdot L^{-1}$）										

表 3-28 膜分离数据记录表 2

原水温度：________℃

工艺参数 / 实验号	进水侧压力/MPa	出水侧压力/MPa	原水电导率 $/(\mu s\cdot cm^{-1})$	淡水电导率 $/(\mu s\cdot cm^{-1})$	浓水电导率 $/(\mu s\cdot cm^{-1})$	淡水流量 $/(L\cdot h^{-1})$	浓水流量 $/(L\cdot h^{-1})$
1							
2							
3							
4							

八、思考题

（1）温度变化对膜分离实验有什么影响？

（2）进出水压力表读数有差别的原因是什么？

（3）实验中如果压力过大或者流量过小会有什么后果？

实验十七　流体流量计校正实验

一、实验目的

（1）学会流量计流量校正的方法。

（2）掌握孔板流量计流量系数的测定方法及原理，了解孔板流量计结构。

（3）掌握涡轮流量计流量校正方法及原理。

二、实验内容

（1）以转子流量计的读数为标准值，得到孔板流量计和涡轮流量计标准流量曲线或流量系数。

（2）作孔板流量计压差和流量的关系曲线，计算流量系数。

（3）得到涡轮流量计频率与流量计读数的关系曲线，可比较不同流量计工作特性和流量的线性关系。

三、实验原理

如果流量计经过长期使用而磨损较大，或者被测流体与标定流体的成分或状态不同，或者用户自行制造的非标形式流量计，遇到上述情况，必须对流量计进行标定，也就是用实验的方法测出流量计的指示值与实际流量的关系，作出流量曲线或者确定流量计算公式。

本装置采用直接法标定流量计，即让实验流体流过被标流量计，同时用标准流量计测出标准流量。

1. 孔板流量计的标定

$$V_s = C_0 A_0 \sqrt{\frac{2gR(\rho_A - \rho)}{\rho}} \tag{3-60}$$

式中，V_s——被测流体的体积流量，$m^3 \cdot s$；

C_0——孔流系数，无因次；

A_0——孔板锐孔截面积，m^2；

ρ_A——U 形管压差计指示液密度，$kg \cdot m^{-3}$；

ρ——被测流体的密度，$kg \cdot m^{-3}$；

R——U 形管压差计的压差示值，m。

具体标定或校核方法是：在转子流量计的某一刻度下，直接读出孔板或涡轮流量计的示数，然后以转子流量计刻度为横坐标，以标定流量为纵坐标，在直角坐标纸上绘出流量曲线，以供使用时查询。

2. 涡轮流量计的标定

由于涡轮流量计的检测原理不同于其他流量计，使用过程中有磨损、腐蚀、堵塞等现象，造成轴承磨损及卡住等问题，需定期校准以保持其特性。其具体标定方法与孔板流量计相同。

四、实验装置及流程

实验设备流程图如图3-25所示。

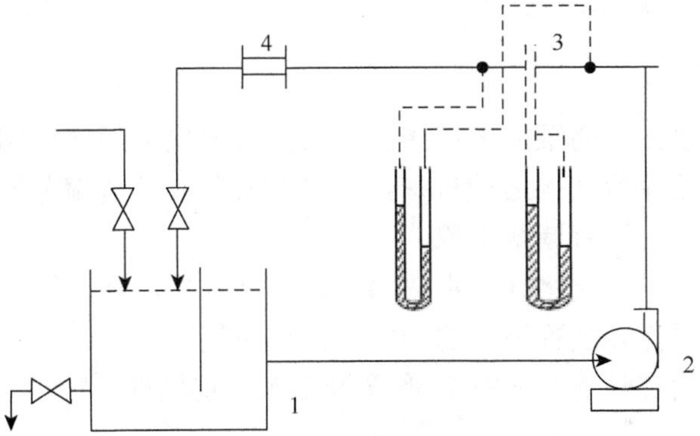

图3-25 流量计校正实验装置流程图

1. 循环水箱；2. 离心泵；3. 孔板流量计；4. 涡轮流量计

（1）孔板流量计内径29mm，孔板孔径20mm。

（2）测量仪表。

U形压差计，指示液（水银）；涡轮流量计LW-25，精度0.5级，量程1.6～$10m^3 \cdot h^{-1}$。

五、实验预习要求

（1）面对实验装置快速复述流程，简述实验内容。

（2）掌握对流传热系数测量方法。

（3）简述实验操作步骤及注意事项。

（4）熟悉实验过程中冷却水的开关顺序。

（5）通过上次实验装置的预习，演示基本操作步骤。

六、实验步骤及注意事项

1. 实验步骤

（1）检查各部分电路是否连接完好，开关处于关闭状态。

（2）检查水桶内是否有足够的水，各阀门是否处于关闭状态。

（3）接通总电源，打开电源开关。

（4）打开离心泵开关后再开泵出口阀。

（5）待 U 形管内充入适量水后，开始实验。

（6）按照预先分配好的测试点进行测试，记录数据。

（7）待数据记录完成后，先关闭泵的出口阀再停泵。

（8）关闭总电源，结束实验。

2. 注意事项

（1）开泵前要先关闭泵的出口阀，停泵前也要先关闭出口阀。

（2）由于涡轮流量计构造较特殊，实验时发现其读数偏差较大时，可自行拆开两端接头，检查是否有堵塞现象。

（3）长期不用时，要将桶内水放出，以免结水垢，堵塞管路。

（4）实验时要打开装置顶部的排气阀，避免气堵。

（5）每次开始实验前，应将 U 形管内充入一定量水。

七、数据记录与结果分析处理

1. 数据记录（表 3-29）

表 3-29 流量计校正实验数据记录表

t_1=25.5℃ d_0=0.02m d_1=0.029m ρ=996.5kg·m^{-3} μ=0.89×10^{-3}Pa·s

转子流量计流量/(m^3·h^{-1})	孔板流量计压力值		压差 p_1-p_2/mmH$_2$O	孔流系数	雷诺准数	流速/(m·s^{-1})	压差 p_1-p_2/mmH$_2$O	转子流量计流量/(m^3·h^{-1})
	上游压力 p_1	下游压力 p_2						
0.6								
0.8								
1.0								
1.2								
1.4								

续表

转子流量计流量 /$(m^3 \cdot h^{-1})$	孔板流量计压力值		压差 p_1-p_2 /mmH_2O	孔流系数	雷诺准数	流速 /$(m \cdot s^{-1})$	压差 p_1-p_2 /mmH_2O	转子流量计流量 /$(m^3 \cdot h^{-1})$
	上游压力 p_1	下游压力 p_2						
1.6								
1.8								
2.0								
2.2								
2.4								
2.6								

2. 数据处理

（1）根据实验数据绘制孔板流量计和涡轮流量计标准流量曲线。

（2）根据孔板流量计差压和流量的关系曲线，计算流量系数。

（3）根据计算结果得到涡轮流量计频率与流量计读数的关系曲线，比较不同流量计工作特性和流量的线性关系。

八、思考题

（1）为什么测试系统要排气？如何正确排气？

（2）为什么孔板流量计安装时，要求前后有一定的直管稳定段？

（3）标绘 C_0-Re 关系曲线时，选择何种坐标纸？你从所标绘的曲线得出什么结论？

（4）从实验中可以直接得到压差计读数 R-u 的校正曲线，经整理后也可得到 C_0-Re 曲线，这两种表示方法各有什么优点？

参考文献

曹贵平，朱中南，戴迎春. 2009. 化工实验设计与数据处理. 上海：华东理工大学出版社
李金龙，吕君，张浩. 2012. 化工原理实验. 哈尔滨：哈尔滨工业大学出版社
马江权，魏斗年，韶晖，等. 2008. 化工原理实验. 上海：华东理工大学出版社
杨祖荣. 2014. 化工原理实验. 北京：化学工业出版社
张金利，张建伟，郭翠梨，等. 2005. 化工原理实验. 天津：天津大学出版社
周玉新. 2005. 实验设计与数据处理. 武汉：湖北科学技术出版社

附　　录

附录一　化工原理实验注意事项

化工原理实验有其自身的特殊性。为了安全成功地完成实验，除了每个实验有每个实验的特殊要求外，在这里提出一些化工原理实验中必须遵守的注意事项和一些必须具备的安全知识。

（一）注意事项

1. 设备启动前必须检查的事项

（1）对于泵、风机、压缩机、电机等转动设备，用手使其转动（俗称盘车），从声响上判别有无异常，并检查润滑油位。

（2）设备上各阀门的开、关状态。

（3）接入设备的仪表开、关状态。

（4）应有的安全措施，如防护罩、绝缘势、隔热层等。

2. 仪器仪表使用前应做到的事项

（1）了解原理和结构。

（2）掌握连接方法与操作步骤。

（3）分清量程范围，掌握正确的读数方法。

3. 操作过程中的注意事项

（1）操作中要严守自己的岗位，细心操作。注意整个实验的进行，随时观察仪表示值的变动，保证操作过程稳定进行。产生不合规律现象时要及时观察研究，分析其原因。

（2）操作过程中设备及仪表发生问题应立即按停车步骤停车，并报告指导教师。同时应自己分析原因供教师参考。未经教师同意不得自行处理。在教师处理问题时，学生应了解其过程，这是学习分析问题与处理问题的好机会。

4. 实验结束时必须做到的事项

应先将有关的气源、水源、热源、仪表的阀门或电源关闭，然后再切断电机电源。

5. 特别注意的事项

化工原理实验要特别注意安全。进实验室后要明确总电闸的位置和灭火器材的安放地点。

（二）实验安全基本知识

化工原理实验是一门实践性较强的课程。学习实验安全基本知识，掌握必要的安全常识，避免事故发生，是实验教学不可缺少的内容。因此，以下介绍实验安全基本知识。

1. 化学药品和气体

在化工原理实验中所接触的化学药品不多，但仍应在使用之前了解药品的性能，如毒性、易燃性、易爆性等，并明确其使用方法和防护措施。

在化工原理实验中，应尽量避免采用水银。如遇水银压差计，要慎重操作，开关阀门要缓慢，防止冲走压差计中的水银。操作过程要小心，不要碰破压差计。一旦水银被冲洒出来，一定要认真地尽可能地将它收集起来。无法收集的细粒，要用硫黄粉和氯化铁溶液覆盖。

化工原理实验中所用的气体种类较多，一类是具有刺激性的气体，如氨、二氧化硫等，这类气体的泄漏一般容易被发觉。另一类是无色无味，但有毒性或易燃易爆的气体，如一氧化碳等，不仅易中毒，而且在室温下空气中的爆炸范围为12%～74%，氢在室温下空气中的爆炸范围为4%～74%。当气体和空气的混合物在爆炸范围内，只要有火花等诱发因素，就会立即爆炸。因此，使用有毒或易燃易爆气体时，系统一定要严密不漏，尾气要导出室外，并注意室内通风。

2. 高压钢瓶

高压钢瓶是一种储存各种压缩气体或液化气的高压容器。钢瓶一般容积为40～60L，最高工作压力为15MPa，最低的也在0.6MPa以上。瓶内压力很高，并且储存的气体本身某些是有毒或易燃易爆气体，故使用钢瓶一定要掌握其构造特点和安全知识，以确保安全。

钢瓶主要由筒体和瓶阀构成，其他附件还有保护瓶阀的安全帽、开启瓶阀的手轮、使运输过程中不受振动的橡胶圈。另外，在使用时瓶阀出口还要连接减压阀和压力表（俗称气表）。

标准高压钢瓶按国家标准制造，经有关部门严格检验后方可使用。各种钢瓶使用过程中，还必须定期送有关部门进行水压试验。经过检验合格的钢瓶，在瓶肩上用钢印打上下列信息。

（1）制造厂家。

（2）制造日期。

（3）钢瓶型号和编号。

（4）钢瓶质量。

（5）钢瓶容积。

（6）工作压力。

（7）水压试验压力、水压试验日期和下次送检日期。

各类钢瓶的表面都应涂上一定颜色的油漆，其目的不仅是防锈，更主要的是能从颜色上迅速辨别钢瓶中所储气体的种类，以免混淆。常用的各类钢瓶的颜色及其标志列于附表1。

附表1　常用的各类钢瓶的颜色及其标志

气体种类	工作压力/MPa	水压试验压力/MPa	气瓶颜色	文字	文字颜色
氧	15	22.5	浅蓝色	氧	黑色
氢	15	22.5	暗绿色	氢	红色
氮	15	22.5	黑色	氮	黄色
氦	15	22.5	棕色	氦	白色
压缩空气	15	22.5	黑色	压缩空气	白色
二氧化碳	12.5（液）	19	黑色	二氧化碳	黄色
氨	3（液）	6	黄色	氨	黑色
氯	3（液）	6	草绿色	氯	白色
乙炔	3（液）	6	白色	乙炔	红色
二氧化硫	0.6（液）	1.2	黑色	二氧化硫	白色

为了确保安全，在使用钢瓶时一定要注意以下几点安全知识：

（1）应尽可能避免可燃性气体钢瓶和氧气钢瓶在同一房间使用（如氢气钢瓶和氧气钢瓶），以防止因为两种钢瓶同时漏气而引起着火和爆炸。

（2）按规定远离明火，可燃性气体钢瓶与明火距离在10m以上。如氢气泄漏时，当氢气与空气混合后体积分数达到4%～75.2%时，遇明火会发生爆炸。

（3）高压钢瓶不能受日光直晒或靠近热源，以免瓶内气体受热膨胀而引起钢瓶爆炸。

（4）搬运钢瓶时，应戴好钢瓶帽和橡胶安全圈，并严防钢瓶摔倒或受到撞击，以免发生意外爆炸事故。钢瓶使用时必须牢固地靠定墙壁或实验台旁。

（5）绝不可把油或其他易燃性有机物黏附在钢瓶上（特别是出口和气压表处），

也不可用麻、棉等物堵漏，以防燃烧引起事故。

（6）使用钢瓶时一定要用气压表，而且各种气压表不能混用。一般可燃性气体的钢瓶气门螺纹是反扣的（如 H_2、C_2H_2），不燃性或助燃性气体的钢瓶气门螺纹是正扣的（如 N_2、O_2）。

（7）使用钢瓶时必须连接减压阀或高压调节阀，不经这些部件让系统直接与钢瓶连接是十分危险的。

（8）开钢瓶阀门及调压时，人不要站在气体出口的前方，头不要在瓶口之上，而应在钢瓶侧面，以防钢瓶的总阀门或气压表冲出伤人。

（9）当钢瓶使用到瓶内压力为 0.5MPa 时，应停止使用，压力过低会给充气带来不安全因素，当钢瓶内压力与外界压力相同时，会造成空气的进入。

3. 防火知识

（1）所有人员不准在实验室吸烟，不携带引火物进入实验室；实验使用的药品不随意乱倒，应集中回收处理；剩余的易燃药品必须保管好，不得随意乱放。

（2）化工原理实验室火灾的隐患除了易燃化学药品外，还有电器设备和电路等，因此，实验前要检查电器设备的安全情况。

（3）用电进行高温加热的实验操作过程中必须有人坚守操作岗位，以防发生意外火灾。

（4）实验中若发现不正常的异味及不正常响声，应及时对正使用的仪器、设备及实验过程和周围环境进行检查，发现问题及时处理。

（5）熟悉消防器材的使用方法，一旦发生火情，应冷静判断并采取有效措施灭火。

4. 用电安全知识

（1）实验之前，必须了解室内总电闸与分电闸的位置，便于出现用电事故时能及时切断电源。

（2）接触或操作电器设备时，手必须干燥，所有的电器设备在带电时不能用湿布擦拭，更不能有水落于其上，不能用试电笔去试高压电。

（3）电器设备维修及更换保险丝时，一定要先拉下电闸后再进行操作。

（4）电源或电器设备上的保护熔断丝或保险管都应按规定电流标准使用，不能任意加大，更不允许用铜丝或铝丝代替。

（5）在实验过程中，如果发生停电现象，必须切断电闸。以防操作人员离开现场后突然供电而导致电器设备在无人监视下运行，发生意外及触电事故。

5. 灭火器材的选用方法

灭火器材的选用是根据火灾的大小、燃烧物的类别及其环境情况所决定的。

1）泡沫灭火器

泡沫灭火器主要用于扑灭固体和液体着火（如汽油、苯、丙酮等着火）。因它是水溶液，易导电并具有一定腐蚀性，所以不宜用于电器和贵重仪器的灭火。若用于扑灭电器设备的着火时，必须事先切断电源，否则有触电危险。

2）二氧化碳灭火器

二氧化碳灭火器可用于电器设备和贵重仪器着火时的扑救。使用二氧化碳灭火器时，要用手接触壳体以免冻伤，还要站在火的上风头，以免自己因缺氧而窒息。

3）四氯化碳灭火器

四氯化碳的导电性很差，可以用来扑救电器设备着火，也可用于扑救少量可燃液体的着火。使用四氯化碳灭火器时要注意以下两点。

（1）不能用于扑救钾、钠、镁、电石及二硫化碳的着火，因为四氯化碳在高温下与这些物质接触可能发生爆炸。

（2）四氯化碳本身有毒，在高温下能产生剧毒的光气，使用四氯化碳灭火器时，要站在上风头，在室内使用时要打开窗户。

4）干粉灭火器

它是一种高效灭火剂，适用于一般火灾、可燃液体火灾及带电设备火灾。使用时先拔去二氧化碳钢瓶上的保险锁，一手紧握喷嘴对准火焰，一手将提环拉起，使二氧化碳气进入机桶，带着干粉经胶管由喷嘴喷出。

附录二　乙醇-水在常压下气液相平衡数据

温度/℃	液相组成 x	气相组成 y	温度/℃	液相组成 x	气相组成 y
100	0	0	80.40	45.41	63.43
94.95	2.01	18.68	80.00	50.16	65.34
90.50	5.07	33.06	79.75	54.00	66.92
87.70	7.95	40.18	79.55	59.55	69.59
86.20	10.48	44.61	79.30	64.05	71.86
84.50	14.95	49.77	78.85	70.63	75.82
83.30	20.00	53.09	78.60	75.99	79.26
82.35	25.00	55.48	78.40	79.82	81.83
81.60	30.01	57.70	78.20	85.97	86.40
81.20	35.09	59.55	78.15	78.15	89.41
80.75	40.00	61.44			

附录三　水的重要物理性质

温度/℃	密度/($kg·m^{-3}$)	比热容/($kJ·kg^{-1}·℃^{-1}$)	焓/($kJ·kg^{-1}$)	汽化潜热/($kJ·kg^{-1}$)	黏度/($10^{-5}Pa·s$)	导热系数/($W·m^{-1}·℃^{-1}$)	膨胀系数/($10^{-4}℃^{-1}$)
0	999.9	4.212	0	—	1.789	0.5513	–0.63
10	999.7	4.191	42.04	—	1.305	0.5745	0.7
20	998.2	4.183	83.9	2448.83	1.005	0.5989	1.82
30	995.7	4.178	125.69	2426.72	0.801	0.6176	3.21
40	992.2	4.178	167.51	2403.94	0.653	0.6338	3.87
50	988.1	4.178	209.3	2379.96	0.549	0.6478	4.49
60	983.2	4.183	251.12	2356.44	0.47	0.6549	5.11
70	977.8	4.187	292.99	2331.83	0.406	0.6676	5.7
80	971.8	4.195	334.94	2307.16	0.355	0.6745	6.32
90	965.3	4.208	376.98	2281.56	0.315	0.6804	6.95
100	958.4	4.212	419.1	2255.50	0.283	0.6827	7.52

附录四　氨在水中的亨利系数

温度/℃	0	10	20	25	30	40
亨利系数 H/atm	0.293	0.502	0.778	0.947	1.250	1.938

注：1atm=1.01×10^5Pa。

附录五　酒精计使用

将酒精计缓缓放入液体中，慢慢松手，使酒精计在自身重力作用下在读数点上下三个分度内浮动，但不能与筒壁、搅拌器接触，插入温度计，稳定 1～3min 后才能读数。如果酒精计放入溶液中动作过大，酒精计在溶液中上下漂移范围就大，干管过多地被溶液浸湿而增加了酒精计的重量，使读数增加，造成测量误差。

读数按弯月面下缘读数，观察者的眼睛应稍低于液面，使看到的液面成椭圆形，然后慢慢抬高眼睛位置直至椭圆形变成一条直线为止，读出此直线的分度表上的位置，并估计到最小分度值的 1/10。将酒精计示值加上计量部门出具的修正值，得出修正后的示值。酒精计读数前后需分别测量液体的温度，取其平均值作为测量溶液时的液体温度。

根据测得的液体温度和修正后的酒精计示值查《酒精计温度、酒精度换算表》，换算成 20℃时的酒精度。同一种酒精水溶液要测量三次取平均值。三次测量之差大于 0.2 分度时再进行测量。

化工分离工程实验

杨世芳　主编

曾　嵘　龙华丽　周　艳　祝媛媛　参编

科 学 出 版 社

北　京

内 容 简 介

本书为化工分离工程及相关课程的实验教材，强调培养学生实验研究的多种能力和素质，增强创新意识。全书内容包括绪论、物理分离过程基础实验、化学分离过程基础实验、分离工程实验、附录。本书着重介绍了化工单元操作实验、化学反应工程实验、化工分离工程实验，还介绍了实验室安全知识及基本操作技能。编写中力求概念清晰，层次分明，叙述简洁、易懂，便于自学。

本书可作为高等学校化学工程与工艺及相关专业本科生的化工实验教材，也可作为化学工程、化学工艺专业硕士研究生实验教材，还可以作为化工、石油、纺织、食品、环境、医药等领域从事科研、生产的技术人员的参考书。

图书在版编目（CIP）数据

化工分离工程实验 / 杨世芳主编. —北京：科学出版社，2017

ISBN 978-7-03-051201-7

Ⅰ. ①化… Ⅱ. ①杨… Ⅲ. ①分离-化工过程-实验-高等学校-教材 Ⅳ. ①TQ028-33

中国版本图书馆 CIP 数据核字（2016）第 311407 号

责任编辑：丁 里 / 责任校对：樊雅琼

责任印制：张 伟 / 封面设计：迷底书装

科学出版社 出版

北京东黄城根北街 16 号

邮政编码：100717

http://www.sciencep.com

涿州市般润文化传播有限公司 印刷

科学出版社发行 各地新华书店经销

*

2017 年 2 月第 一 版 开本：720×1000 B5

2023 年 1 月第七次印刷 印张：14 1/4

字数：323 000

定价：49.00 元

（如有印装质量问题，我社负责调换）

前　言

化工分离工程实验是化工类及相关专业的专业基础课，是培养学生的工程观念和工程实践能力的重要实践性课程。要培养具备坚实的理论基础、出色的科学实验能力和创新精神的适应当今经济、科技和社会发展需要的人才，实验教学是一个重要环节。工程实验课在培养高科技人才的基本素质和能力方面具有其他基础课程无法替代的重要作用。因此，如何通过工程实验课培养学生的工程观念，训练实践能力，提高动手能力和分析、解决工程实际问题能力是本书编写的目标和方向。为此，本书在内容的编排、取材上遵循以下原则：

(1) 传递过程是化学工程的重要内容之一，它的许多实验技术如传热、吸收、精馏、萃取和干燥等在化学学科和其他相关学科的基础研究及应用、开发研究中应用广泛，因此这些实验内容在本书中占有较大的篇幅。

(2) 近年来，化学工程学科的发展日新月异，新技术层出不穷，这些新技术对于培养化学和与化学相关学科的创新人才具有重要的意义。本书选编了部分化工新技术实验，如化工流体力学综合实验、反应精馏、萃取精馏、离子交换、膜分离、变压吸附、超临界流体萃取等，以拓宽学生的实验技术知识面。

(3) 对于化学反应工程，除了传统的停留时间分布实验外，为了提高学生从事科学研究的动手能力，增加了一些综合实验，如合成氨动力学参数测定、液相催化空气氧化实验等。这些实验也可以包含催化剂制备和表征、化学反应、产物的定性和定量分析、收率和选择性评价以及建立动力学实验方程等内容，以开放型实验或研究型实验的形式开设。

(4) 化工分离实验与其他化学实验的不同在于实验的工程性。某一实验的操作方法因装置的生产厂家或设计时选定的实验对象不同而异，但是实验原理和设计思路是一致的。对于这一类实验，尽可能包含几种常用的实验装置，既使本书具有较好的通用性，又有利于开拓学生进行实验设计的思路。

(5) 化工分离实验是一门工程技术实践课程。本书结合实验原理和实验装置示意图，给出实验操作要点，以便学生通过预习，拟订实验方案、实验步骤和实验数据记录表格，培养和提高学生的实验设计能力和创新能力。

本书由杨世芳主编，曾嵘、龙华丽、周艳、祝媛媛参加编写，王应席教授主审。管蓉、鲁德平教授及王治国、刘建文、黎明、王飞翼老师对本书的编写提出了许多宝贵意见，在此表示衷心的感谢。

由于编者水平所限，书中很多内容是编者的经验和见解，难免有不妥之处，衷心希望读者批评指正，使本书日臻完善。

编　者

2016 年 8 月于武汉

目　录

绪　论

一、化工分离工程实验的目的和意义

化工分离工程实验是学习、掌握和运用化工分离工程专业课程不可缺少的实践环节，是学生巩固理论知识、从实践中吸取新知识的重要途径。实验课与理论课、习题课、课程设计一样，是教学内容的重要组成部分。因此，学生认真做好实验是非常重要的。作为化工类专业的学生，在学习化工专业课程的过程中，不仅要认真学好基础理论知识，也要认真上好实验课，通过实验学习掌握化工实验的方法、技能和实践知识。化工分离工程实验的目的是：

(1) 配合理论教学，通过实验从实践中进一步学习、掌握和运用学过的基本理论。

(2) 运用化工基本理论分析实验过程中的各种现象和问题，培养学生分析问题和解决问题的能力。

(3) 了解实验设备的结构、特点，学习常用仪表的使用，使学生掌握化工实验的基本方法，并通过实验操作进行实验技能的训练和培养。

(4) 通过实验数据的分析处理，撰写实验报告，训练学生的实际计算能力和组织报告的能力。

(5) 通过实验逐步培养学生良好的思想作风和工作作风，以严谨、科学、求实的精神对待实验与研究工作。

二、实验的要求

1. 实验准备

实验前必须认真预习实验教材和理论教材有关章节，清楚地了解所做实验的目的、要求、方法和基本原理。在全面预习的基础上写出预习报告(内容包括实验目的、实验原理、预习中的问题)，并准备好记录用的表格。否则不能参加实验。

进入实验室后，要详细了解实验装置的流程、主要设备的结构、测量仪表的使用及实验操作方法，并认真思考实验操作步骤、测量记录的内容和测定数据的方法。对实验预期的结果、可能发生的故障和排除方法进行基本的分析和估计。

实验前小组成员必须分工明确，协调一致。检查、调整设备进入可启动状态，然后启动(送电、水、蒸汽等)设备运行。

2. 实验进行中

实验过程中，应全神贯注地仔细操作，注意观察现象，发现问题。实验中要认真仔细地测定数据，将数据记录在规定的表格中。若实验过程中出现的数据重复性、规律性差，应分析实验中的问题，找出原因并加以解决。必要时需要重做实验，任何草率、不负责任的学习态度都是有害的。

做完实验后，要对数据进行初步检查，查看数据的规律性，有无遗漏或记错，一经发现应及时补正。实验记录应请指导教师检查，检查合格后再停止实验，将设备恢复到实验前的状态。

3. 实验记录

实验记录是处理实验结果的依据，认真做好实验记录很重要。应按实验内容预先制作记录表格。记录应认真仔细，整齐清楚。在实验中逐渐养成良好的记录习惯。原始的记录要注意保存，以便查对核实时使用。根据以往实验的经验，现提出以下几点参考意见：

(1) 对于稳定操作的过程，在改变操作条件之后，一定要等待过程重新稳定，再开始读数记录。对于不稳定的操作过程，对过程熟悉之后，从过程开始，就进行读数记录(应在实验前计划好记录的时刻或位置等)。

(2) 记录数据应是直读数值，不要经过运算后再记。例如，停表读数 1 分 38 秒，就应记 1′38″，不应记 98″。又如，U 形管压力计两臂液柱高度差应分别读数记录，不应只记液柱的差值。

(3) 应根据测量仪表的精确度，正确读取有效数字。例如，1/10 ℃分度的温度计，读数是 22.24 ℃，有效数字为四位，可靠值为三位。读数的最后一位是带有读数误差的估计值，在测量工作中必须要进行估计。一般读数误差不会超过最小刻度的±0.5。

(4) 对待实验记录应采取科学态度，不要主观臆测，也不要随意舍弃数据。对可疑数据，除有明显原因，如错读、错记等使数据不正常可以舍弃之外，一般应留在数据处理时检查处理。数据检查应根据专业知识，如热量衡算原则、物料衡算原则或误差理论。

记录数据应注意书写清楚，记错的数字应划掉重写，避免采用涂改的方法，涂改后的数字容易误读或看不清楚。

4. 实验报告

实验结束后，应及时处理数据，按实验报告的要求严肃认真地完成实验报告的整理、撰写工作。实验报告是实验工作的总结，撰写报告是对学生能力的训练。

因此，要求学生独立完成实验报告，避免抄袭行为。

实验报告应包括以下内容：

(1) 实验题目。

(2) 实验目的或任务。

(3) 实验的基本原理。

(4) 实验设备及流程，简要的操作说明。

(5) 原始记录表。

(6) 实验的结果：图表或关系式等，并要求有一组实验数据的计算示例。

(7) 结果讨论。

实验报告应有分析和说服力。报告内容应简明扼要，书写清楚，正确使用标点符号，图表应整齐地放在适当位置，并装订成册。

实验报告还应写明学生的学号、姓名、专业、年级、实验时间、同组人姓名，并在指定时间交指导教师批阅。

三、实验数据的处理

实验记录的原始数据通常要进行计算，作出图表并通过图表求得经验公式或确定经验公式的系数。因此，取得实验数据后，还要正确地处理这些数据，才能获得应有的结果。关于实验数据的计算和绘制图线方面提出以下几点建议。

1. 数据的计算

(1) 在计算中应注意有效数字和单位换算，按工程计算有效数字的要求进行计算。

(2) 整理数据时可以采用常数归纳法，将计算公式中的许多常数归纳为一个常数看待。例如，计算固定管路中流速改变后的雷诺数的数值时，因为 $Re=\dfrac{du\rho}{\mu}$，$u=\dfrac{V}{\dfrac{\pi}{4}d^2}$，故 $Re=\dfrac{4\rho V}{\pi d\mu}$，而 d、ρ、μ 在实验中均不变化，可作为常数处理，令 $B=\dfrac{4\rho}{\pi d\mu}$，则 $Re=BV$，计算时先求出 B 值，依次代入 V 值，即可求出相应的 Re 值。

2. 将实验数据整理成图形

根据解析几何原理，可将实验数据的函数关系整理成图形表示。这种表示法形式直观，容易由图线直接看出函数关系的变化规律。在化工分离工程实验中，常采用这种方法整理实验数据。

将实验数据在图上进行标绘时，要注意以下几点：

(1) 对于一般采用的直角坐标，常选横轴为自变量，纵轴为因变量。在两坐标轴侧边要标明变量名称、符号和单位。

(2) 坐标分度的选择要反映实验数据的有效数字位数，即与其精度一致，且方便易读。坐标分度值不一定从零开始，应使图形占满坐标纸幅面较为合适。

(3) 实验曲线以直线最易标绘，使用也最为方便。因此，在处理数据时，尽量使曲线直线化。为此，根据不同情况将变量加以变换或选用不同坐标纸。例如，处理化工分离工程实验的结果经常采用单对数和双对数坐标纸，并且希望所得曲线的斜率接近于 1，来进行分度。

(4) 在化工分离工程实验中，常遇到 $y=ax+b$ 和 $y=ax^n$ 的函数关系。前者在笛卡儿坐标上可标绘成一条直线，后者标绘在笛卡儿坐标上则为一条曲线。

如果将 $y=ax^n$ 等式的两边取对数，则可得 $\lg y=n\lg x+\lg a$ ，此式相当于 $Y=\log y$，为一典型的直线方程。

如果将 $Y=\lg y$ 和 $X=\lg x$ 标绘在笛卡儿坐标上，也可以得到一条直线。

为了避免将每个数据都换算成对数值，可以将坐标纸上的分度直接按对数值绘制，如图 0-1 所示。

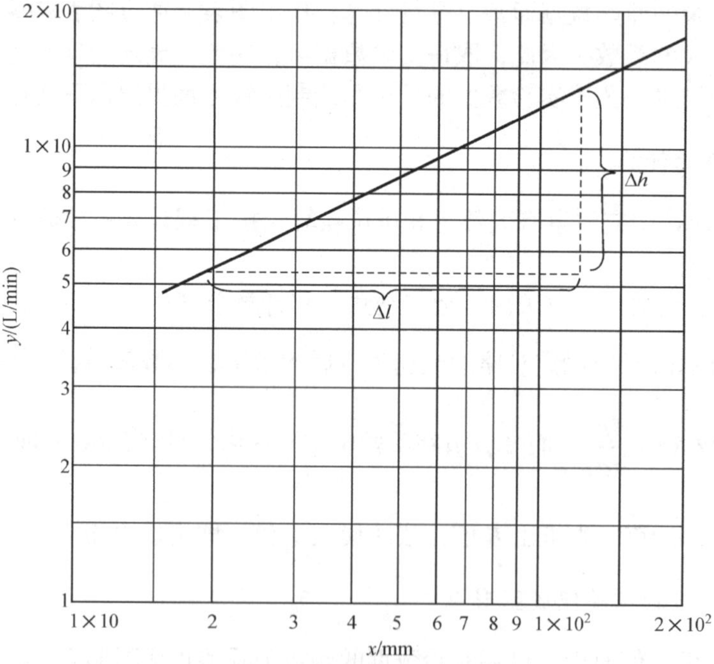

图 0-1　双对数坐标

对于某些函数关系，如 $y=ae^{nx}$ ，则用单对数坐标绘制。

对数坐标有以下特点，应用时需特别注意：

(1) 标在对数坐标轴上的数值为真值。

(2) 坐标的原点为 x=1、y=1 而不是零，因为 lg1=0。

(3) 由于 0.01、0.1、1、10、100 等的对数分别为−2、−1、0、1、2 等，因此在坐标纸上每一数量级的距离是相等的。

(4) 在对数坐标上求取斜率的方法与笛卡儿坐标有所不同，这一点需要特别注意。在笛卡儿坐标上求斜率，可直接由坐标标度来度量，如斜率=$\frac{\Delta y}{\Delta x}$；而在双对数坐标上求斜率，则不能直接用坐标标度来度量，因为在对数坐标上标度的数值是真数而不是对数。因此，双对数坐标纸上直线的斜率需用对数值来求算，或者直接用尺子在坐标纸上量取线段长度求取。如图 0-1 中所示的直线，其斜率

$$n=\frac{\Delta h}{\Delta l}=\frac{\log y_2-\log y_1}{\log x_2-\log x_1}\neq\frac{y_2-y_1}{x_2-x_1}$$

式中，Δh 与 Δl 的数值即为用尺子测量得到的线段长度。

(5) 在双对数坐标上，直线与 x=1 的纵轴相交处的 y 值即为原方程 $y=ax^n$ 中的 a 值。若所标绘的直线需延长很远才能与 x=1 的纵轴相交，则可在求得斜率 n 之后，在直线上任取一组数据 x 和 y，代入原方程 $y=ax^n$ 中也可求得 a 值。

四、实验的误差

实验中各个数量的测量总是有误差的。由于感官和测量仪表不是绝对完善以及实验条件不是绝对不变，因此任何数量的测量都不会是绝对精确的，只能在某种程度上接近真值。换句话说，测量误差总是存在的。测量误差可分为三类：第一类误差是疏忽误差，完全是由于疏忽大意所造成的错误，如读错数字。为了避免疏忽误差，最好对同一个量进行重复而彼此互相独立的测量。对初学实验的学生来说，疏忽误差是容易产生的，应特别注意。第二类误差是系统误差。例如，温度计刻度偏高，则每次测量结果都偏高。通常系统误差的数值或符号(正或负)都比较固定，因此可以通过校准仪器减少或消除系统误差。第三类误差是偶然误差，这是一种不可避免的误差，难以在数值上加以测定。例如，读压差计水银柱的读数时，用肉眼读过几次后，每次的读数之间不免有少许偏差，是在某一个数值附近波动。又如，测量对象本身波动(如液面计水位跳动)也会造成这种误差。尽管偶然误差是一种不可避免的误差，也应设法使误差值尽量减少，以提高实验数据的准确性。

以上误差都会影响实验结果的准确程度。了解实验误差的种类、产生的原因及消除方法有助于提高实验结果的准确性，因此实验中注意分析误差也是一项重

要工作。

五、实验课堂纪律和注意事项

(1) 准时进实验室，不得迟到或早退，不得无故缺课。

(2) 遵守课堂纪律，严肃认真地进行实验。室内不准吸烟，不准喧哗说笑或进行与实验无关的活动。

(3) 实验设备、仪器等未弄清楚使用方法之前，不得开动。与本实验无关的设备、仪器不要乱动。

(4) 爱护实验设备、仪器。注意节约使用水、电、气及药品。损坏设备、仪器应报告指导教师，填写破损报告单，由实验室审核上报，听候处理。

(5) 保持实验现场和设备的整洁，禁止在设备及台桌等处乱写、乱画。衣物、书包不要挂在实验设备上，应放在指定位置。

(6) 注意安全及防火。电机开动前，应观察电机及运转部件附近是否有人在工作。合上电闸时，应谨防触电。注意电机有无异响和发热。精馏实验附近不得有明火。

(7) 实验结束后，应安排人员打扫实验室卫生，清理完毕后方可离开。

第一章　物理分离过程基础实验

实验一　流体机械能转换实验

一、实验目的

熟悉流动流体中各种能量和压头的概念及其相互转换关系；在此基础上掌握伯努利方程。

二、实验内容

(1) 压头测量。
(2) 流量测量。
(3) 检验阻力损失与流速的关系。

三、实验原理

流体在流动时具有三种机械能，即位能、动能和静压能。这三种能量可以相互转换。当管路条件(如位置高低、管径大小)改变时，它们会自行转化。如果是黏度为零的理想流体，不存在因摩擦碰撞而产生机械能的损失，因此同一管路的任意两个截面上，尽管三种机械能彼此不一定相等，但这三种机械能的总和是相等的。

对流体来说，因为存在内摩擦，流动过程中总有一部分机械能因摩擦和碰撞而消失，即转化为热能。而转化为热能的机械能在管路中是不能恢复的，这样对实际流体来说，两个截面上的机械能的总和也是不相等的，两者的差额就是流体在这两个截面之间因摩擦和碰撞转化成热能的机械能。因此，在进行机械能的衡算时，就必须将这部分消失的机械能加到第二个截面上，其和才等于流体在第一个截面上的机械能的总和。

上述几种机械能都可以用测压管中的一段液体柱高度来表示。在流体力学中，表示各种机械能的流体柱高度称为“压头”。表示位能的称为位压头 $H_{位}$；表示动能的称为动压头(或速度头)$H_{动}$；表示静压能的称为静压头 $H_{静}$；表示已消失的机械能的称为损失压头(或摩擦压头)$H_{损}$。

当测压管上的小孔(测压孔的中心线)与水流方向垂直时，测压管内液柱高度

(从测压孔算起)即为静压头，它反映测压点处液体静压强的大小。

当测压孔由上述方位转为正对水流方向时，测压管内液位将上升。增加的液位高度即为测压孔处液体的动压头。这时测压管内液位总高度则为静压头与动压头之和。

任意两个截面上，位压头、动压头、静压头三者总和之差即为损失压头，它表示液体流经这两个截面之间时机械能的损失。

四、实验装置

实验装置由有机玻璃实验管、测压管、活动测压头、水槽、水泵等组成(图 1-1)。实验管上有六个测压点。**1**、**2** 点间的有机玻璃管内径为 12.9 mm；**3**、**4** 点间的玻璃管内径为 21.2 mm；**5**、**6** 点间的有机玻璃管的内径为 13.4 mm。活动测压头的小管端部封闭，管身开有小孔，小孔位置与有机玻璃管中心线齐平，小管又与测压管相通，转动活动测压头就可以测量动、静压头。

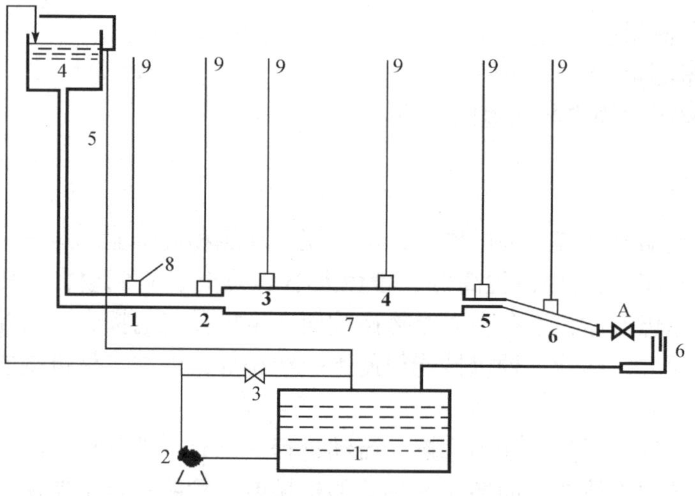

图 1-1　伯努利方程仪

1. 水槽；2. 水泵；3. 旁通阀；4. 高位槽；5. 回流管；6. 摆头；
7. 有机玻璃实验管；8. 活动测压头；9. 测压管；A. 阀门

五、实验方法

(1) 开动离心泵。关闭阀门 A，观察整个管路是否有空气，排尽空气，旋转测压管，观察并记录任意方向测压管中液柱高度 H_1、H_2。

(2) 将阀门 A 开启至一定大小，观察并记录测压孔正对和垂直于流动方向时测压管的液柱高度 H_3、H_4。用量筒和秒表测定液体的体积流量(测两次取平均值)，并算出粗细两段管中水的平均流速，由动压头 $H_{动}=\dfrac{u^2}{2g}$，求出 **3**、**6** 处的点速度并作比较。

(3) 继续开大阀门 A，待流动稳定后测量数据，测量方法同(2)。

六、实验注意事项

(1) 在向高位槽进水前，先将旁通阀开到最大以免进水太快，导致高位槽中的水溢出槽外。然后逐渐关小旁通阀进水，随时注意高位槽的液位变化。

(2) 调节高位槽液位时，将阀门 A 开到最大，保持溢流至少 5 min 不变，液位就调好了，此后旁通阀固定不变。

(3) 阀门 A 的最大开度以测压点 **6** 有读数为限(测静压头时)。

(4) 实验结束时，先关闭阀门 A，再停泵。

七、实验记录与数据处理

(1) 压头测量(表 1-1)。

1、**2** 点处 d=12.9 mm，**3**、**4** 点处 d=21.2 mm，**5**、**6** 点处 d=13.4 mm。

实验水温：________℃。

表 1-1 压头测量记录

操作步骤	阀门 A 状态	测压孔轴线	测压点 / H 值						
Ⅰ	关	正对水流(或任意方向)	H_1						
		垂直水流(或任意方向)	H_2						
Ⅱ	开	正对水流	H_3						
		垂直水流	H_4						
Ⅲ	开大	正对水流	H_5						
		垂直水流	H_6						

(2) 流量测量与流速计算(表 1-2)。

表 1-2　流量测量与流速计算

体积流量测定					流速计算			
序号		体积/mL	时间/s	平均流量/(m^3/s)	测压点	动压头/m	点速度/(m/s)	平均速度/(m/s)
Ⅰ	1				3			
	2				6			
Ⅱ	1				3			
	2				6			

(3) 检验阻力损失与流速的关系，以其中某号测头为例计算说明。

八、思考题

(1) 读取数据时，为什么要保持高位槽有溢流？为什么要排除管路中的气体？

(2) 关闭阀门 A，各测压管旋转时，液位高度有无变化？这一现象说明什么？

(3) 由各测头的读数计算出的是该点的点速度还是该截面的平均速度？

(4) 操作时比较阀门A开度较小与开度最大的情况下测压点3的压头的大小。为什么？

(5) 测压孔正对水流方向时，各测压管的液位高度的物理意义是什么？

(6) 为什么 H_1(或 H_2)>H_3？为什么距离水槽越远，(H_1-H_3) 的值越大？这一差值的物理意义是什么？

(7) 测压管正对水流方向，开大阀门 A，流速增大，动压头增大，为什么测压管的液位反而下降？

(8) 将测压孔由正对水流方向转至与水流方向垂直，为什么各测压点的液位下降？下降的液位代表什么压头？

实验二　单相流动阻力的测定

一、实验目的

(1) 学习直管摩擦阻力 Δp_f 、直管摩擦系数 λ 及局部阻力系数 ζ(阀门)的测定方法。

(2) 掌握摩擦阻力系数λ与雷诺数 Re 之间的变化规律。

(3) 熟悉压差的测量方法。

二、实验内容

(1) 测定不同的流体流型状态下摩擦阻力系数λ与雷诺数 Re 的关系。

(2) 在双对数坐标纸上绘制λ-Re 关系曲线。

(3) 测定局部阻力系数 ζ。

三、实验原理

直管的摩擦阻力系数是雷诺数和管壁相对粗糙度的函数，即$\lambda=f(Re, \varepsilon/d)$，因此对于一定的相对粗糙度而言$\lambda$与 Re 有一定的关系。λ随 Re 的变化规律与流体流型有关。

流体以不同的流速在长度一定的等直径水平圆形直管内流动时，其管路阻力引起的能量损失 h_f 为

$$h_f = \frac{p_1 - p_2}{\rho} = \frac{\Delta p_f}{\rho} \tag{1-1}$$

又因为摩擦阻力系数与阻力损失有以下关系：

$$h_f = \lambda \frac{l}{d}\frac{u^2}{2} \tag{1-2}$$

整理式(1-1)和式(1-2)得

$$\lambda = \frac{2d}{l\rho}\frac{\Delta p_f}{u^2} \tag{1-3}$$

$$Re = \frac{du\rho}{\mu} \tag{1-4}$$

当直管长度 l 和管径 d 确定后，测定流体的温度，则流体的密度ρ和黏度μ也是定值。该实验即为测定直管段的流体阻力引起的压降 Δp_f 与流速的关系。调节一系列流量 V，就可以测定和计算一系列λ与 Re。

局部阻力是流体流经管件、阀门等处产生的能量损失。本实验测定水流过流量调节阀时的局部阻力系数ζ值，测定原理如图 1-2 所示。

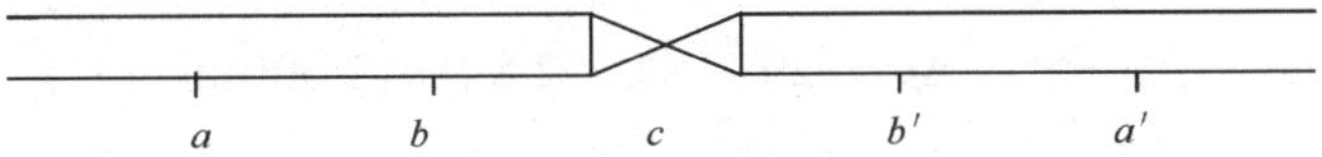

图 1-2　局部阻力系数测定原理

根据

$$h'_f = \frac{\Delta p'_f}{\rho} = \zeta \frac{u^2}{2} \tag{1-5}$$

$$\zeta = \Delta p'_f \frac{2}{\rho u^2} \tag{1-6}$$

$$\Delta p'_f = 2(p_b - p_{b'}) - (p_a - p_{a'}) \tag{1-7}$$

其中设计 $\overline{ab} = \overline{bc}$，$\overline{b'c} = \overline{a'b'}$。

四、实验装置

1. 实验装置流程示意图

实验装置流程示意图如图 1-3 所示。

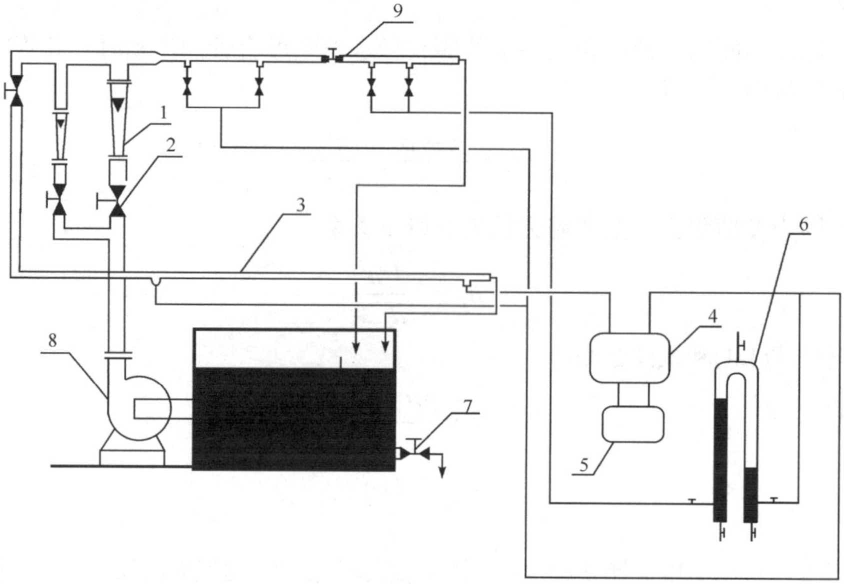

图 1-3　实验装置流程示意图

1. 转子流量计；2. 流量调节阀；3. 直管阻力控制阀；4. 差压变送器；5. 数字电压表；6. 倒置 U 形管压力计；7. 放水阀；8. 离心泵；9. 局部阻力测量阀

2. 压力传感器的标定

标定回归式　第一套　$\Delta p = (29.11 \times V + 2.87) \times 12.60(\text{mmH}_2\text{O})$

　　　　　　第二套　$\Delta p = (31.03 \times V - 1.84) \times 12.60(\text{mmH}_2\text{O})$

其中 V 为数字电压表读数值。

3. 设备的主要技术数据

被测直管段：管径 d=0.0082 m，管长 L=1.6 m，材料：不锈钢。

五、实验方法

(1) 向储水槽内注水，直至水满为止。

(2) 接通电源、数字电压表，10～15 min 后，调好数字电压表的零点。

(3) 启动离心泵，打开局部阻力测量阀、直管阻力控制阀、三通阀至水平位置，全开测压管阀；将流量调至最大，排出导管中气泡，然后关闭流量至零。若倒置 U 形管压力计内两液柱的高度差为 0，则气泡已排尽。

(4) 该装置两个转子流量计并联连接，根据流量大小选择不同流量计；差压变送器与倒置U形管压力计并联连接，根据测量直管段的流体阻力引起压降大小，大流量选择差压变送器测量 Δp_f，小流量(<300 L/h)选择倒置 U 形管压力计测量 Δp_f。

(5) 测量直管阻力系数，流量由最小至最大，测量 12～17 组数据。

(6) 测量局部阻力系数时，关闭直管阻力控制阀，打开局部阻力测量阀至全开位置，三通接通倒置 U 形管压力计，分别测量 $\Delta p'_{近}$ 和 $\Delta p'_{远}$，选择流量在 700 L/h 以下三个流量值计算 ζ 的平均值。

(7) 实验结束，关闭流量调节阀，停泵。

六、实验注意事项

(1) 注意用差压变送器和倒置 U 形管压力计测压时三通的转换。

(2) 测小流量时由于处于测量下限，尽量减小随机误差，待转子流量计的转子相对稳定时方可读数，尽量使 Δp_f 与流量同时读取。

(3) 流体的温度应是实验开始和结束时两次测量的平均值。

七、实验记录与数据处理

将实验数据记录在表 1-3 和表 1-4 中。

水温 t=________℃；ρ=________；μ=________。

表 1-3　局部阻力系数记录及数据处理

序号	Q/(L/h)	$p_b - p_{b'}$ /mmH$_2$O	$p_a - p_{a'}$ /mmH$_2$O	$\Delta p'_f$ /Pa	ζ
1					
2					
3					

水温 t=________℃； ρ=________； μ=________。

表 1-4　直管阻力系数记录及数据处理

序号	Q/(L/h)	Δp		u/(m/s)	Δp/Pa	Re	λ
		/mmH_2O	/V				
1							
2							
3							
4							
5							
6							
7							
8							
9							
10							
11							
12							
13							
14							
15							
16							
17							

将上述实验数据按下列要求进行整理：

(1) 在双对数坐标纸上，以 Re 为横坐标作 λ - Re 关系曲线。

(2) 求阀全开情况下的局部阻力系数 ζ 值。

八、思考题

(1) 为什么实验测量前首先要赶尽设备和测压管中的空气？怎样排气？

(2) 实验中如何选用差压变送器和倒置 U 形管压力计？为什么？写出压差计算公式。

(3) 以水为工作流体所测得的 λ - Re 曲线能否应用于空气？

(4) 本实验测定局部阻力系数的方法原理是什么？

实验三　流量计标定实验

一、实验目的

(1) 了解节流式流量计(孔板流量计、文丘里流量计)、转子流量计及涡轮流量计的构造、工作原理和主要特点。

(2) 练习并掌握节流式流量计的标定方法。

(3) 练习并掌握节流式流量计流量系数 C 的确定方法，并能够根据实验结果分析流量系数 C 随雷诺数 Re 的变化规律。

二、实验内容

(1) 测定并绘制节流式流量计的流量标定曲线，确定流量系数 C。

(2) 分析实验数据，得出节流式流量计流量系数 C 随雷诺数 Re 的变化规律。

三、实验原理

1. 节流式流量计

流体通过节流式流量计在流量计上、下游两取压口之间产生压差，它与流量的关系为

$$V_s = CA_0\sqrt{\frac{2(p_{上} - p_{下})}{\rho}} \tag{1-8}$$

式中，V_s为被测流体(水)的体积流量，m^3/s；C 为流量系数，无因次；A_0为流量计节流孔截面积，m^2；$(p_{上} - p_{下})$为流量计上、下游两取压口之间的压差，Pa；ρ 为被测流体(水)的密度，kg/m^3。

用涡轮流量计作为标准流量计来测量流量V_s。每个流量在压差计上都有一个对应的读数，测量一组相关数据并记录，以压差计读数 Δp 为横坐标、流量V_s为纵坐标，在半对数坐标上绘制成一条曲线，即为流量标定曲线。同时，通过式(1-8)整理数据，可进一步得到流量系数 C 随雷诺数 Re 的变化关系曲线。

2. 转子流量计

转子流量计是工业上和实验室最常用的一种流量计，具有结构简单、直观、压力损失小、维修方便等特点。

转子流量计是通过测量设在直流管道内的转动部件的(位置)来推算流量的装

置，是变面积式流量计的一种。在一根由下向上扩大的垂直锥管中，圆形横截面的浮子的重力是由液体动力承受的，浮子可以在锥管内自由地上升和下降。在流速和浮力作用下上下运动，与重力平衡后，浮子就稳定在一定高度，锥管的高度与流量有对应的关系。

转子流量计由两个部件组成，一个是从下向上逐渐扩大的锥形管；另一个是置于锥形管中且可以沿管的中心线上下自由移动的转子。用转子流量计测量流体的流量时，被测流体从锥形管下端流入，流动的流体冲击转子，并对它产生一个作用力(这个力的大小随流量大小而变化)；当流量足够大时，所产生的作用力将转子托起，并使其升高。同时，被测流体流经转子与锥形管壁间的环形断面，这时作用在转子上的力有三个：流体对转子的动压力、转子在流体中的浮力和转子自身的重力。 流量计垂直安装时，转子重心与锥管管轴重合，作用在转子上的三个力都沿平行于管轴的方向。当这三个力达到平衡时，转子就平稳地浮在锥管内某一位置。对于给定的转子流量计，转子大小和形状已经确定，因此它在流体中的浮力和自身重力都是已知的常量，只有流体对浮子的动压力随流速的大小而变化。因此，当流体流速变大或变小时，转子将向上或向下移动，相应位置的流动截面积也发生变化，直到流速变成平衡时对应的速度，转子就在新的位置稳定。对于给定的转子流量计，转子在锥管中的位置与流体流经锥管的流量大小呈对应关系。

3. 涡轮流量计

涡轮流量计是一种速度式流量计，具有精度高、重复性好、结构简单、耐高压、测量范围宽、体积小、质量轻、压力损失小、寿命长、操作简单、维修方便等优点，用于测量封闭管道中低黏度、无强腐蚀性、清洁液体的体积流量和累积量。可广泛应用于石油、化工、冶金、制药、食品、造纸等行业。

涡轮流量计是速度式流量计中的主要种类，当被测流体流过涡轮流量计传感器时，在流体的作用下，叶轮受力旋转，其转速与管道平均流速成正比。同时，叶片周期性地切割电磁铁产生的磁力线，改变线圈的磁通量，根据电磁感应原理，在线圈内将感应出脉动的电势信号，即电脉冲信号，此电脉动信号的频率与被测流体的流量成正比。

四、实验装置

1. 实验装置流程示意图、仪表面板示意图

实验装置流程示意图和仪表面板示意图分别如图 1-4 和图 1-5 所示。

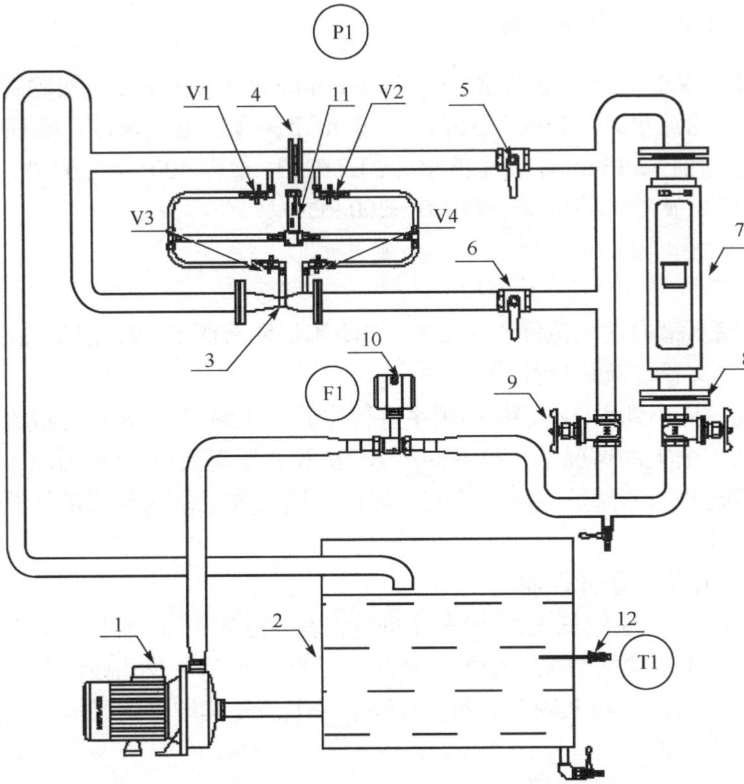

图 1-4　流量计性能测定实验装置流程示意图

1. 离心泵；2. 储水箱；3. 文丘里流量计；4. 孔板流量计；5、6. 文丘里、孔板流量计调节阀；7. 转子流量计；8. 转子流量计调节阀；9. 流量调节阀；10. 涡轮流量计；11. 差压传感器；12. 温度计；V1～V4. 测压用切断阀；P1. 节流式流量计两端的压差测量仪表；T1. 流体温度测量仪表；F1. 涡轮流量计流量测量仪表

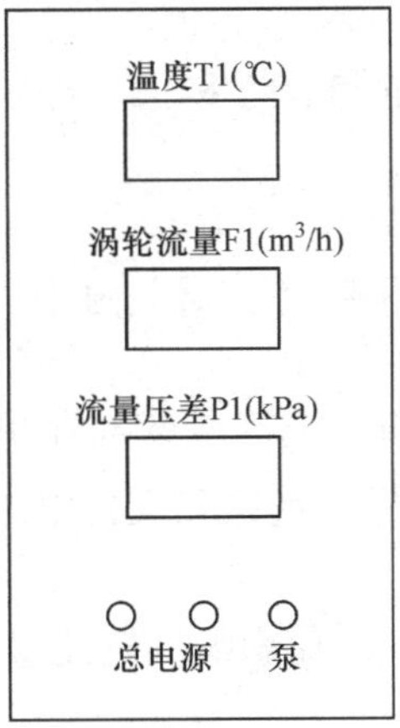

图 1-5　实验装置仪表面板示意图

2. 实验设备主要技术参数

离心泵：WB70/055；贮水槽：550 mm×400 mm×450 mm；实验管路：内径 φ42 mm；涡轮流量计：LWGY-150，0～6 m^3/h；文丘里流量计：喉径φ15 mm；孔板流量计：孔径φ15 mm；转子流量计：LZB-40，量程 400～4000 L/h；温度计：Pt100 数字仪表显示；差压变送器：0～200 kPa。

五、实验方法

(1) 向储水箱内注入蒸馏水至 2/3，关闭流量调节阀 8、9，启动离心泵。

(2) 测定文丘里流量计性能。

按照流量从小到大(从大到小)顺序进行实验。在阀门 5、8 及孔板流量计测压阀门 V1、V2 全关的情况下，打开阀门 6、9 及文丘里流量计测压阀门 V3、V4，用流量调节阀 9 调节流量，每调节一个流量，读取并记录涡轮流量计读数和文丘里流量计压差。

(3) 测定孔板流量计性能。

按照流量从小到大(从大到小)顺序进行实验。在阀门 6、8 及文丘里流量计测压阀门 V3、V4 全关的情况下全关的情况下，打开阀门 5 及孔板流量计测压阀门 V1、V2，用流量调节阀 9 调节流量，每调节一个流量读取并记录涡轮流量计读数和孔板流量计压差。

(4) 测定转子流量计性能。

按照流量从小到大(从大到小)顺序进行实验。在阀门 6、9 全关，阀门 5 全开和测压切断阀 V1～V4 全关的情况下，用流量调节阀 8 调节流量，每调节一个流量读取并记录涡轮流量计读数和转子流量计读数。通过温度计读取温度数据并记录。

(5) 实验结束后，关闭流量调节阀 8、9，停泵，一切复原。

六、实验注意事项

(1) 启动离心泵前关闭阀门 8、9，避免由于压力过大将转子流量计的玻璃管打碎。

(2) 测定转子流量计性能时，另一支路即孔板流量计和文丘里流量计支路调节阀 9 必须关闭。同样测定孔板流量计和文丘里流量计性能时，转子流量计支路调节阀 8 必须关闭。

(3) 实验水质要保证清洁，以免影响涡轮流量计的正常运行。

七、实验记录与数据处理

将实验数据记录在表 1-5～表 1-7 中。

表 1-5 文丘里流量计性能测定原始数据记录及处理

序号	文丘里流量计/kPa	文丘里流量计/Pa	涡轮流量计/(m^3/h)	流速 u/(m/s)	Re	C
1						
2						
3						
4						
5						
6						
7						

表 1-6 孔板流量计性能测定实验数据记录及处理

序号	孔板流量计/kPa	孔板流量计/Pa	涡轮流量计/(m^3/h)	流速 u/(m/s)	Re	C
1						
2						
3						
4						
5						
6						
7						

表 1-7 转子流量计性能测定数据记录

序号	转子流量计/(L/h)	转子流量计/(m^3/h)	涡轮流量计/(m^3/h)
1			
2			
3			
4			
5			
6			
7			

八、思考题

(1) 实验结果表明，在双对数坐标纸上，孔板流量计的标定曲线为一条直线，其理论依据是什么？测定流量计的标定曲线有什么意义？

(2) 孔板流量计的特点是什么？测定 C - Re 曲线有什么意义？

实验四　离心泵特性曲线的测定

一、实验目的

(1) 学习离心泵的操作方法。

(2) 掌握离心泵特性曲线的测定方法及表示方法，观察离心泵的气蚀现象。

(3) 掌握离心泵特性曲线的计算机数据采集和自动控制操作原理及方法。

二、实验内容

(1) 人工操作标绘出某一型号离心泵在一定转速下的特性曲线。

(2) 计算机数据采集测定离心泵特性曲线和气蚀曲线。

(3) 计算机过程控制测定离心泵特性曲线。

三、实验原理

1. 离心泵特性曲线的测定原理

离心泵是常见的液体输送设备，离心泵的特性曲线是指泵的扬程 H 、轴功率 N 、效率 η 与流量 Q 之间的关系曲线。离心泵的特性曲线因其型号和转速不同而异，一般由实验测得。离心泵的特性曲线是确定泵的适宜操作条件和选泵的主要依据，具体测定方法如下。

1) H 的测定

以离心泵入口(截面 1)和泵出口(截面 2)列伯努利方程：

$$Z_1+\frac{p_1}{\rho g}+\frac{u_1^2}{2g}+H=Z_2+\frac{p_2}{\rho g}+\frac{u_2^2}{2g}+H_f \tag{1-9}$$

整理得

$$H=(Z_2-Z_1)+\frac{p_2-p_1}{\rho g}+\frac{u_2^2-u_1^2}{2g}+H_f \tag{1-10}$$

式中，H_f 为泵入口和出口之间管路内流体流动阻力，不包括泵本身内部流动阻力，当所选截面很近时，可忽略。

$$H=(Z_2-Z_1)+\frac{p_2-p_1}{\rho g}+\frac{u_2^2-u_1^2}{2g} \tag{1-11}$$

本装置 Z_2-Z_1=0. 18 m，$u_1=u_2$。

2) N 的测定

功率表测得的功率为电动机的输入功率，由于泵由电动机直接带动，传动效率为 100%，因此电动机输出功率为离心泵轴功率 N，即泵的轴功率 N=电动机输出功率=电动机输入功率×电机效率。本实验第一套装置电机效率为 70%，第二套装置电机效率为 85%。

3) η 的测定

$$\eta=N_e/N$$

$$N_e/\text{kW}=HQ\rho g/1000=HQ\rho/102 \tag{1-12}$$

2. 离心泵允许吸上真空度 H_S 值测定的原理

H_S 的测定方法：用增大流量的方法产生气蚀，先测定无气蚀现象发生时的正常 H-Q 曲线；然后测定有气蚀现象发生时的 H-Q 曲线和 H_{SO}-Q 曲线。为此，先将泵吸入管路上的阀门适当关小，使离心泵的底阀所在的水池上方为大气压，然后将流量从零逐渐增大，测定各流量 Q 下的 H、H_{SO} 值，至所测得 H-Q 曲线出现明显的气蚀发生引起“断裂”现象，如图 1-6 所示。

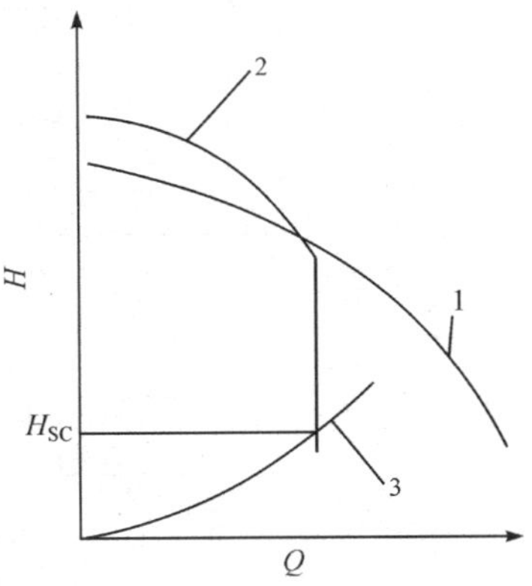

图 1-6　气蚀曲线原理示意图

1. 正常 H-Q 曲线；2. 气蚀发生时 H-Q 曲线；3. H_{SO}-Q 曲线

设 $p_{1v}=p_a-p_1$ 为泵吸入口处的真空度，Pa。

吸上真空度

$$H_{SO}=\frac{p_a-p_1}{\rho g}=\frac{p_{1v}}{\rho g}\text{(m 水柱)} \tag{1-13}$$

本实验为了保护泵，采用计算机自控测定 H_{SO}-Q 曲线和临界吸上真空度 H_{SC}。

允许吸上真空度

$$H_S=H_{SC}-0.3\text{ (m 水柱)} \tag{1-14}$$

3. 计算机数据采集及自动控制原理

所谓计算机采集，就是将工程中的某些物理量(如温度、压力、流量等)通过传感器转化为直流电信号，这些电信号经过放大转化为 0～5 V 的直流电压信号，通过 A/D 转换器将直流电压转化为数字量输入计算机，在计算机上编写程序将采集的物理量显示出来或进行计算、画图等。

信号加工放大器的作用：①将弱电信号转化为 0～5 V 的直流电压；②抑制干扰和降低噪声。

从信号加工放大器输入的 0～5 V 的直流电信号通常称为模拟量，其可用无限长的数字来表示，如 3. 5281…(V)，用计算机及其他数字处理这些模拟量，只能处理有限长度的量，称为数字量。因此，必须将模拟量转化为数字量，此转换装置称为模/数转换器，即 A/D 转换器，而 D/A 转换器就是将数字量转化为模拟量。

自动控制系统由被测系数、调节对象、自动调节器、传感器等部件组成。

根据被测对象的工艺条件确定给定值(在计算机软件内)，与被测参数进行比较，当出现偏差时，自动调节器根据偏差的大小通过 D/A 转换器改变调节阀，使被测参数改变测量值，重新比较，直到测量值与给定值的偏差在允许范围内为止。

图 1-7、图 1-8 分别是流量自动控制和调节框图、电路示意图，以供参考。

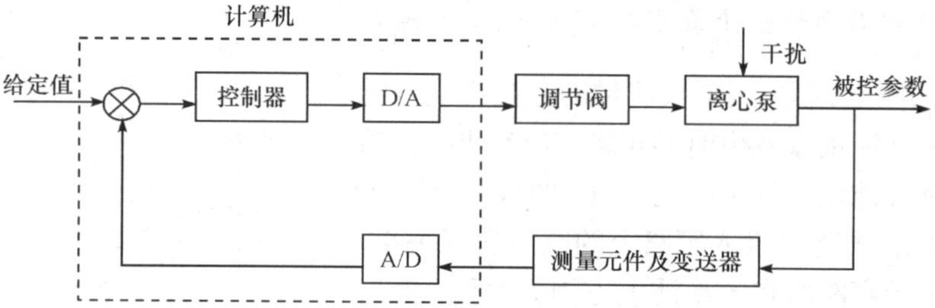

图 1-7　流量自动控制和调节框图

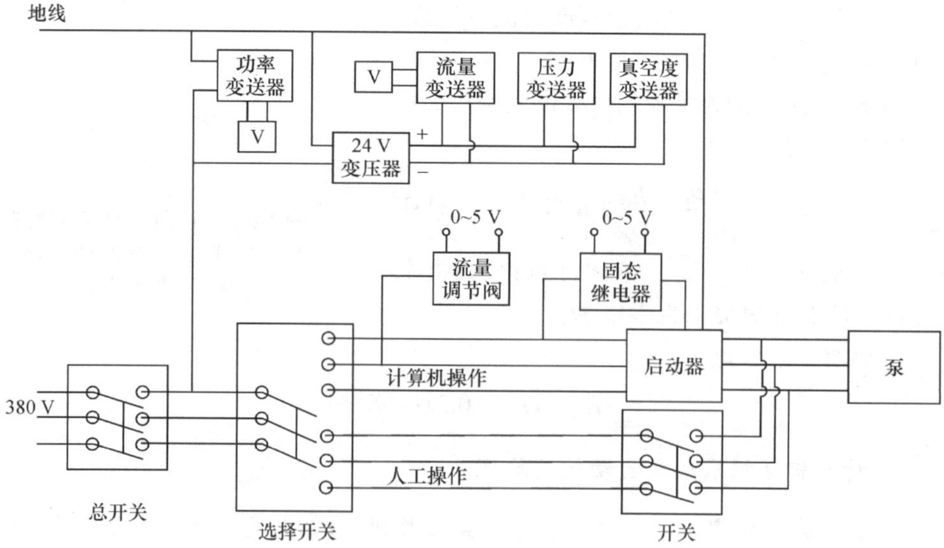

图 1-8　电路示意图

四、实验装置

1. 实验装置 1

1) 实验装置流程示意图

实验装置流程示意图如图 1-9 所示。

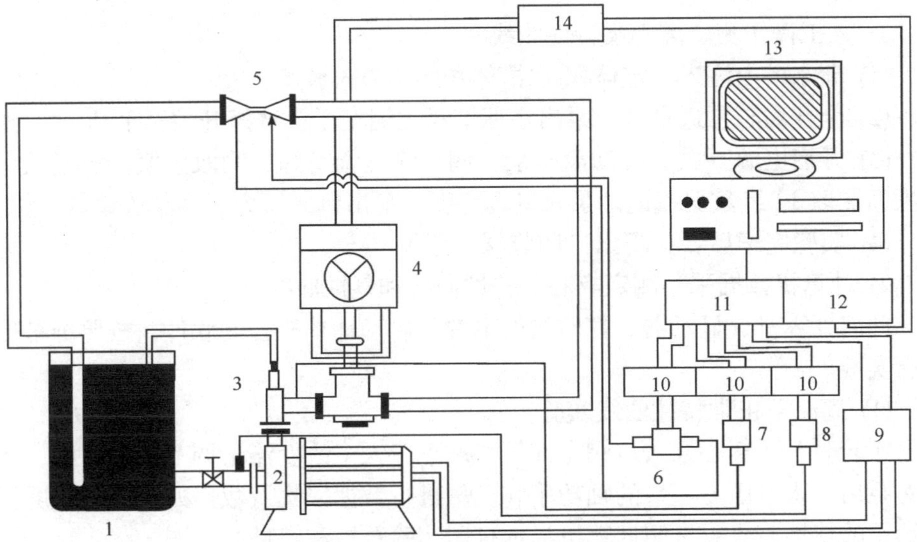

图 1-9 离心泵实验装置流程示意图

1. 储水槽；2. 离心泵；3. 回流阀；4. 调节阀；5. 文丘里流量计；6. 压差传感器；7. 压力传感器；8. 真空度传感器；9. 功率变送器；10. 放大器；11. A/D 转换器；12. D/A 转换器；13. 计算机；14. 继电器

2) 流量计算公式

$$Q = C_0 A_0 \sqrt{\frac{2\Delta p}{\rho}} \tag{1-15}$$

式中，Q 为流量，m^3/s；C_0 为文丘里流量计孔流系数，$C_0=1$；A_0 为流量计孔口面积，$A_0 = \frac{\pi}{4} \times d_0^2$；$d_0$ 为流量计孔流直径，d_0=0. 025 m。

2. 实验装置 2

1) 实验装置图

实验装置图和实验原理同前。

2) 流量公式

$$Q = \frac{f}{k}$$

式中，Q 为流量，L/s；f 为涡轮流量计测量频率，Hz；k 为涡轮流量计仪表参数，k=77.902。

五、实验方法

1. 装置 1 实验方法

1) 人工操作测定离心泵特性曲线

(1) 储水槽内注入一定体积(水槽体积的 2/3)的水。

(2) 全开离心泵进水阀，泵出水调节阀关闭至零，选择开关至手动。

(3) 开启电源开关，启动离心泵，调节流量调节阀，测取数值。流量从零至最大间测取 12 组数据，记录泵入口真空度、泵出口的压力、功率表读数。

(4) 实验完毕后，关闭出口调节阀，停泵。

2) 计算机数据采集测定离心泵特性曲线和气蚀曲线

开启计算机、显示器、打印机的电源后启动计算机控制软件，按照屏幕提示进行实验。

(1) 离心泵正常特性曲线实验。

实验时，在离心泵入口阀全开的状态下，人工改变流量调节阀的开度，计算机对泵出、入口压力，泵的轴功率和流量进行数据采集及数据处理，并在屏幕上显示泵的特性曲线。按照计算机提示打印实验数据和特性曲线图。

(2) 离心泵气蚀曲线实验。

实验时，将离心泵入口阀在全开的状态下关闭 5.5 圈，使入口具有一定的阻力，人工调节出口阀的开度改变流量，重新进行数据采集。这样在同一坐标系上画出了有气蚀发生的 H-Q 数据点。在屏幕上可以看到，当气蚀发生时 H-Q 曲线“断裂”，打印曲线图。

3) 计算机过程控制测定离心泵特性曲线

实验前，选择开关至自动，相应调节阀处于自动状态；全开进口阀，调节阀关至零。按照屏幕提示操作计算机自动开泵，调节流量、数据采集、数据处理并绘出特性曲线图；自动关泵；打印结果。

4) 实验注意事项

(1) 实验前检查储水槽水位，流量调节阀应关闭至零位。

(2) 检查文丘里流量计测压系统平衡夹是否关闭。

(3) 计算机操作应按指导教师要求进行，不得随意操作。

2. 装置 2 实验方法

实验前，在储水槽中加入蒸馏水，开启电源总开关。

1) 人工操作

(1) 将流量控制仪表(PT139E)调到手动的位置上，即同时按住 set、A/M 键。

(2) 按照变频调速器说明设定(Fn-11 为 0，Fn-10 为 0)后再设定变频调速器的频率。

(3) 启动离心泵；用←、↑调节电动调节阀的开度。改变流量调节阀的位置，改变流体的流量，待流体稳定后测其流量、泵进出口压力和电机输入功率(流量调节阀的位置从零位到最大)。这样可以得到离心泵特性曲线。

(4) 将流量调节阀放在任一位置，改变变频调速器的频率，待流体稳定后分别测其流量、泵进出口压力，即可测得管路特性曲线。

(5) 将流量调至零位后，停泵。

2) 计算机过程控制实验(自动——自动调节流量)

(1) 设定变频调速器(Fn-11 为 2，Fn-10 为 1)后。打开计算机、显示器，进入离心泵计算机数据采集和过程控制软件。按照软件提示进行操作。必须先启动泵再进行下面的实验。

(2) 离心泵特性曲线自动控制。

点击离心泵特性曲线自动控制后，计算机自动调节流量并绘出离心泵特性曲线(全部实验由计算机自动完成)。实验完毕后，点击结束当前实验，回到主菜单。

(3) 管路特性曲线自动控制。

将阀门调到任意位置后，点击管路特性曲线自动控制。计算机发出命令改变频率并测定流量、压头(全部实验由计算机自动完成)。

改变频率，相应地改变了泵的转速，分别测量泵的压头、流量，即可得到管路特性曲线。

(4) 流量的自动控制和调节(图 1-10)。

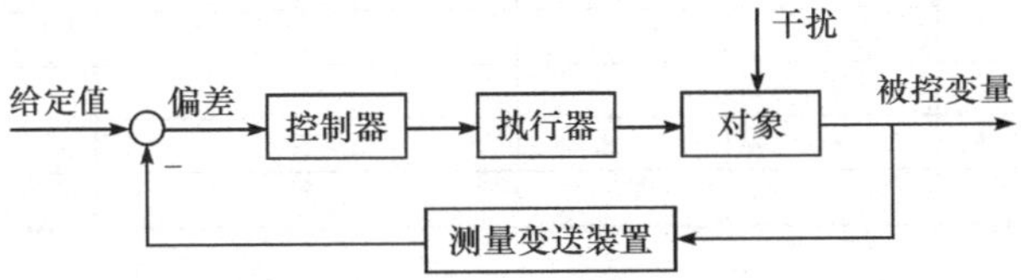

图 1-10　流量的自动控制和调节框图

当实际流量与给定值相等时，执行机构电动调节阀停止不动，当实际流量与给定值不相等时，执行机构电动调节阀在计算机的指挥下调节阀门开度，从而达到稳定流量的目的。显示器能够反映出流量和时间的关系及稳定时间。

3) 计算机采集数据(手动——人工调节流量)

离心泵正常特性曲线实验：实验时，在泵入口阀全开的状态下，人工改变流量调节阀的开度，计算机对泵进出口压力、泵的轴功率和流量进行数据采集、数据处理，并在屏幕上显示出泵的特性曲线。按照计算机提示打印实验数据和特性曲线图。

4) 实验注意事项

(1) 实验前应检查储水槽水位，流量调节阀关闭到零位。泵入口调节阀全部打开。

(2) 注意变频调速器的使用方法。计算在自动控制(Fn-3 为 1，Fn-11 为 2，Fn-10 为 1)、手动测量(Fn-3 为 1，Fn-11 为 0，Fn-10 为 0)，其余为变频器原有设置，不要随意改动。

六、实验记录与数据处理

离心泵型号：________；电机效率：________；两取压点垂直高度差：________；水平均温度________。

将实验装置 1 和实验装置 2 的数据分别记录在表 1-8 和表 1-9 中。

表 1-8 离心泵特性曲线数据记录及处理(实验装置 1)

序号	功率表读数/kW	p_1(进口)/MPa	p_2(出口)/MPa	Q/(m^3/s)	N/kW	H/m	η
1							
2							
3							
4							
5							
6							
7							
8							
9							
10							
11							
12							

表 1-9 离心泵特性曲线数据记录及处理(实验装置 2)

序号	功率表读数/kW	p_1(进口)/MPa	p_2(出口)/MPa	流量计频率/Hz	Q/(m^3/s)	N/kW	H/m	η
1								
2								
3								
4								

续表

序号	功率表读数/kW	p_1(进口)/MPa	p_2(出口)/MPa	流量计频率/Hz	Q/(m^3/s)	N/kW	H/m	η
5								
6								
7								
8								
9								
10								
11								
12								

将上述实验数据按下列要求进行整理：

(1) 在同一坐标纸上标绘出人工操作得到的特性曲线，并与计算机自控结果比较。

(2) 求出泵高效区的各参数值。

(3) 求出临界吸上真空度和允许吸上真空度。

七、思考题

(1) 在什么情况下，开泵前要给泵灌水？为什么？在什么情况下，开泵前不需给泵灌水？

(2) 在什么情况下会产生气蚀现象？

(3) 为什么调节泵的出口阀门可调节其流量?这种方法有什么优缺点？是否还有其他方法调节流量?

(4) 为什么启动离心泵时要关闭出口阀?

(5) 流量增大时，泵入口处的真空度与出口处压力表的读数如何变化？试分析之。

实验五　过 滤 实 验

一、实验目的

(1) 了解板框过滤机的构造和操作方法。

(2) 学习过滤方程式中过滤常数的测定方法。

(3) 校验洗涤速率与过滤末速率的关系。

二、实验内容

(1) 测定某一压力下，过滤方程式中的过滤常数 K、q_e、τ_e。

(2) 测定洗涤速率与过滤末速率的关系。

三、实验原理

当滤饼阻力和介质阻力均应计入时，恒压过滤的过滤方程式为

$$(V+V_e)^2 = KS^2(\tau+\tau_e) \tag{1-16}$$

式中，V 为 τ 时间内的滤液量，m^3；V_e 为虚拟的滤液体积，它是形成相当于滤布阻力的一层滤渣时应得到的滤液量，m^3；S 为过滤面积，m^2；K 为过滤常数，m^2/s；τ 为相当于得到滤液 V 所需要的过滤时间，s；τ_e 为相当于得到滤液 V_e 所需要的时间，s。

式(1-16)也可写为

$$(q+q_e)^2 = K(\tau+\tau_e) \tag{1-17}$$

或

$$q^2 + 2q_e q = K\tau \tag{1-17a}$$

式中，$q=\dfrac{V}{S}$，即单位过滤面积的滤液量，m^3/m^2；$q_e=\dfrac{V_e}{S}$，即单位过滤面积的虚拟液量，m^3/m^2。

四、实验装置

本实验共有两套不同的实验装置。

1. 实验装置 1

整个实验装置由调浆桶、储浆罐、洗水罐、板框过滤机及量筒几部分组成，如图 1-11 所示。在调浆桶内配制一定浓度的 $MgCO_3$ 的悬浮液后送入储浆罐用压缩空气加以搅拌，使 $MgCO_3$ 不致沉降，同时利用压缩空气的压力将滤浆送入板框过滤机过滤，滤液流入量筒计量，压缩空气从储浆罐顶部的排气管排出。

洗水同样用压缩空气从洗水罐压送至板框过滤机进行洗涤，洗水也入量筒计量。

实验完毕，储浆罐中的滤浆用压缩空气送至调浆桶储存。

板框过滤机的板框结构如图 1-12 所示，滤框厚度为 25 mm，每个滤框的过滤面积为 0.0525 m^2。

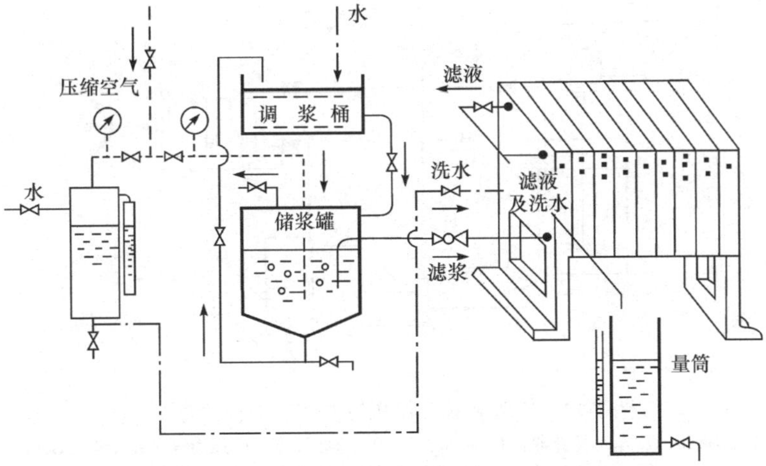

图 1-11　实验装置 1 过滤实验流程图

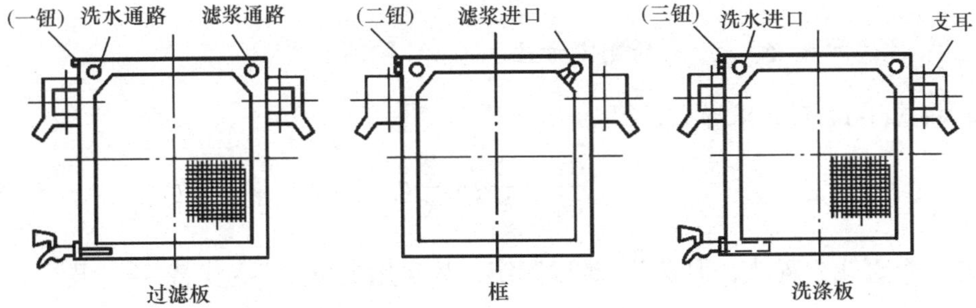

图 1-12　实验装置 1 滤板结构图

2. 实验装置 2

1) 设备的主要技术数据

(1) 旋涡泵。

(2) 搅拌器：型号 KDZ-1，功率 160 W，转速 3200 r/min。

(3) 过滤板：规格 160 mm×180 mm×11 mm。

(4) 滤布：工业用，过滤面积 0. 0475 m^2。

(5) 计量桶：长 275 mm，宽 330 mm。

2) 设备的流程

如图 1-13 所示，滤浆槽内配有一定浓度的石灰或碳酸钙悬浮液(浓度在 4%左右)，用电动搅拌器搅拌均匀(浆液不出现旋涡为好)。启动旋涡泵，调节阀门 3 使压力表 5 指示在规定值。滤液在计量桶内计量。

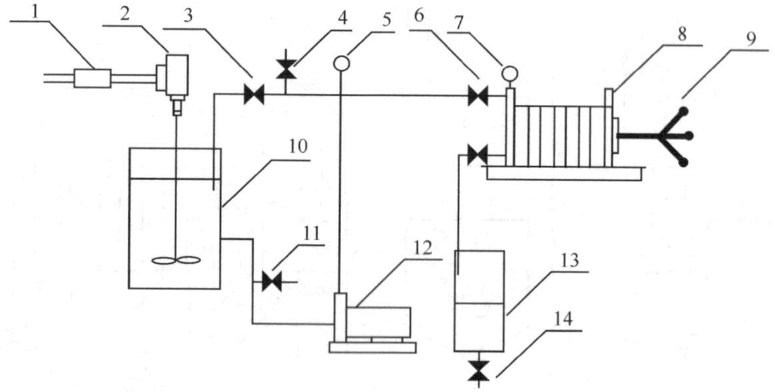

图 1-13 实验装置 2 恒压过滤实验流程示意图

1. 调整器；2. 电动搅拌器；3、4、6、11、14. 阀门；5、7. 压力表；8. 板框过滤机；9. 压紧装置；10. 滤浆槽；12. 旋涡泵；13. 计量桶

五、实验方法

1. 过滤常数 K、q_e、τ_e 的测定方法

将式(1-17)对 q 求导数，得

$$\frac{d\tau}{dq}=\frac{2}{K}q+\frac{2}{K}q_e \tag{1-18}$$

这是一个直线方程式，但是 $\frac{d\tau}{dq}$ 难以测定，故实用上可用 $\frac{\Delta\tau}{\Delta q}$ 代替 $\frac{d\tau}{dq}$，即

$$\frac{\Delta\tau}{\Delta q}=\frac{2}{K}q+\frac{2}{K}q_e \tag{1-19}$$

因此，只需在某一恒压下进行过滤，测取一系列 $\Delta\tau$、Δq 值，然后在笛卡儿坐标上以 $\frac{\Delta\tau}{\Delta q}$ 为纵坐标、q 为横坐标作图，可得到一条直线(参见图 1-14)，这条直线的斜率为 $\frac{2}{K}$，截距为 $\frac{2}{K}q_e$，据此可以求出 K 及 q_e，再拟 q=0，τ=0，代入式(1-17)即可求出 τ_e。

2. 洗涤速率与滤末速率关系的测定

在一定压力下，洗涤速率是恒定不变的，因此测定比较容易。洗涤速率可以在水量流出正常后开始计量，计量多少也可根据需要决定，不必与滤液计量一致。至于过滤末速率的测定则比较困难，因为它是一个变数，为了使测得的 $\frac{\Delta\tau}{\Delta q}$–$q$ 比较准确，建议过滤操作要进行到滤框全部被滤渣充满以后才停止(可以从滤液量显著减少来估计，此时滤液出口处的液流由满管口变成线状而下)，然后利用作图确定。实验结果如图 1-14 所示，最后两个矩形偏高(请根据实验情况进行分析，找出其影响因素)。建议取图 1-14 中 A 点作为过滤终了来计算过滤末速率。至于在板框式过滤机中洗涤速率是否为过滤末速的 1/4，请根据实验设备和实验数据进行分析讨论。

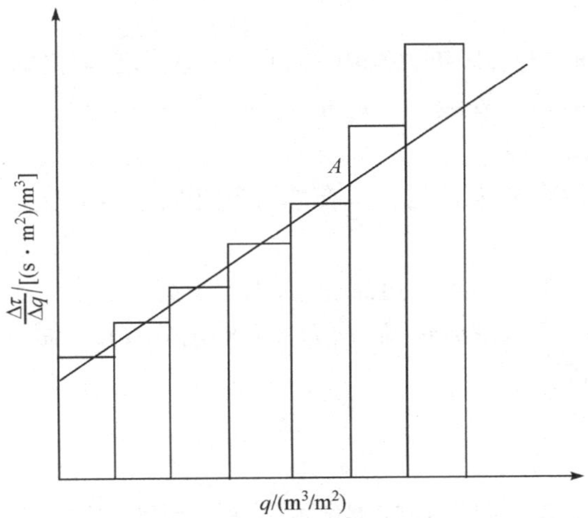

图 1-14　对应关系图

3. 实验操作

1) 实验装置 1

实验步骤：

(1) 将固体粉末在调浆桶内配制成一定浓度的悬浮液。

(2) 关闭储浆罐的排污阀、回浆阀及过滤机进浆阀，开启储浆罐的进浆阀及排气阀，拔起调浆桶底部的橡胶塞，将滤液放进储浆罐。

(3) 关闭储浆罐的进浆阀及排气阀，启动搅拌器。

(4) 排好板、框的排列顺序，将湿滤布覆盖在滤框的两侧，滤布孔要对准滤框孔道，滤布表面要平整，不起皱纹。然后用压紧螺杆压紧板与框。

(5) 启动压缩机，维持过滤压力恒定。调节好滤液计量筒的原始液位。

(6) 关闭过滤机洗水进入阀，打开滤液出口阀，再打开进浆阀开始过滤，测取有关数据。待滤渣充满全部滤框后，关闭进浆阀，停止过滤。

(7) 将水放进洗水罐，关闭进水阀。启开压缩空气进口阀，维持洗涤压力与过滤压力一致。再开启洗水进入阀，测取有关数据。

(8) 洗涤结束，旋开压紧螺杆将板、框拉开，卸出滤渣，清洗滤布，整理板、框重新装合。

(9) 实验结束，停开搅拌器，打开回浆阀，停开压缩机，清洗储浆罐及其液位计。

实验注意事项：

(1) 压气机的控制电钮，未经允许不得乱按。

(2) 实验过程中的准备阶段和实验结束后应停开压缩机，以减少负荷，防止压缩机过热。

(3) 滤板、滤框的安装和管路阀门的开启、关闭必须正确，以免返工。

(4) 滤布应先湿透。安装时，滤布孔要对准滤机孔道，表面要拉平整，不起皱纹，否则会漏水。

(5) 如果采用两个秒表计时，要在熟练掌握两个秒表交替使用的操作以后才开始正式实验。

(6) 过滤压力要维持恒定，过滤压力的选用必须征得指导教师同意。

(7) 滤浆浓度不宜过浓或过稀，约为 5%(质量分数)，如做不同压力下的实验，滤浆浓度要大致相同。

2) 实验装置 2

实验步骤：

(1) 系统接上电源，打开搅拌器电源开关，启动电动搅拌器。将滤浆槽内的浆液搅拌均匀。

(2) 板框过滤机板、框排列顺序为：固定头-洗涤板-框-非洗涤板-框-盲板-可动头。用压紧装置压紧后待用。

(3) 使阀门 3 处于全开，阀门 4、6、11 处于全关状态。启动旋涡泵，调节阀门 3 使压力表 5 达到规定值。

(4) 待压力表 5 稳定后，打开过滤入口阀 6 开始过滤。当计量桶内见到第一滴液体时开始计时。记录滤液每增加高度 20 mm 时所用的时间。当计量桶读数为 160 mm 时停止计时，并立即关闭入口阀 6。

(5) 打开阀门 3 使压力表 5 指示值下降。开启压紧装置卸下过滤框内的滤饼并放回滤浆槽内，将滤布清洗干净。放出计量桶内的滤液并倒回滤浆槽内，以保证滤浆浓度恒定。

(6) 改变压力，从步骤(2)开始重复上述实验。

(7) 每组实验结束后用洗水管路对滤饼进行洗涤，测定洗涤时间和洗水量。

(8) 实验结束时阀门 11 接上自来水、阀门 4 接通下水，关闭阀门 3，对泵及滤浆进出口管进行冲洗。

实验注意事项：

(1) 过滤板与框之间的密封垫应注意放正，过滤板与框的滤液进出口对齐。用摇柄把过滤设备压紧，以免漏液。

(2) 计量桶的流液管口应贴桶壁，否则液面波动影响读数。

(3) 实验结束时关闭阀门 3。用阀门 11、4 接通自来水对泵及滤浆进出口管进行冲洗。切忌将自来水灌入滤浆槽中。

(4) 电动搅拌器为手动调节。使用时首先接上系统电源，打开调速器开关，调速钮一定由小到大缓慢调节，切勿反方向调节或调节过快，以免损坏电机。

(5) 启动搅拌前，用手旋转一下搅拌轴以保证顺利启动搅拌器。

六、实验记录与数据处理

过滤机类型：板框过滤机；实验装置________号。

实验装置 1 滤框的过滤面积：0. 0525 m^2，滤框厚度：25 mm，使用滤框个数：4。

实验装置 2 滤框的过滤面积：0. 0475 m^2，滤框厚度：11 mm。

过滤面积：________m^2；滤布种类：________；滤浆名称：________；

温度：________℃；过滤压力：________。

将实验装置 1 和实验装置 2 的数据分别记录在表 1-10 和表 1-11 中。

表 1-10 过滤实验数据(实验装置 1)

	序号	滤液量		过滤时间		q /(m^3/m^2)	Δq /(m^3/m^2)	$\frac{\Delta\tau}{\Delta q}$ /(s/m)
		累计 $\sum V$/L	增量 ΔV/L	累计 $\sum\tau$/s	增量 $\Delta\tau$/s			
过滤	1							
	2							
	3							
	4							
	5							
	6							
	7							

表 1-11 过滤实验数据(实验装置 2)

	序号	洗水量/mL	洗涤时间/s
洗涤	1		
	2		

实验报告中应得出下列结果：

(1) 绘出 $\frac{\Delta\tau}{\Delta q}-q$ 图。

(2) 列出 K、q_e、τ_e的值。

(3) 得出完整的过滤方程式及其适用的条件。过滤方程式可以是式(1-16)的形式，也可以是式(1-17)的形式。

(4) 列出过滤末速率与洗涤速率的比值。

七、思考题

(1) 为什么过滤开始时，滤液通常有一点浑浊，过一定时间后才转清?

(2) 获得的实验数据在第一点有无偏低或偏高现象? 怎样解释? 如何对待第一点数据?

(3) 同一次实验，Δq 取值不同，得出的 K、q_e值是否会不同? 作直线求 K、q_e时，直线为什么要通过矩形顶边的中点?

(4) 滤浆浓度和过滤压力对 K 值有何影响?

(5) 过滤压力增加一倍后，得到同一滤液量所需要的时间是否也减少一半? 为什么?

实验六　传 热 实 验

一、实验目的

(1) 通过对空气-水蒸气简单套管换热器的实验研究，掌握对流传热系数 α_i 的测定方法，加深对其概念和影响因素的理解。

(2) 通过对管程内部插有螺旋线圈的空气-水蒸气强化套管换热器的实验研究，掌握对流传热系数 α_i 的测定方法，加深对其概念和影响因素的理解。

(3) 学会并应用线性回归分析方法，确定传热管关联式 $Nu=ARe^mPr^{0.4}$ 中常数 A、m 的数值，以及强化管关联式 $Nu_0=BRe^mPr^{0.4}$ 中 B 和 m 的数值。

(4) 根据计算出的 Nu、Nu_0 求出强化比 Nu/Nu_0，比较强化传热的效果，加深理解强化传热的基本理论和基本方式。

(5) 通过变换列管换热器换热面积实验测取数据计算总传热系数 K，加深对其概念和影响因素的理解。

(6) 认识套管换热器(光滑、强化)、列管换热器的结构及操作方法，测定并比较不同换热器的性能。

二、实验内容

(1) 测定5～6组不同流速下简单套管换热器的对流传热系数α_i。

(2) 测定5～6组不同流速下强化套管换热器的对流传热系数α_i。

(3) 测定5～6组不同流速下空气全流通列管换热器总传热系数K。

(4) 测定5～6组不同流速下空气半流通列管换热器总传热系数K。

(5) 对α_i的实验数据进行线性回归，确定关联式$Nu=ARe^m Pr^{0.4}$中常数A、m的数值。

(6) 通过关联式$Nu=ARe^m Pr^{0.4}$计算出Nu、Nu_0，并确定传热强化比Nu/Nu_0。

三、实验原理

1. 普通套管换热器传热系数测定及准数关联式的确定

1) 对流传热系数α_i的测定

对流传热系数α_i可以根据牛顿冷却定律，通过实验来测定。因为$\alpha_i \ll \alpha_o$，所以传热管内的对流传热系数$\alpha_i \approx K$，K为热冷流体间的总传热系数，W/(m^2·℃)，且$K = Q_i / (\Delta t_m \times S_i)$，所以

$$\alpha_i \approx \frac{Q_i}{\Delta t_m \times S_i} \tag{1-20}$$

式中，α_i为管内流体对流传热系数，W/(m^2·℃)；Q_i为管内传热速率，W；S_i为管内换热面积，m^2；Δt_m为管内平均温度差，℃。

平均温度差由式(1-21)确定：

$$\Delta t_m = t_w - t_m \tag{1-21}$$

式中，t_m为冷流体的入口、出口平均温度，℃；t_w为壁面平均温度，℃。

因为换热器内管为紫铜管，其导热系数很大，且管壁很薄，故认为内壁温度、外壁温度和壁面平均温度近似相等，用t_w表示，由于管外使用蒸汽，因此t_w近似等于热流体的平均温度。

管内换热面积：

$$S_i = \pi d_i L_i \tag{1-22}$$

式中，d_i为内管管内径，m；L_i为传热管测量段的实际长度，m。

由热量衡算式：

$$Q_i = W_i c_{pi}(t_{i2} - t_{i1}) \tag{1-23}$$

其中，质量流量由式(1-24)求得

$$W_i = \frac{V_i \rho_i}{3600} \tag{1-24}$$

式中，V_i 为冷流体在套管内的平均体积流量，m^3/h；c_{pi} 为冷流体的比定压热容，$kJ/(kg \cdot ℃)$；ρ_i 为冷流体的密度，kg/m^3。c_{pi} 和 ρ_i 可根据定性温度 t_m 查得，$t_m = \dfrac{t_{i1} + t_{i2}}{2}$ 为冷流体进、出口平均温度。t_{i1}、t_{i2}、t_w、V_i 可采用一定的测量手段得到。

2) 对流传热系数准数关联式的实验确定

流体在管内作强制湍流，被加热状态，准数关联式的形式为

$$Nu_i = ARe_i^m Pr_i^n \tag{1-25}$$

其中

$$Nu_i = \frac{\alpha_i d_i}{\lambda_i}, \quad Re_i = \frac{u_i d_i \rho_i}{\mu_i}, \quad Pr_i = \frac{c_{pi}\mu_i}{\lambda_i}$$

物性数据 λ_i、c_{pi}、ρ_i、μ_i 可根据定性温度 t_m 查得。经过计算可知，对于管内被加热的空气，普朗特数 Pr_i 变化不大，可以认为是常数，则关联式的形式简化为

$$Nu_i = ARe_i^m Pr_i^{0.4} \tag{1-26}$$

这样通过实验确定不同流量下的 Re_i 与 Nu_i，然后用线性回归方法确定 A 和 m 的值：

$$\frac{Nu}{Pr^{0.4}} = ARe^m \tag{1-27}$$

两边取对数：

$$\lg \frac{Nu}{Pr^{0.4}} = m \lg Re + \lg A \tag{1-28}$$

令 $Y = \lg \dfrac{Nu}{Pr^{0.4}}, X = \lg Re, B = \lg A$，则得

$$Y = mX + B$$

以上推导表明：在普通坐标系中，Y 与 X 的关系为一条直线，在对数坐标系中，以 $\dfrac{Nu}{Pr^{0.4}}$ 为纵坐标、Re 为横坐标，对实验数据进行标绘时，所得直线的斜率等于待求常数 m，m 也可由式(1-29)求出：

$$m = \frac{\lg\left(\dfrac{Nu}{Pr^{0.4}}\right)_1 - \lg\left(\dfrac{Nu}{Pr^{0.4}}\right)_2}{\lg(Re)_1 - \lg(Re)_2} \tag{1-29}$$

式(1-29)中的下标 1、2 分别表示直线上相距较远的两个点 1、2。待求常数 A 由式(1-30)求出：

$$A=\frac{\left(\frac{Nu}{Pr^{0.4}}\right)_1}{(Re)_1^m} \quad 或 \quad A=\frac{\left(\frac{Nu}{Pr^{0.4}}\right)_2}{(Re)_2^m} \tag{1-30}$$

2. 强化套管换热器传热系数、准数关联式及强化比的测定

强化传热技术可以使初设计的传热面积减小，从而减小换热器的体积和质量，提高现有换热器的换热能力，达到强化传热的目的。同时换热器能够在较低温差下工作，减少了换热器工作阻力，以减少动力消耗，更合理有效地利用能源。强化传热的方法有多种，本实验装置采用了多种强化方式。

螺旋线圈的结构如图 1-15 所示，螺旋线圈由直径 3 mm 以下的铜丝和钢丝按一定节距绕成。将金属螺旋线圈插入并固定在管内，即可构成一种强化传热管。在近壁区域，流体一面由于螺旋线圈的作用而发生旋转，一面还周期性地受到线圈的螺旋金属丝的扰动，因而可以使传热强化。由于绕制线圈的金属丝直径很细，流体旋流强度也较弱，因此阻力较小，有利于节约能源。螺旋线圈是以线圈节距 H 与管内径 d 的比值以及管壁粗糙度($2d/h$)为主要技术参数，且长径比是影响传热效果和阻力系数的重要因素。

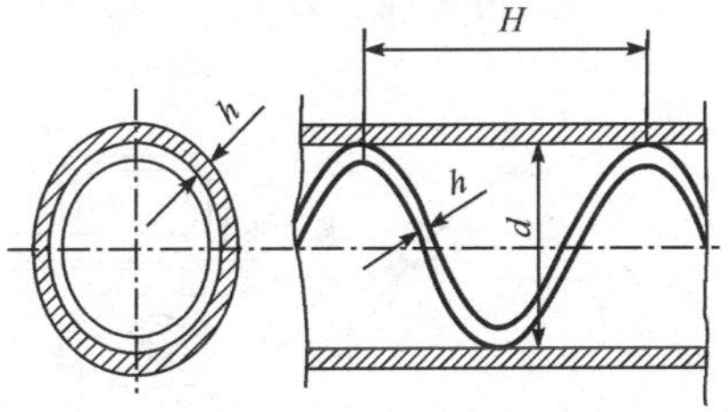

图 1-15　螺旋线圈强化管内部结构

科学家通过实验研究总结了形式为 $Nu = ARe^m$ 的经验公式，其中 A 和 m 的值因强化方式不同而不同。在本实验中，确定不同流量下的 Re_i 与 Nu_i，用线性回归方法可确定 B 和 m 的值。

单纯研究强化手段的强化效果(不考虑阻力的影响)可以用强化比的概念作为评判准则，它的形式是 Nu/Nu_0，其中 Nu 是强化管的努塞特数，Nu_0 是普通管的努塞特数。显然，强化比 $Nu/Nu_0>1$，而且它的值越大，强化效果越好。需要说明的是，如果评判强化方式的真正效果和经济效益，则必须考虑阻力因素，阻力系数随着换热系数的增加而增加，从而导致换热性能的降低和能耗的增加，只有强化比较高且阻力系数较小的强化方式才是最佳的强化方法。

3. 总传热系数 K 的计算

总传热系数 K 是评价换热器性能的重要参数，也是对换热器进行传热计算的依据。对于已有的换热器，可以通过测定有关数据，如设备尺寸、流体的流量和温度等，通过传热速率方程式计算 K 值。

传热速率方程式是换热器传热计算的基本关系。该方程式中，冷、热流体温度差 ΔT 是传热过程的推动力，它随着传热过程冷、热流体的温度变化而改变。

传热速率方程式　$Q = K \times S \times \Delta t_{\mathrm{m}}$　(1-31)

热量衡算式　$Q = c_p \times W \times (T_2 - T_1)$　(1-32)

总传热系数　$K = c_p \times W \times (T_2 - T_1)/(S \times \Delta t_{\mathrm{m}})$　(1-33)

式中，Q 为热量，W；S 为传热面积，m^2；Δt_{m} 为冷、热流体的平均温差，℃；K 为总传热系数，$W/(m^2 \cdot ℃)$；c_p 为比热容，J/(kg · ℃)；W 为空气质量流量，kg/s；T_2-T_1 为空气进、出口温差，℃。

四、实验装置

1. 实验装置流程示意图

实验装置流程示意图如图 1-16 所示。

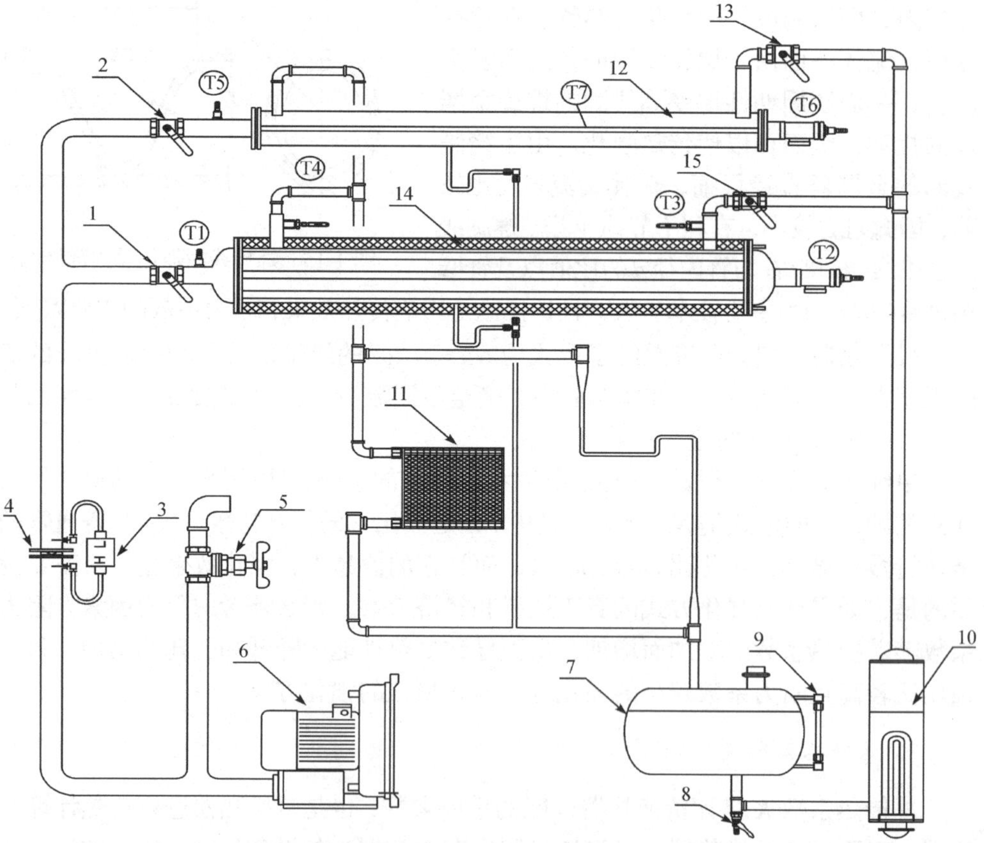

图 1-16　传热实验装置流程示意图

1. 列管换热器空气进口阀；2. 套管换热器空气进口阀；3. 压力传感器；4. 孔板流量计；5. 空气旁路调节阀；6. 旋涡气泵；7. 储水罐；8. 排水阀；9. 液位计；10. 蒸汽发生器；11. 散热器；12. 套管换热器；13. 套管换热器蒸汽进口阀；14. 列管换热器；15. 列管换热器蒸汽进口阀；T1～T7. 温度计

2. 实验设备主要技术参数

实验设备主要技术参数如表 1-12 所示。

表 1-12　实验设备主要技术参数

套管换热器实验内管内径 d_i/mm		20.00
套管换热器实验内管外径 d_o/mm		22.0
套管换热器实验外管内径 D_i/mm		50
套管换热器实验外管外径 D_o/mm		57.0
列管换热器实验内管内径 d_i/mm		19×6
列管换热器实验内管外径 d_o/mm		22.00×6
列管换热器实验外管内径 D_i/mm		80.00
列管换热器实验外管外径 D_o/mm		89.00
测量段(紫铜内管、列管内管)长度 L/m		1.20
强化内管内插物(螺旋线圈)尺寸	丝径 h/mm	1
	节距 H/mm	40
孔板流量计孔流系数及孔径		C_0=0.65、d_0 =0.017 m
旋涡气泵		XGB-2 型
加热釜	操作电压	≤200 V
	操作电流	≤10 A

3. 实验装置面板图

实验装置面板图如图 1-17 所示。

五、实验方法

1. 实验前的准备、检查工作

(1) 向储水罐中加水至液位计上端处。
(2) 检查空气流量旁路调节阀是否全开。
(3) 检查蒸汽管支路各控制阀是否已打开，保证蒸汽和空气管线的畅通。

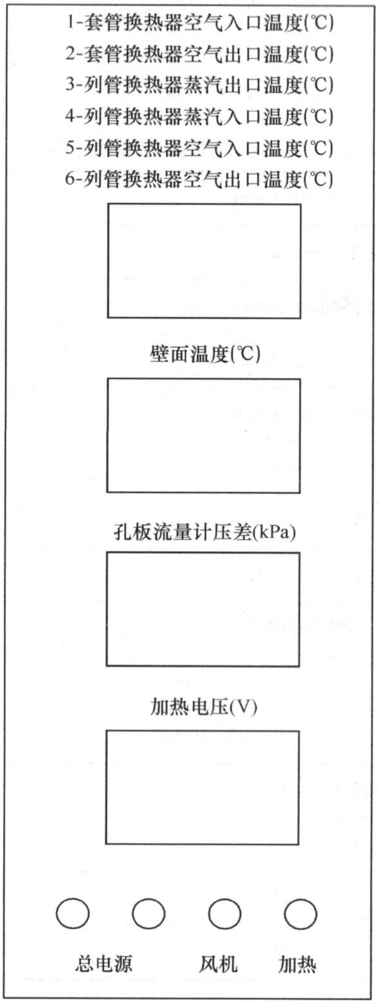

图 1-17　传热过程综合实验面板图

(4) 接通电源总闸，设定加热电压。

2. 实验开始

(1) 准备工作完毕后，打开加热开关，打开蒸汽进口阀 16，当所做套管壁温升到接近 100 ℃并保持 5 min 不变时，打开阀门 2，全开空气旁路调节阀 6，启动风机开关。

(2) 启动风机后利用空气旁路调节阀 6 调节流量，调好某一流量后稳定 3～5 min 后，分别记录空气的流量，空气进、出口的温度及壁面温度。然后改变流量测量下组数据。一般从小流量到最大流量之间要测量 5～6 组数据。

(3) 做完光滑套管换热器的数据后，要进行强化管换热器实验。全部打开空气旁路调节阀 6，停风机。把强化丝装进套管换热器内。当所做套管壁温升到接近 100 ℃并保持 5 min 不变时，进行强化管传热实验。实验方法同步骤(2)。

(4) 列管换热器冷流体全流通实验：打开蒸汽进口阀 18，当蒸汽出口温度接近 100 ℃并保持 5 min 不变时，打开阀门 1，全开空气旁路调节阀 6，启动风机，利用空气旁路调节阀 6 调节流量，调好某一流量后稳定 3～5 min 后，分别记录空气的流量，空气进、出口的温度及蒸汽进、出口的温度。

(5) 列管换热器冷流体半流通实验：用准备好的丝堵堵上一半面积的内管，打开蒸汽进口阀 18，当蒸汽出口温度接近 100 ℃并保持 5 min 不变时，打开阀门 1，全开空气旁路调节阀 6，启动风机，利用空气旁路调节阀 6 调节流量，调好某一流量后稳定 3～5 min 后，分别记录空气的流量，空气进、出口的温度及蒸汽进、出口的温度。

(6) 实验结束后，依次关闭加热电源、风机和总电源，一切复原。

六、实验注意事项

(1) 检查蒸汽加热釜中的水位是否在正常范围内。特别是每个实验结束后，进行下一实验之前，如果发现水位过低，应及时补给水量。

(2) 必须保证蒸汽上升管线的畅通，即在给蒸汽加热釜电压之前，两蒸汽支路阀门之一必须全开。在转换支路时，应先开启需要的支路阀，再关闭另一侧，且开启和关闭阀门必须缓慢，防止管线截断或蒸汽压力过大突然喷出。

(3) 必须保证空气管线的畅通，即在接通风机电源之前，两个空气支路控制阀之一和空气旁路调节阀必须全开。在转换支路时，应先关闭风机电源，然后开启和关闭支路阀。

(4) 调节流量后，应至少稳定 3～5 min 后读取实验数据。

(5) 实验中保持上升蒸汽量的稳定，不应改变加热电压。

七、实验记录与数据处理

套管换热器和列管换热器的实验装置数据记录及处理分别列于表 1-13 和表 1-14。

表 1-13　实验装置数据记录及处理(套管换热器)

序号	1	2	3	4	5	6
流量/kPa						
t_1/℃						
ρ_{t1}/(kg/m^3)						

续表

序号	1	2	3	4	5	6
t_2/℃						
T_w/℃						
t_m/℃						
ρ_{tm}/(kg/m^3)						
λ_{tm}×100						
$c_{p,tm}$						
μ_{tm}×100 000						
Δt_m/℃						
V_{t1}/(m^3/h)						
V/(m^3/h)						
u/(m/s)						
q_c/W						
α_i /[W/(m^2·℃)]						
Re						
Nu						
$Nu/Pr^{0.4}$						

表 1-14　实验装置数据记录及处理(列管换热器)

序号	1	2	3	4	5	6
流量/kPa						
t_1/℃						
ρ_{t1}/(kg/m^3)						
t_2/℃						
T_1/℃						
T_2/℃						
t_m/℃						
ρ_{tm}/(kg/m^3)						
λ_{tm}×100						
$c_{p,tm}$						
μ_{tm}×100 000						
Δt_m/℃						
V_{t1}/(m^3/h)						

续表

序号	1	2	3	4	5	6
$V/(\mathrm{m^3/h})$						
$u/(\mathrm{m/s})$						
q_c/W						
$\alpha_i/[\mathrm{W/(m^2\cdot ℃)}]$						
Re						
Nu						
$Nu/Pr^{0.4}$						

八、思考题

(1) 随着空气流量的变化，空气出口温度有何变化？为什么？

(2) 准数关联式 $Nu=0.023Re^{0.8}Pr^{0.4}$ 适用于什么条件？

实验七　填料吸收塔实验

一、实验目的

(1) 了解填料吸收塔的结构并练习操作。

(2) 了解填料塔的流体力学性能。

(3) 学习填料吸收塔传质单元高度 H_{OG}、体积吸收系数 $K_Y a$ 和回收率 φ 的测定方法。

二、实验内容

(1) 观察流体在填料吸收塔的操作状况，测定 Δp-u 关系曲线并确定液泛气速。

(2) 测量固定液体流量下，两种不同气体流量时填料吸收塔的传质单元高度、体积吸收系数和回收率。

三、实验原理

吸收塔“液泛气速”的数据在塔的设计和操作中起重要作用。本实验通过测定 Δp-u 关系曲线和实验现象观察两种方法来确定“液泛气速”。

吸收系数是决定吸收速率高低的重要参数，获得吸收系数的方法绝大多数是采用实验的方法。对于相同的物料系统和一定的设备(填料的类型与尺寸)，吸收系数将随着操作条件及气、液接触状况的不同而变化。氨是易溶于水的气体，故气膜阻力控制着整个吸收过程速率的大小。因此，在其他条件不变的前提下，随着气速的增大，吸收系数也相应增大。

本实验所用气体混合物是含有少量氨的氨-空气混合物，用水作吸收剂吸收氨。由于吸收液中的浓度不高，可认为气-液平衡关系服从亨利定律，可用方程 $Y = mX$ 表示；且因是常压操作，故相平衡常数 m 仅是温度的函数。

N_{OG}、H_{OG}、$K_Y a$、φ_A 可依下列公式进行计算：

$$N_{OG} = \frac{Y_1 - Y_2}{\Delta Y_m} \tag{1-34}$$

$$\Delta Y_m = \frac{\Delta Y_1 - \Delta Y_2}{\ln \dfrac{\Delta Y_1}{\Delta Y_2}} \tag{1-35}$$

$$H_{OG} = \frac{Z}{N_{OG}} \tag{1-36}$$

$$K_Y a = \frac{V}{H_{OG} \cdot \Omega} \tag{1-37}$$

$$\varphi_A = \frac{Y_1 - Y_2}{Y_1} \tag{1-38}$$

$$\Omega = \frac{\pi}{4} D^2 \tag{1-39}$$

式中，Z 为填料层的高度，m；H_{OG} 为气相总传质单元高度，m；N_{OG} 为气相总传质单元数，无因次；Y_1、Y_2 分别为进、出口气体中溶质组分 A 的物质的量比，kmol(A)/kmol(B)；ΔY_m 为所测填料层上、下两端面上气相推动力的对数平均值；ΔY_2、ΔY_1 分别为填料层上、下两端面上的气相推动力，$\Delta Y_1 = Y_1 - mX_1$，$\Delta Y_2 = Y_2 - mX_2$，X_2、X_1 分别为进、出口液体中溶质组分 A 的物质的量比，kmol(A)/kmol(S)，m 为相平衡常数；$K_Y a$ 为气相总体积吸收系数，kmol/(m^3·h)；V 为惰性气体的摩尔流量，kmol(B)/h；Ω 为填料塔的横截面积，m^2；D 为填料塔内径，m；φ 为回收率，无因次。

四、实验装置

实验装置如图 1-16 所示。

1. 实验装置的基本情况

实验流程示意图如图 1-18 所示。空气由鼓风机送入，经空气转子流量计计量，空气通过流量计处的温度由温度计测量，空气流量由放空阀调节。氨气由氨瓶送出，经过氨瓶总阀进入氨转子流量计计量，氨气通过转子流量计处温度由实验时大气温度代替，其流量由氨流量调节阀调节，然后进入空气管道与空气混合进入吸收塔的底部。水由自来水管经水转子流量计，水的流量由水流量调节阀调节，然后进入塔顶。分析塔顶尾气浓度时靠降低水准瓶的位置，将塔顶尾气吸入吸收瓶和量气管。在吸入塔顶尾气之前，预先在吸收瓶内放入 5 mL 已知浓度的硫酸用于吸收尾气中的氨。

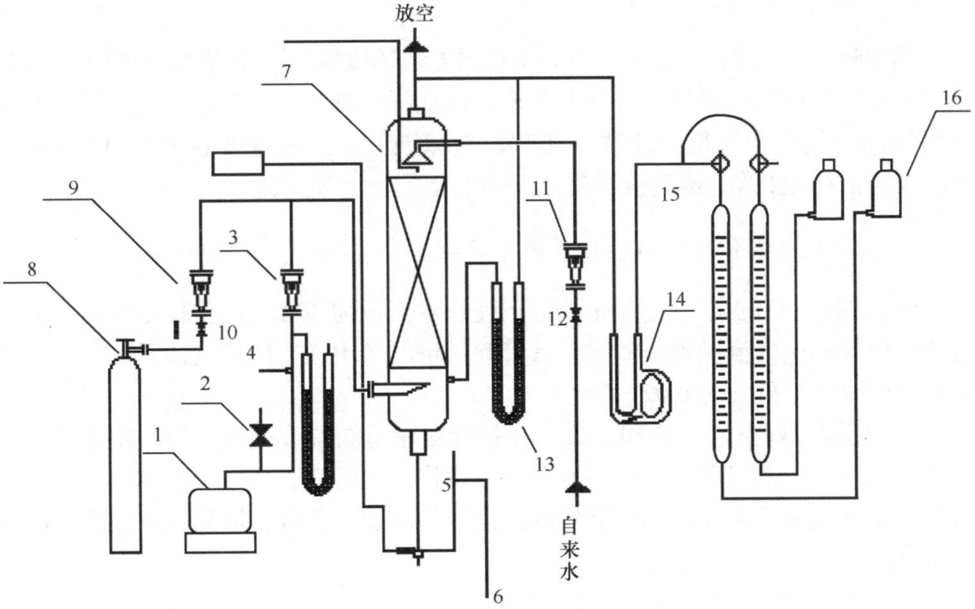

图 1-18　填料吸收塔实验装置流程示意图

1. 鼓风机；2. 放空阀(空气流量调节阀)；3. 空气转子流量计；4. 温度计；5. 液封管；6. 吸收液取样口；7. 填料吸收塔；8. 氨瓶总阀；9. 氨转子流量计；10. 氨流量调节阀；11. 水转子流量计；12. 水流量调节阀；13. U 形管压差计；14. 吸收瓶；15. 量气管；16. 水准瓶

吸收液的取样可用塔底吸收液取样口进行。填料层压降用U形管压差计测定。

2. 使用实验设备应注意的事项

(1) 启动鼓风机前，务必先全开放空阀。

(2) 做传质实验时，水流量不能超过 40 L/h，否则尾气的氨浓度极低，给尾气分析带来困难。

(3) 两次传质实验所用的进气氨浓度必须一致。

五、实验方法

1. 测量干填料层 $(\Delta p/Z)$-u 关系曲线

先全开放空阀，后启动鼓风机，用放空阀调节进塔的空气流量，按空气流量从小到大的顺序读取填料层压降 Δp 、转子流量计读数和流量计处空气温度，然后在对数坐标纸上以空塔气速 u 为横坐标、单位高度的压降 $\Delta p/Z$ 为纵坐标，标绘干填料层 $(\Delta p/Z)$-u 关系曲线。

2. 测量某喷淋量下填料层 $(\Delta p/Z)$-u 关系曲线

用水喷淋量为 40 L/h 时，用上面相同方法读取填料层压降 Δp 、转子流量计读数和流量计处空气温度，并注意观察塔内的操作现象，一旦看到液泛现象时记下对应的空气转子流量计读数。在对数坐标纸上标出液体喷淋量为 40 L/h 下 $(\Delta p/Z)$-u 关系曲线。确定液泛气速并与观察的液泛气速比较。

3. 填料吸收塔传质能力和传质效率的测定

(1) 选择适宜的空气流量和水流量(建议水流量为 30 L/h)，根据空气转子流量计校正曲线和氨气流量校正曲线，计算向进塔空气中送入的氨气流量，使混合气体中氨组分摩尔分数为 0.02～0.03。

(2) 先调节好空气流量和水流量，打开氨瓶总阀调节氨气流量，使其达到需要值，在空气、氨气和水流量不变条件下操作一定时间，待过程基本稳定后，记录各流量计读数和温度，记录塔底排出的液体温度，并分析塔顶尾气及塔底吸收液浓度。

(3) 尾气分析方法。

a. 排出两个量气管内空气，使其中水面达到最上端的刻度线零点处，并关闭三通旋塞。

b. 用移液管向吸收瓶内装入 5 mL 浓度为 0.005 mol/L 左右的硫酸并加入一两滴甲基橙指示液。

c. 将水准瓶移至下方的实验架上，缓慢地旋转三通旋塞，让塔顶尾气通过吸收瓶，旋塞的开度不宜过大，以能使吸收瓶内液体以适宜的速度不断循环流动为限。

从尾气开始通入吸收瓶起就必须始终观察瓶内液体的颜色，中和反应达到终点时立即关闭三通旋塞，在量气管内水面与水准瓶内水面齐平的条件下读取量气管内空气的体积。

若某量气管内已充满空气，但吸收瓶内未达到终点，可关闭对应的三通旋塞，读取该量气管内的空气体积，同时启用另一个量气管，继续让尾气通过吸收瓶。

d. 计算尾气浓度 Y_2。

因为氨与硫酸发生中和反应的反应式为

$$2NH_3 + H_2SO_4 = (NH_4)_2SO_4$$

所以到达化学计量点(滴定终点)时，被滴物的物质的量 n_{NH_3} 和滴定剂的物质的量 $n_{H_2SO_4}$ 之比为 $n_{NH_3}:n_{H_2SO_4}=2:1$，则

$$n_{NH_3} = 2n_{H_2SO_4} = 2M_{H_2SO_4}V_{H_2SO_4}$$

$$Y_2 = \frac{n_{NH_3}}{n_{空气}} = \frac{2M_{H_2SO_4}V_{H_2SO_4}}{(V_{量气管} \times T_0 / T_{量气管}) / 22.4}$$

式中，n_{NH_3}、$n_{空气}$ 分别为 NH_3 和空气的物质的量；$M_{H_2SO_4}$ 为硫酸溶液的物质的量浓度，mol/L；$V_{H_2SO_4}$ 为硫酸溶液的体积，mL；$V_{量气管}$ 为量气管内空气的总体积，mL；T_0 为标准状态时的热力学温度 273 K；T 为操作条件下空气的热力学温度，K。

(4) 塔底吸收液的分析方法。

a. 当尾气分析吸收瓶达终点后立即用锥形瓶接取塔底吸收液样品，约 200 mL 并加盖。

b. 用移液管取塔底溶液 10 mL 置于另一个锥形瓶中，加入 2 滴甲基橙指示剂。

c. 将浓度约为 0.05 mol/L 的硫酸置于酸式滴定管内，滴定锥形瓶中的塔底溶液至终点。

(5) 水喷淋量保持不变，加大或减少空气流量，相应地改变氨流量，使混合气中的氨浓度与第一次传质实验时相同，重复上述操作，测定有关数据。

六、实验记录与数据处理

将实验数据及处理列于表 1-15～表 1-18。

L=0；填料层高度 Z=0.4 m；塔径 D=0.075 m。

表 1-15 干填料时($\Delta p/Z$)-u 关系曲线测定

序号	填料层压降/mmH$_2$O	单位高度填料层压降/(mmH$_2$O/m)	空气转子流量计读数/(m^3/h)	空气流量计处空气温度/℃	对应空气流量/(m^3/h)	空塔气速/(m/s)
1						
2						
3						

续表

序号	填料层压降/mmH_2O	单位高度填料层压降/(mmH_2O/m)	空气转子流量计读数/(m^3/h)	空气流量计处空气温度/℃	对应空气流量/(m^3/h)	空塔气速/(m/s)
4						
5						
6						
7						
8						
9						
10						

L=40 L/h；填料层高度 Z=0.4 m；塔径 D=0.075 m。

表 1-16 湿填料时$(\Delta p/Z)$-u关系曲线测定

序号	填料层压降/mmH_2O	单位高度填料层压降/(mmH_2O/m)	空气转子流量计读数/(m^3/h)	空气流量计处空气温度/℃	对应空气流量/(m^3/h)	空塔气速/(m/s)	塔内操作现象
1							
2							
3							
4							
5							
6							
7							
8							
9							
10							
11							
12							
13							

实验装置编号：________；被吸收的气体混合物：NH_3-空气；吸收剂：水；填料种类：瓷拉西环；填料尺寸：10 mm×10 mm×1.5 mm；填料比表面积：________；填料层高度：0.4 m；塔内径：0.075 m；塔截面积：________。

表 1-17　填料吸收塔传质能力和传质效率测定数据

项目＼实验序号		1	2
空气流量	流量计读数/(m^3/h)		
	流量计处温度 T/℃		
	流量计处的体积流量/(m^3/h)		
氨流量	流量计读数/(m^3/h)		
	流量计处温度/℃		
	流量计处的体积流量/(m^3/h)		
水流量	流量计读数/(L/h)		
	流量/(L/h)		
塔顶 Y_2 的测定	测定用硫酸的浓度 M/(mol/L)		
	测定用硫酸的体积/mL		
	量气管内空气的总体积/mL		
	量气管内空气的温度/℃		
塔底 X_1 的测定	滴定用硫酸的浓度 M/(mol/L)		
	测定用硫酸的体积/mL		
	样品的体积/mL		
相平衡	塔底液相的温度/℃		
	相平衡常数 m		

表 1-18　填料吸收塔传质能力和传质效率测定数据

项目＼实验序号	1	2
塔底气相浓度 Y_1 /(kmol 氨/kmol 空气)		
塔顶气相浓度 Y_2 /(kmol 氨/kmol 空气)		
塔底液相浓度 X_1 /(kmol 氨/kmol 水)		
塔顶液相浓度 X_2 /(kmol 氨/kmol 水)		
Y_1^* /(kmol 氨/kmol 空气)		

续表

项目 \ 实验序号		1	2
平均浓度差 ΔY_m /(kmol 氨/kmol 空气)			
气相总传质单元数 N_{OG}			
气相总传质单元高度 H_{OG} /m			
空气的摩尔流量 V /(kmol/h)			
气相总体积吸收系数 $K_Y a$ /(kmol 氨/m^3·h)			
回收率 φ_A			
物料衡算(一)	气相给出的氨量 $G_{气} = V(Y_1 - Y_2)$ /(kmol 氨/h)		
	液相得到的氨量 $G_{液} = L(X_1 - X_2)$ /(kmol 氨/h)		
	对于 $G_{气}$ 的相对误差 E_r		
物料衡算(二)	进塔的氨量 $G_{进} = VY_1^* + LX_2$ /(kmol 氨/h)		
	出塔的氨量 $G_{出} = VY_2 + LX_1$ /(kmol 氨/h)		
	对于 $G_{进}$ 的相对误差 E_r		

将实验结果以 Δp - u 曲线标绘在双对数坐标纸上，并确定液泛气速。

七、思考题

(1) 气体吸收操作过程的强化，除了气体流速之外，还有哪些因素需要考虑?

(2) 实验结果得出在其他条件不变的情况下，增大混合气体流量与理论分析是否一致? 为什么?

(3) 从 Δp - u 关系曲线中确定的液泛气速与实际观察的结果是否相符?

(4) 用清水吸收混合气中的氨，其推动力是什么? 属于什么控制? 其阻力主要集中在哪个膜?

实验八　干 燥 实 验

一、实验目的

(1) 掌握干燥曲线和干燥速率曲线的测定方法。

(2) 学习物料含水量的测定方法。

(3) 加深对物料临界含水量 X_c 的概念及其影响因素的理解。

(4) 学习恒速干燥阶段物料与空气之间对流传热系数的测定方法。

二、实验内容

(1) 测量在空气流量和空气温度恒定条件下物料的干燥曲线、干燥速率曲线和临界含水量，并了解其影响因素。

(2) 测定恒速干燥阶段物料与空气之间的对流传热系数。

三、实验原理

当湿物料与干燥介质相接触时，物料表面的水分开始气化，并向周围介质传递。根据干燥过程中不同时期的特点，干燥过程可分为两个阶段。

第一个阶段为恒速干燥阶段。在过程开始时，由于整个物料的水含量较大，其内部的水分迅速到达物料表面。因此，干燥速率被物料表面上水分的气化速率控制，故此阶段也称为表面气化控制阶段。在此阶段，干燥介质传给物料的热量全部用于水分的气化，物料表面的温度维持恒定(等于热空气湿球温度)，物料表面处的水蒸气分压也维持恒定，故干燥速率恒定不变。

第二个阶段为降速干燥阶段，当物料被干燥达到临界含水量后，便进入降速干燥阶段。此时，物料中所含水分较少。水分自物料内部向表面传递的速率低于物料表面水分的气化速率，干燥速率被水分在物料内部的传递速率控制，故此阶段也称为内部迁移控制阶段。随着物料含水量逐渐减少，物料内部水分的迁移速率也逐渐减少，故干燥速率不断下降。

恒速阶段的干燥速率和临界含水量的影响因素主要有：固体物料的种类和性质，固体物料层的厚度或颗粒大小，空气的温度、湿度和流速，空气与固体物料间的相对运动方式。

恒速阶段的干燥速率和临界含水量是干燥过程研究和干燥器设计的重要数据。本实验在恒定干燥条件下对帆布或纸浆板物料进行干燥，测定干燥曲线和干燥速率曲线，目的是掌握恒速阶段干燥速率和临界含水量的测定方法及其影响因素。

1. 干燥速率的测定

$$U=\frac{\mathrm{d}W'}{S\mathrm{d}\tau}\approx\frac{\Delta W'}{S\Delta\tau} \tag{1-40}$$

式中，U 为干燥速率，kg/(m^2 · h)；S 为干燥面积，m^2；$\Delta\tau$ 为时间间隔，h；$\Delta W'$ 为 $\Delta\tau$ 时间间隔内干燥气化的水分量，kg。

2. 物料干基含水量

$$X = \frac{G' - G_c}{G_c} \tag{1-41}$$

式中，X 为物料干基含水量，kg 水/kg 绝干物料；G_c 为绝干物料的量，kg；G'为固体湿物料的量，kg。

3. 恒速干燥阶段物料表面与空气之间对流传热系数的测定

$$U_c = \frac{dW'}{S d\tau} = \frac{dQ'}{r_{t_w} S d\tau} = \frac{\alpha \times (t - t_w)}{r_{t_w}}$$

$$\alpha = \frac{U_c r_{t_w}}{t - t_w} \tag{1-42}$$

式中，α 为恒速干燥阶段物料表面与空气之间的对流传热系数，W/(m^2 · ℃)；U_c 为恒速干燥阶段的干燥速率，kg/(m^2 · h)，由干燥速率曲线查得；t_w 为干燥器内空气的湿球温度，℃；t 为干燥器内空气的干球温度，℃；r_{t_w} 为 t_w 下水的气化热，J/kg。

4. 干燥器内空气实际体积流量的计算

由节流式流量计的流量公式和理想气体的状态方程式可推导出

$$V_t = V_{20} \times \sqrt{\frac{273 + t_0}{273 + 20}} \times \frac{273 + t}{273 + t_0} \tag{1-43}$$

式中，V_t 为干燥器空气实际体积流量，m^3/s；V_{20} 为常压下 20 ℃时空气的流量，m^3/s，由 U 形管压差计读数和校正曲线查；t_0 为流量计处空气的温度，℃；t 为干燥器内空气的温度，℃。

四、实验装置

本实验共有两套不同的实验装置，实验装置 1 的流程示意图如图 1-19 所示。

实验装置 2 的流程示意图如图 1-20 所示。

实验装置 2 的设备仪表面板示意图如图 1-21 所示。

五、实验方法

1. 实验装置 1

1) 实验前的准备工作

(1) 将被干燥物料试样进行充分浸泡。

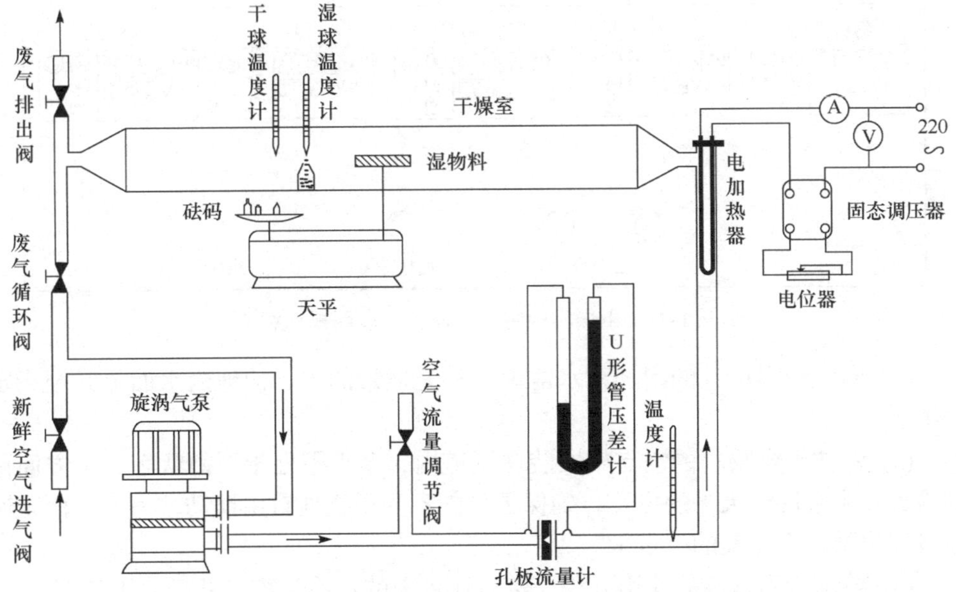

图 1-19　洞道干燥实验装置 1 流程示意图

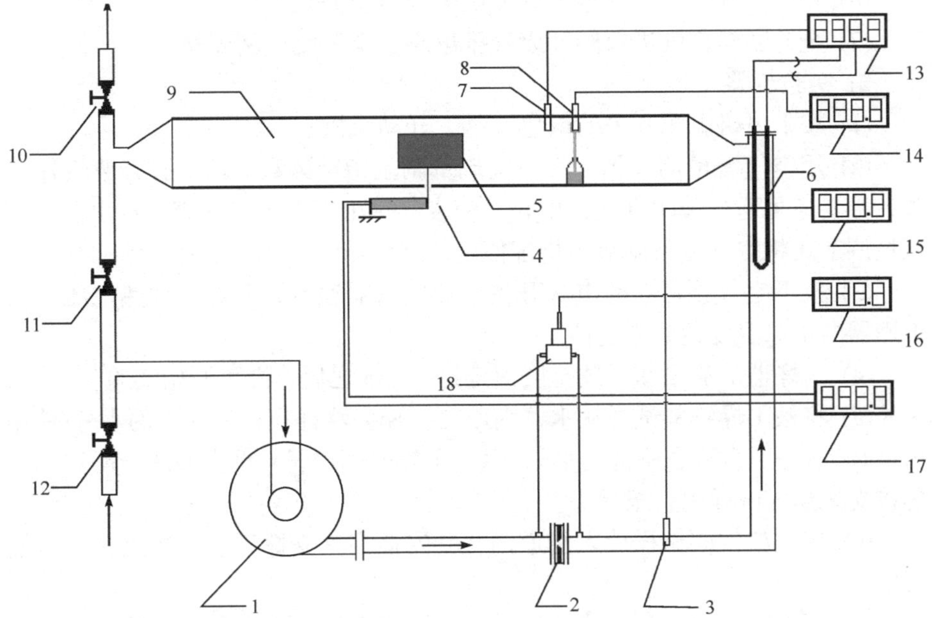

图 1-20　洞道干燥实验装置 2 流程示意图

1. 风机；2. 孔板流量计；3. 空气进口温度计；4. 质量传感器；5. 被干燥物料；6. 加热器；7. 干球温度计；8. 湿球温度计；9. 洞道干燥器；10. 废气排出阀；11. 废气循环阀；12. 空气进气阀；13. 干球温度显示控制仪表；14. 湿球温度显示仪表；15. 进口温度显示仪表；16. 流量压差显示仪表；17. 质量显示仪表；18. 压力变送器

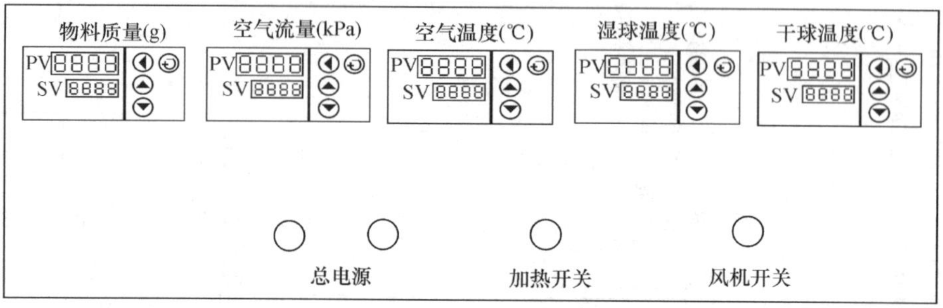

图 1-21　干燥实验装置 2 设备仪表面板示意图

(2) 向湿球温度计的附加蓄水池内，补充适量的水，使池内水面上升至指定位置。

(3) 将被干燥物料的空支架安装在洞道内，令天平处于平衡状态。一方面仔细检查并耐心调整天平的位置，确保天平能不受干扰地自由摆动，另一方面正确称量和记录整个支架的“重量”。

(4) 熟悉所用秒表的使用方法，然后让秒表的示值为零，处于备用状态。

(5) 将空气流量调节阀全开。

(6) 将空气预热器加热电压调节旋钮拧至全关状态。

(7) 全开新鲜空气进口阀和废气排出阀，全关废气循环阀。

2) 实验步骤

(1) 按下风机电源开关的绿色按键，开动风机。

(2) 用空气流量调节阀，将空气流量调至指定读数。适当打开废气循环阀，若有必要还可适当关闭废气排出阀，使废气排出阀有少量的废气排出。再用空气流量调节阀将空气流量调节至指定值。

(3) 按下空气预热器的电源开关，让电热器通电，并调节加热电压旋钮，使干燥器的干球温度达到指定值。

(4) 干燥器的流量和干球温度恒定达 5 min 之后，即可开始实验。

(5) 将被干燥物料试样从水盆内取出，控去浮挂在其表面上的水分(使用呢子物料时，最好用力挤去所含的水分，以免干燥时间过长)。将支架从干燥器内取出，再将支架插入试样内直至尽头。

(6) 将支架连同试样放入洞道内，并安插在其支撑杆上。注意：不能使天平移位。

(7) 用游离砝码和移动式砝码，尽快使天平处于平衡状态。然后将移动式砝码向左移动至最近处的某一条刻度线处。当因试样的水分蒸发天平达到平衡状态时，立即按下秒表开始计时，并记录所用的全部砝码数。总质量每减少 1 g 或 0. 5 g 记录数据一次(记录总质量和时间)，直至减少同样质量所用时间是恒速阶段所用时间的 4 倍时，即可结束实验。注意：最后若发现时间已过去很长，但减少的质量还达不到要求时，则可立即移动移动式砝码人为地使天平出现平衡状态，并同时记录数据。

3) 实验注意事项

(1) 在整个实验过程中始终要注意天平是否能够自由地摆动，这是实验成功的关键。因此，人手不宜压在桌面上，否则会造成天平附近的桌面受压变形，导致试样下的支撑杆与洞道的底板相接触，使测量产生较大误差。

(2) 实验过程中，空气的流量和干燥器的进口温度可能会有变化，必须经常观测。若需调节，只宜缓慢地微调，千万不可操之过急，动作过大。

(3) 为了设备的安全，开车时，一定要先开风机后开空气预热器的电热器，停车时则反之。

(4) 突然断电后，再次开启实验时，检查风机开关、加热器开关是否已被按下，如果被按下，请再按一下使其弹起，不再处于导通状态。

2. 实验装置 2

(1) 按下电源开关的绿色按键，再按风机开关按钮，启动风机。

(2) 调节三个蝶阀到适当的位置，将空气流量调至指定读数。

(3) 在温度显示控制仪表上，利用(<, >, ︿)键调节实验所需温度值，(SV)窗口显示，此时(PV)窗口显示的即为干燥器的干球温度实际值，按下加热开关，让电热器通电。

(4) 干燥器的流量和干球温度恒定达 5 min 后，即可开始实验。此时，读取物料质量数字显示仪表的读数作为试样支撑架的质量(G_D)。

(5) 将被干燥物料试样从水盆内取出，除去浮挂在其表面上的水分(使用呢子物料时，最好用力挤去所含的水分，以免干燥时间过长。将支架从干燥器内取出，再将物料夹好后插回)。

(6) 将支架连同试样放入洞道内，并安插在其支撑杆上。注意：不能用力过大，使传感器受损。

(7) 立即按下秒表开始计时，并记录显示仪表的显示值。然后每隔一段时间记录数据一次(记录总质量和时间)，直至质量的减少是恒速阶段所用时间的 8 倍时，即可结束实验。注意：最后若发现时间已过去很长，但减少的质量还达不到要求时，则可立即记录数据。

六、实验记录与数据处理

实验装置 1 按表 1-19 和表 1-21 记录整理，实验装置 2 按表 1-20 记录整理。

表 1-19　洞道干燥速率曲线测定实验数据表 1

实验装置编号：	实验日期：
洞道面积/m^2：	空气流量计读数 R /mmH_2O：
干燥面积 S /m^2：	流量计处温度 t_0 /℃：
支架的质量 G_D /g：	由标定曲线查得的流量 V_{20} /(m^3/s)：
绝干物料量 G_c' /g：	干燥器内空气实际流量 V_t /(m^3/s)：
干燥实验结束时物料、盘子和支架的总质量 G_1 /g：	干燥器内空气干球温度 t /℃：
干燥实验结束时物料的质量 G_2 /g：	干燥器内空气湿球温度 t_w /℃：

空气孔板流量计读数：________kPa；流量计处的空气温度：________℃；干球温度：________℃；湿球温度：________℃；框架质量：________g；绝干物料量：________g；干燥面积：S=0.144×0.082×2=0.023 616(m^2)；洞道截面积：0.15×0.2=0.03(m^2)。

表 1-20　洞道干燥速率曲线测定实验数据表 2

序号	累计时间 T/min	总质量 G_T/g	干基含水量 X/(kg/kg)	平均含水量 X_{AV}/(kg/kg)	干燥速率 U×10^4/[kg/(s·m^2)]
1					
2					
3					
4					
5					
6					
7					
8					
9					
10					
11					
12					
13					
14					
15					
16					
17					

续表

序号	累计时间 T/min	总质量 G_T/g	干基含水量 X/(kg/kg)	平均含水量 X_{AV}/(kg/kg)	干燥速率 $U\times10^4$/[kg/(s·m^2)]
18					
19					
20					
21					
22					
23					
24					
25					
26					
27					
28					
29					
30					
31					
32					
33					
34					
35					
36					
37					

表 1-21　洞道干燥速率曲线测定实验数据表 3

序号	物料质量 G'/kg	干基含水量 X/(kg 水/kg 绝干料)	干燥时间 τ/s	$\Delta W'=-\Delta G'$/kg 水	时间间隔 $\Delta\tau$/s	干燥速率 U/[kg 水/(s·m^2)]	平均含水量 X_m/(kg 水/kg 绝干料)	现象观察
1								
2								
3								
4								
5								
6								
7								
8								

续表

序号	物料质量 G'/kg	干基含水量 X/(kg 水/kg 绝干料)	干燥时间 τ/s	$\Delta W'=-\Delta G'$/kg 水	时间间隔 $\Delta\tau$/s	干燥速率 U/[kg 水/(s·m^2)]	平均含水量 X_m/(kg 水/kg 绝干料)	现象观察
9								
10								
11								
12								
13								
14								
15								
U_c			X_c			α		

在直角坐标纸上画出 X-τ 曲线及 U-X_m 曲线，并求出对流传热系数 α。

七、思考题

(1) 从干燥速率曲线看，干燥基本上可分为等速干燥(水分含量高时)和降速干燥(水分含量低时)，试讨论其原因。

(2) 在保证干燥质量的前提下，如何合理地提高干燥速率?

实验九　精馏实验

一、实验目的

(1) 了解板式精馏塔的结构和流程，掌握其操作。

(2) 测定板式精馏塔的理论塔板数及塔板效率。

二、实验原理

欲将复杂液体混合物提纯为单一组分，精馏技术是最常用的方法。在化工厂和化学实验室中精馏操作常用于分离液体均相混合物，尤其适用于有机物的分离。根据原料性质和对产品的要求不同，可以采用不同的精馏方法，如间歇精馏、连续精馏、特殊精馏等。

精馏分离作用是依靠物质间沸点的差异及其气-液平衡关系。混合物在精馏塔中进行多次部分气化，产生的蒸气又多次部分冷凝，易挥发组分浓度沿塔向上逐渐增大，难挥发组分浓度逐渐降低，结果塔顶富集轻组分，塔底富集重组分。

1. 维持稳定的精馏过程连续操作的条件

(1) 根据进料量及组成、产品的分离要求，严格维持物料平衡。

a. 总物料平衡：在精馏塔操作时，物料的总进料量应恒等于总出料量，即

$$F = W + D \tag{1-44}$$

式中，F 为原料进塔流率；W 为塔釜出料流率；D 为塔顶出料流率。

当总物料不平衡时，进料量大于出料量，会引起淹塔；出料量大于进料量，会引起塔釜干料。最终都将导致破坏精馏塔的正常操作。

b. 各组分的物料平衡：在满足总物料平衡的情况下，应同时满足式(1-45)：

$$Fx_{Fi} = Dx_{Di} + Wx_{Wi} \tag{1-45}$$

由式(1-44)和式(1-45)可以看出：在进料量 F、进料组成 x_{Fi} 及产品的分离要求 x_{Di}、x_{Wi} 一定的情况下，应严格保证馏出液和釜液的采出率为

$$\frac{D}{F} = \frac{x_F - x_W}{x_D - x_W} \tag{1-46}$$

和

$$\frac{W}{F} = 1 - \frac{D}{F} \tag{1-47}$$

如果塔顶采出率 $\frac{D}{F}$ 取得过大(相当于回流比取得过小)，即使精馏塔有足够的分离能力，在塔顶仍不能获得规定的合格产品。

(2) 精馏塔应有足够的分离能力。

在塔板数一定的情况下，正常的精馏操作要有足够的回流比，才能保证一定的分离效果，获得合格的产品。一般应根据设计的回流比 R 严格控制回流量，回流量=RD。

(3) 精馏操作时，应有正常的气液负荷量，避免发生不正常的操作状况，如严重的液沫夹带现象、严重的漏液现象、溢流液泛等。

2. 板效率

对板式精馏塔，一般以板效率来概括塔板上的气液接触的状况和各种非理想流动对精馏过程的影响。塔板效率的定义有：点效率、默佛里板效率和全塔效率。

全塔效率是板式塔分离效能的综合度量，它不仅与影响点效率、板效率的各种因素有关，而且还把板效率随组成等的变化也包括在内。因此，全塔效率综合了塔板结构、物理性质、操作量等因素对塔分离能力的影响。对于一个新物系，一般需由实验测定全塔效率。

全塔效率的定义为

$$\eta = \frac{N_T}{N_P} \tag{1-48}$$

式中，N_T 和 N_P 分别表示达到某一分离要求所需的理论板数和实际板数。全塔效率一般可在全回流操作时测定。

三、实验装置

精馏实验流程图如图 1-22 所示。

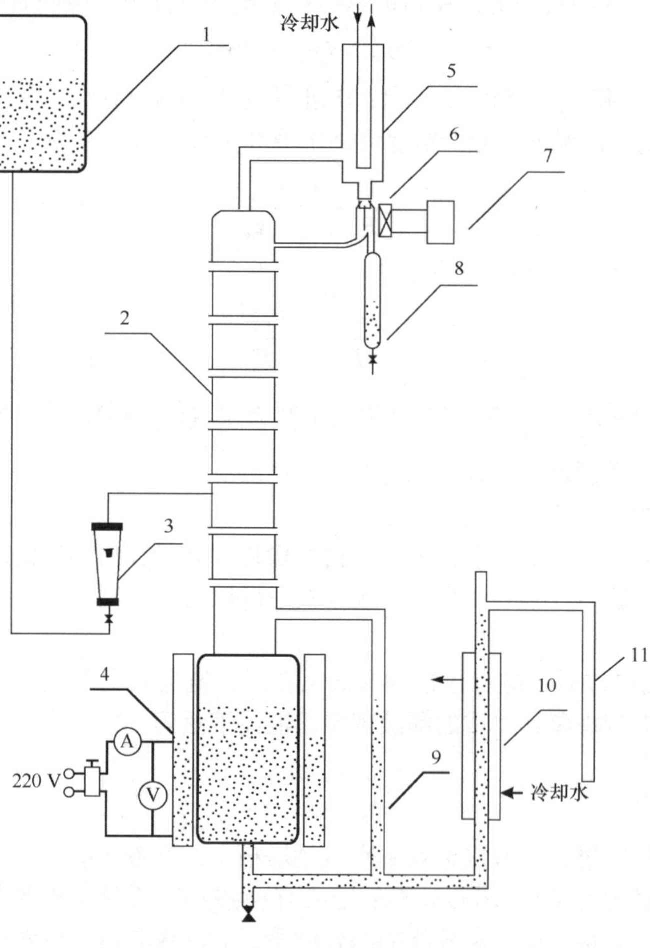

图 1-22　精馏实验流程图

1. 高位槽；2. 精馏塔；3. 转子流量计；4. 电加热器；5. 冷凝器；6. 电磁铁；7. 回流比；8. 接收瓶；9. 液位计；10. 冷却器；11. 出料管

精馏塔的主要技术数据列于表 1-22。

表 1-22　精馏塔的主要技术数据

名称	直径/mm	高度/mm	板间距/mm	板数/块	板型、孔径/mm	降液管	材质
塔体	ϕ57×2	800	100	7	筛板、1.8	ϕ8×1.5 圆形管	不锈钢
塔釜	ϕ100×2	300					不锈钢
塔顶冷凝器	ϕ51×2	300					不锈钢

四、实验方法

1. 实验前准备、检查工作

(1) 将与阿贝折光仪配套的超级恒温水浴调整运行到所需的温度，并记下这个温度(如 30 ℃)。

(2) 检查实验装置上的各旋塞、阀门均应处于关闭状态；电流、电压表及电位器位置均应为零。

(3) 配制一定浓度(质量浓度 20%左右)的乙醇-正丙醇混合液(总体积 6000 mL 左右)，然后倒入高位瓶(或由指导教师事先做好这一步)。

(4) 打开进料转子流量计的阀门，向精馏塔内加料到指定的高度(冷液面在塔釜总高 2/3 处)，然后关闭流量计阀门。

(5) 检查取样用的注射器和擦镜头纸是否准备好。

2. 实验操作

1) 全回流操作

(1) 打开塔顶冷凝器的冷却水，冷却水量要足够大(约 8 L/min)。

(2) 记下室温值。接上电源闸，按下装置上总电源开关。

(3) 调节电加热器使加热电压为 75 V 左右，待塔板上建立液层时，可适当加大电压(如 100 V)，使塔内维持正常操作。

(4) 待各塔板上鼓泡均匀后，保持电加热器电压不变，在全回流情况下稳定 20 min 左右，期间仔细观察全塔传质情况；待操作稳定后分别在塔顶、塔釜取样口用注射器同时取样，用阿贝折光仪分析样品浓度(阿贝折光仪使用说明见附录 3 一、)。

2) 部分回流操作

(1) 打开塔釜冷却水，冷却水流量以保证釜馏液温度接近常温为准。

(2) 调节进料转子流量计，以 15～20 L/h 的流量向塔内加料；用回流比控制调节器调节回流比 R=4；馏出液收集在塔顶容量管中。

(3) 塔釜产品经冷却后由出料管流出，收集在容器内。

(4) 等操作稳定后，观察板上传质状况，记录加热电压、电流、塔顶温度等有关数据，整个操作中维持进料流量计读数不变，用注射器取塔顶、塔釜和进料三处样品，用阿贝折光仪分析，并记录原料液的温度(室温)。

3. 实验结束

(1) 检查数据合理后，停止加料并将加热电压调为零；关闭回流比控制调节器开关。

(2) 根据物系的 t-X-Y 关系，确定部分回流下进料的泡点温度。

(3) 停止加热后 10 min，关闭冷却水，一切复原。

五、实验注意事项

(1) 本实验过程中要特别注意安全，实验所用物系是易燃物品，操作过程中避免洒落而发生危险。

(2) 本实验设备加热功率由电加热器调节，故在加热时应注意千万不能加热过快，以免发生暴沸(过冷沸腾)，使釜液从塔顶冲出。若遇此现象应立即断电，重新加料到指定冷液面，再缓慢升电压，重新操作。升温和正常操作塔釜的电功率不能过大。

(3) 启动设备时先开冷却水，再向塔釜供热；停止时则反之。

(4) 用阿贝折光仪测浓度，读取折射率，一定要同时记其测量温度，并按给定的折射率-质量分数-测量温度关系(见附录 3 二、)测定有关数据。

(5) 为了便于将全回流和部分回流的实验结果(塔顶产品和质量)进行比较，应尽量使两组实验的加热电压及所用料液浓度相同或相近。连续实验时，在做实验前应将前一次实验时留存在塔釜和塔顶、塔底产品接收器内的料液均倒回原料液瓶中。

六、实验记录与数据处理

(1) 在全回流条件下，精馏实验数据列于表 1-23。

塔的实际塔板数：N_P=________；塔釜加热电压：________；塔釜加热电流：________；塔顶温度：________；折光仪样品室温度：________。

表 1-23　精馏实验数据表 1

	折射率 n	质量分数 W	摩尔分数 X
塔顶			
塔釜			

用图解法求全回流条件下的理论塔板数 N_T=________，总板效率 η=________。

(2) 在部分回流条件下，精馏实验数据列于表 1-24。

塔的实际塔板数：N_P=________；塔釜加热电压：________；塔釜加热电流：______；塔顶温度：________；冷液进料的温度：________；进料的泡点温度：________；折光仪样品室温度：_______。

表 1-24 精馏实验数据表 2

	折射率 n	质量分数 W	摩尔分数 X
塔顶			
塔底			
进料			

用图解法求部分回流条件下的理论塔板数 N_T=_______，总板效率 η=_______。

七、思考题

(1) 板式塔气、液两相的流动特点是什么?

(2) 如何判断精馏塔的操作已经稳定?

(3) 实验结果表明，当回流比由 $R=4$ 增加至∞时，塔顶产品的浓度________，塔顶产品的产量________，这对于化工设计和生产中回流比的选择有什么指导意义?

(4) 是否精馏塔越高产量就越大? 将精馏塔加高，能否得到无水乙醇?

(5) 精馏塔在操作过程中，由于塔顶采出率太大而造成产品不合格时，恢复正常最快、最有效的方法是什么?

实验十 往复振动筛板塔的液-液萃取实验

一、实验目的

(1) 了解振动筛板塔的结构特点。

(2) 观察萃取塔内两相流动现象。

(3) 测定两相流动时的液泛点。

(4) 掌握液-液萃取时传质单元高度的实验测定方法。

二、实验原理

萃取是分离液体混合物的一种常用操作。它的工作原理是在待分离的混合液中加入与其不互溶(或部分互溶)的萃取剂，形成共存的两个液相。利用原溶剂与萃取剂对各组分的溶解度的差别，使原溶液分离。

1. 液-液传质的特点

液-液萃取与精馏、吸收均属于相际传质操作，它们之间有不少相似之处，但由于在液-液系统中，两相的密度差和界面张力均较小，因而影响传质过程中两相充分混合。为了促进两相的传质，在液-液萃取过程中通常要借用外力将一相强制分散于另一相中(如利用外加脉冲的脉冲塔、利用塔盘旋转的转盘塔等)。然而，两相一旦混合，要使它们充分分离也很难。因此，萃取塔通常在顶部与底部有扩大的相分离段。

在萃取过程中，两相的混合与分离好坏直接影响萃取设备的效率。影响混合、分离的因素很多，除与液体的物性有关外，还有设备结构、外加能量、两相流体的流量等，很难用数学方程直接求得。因此，表示传质好坏的级效率或传质系数的值多用实验直接测定。

研究萃取塔的性能和萃取效率时，观察操作现象十分重要，实验时应了解以下几点：

(1) 液滴分散与聚结现象。

(2) 塔顶、塔底分离段的分离效果。

(3) 萃取塔的液泛现象。

(4) 外加能量大小(改变振幅、频率)对操作的影响。

2. 液-液萃取段高度计算

萃取过程与气-液传质过程的机理类似，如求萃取段高度目前均用理论级数、级效率或传质单元数、传质单元高度法。对于本实验所用的振动筛板塔这种微分接触装置，一般采用传质单元数、传质单元高度法计算。当溶液为稀溶液，且溶剂与稀释剂完全不互溶时，萃取过程与填料吸收过程类似，可以仿照吸收操作处理。萃取塔的有效高度可用式(1-49)表示：

$$H = H_{\mathrm{OR}} \times N_{\mathrm{OR}} = H_{\mathrm{OE}} \times N_{\mathrm{OE}} \tag{1-49}$$

式中，H 为萃取段高度，m；H_{OR} 和 H_{OE} 分别为以连续相和分散相计算的总传质单元高度，m：

$$H_{\mathrm{OR}} = \frac{V_{\mathrm{R}}}{K_{\mathrm{R}}\alpha S} \qquad H_{\mathrm{OE}} = \frac{V_{\mathrm{E}}}{K_{\mathrm{E}}\alpha S} \tag{1-50}$$

N_{OR} 和 N_{OE} 分别为以连续相和分散相计算的总传质单元数：

$$N_{\mathrm{OR}} = \int_{C_{\mathrm{R2}}}^{C_{\mathrm{R1}}} \frac{\mathrm{d}C_{\mathrm{R}}}{C_{\mathrm{R}} - C_{\mathrm{R}}^*} \qquad N_{\mathrm{OE}} = \int_{C_{\mathrm{E2}}}^{C_{\mathrm{E1}}} \frac{\mathrm{d}C_{\mathrm{E}}}{C_{\mathrm{E}} - C_{\mathrm{E}}^*} \tag{1-51}$$

式中，$K_{\mathrm{R}}\alpha$ 为连续相总体积传质系数，kg/(m^3 · s)；$K_{\mathrm{E}}\alpha$ 为分散相总体积传质系数，kg/(m^3 · s)；V_{R} 和 V_{E} 分别为连续相和分散相的体积流量，L/h；S 为塔的截面积，

m^2；C_{R1}、C_{R2}分别为连续相进、出塔时溶质的物质的量浓度，$kmol/m^3$；C_{E1}、C_{E2}分别为分散相出、进塔时溶质的物质的量浓度，$kmol/m^3$。

当溶液浓度很稀时 N_{OR} 或 N_{OE} 可用对数平均推动力法求出：

$$N_{OR}=\int_{C_{R2}}^{C_{R1}}\frac{dC_R}{C_R-C_R^*}=\frac{C_{R1}-C_{R2}}{\Delta C_{Rm}}=\frac{C_{R1}-C_{R2}}{\dfrac{(C_{R1}-C_{R1}^*)-(C_{R2}-C_{R2}^*)}{\ln\dfrac{C_{R1}-C_{R1}^*}{C_{R2}-C_{R2}^*}}} \tag{1-52}$$

已知萃取塔的有效接触高度 H 和传质单元数，则萃取塔的传质单元高度可简单地按式(1-53)计算：

$$H_{OR}=H/N_{OR} \qquad H_{OE}=H/N_{OE} \tag{1-53}$$

萃取相入塔的起始浓度 $C_{E2}=0$，萃余相进口浓度 C_{R1} 等于原料液的浓度 C_F，萃余相出口浓度 C_{R2} 由实验测得，则萃取相出口浓度 C_{E1} 为

$$C_{E1}=V_R(C_{R1}-C_{R2})/V_E \tag{1-54}$$

两液相的平衡关系可用体系的分配曲线求得。

三、实验装置

往复振动筛板塔液-液萃取实验装置流程图如图 1-23 所示。

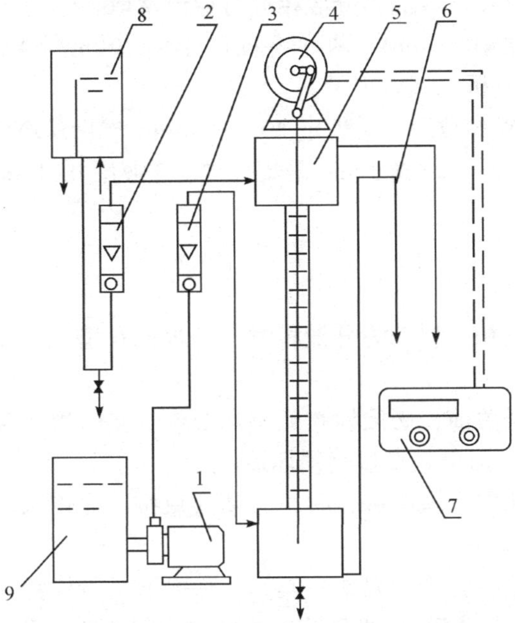

图 1-23 往复振动筛板塔液-液萃取实验装置流程图

1. 料液循环系统；2、3. 转子流量计；4. 调速传动装置；5. 萃取塔；6. Π 形管；7. 调速测速仪；8. 高位稳压水槽；9. 储槽

四、实验方法

1. 观察萃取塔内两相流动现象

(1) 将原料液(煤油中含苯甲酸 0.01 mol/L)加入储槽，使液面至槽内容量的2/3处。

(2) 在塔内充满作为连续相的萃取剂(水)，并按预定的流量调节稳定。

(3) 启动振动筛板及原料液泵，按预定要求调节作为分散相的料液流量。

(4) 待塔顶分离室中形成一定高度的液层后，通过 Π 形管调节两相界面于一定高度。

(5) 调节转子流量计 2 和 3，观察不同流量比下的两相流动情况。

2. 观察液泛现象

(1) 固定连续相流量，加大分散相流量，观察萃取时的液泛现象。

(2) 固定分散相流量，加大连续相流量，观察萃取时的液泛现象。

(3) 固定振幅(5 mm)，改变振动频率，重复观察流体流动和液泛现象。

3. 测定塔的传质单元高度

(1) 以水为连续相、煤油为分散相进行逆流萃取。

(2) 测定一定振幅(5 mm)、两种频率下的传质单元高度。取塔顶、塔底连续相和分散相组成并分析，然后记录。

每调定一次实验参数后，需稳定 20～30 min，然后从塔底萃余相出口处采集 20 mL 的平行样液三份，每隔 5 min 采集一次。样液用 0.01 mol/L NaOH 标准溶液进行滴定分析。

五、实验注意事项

(1) 以水为连续相、煤油为分散相时，分界面在塔顶，要注意控制塔板分界面稳定。

(2) 打开电源开关前，必须检查频率调节旋钮是否置于零位，改变频率时，调节振动频率要慢，以免频率过高损坏设备。

(3) 实验开始前向空塔中进料时，必须注意按“先进水后进油”“先搅拌后进油”的顺序进行操作。

(4) 实验中的浓度分析必须精心操作，除采取平行样液外，合理确定等当点至关重要，改变操作条件后，需要足够长的稳定时间才能使萃取塔达到定常状态。

(5) 实验结束后，先将振动频率旋钮置于零位再关闭电源开关；关闭连续相和分散相的流量调节阀、停泵；先将塔内和管道内的料液排尽，再排放萃取剂。

六、实验记录与数据处理

1. 实验基本数据

1) 往复振动筛板塔的结构数据

塔柱内径 d=0.025 m，塔的萃取段高度 H=1 m，塔板数 n=30，筛板孔径 d_0=0.004 m，板间距 h=0.03 m，塔开孔率 ε=55%。

2) 物系种类与参数

物系种类：溶质(A)为苯甲酸，稀释剂(B)为煤油，萃取剂(C)为水。

物性参数：溶质(A)的摩尔质量 M_A=122 kg/kmol；稀释剂(B)的密度 ρ_B=790 kg/m^3；萃取剂的密度ρ_C=998kg/m^3；分配系数 m= 2.5～2.7($C\times R=C_E/m$)。

3) 操作参数

操作压力：p=________，操作温度：T=________，料液浓度 C_F=0.01 kmol/m^3，NaOH 浓度 C_{NaOH}=0.01 mol/L。

2. 观察液泛现象

观察液泛现象，记录于表 1-25。

表 1-25　液泛现象观察记录

振动频率 f/(r/min)	实验现象
泛点频率	
适宜操作区	

3. 实验数据记录表格

萃取实验记录于表 1-26。

表 1-26　萃取实验记录

序号	1	2	3
萃取相流率 V_E/(L/h)			
萃余相流率 V_R/(L/h)			

续表

序号	1	2	3
振动振幅 b/mm			
振动频率 f/(r/min)			
萃余相出口采样量 V_{R2}/mL			
NaOH 滴定量 V_{NaOH}/mL			

4. 实验数据处理表格

将实验数据处理后列于表 1-27。

表 1-27　实验数据处理

序号			1	2	3
萃取相的通量 U_E/(m^3/m^2·h)		(1)			
萃余相的通量 U_R/(m^3/m^2·h)		(2)			
振动振幅 b/mm		(3)			
振动频率 f/(r/min)		(4)			
萃余相出口浓度 C_R/(kmol/m^3)		(5)			
萃取相出口浓度 C_E/(kmol/m^3)		(6)			
萃余相	平均推动力 ΔC_{Rm}/(kmol/m^3)	(7)			
	传质单元数 N_{OR}	(8)			
	传质单元高度 H_{OR}	(9)			
	体积传质总系数 $K_R\alpha$/(1/h)	(10)			

七、思考题

(1) 在萃取过程中选择连续相、分散相的原则是什么？

(2) 振动筛板萃取塔有什么特点？

(3) 萃取过程适合分离哪些体系？

实验十一 化工流动过程综合实验

一、实验目的

(1) 学习和了解流体流动过程中的主要管件、阀门、流量计和离心泵的结构和用途，初步建立化工工程化概念。

(2) 学会根据实验内容画简单流程示意图。

(3) 学习管道摩擦系数的测定方法，掌握直管摩擦系数λ与雷诺数 Re 和相对粗糙度 ε/d 之间的变化规律。

(4) 熟悉离心泵的操作方法，掌握离心泵特性曲线和管路特性曲线的测定方法。

(5) 学习节流式流量计的标定方法,掌握流量系数 C 随雷诺数 Re 的变化规律。

二、实验内容

(1) 测定实验管路内流体流动的直管阻力和直管摩擦系数λ。

(2) 测定实验管路内流体流动的直管摩擦系数λ与雷诺数 Re 和相对粗糙度之间的关系曲线。

(3) 在本实验压差测量范围内，测量阀门的局部阻力系数 ζ。

(4) 练习离心泵的操作。测定某型号离心泵在一定转速下 H(扬程)、N(轴功率)、η(效率)与 Q(流量)之间的特性曲线。

(5) 测定流量调节阀某一开度下管路特性曲线。

(6) 了解文丘里流量计和涡轮流量计的构造及工作原理。

(7) 测定节流式流量计(文丘里流量计)的流量标定曲线。

(8) 测定节流式流量计的流量系数 C 与雷诺数 Re 的关系。

三、实验原理

1. 流体阻力的测量

在被测直管段的两取压口之间列伯努利方程式，可得

$$\Delta p_f = \Delta p \tag{1-55}$$

$$h_f = \frac{\Delta p_f}{\rho} = \lambda \frac{L}{d}\frac{u^2}{2} \tag{1-56}$$

$$\lambda = \frac{2d}{L\rho}\frac{\Delta p_f}{u^2} \tag{1-57}$$

$$Re = \frac{du\rho}{\mu} \tag{1-58}$$

式中，d 为管径，m；L 为管长，m；u 为流体速度，m/s；ρ为流体密度，kg/m^3；μ为流体黏度，Pa·s；λ为摩擦阻力系数；Re 为雷诺数；Δp_f 为直管阻力引起的压降，N/m^2。

测得一系列流量下的 Δp_f 后，根据式(1-55)和式(1-57)计算出不同流速下的λ值。用式(1-58)计算出 Re 值，从而整理出λ-Re 的关系，在双对数坐标纸上绘出λ-Re 曲线。

以第一套装置的实验数据为例进行计算：流量 q=1000 L/h，直管压差 Δp=106.1 kPa；液体温度 20.5 ℃，液体密度ρ=997.56 kg/m^3，液体黏度μ=1.02 mPa · s。

$$u = \frac{q}{\pi d^2/4} = \frac{1000}{\pi \times 0.008^2/4} \times \frac{0.001}{3600} = 5.53(\text{m/s})$$

$$Re = \frac{du\rho}{\mu} = \frac{0.008 \times 5.53 \times 997.56}{1.02 \times 10^{-3}} = 50\,072$$

$$\lambda = \frac{2d}{L\rho}\frac{\Delta p_f}{u^2} = \frac{2 \times 0.008}{1.7 \times 997.56} \times \frac{106.1 \times 10^3}{5.53^2} = 0.032\,83$$

2. *局部阻力系数ζ的测定*

$$h_f' = \frac{\Delta p_f'}{\rho} = \zeta \frac{u^2}{2} \tag{1-59}$$

$$\zeta = \frac{2}{\rho} \cdot \frac{\Delta p_f'}{u^2} \tag{1-60}$$

式中，ζ为局部阻力系数，无因次；$\Delta p_f'$ 为局部阻力引起的压降，Pa；h_f' 为局部阻力引起的能量损失，J/kg。

局部阻力引起的压降$\Delta p_f'$ 可用下面的方法测量：在一条各处直径相等的直管段上安装待测局部阻力的阀门，在其上、下游开两对测压口 a-a'、b-b'(图 1-24)，使 ab=bc，$a'b'$=$b'c'$，则

$$\Delta p_{f,ab} = \Delta p_{f,bc} \qquad \Delta p_{f,a'b'} = \Delta p_{f,b'c'}$$

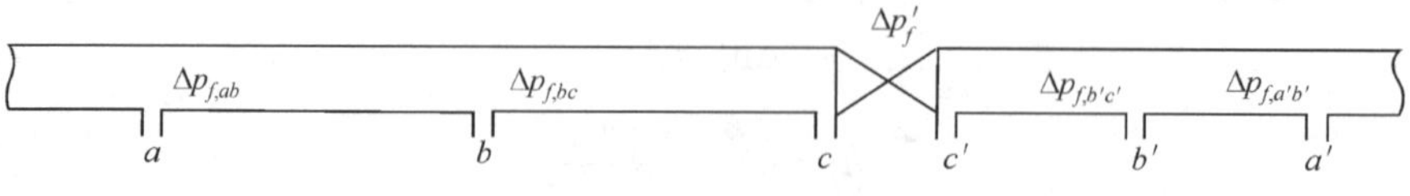

图 1-24　局部阻力测量取压口布置图

在 a-a'之间列伯努利方程：

$$p_a - p_{a'} = 2\Delta p_{f,ab} + 2\Delta p_{f,a'b'} + \Delta p'_f \tag{1-61}$$

在 b-b'之间列伯努利方程：

$$\begin{aligned} p_b - p_{b'} &= \Delta p_{f,bc} + \Delta p_{f,b'c'} + \Delta p'_f \\ &= \Delta p_{f,ab} + \Delta p_{f,a'b'} + \Delta p'_f \end{aligned} \tag{1-62}$$

联立式(1-61)和式(1-62)，则

$$\Delta p'_f = 2(p_b - p_{b'}) - (p_a - p_{a'}) \tag{1-63}$$

为了实验方便，将$(p_b - p_{b'})$称为近点压差，$(p_a - p_{a'})$称为远点压差，用压差传感器测量。

3. 离心泵性能的测定

(1) 流速的计算：用涡轮流量计算。

(2) H 的测定。

在泵的吸入口和压出口之间列伯努利方程：

$$Z_入 + \frac{p_入}{\rho g} + \frac{u_入^2}{2g} + H = Z_出 + \frac{p_出}{\rho g} + \frac{u_出^2}{2g} + H_{f入-出} \tag{1-64}$$

$$H = (Z_出 - Z_入) + \frac{p_出 - p_入}{\rho g} + \frac{u_出^2 - u_入^2}{2g} + H_{f入-出} \tag{1-65}$$

式中，$H_{f入-出}$ 为泵的吸入口和压出口之间管路内的流体流动阻力，与伯努利方程中其他项比较，$H_{f入-出}$ 值很小，故可忽略。于是式(1-65)变为

$$H = (Z_出 - Z_入) + \frac{P_出 - P_入}{\rho g} + \frac{u_出^2 - u_入^2}{2g} \tag{1-66}$$

将测得的$(Z_出 - Z_入)$和$P_出 - P_入$的值以及计算所得的$u_入$，$u_出$代入式(1-66)即可求得 H 的值。

(3) N 的测定。

功率表测得的功率为电动机的输入功率。由于泵由电动机直接带动，传动效率可视为 1，因此电动机的输出功率等于泵的轴功率，即

泵的轴功率 N=电动机的输出功率，kW

电动机的输出功率=电动机的输入功率×电动机的效率

泵的轴功率=功率表的读数×电动机效率，kW

(4) η 的测定。

$$\eta = \frac{Ne}{N} \qquad N_e = \frac{HQ\rho g}{1000} = \frac{HQ\rho}{102} \tag{1-67}$$

式中，η 为泵的效率；N 为泵的轴功率，kW；N_e 为泵的有效功率，kW；H 为泵的扬程，m；Q 为泵的流量，m^3/s；ρ 为水的密度，kg/m^3。

以表 1-29 的实验数据为例计算。

涡轮流量计流量读数 Q=10.4 m^3/h，泵入口压力 p_1=0.032 MPa，出口压力 p_2= 0.04 MPa，电机功率=0.74 kW。

$$u_1=\frac{Q}{\pi d^2/4}=\frac{10.4}{\pi\times0.025^2/4}\times\frac{1}{3600}=5.89(s)$$

$$u_2=\frac{Q}{\pi d^2/4}=\frac{10.4}{\pi\times0.045^2/4}\times\frac{1}{3600}=1.82(m/s)$$

$$H=\left(Z_{出}-Z_{入}\right)+\frac{p_{出}-p_{入}}{\rho g}+\frac{u_{出}^2-u_{入}^2}{2g}$$

$$=0.355+\frac{(0.04+0.032)\times10^6}{1000\times9.81}+\frac{1.82^2-5.89^2}{2\times9.81}=6.0(m)$$

$$N=功率表读数\times电机效率=0.74\times60\%=0.44(kW)$$

$$N_e=\frac{HQ\rho}{102}=\frac{6.0\times(10.4/3600)\times1000}{102}=0.17$$

$$\eta=\frac{N_e}{N}=\frac{0.17}{0.44}=38.6\%$$

4. 流量计的测定

涡轮流量计：10.4 m^3/h；流量计压差：49.8 kPa。

$$Q=10.4\ m^3/h \qquad u=\frac{10.4}{3600\times\pi/4\times0.045^2}=1.990\,(m/s)$$

$$Re=\frac{du\rho}{\mu}=\frac{0.045\times1.990\times997.40}{1.00\times10^{-3}}=89\,817$$

$$Q=CA_0\sqrt{\frac{2\Delta p}{\rho}}$$

$$C=\frac{Q}{A_0\sqrt{\dfrac{2\Delta p}{\rho}}}=\frac{10.4}{3600\times\dfrac{\pi}{4}\times0.02^2\sqrt{\dfrac{2\times49.8\times1000}{1000}}}=0.922$$

5. 管路特性测定的计算

管路特性测定的计算过程与 3.相同。

四、实验装置

流体综合实验装置流程示意图如图 1-25 所示。

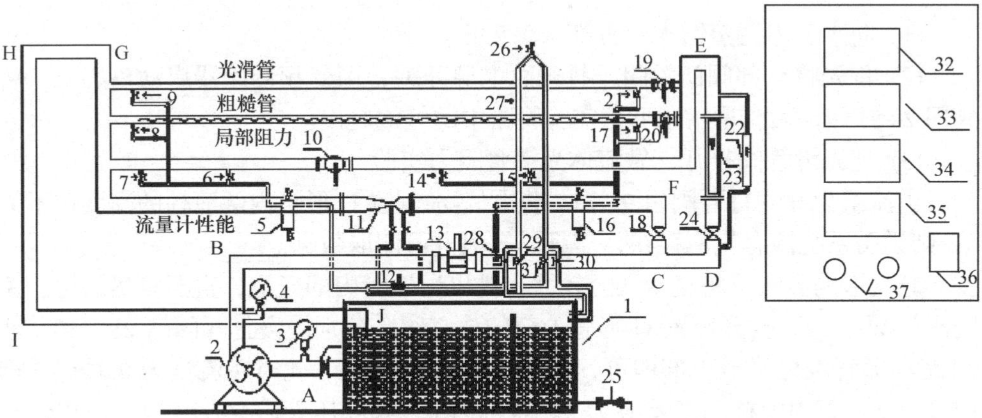

图 1-25　流体综合实验装置流程示意图

1. 水槽；2. 水泵；3. 入口真空表；4. 出口压力表；5、16. 缓冲罐；6、14. 测局部阻力近端阀；7、15. 测局部阻力远端阀；8、17. 粗糙管测压阀；9、21. 光滑管测压阀；10. 局部阻力阀；11. 文丘里流量计；12. 压差变送器；13. 涡轮流量计；18. 流量调节阀；19. 光滑管阀；20. 粗糙管阀；22. 小流量计；23. 大流量计；24. 阀门；25. 水箱放水阀；26. 倒置 U 形管放空阀；27. 倒置 U 形管；28、30. 倒置 U 形管排水阀；29、31. 倒置 U 形管平衡阀；32. 压差表；33. 涡轮流量计流量显示表；34. 水温；35. 功率表；36. 变频器；37. 总电源

1. 流体阻力的测量

水泵将水槽中的水抽出，送入实验系统，经玻璃转子流量计 22、23 测量流量，然后送入被测直管段测量流体流动的阻力，经回流管流回缓冲罐 16。被测直管段流体流动阻力 Δp 可根据其数值大小分别用压差变送器显示的压差或空气-水倒置 U 形管来测量。流动路线为 A→B→C→D→E→G→H→I→J。

2. 流量计、离心泵性能的测定

水泵将水槽内的水输送到实验系统，用流量调节阀调节流量，流体经涡轮流量计计量，回到水槽。同时测量文丘里流量计两端的压差，离心泵进出口压力、离心泵电机输入功率。流动路线为 A→B→C→F→G→H→I→J。

3. 管路特性的测量

调节流量调节阀，将流量调节到某一位置，改变电机频率，测定涡轮流量计的频率、泵入口真空度和泵出口压力。流动路线为 A→B→C→F→G→H→I→J。

五、实验方法

1. 流体阻力的测量

(1) 向水槽内注蒸馏水，直到水满为止。

(2) 首先将全部阀门关闭，打开总电源开关，用变频调速器启动离心泵。将阀门 24 打开，大流量状态下把实验管路中的气泡赶出。

(3) 把光滑管阀打开，做流体光滑管阻力实验。

当流量为 0 时打开阀门 9、21，若空气-水倒置 U 形管内两液柱的高度差不为 0，则说明系统内有气泡存在，需赶尽气泡方可测取数据。

赶气泡的方法：将流量调至较大，排出导压管内的气泡，直至排尽为止。关闭阀门 29、31，打开倒置 U 形管上部的放空阀，分别慢慢打开阀门 28、30，使倒置 U 形管液柱降至中部即可，使管内形成气-水柱，此时在流量为 0 时打开阀门 9、21，管内液柱高度差应为 0。若不为 0，则导压管内存在气泡，应重新赶气泡。

(4) 在流量稳定的情况下，测得直管阻力压差。数据顺序可从大流量至小流量，反之也可，一般测 15～20 组数据，建议当流量读数小于 200 L/h 时，只用空气-水倒置 U 形管测压差。

(5) 待数据测量完毕，关闭流量调节阀，切断电源。

(6) 粗糙管、局部阻力测量方法同前。

2. 流量计性能的测定

(1) 将全部阀门关闭。打开总电源开关，用变频调速器启动离心泵。

(2) 缓慢打开流量调节阀至全开。待系统内流体稳定，即系统内已没有气体，打开文丘里流量计导压管开关，在涡轮流量计流量稳定的情况下，测得文丘里流量计两端压差。

(3) 测取数据的顺序可从最大流量至 0，反之也可。一般测 15～20 组数据。

(4) 每次测量应记录涡轮流量计流量、文丘里流量计两端压差及流体温度。

3. 离心泵性能的测定

(1) 将全部阀门关闭。打开总电源开关，用变频调速器启动离心泵。

(2) 缓慢打开流量调节阀至全开。待系统内流体稳定，即系统内已没有气体，打开压力表和真空表的开关，方可测取数据。

(3) 测取数据的顺序可从最大流量至 0，反之也可。一般测 15～20 组数据。

(4) 每次测量同时记录涡轮流量计流量，压力表、真空表、功率表的读数及流体温度。

4. 管路特性的测量

(1) 将全部阀门关闭。打开总电源开关，用变频调速器启动离心泵。将流量调节阀置于某一状态(使系统的流量为某一固定值)。

(2) 调节离心泵电机频率，得到管路特性改变状态，调节范围 50～0 Hz。

(3) 每改变电机频率一次，记录以下数据：涡轮流量计的流量、泵入口真空度、泵出口压力。

(4) 实验结束，关闭调节阀，停泵，切断电源。

六、实验注意事项

(1) 利用压力传感器测大流量下Δp时，应切断空气-水倒置U形管平衡阀29、31，否则影响数据测量。

(2) 在实验过程中每调节一个流量，应待流量和直管压降的数据稳定后方可记录数据。要仔细阅读仪表说明书。

(3) 若较长时间内不做实验，放掉系统及水槽内的水。

(4) 该装置应接地良好。

(5) 启动离心泵前，关闭压力表和真空表的开关，以免损坏压力表。

七、实验记录和数据处理

光滑管流体阻力实验数据记录于表 1-28。

管长：1700 mm；液体温度：20.5 ℃；液体密度：ρ=97.56 kg/m^3；液体黏度：μ=1.02 mPa · s；压差读数初始值：0 kPa。

表 1-28 流体阻力实验数据(光滑管内径 8 mm)

序号	流量/(L/h)	直管压差 Δp		Δp/Pa	流速 u/(m/s)	*Re*	λ
		/kPa	/mmH$_2$O				
1							
2							
3							
4							
5							
6							
7							
8							

续表

序号	流量/(L/h)	直管压差 Δp		Δp/Pa	流速 u/(m/s)	Re	λ
		/kPa	/mmH_2O				
9							
10							
11							
12							
13							
14							
15							
16							
17							
18							
19							
20							

粗糙管流体阻力实验数据记录于表 1-29。

管长：1700 mm；液体温度：20.5 ℃；液体密度：ρ=97.56 kg/m^3；液体黏度：μ=1.02 mPa · s。

表 1-29　流体阻力实验数据(粗糙直管内径 10 mm)

序号	流量/(L/h)	直管压差 Δp		Δp/Pa	流速 u/(m/s)	Re	λ
		/kPa	/mmH_2O				
1							
2							
3							
4							
5							
6							
7							
8							
9							
10							
11							
12							
13							

续表

序号	流量/(L/h)	直管压差 Δp		Δp/Pa	流速 u/(m/s)	Re	λ
		/kPa	/mmH$_2$O				
14							
15							
16							
17							
18							
19							
20							
21							

局部阻力实验数据记录于表 1-30。

表 1-30　局部阻力实验数据

序号	流量 Q /(L/h)	近端压差 /kPa	远端压差 /kPa	流速 u/(m/s)	局部阻力压差 /kPa	阻力系数 ζ
1						
2						
3						

离心泵性能测定实验数据记录于表 1-31。

液体温度：____℃；液体密度：ρ=____kg/m^3；泵进、出口高度：0.355 m；电机效率：60%。

表 1-31　离心泵性能测定实验数据

序号	涡轮流量计/(m^3/h)	入口压力 p_1/(MPa	出口压力 p_2/(MPa)	电机功率 /kW	流量 Q/(m^3/h)	压头 H/m	泵轴功率 N/W	η/%
1								
2								
3								
4								
5								
6								
7								
8								
9								
10								
11								
12								

离心泵管路特性曲线记录于表 1-32。

液体温度：____℃；液体密度：ρ=____kg/m^3；泵进、出口高度：0.355 m；真空表测压位置管内径：d_1=0.025 m；压力表测压位置管内径：d_2=0.045 m。

表 1-32　离心泵管路特性曲线

序号	电机频率/Hz	涡轮流量计/(m^3/h)	入口压力 p_1/MPa	出口压力 p_2/MPa	流量 Q/(m^3/h)	压头 H/m
1						
2						
3						
4						
5						
6						
7						
8						
9						
10						
11						

流量计性能测定实验数据记录于表 1-33。

文丘里喉径：0.020 m；实验管路管径：0.045 m；文丘里流量计压差读数初始值：0 kPa。

表 1-33　流量计性能测定实验数据

序号	涡轮流量计/(m^3/h)	文丘里流量计/kPa	文丘里流量计/Pa	涡轮标准流量 Q/(m^3/h)	流速 u/(m/s)	Re	C
1							
2							
3							
4							
5							
6							
7							
8							
9							
10							

续表

序号	涡轮流量计/(m^3/h)	文丘里流量计/kPa	文丘里流量计/Pa	涡轮标准流量 Q/(m^3/h)	流速 u/(m/s)	Re	C
11							
12							

得到的λ-Re 曲线如图 1-26 所示。

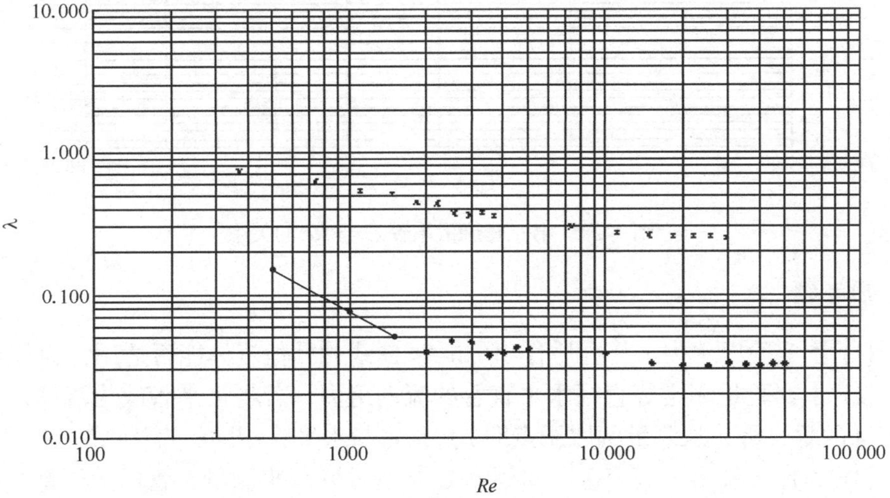

图 1-26　第一套直管摩擦阻力系数与雷诺数的关系

流量计标定曲线如图 1-27 所示。

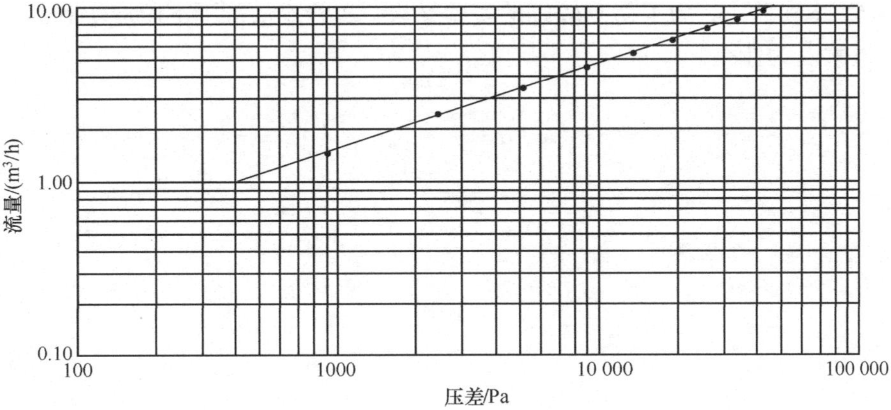

图 1-27　第一套文丘里管流量计标定曲线

整理数据可进一步得到 *C-Re* 关系曲线，如图 1-28 所示。

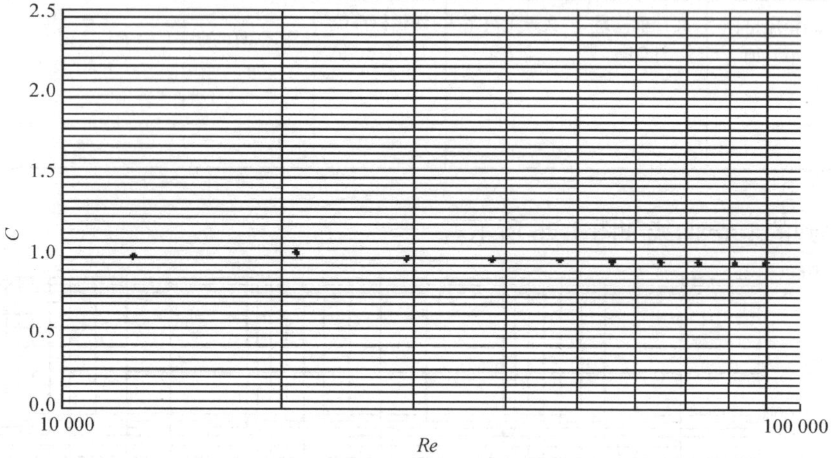

图 1-28　第一套流量系数 *C* 与 *Re* 的关系

八、思考题

(1) 本实验以水为工作介质作出的 λ-*Re* 曲线对其他流体能否适用？为什么？

(2) 本实验是测定等直径水平直管的流动阻力，若将水平管改为流体自下而上流动的垂直管，从测量两取压点间 Δp_f 是否与水平管相同？为什么？

(3) 为什么采用压差变送器和倒置 U 形管并联起来测量直管段的压差？何时用倒置 U 形管？何时用压差变送器？操作时要注意什么？

(4) 试分析实验数据：随着泵出口流量调节阀开度的增大，泵入口真空表读数是减少还是增加？泵出口压力表读数是减少还是增加？为什么？

(5) 本实验中，为了得到较好的实验结果，实验流量范围下限应小到 0，上限应尽量大。为什么？

第二章　化学分离过程基础实验

实验十二　内循环反应器的无梯度检验

一、实验目的

(1) 初步掌握一种测定停留时间分布的实验技术和内循环反应器的无梯度检验方法。

(2) 加深理解内循环反应器的构造原理和反应器的理想流动模型的实质。

二、实验原理

在实验室中，研究气-固相催化反应过程时，常用的实验反应器有微分反应器、积分反应器和循环反应器。循环反应器又有外循环反应器和内循环反应器两大类。无论采用何种类型的实验反应器，在将其用于研究反应过程前，都应事先通过实验，确定其流动模型。一般情况下，实验反应器都在理想流动状况下进行操作。微分反应器和积分反应器一般在活塞流状况下进行气-固催化反应过程的实验研究；循环反应器则一般在全混流状况下进行实验研究。

近年来，内循环反应器在气-固相催化反应过程的研究中应用很广。内循环反应器在全混流下运行可消除催化剂床层中的浓度梯度和温度梯度，即实现所谓无梯度。因此，在采用内循环反应器进行反应过程实验研究前，应先通过实验检验，确定反应器达到理想的全混流模型，也即实现无梯度的实验操作条件。

实质上，内循环气-固相催化反应器相当于一个连续搅拌式反应器。反应器内达到无梯度，也就是流动的气体在反应器内达到完全返混，即实现了理想的全混流模型。因此，只要测定气体流过反应器的停留时间分布，确定是否实现了全混流，便可决定反应器是否达到了无梯度。

测定气体通过反应器的停留时间分布，常用的方法有脉冲激发-响应法和阶跃激发-响应法。阶跃激发-响应法是在某一瞬时，在反应器入口处向定态流动的主气流中突然加入稳定流量的示踪气体。同时，在反应器出口处连续测定主气流中示踪气体的浓度随时间的变化。清洗法的操作步骤恰好与上述阶跃法相反，即在入口处突然中断主气流中的示踪气体流，同时测定出口气体中示踪气体的浓度随时间的变化。

若反应器实现了全混流，并将测得的停留时间分布曲线用累计停留时间分布函数 $F(t)$与时间 t 的变化关系曲线来描述，则停留时间分布曲线如图 2-1 所示。

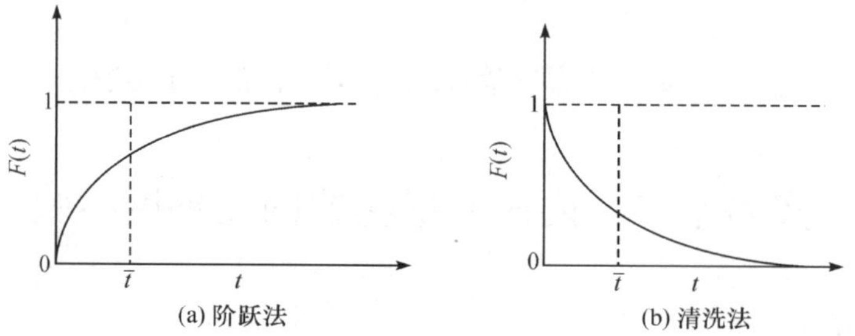

图 2-1 停留时间分布曲线

若气体流过反应器达到了全混流，则反应器内各处的浓度必定相等，并且与反应器出口处的浓度完全相同。若采用清洗法测定停留时间分布，并设定：反应器的自由体积为 V_0；物料进入反应器的体积流率为 $V_{S,O}$；物料流出反应器的物料体积流率为 V_S；入口物料流中示踪物的浓度为 C_0；出口物料流中示踪物浓度为 $C(t)$；则从反应器入口处含有示踪物浓度 $C_0=C_{max}$ 的物料流切换为不含示踪物料流($C_0=0$)的瞬时算起，直至出口物料流中示踪物浓度逐渐由 $C(t)=C_{max}$ 降至 $C(t)=0$ 时为止。在此期间内的某一时刻取时间间隔 dt，对示踪物进行物料衡算，可得物料衡算式：

$$V_{S,O}C_0 - V_S C(t) = \frac{V_0 \mathrm{d}C(t)}{\mathrm{d}t} \tag{2-1}$$

由于入口物料流中示踪物浓度 $C_0=0$，则式(2-1)经整理后可得

$$\frac{-\mathrm{d}C(t)}{C(t)} = \frac{V_S}{V_0}\mathrm{d}t \tag{2-2}$$

按下列边界条件积分式(2-2)：当 $t=0$ 时，出口处瞬时浓度 $C(t=0)=C_{max}$；当 $t=t$ 时，出口处瞬时浓度 $C(t=t)=C(t)$，则

$$-\int_{C_{max}}^{C(t)} \frac{\mathrm{d}C(t)}{C(t)} = \frac{V_S}{V_0}\int_0^t \mathrm{d}t \tag{2-3}$$

由此可得

$$-\ln\left[\frac{C(t)}{C_{max}}\right] = \frac{V_S}{V_0}t \tag{2-4}$$

对于定常、恒容、进出口无返混的流动体系，$V_S = V_{S,O}$，$V_0/V_{S,O} = \bar{t}$。并且已知累计停留时间分布函数 $F(t) = C(t)/C_{max}$，则式(2-4)又可表示为

$$-\ln F(t)=\frac{t}{\bar{t}} \tag{2-5}$$

由式(2-5)可见，反应器达到全混流时，$-\ln F(t)$ 与 t 呈线性关系，且回归直线的斜率等于 $\frac{1}{\bar{t}}$。若以无因次时间 $\theta=t/\bar{t}$ 为时标，且已知 $F(\theta)=F(t)$，则式(2-5)又可表示为

$$-\ln F(\theta)=\theta \tag{2-6}$$

由式(2-6)可见，反应器达到全混流时，$-\ln F(\theta)$ 与 θ 呈线性关系，且回归直线的斜率等于 1。

根据上述原理，只要将用清洗法测得的停留时间分布实验数据标绘成 $-\ln F(t)$-t 曲线或 $-\ln F(\theta)$-θ 曲线，即可由曲线的线性相关性和直线的斜率检验判断反应器在该操作条件下是否已经实现了全混流，亦即反应器内是否已经实现了浓度和温度无梯度。

本实验以采用阶跃激发-响应技术之一的清洗法测定停留时间分布为手段，对内循环反应器进行无梯度检验，以便确定实现无梯度的边界操作条件。以氮气为主流气体，氢气为示踪气体，并采用热导检测器检测反应器出口示踪气体的浓度随时间的变化关系。若采用计算机直接采集数据，且已知示踪物浓度 $C(t)$与测得的 $U(t)$呈过原点的线性关系，则

$$t=n/u \tag{2-7}$$

$$F(t)=\frac{C(t)}{C_{\max}}=\frac{U(t)}{U_{\max}} \tag{2-8}$$

式中，n 为数据采集累积数，次；u 为数据采集频率，次/秒。

若采用记录仪记录实验曲线，当选定记录仪的走纸速度为 u 时，量取走纸距离为 s，曲线上相应高度为 $h(s)$，并已知 $h(s)$与 $C(t)$呈过原点的线性关系，则

$$t=s/u \tag{2-9}$$

$$F(t)=\frac{C(t)}{C_{\max}}=\frac{h(s)}{h_{\max}} \tag{2-10}$$

将实验测得的原始数据按式(2-7)、式(2-8)[或式(2-9)、式(2-10)]换算后，标绘出 $-\ln F(t)$-t 和 $-\ln F(\theta)$-θ 关系曲线(图 2-2)，根据标绘的曲线的线性相关程度和斜率进行检验判断。若实验数据点完全落在一条直线上，也即相关系数接近于 1，且 $-\ln F(\theta)$-θ 关系曲线与斜率为 1 的直线完全重合，则反应器内的浓度分布达到了无梯度，否则未能达到无梯度。

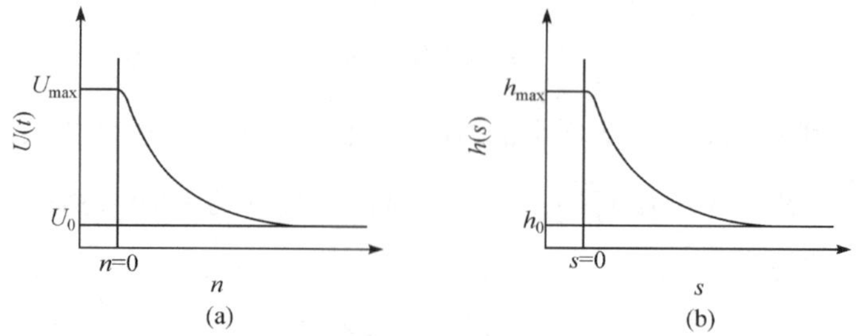

图 2-2　清洗法测得的实验曲线

三、实验装置

本实验装置主要由内循环反应器、气路控制箱、电路控制箱和配有 A/D 转换板的计算机四部分组成，其装置流程如图 2-3 所示。主流氮气来自氮气钢瓶，经减压阀和稳压阀导入反应器的气体入口。自反应器出口排出的气体，其中一路经主流气流量计计量后放空；另一路通过热导池的工作臂，再经流量计计量后放空。热导池参考臂所需的气体直接来自氮气钢瓶，先经减压阀和稳压阀，后经流量计计量后放空。示踪气体来自氢气钢瓶，经流量计计量后，通过截止阀的切换，可将一定流量的示踪气加入或停止加入主气流中，出口气体中示踪气体的浓度变化用热导检测器进行检测。检测信号通过接口输入计算机。

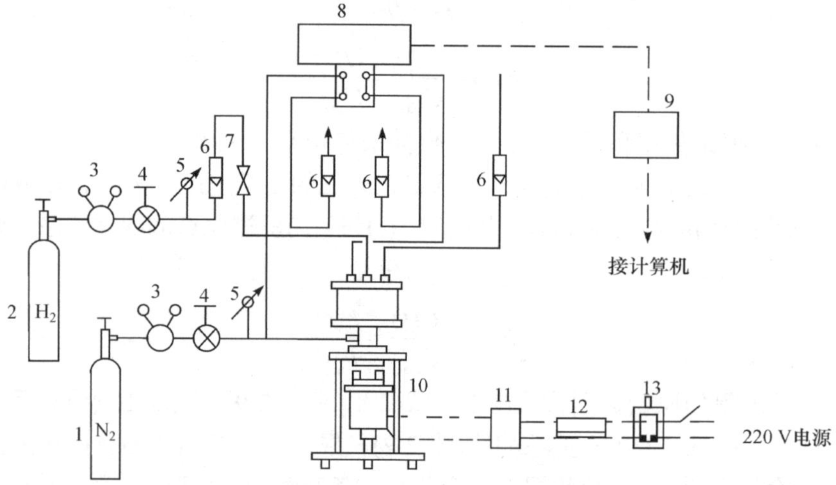

图 2-3　内循环反应器装置示意图

1. 氮气钢瓶；2. 氢气钢瓶；3. 减压阀；4. 稳压阀；5. 压力表；6. 转子流量计；7. 截止阀；8. 热导池；9. A/D 转换板；10. 内循环反应器；11. 整流器；12. 转速表；13. 调速器

四、实验方法

首先，做好实验前准备工作：

(1) 调节氮气和氢的压力。一般情况下，氮气压力调至 0.15 MPa，氢气压力调至 0.15 MPa 左右。

(2) 按下列参考数据调节氮气流量：主流氮气流量 400～800 mL/min；热导池参考臂气体流量 60～80 mL/min；热导池工作臂气体流量 60～80 mL/min。

(3) 待各路流量稳定后，打开电路箱和计算机电源开关。启动计算机的主机和显示器，并调好实验数据采集程序，待用。关闭氢气切断阀，将热导检测器的桥路工作电流调至 100 mA。约需稳定 30 min 后，可开始反复进行池平衡和热导调零的调整工作，一直调至屏幕上稳定显示(0.0±0.5) mV 为止。

然后，在一定流量下，按下列步骤用清洗法测定停留时间分布：

(1) 在 0～3000 r/min 调定搅拌转速。

(2) 打开氢气切换开关，调节示踪气体(氢气)的流量。氢气流量一般按 $H_2/N_2=0.3$ 进行调节，使屏幕上显示最高电压值 U_{max}=200～210 mV 为宜。

(3) 待 U_{max} 值稳定不变之后，快速关闭氢气截止阀，与此同时在计算机键盘上按下数据采集指令键(按 *S* 键)。

(4) 根据实验需要，按下终止数据采集指令键(按 *Q* 键)，终止数据采集。将采集到的这套数据命名后存盘待用。

改变搅拌转速，重复上述实验步骤。由此可得在一定流量下，不同转速时的停留时间分布实验数据。但需要注意的是，改变转速后，必须重新检查和调整池平衡和零点。

改变气体流量，重复进行实验。由此可测得一系列不同流量和转速下的停留时间分布曲线。

通过上述一系列实验可寻求反应器实现无梯度的最大流量和最低搅拌转速。

最后，实验数据采集和处理完毕后，需按下列步骤进行停机操作：

(1) 将搅拌转速调回零点。

(2) 将桥路工作电流调回至零，并关闭电源开关。

(3) 关闭各路气体调节阀。

(4) 关闭电路箱电源开关和计算机主机与显示器的电源开关。

五、实验注意事项

(1) 开机时，必须先通气，后通电；关机时，必须先切断电源，后停止通气。以此保证热导池在有气体流通状态下运行，防止烧毁热导池。

(2) 为了保证热导检测器的工作性能稳定，在实验前必须至少稳定运行

30 min 以上。为保证测定精确，必须仔细耐心调节池平衡和热导调零。当然，在整个操作过程中，必须保持各路气体流量和桥路工作电流的稳定，否则仪器无法稳定运行。

(3) 气体高压钢瓶的使用一定要严格按操作规程进行操作，注意安全。

六、实验记录与数据处理

1. 记录实验设备与操作的基本参数

装填颗粒物种类：________；颗粒直径 d_p：________mm；
颗粒装填量 V_p：________mL；自由体积 V_O：________mL。
热导检测器工作参数：
工作电流 I：________mA；参考臂气体流量 V_t：________mL/min；
工作臂气体流量 V_w：________mL/min。

2. 实验数据记录

实验原始数据记录于表 2-1。
主流气体流量 $V_{S,O}$：________mL/min；示踪气体流量 $V_{S,i}$：________mL/min；
搅拌器转速 r：________r/min；数据采集频率 u：________次/秒。

表 2-1　原始数据记录

序号	
数据采集累计次数 n/次	
电压 $U(n)$/mV	

3. 实验数据整理

(1) 将实验数据按表 2-2 进行整理。

表 2-2　数据处理结果 1

序号		
时间 t/s	[1]	
分布函数 $F(t)$	[2]	
$-\ln F(t)$	[3]	

列出表中各项计算公式。

(2) 按表 2-2 标绘 $F(t)$-t 停留时间分布曲线和 $-\ln F(t)$ -t 检验曲线，计算检验曲线的线性相关系数、回归系数和平均停留时间。

(3) 将实验数据再按表 2-3 进行整理。

表 2-3　数据处理结果 2

序号		
无因次时间 θ	[1]	
分布函数 $F(\theta)$	[2]	
$-\ln F(\theta)$	[3]	

列出表中各项的计算公式。

(4) 按表 2-3 数据整理结果，标绘 $F(\theta)$-θ 停留时间分布曲线和 $-\ln F(\theta)$-θ 检验曲线，并在 $-\ln F(\theta)$-θ 图上标出斜率为 1 的参考线。计算检验曲线的线性相关系数和回归系数。

(5) 综合判断在该气体流量和搅拌转速下，反应器内是否达到了无梯度。

七、思考题

(1) 从实验结果得出结论：该实验催化反应器在什么条件下操作，才能保证达到无梯度?

(2) 比较分析当主流气体流量改变时，反应器达到无梯度的条件有什么不同。

实验十三　内循环反应器测定氨合成动力学参数

一、实验目的

(1) 初步掌握一种连续流动体系气-固催化动力学的实验研究方法。

(2) 加深理解连续流动实验反应器的基本原理、性能及其特点，以及气-固催化动力学的基本原理。

二、实验原理

循环反应器克服了微分反应器在配气和检测方面的困难，又克服了积分反应器在控温和数据处理方面的不便，因此近年来在气-固催化动力学的研究中应用广泛。本实验采用内循环全混流反应器，在保证温度和浓度无梯度条件下，测定常压下氨合成的反应速率常数和表观活化能。

1. 化学反应速率常数的测定

由氮、氢合成氨的过程是一个可逆、放热、体积减小的化学反应，其化学计

量关系式为

$$N_2 + 3H_2 \Longrightarrow 2NH_3 \tag{2-11}$$

根据焦姆金提出的机理，在铁系催化剂表面上进行的该反应过程有如下动力学方程：

$$r_{NH_3} = k_1 p_{N_2} \frac{p_{H_2}^{1.5}}{p_{NH_3}} - k_2 \frac{p_{NH_3}}{p_{H_2}^{1.5}} \tag{2-12}$$

现以催化剂质量 W 为基准，以单位时间内氨的生成量来定义反应速率，则式(2-12)中的反应速率

$$r_{NH_3} = \frac{dF_{NH_3}}{dW} \tag{2-13}$$

式中，k_1 为氨生成速率常数；k_2 为氨分解速率常数；p_{N_2} 为氮的分压，Pa；p_{H_2} 为氢的分压，Pa；p_{NH_3} 为氨的分压，Pa；F_{NH_3} 为氨的摩尔流率，mol/s；W 为催化剂质量，kg。

当内循环反应器的流动模型达全混流时，即在整个催化剂层内达到无温度和浓度梯度时，在定常状态下，则反应速率既不随时间而变化，也不随催化剂床层空间而变化。对于全混流反应器进行物料衡算可得

$$r_{NH_3} = \frac{F_{NH_3} - F_{NH_{3,0}}}{W} \tag{2-14}$$

本实验中，原料气中的氨含量为零，则反应器入口氨的摩尔流率 $F_{NH_{3,0}} = 0$；若反应器出口气体中测得氨含量为 y_{NH_3} (摩尔分数)，反应器出口混合气的总摩尔流率为 F_t，则反应器出口的氨摩尔流率 $F_{NH_3} = F_t \cdot y_{NH_3}$。

因此，式(2-14)所示物料衡算式可改写为

$$r_{NH_3} = \frac{F_t \cdot y_{NH_3}}{W} \tag{2-15}$$

将物料衡算[式(2-15)]和动力学方程[式(2-12)]联立可得

$$\frac{F_t \cdot y_{NH_3}}{W} = k_1 p_{N_2} \frac{p_{H_2}^{1.5}}{p_{NH_3}} - k_2 \frac{p_{NH_3}}{p_{H_2}^{1.5}} \tag{2-16}$$

若系统总压为 p，则

$$p_{H_2} = p y_{H_2} \qquad p_{N_2} = p y_{N_2} \qquad p_{NH_3} = p y_{NH_3}$$

由此，式(2-16)可改写为

$$\frac{F_t \cdot y_{NH_3}}{W} = k_1 p^{1.5} \frac{y_{N_2} y_{H_2}^{1.5}}{p_{NH_3}} - k_2 p^{-0.5} \frac{y_{NH_3}}{y_{H_2}^{1.5}} \tag{2-17}$$

等式两边除以 $k_2 p^{-0.5} \dfrac{y_{NH_3}}{y_{H_2}^{1.5}}$ 得

$$\frac{F_t p^{0.5} y_{H_2}^{1.5}}{k_2 W} = \frac{k_1}{k_2} p^2 \frac{y_{N_2} y_{H_2}^{3}}{y_{NH_3}^2} - 1 \tag{2-18}$$

化学平衡常数定义式

$$K_p = \frac{p_{NH_3}^*}{p_{N_2}^{*0.5} \cdot p_{H_2}^{*1.5}} \qquad \text{单位：} \mathrm{Pa}^{-1} \tag{2-19}$$

则

$$\frac{k_1}{k_2} = K_p^2 \tag{2-20}$$

将式(2-20)代入式(2-18)，并经整理可得氨分解速率常数计算式：

$$k_2 = \frac{F_t p^{0.5}}{W} \times \frac{y_{H_2}^{1.5} y_{NH_3}^2}{K_p^2 p^2 y_{N_2} y_{H_2}^3 - y_{NH_3}^2} \tag{2-21}$$

将反应器出口混合气总摩尔流率 F_t 换算成检测状态下的体积流率，并视混合气为理想气体，则由理想气体状态方程可得

$$F_t = \frac{p_\alpha V_{S,\alpha}}{R T_\alpha} \tag{2-22}$$

式中，P_α 为检测状态下的压力，Pa；T_α 为检测状态下的温度，K；$V_{S,\alpha}$ 为检测状态下的混合气体积流率，m^3/s；R 为摩尔气体常量，J/(mol · K)。

将式(2-22)代入式(2-21)可得

$$k_2 = \frac{V_{S,\alpha} p_\alpha p^{0.5}}{R T_\alpha W} \times \frac{y_{H_2}^{1.5} y_{NH_3}^2}{K_p^2 p^2 y_{N_2} y_{H_2}^3 - y_{NH_3}^2} \tag{2-23}$$

当原料气中氢气、氮气的物质的量比为 3∶1，且惰性组分的含量为零，氢、氮的摩尔分数分别为 $y_{H_{2,0}}$ 和 $y_{N_{2,0}}$ 时，则

$$y_{H_2} = y_{H_{2,0}}(1 - y_{NH_3})$$

$$y_{N_2} = y_{N_{2,0}}(1 - y_{NH_3})$$

这时，改写式(2-23)可得实验测定 k_2 值的具体计算式：

$$k_2 = \frac{V_{S,\alpha} p_\alpha p^{0.5}}{R T_\alpha W} \times \frac{y_{H_{2,0}}^{1.5} y_{NH_3}^2 (1 - y_{NH_3})^{1.5}}{K_p^2 p^2 y_{N_{2,0}} y_{H_{2,0}}^3 (1 - y_{NH_3})^4 - y_{NH_3}^2} \tag{2-24}$$

$$[k_2] = \text{mol} \cdot \text{m}^{-0.5} \cdot \text{kg}^{-0.5} \cdot \text{s}^{-2}$$

式中，R 为摩尔气体常量，W、$V_{S,\alpha}$、p_α、p、T_α、$y_{N_{2,0}}$、$y_{H_{2,0}}$ 均为实验条件确定值。在不同反应温度下的化学平衡常数 K_p 可按哈伯(Haber)公式求算，即

$$\lg K_p = 2.098 \times 10^3 T^{-1} - 2.509 \lg T - 1.006 \times 10^{-4} T + 1.860 \times 10^{-7} T^2 - 2.096 \tag{2-25}$$

$$[K_p] = \text{Pa}^{-1}$$

因此，只要实验测得反应温度 T 和反应器出口气体中氨含量 y_{NH_3}，即可由式(2-24)求得氨分解速率常数 k_2 的值。

氨生成速率常数 k_1 可按式(2-20)求算，即

$$k_1 = K_p^2 \cdot k_2 \tag{2-26}$$

$$[k_1] = \text{mol} \cdot \text{m}^{1.5} \cdot \text{kg}^{-2.5} \cdot \text{s}^{-2}$$

2. 表观活化能的测定

表观活化能与温度的函数关系遵循阿伦尼乌斯(Arrhenius)公式，即

$$k = k_0 e^{-E/RT} \tag{2-27}$$

若实验测得不同反应温度 T 下的氨生成反应速率常数 k_1，则式(2-27)可具体表达为

$$k = k_{1,0} e^{-E_1/RT} \tag{2-28}$$

等式两边取对数，将式(2-28)线性化，即

$$\ln k_1 = \frac{-E_1}{RT} + \ln k_{1,0} \tag{2-28a}$$

或

$$\lg k_1 = \frac{-E_1}{2.303T} + \lg k_{1,0} \tag{2-28b}$$

将实验测得的多组数据以 $\lg k_1$ 对 $1/T$ 作图(或线性回归方法)，由直线斜率 $\frac{-E_1}{2.303}$ 求取氨生成表观活化能 E_1 值。显然，也可用两组实验数据，采用选点法(解联立方程组方法)按式(2-29)求算：

$$E_1 = \frac{RTT'}{T - T'} \ln \frac{k_2}{k_2'} \tag{2-29}$$

同理，用上述相同方法，由直线斜率 $\frac{-E_2}{2.303}$ 求取氨分解表观活化能 E_2，或者采用选点法按式(2-30)求算：

$$E_2 = \frac{RTT'}{T - T'} \ln \frac{k_1}{k_1'} \tag{2-30}$$

3. 实际反应偏离平衡的程度

实际反应偏离化学平衡的程度可用偏离平衡度来表示，即

$$\eta = \frac{y_{NH_3} - y_{NH_{3,0}}}{y^*_{NH_3} - y_{NH_{3,0}}} \tag{2-31a}$$

当实验条件下，原料气氨含量 $y_{NH_{3,0}}$=0 时，则

$$\eta = \frac{y_{NH_3}}{y^*_{NH_3}} \tag{2-31b}$$

式中，y_{NH_3} 为实验测得反应后的氨含量；$y^*_{NH_3}$ 为实验温度下的平衡氨含量。

平衡氨含量 $y^*_{NH_3}$ 按下列途径求取：

当反应达成平衡时，则根据化学平衡常数定义式可知

$$K_p = \frac{p^*_{NH_3}}{p^{*0.5}_{N_2} \cdot p^{*1.5}_{H_2}} \tag{2-32}$$

因为 $p^*_{H_2} = py^*_{H_2}$，$p^*_{N_2} = py^*_{N_2}$，$p^*_{NH_3} = py^*_{NH_3}$，当 H_2/N_2=3，惰性组分含量 y_i=0 时，则 $p^*_{H_2} = p\frac{3}{4}(1 - y_{NH_3})$，$p^*_{N_2} = p\frac{1}{4}(1 - y_{NH_3})$。

由此，式(2-19)可改写为

$$\frac{y^*_{NH_3}}{(1 - y^*_{NH_3})^2} = K_p \cdot p \cdot \frac{\sqrt{27}}{16}$$

解此方程可得平衡含量的计算式：

$$y^*_{NH_3} = 1 + \frac{1.540}{p \cdot K_p} - \sqrt{\left(1 + \frac{1.540}{p \cdot K_p}\right)^2 - 1} \tag{2-33}$$

三、实验装置

本实验装置由反应器、气路系统、电路系统和质量检测系统四部分组成，其装置流程如图 2-4 所示。

实验装置的气路流程：来自钢瓶的氮气和氢气分别经过稳压阀、干燥管、调节阀和流量计后，按一定配比进行混合。混合原料气由反应器下部入口进入。反应后的气体由反应器顶部导出，经调节阀、流量计和气体稳流器后进入质量检测

系统进行检测，或排至室外放空。

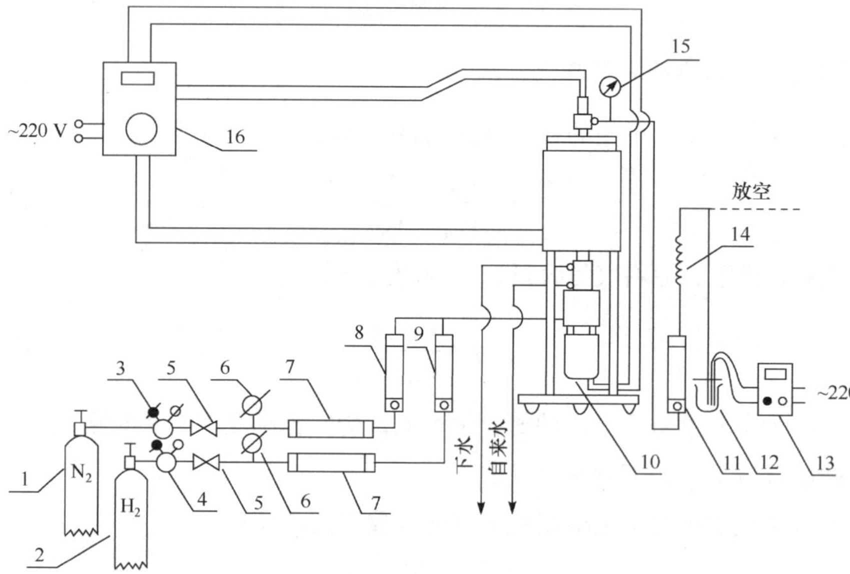

图 2-4 内循环全混流反应器测定氨合成动力学参数实验装置流程

1. 氮气钢瓶；2. 氢气钢瓶；3. 氮气减压阀；4. 氢气减压阀；5. 稳压阀；6. 压力表；7. 干燥管；8. 氮气流量计；9. 氢气流量计；10. 内循环反应器；11. 合成气流量计；12. 测量杯；13. 酸度计；14. 气体稳流器；15. 反应器的压力表；16. 电路箱

质量检测系统采用滴定分析装置，反应后气体连续导入盛有标准酸液的烧杯中，用酸度计确定等当点，用秒表计时。

实验装置的电路系统主要由温度测控仪和转速调速仪两部分组成。电炉对反应器加热，其加热功率由热电偶通过温度测控仪进行控制。反应温度由温度显示仪直接数字显示。转速调速仪可连续调节直流电机的转速，通过磁驱动装置带动反应器内的搅拌器同步运转。反应器轴承架冷却水套的下部进水口直接与自来水相接，上部出水排入下水道。

四、实验方法

1. 实验前准备工作

(1) 将催化剂颗粒装入反应器的催化剂筐内，装填量一般为 8～10 g。拆卸与安装工作必须在教师指导下进行。

(2) 先将氮气流量计、氢气流量计下的调节阀关闭，然后分别调节氮气和氢气的减压阀和稳压阀。若操作压力在 0.05 MPa(表压)以下，将稳压阀后的压力表调至 0.1～0.2 MPa(表压)为宜。

(3) 打开氮气调节阀、氢气调节阀，关闭合成气阀进行试漏检查。

(4) 打开通往反应器冷却水套的自来水阀门，通入适量冷却水。

(5) 关掉氮气改通氢气，氢气压力为 0.1 MPa，待系统内空气排尽后，启动搅拌器，并调到合适转速(2000～3000 r/min)。同时逐渐升温，由室温升到 300 ℃，持续 6～8 h，然后进行催化剂还原。

(6) 先将床层温度升至 400 ℃，持续还原 6～8 h。再以 5～10 ℃/h 升温速度将床层温度由 400 ℃升至 480 ℃，持续 40～50 h。

(7) 还原结束后，在规定反应温度下进行实验操作，或者降至室温，改换通氮气加以保护，以备下次实验使用。

2. 实验操作

(1) 分别调节氮气和氢气的调节阀，通过流量计进行配气。配制后的混合气使其氢、氮比为 3，并适当调节反应器后的调节阀使混合气流量和反应器内压力达到选定值(约 0. 05 MPa)。混合气流量在 200～500 mL/min 选择，操作压力在 0. 05 MPa 左右。

(2) 先开冷却水，再打开电路系统控温和测温部分电源开关，然后调节控温仪，选定温度值，使反应温度恒定在预定的数值上。应采用逐步台阶升温法，否则电热丝易损坏。同时，启动电机，逐渐调节转速，使其达预定值(2000～3000 r/min)。

(3) 待系统状态稳定后，可开始分析出口气体中氨的含量，测取三组平行数据，取平均值。氨含量采用滴定法分析，具体方法如下：

用移液管准确量取已知浓度(约 2×10^{-3} mol/L)的标准酸液 20 mL，放入烧杯中，把反应后的混合气导入酸液中。当酸度计显示溶液达等当点时，将混合气放空。用秒表记取通气至等当点的时间。然后，将测定数据代入式(2-34)计算氨含量：

$$y_{NH_3}=\frac{22.4\times V_{H_2SO_4}M_{H_2SO_4}T_\alpha p_0}{V_{S,\alpha}tT_0p_\alpha}\tag{2-34}$$

式中，$V_{H_2SO_4}$ 为硫酸标准液的取用量，L；$M_{H_2SO_4}$ 为硫酸标准液的物质的量浓度，mol/L；$V_{S,\alpha}$ 为检测状态(大气压、室温)下的混合气体积流率，L/min；t 为检测达等当点时混合气持续通气时间，min；p_α 和 p_0 分别为检测状态下和标准状况下的压力，Pa；T_α 和 T_0 分别为检测状态下和标准状况下的温度，K。

(4) 改变反应温度，重复上述实验步骤。

3. 实验结束步骤

(1) 关闭电路系统中测温、控温部分的电源开关，停止加热。逐渐调小电机转速，待转速接近零时再关闭电源开关。同时关闭酸度计的电源开关。最后，关闭总电源开关。

(2) 关闭氢气的稳压阀和减压阀，停止通气。

(3) 若下次实验不更换催化剂，并近期内需继续实验，则反应器必须通氮气保护，即调节稳压阀将氮气进口压力调至略高于大气压，关闭反应器后的出口调节阀，使装置系统内保持一定的氮气压力，保护催化剂免受氧化而失活，且下次实验就不必再进行催化剂还原。

(4) 待反应器温度降至 200 ℃以下，关闭通往反应器冷却水套的水阀门，停止通水。

五、实验注意事项

(1) 实验进行过程中，反应器冷却水套的冷却水绝不能中断，否则轴承内润滑脂挥发将使催化剂中毒，并损伤设备。

(2) 铁系催化剂还原过程周期较长，且还原后催化剂若与空气接触，会迅速燃烧失去活性。因此，当中断实验时，还原后的催化剂必须用氮气保护。

在整个还原过程中，应避免温度突然变化，更须严防超出允许温度，操作一定要平稳、缓慢。

(3) 本实验必须在反应器达全混流模型所要求的进气(200～500 mL/min)和搅拌转速(2000～3000 r/min)下操作。每次改变实验操作条件后，需待系统状态稳定后才能测取数据。

六、实验记录与数据处理

1. 实验基本参数

催化剂种类及型号：______；催化剂颗粒的粒径：________；
催化剂的装填量：________；催化剂的堆积密度：________；
搅拌转速：______________；原料气中氮、氢物质的量比：________。

2. 实验数据

将实验测得数据参考表 2-4 进行记录。
检测用标准酸液浓度：________；检测用标准酸液用量：________。

表 2-4 原始数据记录

序号	大气压 p_a /MPa	室内温度 T_a /℃	操作压力 p/MPa	反应温度 T/℃	出口混合气体积流率 $V_{s,a}$ /(mL/min)	中和时间 t/min	反应混合气中氨含量 y_{NH_3}	
							y_{NH_3}	$\bar{y}_{NH_3}$
1								
2								
3								
4								

3. 实验数据整理

(1) 根据实验数据计算氨的分解速率常数、生成速率常数及反应的平衡偏离度。

将计算结果参考表 2-5 列出。

表 2-5 数据处理结果

序号	操作压力 p/Pa	反应温度 T/K	氨生成速率常数 k_1 /($m^{1.5}\cdot mol\cdot kg^{-2.5}\cdot s^{-2}$)	氨分解速率常数 k_2 /($m^{-0.5}\cdot mol\cdot kg^{-0.5}\cdot s^{-2}$)	偏离平衡程度 η
	[1]	[2]	[3]	[4]	[5]
1					
2					
3					
4					

列出表 2-5 中各项计算式。

(2) 根据上述实验数据，采用图解法、线性回归方法或选点法求算表观活化能。列出求算过程及计算结果。

求算方法及步骤：

计算结果：

氨生成表观活化能：E_1=________；氨分解表观活化能：E_2=________。

七、思考题

(1) 为什么要严格控制温度使其稳定在指定数值?

(2) 比较内循环无梯度反应器、积分反应器、微分反应器的差别。

实验十四 电化学合成实验

一、实验目的

(1) 学习牺牲阳极电化学合成法合成有机羧酸盐的基本原理，了解电化学合成的实验装置。

(2) 学习电化学测试方法——循环伏安法研究电极过程动力学的基本方法和基本概念。

二、实验原理

有机电合成是研究用电化学方法进行有机化合物的合成，是涉及电化学、有机合成及化学工程等内容的边缘学科。许多有机化合物的合成化学反应中包含电子的转移，如果将这些合成反应安排在电解池中进行，这就是有机电合成反应。一般有机电合成反应由电解池、阳极、阴极和电源等部分组成。电解液包括支持电解质、溶剂和有机底物等。牺牲阳极法电合成是近20年来发展迅速的一种电合成方法。它采用金属阳极在电解过程中溶解，防止在惰性阳极上的副反应发生，同时金属阳极还能参与电化学反应生成特定的有机物。与一般有机合成相比，该方法具有设备简单、合成条件温和及不污染环境等优点。

本实验采用金属镍片作阳极、金属铂片作阴极，由苯甲酸电解合成苯甲酸镍；其中溶剂为乙腈，支持电解质为四乙基高氯酸铵。电池反应如下：

$$(-)\ Pt\ |\ CH_3CN + RhCOOH\ |\ Ni(+)$$

阴极反应： $PhCOOH + e^- \longrightarrow PhCOO^- + 1/2H_2(g)$ (2-35)

阳极反应： $2PhCOO^- + Ni \longrightarrow (PhCOO^-)_2Ni + 2e^-$ (2-36)

总反应： $2PhCOOH + Ni \longrightarrow (PhCOO)_2Ni + H_2(g)$ (2-37)

电解过程的效果通常用以下几个指标来衡量。

(1) 产率：实际用于生成目的产物所消耗掉的主反应物的量占该反应物在电解过程中消耗总量的百分数。

$$产率 = \frac{转化为产物所消耗掉的主反应物量}{主反应物消耗总量} \times 100\% \quad (2\text{-}38)$$

有机电合成研究中，变更各种电解条件，尽可能提高产率。

(2) 转化率：电解过程中消耗的某种反应物的量与电解前该反应物初始量的比值。由于有副反应存在，消耗掉的反应物并不完全用于生成产物，因此转化率只能表示电解反应进行的程度。

(3) 电流效率：制取一定量目的产物理论上所需的电量 Q_t 与实际消耗掉的电量 Q_p 之比。电流效率 η_I 可按式(2-39)计算：

$$\eta_I = \frac{Q_t}{Q_p} \times 100\% \tag{2-39}$$

理论上所需电量可按法拉第电解定律计算：

$$Q_t = (m / M)ZF \tag{2-40}$$

式中，m 为生成的产物质量；M 为产物的摩尔质量；Z 为电极反应转移电子数；F 为法拉第常量。

电解过程中实际耗电量由电流表记录的电流强度对时间积分求得：

$$Q_p = \int_0^t I\mathrm{d}t \tag{2-41}$$

如果电解中 I 不变，则 $Q_p = I \cdot t$ 。

(4) 能耗和电能效率：电解过程中实际消耗的电能称为能耗。能耗 W_p 等于槽压 V 和实际耗电量乘积

$$W_p = Q_p \cdot V \tag{2-42}$$

制取一定量产物理论上所需消耗的电能 W_t 与实际消耗的电能 W_p 之比称为电能效率 η_E

$$\eta_E = \frac{W_t}{W_p} \times 100\% \tag{2-43}$$

电解反应过程可以用电位、电流和时间之间的关系来表征。对于电极反应，简单的机理包含扩散和电子转移两种过程。例如，某阴极还原反应 $A_O + Ze^- \Rightarrow P_R$ 包含三个步骤：

(1) 反应物 A_O 从电解液本体扩散至电极表面附近。

(2) 在电极表面区反应物 A_O 从电极上获得电子变成产物 P_R。

(3) 在电极表面区的产物 P_R 向电解液本体扩散。

复杂的电极反应机理可能还有吸附、解吸、偶合等步骤。对于新体系的基本研究，循环伏安法非常有用。它是在某个起始电位 E_1 扫描(电位随时间连续变化)至某个电位 E_2，然后从 E_2 又回扫至 E_1，同时记录电流-电位曲线。循环伏安曲线可用来确定电极过程是电化学步骤还是扩散步骤控制，并可确定反应物种类(价态及中间体)，对反应机理也可作定量描述(表 2-6 和表 2-7)。

表 2-6　可逆过程的循环伏安谱判断实验(25℃)

1. $\Delta E_p = E_p^a - E_p^c = 59/n$ (mV)
2. $\lvert E_p - E_{p/2} \rvert = 59/n$ (mV)
3. $\lvert I_p^a / I_p^c \rvert = 1$
4. $I_p \propto v^{1/2}$
5. E_p与v 无关
6. 高于峰电位 E_p 的电位下，$I^{-2} \propto t$

表 2-7　完全不可逆过程的循环伏安谱判断实验(25℃)

1. 无反向峰
2. $I_p^c \propto v^{1/2}$
3. $\lvert I_p^a / I_p^c \rvert = 1$
4. v 每增加 10 倍，E_p^c 变化 $-30/n_c n_a$ (mV)
5. $\lvert E_p - E_{p/2} \rvert = 48/n_c n_a$ (mV)

注：E_p^a、E_p^c 分别为阳极、阴极峰电位值；I_p^a、I_p^c 分别为阳极、阴极峰电流值；$E_{p/2}$ 为峰电流 1/2 时电位值；v 为扫描速率；n、n_a、n_c 为电子转移数。

三、实验装置

实验装置如图 2-5 所示。

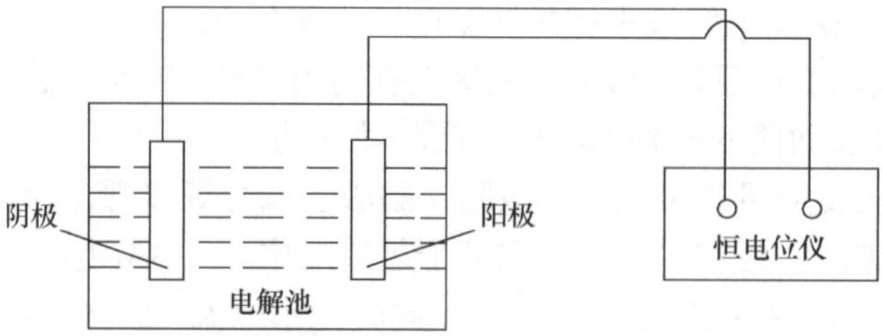

图 2-5　电解过程示意图

电合成实验由铂片电极、镍片电极、电解池、低压电源、滑线变阻器、恒温磁力搅拌器、电流表组成。

电化学测试实验由 CHI630A 电化学分析仪、计算机、电解池、铂工作电极、

Ag^+/Ag 参比电极、铂丝对电极及氮气钢瓶等组成。

减压蒸馏装置与常规有机实验相同。

实验所需药品：乙腈、苯甲酸、四乙基高氯酸铵、乙醚、硝酸银，均为化学纯。

四、实验方法

1. 电极预处理

将铂片电极用 1∶1 硝酸-盐酸浸洗，蒸馏水冲洗，用丙酮除油，蒸馏水冲洗、吹干、称量；镍片电极用稀硝酸浸洗、水洗、丙酮除油、水洗、吹干，称量备用。铂工作电极(d=2 mm)在抛光布上用 Al_2O_3(粒径 0.05 mm)抛光，蒸馏水冲洗，吹干备用，Ag^+/Ag 参比电极极室注入 1 mL $AgNO_3$ 溶液。

2. 苯甲酸镍的电合成

低压电源正极接滑线变阻器、电流表正极及镍片电极，低压电源负极接铂片电极，电解池中装入 30 mL 乙腈、24 mg 四乙基高氯酸铵、0.4 g 苯甲酸，启动磁力搅拌器，待完全溶解后打开低压电源，调节电源电压或滑线变阻器使电流表示值为 100 mA，电解 2 h。记录实验现象、电压值、电流值。

3. 苯甲酸镍的分离

合成实验结束后，取出电极，清洗干净。安装好减压蒸馏装置，减压蒸馏除乙腈。蒸馏瓶用 20 mL 乙醚洗，抽滤，在 60 ℃减压烘干得苯甲酸镍，称量。

4. 循环伏安法实验

电解池中装入 10 mL 乙腈、10 mg 四乙基高氯酸铵、3 mg 苯甲酸，安装好三电极并接好三电极接线。开启电分析仪电源、计算机电源，启动测试软件。按表 2-8 设定测试参数。

表 2-8　循环伏安法测试参数

初始电位	0.0 V
高电位	0.0 V
低电位	–2.0 V
扫描速率	100 mV/s
灵敏度	1.0×10^{-6}

改变扫描速率 20～2000 mV/s，选五个点，记录峰电流、峰电位值，判断电极过程。

五、实验记录与数据处理

将实验结果记录于表 2-9 和表 2-10。

铂片电极面积：_____cm^2；镍片电极面积：_____cm^2；电解池体积：_____cm^3；水温：_____℃。

表 2-9　电合成参数原始数据及结果

槽压/V	电流/mA	时间/h	镍片质量/mg		产物质量/mg	电流效率/%
			起始	终止		

表 2-10　循环伏安法原始数据及结果

扫描速率/(mV/s)	半峰电位/mV	峰电位/mV	峰电流/A

六、思考题

(1) 本实验电合成苯甲酸镍的阳极、阴极半反应及总反应是什么？

(2) 循环伏安法测定电化学反应机理要注意哪些事项？

实验十五　连续搅拌釜式反应器液相反应的动力学参数测定

一、实验目的

(1) 测定乙酸乙酯皂化反应的反应速率和反应速率常数。

(2) 求取乙酸乙酯皂化反应的活化能，建立反应速率常数与温度关系的具体表达式。

二、实验原理

本实验采用连续流动搅拌釜式反应器进行液相反应动力学研究。实验用连续输入的方法，在定常流动下，测定乙酸乙酯皂化反应的反应速率和反应速率常数。同时，根据实验测得不同温度下的反应速率常数，求取乙酸乙酯皂化反应的活化能，进而建立反应速率常数与温度关系的具体表达式。

1. 反应速率

连续流动搅拌釜式反应器的物料衡算基本方程：

$$F_{A,0}-F_A-\int_0^V(-r_A)\,dV=\frac{dn_A}{dt} \tag{2-44}$$

对于定常流动下的全混流反应器，式(2-44)可简化为

$$F_{A,0}-F_A-(-r_A)V=0 \tag{2-45}$$

或者可以表达为

$$(-r_A)=\frac{F_{A,0}-F_A}{V} \tag{2-46}$$

式中，$F_{A,0}$为流入反应器的着眼反应物 A 的摩尔流率，mol/s；F_A为流出反应器的着眼反应物 A 的摩尔流率，mol/s；$(-r_A)$以着眼反应物 A 的消耗速率来表达的反应速率，$mol/(m^3\cdot s)$；V 为反应器的有效容积，m^3；dn_A/dt 为反应器内着眼反应物 A 的累积速率，mol/s。

对于恒容过程，流入反应器的体积流率 $V_{s,0}$ 等于流出反应器的体积流率 V_s。若反应物 A 的起始浓度为 $C_{A,0}$，反应器出口亦即反应器内的反应物 A 的浓度为 C_A，则式(2-46)可改写为

$$(-r_A)=\frac{C_{A,0}-C_A}{V/V_{s,0}}=\frac{C_{A,0}-C_A}{\tau} \tag{2-47}$$

式中，$\tau=V/V_{s,0}$，即为空间时间。对于恒容过程，进、出口又无返混时，则空间时间也就是平均停留时间。

因此，当 V 和 $V_{s,0}$ 一定时，只要实验测得 $C_{A,0}$ 和 C_A，即可直接测得在一定温度下的反应速率$(-r_A)$。

2. 反应速率常数

乙酸乙酯的皂化反应为双分子反应：

$$\underset{(A)}{CH_3COOC_2H_5}+\underset{(B)}{NaOH}\longrightarrow\underset{(C)}{CH_3COONa}+\underset{(D)}{C_2H_5OH}$$

该反应的反应速率与反应物浓度的关系式可表示为

$$(-r_A) = kC_A C_B \tag{2-48}$$

本实验中，反应物 A 和 B 采用相同的浓度和流率，则式(2-48)可简化为

$$(-r_A) = kC_A^2 \tag{2-49}$$

将式(2-49)线性化后，可得

$$\lg(-r_A) = 2\lg C_A + \lg k \tag{2-50}$$

当反应温度 T 和反应器有效容积 V 一定时，可利用改变流率的方法，测得不同 C_A 下的反应速率$(-r_A)$。以 $\lg(-r_A)$对 $\lg C_A$ 作图，可得到一条直线。由直线的截距 $\lg k$ 求取 k 值。或用最小二乘法进行线性回归求得 k 值。

3. 活化能

如果按照上述方法，测得两个温度(T_1 和 T_2)下的反应速率常数 k_1 和 k_2，则可按阿伦尼乌斯公式计算该反应的活化能 E：

$$\ln\frac{k_2}{k_1} = \frac{E}{R}\left(\frac{T_2 - T_1}{T_2 T_1}\right) \tag{2-51}$$

式中，R=8.314 J/(mol·K)。

再由 T_1、k_1(或 T_2、k_2)和 E 计算得到指前因子 A，从而可建立不同温度下的反应速率常数的经验公式，即阿伦尼乌斯公式的具体表达式。

4. 质量检测

本实验中采用电导方法测量反应物 A 的浓度变化。对于乙酸乙酯的皂化反应，参与导电的离子有 Na^+、OH^-和 CH_3COO^-。Na^+在反应前后浓度不变，OH^-的迁移率远大于 CH_3COO^-的迁移率。随着反应的进行，OH^-不断减少，物系的电导值随之不断下降。因此，物系的电导值的变化与 CH_3COOH 的浓度变化成正比，而由电导电极测得的电导率 L 与其检测仪输出的电压信号 U 也呈线性关系，则有以下关系式：

$$C_A = K(U - U_f) \tag{2-52}$$

式中，U 为由电导电极测得在不同转化率下与釜内溶液组成相应的电压信号值；U_f 为 $CH_3COOC_2H_5$ 全部转化为 CH_3COONa 时的电压信号值；K 为比例系数。

本实验采用等物质的量进料，乙酸乙酯水溶液和氢氧化钠水溶液浓度相同，且两者进料的体积流率相同。若两者浓度均为 0.02 mol/L，则反应过程的起始浓度 $C_{A,0}$ 应为 0.01 mol/L。因此，应预先准确配制浓度均为 0.01 mol/L 的氢氧化钠水溶液和 CH_3COONa 水溶液。在预定的反应温度下，分别进行电导测定，测得电压信号分别为 U 和 U_f，由此可确定式(2-52)中的比例常数 K 值。

三、实验装置

本实验装置由下列四部分组成：搅拌釜式反应器、原料液输送与计量系统、反应温度和搅拌转速测量与控制系统、质量检测系统。该装置的流程如图 2-6 所示。

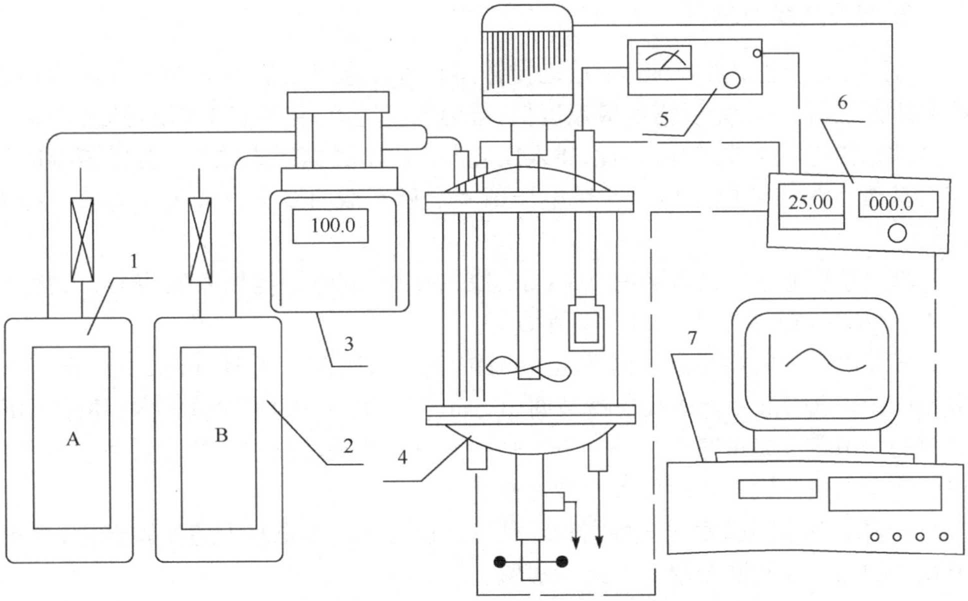

图 2-6　连续流动搅拌釜式反应器测定液相反应动力学参数的实验装置流程

1. 料液 A 储槽；2. 料液 B 储槽；3. 计量泵；4. 预热器；5. 搅拌釜式反应器；6. 温度与转速测控仪和电导信号放大器；7. 微型计算机

搅拌釜式反应器的内径为 100 mm，高为 120 mm，高径比为 1.2，有效容积约为 1 L。搅拌器为六叶开启平直桨叶涡轮式，由直流电机直接驱动，并由转速测控仪进行测量和调控。反应器筒体为透明无机玻璃，器内装有进料管(起预混合和预热作用)、加热用的内热式电热管和控制液面的内溢流管。器内温度由温度测控仪控制恒定。电导池或电导电极插入器内，外接信号放大器和计算机。测得的电信号经放大和转换后输入计算机。

两种反应物分别由储槽经计量泵和预混合器进入反应器。生成液由溢流管排出，存放于废料桶。

四、实验方法

1. 实验前的准备

(1) 新鲜配制 0.02 mol/L 的 NaOH 和 $CH_3COOC_2H_5$ 水溶液，分别存放于料液

储槽，并严格密封。

(2) 新鲜配制 0.01 mol/L 的 NaOH 和 NaAc 水溶液，以供浓度标定曲线使用。

(3) 启动并调整好控温仪、测速仪和计算机等电子仪器，并调好软件的数据采集程序。

2. 标定浓度曲线

(1) 向反应器中加入纯水；启动搅拌器并将转速调至 300～600 r/min；启动加热和恒温装置，并设定所需反应温度值；待温度恒定后，将装有 0.01 mol/L 的 NaOH 试液和铂黑电极的试管(电导池)插入反应器，启动数据采集软件，测定该温度下与溶液浓度相应的电压信号。待电压值稳定后，取曲线平直段的平均值，即为 U 值。

(2) 用上述方法，将装有 0.01 mol/L NaAc 的电导池插入反应器，测得与 0.01 mol/L NaAc 浓度相应的电压值 U_f。

安装电导池时要注意，试管(电导池)内的电极距离管底 10 mm，液面高出电极 10 mm。试管液面低于反应器液面 10 mm 以下为宜。为了使试管内溶液的温度迅速均匀恒定，先可略微搅动一下。每次向电导池装试液时，都先要用电导水冲洗试管和电极三次，然后用被测液冲洗三次。

若要求在不同温度下进行实验，则可在设定温度下重复上述实验步骤。一般可在 25 ℃和 35 ℃两个温度下进行实验。

3. 测定反应速率、反应速率常数以及活化能

(1) 停止加热和搅拌后，将反应器内的纯水放尽。启动并调定计量泵，同时以等流率向器内加入料液 A 和 B。待液面稳定后，启动搅拌器和加热器并控制转速和温度恒定。当搅拌转速在 600 r/min 时，总体积流率为 2.7～16 L/h(相当于计量泵显示 10～60 r/min)，均可接近全混流。

(2) 当操作状态达到稳定后，按数据采集键，采集与浓度 C_A 相应的电压信号 U。待屏幕上显示的曲线平直后，按终止采集键，取其平直段的平均值，即为与釜内最终浓度 C_A 相应的 U 值。

(3) 改变流量重复上述实验步骤，测得一组在一定温度下不同流量时的 U 值数据。

(4) 若要求取活化能，则需在另一温度下重复上述实验步骤。

4. 实验结束工作

(1) 先关闭加热和恒温系统，后关闭计量泵。

(2) 关闭计算机，再将搅拌转速缓慢地调至零，最后关闭电路总开关。

(3) 打开底阀，将釜内的液体排尽，并用蒸馏水将反应器和电导池冲洗干净。将电导电极浸泡在蒸馏水中，备用。

五、实验注意事项

(1) 实验中所用的溶液都必须新鲜配制，确保溶液浓度准确。同时，配制溶液用水必须是电导率≤10^{-6} S/cm的纯水。NaOH和$CH_3COOC_2H_5$料液桶必须密封。

(2) 在浓度标定实验中，每次向电导池装新的实验液时，必须将电导池按要求冲洗干净。

(3) 对于液相反应动力学实验，必须要保证浓度、温度和流率保持恒定和测量准确，因此要有足够的稳定时间。

六、实验结果与数据处理

1. 记录实验设备和操作基本参数

(1) 设备参数。

反应釜的直径：D=________mm；高度：H=________mm；

搅拌器的型式：________；直径：d=________mm。

(2) 操作参数。

操作压力：

NaOH料液浓度：$C'_{B,0}=$ ____ mol/L；$CH_3COOC_2H_5$料液浓度：$C'_{A,0}=$ ____ mol/L；

原料液进料比：$CH_3COOC_2H_5$: NaOH=________；

反应物起始浓度：$C_{A,0}=\dfrac{C'_{B,0}}{2}=$ ________ mol/L；搅拌转速：r=________r/min。

2. 记录浓度与电压信号值函数关系的实验数据

当$C_{A,0}=C_{B,0}=$________mol/L时，测得$U=$________mV；

当$C_{A,f}=0$，$C_{C,f}=C_{A,0}=$________mol/L时，测得$U_f=$________mV。

计算：

$$K=\frac{C_{A,0}-C_{A,f}}{U-U_f}=$$

最后得到C_A与U的函数关系式：

$$C_A=K(U-U_f)=$$

3. 记录测定反应速率和反应速率常数的实验数据

参考表2-11记录测定反应速率和反应速率常数的实验数据。

表 2-11　测定反应速率和反应速率常数的实验数据

序号			
反应温度 T/℃			
反应体积 V/L			
总体积流率 $V_{s,0}$/(L/min)			
反应物 A 的出口浓度	U/mV		
	$(U-U_f)$/ mV		
	C_A/(mol/L)		

4. 整理实验数据

参考表 2-12 整理实验数据。

表 2-12　实验数据整理

序号			
反应温度 T/K	(1)		
空间时间 τ/min	(2)		
反应速率$(-r_A)$/[mol/(L · min)]	(3)		
反应速率常数 k/[L/(mol · min)]	(4)		
相关系数 R	(5)		
活化能 E/(kJ/mol)	(6)		

七、思考题

(1) 连续搅拌釜式反应器有哪些特性？

(2) 做液相反应动力学实验有哪些注意事项？

实验十六　乙醛氧化法制乙酸

一、实验目的

(1) 了解高压釜的使用方法。

(2) 了解乙醛氧化法制取乙酸的原理及方法。

二、实验原理

乙醛和空气或氧气在乙酸锰、乙酸钴或乙酸铜催化剂存在时，经液相氧化可以生成乙酸。当用空气为氧化剂时，反应温度为 55～60 ℃，压力一般为 800 kPa；当用氧气进行氧化时，则反应温度略高，为 90～95 ℃，压力 400 kPa。工业上通常用空气进行氧化(本实验用氧气进行氧化)，氧化的原料液为含 5%～15%(质量分数)乙醛的乙酸溶液(本实验用 15%乙醛水溶液)，内含溶解的乙酸锰，催化剂(本实验用乙酸锰、乙酸钴催化剂)的含量为 0.1%～0.2%。乙醛与空气的分子比例为 1:(4～4.3)；在氧化反应过程中乙醛先形成过氧乙酸，乙醛和三价金属离子配合物中间体，乙酸锰对氧化反应本身并无催化作用，但它能促进乙醛含单过氧化乙酸酯(acetalderye monoperetate，简称 AMP)的分解。

$$CH_3CHO + O_2 \longrightarrow CH_3COOH$$

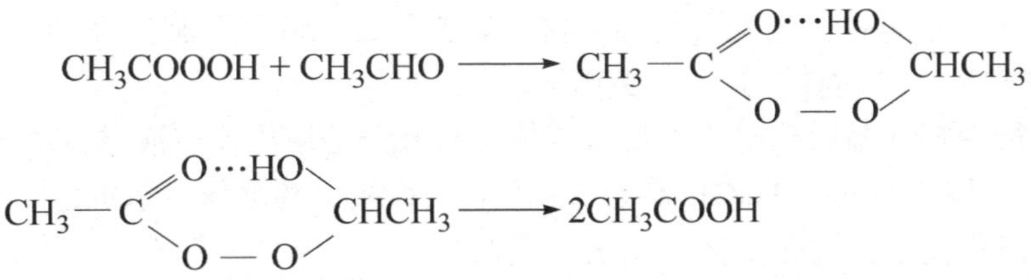

乙醛氧化反应速率很快，需要有效地移出反应热，反应液中过氧乙酸浓度得到控制，才能确保安全操作。

三、实验装置

高压反应釜装置示意图如图 2-7 所示。

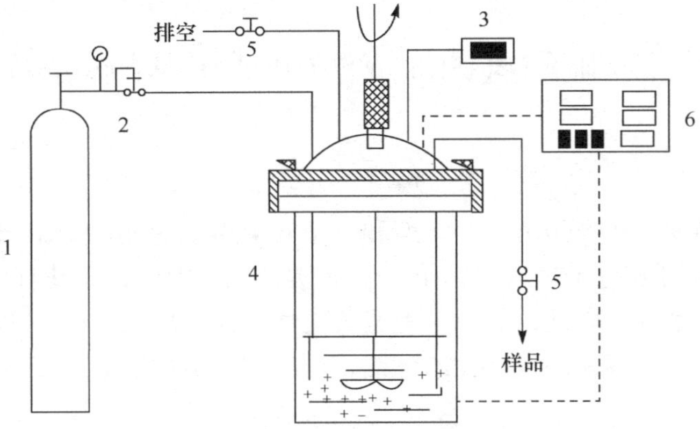

图 2-7 高压反应釜装置示意图

1. 氧气瓶；2. 流量调节阀；3. 测压表；4. 高压反应釜；5. 流通控制阀；6. 反应器控制系统

40%乙醛配成 15%乙醛水溶液，400g；乙酸钴 0.1g；乙酸锰 0.3g。

四、实验方法

(1) 乙醛溶液的配制：按 1∶3(质量比)称取乙酸钴、乙酸锰共 0.4 g 溶解于 400 g 含乙醛 15%水溶液中，搅拌均匀。

(2) 将乙醛溶液加入反应釜，装上釜盖，拧螺母(对角、对称地分多次拧紧)；力矩 100 N/m，上好搅拌电机传动带。

(3) 开搅拌开关，调转速至 250～350 r/min。

(4) 开始升温，调设定值至 90～95 ℃，缓慢升温。

(5) 打开氧气阀调节出气压力 0.3～0.4 MPa(注：压力升到 0.4 MPa 后关闭氧气阀，压力低于 0.4 MPa 再开阀，避免倒流)。

(6) 反应开始后开循环冷却水，控制反应时间 2～3 h。

(7) 反应完毕后，先关氧气阀再将“调速”、“调压”旋钮都调至零，然后关闭“加热”、“搅拌”开关，关电源。

(8) 待冷却降温后放出釜内带压气体，打开釜盖取出反应液进行滴定(反应后酸的分析：用 0.2 mol/L NaOH 滴定 2 g 左右的产物，酚酞作指示剂)。

(9) 操作完毕，清除釜体、釜盖上残留物。

(10) 计算：转化率=反应掉乙醛的量(用乙酸的量代替)÷ 反应前乙醛的量。

五、思考题

(1) 乙醛氧化法制取乙酸的化学反应机理是什么？有何特点？

(2) 为安全起见，本实验操作中应注意哪些事项？

附：亚硫酸氢钠加成法(醛或甲基酮的测定)

一、原理

羰基中的碳氧双键是由一个 π 键和一个 σ 键组成的，由于氧的电负性比碳大，所以组成 π 键的 p 电子靠近氧原子，使 π 键极化。因此，羰基有两个反应中心，即在碳原子上呈现正电性，氧原子上呈负电性。在加成反应中，正电性碳原子起着决定性的作用，容易加亲核性的试剂，而呈现负电性的氧原子也更容易和氢离子结合。

亚硫酸氢钠在水溶液中电离生成亚硫酸根离子，是亲核性离子，极容易加到羰基中的碳原子上，而电离生成的氢离子则加到氧原子上，最后生成 α-羟基磺酸钠。

$$NaHSO_3 \rightleftharpoons Na^+ + H^+ + SO_3^{2-}$$

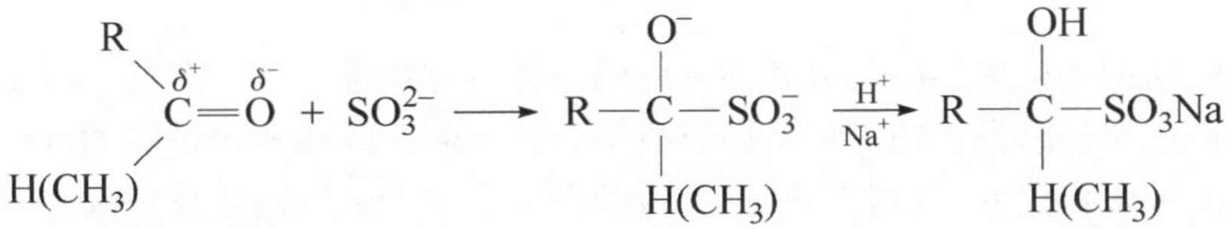

当反应完全后，用标准碘溶液滴定反应液中剩的亚硫酸氢钠或者加入过量的碘溶液。

$$HSO_3^- + I_2 + H_2O \longrightarrow 2HI + HSO_4^-$$

$$I_2 + Na_2S_2O_3 \longrightarrow 2NaI + Na_2S_4O_6$$

然后计算出醛或甲基酮的含量。

二、试剂

亚硫酸氢钠($NaHSO_3$)溶液(约 0.3 mol/L)；标准碘溶液(0.05 mol/L)；0.5%淀粉指示剂溶液；酚酞指示剂；0.2 mol/L NaOH 标准溶液。

三、操作

准确称取含 15%乙醛溶液 0.09～0.15 g，试样于 125 mL 碘量瓶中，加入 5.00 mL 0.3 mol/L $NaHSO_3$ 试剂溶液，然后加入 5.00 mL 蒸馏水，在完全同样情况下准备一份空白溶液，塞好瓶塞，混合后在室温静置 2 h，加入 0.5 mL 淀粉指示溶液，用 0.05 mol/L 标准碘溶液尽可能迅速地滴定至蓝色出现为终点。

四、计算

1. 羰基含量

$$羰基含量\% = \frac{28.01 \times (V_1 - V_2) C \times 100}{m \times 1000 \times n}$$

2. 羰基化合物含量

$$羰基化合物含量\% = \frac{(V_1 - V_2) \times C \times M \times 100}{m \times 1000 \times n}$$

式中，V_1 为直接滴定法中空白消耗碘溶液的体积 mL；V_2 为直接滴定法中试样消耗碘溶液的体积 mL；C 为碘溶液浓度，mol/L；M 为乙醛的摩尔质量，g/mol；m 为样品的质量，g；n 为醛中羰基的个数。

实验十七　催化反应精馏法制甲缩醛

反应精馏法是集反应与分离为一体的一种特殊精馏技术，该技术将反应过程的工艺特点与分离设备的工程特性有机结合在一起，既能利用精馏的分离作用提高反应的平衡转化率，抑制串联副反应的发生，又能利用放热反应的热效应降低精馏的能耗，强化传质，因此在化工生产中得到越来越广泛的应用。

一、实验目的

(1) 了解反应精馏工艺过程的特点，增强工艺与工程相结合的观念。

(2) 掌握反应精馏装置的操作控制方法，学会通过观察反应精馏塔内的温度分布，判断浓度的变化趋势，采取正确的控制手段。

(3) 学会用正交设计的方法设计合理的实验方案，进行工艺条件的优选。

(4) 获得反应精馏法制备甲缩醛的最优工艺条件，明确主要影响因素。

二、实验原理

本实验以甲醛与甲醇缩合生产甲缩醛的反应为对象进行反应精馏工艺的研究。合成甲缩醛的反应为

$$2CH_3OH + CH_2O \Longrightarrow C_3H_6O + 2H_2O \tag{2-53}$$

该反应是在酸催化条件下进行的可逆放热反应，受平衡转化率的限制，若采用传统的先反应后分离的方法，即使以高浓度的甲醛水溶液(38%～40%)为原料，甲醛的转化率也只能达到60%左右，大量未反应的稀甲醛浓缩时产生的甲酸对设备的腐蚀严重。而采用反应精馏的方法则可有效地克服平衡转化率这一热力学障碍，因为该反应物系中各组分相对挥发度的大小次序为：$\alpha_{甲缩醛}>\alpha_{甲醇}>\alpha_{甲醛}>\alpha_{水}$。可见，由于产物甲缩醛具有最大的相对挥发度，利用精馏的作用可将其不断地从系统中分离出去，促使平衡向生成物方向移动，大幅度提高甲醛的平衡转化率。

此外，采用反应精馏技术还具有以下优点：

(1) 在合理的工艺及设备条件下，可从塔顶直接获得合格的甲缩醛产品。

(2) 反应和分离在同一设备中进行，可节省设备费用和操作费用。

(3) 反应热直接用于精馏过程，可降低能耗。

(4) 由于精馏的提浓作用，对原料甲醛的浓度要求降低，质量分数为7%～38%的甲醛水溶液均可直接使用。

本实验采用连续操作的反应精馏装置，考察原料甲醛的浓度、甲醛与甲醇的配比、催化剂浓度、回流比等因素对塔顶产物甲缩醛的纯度和生成速率的影响，

从中优选出最佳的工艺条件。实验中各因素水平变化的范围：甲醛溶液的浓度为12%～38%(质量分数)，甲醛∶甲醇为1∶8～1∶2(物质的量比)，催化剂质量分数为1%～3%，回流比为5～15。由于实验涉及多因子多水平的优选，故采用正交实验设计的方法组织实验,通过数据处理和方差分析,确定主要因素和优化条件。

三、实验装置

实验装置如图2-8所示。反应精馏塔由玻璃制成。塔径为25 mm，塔高约2400 mm，共分三段，由下至上分别为提馏段、反应段、精馏段，塔内填装弹簧状玻璃丝填料。塔釜为1000 mL四口烧瓶，置于1000 W电热碗中。塔顶采用电磁摆针式回流比控制装置。在塔釜、塔体和塔顶共设了五个测温点。

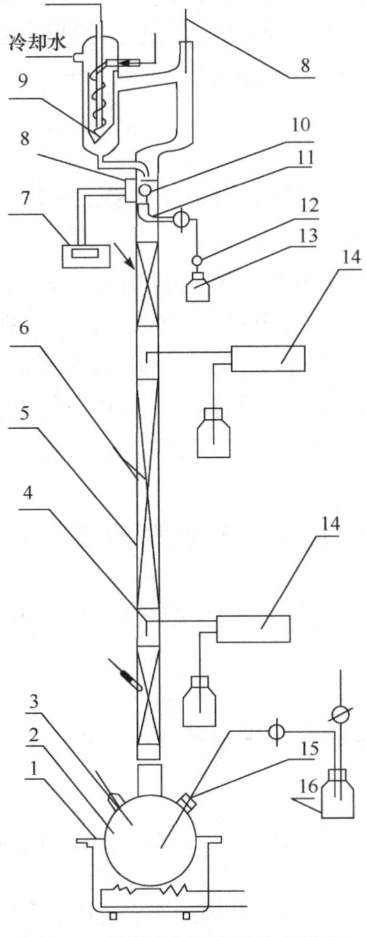

图2-8　催化反应精馏实验装置

1. 电热碗；2. 塔釜；3. 温度计；4. 进料口；5. 填料；6. 温度计；7. 时间继电器；8. 电磁铁；9. 冷凝器；10. 回流摆体；11. 计量杯；12. 数滴滴球；13. 产品槽；14. 计量泵；15. 塔釜出料口；16. 釜液储瓶

原料甲醛与催化剂混合后，经计量泵由反应段的顶部加入，甲醇由反应段底部加入。用气相色谱分析塔顶和塔釜产物的组成。

四、实验方法

1. 原料的准备

(1) 在甲醛水溶液中加入 1%、2%、3%的硫酸作为催化剂。
(2) 化学纯或工业甲醇。

2. 操作准备

检查精馏塔进出料系统各管线上的阀门开闭状态是否正常。向塔釜加入 400 mL，约 10%的甲醇水溶液。调节计量泵，分别标定原料甲醛和甲醇的进料流量，甲醇的体积流量控制在 4～5 mL/min。

3. 实验操作

(1) 先开启塔顶冷却水。再开启塔釜加热器，加热量要逐步增加，不宜过猛。当塔头有凝液后，全回流约 20 min。

(2) 按选定的实验条件，开始进料，同时将回流比控制器拨到给定的数值。进料后，仔细观察并跟踪记录塔内各点的温度变化，测定并记录塔顶与塔釜的出料速度，调节出料量，使系统物料平衡。待塔顶温度稳定后，每隔 15 min 取一次塔顶、塔釜样品，分析其组成，共取样 2～3 次。取平均值作为实验结果。

(3) 依正交实验计划表，改变实验条件，重复步骤(2)，可获得不同条件下的实验结果。

(4) 实验完成后，切断进出料，停止加热，待塔顶不再有凝液回流时，关闭冷却水。

注意：本实验按正交表进行，工作量较大，可安排多组学生共同完成。

五、实验记录与数据处理

(1) 列出实验原始记录表，计算甲缩醛产品的收率。

甲缩醛收率计算式：

$$\eta = \frac{(D \times x_D + W \times x_W)}{F \times x_F} \times \frac{M_1}{M_0} \times 100\% \tag{2-54}$$

式中，x_D 为塔顶馏出液中甲缩醛的质量分数；x_W 为塔釜出料液中甲缩醛的质量分数；x_F 为进料中甲醛的质量分数；D 为塔顶馏出液的质量流率，g/min；F 为进料甲醛水溶液的质量流率，g/min；W 为塔釜出料的质量流率，g/min；M_1、M_0 分别为甲醛、甲缩醛的相对分子质量；η 为甲缩醛的收率。

(2) 绘制全塔温度分布图，绘制甲缩醛产品收率和纯度与回流比的关系图。

(3) 以甲缩醛产品的收率为实验指标，列出正交实验结果表，运用方差分析确定最佳工艺条件。

六、思考题

(1) 反应精馏塔内的温度分布有什么特点？随原料甲醛浓度和催化剂浓度的变化反应段温度如何变化？这个说明了什么？

(2) 根据塔顶产品纯度与回流比的关系，塔内温度分布的特点，讨论反应精馏与普通精馏有何异同。

(3) 本实验在制定正交实验计划表时没有考虑各因素间的交互影响，是否合理？若不合理，应该考虑哪些因子间的交互作用？

(4) 要提高甲缩醛产品的收率，可采用哪些措施？

实验十八　计算机控制多釜串并联返混实验

一、实验目的

(1) 通过实验了解停留时间分布测定的基本原理和实验方法。

(2) 掌握停留时间分布的统计特征值的计算方法。

(3) 学会用理想反应器的串联模型来描述实验系统的流动特性。

二、实验原理

停留时间分布测定所采用的方法主要是示踪响应法。它的基本思路是：在反应器入口以一定的方式加入示踪剂，然后通过测量反应器出口处示踪剂浓度的变化，间接地描述反应器内流体的停留时间。常用的示踪剂加入方式有脉冲输入、阶跃输入和周期输入等。本实验选用的是脉冲输入法。

脉冲输入法是在极短的时间内，将示踪剂从系统的入口处注入注流体，在不影响主流体原有流动特性的情况下随之进入反应器。与此同时，在反应器出口检测示踪剂浓度 $C(t)$随时间的变化。整个过程可以用图 2-9 形象地描述。

由概率论知识可知，概率分布密度函数 $E(t)$就是系统的停留时间分布密度函数。因此，$E(t)\mathrm{d}t$ 就代表了流体粒子在反应器内停留时间为 $t \sim t+\mathrm{d}t$ 的概率。

在反应器出口处测得的示踪剂浓度 $C(t)$与时间 t 的关系曲线称为响应曲线。由响应曲线就可以计算出 $E(t)$与时间 t 的关系，并绘出 $E(t)$-t 关系曲线。计算方法

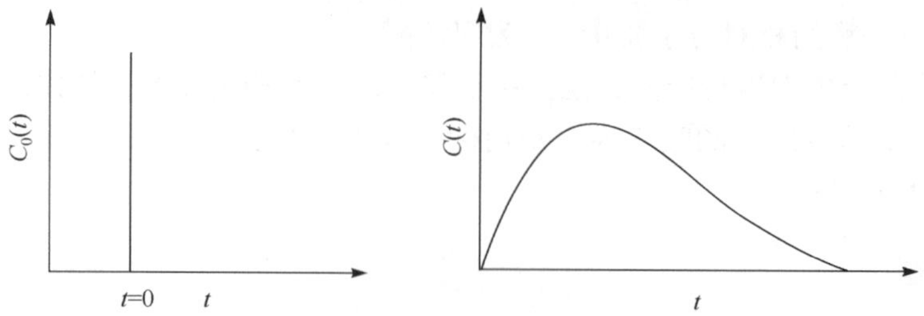

图 2-9　脉冲法则停留时间分布

是对反应器作示踪剂的物料衡算，即

$$QC(t)\mathrm{d}t=mE(t)\mathrm{d}t \tag{2-55}$$

式中，Q 为主流体的流量；m 为示踪剂的加入量。示踪剂的加入量可以用式(2-56)计算：

$$m=\int_0^{\infty} QC(t)\mathrm{d}t \tag{2-56}$$

在 Q 值不变的情况下，由式(2-55)和式(2-56)求出：

$$E(1)=\frac{C(t)}{\int_0^{\infty} C(t)\mathrm{d}t} \tag{2-57}$$

关于停留时间分布的另一个统计函数是停留时间分布函数 $F(t)$，即

$$F(t)=\int_0^{\infty} E(t)\mathrm{d}t \tag{2-58}$$

用停留时间分布密度函数 $E(t)$和停留时间分布函数 $F(t)$来描述系统的停留时间，给出了很好的统计分布规律。但是为了比较不同停留时间分布之间的差异，还需要引入另外两个统计特征值，即数学期望和方差。

数学期望对停留时间分布而言就是平均停留时间 $\bar{t}$，即

$$\bar{t}=\frac{\int_0^{\infty} tE(t)\mathrm{d}t}{\int_0^{\infty} E(t)\mathrm{d}t}=\int_0^{\infty} tE(t)\mathrm{d}t \tag{2-59}$$

方差是和理想反应器模型关系密切的参数。它的定义是

$$\sigma_t^2=\int_0^{\infty} t^2E(t)\mathrm{d}t-\overline{t^2} \tag{2-60}$$

对活塞流反应器 $\sigma_t^2=0$；而对全混流反应器 $\sigma_t^2=\overline{t^2}$；对介于上述两种理想反应器之间的非理想反应器可以用多釜串联模型描述。多釜串联模型中的模型参数 N 可以由实验数据处理得到的 σ_t^2 来计算。

$$N=\frac{\overline{t^2}}{\sigma_3^2} \tag{2-61}$$

当 N 为整数时，代表该非理想流动反应器可以用 N 个等体积的全混流反应器的串联来建立模型。当 N 为非整数时，可以用四舍五入的方法近似处理，也可以用不等体积的全混流反应器串联模型。

三、实验装置

多釜串并联返混实验装置如图 2-10 所示。

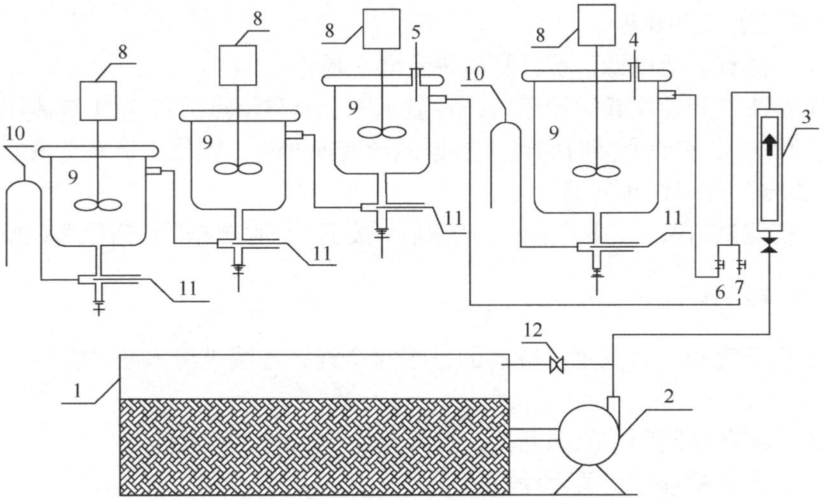

图 2-10　多釜串并联返混实验装置图

1. 水箱；2. 水泵：3. 转子流量计；4、5. KCl 的进样口；6、7. 进水阀；8. 搅拌电机；9. 釜式反应器；10. 溢流口；11. 电导电极；12. 回流阀

实验装置主要技术参数：

多釜式反应器：直径 110 mm，高 120 mm，有机玻璃制成，3 个。

单釜式反应器：直径 160 mm，高 120 mm，有机玻璃制成，1 个。

搅拌马达：25 W，转速 90～1400 转/分，无级变速调节。

液体(水)流量计：4～40 L/h。

四、实验方法

1. 准备工作

(1) 配制饱和 KCl 液体待用。

(2) 连接好入水管线，打开自来水阀门，使管路充满水。

(3) 检查电极导线连接是否正确。

2. 实验操作

(1) 打开总电源开关，开启入水阀门，向水槽内注水，启动水泵，慢慢打开进水转子流量计的阀门(注意！初次通水必须排净管路中的所有气泡，特别是死角处)。调节水流量维持在 20～30 L/h，直至各釜充满水，并能正常地从最后一级流出。

(2) 分别开启釜 1、釜 2、釜 3、釜 4 搅拌马达开关，后再调节马达转速的旋钮，使四釜搅拌程度为 200～250 r/min。开启电导仪总开关，按电导率仪使用说明书分别调节“调零”、调温度和电极常数等。调整完毕，备用(电导仪的使用方法见该仪器使用说明书)。

(3) 开启计算机电源，按计算机提示要求操作。

(4) 按下“开始实验”按钮后，看显示图上有显示点后将 KCl 液体用注射器注入反应器中。实验所需时间可以根据图形变换而定，图像由最高点恢复到与初始点近 20 s 后即可结束实验。

(5) 待测试结束，按下“结束”按钮后，按下“保存数据”按钮保存数据文件。

3. 停车操作

(1) 实验完毕，将三个反应器的进水阀全开，连续进清水冲洗管路。反复三四次。

(2) 关闭各水阀门、电源开关，打开釜底排水阀，将水排空。

(3) 退出实验程序，关闭计算机。

五、实验记录与数据处理

数据处理过程举例见表 2-13。

表 2-13　数据处理过程举例

单釜反混实验数据		
每组时间间隔：1.0 s	电机转速：200 r/min	
数学期望：338.262634	方差：80061.062500	虚拟釜数：1.429179
三釜反混实验数据		
每组时间间隔：1.0 s	电机转速：200 r/min	
釜 1 数学期望：300.881348	釜 1 方差：77611.210938	釜 1 虚拟釜数：1.166450
釜 2 数学期望：556.180725	釜 2 方差：127749.289063	釜 2 虚拟釜数：2.421438
釜 3 数学期望：741.452454	釜 3 方差：123636.343750	釜 3 虚拟釜数：4.446522

单釜和三釜串联分别如图 2-11 和图 2-12 所示。

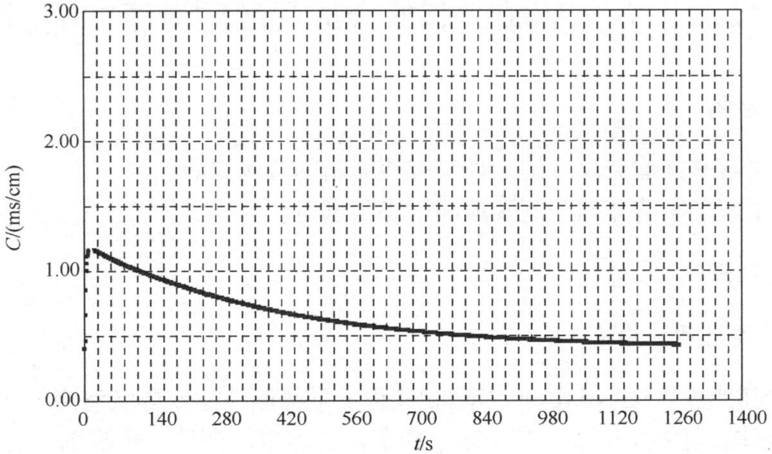

图 2-11　单釜图

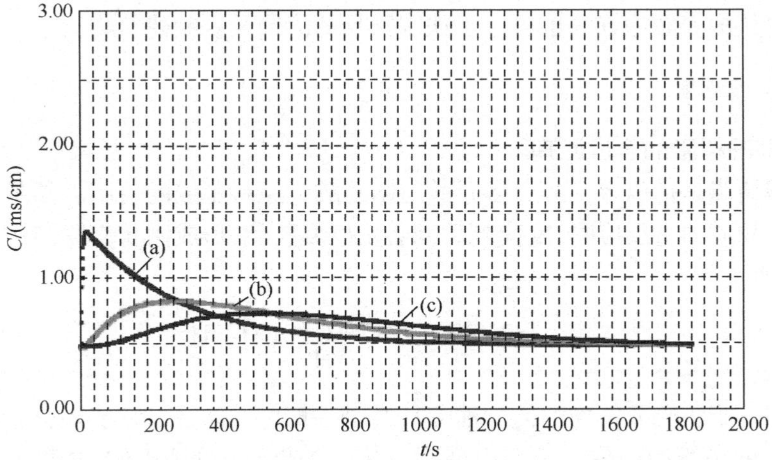

图 2-12　三釜串联图

(a) 釜 1；(b) 釜 2；(c) 釜 3

六、思考题

(1) 常用的测定停留时间分布的方法有哪些?

(2) 多釜串联实验操作应注意哪些事项?

实验十九　醇酸树脂的合成和醇酸清漆的配制

一、实验目的

(1) 了解掌握缩聚反应的原理和醇酸树脂的合成方法。

(2) 了解醇酸清漆的配制及漆膜干燥的过程。

二、实验原理

1. 主要性质和用途

醇酸树脂涂料(alkyd resin coating)又称醇酸树脂清漆或醇酸清漆，为淡黄色透明黏稠液体，可溶于甲苯、二甲苯、松节油、乙酸乙酯等有机溶剂，有优良的耐久性、光泽和保色保光性、硬度和柔软性。

醇酸树脂涂料是应用较早、使用面较广的一种涂料，主要应用于木制建筑物和木制家具的表面涂饰，也可用于铁制家具的涂饰及铁制建筑物。

2. 合成原理

1) 醇酸树脂的合成原理

醇酸树脂是指以多元醇、多元酸与脂肪酸为原料制成的树脂。邻苯二甲酸和甘油以等物质的量反应时,反应到后期会发生凝胶化,形成网状交联结构的树脂。

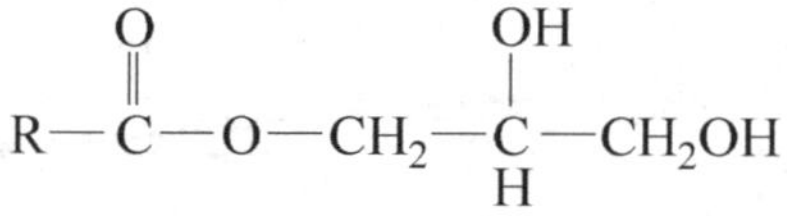

若加入脂肪酸或植物油使甘油变成甘油一酸酯，这是二官能团化合物，再与苯酐反应就是线型缩聚，不会出现凝胶化。如果所用的脂肪酸中含有一定数量的不饱和双键，则所得的醇酸树脂能与空气中的氧发生反应，交联成不溶的干燥漆膜。

合成醇酸树脂通常先将植物油与甘油在碱性催化剂存在下进行醇解反应，生成甘油一酸酯：

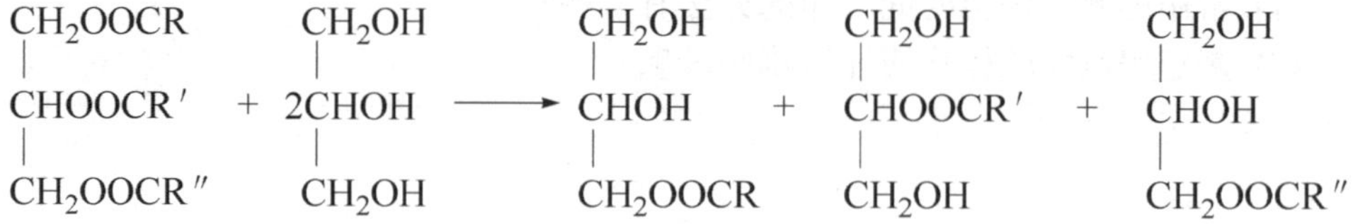

然后加入苯酐进行缩聚反应，同时脱水，最后生成醇酸树脂：

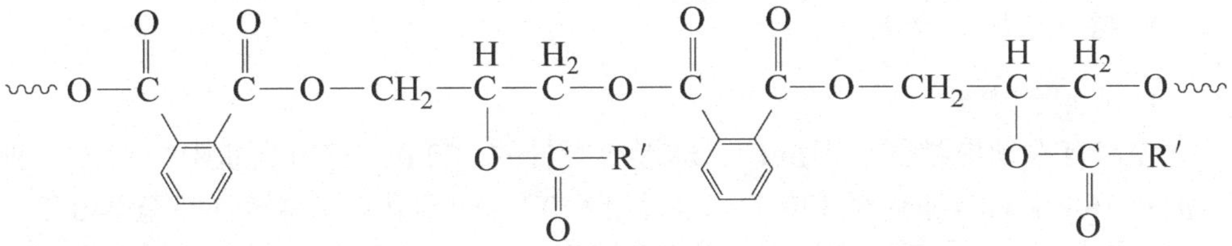

2) 醇酸清漆的配制原理

一般情况下，醇酸树脂主要是线型聚合物，但由于所用的油(如亚麻油、桐油等)脂肪酸根中含有许多不饱和双键，当涂成薄膜后与空气中的氧发生反应，逐渐转化成固态的漆膜，这个过程称为漆膜的干燥。其机理是相当复杂的，主要是氧在邻近双键的—CH_2—处被吸收，形成氢过氧化物，这些氢过氧化物再引发聚合，使分子间交联，最终形成网状结构的干燥漆膜。现以 ROOH 代表脂肪酸根中的氢过氧化物、RH 代表被氧化的脂肪酸根，则机理大致如下所示：

$$ROH \longrightarrow RO\cdot + \cdot OH$$

$$2ROOH \longrightarrow RO\cdot + ROO\cdot + H_2O$$

$$RO\cdot + RH \longrightarrow ROH + R\cdot$$

$$RH + \cdot OH \longrightarrow R\cdot + H_2O$$

$$R\cdot + \cdot R \longrightarrow R{-}R$$

$$RO\cdot + R \longrightarrow R{-}O{-}R$$

$$RO\cdot + RO\cdot \longrightarrow R{-}O{-}O{-}R$$

这个过程在空气中进行得相当缓慢，但某些金属如钴、锰、铅、锌、钙、锆等的有机酸皂类化合物对此过程有催化作用，这类物质称为催干剂。

醇酸清漆主要由醇酸树脂、溶剂(如甲苯、二甲苯、溶剂汽油)以及多种催干剂组成。

三、主要仪器及试剂

三口烧瓶(250 mL)、球形冷凝管、温度计(0～200 ℃、0～300 ℃)、分水器、滴液漏斗、电热包、电动搅拌器、烧杯(100 mL、200 mL)、漆刷、三合板或木板、量筒(10 mL、100 mL)、电热干燥箱、分析天平。

亚麻油、甘油、苯酐、氢氧化锂、甲苯、二甲苯、溶剂汽油、乙醇、氢氧化钾、亚麻油醇酸树脂(50%，质量分数，下同)、环烷酸钴(4%)、环烷酸钙(2%)。

四、实验方法

1. 醇酸树脂的合成

1) 亚麻油醇解

在装有电动搅拌器、温度计、球形冷凝管的 250 mL 三口烧瓶中加入 84 g 亚麻油和 26 g 甘油。加热至 120 ℃，然后加入 0.1 g 氢氧化锂。继续加热至 240 ℃，保持醇解 30 min，取样测定反应物的醇溶性。当溶液达到透明时即为醇解终点，若不透明，则继续反应，定期测定，达到终点后将其降温至 200 ℃。

2) 酯化

在三口烧瓶与球形冷凝管之间装上分水器，分水器中装满二甲苯(到支口为止，这部分二甲苯未计入配方量中)。将 53.2 g 苯酐用滴液漏斗加入三口烧瓶中，温度保持 180～200 ℃，30 min 内加完。然后加入二甲苯，缓慢升温至 230～240 ℃，回流 2～3 h。取样测定酸值，酸值小于 20 时为反应终点。冷却后，加入 150 g 溶剂汽油稀释，得米棕色醇酸树脂溶液，装瓶备用。

3) 终点控制及成品测定

醇解终点测定：取 0.5 mL 醇解物加入 5 mL 95%乙醇，剧烈振荡后放入 25 ℃水浴中，若溶液透明说明终点已到，浑浊则继续醇解。

测定酸值：取样 2～3 g(精确称量至 0.1 mg)，溶于 30 mL 甲苯-乙醇的混合液中(甲苯∶乙醇=2∶1，体积比)，加入 4 滴酚酞指示剂，用氢氧化钾-乙醇标准溶液滴定。然后用式(2-62)计算酸值：

$$\text{酸值} = \frac{C_{\text{KOH}} \times 56.1}{m_{\text{样品}}} \times V_{\text{KOH}} \tag{2-62}$$

式中，C_{KOH} 为 KOH 的浓度，mol/L；$m_{\text{样品}}$ 为样品的质量，g；V_{KOH} 为 KOH 溶液的体积，mL。

测定固含量：取样 3～4 g 烘至恒量(120 ℃约 2 h)，计算百分含量。

$$\text{固含量} = \frac{m_{\text{固体}}}{m_{\text{溶液}}} \times 100\% \tag{2-63}$$

测定黏度：用溶剂汽油调整固含量至 50%(测定方法参阅 NDJ-79 型旋转黏度计)。

2. 醇酸清漆的调配

将 42 g 亚麻油醇酸树脂(50%)、0.23 g 环烷酸钴(4%)、0.18 g 环烷酸锌(3%)、1.2 g 环烷酸钙(2%)和 6.4 g 溶剂汽油放入烧杯内，用搅拌棒调匀。

1) 成品要求

外观：透明无杂质。

不挥发组分：≥45%。

干燥时间：25 ℃，表面干燥≤6 h，实际干燥≤18 h。

2) 干燥时间测定

用漆刷均匀涂刷三合板样板，观察漆膜干燥情况，用手指轻按漆膜直至无指纹为止，即为表干时间。

五、实验注意事项

(1) 本实验必须严格注意安全操作，防止着火。

(2) 各升温阶段必须缓慢均匀，防止冲料。

(3) 加苯酐时不要太快，注意是否有泡沫升起，防止溢出。

(4) 加二甲苯时必须熄火，并注意不要加到烧瓶外面。

(5) 调配清漆时必须仔细搅匀，但搅拌不能太剧烈，防止混入大量空气。

(6) 涂刷样板时要涂得均匀，不能太厚，以免影响漆膜的干燥。

(7) 工作场所必须杜绝火源。

六、思考题

(1) 为什么反应要分成两步，即先醇解后酯化？是否能将亚麻油、甘油和苯酐直接混合在一起反应？

(2) 缩聚反应有何特点？加入二甲苯的作用是什么？

(3) 为什么用反应物的酸值决定反应的终点？酸值与树脂的相对分子质量有何联系？

(4) 调漆时为什么要同时加入多种催干剂？

(5) 涂刷样板时，为什么涂得太厚会影响漆膜的干燥？

实验二十　乙醇脱水制乙烯反应动力学参数测定

一、实验目的

(1) 掌握反应动力学数据的测定方法。

(2) 熟悉固定床反应器和流化床反应器的结构特点。

(3) 了解多功能催化反应装置的使用方法。

二、实验原理

气-固相催化反应动力学研究宜在排除内、外扩散对反应过程影响的条件下进行。本实验通过乙醇气相脱水制乙烯的反应，说明如何测定反应动力学的有关数据。

在催化剂存在下，乙醇既可以在分子内脱水生成乙烯，也可以在分子间脱水生成乙醚，反应式为

$$2C_2H_5OH \longrightarrow C_2H_5OC_2H_5 + H_2O$$
$$C_2H_5OH \longrightarrow C_2H_4 + H_2O$$

通常，较高的反应温度有利于生成乙烯，而较低的反应温度则有利于生成乙醚。

常用的催化反应系统有以下几种：

(1) 以浓硫酸为催化剂，在 170 ℃下进行液相催化反应。

(2) 以 *Y*-三氧化二铝为催化剂，在 360 ℃下进行气-固相催化反应。

(3) 以分子筛(ZSM-5)为催化剂，在 300 ℃下进行气-固相催化反应。

由于使用分子筛催化剂时，乙烯收率较高，故本实验选用分子筛(ZSM-5)作催化剂。

三、实验装置

1. 实验装置图

本实验在多功能催化反应装置的固定床反应器中进行。多功能催化反应装置由反应系统和控制系统组成，为了适应不同实验研究的需要，反应系统包含固定床反应器和流化床反应器，可以通过切换阀选择。多功能实验装置如图 2-13 所示，其控制面板布置如图 2-14 所示。

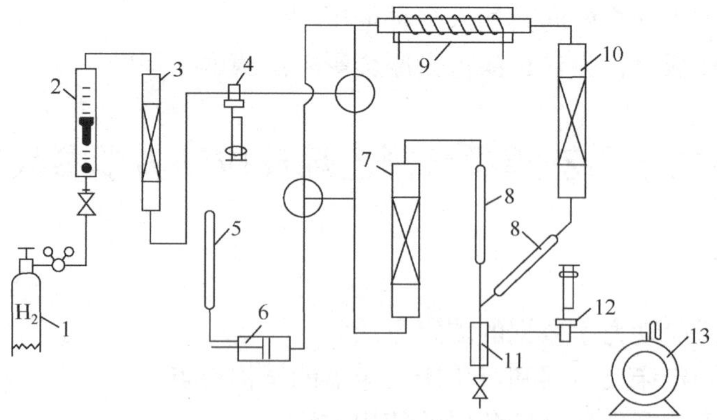

图 2-13　多功能实验装置流程图

1. 氢气钢瓶；2. 转子流量计；3. 干燥器：4. 取样器；5. 进料管；6. 液体泵；7. 流化床反应器；8. 冷凝器；9. 预热器；10. 固定床反应器；11. 尾液收集器；12. 取样器；13. 湿式流量计

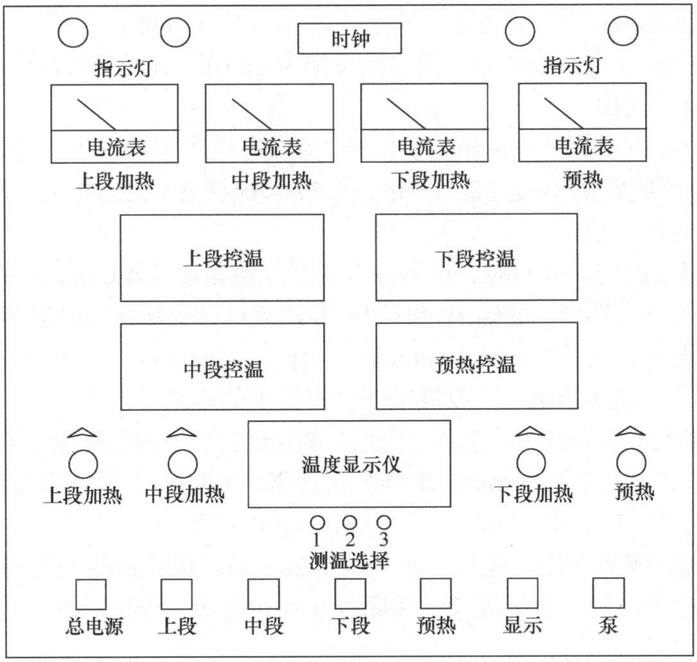

图 2-14　控制面板布置图

固定床反应器内填充有固体催化剂，反应温度由管式炉加热控制，反应物料以气相形式自上而下通过床层，在催化剂表面进行化学反应。固定床反应器的基本参数如下所示。

反应器：内径 20 mm，长度 730 mm，催化剂填装量 5～20 mL。

管式反应炉：直径 220 mm，长度 650 mm，各段加热功率 1 kW。

预热器：直径 10 mm，长度 250 mm，加热功率 0.5 kW。

2. 试剂和催化剂

试剂：无水乙醇，99.7%，分析纯。

催化剂：分子筛(ZSM-5)，60～80 目。

四、实验方法

(1) 将乙醇加入进料管中，料液阀切换至固定床反应器，连接好柱塞计量泵的进料管线。

(2) 向冷凝器中通入冷却水。

(3) 检查热电偶和加热电器接线无误后，开启电源总开关和分开关，此时控温仪表有温度数值显示。设定上、中、下段和预热段温度，一般上、下段均设定为 280 ℃，中段设定为 290 ℃，预热段设定为 100 ℃，使乙醇气化。

(4) 启动色谱仪。

(5) 顺时针方向调节电流给定旋钮，电流表有电流指示表明已开始加热。上、中、下段的电流给定值不超过 2 A(一般为 1.5 A)，预热器不超过 1 A(一般为 0.5 A)，电流过大会烧毁炉丝。

(6) 当温度达到 280 ℃时，调节柱塞计量泵流量至 2 mL/min，开启计量泵，将反应物压入反应器中。准确记录时间和湿式流量计的流量。反应 20 min 后，取样分析气体组成。此后，每隔 20 min 取一次样，共取 3 次，每次取样后要重新记录时间和流量。取样结束后，放掉尾液收集器中的废液。

(7) 改变 5 个不同的反应温度，重复步骤(6)(当上、下段温度为 310 ℃或 320 ℃时，可将流量调节为 3.5 mL/min)，取样分析数据。一般上、下段设定分别为 280 ℃、290 ℃、300 ℃、310 ℃、320 ℃，中段相应高出 10 ℃。

(8) 反应完成后，停止进料。继续加热 20 min，然后将各加热器电流调为 0，打开尾液收集器阀门，放掉废液，关闭冷却水和电源，结束实验。

五、实验记录与数据处理

实验数据记录及处理结果见表 2-14。

反应器内径：________mm；反应器长度：________mm；催化剂种类及型号：________；催化剂填装量：________g；催化剂粒径：________nm；室温：________℃。

表 2-14　实验数据记录及处理结果

实验编号	反应温度/℃	乙醇进料量/(mL/min)	产物组成/%				乙醇浓度 C_A	乙醇转化率 x	乙烯收率 φ	反应速率 r	反应速率常数 k
			乙烯	乙醚	乙醇	其他					
1	280	2									
2	290	2									
3	300	2									
4	310	3.5									
5	320	3.5									

(1) 产物组成的计算。

产物中各组分的摩尔分数可以用式(2-64)计算：

$$x_i = \frac{A_i f_i}{\sum_{i=1}^{n} A_i f_i} \tag{2-64}$$

式中，x_i为尾气中组分 i 的摩尔分数；A_i为组分 i 的色谱峰面积；f_i为用热导检测器时组分 i 的校正因子(表 2-15)；n 为尾气中所含的组分数。

表 2-15　用热导池检测时的 f_i 值(载气 H_2)

出峰顺序 i	组分 i	摩尔校正因子 f_i
1	乙烯	2.08
2	乙醚	0.91
3	乙醇	1.39

(2) 根据理想气体状态方程 $pV=nRT$，可求出经过湿式气体流量计的气体物质的量 n。其中，p 为大气压，Pa；V 为湿式流量计示数，m^3；T 为气体温度即室温，K；R 为摩尔气体常量，R=8.314 J/(mol · K)。

$$\text{乙烯物质的量=总物质的量}\, n\times x_{\text{乙烯}}\text{，乙醚物质的量=总物质的量}\, n\times x_{\text{乙醚}} \tag{2-65}$$

$$\text{乙醇的转化率}\, x\text{=已转化的乙醇物质的量/原料中乙醇物质的量}$$

$$\text{已转化的乙醇物质的量=生成乙烯物质的量+2×生成乙醚物质的量} \tag{2-66}$$

$$\text{乙烯的收率}\, \varphi\text{=生成乙烯物质的量/原料中乙醇物质的量} \tag{2-67}$$

$$\text{乙醇的进料速率} = \frac{\text{乙醇的体积流量}\times 0.7893\text{（乙醇的相对密度）}}{46.07\text{（乙醇的相对分子质量）}} \tag{2-68}$$

$$\text{乙烯的生成速率} = \frac{\text{乙醇进料速率}\times\text{乙烯的收率}}{\text{催化剂的用量}} \quad \text{单位：mol/(g·h)} \tag{2-69}$$

(3) 计算乙醇浓度时，可将反应器内混合气体视为理想气体，然后根据理想气体状态方程求出。

$$C_A = \frac{p_A}{RT} \quad \text{单位：mol/m}^3 \tag{2-70}$$

式中，p_A为乙醇的分压，Pa，$p_A=px_A$；反应的总压为 0.1 MPa。

(4) 生成乙烯的反应速率常数 k 可以按一级反应由式(2-71)求出：

$$k = \frac{r}{C_A} \tag{2-71}$$

根据阿伦尼乌斯公式 $k = A\exp(-E/T)$，将 $\ln k$ 对 $1/T$ 作图，即可求出 A 和 E。

在低温有乙醚生成的情况下，参照上述计算过程，求出乙醇的消耗速率常数和相应的活化能(按一级反应处理)。

六、实验结果讨论

(1) 画出进料速率与乙醇收率的关系曲线，并对曲线所反映的规律作出解释。
(2) 从乙烯和乙醚的活化能数值讨论反应温度对乙烯和乙醚收率的影响。
(3) 试计算该反应的空速。

七、思考题

(1) 用固定床反应器和流化床反应器测定化学反应动力学的优缺点是什么？
(2) 若要证明测定的是本征动力学数据，需要补充哪些实验内容？

实验二十一　液相催化空气氧化甲苯合成苯甲酸

一、实验目的

(1) 了解以甲苯和空气为原料，以乙酸钴和乙酸锰为催化剂，以溴化钠为促进剂，在高压釜内完成空气氧化甲苯合成苯甲酸的气-液相催化反应过程。
(2) 理解气-液相催化空气氧化反应的机理。
(3) 掌握高压釜的操作和使用方法。
(4) 了解气-液相反应过程中产物的分离和精制。
(5) 掌握带压条件下，在线测定反应物组成的实验技术。

二、实验原理

苯甲酸又名安息香酸，白色晶体，熔点 122.4 ℃，沸点 249 ℃，是化工、医药、食品、香料和染料等工业的重要原料。苯甲酸的合成有多种方法，工业上常用液相催化空气氧化甲苯合成，也可以用其他氧化剂氧化甲苯。为了讨论问题方便，将空气或纯氧以外的其他氧化剂统称为化学氧化剂，如 $KMnO_4$、MnO_2、CrO_3、$Na_2Cr_2O_7$ 和稀 HNO_3 等。利用这些化学氧化剂进行氧化反应时，生产成本和环境治理的成本都较高。本实验采用液相催化空气氧化甲苯合成苯甲酸，其反应方程式如下：

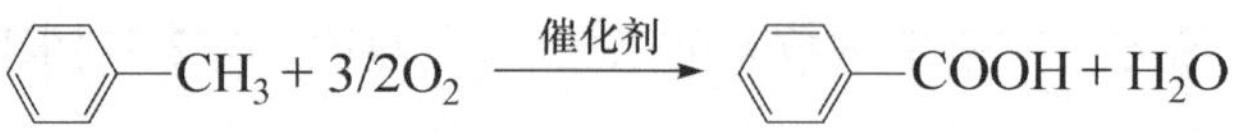

1. 液相催化空气氧化反应机理

某些有机化合物在室温下遇到空气会发生缓慢的氧化，这种现象称为自动氧化，液相催化空气氧化属于这种自动氧化反应。液相催化空气氧化反应广泛用于生产醛、酸、酮、醌、酚等有机化学品。在实际生产中，为了提高氧化反应速率，往往需要提高反应温度和添加催化剂。甲苯液相氧化的中间产物是苯甲醇和苯甲醛，通常它们在产物中的积累较少，苯甲醛占 1%～3%(质量分数)，因为苯甲醛在空气中很容易氧化为酸。

自动氧化反应属于自由基反应，其反应历程包括链的引发、链的传递和链的终止三个步骤。

1) 链的引发

链的引发是指被氧化的有机物分子 R—H(R 表示不同种类的烃基)在热能、可变价金属盐或自由基 X·的作用下发生 C—H 键断裂而生成自由基 R·的过程。这种断裂过程的难易与键的离解能有关，离解能越小，断裂越容易进行。由于氧分子的离解能(494 kJ/mol)比一般碳氢键的离解能都高(参见表 2-16)，故氧化过程首先是发生碳氢键的断裂，形成烷基自由基。

表 2-16　化学键的离解能

化学键	离解能/(kJ/mol)	化学键	离解能/(kJ/mol)
O—O	494	$(CH_3)_3C$—H	381
C_6H_5—H	435	$(CH_3)_2CH$—H	394
$C_6H_5CH_2$—H	356	$CH_3CH_2CH_2$—H	410
Cl—Cl	243	Br—Br	193

例如

$$\mathrm{R—H \longrightarrow R\cdot + \cdot H}$$

$$\mathrm{R—H + Co^{3+} \longrightarrow R\cdot + H^{+} + Co^{2+}}$$

$$\mathrm{R—H + \cdot X \longrightarrow R\cdot + HX}$$

甲苯及其衍生物在没有催化剂或引发剂的情况下，氧化反应速率很慢，选择性也很低，因此多数液相催化空气氧化反应都用催化剂。液相催化空气氧化使用的催化剂主要为过渡金属的盐，其中钴盐和锰盐的催化效果较好，其用量一般为被氧化物的百分之几到万分之几(质量分数)。近年来，为了提高原料的利用率，降低对环境的影响，也有将氧化物负载在多孔载体上作液相氧化催化剂。要使氧化反应以较快的速度进行，必须有一定的自由基浓度。积累一定量自由基浓度所需要的时间称为诱导期。对于不同的反应物，诱导期是不同的。为了缩短诱导期，有时需要在催化剂中加入溴化物等助催化剂，以加速链的引发。

2) 链的传递

链的传递过程是下列两个反应交递进行的结果。

$$R\cdot + O_2 \longrightarrow R—O—O\cdot$$

$$R—O—O\cdot + R—H \longrightarrow R—O—O—H + R\cdot$$

同时，有机过氧化氢物 R—O—O—H 的分解也产生自由基，同样起到了链的生长和链的传递作用。

$$R—O—O—H \longrightarrow RO\cdot + \cdot OH$$

3) 链的终止

在一定条件下，两个自由基结合成稳定的化合物，从而导致链的终止，使自动氧化反应速率减慢。

$$R\cdot + R\cdot \longrightarrow R—R$$

$$R\cdot + R—O—O\cdot \longrightarrow R—O—O—R$$

因此，凡能与自由基结合生成稳定化合物的物质，都对反应有抑制作用。抑制作用最强的是酚类、胺类、醌类和烯烃等。例如

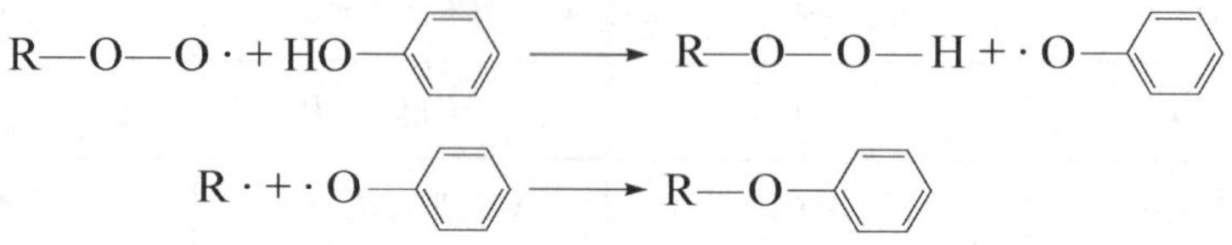

因此，在被氧化的原料中，应不含有这些物质。

2. 反应物的结构对反应速率的影响

液相催化空气氧化反应的难易与反应物的结构有关，在烃分子中 C—H 键断裂为 R·和 H·时，一般是叔 C—H 键($R_3C—H$)最容易，其次是仲 C—H 键($R_2C—H_2$)，最弱的是伯 C—H 键(RCH_3 中的甲基)。取代基的类型对反应活性也有影响，含有推电子取代基的甲苯衍生物(如甲苯、二甲苯、甲氧基甲苯等)容易被氧化；而含有吸电子取代基的甲苯衍生物(如硝基取代甲苯、对氰基甲苯等)反应活性较小，需要在比较苛刻的条件下才能发生液相氧化反应。例如，在乙酸介质中以三氧化铬为氧化剂时，甲苯衍生物被氧化的活性顺序是

甲苯>对溴甲苯>对氯甲苯>对氰基甲苯>邻氯甲苯>对硝基甲苯

值得注意的是，活性顺序还与溶剂有关。例如，在反应物介质中，邻氯甲苯的氧化速率就比对氯甲苯快得多。

三、实验装置

本实验所用的仪器有：高压釜，FYXD 0.3(带换热盘管)，最大工作压力 20 MPa，最高工作温度 350 ℃；空气钢瓶，转子流量计，40～400 mL/min；冷凝器，玻璃吹制。

主要试剂有：甲苯、乙酸钴、乙酸锰、溴化钠、氢氧化钠，均为化学纯；苯甲酸钠，分析纯。

甲苯液相氧化反应在如图 2-15 所示的装置中进行。其中，空气钢瓶也可以用无油空气压缩机代替，但压缩机的出口压力应不低于 0.6 MPa。高压釜的材质为不锈钢，容积为 300 mL，耐压应不低于 1 MPa。高压釜内的反应温度由精密温度控制器自动控制，氧化反应为强放热反应，反应釜内必须装有冷却盘管，以便通冷却介质。冷凝器是为了收集被尾气带出的少量反应混合物设置的。转子流量计用于控制空气的流量。氧分析仪采用电化学传感器，用于在线监测尾气中残存的氧含量，以便及时了解高压釜内氧化反应速率的大小。

将空气钢瓶的空气导入高压釜下部，与其中的反应物料充分混合并反应，由尾气带出的少量反应混合物经冷凝器冷凝回收，废气再经干燥、计量后排放。反应混合物经冷却、过滤、碱溶、酸沉淀，得白色苯甲酸结晶。产物用液相色谱分析，流动相为甲醇和水。也可以用熔点仪检测。

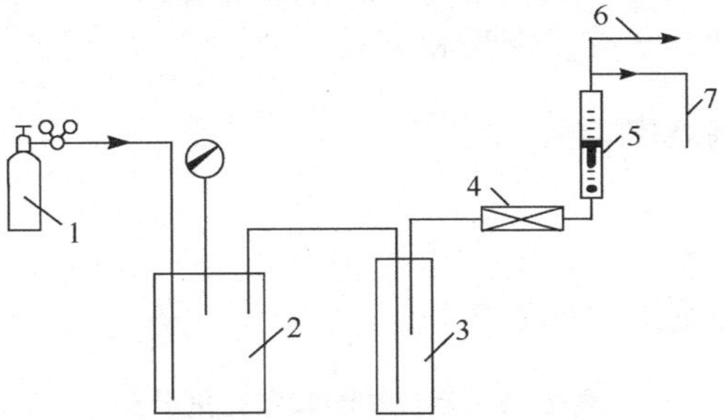

图 2-15 液相氧化反应装置示意图

1. 空气钢瓶；2. 高压釜；3. 冷凝器；4. 尾气干燥器；5. 转子流量计；6. 接尾气净化装置；7. 接氧分析仪

四、实验方法

(1) 在高压釜中加入 0.5 mol(46 g)甲苯和适量催化剂，如 0.5 g 乙酸钴、0.28 g 乙酸锰、0.58 g 溴化钠，旋紧釜盖(注意对称旋紧，每次不宜旋多，逐渐紧固)。

(2) 开启加热电源，设定反应温度为 160 ℃。釜温在 100 ℃以前，控制加热电压为 200 V 左右，釜温接近 100 ℃时，控制加热电压为 150 V 左右，开启搅拌器，控制其转速为 500 r/min。

(3) 当温度升至 100 ℃时，通入空气，使釜内压力逐渐升至 0.6 MPa，同时，慢慢旋开出口针形阀，使转子流量计的浮子在 100 mL/min 处。

(4) 当温度达到 150 ℃时，开始计时，并用氧分析仪检测尾气中残存氧含量，记下氧含量降低到 5%所需要的时间，此时间即为诱导期。

(5) 为了找出最佳反应温度，诱导期过后降低反应温度，分别在 110～160 ℃每隔 10 ℃恒温反应 1 h。在恒温过程中，每隔 15 min 测量一次尾气氧含量。

(6) 根据步骤(5)的实验结果，并考虑反应温度越高，尾气氧含量可能越小，但副反应也可能增多，将尾气氧含量最小时的最低反应温度作为最佳温度，恒定在此温度继续反应 2 h。

(7) 反应完成后，停止加热，先关闭高压釜上的空气进、出口针形阀，再关空气瓶或空气压缩机。取出反应器，先用电扇吹冷 0.5 h(切不可立即放入冷水中，以免影响高压釜寿命)，然后水浴冷却到接近室温，在通风橱中泄压后，打开反应釜盖，倒出反应混合物，过滤，并进行纯化处理。

五、实验注意事项

(1) 氧化反应为强放热反应，反应过程中又生成过氧化物，反应机理为链反应，因此必须随时观察温度的变化，当温度高于 170 ℃时，必须在盘管中通入冷却水，以免温度过高引起反应速率过快而发生危险。

(2) 反应结束时，必须先关闭高压釜上的空气进、出口针形阀，再关空气瓶或空气压缩机，否则容易造成倒吸和事故。

六、实验记录与数据处理

1. 实验记录

反应物料和催化剂配比见表 2-17。

表 2-17　反应物料和催化剂配比

物料名称	质量/g	物质的量/mol
$Co(OAc)_2 \cdot 4H_2O$		
$Mn(OAc)_2 \cdot 4H_2O$		
NaBr		
甲苯		

液相氧化反应实验操作和产物分析分别记录于表 2-18 和表 2-19。

表 2-18　液相氧化反应实验操作记录

时间	反应温度/℃	尾气流量/(mL/min)	尾气中残存氧含量/%	操作压力/MPa

表 2-19　液相氧化反应产物分析

甲苯进料量	粗产品						甲苯转化率	苯甲酸收率
	苯甲酸		甲苯		苯甲醛			
	含量/%	质量/g	含量/%	质量/g	含量/%	质量/g		

2. 数据处理和结果讨论

(1) 氧化反应速率 q_n：甲苯液相氧化反应的速率 q_n 可以用式(2-72)定量计算，但 q_n 值的大小并不能完全真实地代表氧化反应速率的大小，因为深度氧化也要消耗氧气，但它能帮助我们大致了解反应器内氧化反应进行的好坏。

$$q_n = \frac{\dfrac{\text{尾气流量}}{\text{残存氧含量}+\text{氮含量}} - \text{尾气流量}}{\text{原料物质的量}\times 22.4} \quad \text{单位：} \mathrm{mol_{O_2}} / (\mathrm{min}\cdot\mathrm{mol_{甲苯}}) \tag{2-72}$$

(2) 甲苯转化率 $x_{甲苯}$

$$x_{甲苯} = \frac{\text{初始甲苯物质的量}-\text{残存甲苯物质的量}}{\text{初始甲苯物质的量}} \tag{2-73}$$

(3) 苯甲酸选择性 β

$$\beta = \frac{\text{产物物质的量}}{\text{转化甲苯的物质的量}} \tag{2-74}$$

(4) 苯甲酸收率

$$\varphi = \frac{\text{产物物质的量}}{\text{初始甲苯物质的量}} = \beta x_{甲苯} \tag{2-75}$$

根据式(2-72)计算 q_n，然后以 q_n 对 T 作图，找出最适宜的反应温度。再根据式(2-73)～式(2-75)计算 $x_{甲苯}$、β 和 φ。

催化剂用量的确定：考虑实验时间有限，建议不同实验小组使用不同的催化剂配比，然后综合几组实验结果，即可得出合适的催化剂用量。

七、思考题

(1) 为了减小诱导期，通常提高反应开始时的温度，试从反应机理说明原因。

(2) 尾气中氧含量的高低说明了什么？

(3) 气-液催化氧化反应为什么一般都在压力下进行？

(4) 停止液相氧化反应时，为什么要先关闭高压釜进、出口阀门，再关闭钢瓶出口阀？

第三章　分离工程实验

实验二十二　液-液萃取分离煤油-苯甲酸混合液

一、实验目的

(1) 了解脉冲填料萃取塔、桨叶旋转萃取塔、往复筛板萃取塔的结构。

(2) 掌握萃取塔性能的测定方法。

(3) 了解萃取塔传质效率的强化方法。

二、实验内容

(1) 观察有无空气脉冲或进气量、搅拌转速不同时，塔内液滴变化情况和流动状态。

(2) 固定两相流量，测定有无脉冲或进气量、搅拌转速、往复频率不同时萃取塔的传质单元数 N_{OE}、传质单元高度 H_{OE} 及总传质系数 $K_{YE}a$。

三、实验原理

桨叶旋转萃取塔是一种外加能量的萃取设备。在塔内由环行隔板将塔分成若干段，每段的旋转轴上装有桨叶。在萃取过程中由于桨叶的搅动，增加了分散相的分散程度，促进了相际接触表面积的更新与扩大。隔板在一定程度上抑制了轴向返混，因而桨叶旋转萃取塔的效率较高。桨叶转速若太高，也会导致两相乳化，难以分相。

往复筛板萃取塔是将若干层筛板按一定间距固定在中心轴上，由塔顶的传动机构驱动而作往复运动。往复筛板萃取塔的效率与塔板的往复频率密切相关。当振幅一定时，在不发生乳化和液泛的前提下，效率随频率的增加而提高。

填料萃取塔是石油炼制、化学工业和环境保护等部门广泛应用的一种萃取设备，具有结构简单、便于安装和制造等特点。塔内填料的作用是使分散相液滴不断破碎与聚合，以使液滴的表面不断更新，还可以减少连续相的轴向混合。

在普通填料萃取塔内，两相依靠密度差而逆向流动，相对速度较小，界面湍动程度低，限制了传质速率的进一步提高。为了防止分散相液滴过多聚结，增加塔内流体的湍动，可采用连续通入或断续通入(脉冲方式)压缩空气向填料塔提供外加能量，增加液体湍动。当然，湍动太厉害会导致液-液两相乳化，难以分离。

萃取塔的分离效率可以用传质单元高度 H_{OE} 或理论级当量高度 h_e 表示。影响脉冲填料萃取塔分离效率的因素主要有填料的种类、轻重两相的流量及脉冲强度等。对一定的实验设备(几何尺寸一定，填料一定)，在两相流量固定的条件下，脉冲强度增加，传质单元高度降低，塔的分离能力增加。对于几何尺寸一定的桨叶旋转萃取塔，在两相流量固定的条件下，从较低的转速开始增加时，传质单元高度降低，转速增加到某值时，传质单元将降到最低值，若继续增加转速，传质单元高度反而会增加，即塔的分离能力下降。

本实验以水为萃取剂，从煤油中萃取苯甲酸，苯甲酸在煤油中的浓度约为0.2%(质量分数)。水相为萃取相(用字母 E 表示，在本实验中又称连续相、重相)，煤油相为萃余相(用字母 R 表示，在本实验中又称分散相)。在萃取过程中苯甲酸部分地从萃余相转移至萃取相。萃取相及萃余相的进、出口浓度由滴定分析法测定。考虑水与煤油是完全不互溶的，且苯甲酸在两相中的浓度都很低，可认为在萃取过程中两相液体的体积流量不发生变化。

1. 按萃取相计算的传质单元数 N_{OE}

计算公式为

$$N_{OE}=\int_{Y_{Et}}^{Y_{Eb}}\frac{dY_E}{\left(Y_E^*-Y_E\right)} \tag{3-1}$$

式中，Y_{Et} 为苯甲酸在进入塔顶的萃取相中的质量比组成，kg 苯甲酸/kg 水，本实验中 $Y_{Et}=0$；Y_{Eb} 为苯甲酸在离开塔底萃取相中的质量比组成，kg 苯甲酸/kg 水；Y_E 为苯甲酸在塔内某一高度处萃取相中的质量比组成，kg 苯甲酸/kg 水；Y_E^* 为与苯甲酸在塔内某一高度处萃余相组成 X_R 成平衡的萃取相中的质量比组成，kg 苯甲酸/kg 水。

用 Y_E-X_R 图上的分配曲线(平衡曲线)与操作线可求得 $\frac{1}{Y_E^*-Y_E}$-Y_E 关系，然后进行图解积分或用辛普森积分法可求得 N_{OE}。

2. 按萃取相计算的传质单元高度 H_{OE}

$$H_{OE}=\frac{H}{N_{OE}} \tag{3-2}$$

式中，H 为萃取塔的有效高度，m；H_{OE} 为按萃取相计算的传质单元高度，m。

3. 按萃取相计算的体积总传质系数

$$K_{YE}a = \frac{S}{H_{OE} \cdot \Omega} \tag{3-3}$$

式中，S 为萃取相中纯溶剂的流量，kg 水/h；Ω 为萃取塔截面积，m^2；$K_{YE}a$ 为按萃取相计算的体积总传质系数，$\dfrac{\text{kg苯甲酸}}{\text{m}^3 \cdot \text{h} \cdot \dfrac{\text{kg苯甲酸}}{\text{kg水}}}$。

同理，本实验也可以按萃余相计算 N_{OR}、H_{OR} 及 $K_{XR}a$。

四、实验装置

本实验有三套装置，其中填料萃取塔、桨叶旋转萃取塔、往复筛板萃取塔各一套，流程示意图如图 3-1～图 3-3 所示。各套设备参数列于表 3-1。

表 3-1　萃取塔主要参数

设备编号	1	2	3	4
设备类型	桨叶旋转萃取塔	填料萃取塔	往复筛板萃取塔	填料萃取塔
填料类型		θ环丝网(φ6×6)		规整网架填料
萃取段有效高度/mm	750	600	750	600
萃取段塔径/mm	37	50	37	50

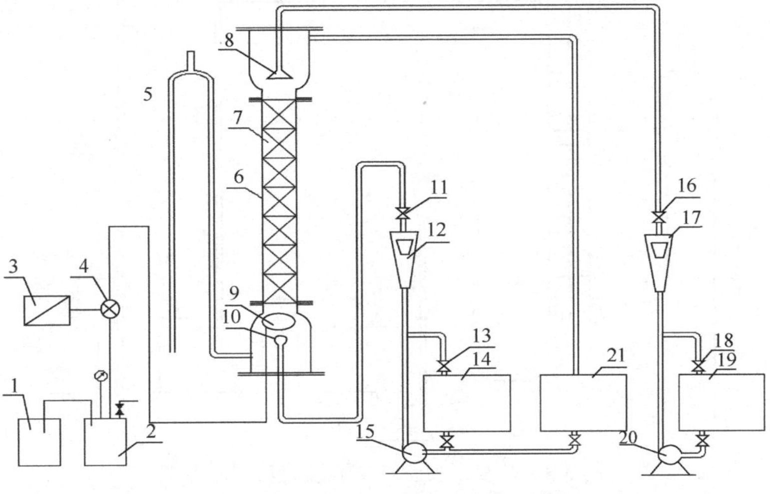

图 3-1　填料萃取实验装置流程示意图

1. 压缩机；2. 稳压罐；3. 脉冲频率调节仪；4. 电磁阀；5. π 形管；6. 玻璃萃取塔；7. 填料；8. 进水分布器；9. 脉冲气体分布器；10. 煤油分布器；11. 煤油流量调节阀；12. 煤油转子流量计；13. 煤油泵旁路调节阀；14. 煤油储槽；15. 煤油泵；16. 水流量调节阀；17. 水转子流量计；18. 水泵旁路调节阀；19. 水储槽；20. 水泵；21. 出口煤油储槽

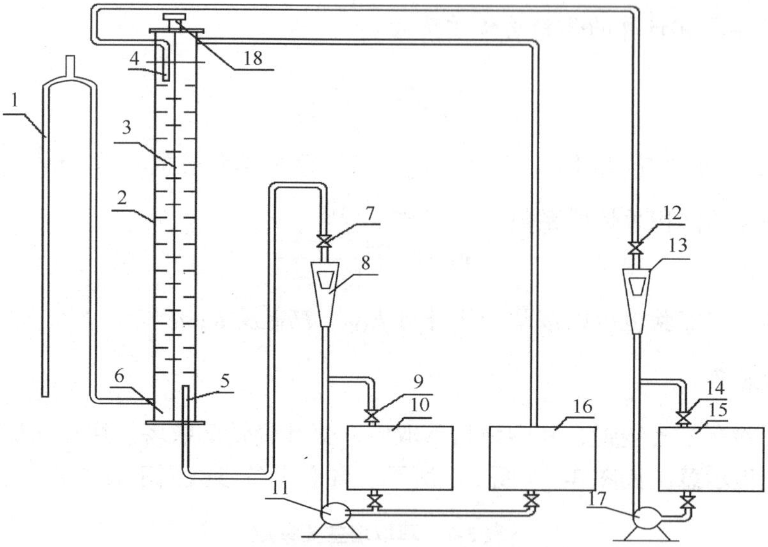

图 3-2　桨叶旋转萃取实验装置流程示意图

1. Π形管；2. 玻璃萃取塔；3. 桨叶搅拌器；4. 进水分布器；5. 煤油分布器；6. 塔底澄清段；7. 煤油流量调节阀；8. 煤油转子流量计；9. 煤油泵旁路调节阀；10. 煤油储槽；11. 煤油泵；12. 水流量调节阀；13. 水转子流量计；14. 水泵旁路调节阀；15. 水储槽；16. 出口煤油储槽；17. 水泵；18. 搅拌电机

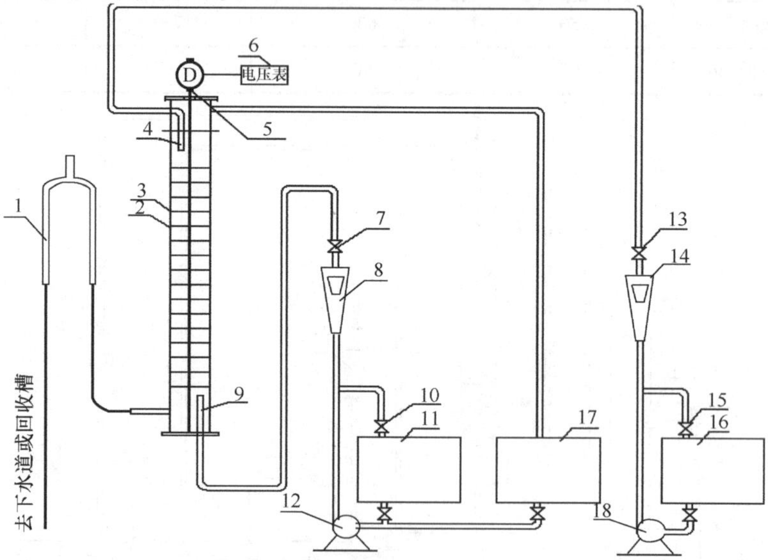

图 3-3　往复筛板萃取实验装置流程示意图

1. Π形管；2. 玻璃塔体；3. 筛板；4. 水相入口管；5. 直流变速单机；6. 调压器；7. 煤油流量调节阀；8. 煤油转子流量计；9. 煤油入口管；10、15. 回流阀；11. 煤油储槽；12、18. 磁力泵；13. 水流量调节阀；14. 水转子流量计；16. 水储槽；17. 出口煤油储槽

水相和油相的输送用磁力驱动泵，油相和水相的计量用LZB-4型转子流量计。

对桨叶旋转萃取塔和往复筛板萃取塔，搅拌轴的转速和筛板的往复频率通过调控电机的电压实现。对填料萃取塔，脉冲空气由频率调节仪控制电磁阀的接通时间和断开时间而形成。脉冲强度可通过脉冲压力和脉冲频率反映。脉冲压力可从面板上的压力表读出，其大小可用面板后的针形阀调节；脉冲频率可从频率调节仪上读出，其大小可通过频率调节仪的触摸按键调节。

五、实验方法

(1) 在实验装置最右边的储槽内放满水，在中间的储槽内放满配制好的煤油，分别开动水泵和煤油泵的电闸，将两相的回流阀打开，使其循环流动。

(2) 全开水转子流量计调节阀，将重相(连续相)送入塔内。当塔内水面快上升到重相入口与轻相出口间中点时，将水流量调至某一数值，并缓慢改变Π形管高度使塔内液位稳定在轻相出口以下的位置。

(3) 对桨叶旋转萃取塔或往复筛板萃取塔，要开动电动机，适当地调节变压器使其转速或频率达到指定值。调速时应慢慢地升速，绝不能调节过快致使马达产生“飞转”而损坏设备。

(4) 将轻相(分散相)流量调至某一数值，并注意及时调节Π 形管的高度。在实验过程中，始终保持塔顶分离段两相的相界面位于轻相出口以下。

(5) 如果做有脉冲的实验，要开动脉冲频率调节仪的开关，将脉冲频率和脉冲空气的压力调到一定数值，进行某脉冲强度下的实验。在该条件下，两相界面不明显，但要注意不要让水相混入油相储槽中。

(6) 操作稳定并且传质达到稳定后，用锥形瓶收集轻相进、出口的样品各约 50 mL，重相出口样品约 60 mL，备分析浓度使用。

(7) 取样后，即可改变条件进行另一操作条件下的实验。保持油相和水相流量不变，将搅拌转速、往复频率、脉冲频率或空气的流量调到另一数值，进行另一条件下的测试。

(8) 用滴定分析法测定各样品的浓度。对于水相，用移液管取水相 25 mL 样品，以酚酞作指示剂，用 0.01 mol/L 左右 NaOH 标准液滴定样品中的苯甲酸；对于煤油相，用移液管取煤油相 10 mL 样品，然后用移液管再取 10 mL 去离子水，充分摇匀，以酚酞作指示剂，用 0.01 mol/L 左右 NaOH 标准液滴定样品中的苯甲酸，要注意边滴边摇。

(9) 实验完毕后，先关闭两相流量计、搅拌和脉冲频率调节仪开关，然后关闭泵，切断总电源。滴定分析过的煤油应集中存放回收。洗净分析仪器，一切复原，保持实验台面整洁。

六、实验注意事项

(1) 必须清楚实验装置上每个设备、部件、阀门、开关的作用和使用方法，才能进行实验操作。

(2) 在操作过程中，要避免塔顶的两相界面在轻相出口以上，因为这样会导致水相混入油相储槽。

(3) 分散相和连续相在塔顶、底滞留很大，改变操作条件后，稳定时间一定要足够长，否则误差极大。

(4) 煤油的实际体积流量并不等于流量计的读数。需用煤油的实际流量数值时，必须用流量修正公式对流量计的读数进行修正后方可使用。

七、实验记录与数据处理

以桨叶旋转萃取塔为例，将实验数据整理列于表 3-2。

塔型：桨叶旋转萃取塔；萃取塔内径：37 mm；萃取塔有效高度：0.75 m；溶质 A：苯甲酸；稀释剂 B：煤油；萃取剂 S：水；塔内温度：t=15 ℃；连续相：水；分散相：煤油；转子密度：ρ_f =7900 kg/m^3；轻相密度：800 kg/m^3；重相密度：1000 kg/m^3。

表 3-2　实验数据整理(以桨叶旋转萃取塔为例)

项目 \ 实验序号			1	2
桨叶转速/(r/min)				
水转子流量计读数/(L/h)				
煤油转子流量计读数/(L/h)				
校正得到的煤油实际流量/(L/h)				
浓度分析	NaOH 溶液浓度/(mol/L)			
	塔底轻相 X_{Rb}	样品体积/mL		
		NaOH 用量/mL		
	塔顶轻相 X_{Rt}	样品体积/mL		
		NaOH 用量/mL		
	塔底重相 Y_{Bb}	样品体积/mL		
		NaOH 用量/mL		
计算及实验结果	塔底轻相浓度 X_{Rb}/(kgA/kgB)			
	塔顶轻相浓度 X_{Rt}/(kgA/kgB)			
	塔底重相浓度 Y_{Bb}/(kgA/kgB)			
	水流量 S/(kgS/h)			
	煤油流量 B/(kgB/h)			
	传质单元数 N_{OE}(图解积分)			
	传质单元高度 H_{OE}			
	体积总传质系数 $K_{YE}a$/[kgA/(m^3·h·kgA/kgS)]			

八、思考题

(1) 对实验结果进行分析讨论：对不同转速、脉冲频率、空气流量下的塔顶轻相浓度 X_{Rt}、塔底重相浓度 Y_{Eb} 及 $K_{YE}a$、N_{OE}、H_{OE} 值分别进行比较，并加以讨论。

(2) 如何用本实验的数据求取理论级当量高度？

实验二十三　二氧化碳吸收与解吸实验

一、实验设备功能和特点

本实验装置主要用于实验教学和科研。通过实验，可以帮助学生了解填料吸收塔的结构、性能和特点，练习并掌握填料塔操作方法；通过实验测定数据的处理分析可加深对填料塔流体力学性能基本理论的理解，加深对填料塔传质性能理论的理解，练习并掌握填料吸收塔传质能力和传质效率的测定方法，会实验数据的处理和分析。整套设备实验现象准确，数据稳定可靠，并且体积小重量轻，使用方便。

二、实验装置

1. 实验设备主要技术参数与基本情况

1) 设备主要参数

填料塔：玻璃管内径 D= 0.050 m，内装 φ10 mm×10 mm 瓷拉西环，填料层高度 Z= 0.85 m；风机：XGB-12 型，550 W；二氧化碳钢瓶 1 个；减压阀 1 个。

2) 流量测量仪表

二氧化碳转子流量计：型号 LZB-6，流量范围 0.06～0.6 m^3/h。

空气转子流量计：型号 LZB-10，流量范围 0.25～2.5 m^3/h。

水转子流量计：型号 LZB-10，流量范围 16～160 L/h。

解吸收塔水转子流量计：型号 LZB-6，流量范围 6～60 L/h。

3) 浓度测量

吸收塔塔底液体浓度分析：准备定量化学分析仪器一套。

4) 温度测量

PT100 铂电阻，用于测定气相、液相温度。

2. 实验装置流程

二氧化碳吸收-解吸实验装置流程示意图和仪器面板示意图分别如图 3-4 和

图 3-5 所示。

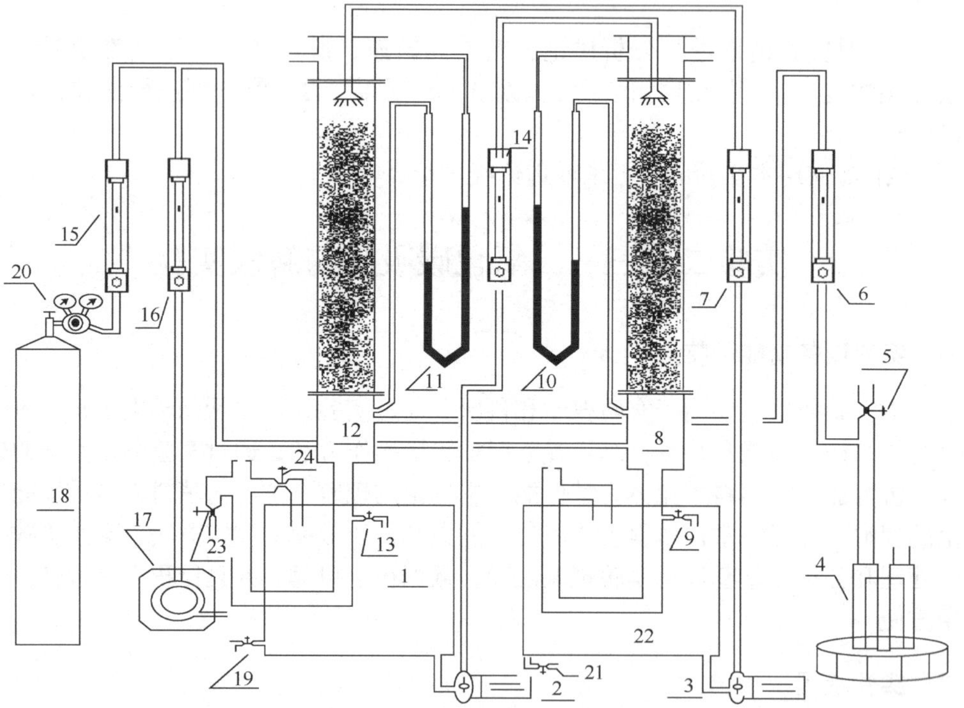

图 3-4 二氧化碳吸收-解吸实验装置流程示意图

1. 解吸液储槽；2. 解吸液液泵；3. 吸收液液泵；4. 风机；5. 空气旁路调节阀；6. 空气流量计；7. 吸收液流量计；8. 吸收塔；9. 吸收塔塔底取样阀；10、11. U 形管液柱压差计；12. 解吸塔；13. 解吸塔塔底取样阀；14. 解吸液流量计；15. 二氧化碳流量计；16. 吸收用空气流量计；17. 吸收用气泵；18. 二氧化碳钢瓶；19、21. 水箱放水阀；20. 减压阀；22. 吸收液储槽；23. 放水阀；24. 回水阀

吸收质(纯二氧化碳气体或与空气混合气)由钢瓶经二次减压阀和二氧化碳流量计计量后，由塔底进入吸收塔内，气体自下而上经过填料层，与吸收剂纯水逆流接触进行吸收操作，尾气从塔顶放空；吸收剂经解吸液流量计计量后由塔顶进入喷洒而下；吸收二氧化碳后的溶液流入塔底吸收液储槽中储存，再由吸收液液泵经吸收液流量计计量后进入解吸塔进行解吸操作，空气由空气流量计控制流量进入解吸塔塔底，自下而上经过填料层与液相逆流接触对吸收液进行解吸，解吸后气体自塔顶放空。U 形管液柱压差计用来测量填料层两端的压降。

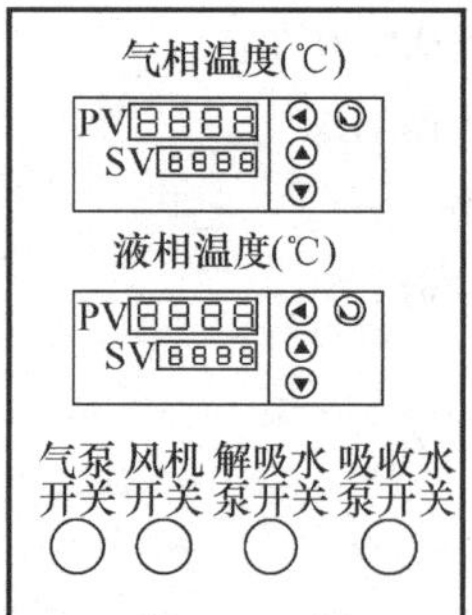

图 3-5 仪器面板示意图

三、实验方法

1. 测量吸收塔干填料层($\Delta p/Z$)-u关系曲线(只做解吸塔)

打开空气旁路调节阀至全开，启动风机。打开空气流量计，逐渐关小阀门 5 的开度，调节进塔的空气流量。稳定后读取填料层压降 Δp 即 U 形管液柱压差计 11 的数值，然后改变空气流量，空气流量从小到大共测定 8～10 组数据。对实验数据进行分析处理后，在对数坐标纸上以空塔气速 u 为横坐标、单位高度的压降 $\Delta p/Z$ 为纵坐标，标绘干填料层($\Delta p/Z$)-u 关系曲线。

2. 测量吸收塔在喷淋量下填料层($\Delta p/Z$)-u关系曲线

将水流量固定在 100 L/h(水流量大小可因设备调整)，采用上面相同步骤调节空气流量，稳定后分别读取并记录填料层压降 Δp、转子流量计读数和流量计处所显示的空气温度。操作中随时注意观察塔内现象，一旦出现液泛，立即记下对应空气转子流量计读数。根据实验数据，在对数坐标纸上标出液体喷淋量为 100 L/h 时的($\Delta p/Z$)-u 关系曲线，并在图上确定液泛气速，与观察到的液泛气速进行比较看是否吻合。

3. 测定二氧化碳吸收传质系数

吸收塔与解吸塔(水流量控制在 40 L/h)。

(1) 打开空气旁路调节阀，关闭吸收塔塔底取样阀和解吸塔塔底取样阀。

(2) 启动吸收液液泵，将水经吸收液流量计计量后打入吸收塔中，然后打开二氧化碳钢瓶顶上的针形减压阀，向吸收塔内通入二氧化碳气体(二氧化碳流量计的阀门要全开)，流量大小由流量计读出，控制在 0.1 m^3/h 左右。

(3) 吸收进行 15 min 后，启动解吸液液泵，将吸收液经解吸液流量计计量后打入解吸塔中，同时启动风机，利用空气旁路调节阀调节空气流量(约 0.25 m^3/h)，对解吸塔中的吸收液进行解吸。

(4) 操作达到稳定状态后，测量塔底的水温，同时取样，测定两塔塔顶、塔底溶液中二氧化碳的含量(实验时注意吸收液流量计和解吸液流量计数值要一致，并注意解吸水箱中的液位，两个流量计要及时调节，以保证实验时操作条件不变)。

(5) 二氧化碳含量测定。用移液管吸取 0.1 mol/L 的 $Ba(OH)_2$ 溶液 10 mL，放入锥形瓶中，并从塔底附设的取样口处接收塔底溶液 10 mL，用胶塞塞好振荡。溶液中加入 2～3 滴酚酞指示剂摇匀，用 0.1 mol/L 盐酸滴定到粉红色消失即为终点。

按下式计算得出溶液中二氧化碳浓度：

$$C_{CO_2}=\frac{2C_{Ba(OH)_2}V_{Ba(OH)_2}-C_{HCl}V_{HCl}}{2V_{溶液}}\qquad 单位：mol/L$$

四、实验注意事项

(1) 开启二氧化碳总阀门前，要先关闭减压阀，阀门开度不宜过大。

(2) 实验中要注意保持吸收液流量计和解吸液流量计数值一致，并随时关注水箱中的液位。

(3) 分析二氧化碳浓度时动作要迅速，以免二氧化碳从液体中溢出导致结果不准确。

五、实验记录与数据处理

二氧化碳在水中的亨利系数见表 3-3。

表 3-3　二氧化碳在水中的亨利系数

温度/℃	0	5	10	15	20	25	30	35	40	45	50	60
亨利系数 E $\times10^{-5}$/kPa	0.738	0.888	1.05	1.24	1.44	1.66	1.88	2.12	2.36	2.60	2.87	3.46

干填料和湿填料时的$(\Delta p/Z)$-u 关系测定分别列于表 3-4 和表 3-5。

L=0；填料层高度 Z=0.85 m；塔径 D=0.050 m。

表 3-4　干填料时$(\Delta p/Z)$-u 关系测定

序号	填料层压降/mmH_2O	单位高度填料层压降/(mmH_2O/m)	空气转子流量计读数/(m^3/h)	空塔气速/(m/s)
1				
2				
3				
4				
5				
6				
7				
8				

L=100；填料层高度 Z=0.85 m；塔径 D=0.050 m。

表 3-5　湿填料时($\Delta p/Z$)-u 关系测定

序号	填料层压降/mmH_2O	单位高度填料层压降/(mmH_2O/m)	空气转子流量计读数/(m^3/h)	空塔气速/(m/s)	操作现象
1					
2					
3					
4					
5					
6					
7					
8					
9					
10					
11					
12					
13					
14					
15					
16					
17					
18					

($\Delta p/Z$)-u 关系曲线如图 3-6 所示。

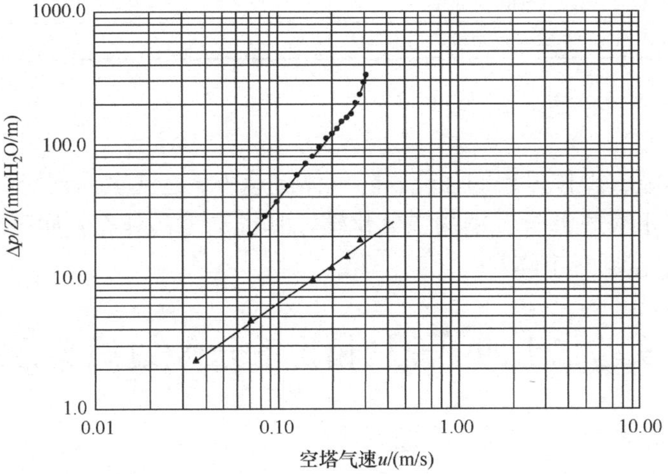

图 3-6　($\Delta p/Z$)-u 关系曲线

填料吸收塔传质实验技术数据列于表 3-6。

被吸收的气体：纯 CO_2；吸收剂：水；塔内径：50 mm。

表 3-6　填料吸收塔传质实验技术数据

塔类型	吸收塔
填料种类	拉西环
填料尺寸/mm	10×10
填料层高度/m	0.81
CO_2 转子流量计读数/(m^3/h)	
CO_2 转子流量计处温度/℃	
流量计处 CO_2 的体积流量/(m^3/h)	
水转子流量计读数/(L/h)	
水流量/(L/h)	
中和 CO_2 用 $Ba(OH)_2$ 的浓度/(mol/L)	
中和 CO_2 用 $Ba(OH)_2$ 的体积/mL	
滴定用盐酸的浓度/(mol/L)	
滴定塔底吸收液用盐酸的体积/mL	
滴定空白液用盐酸的体积/mL	
样品的体积/mL	
塔底液相的温度/℃	
亨利常数×10^8 /Pa	
塔底液相浓度 C_{A1}/(kmol/m^3)	
空白液相浓度 C_{A2}/(kmol/m^3)	
传质单元高度 H_L/[10^{-7} kmol/(m^3·Pa)]	
平衡浓度 C_A^*/(10^{-2} kmol /m^3)	
平均推动力 ΔC_{Am}/(kmolCO_2/m^2)	
液相体积传质系数 K_Ya/(m/s)	

六、思考题

(1) 气体吸收操作过程的强化，除气体流速外，还需要考虑哪些因素?

(2) 用清水吸收混合气中的二氧化碳，其推动力是什么? 属于什么控制? 其阻力主要集中在哪一个膜?

实验二十四　非均相物系分离(过滤实验)

一、实验目的

(1) 通过恒压过滤实验进一步加深对非均相物系机械分离原理的理解。

(2) 掌握恒压过滤常数 K、q_e、θ_e 的测定方法，加深对 K、q_e、θ_e 概念和影响

因素的理解。

(3) 学习滤饼的压缩性指数 s 和物料特性常数 k 的测定方法。

二、实验内容

(1) 分小组进行实验，测定每个实验条件下的过滤常数 K。

(2) 根据实验测量数据，计算滤饼的压缩性指数 s 和物料特性常数 k。

三、实验原理

过滤是利用过滤介质进行液-固系统的分离过程，过滤介质通常采用带有许多毛细孔的物质，如帆布、毛毯、多孔陶瓷等。在一定压力的作用下，含有固体颗粒的悬浮液的液体通过过滤介质，固体颗粒被截留在介质表面上，从而使液、固两相分离。

在过滤过程中，由于固体颗粒不断地被截留在介质表面上，滤饼厚度增加，液体流过固体颗粒之间的孔道加长，流体流动阻力增加，故恒压过滤时，过滤速率逐渐下降。随着过滤进行，若得到相同的滤液量，则过滤时间增加。

恒压过滤方程

$$q^2 + 2qq_e = K\theta \tag{3-4}$$

式中，q 为单位过滤面积获得的滤液体积，m^3/m^2；q_e 为单位过滤面积上的虚拟滤液体积，m^3/m^2；θ 为实际过滤时间，s；K 为过滤常数，m^2/s。

将式(3-4)两边除以 Kq 可得

$$\frac{\theta}{q} = \frac{1}{K}q + \frac{2}{K}q_e \tag{3-5}$$

或将式(3-4)进行微分可得

$$\frac{d\theta}{dq} = \frac{2}{K}q + \frac{2}{K}q_e \tag{3-6}$$

式(3-5)和式(3-6)都是直线方程，于普通坐标上标绘 $\frac{d\theta}{dq} - q$ 或 $\frac{\theta}{q} - q$ 的关系，均可得直线。通过直线斜率可求得过滤常数 K。

注：当各数据点的时间间隔不大时，$\frac{d\theta}{dq}$ 可用增量之比 $\frac{\Delta\theta}{\Delta q}$ 代替。

过滤常数的定义式：

$$K = 2k\Delta p^{1-s} \tag{3-7}$$

两边取对数

$$\lg K = (1-s)\lg \Delta p + \lg(2k) \tag{3-8}$$

因$k=\dfrac{1}{\mu r'\nu}$=常数，故 K 与 Δp 的关系在对数坐标上标绘时应是一条直线，直线的斜率为$1-s$，由此可得滤饼的压缩性指数s，然后代入式(3-8)求物料特性常数k。

四、实验装置

1. 实验装置基本参数

真空泵：旋片式真空泵，型号 XZ-1。
搅拌器：型号 90ZYT，功率 125 W，转速 1500 r/min。
调速器：MD-3S。
不锈钢过滤器：内径 72.5 mm，过滤面积 0.004126m^2。
温度计：Pt100，数字显示仪 AI501。
管路存水 180 mL。

2. 实验装置流程示意图和仪器面板示意图

如图 3-7 所示，滤浆槽内配有一定浓度的轻质碳酸钙悬浮液(浓度为 4%～6%，

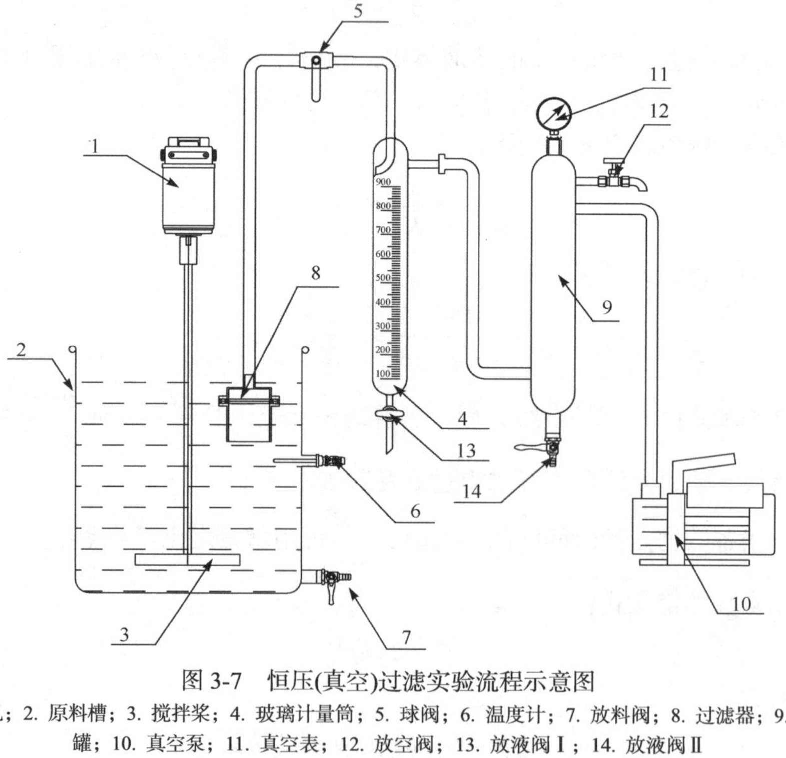

图 3-7　恒压(真空)过滤实验流程示意图

1. 搅拌电机；2. 原料槽；3. 搅拌桨；4. 玻璃计量筒；5. 球阀；6. 温度计；7. 放料阀；8. 过滤器；9. 真空缓冲罐；10. 真空泵；11. 真空表；12. 放空阀；13. 放液阀Ⅰ；14. 放液阀Ⅱ

质量分数)，用电动搅拌器搅拌均匀(以浆液不出现旋涡为好)。用真空泵使系统产生真空，作为过滤推动力。滤液在计量瓶内计量体积。仪器面板示意图如图 3-8 所示。

过滤漏斗如图 3-9 安装，在滤浆中潜没一定深度，让过滤介质平行于液面，以防止空气被抽入，造成滤饼厚度不均匀。

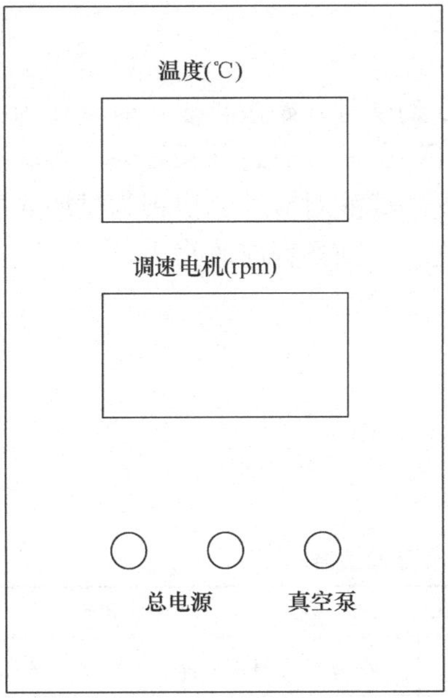

图 3-8　仪器面板示意图

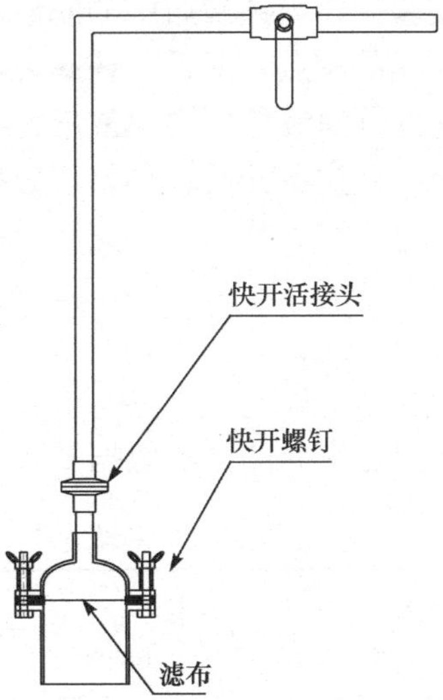

图 3-9　过滤器结构

五、实验方法

(1) 将系统接通电源，打开调速器开关，将调速钮从“小”至“大”位启动，不允许高速挡启动，转速状态下出现异常时或实验完毕后将调速钮恢复最小位。待槽内浆液搅拌均匀，将过滤器按流程图所示位置安装好，固定于浆液槽内。

(2) 打开放空阀，关闭球阀及放液阀Ⅰ、Ⅱ。

(3) 启动真空泵，用放空阀及时调节系统内的真空度，使真空表的读数稍大于指定值，然后打开球阀进行抽滤。在此后的时间内要注意观察真空表的读数应恒定于指定值。当滤液开始流入计量瓶时，按下秒表计时，作为恒压过滤时间的零点。记录滤液每增加 50 mm 所用的时间。当计量瓶读数为 600 mm 时停止计时，并立即关闭球阀。

(4) 把放空阀全开，关闭真空泵，打开球阀，利用系统内的大气压和液位高度差把吸附在过滤介质上的滤饼压回槽内，放出计量瓶内的滤液并倒回槽内，以保证滤浆浓度恒定。卸下过滤漏斗洗净待用。

(5) 改变真空度，重复上述实验。

(6) 可根据不同的实验要求，自行选择不同的真空度测定过滤常数：K、q_e、θ_e及S、k。

(7) 实验结束，关闭真空泵、搅拌器后，一切复原。

六、实验记录与数据处理

实验中，当计量瓶中的滤液达到 100 mL 刻度时开始按秒表计时，作为恒压过滤时间的零点。但是，在此之前吸滤早已开始，即计时之前系统内已有滤液存在，这部分滤液量可视为常量，以q'表示，这些滤液对应的滤饼视为过滤介质以外的另一层过滤介质，在整理数据时应考虑进去，则方程应改写为

$$\frac{\Delta\theta}{\Delta q}=\frac{2}{k}+\frac{2}{k}(q_e+q') \tag{3-9}$$

$$q'=\frac{V'}{A}$$

将过滤实验的原始数据及整理数据记录于表 3-7。

表 3-7　过滤实验原始及整理数据

序号	滤液体积/mL	$q/(m^3/m^2)$	$q'/(m^3/m^2)$	0.04 MPa			0.05 MPa		
				时间/s	$\Delta\theta$/s	$\Delta\theta/\Delta q$	时间/s	$\Delta\theta$/s	$\Delta\theta/\Delta q$
1									
2									
3									
4									
5									
6									
7									
8									
9									
10									

七、思考题

(1) 为什么过滤开始时，滤液通常有一点浑浊，过一定时间后才转清？

(2) 实验数据在第一点有无偏低或偏高现象？怎样解释？如何对待第一点数据？

(3) 过滤压力增加一倍后，得到同一滤液量所需要的时间是否也减少一半？为什么？

实验二十五 连续精馏计算机数据采集和过程控制实验

一、实验目的

(1) 了解板式精馏塔的结构和操作。

(2) 学习精馏塔性能参数的测量方法，并掌握其影响因素。

二、实验内容

(1) 测定精馏塔在全回流条件下，稳定操作后的全塔理论塔板数和总板效率。

(2) 测定精馏塔在某一流条件下，稳定操作后的全塔理论塔板数和总板效率。

三、实验原理

对于二元物系，如已知其气-液平衡数据，则根据精馏塔的原料液组成、进料热状况、操作回流比及塔顶馏出液组成、塔底釜液组成可以求出该塔的理论塔板数 N_T。按照式(3-10)可以得到总板效率 E_T，其中 N_P 为实际塔板数。

$$E_T = \frac{N_T}{N_P} \times 100\% \tag{3-10}$$

部分回流时，进料热状况参数的计算式为

$$q = \frac{c_{pm}(t_{BP} - t_F) + r_m}{r_m} \tag{3-11}$$

式中，t_F 为进料温度，℃；t_{BP} 为进料的泡点温度，℃；c_{pm} 为进料液体在平均温度$(t_F + t_P)/2$ 下的比热容，kJ/(kmol·℃)；r_m 为进料液体在其组成和泡点温度下的气化潜热，kJ/kmol。

$$c_{pm} = c_{p1}M_1X_1 + c_{p2}M_2X_2 \tag{3-12}$$

$$r_m = r_1M_1X_1 + r_2M_2X_2 \tag{3-13}$$

式中，c_{p1} 和 c_{p2} 分别为纯组分 1 和组分 2 在平均温度下的比热容，kJ/(kg · ℃)；r_1 和 r_2 分别为纯组分 1 和组分 2 在泡点温度下的气化潜热，kJ/kg；M_1 和 M_2 分别为纯组分 1 和组分 2 的摩尔质量，kJ/kmol；X_1 和 X_2 分别为纯组分 1 和组分 2 在进料中的摩尔分数。

四、实验装置

1. 实验装置流程图

板式精馏塔实验装置流程图如图 3-10 所示，填料精馏塔实验装置流程图如图 3-11 所示。

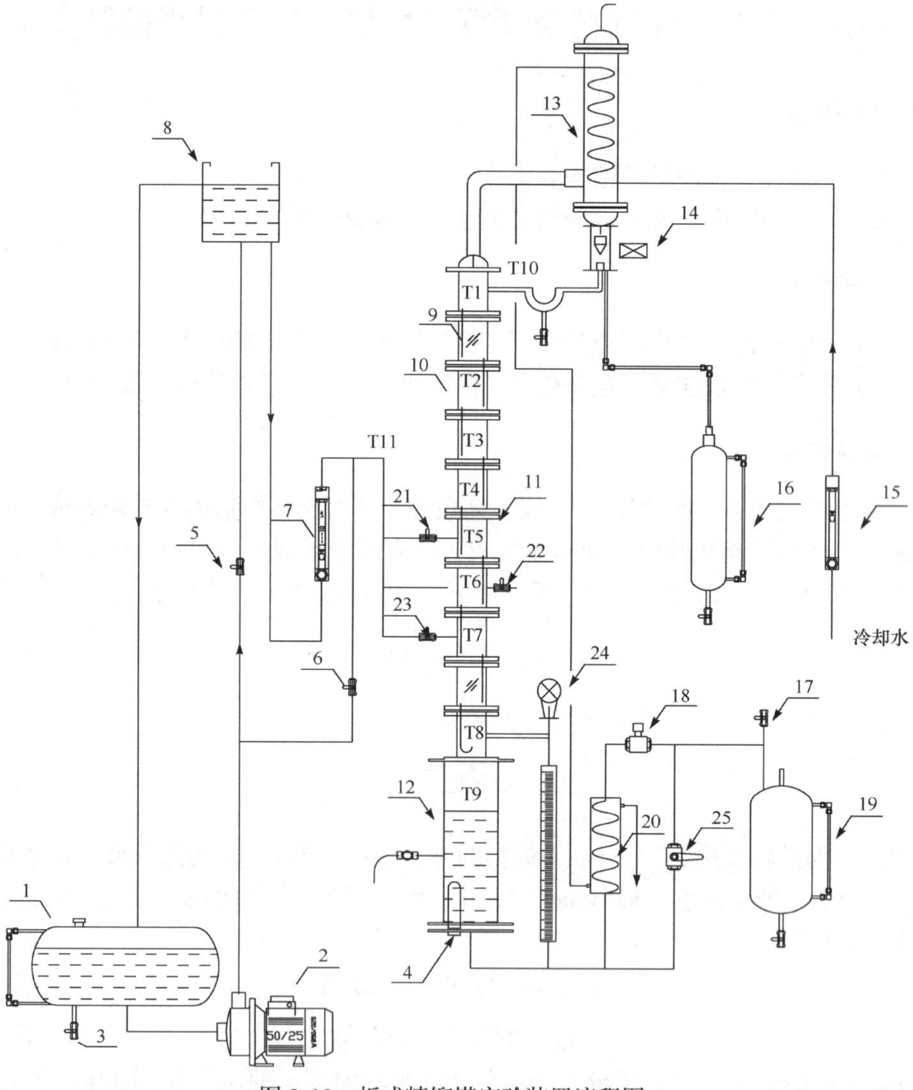

图 3-10 板式精馏塔实验装置流程图

1. 原料罐；2. 进料泵；3. 放料阀；4. 加热棒；5. 高位槽进料阀；6. 直接进料阀；7. 转子流量计；8. 高位槽；9. 降液管计；10. 精馏塔；11. 单板取样处；12. 塔釜；13. 塔顶冷凝器；14. 回流比控制器；15. 冷却水转子流量计；16. 塔顶产品罐；17. 放空阀；18. 电磁阀；19. 釜残液储罐；20. 塔釜冷凝器；21~23. 进料阀；24. 液位计；25. 釜残液出料阀；T1~T11. 测温点

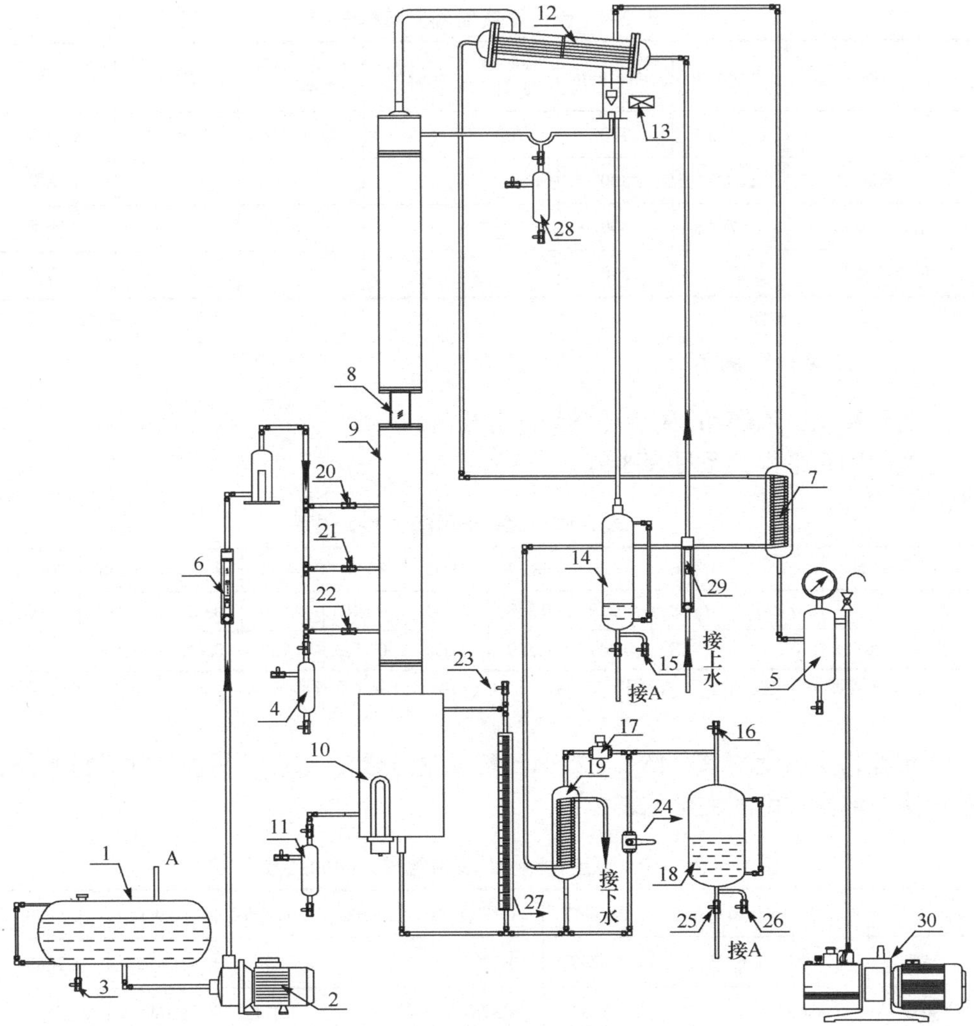

图 3-11　填料精馏塔实验装置流程图

1. 原料罐；2. 进料泵；3. 放水阀；4. 进料采样罐；5. 真空缓冲罐；6. 进料流量计；7. 过冷冷凝器；8. 玻璃观测段；9. 保温塔段；10. 塔釜；11. 塔釜产品取样阀；12. 塔顶冷凝器；13. 回流比线圈；14. 塔顶产品罐；15. 塔顶产品放料阀；16. 塔釜产品罐放空阀；17. 电磁阀；18. 塔釜产品罐；19. 塔釜出料冷却器；20. 第六块板进料阀；21. 第七块板进料阀；22. 第八块板进料阀；23. 塔釜放空阀；24. 塔釜手动出料阀；25、26. 塔釜产品罐放料阀；27. 塔釜液位；28. 塔顶取样阀；29. 冷却水流量；30. 真空泵

2. 实验设备主要技术参数

精馏塔实验装置结构参数见表 3-8。

表 3-8 精馏塔实验装置结构参数

名称	直径/mm	高度/mm	板间距/mm	板数/块	板型、孔径/mm	降液管	材质
塔体	φ57×3.5	100	100	9	筛板 2.0	φ8×1.5	不锈钢
塔釜	φ100×2	300					不锈钢
塔顶冷凝器	φ57×3.5	300					不锈钢
塔釜冷凝器	φ39×3.5	230					不锈钢

3. 实验仪器及试剂

实验物系：乙醇-正丙醇(化学纯或分析纯)。

实验物系平衡关系见表 3-9。

表 3-9 乙醇-正丙醇 t-X-Y 关系

t/℃	97.60	93.85	92.66	91.60	88.32	86.25	84.98	84.13	83.06	80.50	78.38
X	0	0.126	0.188	0.210	0.358	0.461	0.546	0.600	0.663	0.884	1.0
Y	0	0.240	0.318	0.349	0.550	0.650	0.711	0.760	0.799	0.914	1.0

注：以乙醇摩尔分数表示，X为液相摩尔分数，Y为气相摩尔分数。乙醇沸点 78.3 ℃，正丙醇沸点 97.2 ℃。

实验物系浓度要求：15%～25%(乙醇质量分数)，浓度分析使用阿贝折光仪，折射率与溶液浓度的关系见表 3-10。

表 3-10 温度-折射率-液相组成之间的关系

	0	0.05052	0.09985	0.1974	0.2950	0.3977	0.4970	0.5990
25℃	1.3827	1.3815	1.3797	1.3770	1.3750	1.3730	1.3705	1.3680
30℃	1.3809	1.3796	1.3784	1.3759	1.3755	1.3712	1.3690	1.3668
35℃	1.3790	1.3775	1.3762	1.3740	1.3719	1.3692	1.3670	1.3650
	0.6445	0.7101	0.7983	0.8442	0.9064	0.9509	1.000	
25℃	1.3607	1.3658	1.3640	1.3628	1.3618	1.3606	1.3589	
30℃	1.3657	1.3640	1.3620	1.3607	1.3593	1.3584	1.3574	
35℃	1.3634	1.3620	1.3600	1.3590	1.3573	1.3653	1.3551	

30 ℃下质量分率与阿贝折光仪读数之间关系也可按下列回归式计算：

$$W_A = 58.844\,116 - 42.613\,25 \times n_D$$

式中，W_A为乙醇的质量分数；n_D为折光仪读数(折射率)。通过质量分数求出摩尔分数(X_A)，公式如下：

$$x_A = \frac{W_A / M_A}{(W_A / M_A) + (1 - W_A) / M_B}$$

乙醇相对分子质量 M_A=46，正丙醇相对分子质量 M_B=60。

4. 实验设备面板图

板式精馏塔仪表面板图如图 3-12 所示，填料精馏塔仪表面板图如图 3-13 所示。

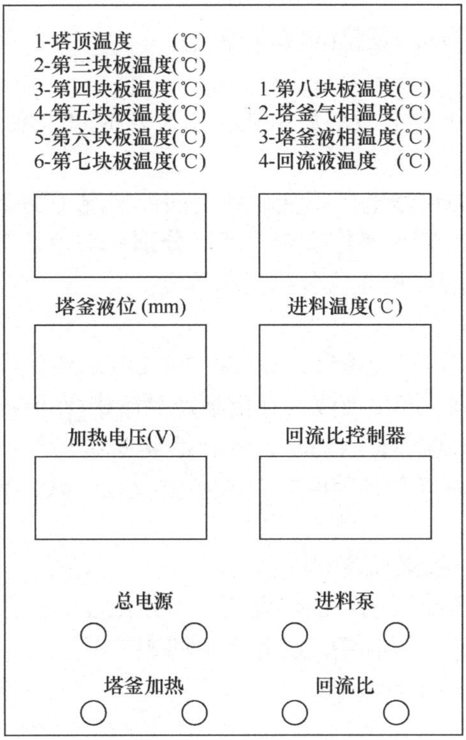

图 3-12　板式精馏塔仪表面板图

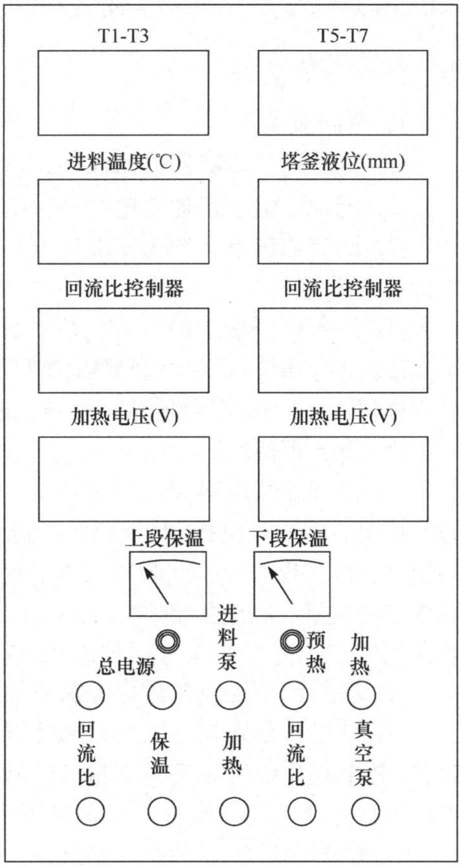

图 3-13　填料精馏塔仪表面板图

五、实验方法

1. 实验前检查准备工作

(1) 将与阿贝折光仪配套使用的超级恒温水浴调整运行到所需的温度，并记录这个温度。将取样用注射器和镜头纸备好。

(2) 检查实验装置上的各个旋塞、阀门均应处于关闭状态。

(3) 配制一定浓度(乙醇的质量分数 20%左右)的乙醇-正丙醇混合液(总体积 15 L 左右)，倒入原料罐。

(4) 打开直接进料阀门和进料泵开关，向精馏釜内加料到指定高度(冷液面在塔釜总高 2/3 处)，然后关闭进料阀门和进料泵。

2. 实验操作

1) 全回流操作

(1) 打开塔顶冷凝器进水阀门，保证冷却水足量(60 L/h 即可)。

(2) 记录室温。接通总电源开关(220 V)。

(3) 调节加热电压约为 130 V，待塔板上建立液层后再适当加大电压，使塔内维持正常操作。

(4) 当各块塔板上鼓泡均匀后，保持加热釜电压不变，在全回流情况下稳定 20 min 左右。期间要随时观察塔内传质情况直至操作稳定。然后分别在塔顶、塔釜取样口用 50 mL 锥形瓶同时取样，通过阿贝折光仪分析样品浓度。

2) 部分回流操作

(1) 打开间接进料阀门和进料泵，调节转子流量计，以 2.0~3.0 L/h 的流量向塔内加料，用回流比控制器调节回流比 R=4，馏出液收集在塔顶产品罐中(回流比控制器：按住仪表上[▲]键 30 s，SV 窗显示数字有闪动时，利用[◀]键选择所要调节数字的位数，利用[▲]键调节所需数值，调节完成后再按三次[⟲]键仪表确认，不动任何按键的情况下 30 s 后仪表确认) 。

(2) 塔釜产品经冷却后由溢流管流出，收集在容器内。

(3) 待操作稳定后，观察塔板上传质状况，记录加热电压、塔顶温度等有关数据，整个操作中维持进料流量计读数不变，分别在塔顶、塔釜和进料三处取样，用阿贝折光仪分析其浓度，并记录进塔原料液的温度。

3) 实验结束

(1) 取好实验数据并检查无误后可停止实验，此时关闭进料阀门和加热开关，关闭回流比控制器开关。

(2) 停止加热后 10 min 再关闭冷却水，一切复原。

(3) 根据物系的 t-X-Y 关系，确定部分回流下进料的泡点温度并进行数据处理。

3. 计算机控制实验操作

(1) 打开计算机，在桌面找到应用程序双击进入，如图 3-14 所示。

图 3-14　计算机界面

(2) 进入程序后，左键单击界面进入主控制界面，在主控制界面中同时显示各塔板温度及相应的控制按键，可以控制加热开关、进料开关、回流比开关(红 -，关、绿-开)，并且可以改变加热电压及回流比，完成全回流实验和部分回流实验，取样及分析方法同上。进料量、进料口阀门开关及冷却水量还需手动调节同上，如图 3-15 所示。

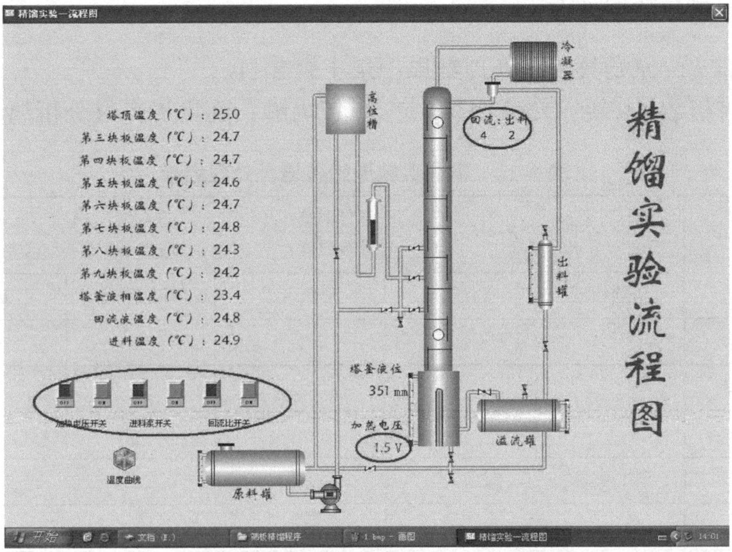

图 3-15　实验装置计算机操作界面

(3) 实验结束。

a. 取好实验数据并检查无误后可停止实验，此时关闭进料阀门、进料泵开关和加热开关，关闭回流比开关。

b. 停止加热后 10 min 再关闭冷却水，一切复原。

c. 根据物系的 t-X-Y 关系，确定部分回流下进料的泡点温度并进行数据处理。

六、实验注意事项

(1) 由于实验所用物系属易燃物品，因此实验中要特别注意安全，操作过程中避免洒落，以免发生危险。

(2) 本实验设备加热功率由仪表自动调节，注意控制加热升温要缓慢，以免发生暴沸(过热沸腾)使釜液从塔顶冲出。若出现此现象应立即断电，重新操作。升温和正常操作过程中釜的电功率不能过大。

(3) 开车时要先接通冷却水再向塔釜供热，停车时操作反之。

(4) 检测浓度使用阿贝折光仪。读取折射率时，一定要同时记录测量温度，并按给定的温度-折射率-液相组成关系(表 3-10)测定相关数据。

(5) 为便于对全回流和部分回流的实验结果(塔顶产品质量)进行比较，应尽量使两组实验的加热电压及所用料液浓度相同或相近。连续开出实验时，应将前一次实验时留存在塔釜、塔顶、塔底产品接收器内的料液倒回原料罐中循环使用。

七、实验记录与数据处理

将精馏实验原始数据及处理结果记录于表 3-11。

实际塔板数：9 块；实验物系：乙醇-正丙醇；阿贝折光仪分析温度：30 ℃。

表 3-11　精馏实验原始数据及处理结果

	全回流：$R=\infty$		部分回流：$R=4$　进料量：3 L/h 进料温度：　℃　泡点温度：　℃		
	塔顶组成	塔釜组成	塔顶组成	塔釜组成	进料组成
折射率 n					
质量分数 W					
摩尔分数 X					
理论塔板数					
总板效率					

图解法求解全回流和部分回流理论塔板数分别如图 3-16 和图 3-17 所示。

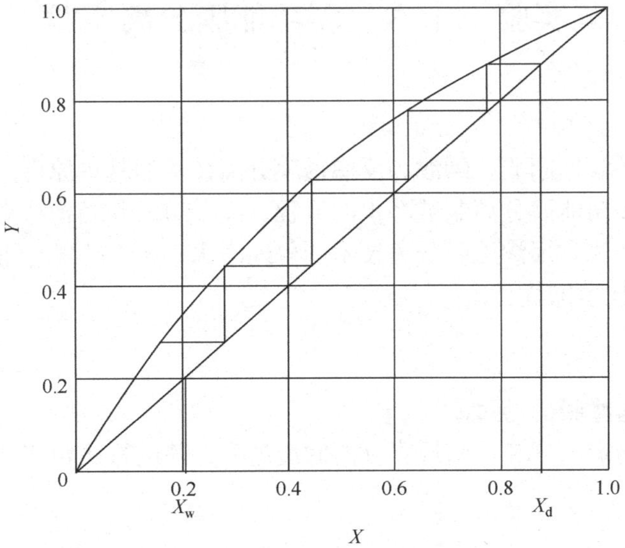

图 3-16　全回流理论塔板数

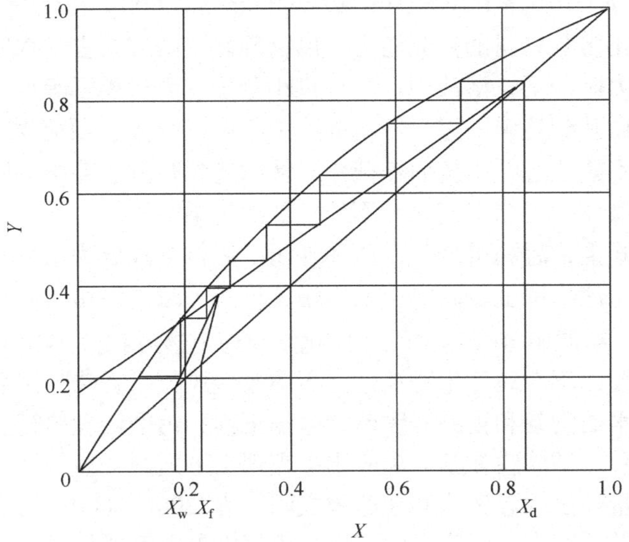

图 3-17　部分回流理论塔板数

八、思考题

在本实验中，为了得到合格的产品，保持恒定的回流比可以吗？为什么？如果要增加回流比，可采取何种措施？请具体说明。

实验二十六　多功能膜分离实验

一、实验目的

(1) 学习和掌握超滤、纳滤和反渗透膜分离技术的基本原理。

(2) 了解多功能膜分离制纯净水的流程、设备组成和结构特点。

(3) 通过纳滤和反渗透膜分离技术制得纯净水，再通过测定纯净水的透过率，分析比较分离技术的优劣。

二、实验内容

(1) 测定超滤膜的透过率。

(2) 分别测定纳滤和反渗透膜分离的透过率，并进行比较和分析。

三、实验原理

超滤(UF)：超滤是以压力为推动力，利用超滤膜不同孔径对液体进行物理筛分的过程。其分子切割量(CWCO)一般为6000～500 000，孔径约为100 nm。

超滤是利用多孔材料的拦截能力，以物理截留的方式去除水中一定大小的杂质颗粒。在压力驱动下，溶液中水、有机小分子、无机离子等尺寸小的物质可通过纤维壁上的微孔到达膜的另一侧，溶液中菌体、胶体、颗粒物、有机大分子等大尺寸物质则不能透过纤维壁而被截留，从而达到筛分溶液中不同组分的目的。该过程为常温操作，无相态变化，不产生二次污染。

从操作形式上，超滤可分为内压和外压。运行方式分为全流过滤和错流过滤两种。当进水悬浮物浓度较高时，采用错流过滤可减缓污堵，但相应增加能耗。

纳滤(NF)：纳滤膜分离过程无任何化学反应，透过物大小为1～10 nm，无需加热，无相转变，不会破坏生物活性，不会改变风味、香味，因而被越来越广泛地应用于饮用水的制备和食品、医药、生物工程、污染治理等行业中的各种分离和浓缩提纯过程。纳滤膜在其分离应用中表现出下列两个显著特征：一个是其截留相对分子质量介于反渗透膜和超滤膜之间，为200～2000；另一个是纳滤膜对无机盐有一定的截留率，因为它的表面分离层由聚电解质构成，对离子有静电相互作用，如图3-18所示。

反渗透(RO)：在一定压力下水分子由盐水端透过反渗透膜向纯水端迁移。溶剂分子在压力作用下由稀溶液向浓溶液迁移的过程称为反渗透现象。如果将盐水加入以上设施的一端，并在该端施加超过该盐水渗透压的压力，就可以在另一端得到纯水。这就是反渗透净水的原理。反渗透设施生产纯水的关键有两个，一是

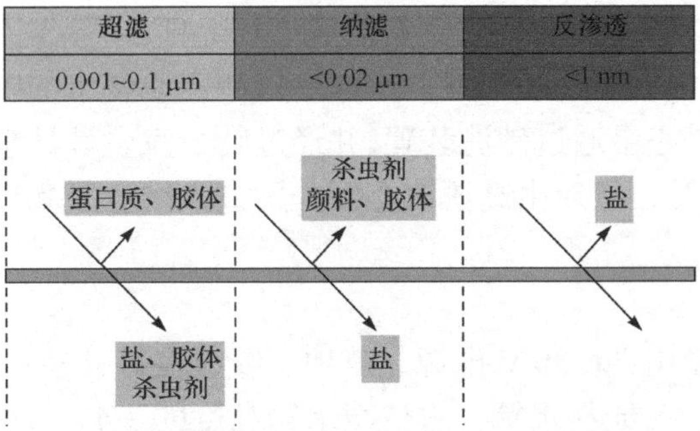

图 3-18　超滤、纳滤和反渗透的分离特征

有选择性的膜，称之为半透膜；二是一定的压力。简单地说，反渗透半透膜上有许多孔，这些孔的大小与水分子的大小相当，由于细菌、病毒、大部分有机污染物和水合离子均比水分子大得多，因此不能透过反渗透半透膜而与透过反渗透膜的水相分离。在水中的多种杂质中，溶解性盐类是最难清除的。因此，经常根据除盐率的高低来确定反渗透的净水效果。反渗透除盐率的高低主要取决于反渗透半透膜的选择性。目前，较高选择性的反渗透膜元件除盐率可以高达 99.7%。

四、实验装置

实验装置流程示意图如图 3-19 所示。

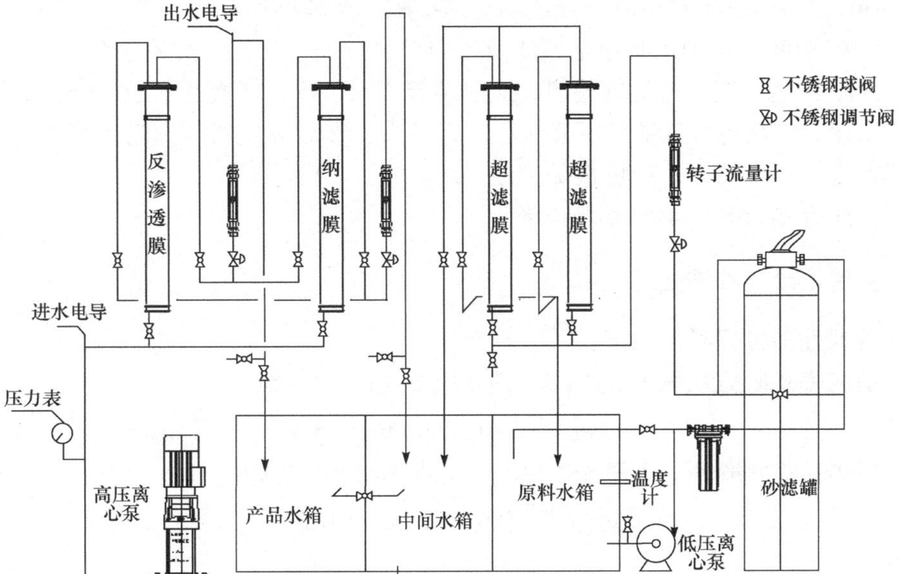

图 3-19　实验装置流程示意图

实验装置由 1 支石英砂滤、2 支超滤膜、1 支纳滤膜、1 支反渗透膜和高低压离心泵、3 个水箱、流量计等组成，用电导仪测定原料水的电导率。原料水箱装满自来水，经低压离心泵通过砂滤装置，并经过转子流量计计量后进入超滤膜中，过滤后流入中间水箱，然后由高压离心泵分别进入纳滤膜和反渗透膜中。

五、实验方法

(1) 连接好设备电源(380 V 电源，三项五线，良好接地)。

(2) 将自来水注入原料水箱，水位至水箱高度的 3/4。

(3) 启动低压离心泵，并用流量调节阀调节出口流量，打开超滤膜出口阀门，流体经超滤膜过滤后进入中间水箱，当水位至水箱高度的 3/4 为止。不断向原料水箱注入自来水。

(4) 纳滤膜实验是将通往反渗透管路上的所有阀门全部关闭，全开纳滤膜实验系统浓水阀门，启动高压离心泵，待管路充满水后根据流量计逐渐调整浓水阀门到合适位置。

(5) 记录原水电导率和淡水电导率。

(6) 反渗透实验与纳滤实验相同。

(7) 系统停机前，应全开浓水阀门循环冲洗 3 min。

(8) 超滤如需长期放置，可用 1%～3%亚硫酸氢钠溶液浸泡封存。

(9) 设备存放实验室应有合适的防冻措施，严禁结冰。

(10) 中间水箱用水必须是超滤设备的净水。

(11) 纳滤、反渗透短期停机，应隔两天通水一次，每次通水 30 min；长期停机应采用 1%亚硫酸氢钠或甲醛液注入组件内，然后关闭所有阀门，严禁细菌侵蚀膜元件。三个月以上应更换保护液一次。

(12) 系统停机，必须切断电源。

六、实验记录与数据处理

数据处理过程举例如下：

纳滤膜实验原水电导 561 μS，淡水电导 250 μS，则

$$透过率=(561-250)/561=55.4\%$$

反渗透膜实验原水电导 561 μS，淡水电导 12 μS，则

$$透过率=(561-12)/561=97.8\%$$

七、思考题

(1) 膜组件中加保护液有什么意义？

(2) 查阅文献，回答什么是浓差极化，有什么危害，有哪些消除方法。

(3) 为什么随着分离时间的进行，膜的通量越来越低?

实验二十七 萃取精馏实验

一、实验目的

(1) 了解萃取精馏的原理和适用范围。

(2) 掌握萃取精馏的工艺条件、控制特点和操作方法。

二、实验原理

萃取精馏是一种特殊的精馏方法，主要用于分离组分沸点相近的混合物。如果待分离的混合物各组分之间沸点相差太小(一般小于 3 ℃)，或者组分间的相对挥发度小于 1.05，则可以考虑采取萃取精馏的方法加以分离。

萃取精馏过程中，须选择一新组分加入待分离的混合液中，由于它与轻重关键组分的作用不同，因而改变了关键组分之间的相对挥发度，从而使采用普通的精馏方法在技术上可行，在经济上合算。萃取精馏的新组分称为溶剂(或萃取剂)，它虽然并不与原混合液中任一组分形成恒沸物，但形成多组分非理想溶液。新组分的沸点比原有的任一组分都高，因而将随釜液排出。经处理后溶剂可循环使用。

萃取精馏的操作条件比较复杂，萃取剂的用量、料液比例、进料位置、塔的高度等都有影响，可通过实验或计算得到最佳值。选萃取剂的原则有：①选择性高；②用量少；③挥发度小；④容易回收；⑤价格便宜。

三、实验装置

1. 萃取精馏实验装置 1

萃取精馏实验装置 1 如图 3-20 所示。

注:有一个蒸馏釜残液回收甲醇的间歇精馏塔未画,其结构类似萃取精馏塔，只是少两个原料计量、预热的部分。

技术指标如下：

玻璃塔体内径:20 mm;填料高度:1.2 m;填料:2 mm×2 mm (2.5 mm×2.5 mm，3 mm×3 mm)，不锈钢网环；保温套管直径：60～80 mm；釜容积：500 mL，加热功率：300 W；保温段加热功率：300 W；预热器直径：30 mm；加热功率：70 W。

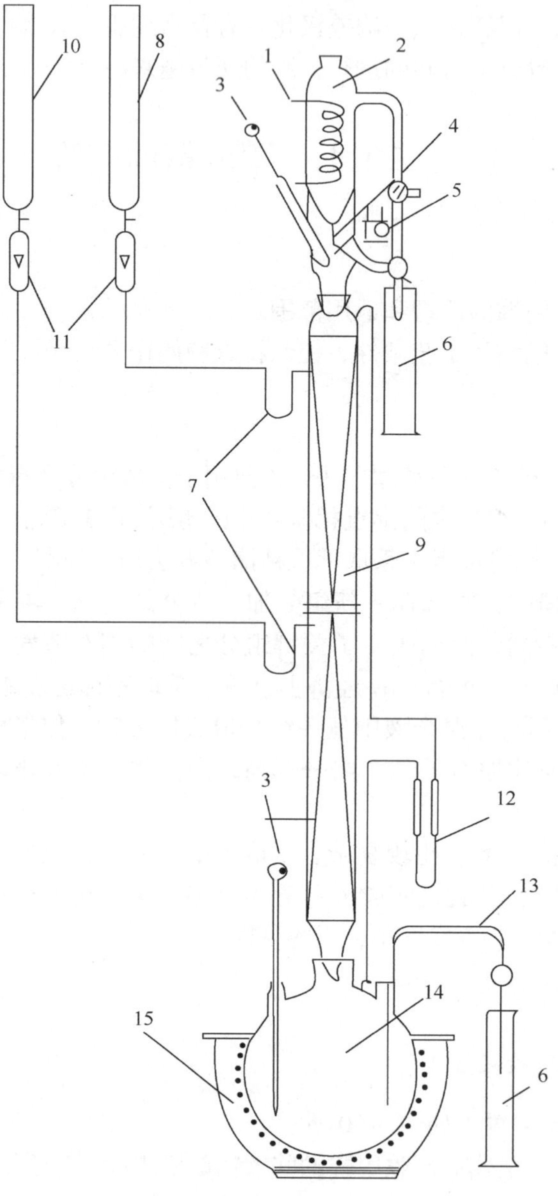

图 3-20　萃取精馏装置 1

1. 冷却水；2. 塔头；3. 温度计；4. 摆锤；5. 电磁铁；6. 收集量管；7. 上、下预热器；8. 甲醇、丙酮加料管；9. 萃取精馏塔体；10. 水加料管；11. 转子流量计；12. 压差计；13. 出料管；14. 反应精馏釜；15. 电热包

2. 萃取精馏实验装置 2

萃取精馏实验装置 2 流程示意图如图 3-21 所示。

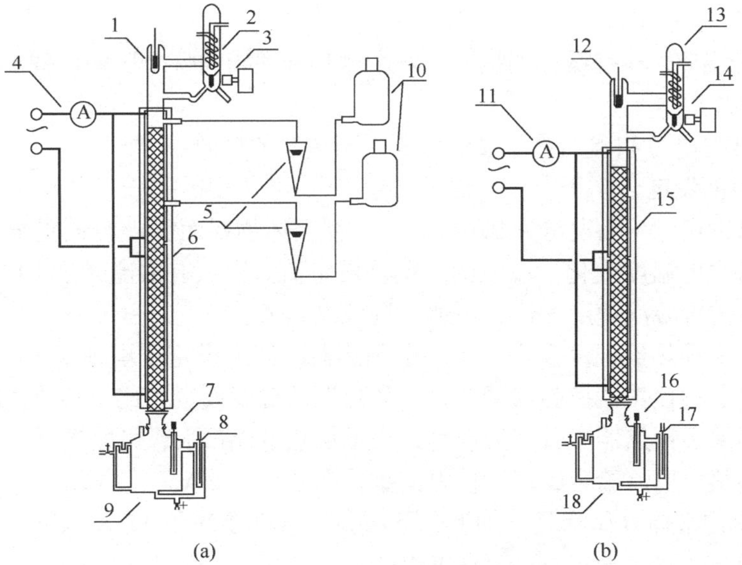

图 3-21　萃取精馏流程示意图

1、12. 塔顶温度计；2、13. 塔顶冷凝器；3、14. 回流比线圈；4、11. 塔身保温；5. 进料转子流量计；6. 萃取塔；7、16. 塔釜温度计；8、17. 加热棒；9、18. 塔釜；10. 进料瓶；15. 回收塔

技术指标如下：

萃取精馏塔塔体内径：25 mm；填料高度：1.4 m；溶剂回收塔塔体内径：25 mm；填料高度：1.2 m；填料种类：不锈钢 θ 网环(φ3 mm×3 mm)；两塔塔釜容积：500 mL；塔釜加热功率：600 W；塔身保温段加热功率(上、下两段)：各 200 W；保温套管直径：80 mm。

四、实验方法

1. 实验装置 1

以水为萃取剂，分离甲醇、丙酮混合液。

(1) 配制溶液。以甲醇(12.1%，质量分数，下同)-丙酮(87.9%)共沸物或甲醇(14.5%)-丙酮(85.5%)为原料，以纯水为萃取剂，进行连续精馏实验。

(2) 加料和通冷却水。在计量管内注入甲醇-丙酮混合液，另一计量管内注入纯水。向釜内注入 100 mL 纯水。开塔头的冷却水，有水流就行，水流不宜过大。

(3) 从两个计量管中放入一定量液体到上、下预热器中，以浸满其中的填料为限。为了维护全回流时塔顶较低的温度，可从下预热器加入 15～20 mL 甲醇-丙酮或直接加入釜中。转子流量计附近管路若有气泡存在，随时赶走气泡。

(4) 升温操作。

a. 升温前，检查操作架板上的各个倒相开关指向哪个塔的位置。因为两塔不能同时操作。

b. 开总电源和釜加热、显示仪表、预热器的电源。

c. 温度设定。

釜温设定：一般设定为 220～230 ℃(视具体物系而定)，此时的显示仪表应主要关注塔底的温度变化，以便随时调整设定值。塔顶有回流时(此时为全回流)，如果塔头的冷凝液速度太快，可适当调低设定值。

上、下预热器温度设定：上、下预热器的温度设定比塔顶温度(有回流时)略高，可以通过预热器控温仪调节，下预热器的温度设定要比上预热器略高或近似相等。如果下预热器中有气泡产生，表示加热电流过大，可略调低。可通过调节上、下预热口电流给定旋钮，使电流维持在 0.1～0.2 A。

d. 釜内液体开始沸腾后加上、下保温，电流维持在 0.2 A 以下。注意观察塔头冷凝液量，速度太快时，可调低电流。

(5) 当塔顶有冷凝液出现时，保持全回流 10 min，此时显示仪表主要关注塔顶温度。各参数基本恒定。

(6) 开启回流比控制器给定比例，设定 R=2∶1(注：也可以用其他比例试验)，开采出阀并予以收集，每半小时分析一次，直到组成恒定不变为止。

(7) 开启转子流量计进料，水的进料速度控制在 180 mL/h，甲醇-丙酮的进料速度为水的 1/2～1/3，依此调好转子流量计。注意：进料的速度与物料之间比例同等重要，说明如下：如果进料速度低于 180 mL/h，会导致塔顶温度上升，采出产品的水量增加(可通过色谱分析检验)；反之，如果进料速度太大，会导致塔底水位上升。最佳状态是进、出塔的丙酮达到动态平衡。另外，物料之间的进料比例不对也不行。水量过大(与甲醇-丙酮相比)，会导致采出产品的水量增加；水量过小(同上)，会导致甲醇-丙酮的分离效果下降(可通过色谱分析检验)。

(8) 一般每 10 min 观察一次计量管中的读数，做好记录。比较两者的流量和比例是否在规定范围内，以便对流量与进料比例进行调整。另外，有经验后，也可以通过观察两个预热器中的滴液速度来调整进料速度和进料比例，也可以每 10 min 加一次料，而不必调节转子流量计。

(9) 在一定的回流比和加料速度下，当塔顶温度不再变化时，可以认为塔的操作已经稳定。从开始出料起，每 30 min 从塔顶取样分析一次，直到组成恒定为止。各种实验数据填入表中。

(10) 分离达到要求后，关闭各部分开关，无蒸气上升时，停止通冷却水。

(11) 甲醇的回收。将萃取精馏塔釜的溶液取出，注入另一个间歇精馏塔的塔釜中，釜温设计为 350～370 ℃，回流比 R 应大于连续精馏塔。关于间歇精馏塔的操作在此不再详述，可参阅有关精馏实验。只有一点要特别注意：将操作面板上的开关扳向间歇精馏塔，因为两塔不能同时操作。蒸出的甲醇放入试剂瓶。

2. 实验装置 2

以乙二醇为萃取剂，分离乙醇、水混合液。

乙醇和水能形成恒沸物(常压下，恒沸物乙醇的质量分数为 95.6%，恒沸点 78.2 ℃)，用普通精馏方法难以完全分离。本实验利用乙二醇为萃取剂进行萃取精馏，分离乙醇-水混合物制取无水乙醇。

图 3-21(a)为萃取精馏塔，(b)为溶剂回收塔。A(乙醇)、B(水)两组分混合物进入塔(a)，同时向塔内加入溶剂 S(乙二醇)，降低组分 B 的挥发度，使组分 A 变得易挥发。溶剂的沸点比被分离组分高，为了使塔内维持较高的溶剂浓度，溶剂加入口一定要位于进料板之上。精馏分离后，从塔顶得到组分 A(乙醇)，而组分 B 与溶剂 S 由塔釜流出。将该塔釜溶液进入塔(b)，通过间歇精馏操作(也可使用连续精馏)，最终从塔顶蒸出组分 B(水)及其他易挥发组分，溶剂 S(乙二醇)留在塔釜，从而将乙醇和水分离得到无水乙醇。

(1) 首先将配制好的乙醇和水的混合液放在进料瓶中，在另一进料瓶内放入乙二醇。

(2) 萃取精馏塔进行全回流操作。

a. 在塔釜中加入约为 2/3 容积的乙醇和水的混合液。

b. 向塔顶冷凝器中通入冷却水，接通塔釜加热器电源对再沸器进行加热，加热电压要缓慢升高，不要超过 220 V。当塔釜中液体开始沸腾时，打开塔体保温电源，保温电压为 40 V 左右。注意观察塔内气、液接触状况，并适当调整加热功率，使塔内维持正常的操作状态。

(3) 萃取精馏塔进行部分回流操作。

a. 在上述全回流的基础上，将原料通过进料转子流量计加入塔内，原料混合液的流量为 4.0 mL/min，将乙二醇通过进料转子流量计从塔顶处的进料口加入塔内，乙二醇的流量为 15 mL/min，用回流比控制器调节回流比为 4∶1，用塔顶产品接收器收集塔顶产品，塔釜产品通过溢流管流出，收集在容器内。

b. 当塔顶温度稳定后，即可取塔顶样品进行分析。

c. 实验结束后停止加热、进料，当塔釜温度下降到一定温度时，可关闭冷却水。

(4) 溶剂(乙二醇)回收塔的操作。

a. 将萃取精馏塔的塔釜产品加入回收塔塔釜中。

b. 按萃取精馏塔的全回流操作方法进行操作。

c. 进行间歇操作：用回流比控制器调节回流比为 4∶1，用接收器收集塔顶馏出液，塔釜不出料。

d. 由于塔釜液中存在乙醇、水及乙二醇，因此塔顶、塔釜料液温度是变化的，当塔釜温度达到 189 ℃后，可停止精馏操作，并抽取塔釜样品进行分析。

e. 实验结束后停止加热，当塔釜温度不太高时，关闭冷却水。

五、实验注意事项

(1) 本实验过程中，要特别注意安全，严禁干烧加热器或保温膜，即塔釜必须装有料液时才能接通加热开关，塔釜内液体沸腾后才能接通保温膜。

(2) 整个实验主装置由玻璃制成，加热时应注意升温不要过快，以免玻璃发生炸裂。

(3) 塔釜加热电压不能超过 220 V，塔体保温电压不能超过 40 V。

(4) 开车时应先向冷凝器内通入冷却水，再向塔釜供热，停车时则反之。

六、实验记录与数据处理

1. 实验装置 1

将实验装置 1 的数据整理并记录于表 3-12。

表 3-12　实验装置 1 数据整理

时间	釜加热		塔底温度/℃	塔顶温度/℃	上预热			下预热		进料速度		取样	
	设定温度/℃	实际温度/℃			设定温度/℃	实际温度/℃	电流/A	实际温度/℃	电流/A	水/(mL/h)	甲醇-丙酮/(mL/h)	塔釜组成	塔顶组成

2. 实验装置 2

将实验装置 2 的数据整理并记录于表 3-13。

表 3-13　实验装置 2 数据整理

流股名称	参数	备注
原料	组成(质量分数) 乙醇 82.6%，水 17.4%	乙醇沸点：78.3 ℃
	流量 4.0 mL/min	
萃取剂	乙二醇	乙二醇沸点：196 ℃
	流量 15 mL/min	
萃取精馏塔 塔顶组成	乙醇： 水：	萃取塔，回流比为 4，萃取剂流量是原料液流量的 3.8 倍，塔顶物料是目标产品
溶剂回收塔 塔釜组成	乙二醇：	回收塔为间歇精馏，回流比为 4，塔釜液是需要回收的溶剂

七、思考题

(1) 什么是萃取精馏？萃取剂的沸点比被分离物高还是低？

(2) 在其他条件不变的前提下，增大回流比，塔顶浓度会提高吗？为什么？

(3) 在回流时为什么说塔顶温度不变是精馏塔操作稳定的标志？如果塔顶温度突然上升较快，说明什么问题？恢复正常最快的方法是什么？

实验二十八　反应精馏实验

一、实验目的

(1) 了解反应精馏是既服从质量作用定律又服从相平衡规律的复杂过程。

(2) 掌握反应精馏的操作。

(3) 能进行全塔物料衡算和塔操作的过程分析。

(4) 了解反应精馏与常规精馏的区别。

(5) 学会分析塔内物料组成。

二、实验原理

反应精馏过程不同于一般精馏，它既有精馏的物理相变的传递现象，又有物质变性的化学反应现象。两者同时存在，相互影响，使过程更加复杂。因此，反应精馏对下列两种情况特别适用：

(1) 可逆平衡反应。一般情况下，反应受平衡影响，转化率只能维持在平衡转化的水平。但是，若生成物中有低沸点或高沸点物质存在，则精馏过程可使其连续地从系统中排出，结果超过平衡转化率，大大提高了效率。

(2) 异构体混合物分离。通常因它们的沸点接近，靠精馏方法不易分离提纯。若异构体中某组分能发生化学反应并能生成沸点不同的物质，则可在过程中得以分离。

醇酸酯化反应适用于第一种情况。但该反应若无催化剂存在，单独采用反应精馏操作也达不到高效分离的目的。这是因为反应速率非常缓慢，故一般都用催化反应方式。酸是有效的催化剂，常用的是硫酸。反应随酸浓度增大而加快，浓度通常为 0. 2%～1. 0%(质量分数)。反应精馏的催化剂用硫酸，是由于其催化作用不受塔内温度限制，在全塔内都能进行催化反应。本实验是以乙酸和乙醇为原料，在酸催化作用下生成乙酸乙酯的可逆反应。反应的化学方程式为

$$CH_3COOH + C_2H_5OH \rightleftharpoons CH_3COOC_2H_5 + H_2O$$

实验的进料有两种方式：一种是直接从塔釜进料；另一种是在塔的某处进料。前者有间歇操作和连续操作，后者只有连续操作。本实验用第二种方式进料，即在塔上部某处加入带有酸催化剂的乙酸，塔下部某处加入乙醇。釜沸腾状态下塔内轻组分逐渐向上移动，重组分向下移动。具体来说，乙酸从上段向下段移动，与向塔上段移动的乙醇接触，在不同填料高度上均发生反应，生成酯和水。塔内此时有四种组分。由于乙酸在气相中有缔合作用，除乙酸外，其他三组分形成三元或二元共沸物。水-酯、水-醇共沸物沸点较低，醇和酯能不断地从塔顶排出。若控制反应原料比例，可使某组分全部转化。因此，可认为反应精馏的分离塔也是反应器。全过程可用物料衡算式和热量衡算式描述。

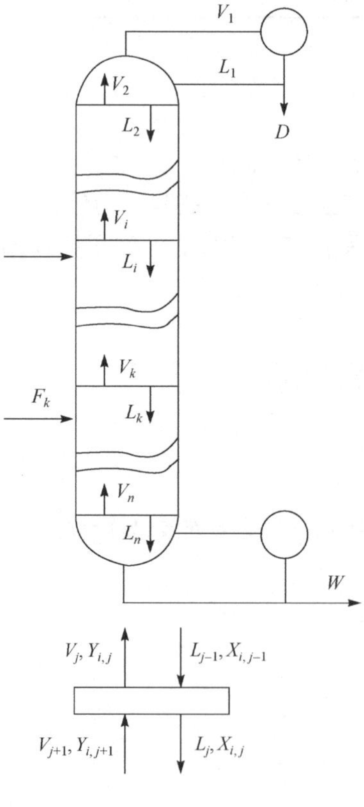

图 3-22　反应精馏过程的气、液流动示意图

1) 物料平衡方程

全塔物料总平衡如图 3-22 所示。

对第 j 块理论板上的 i 组分进行物料衡算如下：

$$L_{j-1}X_{i,j-1}+V_{j+1}Y_{i,j+1}+F_jZ_{i,j}+R_{i,j}=V_jY_{i,j}+L_jX_{i,j} \tag{3-14}$$

$$2\leqslant j\leqslant n,\quad i=1, 2, 3, 4$$

2) 气-液平衡方程

对平衡级上某组分 i 有以下平衡关系：

$$K_{i,j}\times X_{i,j}-Y_{i,j}=0 \tag{3-15}$$

每块板上组成的总和应符合式(3-16)：

$$\sum_{i=1}^{n}Y_{i,j}=1 \qquad \sum_{i=1}^{n}X_{i,j}=1 \tag{3-16}$$

3) 反应速率方程

$$R_{i,j}=K_j\times P_j\left(\frac{X_{i,j}}{x\sum Q_{i,j}\times X_{i,j}}\right)^2\times 10^5 \tag{3-17}$$

式(3-17)只在原料中各组分的浓度相等条件下才能成立，否则应予修正。

4) 热量衡算方程

对平衡级进行热量衡算，最终得到式(3-18)：

$$L_{j-1}h_{j-1}-V_jH_j-L_jH_j+V_{j+1}H_{j+1}+F_jH_{rj}-Q_j+R_jH_{rj}=0 \tag{3-18}$$

符号说明：F_j 为 j 板进料流量；h_j 为 j 板上液体焓值；H_j 为 j 板上气体焓值；H_{fj} 为 j 板上原料焓值；H_{rj} 为 j 板上反应热焓值；L_j 为 j 板下降液体量；$K_{i,j}$ 为 i 组分的气-液平衡常数；P_j 为 j 板上液体混合物体积(持液量)；$R_{i,j}$ 为单位时间 j 板上单位液体体积内 i 组分反应量；V_j 为 j 板上升蒸气量；$X_{i,j}$ 为 j 板上组分 i 的液相摩尔分数；$Y_{i,j}$ 为 j 板上组分 i 的气相摩尔分数；$Z_{i,j}$ 为 j 板上 i 组分的原料组成；$V_{i,j}$ 为反应混合物 i 组分在 j 板上的体积；$Q_{i,j}$ 为 j 板上冷却或加热的热量。

三、实验装置

实验装置如图 3-23 所示。

技术指标如下：

玻璃塔体内径：20 mm；填料高度：1. 2 m；填料：2 mm×2 mm (2. 5 mm×2. 5 mm，3 mm×3 mm)，不锈钢 O 网环；保温套管直径：60～80 mm；釜容积：500 mL，加热功率：300 W；保温段加热功率：300 W；预热器直径：30 mm；加热功率：70 W。

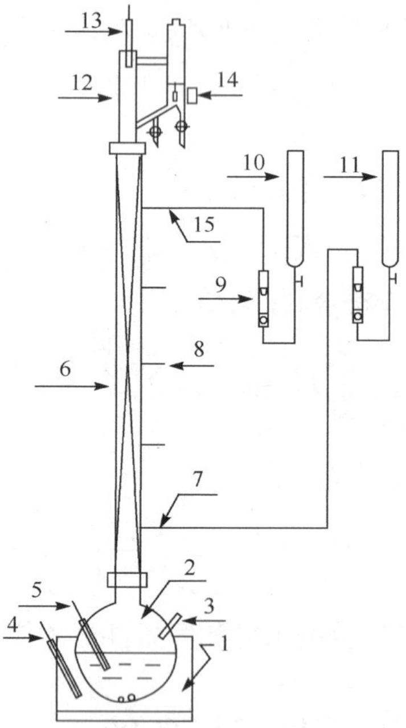

图 3-23　反应精馏装置

1. 电热包；2. 反应精馏釜；3. 测压口；4. 电热包测温热电偶；5. 釜内测温热电偶；6. 反应精馏主塔；7. 侧口(乙醇加料口)；8. 侧口；9. 转子流量计；10. 乙酸计量管；11. 乙醇计量管；12. 塔头； 13. 塔顶测温热电偶；14. 电磁铁；15. 侧口(乙酸加料口)

四、实验方法

操作前在釜内加入 150 mL 已知组成的釜液，检查进料系统各管线是否正常。检查无误后将冰醋酸[含 0. 1%～0. 3%(质量分数)浓 H_2SO_4]和无水乙醇分别注入计量管内，打开转子流量计进料并仔细排除导管中气泡，然后关闭进料阀。打开循环冷却水后，开始启动加热釜系统，加热电流给定为 0.5 A 左右，设计温度 200～240 ℃，等釜液沸腾后，开启塔体保温电源(电流给定 0.15 A)。当塔头有液体出现，待全回流 10～15 min 后，开始进料，实验按规定条件进行，一般把回流比拨码给定 6∶2，酸、醇物质的量比定为 1∶1.3，进料速度为 30～40 mL(乙醇)/h。进料后仔细观察塔底和塔顶温度，测量塔顶与塔釜出料速度。记录所有数据，及时调节进、出料使其处于平衡状态。

稳定操作 2 h，其中每隔 30 min 用小样品瓶取塔顶与塔釜出液称量并分析其组成。如果时间允许，可改变回流比或加料物质的量比，重复操作，取样分析，并进行对比。实验完成后，关闭加料，停止加热(将电流给定旋钮调至零)，让持液全部流至塔釜，取出釜液称重，分析组成，停止通冷却水。

五、实验注意事项

(1) 升温前先开循环冷却水，以免损坏塔头。

(2) 进料前转子流量计导管内的气泡必须排尽。

(3) 保温温度不宜过高。

(4) 实验过程中如有强烈气味，表示有泄漏，应进行处理。

(5) 加料时一定要小心，不得使料液漏出，以免腐蚀设备。

(6) 停车时，一定要将电流给定旋钮复零，以免开车时突然启动损坏电器。

六、实验记录与数据处理

将实验数据整理并记录于表 3-14。

表 3-14　实验数据记录

时间	釜加热温度/℃			测量温度/℃		加料		馏出物/mL	釜液/mL	成分分析			
	电流给定/A	设定值	实测值	釜	顶	醇/mL	酸 mL			醇	酸	水	酯

根据下式计算反应转化率和收率：

$$\text{转化率}=\frac{(\text{乙酸加料量}+\text{原釜内乙酸量})-(\text{馏出物乙酸量}+\text{釜残液乙酸量})}{\text{乙酸加料量}+\text{原釜内乙酸量}}$$

进行乙酸和乙醇的全塔物料衡算，计算塔内浓度分布、反应收率、转化率等。

七、思考题

(1) 怎样提高酯化收率?

(2) 不同回流比对产物分布有什么影响?

(3) 采用釜内进料，操作条件要做哪些变化? 酯化收率能否提高?

(4) 进料物质的量比应保持多少为最佳?

(5) 用实验数据能否进行模拟计算? 如果数据不充分，还要测定哪些数据?

实验二十九 离子交换软化实验

一、实验目的

(1) 通过本实验加深理解离子交换树脂交换处理正、负离子的原理。

(2) 测定该离子交换设备动态处理某种实验废水时的处理效果。

(3) 通过本实验了解工业化离子交换树脂交换处理设备的工艺流程。

二、实验原理

离子交换树脂是一种不溶于水的固体颗粒状物质，它能够从电解质溶液中把本身所含的另一种带有相同电性符号的离子与其等量置换出来。按照所交换的离子种类，离子交换树脂可分为阳离子交换树脂和阴离子交换树脂两大类。

阳离子交换树脂是以钠离子(Na^+型)或氢离子(H^+型)置换溶液中的阳离子，从而将其去除。置换反应为

钠型 $$Na_2R + M^{2+} \rightleftharpoons MR + 2Na^+$$

氢型 $$H_2R + M^{2+} \rightleftharpoons MR + 2H^+$$

反应式中 R 表示树脂，M^{2+}表示阳离子。

阴离子交换树脂是以氢氧根离子(OH^-)置换溶液中的阴离子，从而将其去除。置换反应为

$$R(OH)_2 + A^{2-} \rightleftharpoons RA + 2OH^-$$

反应式中 R 表示树脂，A^{2-}表示阴离子。

利用离子交换树脂的离子交换特性，结合相应的交换柱结构，开展动态的离子交换处理实验。通过人工配制模拟废水或采用实际的工业废水，进行动态的离子交换处理实验。通过相应的检测手段，得到离子交换处理结果。

三、实验装置

1. 动态处理的离子交换树脂实验设备

如图 3-24 所示，本实验装置由四根柱子组成，从左到右第一根为砂滤柱，第二根为阳离子交换柱，第三根为阴离子交换柱，第四根为阴、阳树脂混合交换柱。采用上进下出的进水方式进行处理实验。图中反冲洗管路没有画出。

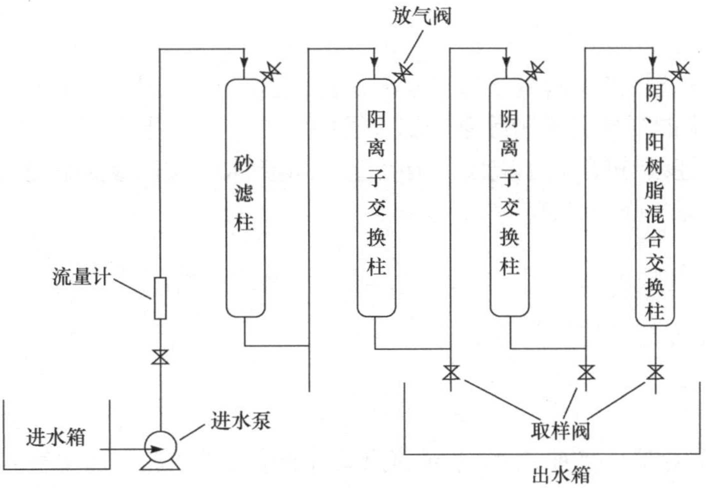

图 3-24　离子交换实验装置

使用本实验装置可以对自来水进行脱盐处理；或者采用纯净水加盐的方法人工配制水进行处理实验；或者采用纯净水加重金属离子的方法，人工配制模拟重金属废水进行处理实验。

注意：由于本实验装置中的离子交换树脂量有限，为了延长树脂的使用寿命，故在配制实验用水时浓度不宜过高，一般控制在 10～50 ppm(1 ppm=10^{-6})。交换树脂的再生采用体外再生的方法进行，由于交换树脂的总量有限，再生又比较麻烦，故建议直接购买再生好的交换树脂进行更换(价格低廉)。

2. 实验用水

由于整个实验设备内的交换树脂量有限，为了延长树脂的使用时间，建议采用低浓度的实验水进行离子交换实验。有以下几种方法配制实验用水开展实验：

(1) 使用纯净水+自来水进行脱盐处理实验。

自来水的总盐度一般为 100～300 ppm，用纯净水将自来水稀释至盐度为 30 ppm 左右，开展离子交换实验，用盐度计或电导率仪测定离子浓度的变化情况。

(2) 使用纯净水+固体盐(NaCl)进行脱盐处理实验。

在纯净水中加固体盐可以比较方便地控制盐浓度，浓度可以控制为 10～30 ppm，用盐度计或电导率仪测定离子浓度的变化情况。

(3) 使用纯净水+重金属离子进行脱重金属离子处理实验。

纯净水中加重金属离子(Cu)的浓度控制也很方便，浓度可以控制为 3～10 ppm，用原子吸收仪测定重金属离子浓度的变化情况。

注：可以采用电渗析器生产的脱盐水作为本实验的纯净配水。

3. 检测设备

(1) 根据选择的实验内容选择检测设备，起码要有盐度计和电导率仪。

(2) 如果能开展交换脱除重金属离子的实验，则更能说明离子交换树脂的选择性交换特性，经过阳离子交换柱的处理后，实验水中应该检测不到重金属离子。因此，需要原子吸收仪测定重金属离子。

4. 玻璃器皿

100 mL 烧杯 5 个。

四、实验方法

(1) 配制相应的实验用水。检查关闭以下阀门：进水箱和出水箱的排空阀门、进水流量计的调节阀。将实验用水倒入进水箱。

(2) 准备相应的仪器。

a. 如果采用自来水或纯水加盐的方法进行脱盐处理实验，则要准备好盐度计。

b. 如果采用配制重金属离子的实验用水进行实验，则要准备好检测重金属的分析方法和手段。

c. 确定进水流量和交换时间等一系列实验条件。

(3) 开启进水泵电源，水泵开始工作，慢慢打开流量计调节阀，使流量计转子处于 1/3 高度。慢慢打开最后一根离子交换柱的下端出水阀(不要开大)，开至出水流量与进水流量基本平衡(流量计转子基本上处于 1/3 高度)。然后调节流量计至所需要的实验流量(推荐 40 L/h)，并开始计时。

(4) 实验用水动态流经三根离子交换柱一定时间后(约 10 min)，慢慢打开阳离子交换柱和阴离子交换柱的下端出水阀，分别取阳离子交换柱、阴离子交换柱和混合柱的出水，测定相应的检测项目(如盐度、电导率、重金属离子浓度等)。阳离子交换柱和阴离子交换柱取完水样后要立即关闭出水阀。

(5) 实验结束，关闭最后一根混合柱的出水阀，关闭进水流量计的调节阀。关闭进水泵电源。放空进水箱和出水箱的积水，砂滤柱和离子交换柱内始终保持满水状态。用自来水清洗进水箱和出水箱。

五、实验注意事项

(1) 在整个实验过程中，如果离子交换柱的上端积累的空气太多，则可打开上端的放气阀，排除多余的空气后关闭放气阀门。

(2) 当设备长期不使用后重新开始使用，由于水泵的泵体中留有空气，可能会引起水泵的泵水情况不正常，或没有水被泵出。此时要立即关闭水泵，因为水泵的缺水运转很容易损坏水泵。可采用挤、捏皮管和一会儿开启水泵、一会儿关闭水泵的方法来排除空气，直至水泵正常工作为止。

六、实验记录与数据处理

记录并分析实验数据，计算相应的去除率(表 3-15)。

表 3-15　实验记录表格

水样	盐浓度/(mg/L)	电导率/(μS/cm)	重金属离子浓度/(mg/L)	备注
原水样				
阳离子交换柱出水				
阴离子交换柱出水				
混合柱出水				

七、思考题

(1) 为什么经过阳离子交换树脂和阴离子交换树脂处理后，出水的盐浓度和电导率还是比较大？而经过混合交换树脂处理后，出水的盐浓度和电导率明显减小？

(2) 为了防止锅炉积垢，经常要对锅炉用水进行软化处理，如果采用离子交换树脂处理锅炉用水，需要采用什么类型的离子交换树脂？为什么？

附：离子交换树脂的鉴定方法(也可以作为实验的内容之一)

第一步：

(1) 取约 2 g 试样树脂，置于 20 mL 试管中，用吸管吸去树脂的附着水。

(2) 加入 5 mL 1 mol/L HCl 溶液，摇动 1～2 min，将上部清液吸去，重复操作两三次。

(3) 加入纯水，摇动后将上部清液吸去，重复操作两三次。

(4) 加入 5 mL 10% $CuSO_4$ 溶液，摇动 1 min，按步骤(3)用纯水充分清洗。

第二步：

经第一步处理，如树脂变为浅绿色，加入 2 mL 5 mol/L $NH_3 \cdot H_2O$ 溶液，摇动 1 min，用纯水充分清洗。经处理后，如树脂颜色加深(深蓝)，则为强酸性阳离子交换树脂；如树脂浅绿颜色不变，则为弱碱性阴离子交换树脂。

第三步：

经第一步处理后，如树脂不变色，则

(1) 加入 5 mL 1 mol/L NaOH 溶液，摇动 1 min，用纯水充分清洗。

(2) 加入 5 滴酚酞，摇动 1 min，用纯水充分清洗。

(3) 经处理后，树脂呈红色，则为强碱性阴离子交换树脂。

第四步：

(1) 加入 5 mL 1 mol/L HCl 溶液，摇动 1 min，然后用纯水清洗两三次。

(2) 加入 5 滴甲基红，摇动 1 min，用纯水充分清洗。

(3) 经处理后，如树脂呈桃红色，则为弱酸性阳离子交换树脂；如树脂不变色，则该树脂无离子交换能力。

实验三十　超临界流体萃取实验

一、实验目的

(1) 通过实验了解超临界萃取装置的基本原理和实验方法。

(2) 通过实验得出影响超临界 CO_2 流体溶解性能的因素

二、实验原理

1. 超临界流体概述

每个纯物质都有确定的三相点。根据相律，当纯物质的气、液、固三相共存时，确定系统状态的自由度为零。将纯物质沿气-液饱和曲线改变温度和压力，当达到图 3-25 中 C 点时，体系的性质变得均一，不再分为液体和气体，故 C 点称为临界点。与该点相对应的温度和压力分别称为临界温度(T_c)和临界压力(p_c)，图 3-25 中高于临界温度和临界压力的有阴影线的区域属于超临界流体状态。超临界流体状态的性质有别于通常所称的气体和液体状态。

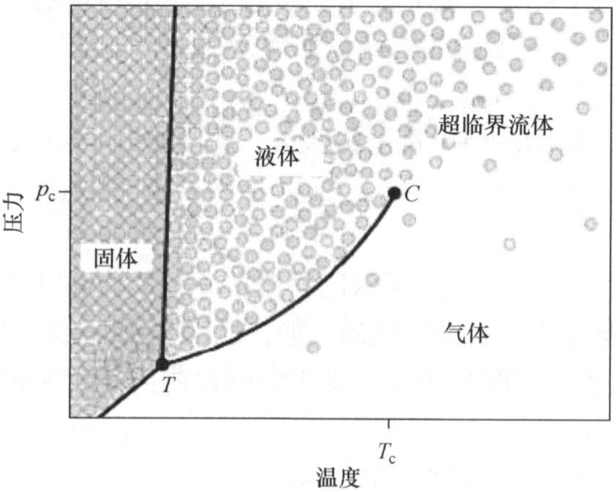

图 3-25　纯流体的压力-温度关系曲线

2. 超临界流体的特性

稳定的纯物质都有固定的临界点，对于某物质临界点，应指明的数据除了临界温度和临界压力外，还有与萃取相关的数据即临界密度ρ_c。理论上来说很多流体都可作为超临界流体使用，但实际上由于需要考虑应用的可能性，因此常用的超临界流体并不太多。超临界流体的密度接近液体，因此对固体、液体的溶解度也与液体接近，密度越大，相应的溶解能力也越强。同时，超临界流体的黏度接近气体，扩散系数比液体大100倍，因此渗透性极佳，能够更快地完成传质过程达到平衡，从而实现高效分离。

3. 超临界CO_2的基本性质

CO_2的临界温度(T_c=31.06 ℃)和临界压力(p_c=7.39 MPa)比较适中。特别应该指出的是，CO_2的临界密度是常用超临界溶剂中较高的。由于超临界流体的溶解能力一般随流体密度的增加而增加，因此CO_2具有最适合作为超临界溶剂的临界点数据。

与传统的加工方法相比，使用CO_2作为溶剂的超临界萃取具有以下显著优点：

(1) 萃取能力强，提取率高。

(2) 萃取能力的大小取决于流体的密度，最终取决于温度和压力，改变其中之一或同时改变，都可改变溶解度，可有选择地进行多种物质的分离，从而减少杂质，使有效成分高度富集，便于质量控制。

(3) 超临界CO_2流体的临界温度低，操作温度低，能较好地保存有效成分不被破坏，不发生次生化，因此特别适用于对热敏感性强、容易氧化分解破坏的成分的提取。

(4) 提取时间快，周期短，同时它不需浓缩等步骤，即使加入夹带剂，也可以通过分离功能除去或只需要简单浓缩。

(5) 超临界CO_2流体还具有抗氧化、灭菌等作用，有利于保证和提高产品质量。

(6) 超临界CO_2流体萃取过程的操作参数容易控制，因此有效成分及产品质量稳定，而且工艺流程简单，操作方便，节省劳动力和大量有机溶剂，减少污染。

(7) CO_2便宜易得，与有机溶剂相比经济性较好。

本实验利用超临界CO_2流体的特性，通过实验设备提供其所需的超临界条件，从而使CO_2处于超临界状态，把它作为溶剂萃取物料中的有效成分，从而达到分离的目的。

三、实验装置

本实验流程图如图3-26所示。

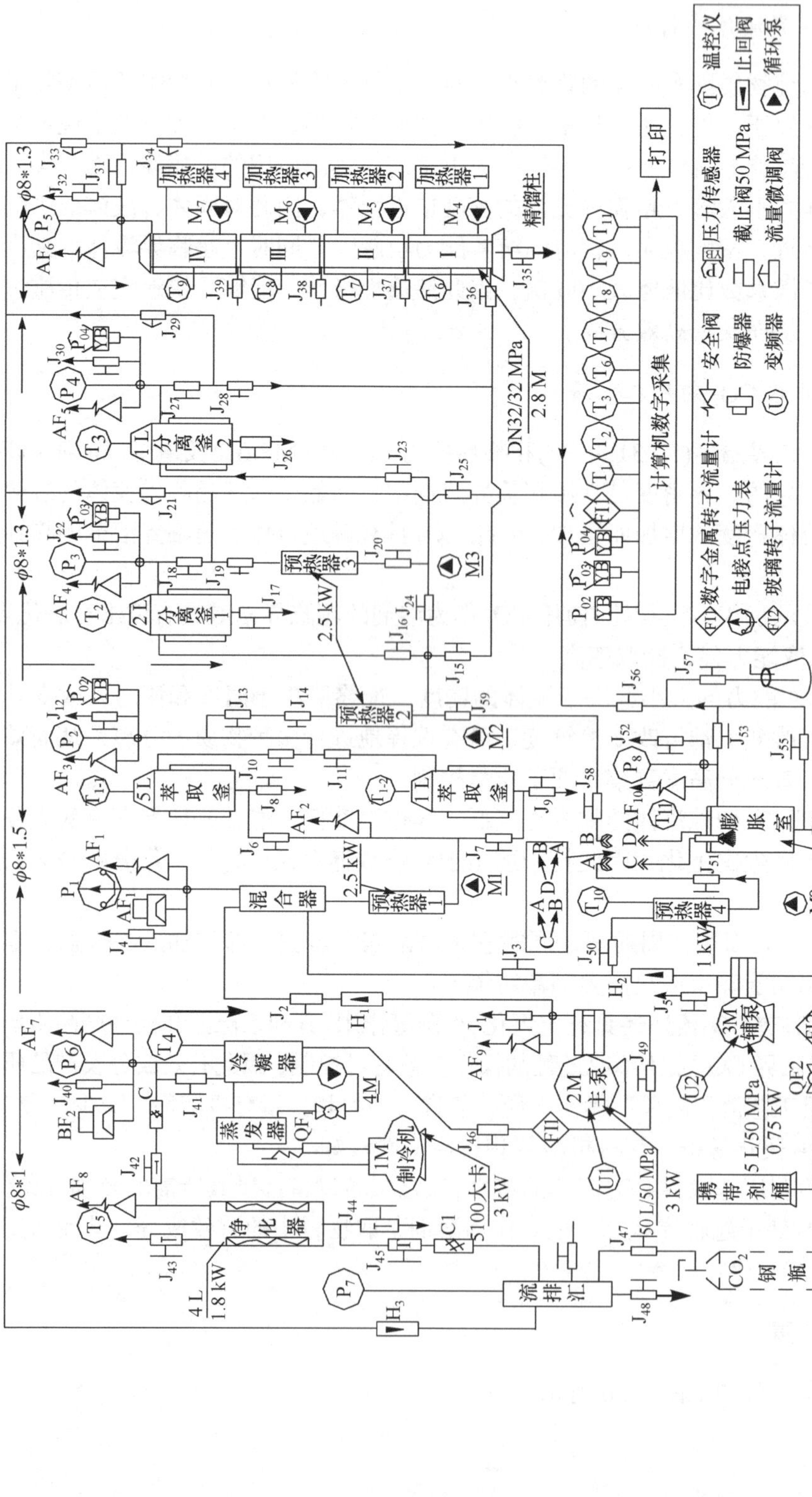

图3-26 超临界萃取实验流程图

四、实验方法

1. 准备工作

开机前检查阀门配置，操作步骤流程如下：

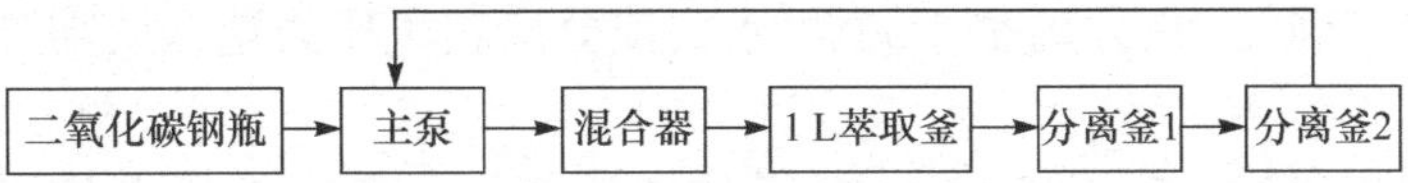

阀门2(混合器进口)打开，阀门7(1 L萃取釜进口)打开，阀门11(1 L萃取釜出口)打开；阀门6(5 L萃取釜进口)关闭，阀门10(5 L萃取釜出口)关闭；阀门13(预热器2进口)打开，阀门14(微调阀)打开，阀门59(预热器2)关闭，阀门15(精馏塔进口)关闭，阀门24(分离釜2直接进口)关闭；阀门16(分离釜1进口)打开，阀门18(分离釜1出口)打开，阀门19(微调阀)打开，阀门20(预热器3出口)打开，阀门23(分离釜2进口)打开，阀门27(分离釜2出口)打开，阀门28(微调阀)关闭，阀门29(CO_2回流阀)打开，阀门33(精馏塔出口)关闭。

2. 萃取实验

(1) 打开总电源。

(2) 将电控柜中的大开关QR打开，将下排的小开关(净化器开关8QF和备用开关20QF除外)打开。

注：如果打开净化器开关，则控制面板上的净化器加热开关不能打开，如果不采集数据，则开关电源19QF可以关闭。

(3) 在控制面板上，先打开冷凝器循环泵开关，再打开制冷机开关。打开萃取釜温度(预热器1加温)开关、分离釜1温度(预热器2加温)开关、分离釜2温度(预热器3加温)开关。将预热器循环泵1、2、3开关打开。

(4) 装料：首先将萃取釜从流程中隔离出来，然后将压力降至常压。操作如下：在料筒中装3/4容积的被萃取物料。关闭开关阀门11(1 L萃取釜出口)、开关阀门7(1 L萃取釜进口)。打开阀门9(1 L萃取釜底部卸压)，放空萃取釜中的CO_2，当萃取釜压力表读数较小时，打开阀门12(1 L萃取釜顶部放空)放完。等气体放完后，打开萃取釜封头，称取20 g粉碎后的花椒籽，放入料筒。放入后，拧紧，再回拧半圈。关闭阀门9、阀门12。注意：放入料筒时，料管要竖直进入，不要摇摆，以免碰到密封面。

(5) 打开阀门7(阀门14可以打开，但在打开主泵前必须关闭) 。

(6) 当冷凝器温度达到–5～–3 ℃时，慢慢打开阀门1(主泵安全阀)，看到雾状后，停留5～10 s，驱赶柱塞泵中的空气。

(7) 打开钢瓶开关，当钢瓶出口的压力小于3.5 MPa时，关闭钢瓶，另换一瓶。

(8) 打开主泵开关。

(9) 关闭阀门 14(1 L 萃取釜出口)，等萃取釜的压力快到萃取压力时，调节阀门 14，调节萃取釜的压力在萃取压力范围(25～30 MPa)。

(10) 调节阀门 19(分离釜 1 微调阀)，使分离釜 1 压力达到所需分离压力(7～8 MPa)。

(11) 调节阀门 14、阀门 19，使萃取釜压力、分离釜 1 压力分别基本稳定在上述范围。

(12) 如果(9)中打开钢瓶阀门，待萃取釜压力、分离釜 1 压力分别基本稳定后关闭钢瓶阀门。

3. 产品的提取和分析

(1) 关闭主泵开关，关闭制冷机开关(先关制冷机开关，再关冷凝器循环泵开关)。

(2) 打开钢瓶，使系统中的 CO_2 回流到钢瓶。

(3) 关闭阀门 14、阀门 7，使 1 L 萃取釜与系统其他部分隔离。

(4) 慢慢打开萃取釜下部的阀门 9(放气太快可导致釜内料筒损坏)，直到萃取釜压力为 0 时，再打开阀门 12，直到气体放完为止。

(5) 慢慢打开萃取釜上盖，取出料筒。

(6) 将萃取釜上盖盖好，关闭阀门 9、阀门 12。打开阀门 7、阀门 14。

(7) 量得所萃取的花椒油的体积，并描述花椒油的性状。

4. 装置的清洗

操作前，在携带剂筒中装入 500 mL 乙醇。

(1) 打开总电源。

(2) 将电控柜中的大开关 QR 打开，将下排的小开关(净化器开关 8QF 和备用开关 20QF 除外)打开。

注：如果打开净化器开关，则控制面板上的净化器加热开关不能打开。如果不采集数据，开关电源 19QF 可以关闭。

(3) 在控制面板上，先打开冷凝器循环泵开关，再打开制冷机开关。打开萃取釜温度(预热器 1 加温)开关、分离釜 1 温度(预热器 2 加温)开关、分离釜 2 温度(预热器 3 加温)开关。将预热器循环泵 1、2、3 开关打开。

(4) 当冷凝器温度达到−5～−2 ℃时，慢慢打开阀门 1(驱赶柱塞泵中的空气)。看到雾状后，停留 5～10 s，关闭阀门 1。

(5) 打开钢瓶开关。当钢瓶出口的压力小于 3.5 MPa 时，关闭钢瓶，另换一瓶。

(6) 打开主泵开关。

(7) 打开阀门 3。

(8) 打开副泵。

(9) 慢慢打开阀门 5 排放副泵中的空气，等有乙醇流出时关闭阀门 5。

(10) 调节阀门 14 使萃取釜压力保持为 22～25 MPa，调节阀门 19 使分离釜 1 压力为 7～8 MPa，调节阀门 29 使分离釜 2 压力为 5～6 MPa。

(11) 乙醇打完，关闭副泵开关。

(12) 使乙醇在系统中保持 15～20 min，慢慢阀门 17、26(分离釜 1、2 下面阀门)放出乙醇。清洗 3 次，待流出液清澈方可。

(13) 清洗完毕，关闭阀门 5。

5. 停机

(1) 关闭主泵开关，关闭制冷机开关(先关制冷机开关，再关冷凝器循环泵开关)。

(2) 打开钢瓶，使系统中的 CO_2 回流到钢瓶。

五、实验注意事项

(1) 在萃取过程中，由于设备高压运行，学生不得离开操作现场，不得随意乱动仪表盘后面的设备、管路、管件等，发现问题及时断电，然后协同指导教师解决。

(2) 为防止发生意外事故，在操作过程中，若发现超压、超温、异常声音等，必须立即关闭总电源，然后汇报指导教师协同处理。

(3) 通常分离釜体后面的阀门及回流阀处于常开状态，釜内压力应与储罐压力相等。若实验中分离釜内压力高于储罐压力，则表明气路堵塞，必须及时进行处理。

(4) 若系统发生漏气现象，应及时向指导教师汇报，并进行处理，防止 CO_2 大量泄漏。

(5) 实验完毕后，必须清理装置和实验用工器具、物料等，擦洗操作台以保证设施完好。

六、实验记录与数据处理

(1) 记录萃取釜和分离釜的压力、温度随时间的变化(表 3-16)以及所采取的措施(如压力波动后对哪些阀进行了调节)。

表 3-16　实验记录表格

时间/min	CO_2流量/(kg/h)	装置压力/MPa				装置温度/℃			
		混合器	萃取釜	分离釜 1	分离釜 2	冷凝器	萃取釜	分离釜 1	分离釜 2
0									
5									
10									
15									
20									
25									
30									
35									
40									
45									
50									
55									
60									

(2) 测定花椒油的质量：将所得花椒油和乙醇的混合物放入烧杯中，置于真空干燥箱内，在 50 ℃时将乙醇蒸出。先称得烧杯质量，最后称得达到恒量的花椒油的质量，即可获得所萃取的花椒油的质量。

计算结果：$m_{花椒油}$=____________。

七、思考题

(1) 超临界流体的特性是什么？为什么选择 CO_2 作为萃取剂？

(2) 通过实验，讨论超临界萃取装置还可以应用于哪些方面。

(3) 当萃取釜、分离釜 1、分离釜 2 的压力偏离(高于或低于)预期范围时，应如何调节使其恢复？

实验三十一　碳分子筛变压吸附提纯氮气

一、实验目的

(1) 了解和掌握连续变压吸附过程的基本原理和流程。

(2) 了解和掌握影响变压吸附效果的主要因素。

(3) 了解和掌握碳分子筛变压吸附提纯氮气的基本原理。

(4) 了解和掌握吸附床穿透曲线的测定方法和目的。

二、实验原理

利用多孔固体物质的选择性吸附分离和净化气体或液体混合物的过程称为吸附分离。吸附过程得以实现的基础是固体表面过剩能的存在，这种过剩能可通过范德华力的作用吸引物质附着于固体表面，也可通过化学键合力的作用吸引物质附着于固体表面，前者称为物理吸附，后者称为化学吸附。一个完整的吸附分离过程通常由吸附与解吸(脱附)循环操作构成，由于实现吸附和解吸操作的工程手段不同，过程分为变压吸附和变温吸附。变压吸附是通过调节操作压力(加压吸附、减压解吸)完成吸附与解吸的操作循环，变温吸附则是通过调节温度(降温吸附、升温解吸)完成循环操作。变压吸附主要用于物理吸附过程，变温吸附主要用于化学吸附过程。本实验以空气为原料，以碳分子筛为吸附剂，通过变压吸附的方法分离空气中的氮气和氧气，达到提纯氮气的目的。

物质在吸附剂(固体)表面的吸附必须经过两个过程：一是通过分子扩散到达固体表面；二是通过范德华力或化学键合力的作用吸附于固体表面。因此，要利用吸附实现混合物的分离，被分离组分的分子扩散速率或表面吸附能力必须存在明显差异。

碳分子筛吸附分离空气中 N_2 和 O_2 就是基于两者在扩散速率上的差异。N_2 和 O_2 都是非极性分子，分子直径非常接近(O_2 为 0.28 nm，N_2 为 0.3 nm)，由于两者的物性相近，与碳分子筛表面的结合力差异不大，因此从热力学(吸收平衡)角度看，碳分子筛对 N_2 和 O_2 的吸附并无选择性，难以使两者分离。然而，从动力学角度看，由于碳分子筛是一种速率分离型吸附剂，N_2 和 O_2 在碳分子筛微孔内的扩散速率存在明显差异，如 35 ℃时，O_2 的扩散速率为 2.0×10^6，O_2 的扩散速率比 N_2 快 30 倍，因此当空气与碳分子筛接触时，O_2 将优先吸附在碳分子筛上而从空气中分离出来，使空气中的 N_2 得以提纯。由于该吸附分离过程是一个速率控制的过程，因此吸附时间的控制(吸附-解吸循环速率的控制)非常重要。当吸附剂用量、吸附压力、气体流速一定时，适宜吸附时间可通过测定吸附柱的穿透曲线确定。

穿透曲线是出口流体中被吸附物质(吸附质，本实验中为氧气)的浓度随时间的变化曲线。典型的穿透曲线如图 3-27 所示，由图可见吸附质的出口浓度变化呈 S 形曲线，在曲线的下拐点(*a* 点)之前，吸附质的浓度基本不变(控制在要求的浓度之下)，此时出口产品是合格的。越过下拐点之后，吸附质的浓度随时间增加，到达上拐点(b 点)后趋于进口浓度，此时床层已趋于饱和。通常将下拐点(a 点)称为穿透点，上拐点(b 点)称为饱和点。通常将吸附质出口浓度达到进口浓度的 95%的点确定为饱和点，而穿透点的浓度应根据产品质量要求确定，一般略高于目标值。本实验要求 N_2 的浓度≥95%，即出口 O_2 的浓度应≤5%，因此将穿透点定为 O_2 出口浓度为 4.5%～5.0%。

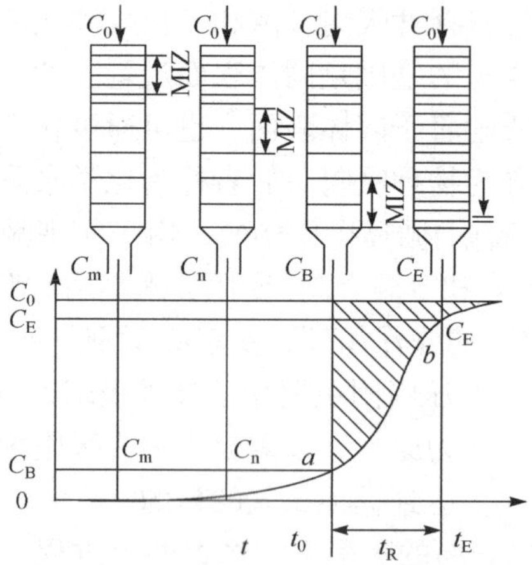

图 3-27　恒温固定床吸附器的穿透曲线

为确保产品质量，在实际生产中吸附柱有效工作区应控制在穿透点之前，因此穿透点(a 点)的确定是吸附过程研究的重要内容。利用穿透点对应的时间(t_0)可以确定吸附装置的最佳吸附操作时间和吸附剂的动态吸附量，而动态吸附容量是吸附装置设计放大的重要依据。

动态吸附容量的定义为：从吸附开始直至穿透点(a 点)的时段内，单位质量(或体积)的吸附剂对吸附质的吸附量(吸附质的质量/吸附剂质量或体积)。

$$G = \frac{V \times t_0 \times (C_0 - C_B)}{W}$$

式中，G 为动态吸附容量(氧气质量/吸附剂质量)，g/g；V 为实际气体流量，L/min；t_0 为达到穿透点的时间，s；C_0 为吸附质的进口浓度，g/L；C_B 为穿透点处吸附质的出口浓度，g/L；W 为碳分子筛吸附剂的质量，g。

三、实验装置

变压吸附实验装置及流程图如图 3-28 所示。

解吸过程分为两步，首先是常压解吸，然后进行真空解吸。

气体分析：出口气体中的氧气含量通过 CYES-Ⅱ型氧气分析仪测定。

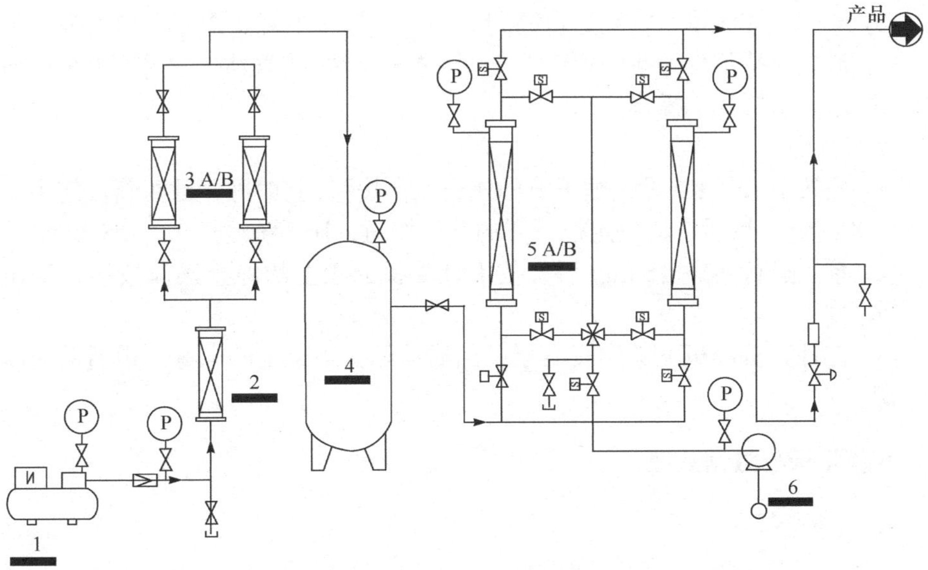

图 3-28　变压吸附实验装置及流程图

1. 空气压缩机；2. 脱油柱；3A/B. 脱水柱；4. 缓冲罐；5 A/B. 吸附柱；6. 水环式真空泵

四、实验方法

(1) 实验准备：检查压缩机、真空泵、吸附设备和计算机控制系统之间的连接是否到位，氧气分析仪是否校正，15 支取样针筒是否备齐。

(2) 接通压缩机电源，开启吸附装置上的电源。

(3) 开启真空泵上的电源开关，然后在计算机面板上启动真空泵。

(4) 调节压缩机出口稳压阀，使输出压力稳定在 0.4 MPa(表压)。

(5) 调节气体流量阀，将流量控制在 3.0 L/h 左右。

(6) 将计算机面板上的时间窗口分别设定为 K1=600 s，K2=5 s，启动设定框下方的开始按钮，开始测定穿透曲线。K1 表示吸附和解吸的时间(注：吸附和解吸在两个吸附柱交替进行)，K2 表示吸附柱充压和串联吸附操作时间。

(7) 穿透曲线测定方法：系统运行约 30 min 后，观察计算机操作屏幕，当操作状态进入 K1 的瞬间，迅速按下面板上的计时按钮，然后每隔 1 min 用针筒在取样口处取样分析一次(若 K1=600 s，取 10 个样)，读取并记录样品氧气含量(体积分数)，同时记录吸附时间、压力、温度和气体流量。

取样注意事项：

a. 每次取样 8～10 mL，将针筒对准取样口，使气体自然充入针筒中。

b. 取样后将针筒拔下，迅速用橡皮套封住针筒的开口处，以免空气渗入影响分析结果。

(8) 改变气体流量，将流量提高到 6.0 L/h，然后重复步骤(6)和(7)操作。

(9) 流量保持不变，调节压缩机出口气体减压阀，将气体压力升至 0.6 MPa(表压)，重复步骤(5)～(7)操作。

停车步骤：

(1) 先按下 K1、K2 设定框下方的停止操作按钮，将时间参数重新设定为 K1= 120 s，K2=5 s，然后启动设定框下方的开始按钮，让系统运行 10～15 min。

(2) 系统运行 10～15 min 后，按下计算机面板上的停止操作按钮，停止吸附操作。

(3) 在计算机面板上关闭真空泵，然后关闭真空泵上的电源，最后关闭压缩机电源。

五、实验记录与数据处理

1. 实验数据记录

将实验数据记录于表 3-17。

表 3-17　实验记录表格 1

编号 **A**　吸附温度 T/℃：_____；压力 p/MPa：_____；气体流量 V/(L/h)：____

吸附时间/min	出口氧气含量/%	吸附时间/min	出口氧气含量/%
1		6	
2		7	
3		8	
4		9	
5		10	

编号 **B**　吸附温度 T/℃：_____；压力 p/MPa：_____；气体流量 V/(L/h)：____

吸附时间/min	出口氧气含量/%	吸附时间/min	出口氧气含量/%
1		6	
2		7	
3		8	
4		9	
5		10	

编号 **C**　吸附温度 T/℃：_____；压力 p/MPa：_____；气体流量 V/(L/h)：____。

吸附时间/min	出口氧气含量/%	吸附时间/min	出口氧气含量/%
1		6	
2		7	
3		8	
4		9	
5		10	

2. 实验数据处理

(1) 根据实验数据，在同一张图上标绘两种气体流量下的吸附穿透曲线。

(2) 若将出口氧气浓度为 5.0%的点确定为穿透点，根据穿透曲线确定不同操作条件下穿透点出现的时间 t_0，记录于表 3-18。

表 3-18　实验记录表格 2

实验编号	吸附剂质量 W/g	吸附压力 p/MPa	吸附温度 T/℃	实际气体流量 V/(L/h)	穿透时间 t_0/min
A					
B					
C					

(3) 根据表 3-18 计算不同条件下的动态吸附容量：

$$G=\frac{V_{\mathrm{N}}\times\dfrac{32}{22.4}\times t_0\times(x_0-x_{\mathrm{B}})}{W}\qquad V_{\mathrm{N}}=\frac{T_0\times p}{T\times p_0}\times V$$

式中，V_{N}为标准状态下的气体流量，L/min；t_0为达到穿透点的时间，s；x_0为空气中氧气的体积分数；x_{B}为穿透点处氧气的体积分数；W为碳分子筛吸附剂的质量，g；p为实际操作压力，MPa；p_0为标准状态下的压力，MPa；T为实际操作温度，K；T_0为标准状态下的温度，K；V为实际气体流量，L/min。

不同条件下的动态吸附容量计算结果列于表 3-19。

表 3-19　实验记录表格 3

吸附压力/MPa	吸附温度/℃	实际气体流量/(L/h)	穿透时间/min	动态吸附容量/(g/g)

六、思考题

(1) 在本装置中，一个完整的吸附循环包括哪些操作步骤?

(2) 气体的流速对吸附剂的穿透时间和动态吸附容量有何影响？为什么?

(3) 吸附压力对吸附剂的穿透时间和动态吸附容量有何影响？为什么?

(4) 根据实验结果，本实验装置的吸附时间应该控制在多少合适?

(5) 该吸附装置在提纯氮气的同时，还具有富集氧气的作用，如果实验目的是获得富氧，实验装置及操作方案应做哪些改动?

参 考 文 献

房鼎业，乐清华，李福清. 2000. 化学工程与工艺专业实验. 北京：化学工业出版社
武汉大学，兰州大学，复旦大学. 2005. 化工基础实验. 北京：高等教育出版社
杨世芳，周艳，曾嵘. 2010. 化工技术基础实验. 北京：化学工业出版社
杨世芳. 2011. 化学工艺实验. 北京：化学工业出版社
杨祖荣. 2004. 化工原理实验. 北京：化学工业出版社
张金利，郭翠梨. 2006. 化工基础实验. 2 版. 北京：化学工业出版社

附　　录

附录 1　实验室安全与环保

实验室潜藏着各种危险因素。这些潜在的危险因素可能引发各种事故，造成环境污染和人体伤害，甚至可能危及人的生命安全。

实验室安全技术和环境保护对开展科学实验有着重要意义，我们不但要掌握这方面的有关知识，而且应该在实验中加以重视，防患于未然。

本节主要根据化工分离工程实验中存在的不安全因素，对防火、防爆、防毒、防触电等安全操作知识及防止环境污染等内容进行基本介绍。

一、实验室安全知识

1. 实验室常用危险品的分类

化工分离工程实验室常有易燃性物质、易爆性物质及有毒物质，归纳起来有以下几类。

1) 可燃气体

凡遇火、受热或与氧化剂接触能引起燃烧或爆炸的气体称为可燃气体，如氢气、甲烷、乙烯、煤气、液化石油气、一氧化碳等。

2) 可燃液体

在常温下呈液态，容易燃烧，具有挥发性，闪点低的物质称为可燃液体，如乙醚、丙酮、汽油、苯、乙醇等。

3) 可燃性固体物质

凡遇火、受热、撞击、摩擦或与氧化剂接触能着火的固体称为可燃性固体物质，如木材、油漆、石蜡、合成纤维等，化学药品有五硫化磷、三硫化磷等。

4) 爆炸性物质

在热力学上很不稳定，受到轻微摩擦、撞击、高温等因素的激发而发生剧烈的化学变化，在极短时间内放出大量气体，同时伴有热和光等反应发生的物质称为爆炸性物质，如过氧化物、氮的卤化物、硝基或亚硝基化合物、乙炔类化合物等。

5) 自燃物质

在没有任何外界热源的作用下，由于自行发热和向外散热，当热积蓄升温到一定程度能自行燃烧的物质称为自燃物质，如磁带、胶片、油布、油纸等。

6) 遇水燃烧物质

有些化学物质当吸收空气中的水分或接触水时会发生剧烈反应，并放出大量可燃气体和热，当达到自燃点时引发燃烧和爆炸，如活泼金属钾、钠、锂及其氢化物等。

7) 混合危险性物质

两种或两种以上性质抵触的物质，混合后发生燃烧和爆炸，称为混合危险性物质，如强氧化剂(重铬酸盐、氧气、发烟硫酸等)、还原剂(苯胺、醇类、有机酸、油脂、醛类等)。

8) 有毒物品

某些侵入人体后在一定条件下破坏人体正常生理机能的物质称为有毒物质，分类如下：

(1) 窒息性毒物，如氮气、氢气、一氧化碳等。

(2) 刺激性毒物，如酸类蒸气、氯气等。

(3) 麻醉性神经毒物，如芳香类化合物、醇类化合物、苯胺等。

(4) 其他无机及有机毒物，指对人体作用不能归入上述三类的无机和有机毒物。

2. 防燃、防爆措施

1) 有效控制易燃物及助燃物

部分可燃气体和蒸气的爆炸极限见附表1。

附表1 部分可燃气体和蒸气的爆炸极限

物质名称	化学式	沸点/℃	闪点/℃	自燃点/℃	爆炸极限	
					上限/%	下限/%
氢气	H_2	−252.3		510	75	4.0
一氧化碳	CO	−192.2		651	74	12.5
氨气	NH_3	−33			27	16
乙烯	$CH_2{=}CH_2$	−103.9		540	32	3.1
丙烯	$CH_3CH{=}CH_2$	−47		45	10.3	2.4
丙烯腈	$CH_2{=}CHCN$	77	0～2.5	480	17	3
苯乙烯	$C_6H_5CH{=}CH_2$	145	32	490	6.1	1.1
乙炔	$CH{\equiv}CH$	−84(升华)		335	32	2.3

续表

物质名称	化学式	沸点/℃	闪点/℃	自燃点/℃	爆炸极限	
					上限/%	下限/%
苯	C_6H_6	81.1	–15	580	7.1	1.4
乙苯	$C_6H_5C_2H_5$	36.2	15	420	3.9	0.9
乙醇	C_2H_5OH	78.8	11	423	20	3.01
异丙醇	$CH_3CHOHCH_3$	82.5	12	400	12	2
甲醇	CH_3OH	64.7	9.5	455		
丙酮	CH_3COCH_3	56.5	–17	500	13	
乙醚	$(C_2H_5)_2O$	34.6	–45	180	48	1
乙醛	CH_3CHO			185	56	4.1

化工类实验室防燃防爆，最根本的是对易燃物和易爆物的用量和蒸气浓度进行有效控制。

(1) 控制易燃易爆物质的用量。原则上是用多少领多少，不用的要存放在安全地方。

(2) 加强室内的通风。主要是控制易燃易爆物质在空气中的浓度，一般小于或等于爆炸下限的 1/4。

(3) 加强密闭。在使用和处理易燃易爆物质(气体、液体、粉尘)时，加强容器、设备、管道的密闭性，防止泄漏。

(4) 充惰性气体。在爆炸性混合物中充惰性气体，可缩小甚至消除爆炸范围和制止火势的蔓延。

2) 消除点燃源

(1) 管理好明火及高温表面，在有易燃易爆物质的场所严禁明火(如电热板、开式电炉、电烘箱、马弗炉、煤气灯等)及白炽灯照明。

(2) 严禁在实验室内吸烟。

(3) 避免摩擦和冲击，摩擦和冲击过程中产生过热甚至发生火花。

(4) 严禁各类电气火花，包括高压电火花放电、弧光放电、电接点微弱火花等。

3. 消防措施

消防的基本方法有三种：①隔离法，将火源处或周围的可燃物撤离或隔开，由于燃烧区缺少可燃物，燃烧停止；②冷却法，降低燃烧物的燃点温度是灭火的主要手段，常用冷却剂是水和二氧化碳；③窒息法，冲淡空气使燃烧物质得不到足够的氧而熄灭，如用黄沙、石棉毯、湿麻袋等，或用二氧化碳、惰性气体等。但爆炸性物质起火不能用覆盖法，若用覆盖法会阻止气体的扩散从而增加爆炸的破坏力。

1) 灭火剂的种类和选用

灭火时必须根据火灾的大小、燃烧物的类别及环境情况选用合适的灭火器材，见附表 2。实验室发生火灾时通常按下列顺序选用灭火器材：二氧化碳灭火器、干粉灭火器、泡沫灭火器。

附表 2　实验室常用的灭火器材

灭火剂			一般火灾	可燃液体火灾	带电设备起火
液体	水	直射	√	×	×
		喷雾	√	√	√
	泡沫灭火器		√	√	√
气体	二氧化碳灭火器		√	√	×
固体	干粉灭火器(磷酸盐类等)		√	√	√

注：√表示适用，×表示禁用。

2) 灭火器材的使用方法

(1) 拿起软管，把喷嘴对准着火点，拔出保险销，用力压下并抓住杠杆压把，灭火剂即喷出。

(2) 用完后要排除剩余压力，待重新装入灭火剂后备用。

4. 有毒物质的基本预防措施

实验室中多数化学药品都具有毒性，几种常用有毒物质的最高允许浓度见附表 3。毒物侵入人体有三个途径：皮肤、消化道、呼吸道。因此，只要依据毒物的危害程度的大小采取相应的预防措施，完全能防止对人体的危害。

(1) 使用有毒物时要准备好或戴上防毒面具、橡皮手套，有时要穿防毒衣装。

(2) 实验室内严禁吃东西，离开实验室应洗手，如面部或身体被污染必须进行清洗。

(3) 实验装置尽可能密闭，防止冲、溢、跑、冒事故发生。

(4) 采用通风、排毒、隔离等安全防范措施。

(5) 尽可能用无毒或低毒物质替代高毒物质。

附表 3　几种常用有毒物质的最高允许浓度

物质名称	最高允许浓度/(mg/m^3)	物质名称	最高允许浓度/(mg/m^3)
一氧化碳	30	酚	5
氯气	2	乙醇	1500
氨气	30	甲醇	50
氯化氢及盐酸	150	苯乙烯	40
硫酸及硫酐	10	甲醛	5
苯	500	四氯化碳	5
二甲苯	100	溶剂汽油	350
丙酮	400	汞	0.1
乙醚	500	二硫化碳	10

5. 电气对人体的危害及防护

电气事故与一般事故的差别在于往往没有某种预兆下瞬间就发生，造成的伤害较大甚至危及生命。电对人的伤害可分为内伤与外伤两种，可单独发生，也可同时发生。因此，掌握一定的电气安全知识是十分必要的。

1) 电伤危险因素

电流通过人体某一部分即为触电。触电是最直接的电气事故，通常是致命的，其伤害的大小与电流强度的大小、触电作用时间及人体的电阻等因素有关。实验室常用电压为 220～380 V、频率为 50 Hz 的交流电，人体的心脏每跳动一次有 0.1～0.2 s 的间歇时间，此时对电流最为敏感，因此当电流经人体脊柱和心脏时危害极大。电流量和电压对人体的影响分别见附表 4 和附表 5。

附表 4　电流量对人体的影响(50～60 Hz 交流电)

电流量/mA	对人体的影响	电流量/mA	对人体的影响
1	略有感觉	20	肌肉收缩，无法自行脱离触电电源
5	相当痛苦	50	呼吸困难，相当危险
10	难以忍受的痛苦	100	大多数致命

附表 5　电压对人体影响

电压/V	接触时对人体的影响	备注
10	全身在水中，跨步电压界限为 10 V/m	
20	为湿手的安全界限	
30	为干燥手的安全界限	
45	为对生命没有危险的界限	
100～200	危险性极大，危及人的生命	
3000	被带电体吸引	最小安全距离 15 cm
>10000	有被弹开而脱险的可能	最小安全距离 20 cm

人体的电阻分为皮肤电阻(潮湿时约为 2000 Ω，干燥时为 5000 Ω)和体内电阻(150～500 Ω)。随着电压升高，人体电阻相应降低。触电时则因皮肤破裂而使人体电阻骤然降低，此时通过人体的电流即随之增大从而危及人的生命。

2) 防止触电注意事项

(1) 电气设备要有可靠接地线，一般要用三眼插座。

(2) 一般不带电操作。除非在特殊情况下需带电操作，必须穿上绝缘胶鞋及戴橡皮手套等防护用具。

(3) 安装漏电保护装置。一般规定其动作电流不超过 30 mA，切断电源时间应低于 0.1 s。

(4) 实验室内严禁随意拖拉电线。

(5) 使用高电压、大电流的实验，至少要三人以上进行操作。

6. 高压容器安全技术

高压容器一般可分为两大类：固定式及移动式。实验室常用的固定式压力容器有高压釜、直流管式反应器、无梯度反应器及压力缓冲器等。移动式压力容器主要是高压气瓶及液化气瓶等。压力容器的等级分类见附表 6。

附表 6　压力容器的等级分类

类别	工作压力 p/MPa	类别	工作压力 p/MPa
低压容器	$0.1 \leqslant p < 1.6$	高压容器	$10 \leqslant p < 100$
中压容器	$1.6 \leqslant p < 10$	超高压容器	$p \geqslant 100$

1) 高压气瓶

气瓶是实验室常用的一种移动式压力容器。一般由无缝碳素钢或合金钢制成，适合装介质压力在 15 MPa 以下的气体或常温下与饱和蒸气压平衡的液化气体。高压气瓶流动性大，使用范围广，若不加以重视往往容易引发事故。

高压气瓶按所充气体不同，涂有不同的标记以便识别，有关特征见附表 7。

附表 7　常用高压气瓶的特征

气体名称	瓶身颜色	标字颜色	装瓶压力/MPa	状态	性质
氧气	天蓝色	黑	15	气	助燃
氢气	深绿色	红	15	气	可燃
氮气	黑色	黄	15	气	不燃
氦气	棕色	白	15	气	不燃

续表

气体名称	瓶身颜色	标字颜色	装瓶压力/MPa	状态	性质
氨气	黄色	黑	3	液	不燃(高温可燃)
氯气	黄绿色	白	3	液	不燃(有毒)
二氧化碳	银白色	黑	12.5	液	不燃
二氧化硫	灰色	白	0.6	液	不燃(有毒)
乙炔	白色	红	3	液	可燃

2) 高压气瓶的安全使用

(1) 氧气瓶、可燃气体瓶应避免日晒，不准靠近热源，离配电源至少 5 m，室内严禁明火。钢瓶直立放置并加固。

(2) 搬运钢瓶应套好防护帽，不得摔倒和撞击，防止撞断阀门引发事故。

(3) 氢、氧减压阀由于结构不同，丝扣相反，不准改用。氧气瓶阀门及减压阀严禁黏附油脂。

(4) 开启钢瓶时，操作者应侧对气体出口处，在减压阀与钢瓶接口处无漏情况下，应首先打开钢瓶阀，然后调节减压阀。关气应先关闭钢瓶阀，放尽减压阀中余气，再松开减压阀螺杆。

(5) 钢瓶内气体(液体)不得用尽，低压液化气瓶余压为 0.3～0.5 MPa，高压气瓶余压在 0.5 MPa 左右，防止其他气体倒灌。

(6) 领用高压气瓶(尤其是可燃、有毒的气体)应先通过感观和异味检查是否泄漏，有毒气体可用皂液(氧气瓶不可用此方法)及其他方法检查钢瓶是否泄漏，若有泄漏应拒绝领用。在使用中发生泄漏，应关紧钢瓶阀，注明漏点，并由专业人员处理。

7. 实验事故的应急处理

在实验操作过程中，由于多种原因可能发生危害事故，如火灾、烫伤、中毒、触电等。在紧急情况下必须在现场立即进行应急处理，减小损失，不允许擅自离开而造成更大的危害。

(1) 发生火灾时应选用适当的消防器材及时灭火。

当电器发生火灾时，应立即切断电源，并进行灭火。在特殊情况下不能切断电源时，不能用水灭火，以防二次事故发生，若火势较大，应立即报告消防队，并说明情况。

(2) 注意避免电引燃(爆)。

设备漏、冲、冒等原因使可燃、可爆物质逸散在室内，不可随意切断电源(包括仪器设备上的电源开关)。有时因通风设备没打开，一旦发生上述事故，就想加强通风而推上电源开关等，这是非常危险的。当某些电器设备是非防爆型的，由于启动开关的瞬间产生微弱火花，将引发一场原可避免的重大事故。应该打开门窗进行自然通风，切断相邻室内的火源，及时疏散人员，有条件可用惰性气体冲淡室内气体，同时立即报告消防队进行处理。

(3) 中毒事故一般应急处理方法。

凡是某种物质侵入人体而使局部或整个身体发生障碍，即发生中毒事故时，应在现场作一些必要处理，同时应尽快送医院诊治。

a. 急性呼吸系统中毒。立即将患者转移到空气新鲜的地方，解开衣服，放松身体。若呼吸能力减弱时，要立即进行人工呼吸。

b. 口服中毒时，为降低胃中药品的浓度、延缓毒物侵害速度，可口服牛奶、淀粉糊、橘子汁等。也可用3%～5%小苏打溶液或1∶5000高锰酸钾溶液洗胃，边喝边使其呕吐，可用手指、筷子等压舌根进行催吐。

c. 皮肤、眼、鼻、咽喉受毒物侵害时，应立即用大量水进行冲洗。尤其当眼睛发生毒物侵害时，不要使用化学解毒剂，以防造成重大的伤害。

(4) 烫伤或烧伤现场急救措施的两个原则。

a. 暴露创伤面。但要视实际情况而定，若覆盖物与创伤面紧贴或粘连时，切不可随意拉脱覆盖物而造成更大的伤害。

b. 冷却法。合适的冷却水温度为 10～15 ℃，当不能用水直接进行洗涤冷却时，可用经水润湿的毛巾包上冰片，敷于烧伤面上，但要注意经常移动毛巾以防同一部位过冷，同时立即送医院治疗。

(5) 发生触电事故的处理方法。

a. 迅速切断电源，如不能及时切断电源，应立即用绝缘的东西使触电者脱离电源。

b. 将触电者移至适当地方，解开衣服，使全身舒展，并立即找医生进行处理。

c. 如触电者已处于休克状态等危急情况下，要毫不迟疑立即实施人工呼吸及心脏按压，直至救护医生到现场。

二、实验室环保知识

实验室排放废液、废气、废渣等，即使数量不大，也要避免不经处理而直接排放到河流、下水道和大气中，防止污染以免危害自身或危及他人的健康。

(1) 实验室一切药品及中间产品必须贴上标签注明，防止误用及因情况不明处理不当而发生事故。

(2) 绝对不允许用嘴吸移液管液体以获取各种化学试剂和溶液，应该用洗耳球等吸取。

(3) 处理有毒或带有刺激性的物质，必须在通风橱内进行，防止这些物质散逸在室内。

(4) 实验室的废液应根据物质性质的不同而分别集中在废液桶内，并贴上明显的标签，以便于废液的处理。

(5) 在集中废液时要注意，有些废液是不可以混合的，如氧化物和有机物、盐酸等挥发性酸与不挥发性酸、铵盐及挥发性胺与碱等。

(6) 接触过有毒物质的器皿、滤纸、容器等要分类收集后统一处理。

(7) 一般的酸碱处理，必须在中和后用大量水稀释，才能排放到水槽。

(8) 在处理废液、废物等时，一般都要戴上防护眼镜和橡皮手套。处理具有刺激性、挥发性的废物时，要戴上防毒面具，在通风橱内进行。

附录 2　实验室基本操作技能

化工分离工程实验中基本参数有温度、压力、流量、组成及其他物性。而对这些基本参数的正确测试和控制，直接关系到实验的结果。本节简单介绍一些测量和控制方法。

一、温度的测量与控制

温度是表征物体特性的最基本的物理量之一，也是国际单位制(SI 制)中规定的七个基本量之一，它的测量与控制至关重要。

温度的检测与控制一般借助仪表完成。检测仪按作用可分为测温元件、测量仪表和控制仪表。测温元件有接触式与非接触式两大类。接触式包括热膨胀式、热电偶与热电阻三种；非接触式分为辐射法、量度法与比色法。测量仪表的主要功能是检测显示和记录，有自动平衡记录仪、数字显示仪等。控制仪表的主要功能是对被控对象进行调控。随着电子技术的飞速发展，新一代人工智能控制仪已被使用，它与计算机联网进行集散控制的技术已得到广泛采用。

1. 测温元件

1) 热膨胀式温度计

热膨胀式温度计是根据某些物质受热膨胀的原理制成的。通常有三种：玻璃管液体温度计、压力式温度计和双金属温度计，其中又以玻璃管液体温度计最简单常用。

玻璃管液体温度计由装有工作液体的玻璃感温泡、玻璃毛细管和刻度标尺三部分构成。其工作原理是基于工作液体在玻璃管中的热膨胀或冷收缩作用。当温度发生变化时，感温泡和毛细管中的液体体积也随之变化，引起毛细管中液柱的弯曲而升高或降低，通过标尺即可读出不同的温度数值。液体受热或受冷后体积膨胀或收缩的关系式用下式表示：

$$V_{t2} - V_{t1} = V_{t0}(a - a')(t_2 - t_1)$$

式中，V_{t0}、V_{t1}、V_{t2}分别为温度 0 ℃、t_1、t_2时的体积；a、a'分别为液体、玻璃的膨胀系数。

从上式可见，选择体膨胀系数a值大的工作液体有利于提高温度测量的精度。根据所用工作液体不同，其测温范围也不同。通常用水银或乙醇为工作液体，水银温度计的测温范围为–30～300 ℃，最高可达 600 ℃，乙醇温度计多用于常温和低温的测量，测温范围为–100～75 ℃。

玻璃管液体温度计又有棒式、内标式和外标式之分，其中棒式又可分为直式和角式(90°、135°等)。

由于玻璃管液体温度计具有结构简单、使用方便、价格便宜、测量也较精确等优点，因此在实验和生产中都获得了广泛的应用。

使用玻璃管液体温度计应注意下列事项：

(1) 温度计应经过校验，特别是用于测量要求较高的场合，只有经校验合格的温度计才能在现场使用。

(2) 对于不同的测量场合，温度计插入深度要符合规定。对于全浸式玻璃管温度计，使用时若不能按全浸条件进行，则必然给示值读数带来误差，其误差随着测量温度升高而增大。为减少误差，可按下式计算修正值，对露出液柱的影响进行修正。

$$C_s = KN(t_1 - t_2)$$

式中，K为温度计内工作液体相对于温度计玻璃管的膨胀系数差(对水银温度计此值通常为 0.000161/℃)；N为露出液柱的度数，以温度计标尺的度数表示；t_1为被测温度(一般可用温度计指示值代替)；t_2为利用辅助温度计测出的露出液柱的平均温度，辅助温度计一般应放置在露出液柱高度的 1/3 处。

(3) 测量零上较高或零下较低温度时要注意事先将温度计预热或预冷。

(4) 水银温度计应按凸形弯月面顶点切线处读数，乙醇温度计则按凹形弯月面取低点的切线处读数。

(5) 被测物质的容量应超过温度计感温泡内液体容量几百倍。

(6) 温度计插入恒温介质中一般要经过 5～10 min，待温度达到稳定后才读数。

(7) 使用时注意轻拿轻放，避免剧烈振动，使用完毕要放在盒内，决不可将温度计倒置。

2) 热电偶温度计

热电偶温度计具有灵敏度高、使用方便、测温范围宽及便于远距离测量等优点，在温度测量中占有重要地位。又由于热电偶温度计具有体积小、热惯性小、便于安装等优点，因此特别适合测量物体体内温度、表面温度及动态温度等。

如附图 1 所示，热电偶温度计由两根不同材质的金属 A 和 B 焊在一起而组成。由于不同材质的金属其自由电子密度不同，密度大的向密度小的方向扩散，在一个特定的温度条件下，这个过程达到动态平衡。失去电子一方为正极，得到电子一方为负极，形成了电位差 E ，并与温度成函数关系：

$$E_{AB(t,t_0)} = e_{AB(t)} - e_{AB(t_0)}$$

由上式可见，总电势 E_T 即 $E_{AB(t,t_0)}$ 与热电偶两端温度(t ,t_0)有关，t_0 设定在 0 ℃(冷端)，则 $E_{AB(t,t_0)} = e_{AB(t)}$ 为单一的函数关系，即热电势的大小只与温度有关，与其长度、直径大小无关。

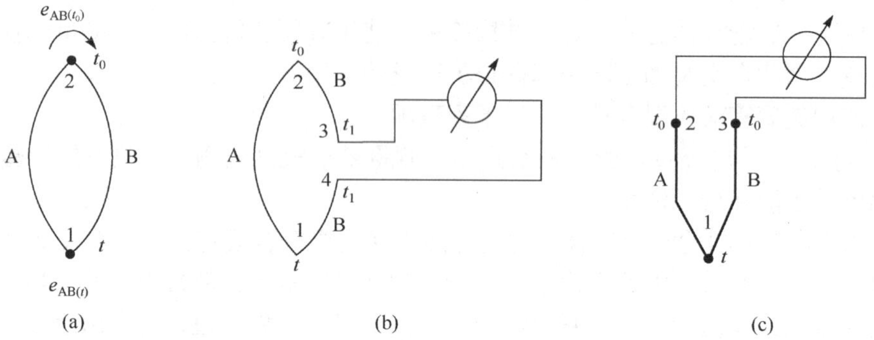

附图 1　在 t ，t_0 温差情况下回路中产生的热电势

如附图 2 所示，在实际使用中，自由端(冷端)打开接上补偿导线 C，根据能量守恒原理，多种组成的闭合回路中尽管材质不同，但只要接点温度相同，则这个闭合回路中的总电势等于零，即

$$E_T = e_{AB(t)} + e_{BC(t_0)} + e_{CA(t_0)}$$

$$e_{AB(t_0)} + e_{BC(t_0)} + e_{CA(t_0)} = 0$$

$$-e_{AB(t_0)} = e_{BC(t_0)} + e_{CA(t_0)}$$

可得

$$E_T = e_{AB(t)} - e_{AB(t_0)}$$

因此，接入补偿导线时，只要自由端接点在同一温度下，对总电势 E_T 无影响。

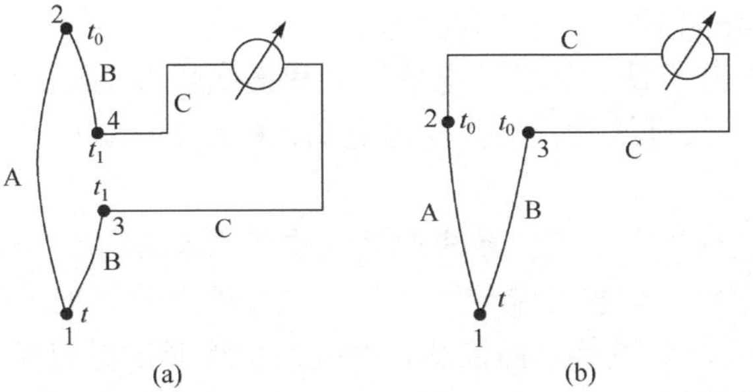

附图 2　接入补偿导线

补偿导线由价格便宜的金属组成，在 0～100 ℃热电势的变化与热电偶材质的热电特性一致。因此，补偿导线的引入关键是解决了自由端移至一个温度较恒定的环境内，保证了测量的正确性。

常用的热电偶与补偿导线见附表 8。

附表 8　常用热电偶与补偿导线

热电偶	分度号		极性	识别	补偿导线	温度范围	材质
铂铑-铂	LB-3	S	+	硬	铜(红)+	–20～1300 ℃，短期 1600 ℃	90%Pt，10%Rh
			–	软	镍铜(白)–		100%Pt
镍铬-镍硅(镍铝)	EU-2	K	+	与磁有作用	铜(红)+	–50～1000 ℃，短期 1200 ℃	9%～10%Cr，含 Si＜0.6%，其余为 Ni 等
			–	与磁无作用	康铜(白)–		2%～3%Si，其余为 Ni
镍铬-考铜	EA-2	E	+	色暗	镍铬(褐)(绿)+	–50～600 ℃，短期 800 ℃	含 Cr≤0.6%，其余为 Ni 等
			–	银灰	考铜(白)–		56%Cu，44%Ni

温度参数与许多物理现象和化学特性有密切的关系，当选用一支热电偶时要知道其测量准确性如何，必须进行校正。

热电偶的校正装置如附图 3 所示。

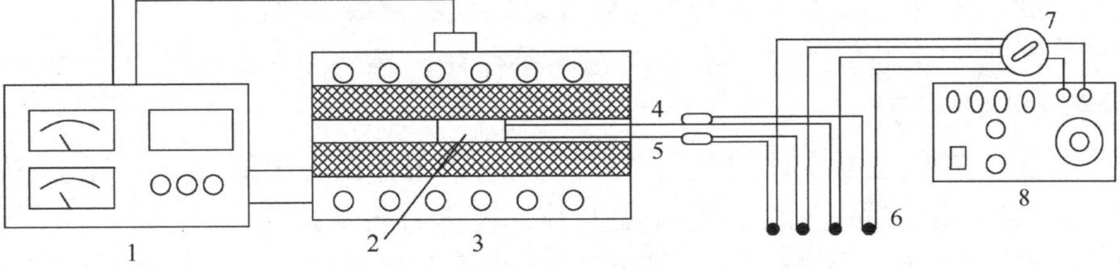

附图 3　热电偶校正实验装置示意图

1. 精密温控仪；2. 恒温金属块；3. 电阻炉；4. 待校热电偶；5. 标准热电偶；6. 冰浴槽；7. 转换开关；8. 电位差计

校正操作步骤如下：

(1) 检查待校热电偶、标准热电偶接点和连线是否良好。

(2) 按附图 3 接好线路，将待校热电偶、标准热电偶的工作端插入恒温金属块，送入电炉恒温段。

(3) 将热电偶自由端与连线导线的接点放在冰浴槽中。

(4) 启用温控仪，缓慢升温至第一校正点温度并使其恒温后，用电位差计进行检测。按照下列步骤进行巡回检测，在巡回检测时炉温应保持恒定。

(5) 待升至检测的上限温度后，再依次降温，重复测取不同温度下的热电势。

(6) 全部数据测完后，关闭电位差计和温控仪，使电炉自然降温。

(7) 校正温度低于 300 ℃，可用标准温度计进行校正。

(8) 数据处理：可用校正曲线图或回归法进行列表处理。

3) 热电阻温度计

热电阻温度计的作用原理是基于物质在温度变化时本身电阻值也随之发生变化的特性来测量温度。热电阻温度计线路简单、测量灵敏、敏感元件稳定，且能用于自动记录和远距离控制，是使用比较广泛的一种测温元件。在此列出两种常用的热电阻温度计，供使用时参考。

(1) 纯铂电阻：分度号 Pt100，R_0=100 Ω。

温度为 0～650 ℃，$R_t = R_0(1 + At + Bt^2)$

温度为 0～−200℃，$R_t = R_0[1 + At + Bt^2 + C(t-100)t^3]$

分度常数：A=3.96847×10^3(1/℃)；B = −5.847×10^{-7}(1/℃)^2；C = −4.22×10^{-12}(1/℃)^4

(2) 铜电阻：分度号 G，R_0=50 Ω。

在−50～150 ℃铜电阻的电阻值变化呈线性关系，可用下式计算：

$$R_t = R_0(1+\alpha t)$$

式中，α =4.25×10^3(1/℃)；R_0 为 0 ℃时热电阻的电阻值，Ω；R_t 为温度 t 时热电阻的电阻值，Ω；t 为被测介质温度，℃。

使用热电阻温度计应注意以下几点：

(1) 感温元件之间和感温元件与外壳之间应有良好的绝缘。

(2) 测量变化的温度时，常有动态误差存在，必须注意选择具有适当时间常数(热惰性)的温度计。

(3) 测量热电阻温度计的电阻值时，无论采用什么方法都会有电流通过，电流的热效应必将使感温元件自身温度上升，这称为温度计的自热现象。为了使自热现象对测量的影响不超过一定限度，标准铂电阻温度计使用电流规定不超过 1 mA，对于一般热电阻温度计，要求工作电流不超过 6 mA，这时自热现象对测量的影响不超过 0.1 ℃。

2. 温度测量仪表和控制仪表

感温元件只是将被测对象的温度变化转换成相应的物理量。而将这些物理量反映出来，即通过测量仪表显示和记录温度。控制仪是依据设定的要求对被控对象加以调控。以下将实验室常用的测量仪表和控制仪表作简单的介绍。

1) 温度测量仪表

温度测量仪表有 XWC 系列的自动平衡记录仪、数字温度仪，UJ 系列的电位差计等。XWC 系列、UJ 系列仪表均利用平衡电桥法进行测量，消除了电流及接线电阻的影响，因此被广泛采用。XWC 系列仪表通常用于监视及记录，均设置了冷端温度补偿。UJ 系列仪表常用于精确测量。冷端温度补偿有两种方法：①设置冰浴；②将实测的数值(mV)加上环境温度相应的数值(mV)，即为测温对象的实际温度。

2) 温度控制仪表

温度控制仪表的种类较多，一般温控调节手段有三种：P(比例)、PI(比例/积分)和 PID(比例/积分/微分)。选用何种类型的仪表主要依据被控对象的精度要求和选用何种测温元件而定。随着电子技术的飞速发展，由先进的集成模块组成的 AI 系列人工智能控制仪已被广泛采用。此类仪表具有非常丰富的功能，如温度控制时，适用于多种测温元件；在高精度控制中，采用了先进的 AI 人工智能法，对 PID 算法加以改进、保留，又加入一些模糊调节算法的规则，达到无超调、高控精度等效果。此类仪表备有通信接口，可与计算机联网，进行在线检测和控制，实现集散控制，还具有在强干扰环境下保持精确测量及稳定工作等优点。

二、压力的测量与控制

压力是流体静止或流动过程中的重要参数，专业实验中压力的测量与控制是基本的实验手段。

1. 压力的测量

1) 液柱式压力计

液柱式压力计的基本原理是流体静力学中的连通器原理。通过液柱的高度差显示压力，液柱式压力计中的介质有蒸馏水、汞、乙醇、甘油等。

U 形管压力计可用来测量气体或液体的压力。U 形管内的指示液必须与被测流体不互溶，其密度 ρ_0 应大于被测液体的密度 ρ ，见附图 4。U 形管压力计的计量管口两端分别与两个取压口连接，两点的压差通过液柱高度差 R 显示。

$$\Delta p = p_1 - p_2 = Rg(\rho_0 - \rho) = Rg\rho_0(1 - \rho / \rho_0)$$

当指示液的密度 ρ_0 比被测流体密度 ρ 大得多时， $\rho / \rho_0 \ll 1$ ，此时上式可简化为

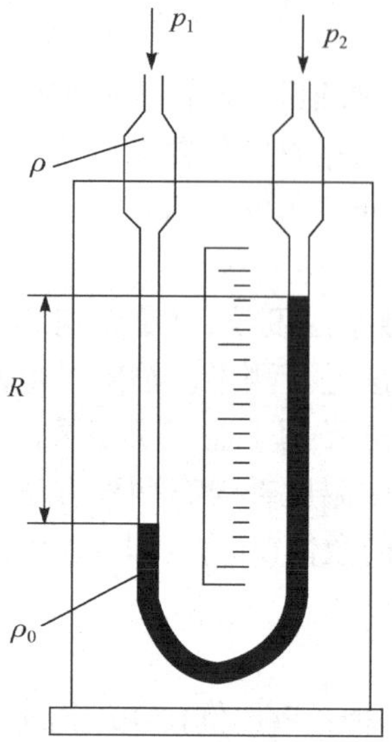

附图 4　U 形管压力计

$$\Delta p = Rg\rho_0$$

U 形管压力计是实验室最常用的。当两点压差极小、对测压要求很高时，可采用双液柱式、斜管式、补偿式、钟罩式等微差压计进行检测。

2) 弹簧式压力计

弹簧式压力计又称压力表，有普通压力表和精密压力表两类。根据被测流体介质和压力大小等，可选用各类型号的压力表。使用时应根据使用要求选择合适的压力表。

2. 压力的控制

实验中常需恒定系统压力。对于封闭系统这是不成问题的，但对于流动系统，这却是一种基本实验手段。控制压力稳定的关键在于控制上流压力恒定，即控制系统进口压力为给定值。常用的控制压力方法主要是利用流体力学原理的稳压管或利用机械作用原理的稳压阀。

1) 稳压管

如附图 5 所示，稳压管为一套管，内管与气相连通，套管内装有与气体不互溶的液体，如水、盐水、甘油等。p 为上游气源压力，p_1 为控制点压力，即进入系统的压力，p_2 为稳压管底部压力，于是有

$$p_2 \approx p_a + h_2\rho g + h_1\rho_0 g$$

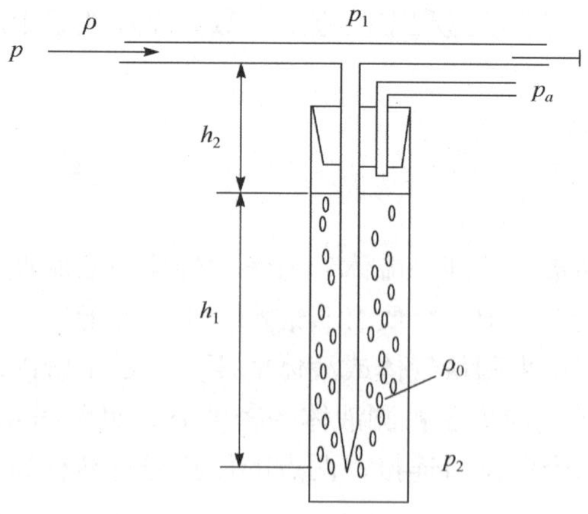

附图 5　稳压管

$$p_2 \approx p_1 + h_2\rho g + h_1\rho g$$

联立两式得

$$p_1 = p_a + h_1 g(\rho_0 - \rho) = p_a + h_1 g\rho_0(1 - \rho/\rho_0)$$

由于气体的密度远低于液体，因此 $\rho/\rho_0 \ll 1$，上式简化为

$$p_1 = p_a + h_1\rho_0 g$$

当 $p < p_1$ 时，系统失稳。当维持 $p > p_1$ 时，通过稳压管的气相管必然放走部分气体，而使控制点处气体压力降至 $p = p_1$，从而达到稳压效果。

2) 稳压阀

稳压阀用于气源压力控制。如附图 6 所示，当顺时针旋动调整螺杆(逆时针放松螺杆，关闭稳压阀)达一定开启度时，上游气体通过稳压阀降至一定压力后流出，而当上游压力稍有波动时，通过反馈孔作用于膜片和给定弹簧，使流出压力趋近给定值。对稳压要求不高的场合可采用减压阀，如与钢瓶配套的氧气减压阀和氢气减压阀、空气减压过滤器等。稳压要求较高时，可采用专门的减压稳压阀系列产品。

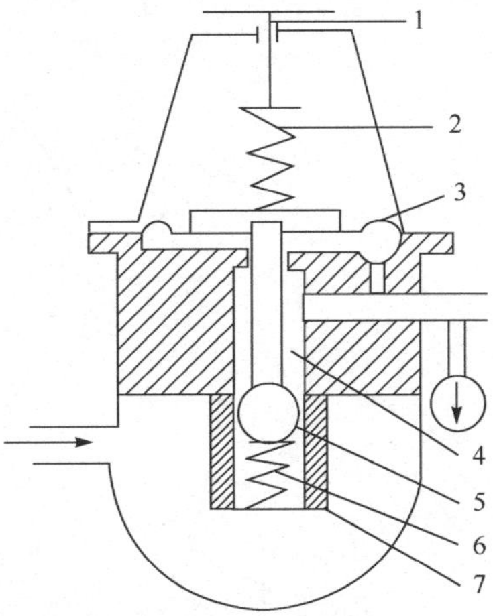

附图 6　稳压阀

1. 调整螺杆；2. 给定弹簧；3. 膜片挡板；4. 阀杆；5. 球阀；6. 小弹簧；7. 过滤器

3) 稳压罐

由于稳压的目的大多是为了稳流，在稳压要求较低的情况下，可采用大容量的缓冲罐或稳压瓶，以达到短时稳压稳流效果。

三、流量的测量与控制

流动实验系统对流量的测量和控制是必不可少的。流量的测量方法有直接法和间接法两种。直接法有湿式流量计(又称量气表)、盘式流量计、齿轮流量计等，是以单位时间内从测量腔室内所排出流体的固定体积作为测量依据；间接法是以测量与流量有对应关系的物理量的变化为依据，算出实际流量，有毛细管流量计、转子流量计、孔板流量计、电磁流量计、质量流量计等。

1. 湿式流量计

1) 构造

如附图 7 所示，湿式流量计内有一个转鼓并分为四个相等的气室 A、B、C、D，当气体通过进气口到湿式流量中心孔进入转鼓小室 A，在气体对气壁的压力

下，转鼓以顺时针方向旋转，随着气室 A 漂浮出水面而升高，气室 B 因转鼓轴的移动而浸入水面，同时气室 B 中气体从转鼓各室末端排往转鼓和外筒夹层空间，由出气口导出，与此同时气室 D 随之上升，气体开始进入气室 D。由于各小室的容积是一定的，故转鼓每转动一周，通过气体的体积是四个气室容积的总和。由转鼓带动指针与计数器即可直接读出气体的体积流量。

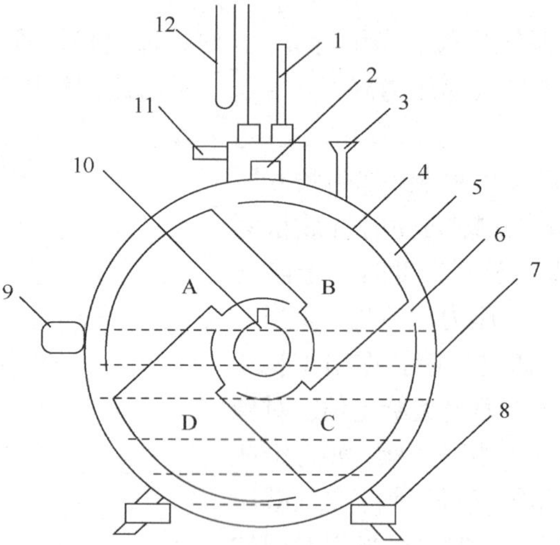

附图 7　湿式流量计

1. 温度计；2. 水平仪；3. 加水漏斗；4. 转鼓；5. 转鼓和外筒夹层空间；6. 转鼓各室末端；7. 外筒；8. 调节水面螺丝；9. 溢流管；10. 进气口(后面)；11. 出气口；12. 压力计

2) 使用方法

使用前应将流量计水平放置，然后从加水漏斗注水，至溢流管有水溢出为止。水温与环境温度相差不超过 2 ℃。若在低于 0 ℃的温度下进行测量，需用氧化镁溶液或甘油代替水。

湿式流量计适合测量惰性气体或不易溶于封闭液的气体，当被测流体具有腐蚀性组分时，需先经吸收器除掉腐蚀性气体组分后方可进入流量计。湿式流量计的测量误差为±5%。流量计不用时应将封闭液排出，用蒸馏水冲洗后吹干，置于干燥处保存。

3) 湿式流量计的校正

如附图 8 所示，校正前使流量计转动一周，观察指针是否均匀转动。若转动均匀，方可开始校正。先向集气瓶中注水，同时向 U 形管压力计加水至适当高度。打开进气阀并调节开度，根据 U 形管压力计两侧液位差，控制气体进入湿式流量计的流量大小，每次收集指针转动 0.5 L 刻度时的水量。读取量筒中水的体积即为流量计校正值，重复两三次，每次的差值在 5%以内，校正即完毕。记录指针转动一周收集的水量，计算相对误差。

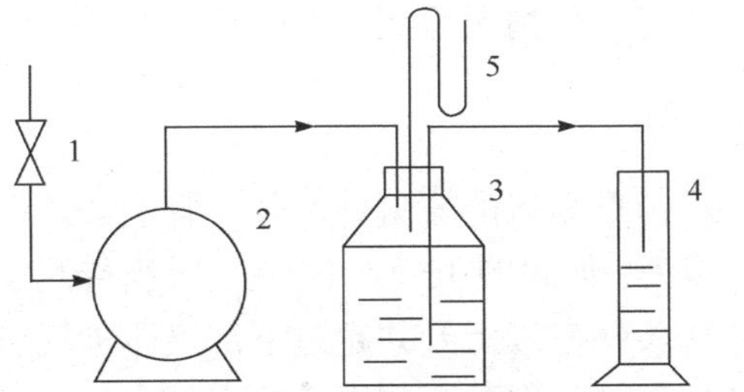

附图 8　校正湿式流量计装置图

1. 阀门；2. 湿式流量计；3. 集气瓶；4. 量筒；5. U 形管压力计

2. 流速流量计

流速流量计的测量原理是基于气体通过毛细管或锐孔时由于动能与静压能之间的转换而在两个管端形成压力差,利用流速及所示压力差之间的一定比例关系,测出单位时间的一定比例关系,从而测出单位时间内通过流速流量计的气体流量,如附图 9 所示。

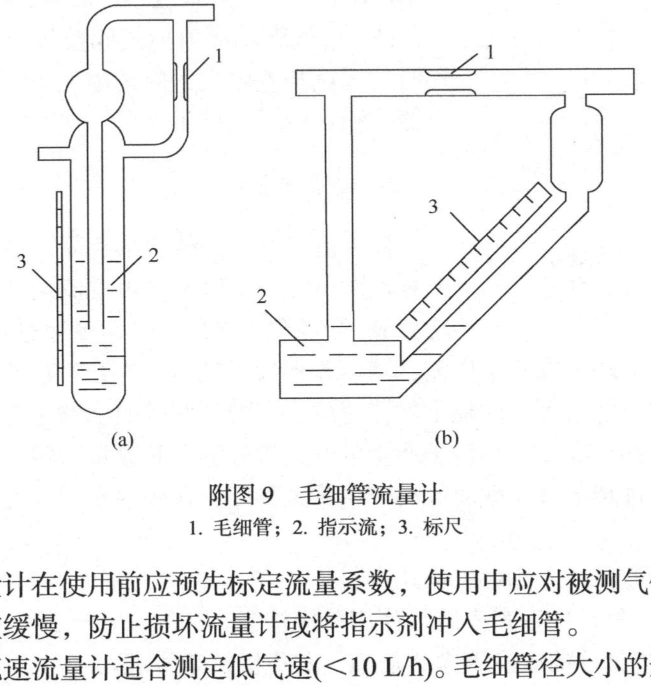

附图 9　毛细管流量计

1. 毛细管；2. 指示流；3. 标尺

流速流量计在使用前应预先标定流量系数，使用中应对被测气体进行净化，气源开启时应缓慢，防止损坏流量计或将指示剂冲入毛细管。

毛细管流速流量计适合测定低气速(<10 L/h)。毛细管径大小的选择取决于气体的流量大小，因此可依据测定流量值配置一套不同孔径的毛细管，选择适合要求的毛细管。

压力计的指示常用有色的水、液体石蜡、汞等，应视气体的性质、溶解度、温度和化学反应的性质等具体情况而定。

3. 皂膜流量计

皂膜流量计是一种简单易行的流量计量仪。它的部件仅为一根带有刻度的量气管，下端套上橡皮滴头，如附图 10 所示。使用时当待测气体处于稳定状态通过量气管后，挤捏橡皮滴头使皂液上升并超过下部气体进气口，形成薄膜而被气体向上平推；此刻选择量气管下部某一刻度值按下秒表，待皂膜至上部某一刻度值时再按下秒表。上下两刻度的差值除以秒表所示时间即为单位时间气体流动的体积。皂膜流量计一般用于测定小气量的准确计和其他气体流量计的校核。

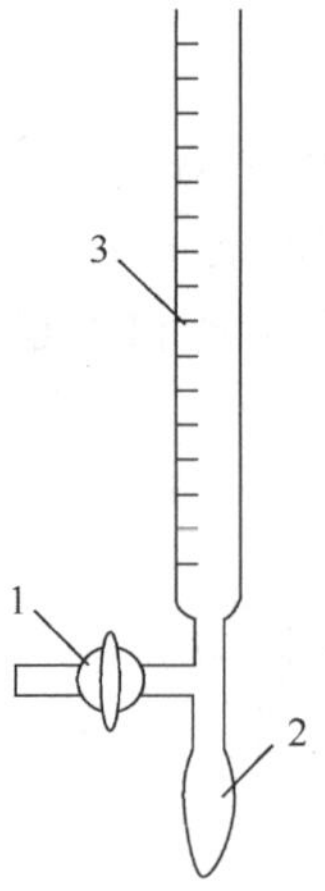

附图 10　皂膜流量计
1. 考克；2. 滴头；3. 量气管

使用皂膜流量计应注意以下几点：

(1) 皂膜流量计的刻度值应先用标准量具校核。

(2) 选用的皂膜的黏度和表面张力应适中。

(3) 操作时不要形成过多的皂膜层。

(4) 上下刻度的差值尽可能大，减小测量误差。

(5) 量气管刻度值标定和校核时的温度若与使用时的温度相差较大，应运用理想气体状态方程对所测体积进行温度校正。

4. 转子流量计

转子流量计为一根内部空间呈锥形的玻璃管，上有刻度，内装一转子，可视流量大小用不同的材质制成。当被测流体以一定流量通过转子流量计时，在转子的上、下端形成一个压差，该压差形成了升力。当升力足够大时，转子上浮，环隙面积随之增大，环隙中的流速减小，转子两端面上的压差也随之减小。当转子浮升至某一高度时，转子所受的升力恰好等于其净重，转子便悬浮在此高度上。此刻通过转子最大截面处与玻璃管上刻度，视线水平切点上的读数为该流体的流量值。

使用转子流量计应注意以下几点：

(1) 转子流量计应垂直安装，使用前应检漏。

(2) 转子流量计前应设置净化措施，避免机械杂质进入。

(3) 用于气体的转子流量计，气体应在进入前先脱水或除掉液沫。

(4) 转子流量计的读数应经过校正后才为流体的实际流量。

流速流量计和转子流量计的校正方法如下。

校正装置如附图 11 所示。气源可由空气压缩机的压缩空气经缓冲器提供或由高压气瓶提供，经调节阀由小至大缓慢进行。切不可一下打开阀门，因气流过大而造成流速流量计中的指示液溢出。经调节阀的调节，流速流量计内的指示液面稳定在某一刻度值上，挤捏皂膜流量计的橡皮滴头，在流体的作用下使皂膜平推上移，此时按下秒表，记录皂膜移动一定体积所需时间，每点重复两三次，取其平均值。转子流量计的校正(气体)，只要调整三通考克的导向，即可按上述方法进行校正。作出纵坐标为液位高度(或转子流量计上的刻度)，横坐标为流速流量计(或转子流量计)的流量的校正曲线。

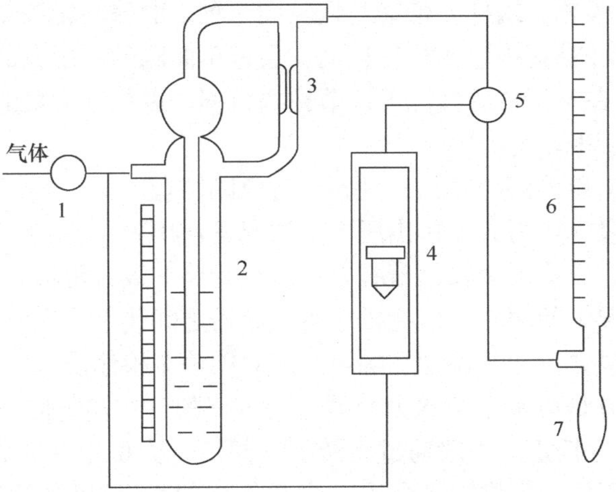

附图 11　校正流速流量计或转子流量计装置图

1. 阀门；2. 流速流量计；3. 毛细管；4. 转子流量计；5. 三通考克；6. 皂膜流量计；7. 橡皮滴头

上述装置一般适用于流量小于 20 L/h，若流量大于此值，则可用标准湿式流量计进行校正，只要在装置的出口处加接已校正好的湿式流量计即可。

5. 质量流量计

目前广泛使用的各种流量计，从原理上看都是测量体积流量。由于流体的体积大小受温度、压力等的影响，因此当被测流体的温度、压力变化时，应把所测的体积流量换算成标准状态的值。事实上，当温度、压力频繁变动时，进行及时换算是很困难的。在这种情况下需要精确测量流量时，可采用测量质量流量的方法。

测量质量流量的方法有直接法和间接法两种。直接法是应用质量流量计直接测量质量流量，如科里奥利力式质量流量计、热式流量计、双涡轮质量流量计、动量矩式质量流量计和惯性力式质量流量计等；间接法是对测量的体积流量进行温度和压力的动态补偿，补偿结果得到质量流量。

6. 柱塞式计量泵

柱塞式计量泵用于精确定时定量地向常压或高压容器、管道输送不带固体颗粒的液体，并在额定范围内任意连续可调。可根据不同的需要做成一体双缸和一体三缸的计量泵。

1) 工作原理

泵体由驱动机、变速箱、偏心轮箱及泵头调节机构所组成。计量泵采用电动机直联变速机构蜗轮、蜗杆，带动与蜗轮同一轴上的偏心轮转动，在偏心轮和弹簧的推动下，滑杆带动柱塞作往复运动，通过单向阀的作用完成吸送液过程。旋转调节手柄，可在不停机的情况下调节柱塞行程，以控制流量的大小。

2) 操作注意事项

(1) 泵的进出口管路应密封，且不能有急剧转弯。

(2) 严禁在吸入压力大于排出压力的情况下使用。

(3) 输送的介质应无杂物，若有杂质应在管路上放置可拆式过滤器。

(4) 高压情况下使用时，应在排出管至容器之间装上止逆阀。

(5) 若发现泵体有异常振动和响声，应立即停车检修。

(6) 通常厂方是以常温清水为介质进行校正的，在实际使用中由于介质对象不同，应重新进行校正。一般通过旋转手柄调整。从 0～100%全行程校正。

(7) 泵长期不用，应将缸内介质排放干净，并用清洗液连续抽打 5 min，封住进出口，外露表面涂上防锈油，存放在干燥处。

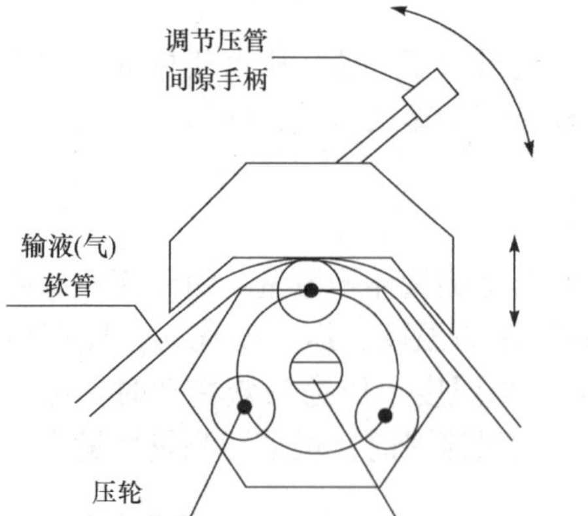

附图 12　蠕动泵原理示意图

7. 蠕动泵

蠕动泵广泛应用于精细化工、生物化工等科研与生产。如附图 12 所示，其基本的工作原理是：电动驱动器以一定的转动频率(在一定范围内可无级调速)带动压轮作顺时针(或逆时针)方向转动，由于输液(气)软管受挤压，进口端产生负压将输液(气)提起，出口端将管内的输液(气)排出。通过调节驱动电机(步进电机或直流电机)的转速和微调压管间隙及选用不同孔径的输液软管来控制输液(气)的流量。蠕动泵一般用于常压或微压、输液(气)温度不高的场合。

四、实验室常用辅助设备

实验室中有些设备具有通用性，通常又是必不可少的，本节介绍一些常用辅助设备的主要功能及使用方法。

1. 电热设备

电热设备是基于电流通过导体使温度升高的热效应而设计的加热设备。依据不同的需求设计出各种类型，如管式电炉、高温电炉、电热恒温干燥箱等。

1) 管式电炉

管式电炉的作用是升温加热和提供恒温热源。由耐火材料制成的管形炉膛内外之间的空槽中均匀地串有电热丝，外层包着保温材料，外壳包上铁架和铁皮组成管式电炉。工作温度可达 950 ℃，使用注意事项如下：

(1) 被加热物不得与炉膛在高温下发生任何作用。

(2) 初次使用或长期未用的管式电炉升温时要缓慢，一般升至 150 ℃左右维持 1 h 后再继续升至设定温度。

(3) 管式电炉的升温不得超过铭牌额定的最高温度，测控温点应在炉膛的恒温段上。

(4) 停用时应切断电源并使其自然冷却。

2) 高温电炉

高温电炉又称马弗炉，常用于实验室化学分析与物理测定等。高温电炉的炉膛由耐高温而无涨缩碎裂的材料制成，炉膛内外壁空间均匀地串有电热丝或排放硅碳加热棒，外层包着耐火砖、耐火土等。外壳包上铁皮，炉门用耐火砖制成，中间有一小孔，嵌一片透明的云母片，便于观察炉内升温情况。使用方法和注意事项如下：

(1) 应放置在稳固的水泥台上，温控仪应与电炉相隔一定距离以防止热干扰。

(2) 连接热电偶至温控仪的导线，应用补偿导线，连接时正、负极不可接反。

(3) 初次使用或长期未使用时，应进行烘炉干燥。

(4) 易燃、易爆，加热后挥发出有毒或腐蚀性气体的物品不允许在高温电炉内加热。

(5) 炉膛内要保持清洁，周围不允许堆放易燃易爆物品。

(6) 工作温度不得超过额定温度，并要经常观察，防止失控而损坏仪器设备甚至酿成事故。

(7) 用毕后应切断电源，但不能立即打开炉门，以免炉膛遇冷碎裂。可先开一条小缝加快降温，最后用坩埚钳取出被加热的器物。

(8) 高温电炉不用时，应将炉门关好，防止耐火材料受潮气侵蚀。

3) 电热恒温干燥箱

电热恒温干燥箱简称烘箱，用于烘焙、干燥、热处理等。工作温度可从室温加 10 ℃起升至铭牌规定的额定值。老式的温控通过旋钮指示刻度设定，最终以烘箱顶部的玻璃水银温度计示值为准。现在控温方式已有很大的改变，采用数显温控仪进行温度预设定、检测、自动控制及报警。恒温灵敏度达±1 ℃，工作室的温度由于数显而直观易读。使用方法和注意事项如下：

(1) 接通电源后，先预设置到所需温度，将加热转换开关至“2”位置，此时为全功率加热，然后闭合鼓风机开关。

(2) 当工作室温度接近设定温度时，可将转换开关至“1”位置，减小加热功率，以免引起热量过冲。

(3) 烘箱为非防爆型的，不允许将易燃易爆或加热后有挥发性的毒性和腐蚀性气体的物品放入箱内干燥处理。

(4) 烘箱使用温度不能超过铭牌上的额定温度值。

(5) 被烘物品如试样、药品等应盖好，以防被烘箱内的灰尘和铁锈因鼓风而沾污。

(6) 用毕后后应先关闭鼓风机，加热转换旋钮至“断”，控温仪回至“0”处，然后切断电源。

2. 制冷设备

制冷设备是利用高压的液体制冷剂，在压力骤然降低的情况下，液体制冷剂迅速沸腾蒸发并吸热的物理现象而设计的。制冷设备种类不少，如低温浴槽、冰柜、冰箱等。

冰箱是实验室常用设备之一，由箱体、制冷系统、电气系统、自动控制和附件五部分组成。冰箱适用于低温保存样品、试剂和菌种等，冰箱的冷冻室可制冰块或用于小型物品的冻结。使用方法和注意事项如下：

(1) 冰箱的放置应离壁 100 mm，以保证冷凝器对流效率高。

(2) 冰箱温度调节时，不可一次调得过低，以防冻坏箱内的物品。

(3) 冰箱内蒸发器由于结霜而使制冷效果下降，对于无自动化霜功能的冰箱，应及时进行手动或人工化霜。

(4) 一般冰箱是非防爆型的，因此不允许存放易燃易爆物品，对于具有强烈气味的物品，须密封后放入，以防污染。

(5) 长期不使用时应将冰箱内外擦净，箱门略留缝隙。应避免日光直射，并远离热源。

3. 其他辅助设备

实验室除上述电热设备、制冷设备外的电动辅助设备的类型是很多的。常用的有真空泵、空气压缩机、电动搅拌器、离心机、球磨机等。

1) 旋片式真空泵

实验室常用的真空泵为旋片式真空泵，它的结构和工作原理如附图 13 所示。旋片式真空泵利用两块能滑动旋片的转子，偏心地装在腔内，并且分隔进、排气口。旋片借弹簧的弹力作用，与腔内壁紧密接触，将腔分为两个部分。因此，当转子转动带动旋片在腔内旋转时，进气口方面的腔室逐渐扩大容积，吸入气体。另一方面是对已吸入的气体压缩，由排气阀排出，达到抽气获得真空的目的。泵的全部机件都浸在真空油内，油起油封、润滑和冷却作用。

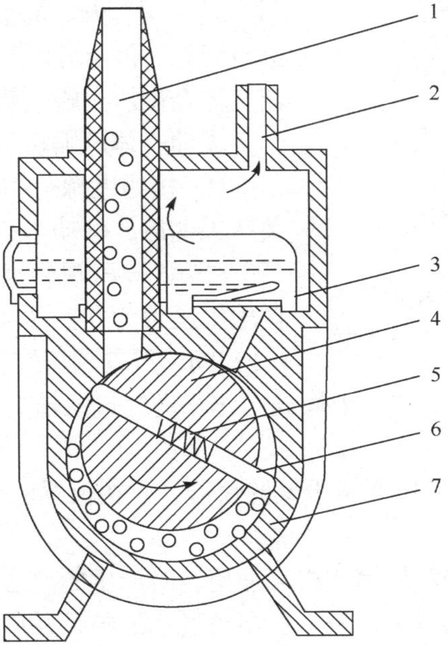

附图 13　真空泵

1. 进气口；2. 排气口；3. 排气阀；4. 转子；5. 弹簧；6. 旋片；7. 定子

使用注意事项如下：

(1) 真空泵所抽的气体应干燥、清洁。如果必须利用真空泵抽吸对黑色金属有腐蚀性的气体或含有水汽的气体时，应加过滤和吸附装置，并经常洗涤、更换泵内污油。

(2) 旋片式真空泵不适合将气体由一容器抽送至另一容器的输气泵使用。

(3) 旋片式真空泵进气口敞开通大气的连续工作时间不得超过 5 min。

(4) 真空泵与真空系统或被抽气容器连接管道应尽可能短，并尽量减少接头。

(5) 真空泵在停车前，必须在泵的进气口先通入大气，以免泵内真空油在大气压作用下倒流入真空系统。

2) 无油气体压缩机

无油气体压缩机是为科研提供纯净气体的微型压缩机，如附图 14 所示。它的工作过程可描述为：电动机驱动偏心轴旋转，偏心轴每转一周，连杆带动橡胶膜上下往复动作一次，完成一次气体压缩工作循环。当偏心轴向下旋转时，连杆及膜片向下运动，进气阀打开，常压空气经过进气过滤器进入膜腔，此时排气阀关闭；当偏心轴向上旋转时，连杆及膜片向上运动，进气阀关闭，排气阀打开，将膜腔气体压入冷却管道，进行降温，再至分水滤气器抽除水并滤气，所获气体经调压至输气罐而输出。

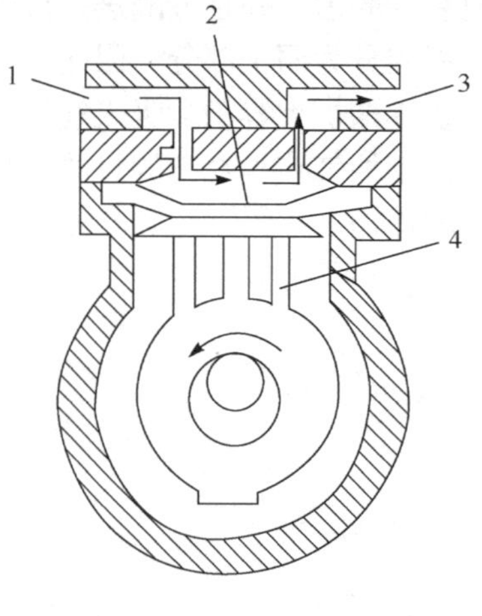

附图 14　无油气体压缩机

1. 进气口；2. 橡胶膜；3. 出气口；4. 连杆

无油气体压缩机的使用方法如下：

(1) 接通电源，指示灯亮。当转动“开、关”手柄后，电动机运转，压缩机工作。

(2) 将调压阀调至所需输出压力。本机可调输出压力为 0.1～0.3 MPa，最高工作压力为 0.3 MPa，严禁超压工作，以免造成事故。

(3) 本机应放置在清洁、干燥处工作，进气过滤器要经常清洗，以保持进气口畅通和排气稳定。

(4) 对于要求输入气体严格干燥的仪器，应在仪器前加接除水器。

3) 电动离心机

电动离心机主要是利用离心机高速旋转时产生的离心力，使沉淀与溶液分离。它适用于半微量沉淀的分离，及一般不易过滤的各种黏度较大的溶液、乳浊液或油类溶液分离等。离心机有多种类型，可依据不同要求选用。现简单介绍实验室常用的具有套管的密封式离心机的使用方法。

(1) 离心机放置应平稳，处于水平位置。

(2) 离心管必须对称放置，若管数为单数，应再加一根装有同样质量水的离心管，并调整使其对称。

(3) 启动离心机时应逐渐加速，若发现异样，应立即停机检查，排除故障后再工作。

(4) 关闭离心机时同样要逐渐减速，使其自然停止，不得用手强制停止。

(5) 密封式离心机在工作时要盖好盖子，当机器完全停转后，方可打开盖子，取出离心管，确保安全。

(6) 离心机的套管要保持清洁，管底可垫上橡皮、泡沫塑料等缓冲物，以免试管破碎。

附录 3　有关仪器使用说明

一、阿贝折光仪的使用说明

阿贝折光仪可测定透明、半透明的液体或固体的折射率，使用时配以 0～70 ℃的恒温水浴，其测量范围为 n_D=1.300～1.700，测量精度为 3×10^{-4}。该仪器使用比较简单，取得数据较快。在化工实验中常用阿贝折光仪测定二元混合液的组成。

1. 工作原理与结构

阿贝折光仪的基本原理为折射定律，如附图 15 所示。

$$n_1 \sin\alpha_1 = n_2 \sin\alpha_2$$

式中，n_1 和 n_2 分别为相界面两侧介质的折射率；α_1 和 α_2 分别为入射角和折射角。

若光线从光密介质进入光疏介质，入射角小于折射角，改变入射角可以使折射角达到 90°，此时的入射角称为临界角，本仪器测定折射率就是基于测定临界角的原理。如果用目镜观测光线可以看到视场被分为明暗两部分(附图 16)，两者之间有明显的分界线，明暗分界处即为临界角位置。

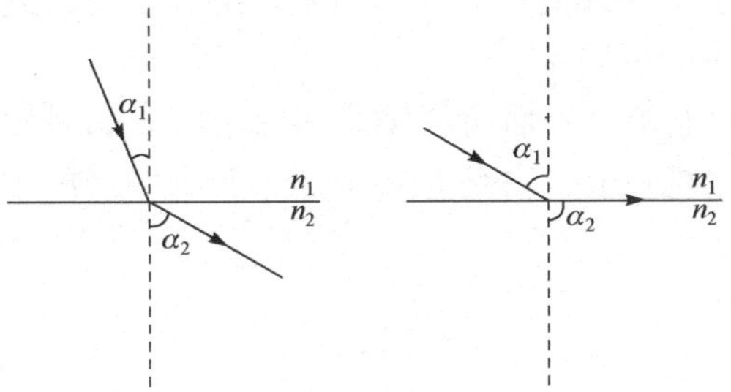

附图 15　折射定律示意图

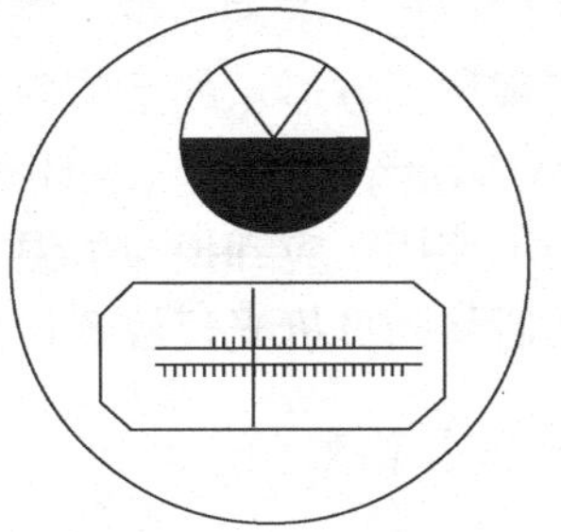

附图 16　折光仪视场示意图

阿贝折光仪可分为单目镜、双目镜、数字式三种。虽然结构有所不同，但其光学基本原理相同，单目镜阿贝折光仪的结构如附图 17 所示。

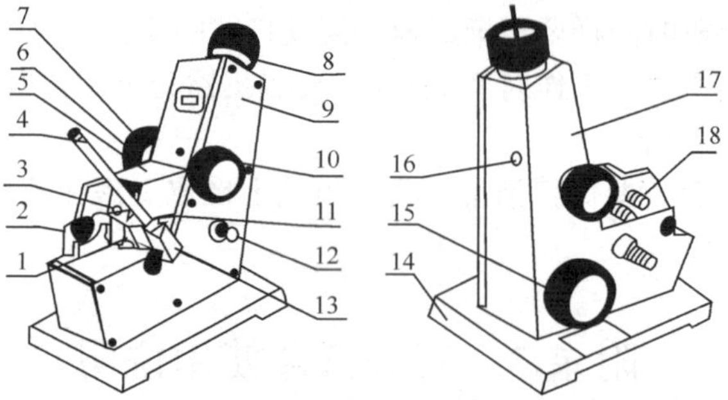

附图 17　阿贝折光仪结构简图

1. 反射镜；2. 转轴；3. 遮光板；4. 温度计；5. 进光棱镜座；6. 色散调节手轮；7. 色散刻度盘；8. 目镜；9. 盖板；10. 手轮；11. 折射棱镜座；12. 聚光镜；13. 温度计座；14. 底座；15. 折射率刻度调节手轮；16. 调节螺丝；17. 壳体；18. 恒温器接头(四个)

2. 使用方法

(1) 恒温：先将阿贝折光仪置于光线充足的位置，然后将进光棱镜座和折射棱镜座上恒温水的进出口管接头与超级恒温槽用橡皮管连接好，再将恒温水浴的温度自控装置调节到所需的测量温度。待水浴温度稳定 5 min 后，即可开始使用。

(2) 加样：进光棱镜座、折射棱镜座由转轴连接，打开进光棱镜用少量乙醚或无水乙醇清洗镜面，用擦镜纸将镜面擦干，待镜面干燥后，将被测液体用干净滴管加在折射棱镜表面，并将进光棱镜盖上，用手轮旋转锁紧锁钮，使液层均匀，充满视场。

(3) 对光和调整：打开遮光板，合上反射镜，调节目镜视度，使十字线成像清晰，此时旋转手轮并在目镜视场中找到明暗分界线的位置，旋转手轮使分界线不带任何彩色，微调手轮，使分界线位于十字线的中心，再适当转动聚光镜，此时目镜视场下方显示的示值即为被测液体的折射率。

(4) 测量结束时，先关闭恒温水浴的电源，然后将棱镜表面擦干净。如果较长时间不使用，应卸掉与恒温水浴连接的橡皮管，并将棱镜恒温夹套中的水放干净，然后将阿贝折光仪放到仪器箱中。

3. 注意事项

(1) 应在恒温条件下测定折射率，否则将影响测试结果。

(2) 仪器如果长时间不用或者测量有偏差时，可在折射棱镜的抛光面上加一两滴溴萘，再贴上标准试样进行校正。

(3) 保持仪器的清洁，严禁用手接触光学元件，光学元件只允许用丙酮、二甲醚等清洗，并用擦镜纸轻轻擦拭。

(4) 仪器应避免强烈震动或撞击，以防止光学元件损伤影响其精度。

二、乙醇-正丙醇的平衡关系及折射率与溶液浓度的关系

乙醇-正丙醇的 *t*-*X*-*Y* 关系见附表 9。

附表 9 乙醇-正丙醇的 *t*-*X*-*Y* 关系

t/℃	97.60	93.85	92.66	91.60	88.32	86.25	84.98	84.13	83.06	80.59	78.38
X	0	0.126	0.188	0.210	0.358	0.461	0.546	0.600	0.663	0.844	1.0
Y	0	0.240	0.318	0.349	0.550	0.650	0.711	0.760	0.799	0.914	1.0

注：均以乙醇的摩尔分数表示，*X* 为液相，*Y* 为气相。

数据摘自： Gmehling J, Onken U, Weidlich U. Vapor-liquid Equilibrium Data Collection, Organic Hydroxy Compounds: Alcohols and Phenols, 336, 乙醇沸点 78.3 ℃；正丙醇沸点 97.2℃。

乙醇-正丙醇的温度-折射率-液相组成之间的关系见附表 10。

附表 10 温度-折射率-液相组成之间的关系

t/℃	0	0.05052	0.09985	0.1974	0.2950	0.3977	0.4970	0.5990
25	1.3827	1.3815	1.3797	1.3770	1.3750	1.3730	1.3705	1.3680
30	1.3809	1.3796	1.3784	1.3759	1.3735	1.3712	1.3690	1.3668
35	1.3790	1.3775	1.3762	1.3740	1.3719	1.3692	1.3670	1.3650
	0.6445	0.7101	0.7983	0.8442	0.9064	0.9509	1.0000	
25	1.3667	1.3658	1.3640	1.3628	1.3618	1.3606	1.3589	
30	1.3657	1.3640	1.3620	1.3607	1.3593	1.3584	1.3574	
35	1.3634	1.3620	1.3600	1.3590	1.3573	1.3653	1.3551	

30 ℃时，质量分数与阿贝折光仪读数之间的关系也可按下列回归式计算：

$$W_A = 58.844116 - 42.61325 \times n_D$$

式中，W_A 为乙醇的质量分数；n_D 为折光仪读数(折射率)。

由质量分数求摩尔分数(X_A)：

$$X_A = \frac{W_A / M_A}{(W_A / M_A) + (1 - W_A) / M_B}$$

式中，乙醇相对分子质量 M_A=46；正丙醇相对分子质量 M_B=60。

三、空气、水的物理性质

干空气的物理性质见附表 11。

附表 11　干空气的物理性质(p=0.101 MPa)

温度 t/℃	密度 ρ/(kg/m^3)	比热容 c_p/[kJ/(kg·K)]	导热系数 $\lambda\times10^2$/[W/(m·K)]	黏度 $\mu\times10^5$/(Pa·s)	普朗特数 Pr	温度 t/℃	密度 ρ/(kg/m^3)	比热容 c_p/[kJ/(kg·K)]	导热系数 $\lambda\times10^2$/[W/(m·K)]	黏度 $\mu\times10^5$/(Pa·s)	普朗特数 Pr
−50	1.584	1.013	2.035	1.46	0.728	140	0.854	1.026	3.489	2.37	0.684
−40	1.515	1.013	2.117	1.52	0.728	160	0.815	1.026	3.640	2.45	0.682
−30	1.453	1.013	2.198	1.57	0.723	180	0.779	1.034	3.780	2.53	0.681
−20	1.395	1.009	2.279	1.62	0.716	200	0.746	1.034	3.931	2.60	0.680
−10	1.342	1.009	2.360	1.67	0.712	250	0.674	1.043	4.268	2.74	0.677
0	1.293	1.009	2.442	1.72	0.70	300	0.615	1.047	4.605	2.97	0.674
10	1.247	1.009	2.512	1.77	0.705	350	0.566	1.055	4.908	3.14	0.676
20	1.205	1.013	2.593	1.81	0.703	400	0.524	1.068	5.210	3.31	0.678
30	1.165	1.013	2.675	1.86	0.701	500	0.456	1.072	5.745	3.62	0.687
40	1.128	1.013	2.756	1.91	0.699	600	0.404	1.089	6.222	3.91	0.699
50	1.093	1.017	2.826	1.96	0.698	700	0.362	1.102	6.711	4.18	0.706
60	1.060	1.017	2.896	2.01	0.696	800	0.329	1.114	7.176	4.43	0.713
70	1.029	1.017	2.966	2.06	0.694	900	0.301	1.127	7.630	4.67	0.717
80	1.000	1.022	3.047	2.11	0.692	1000	0.277	1.139	8.071	4.90	0.719
90	0.972	1.022	3.128	2.15	0.690	1100	0.257	1.152	8.502	5.12	0.722
100	0.946	1.022	3.210	2.19	0.688	1200	0.239	1.164	9.153	5.35	0.724
120	0.898	1.026	3.338	2.29	0.685						

水的物理性质见附表 12。

附表 12　水的物理性质

温度/℃	饱和蒸气压/(kN/m^2)	密度/(kg/m^3)	焓/(kJ/kg)	比热容/[kJ/(kg·K)]	导热系数 $\lambda\times10^2$/[W/(m·K)]	黏度 $\mu\times10^5$/(Pa·s)	体积膨胀系数 $\beta\times10^4$/(1/K)	表面张力 $\sigma\times10^4$/(N/m)	普朗特数 Pr
0	0.6082	999.9	0	4.212	55.13	179.21	−0.63	77.1	13.66
10	1.2262	999.7	42.04	4.191	57.45	130.77	−0.70	75.6	9.52
20	2.3346	998.2	83.90	4.183	59.89	100.50	1.82	74.1	7.01
30	4.2474	995.7	125.69	4.171	61.76	80.07	3.21	72.6	5.42

续表

温度 /℃	饱和蒸气压 /(kN/m²)	密度 /(kg/m³)	焓 /(kJ/kg)	比热容 /[kJ/(kg·K)]	导热系数 $\lambda\times10^2$/[W/(m·K)]	黏度 $\mu\times10^5$ /(Pa·s)	体积膨胀系数 $\beta\times10^4$/(1/K)	表面张力 $\sigma\times10^4$/(N/m)	普朗特数 Pr
40	7.3766	992.2	167.51	4.174	63.38	65.60	3.87	71.0	4.32
50	12.34	988.1	209.30	4.174	64.78	54.94	4.49	69.0	3.54
60	19.923	983.2	251.12	4.178	65.94	46.88	5.11	67.5	2.98
70	31.164	977.8	292.99	4.178	66.76	40.61	5.70	65.6	2.54
80	47.379	971.8	334.94	4.195	67.45	35.65	6.32	63.8	2.22
90	70.136	965.3	376.98	4.208	67.98	31.65	6.95	61.9	1.96
100	101.33	958.4	419.10	4.220	68.04	28.38	7.52	60.0	1.76
110	143.31	951.0	461.34	4.233	68.27	25.89	8.08	58.0	1.61
120	198.64	843.1	503.67	4.250	68.50	23.73	8.64	55.9	1.47
130	270.25	934.8	546.38	4.266	68.50	21.77	9.17	53.9	1.36
140	361.47	926.1	589.08	4.287	68.27	20.10	9.72	51.7	1.26

四、气相色谱仪的使用方法

气相色谱仪具有分离效能高、灵敏度高、选择性好、分析速度快、样品用量少、操作方便等优点，在分析中占有重要的地位。色谱仪的工作原理可参看有关参考书。现将气相色谱仪的使用方法简单介绍如下。

1) 开机

(1) 打开氢气钢瓶或氢气发生器，使仪器稳压阀保持氢气压力为 0.1 MPa。

(2) 调节仪器上进氢气的针阀，使转子流量计的转子上升到指定刻度，把尾气管引出室外。

2) 通电

打开温控单元总开关，再依次打开柱箱、检测室、气化室的开关，按实验条件进行恒温。

3) 测量

(1) 打开记录仪的走纸开关，开启微处理机，使记录仪和微处理机处于工作状态。

(2) 待基线稳定后，用微量注射器将样品注入色谱柱。

(3) 操作微处理机，从记录仪上求得分析结果。

4) 停机

(1) 关闭记录仪的走纸开关和电源开关。

(2) 关闭热导、柱箱、气化室和总电源。

(3) 关闭氢气钢瓶的总开关(若用氢气发生器，则关闭氢气发生器开关)。

色谱定量分析常用归一化法，其原理如下：在一定的条件下，分析物质的质量 W_i 与检测器的响应值(在色谱图上的峰面积或峰高)成正比：

$$W_i = F_i' A_i$$

式中，A_i 为被检测组分的峰面积；F_i' 为比例常数。由于同一检测器对不同物质的敏感度不同，故上式中的比例常数不同，因此在进行定量分析时必须加以校正。

(1) 校正因子。由上式可知

$$F_i' = \frac{W_i}{A_i}$$

式中，F_i' 称为绝对校正因子，表示单位峰面积的组分量。绝对校正因子受操作条件影响较大，测定比较困难，在实际工作中都使用相对校正因子 F_i。F_i 为组分 i 和标准物质 s 的绝对校正因子之比：

$$F_i = \frac{F_i'}{F_s'} = \frac{W_i A_s}{W_s A_i}$$

相对校正因子的数值与检测器类型有关，而与检测器的结构、特征及操作条件(如柱温、流速、固定液性质)无关。

(2) 归一化法。

归一化法是一种简便、准确、操作条件对结果影响较小的定量方法。使用这种定量方法要求样品中所有组分都必须流出色谱柱，且在被检测器上都产生信号。当测量参数为峰面积时，某组分相对含量计算公式为

$$i\% = \frac{A_i F_i}{A_1 F_1 + A_2 F_2 + A_3 F_3 + \cdots + A_n F_n} \times 100\%$$

如果用质量校正因子可得某组分的质量分数，如果用摩尔校正因子则得到摩尔分数。

五、AI 人工智能工业调节器使用说明

AI 仪表参数功能速查表见附表 13。

附表 13　AI 仪表参数功能速查表

参数代号	参数含义	设置范围	数值单位	备注
HIAL	上限绝对值报警值	–1999～+9999	1 ℃或 1 定义单位	线性定义单位指采用线性电压/电阻输入时由参数 dIL 及 dIH 定义的单位
LOAL	下限绝对值报警值	–1999～+9999	同上	
dHAL	正偏差报警值	0～9999	同上	
dLAL	负偏差报警值	0～9999	同上	
dF	回差(死区、滞环)	0～200.0 或 0～2000 ℃	0.1 ℃或 1 定义单位	位式调节及报警用
CtrL	控制方式	0，位式；1，0，人工智能；2，调节参数自整定；4，阀门位置自整定		
M5	保持参数	0～9999	1 ℃或 1 定义单位	0 取消积分作用
P	速率参数	0～9999	0.01 s/℃	或 0.1 秒/定义单位
t	滞后时间参数	1～9999	s	
Ctl	控制周期/输出平缓	0～120	s	0 表示时为 0.5 s
Sn	输入规格 0～42		可编程多种输入	
dIP	小数点位置 0 个位；1 十位；2 百位；3 千位		可选温度分辨率	
dIL	输入下限显示值 –1999～+9999	1 定义单位		
dIH	输入上限显示	–1999～+9999	1 定义单位	
Sc	主输入平移修正	–1999～+1999	0.1 ℃或 1 定义单位	
OP1	输出方式	0，2 时间比例；1，0～10 mA；3，直接阀门控制方式；4，4～20 mA		
OPL	输出下限	0～220	1%	
OPH	输出上限	0～220	1%	
ALP	报警输出定义	0～31		
CF	系统功能选择	0～15		
Addr	通信地址	0～63		兼电流变送下限
dAud	通信波特率	0～4800		兼变送电流上限
dL	输入数字滤波	0～20		确定数字滤波强度
run	运行状态	0，手动；1，自动；2，禁止手动		仅对 AI-808 有效
Loc	参数修改级别	0～9999		
EP1～EP8	现场参数定义	nonE～run		

(1) 设置给定值：按 ↘ 键一下即放开，仪表进入设置给定值状态。此时显示的给定值最后一位(个位数)的小数点开始闪动(如同光标)。按∨键减小数据，按∧键增大数据，按＜键可移动修改数据的位置(光标)。将数据改为适合的数值后，再按 ↘ 键一下，就完成给定并退出。

(2) 设置参数：按↘键并保持约 2 s，等显示出参数后再放开。再按↘键，仪表将依次显示各参数，如上限绝对值报警值 HIAL、参数锁 Loc 等，对于配置好并锁上参数锁的仪表，只出现操作工需要用到的参数(现场参数)。通过∨、∧、＜等键可修改参数值。在设置参数状态下并且参数锁未被锁上时，先按＜键并保持不放后，再按↘键可退出设置参数状态，按∨键可返回检查上一参数。

(3) 启动自整定(AT)功能(此操作仅适用于 AI-708 型)：当 AI 人工智能调节效果不佳时，可启动自整定功能。按＜键并保持约 2 s，等仪表下显示器显示"At"字样再放开。自整定时，仪表执行位式调节，经两三次振荡后，仪表自动整定出 MPt 参数。如果在自整定过程中要提前放弃自整定，可再按＜键并保持约 2 s，等仪表下显示器停止闪动"At"字样再放开。注意：自整定如果成功执行过一次，则仪表将无法再执行按＜键启动自整定的操作。这样做的目的是避免人为的误操作重复启动自整定。已启动过一次自整定功能的仪表如果今后还要启动自整定，可以用将参数 CtrL 设置为 2 的方法进行启动。视不同系统，自整定需要的时间可从数秒至数小时不等。

“十四五”时期国家重点出版物出版专项规划项目

食品科学前沿研究丛书

高级营养学

方　冰　主编

郭慧媛　张　昊　副主编

科 学 出 版 社

北　京

内 容 简 介

我国营养健康产业高速发展，对于营养健康高端人才需求旺盛。2019年教育部批复了“营养与健康科学”一级交叉学科博士学位授权点，本书是“营养与健康科学”一级交叉学科博士和硕士研究生的基础理论模块下的专业学位课教材。本书同样适用于食品营养与健康、营养卫生学等专业的研究生，以及从事营养健康相关产品研发的人群。本书交叉融合营养流行病学、分子生物学、生理学等知识，介绍各类营养素的膳食存在形式、体内的吸收、代谢、转运利用及健康功效，以及摄入缺乏或过量时的健康状态，从而帮助读者构建针对健康问题进行营养干预的基础知识体系和培养应用能力。

图书在版编目（CIP）数据

高级营养学 / 方冰主编. -- 北京 : 科学出版社, 2025. 8. --(食品科学前沿研究丛书). -- ISBN 978-7-03-081329-9

Ⅰ. R151

中国国家版本馆 CIP 数据核字第 20254D6F41 号

责任编辑：贾 超 高 微 / 责任校对：杜子昂

责任印制：赵 博 / 封面设计：东方人华

科学出版社 出版

北京东黄城根北街 16 号

邮政编码：100717

http://www.sciencep.com

北京富资园科技发展有限公司印刷

科学出版社发行 各地新华书店经销

*

2025 年 8 月第 一 版 开本：720×1000 1/16

2025 年10月第二次印刷 印张：18 1/2

字数：370 000

定价：128.00 元

丛书编委会

本书编委会

主　编：方　冰　中国农业大学

副主编：郭慧媛　中国农业大学

　　　　张　昊　中国农业大学

编　委：赵　亮　中国农业大学

　　　　王　然　中国农业大学

　　　　李依璇　中国农业大学

　　　　仇　菊　中国农业大学

　　　　王晓玉　中国农业大学

　　　　吴黎明　中国农业科学研究院蜜蜂研究所

　　　　王彦波　北京工商大学

　　　　李　健　北京工商大学

　　　　张　明　北京工商大学

　　　　高海娜　北京工商大学

　　　　潘　磊　福建农林大学

　　　　汪少芸　福州大学

　　　　蔡茜茜　福州大学

　　　　陈　旭　福州大学

　　　　田永奇　福州大学

　　　　张瑞芬　广东省农业科学院蚕业与农产品加工研究所

　　　　沈　兴　华南农业大学

　　　　曾新安　佛山大学

　　　　陈红兵　南昌大学

　　　　金君华　北京农学院

　　　　张良晓　中国农业科学院油料作物研究所

　　　　张　奇　中国农业科学院油料作物研究所

　　　　唐晓倩　中国农业科学院油料作物研究所

　　　　毛　劲　中国农业科学院油料作物研究所

　　　　向　霞　中国农业科学院油料作物研究所

　　　　程　代　天津科技大学

　　　　薛照辉　天津大学

　　　　吴子健　天津商业大学

　　　　高　洁　河北农业大学

　　　　张书胜　郑州大学

　　　　张　华　郑州轻工业大学

　　　　唐景峰　湖北工业大学

刘学波　西北农林科技大学
刘志刚　西北农林科技大学
梁　盈　中南林业科技大学
陈伶俐　江西农业大学
赵　迪　南京农业大学
王立峰　南京财经大学
方　勇　南京财经大学
章　宝　合肥工业大学
陶　晗　合肥工业大学
李述刚　合肥工业大学
魏兆军　北方民族大学
周裔彬　安徽农业大学
方正锋　四川农业大学
张　清　四川农业大学
耿　放　成都大学
汪　卓　广东海洋大学
尤　娟　华中农业大学
胥　伟　武汉轻工大学
易　阳　武汉轻工大学
代　蕾　青岛农业大学
甘　晶　烟台大学
王　芳　鲁东大学
王曙光　昆明理工大学
庄永亮　昆明理工大学
尹雪峰　新疆农业大学
许　倩　塔里木大学
张　婷　吉林大学
于寒松　吉林农业大学
于志鹏　海南大学
范金波　渤海大学
杨立娜　渤海大学
王光强　上海理工大学
刘建华　浙江工业大学
顾　青　浙江工商大学
刘玮琳　浙江工商大学
罗　洁　湖南农业大学
黄　群　贵州医科大学
周　艳　贵州医科大学
文鹏程　甘肃农业大学

序　言　一

在大健康产业兴起与“健康中国”战略双重驱动下，我国营养健康产业正经历着前所未有的结构性跃迁。数据显示，2022 年营养健康产业产值近 6000 亿元，年复合增长率超过 10%。这一迅猛发展态势对高层次、复合型营养健康人才提出了迫切需求。国家于 2019 年设立“营养与健康科学”一级交叉学科博士学位授权点，标志着我国营养与健康学科建设正式迈入规范化与系统化发展阶段。中国农业大学作为首批建设机构，通过构建“代谢调控-精准营养-健康干预”三位一体的知识体系，率先探索出学科交叉融合的创新路径。此后，食品营养与健康本科专业（2019 年）、食品与营养专业硕士学位点（2020 年）等 34 个新型人才培养项目在全国重点高校落地，共同绘制出我国营养学科建设的“全景图谱”。这一系列制度创新不仅重塑了人才培养格局，更对营养学科知识体系的系统化重构提出了革命性要求。

该教材为“营养与健康科学”交叉学科的系列教材之一，作者为长期开展营养与健康科学研究的学者，并有多年培养营养与健康专业研究生的工作经验。该教材开篇首先介绍了肠道的生理基础，阐释了蛋白质、碳水化合物、脂质三大宏量营养素及微量营养素的消化、吸收与代谢，从分子水平综述了营养素发挥健康作用的信号通路。

该教材深度契合“营养与健康科学”研究生培养方案要求，不仅可作为“高级营养学”等核心课程的标准教材，还可作为营养健康相关专业学生与工作人员的参考资料。值得关注的是，该教材配套建设了慕课平台，提供了微课视频、交互式思维导图，为新时代线上线下混合式教学提供立体化资源支撑。期待该教材为我国营养健康领域人才培养做出贡献。

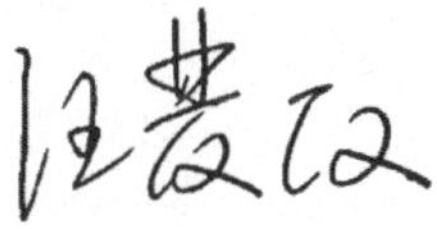

2025 年 3 月 21 日

序言

序　言　二

世界卫生组织（WHO）调查表明，全球健康人群仅约5%，疾病人群20%，高达75%的人群处于亚健康状态。亚健康人群若不干预，90%会转变为疾病人群。据我国权威机构报道，我国的不合理膳食造成了严重的疾病负担，营养相关疾病占总疾病负担的70%，我国人均预期寿命是77岁，但是人均健康寿命仅69岁，有8年的时间处于带病生存、多病共患、多重用药甚至失能失智状态。然而，降低疾病发病风险，缓解疾病负担，药物的作用是有限的。2020年和2022年分别发表于*BMJ*和*Nature*杂志上的“Food is medicine”综述均指出，科学的膳食营养是降低疾病负担的重要突破口。因此，营养与健康的研究越来越受关注，各国政府高度重视营养学研究，我国国务院办公厅也颁布了《国民营养计划（2017—2030年）》等一系列与膳食营养有关的战略规划。

营养改善健康已得到现代医学确证。现代的流行病学和分子营养学等研究证实，膳食营养与疾病密切相关，并提出了许多营养素调控的通路与分子靶点。2018年《罗马宣言》提出，要应对超重等健康挑战，实现全球营养健康目标；WHO也指出，在营养保健多投入1元，治疗少支出8.5元，抢救费用节约100元。这表明通过改善营养状况可以有效降低医疗成本，减轻国家和个人的负担。在此背景下，全球营养健康产业兴起，以中国为代表的亚太地区快速发展，也对营养健康相关从业人员的知识体系提出了更高的要求。

该书基于营养学和食品卫生学相关教材的特色内容，融合营养健康研究中所需要了解的营养流行病学、生物化学、分子生物学、生理学等知识，介绍各类营养素的膳食存在形式、体内的吸收、代谢、转运利用等的生理生化基础，基于此介绍营养素的健康功效，以及缺乏或过量对健康的影响。

该书不仅可以作为“营养与健康科学”学科研究生的专业核心课程“高级营养学”的专用教材，也适用于高等院校攻读食品与营养、营养与食品卫生学及相关学科的研究生，以及这些专业的教学人员和科研人员，同时可作为营养师、临床医学、医学生、营养与食品工作的相关人员，以及其他需要深入了解该领域新近研究内容的人士的参考材料。学习该书内容，可以使读者掌握营养素在体内吸收、代谢、转运、利用等的生理生化基础，营养素缺乏或过量引起的健康问题，进而使读者具备针对健康问题进行营养干预的能力。该书涵盖了营养学的基础理论、营养素的生理功能、食物中的营养成分、营养与疾病的关系、营养评估和干预等多个方面。

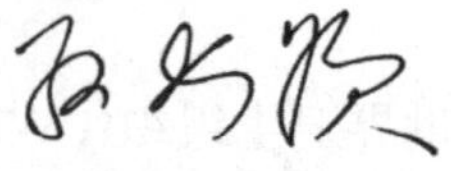

2024 年 12 月 26 日

目　录

第 1 章　营养的生理基础及代谢的调控

1.1　营养素的消化吸收及生理调控

营养一词，拥有多种含义，在各类文学作品中也有不同的见解（图 1.1）。在传统医学领域，“营”代表谋求，“养”则指养生，营养可以理解为“谋求养生”。然而，在现代科学视角下，营养是指生物体摄取食物后，经过消化、吸收、代谢以及排泄等一系列过程，利用食物中的营养素及其他对身体有益的成分来构建组织器官、调节生理功能，以支持正常的生长、发育以及预防疾病和保持健康。也就是说，营养既是一种“物质”或“作用”，也是一种“行为”或“生物学过程”。

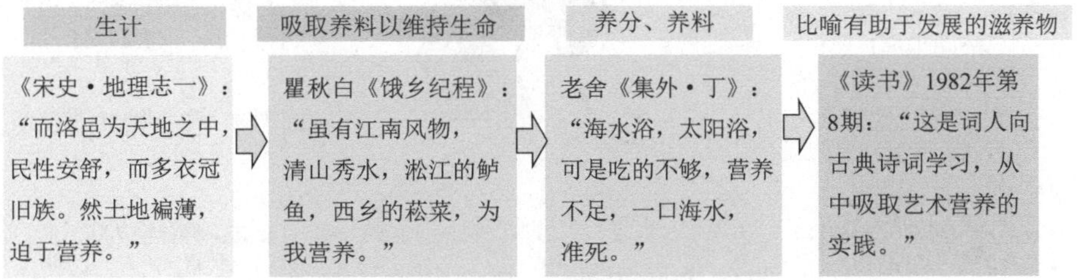

图 1.1　营养概念的发展

人体至少需要七种关键营养素：碳水化合物、脂质、蛋白质、维生素、矿物质、水和膳食纤维。摄入食物和饮品能为我们的身体提供至少一种，甚至多种必需的营养素。为了使身体能够充分利用食物中的碳水化合物、脂质、蛋白质以及一些维生素和矿物质，首先需要对食物进行消化。这个过程发生在消化道内（包括物理和化学分解），产生可以被身体吸收和利用的营养物质。

1.1.1　消化系统的组成

消化与吸收是一个极其复杂的过程，包括食物的摄入、消化、吸收以及残渣的排出。一个健康的消化道及其与神经、内分泌和循环系统的紧密协作，是确保正常消化和营养物质有效吸收的关键。食物的分散与混合、胃肠道分泌物的数量和成分、肠上皮细胞的完整性、肠吸收面积大小以及消化道内容物的运动时间等都会影响消化吸收，机体获取充足营养的关键在于消化道，尤其是小肠的正常功能。因此，维护消化道的健康对于确保身体获得必要的营养至关重要。

在这一复杂的协调工作中，调节性肽发挥着不可或缺的作用，其中部分由神经系统和胃肠道的内分泌细胞分泌。尽管消化系统的结构基本都包括黏膜（黏膜层）、黏膜下层、肌层和浆膜层几个部分，但不同消化器官在结构上存在细微差异，从而执行特定的功能。例如，胃黏膜下的胃腺分泌的液体和化合物对胃的消化功能至关重要；绒毛和微绒毛等结构显著增加了肠腔内容物与肠上皮细胞的接触面积，这不仅有助于高效吸收营养物质，还促进了胃肠道内源性分泌物的吸收。

1. 消化道的结构及组成

人体消化系统由多个关键部分组成，其中口腔、咽喉、食管和胃共同构成了上消化道，小肠和大肠则组成了下消化道。此外，还有三个重要的附属器官，即胰腺、肝脏和胆囊（图 1.2）。这些附属器官的主要功能是产生或储存各种分泌物，并进入消化道中协助完成消化和吸收过程。

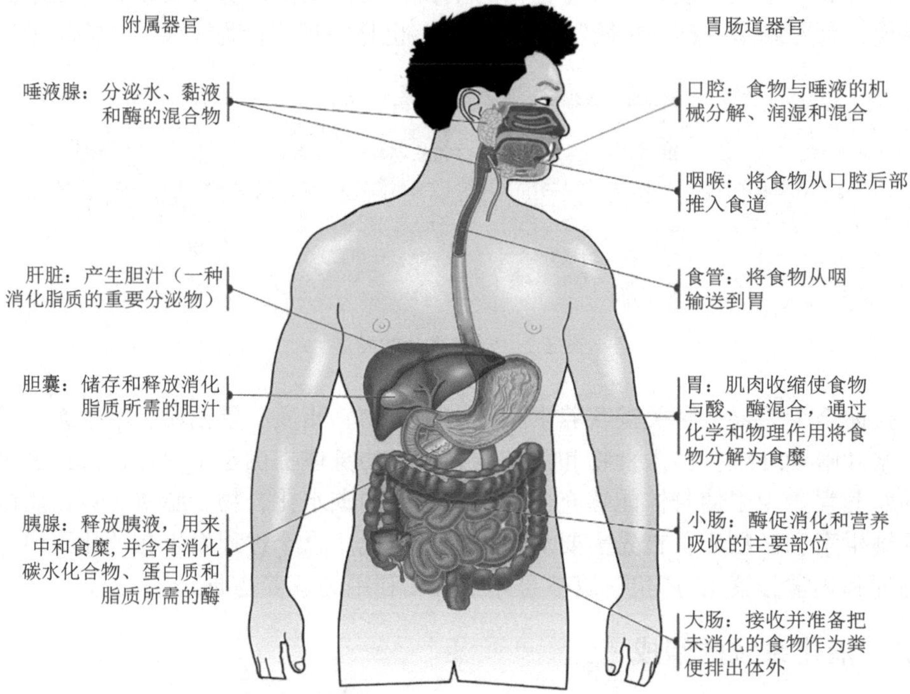

图 1.2　人体消化系统示意图

作为消化道的核心组成部分，胃肠道消化管在横截面上可分为四个层级：黏膜层、黏膜下层、肌层和外膜层（图 1.3）。

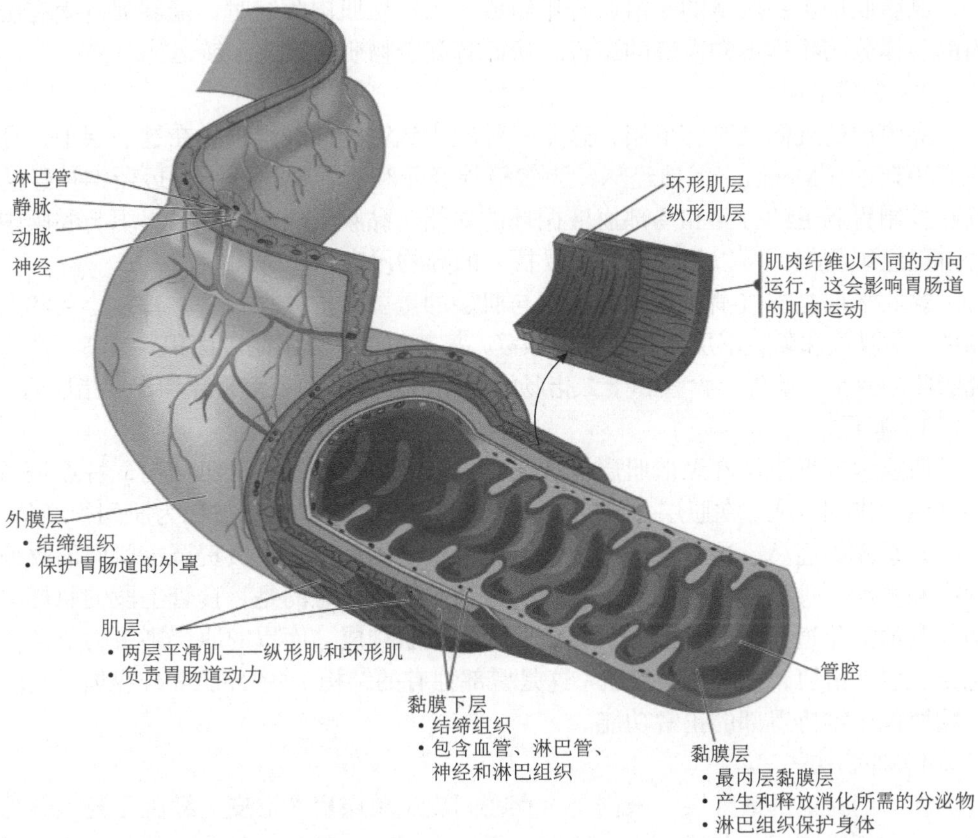

图 1.3　胃肠道消化管横截面图

1）黏膜层

黏膜层是消化道的最内层，可进一步细分为上皮层、固有层和黏膜肌层。

上皮层由紧密排列的上皮细胞构成，这些细胞覆盖在胃肠道腔内，直接与摄入的食物及其中含有的营养物质接触。口腔和食管的连接段为复层扁平上皮，以保护功能为主；消化道的其余部分为单层柱状上皮，以消化和吸收功能为主。近年来，在上皮细胞中还发现了分泌性细胞和内分泌细胞。分泌性细胞能够向胃肠道腔内释放各种酶和液体；内分泌细胞（也称肠内分泌细胞）则负责向血液中分泌各种激素。而在小肠中，这一层的排列方式与消化道的其他部分不同，具体见后面的小肠部分内容。

固有层是黏膜层的第二个子层，紧贴上皮层，主要由疏松结缔组织和淋巴组织构成。淋巴组织富含毛细血管和毛细淋巴管，以巨噬细胞和淋巴细胞为主，可防御微生物和病原菌的入侵。小肠固有层中的免疫细胞是肠道黏膜免疫系统的重要组成部分，对于机体健康具有重要作用。

黏膜肌层由一层薄的平滑肌纤维组成。当这层肌肉收缩时，能够促进固有层内的腺体分泌物排出和血液的运行，从而有利于物质的吸收和转运。

2）黏膜下层

黏膜层的外侧是黏膜下层，这是一种较为致密的结缔组织。在这一层中，存在着迈斯纳（Meissner）神经丛，为多极神经元和无髓神经纤维。迈斯纳神经丛具有控制胃肠道的分泌和局部血液循环的功能。黏膜下层中的淋巴组织与黏膜中的淋巴组织相似，可以保护身体免受摄入的异物侵害。

黏膜下层是连接消化道的黏膜层与肌层的重要结构，在食管、胃、小肠和大肠中，黏膜层和黏膜下层共同构成胃皱襞，显著扩大了黏膜的表面积，提高了消化和吸收的效率。此外，食管和十二指肠的黏膜下层还分别有食管腺和十二指肠腺。

3）肌层

肌层由环形肌层和纵形肌层构成，它们呈现为典型的平滑肌结构，特点是内环外纵的排列方式。在肌层之间，存在一个特殊的神经结构，被称为肌间神经丛，也称肠系膜神经丛。这一神经丛发挥着至关重要的作用，它负责调控肌肉的收缩频率和强度，进而精确地调节消化道的运动。值得注意的是，食管上段的肌层结构与其他消化道存在显著差异，它主要由骨骼肌构成。而胃的肌层则更为复杂，包含三层平滑肌，分别是内斜肌（这是胃部独有的结构）、中环肌和外纵肌，它们共同协作，维持胃部的正常功能。

4）外膜层

作为消化道的最外层，根据是否存在间皮（单层扁平上皮）细胞，被细分为浆膜层和纤维膜层。浆膜层主要分布于胃、大部分小肠和大肠的最外层，除薄层结缔组织外还有间皮覆盖，可以保持胃肠外表面光滑，减少摩擦，有利于胃肠蠕动。而纤维膜层，主要由疏松结缔组织构成，常见于咽、食管、十二指肠的大部分及直肠。

在许多消化道区域，外膜层与腹膜紧密相连。腹膜，这一腹腔内的双层膜结构，具备高度的渗透性和丰富的血管网络。在腹腔中，脏腹膜包裹着胃和肠道，而壁腹膜则覆盖着腹腔及盆腔的壁。这两层膜之间，便是腹腔的空间。值得一提的是，腹膜的选择性渗透性和丰富的血液供应特性，使得腹腔在医学上被应用于透析治疗，为肾衰竭患者提供了新的治疗途径。

2. 消化过程

消化过程起始于口腔，随后食物依次经过食管、胃、小肠，最终抵达结肠（即大肠）。在这一过程中，食物在不同阶段受到各种酶的分解作用。表 1.1 详细列出了参与食物或营养素消化的部分酶及其对应的酶原，这些酶原需经历结构转变活化成为酶后才能执行其水解功能。

表 1.1　消化酶/酶原及其消化作用

酶/酶原	分泌部位	反应底物	主要作用部位
唾液淀粉酶	口腔	α（1→4）淀粉、糊精	口腔、胃
舌脂肪酶	口腔	甘油三酯	口腔、胃
胃蛋白酶原/胃蛋白酶	胃	苯丙氨酸、酪氨酸、色氨酸、甲硫氨酸、亮氨酸、谷氨酸、天冬氨酸的羧基端	胃
胃脂肪酶	胃	甘油三酯（多为中链）	胃
胰蛋白酶原/胰蛋白酶	胰腺	赖氨酸、精氨酸的羧基端	小肠
胰凝乳蛋白酶原/胰凝乳蛋白酶	胰腺	苯丙氨酸、酪氨酸、色氨酸、甲硫氨酸、天冬氨酸、组氨酸的羧基端	小肠
羧肽酶原/羧肽酶 A	胰腺	中性氨基酸的羧基端	小肠
羧肽酶 B	胰腺	碱性氨基酸的羧基端	小肠
弹性蛋白酶原/弹性蛋白酶	胰腺	纤维结缔组织蛋白、弹性蛋白	小肠
胶原酶	胰腺	胶原	小肠
核糖核酸酶	胰腺	核糖核酸	小肠
脱氧核糖核苷酶	胰腺	脱氧核糖核酸	小肠
胰淀粉酶	胰腺	α（1→4）淀粉、麦芽三糖	小肠
胰脂肪酶	胰腺	甘油三酯	小肠
磷脂酶	胰腺	卵磷脂和其他磷脂	小肠
胆固醇酯酶	胰腺	胆固醇酯	小肠
视黄酯水解酶	胰腺	视黄酯	小肠
氨基肽酶	小肠	氨基酸的氮端	小肠
二肽酶	小肠	二肽	小肠
核苷酸酶	小肠	核苷酸	小肠
核苷酶	小肠	核苷	小肠
碱性磷酸酶	小肠	有机磷酸盐	小肠
甘油单酯脂肪酶	小肠	甘油单酯	小肠
α-糊精酶或异麦芽糖酶	小肠	α（1→6）糊精、低聚糖	小肠
葡萄糖淀粉酶、葡萄糖苷酶和蔗糖酶	小肠	α（1→4）麦芽糖、麦芽三糖	小肠
海藻糖酶	小肠	海藻糖	小肠
蔗糖酶	小肠	蔗糖	小肠
α-葡萄糖苷酶	小肠	麦芽糖	小肠
乳糖酶	小肠	乳糖	小肠

1）口腔

口腔是食物进入体内的第一道关口，与咽部共同组成了消化道的起始部位。食物在口腔中通过牙齿和颌肌肉群的协同作用被咀嚼，并与唾液腺分泌的唾液充分混合，为后续吞咽及消化过程做好准备。口腔两侧分布着三对重要的唾液分泌腺，即腮腺、颌下腺和舌下腺，它们沿着从耳朵基底至下颚的颌骨内壁依次排列（图 1.4）。口腔 24h 均会分泌唾液，每天的分泌量为 1～2L。在非进食状态下，口腔处于基础或静息分泌期，唾液的分泌速率保持在 0.3～0.5mL/min；当开始进食时，唾液的分泌速率会明显增加至约 2mL/min。

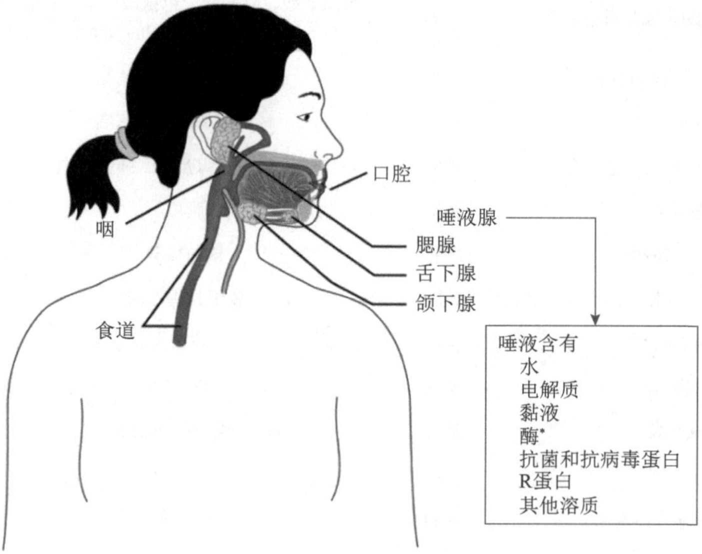

图 1.4　口腔主要消化腺

*唾液中的主要酶是唾液淀粉酶，可以水解淀粉中的 α（1→4）糖苷键

唾液主要由水构成（占比高达 99.5%），还包含丰富的蛋白质（如酶、黏液及具有抗病毒或抗菌活性的蛋白质）、电解质（如钠、钾、氯）及尿素、磷酸盐、重碳酸盐等无机物质，pH 约为 7，呈现中性。

唾液中的水有助于食物的溶解，酶主要是唾液淀粉酶，能够有效地水解淀粉等碳水化合物结构中的 α（1→4）糖苷键。唾液中还含有舌下腺产生的舌脂肪酶，具有水解甘油三酯的能力，但其主要是随着食物进入胃中发挥作用。舌脂肪酶对于婴儿十分重要，主要进行乳脂肪的消化；但随着年龄的增长，舌脂肪酶的活性逐渐减弱，并在胃酸性环境下，受到脂肪聚合的限制而较少发挥脂质消化的作用。唾液中的黏液能够润滑食物，覆盖在口腔黏膜表面起到保护作用。唾液中还含有一些抗菌和抗病毒蛋白质，如抗体免疫球蛋白 A（IgA）和溶菌酶，后者可溶解某些细菌的细胞壁，对口腔健康起到了积极的维护作用。唾液中的 R 蛋白进入胃中，能够促进维生素 B_{12} 的吸收。此外，唾液中的重碳酸盐有助于中和消化食物和口腔中的共生细菌产生的酸。

当唾液分泌不足时，口腔和喉咙会感到干燥，导致吞咽困难，同时减少了对牙齿和牙龈上残留的食物残渣、酸及从口腔黏膜脱落的上皮细胞的清除作用。若长期未采取预防措施，可能会增加患龋齿和牙龈疾病的风险。因此，保持唾液的正常分泌对于维护口腔健康至关重要。

2）食管

食物与唾液混合后形成“食团”，经咽部进入食管，这一过程称为吞咽。吞咽是由自主行动引发的反射性动作，受脑干吞咽中枢调控，包括自主性吞咽、咽喉性吞咽和食管性吞咽三个阶段。吞咽时，食管括约肌松弛使食管扩张，食物顺利进入；同时，喉头上升诱发会厌覆盖声门，防止食物误入气管，确保呼吸安全。食物进入食管后，喉头下降，声门重开，恢复呼吸功能。

食团进入食管并下行时，食管上部自主性的横纹肌与远端不自主性的平滑肌在神经系统的调控下受到伸展和刺激，发生蠕动运动。食管的蠕动运动呈波状逐步推进，将食团迅速带入胃中，通常仅需数秒即可完成。吞咽食物时，原发性蠕动波被触发；如遇食物滞留，食管内的伸展受体也能激发二次蠕动波。蠕动运动贯穿于整个消化道，自食管至结肠，推动内容物向远端前行。

在食管下端与胃交界上方，存在胃食管括约肌，也称下食管括约肌（图 1.5）。消化道内分布多个括约肌或瓣膜，它们控制着食物在消化道内的流动。吞咽时，胃食管括约肌压力降低，括约肌松弛，使食物从食管进入胃。胃食管括约肌的压力受神经与激素的精细调控。胃食管括约肌的肌肉组织维持着高于胃内压力的持续张力，确保括约肌保持关闭状态，有效防止胃酸逆流至食管。胃酸逆流时，患者常感到胸口中部灼热，即胃灼热症，俗称“烧心”。此症状多在进食后出现，可能持续数小时，反复出现可能被诊断为胃食管反流病（GERD），也称酸反流病。鉴于胃液的强酸性及食管黏膜缺乏胃黏膜的保护层，长期酸反流易对食管造成显著损害，表现为水肿、组织侵蚀和溃疡、血管（通常是毛细血管）损伤、痉挛及纤维化组织形成，进而造成食管狭窄，并伴随慢性咳嗽、频繁打嗝及口中酸味等症状。

尽管药物在中和胃酸或抑制其产生方面起着重要作用，但饮食调整同样能缓解反酸症状。首先，为减小括约肌压力，应避免摄入高脂食品、巧克力、尼古丁、酒精及香料（特别是薄荷和胡椒薄荷油）。其次，为减少胃酸生成，应避免摄入酒精、过量钙及无咖啡因和含咖啡因的咖啡与茶。再次，为减少对受损组织的刺激，应尽量避免摄入柑橘类食品、其他酸性饮料及辣椒粉、肉豆蔻、丁香等香料。此外，还可采取以下措施：①减小餐量，餐间（非用餐时）饮水以防胃过度扩张；

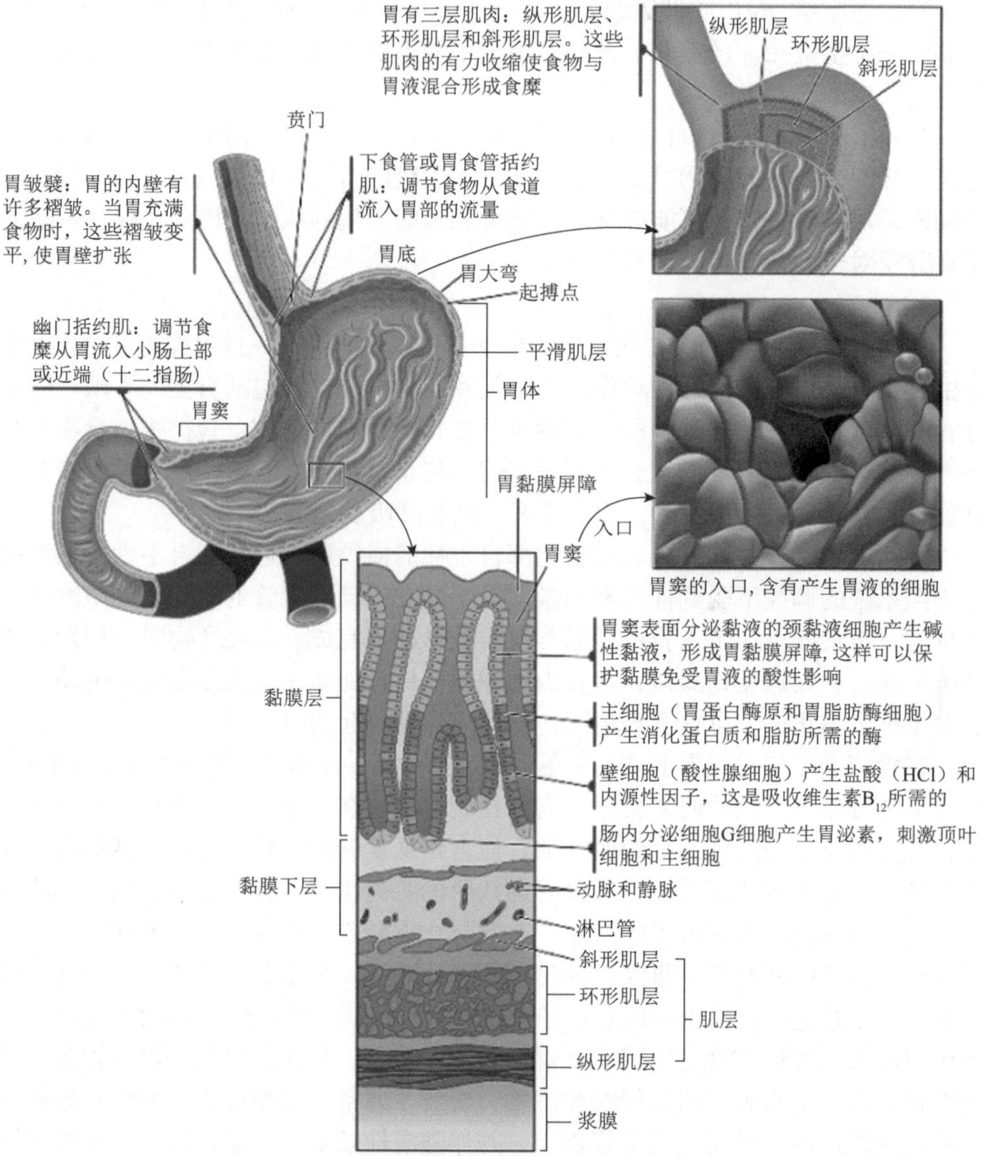

图 1.5 胃部结构及腺体组成

②维持健康体重，避免穿着紧身衣物以减小胃压；③进食后 2h 内避免俯身、举重或弯腰，以防胃内容物逼近括约肌而促进反流。若药物与饮食调整无效，通常考虑奥狄（Oddi）括约肌成形术，即将胃的一部分（幽门上部）包裹在括约肌周围，以增强其闭合功能。

3）胃

食团经过食管括约肌进入胃，胃是一个袋状器官，位于膈肌下方的腹部左侧，从胃食管括约肌一直延伸至十二指肠（小肠的起始段）。胃可以划分为四个区域（图 1.5）：①贲门，位于胃食管括约肌之下，接收来自食管的食团；②胃底，位于贲门的下方或侧面；③胃体，位于大中央区域，是储存吞咽食物及产生胃液的主要场所；④幽门，位于胃远端的三分之一处，具备强烈的蠕动能力，能够将食物与胃液混合并压碎，形成半消化状态的黏稠液体——食糜，随后将其排空至十二指肠中。

胃的环形、纵形和斜形平滑肌协同工作，才能够确保食物与胃液（包括酸和酶）充分混合。在空腹状态下（静息状态），胃的容积约为 50mL；当胃被食物填满时，其容积可扩充至 1～1.5L。胃在空腹时，除幽门区域外，其余部分均呈现出褶皱形态（称为胃皱襞）；但进食状态下，随着胃逐渐被填充，这些胃皱襞会渐渐消失。胃的依赖性松弛特性使其能够随着进食量的增加而自然膨胀，同时最小程度地影响胃内压力，除非摄入的食物量超过胃的容量极限。

A. 胃液

胃液由胃黏膜及黏膜下的腺体分泌，充足的胃液对食糜的消化过程具有至关重要的作用。这些腺体分布在胃的不同部位，包括贲门腺（位于食管与胃之间的狭窄区域）、胃底腺（主要位于胃底和胃体）以及幽门腺（位于幽门处）。胃腺内有几种分泌不同物质的细胞类型，如图 1.5 所示，胃中腺体部分存在的细胞及其分泌的物质包括：① 颈黏液细胞，分泌黏液；② 壁细胞（酸性腺细胞），分泌盐酸和内源性因子；③ 主细胞（胃蛋白酶原和胃脂肪酶细胞），分泌胃蛋白酶原和胃脂肪酶；④ 内分泌细胞，分泌各种激素。与胃底腺有所不同的是，贲门腺不含壁细胞，而幽门腺则无主细胞。这些胃腺细胞所分泌的胃液，主要含有水、电解质、盐酸、酶、黏液和内源性因子等成分，每天分泌约 2L（范围为 1～3L）的胃液。

胃液中富含的盐酸，使其 pH 非常低，大约为 2。胃液中的盐酸是由壁细胞将分离的氢离子（H^+）和氯离子（Cl^-）分泌到胃腔中形成的，胃酸的分泌机制如图 1.6 所示。壁细胞通过两种不同的运输系统主动分泌 H^+和 Cl^-：①经氢-质子-钾-ATP（腺苷三磷酸）酶交换系统（即质子泵）将 H^+分泌到胃腔中以交换 K^+；②K^+从顶叶细胞中扩散出来，回到胃腔中；③H^+主要来源于碳酸的分解，碳酸在顶叶细胞内产生，水和二氧化碳在碳酸酐酶的催化下生成碳酸，水和二氧化碳是细胞正常代谢的产物；④Cl^-最初来自血浆，通过第二活性转运系统从血浆转运，以换取碳酸分解产生 H^+，同时产生的碳酸氢盐进入顶叶细胞，这是个反向转运过程，会同时将碳酸氢盐沿着其浓度梯度转运到血浆中，并将 Cl^-逆其浓度梯度运送到顶叶细胞中；⑤Cl^-从壁细胞通过 Cl^-通道扩散到胃腔，与 H^+结合最终产生盐酸。

除了创造一个酸性环境外，盐酸在胃液中还发挥其他关键作用：① 将胃蛋白酶原转化或激活成消化蛋白质所需的胃蛋白酶；② 使蛋白质变性，即破坏或“展开”蛋白质的三级和二级结构，暴露出蛋白质内部的肽键，为胃蛋白酶的酶解作用创造有利条件；③ 促使矿物质等营养素从复合物中释放出来，从而提高这些营

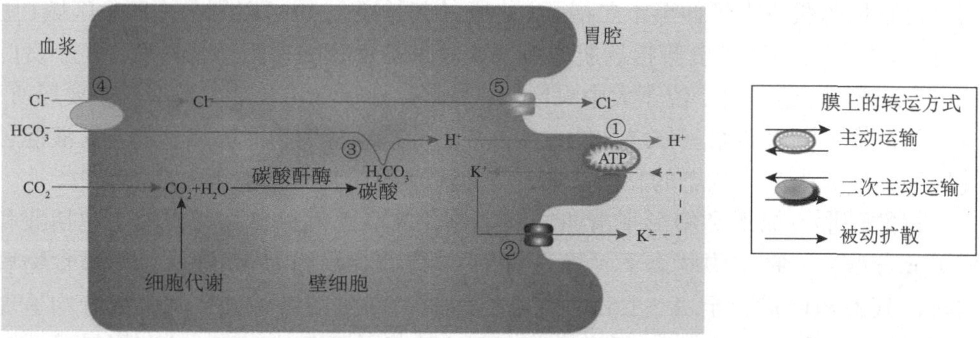

图 1.6　胃酸的分泌机制

养素的吸收效率；④ 具备杀菌功能，能够有效杀死与食物一同摄入的细菌，确保食物的安全消化。

B. 胃液中的酶

胃液中目前已发现三种酶（表 1.1）。

（1）胃蛋白酶：胃蛋白酶通过使蛋白质内部的肽键断裂发挥水解蛋白质的活性，其活性发挥的最佳 pH 约为 3.5。胃蛋白酶最初以胃蛋白酶原的形式存在于胃液中，胃底腺中的主细胞受到乙酰胆碱或酸的刺激时，会将胃蛋白酶原以颗粒状的形式释放到胃腔中。胃蛋白酶原在胃腔中受到盐酸或已经激活的胃蛋白酶的作用会被转化为具有生物活性的胃蛋白酶。

（2）胃脂肪酶：胃脂肪酶是胃主细胞合成分泌的一种将甘油三酯第一或三位（两端）上的酯键水解，释放出游离脂肪酸的酶，膳食中约 20%的脂质由胃脂肪酶消化。

（3）*α*-淀粉酶：胃液中的 *α*-淀粉酶来自口腔的唾液腺，该酶能够在胃酸性条件下保留一些活性，直至在胃液的低 pH 条件下彻底失活。该酶参与的具体消化过程将在对应的营养素消化过程中进一步介绍。

C. 黏液

黏液是由胃腺中的颈黏液细胞和黏膜上皮细胞分泌。黏液的组成随其在消化道中的位置而异，但通常由各类黏蛋白（一种糖蛋白）组成。大多数黏蛋白都能结合水分并形成凝胶，从而提供润滑和保护作用。在胃中，黏液既包裹胃内容物，又在胃黏膜上形成约 2mm 厚的黏液层以覆盖和保护它。黏膜上皮细胞还可以释放碳酸氢盐（详见胃酸形成部分内容介绍），进入胃黏液层中使得局部 pH 达到 6～7。胃黏液的产生和释放通过前列腺素、迷走神经、乙酰胆碱等途径调控，抑制或减少黏液分泌会增加溃疡形成的风险。

D. 胃分泌功能的调节

胃的分泌功能根据食物进入胃之前、进入胃以及离开胃后发生的情况分为三个阶段，受到多种神经和化学机制调控，参与其中的激素和肽如图 1.7 所示，具体将在 1.1.2 节介绍。

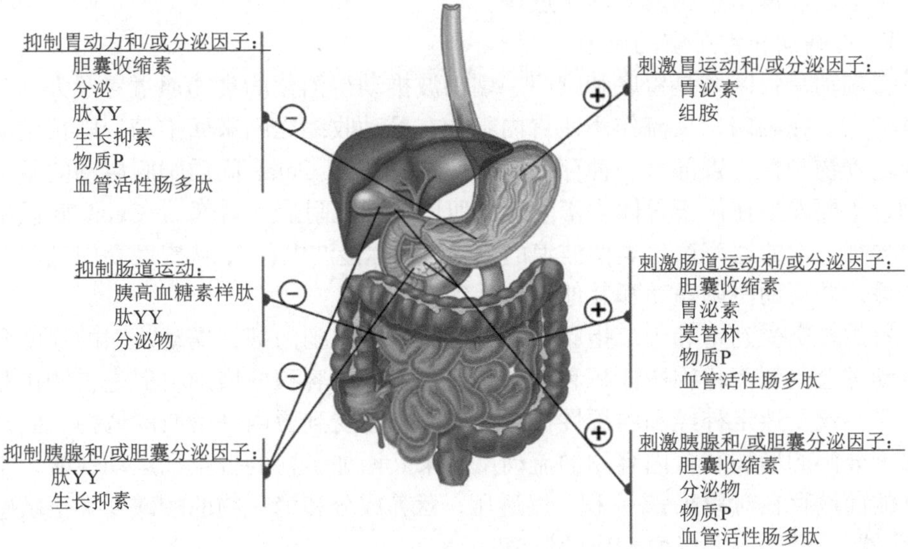

图 1.7　消化道分泌的激素及其作用

第一阶段：进食或品尝食物，以及思考、看到和/或闻到食物，都会刺激胃分泌。迷走神经通过刺激黏膜下迈斯纳神经丛，促进神经递质乙酰胆碱的分泌，并增强 G 细胞分泌的胃泌素。乙酰胆碱和胃泌素均会刺激胃腺中肥大细胞和类肾上腺细胞释放旁分泌组胺，通过作用于壁细胞表面上的受体促进胃酸的分泌——组胺结合在 H2 受体上，胃泌素结合在胃泌素受体上，而乙酰胆碱则作用于壁细胞上的毒蕈碱受体。此外，乙酰胆碱还能刺激主细胞，促进酶的释放。

第二阶段：即胃阶段，发生在摄入的食物到达胃时。胃内层的伸展感受器识别食物，使得胃内扩张，存在于胃中的蛋白质，特别是已经被消化成小肽和/或氨基酸的蛋白质，可通过多种途径促进胃分泌，如刺激化学感受器以启动黏膜下神经丛活动、促进胃泌素的释放、激活副交感神经系统，进一步增强迷走神经对胃的活动等。其他物质，尤其是咖啡因和酒精，也能够促进这个阶段的胃分泌。

第三阶段：即肠阶段，发生在食物离开胃，进入十二指肠后。在这个阶段，胃内容物的体积减小及胃液 pH 下降至 2 都会触发胰腺、幽门和十二指肠中的 D 细胞释放生长抑素。生长抑素以旁分泌方式进入胃液，减少壁细胞、G 细胞和类肾上腺样细胞的分泌作用。此外，一些抑制胃排空的因素（本节后面会详细介绍）也能抑制胃激素的释放，如十二指肠内高渗的胃内容物和酸性的胃内容物，以及含脂肪的胃内容物等。此外，胃内容物进入十二指肠不仅会引起扩张、引发黏膜下和肌间神经丛的反应，还会触发分泌胰高血糖素和胆囊收缩素，从而减少胃的分泌作用，减缓幽门的蠕动，并减慢胃的排空，以完成胃部的消化活动。同时，这些激素也促进了小肠内的消化过程。

E. 胃蠕动和胃排空的调节

胃蠕动最强区域是胃底和幽门。蠕动波推动待消化的食物通过胃及大部分其他消化道。在幽门，反流作用使胃内容物在蠕动收缩之间来回推动，以帮助磨碎和液化食物颗粒。胃部另一种存在的运动方式是由 Cajal 间质细胞启动的基本电律动，主要发生在位于胃体大弯附近的肌层环形肌附近。胃部的 Cajal 间质细胞以每分钟三次的速率产生类似波浪的信号（或称慢波电位），从胃底朝向幽门括约肌传播，并帮助协调蠕动和其他运动活动。

胃的排空受到胃和十二指肠状态的影响。在胃幽门部，蠕动收缩的强度和胃的运动都会受到消化物质体积和流动性的影响，胃容积的增加将促进胃的扩张。胃扩张不仅受迷走神经和内源性神经丛支配，也受到胃内平滑肌的调控。此外，胃泌素分泌的增加和胃内容物的流动反过来又增加了胃的排空和运动性能。十二指肠的前端存在对胃扩张/体积、渗透压、营养成分和消化物的酸碱度都很敏感的“感受器”，会感应并发生相应的调节：

（1）十二指肠内消化物体积过大引起的扩张会抑制胃排空。

（2）十二指肠内高渗/高渗透压的消化物质的存在，如当胃排空增加和/或营养素（特别是氨基酸和/或葡萄糖）吸收延迟时，胃排空减慢。

（3）相对于富含碳水化合物和蛋白质的食物，脂肪的摄入也会抑制胃排空。高脂肪食物的消化可能需要 6h，而大多数碳水化合物和蛋白质为主的食物则不到 4h。胃排空的延迟主要由胆囊收缩素激素介导，其释放是由十二指肠中存在的脂肪触发的。胆囊收缩素主要促进胆汁分泌到十二指肠中，使脂肪乳化和消化，同时也抑制胃排空。

（4）十二指肠内未被中和的酸性消化物刺激分泌素的产生，它既能减慢酸性消化物进入十二指肠的胃排空，又能促进胰液的释放，其中一部分功能是中和酸度。

（5）除了胆囊收缩素和分泌素之外，局部生长抑素和较小程度的胰多肽和胰肽 YY 激素以及局部胰高血糖素样肽也会抑制胃排空。

其他影响胃运动的因素来自神经反射和自主神经系统的作用。正如前文所述，十二指肠的扩张会抑制胃排空，小肠扩张引发的回肠胃反射会抑制胃排空。这种作用可以使回肠的内容物有更多时间被排空，然后才从胃释放更多的消化物质排入十二指肠。恐惧、愤怒和悲伤等情绪，可以通过自主神经系统控制消化系统平滑肌的抑制或兴奋，影响胃排空和肠道运动。

4）小肠

A. 小肠的面积

食团通过幽门括约肌后，变成食糜，进入小肠。小肠是营养物质消化和吸收的主要场所，由十二指肠、空肠和回肠组成。小肠的特殊结构使其具有更大的表面积以吸收营养物质，如图 1.8 所示，使其表面积增加的结构包括：

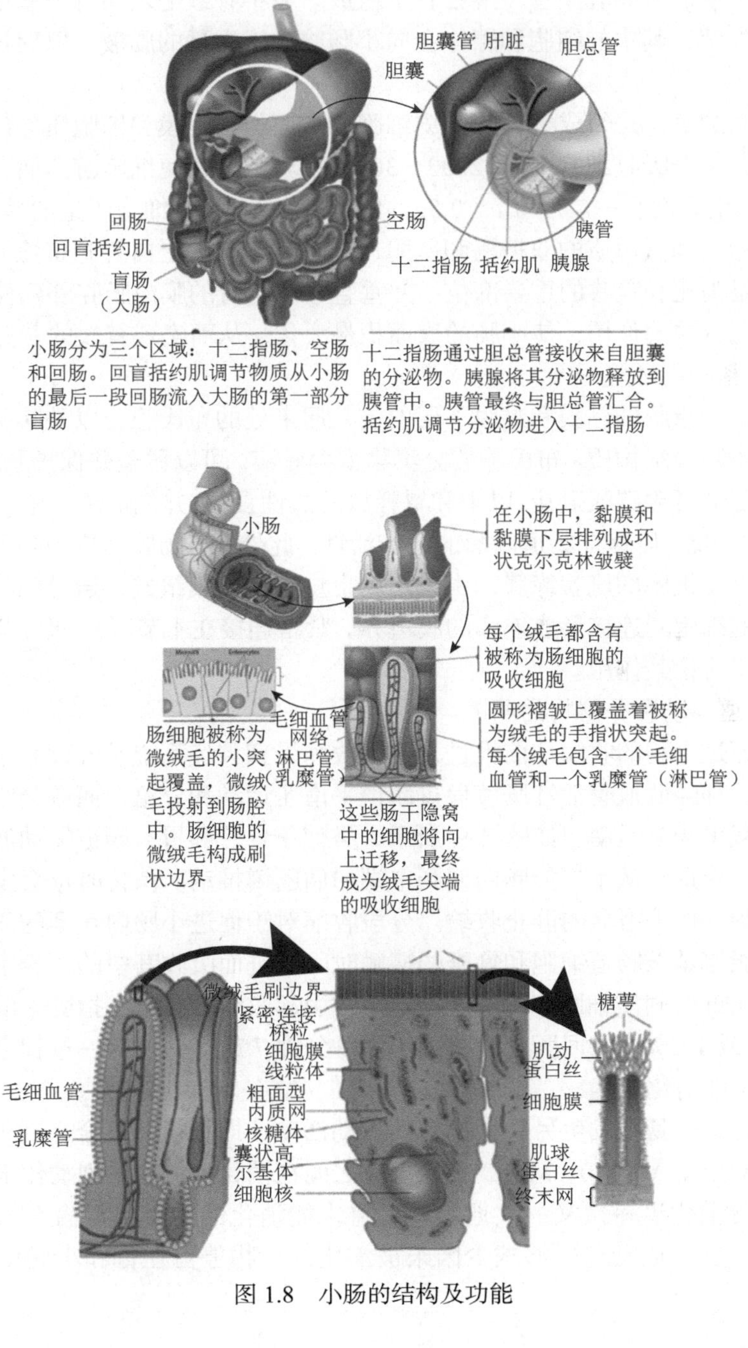

图 1.8　小肠的结构及功能

（1）被称为克尔克林（Kerckring）瓣的黏膜大型环形褶皱，突出到肠腔内。

（2）绒毛，即伸出到肠腔内的指状突起，由数百个称为肠上皮细胞的肠道细胞（也被称为吸收细胞、上皮细胞或黏膜细胞）以及用于将营养物从肠道细胞运送出去的毛细血管和乳糜管（淋巴管）组成。在小肠绒毛之间有一些小凹陷或口袋，称为隐窝，其中的细胞和腺体会向小肠腔分泌大量的肠液，以促进营养物的消化。

（3）微绒毛，是组成绒毛的上皮细胞游离面的细胞膜和细胞质伸出的微细短指状突起，每个吸收细胞上有 2000～3000 根微绒毛，使细胞游离面积扩大了约20 倍。微绒毛表面有一层厚 0.1～0.5μm 的细胞衣，由吸收细胞产生的糖蛋白构成，内含消化糖类和蛋白质的双糖酶和肽酶，同时还附有胰蛋白酶和胰淀粉酶等，这些细胞衣是消化和吸收的重要部位，并垂直于它附着的膜向肠腔外延伸。

这些结构共同作用，使小肠的表面积最大化，从而实现有效的营养物吸收。

B. 小肠的内环境

位于十二指肠的黏膜和黏膜下层的前几厘米处的布氏腺，以及胰腺外分泌细胞均会向小肠分泌物质。布氏腺的分泌物富含黏液，可以覆盖并保护肠黏膜细胞；胰腺的分泌物富含碳酸氢盐，以中和胃释放的酸性食糜，并创造出一个 pH 为 8.2～9.3 的碱性环境，以保证肠道内酶的最佳活性。此外，与肠腔相接的肠上皮细胞膜被称为肠上皮细胞的刷状缘膜，由单层肠上皮细胞的膜组成，通过细胞的精确排列和紧密的细胞间连接形成连续的膜边界。紧密连接在本节“3. 吸收过程”对应部分进一步讨论其作用。

C. 肠道运动和分泌物的调节

食糜通过小肠的收缩往前推进，这些收缩受到神经系统及各种激素和肽的调节。例如，神经肽血管活性肠肽促进肠道平滑肌运动和分泌，而旁分泌胰高血糖素样肽则减少肠道运动。如图 1.9 所示，类似于食管和胃，肠道蠕动波（或称渐进性收缩）将食糜从十二指肠向回肠末端的回肠瓣推动。消化时也会发生分段收缩，是指肠环形平滑肌的静止收缩。分段收缩对于促进小肠内食糜的双向流动尤其重要，能够延长肠道细胞和食糜的接触时间，进而吸收其中的营养素。小肠外层肌层的 Cajal 间质细胞产生的基础电节律引起收缩，在十二指肠中的频率约为每分钟 11 或 12 次，在回肠中的频率约为每分钟 7 或 8 次。这一过程主要发生在摄食期间（即消化期）。

摄食后，小肠中发生另一种类型的运动活动，即移行性复合运动（migrating motor complex，MMC）。MMC 是指两餐之间在消化道的一系列动作电位，这些动作电位使消化道一次又一次地蠕动，将未能消化的物质从胃输送，通过小肠进入大肠。这一运动还能够减少因未被消化的食物停留在胃和小肠中引起的细菌增殖。

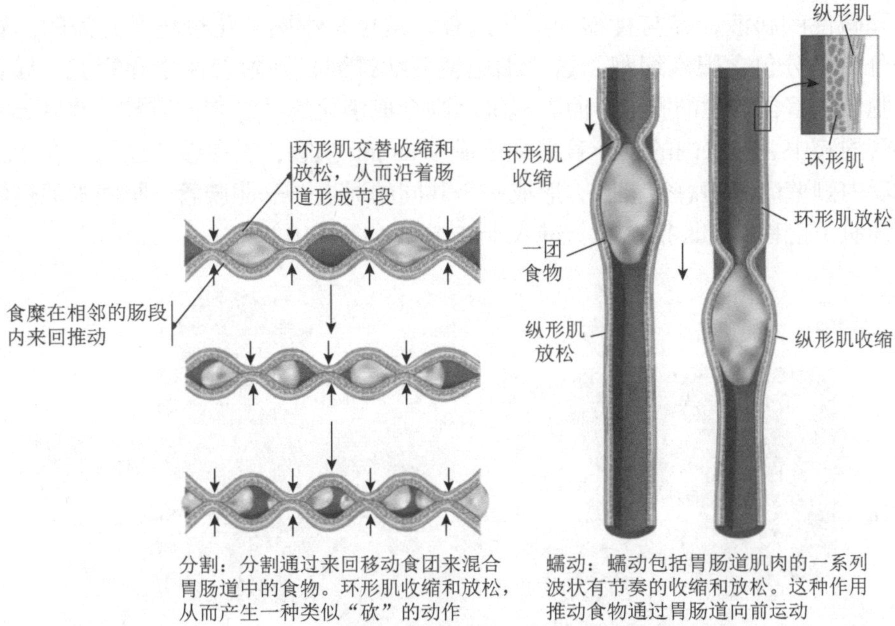

图 1.9 食糜在肠道内的行动

完成一个 MMC 周期通常需要 1.5～2h，分为四个阶段：第一阶段是一段静息时期，此时不进行收缩运动；第二阶段进行间歇性的、低振幅的收缩，称为蠕动，此时将消化的食物从胃移动到小肠；第三阶段通过有短脉冲式的规律性高振幅肌肉收缩，推动食物颗粒通过肠道；第四阶段是一个短暂的过渡时期，回到第一阶段并准备继续下一个循环。MMC 第三阶段主要是发生在肠道，特别是十二指肠，将食物颗粒移动到回肠；如果此时开始进食，MMC 会被打断，并导致食物颗粒在肠道中的运输延迟。当 MMC 正常运转时，营养物质的吸收效率会很高。研究表明，为了维持最佳的 MMC 功能，日间需要 3～5h 不吃东西。日常生活中有时会感受到肚子里发出声音，通常认为是饿了的表现，其内在生理过程实际上就是发生了 MMC。

5）消化道附属器官

除了以上消化道器官外，胰腺、肝脏和胆囊这三个器官都对小肠的消化和吸收过程具有重要的促进作用，这些器官被称为消化道附属器官。

A. 胰腺

胰腺是一个狭长的腺体，位于胃大弯后面，在胃和十二指肠之间，可分胰头、胰体、胰尾三部分，包含内分泌和外分泌细胞（图 1.10）。胰内分泌细胞位于朗格汉斯氏小体中，主要分布于胰腺尾部，虽然占腺体体积不到 5%，但能够分泌多种重要激素，如胰高血糖素、胰岛素、生长抑素等。胰外分泌细胞则是通过产生富含酶和碱性的胰液，参与食物的消化过程，这也是小肠消化过程所必需的。胰腺的外分泌部分包含腺泡细胞，这些细胞呈环状排列，并附着在小导管上。导管内的细胞产生富含碱性的胰液，而腺泡细胞则合成消化酶并组装成颗粒，然后分泌到小导管的腔中。胰腺内的小导管聚合形成 Wirsung 胰管，贯穿整个胰腺，在十二指肠的后内侧壁内与胆总管汇合，形成一个共同的通道——胆胰管，胆胰管通过胆胰管括约肌（也称 Oddis 括约肌）进入十二指肠（图 1.10）。

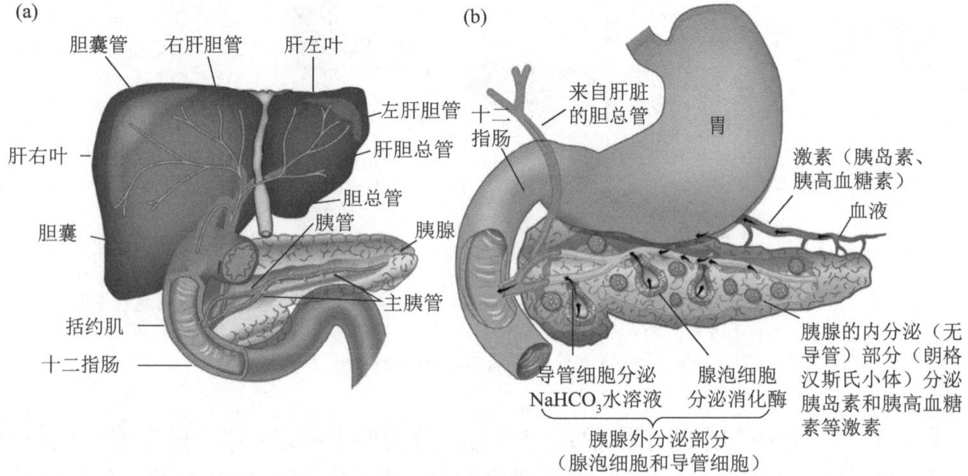

图 1.10 胰腺的位置与结构、功能

a. 胰腺液和消化酶

胰腺每天向十二指肠释放约 2L 分泌物，主要包含水、电解质（钠、钾、钙和氯离子）和碳酸氢根（以 $NaHCO_3$ 的形式存在）。碳酸氢根可以中和从胃中释放到十二指肠中的酸性胃糜，并产生更碱性的 pH，为肠腔内的酶活性所必需。由腺泡细胞释放的酶如表 1.1 所示，可消化约 50%的碳水化合物、50%的蛋白质及 80%～90%的脂质。胰腺中消化蛋白质的酶通常以酶原形式释放，包括胰蛋白酶原、胰凝乳蛋白酶原、羧肽酶原、弹性蛋白酶原和胶原酶，可以保护胰腺内形成它们的蛋白质不被消化降解；进入十二指肠后，胰蛋白酶原会激活胰凝乳蛋白酶原、羧肽酶原、弹性蛋白酶原和胰脂肪酶、磷脂酶 A2 等。胰腺还会合成胰蛋白酶抑制剂，如果胰蛋白酶在胰腺内被意外激活，胰蛋白酶抑制剂可通过结合胰蛋白酶来保护胰腺并预防胰腺炎的发生。胰腺分泌的消化酶将在后续具体营养素的消化章节进行详细介绍。

b. 胰腺分泌功能的调节

胰腺分泌功能主要受到胃泌素和胆囊收缩素等激素及神经递质乙酰胆碱的调节。胃泌素是由小肠近端的 S 细胞产生的，刺激胰导管细胞分泌含有碳酸氢根的胰液，并中和十二指肠中存在的未被中和的酸性乳糜。胆囊收缩素是由小肠近端的 I 细胞和肠道神经细胞分泌，作用于腺泡细胞，促进消化酶释放到十二指肠中，进一步完成十二指肠中脂肪和部分蛋白质的消化。乙酰胆碱可促进腺泡细胞释放酶进入十二指肠。胰岛分泌的多肽类激素和旁分泌生长抑素则会发挥相反的作用，即抑制胰腺外分泌。

过度饮酒、高甘油三酯血症（空腹血清甘油三酯超过 2.26mmol/L）、胰管阻塞（如胆结石引发）、病毒感染和胰腺损伤等会引发胰腺炎，胰腺炎患者血液中会检出胰淀粉酶和胰脂肪酶，正常情况下这些酶会释放到十二指肠中，但会由于胰腺受损从而泄漏到血液中。由于受损的胰腺无法产生足够的酶，胰腺炎患者通常需要摄入已经部分水解的营养物质或胰腺酶补充剂，尤其是脂肪酶，以取代胰腺受损未能释放到肠道中的酶。此外，由于胰腺分泌的碳酸氢盐在胰腺炎时也会降低，而且这种碳酸氢盐是中和胃酸、增加肠液 pH 以便酶发挥作用所必需的，因此有时也会提供抗胃酸药等抗酸药物。严重胰腺炎患者有时需要通过放置到空肠的管道进行喂食，并可能需要引流胃内容物以减少胰腺的刺激。

B. 肝脏

肝脏是体内最大的器官，由左叶和右叶两个叶片组成，肝左叶和右叶又包含若干个肝小叶，成人肝脏有 50 万～100 万个肝小叶。肝小叶是肝脏结构和功能的单位，呈多角形，小叶之间以少量结缔组织分隔，人的肝小叶间结缔组织很少，相邻肝小叶常连成一片，分界不清。肝小叶中央有一条沿其长轴走行的中央静脉，管壁由内皮细胞组成，中央静脉周围是大致呈放射状排列的肝细胞和肝血窦（图 1.11）。肝脏拥有肝动脉（血液来源于心脏）和肝门静脉两个供血来源，肝血窦使得来自这两种血管（肝门静脉和肝动脉）的血液混合在一起，并通过内皮细胞摄取营养物质。肝细胞是构成肝小叶的主要成分，约占肝小叶体积的 75%。如图 1.11 所示，肝细胞以中央静脉为中心单行排列成板状，称为肝板。肝板凹凸不平，相邻肝板吻合连接，形成迷路样结构。肝血窦与肝板相连，肝血窦经肝板上的孔互相通连，形成网状管道。肝细胞相邻面的质膜局部凹陷，形成微细的小管，称为胆小管，胆小管在肝板内也相互连接成网。随着肝细胞产生胆汁，胆汁被分泌到胆小管中，然后汇集到肝总管中。肝总管与来自胆囊的胆囊管汇合，形成胆总管。

a. 胆汁的合成

肝脏能够合成胆汁，胆汁是一种绿黄色液体，肝细胞利用胆固醇通过一系列反应氧化生成甾烷脱氧胆酸和胆酸，并与钠（主要）、钾或钙结合形成胆盐，胆盐进一步与甘氨酸等氨基酸结合，形成甘氨胆酸和甘氨鹅脱氧胆酸，其中约有 25% 继续与牛磺酸结合形成牛磺胆酸和牛磺鹅脱氧胆酸。胆盐与氨基酸的结合可以提高它们形成胆汁的能力。

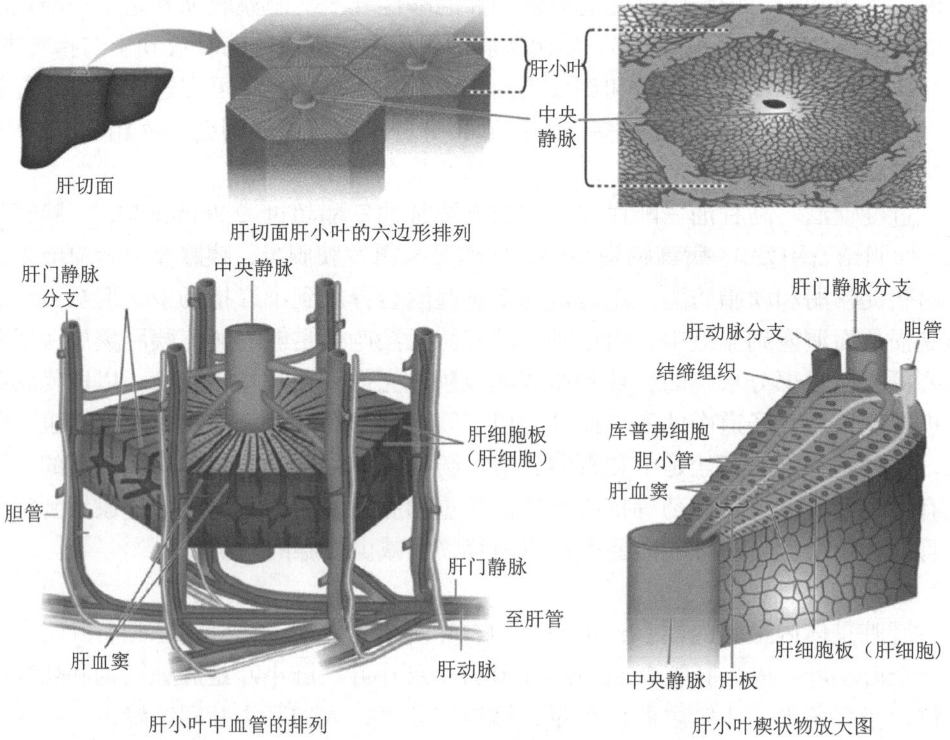

图 1.11　肝脏的结构

除了胆盐外，胆汁中还含有少量的胆固醇、磷脂（尤其是卵磷脂）、水、碳酸氢盐和在碱性溶液中可溶的胆色素。胆色素主要由棕黄色的胆红素和青绿色的胆绿素（血红蛋白降解的产物）组成，这也是胆汁呈现黄绿色的原因。

b. 胆汁的功能

胆汁主要发挥乳化剂的作用，通过乳化脂肪，将大的脂肪球分解成小的脂肪滴（约 1mm 直径），进而通过形成直径小于 10nm 的球形、柱状或盘状的复合物，即胆汁小球，吸收脂质。胆汁小球可以包含多达 40 个胆盐分子，使胰脂肪酶更好地接近和水解复合物中甘油三酯的酯键。胆汁功能也会在 4.2 节“膳食脂质的消化与吸收”中进一步描述。

C. 胆囊

胆囊是一个容积为 40～50mL 的小器官，位于肝脏表面，与肝右叶毗邻。肝脏中产生的胆汁进入胆囊后，胆囊黏膜吸收大量的水和最初存在于胆汁中的某些电解质，将胆汁浓缩，进而储存在胆囊中。

分泌到十二指肠的胆汁 90%以上可以通过远端回肠的主动转运被重新吸收，少量胆汁还可以在结肠被动地重吸收。肠道吸收的胆汁进入门静脉，并附着在血浆中白蛋白上，返回肝脏。重吸收的胆汁到达肝脏后，会继续与新合成的胆汁一起在消化过程中释放到十二指肠中，这一过程称为胆汁的肠肝循环（图 1.12）。正常人体

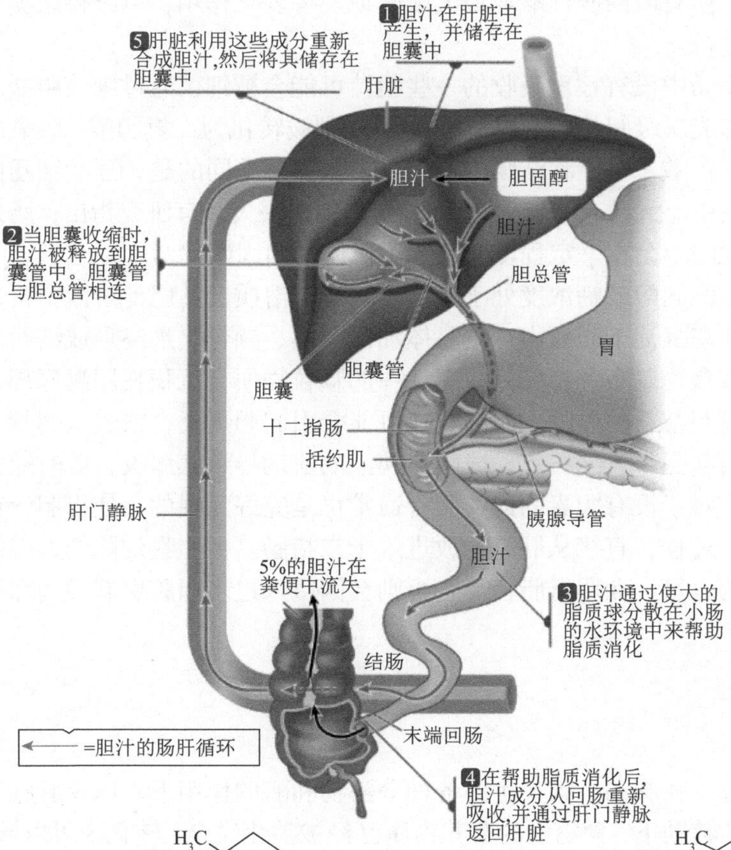

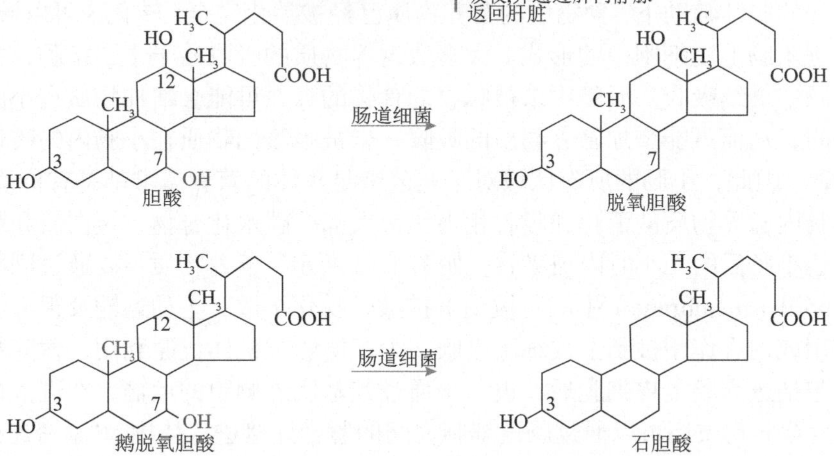

图 1.12　胆汁的合成、重吸收与代谢利用

肝脏内总胆汁酸池为2.5～5.0g，而维持脂类物质的消化吸收，需要肝脏每天合成16～32g胆汁，依靠胆汁的肠肝循环可弥补胆汁合成的不足。进食后会发生2～4次的肠肝循环，使有限的胆汁酸池最大限度地发挥乳化作用，以维持脂类食物消化吸收的正常进行。

此外，在小肠中没有被重吸收的一些胆汁可能会被细菌通过细菌胆盐水解酶脱去共轭基而形成次级胆汁酸（图1.12），胆酸则被转化为二氢胆酸。脱氧胆酸会被转化为次级胆汁酸——豆状结肠内酸，与二氢胆酸不同的是，豆状结肠内酸通常被排泄在粪便中。大约有0.5g胆盐每天在粪便中丢失。有研究指出，肠道中具有胆盐代谢功能的细菌在一定程度上调节了机体的胆固醇代谢。

当胆汁中的胆固醇或钙浓度处于过饱和状态，溶质会从胆汁溶液中析出成核并呈固体结晶状态沉淀于胆囊内，结晶体加以聚集、融合，最终形成结石。如果胆囊长时间没有食物刺激分泌胆汁，胆汁中的颗粒物便会沉积在胆囊底部，时间久了便会增加患胆结石的风险。胆结石还可能会引起胆囊炎，或进入胆管中，阻止胆汁的流动引起胆总管结石症，或阻止胰液的流动导致胰腺炎，此时通常需要手术切除胆囊。对于没有胆囊的人，胆管通常仍是完好无损的，使得胆汁可以不经过胆囊储存的过程，直接从肝脏释放进入十二指肠。但胆囊切除的人群需要减少膳食中脂质的含量，食用低脂食品，否则会因摄入过多脂肪引起腹痛和脂肪型腹泻。

3. 吸收过程

1）小肠

在口腔、胃、胰腺和小肠产生的各种分泌物和酶的作用下，以及肝脏合成、胆囊储存的胆汁辅助下，食物中的营养物质已经被消化完全，转化为可以被吸收，也就是进入肠上皮细胞中的形式。大多数营养物质的吸收始于十二指肠，并在空肠和回肠中继续吸收。回肠中未被吸收的食物的存在可能会增加物质在小肠中停留的时间，从而可能增加营养物质的吸收。未被吸收的物质在小肠内的转运时间为3～6h，因此，小肠的所有区域对于充分满足身体的营养需求都是有价值的。

小肠内营养物质的消化和吸收相当快，大部分碳水化合物、蛋白质和脂肪在食糜到达小肠后的几小时内被吸收。如图1.13所示，营养物质主要通过刷状缘膜（brush border membrane）中的（被动）扩散、易化扩散、主动运输及很少出现的胞吞作用或内吞作用被肠上皮细胞吸收。为了能够被机体代谢利用，营养物质的吸收还包括进入肠上皮细胞后，进一步通过其基底外侧膜的运输，即进入血液循环。少量营养物质还可以通过肠道细胞之间的紧密连接进入体内，“紧密连接”存在于整个消化道中，通过这种细胞间作用调节哪些物质“可以进入”和哪些物质“不能进入”。紧密连接由多个蛋白质复合物组成，包括闭合蛋白、密封蛋白和连接黏附分子（junctional adhesion molecule）等跨膜蛋白及 zonula occludens 等细胞内支架蛋白共同发挥选择渗透性的作用。

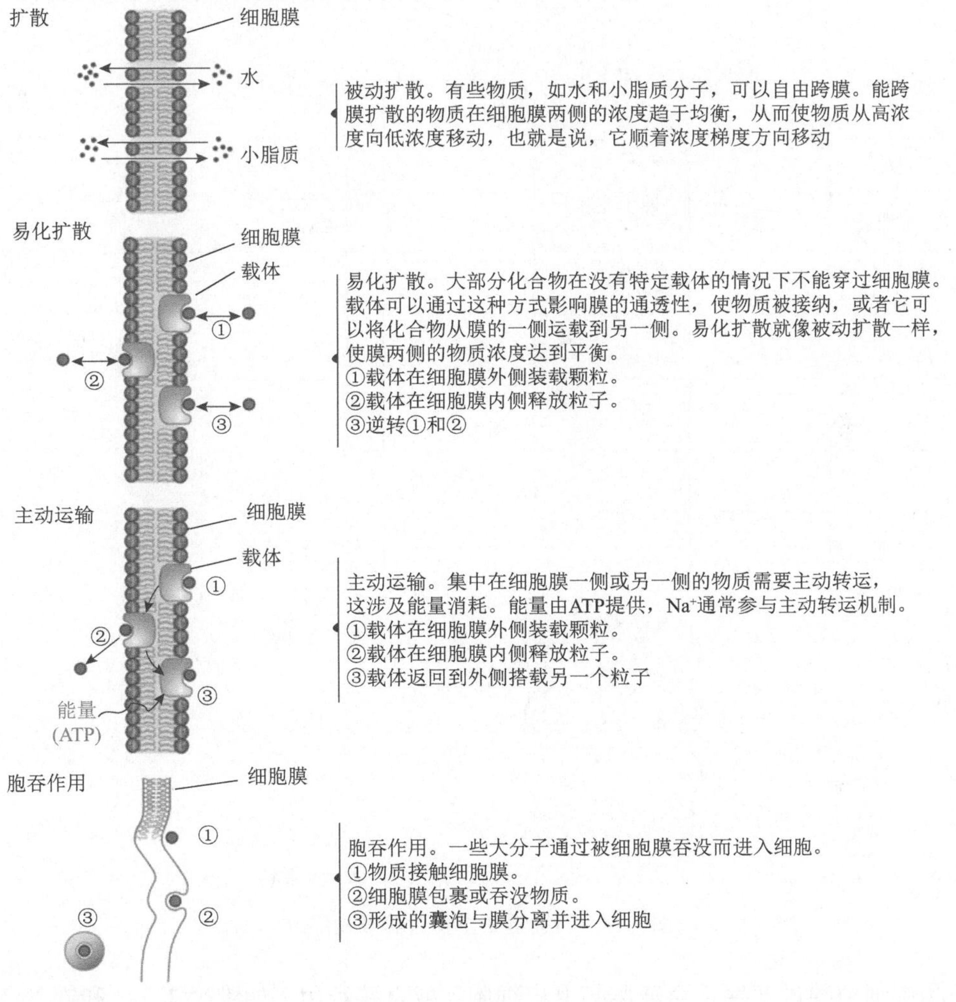

图 1.13　营养吸收的主要机制

一种营养素的吸收机制取决于其溶解性、浓度或电荷梯度以及分子的大小。氨基酸、肽、单糖、脂肪酸、甘油一酯和甘油的吸收和转运，即宏量营养素消化的最终产物，以及各种维生素和矿物质的消化和吸收机制都将在后面的具体章节中详细描述，这些营养素的常见吸收部位如图 1.14 所示。

未被吸收的肠内容物从回肠（小肠的末端或最远部分）通过回盲瓣进入大肠，其中一些未被吸收的物质还可以作为细菌的代谢底物存在于小肠和大肠中。回盲瓣除了控制从小肠进入大肠的内容物通道外，还有助于防止细菌从大肠返回小肠。

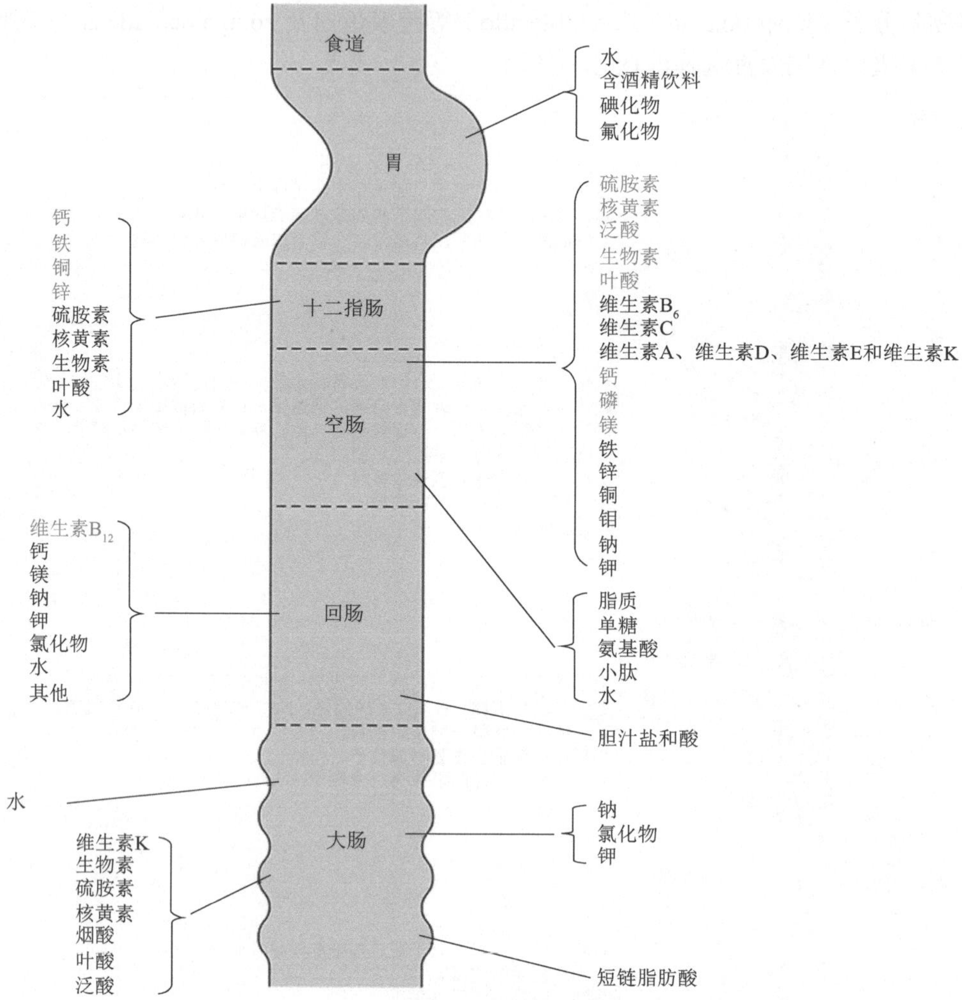

图 1.14　胃肠道中主要营养吸收部位

小肠中细菌的过度生长会破坏肠上皮细胞，或直接利用（如维生素 B_{12} 和铁）、破坏营养素或营养素吸收所需的物质（如胆汁）等而导致营养不良。小肠中细菌过度生长的标准通常是小肠中微生物的密度达到 10^5cfu/mL。

2）大肠

一旦通过回盲括约肌，小肠的消化产物进入盲肠，然后依次通过升结肠、横结肠、降结肠和乙状结肠区域（图 1.15）。最初进入大肠时，肠道内容物仍然可以保持移动。大肠的肌肉收缩协调一致，从而混合肠内容物，并使其在近端（升）结肠中保持足够长的时间以吸收其中的营养素。近端结肠黏膜细胞通常可以吸收钠离子、氯离子和水。食物中的水和钠的 90%～95%在结肠段被吸收。

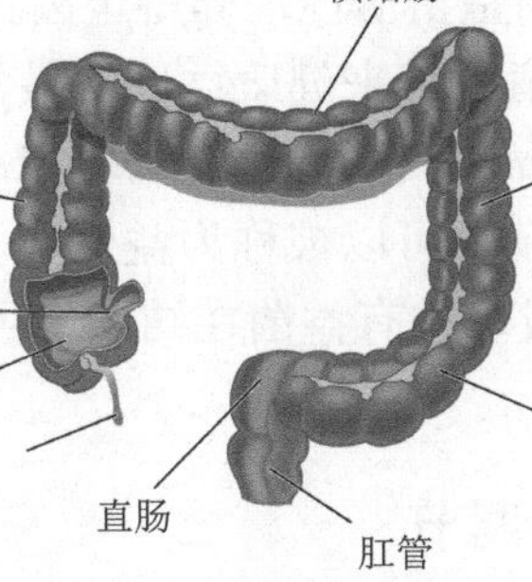

图 1.15　大肠结构示意图

大肠肠腔内的分泌物很少，主要是杯状细胞分泌的黏液。黏液可以起到润滑粪便的作用，还可以保护大肠段的肠上皮细胞。黏液的分布呈现双层，一层位于肠上皮细胞表面，另一层位于肠道共生微生物之间，这也有利于降低细菌易位的风险。大肠肠腔中也存在碳酸氢盐，一方面提供了一个碱性环境，帮助中和由大肠段厌氧菌产生的酸，另一方面还用于交换需要被吸收的氯离子。

大肠的运动依靠结肠环形肌的振动性收缩，即 haustra 收缩。这些收缩受大肠平滑肌层的基础节律控制，以每分钟 2～6 次的速度发生。此外，大肠还会进行更有力的类蠕动波式收缩（即结肠大段平滑肌收缩），促进肠腔中的物质从大肠的一个部分移动到下一个部分，直至接近直肠。神经反射也参与大肠运动功能的调节。例如，胃结肠反射是对胃泌素和肠道神经系统活动的反应，促进降结肠和直肠内的收缩以促进排便。

肠腔中的物质通过大肠的最终结果是，未被吸收的物质逐渐脱水形成粪便。通常，每天有 0.5～1L 的物质进入大肠，经过大肠的运动和吸收过程后，会减少到 150～200g，这种形成粪便的废弃物质包含约 75%的水分和 25%的固体物质。粪便中的固体物质通常包括脱落的胃肠道细胞、消化液成分、纤维素、少量未被吸收的脂质和胆汁以及微生物。微生物约占干燥粪便质量的 30%。

大肠中定植着庞大的微生物群落，数量高达每克胃肠道含 10^{12} 个，目前已经发现了 1000 多个种属。肠道微生物从肠道中未被消化和/或未被吸收的食物残渣中获取营养以促进其自身生长。例如，胰淀粉酶没有水解的淀粉可以被革兰氏阴性的拟杆菌和革兰氏阳性的双歧杆菌或真菌代谢利用；胃肠道黏液分泌物中的黏蛋白可以被细菌（如拟杆菌、双歧杆菌和梭菌）降解并利用；甚至胃肠道消化酶本身也可以作为细菌（如拟杆菌和梭菌）的利用底物。此外，糖醇类（如山梨醇和木糖醇）、双糖（如乳糖）以及一些纤维素也可以被结肠中的某些细菌降解。

肠道微生物数量和组成的失调与多种疾病有关，如炎症性肠病（克罗恩病和溃疡性结肠炎）、结肠癌、类风湿性关节炎和糖尿病等，而益生菌和益生元能够重塑肠道微生物的平衡。益生菌是指活性培养特定菌株的活性微生物（即细菌），当以足够剂量给予时，能够为宿主带来健康益处。最常见的益生菌是乳酸菌，通常为双歧杆菌属（*Bifidobacterium*）和乳酸杆菌属（*Lactobacillus*）的菌株，每克产品中需要含有 1 亿个活性细菌才可以被称为益生菌。益生元则是指不能被人体消化酶分解，但通过作为一种或多种有益菌在结肠中生长和/或活动的基质来为宿主带来健康益处的物质。

1.1.2 消化过程的协调与调节

中枢神经系统由大脑和脊髓组成，通过传出神经元影响身体。周围神经系统可分为躯体神经系统和自主神经系统。躯体神经系统由脑神经和脊神经组成，这些神经将脑和脊髓与受意识活动控制的肌肉（自主肌肉或骨骼肌）及皮肤中的感觉受体连接起来。感觉受体是探测身体内部和周围信息的神经纤维的特殊末梢。自主神经系统将脑干和脊髓与内部器官连接起来，并调节不需意识控制的内部生理过程，如心脏收缩的速度和强度、血压、呼吸的速度及食物通过消化道的速度。

1. 神经调节

自主神经系统主要分布在内脏、心血管和腺体，中枢部在脑和脊髓内，周围部包括内脏运动（传出）纤维和内脏感觉（传入）纤维，分别构成内脏运动神经和内脏感觉神经。自主神经系统可进一步分为交感神经系统和副交感神经系统。一般来说，交感神经系统会减少或减缓消化道的运动和分泌，而副交感神经系统则刺激消化道，促进运动（如蠕动）、胃肠反射及激素和酶的分泌。副交感神经系统主要通过迷走神经与消化道相互作用。

自主神经系统可以与消化器官直接“沟通”，同时也可以通过消化道自身的局部神经系统进行信号转导和功能调节。局部神经系统或内在神经丛包括约 1 亿个神经元，嵌入从食管开始到肛门的胃肠道中。内在神经系统包括两种神经元网络或丛：一种是位于胃肠壁黏膜下神经丛（迈斯纳神经丛），通常控制运动，在刺激时，胃肠活动通常增加；另一种是位于环形肌与纵形肌之间的肌间神经丛（或称 Auerbach 神经丛），通常控制分泌物的释放，并影响局部血流。内在神经丛约有 10^8 个神经元，内在神经末梢释放的递质除乙酰胆碱和去甲肾上腺素外，几乎含有所有中枢神经系统中的递质如 5-羟色胺、γ-氨基丁酸和各种肽类物质。内在神经不仅有运动功能，还有感觉功能，即在消化道内发生神经反射，以实现分泌、血流和/或运动的变化。例如，当回肠扩张时，伴随回盲瓣反射，胃运动被抑制，这个作用可以使回肠有更多时间排空，这样在将更多食糜从胃中释放到上段小肠之前，下段小肠的内容物可以先被排空。当胃的运动和分泌增加时，会产生胃回肠反射来促进回肠的运动。其他反射也会影响肠道，例如，结肠回肠反射通过刺激结肠内的受体，抑制将回肠的内容物排空到结肠中。这些作用会阻碍这些器官的总体运动，类似的作用发生在小肠与小肠反射中，当肠道某一段过度扩张时，肠道运动会减弱。

2. 调节肽

影响消化和吸收的因素还包括一组调节肽或更具体地说是胃肠激素和神经肽。目前已发现超过 100 种能够影响胃肠功能的调节肽，由消化道或其附属器官内的内分泌细胞、肠道神经或两者同时释放。这些肠内分泌细胞通常用字母命名以区分，如 G 细胞、S 细胞、I 细胞等，并分布在整个消化系统中。这些内分泌细胞释放的调节肽大多数是响应特定刺激而释放到血液中并前往消化道和/或其附属器官的区域诱发变化。然而，少量调节肽会以旁分泌方式发挥作用，即被释放到局部区域，然后通过细胞间隙扩散到目标组织中引发变化，如生长抑素、组胺、类胰高血糖素和胰岛素样生长因子-1。表 1.2 总结了主要的调节肽的种类和功能。

表 1.2　胃肠道调节激素/肽的主要生产位点和消化道功能

激素/肽	主要生产位点	消化道功能
胃泌素	胃和小肠	刺激胃酸分泌、刺激胃蛋白酶原分泌
胆囊收缩素	小肠和肠神经	刺激胆囊收缩、刺激 Oddi 括约肌放松、刺激胰酶分泌
分泌素	小肠	刺激胰液分泌、抑制胃排空、减少胃酸分泌
胃动素	胃和肠道	在两餐之间刺激胃肠运动
葡萄糖依赖性促胰岛素多肽	小肠	刺激胰岛素分泌、减少胃酸分泌
肽 YY	小肠和大肠	减少胃酸分泌、抑制胃排空
生长抑素	胰腺、胃和小肠	减少胃酸分泌、抑制胃排空、减少胰腺酶分泌、抑制胆囊收缩
胰高血糖素样肽	小肠和大肠	刺激胰岛素分泌、降低消化道运动能力、减少胃部分泌物
胰多肽	胰腺	抑制胃排空、减少胰腺外分泌

1）胃泌素

胃泌素主要由位于胃窦和近端小肠的 G 细胞合成分泌，主要在胃中起如下作用：促进盐酸和胃蛋白酶的释放、增强胃动力、促进胃排空，同时也能刺激组胺的释放，从而进一步诱导胃酸分泌，对胃肠黏膜还具有促进细胞生长的营养作用。胃泌素的释放主要受胃扩张和胃中蛋白消化产物的刺激，以及迷走神经释放胃泌素释放多肽的作用。胃泌素的分泌受胃窦中的胃酸和生长抑素作用而被抑制。

2）胆囊收缩素

胆囊收缩素由近端小肠中的 I 细胞和迷走神经在远端回肠和结肠释放到血液

中，主要刺激胰腺腺泡细胞释放消化酶到十二指肠中；它还能够促进胆囊 Oddi 括约肌的松弛，使得胆汁释放到十二指肠中。胆囊收缩素的次要作用包括抑制胃排空和减少胃酸分泌。胆囊收缩素的释放受十二指肠中脂肪和蛋白消化产物的刺激，但当营养物质被吸收或移动到远端消化道时，其分泌将减少。在脑中，胆囊收缩素影响食欲感知等过程。

3）分泌素

分泌素由位于近端小肠中的 S 细胞释放到血液中，因接收到未被中和的酸性食糜及蛋白消化产物的刺激而释放出来。它主要作用于胰腺导管细胞，刺激含有碳酸氢盐的胰液的释放，从而中和十二指肠中的酸性食糜并起到负反馈调控作用。分泌素还会减少胃酸分泌和胃排空。

4）酪酪肽

酪酪肽，又称肽 YY，是由回肠和结肠的 L 细胞分泌到血液中，发挥降低食欲、减少胃酸分泌和胃排空的作用。当小肠中存在脂质时，会刺激其合成分泌。

5）胃动素

胃动素由位于胃、小肠和结肠的 M 细胞释放，控制 MMC，在餐间期促进胃排空和肠道的运动。其释放受乙酰胆碱和 5-羟色胺的刺激，其中乙酰胆碱由神经释放，5-羟色胺则来自胃肠道内的内分泌样染色细胞和神经系统。

6）生长抑素

生长抑素由胰腺 D 细胞及幽门和十二指肠中的细胞合成，通过影响壁细胞和内分泌细胞的作用，抑制胃泌素的释放，从而抑制胃酸的分泌。生长抑素还抑制胃泌素、葡萄糖依赖性促胰岛素多肽、分泌素、血管活性肠肽和胃动素的作用，还能够抑制胃排空、胰腺的外分泌和胆囊收缩。生长抑素的释放受到胃酸 pH 降低的促进作用。

7）组胺

组胺由胃中的肥大细胞和内分泌样染色细胞分泌，能够刺激壁细胞释放盐酸。组胺的释放受胃泌素和乙酰胆碱的双重刺激。

8）胰高血糖素样肽-1

胰高血糖素样肽-1 由远端小肠和结肠的 L 细胞及神经系统分泌，主要刺激胰腺释放胰岛素，并抑制胰高血糖素的分泌。胰高血糖素样肽-1 还会减少食欲，抑制胃排空、胃液的分泌和肠道的运动，其释放与小肠肠腔内的营养物质的存在有关。

9）葡萄糖依赖性促胰岛素多肽

葡萄糖依赖性促胰岛素多肽由十二指肠和空肠的 K 细胞产生，主要功能是刺激胰岛 β 细胞释放胰岛素。该激素还可以抑制胃酸的分泌。

10）胰岛素样生长因子-1

胰岛素样生长因子-1 由胃肠道内分泌细胞分泌,可以促进胃肠道细胞的增殖，其释放受消化道中营养物质的刺激。

11）血管活性肠多肽

血管活性肠多肽存在于胃肠道神经和中枢神经系统中,也可能存在于血液中。血管活性肠多肽能够刺激肠道和胰腺的分泌功能，包括大部分胃肠道括约肌在内的肠平滑肌的放松，并抑制胃酸分泌。

12）影响食欲的激素

除了直接影响消化道和营养利用的效果，其他激素也影响食欲。如胃内分泌细胞会分泌一种称为胃饥饿素（ghrelin）的肽，可以作用于下丘脑，刺激进食。血浆中的胃饥饿素浓度通常在进食前升高，在进食后立即降低，尤其是在摄入碳水化合物后。另外两种增强食欲的肽包括神经肽 Y 和刺鼠相关蛋白（AgRP）。白色脂肪组织分泌的瘦素能够抑制食欲。瘦素的作用至少部分发生在与 α-黑色素细胞刺激激素共同作用下，刺激下丘脑中的 MC4 受体。与瘦素共同抑制食欲的另一种激素是促肾上腺皮质激素释放激素。

由此可以看出，消化过程需要不同介质共同作用，根据机体需要刺激和抑制进食，并协调消化道内容物的运动和消化道内营养物质的分解。

1.2　能量消耗、机体组成和健康体重

1.2.1　能量的消耗

机体能量消耗包括三个途径：基础代谢、身体活动和食物热效应，有时也会包含体温调节，这些能量消耗的平均贡献如图 1.16 所示。

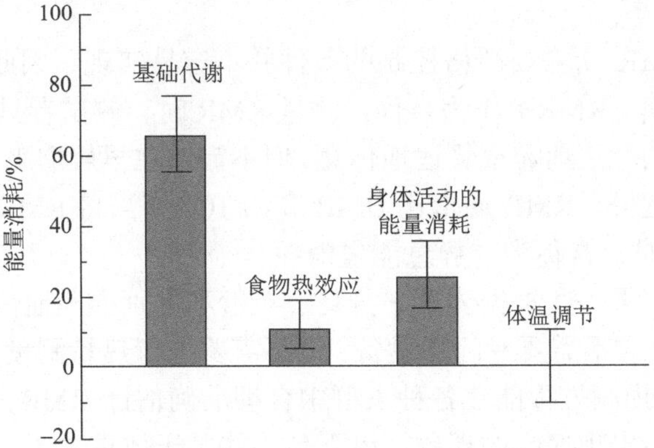

图 1.16　能量消耗的四个途径及其占比

1. 基础代谢率和静息代谢率

1）基础代谢率

基础代谢是指维持基本生命过程所需的能量，如呼吸、心跳、肾功能、脑和神经功能、血液循环、物质转运和蛋白质合成等。基础代谢是人体能量消耗的主要组成部分（图 1.16）。在静息状态下，肝脏（27%）、大脑（19%）、肾脏（10%）、心脏（7%）和骨骼肌（18%）等组织器官的正常代谢是基础代谢的主要组成部分，因为即使在静息状态下，这些器官和组织仍需要相当数量的能量来合成蛋白质和维持正常的细胞功能。

机体组成和体表面积、年龄和性别、是否处于怀孕和哺乳期、环境温度及膳食能量限制等多种因素都会影响基础代谢率（BMR）。其中许多因素都与机体的肌肉数量和比例相关，因为相对于脂肪组织，肌肉具有更高的代谢活性。随着年龄的增长，脂肪量增加，肌肉量减少，BMR 下降。在相同年龄、身高和总体组成下，男性的 BMR 一般比女性高，这是由于相较于男性，女性的体脂肪比例更高。个子高且瘦的人相对拥有更大的体表面积，热量散发更快，BMR 也会更高。寒冷环境可以通过引起肌肉的震颤产热即发抖而增加 BMR。但环境温度高时也会增加 BMR，这可能是温度高时，血液循环和汗腺活动增强导致的。怀孕和哺乳期间 BMR 也都会增加。

BMR 可以通过在严格控制条件下测量氧气的消耗量间接测定。测量时，人必须保持清醒并处于静卧状态，在进食后 12～18h 之间进行测量，最好在早上从睡眠中醒来后不久进行测量。测试者必须在恒温的环境中静卧至少 30min，消除可能影响内部代谢的任何因素，然后至少连续 10min 测量氧气的消耗速率（记录为每分钟的毫升数），最后根据碳水化合物、脂肪和蛋白质氧化产生的能量大约为每升氧气消耗 5 千卡（1 千卡=4.184kJ）的原则，将氧气消耗转换为能量消耗。BMR 通常以每天能量消耗（千卡/天）表示，并因此称为基础代谢能量消耗。

2）静息代谢率

准确测量 BMR 所需要严格控制的条件并不容易实现，因此常会采用更容易测量的静息代谢率（RMR）作为替代。测量 RMR 时，测试者只需要禁食 3～4h，尽管在记录氧气消耗之前需要舒适地休息，但不需要在早晨醒来后立即进行测量。由于测量条件较宽松，RMR 通常比 BMR 高约 10%。当将 RMR 转换为每日能量消耗（千卡/天）时，常称为“静息能量消耗”。

目前已经建立了一些根据体重、身高、年龄和性别准确地估计 RMR 的计算方法。这些计算公式不需要专门的设备，也不需要进行热量测量所需的专业知识。总体而言，RMR 预测方程能在各种人群中合理准确估计 RMR，但在老年人和超重肥胖人群中常会出现偏高的现象。以下是一些基于体重（W，单位按 kg 计）、身高（*H*，单位按 cm 计）和年龄（*A*）的成年男女常用 RMR 计算公式。

（1）Harris-Benedict 方程：Harris-Benedict 方程是基于间接热量计算 RMR，是 1919 年由哈里斯（Harris）和本尼迪克特（Benedict）使用大多数正常体重的白人男女建立的。Harris-Benedict 方程经过广泛的验证，在非肥胖个体中得到合理准确的结果，但该方程在肥胖个体中容易产生偏高的数值。针对男性和女性使用的 Harris-Benedict 方程如下所示：

男性：RMR（千卡/天）=66.47+（13.75×W）+（5.00×H）−（6.78×A）

女性：RMR（千卡/天）=655.1+（9.56×W）+（1.85×H）−（4.68×A）

（2）Mifflin-St. Jeor 方程：Mifflin-St. Jeor 方程是在 1990 年使用间接热量计算方法在正常体重、超重、肥胖和极度肥胖的人群中开发出来的，旨在改善超重人群 RMR 测量的准确性。Mifflin-St. Jeor 方程在临床中经常使用，并且能够在非肥胖和肥胖成年人中准确地预测 RMR，预测误差不超过间接热量测量的 10%。与估计一样，针对男性和女性使用的 Mifflin-St. Jeor 方程如下所示：

男性：RMR（千卡/天）=（9.99×W）+（6.25×H）−（4.92×A）+5

女性：RMR（千卡/天）=（9.99×W）+（6.25×H）−（4.92×A）−161

2. 身体活动的能量消耗

在身体活动时骨骼肌需要大量能量，清醒状态下，肌肉还参与机体姿势的维持，以不明显的方式消耗能量。身体活动的能量消耗因个人活动水平而异，通常占总能量消耗的 15%～30%，但久坐的人会明显较低，非常活跃的人则可能会较高。在涉及较多肌肉组成的身体活动过程中，短时间内的能量消耗可能远超 RMR，但这种高速率的能量消耗是无法长时间持续的，因此大多数人每天身体活动的能量消耗通常低于 RMR。身体活动又分为所有与日常生活相关的非运动活动和运动活动。

量化身体活动的能量消耗需要测量 RMR（或 BMR）和总能量消耗，然后计算两者之差。在临床中，这可以通过测量气体交换（即消耗氧气和呼出二氧化碳）或使用预测方程来实现。另外，也可以将 RMR 乘以一个近似骨骼肌额外能量消耗的因子，即身体活动水平（PAL）来简单地估计身体活动对总能量消耗的贡献。PAL 可以分为四个不同的级别，如表 1.3 所示，表中还列出了一个人每天需要步行多少千米才能达到每个 PAL 类别。

另一种估计身体活动能量消耗的方法是使用数据表，其中先前已确定了各种活动的能量消耗量。如果要计算特定活动的能量消耗，需要用能量（千卡）乘以个人体重，然后再乘以进行该活动的时间（min）。如果希望获得每日能量消耗的总量，则需要记录 24h 内甚至连续检测几天内进行的每项活动。

表 1.3　PAL 类别和步行等效性

PAL 类别	PAL 范围	PAL 平均值	5～6km/h 速度下的步行当量/（km/d）		
			轻体重（44kg）	中等体重（70kg）	超重（120kg）
久坐	1.00～1.39	1.25	约 0	约 0	约 0
低活动	1.40～1.59	1.50	2.9	2.2	1.5
活跃	1.60～1.89	1.75	9.9	7.3	5.3
非常活跃	1.90～2.49	2.20	22.5	16.7	12.3

3. 食物热效应

能量消耗的第三个组成部分是食物热效应。这代表了食物的代谢反应，也称饮食引起的热效应、特异性动态作用或食物的特异性效应。食物热效应代表了与身体处理食物相关的能量消耗增加，包括消化、吸收、运输、代谢和储存等从食物中摄入的能量所涉及的工作。食物热效应产生的能量消耗约占机体能量消耗的10%（图 1.16）。

食物中的蛋白质具有最大的热效应，会产生 20%～30%的能量消耗；碳水化合物具有中等的效应，能够产生 5%～10%的能量消耗；脂肪产生的能量消耗量为 0～5%。对于食物热效应，最常用的值是混合饮食的卡路里价值在 24h 内平均后的 10%。由于对于机体能量消耗的贡献相对较小，通常不会将食物热效应包括在总能量消耗的计算中。

4. 体温调节

能量消耗的另一个组成部分是一定程度上的体温调节，也称适应性、非颤抖性、随意或调节性热生成。体温调节是指为维持 36.5～36.8℃的核心体温而进行的代谢调整。大多数情况下，人体会通过调整服装和环境以保持舒适和温度中立，而身体也可以通过下丘脑控制的激素变化调整代谢产生的热量。因此，需要在温度适中的环境下进行 BMR 或 RMR 的测量，以便从能量消耗的计算中排除体温调节的贡献。

需要注意的是，肌肉活动可以产生大量热量，并导致体内核心温度快速升高，超出了身体进行体温调节的能力，特别是在炎热的环境中。热应激是进行高强度运动的运动员面临的重要问题，尤其是足球运动员，他们的热相关死亡率最高，应采取必要的措施，确保适当水分补充，避免增加热应激的风险。

1.2.2　体成分

机体重量即体重，取决于总能量的消耗与能量摄入的平衡关系，几个世纪前希波克拉底就已经指出“体质非常肥胖的人比瘦人更容易过早死亡”，指出身体重量、体脂肪和健康之间密切相关。超重和肥胖会增加很多疾病的风险，包括心脏病、中风、糖尿病、高血压、不育症和一些癌症（如乳腺癌、子宫内膜癌、结肠癌和肾癌）等。相反，低体重表明可能存在营养不良或进食障碍，并可能增加骨质疏松症等疾病的风险。机体脂肪量有许多种测定方法，但大多需要昂贵且耗时的专业设备，这些将在本节后面部分详细介绍。因此，常使用体重来代替体脂肪，但需要注意，部分人群体重的增长是由增加肌肉质量而非脂肪质量导致的，尤其是健美运动员和许多竞技运动员。

1846 年，英国外科医生约翰·哈钦森基于一组 30 岁英国男性的样本，发布了一张身高-体重表，并敦促未来的人口普查包含这种信息，以促进健康和检测疾病。在 20 世纪早期，体重概念开始出现在人寿保险行业中。为了找到最健康的体重，保险公司开始收集其投保人的数据，通过计算与死亡率的关系，最终制定了身高-体重表，显示从健康角度来看最理想的体重。20 世纪 40 年代，开始对这些表格中的数据进行回归分析，建立理想体重公式来估计个体的健康状况。虽然身高-体重表和理想体重公式能够传达疾病和死亡率风险的大致概念，但它们仅适用于基于人口统计的人群，并且需要参考人群以便比较最佳值。随着科学的发展，身高-体重表和基于此建立的公式，转而使用身体质量指数（BMI）和腰围作为更好的体脂肪指标，这些指标的测量不需要参考人群进行比较，而且对于健康状况有更好的指示作用。

1. 理想体重公式

虽然理想体重公式已经不再流行，但在某些情况下仍可能发挥作用。理想体重公式直接从身高-体重表演变而来，旨在为卫生保健专业人士提供指导，以确定目标人群的整体死亡风险。相比于 BMI，理想体重更容易被普通民众所理解，因此成为某些健康专业人士的首选方法。表 1.4 描述了几种常见的用于计算理想体重的公式。请注意，Broca 公式为给定身高提供了理想体重范围，而其他公式为 60 英寸（1 英寸=2.54cm）以上的给定身高提供了一个理想体重值。

表 1.4　理想体重（IBW）公式

提出者（年份）	男性	女性
Broca（1871）	体重（kg）=身高（cm）−100±10%	体重（kg）=身高（cm）−100±15%
Hamwi（1964）	48.1kg+2.7kg/[身高（英寸）−60]	45.4kg+2.3kg/[身高（英寸）−60]
Devine（1974）	50.0kg+2.3kg/[身高（英寸）−60]	45.5kg+2.3kg/[身高（英寸）−60]

续表

提出者（年份）	男性	女性
Miller（1983）	56.2kg+1.41kg/[身高（英寸）−60]	53.1kg+1.36kg/[身高（英寸）−60]
Robinson（1983）	51.7kg+1.85kg/[身高（英寸）−60]	48.7kg+1.65kg/[身高（英寸）−60]
Deitel-Greenstein（2003）	61.3kg+1.36kg/[身高（英寸）−63]	54.0kg+1.36kg/[身高（英寸）−60]
Kammerer（2015）	64.5kg+1.36kg/[身高（英寸）−63] +0.45 kg/[身高（英寸）−71]	54.0kg+1.36kg/[身高（英寸）−60]

2. 体重指数

身体质量指数（BMI）最早出现在 19 世纪 60 年代，最初被称为凯特莱指数，是目前使用最广泛的体重相对身高的计算方法。BMI 主要根据一个人的身高和体重计算得出：BMI=体重/身高 ^{2}，其中，体重以千克（kg）为单位，身高以米（m）为单位，因此 BMI 的单位是 kg/m^2。

BMI 是评估男女机体总脂肪含量的一个很好的指标，并且普遍取代了将人们按与参考体重相比的低体重或超重分类的做法。使用 BMI 来分类超重和肥胖是由世界卫生组织（WHO）于 1997 年提出的，WHO 基于 BMI 的体重分类已被广泛作为治疗慢性疾病风险个体的临床指南（表 1.5）。BMI 也可以用于评估儿童的体重，但不同于成年人的通用公式，对于儿童青少年而言，BMI 会随着健康儿童的年龄而发生变化，因此，需要将其与同性别和同年龄群体标准进行比较。图 1.17 展示了美国 2～20 岁男女的生长曲线，BMI<第 5 百分位数为低体重，第 5 百分位数≤BMI<第 85 百分位数之间为健康体重，第 85 百分位数≤BMI<第 95 百分位数之间为超重，BMI≥第 95 百分位数则是肥胖。

表 1.5　WHO 对 BMI 的不同界定标准

分类	BMI/（kg/m^2）	分类	BMI/（kg/m^2）
非常严重的体重不足	<15	肥胖（2 级）	35～39.9
严重体重不足	15～15.9	肥胖（3 级）	40～44.9
体重不足	16～18.4	肥胖（4 级）	45～49.9
正常（健康体重）	18.5～24.9	肥胖（5 级）	50～60
超重	25～29.9	肥胖（6 级）	>60
肥胖（1 级）	30～34.9		

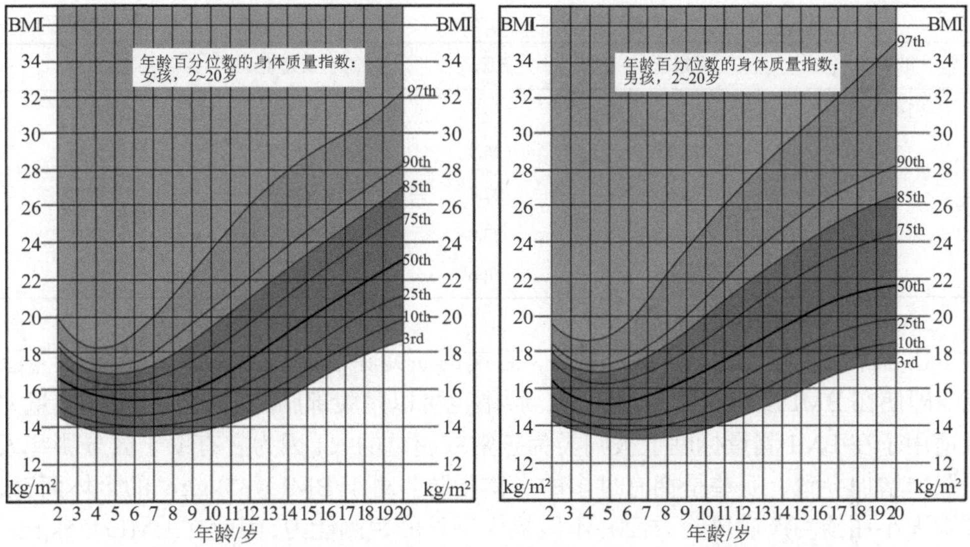

图 1.17　美国男孩和美国女孩（2～20 岁）的 BMI 生长曲线图例

数据来源：Centers for Disease Control and Prevention，National Center for Health Statistics. Growth charts. https:/www.cdc.gov/growthcharts/

尽管 BMI 是分类体重的有价值工具，但它并不能直接确定身体脂肪含量。肌肉量大、体脂率低的人可能会被归入超重类别。因此，正常体重和超重类别中间的中等 BMI 值与实际体脂肪百分比的相关性没有 BMI≥30kg/m^2 时明显。目前 WHO 对于成年人群的超重和肥胖的 BMI 界限值分别定为 25.0kg/m^2 和 30.0kg/m^2，但 BMI 与体脂肪之间的关系在不同年龄、性别和种族/族裔群体中也存在差异，中国人的体脂比例较高，在相同 BMI 水平下，心血管风险和全因死亡率高于白人，因此对于我国成年人而言，超重和肥胖 BMI 临界值分别定为 24.0kg/m^2 和 28.0kg/m^2，而对于我国的儿童青少年而言，界定超重和肥胖的 BMI 指标如表 1.6 所示。

表 1.6　中国学龄儿童青少年超重、肥胖筛查 BMI 分类标准（单位：kg/m^2）

年龄/岁	男超重	男肥胖	女超重	女肥胖
7～8	17.4	19.2	17.2	18.9
8～9	18.1	20.3	18.1	19.9
9～10	18.9	21.4	19.0	21.0
10～11	19.6	22.5	20.0	22.1
11～12	20.3	23.6	21.1	23.3
12～13	21.0	24.7	21.9	24.5
13～14	21.9	25.7	22.6	25.6

续表

年龄/岁	男超重	男肥胖	女超重	女肥胖
14～15	22.6	26.4	23.0	26.3
15～16	23.1	26.9	23.4	26.9
16～17	23.5	27.4	23.7	27.4
17～18	23.8	27.8	23.8	27.7
18	24.0	28.0	24.0	28.0

由于单独使用 BMI 存在局限性，目前的研究除了计算 BMI 之外还要测量腰围。即使在 BMI 没有变化的情况下，腰围也可以是腹部脂肪的指标。腰围测量尤其适用于在 BMI 测量标度上被归类为正常或超重的人，因为它有助于区分哪些人是肌肉增加导致，哪些是拥有过多的身体脂肪。对于 BMI≥35kg/m^2 的个体而言，腰围大小在预测疾病风险方面并不能提供额外的预测能力，因此在 BMI≥35kg/m^2 的人群中就没有必要进行腰围测量了。

3. 现场方法

1）皮褶厚度

皮褶厚度用于评价身体脂肪指标是基于皮下脂肪厚度与全身脂肪直接相关的假设。皮褶厚度可以估算身体脂肪百分比，其测量方法简便，只需在各种解剖部位使用卡尺即可。如图 1.18 所示，常用于测量皮褶厚度的解剖部位包括肱三头肌（在上臂背面测量）、肩胛下（在肩胛骨尖端下方测量）、上髂部（在髋骨上方测量）、腹部（在肚脐右侧 1 英寸处测量）和大腿（在大腿中点、在膝盖和髋部之间测量）。所有测量应至少重复三次，并将平均值用作皮褶厚度值。皮褶厚度测量的精度取决于技术人员的技能；通常情况下，经过良好培训和有经验的技术人员可获得误差不超过 5%的精度。测量完皮褶厚度后，将数据输入到数学方程中计算身体脂肪百分比。

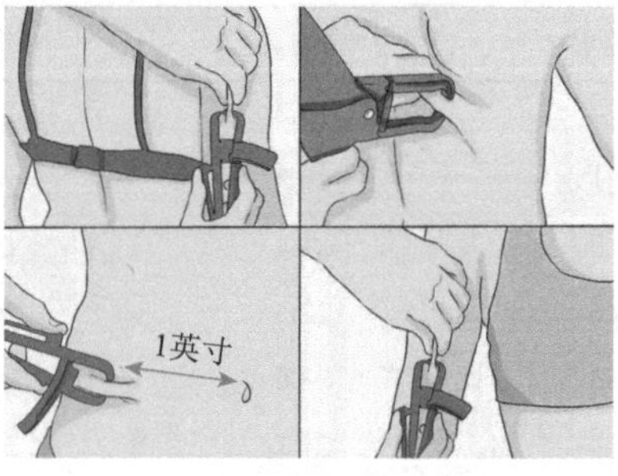

图 1.18　皮褶厚度测定

2）生物电阻抗

生物电阻抗分析是基于流体（电解质含量高的无脂肪组织）易于传导电流，而脂肪组织（电解质含量低）会使电流传输受阻。仪器检测和测量电流的阻力，称为阻抗。阻抗是电导的倒数，测试者的最低阻抗值用于预测肌肉量。基于此原理也开发了体成分测定仪，仪器会产生一种无痛电流，在电极的作用下流过身体，测试者裸足站在电极上，双手握住手持装置以测量电导率，以此来判断机体的脂肪和肌肉的重量。也有部分体重秤结合了这个功能，开发了体脂秤等。此外，当使用多个频率时，在较高的频率下可以估计细胞内和细胞外水分，因为高频电流可以穿透细胞膜；在较低的频率下电流的传输被阻止，测得的电阻能够反映细胞外水分含量。因此，基于该原理的设备也常可以测定细胞内外的水分含量。图 1.19 即是一种常用的体成分分析设备。

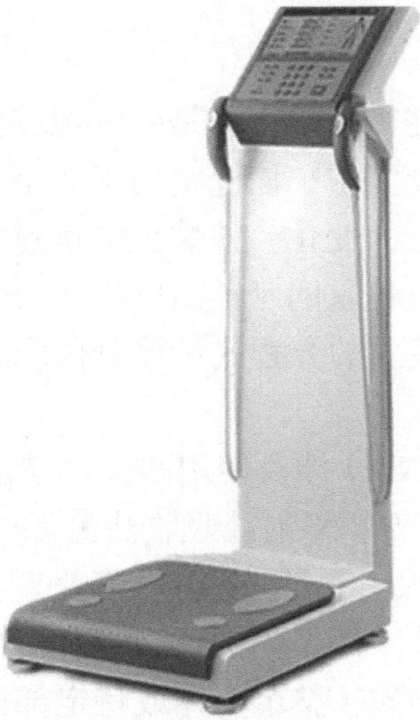

图 1.19　基于生物电阻抗的体成分分析设备

4. 实验室方法

1）密度测量法

A. 水下称重

人体脂肪的密度约为 0.9g/mL，而不含脂肪的组织的密度约为 1.1g/mL。因此，如果已知个体的整体密度，就可以计算个体的体脂百分比。古希腊数学家阿基米德发现，浸泡在水中的物体的体积等于被物体排出的水的体积，可以通过将物体在空气中的重量除以在水中失重的重量来计算物体的密度。例如，一个人在空气中称重为 47kg，在水下称重为 2kg，45kg 代表身体重量的减少和排出的水的重量。

经过对不同温度下水密度变化的调整后，可以计算出人的体积。对于目前的测定人体密度的水下称重装置而言，还需要进行肺部残余气体体积（RV）和胃肠道气体体积（GIGV）的校正。通过水下称重计算机体脂肪含量的公式为：身体密度=空气中的体重/[（空气中的体重–水下体重）/水的密度– RV – GIGV]。一般情况下，校正因子中，常认为肺部残余气体体积约是肺活量的 24%，胃肠道气体体积范围为 50～300mL，在实际计算中，通常忽略此体积，或者使用 100mL 这一数值。

一旦确定了人体密度，就可以估计身体脂肪含量。使用密度测量法测量身体脂肪含量的标准误差估计成年人约为 2.7%，儿童和青少年约为 4.5%。通过水下称重获得的测量结果与其他技术所获得的结果相关性良好。但水下称重法设备成本相对较高，无法测量胃肠道气体体积，不适用于大量受试者，需要受试者沉入水中并保持静止时间较长。因此，该技术不适用于幼儿、老年人或健康状况较差的受试者。

B. 空气位移

另一种确定体积从而确定密度的方法是空气位移法。测试者穿着紧身泳衣和泳帽坐在密封的已知容积的仓室中，该仓室与第二个仓室由薄膜隔开，通过该仪器测量人体所占容积引起的压力变化。该装置的优点在于，测量时间只需要几分钟，并且可以测量不适合水下称重的年龄组的体成分，如老年人或婴幼儿。一旦确定了人体的密度，使用已建立的方程式计算身体脂肪百分比。

2）双能 X 射线吸收法

双能 X 射线吸收法（DEXA）涉及使用两个不同能量级别的 X 射线对受试者进行扫描，如图 1.20 所示。双能 X 射线吸收法测量时使用的 X 射线辐射相对较低，仅相当于胸透的 1%～10%。测量时，测试者平躺在检测器上，通过身体上方的 X 射线束扫描，计算机通过计算 X 射线通过身体时的衰减来计算出脂肪质量百分比、去骨脂肪质量和骨矿物质（整个身体或特定部位）。

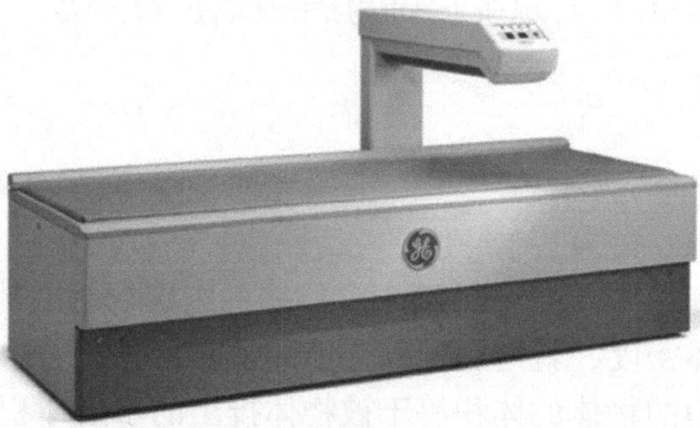

图 1.20 双能 X 射线吸收仪（美国 GE 公司）

此外，该方法不仅是常用的身体成分测量方法，更是诊断骨质疏松和骨质减少的金标准技术。双能 X 射线吸收法具有高度的可重复性，并与其他身体成分评估方法相关，但设备费用高，受试者接受辐射，需要经过培训的专业人员来操作仪器并分析扫描结果。金属会对测量结果产生影响，因此对于体内植入金属的人，该方法无法给出准确的结果。

3）其他成像技术

计算机断层扫描如 CT 或 CAT 扫描，以及磁共振成像（MRI）也可用于测量身体成分。这两种成像技术都广泛应用于医疗诊断，但设备都非常昂贵，对操作人员的专业要求较高。因此，这两种成像方法主要用于科学研究。

1.2.3　能量平衡与体重的调节

本章讨论了能量平衡的概念，特别是促进体脂积累的正能量平衡。当一个人长期处于正能量平衡状态时，不论其消耗的宏量营养素种类如何，多余的能量都会以甘油三酯的形式储存于脂肪组织中。许多证据表明，能量平衡受到几种激素的紧密控制，其他内部和外部因素可以影响这些激素的功能，从而影响食物摄入、能量消耗和体脂沉积。以下介绍了一些影响能量平衡和体重的关键激素。

1. 激素的影响

饥饿感和饱腹感调节进食行为，二者都受激素的调控。这些激素的主要靶标是下丘脑，特别是弓状核区域及其神经元集合。弓状核中有两个不同的神经元群体，具有相反的作用。第一组神经元表达激素受体，与激素结合后释放促进摄食行为的肽，即食欲刺激物，包括前面提到的神经肽 Y（NPY）和刺鼠相关蛋白（AgRP）；另一组神经元产生属于阿片黑素促皮质激素原（POMC）家族的抑制摄食行为的肽。这些肽充当神经递质，影响下丘脑内的其他神经元及大脑其他区域，从而使机体产生饥饿或饱腹感。

涉及食欲控制和能量稳态的主要激素如表 1.7 所示。激素的调控作用包括短期效应（如每日食欲波动）及长期效应（如影响能量平衡和体重）。一些激素如饥饿素、胆囊收缩素、肽 YY 和胰高血糖素样肽-1 被归为“肠道激素”，而胰腺分泌的胰岛素和胰多肽也常被列入“肠道激素”中，因为胰腺和胃肠道之间存在密切联系。脂肪组织也会分泌瘦素和脂联素参与食欲和能量的调控。

表 1.7　能量调节相关激素

种类	产生部位	刺激物	作用	备注
瘦素	白色脂肪组织	随着摄食或脂肪组织的增加而增加；随着饥饿或脂肪组织的减少而减少	减少进食欲望，增加体力活动，产生负能量平衡	肥胖患者中会出现瘦素抵抗

续表

种类	产生部位	刺激物	作用	备注
胰岛素	胰岛 β 细胞	血糖水平升高，分泌增多	抑制饥饿并刺激甘油三酯在脂肪组织中沉积，从而刺激瘦素的分泌	
脂联素	脂肪细胞	随脂肪量的减少而增加	预防胰岛素抵抗、葡萄糖不耐受和血脂异常	对食物摄入没有调控作用
胃饥饿素	胃和十二指肠	两餐之间分泌增加，在餐后和吸收开始时减少	刺激饥饿感和食物摄入，促进消化	已知的唯一一种促食欲的激素
胆囊收缩素	肠道	用餐期间和用餐后，分泌增加	抑制食欲，促进饱腹感	
胰多肽	胰腺	用餐过程中分泌增加	短期内抑制饥饿感	在循环系统中半衰期相对较短
胰高血糖素样肽-1	肠道	用餐期间和用餐后分泌增加	抑制饥饿，并抑制胰高血糖素的产生	
肽 YY	小肠和大肠	随餐后血糖水平升高分泌增加，禁食状态下的水平较低	可长时间抑制饥饿感	可能引起术后体重减轻

1）瘦素

长期以来，人们一直怀疑血液中存在一种调节食物摄入和能量消耗的物质，1994 年杰弗里·弗里德曼发现瘦素是解析食欲控制和肥胖关系的关键。瘦素是由白色脂肪组织分泌的激素，与下丘脑相互作用，从而减少饥饿感。当瘦素结合其受体时，分泌食欲肽的神经元被抑制，NPY 和 AgRP 产生下降，刺激食欲抑制性神经元并释放 POMC 肽。循环系统中瘦素的水平与体脂肪量直接相关。随着体脂肪量的增加，瘦素水平也会增加，从而抑制饥饿感。相反，较少的体脂肪和较低的瘦素水平意味着对饥饿感的抑制能力较低。此外，编码瘦素或瘦素受体的基因突变会导致严重肥胖。

阐明瘦素作用的机制对肥胖治疗具有重要意义，但仍有许多未知问题有待阐明。一方面，由于很少有肥胖患者是瘦素基因突变所致的功能缺失，只有这类患者可以通过注射瘦素实现食欲的控制和体脂肪的减少。另一方面，绝大多数肥胖人群的瘦素水平处于正常或较高水平，但饥饿感仍然存在，不会减少食物的摄入，也就是出现“瘦素抵抗”的现象，此时，即使增加瘦素水平或者维持瘦素受体的正常功能也无法实现体重降低。目前尚不完全清楚“瘦素抵抗”的机制，有研究指出，肥胖人群血脑屏障传输减少，瘦素无法到达受体从而出现抵抗；还有研究指出，瘦素受体过度刺激，从而激活负反馈途径阻止瘦素信号的转导。

瘦素还能通过激活下丘脑，再通过交感神经系统传递到其他对瘦素敏感的组织器官中，对于葡萄糖和脂质代谢具有重要作用。瘦素影响的组织包括胰腺、骨骼肌、肝脏和脂肪组织等。除了下丘脑外，瘦素受体还存在于其他组织中，因此瘦素也可以通过不依赖于下丘脑激活的机制直接影响对这些组织器官的功能。例如，在骨骼肌中，瘦素会激活腺苷酸活化蛋白激酶（AMPK），从而促进脂肪酸的氧化和利用以获得能量。瘦素能够抑制胰腺合成和分泌胰岛素，因此瘦素还可以通过影响胰岛素的合成和分泌抑制肝脏、白色和棕色脂肪组织中胰岛素信号转导。

2）胰岛素

与瘦素类似，胰岛素通过对食欲调节神经元的促进和抑制作用抑制饥饿感，但其效果比瘦素差。胰岛素受体分布在整个大脑中，在弓状核区域高表达。胰岛素结合其受体后会刺激 POMC 肽的释放并抑制 NPY 和 AgRP 的释放。与瘦素类似，血液中的胰岛素水平与体脂肪的增加成正比。

胰岛素通过其对肌肉、脂肪组织和肝脏等外周组织的直接作用，在合成代谢和能量储存中发挥重要作用。胰岛素结合下丘脑中的胰岛素受体后也会传递信号到外周组织，抑制肝脏中的糖异生和蛋白质分解，刺激脂肪组织中的脂肪合成和甘油三酯积累。甘油三酯的沉积，反过来刺激脂肪细胞释放瘦素。尽管胰岛素和瘦素的代谢协调尚未完全理解，但是目前已经确认它们会显著影响机体长期状态下的能量稳态，而不仅仅是日常的食欲控制。

3）脂联素

脂联素是一种脂肪细胞分泌的激素，在食物摄入和能量平衡中起着作用。当血糖水平低时，脂联素会结合下丘脑中的脂联素受体，抑制 NPY 神经元、刺激 POMC 神经元。在糖尿病患者中，因血糖较高，其抑制食欲的效果会降低。血浆脂联素水平与体脂肪负相关，肥胖者循环系统中的脂联素水平较低，减重时会升高。

4）胃饥饿素

胃饥饿素主要产生于胃部，与其他调节激素不同，它会刺激食欲。空腹时，胃饥饿素分泌增加，结合下丘脑促进进食的神经元表面受体，释放 NPY 和 AgRP；开始进食后，随着营养素的吸收，胃饥饿素的分泌迅速减少，此时食欲也会降低。胃饥饿素在血清中的半衰期约 30min，但在肥胖患者中，餐后胃饥饿素不会降低，导致过度进食。胃饥饿素还会通过促进食物摄入前胃酸的分泌和增强胃动力的方式来促进消化。

5）其他食欲抑制激素

（1）胆囊收缩素（cholecystokinin，CCK）：胆囊收缩素的作用是在食物摄入时刺激消化过程。CCK 在小肠中产生，对食物摄入，特别是脂质和蛋白质做出应答。

另外，CCK 还能调节食欲，通过结合下丘脑中的 CCK 受体，通过下调 NPY 的 mRNA（信使核糖核酸）表达抑制其产生。CCK 还能与幽门中的受体结合，引起幽门括约肌收缩，并从胃向大脑发送迷走神经信号，降低食欲、增强饱腹感。

（2）胰多肽（pancreatic polypeptide，PP）：主要在胰腺中合成，对食物摄入做出反应。尽管下丘脑中存在 PP 受体，并有研究指出其受体激活会下调 NPY 的 mRNA 表达，从而减少食欲，但其作用机制还有待阐明。PP 在血液循环中的半衰期相对较短，因此作用持续时间较短。

（3）胰高血糖素样肽-1（glucagon-like peptide-1，GLP-1）：GLP-1 在肠道中的产生量与能量摄入相关。但在肥胖人群中，GLP-1 的释放会延迟，循环系统中 GLP-1 的水平也会更低。GLP-1 能够刺激胰腺分泌胰岛素，同时抑制胰高血糖素的分泌；还能减少胃的排空和肠道的运动，从而通过迷走神经发送信号到大脑，降低食欲。大脑神经元中也存在 GLP-1 受体，但其作用还有待研究。

（4）YY 肽（peptide YY，PYY）：小肠和大肠都会产生 YY 肽，其作用持续的时间比其他食欲抑制激素更长。正如前面消化部分提到的，这个特性对抵消 CCK 的作用十分重要，通过抑制肠道运动和消化液的分泌发挥作用。此外，尽管作用机制尚未完全阐明，但研究发现，PYY 能够结合下丘脑中的 PYY 受体发挥抑制食欲的作用。肥胖人群循环系统中 PYY 的水平较低。

2. *肠道微生物群*

越来越多的证据表明，肠道微生物群落与肥胖的发生发展和代谢功能紊乱有关。正常情况下，肠道微生物群落中 90%属于厚壁菌门和拟杆菌门；在肥胖人群中，厚壁菌门增加、拟杆菌门减少。

微生物群落改变的一个结果是它们发酵不可消化的碳水化合物（如膳食纤维）和产生短链脂肪酸等代谢产物的能力发生改变。肥胖个体的微生物群落具有更高的纤维素发酵能力，从而产生更多以短链脂肪酸为主要形式的能量代谢底物。短链脂肪酸也可能通过减少厌食激素 GLP-1 和 PYY 的产生而作为信号分子作用在肠道细胞中，从而消除饱腹感。

长期饮食习惯对肠道微生物群落有重要影响，这在摄入不同宏量营养素组成的人群中得到证实。例如，欧洲人饮食富含蛋白质和动物脂肪，其肠道中微生物群落与饮食富含纤维素和半纤维素的西非高纤维饮食产生的肠道微生物群落截然不同。

肠道微生物群落、饮食和肥胖之间的相互关系非常复杂，这是由于肠道微生物群落和饮食具有高度的可变性。尽管如此，已经确定个体的饮食是微生物群落组成的强有力的决定因素，并且微生物群落发生改变与肥胖等代谢疾病有关。

3. 环境化学品

接触某些化学物质可能会促进机体脂肪组织的累积。最近的研究表明，环境（包括饮食中）中存在的化学物质如内分泌干扰物，可能会使一些人在适当的食物摄入和运动水平下增加体脂肪。这些化学物质被称为“肥胖因子”，通过结合激素受体来干扰激素功能，从而刺激或抑制信号通路。“肥胖因子”会促进甘油三酯在脂肪组织中的产生和沉积，并干扰下丘脑的食欲控制。一些证据表明，在生命早期接触肥胖原会干扰基因调控的表观遗传编程，从而影响后期肥胖的风险，但仍旧需要进行更多的研究以确认这些发现。

4. 生活方式的影响

饮食和体育锻炼是影响能量平衡和体重的最明显的因素。对于普通人来说，控制食物摄入量的重要性不可过分强调。每日的体育锻炼和运动有助于总能量消耗，帮助保持能量平衡。但全球近 30%的成年人处于缺乏体育运动的状态，发达国家这一比例更高。在过去的 50 年中，与职业和家庭活动相关的能量消耗已经下降，从而意识到每日增加骨骼肌参与的运动活动的重要性。定期的运动和非锻炼性活动，如步行、爬楼梯、站立、烦躁不安、清洁等，这些都可以显著地增加每日能量消耗。

许多社会因素都会影响饮食行为和运动习惯。研究表明，外出就餐时食物和能量摄入增加，而且人们在面对更大的食物分量时倾向于摄入更多的食物。但很少有证据表明食物分量本身与体重增加有关。居住在社会经济落后地区、没有超市的限制和更容易接触到快餐店与更高的 BMI 相关，但这些因素是否直接导致体重增加尚不清楚。目前，相对较少的研究涉及社会和行为因素对食物摄入、身体活动和肥胖的影响。

1.2.4　体重改变对健康的影响

“超重”和“肥胖”这两个术语通常用于表示身体“肥胖”的不同程度。而这里提到的“超重”类别，尤其是根据 BMI 界定的人群中可能也会包括通过增加肌肉量而不是脂肪量导致体重增加的个体，但“肥胖”类别则仅包括由增加肌肉量存在生理限制而导致体内过多脂肪积累的人群。

WHO 报道指出，2022 年，全球有 25 亿 18 岁及以上的成人超重，其中超过 8.9 亿属于肥胖。这一比例相当于 43%的 18 岁及以上成人（男性 43%，女性 44%）存在超重问题，16%的存在肥胖问题。2022 年，对于 5～19 岁儿童和青少年，全球有超过 3.9 亿名超重（含肥胖）患者，女孩和男孩的比例分别为 19%和 21%。2022 年，对于 5 岁以下儿童，全球约有 3700 万超重儿童。机体脂肪的积累与高血压、中风、冠心病、血脂异常、2 型糖尿病、睡眠呼吸暂停、骨关节炎和某些癌症的发病率和死亡率的增加有关。

1. 代谢综合征

早在 1988 年，便将脂质异常、高血压、高甘油三酯血症汇集一起，提出了“X 综合征”（X-syndrome）的概念，并把胰岛素抵抗作为 X 综合征的主要特点。1999 年，WHO 首次对代谢综合征的定义开展研究，之后的研究中美国国家胆固醇教育计划成人治疗组第三次指南（NCEP ATP Ⅲ）、欧洲胰岛素抵抗研究组（EGIR）和美国临床内分泌医师学会（AACE）等机构基于不同的出发点和适用目的，对代谢综合征的定义各有不同。2004 年，中华医学会糖尿病学分会（CDS）也提出了针对中国人群的代谢综合征的定义，即 CDS 标准。这些定义各有特点及实际意义，如 WHO 的定义精确、诊断率高，但是需测定胰岛素抵抗指数（IR）及确定背景人群，临床应用中有一定难度，ATP Ⅲ定义简单易行、实用性更高。2005 年 4 月 14 日，国际糖尿病联盟（IDF）在综合了糖尿病学、心血管病学、血脂学、公共卫生、流行病学、遗传学、营养和代谢病学专家意见的基础上，颁布了新的代谢综合征工作定义，这是国际学术界第一个关于代谢综合征的全球统一定义。

1）国际糖尿病联盟关于代谢综合征的新定义

诊断代谢综合征必须符合以下条件：

（1）中心性肥胖（欧洲男性腰围≥94cm，女性腰围≥80cm，不同种族腰围有各自的参考值）。

（2）合并以下四项指标中任两项：

甘油三酯（TG）水平升高：＞150mg/dL（1.7mmol/L），或已接受相应治疗；高密度脂蛋白-胆固醇（HDL-C）水平降低：男性＜40mg/dL（0.9mmol/L），女性＜50mg/dL（1.1mmol/L），或已接受相应治疗；血压升高：收缩压（SBP）≥130mmHg 或舒张压（DBP）≥85mmHg，或已接受相应治疗或此前已诊断高血压；空腹血糖（FPG）升高：FPG≥100mg/dL（5.6mmol/L），或此前已诊断 2 型糖尿病或已接受相应治疗。如果 FPG≥100mg/dL（5.6mmol/L）强烈推荐进行口服葡萄糖耐量试验（OGTT），但是 OGTT 在诊断代谢综合征时并非必要。

2）中华医学会糖尿病学分会建议代谢综合征的诊断标准

具备以下四项组成成分中的三项或全部者：

（1）超重和（或）肥胖：BMI≥24.0kg/m^2；

（2）高血糖：空腹血糖≥6.1mmol/L（110mg/dL）和（或）餐后两小时血糖≥7.8mmol/L（140mg/dL），和（或）已确诊糖尿病并治疗者；

（3）高血压：SBP≥140mmHg 或 DBP≥90mmHg，和（或）已确诊高血压并治疗者；

（4）血脂紊乱：空腹 TG≥1.7mmol/L（110mg/dL），和（或）空腹血 HDL-C <0.9mmol/L（35mg/dL）（男），<1.0mmol/L（39mg/dL）（女）。

2. 胰岛素抵抗

胰岛素抵抗通常被定义为靶组织无法响应胰岛素的调控作用，使得胰岛素降低血糖的反应性和敏感性降低的现象。这是 2 型糖尿病患者的主要生理变化，而机体为了应答胰岛素抵抗的问题，胰腺可能会释放更多的胰岛素以维持正常的血糖水平，从而使得 2 型糖尿病患者常出现高胰岛素血的症状，这与胰岛素非常低或基本不存在的 1 型糖尿病区分开来。

胰岛素抵抗主要出现在肌肉和脂肪组织中。在胰岛素抵抗的肌肉组织中，胰岛素失去了刺激葡萄糖摄取的能力；在脂肪组织中，会导致游离脂肪酸释放。因此，胰岛素抵抗患者中常会出现高血糖和游离脂肪酸水平升高的现象，游离脂肪酸会进一步导致肝脏中脂质合成，出现非酒精性脂肪肝等问题。更多内容将在“第 3 章碳水化合物”详细介绍。

3. 减肥方法

1）能量限制

“禁食”是一种常见的减肥方法。根据能量限制的方式以及运动的强度和类型，既可以减少脂肪，也可以减少肌肉量。要减少机体脂肪的含量，需要机体较长时间内保持能量负平衡。目前的研究表明，单独进行运动不如同时结合能量限制效果好；而如果将运动加入到减重计划中，会减少禁食导致的机体肌肉组织的丢失。目前还有研究探讨了膳食宏量营养素的组成和减重之间的关系，如利用生酮饮食实现减重的目标，但关于低脂、低碳水化合物和/或高蛋白质的合适组合仍存在争议。

2）减重手术

减重手术可以被分类为限制性手术、吸收不良手术或两者兼有的手术。限制性手术，如胃环缩小手术和胃切除术，可将胃的大小缩小至 85%，从而限制胃容量和食物摄入量，但这些限制性手术不会影响消化道。吸收不良手术的作用机制是减少营养物质的吸收。而其他的如胆源性胰腺分流术和十二指肠切除联合胆源性胰腺分流术以及 Roux-en-Y 胃旁路手术等减重手术则是既限制胃的容量又会减少吸收。如图 1.21 所示，Roux-en-Y 胃旁路手术是胃的近端和远端被手术分开，同时将一条空肠环（称为 Roux 袢）与胃袋连接，导致术后吸收不良更明显。在距离胃袋和空肠吻合（连接）的位置上，还要将一段胆源性胰腺肠道吻合到 Roux 袢上，该手术会使用手术钳将大部分胃和十二指肠剪裁并旁路。Roux-en-Y 胃旁路手术后会出现宏量和微量营养素缺乏，部分是由于患者未按照手术后的营养治疗计划进行，而更多情况是由于手术对消化道的影响：手术引起的一些影响消化和吸收的改变包括缩小胃的大小、缩短与营养物质接触的小肠长度，并破坏消化系统及其附属器官的正常连续性（影响胆汁释放和胰腺分泌）。此外，小肠“旁路段”的细菌过度生长会促进某些营养素的缺乏。

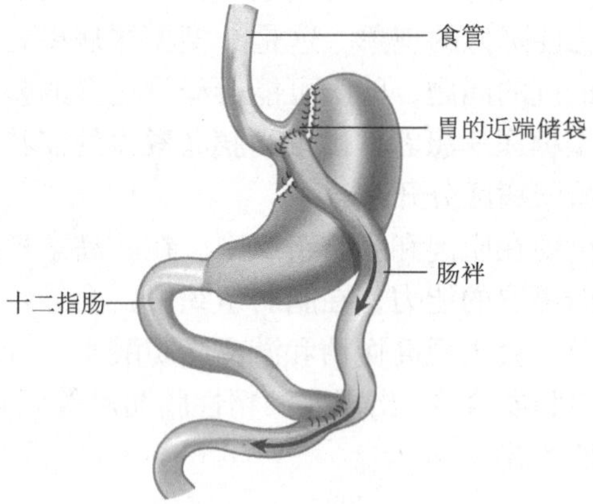

图 1.21　Roux-en-Y 胃旁路术的解剖

第 2 章　蛋　白　质

2.1　蛋白质的胃肠道消化及氨基酸的转运

2.1.1　蛋白质的消化与吸收

由于在口腔或食管中没有明显的蛋白质消化，因此本章将讨论胃肠道器官内的蛋白质消化，以及负责蛋白质消化的主要酶，如图 2.1 所示。

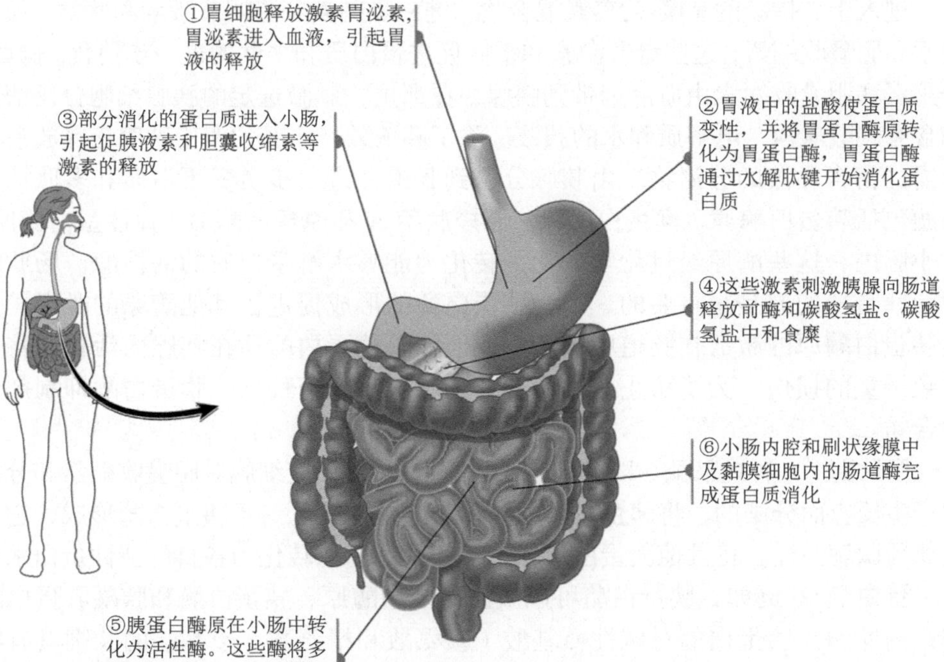

图 2.1　蛋白质的胃肠道消化过程

1. 胃

蛋白质的消化始于胃中盐酸的作用。胃液中的盐酸导致胃 pH 低于 3，从而破坏蛋白质中的氢键和静电键，导致蛋白质二级、三级和四级结构变性（破坏），即结构展开。但蛋白质中氨基酸之间形成的肽键不会受到盐酸的影响。盐酸可以促进胃的主细胞（又称胃酶细胞）分泌非活性胃蛋白酶原，并将其活化成胃蛋白酶，从而催化蛋白质的水解。

胃蛋白酶作为一种内肽酶（即在蛋白质或多肽内部水解肽键），在 pH 约 3.5 下发挥作用，特异性较低，可以攻击相邻于多种氨基酸羧基末端的肽键，包括亮氨酸、甲硫氨酸、芳香氨基酸（苯丙氨酸、酪氨酸和色氨酸）和二羧基氨基酸（谷氨酸和天冬氨酸）。

胃蛋白质消化的最终产物主要包括大分子多肽，以及一些寡肽（短链氨基酸肽相互连接而成）和游离氨基酸。这些终产物以酸性食糜的形式通过幽门括约肌进入十二指肠（小肠的近端或上部）进一步消化。

2. 小肠

进入十二指肠的食糜-营养素混合物，进一步刺激分泌调节激素和肽类，如分泌素和胆囊收缩素；这些调节激素和多肽促进蛋白质和多肽的进一步消化。例如，分泌素和胆囊收缩素由血液携带到胰腺，在那里，刺激选定的胰腺细胞分泌酶原和含有碳酸氢盐、电解质和水的胰液。除了胰液外，小肠的布伦纳腺还释放消化所需的富含黏液的分泌物。由胰腺分泌到肠道并进一步负责蛋白质和多肽消化的酶包括胰蛋白酶原、糜蛋白酶原、原羧肽酶 A 和原羧肽酶 B、弹性蛋白酶原。在小肠内，这些酶原经过化学变化，转化为能够水解蛋白质的活性酶。肠肽酶激活胰蛋白酶原是很重要的，因为胰蛋白酶的形成促进了其他酶原的激活。虽然胰蛋白酶原的激活在肠道中很重要，但如果胰蛋白酶原在胰腺内活化，将会导致严重的损伤。为了防止这种情况，胰腺会产生一种称为胰蛋白酶抑制剂的化合物。

肠肽酶（一种内肽酶，以前称为肠激酶），是由肠道细胞对胆囊收缩素和分泌素产生反应而分泌的，将胰蛋白酶原转化为胰蛋白酶。一旦胰蛋白酶形成，它可以像肠肽酶一样，将其他胰蛋白酶原分子和其他酶原转化为各自的活性蛋白水解酶（蛋白酶）。例如，胰蛋白酶可以激活糜蛋白酶原。胰蛋白酶和胰凝乳蛋白酶都是内肽酶。胰蛋白酶对碱性氨基酸（赖氨酸和精氨酸）羧基端的肽键具有特异性。过量的胰蛋白酶还通过负反馈抑制胰腺细胞合成胰蛋白酶原，从而调节胰腺酶原分泌。糜蛋白酶对芳香氨基酸（苯丙氨酸、酪氨酸和色氨酸）的羧基端肽键具有特异性，同时也对邻近于甲硫氨酸、天冬氨酸和组氨酸的肽键具有特异性。

羧肽酶原也被胰蛋白酶转化为羧肽酶，并起外肽酶的作用。这些外肽酶切割多肽链中羧基端（C 端）的肽键，释放出游离氨基酸。羧肽酶依赖于锌元素，特别是在酶活性位点处。羧肽酶 A 水解具有 C 端芳香或亲脂性（非极性）中性氨基酸的肽。羧肽酶B从C端裂解碱性氨基酸，生成游离的碱性氨基酸。胰凝乳蛋白酶激活弹性蛋白酶原后，弹性蛋白酶发挥内肽酶的功能，水解相邻的脂肪族氨基酸键，包括弹性蛋白中的键。弹性蛋白是结缔组织的一个组成部分，主要在肉类中存在。

肠上皮细胞可产生多种肽酶，包括回肠中的肽酶，使得多肽消化和氨基酸吸收能够在远端小肠中发生，这些肠肽酶包括：能够从寡肽的氨基端（N端）切割氨基酸的氨基肽酶；可水解二肽的二肽酶（其中一些酶的活性依赖于镁元素）；水解三肽产生二肽和游离氨基酸的三肽酶（对特定的氨基酸具有特异性）。然而，并非所有的三肽都会在肠上皮细胞的微绒毛边界经历进一步的消化以产生游离的氨基酸。甘氨酸三肽和含脯氨酸的肽倾向于被完整地吸收，并在肠上皮细胞内水解。消化过程在一定程度上受到游离氨基酸的终产物的影响，这些终产物有时会抑制刷状缘肽酶的活性（这个过程称为终产物抑制），从而减少消化。

蛋白质消化主要产生两种终产物：肽（主要是二肽和三肽）和游离氨基酸。这些终产物必须被吸收后才能被机体利用。

2.1.2 氨基酸的转运

吸收是消化的终产物从消化道壁（通常是小肠壁）进入血液循环的过程。为了进入血液并运输到组织中，氨基酸必须穿过两个肠道膜，即刷状缘膜（也称顶膜）和基底外侧膜（也称浆膜）。在小肠中每天存在的超100g氨基酸中，约10g没有被吸收（以粪便氮的形式排出）。

1. 肠道细胞的氨基酸吸收

1）氨基酸在肠刷状缘膜上的吸收

氨基酸的吸收发生在整个小肠中，但大部分氨基酸在十二指肠和空肠近端被吸收。氨基酸在进入肠上皮细胞进行吸收时需要载体蛋白；然而，在摄入含有一些氨基酸的低渗液体的情况下，也可以通过细胞旁吸收（即通过肠上皮细胞的紧密连接或细胞的内吞作用吸收）。

氨基酸的转运系统通常采用以载体的优选底物和功能特征为基础的字母系统进行命名，其中大写字母表示钠依赖性，小写字母表示钠非依赖性，但并非所有系统（如L和T）都遵循该规则。新的命名系统基于基因序列，并按溶质载体家族进行分类。表2.1列出了一些负责将氨基酸携带过刷状缘膜进入肠道细胞的转运系统，以及每个转运系统携带的一些氨基酸的示例。本书中保留了较旧的命名方法，因为这有助于将转运体名称与转运体携带的氨基酸进行关联。

表 2.1　肠道细胞基底外膜的一些转运氨基酸系统

运输系统	要求和机制	氨基酸底物
L	逆向转运	主要是亮氨酸、甲硫氨酸、苯丙氨酸、异亮氨酸和除脯氨酸外的其他中性氨基酸；LAT1 转运大多数必需氨基酸的多种异构体——亮氨酸、异亮氨酸、苯丙氨酸、甲硫氨酸、组氨酸、色氨酸、缬氨酸和酪氨酸
T	逆向转运和单向转运体	芳香氨基酸——苯丙氨酸、酪氨酸、色氨酸
Xc^-	逆向转运	谷氨酸和胱氨酸
A	Na^+同向转移	主要为中性氨基酸（丙氨酸、甘氨酸、丝氨酸、脯氨酸、半胱氨酸、甲硫氨酸）、天冬酰胺和组氨酸；还可将谷氨酰胺从血液输送到肠道细胞
ASC1	逆向转运	主要为短链氨基酸（甘氨酸、丙氨酸、丝氨酸、半胱氨酸和苏氨酸）
y^+	单向转运体	精氨酸、赖氨酸、组氨酸、鸟氨酸
y^+L	中性氨基酸和 Na^+同向转移交换碱性氨基酸的逆向转运	碱性氨基酸（赖氨酸、精氨酸、组氨酸）及中性氨基酸（主要是甲硫氨酸、亮氨酸、丙氨酸、半胱氨酸）；有两种异构体
Gly	Na^+和 Cl^-同向转移	甘氨酸的双向转运
N	Na^+同向转移交换细胞内 H^+逆向转运	主要为谷氨酰胺、天冬酰胺、组氨酸

各氨基酸转运体的作用机制各不相同。一些氨基酸转运体，如 y^+，是“被动”的，仅能单向转运；它们与一种氨基酸结合，并以其浓度梯度将其转运到细胞中。共转运体同时将两种物质带入细胞。例如，通过 y^+L 系统，碱性氨基酸可以与中性氨基酸一起进入细胞。最后，一些氨基酸通过逆向转运机制进入细胞，在此机制中，两种物质沿着肠上皮细胞膜相反的方向移动。一种物质沿着肠上皮细胞膜并顺着其浓度梯度移动，为第二种物质的反向梯度提供了运输途径。例如，使用 X_{AG}^-逆向转运体，谷氨酸、H^+和三个 Na^+进入细胞，以换取一个 K^+，而对于 N 系统，谷氨酰胺和 Na^+进入细胞，以换取 H^+。亮氨酸和其他支链氨基酸（如异亮氨酸和缬氨酸）进入一些细胞（如肌肉细胞）可能涉及谷氨酰胺的双向转运。大多数氨基酸是通过钠依赖型转运体跨越肠上皮细胞刷状缘膜转运的，如图 2.2 所示。

载体对氨基酸的亲和度（K_m）既受氨基酸侧链的碳氢化合物质量影响，也受氨基酸的净电荷影响。较大的氨基酸（按质量计算），如甲硫氨酸、苯丙氨酸、色氨酸、酪氨酸和支链氨基酸，通常比较小的氨基酸吸收得更快。中性氨基酸比碱性或酸性氨基酸更容易被吸收。必需氨基酸比非必需氨基酸吸收得更快，其中甲硫氨酸、亮氨酸、异亮氨酸和缬氨酸吸收得最快。吸收最慢的氨基酸是两种酸性氨基酸，即谷氨酸和天冬氨酸，它们都是非必需氨基酸。

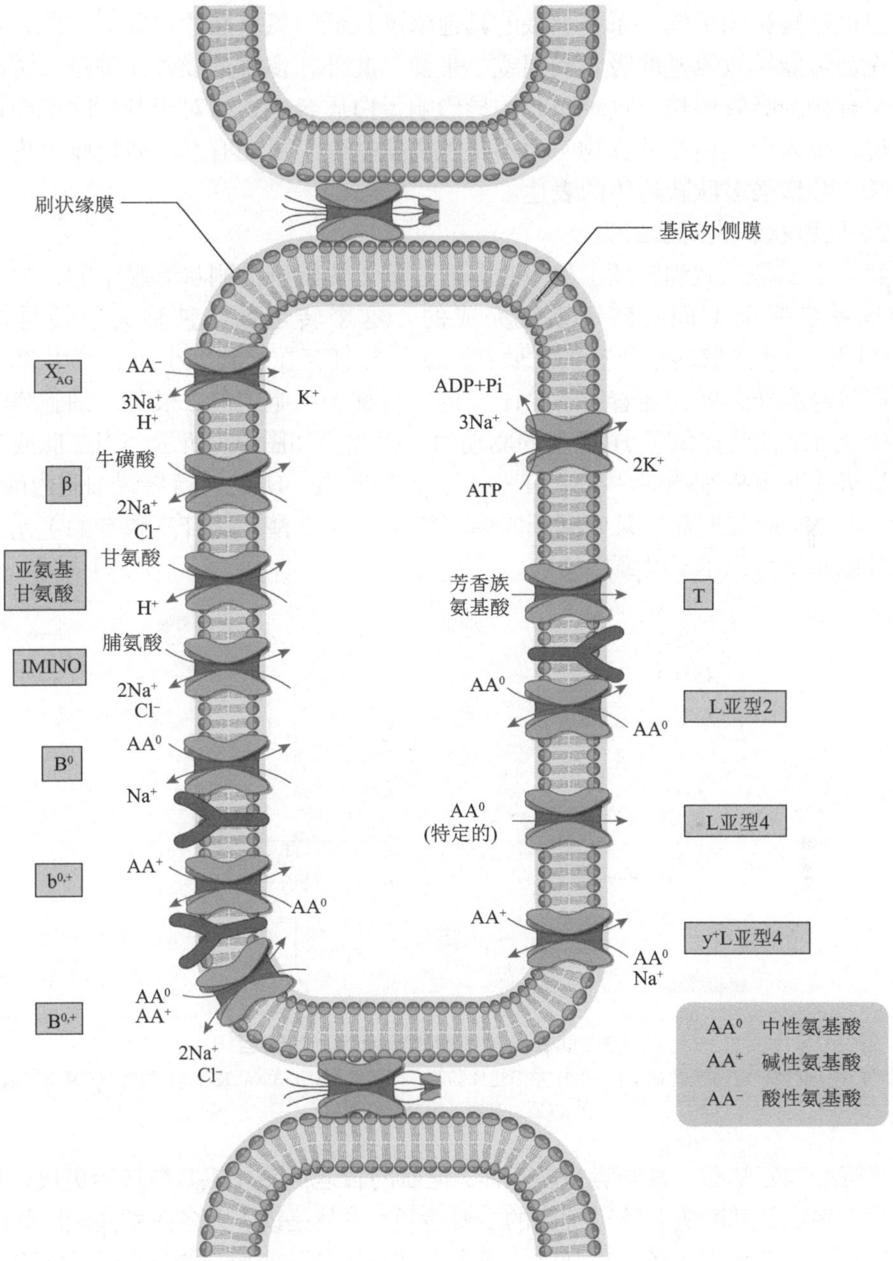

图 2.2　肠上皮细胞的氨基酸转运体

然而，摄入大量单一氨基酸或使用相同载体系统的一组特定氨基酸可能会引起吸收竞争，具体取决于摄入的氨基酸量。结果可能是吸收具有最高浓度的氨基酸，但也可能影响由同一系统承载的其他浓度较低的氨基酸的吸收。因此，氨基酸补充剂可能导致氨基酸吸收受损或不平衡。此外，多肽的吸收比等量的游离氨基酸混合物的吸收更快。这种吸收差异影响蛋白质合成，而对于肠切除或损伤的人来说，摄入含蛋白质的食物（而不是游离氨基酸）可能有助于残留肠上皮细胞的生长，并增强多肽转运体的表达。

2）肠刷状缘膜对肽的吸收

肽（主要是二肽和三肽）的吸收是通过肠上皮细胞的刷状缘膜上的，与氨基酸转运系统完全不同的转运系统完成的。这个转运系统被称为肽转运体 1（PEPT1），似乎能够转运所有的二肽和三肽，并且存在于整个小肠。利用 PEPT1 通过刷状缘膜转运肽伴随着质子（H^+）的共转移和细胞膜的去极化。细胞膜附近的一个低 pH 区域提供了 H^+梯度的驱动力。因此，如图 2.3 所示，当二肽或三肽被转运进入肠上皮细胞时，一个 H^+也会进入细胞内。H^+的转运导致细胞内酸化。H^+通过与 Na^+的交换而被泵回到肠腔内。Na^+/K^+-ATP 酶（腺苷三磷酸酶）允许在基底外侧膜上排出 Na^+以维持梯度。

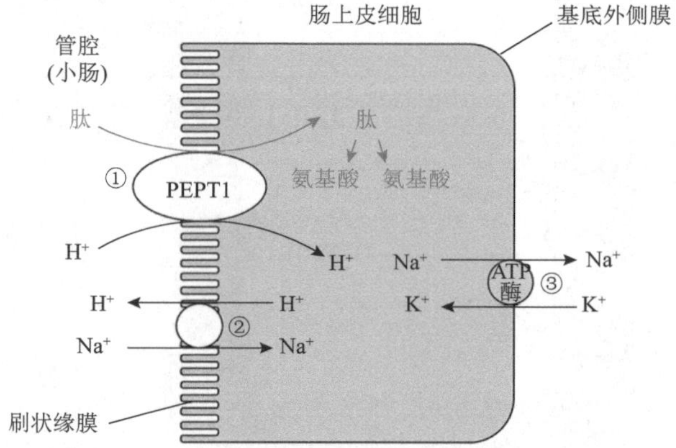

图 2.3 肽在肠道细胞刷状缘膜上的转运

①肽与 H^+一起被转运到肠道细胞中；②H^+被泵送回肠腔，以换取 Na^+；③Na^+/K^+-ATP 酶将 Na^+泵出细胞，以通过基底外侧膜交换 K^+

尽管肽和氨基酸一样会竞争转运体，但肽的转运似乎比氨基酸转运更快，并被认为是大多数氨基酸进入肠道细胞的主要途径。也就是说，大多数氨基酸以肽的形式被吸收。一旦肽进入肠上皮细胞，通常会被胞质肽酶水解成游离的胞内氨基酸。然而，在循环中偶尔还可以发现完整的肽，这被认为是肽通过细胞旁（也称细胞间）途径进入人体内的结果。在患病时，尤其是那些影响肠道的疾病（如炎症性肠病或乳糜泻），胃肠道的渗透性增强，从而增加肽以完整形式出现在血液中的可能。

在血液中发现的肽可以通过血浆或细胞膜中的肽酶或蛋白酶水解（尤其是在

肝脏、肾脏和肌肉中）。如果完整吸收，肽的胞内水解也可以发生在细胞质或各种细胞器中。肽转运进入肾小管细胞受 N 端和 C 端氨基酸的净电荷影响。在 N 端或 C 端含有酸性或碱性氨基酸的肽与这些位置具有中性侧链的肽相比，亲和力较低。直接将肽注入血液的能力，在肠外营养中具有营养意义，因为一些氨基酸（如酪氨酸、半胱氨酸和谷氨酰胺）在其自由形式下是不溶或不稳定的。由于组织可以利用肽形式的营养物质，因此在传统的游离氨基酸肠外混合物无效的情况下，肽的给药使得在某些情况下可以供应营养物质。

3）氨基酸在肠基底外侧膜上的吸收

为了使氨基酸进入血液并被身体其他组织利用，氨基酸必须通过肠上皮细胞的基底外侧膜（浆膜）进入间质液，并通过绒毛的毛细血管进入血液，通过门静脉进入肝脏。肠上皮细胞基底外侧膜上发现的载体通常不依赖钠，并与其他细胞膜中的载体相似（表 2.1）。其中一些载体还将氨基酸从血液转运回肠道细胞，尤其是谷氨酰胺，因为它是肠道细胞的主要能量底物之一。

4）氨基酸吸收的基因缺陷

当遗传突变阻止功能性转运蛋白的合成时，氨基酸转运蛋白的重要性变得非常明显。例如，赖氨酸尿性蛋白不耐受症就是由肠道、肝脏和肾脏中碱性氨基酸转运蛋白的缺陷引起的。这些缺陷导致赖氨酸、精氨酸和鸟氨酸的吸收不良，因此血浆中这些氨基酸的浓度和可用性较低，从而影响蛋白质合成和尿素循环活性。该疾病的症状包括高氨血症、生长迟缓、肌肉无力、肝脏肥大和低张力等。营养支持措施包括限制蛋白质摄入以帮助减少高氨血症，并补充柠檬酸脱氨酶来促进精氨酸和鸟氨酸的产生。

同样，另一种称为哈特纳普病的疾病也说明了转运蛋白的关键作用，哈特纳普病是一种常染色体隐性遗传疾病，影响色氨酸和其他中性氨基酸进入肠道和肾脏细胞的吸收（可能通过 B 转运系统）。哈特纳普病导致色氨酸以及其他一些氨基酸的吸收不良。色氨酸为烟酸的前体物，会导致烟酸缺乏。

研究还发现了编码其他氨基酸载体的基因突变而引发的疾病。其中一种突变的特征是粪便中含有大量的甲硫氨酸和支链氨基酸。由于基底外侧膜中编码 T 系统的基因的缺陷，肠道色氨酸吸收不良，表现为蓝尿布综合征、发育不良、肾钙化和高钙血症。粪便中色氨酸浓度增加，同时还有细菌降解色氨酸产生的吲哚类物质。这些吲哚类物质在结肠细胞吸收和运输到肝脏后会转化为吲哚磺酸。吲哚磺酸随后通过肾脏和粪便排出体外。然而，当吲哚磺酸暴露在空气中（如更换尿布）时，它会氧化成蓝色（靛蓝色），因此得名蓝尿布综合征。

2. 肠外细胞的氨基酸吸收

氨基酸从肠道细胞中转运出来后，进入门静脉血，运输到各个组织、器官。

氨基酸进入肝细胞、肾脏和其他器官的细胞中的过程，与在肠道细胞中发现的某些载体系统类似。钠依赖性 N 系统在肝门静脉周围细胞中尤为突出，并作为逆向转运体吸收谷氨酰胺和钠以交换 H^+。这一过程在肝门静脉周围细胞中发生逆转；谷氨酰胺被释放以交换 H^+。激素和细胞因子，如白细胞介素-1 和肿瘤坏死因子 α，可以影响氨基酸的运输。例如，肝细胞中的系统 A 由胰高血糖素诱导并提供氨基酸底物用于糖异生作用，GLY 系统依赖于钠离子，专门用于甘氨酸的转运，而每个甘氨酸转运的同时还需要运输两个钠离子。γ-谷氨酰基循环被认为参与了肾小管细胞、红细胞甚至神经元的氨基酸转运。在 γ-谷氨酰基循环中，谷胱甘肽充当中性氨基酸进入细胞的载体（图 2.4）。简单来说，这一循环过程就是，谷胱甘肽与位于细胞膜中的 γ-谷氨酰转肽酶反应，形成 γ-谷氨酰酶复合物，在细胞表面结合中性氨基酸，并将其转运进入细胞质中供使用。

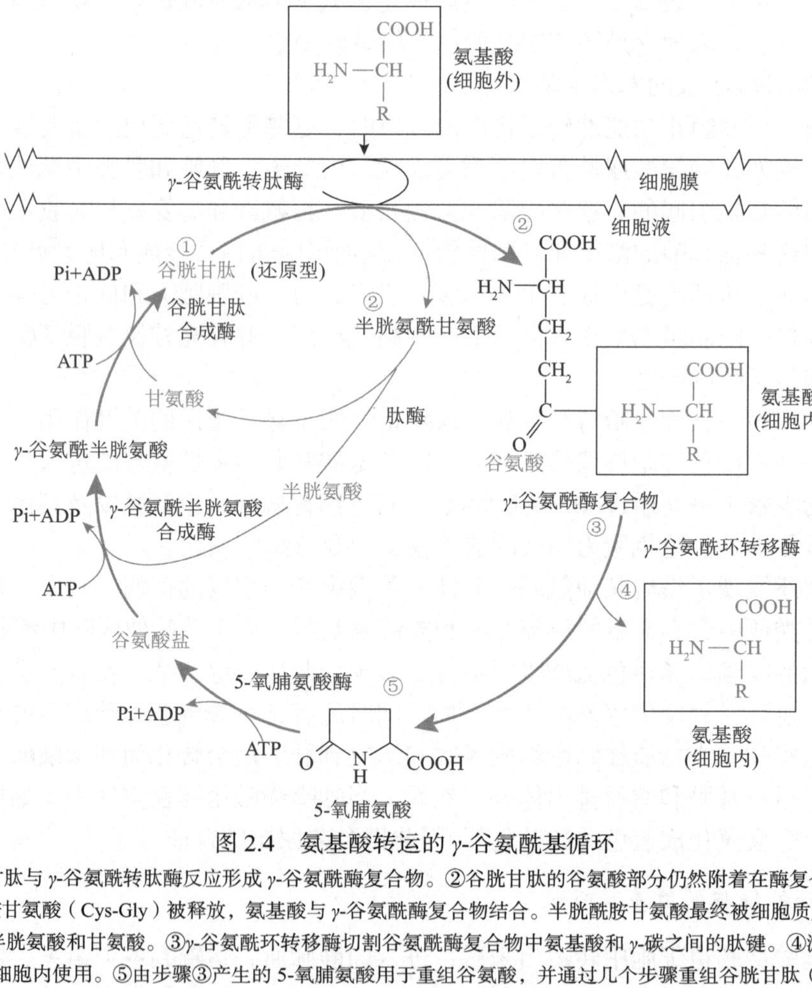

图 2.4 氨基酸转运的 γ-谷氨酰基循环

①谷胱甘肽与 γ-谷氨酰转肽酶反应形成 γ-谷氨酰酶复合物。②谷胱甘肽的谷氨酸部分仍然附着在酶复合物上，而半胱酰胺甘氨酸（Cys-Gly）被释放，氨基酸与 γ-谷氨酰酶复合物结合。半胱酰胺甘氨酸最终被细胞质肽酶切割成其组成半胱氨酸和甘氨酸。③γ-谷氨酰环转移酶切割谷氨酰酶复合物中氨基酸和 γ-碳之间的肽键。④游离氨基酸可以在细胞内使用。⑤由步骤③产生的 5-氧脯氨酸用于重组谷氨酸，并通过几个步骤重组谷胱甘肽（步骤①）

2.2 机体蛋白质的周转与稳态

2.2.1 蛋白质的合成

食物摄入后，组织中的合成代谢，包括蛋白质合成会增强，从而提供构建身体蛋白质所需的氨基酸和能量。每种细胞蛋白质都表现出特定和特征性的合成速率，它受到多种相互依赖但相互作用的影响。在细胞水平上，一些氨基酸可能通过与基因启动子区域中的氨基酸反应元件的相互作用，直接影响基因表达。细胞内的翻译受到 mRNA 的数量和稳定性、核糖体数量[核糖体 RNA（rRNA）的数量]、核糖体活性（翻译或肽链形成速度）、适量的与氨基酸连接的 tRNA（称为带电 tRNA），以及激素环境的影响（可以受到营养物质的影响）。在更广泛的系统水平上，血浆氨基酸的增加、血流的增加和激素释放，特别是胰岛素，通常会促进肌肉蛋白合成，在进食后会持续几小时。体力活动（如运动）会进一步促进肌肉蛋白合成。

1. “慢蛋白质”与“快蛋白质”

摄入的膳食蛋白质的形式和性质会影响其消化和吸收、氨基酸在血浆中的出现速率及细胞内后续的氨基酸利用。例如，摄入和消化“快蛋白质”（包括乳清蛋白、部分大豆蛋白质、氨基酸混合物和蛋白水解物）释放的氨基酸在体内的利用方式与摄入和消化“慢蛋白质”（如酪蛋白）释放的氨基酸不同。尤其在静息和负重运动后，摄入“快蛋白质”更能促进肌肉中的蛋白质和全身蛋白质合成。然而，摄入提供“慢蛋白质”的食物也很重要，因为这些蛋白质的摄入导致血浆中氨基酸浓度较低且更持久，有助于减少蛋白质分解，而后者在吸收后的状态（即饭间和过夜期间）占主导地位。因此，摄入提供“快蛋白质”和“慢蛋白质”的食物（如牛奶/乳制品）可以在减少蛋白质降解的同时促进蛋白质合成。然而，其他因素也会显著影响消化和吸收速率，如存在与蛋白质来源一起摄入的其他食物和营养成分。摄入高脂肪食物/饮料或高纤维食物会导致胃排空延迟，减慢消化和吸收过程，影响血浆中氨基酸反应，进而影响蛋白质合成速率。

2. 植物蛋白质与动物蛋白质

植物蛋白质源通常在一个或多个必需氨基酸，尤其是甲硫氨酸和/或赖氨酸方面存在限制，与动物蛋白质源相比也具有较低的消化率（详见 2.5 节）；动物蛋白质源通常也比植物蛋白质源含有更多的有助于促进肌肉蛋白合成的亮氨酸（详见“激素效应”和“mTOR 等细胞内信号转导”内容）。不同来源的蛋白质的差异会影响肌肉蛋白合成，通常，摄入植物蛋白质相较于动物蛋白质，肌肉的合成较少。

如仅摄入植物蛋白质，必需氨基酸不足，会减少组织的氨基酸可用性，刺激肝脏氨基酸氧化和尿素合成；摄入更多的动物蛋白质并进行抗阻力或力量训练的个体能够更多地增加肌肉量，并更好地保持肌肉质量。每餐摄入更多植物性食物或在餐食中添加选定的氨基酸或者某些动物蛋白质食物可能更有利于促进肌肉合成。然而，需要进行更多关于不同来源蛋白质对肌肉和全身蛋白质合成的影响研究。

3. 激素效应

激素在利用氨基酸合成蛋白质过程中起着重要作用。长时间不摄入食物时，如在夜间或更长时间的禁食期间，机体仍会发生蛋白质的合成，但发生的速率比餐后低得多，同时，蛋白质的降解占据主导地位。肾上腺素和皮质醇的释放以及血液中较高的胰高血糖素与胰岛素的比值激活了蛋白质的降解过程（胰岛素会抑制蛋白质的降解），并降低了蛋白质合成的总速率。尽管胰高血糖素与胰岛素的比值高会刺激肝脏合成一些蛋白质，如糖异生酶和尿素生成酶；但随着禁食或受伤、败血症、烧伤等情况下肝糖原储备的耗尽而升高的血液皮质醇浓度会进一步促进肌肉蛋白分解代谢及肝脏利用氨基酸进行糖异生和尿素生成。

与胰高血糖素、肾上腺素和皮质醇的分解性质相反，其他激素如胰岛素具有合成性质。胰岛素增加蛋白质合成并减少蛋白质降解，与单独摄入碳水化合物或蛋白质相比，如果同时摄入含碳水化合物和蛋白质的食物，这种效应通常会更加明显。胰岛素与细胞膜上的受体结合后，会表现多种促进蛋白质合成的作用。例如，胰岛素通常会促使氨基酸转运蛋白通过细胞膜进行跨细胞运动，用于氨基酸的摄取，并增加肝脏、肌肉和其他组织中系统 A、ASC 和 N 的转运蛋白的整体活性，以及激活哺乳动物雷帕霉素靶蛋白（mTOR）进行蛋白质的合成。胰岛素对某些负责氨基酸氧化（降解）的酶的激活具有拮抗作用，例如，胰岛素会抑制苯丙氨酸羟化酶（降解苯丙氨酸）的磷酸化和激活。因此，胰岛素促使氨基酸进入组织并抑制负责氨基酸降解的酶。胰岛素的这些作用有助于氨基酸进行蛋白质的合成。胰岛素进一步促进蛋白质合成的作用还包括其对一氧化氮合酶的刺激作用。该酶会促进一氧化氮的产生，通过多种机制增加了富含氨基酸的血液流向进行蛋白质合成的组织。亮氨酸是一种胰岛素促泌素（即刺激胰岛素分泌），与胰岛素一起，在刺激蛋白质合成方面也起着一定作用。

4. mTOR 等细胞内信号转导

mTOR 是一个大的蛋白激酶复合物，由两个单位组成：复合物 1（mTORC1）和复合物 2（mTORC2），每个复合物都由几个组分组成。mTORC1 作为信号转导途径的一部分，主要通过与多蛋白复合物和活性物质结合，促进蛋白质合成和整体的合成代谢。mTORC1 的活性受多种因素影响，包括胰岛素、亮氨酸[血浆中和细胞内的亮氨酸及亮氨酸的代谢产物β-羟基-β-甲基丁酸盐（HMB）]和G蛋白偶联受体的激活，以及其他因素。

mTORC1和另一个称为GCN2的蛋白激酶结合成一种氨基酸传感器，并将氨基酸可用性的信息与蛋白质合成(翻译)联系起来。当细胞中氨基酸不足时，GCN2会被更高浓度的无电荷的转运RNA（tRNA）激活。mTORC1也会在氨基酸匮乏的条件下失活，mTORC1信号转导部分源于G蛋白偶联受体的活性，该活性受精氨酸与受体的结合程度的影响。GCN2激酶通过结合和磷酸化mTORC1的一个调控亚基来下调mTORC1的激酶活性；在存在更多氨基酸的情况下，mTORC1激酶活性增加。mTORC1信号通路促进了调控组分和关键酶的合成，这些酶在mRNA翻译和蛋白质合成中起到重要作用。S6激酶1（S6K1）也作用于调控特定mRNA的转译靶蛋白，这是合成核糖体蛋白所需的。因此，胰岛素和亮氨酸都会影响翻译合成机制。mTORC1信号激活发生在进食后大约30min内，蛋白质合成在进食后1～1.5h达到峰值，然后逐渐下降。

氨基酸还会影响蛋白质合成中mRNA翻译的两个阶段，即起始和延伸。翻译的起始涉及许多真核起始因子(eIFs)，它们需要将Met-tRNAi^{MET}(起始转运RNA)输送到40S核糖体亚基，并形成一个起始前复合物。其中一个需要将Met-tRNAi^{MET}结合到核糖体亚基的eIF是eIF2，其活性在细胞内的氨基酸可用性增强和氨基酸耗尽的情况下减弱。此外，mRNA与起始前复合物的结合依赖于几种额外的eIFs。氨基酸，特别是亮氨酸，以及胰岛素通过与mTOR的相互作用，增加了结合蛋白的磷酸化，进而增强了某些eIFs对mRNA起始前复合物结合的作用。这些效应进一步刺激蛋白质合成。亮氨酸在翻译的延伸阶段也起着重要作用。在延伸过程中，肽链生长后需要核糖体沿mRNA转位，介导转位的真核细胞延伸因子2(eEF2)受到一种激酶的调控，而这种激酶的活性似乎会受到亮氨酸、胰岛素和mTORC1的影响。

5. 膳食蛋白质的摄入量

由于肌肉质量、力量和功能会随着年龄增长而减少，因此老年人中蛋白质的合成成为许多研究的焦点。应该每天摄入足够量的蛋白质以维护机体健康，包括肌肉健康，但每餐摄入的蛋白质推荐量因蛋白质来源和年龄（年轻人和老年人）而异。此外，将足够量的蛋白质在各餐中均匀分布（而不是倾向于某一餐）已被证明有助于在24h内促进更好的肌肉蛋白合成，并且长期维持老年人的肌肉质量、力量和身体功能。

2.2.2 蛋白质的周转

蛋白质合成和蛋白质降解（即蛋白质周转）是两个独立的过程，但两者所占的静息能量消耗为 10%～25%。在生长过程中，蛋白质合成速率显著增加；反之，在某些疾病或者受伤状态下，蛋白质降解可能占主导地位。不同机体组织中蛋白质的降解速率存在差异，相较于骨骼肌，内脏蛋白质的降解速率较快。然而，由于肌肉质量大，肌肉蛋白质的降解占体内所有蛋白质降解的 25%～35%。每天全身蛋白质的降解量占体内蛋白质总量的 1%～2%，总量可能超过 300g。

蛋白质降解产生的氨基酸大部分被机体组织重新利用。蛋白质在细胞内的降解主要在蛋白酶的作用下进行，蛋白酶主要分布于溶酶体和蛋白酶体中，一些也存在于细胞质中。不同系统中整体蛋白质降解因组织和生理状态而存在差异。然而，蛋白质的持续降解非常重要，因为它确保了氨基酸通过细胞质的通量，从而用于细胞的生长和维持。受损蛋白质（和其他细胞成分）的降解对细胞存活也非常重要。细胞内有几种机制用于监测异常 mRNA 的产生。另有一些机制在核糖体上协助蛋白质的折叠过程，以便检测并随后清除错误折叠的蛋白质。这些机制以及其他机制有助于防止受损、错误折叠或未折叠蛋白质的积累。细胞降解系统的功能失调被认为是引发衰老及一些慢性疾病（包括神经退行性疾病）的原因之一。

多种信号影响细胞内蛋白质的降解，mTOR 通过结合来自胰岛素和亮氨酸等分子的信号，以影响蛋白质降解。当 mTORC1 被抑制时，会刺激蛋白质的降解；当细胞内氨基酸的水平不足或不平衡时，蛋白质的降解速率增加。激素浓度的改变（如胰高血糖素相对于胰岛素更高）及炎性细胞因子的存在会增强蛋白质的降解。此外，激酶等酶类可通过磷酸化/去磷酸化的调节机制，并且通过靶向特定基因的启动子区域的转录因子影响蛋白质降解。蛋白质可以通过自噬溶酶体系统、泛素-蛋白酶体途径和钙激活酶途径三种方式发生降解。

1. 自噬溶酶体系统

细胞中存在三种主要的自噬类型：微自噬、巨自噬和分子伴侣介导的自噬，后两种类型介导了大部分的蛋白质降解（图 2.5）。自噬通常会清除较大的胞质物质，如功能失调的细胞器、脂滴、蛋白质聚合物或聚集体，甚至一些入侵的细菌，有时被称为“本体降解”。寿命较长的细胞质蛋白质（尤其是较大的）主要通过自

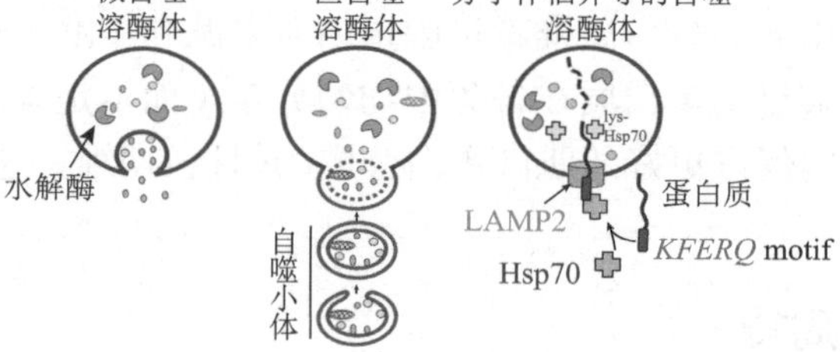

图 2.5　自噬溶酶体系统

噬降解。然而，该系统在细胞环境中能够适应变化，当细胞处于“压力”状态（如营养不足、缺氧、生长因子减少等）时，自噬活性会增加。溶酶体参与了各种类型的自噬，但会因将需要被清除的物质传递给溶酶体的方法的差异而形成不同类型的自噬系统。

溶酶体是细胞内的细胞器，其作用类似于细胞垃圾消化系统，降解蛋白质、核酸、脂质、碳水化合物等化合物。除红细胞外，溶酶体广泛存在于所有哺乳动物细胞中，但数量不同。例如，骨骼肌中的溶酶体较少，而肝细胞中则富含溶酶体。溶酶体含有多种酶，包括蛋白质消化内切酶和外切酶，即组织蛋白酶。不同的组织蛋白酶用不同字母加以区分，且降解的特异性不同，如组织蛋白酶 B、组织蛋白酶 H、组织蛋白酶 L（半胱氨酸蛋白酶）和组织蛋白酶 D（天冬氨酸蛋白酶）。溶酶体酶只有在酸性 pH 下才有活性，这是通过溶酶体膜上的质子泵实现的。这种泵将质子（H^+）从细胞质主动转运到溶酶体中，以降低溶酶体的 pH。一旦被激活，蛋白酶和其他酶就会降解细胞的蛋白质和组分。溶酶体主要从细胞质膜和细胞内部吸收蛋白质和其他物质进行降解。在巨自噬过程中，溶酶体在吞噬一部分细胞质膜后获取物质进行降解。被吞噬的物质被封闭在吞噬体（也称自噬体）中，然后通过胞质微管与溶酶体融合。溶酶体酶消化其内容物，并释放出氨基酸在细胞质中被重新利用。

微自噬作用的过程与巨自噬作用有些相似，但涉及直接内褶化的溶酶体膜（与细胞质膜相对）和吞噬细胞质成分。溶酶体自噬小管调节内褶化和囊泡形成过程，将细胞质成分困在溶酶体内部。从自噬小管的固定点将囊泡切割（挤压），使吞噬细胞质成分的囊泡能够在溶酶体的腔隙/内部部分释放。随后，溶酶体内的酶降解囊泡内的成分。还存在一种更有选择性的自噬，其中自噬受体识别特定的蛋白质或其他细胞质成分，并将它们附着到自噬体膜的特定区域。

以分子伴侣介导的自噬为基础的蛋白质降解依赖于热休克蛋白 70（Hsp70）和溶酶体相关膜蛋白 2（LAMP2）。Hsp70 存在于细胞质和溶酶体中。通过这个系统降解的蛋白质通常是可溶的，并且含有被 Hsp70 和其他伴侣蛋白识别的特定暴露序列。Hsp70 与靶蛋白和溶酶体膜上的 LAMP-2A 结合后，促进了靶蛋白的展开，并通过在溶酶体膜上形成小的内陷，将其移入溶酶体的腔室中。靶蛋白在一系列溶酶体蛋白酶的作用下进行降解。溶酶体蛋白酶解产生的氨基酸可以被细胞再利用进行蛋白质合成，也可以根据细胞需要进行降解。Hsp70 也被释放出来并可以循环使用。

2. *泛素-蛋白酶体途径*

除了溶酶体介导的细胞蛋白质降解，蛋白酶体（蛋白酶系统或复合物）存在于所有细胞中，用于降解蛋白质。蛋白酶体降解被认为是去除较小的错误折叠或受损蛋白质，以及半衰期较短（通常少于 30min）的调节蛋白质。调节蛋白质在多个细胞过程中起着重要作用，包括转录、细胞信号转导、细胞周期进展和细胞存活等。在饥饿、癌症和外伤等病理条件下，蛋白酶体降解蛋白质增加。

能够被该系统降解的蛋白质是通过其氨基端（N 端）存在的“信号”来识别的，被称为 N-降解的信号，包括特定的修饰，如乙酰化、脱酰胺化、亮氨酸化和甲酰化等。蛋白质 N 端的变化也以其他方式被利用，如使蛋白质能够与膜受体结合，以促进蛋白质从血液或细胞环境中去除。

蛋白酶体是一种具有大型寡聚体结构的蛋白质，其中包含一个中央的“桶状”腔室或核心，降解过程发生在其中。蛋白酶体存在于细胞的细胞质和细胞核中，有两种形式：20S 和 26S。20S 蛋白酶体由数个亚基组成，其中三个亚基通过类似于卡他蛋白酶、胰蛋白酶和胰氨酸蛋白酶的活性负责蛋白质降解，这些活性使酸性、碱性和疏水性氨基酸的羧基侧发生肽键的切割。20S 蛋白酶体可以被一个 19S 调节复合物或帽所包围，形成 26S 蛋白酶体；在高浓度的氧化蛋白存在的情况下，如氧化应激时，20S 蛋白酶体也可以独立工作，有选择地识别和降解这些氧化蛋白质。

泛素化是一个 ATP 依赖的过程，通过这个过程，待降解的蛋白质与一个由 76 个氨基酸组成的多肽——泛素（Ub）连接起来，如图 2.6 所示。其他蛋白质，包括热休克蛋白家族的分子伴侣，可能有助于泛素化过程及泛素连接蛋白质到蛋白酶体的转运。虽然泛素的连接标记了蛋白质的降解，但在泛素连接到蛋白质之前，

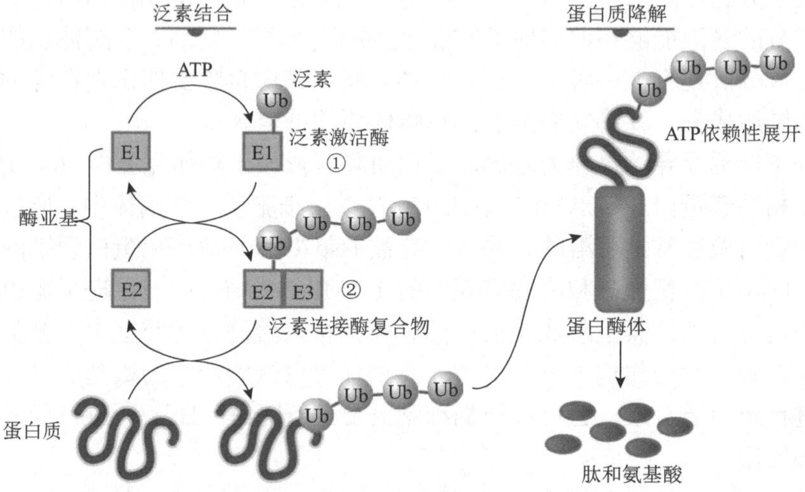

图 2.6　泛素蛋白酶体途径

①E1 是泛素酶系统的一个亚基，它水解 ATP，与泛素的羧基端形成硫醇酯。这种活化的泛素被转移到另一种酶蛋白 E2 上，称为泛素连接酶。②泛素的羧基端通过 E3 连接到最终被降解的蛋白质底物上。E3 具有两个不同的位点，它们与靶蛋白的 N 端氨基酸相互作用

必须先激活泛素。酶E1负责泛素的激活，激活的泛素被转移给E2泛素连接酶。然后，E3通过连接泛素的C端与最终要降解的蛋白质底物结合。E3有两个不同的位点与靶蛋白N端氨基酸相互作用，最终多个泛素蛋白结合到靶蛋白底物上。至少需要结合四个泛素蛋白来确保被26S蛋白酶体识别和降解，在蛋白质降解之后，泛素被释放出来进行再利用，并且被降解的蛋白质的氨基酸可以被重新利用。

3. 钙激活酶途径

尽管蛋白酶体系统承担了肌肉中大部分蛋白质的降解功能，另一组蛋白酶，如钙激活酶，在肌肉、脑等其他组织的蛋白质降解中也起到一定的作用。钙激活酶是依赖于钙离子的半胱氨酸蛋白酶，可分为钙激活酶1（也称微量或μ-钙激活酶）和钙激活酶2（也称毫量或m-钙激活酶），肌肉中还存在钙激活酶3。微量和毫量的命名方式对应其激活时所需钙离子的不同浓度。钙激活酶不存在于溶酶体或蛋白酶体中，它们以非活化形式存在于细胞质内，在细胞内钙离子浓度升高时移动到细胞膜上并被激活。随后，钙激活酶结构发生变化，与其他钙激活酶二聚化，最终导致钙激活酶与靶蛋白结合。

在肌肉中，钙激活酶与蛋白酶体途径协同作用，钙激活酶蛋白酶引发受损/氧化的肌原纤维蛋白的释放。肌原纤维由几种蛋白质组成，包括肌节蛋白（即收缩蛋白肌动蛋白和肌球蛋白）和细胞骨架蛋白（微管蛋白、微丝蛋白、中间纤维蛋白等）。通过蛋白酶体通路，钙激活酶辅助释放的蛋白质随后与泛素结合，以便进一步通过泛素-蛋白酶体途径降解。蛋白质降解系统的调控机制及其在疾病（包括癌症、亨廷顿病、多种肌肉病症、阿尔茨海默病和其他神经退行性疾病等）中的作用也是目前研究的热点。

2.3 氨基酸的器官间转运

组织和器官可以利用氨基酸合成蛋白质和一些含氮化合物，但氨基酸代谢在不同器官之间有一定程度上的差异。在许多情况下，一个器官中氨基酸代谢产生的产物可能被另一个器官所需，从而形成器官之间的相互依赖。这种相互依赖从肠道细胞开始，肠上皮细胞是人体最先接收膳食氨基酸的细胞。本节首先概述了氨基酸的肠道代谢，随后讨论了血浆中的氨基酸，然后介绍了谷氨酰胺和丙氨酸在机体组织中发挥的具体作用。最后，介绍了其他选定组织和器官（如骨骼肌、肾脏和大脑）对氨基酸的特定用途。

2.3.1 氨基酸的肠道代谢

肠道细胞利用氨基酸进行能量产生及蛋白质和含氮化合物的合成。肠上皮细胞能够利用氨基酸的来源包括：结构蛋白、核苷酸、脂蛋白（乳糜微粒）形成所必需的载脂蛋白、新型消化酶、激素、含氮化合物。

氨基酸在肠道细胞内可以被完全或部分代谢。肠道利用饮食中吸收的一些必需氨基酸的量为摄入量的 30%～40%，而内脏组织则最高，可利用摄入量的 50%。非必需氨基酸，尤其是谷氨酸，也会被肠道细胞不同程度地利用。接下来将详细介绍谷氨酰胺、谷氨酸、天冬氨酸、精氨酸、甲硫氨酸和半胱氨酸在肠道细胞中的代谢（图 2.7）。

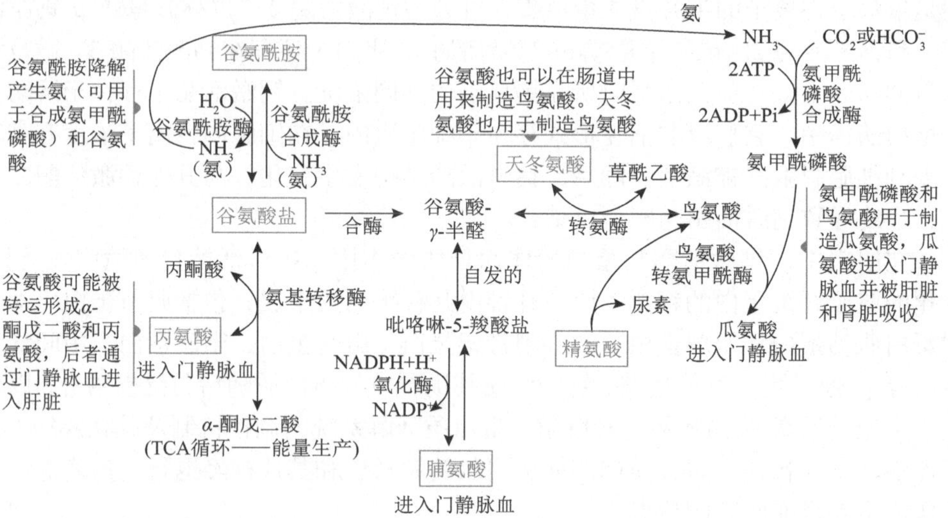

图 2.7 肠道细胞的氨基酸代谢概述

1. 谷氨酰胺

谷氨酰胺在肠道中担任多种角色，能够为肠道细胞提供主要能源来源，还具有促进胃肠道黏膜细胞增殖的营养（生长）效应，有助于预防肠道黏膜萎缩和细菌移位。此外，谷氨酰胺还可以增强热休克蛋白的合成；与苏氨酸一起用于合成消化道黏液层中的黏蛋白。谷氨酰胺在胃肠道中的这些作用促使一些公司在肠内和静脉内（静脉注射）营养产品中添加谷氨酰胺。当通过静脉提供谷氨酰胺时，50%以上的谷氨酰胺被内脏组织摄取利用。人类胃肠道及免疫系统细胞每天使用高达约 10g 的谷氨酰胺。除了膳食中的谷氨酰胺外，骨骼肌（以及在较小程度上肺、脑、心脏和脂肪组织）产生的谷氨酰胺和吸收的谷氨酰胺也主要由肠道细胞吸收。在肠道内未用于能量生产的谷氨酰胺还可以部分分解产生氨和谷氨酸，其中，氨进入门静脉血以被肝脏吸收，或者在肠道细胞内用于制造氨甲酰磷酸。

2. 谷氨酸

在肠道细胞中，谷氨酸直接由谷氨酰胺降解产生或直接来自饮食。每 50g 膳食蛋白质中含有 2～6g 谷氨酸，被吸收的膳食谷氨酸约 90%在肠道细胞内被代谢。谷氨酸通常与丙酮酸转氨酶和丙酮酸反应生成 α-酮戊二酸和丙氨酸；丙氨酸通常进入门静脉血中运送到肝脏。未用于丙氨酸合成的谷氨酸通常与甘氨酸和半胱氨酸用于谷胱甘肽的合成，或者用于合成脯氨酸。

目前研究认为，大部分的脯氨酸合成是通过肠道细胞内的谷氨酸代谢来进行的。脯氨酸随后释放到门静脉血中运送到肝脏，随后与天冬氨酸用于合成鸟氨酸；而鸟氨酸也可以释放到门静脉血中或用于合成精氨酸。因此，只有非常少的谷氨酸以谷氨酸的形式离开肠道细胞并进入门静脉血。

3. 天冬氨酸

除了谷氨酰胺和谷氨酸的代谢之外，来自饮食的天冬氨酸通常也在肠道细胞内发生代谢。天冬氨酸经常通过转氨酶作用生成草酰乙酸；而天冬氨酸的氨基基团则用于合成鸟氨酸。同谷氨酸一样，仅非常少的天冬氨酸以天冬氨酸的形式离开肠道细胞，并在门静脉血中发现。

4. 精氨酸

肠道细胞也可代谢利用精氨酸。高达 40%的饮食精氨酸在肠道细胞中被氧化，生成鸟氨酸和尿素。氨甲酰磷酸是由肠道细胞中氨甲酰磷酸合成酶利用氨（NH_3）、二氧化碳（CO_2）或碳酸氢根（HCO_3^-）消耗 2 个 ATP 合成的。氨基甲酰磷酸随后与鸟氨酸在鸟氨酸转氨甲酰酶的催化下合成瓜氨酸。

在肠道细胞中合成的鸟氨酸被释放到血液中，通常会被肾脏大量摄取，将其用于精氨酸的合成，这一途径被称为肠-肾轴精氨酸合成，膳食摄入精氨酸也不会影响该途径。肝脏也可以根据需要摄取鸟氨酸用于尿素循环。由于肠道在瓜氨酸合成中的作用和精氨酸合成中对瓜氨酸的需求，肠道损伤的个体的精氨酸产生可能会受到影响。在这种情况下，精氨酸成为一种条件必需氨基酸，必须在饮食中补充精氨酸或瓜氨酸。

5. 甲硫氨酸和半胱氨酸

甲硫氨酸，即蛋氨酸也通过肠道细胞进行代谢。研究显示，摄入的甲硫氨酸超过 50%在肠道细胞内代谢。从甲硫氨酸产生或直接从饮食中获得的半胱氨酸在肠道细胞中用于合成谷胱甘肽。70%～90%的半胱氨酸代谢为牛磺酸，10%～30%

代谢为丙酮酸和亚硫酸盐。

2.3.2 血浆中的氨基酸

在摄入含有蛋白质的膳食后，血浆中的氨基酸浓度通常会升高数小时，然后回到基础浓度。在静息状态和两餐之间，血浆中的氨基酸浓度相对稳定且具有物种特异性；但不同人之间特定氨基酸的绝对浓度有所不同。

血浆中循环和细胞内发现的氨基酸源于膳食（外源性）蛋白质的消化和吸收，以及现有组织（内源性）的分解。这些内源性氨基酸与外源性氨基酸相互交融形成一个约 150g 的“氨基酸池”，包括血浆中的氨基酸及体细胞的胞质内的氨基酸。内源性氨基酸的再利用被认为是蛋白质合成的主要来源。尽管蛋白质摄入量和组织蛋白的降解速率存在差异，但“氨基酸池”中氨基酸的模式保持相对稳定，与体内蛋白质的模式不同。“氨基酸池”中的必需氨基酸的总量少于非必需氨基酸。浓度最高的必需氨基酸是赖氨酸和苏氨酸；在非必需氨基酸中，浓度最高的是丙氨酸、谷氨酸、天冬氨酸和谷氨酰胺（人体中可高达 80g）。“氨基酸池”中的氨基酸被组织摄取并响应激素和生理状态等刺激进行代谢。组织提取氨基酸以用于能量产生或非必需氨基酸、蛋白质、含氮的非蛋白化合物、生物胺、神经递质、神经肽、激素、葡萄糖、脂肪酸或酮体的合成，具体取决于营养状况和激素环境。

2.3.3 谷氨酰胺与肌肉、肠道、肝脏和肾脏

谷氨酰胺在氨的组织间转运中起着关键作用。肝脏中的氨通常是通过尿素循环排出的，但这在其他组织中并不适用。在肌肉、肺、心脏、大脑和脂肪等非肝外组织中，谷氨酰胺合成酶催化氨或铵离子与谷氨酸在 ATP 依赖的反应中生成谷氨酰胺（每天产生 40～80g）。氨通常是通过氨基酸脱氨基和脱酰胺作用在这些细胞中产生的。在肌肉中，它还可以通过运动时 ATP 降解形成的腺苷一磷酸（AMP）在脱氨酶作用下生成。α-酮戊二酸与缬氨酸、异亮氨酸或亮氨酸这些支链氨基酸进行转氨反应，形成支链 α-酮酸和谷氨酸（图 2.8），而由 AMP 脱氨产生的氨可继续与谷氨酸结合形成谷氨酰胺。

在肌肉中形成的谷氨酰胺会释放到血液中，并被其他组织利用。胃肠道细胞及免疫系统（如淋巴细胞、单核细胞和巨噬细胞）依赖谷氨酰胺的降解来产生能量，而肝脏和肾脏中的谷氨酰胺的利用方式有所不同。在吸收状态或碱中毒时，肝脏谷氨酰胺酶受到肾上腺素和胰高血糖素的刺激而活性增强，生成氨用于尿素循环；在酸中毒状态下，谷氨酰胺用于尿素循环的量减少，肝脏释放谷氨酰胺进入血液，供肾脏用于酸碱平衡。在肾小管细胞中，谷氨酰胺通过谷氨酰胺酶的催

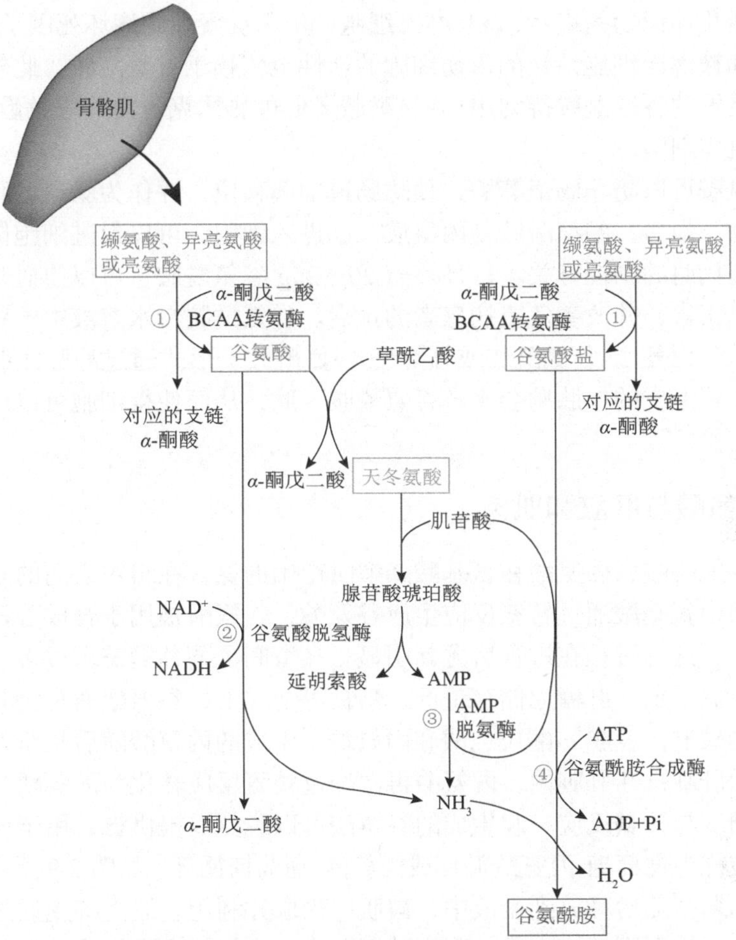

图 2.8　肌肉中谷氨酸的部分合成途径

①谷氨酸是在肌肉中由支链氨基酸（BCAA）与 α-酮戊二酸通过转氨反应产生的。②部分谷氨酸可以脱氨生成 α-酮戊二酸和氨。③氨也可以由腺苷一磷酸（AMP）在脱氨酶作用下生成。AMP 是由肌肉中 ATP 降解产生的，在运动时产生得更多。④谷氨酰胺合成酶催化氨和谷氨酸形成谷氨酰胺

化被降解为氨和谷氨酸。谷氨酸可以进一步通过谷氨酸脱氢酶的反应被降解为 α-酮戊二酸和另一个氨。氨与 H^+反应形成肾小管腔内的铵离子，然后通过尿液排泄出去。肾脏的谷氨酰胺酶活性和氨的排泄量在酸中毒时增加，在碱中毒时减少。

在感染和创伤等高代谢条件下，细胞对谷氨酰胺的使用显著增加。在这些情况下，肌肉释放的谷氨酰胺增加，但无法满足其他细胞的需求。若机体的谷氨酰胺“储存库”耗尽，一些细胞功能可能会受损。谷氨酰胺在疾病/损伤中发挥特别重要的作用，可以促进免疫系统细胞的增殖，谷氨酰胺代谢产物也可直接被这些细胞用于嘌呤和嘧啶的合成。激活的淋巴细胞和巨噬细胞需要大量的嘌呤和嘧啶。

细胞表面活化标记物的表达，以及淋巴细胞产生干扰素和肿瘤坏死因子 α 的能力、淋巴细胞和被淋巴细胞活化的杀伤细胞的活性也依赖于谷氨酰胺。此外，吞噬细胞也需要足够的谷氨酰胺待利用。谷氨酰胺还促进热休克蛋白等应激蛋白的合成，帮助保护机体细胞。

谷氨酰胺可以防止肠道萎缩，预防肠道细菌移位，并作为肠道细胞产生能量的主要底物。最后，谷氨酰胺与丙氨酸一起进入细胞，可以促进细胞体积增大，可能与中间代谢的调控有关。每日补充 20～25g 谷氨酰胺，可以使血浆中谷氨酰胺浓度恢复正常，并改善危重病患者的预后。谷氨酰胺在水溶液中不稳定，所以常以其二肽（丙氨酰-谷氨酰胺或甘氨酰-谷氨酰胺）形式通过静脉注射或肠内溶液给药。血管上皮的二肽酶会水解谷氨酰胺二肽，从而使得细胞可以代谢利用谷氨酰胺。

2.3.4 丙氨酸与肝脏和肌肉

除了谷氨酰胺，丙氨酸在氨基酸降解时产生的氨，在组织之间的转移也非常重要。肌肉中氨基酸通过转氨反应生成谷氨酸，谷氨酸被用于合成谷氨酰胺并释放到血液中，这一过程在进食后尤其明显。在餐间、葡萄糖需求过多、肾上腺素和皮质醇释放增加、肝糖原储存量低、禁食等情况下，谷氨酸通常将其氨基基团转移到丙酮酸上，生成 α-酮戊二酸和丙氨酸，生成的丙氨酸随后从肌肉释放到血液中，进入肝脏；在肝脏内，丙氨酸再次经过转氨反应转化为丙酮酸，然后用于合成葡萄糖。与转氨反应一起生成的谷氨酸可以脱氨以提供氨，用于尿素合成。这一过程被称为葡萄糖-丙氨酸循环或丙氨酸-葡萄糖循环，如图 2.9 所示。从丙氨酸生成的葡萄糖随后释放到血液中，被肌肉摄取并利用。肌肉细胞通过糖酵解利用葡萄糖并产生丙酮酸，生成的丙酮酸可再次经转氨反应重新形成丙氨酸，通过

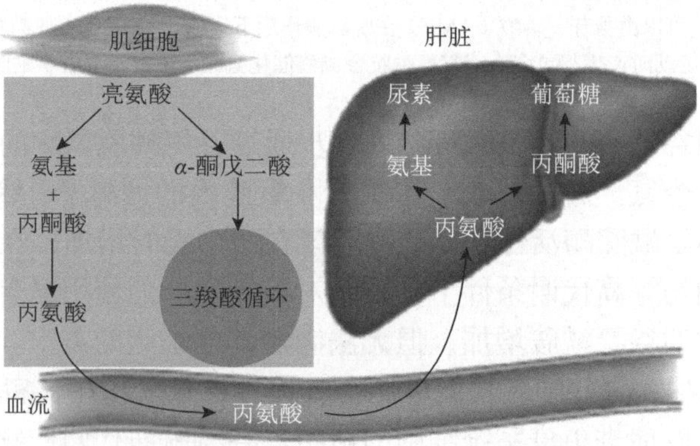

图 2.9　肌肉与肝脏的丙氨酸-葡萄糖循环

这种丙氨酸-葡萄糖循环将氮运送到肝脏转化为尿素，同时也使得反应所需底物持续再生。

2.3.5 骨骼肌的氨基酸利用

大约40%的蛋白质存在于肌肉中。摄取食物，特别是富含蛋白质的混合餐后，很容易发生肌肉对氨基酸的摄取，运动进一步促进了肌肉对氨基酸的摄取。进食后，骨骼肌表现出净蛋白质合成（即蛋白质合成大于蛋白质分解）；而在饭后或禁食期间的吸收后状态中，情况则相反，蛋白质分解超过蛋白质合成，氨基酸被释放到血液中供其他组织使用。丙氨酸释放浓度最高，苯丙氨酸、甲硫氨酸、赖氨酸、精氨酸、组氨酸、酪氨酸、脯氨酸、色氨酸、苏氨酸和甘氨酸等释放量较少。

肌肉蛋白降解也与运动有关，运动诱导的应激反应产生的肾上腺皮质激素——皮质醇，在一定程度上促进了肌肉和氨基酸的分解代谢。与其他组织一样，肌肉更倾向于对某些氨基酸进行分解代谢，天冬酰胺、天冬氨酸、谷氨酸、亮氨酸、异亮氨酸和缬氨酸这六种氨基酸在骨骼肌中的分解代谢似乎比其他组织更为显著。肌肉对氨基酸的利用及亮氨酸在促进蛋白质合成中的作用，促使一些运动员摄取支链氨基酸补充剂。

2.3.6 肾脏中的氨基酸代谢

肾脏有选择性地摄取和代谢多种氨基酸和含氮化合物（表2.2），氨基酸在其中发生的代谢包括：谷氨酰胺分解代谢以维持酸碱平衡、甘氨酸分解代谢以维持酸碱平衡、甘氨酸合成丝氨酸、精氨酸和甘氨酸合成胍乙酸以合成肌酸、谷胱甘肽分解代谢、瓜氨酸合成精氨酸、苯丙氨酸合成酪氨酸、肌肽降解生成组氨酸。肾脏是体内精氨酸、组氨酸、丝氨酸和可能的酪氨酸合成的主要部位。

表2.2 尿液中的含氮废物

物质名称	每天分泌量	
	g/d	mmol/d
尿素	5～20	162～650
肌酐	0.6～1.8	16～50
尿酸	0.2～1.0	4～20
氨	0.4～1.5	22～83

肾脏每天摄取7～10g谷氨酰胺，但在酸中毒情况下，肾脏的摄取量会显著增

加，肠道、肝脏和其他器官对谷氨酰胺的吸收则减少。在酸性条件下，谷氨酰胺和谷氨酸在肾脏中分别脱酰胺和脱氨基，产生两种氨。在肾小管腔中，氨与 H^+ 结合形成铵离子，并通过尿液排泄出去。H^+进入管腔以交换 Na^+，还可以与碳酸氢盐（HCO_3^-）反应生成水和二氧化碳，与二元磷酸盐（HPO_4^{2-}）反应生成一元磷酸盐（$H_2PO_4^-$）。在酸性条件下，肾脏对甘氨酸的利用类似于对谷氨酰胺的利用；甘氨酸被降解，形成氨和二氧化碳。然后，氨进入肾小管腔，在那里与 H^+反应形成铵离子，铵离子被排出体外。从体内排出 H^+有助于将血液 pH 从酸性状态增加到理想范围内的正常值，为 7.35～7.45。

在健康（非酸性）的情况下，肾脏（近曲小管）利用甘氨酸合成丝氨酸。肾脏还可以利用甘氨酸与精氨酸合成胍乙酸；然后，这种化合物进入肝脏，在那里被用于生成肌酸。肾脏每天约摄取 1.5g 甘氨酸，而甘氨酸也是由肾脏近曲小管中谷胱甘肽的分解代谢产生的。体内大多数精氨酸是由肾脏中产生的瓜氨酸制成的，瓜氨酸是从血液中摄取的。肝脏中产生的精氨酸会立即降解形成尿素，组织无法获取。肾脏每天从血液中提取约 1.5g 瓜氨酸，释放 2～4g 精氨酸。此外，肾脏每天从血液中吸收 0.5～1g 苯丙氨酸，并释放约 1g 由苯丙氨酸分解代谢产生的酪氨酸。除了苯丙氨酸降解外，肌肽还被肾脏氧化，释放组氨酸供其他身体组织使用。肾脏还能为机体生成葡萄糖。肾脏具有葡萄糖异生所需的酶，与肝脏和小肠在某种程度上相似。

肾脏在氮代谢中的作用不可低估。肾脏负责将含氮废物排出体外，否则这些废物会在血浆中积累。肾小球作为血浆的过滤器，除了血浆蛋白之外，血浆的所有成分都会进入滤液。钠、氨基酸和葡萄糖等必需营养物质会在滤液通过肾小管时被主动重吸收。其他不会被主动重吸收的物质，要么沿着电位梯度运动，要么与水一起渗透进入肾小管细胞。进入肾小管细胞的这些物质的数量取决于水分进入细胞的多少及细胞对特定物质的渗透性。细胞膜不会透过尿素和尿酸，尤其不能透过肌酐，因此肾脏通常几乎不重吸收肌酐。

尿液中的含氮废物如表 2.2 所示。正常情况下，约 80%的氮以尿素的形式随尿液排出；在酸中毒的情况下，尿液中的氮较少以尿素形式排出，而更多的以氨离子的方式排出。除了尿素和氨之外，尿液中常见的含氮废物还包括肌酐和尿酸，少量或微量含有肌酸（约 100mg/d）、蛋白质（约 100mg/d）、氨基酸（约 700mg/d）和酚甲酸（约 100mg/d）。马尿酸是由甘氨酸和苯甲酸结合生成的，主要由肝脏分解芳香化合物产生。因为苯甲酸不溶于水，所以必须与其他物质结合后才能排泄出去。尿液中也可能存在少量的其他含氮化合物，如卟啉原和色氨酸代谢产物。除了尿液中的氮损失外，氮还可能通过粪便、汗液、脱落的头发和皮肤细胞的损失排出体外。这些损失也被称为不敏感的氮损失。

2.3.7　大脑神经系统与氨基酸

大脑具有很强的氨基酸主动转运能力，拥有中性、碱性和酸性氨基酸的转运系统。一些氨基酸的转运体在正常血浆浓度下几乎完全饱和，尤其是对于支链氨基酸和芳香族氨基酸等大的中性氨基酸的转运体而言，它们之间可以相互竞争共同的载体。这种竞争的影响在血浆中任何一种支链氨基酸或芳香族氨基酸浓度升高的情况下尤为明显。例如，在未经治疗的苯丙酮尿症（PKU）中，血液中苯丙氨酸浓度升高导致大脑对该氨基酸的摄取增加；在未经治疗的枫糖尿症（MSUD）中，血液中亮氨酸、异亮氨酸和缬氨酸浓度升高导致大脑对这些氨基酸的摄取增加（以牺牲芳香族氨基酸为代价）。此外，在肝病患者中，芳香族氨基酸的浓度超过支链氨基酸，导致大脑对芳香族氨基酸的吸收增加。大脑中氨基酸浓度的升高会改变大脑功能，导致一系列神经问题，如脑发育受损、行为和心理功能改变等。

尽管肝脏疾病和氨基酸代谢遗传性疾病等疾病可以改变大脑对特定氨基酸的摄取，并引起神经系统和行为的改变，但在试图通过改变膳食中营养物质的摄入来改变行为的健康个体中，这些效应并没有一致地得到证明。例如，没有摄入蛋白质时摄入碳水化合物会增加大脑对色氨酸的摄取并提高 5-羟色胺浓度，但并不总是产生 5-羟色胺浓度升高对应的如感到平静和放松的行为效应。也就是说，通过摄入特定食物来改变碳水化合物和蛋白质等营养物质的摄入量，对大脑的 5-羟色胺系统功能影响较小。

大脑和神经系统组织使用多种氨基酸合成神经肽、生物胺和神经递质。谷氨酸具有多种作用，既是一种兴奋性神经递质，又是抑制性神经递质 γ-氨基丁酸（GABA）的合成物，同时还可以清除大脑中的氨。虽然谷氨酸发挥着关键作用，但实际上很少有谷氨酸通过血脑屏障进入大脑；相反，进入大脑的葡萄糖可以代谢为 α-酮戊二酸，通过还原胺化反应可转化为谷氨酸。然而，亮氨酸在穿过血脑屏障后，更常与 α-酮戊二酸发生转氨作用，在神经元中进一步代谢产生谷氨酸和 α-酮异己酸。大脑合成谷氨酸所需的氨基基团中，约有 33%来自亮氨酸、缬氨酸和异亮氨酸。谷氨酸在神经元合成后，会扩散到突触间隙，并被星形胶质细胞吸收。在星形胶质细胞内，谷氨酸会与多余的氨反应，并通过谷氨酰胺合成酶的作用形成谷氨酰胺，这种酶在神经组织中活性很高。谷氨酰胺可以被转运回神经元，在谷氨酰胺酶的作用下重新生成谷氨酸。另外，谷氨酰胺可以自由扩散到血液或脑脊液中，从而从大脑中去除有毒的氨。这种谷氨酸-谷氨酰胺循环（图 2.10）是调节神经元谷氨酸水平的主要方式，约占谷氨酸产生量的 80%。

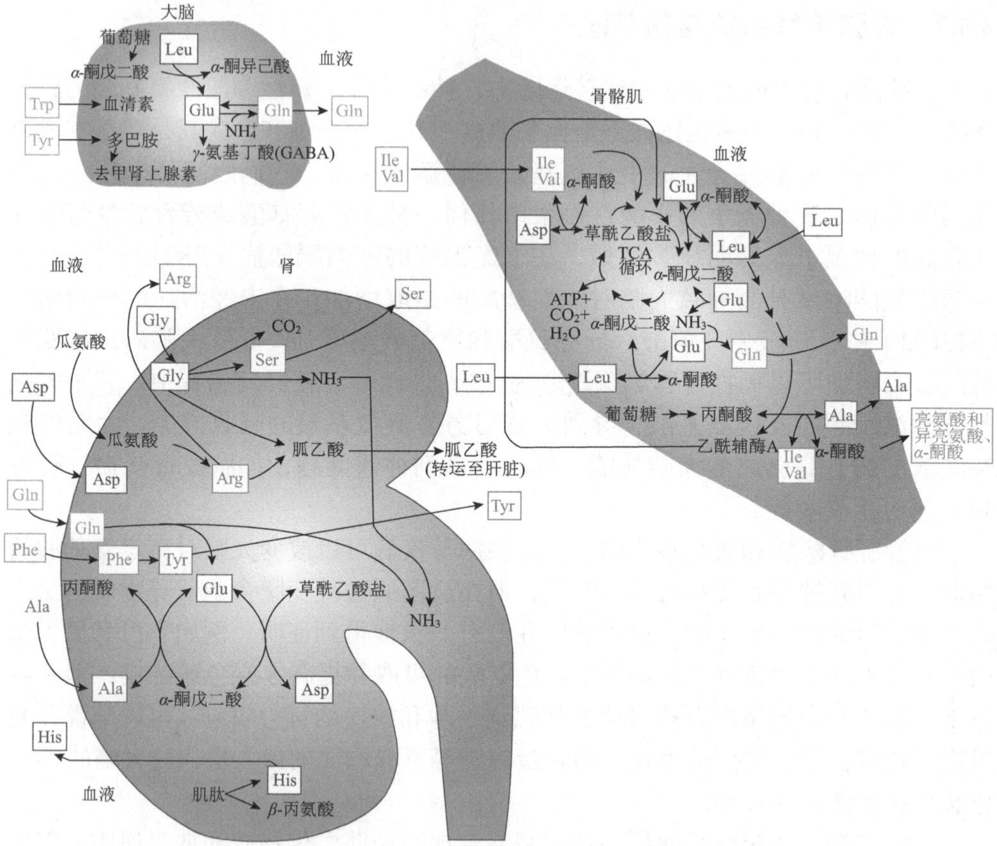

图 2.10　氨基酸在特定器官中的代谢

Leu：亮氨酸；Trp：色氨酸；Tyr：酪氨酸；Glu：谷氨酸；Gln：谷氨酰胺；Arg：精氨酸；Gly：甘氨酸；Ser：丝氨酸；Asp：天冬氨酸；Phe：苯丙氨酸；Ala：丙氨酸；His：组氨酸；Ile：异亮氨酸；Val：缬氨酸

2.4　其他含氮非蛋白类因子

氨基酸除了用于合成人体蛋白质外，还用于合成一些不是蛋白质但在身体中发挥重要作用的含氮化合物，下面将介绍一些营养学上重要的含氮非蛋白类化合物的作用（表 2.3）。

表 2.3　含氮非蛋白类化合物及其氨基酸组成

含氮非蛋白化合物	组成氨基酸	含氮非蛋白化合物	组成氨基酸
谷胱甘肽	半胱氨酸、甘氨酸、谷氨酸	肌肽	组氨酸、β-丙氨酸
肉碱	赖氨酸、甲硫氨酸	胆碱	丝氨酸
肌酸	精氨酸、甘氨酸、甲硫氨酸		

2.4.1　谷胱甘肽

谷胱甘肽（glutathione，图 2.11）是大多数体细胞中由甘氨酸、半胱氨酸和谷氨酸三种氨基酸合成的三肽。它的合成分为两个步骤，均依赖于 ATP：首先，通过 γ-谷氨酰半胱氨酸合成酶将谷氨酸的 γ-羧基与半胱氨酸的氨基形成一个 γ 连接的肽链；然后，谷胱甘肽合成酶将甘氨酸的氨基和半胱氨酸的羧基形成一个肽键，生成谷胱甘肽。半胱氨酸的供体是影响谷胱甘肽合成的主要因素，尽管也会受到前体底物的供应或谷胱甘肽过氧化物酶和还原酶的活性的影响，这些酶催化其他依赖谷胱甘肽的反应。

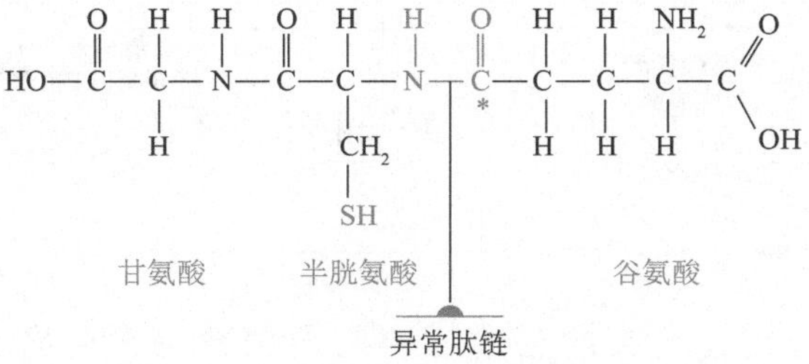

图 2.11　还原型谷胱甘肽的结构

*处为 γ-碳

谷胱甘肽（GSH）因其还原形式中含有巯基（—SH）基团而被称为硫醇。谷胱甘肽在细胞中也以其氧化形式（GSSG）与蛋白质结合（最多约 15%）。GSH 与 GSSG 的比值是表示细胞的氧化还原状态的一个指标，是细胞氧化还原电位的最重要调节因子。正常情况下，细胞中的 GSH 与 GSSG 的比值为 10∶1。

谷胱甘肽存在于大多数细胞的细胞质中，但也有少量存在于细胞器和血浆中。谷胱甘肽具有多种功能，它是一种重要的抗氧化剂，能够清除自由基（$\cdot O_2^-$和 ·OH）从而保护包括巯基蛋白质在内的重要细胞组分免受氧化。在谷胱甘肽过氧化物酶的作用下，谷胱甘肽可以与过氧化氢（H_2O_2）和脂质过氧化氢（LOOHs）反应，防止它们对细胞造成损害。谷胱甘肽还在某些组织中作为 γ-谷氨酰基循环（图 2.4）的一部分来转运氨基酸。谷胱甘肽还可以参与白三烯（LT）C4 的合成，介导机体对炎症的反应；参与前列腺素 D2 合成酶将前列腺素 H2 转化为前列腺素 D2 和 E2 的过程；与一氧化氮结合形成 *S*-亚硝基谷胱甘肽。

谷胱甘肽的合成对蛋白质摄入量和机体的病理条件很敏感：在蛋白质摄入不足、炎症和疾病发生时，肝脏、肠道和全身的谷胱甘肽浓度会下降，这种下降会对机体产生负面影响，需要采取策略来增强或至少维持谷胱甘肽的浓度。

2.4.2　肉碱

肉碱是一种含氮化合物，由被甲基化的赖氨酸合成（图 2.12）。这些甲基来自在体内由甲硫氨酸氧化产生的 *S*-腺苷基甲硫氨酸（SAM）。在赖氨酸甲基化后，三甲基赖氨酸在 3 位经过羟化形成羟基化三甲基赖氨酸；羟基化三甲基赖氨酸进一步代谢生成 *γ*-丁基甜菜碱，然后生成肉碱。肉碱的合成也需要铁、维生素 B_6（以磷酸吡哆醛形式）、维生素 C 和烟酸（以 NAD^+形式）。

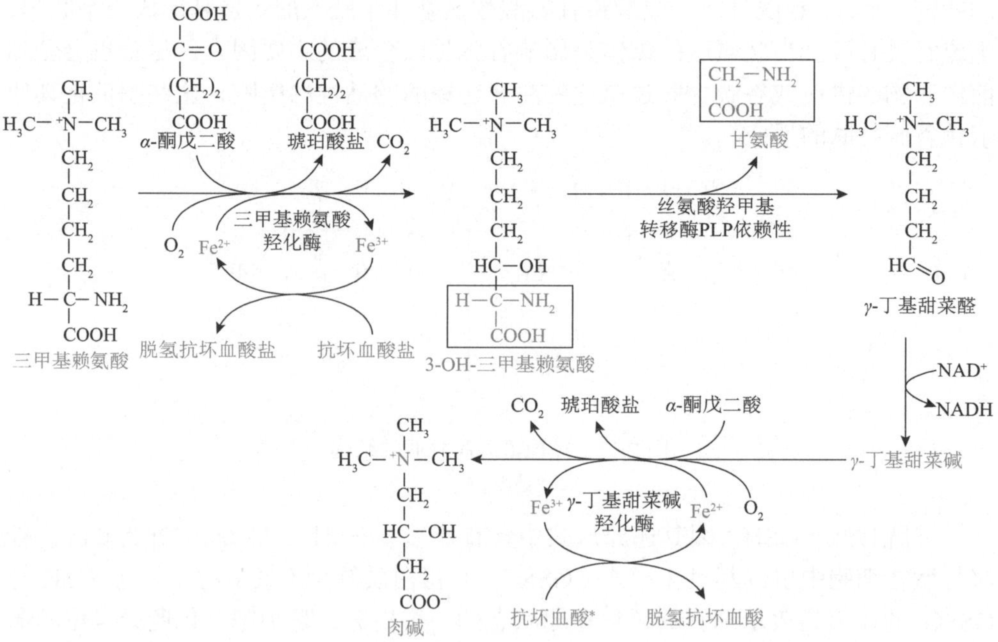

图 2.12　肉碱的合成

*抗坏血酸在两个反应中起还原剂的作用。在肉碱合成的两个反应中，都需要维生素将反应中被氧化的铁离子（Fe^{3+}）还原回其还原态（Fe^{2+}）

除了在肝脏和肾脏中合成外，肉碱主要存在于动物性食物中，特别是牛奶、鱼类、禽肉和肉类中。在这些食物中，肉碱可以是游离的，也能以结合态的（作为酰基肉碱）长链或短链脂肪酸酯的形式存在。从食物或膳食补充剂中摄取的肉碱有 54%～87%可被吸收，肉碱通过钠依赖性主动转运和被动扩散在近端小肠中被吸收；在摄入补充剂时，被动扩散通常占主导地位，提供 0.5～6g 肉碱；当肉碱摄入约 2g 时，肠道吸收达到饱和。但结肠中的某些细菌可将肉碱代谢产生三甲胺，三甲胺及其代谢产物三甲胺氧化物与许多疾病相关，这些内容将在“2.4.5 胆碱”部分进一步讨论。尽管肌肉中不能产生肉碱，但肌肉是主要的肉碱储存库，肌肉内的肉碱浓度通常是血浆浓度的 50 倍。肾脏主要维持肉碱的稳态，90%以上的肉碱和酰基肉碱被重吸收。

肉碱存在于大多数体组织中，用于将脂肪酸，尤其是长链脂肪酸，跨越线粒体内膜进行*β*-氧化。10个及以上碳原子链长的脂酰辅酶A（CoA）不能透过线粒体内膜，肉碱可与其生成酰基肉碱，用于缓冲游离的辅酶A池，并进行后续的酮体的能量代谢。

尽管肉碱缺乏症很少见，但会导致能量代谢受损。肉碱补充可以增加血浆和肌肉中的肉碱浓度，对一些有特定心脏问题和糖尿病的人有益。然而，补充肉碱并不像某些广告宣传中所暗示的可以“燃烧脂肪”。

2.4.3　肌酸

肌酸可从食物（主要是肉类和鱼类）中获取，或在体内由三种氨基酸合成。肌酸合成的过程如图2.13所示：首先从肾脏中开始，并需要精氨酸和甘氨酸；第二步发生在肝脏中，利用*S*-腺苷基甲硫氨酸对甘氨酸、鸟氨酸进行甲基化。

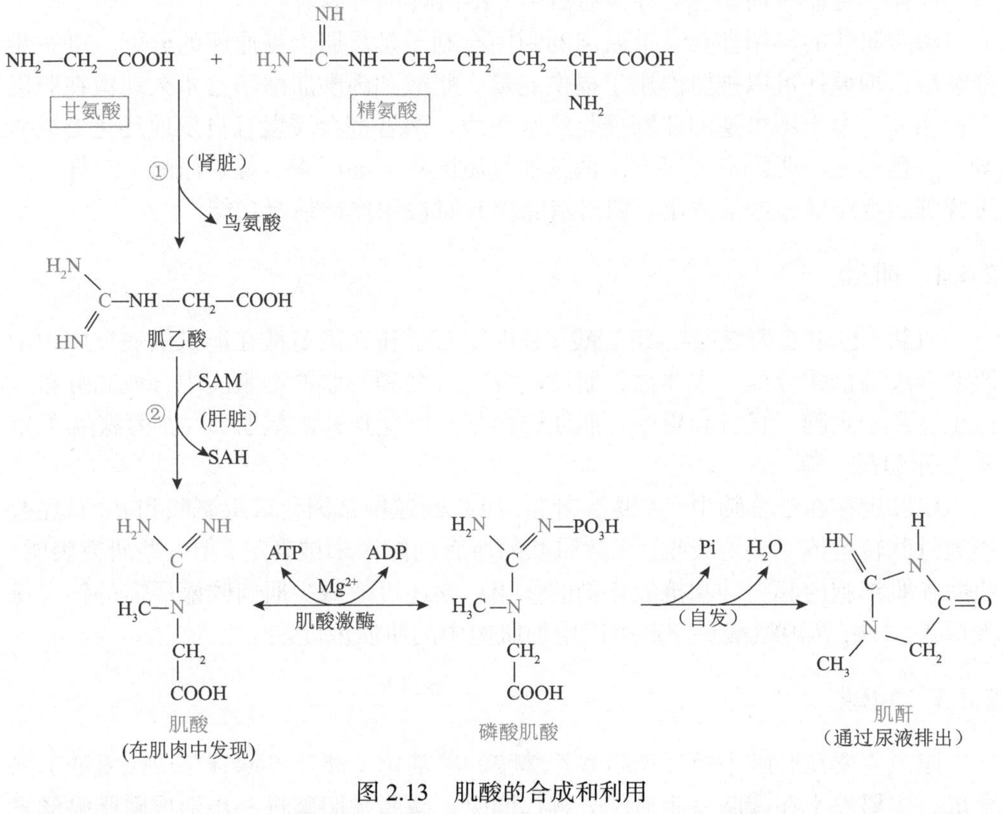

图2.13　肌酸的合成和利用

①精氨酸和甘氨酸在甘氨酸氨基转移酶的作用下反应形成胍乙酸。在这个反应中，精氨酸的胍基（也称脒基）转移到甘氨酸的氨基上；精氨酸分子的剩余部分以鸟氨酸的形式释放。②胍乙酸的甲基化需要胍乙酸甲基转移酶，*S*-腺苷基甲硫氨酸提供甲基

合成后，肌酸释放到血液中进而输送至组织。大约 95%的肌酸存在于肌肉中，剩下的 5%存在于肾脏和大脑等器官中。在组织中，肌酸以游离和磷酸化两种形式存在。磷酸肌酸的功能是储存高能磷酸盐。在静息状态下，肌肉中超过一半的肌酸以磷酸肌酸的形式存在；当肌肉迅速收缩时，需要水解 ATP 获得大量能量，但肌肉中 ATP 只能维持不到 1s 的时间，磷酸肌酸能够补充 ATP，因为磷酸肌酸具有比 ATP 更高的磷酸基团转移能力，可以将磷酸基团转移到腺苷二磷酸（ADP），从而形成 ATP 或协助 ATP 再生，为肌肉活动提供能量。

肌酸激酶（CK）也称肌酸磷酸激酶（CPK），在活跃的肌肉中催化磷酸基团的转移。肌酸激酶在不同组织中由不同的亚基组成。例如，在心脏中，肌酸激酶由名为 M 和 B 的两个亚基组成；在大脑和肌肉组织中，肌酸激酶分别由 BB 和 MM 亚基组成。心脏受损时，如心脏病发作，酶从心脏中漏出，使得血液中 CK-MB 的浓度升高。因此，血液中 CK-MB 的升高与其他指标一起被用来诊断心脏病发作。同样，骨骼肌损伤也会导致血液中 CK-MM 的升高。

磷酸肌酸的可用性及其被肌肉的利用有利于延缓肌肉糖原库的分解，进一步分解后，糖原还可以被肌肉用于提供能量。肌酸和磷酸肌酸不会永久地留在肌肉中；相反，由于不可逆的非酶催化脱水作用，两者都会缓慢且自发地环化形成肌酐。一旦形成，肌酐离开肌肉，像其他氮质废物（如尿素、氨、尿酸）一样，通过肾脏的肾小球经尿液排出。肌酐清除率有时被用作评估肾功能。

2.4.4 肌肽

肌肽（也称 β-丙氨酸-L-组氨酸）是由组氨酸和 β-丙氨酸在能量依赖反应中由肌肽合成酶催化合成。在体内，肌肽主要在骨骼和心肌的细胞质中合成和分布，但也存在于大脑、肾脏和胃中。肌肽还包括甲基化形式的鹅肌肽（β-丙氨酰-1-甲基-L-组氨酸）等。

肌肽也存在于食物中，主要是肉类，可在肠道中被消化成组氨酸和 β-丙氨酸，或通过肽转运体完整地吸收。虽然肌肽的所有功能尚未被确定，但一些研究表明，肌肽在肌细胞内起缓冲和抗氧化剂的作用；它还可能减少肌肉收缩所需的钙。每天摄入 3～6g β-丙氨酸补充剂可以增加肌肉中的肌肽浓度。

2.4.5 胆碱

胆碱主要在肝脏中通过磷脂酰乙醇胺的甲基化（涉及 *S*-腺苷基甲硫氨酸）来合成，主要发生在磷脂酰胆碱的分解代谢时。磷脂酰胆碱进一步形成磷脂酰丝氨酸，其中磷脂酰丝氨酸合成酶 1 通过将胆碱替换为丝氨酸，也释放出胆碱用于其他用途。在食物中，胆碱以游离形式少量存在，更多的是以磷脂酰胆碱（也称卵磷脂）和鞘磷脂等形式结合存在。富含卵磷脂的食物包括鸡蛋、肉类（尤其是肝脏和其他器官肉）、虾、鳕鱼、三文鱼、小麦胚芽和大豆、花生等豆类，在胰腺磷脂酶的作用下从其结合形式中水解释放。游离胆碱在小肠中通过扩散和载体介导的摄取被吸收，并通过血液转运到组织中。以磷脂酰胆碱和鞘磷脂形式存在的胆碱被包含在乳糜微粒中以供组织转运。肝脏和肾脏可以储存胆碱。

胆碱是一种含氮化合物，尽管并没有被定义为维生素，但常与B族维生素一起出现和讨论。胆碱具有以下几个功能：大部分胆碱用于合成细胞膜的主要组成部分——磷脂酰胆碱和鞘磷脂，磷脂酰胆碱还在细胞内信号转导和肝脏中极低密度脂蛋白的分泌中发挥作用；鞘磷脂是髓鞘的成分，它在神经周围形成鞘，并在神经传导中起重要作用。胆碱还用于形成血小板活化因子和神经递质乙酰胆碱。为了转化为乙酰胆碱，游离胆碱通过特定的胆碱转运系统越过血脑屏障，并从血浆进入脑细胞。在神经元的突触前末梢，乙酰胆碱通过胆碱乙酰转移酶的作用形成。该反应所需的乙酰辅酶A被认为来自神经糖酵解和丙酮酸脱氢酶复合物的作用。胆碱乙酰基转移酶在胆碱能神经元中的浓度通常低于 K_m 值，因此该酶一般不会饱和。乙酰胆碱中的胆碱可以在突触传递后得到再利用；乙酰胆碱酯酶可以水解这种神经递质。

胆碱在肝脏和肾脏中会被氧化。在肝脏中，胆碱氧化生成甜菜碱，甜菜碱也存在于植物性食物中，并在同型半胱氨酸转化为甲硫氨酸时起到甲基供体的作用。甜菜碱（也称三甲基甘氨酸）进一步代谢生成二甲基甘氨酸（也称肌氨酸），随后生成甘氨酸，这些反应需要四氢叶酸的参与，其产物是5, 10-亚甲基四氢叶酸。这些反应将在6.4节详细介绍。

膳食缺乏胆碱会引起肌肉损伤、促进脂肪肝的发展，并伴有肝酶的改变和一定程度的肝坏死。胆碱不足还与炎症有关。由于机体从头合成胆碱并不能始终满足机体对胆碱的需求，建议成年女性和男性每天分别摄入425mg和550mg胆碱，该摄入量很容易通过食用动物产品和含脂肪的食物获得。胆碱摄入过度也会损伤机体健康，胆碱的每日可容忍最高摄入水平为3.5g。摄入过多胆碱可能导致过多出汗、多唾液、呕吐和鱼腥体味等不良反应；摄入7.5g胆碱可能导致轻微的低血压效应。近期还有研究发现胆碱与肠道菌群相互作用会增加多种疾病的风险。在胃肠道中，肠道细菌的特定类群代谢胆碱（以及膳食磷脂酰胆碱、甜菜碱和肉碱），生成三甲胺（也存在于某些鱼类中），之后通过肠道的被动扩散被吸收，并被肝脏摄取，发生氧化生成三甲胺-*N*-氧化物（TMAO）。研究报道，血浆中高浓度的TMAO与慢性肾脏疾病、糖尿病、心血管疾病（包括心肌梗死和中风）正相关，该化合物可以通过尿液、汗液和呼气从体内排泄出去。

2.4.6 嘌呤和嘧啶碱

机体存在两种核酸——脱氧核糖核酸（DNA）和核糖核酸（RNA），这两种核酸的合成需要含氮碱基、五碳糖和磷酸，氨基酸为这些碱基中的氮提供了来源。含氮碱基可分为嘧啶碱基和嘌呤碱基两类。嘧啶碱基是在 1 位和 3 位含有氮原子的六元环；嘧啶碱基包括尿嘧啶、胞嘧啶和胸腺嘧啶。脱氧胞苷和脱氧胸苷存在于 DNA 中。胞苷和尿苷存在于 RNA 中。嘌呤是一种含氮杂环有机化合物，由两个在 1 位、3 位、7 位和 9 位含有氮原子的稠环组成。嘌呤碱基包括腺嘌呤和鸟嘌呤，在 DNA 中以脱氧腺苷和脱氧鸟苷存在，在 RNA 中以腺苷和鸟苷存在。

用于制造核酸和核苷酸的含氮碱基的合成大部分在肝脏中从头开始。首先，通过谷氨酰胺、CO_2 和 ATP 的反应形成氨甲酰磷酸，从而开始合成嘌呤、胞嘧啶和胸腺嘧啶[或核苷酸形式的尿苷三磷酸（UTP）、胞嘧啶核苷三磷酸（CTP）和胸苷三磷酸（TTP）]。这个反应由细胞质中的氨甲酰磷酸合成酶Ⅱ催化，与线粒体中的尿素合成的初始步骤所需的氨甲酰磷酸合成酶Ⅰ不同。其次，氨甲酰磷酸与天冬氨酸反应生成 *N*-氨甲酰天冬氨酸。这个反应由天冬氨酸转氨甲酰酶催化，是嘧啶生物合成的关键步骤。最终合成尿苷一磷酸（UMP）。

一旦形成 UMP，它可以与其他二磷酸和三磷酸核苷酸发生反应。UMP 可以利用 ATP 转化为尿苷二磷酸（UDP），UDP 也可以利用 ATP 转化为 UTP，而 UTP 可以利用 ATP 和谷氨酰胺的氨基基团转化为 CTP。另外，UDP 可以通过核糖核苷酸还原酶还原为脱氧 UDP（dUDP）。该反应需要核黄素作为还原型黄素腺嘌呤二核苷酸（$FADH_2$）和硫氧还蛋白，dUDP 随后可以转化为脱氧 UMP（dUMP）。从 dUMP 到脱氧胸腺苷酸的形成是由胸腺苷酸合成酶催化的，这个反应需要 5, 10-甲氨基四氢叶酸，并形成另一种叶酸衍生物二氢叶酸（DHF）。需要二氢叶酸还原酶将 DHF 转化为四氢叶酸，然后再转化为 5, 10-甲氨基四氢叶酸，从而合成 dTMP。dTMP 可以磷酸化形成脱氧胸苷二磷酸（dTDP），然后再磷酸化形成脱氧胸苷三磷酸（dTTP）。因此，通过这些反应，产生 CTP、(d)TTP 和 UTP，并用于合成 DNA 和 RNA。CTP 还用于磷脂的合成，UTP 用于形成各种糖的代谢中的活化中间产物。用于治疗癌症的药物经常以靶向嘌呤或嘧啶合成所需的关键酶为关键点，而这些酶对于健康细胞和癌细胞的生长和繁殖都是必需的。例如，药物甲氨蝶呤抑制了二氢叶酸还原酶的活性，从而减少了 dTMP（从而降低 TTP）的形成。快速分裂的细胞，如癌细胞，更容易受到这些药物的影响。

嘌呤碱基即腺嘌呤和鸟嘌呤是通过逐渐将碳原子和氮原子加到产生磷酸己糖支路的核糖-5-磷酸上，以从头合成核苷酸单磷酸盐。在初始反应中，核糖-5-磷酸与 ATP 反应形成 5-磷酸核糖基-1-焦磷酸（PRPP）。随后，谷氨酰胺提供一个氮原子形成5-磷酸核糖胺。这一步骤是嘌呤核苷酸合成的关键步骤。接下来，在一系列反应中，从甘氨酸中添加氮原子和碳原子，通过四氢叶酸进行甲酰化，谷氨酰胺的酰胺基团提供另一个氮原子，并且进行环闭合。另一组反应涉及从 CO_2 和10-甲酰叶酸中摄取碳原子及从天冬氨酸中摄取一个氮原子。所有这些反应的最终结果是形成一个嘌呤环，该环是由几个氨基酸（包括谷氨酰胺、甘氨酸和天冬氨酸）及叶酸和 CO_2 组成的。

用于 DNA 和 RNA 合成的嘌呤三磷酸核苷酸的形成起源于肌苷一磷酸（IMP）合成腺苷一磷酸（AMP）和鸟苷一磷酸（GMP），再通过 ATP、AMP 和 GMP 分别被磷酸化为腺苷二磷酸（ADP）和鸟苷二磷酸（GDP）。通过将核糖转化为脱氧核糖，从而产生脱氧 ADP（dADP）和脱氧 GDP（dGDP）；ADP 则可以通过氧化磷酸化反应磷酸化为 ATP；其余的核苷酸通过 ATP 磷酸化为它们的三磷酸盐形式。

2.4.7 一氧化氮

一氧化氮参与多种生理过程，包括调节血压（血管平滑肌松弛）和肠道运动，抑制血小板聚集和巨噬细胞功能。心脏产生的内皮源性一氧化氮有助于维持心血管功能。研究发现，随着年龄的增长，机体一氧化氮的含量逐渐减少。一氧化氮还可以与谷胱甘肽结合形成谷胱甘肽化的一氧化氮，这种化合物可以刺激蛋白质的谷胱甘肽化。

2.5 蛋白质的品质

蛋白质的质量在一定程度上取决于其消化率及其氨基酸组成。含有蛋白质的食物可分为两类：完全蛋白质、不完全蛋白质。完全蛋白质（又称优质蛋白质），含有人体所需的所有必需氨基酸。完全蛋白质通常来自动物性食物，如牛奶、酸奶、奶酪、鸡蛋、肉类、鱼类和禽肉。但也有例外，如明胶，它是动物蛋白质，但缺乏必需氨基酸色氨酸；还有胶原蛋白，它也可以是动物蛋白质，但色氨酸和支链氨基酸含量相对较低。不完全蛋白质，存在于植物性食物中，包括豆类、坚果、蔬菜和谷物，大多数植物性食物往往缺乏一种或多种必需氨基酸，大豆蛋白和藜麦除外，它们虽然来源于植物，但是完全蛋白质。此外，为了描述食物中含量最低的必需氨基酸，提出了“限制性氨基酸”的概念，表2.4列出了各种植物性食物中的限制性氨基酸。

表 2.4　植物性食物中的限制性氨基酸

食物种类	限制性氨基酸	补充食品组
豆类	甲硫氨酸	谷物、坚果和种子
蔬菜	甲硫氨酸	谷物、坚果和种子
谷物（大部分）*	赖氨酸和苏氨酸	豆类
坚果和种子	赖氨酸	豆类

*玉米中的限制性氨基酸包括赖氨酸和色氨酸。

除了某些必需氨基酸的含量较少外，植物蛋白质的消化率也比动物蛋白质低。蛋白质的消化率是摄入特定蛋白质后被吸收的氨基酸的量。已发现动物蛋白质的消化率为 90%～99%，如肉类和奶酪的消化率为 95%。相比之下，植物蛋白质的消化率通常不超过 80%，有些甚至不到 50%。例如，煮熟的脱皮豌豆的消化率约为 70%，花生酱的消化率为 46%。植物蛋白质较低的消化率受到几种因素的影响，包括纤维和其他成分（如植物而非动物性食物中的植酸），这些成分阻碍了消化酶的物理接触和水解蛋白质（以便随后吸收氨基酸）的能力。某些植物中还含有蛋白酶抑制剂，限制了酶的活性。由于植物蛋白质的可消化性较低，植物蛋白质中的氨基酸的吸收率也较低。

如果饮食中只包含低质量的蛋白质，可能会导致必需氨基酸的不足，并可能降低身体合成自身蛋白质的能力。如果某种氨基酸不足或者缺乏，机体将无法合成蛋白质。当细胞内蛋白质合成时缺乏所需氨基酸，特别是必需氨基酸，氨基酸氧化（降解）增加。肌肉蛋白合成在进餐后的一段时间内达到最大（即进餐后）。为了确保身体细胞获得所有必需的氨基酸，应该一起或混合摄入某些植物蛋白食物，使它们的氨基酸模式相互补充。例如，豆类富含赖氨酸，但含硫氨基酸（如甲硫氨酸、半胱氨酸）含量低，可以与富含甲硫氨酸和半胱氨酸但赖氨酸含量有限的谷物相补。如果素食主义者在食用植物性食物的同时摄入牛奶、酸奶、奶酪或鸡蛋，通常不会出现蛋白质供应不足的问题，因为这些食物中含有足够数量的必需氨基酸。唯一例外的是牛奶与豆类的组合，虽然牛奶中每克蛋白质含有比豆类更多的甲硫氨酸和半胱氨酸，但仍然不能满足理想的含硫氨基酸的标准模式。互补蛋白质应该在同一餐食中一起摄入，以帮助最大限度地促进蛋白质合成，这种方式对老年人尤其重要。

第 3 章　碳水化合物

碳水化合物由碳、氧和氢原子构成，通式为 $C_x(H_2O)_y$。准确地说，碳水化合物是具有多个羟基基团的醛或酮。碳水化合物是植物的主要结构组分，可分为简单碳水化合物和复杂碳水化合物。简单碳水化合物包括单糖和双糖。复杂碳水化合物包括含有 3～10 个单糖的低聚糖和含有大于 10 个单糖的多糖（图 3.1）。碳水化合物主要是以淀粉和糖的形式提供食物能量，同时，还可以作为代谢中间体，作为 RNA 和 DNA 的组成部分，在细胞和组织的结构元素中发挥作用。

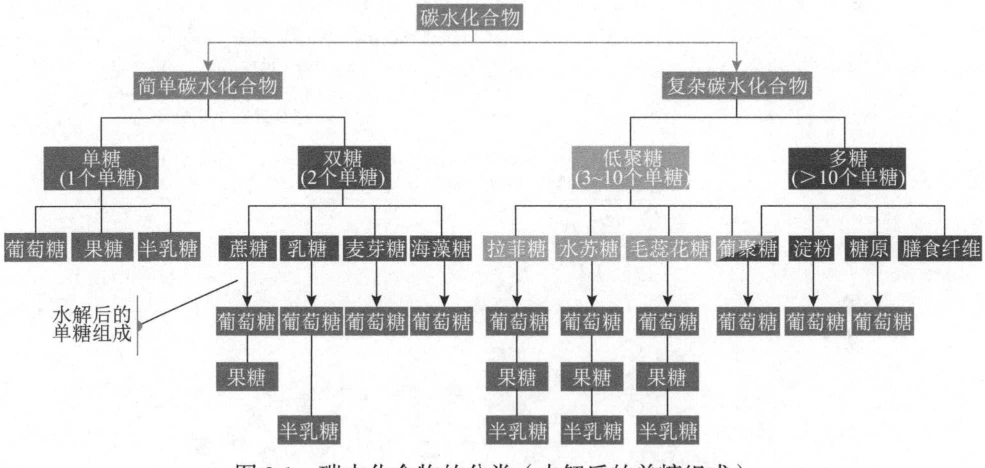

图 3.1　碳水化合物的分类（水解后的单糖组成）

3.1　碳水化合物的消化、吸收与转运

3.1.1　碳水化合物的消化

多糖是食物中最丰富的碳水化合物，此外，食物中还含有丰富的双糖（主要是蔗糖和乳糖）。在这些膳食碳水化合物被细胞利用之前，必须首先在胃肠道内水解为其对应组成的单糖，因为只有单糖可以被吸收进入肠上皮细胞中。食物中的葡萄糖、果糖等单糖，不需要消化即能被肠上皮细胞吸收。

1. 多糖的消化

淀粉是膳食中最常见的多糖种类，包括直链淀粉和支链淀粉（图 3.2）。淀粉

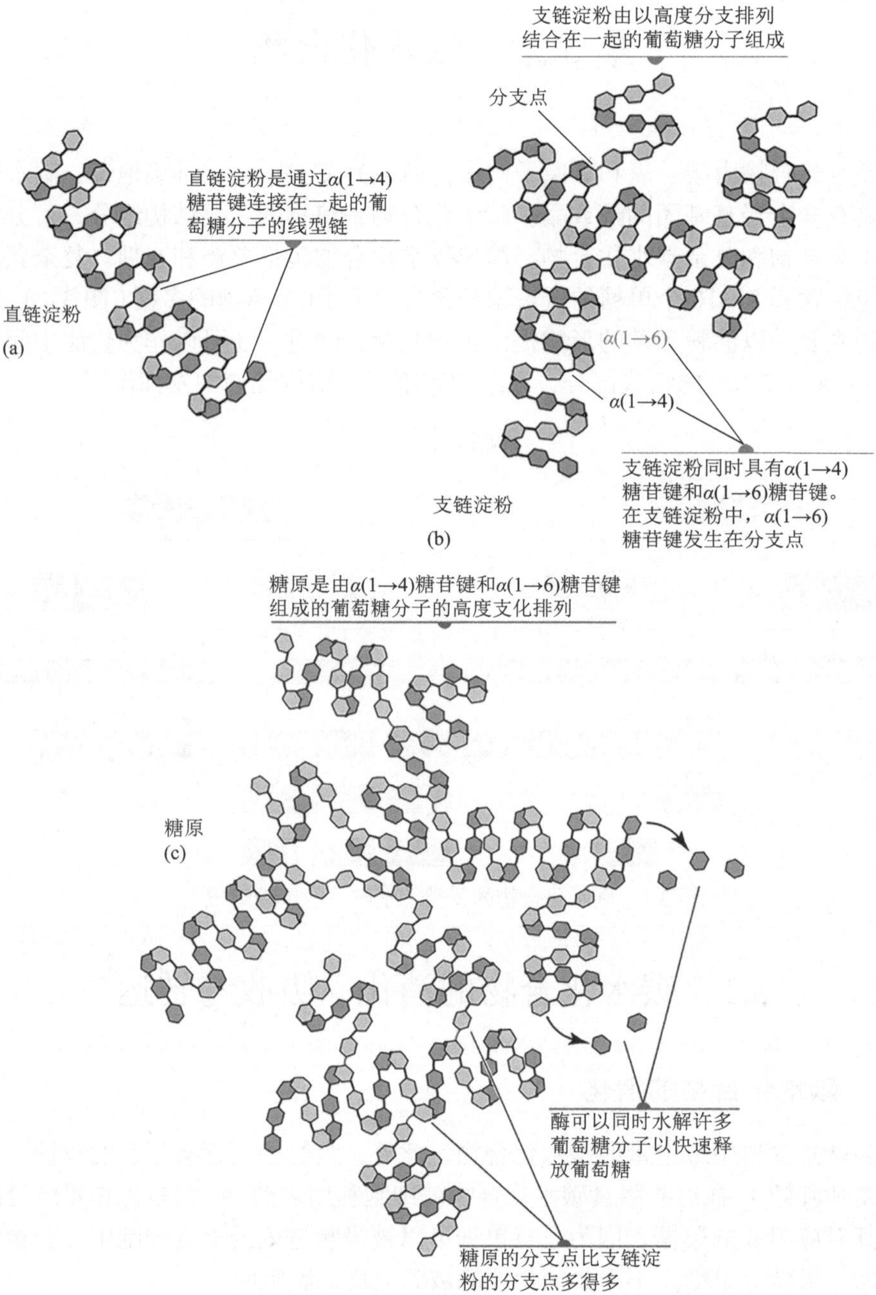

图 3.2　直链淀粉、支链淀粉和糖原的结构

的消化从口腔开始，其关键酶是唾液淀粉酶，能够特异性水解 α（1→4）糖苷键，因此，α-淀粉酶无法水解纤维素的 β（1→4）糖苷键、乳糖的 β（1→4）糖苷键、蔗糖的 α（1→2）糖苷键和组成分支点的 α（1→6）糖苷键。由于食物在被咽下之前在口腔停留的时间很短，这一阶段消化产生的主要是低聚糖（糊精），几乎没有单糖和双糖。唾液淀粉酶能够随着食物进入胃中，并继续发挥水解作用，直到胃酸穿透食物团并降低 pH，从而失活。

糊精进入十二指肠和空肠后，受胰腺 α-淀粉酶的继续作用。由于胰液碳酸氢盐的存在，十二指肠的 pH 升高至有利于酶发挥作用的值。胰腺 α-淀粉酶持续水解 α（1→4）糖苷键，产生麦芽糖和异麦芽糖、麦芽三糖和极限糊精（图 3.3）。麦芽三糖是由三个葡萄糖经 α（1→4）糖苷键连接形成；极限糊精是淀粉体中残留的支链淀粉，包含 α（1→6）糖苷键，无法被 α-淀粉酶水解。麦芽糖、麦芽三糖和极限糊精被肠道细胞微绒毛上特定的酶进一步消化：麦芽糖和麦芽三糖被 α-葡萄糖苷酶（也称麦芽糖酶）水解；极限糊精被 α-极限糊精酶（也称异麦芽糖酶）作用。α-半乳糖苷酶是唯一能水解 α（1→6）糖苷键的肠道酶。葡萄糖是 α-淀粉酶和肠道细胞微绒毛酶联合作用的最终消化产物（图 3.3）。

豆类和某些蔬菜的淀粉质及其他抗性淀粉会有一部分不能被完全消化，部分原因是酶作用位点无法实现，另一部分原因是一些食物中天然存在 α-淀粉酶和 α-葡萄糖苷酶的抑制剂。

2. 双糖的消化

在口腔、胃和小肠腔内，葡萄糖双糖或寡糖的消化过程并不明显。葡萄糖双糖的消化几乎完全发生在小肠上段的微绒毛上，通过各类双糖酶作用完成。在肠上皮细胞上存在的酶包括乳糖酶、蔗糖酶、α-葡萄糖苷酶（麦芽糖酶）和海藻糖酶。乳糖酶催化将乳糖分解成等摩尔的半乳糖和葡萄糖。如前所述，乳糖具有 β（1→4）糖苷键，乳糖酶对这种 β 型连接有立体特异性。

乳糖酶活性在婴儿时期较高，但在包括人类在内的大多数哺乳动物中，在断奶几年后就会降低。其活性的逐渐降低可能导致乳糖吸收不良和乳糖不耐受症。人类群体中乳糖不耐受症的发生率因地理位置、种族而异。美洲原住民及亚洲、非洲和中东裔人群的乳糖不耐受症发病率最高；在来自北欧国家的白人个体中发病率最低。可以在普通牛奶制品中直接添加乳糖酶，水解其中的乳糖从而供乳糖不耐受症人群食用。

蔗糖酶水解蔗糖产生一分子葡萄糖和一分子果糖。α-葡萄糖苷酶（麦芽糖酶）水解麦芽糖产生两个葡萄糖分子。海藻糖酶水解海藻糖的 α（1→1）糖苷键产生两个葡萄糖分子。碳水化合物消化的最终产物——单糖，可以被肠上皮细胞吸收。

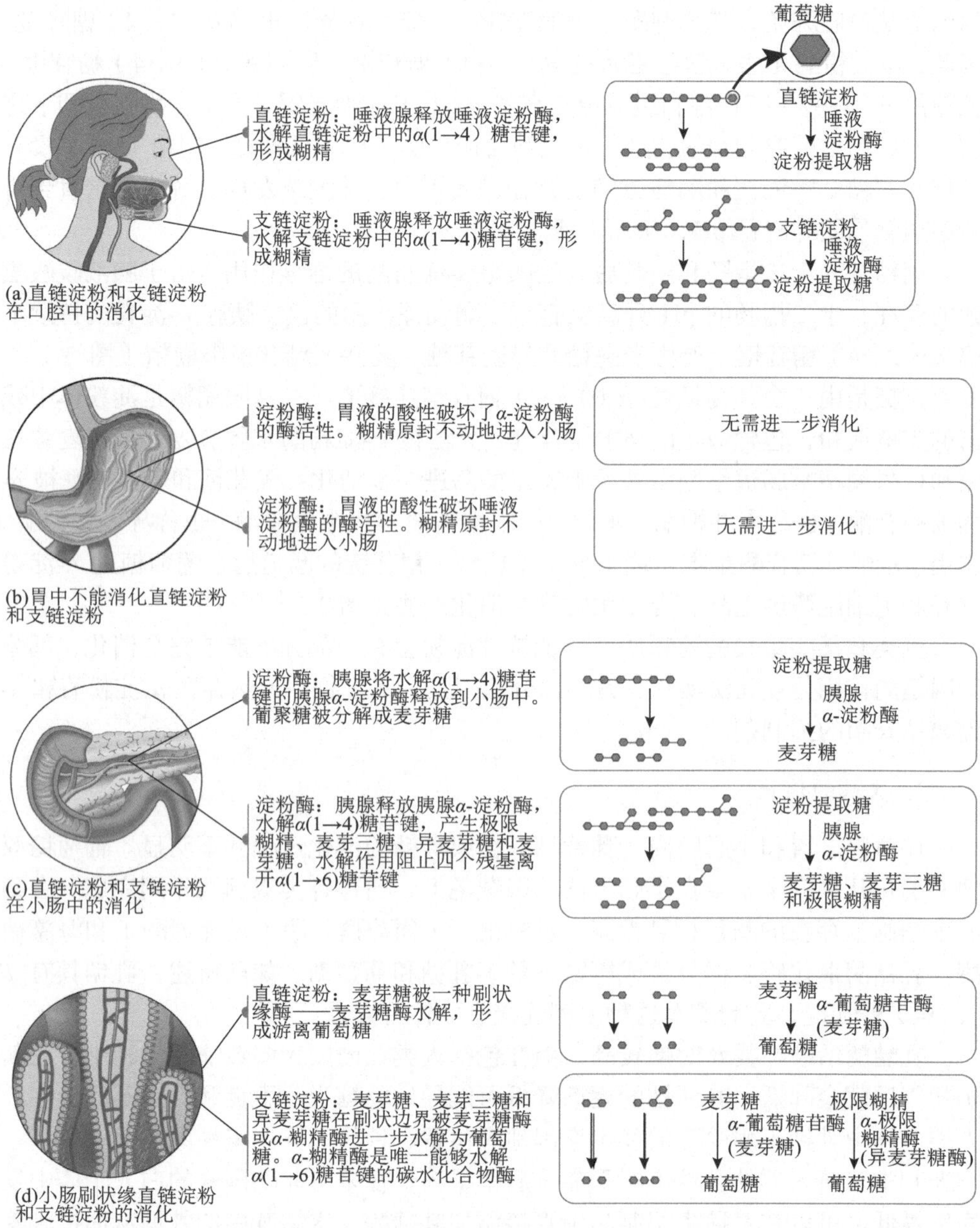

图 3.3　淀粉的消化

3.1.2　单糖的吸收和转运

为了使膳食单糖吸收到血液中，必须两次穿过肠上皮细胞的质膜。这些单糖首先进入肠道顶部刷状缘侧的上皮细胞内，然后在面向连接到肝门静脉的毛细血管网络的基底侧离开。通过这种方式，新吸收的糖直接送到肝脏，根据机体的需要进一步代谢利用。

分子跨越质膜的运动，包括肠道细胞的运动，是一个高度调节过程。为了更好地理解单糖的肠道吸收和运输，这里对膜转运进行了一般性讨论。

1. 单糖的膜转运载体

对于单糖分子，其穿越细胞膜的过程由细胞膜表面专门的转运蛋白质介导。在人类中已经确定了两个主要的单糖转运蛋白家族：能量依赖性的钠-葡萄糖协同转运蛋白（SGLT）和易化扩散的葡萄糖转运蛋白（GLUT）。SGLT 和 GLUT 在全身的分布具有组织特异性，每个转运蛋白都具有不同的调节特性和底物特异性。

1）钠-葡萄糖协同转运蛋白

到目前为止，已经确定了七种 SGLT 的亚型（表 3.1），其中 SGLT1 和 SGLT2 在单糖转运中具有重要作用。SGLT 的功能与钠的共同运输和 ATP 水解相耦合，因此，它们的活性依赖于细胞能量并属于主动转运的一种。

表 3.1　钠-葡萄糖协同转运蛋白家族

转运蛋白	主要基质	主要表达场所
SGLT1	葡萄糖、半乳糖	小肠、心脏、肾脏
SGLT2	葡萄糖	肾脏
SGLT3	无运输活动；充当葡萄糖传感器	肠道神经系统
SGLT4	甘露糖	小肠、肾脏
SGLT5	甘露糖、果糖	肾脏
SGLT6	肌醇	大脑、肾脏
SMIT1	肌醇、葡萄糖	广泛的组织分布

SGLT1 主要表达于肠道上皮细胞的刷状缘膜，其主要作用是吸收膳食中的葡萄糖和半乳糖。它也在肾脏和其他组织中表达，但它在其他组织中的重要性尚不清楚。肠道 SGLT1 的重要性在于遗传异常，此异常称为葡萄糖-半乳糖吸收不良，是由 SGLT1 基因突变引起的。这种情况在新生儿中很容易被识别出来。此种患者除非从饮食中去除葡萄糖和半乳糖（而非果糖）的食物来源，否则会严重腹泻。

SGLT2 在肾脏近曲小管中高度表达，其负责从肾小球滤液中重吸收葡萄糖。在 2 型糖尿病中，SGLT2 可能会上调，促进葡萄糖的重吸收从而加剧高血糖。因此，靶向 SGLT2 的抑制剂也是糖尿病药物的一种，通过阻断肾脏近曲小管中葡萄糖的重吸收来促进葡萄糖的排出。

2）葡萄糖转运蛋白

人体内共有 14 种不同的 GLUT，在全身分布，在不同的组织和细胞中表达，并具有各自特定的生理功能和调控机制（表 3.2）。其中，GLUT1、GLUT2、GLUT3、GLUT4 和 GLUT5 是最为广泛研究和应用的 GLUT 亚型。GLUTs 通过易化扩散运输葡萄糖和其他小分子，其介导的运输可以是双向的，取决于底物浓度的梯度。

表 3.2 葡萄糖转运蛋白家族

转运蛋白	主要基质	主要表达场所
	Ⅰ类	
GLUT1	葡萄糖、半乳糖、甘露糖、葡糖胺	红细胞、中枢神经系统、血脑屏障、胎盘、胎儿组织
GLUT2	葡萄糖、半乳糖、果糖、甘露糖、葡糖胺	肝脏、胰岛 β 细胞、肾脏、小肠
GLUT3	葡萄糖、半乳糖、甘露糖、木糖、脱氢抗坏血酸	大脑的神经元、白细胞、睾丸、胎盘、着床前胚胎
GLUT4（胰岛素依赖型）	葡萄糖、葡糖胺	骨骼肌、心脏、棕色和白色脂肪细胞
	Ⅱ类	
GLUT5	果糖，但不识别葡萄糖	小肠、肾脏、大脑、骨骼肌、脂肪细胞
GLUT7	葡萄糖、果糖	小肠、睾丸、前列腺
GLUT9	尿酸、葡萄糖、果糖	肝脏、肾脏、小肠
GLUT11	葡萄糖、果糖	肾脏、胎盘、骨骼肌、胰腺
	Ⅲ类	
GLUT6	葡萄糖	脾脏、大脑、白细胞
GLUT8	葡萄糖、半乳糖、果糖	睾丸、大脑（神经元）、脂肪细胞
GLUT10	葡萄糖、半乳糖、脱氢抗坏血酸	肝脏、胰腺、平滑肌（主动脉）
GLUT12	葡萄糖	小肠、骨骼肌、脂肪细胞
GLUT13	肌醇	脑
GLUT14	葡萄糖、脱氢抗坏血酸	睾丸

所有的 GLUT 都具有相似的结构和基因编码序列（图 3.4）。GLUT 蛋白由大约 500 个氨基酸残基组成，贯穿细胞膜的脂质双分子层，每个转运蛋白中有 12 个跨膜 α 螺旋片段，定向使蛋白质链的亲水区突出到胞外和细胞质介质中，而疏水区穿过膜。当葡萄糖或其他底物附着到蛋白质的结合位点时，它会引起蛋白质的构象变化，使底物转移到膜的另一侧。在底物被释放后，构象变化会被反转，

GLUT通过重复这一过程实现葡萄糖等分子的转运。

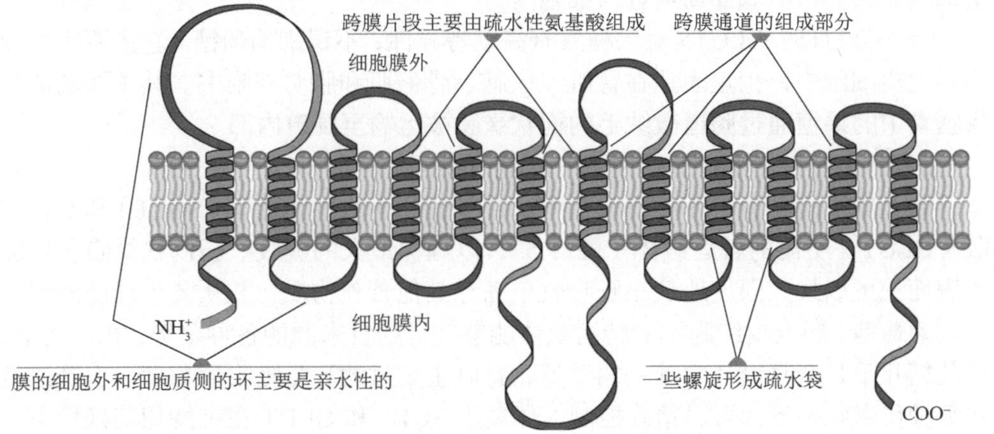

图3.4　葡萄糖转运蛋白的通用结构

GLUT家族根据它们的序列相似性通常分为三类（表3.2）。所有的细胞在细胞质膜和细胞器内膜上至少表达一个GLUT亚型，从而有助于确保在各种生理条件下机体各个细胞能够将葡萄糖作为关键能量底物进行摄取和利用。GLUT1～GLUT5是目前研究最广泛和在单糖运输中具有确定角色的亚型。

（1）GLUT1：GLUT1是第一个被发现并且在机体广泛表达的葡萄糖转运蛋白。GLUT1负责向红细胞提供葡萄糖，并介导葡萄糖穿过血脑屏障，向胚胎期发育中的中枢神经系统提供葡萄糖。在GLUT1缺乏患者中，由于大脑获得的葡萄糖不足而在生命早期如婴儿期开始出现癫痫，由此可见其重要性。

（2）GLUT2：GLUT2是一种低亲和力、高容量的转运蛋白，在胰腺的胰岛β细胞、肝脏、小肠和肾脏中表达最多。GLUT2主要介导单糖从肠道细胞通过基底外侧膜运输进入门静脉血中。当肠道腔中葡萄糖浓度较高时，它可以通过微绒毛将葡萄糖和果糖运输进入肠上皮细胞，其转运效率极大依赖于血糖浓度。在胰腺中，GLUT2是血糖水平的灵敏指标，参与释放胰岛素来调节血糖水平。胰岛素水平高会导致GLUT2离开肠道上皮细胞的质膜并返回细胞质中的存储囊泡。

（3）GLUT3：GLUT3是一种高亲和力的葡萄糖转运蛋白，在对葡萄糖依赖性较高的组织如大脑的神经元中表达最多，可以帮助这些组织以葡萄糖为能量底物进行供能。GLUT3也表达在对葡萄糖需求较高的细胞和组织中，如精子、胎盘和着床前胚胎。一些数据表明，GLUT3的异常可能导致大脑葡萄糖供应不足，从而导致儿童发生阅读障碍。

（4）GLUT4：GLUT4是胰岛素调节肌肉和脂肪组织中的细胞摄取血糖的主要载体，其他细胞如红细胞和组织如肝脏、肾脏和大脑不表达GLUT4，因此不依赖于胰岛素来摄取葡萄糖。胰岛素的一个作用是使 GLUT4 从胞内存储囊泡转运至细胞质膜上，摄取葡萄糖进入细胞内。

（5）GLUT5：GLUT5 对果糖具有高度特异性，不识别葡萄糖。它主要表达在小肠上皮细胞中，少量表达在肾脏、大脑、骨骼肌和脂肪细胞中。其主要功能是将膳食中的果糖通过肠道微绒毛的刷状缘膜被运输至肠道内部。

3）肠上皮与肾小管上皮细胞中的单糖转运

肠上皮细胞和肾小管上皮细胞中存在单糖分子的主动转运（SGLT）和易化扩散（GLUT）所需的转运载体（图 3.5），以确保最大的吸收。肠刷状缘膜所增加的表面积可以最大限度地从小肠吸收单糖和其他营养物质，并从肾小球滤液中重吸收葡萄糖。肠上皮细胞中的转运载体能够转运膳食来源的各种单糖；相比之下，葡萄糖几乎是全身循环中唯一的单糖，肾脏主要过滤和重吸收葡萄糖。血糖浓度在每种代谢状态下都可以精确控制，体现出 SGLT 和 GLUT 在维持葡萄糖稳态方面的重要性。

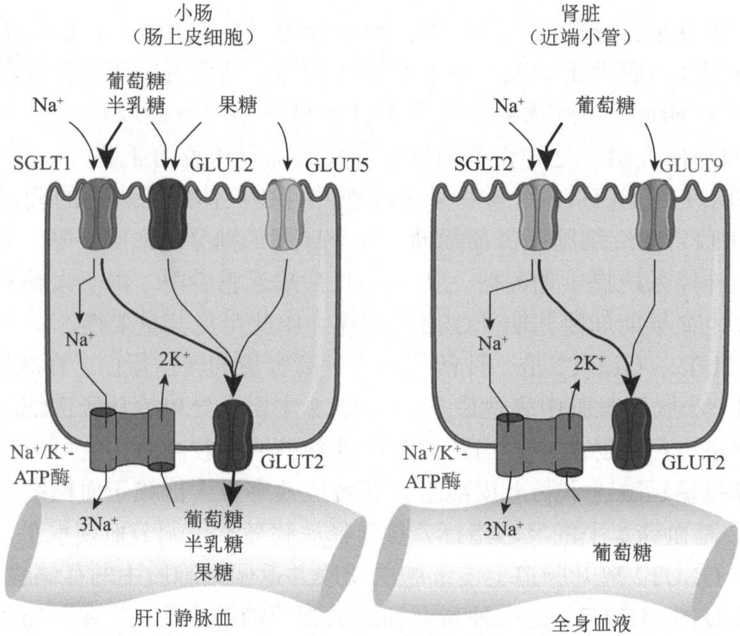

图 3.5 代表性 SGLT 和 GLUT 在肠上皮细胞和肾小管上皮细胞中的作用

2. 葡萄糖和半乳糖的肠道吸收

小肠刷状缘膜的绒毛和微绒毛提供了巨大的表面积，保障了营养物质的吸收。人类肠道每天的吸收能力为葡萄糖约 5400g，果糖约 4800g，这种吸收能力在正常饮食中不会达到。碳水化合物的消化和吸收非常有效，使得在正常情况下，几乎大部分的单糖都在空肠末端被吸收完毕，但吸收过程可能延伸至回肠。

碳水化合物被消化后，葡萄糖和半乳糖通过相同的机制被运输进入肠上皮细胞，这包括主动转运和易化扩散。主动转运和易化扩散的相对贡献取决于摄入的碳水化合物量；在摄入大量碳水化合物后，易化扩散参与得更多。

1）主动转运

葡萄糖和半乳糖进入肠上皮细胞的主动转运机制需要细胞能量（ATP）和 SGLT1 的参与（图 3.6）。SGLT1 位于小肠上皮细胞的刷状缘膜上，负责将一分子葡萄糖（或半乳糖）与两个 Na^+以同向转运的方式运输，因此是一个共转运体。SGLT1 有两个结合位点：一个结合 Na^+，另一个结合葡萄糖。除非其已经结合了 Na^+，否则葡萄糖结合位点不可用。Na^+附着在载体上增加了葡萄糖的亲和力。胞内 Na^+浓度通常很低，其沿着浓度梯度移动。Na^+和葡萄糖被运输进入肠上皮细胞后，从 SGLT1 中释放出来。

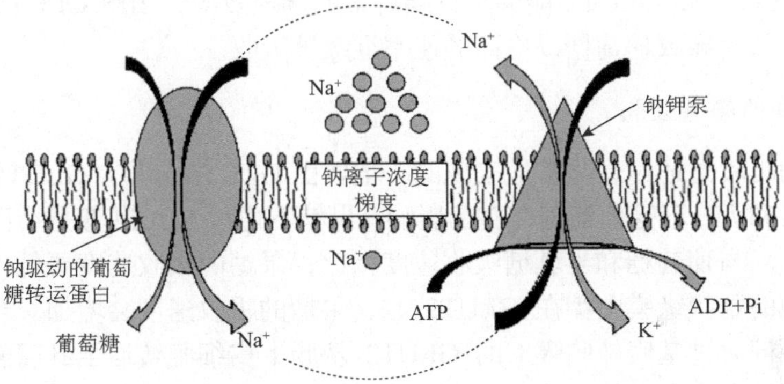

图 3.6　葡萄糖和半乳糖转运进入肠上皮细胞

进入细胞的 Na^+由位于基底外侧膜上需能耗的 Na^+/K^+-ATP 酶（Na^+/K^+-ATPase，也称钠钾泵）“泵”回去。Na^+/K^+-ATP 酶首先在细胞膜内表面与 Na^+共同结合 ATP。然后，该酶通过 ATP 分解为腺苷二磷酸（ADP）而被磷酸化，并因此能够将三个 Na^+从肠上皮细胞中移出。在细胞膜外表面，Na^+/K^+-ATP 酶在 K^+的存在下进行水解反应而脱磷酸化，然后能够将两个 K^+返回细胞内。术语“泵”是因为钠离子和钾离子都是沿着它们的浓度梯度向膜外运输的。

Na^+/K^+-ATP 酶的活性发生在与 SGLT1 活性相反的不同膜位置，并且 SGLT1 本身不会被 ATP 磷酸化。然而，涉及 SGLT1 的葡萄糖（和半乳糖）运输的整个过程被称为主动转运。这说明了在具有多种膜转运蛋白的细胞中，主动转运通过共同运输 Na^+来实现。事实上，Na^+/K^+-ATP 酶负责活性细胞中的大部分主动转运，并且是身体休息时的主要能量来源。

随着胞内葡萄糖浓度的增加，葡萄糖会结合到位于基底外侧膜上的 GLUT2。

GLUT2 是一种低亲和力、高容量的转运蛋白，促进葡萄糖和其他单糖从肠上皮细胞进入下面的毛细血管，输送到肝门静脉中。

2）易化扩散

一些葡萄糖（和半乳糖）可以在没有 SGLT1 的情况下，独立于能量输入而被吸收到肠上皮细胞中。当肠腔中的葡萄糖浓度很高时，如在摄入含大量碳水化合物的膳食后，葡萄糖通过刷状缘膜上的 GLUT2 进入肠上皮细胞。当大量葡萄糖进入肠上皮细胞时，胞内 GLUT2 通过细胞骨架的运动和肌球蛋白的收缩转位至刷状缘膜上。在高碳水化合物餐后，相较于通过 SGLT1 的主动转运，更多的葡萄糖通过促进转运进入肠上皮细胞。

餐后血糖水平升高会触发胰岛素的分泌，导致 GLUT2 从刷状缘膜逆向转位至胞内囊泡。虽然 GLUT2 并不直接依赖胰岛素来促进转运，但胰岛素的间接效应导致了当血糖水平升高时，肠道对葡萄糖的吸收减少。在胰岛素抵抗型个体或 2 型糖尿病患者中，GLUT2 能够抵抗胰岛素的调控效应，因此 GLUT2 仍留在刷状缘膜上，从而导致葡萄糖以更高的速率继续被吸收。

3. 果糖的肠道吸收

果糖的吸收是通过易化扩散实现的，主要由 GLUT5 介导。GLUT5 对果糖具有很高的亲和力，不受葡萄糖存在的影响。果糖不通过 SGLT1 吸收，因此其吸收不需要能量。与葡萄糖和半乳糖吸收速度相比，果糖的吸收速度要低得多，但在肠上皮细胞的刷状缘膜中存在 GLUT2 时，果糖的吸收速度会增加。当胞内浓度增加时，果糖通过基底外侧膜上的 GLUT2 从肠上皮细胞转运至肝门静脉血，这也是将葡萄糖和半乳糖从细胞中移出的转运体。促进转运过程只能沿着浓度梯度进行。

由于果糖仅通过易化扩散完全吸收，因此其整体吸收速度比葡萄糖或半乳糖低，但比山梨醇和木糖醇等仅通过被动扩散吸收的糖醇快。

在典型的膳食摄入量下，果糖被有效吸收，并且由于被肝脏磷酸化并固定在肝细胞内部，所以全身循环中没有果糖。若大量进食果糖（20～50g），许多人（约 60%）无法完全吸收果糖。那些吸收受限的人在吃大量果糖时会出现肠痛、腹胀和腹泻等吸收不良的症状。对于摄入大量含有果糖或高果糖玉米糖浆的碳酸饮料的个体来说，很容易达到这一数值。同时摄入葡萄糖可以促进果糖的吸收，并防止吸收不良的症状。

3.1.3 膳食单糖的肝脏代谢

经过肠道吸收后，葡萄糖、半乳糖和果糖进入肝门静脉血，直接运送到肝脏。几乎所有的半乳糖和果糖都通过特定的 GLUT 被肝脏摄取并代谢。相比之下，只有 30%～40%的葡萄糖被肝脏摄取，大部分通过循环系统进入外周血液循环。这也解释了为什么外周血中只有葡萄糖而没有半乳糖和果糖，并且后者没有受到严格的激素调节。肠道吸收的各类单糖分子进入肝脏后，肝脏会进行进一步的代谢利用（图 3.7）。其中，果糖主要在肝脏中进行代谢，首先在 1 位点进行磷酸化形成果糖-1-磷酸。这一代谢过程对人体健康和能量代谢有重要作用。半乳糖主要被转化为葡萄糖衍生物并以肝糖原的形式储存。大部分果糖进入替代途径，根据肝脏能量需求被用于能量代谢。如果偶尔一餐含有大量果糖并且肝脏的能量需求已经得到满足，过多的果糖将转化为甘油三酯，然后被运出肝脏分配到肌肉和脂肪组织中。然而，长期高果糖饮食会导致高血脂和肝脏内甘油三酯的积累。

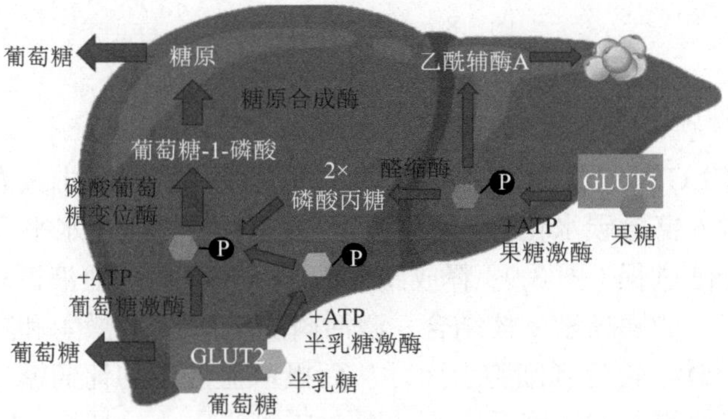

图 3.7　膳食单糖的肝脏代谢

3.2　血糖的稳态调控

3.2.1　血糖浓度的维持

保持正常的血糖浓度是一个重要的体内稳态功能，需要小肠、肝脏、肾脏、骨骼肌和脂肪组织的协同作用，通过这些组织器官的生理作用从血液中去除葡萄糖或将葡萄糖返回血液。这些过程主要受到胰岛素和胰高血糖素这两种对抗性胰腺激素的影响，以及肾上腺皮质激素（糖皮质激素）等的影响。

如图 3.8 所示，在摄入碳水化合物后，血糖升高会触发胰岛素的释放，同时减少胰高血糖素的分泌。胰岛素是主要的降低血糖水平的激素，也是主要的合成代谢激素。胰岛素能促进细胞对葡萄糖、氨基酸和脂肪的摄取，导致它们在肌肉和脂肪组织中转化为储存形式——糖原，以及代谢利用葡萄糖供能。胰高血糖素是主要的分解代谢激素，与胰岛素产生相反的作用，通过糖原分解的过程增加肝脏糖原的降解。升高血糖水平还能够通过增加糖皮质激素的分泌，主要是皮质醇，可以增加肝脏的糖异生活性。

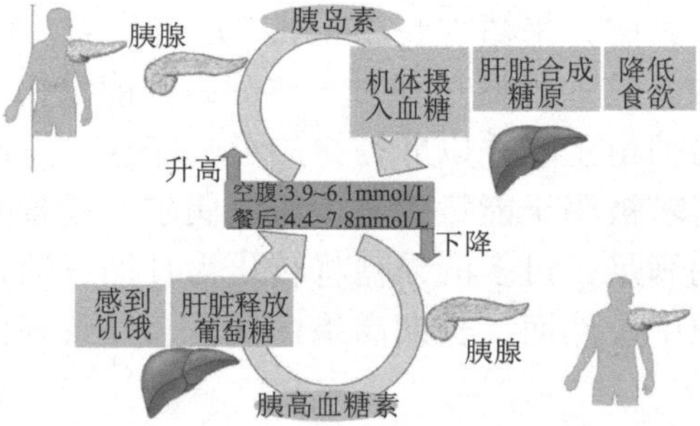

图 3.8　血糖的稳态维持

1. 胰岛素的作用

胰岛素和 GLUT4 在肌肉和脂肪组织的葡萄糖摄取过程中具有极其重要的作用，特别是在摄入富含碳水化合物的膳食后。进食后，血糖水平升高，胰岛 β 细胞通过胰岛素分泌过程（图 3.9）释放到血液中。胰岛素随血液循环，与肌肉和脂肪组织的细胞膜上的胰岛素受体结合，激活磷脂酰肌醇-3-激酶和随之而来的级联反应，导致 GLUT4 转位到细胞表面，从而摄取血液中的葡萄糖。胰岛素与其受体结合还产生其他重要的细胞反应，如图 3.10 所示。

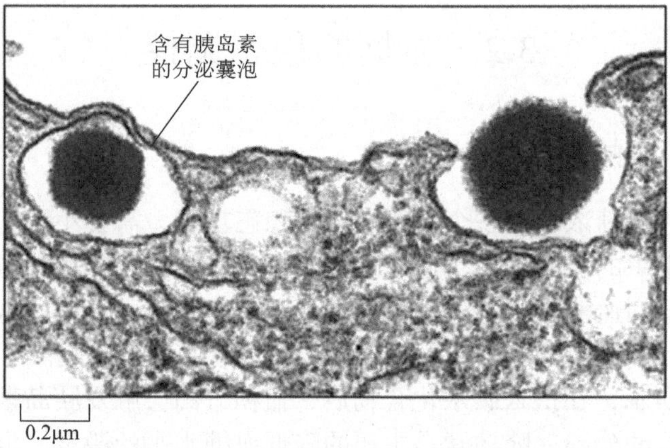

图 3.9　胰岛 β 细胞分泌胰岛素（图像显示胰岛素通过分泌囊泡传递到细胞表面）

数据来源：Gropper S S, Smith J L, Carr T P. 2022. Advanced Nutrition and Human Metabolism. 8th Ed. New York: Cengage Learning.

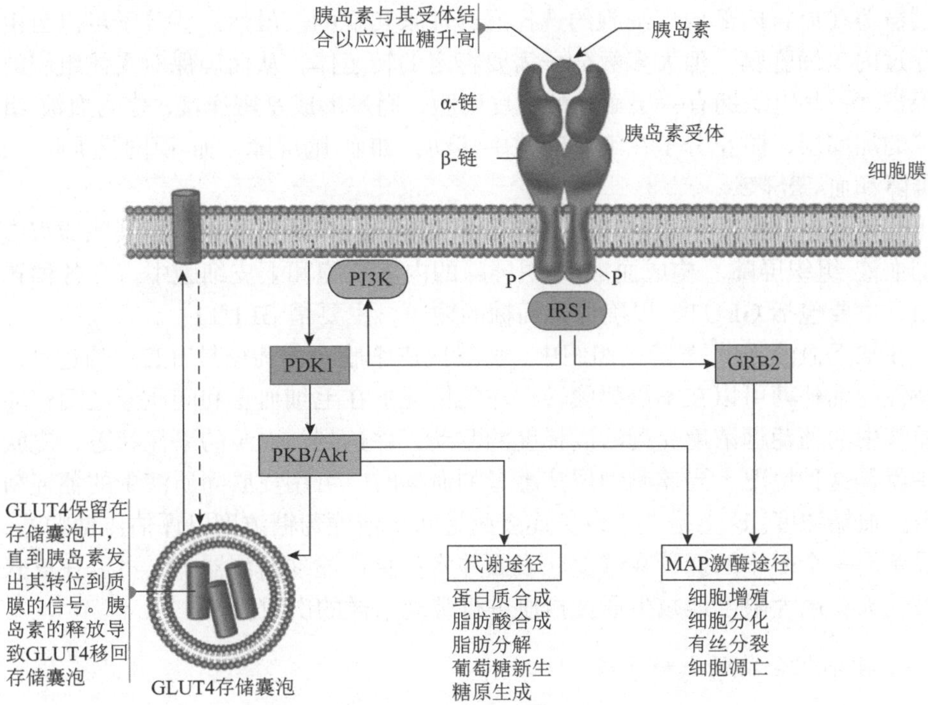

图 3.10　胰岛素信号通路和 GLUT4 的移位

GRB2：生长因子受体结合蛋白-2；IRS1：胰岛素受体底物 1；PI3K：磷脂酰肌醇-3-激酶；PDK1：PIP_3 依赖性激酶 1；PIP_3：磷脂酰肌醇-3, 4, 5-三磷酸；PKB：蛋白激酶 B（也称 Akt）；MAP 激酶：丝裂原激活蛋白激酶

GLUT4 是一种胰岛素响应性转运蛋白，它在粗面内质网上的核糖体上合成，然后转移到高尔基体，并被包装进 GLUT4 存储囊泡（GSV）。胰岛素与其受体结合会导致 GSV 转位到细胞膜，这个过程可以简单地描述为：胰岛素信号通路激活后，刺激 GLUT4 的生物合成并将其储存在 GSV 中；通过细胞骨架元素（包括微管和肌动蛋白），将 GSV 运输到细胞膜；由连接复合物介导的 GSV 和质膜之间发生称为"连接"的相互作用；GSV 与细胞膜对接，准备进行融合；GSV 和细胞膜的磷脂双层融合；GLUT4 成为细胞膜的一部分，介导葡萄糖的内吞作用，将葡萄糖运入细胞。

在胰岛素存在的情况下，GLUT4 会持续循环通过内体系统。在胰岛素抵抗状态或胰岛素水平较低时，GLUT4 会保留在 GSV 中，并且在细胞膜中会减少。运动也会引起类似的 GLUT4 从 GSV 转位到细胞膜，并增加 GLUT4 的表达。

2. *血液-组织屏障*

血液-组织屏障的主要功能是保护重要器官免受血液中有害物质的侵害，这是通过覆盖在血管内部内皮细胞的选择通透性来实现的。虽然一些分子可以自由扩散穿过内皮细胞膜，但大多数分子需要特定的转运体，从而确保对受体组织的高度保护。一些组织拥有一层额外的上皮细胞，通过形成紧密连接，作为血液-组织屏障的加固层，防止分子在细胞间隙中移动，如血-脑屏障、血-视网膜屏障、血-胎屏障和血-睾屏障。

持续供应血糖对于正常细胞功能非常关键，尤其是对于大脑和其他器官中存在的血液-组织屏障。构成血液-组织屏障的内皮细胞和上皮细胞中富含各种转运蛋白，主要包括 GLUT，以确保葡萄糖的输送，主要是 GLUT1。

在缺乏血液-组织屏障的组织中，血管内皮细胞对葡萄糖具有自由通透性。这种特性使葡萄糖可以在不需要膜转运体的情况下在毛细血管和间质液之间移动。间质液中的葡萄糖浓度受到浓度梯度的驱动，并达到与血浆的平衡状态，皮肤组织中就是这种情况。当监测糖尿病患者的血糖时，可用皮肤间质液中的葡萄糖浓度替代血糖浓度。这也是电子设备连续测量间质液葡萄糖浓度以评估血糖的基础，该设备由一个微小的探针穿透皮肤表面并将信息传输到监测器上，可以在皮肤上佩戴数天，最大限度地减少通过指血进行常规采样的次数。

3. 碳水化合物的血糖反应

血糖反应指的是摄入碳水化合物食物后血糖的变化。一些食物会导致血糖缓慢上升，而另一些食物则会导致血糖快速上升，且持续时间更长。血糖反应是控制血糖稳态、胰岛素释放和肥胖的重要参数，持续升高的血糖和胰岛素水平与肥胖和慢性疾病的发展有关。

衡量血糖反应的一种定量指标是血糖生成指数（glycemic index，GI）。GI 被定义为在摄入一定数量的碳水化合物后（通常为 50g，在 2h 的时间内），相对于参考食品（一般为葡萄糖）中同样数量的碳水化合物，血糖水平超过基准空腹水平的增加量。它提供了一个特定食物的血糖效应的数值，通过测定人群摄入某种食物后 2h 内血糖水平的升高，并将这些值按照时间绘制出来，测试食物的曲线下面积除以参考食品的曲线下面积，再乘以 100，即 GI。目前，也有一种称为估计血糖生成指数（expected glycemic index，eGI）的指标，通过体外模拟人体胃肠道消化环境，加入唾液淀粉酶、胃蛋白酶、胰酶和葡萄糖苷酶，分别模拟口腔咀嚼、胃部消化和小肠酶解食物，测定水解 0min、30min、60min、90min、120min、150min、180min 时水解液中的葡萄糖浓度，计算得到淀粉在不同时间点的水解率，并绘制样品的水解率曲线，再通过比较样品水解率曲线下面积与参比样品的水解率曲线下面积，得到水解指数，最终计算得到样品的 eGI。但一定要注意，eGI 与 GI 并不相同，我国对于 GI 的测定方法在国家卫生健康委员会发布的《食物血糖生成指数测定方法》（WS/T 652—2019）中有明确规定。

如图 3.11 所示，低 GI 食物导致血糖和胰岛素的上升速度较低，血糖水平下降更为渐进。但食物对于机体血糖的影响还取决于其中包含的可利用碳水化合物的量，因此，也出现了血糖负荷（GL）这一指标，GL 可以综合考虑食物的分量大小对血糖反应的影响。GL 的计算方法是将 GI 除以 100，然后乘以碳水化合物的克数。GL 越高，预计血糖水平升高和食物引起胰岛素分泌的程度就越大。但食物的 GI 和 GL 可能相差很大。

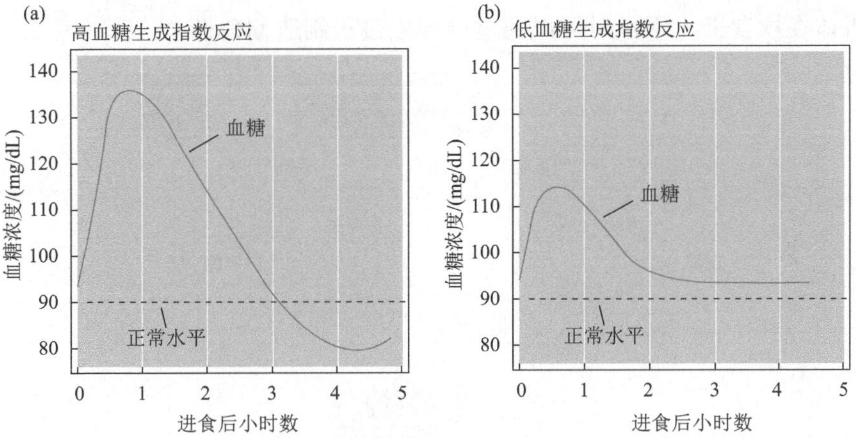

图 3.11　摄入碳水化合物后血糖变化

在食品标签上标注 GI 存在许多争议，主要是因为表面上相似的食品和实验室测定的 GI 之间存在巨大差异。引起这种变异的因素包括餐中碳水化合物的数量、餐食的成分（特别是纤维素、蛋白质和脂肪）、受试者的体力活动水平、参考食品的选择、消化速率和程度及受试者的葡萄糖耐受性等。同一种食物样品之间可能也会由于其形态、成熟度、生长地点和品种等的差异而存在不同。

目前也有许多食物标注了低 GI，但需要注意的是，在我国，标注低 GI 食品需要第三方专业测试机构检测认证，依据包括《低 GI 食品认证实施规则》和《低 GI 食品认证标志》。尽管 GI/GL 概念存在局限性，但它已被广泛宣传为一种用于识别与慢性疾病和肥胖有关的食物的工具。文献显示，血糖和胰岛素升高的时间越长、升高幅度越高，患慢性疾病和肥胖的风险就越大。一些研究表明，GI/GL 在管理体重、糖尿病、心血管疾病和某些癌症方面有益。但对于正常人群而言，目前并没有权威研究表明有必要优先选择低 GI 主食，只有在一些特殊生理状态下，如糖尿病，食物的 GI 才会作为优先考虑的标准，这也是中国营养学会解读《中国 2 型糖尿病膳食指南》时提出的，因为低 GI 食物在肠道中停留的时间长，可以减少餐后血糖的波动，有利于血糖控制。同样地，对于肥胖人群，也更推荐在膳食中增加低 GI 食物的比例。

3.2.2　单糖的代谢利用

单糖，特别是葡萄糖的代谢在很大程度上取决于人体的能量需求，其代谢途径主要包括糖原合成、糖原分解、糖酵解、糖异生、戊糖磷酸途径、三羧酸循环（TCA 循环）等。

如图 3.12 所示，机体从膳食中获取葡萄糖合成糖原以储存能量，机体可以通过糖酵解和 TCA 循环代谢葡萄糖生成 ATP，以提供各种生理生化过程所需要的能量。机体在饮食摄入不足时可以通过糖异生过程制造葡萄糖。

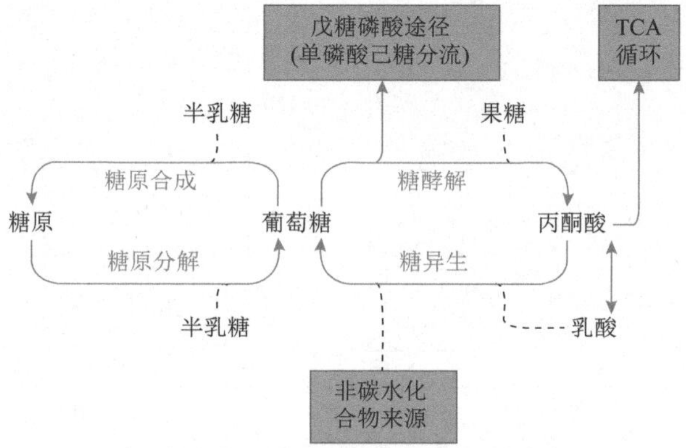

图 3.12　单糖代谢途径概述

1. *糖原合成*

糖原合成指的是将葡萄糖转化为其存储形式糖原的途径，这是确保快速能量储备的关键过程。糖原的合成和储存主要发生在肝脏和骨骼肌组织中，而在其他组织中，如肾脏和心脏等处只有少量的糖原存在。糖原合成的过程有助于确保身体在血糖水平降低或能量需求增加时拥有一个即时可用的能量来源，可以通过糖原分解来释放葡萄糖以用于能量生产。糖原约占肝脏质量的 7%，尤其是在高碳水化合物饮食后（图 3.13）。另一个主要的糖原储存位置是骨骼肌，在人类骨骼肌中，糖原不到组织质量的 1%。虽然肝脏中的糖原浓度更高，但是因为肌肉占据了体重的更大部分，所以肌肉的糖原储备占了大部分。肝脏可以储存大约 100g 糖原，而肌肉可以储存约 500g 糖原。肌肉中的糖原储备是肌纤维内的能量来源，不能直接影响血糖水平，因为肌肉缺乏将磷酸化葡萄糖转化为游离葡萄糖的酶。

糖原合成途径的初始部分如图 3.14 所示：葡萄糖进入细胞后首先被磷酸化，生成葡萄糖-6-磷酸。在肌肉和其他非肝细胞中，催化 ATP 磷酸转移的酶是己糖激酶，由己糖激酶同工酶 1 和己糖激酶同工酶 2 组成。这种酶的特性如表 3.3 所示。肌肉己糖激酶是一种负调节的异构酶，受到反应产物葡萄糖-6-磷酸的负调控。这

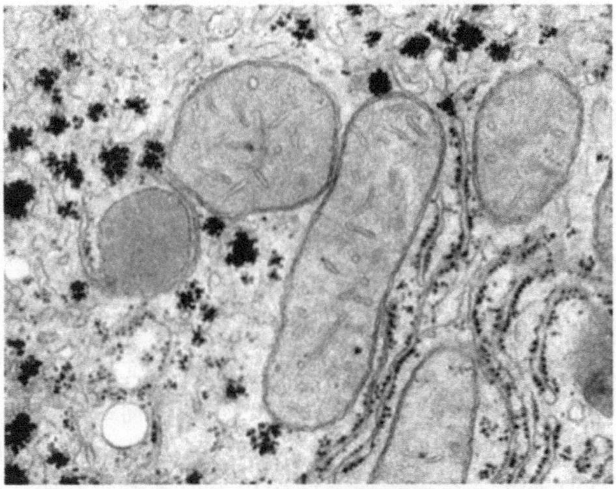

图 3.13　肝细胞中糖原的储存

图中细胞质内的深色簇即糖原颗粒

数据来源：Gropper S S, Smith J L, Carr T P. 2022. Advanced Nutrition and Human Metabolism. 8th Ed. New York: Cengage Learning.

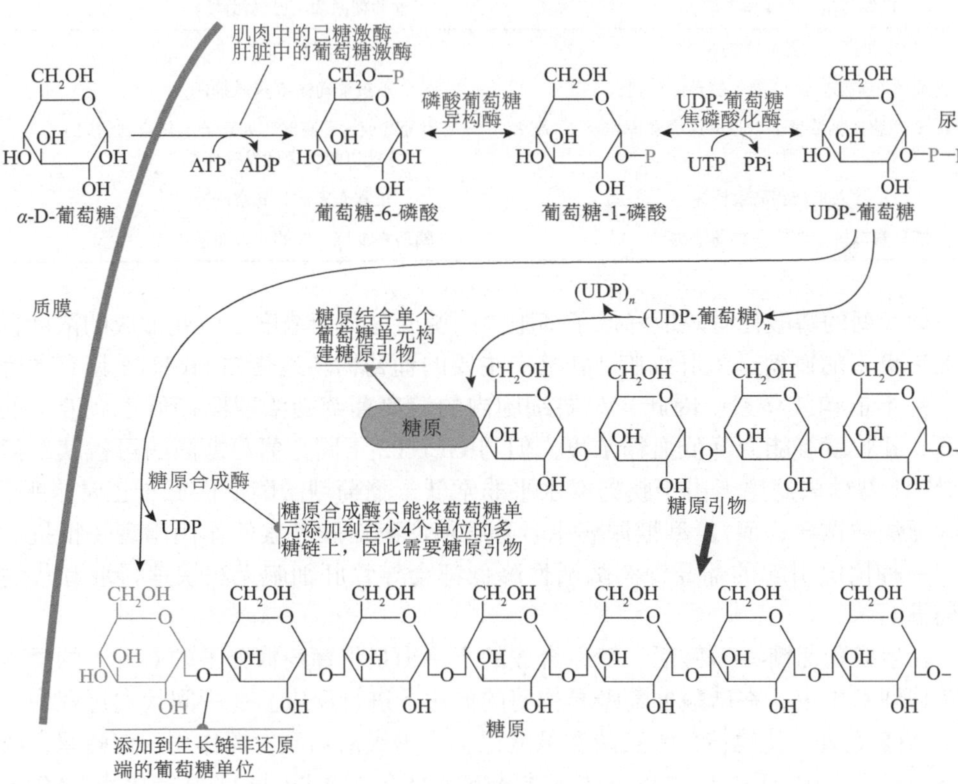

图 3.14　糖原的合成

意味着当肌肉细胞拥有足够的葡萄糖-6-磷酸时，葡萄糖进入细胞的速度会减慢。肌肉己糖激酶具有低 K_m 值，意味着当血糖水平处于正常（空腹）水平时，它能以最大速度发挥作用。

肝脏中的葡萄糖磷酸化主要是由一种称为葡萄糖激酶（也称己糖激酶 4）的同工酶催化的，尽管该反应的产物葡萄糖-6-磷酸也存在于其他组织中，但不同组织中催化的酶不同（表 3.3）。肌肉中催化反应的己糖激酶会受到底物葡萄糖-6-磷酸的负调节，但肝脏中的葡萄糖激酶则不受影响。这种特性使得进入肝细胞的过量葡萄糖能够迅速磷酸化，并促进血糖水平升高时葡萄糖的进入。此外，葡萄糖激酶的 K_m 值比己糖激酶高得多，这意味着在血糖浓度显著升高（特别是在摄入碳水化合物丰富的膳食后）时，它能以更高的速度将葡萄糖转化为磷酸化形式。糖原合成酶存在一个主要的活跃（去磷酸化）形式和一个较不活跃的（磷酸化）形式。胰岛素通过促进糖原合成酶的去磷酸化来促进糖原合成。糖原合成酶是胰岛素促进糖原合成作用的主要靶标。

表 3.3　己糖激酶和葡萄糖激酶的性质

己糖激酶（1 型和 2 型）	葡萄糖激酶（己糖激酶 4）
位于肌肉、大脑和脂肪组织中	位于肝脏和胰腺中
葡萄糖-6-磷酸（其产物）的异构抑制	不被葡萄糖-6-磷酸抑制
低 K_m；空腹血糖浓度下以最大速度发挥作用	高 K_m；只有当葡萄糖水平高时（如高碳水化合物餐后），才能以最大速度发挥作用
正常人未被胰岛素诱导	正常人未被胰岛素诱导
胰岛素抵抗个体的非胰岛素诱导	胰岛素抵抗个体的非胰岛素诱导

葡萄糖的磷酸化有效地降低了细胞内的游离葡萄糖浓度，由此形成的浓度梯度促进更多的血糖进入肝细胞。肝脏中主要的葡萄糖转运蛋白 GLUT2 具有高容量，并不依赖胰岛素。因此，只要细胞内的游离葡萄糖浓度保持低于血液中的浓度，肝脏就有能力降低血糖浓度。但与 GLUT2 不同，葡萄糖激酶可被胰岛素诱导。1 型糖尿病患者由于胰岛素水平非常低，葡萄糖激酶活性低于正常水平，因此无法被诱导；而 2 型糖尿病患者葡萄糖激酶对胰岛素的作用出现了抵抗。任何一种情况引起的葡萄糖激酶活性降低都会导致肝细胞无法快速摄取和代谢葡萄糖。

在生成葡萄糖-6-磷酸后，糖原合成的下一步是将葡萄糖分子的 C-6 上的磷酸基转移到 C-1 上，在磷酸葡萄糖异构酶的催化下进行反应。在中间代谢过程中，除了 ATP 之外，其他核苷酸三磷酸可能也会作为激活物质发挥作用。在糖原合成的下一步反应中，通过 UTP 的 α, β-磷酸酐键水解释放能量（将 UTP 转化为 UMP），使生成的 UMP 与葡萄糖-1-磷酸偶联形成尿苷二磷酸葡萄糖（UDP-葡萄糖）。这个反应由 UDP-葡萄糖焦磷酸化酶催化。糖原合成酶只能将 UDP-葡萄糖附加到至少含有四个葡萄糖单元的多糖链上。这需要一些仅由几个葡萄糖单元组成的短糖原引物分子。最初的糖原引物是由一种名为糖原核心蛋白的蛋白质形成的，它将单个 UDP-葡萄糖单元结合到其结合位点上的酪氨酸残基上。然后，糖原核心蛋白刺激生长链的自我葡萄糖化，使用更多的 UDP-葡萄糖作为葡萄糖供体。在葡萄糖链达到足够长度后由糖原合成酶继续发挥作用。在肌肉中，糖原核心蛋白保留在糖原分子的核心，但在肝脏中，存在比糖原核心蛋白更多的糖原分子，这表明糖原必须与蛋白质分离。

膳食碳水化合物不是糖原合成中使用的葡萄糖唯一来源。通过糖异生新合成的葡萄糖提供了另一种可以用于肝脏糖原合成的葡萄糖-6-磷酸源，即使在碳水化合物丰富的饮食后，葡萄糖也很充足。糖异生提供了肝脏糖原合成所需的约三分之一的葡萄糖-6-磷酸。

2. *糖原分解*

糖原的潜在能量包含在构成其结构的葡萄糖残基中。根据身体的能量需求，可以逐个地从糖原分支的非还原端系统地切割这些残基，并通过释放能量的途径将糖原分解为单个葡萄糖单元（以葡萄糖-1-磷酸形式），这一过程称为糖原分解，由糖原磷酸化酶催化。

如图 3.15 所示，尽管糖原磷酸化酶可以切断 α（1→4）糖苷键，但它无法水解 α（1→6）糖苷键。磷酸化酶在糖原分子的线型部分上重复作用，直到它到达距离 α（1→6）分支点四个葡萄糖残基的位置。在这里，分解过程停止，直到去支链酶切割分支点处的 α（1→6）糖苷键之后才会恢复。

在糖原分解活动增加时，葡萄糖-1-磷酸增加会使磷酸葡萄糖异构酶反应向生产葡萄糖-6-磷酸异构体的方向转移。肝脏中葡萄糖-6-磷酸可以变成游离葡萄糖或进入葡萄糖氧化途径（糖酵解）。将葡萄糖-6-磷酸转化为游离葡萄糖需要葡萄糖-6-磷酸酶的作用。由于这种酶在肌肉细胞或脂肪细胞中没有表达，因此，只有从肝脏或肾脏糖原中形成游离葡萄糖，并通过血液运输到其他组织进行氧化。

糖原分解是高度调节的，其催化酶糖原磷酸化酶受共价和变构机制调节。在肌肉中，磷酸化同工酶和肝脏中的不同，它们具有不同的生理作用。在肌肉中，葡萄糖从糖原中释放出来为细胞提供能量；而在肝脏中，葡萄糖被释放以提供血液中的葡萄糖。当磷酸化酶被激活以进行糖原磷酸化时，糖原合成酶则被抑制。

1）糖原分解的共价调节

糖原磷酸化酶受到 ATP 和葡萄糖-6-磷酸的负调节，这会导致无活性和活性形式之间的平衡发生变化：活化后的磷酸化酶和 ATP 将非活性（未磷酸化）的磷酸化酶 b 转化为活性（磷酸化）的磷酸化酶 a。磷酸化酶 a 可以被磷蛋白磷酸酶 1 转化回非活性形式磷酸化酶 b。胰高血糖素、肾上腺素和去甲肾上腺素增强磷酸化酶的共价调节。这些激素通过第二信使环磷酸腺苷（cAMP）将磷酸化酶转化为活性形式，从而通过调节所涉酶的磷酸化位点来调节磷酸化酶的共价修饰。这些激素结合到细胞膜受体上，导致腺苷酸环化酶被激活产生 cAMP（图 3.16）。

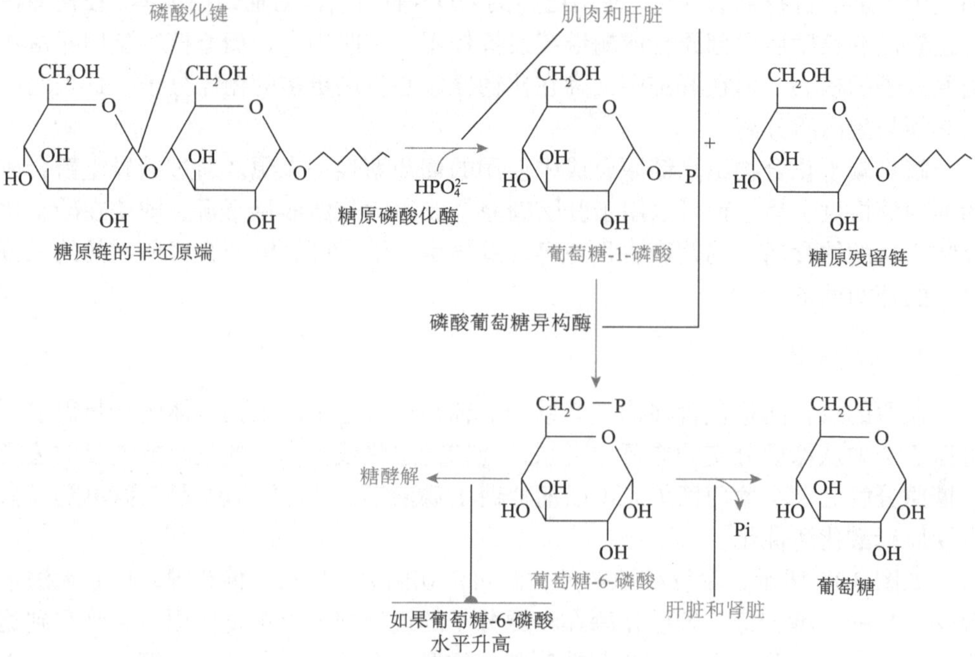

图 3.15　糖原分解

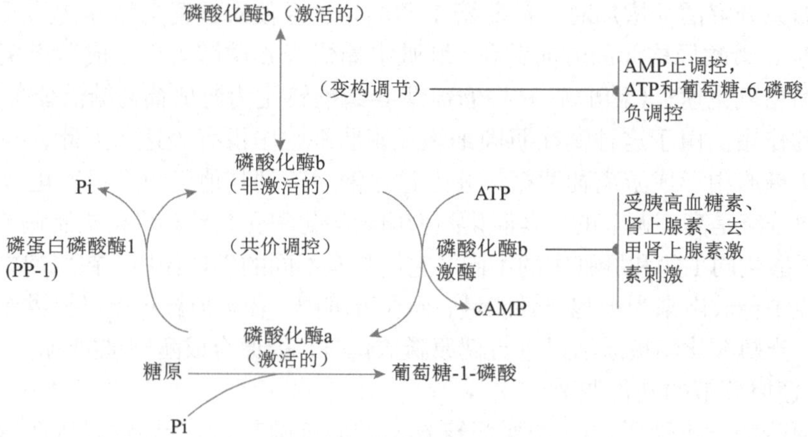

图 3.16　糖原磷酸化酶的调节

2）糖原分解的变构调节

变构调节是通过AMP进行的，将其转化为活性磷酸化酶a。当能量水平较低，细胞内ATP已经水解为AMP时，需要更多的能量，磷酸化酶a释放葡萄糖-1-磷酸。AMP结合到磷酸化酶b的变构位点上，促进了糖原的结合。这个变构位点也可以结合ATP，后者是酶的变构抑制剂。葡萄糖-6-磷酸和咖啡因也是该酶的变构抑制剂。

3）肌肉磷酸化酶

肌肉和肝脏的糖原磷酸化酶是同工酶。肌肉中的糖原磷酸化酶释放葡萄糖-1-磷酸，可以转化为进入糖酵解途径提供细胞能量的葡萄糖-6-磷酸。肌肉磷酸化酶对于细胞内配体如AMP更敏感，以实现酶活性的激活。该酶被代谢产物、ATP、葡萄糖-6-磷酸和葡萄糖所抑制。在紧张状态下，肾上腺素和去甲肾上腺素激发cAMP合成，并与磷蛋白磷酸酶1一起共价修饰磷酸化酶使其变为活性形式。神经刺激和Ca^{2+}也有同样的效果。

4）肝磷酸化酶

肝脏磷酸化酶对于细胞内配体的敏感性较低。它在存在AMP（10%～20%）时显示出轻微的活性增加，并且对ATP或葡萄糖-6-磷酸的抑制不敏感。肝脏磷酸化酶受激素的调节，包括胰高血糖素。

3. *糖酵解*

糖酵解是将葡萄糖分解为丙酮酸的反应途径，是从葡萄糖分子中提取能量的起始步骤。糖酵解反应将一分子葡萄糖转化为两分子丙酮酸，产生两分子ATP（图3.17）。将葡萄糖转化为丙酮酸供能并不是非常高效，丙酮酸分子中仍然可以被代谢产生能量。糖酵解是无氧的，产生丙酮酸时不需要氧气，因此糖酵解无论是在有氧还是无氧条件下都可以发挥作用。从丙酮酸出发，代谢进程在很大程度上取决于细胞内氧和还原单位的可用性。当缺少氧气时，丙酮酸转化为乳酸。当有足够的氧气存在时，葡萄糖在线粒体中更高效地分解为二氧化碳和水。除了葡萄糖外，半乳糖和果糖分别可以通过不同的途径进入葡萄糖酵解的过程。

在无氧条件下，或由于缺乏氧气或高细胞代谢而没有足够的还原当量时，丙酮酸被转化为乳酸。在其他正常情况下，转化为乳酸的过程主要发生在剧烈运动时，工作肌肉对氧气的需求超过可用氧气。在无氧条件下产生的乳酸也可以从肌肉扩散到血液中，并被输送到肝脏中转化为葡萄糖。在这些无氧条件下，糖酵解释放出少量可用能量，可以帮助在氧气不足的情况下支持肌肉。葡萄糖经无氧途径转化为乳酸的主要功能是提高能量。因为红细胞中不含线粒体，即没有进行有氧代谢的地方，无氧酵解是红细胞唯一的能量来源。大脑和胃肠道也有很多ATP能量来自无氧酵解。

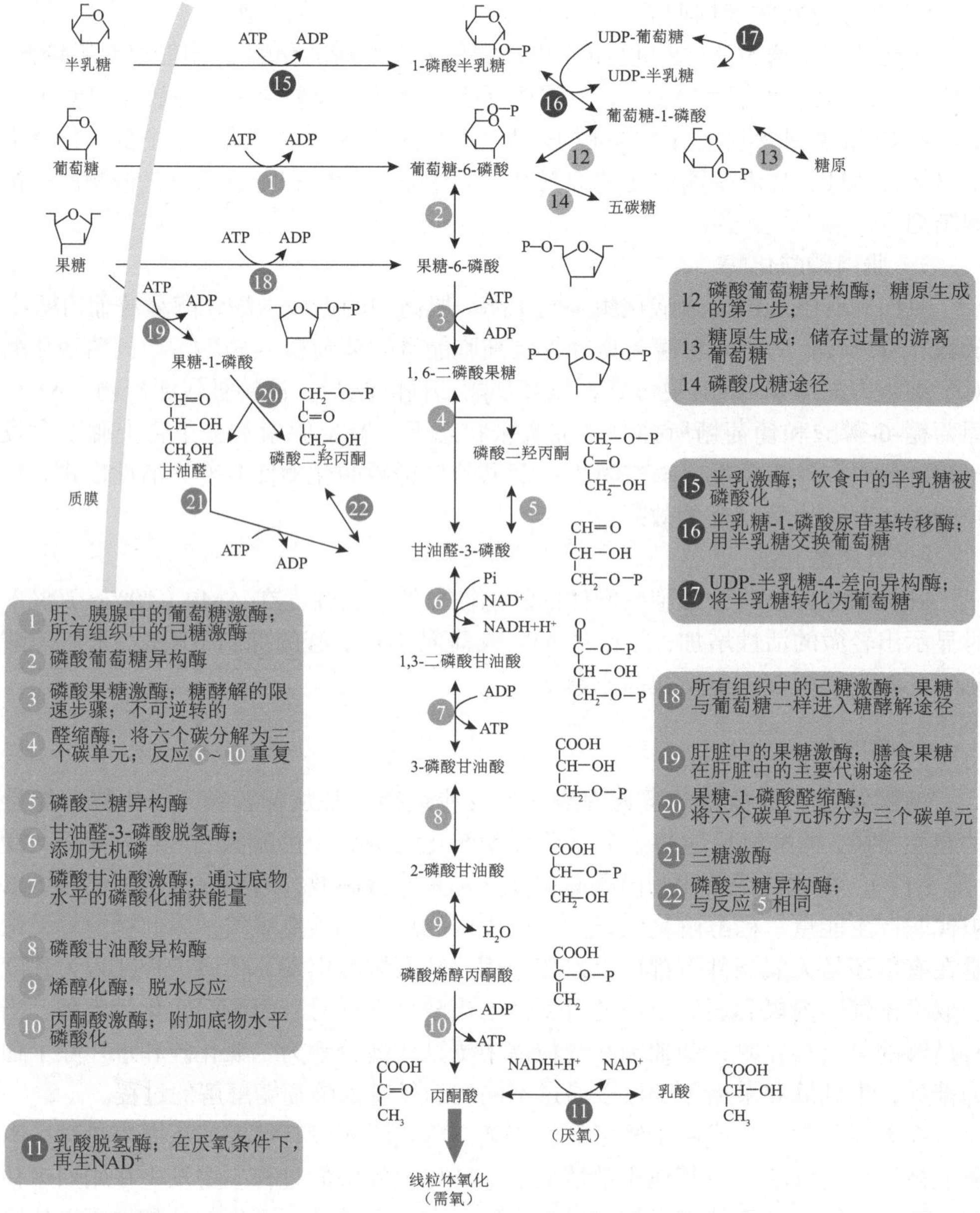

图 3.17　糖酵解及相关途径

在有氧条件下，丙酮酸可以被转运进入线粒体并参与 TCA 循环，其中它被完全氧化成二氧化碳和水。完全氧化伴随着释放相对较大的能量，其中大部分通过氧化磷酸化机制被捕获为 ATP 分子。糖酵解中的酶功能在细胞质内，但是催化 TCA 循环反应的酶位于线粒体内。因此，丙酮酸必须进入线粒体才能被完全氧化。

几乎每个细胞都进行糖酵解以满足细胞能量的持续需求。在进食后，大部分来自膳食碳水化合物的能量被肝脏、肌肉和脂肪组织储存或利用，它们一起构成了体内总体积的主要部分。大脑是对碳水化合物能源消耗巨大的器官，但缺乏存储能力。在没有线粒体的细胞中，如红细胞，糖酵解路径是通过 ADP 的基质水平磷酸化机制，是唯一提供 ATP 的途径。

4. 三羧酸循环

葡萄糖的完全有氧分解需要充足的氧气供应，即进行三羧酸循环（TCA 循环，也称克雷布斯循环或柠檬酸循环），这是身体能量代谢的核心。在有氧条件下，TCA 循环是燃料分子（碳水化合物、脂肪酸和氨基酸）完全氧化产生二氧化碳的最终途径，从而释放能量并将其转移到 ATP 分子中。

TCA 循环酶位于线粒体基质中，并与“能量载体”协同工作，将 TCA 循环释放的高能电子运输到位于内线粒体膜上的电子传递链中。这些所谓的能量载体，NADH 和 $FADH_2$，在能量底物分子被氧化（失去电子）时通过还原（接受电子）形成。通过这种方式，TCA 循环的主要功能是通过氧化磷酸化释放动力合成 ATP 的高能电子。如图 3.18 所示，进入 TCA 循环的主要分子是乙酰辅酶 A，因此，能量底物分子必须首先通过特定的载体蛋白质转运到线粒体中，并转化为乙酰辅酶 A 才可以进行完全的氧化磷酸化供能。除了本章介绍的单糖分子，通过糖酵解在细胞质中产生丙酮酸，并转运到线粒体转化为乙酰辅酶 A 外，脂肪酸和氨基酸也能够转运到线粒体中转化为乙酰辅酶 A。

1）丙酮酸转化为乙酰辅酶 A

丙酮酸转化为乙酰辅酶 A 的过程是不可逆的，是能量代谢中的关键步骤。该反应在线粒体基质中由多酶复合物——丙酮酸脱氢酶复合物（PDC）介导发生。这个多酶系统由丙酮酸脱氢酶、二硫化二亚胺乙酰转移酶和二硫化二亚胺脱氢酶三种酶构成，三种酶的活性位点紧密地结合在一起。该反应还需要辅酶 A（CoA）、硫胺素焦磷酸盐、Mg^{2+}、NAD^+、FAD 和硫辛酸等几种辅因子，或者说这个复合物的活性需要四种维生素：泛酸（CoA 的组分）、硫胺素、烟酸和核黄素。

PDC 的净效应是脱羧作用，产生二氧化碳。在这个过程中，丙酮酸被脱氢，NAD^+作为一个质子和两个电子的末端受体接受氢化物离子，释放能量。该反应受到 ATP、乙酰辅酶 A 和 NADH 的负调节，受到 NAD^+和 ADP 的正调节。当 NADH 和乙酰辅酶 A 水平上升时，依赖于 Mg^{2+}的酶——丙酮酸脱氢酶激酶会使复合物磷酸化；PDC 的再激活由丙酮酸脱氢酶磷酸酶通过去除磷酸酯键而发生。胰岛素和 Ca^{2+}激活酶也可以激活 PDC。

2）释放高能电子

TCA 循环反应起始于乙酰辅酶 A 和草酰乙酸的缩合反应，该反应由柠檬酸合成酶催化，受到 NADH 和琥珀酰辅酶 A 负调节。其实 TCA 循环本身并不直接产生很多 ATP，而这一过程生成的高能电子会转移到 NAD^+和 FAD 产生 NADH 和 $FADH_2$。该反应是循环发生的，如图 3.18 所示。

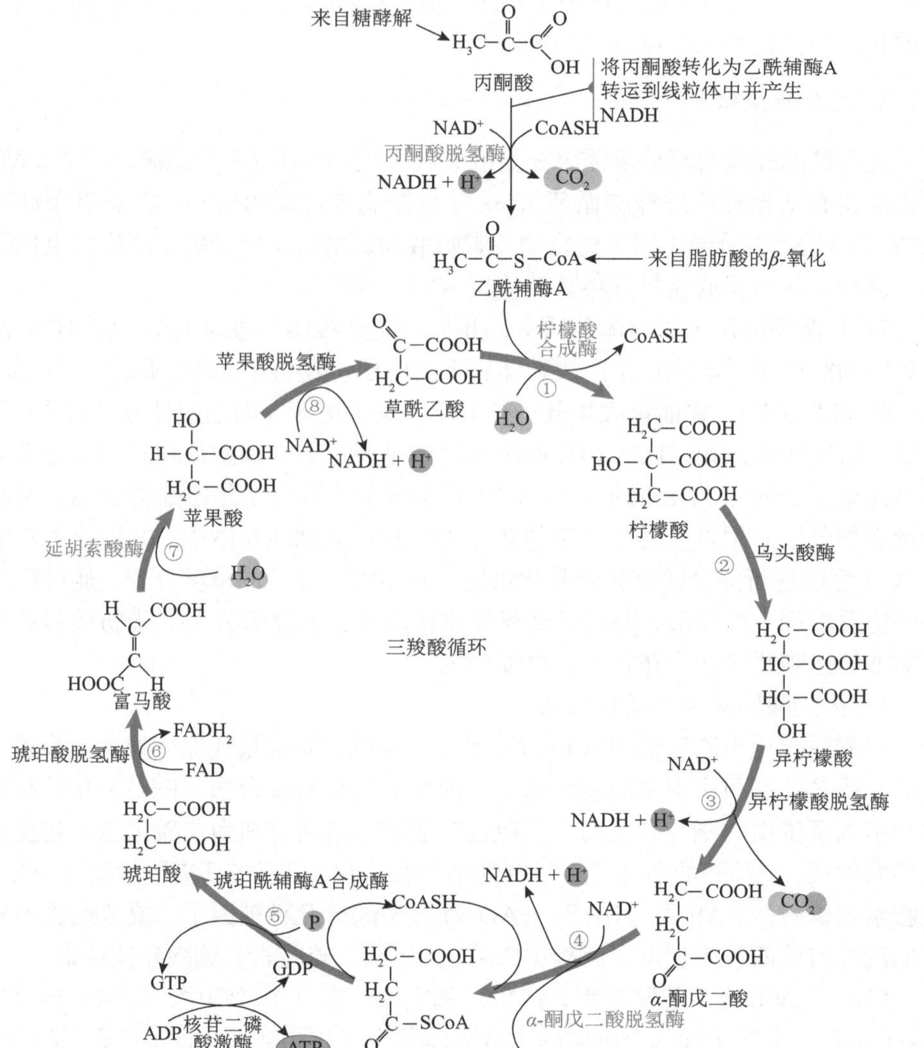

图 3.18　TCA 循环

①乙酰辅酶 A 在草酰乙酸中添加两个碳，开始循环。②异构化是通过去除 H_2O 然后再将其添加回来进行的。③一个 CO_2 损失和 NADH 的产生。④另一个 CO_2 损失，另一个 NADH 产生。⑤一种底物的磷酸化。⑥FAD 被还原形成 $FADH_2$。⑦在双键上加入 H_2O。⑧TCA 循环中产生第三个 NADH。丙酮酸转化为乙酰辅酶 A 过程中产生一个 $FADH_2$ 和一个 NADH

3）草酰乙酸的补充

为了保持 TCA 循环的运作，必须在循环中补充草酰乙酸和其他可以生成草酰乙酸的 TCA 循环中间产物。草酰乙酸、延胡索酸、琥珀酰辅酶 A 和 α-酮戊二酸都可以从某些氨基酸中形成，但确保充足的草酰乙酸供应的最重要机制是通过将二氧化碳直接加到丙酮酸上，形成草酰乙酸（图 3.19）。该反应由丙酮酸羧化酶催化，通过消耗 ATP 并需要生物素的参与来实现"向上"结合二氧化碳。将丙酮酸转化为草酰乙酸的过程称为补充过程。增加乙酰辅酶 A 的水平会促进丙酮酸羧化酶的活性，从而确保草酰乙酸的形成。

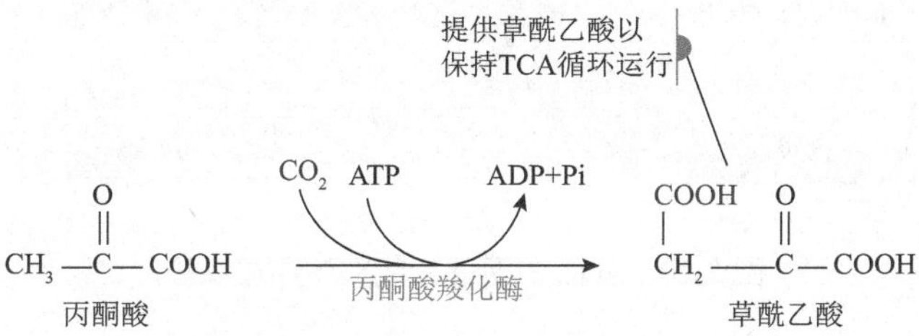

图 3.19　丙酮酸和二氧化碳形成草酰乙酸

4）NADH 的穿梭系统

在糖酵解过程中，通过丙酮酸磷酸脱氢酶反应在胞质中产生的 NADH 不能直接参与氧化磷酸化，因为 NADH 无法直接穿过线粒体内膜。在无氧条件下，胞质中的 NADH 通过乳酸脱氢酶反应用于将丙酮酸还原为乳酸，从而被重新氧化为 NAD^+。基于此，NAD^+被恢复以维持丙酮酸磷酸脱氢酶反应的持续进行，使得在没有氧气的情况下，能够持续产生乳酸。

当氧气供应足以完全氧化输入的葡萄糖时，糖酵解产生的丙酮酸和 NADH 会被加速代谢，不会形成乳酸。在这种情况下，NADH 的还原当量（质子和电子）通过两个独立的穿梭系统从细胞质转运到线粒体基质。这些穿梭系统具有组织特异性：甘油-3-磷酸穿梭系统在大脑和骨骼肌中具有重要作用；而更活跃的苹果酸-天冬氨酸穿梭系统在肝脏、肾脏和心脏中具有重要作用。

A. 甘油-3-磷酸穿梭系统

细胞质中的 NADH 将其还原当量转移给磷酸二羟丙酮分子，形成扩散穿过线粒体外膜的甘油-3-磷酸。该反应由甘油-3-磷酸脱氢酶的胞质异构体催化。甘油-3-磷酸的还原等价物随后被转移到 FAD 中，FAD 与位于线粒体内膜外表面的甘油-3-磷酸脱氢酶的膜结合异构体相关。最终，产生的 $FADH_2$ 将电子直接转移到电子传递链，每摩尔 NADH 生成 1.5mol ATP（图 3.20），该穿梭系统不可逆。

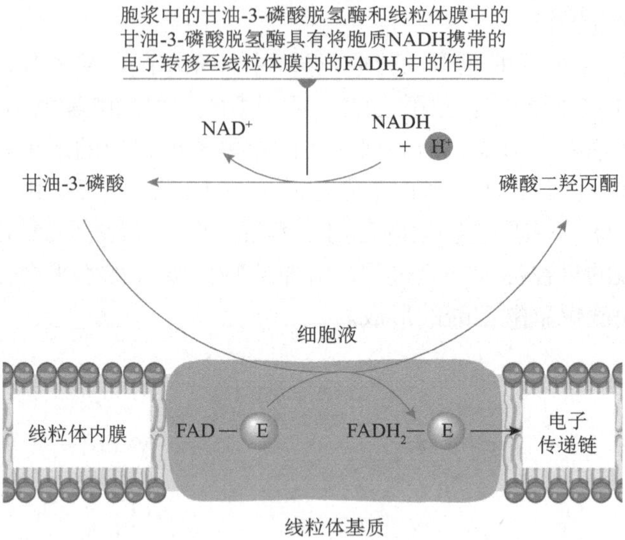

图 3.20　甘油-3-磷酸的线粒体穿梭系统

B. 苹果酸-天冬氨酸穿梭系统

苹果酸是最活跃的穿梭复合物，能够自由穿过线粒体内膜。细胞质中的草酰乙酸被 NADH 还原为苹果酸和 NAD^+，苹果酸进一步被苹果酸脱氢酶氧化为线粒体基质中的草酰乙酸，产生进入电子传递链的 NADH，每摩尔 NADH 产生 2.5mol ATP。草酰乙酸经天冬氨酸转氨酶进行转氨形成天冬氨酸，后者能够自由穿过线粒体内膜返回到细胞质中。这种效应使得 NADH 的还原当量能够转移到线粒体内，即使线粒体内膜本身并不能让 NADH 自由穿过（图 3.21）。该穿梭系统是可逆的。

5）ATP 的形成

机体大部分需要能量的反应依赖于 ATP 提供推动反应所需的能量。机体所需的 ATP 只有少量可以通过底物磷酸化产生，如磷酸烯醇丙酮酸、1, 3-二磷酸甘油、磷酸肌酸、葡萄糖-1-磷酸、葡萄糖-6-磷酸等，大部分是通过线粒体的氧化磷酸化合成的。

氧化磷酸化同时涉及电子传递、质子转运、有机物氧化及 ADP 磷酸化合成 ATP 这些过程。线粒体内通过氧化磷酸化产生 ATP 的过程始于 TCA 循环底物分子的氧化及电子、质子的释放。这些电子和质子被 NADH 和 $FADH_2$ 捕获并传递到线粒体内膜。在这里，电子通过一系列氧化还原反应最终传递给氧分子，而氧分子在此过程中被还原为水。

化合物的细胞氧化可以通过几种不同的反应发生：加氧、去电子及同时去质子和电子（作为氢原子或氢化物离子），所有这些反应统称为氧化还原酶的酶催化。其中，脱氢酶从营养代谢产物中去除质子和电子，在能量转换中尤其重要。通过

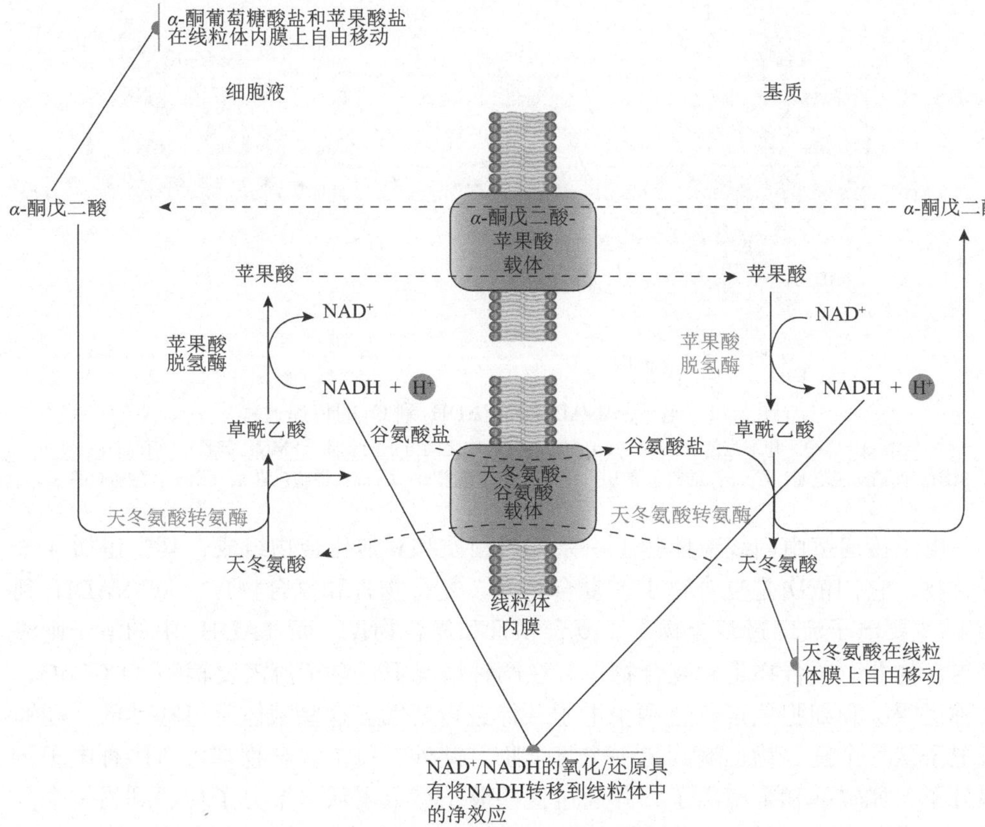

图 3.21　苹果酸-天冬氨酸穿梭系统

脱氢酶从代谢产物中去除的质子和电子通常产生 NADH 或 $FADH_2$，它们存在于线粒体中或被穿梭到线粒体中，并沿电子传递链移动。

参与内线粒体膜内电子转移的化合物组成了电子传递链，该链也称呼吸链，因为电子转移与组织中氧的可用性相关。电子流提供的能量允许质子从线粒体基质转移到内外膜之间的空隙，从而产生一个能量梯度，促使 ADP 磷酸化形成 ATP。氧化磷酸化的驱动力是 NADH 和 $FADH_2$ 相对于 O_2 的电子转移势。

A. 电子传递链

电子传递链在内膜中具有重要作用，它可使质子（H^+）从基质内向膜间隙同时转运。质子转位提供了驱动 ADP 磷酸化为 ATP 的最后一步所需的大部分能量。电子传递链开始于线粒体内产生或由细胞质穿梭入内的 NADH 或 $FADH_2$。糖酵解产生细胞质 NADH 和 $FADH_2$，如图 3.22 所示，NADH 和 $FADH_2$ 在电子传递链的不同位置贡献出其电子。

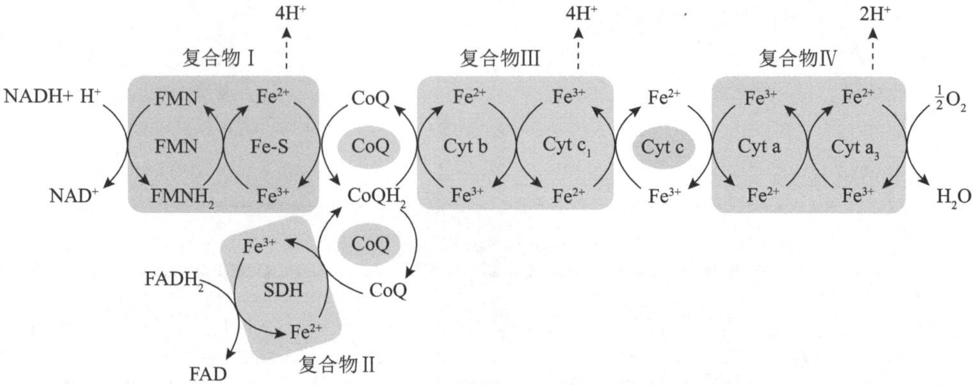

图 3.22　电子从 NADH 和 $FADH_2$ 到 O_2 的传递过程

辅酶 Q（CoQ）和细胞色素 c（Cyt c）作为各复合物之间电子的载体。FMN：黄素单核苷酸；SDH：琥珀酸脱氢酶；Cyt b：细胞色素 b；Cyt c_1：细胞色素 c_1；Cyt a：细胞色素 a；Cyt a_3：细胞色素 a_3

电子传递链由内线粒体膜上一系列蛋白质和其他化合物组成，其中包括 4 个复合物，它们依次是复合物Ⅰ、复合物Ⅱ、复合物Ⅲ和复合物Ⅳ。从 NADH 到 O_2 的主要电子流经过复合物Ⅰ、复合物Ⅲ和复合物Ⅳ，而 $FADH_2$ 中的电子则流经复合物Ⅱ、复合物Ⅲ和复合物Ⅳ。在两种情况下，电子流需要辅酶 Q（CoQ，又称泛醌）和细胞色素 c 这两个电子载体进行帮助。这些载体是可移动的，能够将电子从一个复合物运输到另一个复合物。此外，每个复合物都含有多种电子传递分子，如辅基和金属离子，并通过这些分子将电子从一个分子传递到另一个分子。其中，复合物Ⅰ含有黄素单核苷酸（FMN）和铁硫（Fe-S）中心；复合物Ⅱ则由琥珀酸脱氢酶和铁硫中心组成；复合物Ⅲ含有细胞色素 b、细胞色素 c_1、血红素基团和铁硫中心；复合物Ⅳ则含有细胞色素 a、细胞色素 a_3、血红素基团和铁硫中心。这些分子在内线粒体膜上相互作用，沿着电子传递链向氧化还原梯度进行电子传递并最终促进 ATP 合成。每个复合物都包含与蛋白质相关的铁硫中心，它们能够通过还原 Fe^{3+}为 Fe^{2+}容易地接受电子。与 FMN 和 CoQ 不同，铁硫中心可以在不结合或释放质子的情况下经历氧化还原循环。

a. 复合物Ⅰ

复合物Ⅰ也称 NADH-辅酶 Q 氧化还原酶，通过一系列氧化还原反应将一对电子从 NADH 转移到 CoQ。这些反应还促进质子从内线粒体膜的基质侧转移到隔膜空间。复合物Ⅰ由许多多肽链、一个 FMN 分子、若干个铁硫中心以及其他铁原子组成。铁原子与含硫的氨基酸半胱氨酸结合。铁原子每次转移一个电子，在 Fe^{2+}和 Fe^{3+}之间循环。

电子通过复合物Ⅰ反应的转移最终被 CoQ 所接受。CoQ 是一种高度疏水的化合物，在内膜的疏水核心中自由扩散。电子向 CoQ 的转移是每个电子逐一进行的。

第一个电子的转移会创建一个不稳定的中间离子自由基（半醌），紧接着第二个电子，最终导致完全还原的 $CoQH_2$（泛醌醇）产生。氧化和还原形式的 CoQ 的结构如图 3.23 所示。通过电子传递链对 NADH 的整体氧化大约合成了 2.5 个 ATP 分子。

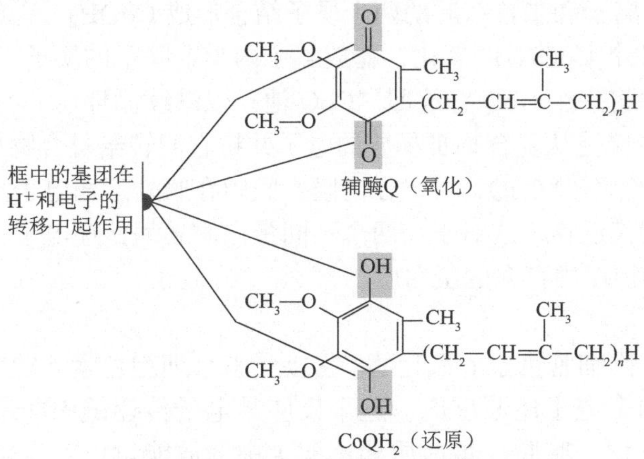

图 3.23　辅酶 Q 的氧化和还原形式

下标 *n* 表示侧链中异戊二烯单元的数量（最常见的是 10 个）。一个电子转移会导致一个半羟基苯醌形成，其中只有一个醌基被还原

b. 复合物Ⅱ

复合物Ⅱ也称琥珀酸-辅酶 Q 还原酶，其主要组成部分是琥珀酸脱氢酶，与 TCA 循环中产生 $FADH_2$ 的酶相同。琥珀酸脱氢酶是唯一与内线粒体膜相联系的 TCA 循环中的酶，这使得其在基质中将琥珀酸氧化成延胡索酸的同时，还能在膜内还原 CoQ 为 $CoQH_2$。与其他复合物不同，复合物Ⅱ不会将质子泵入内膜间隙。除了琥珀酸脱氢酶外，复合物Ⅱ还含有一个 FAD 蛋白和铁硫中心。当 TCA 循环中的琥珀酸转化为延胡索酸时，FAD 被还原为 $FADH_2$。$FADH_2$ 经过铁硫中心的电子传递被氧化为 CoQ，还原为 $CoQH_2$。通过电子传递链对 $FADH_2$ 的氧化形成约 1.5 个 ATP 分子。

c. 复合物Ⅲ

来自 NADH 和 $FADH_2$ 的电子通过复合物Ⅲ（也称辅酶 Q-细胞色素 c 氧化还原酶）的反应从 $CoQH_2$ 传递到细胞色素 c。复合物Ⅲ包含两种不同的细胞色素（b 和 c_1）和一个铁硫中心。细胞色素含有一个铁原子在中心的血红素分子。随着电子的流动，细胞色素中心的铁被氧化和还原，释放四个质子到内膜空间。

在复合物Ⅲ的氧化还原反应中，$CoQH_2$ 捐赠了两个电子和两个质子，但是最终受体分子细胞色素 c 只能接受一个电子。为了优化电子传递和质子转运，存在一种独特的机制称为 Q 循环。它始于两个结合在复合物上的 $CoQH_2$ 分子，释放出四个电子和四个质子。所有四个质子都被转运到内膜空间。在循环的第一部分过程中，一个电子流向细胞色素 c_1，然后被传递到细胞色素 c；第二个电子流向细胞色素 b，并转移到一个 CoQ 分子，创建一个不稳定的半羟基苯醌离子；第三个电子流向细胞色素 c_1，然后再次传递给细胞色素 c；第四个电子流向细胞色素 b，并与半羟基苯醌离子和来自基质的两个质子结合形成 $CoQH_2$。这意味着一次完整的 Q 循环导致 2 个 $CoQH_2$ 的氧化，释放 4 个内膜空间中的质子，将一个 CoQ 还原为 $CoQH_2$，并将一个 CoQ 释放回"CoQ 池"以继续循环。

细胞色素 c 接受从复合物Ⅲ释放的电子并将它们转给复合物Ⅳ。细胞色素 c 是高度水溶性的，不像 CoQ，可以在内膜空间内在膜外运输电子。这种特性允许细胞色素 c 沿着膜迁移，这对于在两个不同蛋白质之间传递电子特别重要，如在复合物Ⅲ和复合物Ⅳ中存在的蛋白质。

d. 复合物Ⅳ

复合物Ⅳ也称细胞色素 c 氧化酶。它接受来自细胞色素 c 的电子，并催化将氧还原为水的四个电子还原反应。这个反应是电子传递链中的最后一步，从营养素（碳水化合物、脂肪、蛋白质和乙醇）中释放能量以产生可用的化学能，即 ATP。

细胞色素 c 氧化酶的结构已知，它由多个亚基组成。其中一些亚基由核 DNA 编码，而另一些则由线粒体 DNA 编码。线粒体 DNA 转录翻译产生的蛋白质含有铁和铜，这些金属离子在其氧化（Fe^{3+}，Cu^{2+}）和还原（Fe^{2+}，Cu^{+}）状态之间循环。复合物Ⅳ还包含两种细胞色素，即细胞色素 a 和细胞色素 a_3，它们含有不同的血红素基团。复合物Ⅳ的反应将质子传输到内膜空间。电子传递可以在没有磷酸化的情况下继续进行，但是 ADP 磷酸化形成 ATP 取决于电子传递的终止，即将氧分子还原为 H_2O。

B. ADP 形成 ATP

ATP 的合成由 ATP 合成酶催化。ATP 合成酶由 F_0 和 F_1 两个主要组分组成，每个组分都有多个亚单位。F_0 位于膜中，而 F_1 则伸出膜进入线粒体基质。呼吸链会在嵴上延伸出呼吸链柱。如果去除这些柱，则电子传递仍会继续，但 ADP 磷酸化合成 ATP 的过程不会发生。F_1 的一些亚单位能够旋转，并具有能结合 ATP、ADP 和磷酸（Pi）的位点。F_1 还包含通道，允许质子通过膜移动。对于每对穿过复合物Ⅳ的电子，F_1 的旋转亚单位可以完成一次旋转并产生三个 ATP。同时，来自内膜间隙的质子从内膜间隙移回到基质。移回质子的数量取决于旋转柱中的亚单位数（10～15），每形成一个 ATP 将导致 3～5 个质子向基质移动。质子的返回流提供了合成 ATP 所需的能量，从而将 ADP 和 Pi 转化为 ATP。这些生成 ATP 的过程统称为线粒体的氧化磷酸化，如图 3.24 所示。

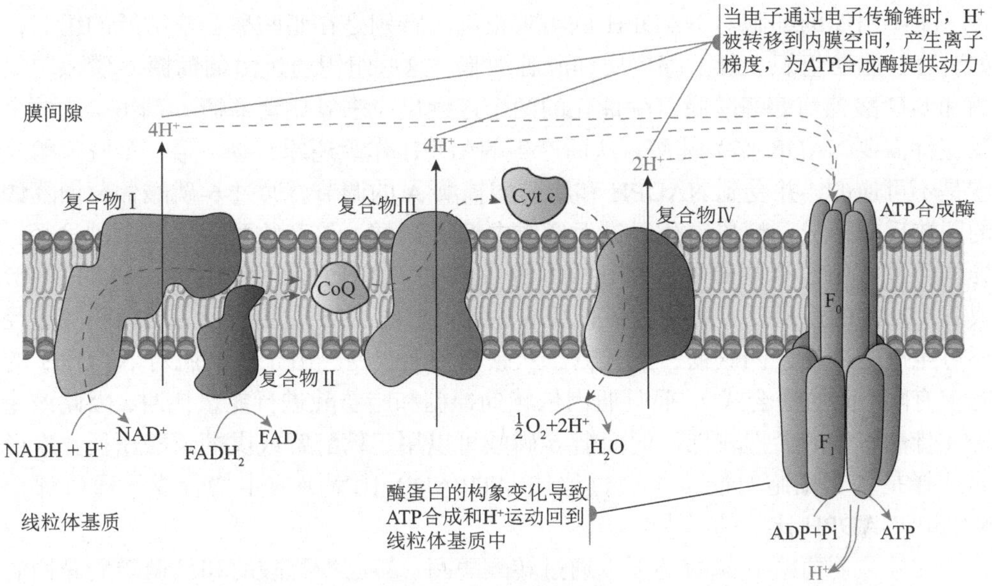

图 3.24　氧化磷酸化

来自 NADH 和 $FADH_2$ 的电子沿着电子传递链移动，释放能量将质子（H^+）从基质泵入内膜空间。形成的 H^+浓度梯度导致 H^+通过 ATP 合成酶中的通道向基质移动，从而提供能量将 ADP 磷酸化形成 ATP

ATP 在线粒体中合成，但必须移动到细胞质中为细胞提供能量。ATP-ADP 转运酶将 ATP 从线粒体中运出，同时将 ADP 运入。这种运输是可逆的，可按 1∶1 比例交换 ATP 和 ADP。同时，另一种载体将无机磷酸盐和一个质子运输到线粒体基质中。ATP-ADP 转运酶占内膜总蛋白质的 10%～15%。

完全氧化 1mol 葡萄糖产生 30 个或 32 个 ATP 分子，产生 2937kJ 热能（按 ATP 水解的标准自由能 30.5kJ 计算）。细胞内 ATP 的浓度更接近 1～5mmol/L，在这种浓度下的水解自由能近 50kJ。同时，具有高磷酸转运潜能的其他化合物（如磷酸烯醇丙酮酸、1, 3-二磷酸甘油和磷酸肌酸）的自由能也成比例增加。在讨论这些反应时，使用标准自由能更加直观。在活细胞中，32mol ATP 捕获了 384kJ（32×12）的能量，由此可计算效率约 55%（$384/700 \times 100\%$），剩余的能量以热能的形式释放。

5. 戊糖磷酸途径

戊糖磷酸途径，又称己糖单磷酸途径，是葡萄糖在细胞质中可用的途径之一，可产生其他途径中不产生的重要中间产物。戊糖磷酸途径有两个重要产物：其一，合成 DNA 和 RNA 过程中发现的核酸及其他核苷酸所必需的中间产物；其二，还原型辅酶 NADPH，具有重要的代谢功能，包括参与脂肪酸生物合成，维持红细胞中还原底物的功能完整性，以确保红细胞能发挥正常功能，以及在肝脏中进行药物代谢等。

某些组织的细胞对 NADPH 的需求很高，特别是在脂肪酸合成活跃的组织，如乳腺、脂肪组织、肾上腺皮质和肝脏细胞。这些组织通过由葡萄糖-6-磷酸脱氢酶和 6-磷酸葡萄糖醛酸脱氢酶催化的两个连续反应来氧化葡萄糖-6-磷酸。这两个反应都需要 $NADP^+$作为辅酶，从而产生 NADPH 作为还原产物。第一个脱氢酶反应是不可逆的，并受到 NADPH 和脂肪酸辅酶 A 的调节。通过 6-磷酸葡萄糖醛酸的脱羧反应形成己糖单磷酸，进而形成戊糖-5-磷酸。该产物可以采取两种途径：异构化成核糖-5-磷酸或表异构化成木糖-5-磷酸。基于脱氢酶作用从 $NADP^+$中形成 NADPH 的途径反应被称为氧化反应途径。如图 3.25 左侧所示，戊糖磷酸途径还可生成三碳糖、四碳糖、五碳糖、六碳糖和七碳糖。由于骨骼肌对 NADPH 的需求有限（脂肪酸合成），而且肌肉依赖葡萄糖和脂肪酸进行能量代谢，因此该途径在骨骼肌中的活性较低。葡萄糖-6-磷酸可以用于糖酵解或戊糖磷酸途径，途径的选择是基于细胞对能量（通过评估 ATP/ADP 比率）或生物合成（通过评估 $NADP^+$/NADPH 比）的需求。

此外，葡萄糖-6-磷酸还可以通过转酮醇酶、转己糖醛酸酶和己糖磷酸异构酶催化发生非氧化反应途径（图 3.25 右侧）。转酮醇酶和转己糖醛酸酶催化复杂的反应，使得三碳糖、四碳糖、五碳糖、六碳糖和七碳糖之间发生相互转化。转酮醇酶和转己糖醛酸酶反应的可逆性允许将己糖磷酸直接转化为戊糖磷酸，绕过氧化反应。因此，那些经历更快速复制并因此需要更多戊糖磷酸进行核酸合成的细胞可以通过这种方式产生这些产物。

6. 糖异生

葡萄糖对于大多数细胞来说是必需的营养物质。大脑和中枢神经系统及红细胞特别依赖葡萄糖作为能量底物。当饮食中碳水化合物摄入减少且血糖浓度下降时，包括胰高血糖素在内的激素会激活糖异生过程，由非碳水化合物类营养素如乳酸、甘油（甘油三酯水解产物）和某些氨基酸产生葡萄糖。糖异生过程主要发生在肝脏中，在某些情况下，如长时间饥饿状态下，肾脏中也会发生糖异生反应。肝脏和肾脏产生的大部分葡萄糖被释放到血液中以维持血糖水平。

糖异生中的许多步骤与糖酵解相反。糖异生合成葡萄糖，并消耗 ATP 和 NAD^+，而不是产生 ATP 和 NADH。大多数参与糖酵解的细胞质酶催化它们的反应是可逆的，因此也为将丙酮酸转化为葡萄糖提供了可能。但糖酵解反应过程有三个不可逆的反应，分别由葡萄糖激酶（己糖激酶）、磷酸果糖激酶和丙酮酸激酶催化（图 3.17 中的 1、3 和 10 号反应），因此，糖异生过程需要通过其他酶系统绕过这些反向步骤。如图 3.26 所示，葡萄糖激酶和磷酸果糖激酶的反应可以被特定的磷酸酶（分别是葡萄糖-6-磷酸酶和果糖-1, 6-二磷酸酶）替代，这些磷酸酶通过水解去除磷酸基团。丙酮酸激酶反应的替代涉及草酰乙酸这个中间物。线粒体丙酮酸可以被丙酮酸羧化酶转化为草酰乙酸，并进一步脱羧和磷酸化为磷酸烯醇丙酮酸，从而完成替代丙酮酸激酶催化的反应过程。然而，磷酸烯醇丙酮酸羧激酶反应是细胞质内的反应，因此草酰乙酸离开线粒体必须经过该酶作用。由于线粒体膜无法透过草酰乙酸，所以它必须先通过苹果酸脱氢酶转化为苹果酸或天冬氨酸这两种可自由穿过线粒体膜的分子（见前面的苹果酸-天冬氨酸穿梭途径）。在细胞质中，苹果酸或天冬氨酸可以分别被苹果酸脱氢酶或天冬氨酸氨基转移酶（谷氨酸-苹果酸转氨酶）转化回草酰乙酸。

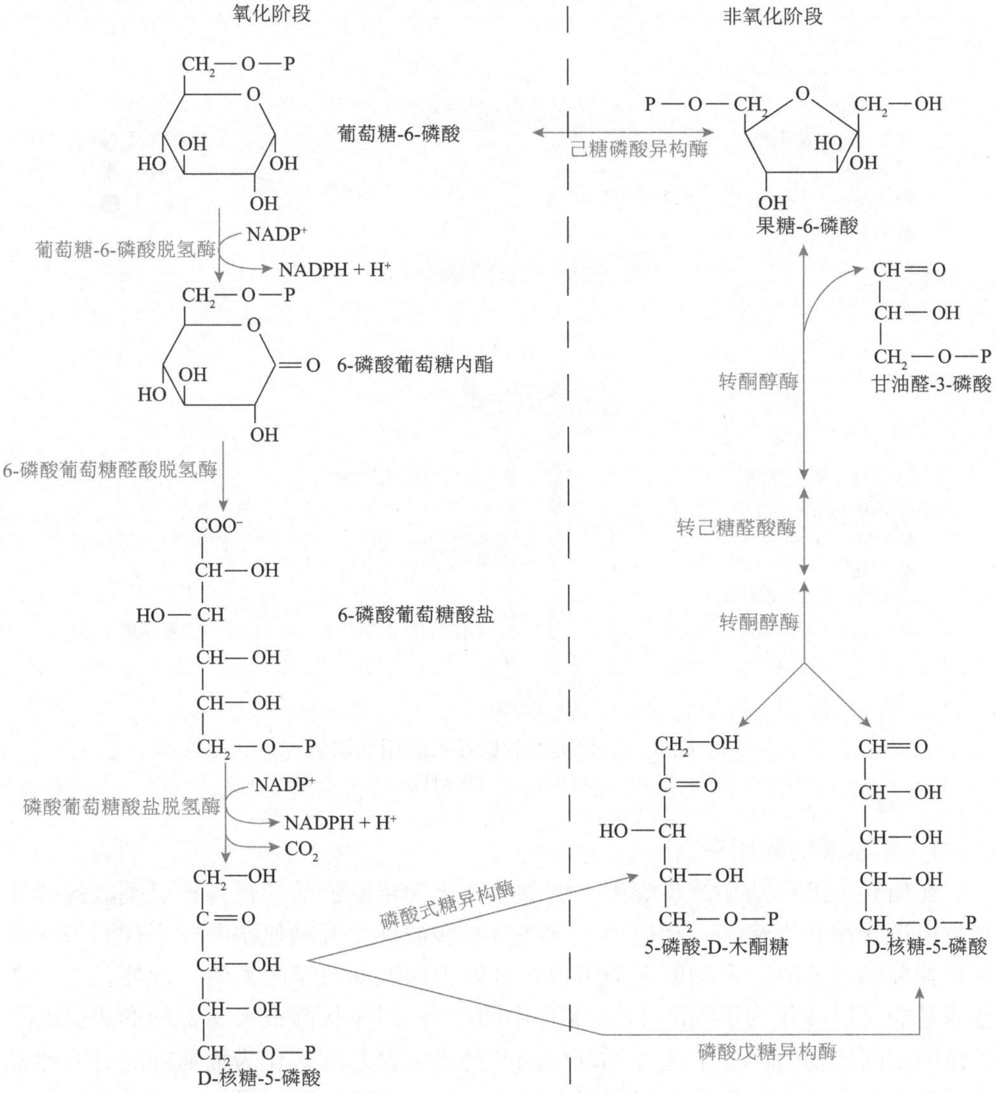

图 3.25　戊糖磷酸途径

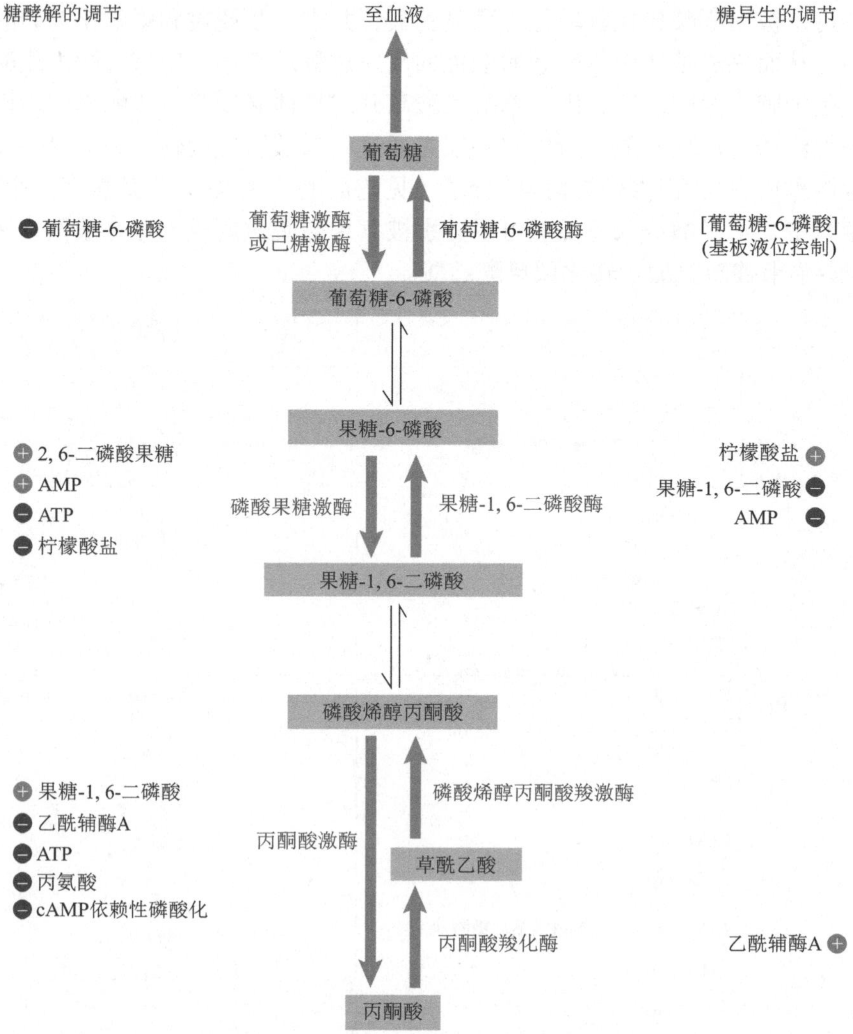

图 3.26 糖酵解和糖异生的相互调节

+表示促进；−表示抑制

1）氨基酸的利用率

在糖异生途径的初始步骤中，丙酮酸转化为草酰乙酸使得各种氨基酸的碳骨架可以进入糖异生途径。相应地，这些氨基酸被称为升糖氨基酸。当代谢条件有利于葡萄糖合成时，升糖氨基酸可以被分解为丙酮酸或草酰乙酸。此外，由于某些氨基酸可以转化为不同的 TCA 循环中间产物，以苹果酸或天冬氨酸形式退出线粒体的中间产物，而利用 TCA 循环中间产物是将氨基酸转化为葡萄糖的另一种方式。将非碳水化合物物质代谢利用进行糖异生反应的过程如图 3.27 所示。

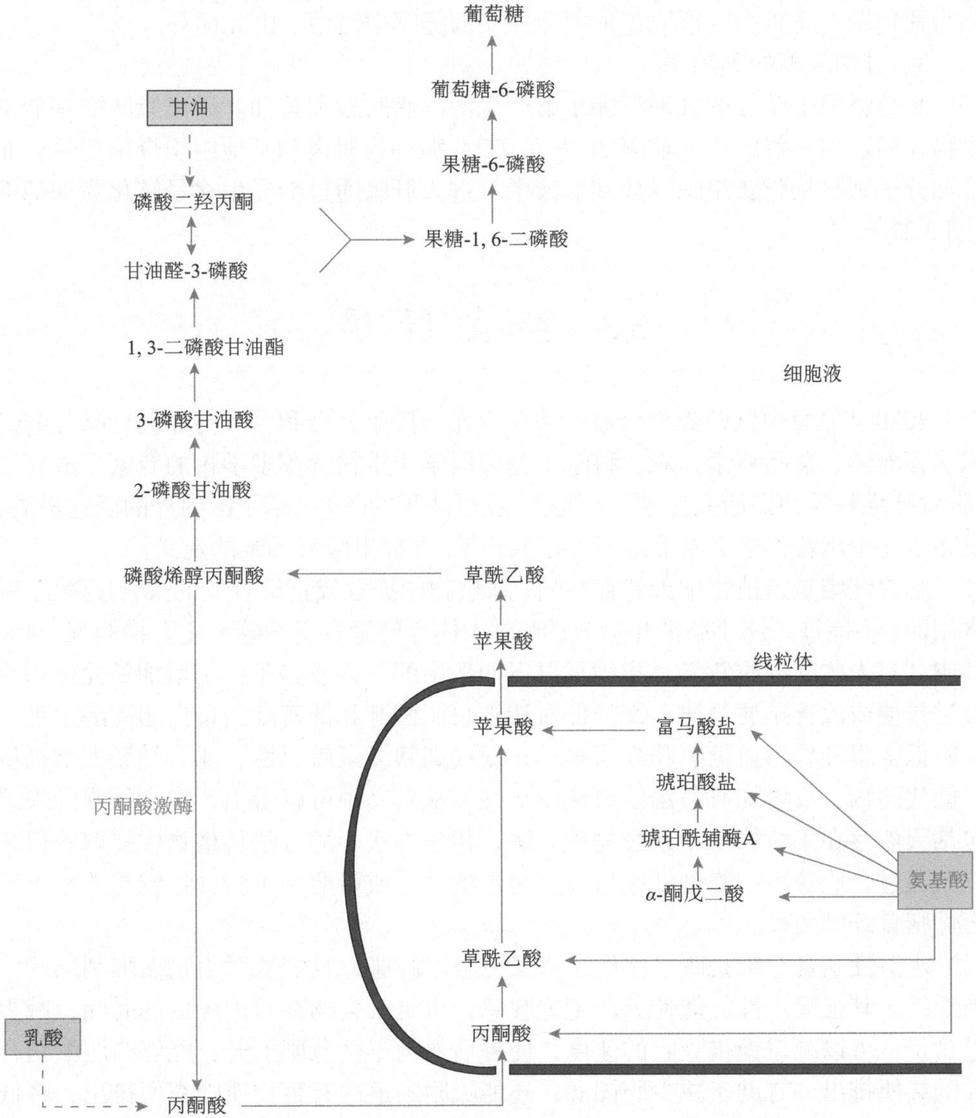

图 3.27　糖异生反应

2）乳酸的利用率

乳酸由红细胞及剧烈运动的骨骼肌产生。产生的大部分乳酸被释放到血液中，进入肝脏通过糖异生途径转化为葡萄糖，新生成的葡萄糖再释放到血液中。肌肉细胞缺乏葡萄糖-6-磷酸酶，无法从非碳水化合物源中产生游离葡萄糖。因此，肝脏能够防止乳酸积累的同时补充血糖。在剧烈的（无氧的）运动中，一部分血糖在骨骼肌中通过产生乳酸的糖酵解过程提供能量；肝脏则是将肌肉来源的乳酸转化为葡萄糖，而肌肉则摄取该葡萄糖并在糖酵解中使用，由此循环。

3）甘油三酯的利用率

脂肪组织中储存的甘油三酯水解产生游离脂肪酸和甘油。游离脂肪酸是能量底物，通过被分解成乙酰辅酶 A 进入 TCA 循环为肌肉和其他组织提供能量；而甘油分子则是从脂肪组织释放到血液中，进入肝脏通过糖异生途径转化为葡萄糖（图 3.27）。

3.3 膳食纤维

2020 年初，中国营养学会益生菌益生元与健康分会和营养与保健食品分会组织了营养学、食品科学、农业科学、基础医学、生物学等多学科的专家，成立了“膳食纤维科学共识研究专项”工作组，经过两年的研究，基于国内外的研究进展，发布了《中国营养学会膳食纤维专家共识》，并提出膳食纤维的定义。

膳食纤维是指植物中天然存在的、从植物中提取或直接合成的聚合度≥3、可食用的、不能被人体小肠消化吸收的、对人体有健康意义的碳水化合物的聚合物。其中，对人体的健康意义是指满足以下四条中的一条或多条：①增加粪便体积，促进排便或改善排便规律；②降低血液中总胆固醇和低密度脂蛋白胆固醇水平；③降低空腹和餐后血糖、胰岛素水平，或提高胰岛素敏感性；④为结肠发酵提供产能代谢物，或增加有益菌的数量或活性。从定义中可以看出，膳食纤维的来源包括天然存在于植物中，通过物理方法、化学方法、酶方法从植物中提取获得，以及通过合成获得。膳食纤维可以分为水溶性（或可溶性）膳食纤维与（水）不溶性膳食纤维两种。

水溶性膳食纤维是既可溶解于水又可吸水膨胀，且能被微生物发酵利用的一类纤维。其强吸水性，能使人产生饱腹感，可延长食物在胃内停留的时间，减少进食量；可以减缓糖被吸收的速度，使餐后血糖不会急剧上升；能够与胆酸结合并随粪便排出，有助于减少胆固醇；还能吸附肠道内有害物质随粪便排出，降低肠癌发生。不溶性膳食纤维是指既不能溶解于水又不能被大肠中微生物发酵利用的一类纤维，常存在于植物的根、茎、干、叶、皮、果中，主要有纤维素、半纤维素、木质素等。不溶性膳食纤维能够促进胃肠道蠕动，加快食物通过胃肠道；还可以加速排便，以缩短粪便中有害物质与肠道接触的时间。

3.3.1 水溶性膳食纤维

1. 果胶

果胶（pectin）是一种水溶性多糖，存在于植物细胞壁、植物细胞间区域及某些水果和蔬菜的外皮中，能够与邻近的细胞壁结合并形成凝胶，是制作果酱和果冻的重要成分。半乳糖醛酸是果胶分子的主要成分，以（1→4）糖苷键连接的 D-半乳糖醛酸单元的形式存在，其侧链分子包括五糖（木糖和阿拉伯糖）和六糖（半乳糖、鼠李糖和岩藻糖）。富含果胶的来源包括苹果、浆果、杏子、樱桃、葡萄和柑橘类水果，以及豆类、坚果和一些蔬菜。在某些水果中，随着果实的成熟软化，果胶会被分解。商业化果胶通常从柑橘皮或苹果中提取，添加到水果条、果汁和糖霜等食品中，在果冻和果酱中，果胶还可以促进凝胶化。此外，果胶还被添加到一些胃肠营养产品中，以提供膳食纤维来源。

2. 植物胶

植物胶（vegetable glue）是一类由多种糖类和糖酸组成的天然或半合成的高分子聚合物，在水或其他溶液中呈胶状或黏稠状。植物胶是一种分泌物，在植物损伤的部位由特殊的分泌细胞分泌，可以从植物中挤出（被迫从植物组织中挤出），如阿拉伯胶、卡拉胶和瓜尔胶等。植物胶可用于食品、制药、化妆品以及纺织等工业领域，具有增稠、乳化、稳定、吸水、保水、凝胶等性质。

植物胶通常是高度支化的，由各种糖和糖的衍生物组成。以阿拉伯胶为例，其结构包含一个主要的半乳糖主干，由 β（1→3）糖苷键和 β（1→6）糖苷键与半乳糖、阿拉伯糖、鼠李糖、葡萄糖醛酸或甲基葡萄糖醛酸的侧链连接。非还原端以鼠李糖基终止。在各类树胶中，阿拉伯胶最常用作食品添加剂，如添加到糖果等产品中，以促进凝胶、增稠和稳定。瓜尔胶和蝗虫豆胶（也称角豆胶）分别由瓜尔豆种子和蝗虫豆种子的胚乳经过磨碎制成。这些水溶性胶质主要由半乳糖甘露聚糖组成，其中含有 1→4 型连接的甘露糖骨架，并且侧链中的半乳糖与半乳糖之间以 2∶1 或 4∶1 的比例存在。瓜尔胶等可以作为增稠剂和保水剂添加到面包糕点、酱汁、乳制品、冰淇淋、调味酱和沙拉调料等产品中。植物胶也存在于燕麦、大麦和豆类等食物中。

3. β-葡聚糖

β-葡聚糖是由葡萄糖单元组成的聚合物，聚合度小于纤维素，并且包含不同的键合方式。β-葡聚糖在两种谷物中含量相对较高：燕麦和大麦。燕麦 β-葡聚糖由葡萄糖链组成，主要以 β（1→4）糖苷键键合，同时也有一些 β（1→3）键合。β-葡聚糖在水中高度溶解，易被结肠菌发酵，并在消化道内形成黏稠的凝胶。从谷类中提取的 β-葡聚糖因其降低血清胆固醇和调节血糖浓度功效被应用于功能性纤维素商业产品。美国食品药品监督管理局（FDA）允许的健康声称为，每日摄入 3g 燕麦 β-葡聚糖可降低血清低密度脂蛋白胆固醇（LDL-C）水平。

4. 果聚糖

果聚糖（fructan）是由多个果糖分子通过β-2, 1-键或β-2, 6-键结合而成的分子。果聚糖在自然界中广泛存在，在许多植物（如小麦、玉米、洋葱、大蒜等）和微生物（如乳酸菌、酵母菌等）中都可以发现，包括菊粉、低聚果糖等。

菊粉（inulin）由一个β（2→1）糖苷键连接的果糖链组成，包含2～60个单位（通常至少10个），果糖链末端由α（1→2）糖苷键连接。菊苣、芦笋、韭菜、洋葱、大蒜、洋芋、番茄和香蕉是菊粉的最常见食物来源，其中菊苣含量最高。低聚果糖的结构与菊粉相似，但通常含有少于10个果糖单元，可能包含或不包含末端葡萄糖分子。低聚果糖和菊粉也可作为益生元，促进双歧杆菌的生长。在麦片、酸奶水果制品、乳制品和冷冻甜点中常用果聚糖。菊粉和低聚果糖都可以在膳食营养补充剂中找到，并且还会被添加到一些食品中。

5. 半乳聚糖

半乳聚糖主要存在于豆类、谷类、坚果、种子和其他植物中，包括低聚半乳糖、蔗糖醇、甘露糖等。半乳聚糖在人类和动物的肠道中很难被消化和吸收，因此被归类为非淀粉多糖。半乳聚糖对肠道菌群和胃肠道健康有着重要的影响，能够促进有益菌的生长和代谢，维持肠道黏膜屏障功能并降低肠道炎症的风险。然而，由于人类缺乏用于降低半乳聚糖水平的酶，因此摄入过量的半乳聚糖可能会导致胃肠道不适和气体产生等不良反应。

3.3.2 不溶性膳食纤维

1. 纤维素

纤维素（cellulose）是一种最多可由10000个葡萄糖单元以β（1→4）糖苷键重复连接组成的长链聚合物（图3.28），主要存在于全谷类、麸皮、豆类、坚果、根菜、卷心菜科蔬菜、种子（主要是外皮）和苹果等食物中。纤维素结构中相邻且平行的纤维素链之间的糖残基之间的氢键提供了三维结构，从而形成了一种大型、线型、中性带电的分子。纤维素虽不溶于水，但可以进行化学修饰，形成如羧甲基纤维素、甲基纤维素和羟丙基甲基纤维素等水溶性更好的形式，用作食品添加剂，添加到面包、蛋糕混合物、酱料、三明治酱、沙拉酱、冷冻肉类制品和果汁混合物中，用于增稠或调节口感，或者防止结块或凝固。天然存在于食物中的纤维素通常不会被结肠中的微生物代谢利用，但修饰后可以部分被利用。

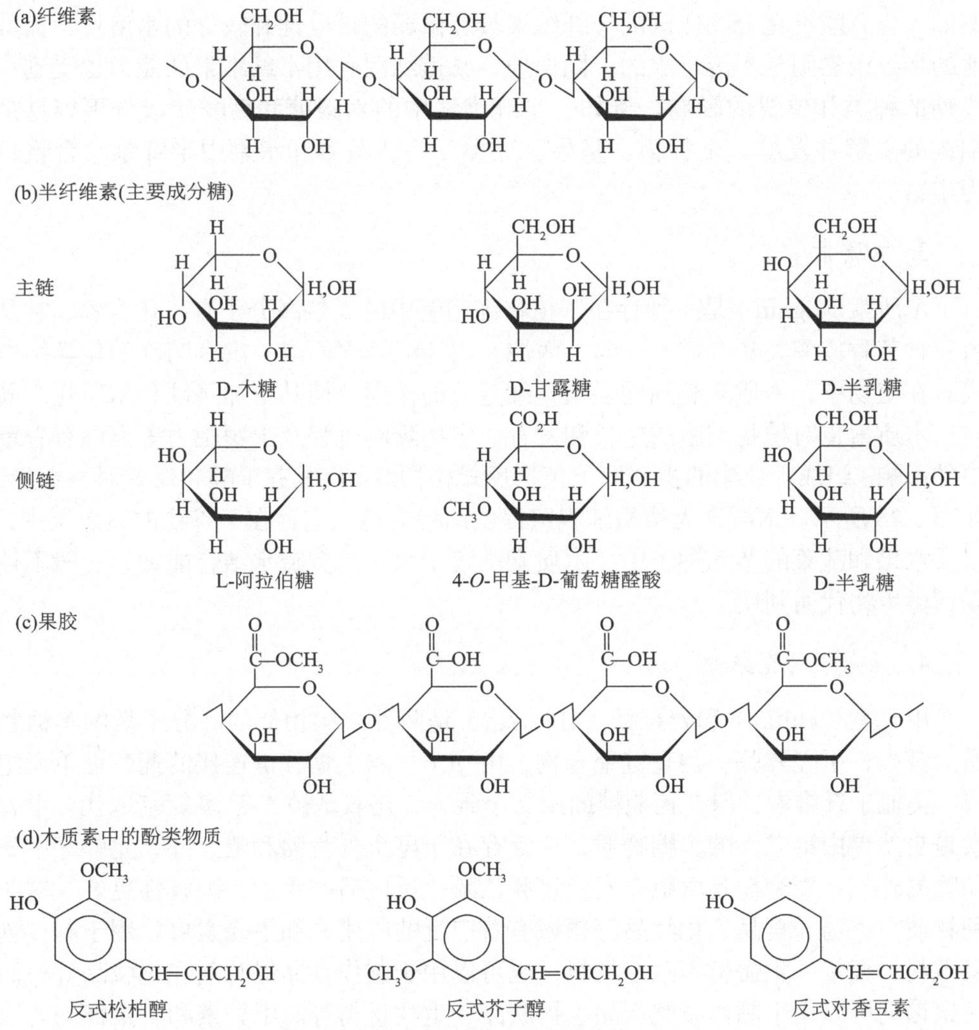

图 3.28　部分不溶性膳食纤维的结构

2. 半纤维素

半纤维素（hemicellulose）是一种杂多糖（基质多糖）的集合体，如阿拉伯木聚糖，与纤维素一同存在于几乎所有陆地植物细胞壁中，但在不同的植物中和同一植物的不同位置具有差异性。半纤维素的结构是 β（1→4）-D-木糖苷单元，具有由（1→2）糖苷键连接的 4-*O*-甲基-D-葡萄糖醛酸或由（1→3）糖苷键连接的 L-阿拉伯呋喃糖单元的分支。半纤维素的主干和侧链都包含六碳糖和五碳糖。五碳糖木糖及其他六碳糖如甘露糖和半乳糖主要占据在主干中，阿拉伯糖、葡萄糖醛酸和半乳糖等其他糖类则是包含在侧链中，并赋予半纤维素重要的生理特性。

例如，含有酸类化合物侧链的半纤维素具有微弱的带电性和较好的水溶性，而其他的半纤维素则是不溶于水的。同样地，肠道细菌利用半纤维素的能力也受到这些糖的种类和位置的影响。例如，半纤维素中的六碳糖和糖醛酸成分更容易被细菌酶降解并发酵。全谷物、坚果、豆类、一些蔬菜和水果中半纤维素含量较为丰富。

3. 木质素

木质素（lignin）是一种存在于植物细胞壁中的天然高分子有机化合物，它是由三种芳香族醇类化合物——酚、丙烷和丙烯醛缩聚而成，没有明确的化学结构式。在植物中，木质素起到增强植物细胞壁的作用，使其更加坚硬和木质化。同时，木质素也对植物细胞的生长和发育、生物降解过程及土壤肥力等方面有着重要的影响。组成木质素的主要酚类包括反式松柏醇、反式芥子醇和反式对香豆素，如图 3.28 所示。木质素为植物细胞壁提供结构支持。它存在于谷物的麸皮层中，以及水果和蔬菜的茎和种子中。木质素不溶于水，具有疏水结合能力，一般不被肠道微生物代谢利用。

4. 甲壳素和壳聚糖

甲壳素（chitin）和壳聚糖（chitosan）是两种结构相似的高分子量的多糖物质。其中，甲壳素是一种直链聚合物，由 β（1→4）糖苷键连接的葡萄糖单元组成，类似于纤维素，但在葡萄糖的第 2 个碳上，氢氧基被 *N*-乙酰氨基取代。甲壳素是自然界中第二大的多糖物质，广泛存在于昆虫外骨骼和蟹、虾、龙虾等甲壳动物的外壳。壳聚糖是由甲壳素经过脱乙酰化反应后产生的，溶解性更好。这两种物质在医药、食品、化妆品等领域有着广泛的应用，如甲壳素可以用于制作创口敷料、绷带、止血棉等医疗材料，也可以用于制作食品保鲜剂和化妆品等；而壳聚糖则可以用于制作减肥产品、护肤品、生物材料等。甲壳素和壳聚糖均可以吸附（相互作用或络合）饮食中的脂类，主要是游离胆固醇和磷脂，并促进它们在粪便中的排泄。

5. 抗性淀粉

抗性淀粉（resistant starch，RS）指的是一种形态特殊、难以被消化产生热量的淀粉，它可以直接到达结肠，被结肠中的细菌代谢利用。抗性淀粉可以分为五种类型（编号为 1～5），每种类型的来源不同，具有不同的生理效应。

（1）RS1 代表的是淀粉颗粒，位于植物结构的一部分（通常是细胞壁或基质），其膳食来源包括全部或部分研磨的谷物和豆类。

（2）RS2 代表一种能抵抗消化的淀粉，被紧密地包裹在食物的颗粒中，这与直链淀粉的线型结构有关，在一些“生的或未煮熟”的植物食品中尤其普遍，如未成熟（绿色）香蕉、生土豆、一些豆类和高直链淀粉玉米。但加热这些食物会使淀粉糊化，并增加其消化能力。

（3）RS3 被称为直链淀粉，是由湿热烹饪和冷却已凝胶化的淀粉形成的。这种淀粉在烹饪过程中物理特性会改变，使它更容易抵抗消化。

（4）RS4 是由淀粉（通常从玉米中分离出来）的化学修饰引起的，包括形成淀粉酯或交联淀粉，从而阻碍淀粉在烹饪过程中膨胀的能力，使其保持颗粒状的形式，以抵抗消化。这种抗性淀粉主要存在于一些玉米基产品中。

（5）RS5 是指淀粉颗粒中的直链淀粉与脂质结合形成的一种抗性淀粉，也包括抗性麦芽糊精。这种相互作用会影响淀粉颗粒的膨胀，从而防止酶对其进行消化。RS5 可添加到食品中，也可以作为膳食补充剂使用。

第4章　脂　　质

4.1　膳食脂质的种类及来源

将脂质与其他宏量营养素区分开来的特性是其在有机溶剂（如乙醚、氯仿和丙酮）中的溶解性。与碳水化合物和蛋白质不同，脂质涵盖具有不同结构和功能特性的分子，并具有多种功能。脂质可以作为能量的储存库，保护内部器官，并起到隔热保暖的作用。脂质还构成了细胞膜、类固醇激素、胆汁酸、前列腺素和其他信号分子的基础。脂质包括脂肪酸、甘油酯、磷脂、鞘脂和类固醇（胆固醇、胆汁酸、胆汁酸盐和植物甾醇）。

4.1.1　脂肪酸

脂肪酸由一个碳氢链组成，一端为甲基，另一端为羧基，这也使得脂肪酸具有一个极性的亲水末端和一个非极性的疏水末端（图 4.1）。脂肪酸可以以游离状态单独存在，也可以复杂脂质的组成部分存在。脂肪酸是能量底物之一，是膳食脂肪供能的主要形式。

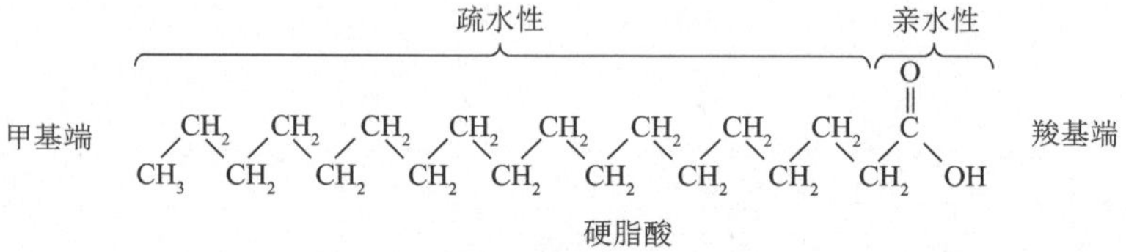

图 4.1　脂肪酸的结构

膳食和机体中发现的脂肪酸的碳链长度从 4 到 24 个不等，18 个碳原子的脂肪酸是大自然中最常见的类型。脂肪酸根据是否含有双键及双键的个数可分为饱和脂肪酸（SFA）、单不饱和脂肪酸（MUFA，具有一个碳-碳双键）和多不饱和脂肪酸（PUFA，有两个或更多碳-碳双键）。《2015 年美国膳食指南》建议 SFA 的摄入量限制在总热量的 10%以内，不饱和脂肪酸应该是膳食脂肪的主要来源。无论是用 MUFA 还是 PUFA 来替代 SFA，都可能带来健康益处。

1. 脂肪酸的命名

目前对脂肪酸常用两种符号系统进行简单表示，第一种是 Delta（Δ）符号系统，用于表示脂肪酸的链长、双键的数量和位置。例如，亚油酸的符号形式为 18:2 $\Delta^{9,12}$，其中，第一个数字 18 代表碳原子数，冒号后面的数字指代双键的总数，在 Δ 符号后的上标数字代表从脂肪酸羧基端开始数第几个碳原子处发生双键（图 4.2）。

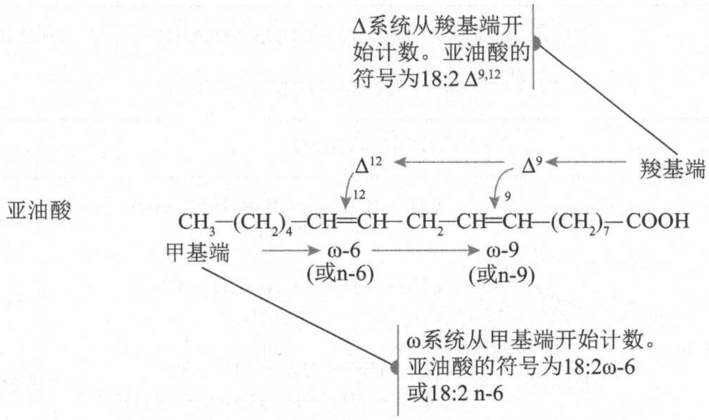

图 4.2　亚油酸的结构及两种体系的命名法

第二种常用的符号系统为 Omega（ω）符号系统，是从甲基端开始对双键位置进行计数，目前也常将 ω 符号替换为字母 n。例如，亚油酸的符号形式为 18:2 ω-6 或 18:2 n-6，其中，第一个数字表示链中的碳原子总数，冒号后面的数字表示双键的数量，ω-或 n-后面的数字表示第一个双键距离甲基端相对的位置。通常情况下，脂肪酸中双键的分布常相隔三个碳原子，因此，根据这样的命名方式知道双键的总数和第一个双键相对于甲基或羧基端的位置，就可以确定其他双键的位置，例如，含有三个双键的 *α*-亚麻酸常被标识为 18:3 $\Delta^{9,12,15}$ 或 18:3 ω-3 或 18:3 n-3。

表 4.1 列出了一些天然存在的脂肪酸及其常见的膳食来源。通常情况下，食物中提供的脂肪酸主要是碳链长为 14 个及以上的脂肪酸，其中，棕榈酸（16:0）、硬脂酸（18:0）、油酸（18:1）和亚油酸（18:2）约占据了日常饮食中脂肪酸的 90%。天然食物中也存在短链脂肪酸，丁酸（4:0）和月桂酸（12:0）分别富含于牛奶脂肪和椰子油中。

表 4.1　一些天然存在的脂肪酸

符号	通用名称	分子式	来源
饱和脂肪酸			
14:0	豆蔻酸	$CH_3—(CH_2)_{12}—COOH$	椰子和棕榈仁油，鱼油
16:0	棕榈酸	$CH_3—(CH_2)_{14}—COOH$	所有动物和植物脂肪，尤其是棕榈仁油
18:0	硬脂酸	$CH_3—(CH_2)_{16}—COOH$	所有动物和植物脂肪，尤其是可可脂

续表

符号	通用名称	分子式	来源
		饱和脂肪酸	
20:0	花生酸	$CH_3—(CH_2)_{18}—COOH$	花生油、野生三文鱼油
24:0	二十四酸	$CH_3—(CH_2)_{22}—COOH$	花生油
		不饱和脂肪酸	
16:1 Δ^9(n-7)	棕榈油酸	$CH_3—(CH_2)_5—CH{=}CH—(CH_2)_7—COOH$	鱼油、家禽脂肪
18:1 Δ^9(n-9)	油酸	$CH_3—(CH_2)_7—CH{=}CH—(CH_2)_7—COOH$	所有动物和植物脂肪
18:2 $\Delta^{9,\ 12}$(n-6)	亚油酸	$CH_3—(CH_2)_4—CH{=}CH—CH_2—CH{=}CH—(CH_2)_7—COOH$	大多数植物油、家禽脂肪
18:3 $\Delta^{9,12,\ 15}$(n-3)	*α*-亚麻酸	$CH_3—(CH_2—CH{=}CH)_3—(CH_2)_7—COOH$	亚麻、大豆和菜籽油
20:4 $\Delta^{5,\ 8,\ 11,\ 14}$(n-6)	花生四烯酸	$CH_3—(CH_2)_3—(CH_2—CH{=}CH)_4—(CH_2)_3—COOH$	鱼油
20:5$\Delta^{5,\ 8,\ 11,\ 14,\ 17}$(n-3)	二十碳五烯酸	$CH_3—(CH_2—CH{=}CH)_5—(CH_2)_3—COOH$	海藻和食用藻类的鱼类
22:6 $\Delta^{4,\ 7,\ 10,\ 13,\ 16,\ 19}$(n-3)	二十二碳六烯酸	$CH_3—(CH_2—CH{=}CH)_6—(CH_2)_2—COOH$	海藻和食用藻类的鱼类

2. 特殊脂肪酸

1）反式脂肪酸

对于不饱和脂肪酸，其中的碳-碳双键可以存在顺式（*cis*）或反式（*trans*）两种几何异构体形式。以油酸为例（图 4.3），*cis* 异构体将分子折叠和弯曲成 U 型形状，而 *trans* 形式则将分子延伸成类似于饱和脂肪酸的线型形状。结构中碳-碳顺式双键越多，弯曲效应就越明显。弯曲的程度在细胞膜的结构和功能中起着重要作用。

大多数天然存在的不饱和脂肪酸是顺式构型，但这一些反刍动物中，由于胃肠中的细菌的作用会产生反式脂肪酸，因此，在一些乳制品、羊肉和牛肉中存在极低含量的反式脂肪酸。膳食反式脂肪酸主要来自加工生产部分氢化植物油，随着越来越多的证据表明部分氢化植物油与心血管疾病风险密切相关，美国食品药品监督管理局在 2015 年将其从“一般认为安全”的食品名单中删除，并在 2018 年 6 月 18 日后禁止在加工食品中使用部分氢化植物油。

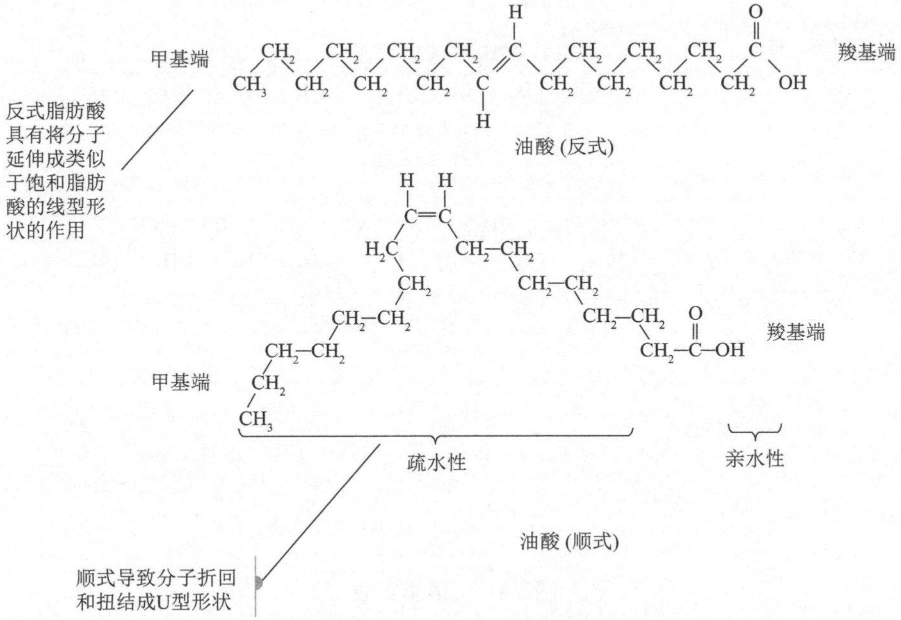

图 4.3 反式与顺式油酸的结构

反刍动物的肉类和乳制品中还存在一种独特的反式脂肪酸——共轭亚油酸。大多数 PUFA 的双键在碳骨架链的碳原子之间分别由两个单键分开；而共轭亚油酸中的双键则是由一个碳原子间的单键分开。在食物中发现的最常见异构体是 18:2 $\Delta^{cis9,\ trans11}$，同时也在食物中发现了少量的 18:2 $\Delta^{trans10,\ cis12}$。共轭亚油酸因其对癌症、肥胖和心血管疾病的健康效益而受到研究人员的关注。

2）奇数链脂肪酸

大多数脂肪酸具有偶数个碳原子，但来自反刍动物的肉类和乳制品及某些脂肪含量高的鱼类中也会存在少量的奇数链脂肪酸的食物，主要为十五酸（15:0）和十七酸（17:0）。在反刍动物中，这些脂肪酸由瘤胃细菌产生；在鱼类中，除了摄食产生这些脂肪酸的水生生物之外，鱼类还可以在产油腺中合成奇数链脂肪酸。最近的研究还表明，人体细胞中的过氧化物酶体可以通过 α-氧化的过程，从 18:0 中去除单个碳原子，形成 17:0。

3）支链脂肪酸

支链脂肪酸通常是饱和脂肪酸类，在碳氢侧链上连接一个或多个甲基基团，每个甲基基团代表一个分支点。日常饮食中常见的支链脂肪酸为具有 14 个或 16 个碳原子的骨架链，其第二个（ω-2）或第三个（ω-3）碳原子末端附有一个甲基基团（图 4.4），通常来源于反刍动物的肉类和乳制品及富含脂肪的鱼类。

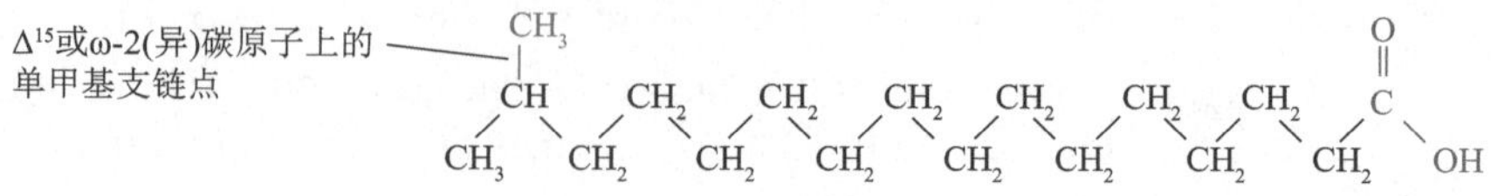

15-甲基十六酸
（异庚十七酸）

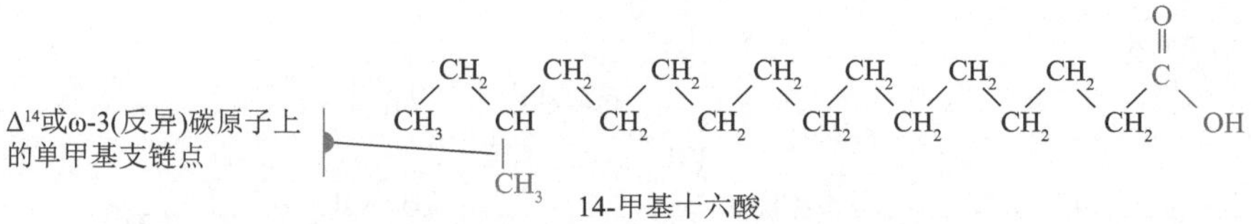

14-甲基十六酸

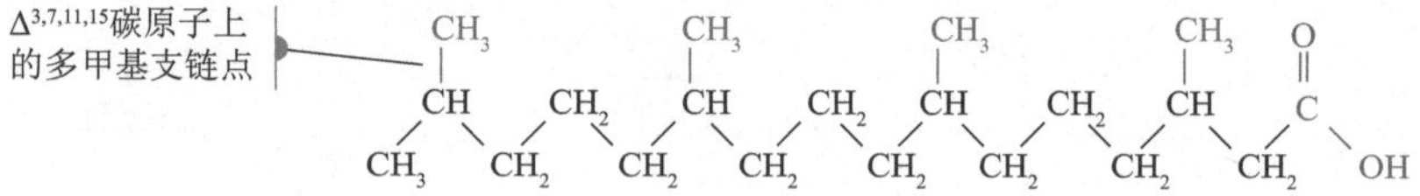

3,7,11,15-四甲基十六酸
（植烷酸）

图 4.4　支链脂肪酸

支链脂肪酸的命名，通常是先命名骨架链，然后确定甲基支链点及其位置。例如，图 4.4 中的 16 个碳的饱和脂肪酸（俗称棕榈酸）的三种支链脂肪酸变体，使用 Δ 系统说明甲基支链点的不同位置，并反映在脂肪酸的名称中，如 15-甲基十六酸。另一种命名方法是简单地计算脂肪酸中存在的所有碳原子的总数，包括侧链的甲基基团数。使用这种方法命名时，15-甲基十六酸也被称为异庚十七酸（或 *iso*-17:0），其中的“*iso*”指的是单甲基支链点位于甲基端第二个碳原子的位置；而对于单甲基支链点位于甲基端第三个碳原子的位置的情况则用“*anteiso*”标识。但这种命名方法对于有多个甲基基团的支链脂肪酸来说不太有效。

包含多个甲基支链点的植烷酸（图 4.4），是绿色植物中叶绿素的降解产物。人类缺乏分解叶绿素的消化酶，因此人体组织中存在的植烷酸来源于饮食摄入。与其他支链脂肪酸一样，反刍动物的肉类和乳制品及某些鱼类是植烷酸的食物来源。人体每天需摄入 50～100mg 支链脂肪酸。

4）必需脂肪酸

有两种不饱和脂肪酸在人体内无法合成，即亚油酸（18:2 n-6 或 18:2 $\Delta^{9,12}$）和 α-亚麻酸（18:3 n-3 或 18:3 $\Delta^{9,12,15}$），这是由于人体缺乏 Δ^{12} 去饱和酶和 Δ^{15} 去饱和酶，碳链无法在 Δ^{9} 碳之后形成双键，因此亚麻酸和 α-亚麻酸被称为必需脂肪酸。这些酶仅存在于植物中，摄入植物性食物可以提供必需脂肪酸。然而，如果从饮食中获得了一个 $\Delta^{9,12}$ 脂肪酸，则可以在 Δ^{6}（去饱和）处引入额外的双键。脂肪酸链也可以通过在链的羧基末端酶催化下加上两个碳原子来延长。在哺乳动物细胞中，亚油酸可以通过“ω-6 途径”转化为花生四烯酸（20:4 n-6），此过程中形成的去饱和延长的中间产物包括：γ-亚麻酸（18:3 n-6）、γ-亚麻三烯酸（18:3 n-6）、二十碳三烯酸（20:3 n-6）、花生四烯酸（20:4 n-6）。类似地，α-亚麻酸可以通过“ω-3 途径”转化为二十碳五烯酸（20:5 n-3，EPA）。花生四烯酸和二十碳五烯酸是重要的信号分子前体，对机体具有重要的作用。亚麻籽（亚麻）油富含 α-亚麻酸，而鱼油是良好的二十碳五烯酸和二十二碳六烯酸（22:6 n-3，DHA）的来源。α-亚麻酸是高度不饱和的 n-3 脂肪酸（EPA 和 DHA）的前体，但在人体内 α-亚麻酸转化为 EPA 和 DHA 的效率非常低。因此，摄入富含 EPA 和 DHA 的鱼油可以避免与低 α-亚麻酸有关的缺陷。膳食中常见的植物油和动物脂肪的脂肪酸组成见表 4.2，可以看出，同样是三文鱼油，由于野生状态和养殖状态下鱼所摄取的食物存在差异，其脂肪酸组成也会不同。

4.1.2 甘油酯（甘油三酯）

约 95%的膳食脂质是甘油三酯的形式，它也是能量储存的主要形式。从结构上看，它们由具有三个羟基的醇结构，即甘油组成，通过酯键连接三个脂肪酸，如图 4.5 所示，每形成一个酯键都会释放出一分子水。甘油三酯中脂肪酸可以完全相同（简单甘油三酯）或不同（混合甘油三酯）；可以全部是饱和脂肪酸、单不饱和脂肪酸、多不饱和脂肪酸，或三者的任何组合。供能时，脂肪酸通过脂肪水解酶从甘油中解离，并以游离（未酯化）形式释放出来。游离脂肪酸与血清白蛋白结合，运输到各种组织并通过 TCA 循环进行氧化供能。

甘油三酯在室温下以脂肪（固体）或油（液体）的形式存在，这取决于组成脂肪酸的性质。一般来说，短链脂肪酸、中链脂肪酸和不饱和长链脂肪酸的熔点相对较低，因此含有这些脂肪酸的甘油三酯在室温下往往是液体油；而饱和长链脂肪酸的熔点较高，因此含有大量长链脂肪酸的甘油三酯在室温下以固体脂肪的形式存在。

某个特定脂肪酸连接的甘油羟基可以由三个甘油碳原子的编号系统表示。当不同的脂肪酸连接到甘油的第一和第三个碳时，第二个碳变成不对称。在这种情况下，甘油分子可以存在 D 或 L 形式。因此，目前采用了一种称为立体专一编号（sn）的命名系统，如图 4.5 所示，在该系统中 sn-2 位的羟基固定朝左（L）。人体脂肪酶能够区分甘油三个位置的碳，这种特异性对于消化和合成甘油三酯非常重要（本章后面消化吸收部分将详细介绍）。

甘油分子侧链含有一个或两个脂肪酸的分别称为甘油一酯（又称单酰甘油）和甘油二酯（又称二酰甘油）。甘油一酯的单个脂肪酸可以连接到甘油的三个碳中的任何一个碳上，当脂肪酸连接到 sn-1 时，分子称为 1-甘油一酯；当连接到 sn-2 时，

表 4.2 膳食中常见的植物油和动物脂肪的脂肪酸组成（%）

	SFA									MUFA			PUFA					
	丁酸	己酸	辛酸	癸酸	月桂酸	豆蔻酸	棕榈酸	硬脂酸	花生酸	软脂酸	油酸	鳕烯酸	亚油酸	花生四烯酸	α-亚麻酸	二十碳五烯酸	二十二碳五烯酸	二十二碳六烯酸
	4:0	6:0	8:0	10:0	12:0	14:0	16:0	18:0	20:0	16:1 n-9	18:1 n-9	20:1 n-9	18:2 n-6	20:4 n-6	18:3 n-3	20:5 n-3	22:5 n-3	22:6 n-3
植物油																		
菜籽油							4.3	2.1	0.7	0.2	61.7		18.6		9.1			
可可脂						0.1	25.4	33.2		0.2	32.6		2.8		0.1			
椰子油		0.5	6.8	5.4	41.8	16.7	8.6	2.5	0.1		6.3		1.7					
玉米油						0.1	10.6	1.8	0.4	0.1	27.3	0.1	53.2		1.2			
棉籽油						0.8	22.7	2.3	0.1	0.8	17.0		51.5		0.2			
亚麻油						0.1	5.1	3.4		0.1	18.3		14.2		53.4			
橄榄油							11.3	2.0	0.4	1.3	71.3	0.3	9.8		0.8			
棕榈油					0.1	1.0	43.5	4.3		0.3	136.5	0.1	9.1		0.2			
棕榈仁油		0.2	3.3	3.7	47.0	16.4	8.1	2.8			11.4		1.6					
花生油						0.1	9.5	2.2	1.4	0.1	44.8	1.3	32.0					
红花油						0.1	4.3	2.3	0.3	0.1	12.0	0.1	77.7		0.4			
大豆油						0.1	10.6	4.0	0.3	0.1	23.2		53.7		7.6			
向日葵油						0.1	7.0	4.5	0.4	0.1	18.7	0.1	67.5		0.8			

续表

	SFA									MUFA			PUFA					
	丁酸	己酸	辛酸	癸酸	月桂酸	豆蔻酸	棕榈酸	硬脂酸	花生酸	软脂酸	油酸	鳕烯酸	亚油酸	花生四烯酸	α-亚麻酸	二十碳五烯酸	二十二碳五烯酸	二十二碳六烯酸
	4:0	6:0	8:0	10:0	12:0	14:0	16:0	18:0	20:0	16:1 n-9	18:1 n-9	20:1 n-9	18:2 n-6	20:4 n-6	18:3 n-3	20:5 n-3	22:5 n-3	22:6 n-3
动物油脂																		
牛油					0.9	3.7	24.9	18.9										
鸡肉脂肪					0.1	0.9	21.6	6.0										
猪油				0.1	0.2	1.3	23.8	13.5										
牛奶（黄油）脂肪	3.2	1.9	1.1	2.5	2.8	10.0	26.2	12.1										
鱼油																		
鲱鱼油					0.2	7.2	11.7	0.8		9.6	12.0	13.6	1.1	0.3	0.8	6.3	0.6	4.2
鲭鱼油						4.9	15.3	3.0		5.2	16.4	7.5	1.6	1.3	1.1	6.5	1.5	10.1
步鱼油						8.0	15.1	3.8		10.5	14.5	1.3	2.2	1.2	1.5	13.2	4.9	8.6
野生三文鱼油						2.1	10.0	3.3		4.0	21.3	3.5	2.7	4.2	4.7	5.1	4.5	17.6
养殖三文鱼油						4.1	14.0	3.7	0.2	5.9	20.2	2.0	6.7	0.7	1.1	6.4	2.9	8.2

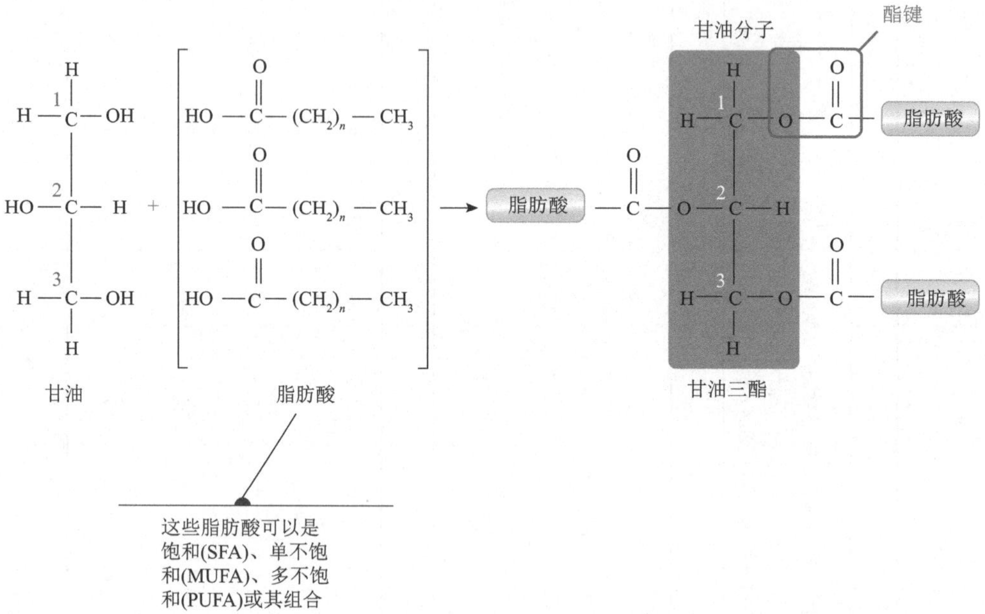

图 4.5　脂肪酸与甘油连接形成甘油三酯

则为 2-甘油一酯。连接到 sn-1 或 sn-3 的单个脂肪酸无法区分，因此通常将这种情况都视为 1-甘油一酯。甘油二酯存在 1, 2-甘油二酯或 1, 3-甘油二酯两种形式。虽然人体中仅少量存在甘油一酯和甘油二酯，但二者是一些代谢反应中重要的中间体，也是其他脂质的基础。甘油一酯和甘油二酯也会添加到加工食品中，作为乳化剂发挥作用。

4.1.3　磷脂

磷脂是含有磷酸基团的脂质，具有两亲性质，是构成所有细胞膜的结构基础，包括细胞内的细胞器膜。磷脂也是血浆脂蛋白的关键组分，磷脂、甘油三酯和其他脂类形成稳定的复合物，使它们能够在血液中被运输。

磷脂分子根据主链结构是甘油还是神经鞘氨醇（图 4.6），分为甘油磷脂（磷酸甘油酯）与鞘磷脂两类。

1. 甘油磷脂

甘油磷脂的结构骨架为甘油分子，脂肪酸酯化连接到甘油 sn-1 和 sn-2 位的羟基上，磷酸盐通过酯化连接到 sn-3 位，然后将极性的“头部基团”酯化到磷酸盐上。甘油磷脂的 sn-1 位上通常为饱和脂肪酸，sn-2 位上为不饱和脂肪酸，尽管会存在不同的脂肪酸组合形式，但通常甘油磷脂是根据其特定的头部基团而不是它们的脂肪酸来命名的。

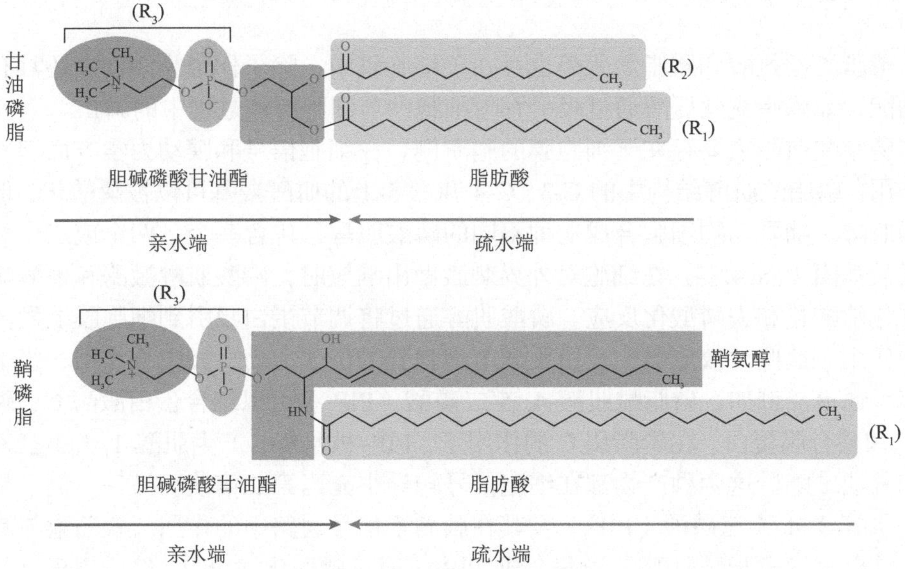

图 4.6　磷脂的分类及结构

缺少头部基团的磷脂分子称为磷酸甘油酸；头部的磷酸基团可连接不同分子（图 4.7），如丝氨酸、胆碱、乙醇胺、肌醇，分别形成磷脂酰丝氨酸（PS）、磷脂酰胆碱（PC，俗称卵磷脂）、磷脂酰乙醇胺（PE，俗称脑磷脂）、磷脂酰肌醇（PI）。

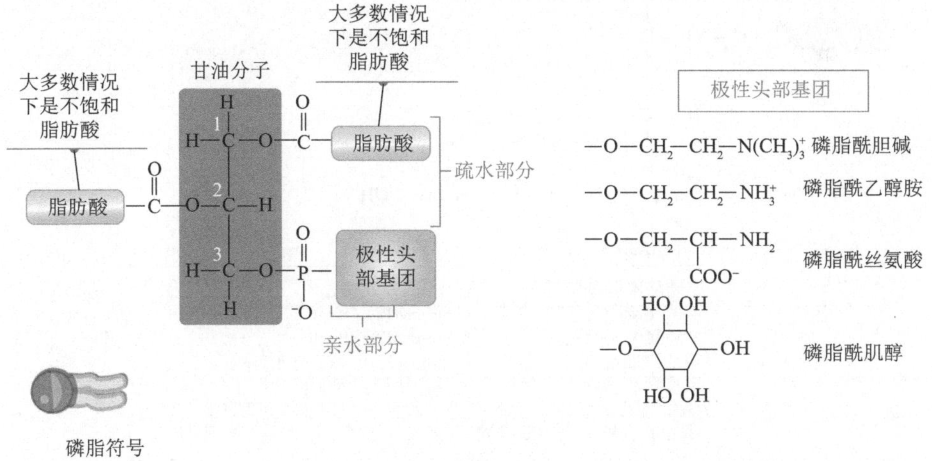

图 4.7　甘油磷脂的典型结构

哺乳动物组织中最常见的磷脂是磷脂酰胆碱，约占细胞膜中磷脂的 50%，其次是磷脂酰乙醇胺。商业化的食品级磷脂酰胆碱（称为卵磷脂）是从蛋黄和大豆中提取制备的，作为乳化剂应用于含有脂肪和水的食品，如人造黄油和巧克力。

磷脂酰丝氨酸和磷脂酰肌醇也存在于细胞膜中，除了作为膜结构外还具有重要功能，如磷脂酰丝氨酸通过吸引吞噬细胞参与细胞解体过程中的凋亡。

磷脂酰肌醇主要存在于细胞膜的胞质侧，在细胞信号和膜动力学方面起着重要作用。磷脂酰肌醇结构中的C-3、C-4和C-5上的肌醇羟基可以被磷酸化，形成磷酸肌醇。哺乳动物细胞合成七种不同的磷酸肌醇，包含一个、两个或三个额外的磷酸基团（图4.8）。在细胞对外界刺激做出响应时，磷酸肌醇激酶和磷酸酶分别催化磷酸化和去磷酸化反应。磷酸肌醇通过将调节蛋白吸引到细胞膜上发挥其生理作用。这些“效应器”蛋白质调节细胞膜的许多活动，如内吞作用、膜融合和离子通道。例如，磷脂酰肌醇-4, 5-二磷酸（PIP_2）可以结合蛋白激酶C、磷脂酶C和整合膜蛋白。在磷脂酶C的作用下，PIP_2被水解，产生肌醇-1, 4, 5-三磷酸盐和甘油二酯。这两种产物都在细胞信号转导中充当第二信使。另一个例子是磷脂酰肌醇-3, 4, 5-三磷酸（PIP_3）及其在胰岛素信号通路中的作用。胰岛素与其受体的结合触发磷脂酰肌醇-3-激酶合成 PIP_3（通过磷酸化 PIP_2），然后招募其他蛋白激酶到细胞膜上，包括蛋白激酶B。蛋白激酶B会磷酸化身体中调节碳水化合物、蛋白质和脂类代谢的许多酶。

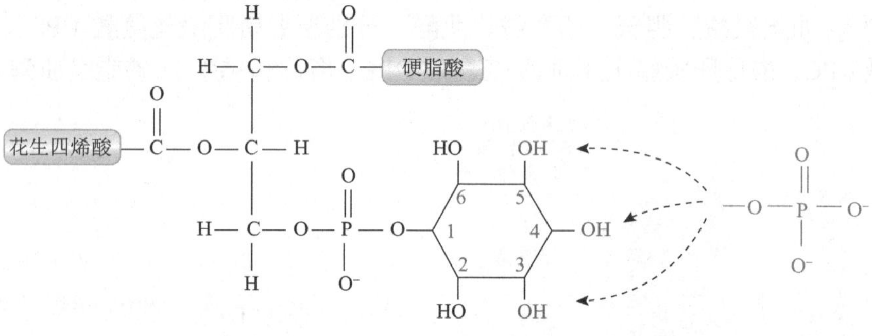

磷酸肌醇	缩写
3-磷酸磷脂酰肌醇	Ptdins3P或PI(3)P
4-磷酸磷脂酰肌醇	Ptdins4P或PI(4)P
5-磷酸磷脂酰肌醇	Ptdins5P或PI(5)P
磷脂酰肌醇-3, 4-二磷酸	$Ptdins(3,4)P_2$或$PI(3,4)P_2$
磷脂酰肌醇-3, 5-二磷酸	$Ptdins(3,5)P_2$或$PI(3,5)P_2$
磷脂酰肌醇-4, 5-二磷酸	$Ptdins(4,5)P_2$或$PI(4,5)P_2$或PIP_2
磷脂酰肌醇-3, 4, 5-三磷酸	$Ptdins(3,4,5)P_3$或$PI(3,4,5)P_3$或PIP_3

图4.8　磷酸肌醇的合成

激酶催化磷脂酰肌醇在C-3、C-4或C-5羟基上的磷酸化，产生一个、两个或三个额外的磷酸盐。在磷酸肌醇中最频繁出现的脂肪酸是硬脂酸和花生四烯酸，分别位于sn-1位和sn-2位

甘油磷脂中还有一类，两个甘油磷脂分子共用一个磷酸头部基团，如图4.9所示，被称为心磷脂，最初在心肌中被鉴定出来。心磷脂的结构可以看作是两个

共享甘油头部基团的磷脂分子，因此，总体结构包含三个甘油分子和四个脂肪酸。心磷脂仅位于线粒体内膜中，将细胞色素 c 固定在膜上。

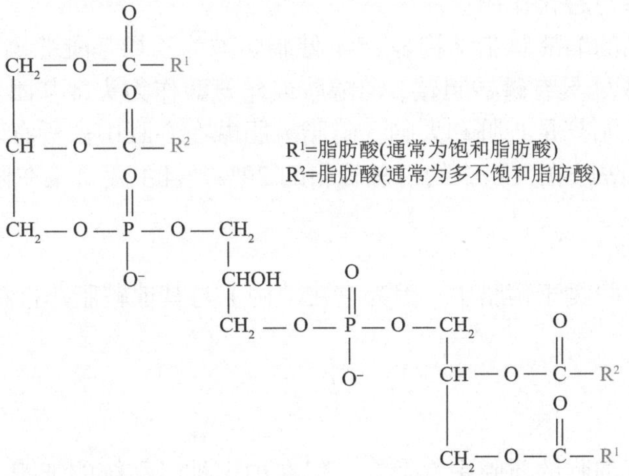

图 4.9　二磷脂酰甘油（心磷脂）的结构

2. 缩醛磷脂

目前所描述的甘油磷脂结构中，甘油骨架和 sn-1 位、sn-2 位的脂肪酸之间的酯键在某些情况下连接的是醚键（—C—O—C—）或乙烯基醚键（—C—O—C═C—），从而产生所谓的“醚磷脂”，即缩醛磷脂（图 4.10）。

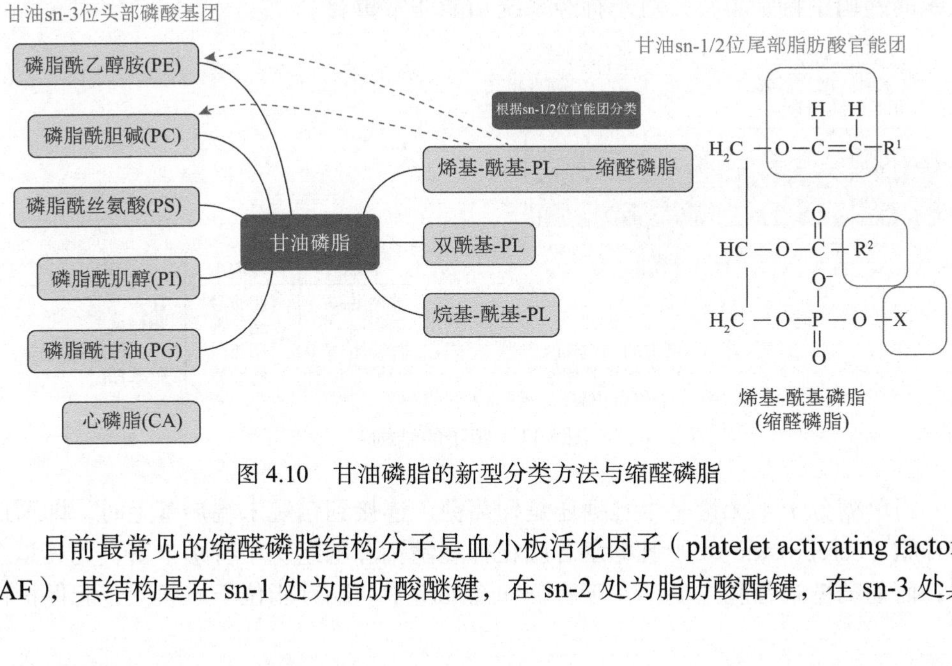

图 4.10　甘油磷脂的新型分类方法与缩醛磷脂

目前最常见的缩醛磷脂结构分子是血小板活化因子（platelet activating factor，PAF），其结构是在 sn-1 处为脂肪酸醚键，在 sn-2 处为脂肪酸酯键，在 sn-3 处具有磷酸胆碱作为头部基团。PAF 是免疫球蛋白 E（IgE）致敏的嗜碱性粒细胞在结合抗原后产生的，除了能激活血小板外，还会增加血管的通透性、促进白细胞聚集和黏着，并参与趋化作用。

另一个常见的缩醛磷脂结构是 sn-1 处脂肪酸为乙烯基醚键，在 sn-2 处脂肪酸为酯键，在 sn-3 处具有磷酸胆碱、乙醇胺或丝氨酸作为头部基团。酯醇磷脂存在于许多组织中，尤其是心脏和大脑。磷脂酰胆碱在心脏中占所有磷脂的比例高达 40%，磷脂酰乙醇胺在大脑中约占总磷脂的 20%，且主要富集在髓鞘中。

3. 鞘磷脂

鞘磷脂常被归类于鞘脂中，因为它在结构上与其他鞘脂非常相似，将在 4.1.4 节中进行介绍。

4.1.4　鞘脂

鞘脂在所有细胞的质膜中都存在，但在中枢神经系统的细胞中浓度最高。与甘油磷脂不同，鞘脂是建立在氨基醇-鞘氨醇上而不是甘油结构骨架上（图 4.11）。所有鞘脂都与氨基基团（图 4.11 中的 R^1）连接一种脂肪酸，最简单的鞘脂是鞘烷，其中末端羟基没有其他结合基团。其他鞘脂是建立在鞘烷上的，其中取代分子附加在末端羟基上（图中的 R^2）。当磷胆碱添加到鞘烷上时，形成鞘磷脂（sphingomyelin）。由于存在磷酸，鞘磷脂也可以被认为是磷脂类，但更合理的分类方式是将其主要归类为鞘脂，因为它在结构上与其他鞘脂更相似。鞘脂在神经组织的髓鞘中特别丰富，对于神经系统功能非常重要。

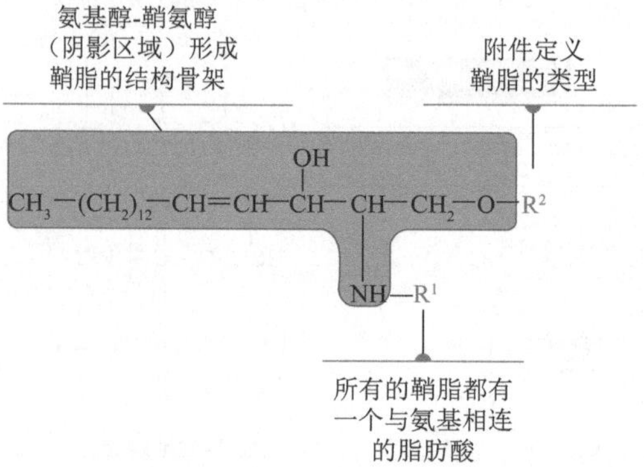

鞘脂	R^1	R^2
神经酰胺	脂肪酸	H
鞘磷脂	脂肪酸	磷胆碱
脑苷脂	脂肪酸	半乳糖或葡萄糖
神经节苷脂	脂肪酸	低聚糖

图 4.11　鞘脂的结构

当单糖分子（无论是半乳糖还是葡萄糖）连接到鞘烷末端羟基上时，即形成脑苷脂（cerebroside）。半乳糖脑苷脂在神经髓鞘和脑组织中特别丰富，尤其是白质；而葡萄糖脑苷脂主要存在于脾脏和红细胞中。脑苷脂位于质膜上，起保护作用，可以作为神经传递路径中的“绝缘体”，保证神经信号的正确转导。

神经节苷脂（ganglioside）与脑苷脂相似，但结构中有多个糖基单元连接到鞘烷的末端羟基上。此外，神经节苷脂中还包含带负电荷的唾液酸分子，通过连接到寡糖链上位于其中。神经节苷脂位于质膜表面，主要分布在神经组织中，在细胞识别中起标记作用，并作为某些激素和毒素（如霍乱毒素）的受体。

4.1.5 类固醇

类固醇与其他脂质结构差异较大，其结构特点是具有一个四环类固醇核和至少一个羟基，因此被称为固醇或类固醇。下面将介绍对机体营养最重要的三种类固醇物质：胆固醇、胆汁酸和胆汁酸盐及植物甾醇。

1. 胆固醇

胆固醇是人体中最常见的类固醇，可以以游离形式存在，也可以将 C-3 处的羟基与脂肪酸酯化以酯化形式存在。图 4.12 展示了胆固醇的结构，包括类固醇核（又称甾核）和侧链中碳的编号系统。胆固醇也具有两亲性，是细胞膜的重要成分之一，与磷脂一起存在。在游离态，胆固醇的羟基与磷脂头部基团相互作用，使得胆固醇的疏水侧链与磷脂的脂肪酸平行排列。胆固醇在某些神经细胞的细胞膜中约占膜脂质组分的 25%，但细胞内膜中可能不存在。细胞可以通过将“多余”胆固醇

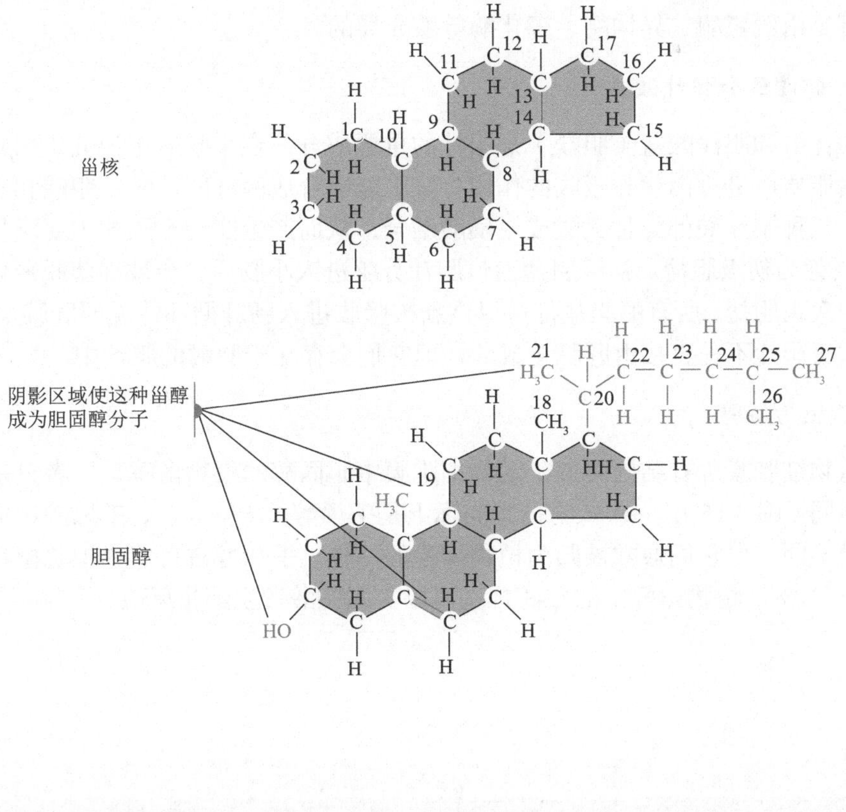

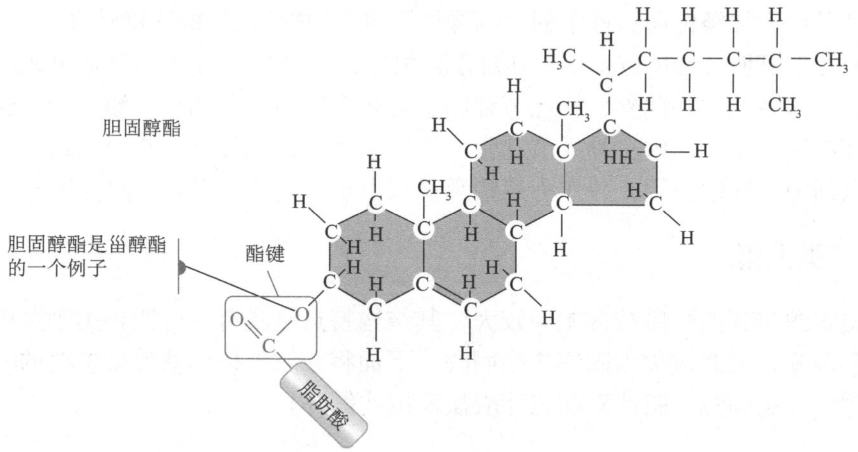

图 4.12　胆固醇的结构

酯化为脂肪酸并储存于胞质内的囊泡中，以调节膜中胆固醇的数量。当需要无酯化的游离胆固醇时，胆固醇酯被水解，释放出游离胆固醇并转运至细胞膜中。

胆固醇是体内许多重要类固醇物质的前体分子，包括胆汁酸、维生素 D 和固醇类激素，包括肾上腺激素皮质醇和醛固酮，以及性激素黄体酮、雌激素和睾酮及其衍生物。胆固醇的主要衍生物如图 4.13 所示，这些甾体在环系双键的排列、羰基或羟基存在与否，以及 C-17 侧链的性质等结构方面彼此不同。所有这些结构修饰都是由脱氢酶、异构酶、羟化酶等酶介导的。

2. 胆汁酸和胆汁酸盐

胆汁酸和胆汁酸盐（胆盐）是胆汁的重要成分，在小肠中作为乳化剂起到乳化膳食脂质以进行消化和吸收的作用。肝脏能够合成两种胆汁酸：胆酸和鹅脱氧胆酸，每种胆汁酸都与甘氨酸或牛磺酸结合，从而产生四种不同的主要胆盐（图 4.14），称为初级胆盐。初级胆盐通过胆汁分泌进入小肠后，会被细菌脱羟化，从而产生次级胆盐。所有的胆盐都可以重新被吸收进入肠肝循环并返回肝脏。这样，虽然次级胆盐不是直接由肝脏合成的，但它们会存在于胆囊的胆汁中。

3. 植物甾醇

植物细胞膜含有结构类似于动物细胞膜中胆固醇的植物甾醇，二者只是侧链略有不同（图 4.15）。一些植物甾醇实际上是壬烯醇，严格来说，壬烯醇在化学上与甾醇不同，但它们通常被归为植物甾醇的一种。壬烯醇占自然界中总植物甾醇的 5%～10%。植物甾醇中的 C-3 羟基可以与脂肪酸发生酯化反应。

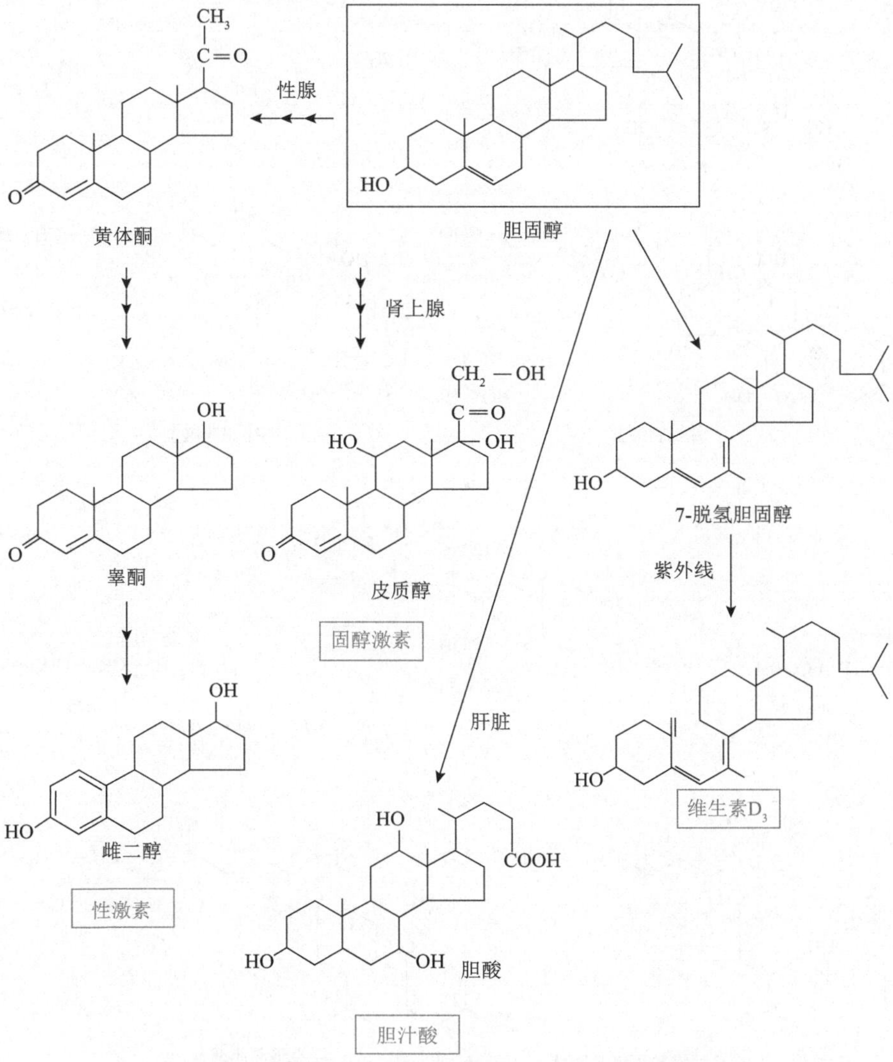

图 4.13　胆固醇代谢转化为重要的类固醇物质（仅显示代表性分子）

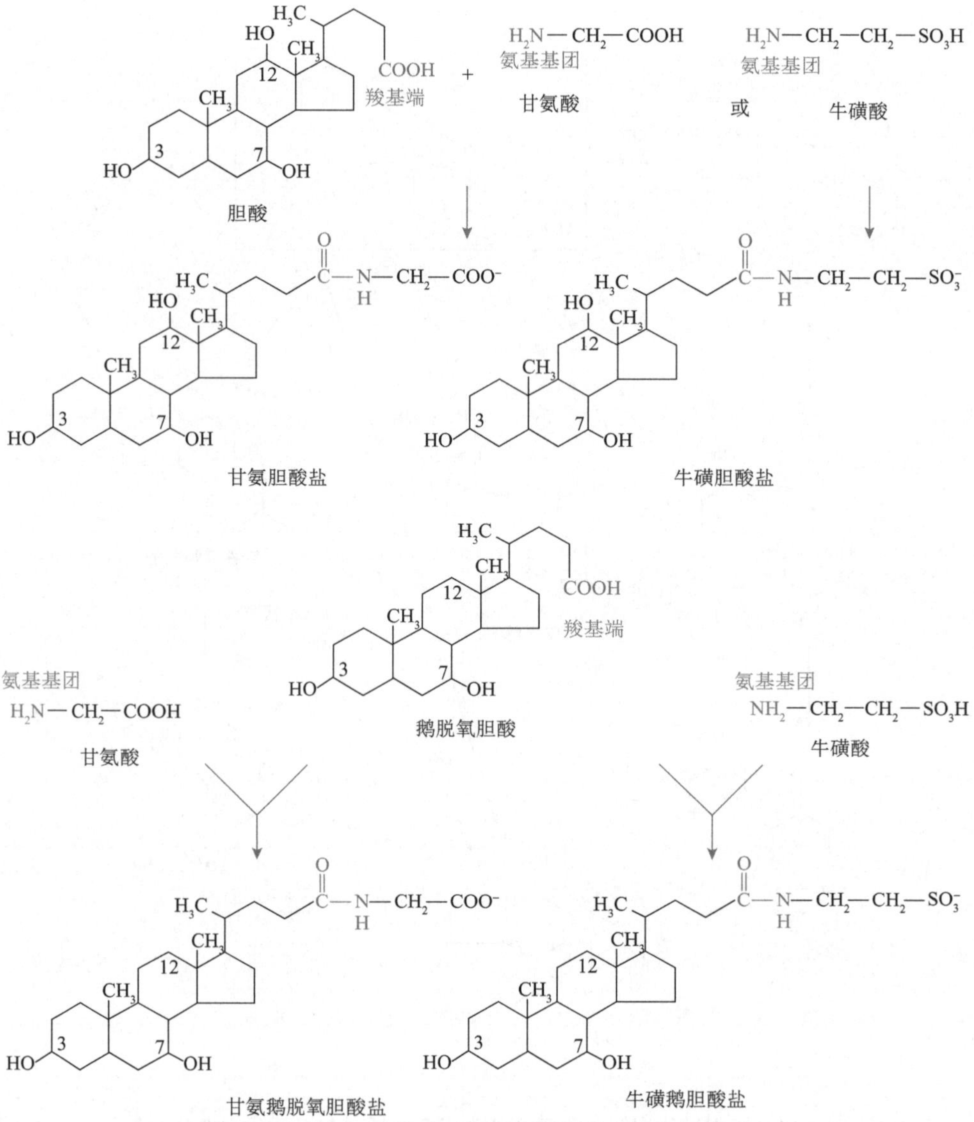

图 4.14　代表性胆汁酸盐结构

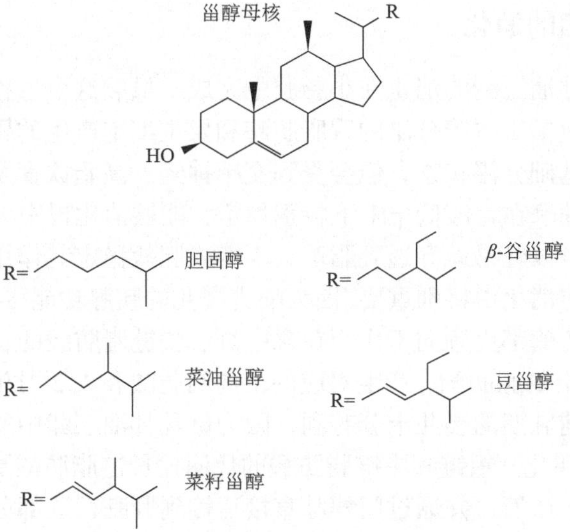

图 4.15　代表性植物甾醇与胆固醇结构

植物油、豆类、坚果和种子的植物甾醇含量相对较高，而水果和蔬菜的植物甾醇含量较低。虽然谷物中植物甾醇含量不高，但膳食组成中谷物制品占比较高，使得谷物成为人体植物甾醇的重要来源。研究指出，植物甾醇与胆固醇结构相似，从而具有与胆固醇竞争消化吸收过程的作用，减少肠道对胆固醇的吸收。鉴于此，目前开发了许多富含植物甾醇的食品和膳食营养补充剂，经研究发现，每天摄入 2g 植物甾醇可以使血液胆固醇降低 10%或更多。美国食品药品监督管理局、欧洲食品安全局和加拿大卫生部已经批准在食品和膳食营养补充剂产品中标记植物甾醇降低胆固醇的健康声明。

4.2　膳食脂质的消化与吸收

膳食脂质是疏水性的，因此对于消化酶而言会面临一定的挑战。与所有蛋白质一样，消化酶是亲水性的并且通常在水环境中发挥作用。膳食脂质的消化需要先乳化，这一过程主要由胆盐介导，从而大大增加膳食脂质的表面积，提高消化酶对脂肪的可及性。

甘油三酯、磷脂、胆固醇和胆固醇酯是膳食脂质的主要组分，参与分解胃肠道中膳食脂质的消化酶包括可以断裂甘油三酯、磷脂、胆固醇酯和植物甾醇酯中脂肪酸酯键的脂肪酶、磷脂酶和胆固醇脂酶。

4.2.1 甘油三酯的消化

大部分膳食甘油三酯的消化在小肠腔中完成，虽然这个过程实际上始于口腔和胃，其中的酶包括舌下腺分泌的舌脂肪酶和胃主细胞产生的胃脂肪酶。这些酶处于持续不断的基础分泌状态，但会受到交感神经、高脂饮食及吞咽等的刺激而分泌增强。这两种酶在胃液低 pH 下特别稳定，能够消化胃中 10%～30%的甘油三酯。胃脂肪酶可以轻易地穿透乳脂球，不需要胆盐稳定其作用底物，这使得它在哺乳婴儿的脂肪消化中特别重要，因为哺乳婴儿的胰腺功能可能尚未完全发育。舌脂肪酶和胃脂肪酶都更倾向于作用在含中链、长链脂肪酸的甘油三酯，并且优先水解在 sn-3 位上的脂肪酸，产生对应的游离脂肪酸和 1, 2-甘油二酯。这种酶活性的特异性对于哺乳期的婴儿十分有利，因为母乳甘油三酯中的短链和中链脂肪酸通常在 sn-3 位酯化。短链和中链脂肪酸的代谢比长链脂肪酸更直接、迅速，可以直接被吸收进入血液，并通过门静脉直接运输到肝脏，这部分内容将在本章吸收部分详细介绍。

为了使膳食甘油三酯在胃内被舌脂肪酶和胃脂肪酶水解，必须发生一定程度的乳化作用，以暴露足够的底物表面积。胃的肌肉收缩和部分开放的幽门括约肌将脂肪喷出，产生足够的剪切力来进行乳化。此外，胃酸环境中的多糖、磷脂和膳食蛋白质的胃蛋白水解产物也是潜在的乳化剂。胃中存在未消化脂质，延缓了胃内容物排空的速度，可能是通过肠内分泌激素家族中的胃泌素，抑制了胃的运动。因此，膳食脂肪具有“高饱腹感”。

胃中部分水解的脂质乳液以小脂滴的形式离开胃进入十二指肠。随着机械剪切的持续进行，以及胆囊分泌胆盐，乳化作用进一步增强，这一过程是受到肠内分泌激素中的胆囊收缩素的刺激引起的。小肠在胰脂肪酶的作用下，能够消化 95%的膳食甘油三酯，显著地水解和吸收，特别是长链脂肪酸甘油三酯。胰脂肪酶的激活是一个复杂的过程，需要蛋白质、胆固醇酯酶、钙离子和胆盐的参与。

如图 4.16 所示，胰腺同时释放胰脂肪酶和碳酸氢盐，将 pH 提高到适合胰脂肪酶活性的水平。脂滴与胆盐结合后，甘油三酯分解产物（游离脂肪酸和甘油一酯、甘油二酯）本身也是良好的乳化剂，这些分子排列在小脂肪颗粒的表面，其疏水区域朝内，亲水区域朝外，面向水相环境。这种乳化作用结合肠道的蠕动和搅拌作用，能够将脂肪转化为表面积大大增加的小液滴，从而使得胰脂肪酶能够轻松发挥作用。

胰脂肪酶主要作用于 sn-1 位上的脂肪酸，其次是 sn-3 位。因此，胰脂肪酶的消化过程是甘油三酯→2, 3-甘油二酯和 1, 2-甘油二酯→2-甘油一酯。但只有少量的甘油三酯能够被完全水解成游离脂肪酸和游离甘油。因此，胰脂肪酶作用主要产生 2-甘油一酯和游离脂肪酸，并逐渐缩小脂滴，最终形成胆盐稳定的胆汁盐胶束。

部位	主要事件	分泌所需酶	细节
口腔	甘油三酯 ↓ 少量消化 ↓ 甘油三酯、甘油二酯和脂肪酸	唾液腺中产生的舌脂肪酶	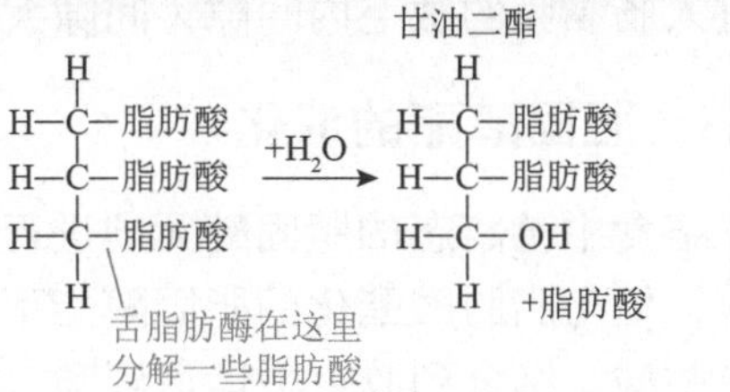
胃	额外消化 ↓ 甘油三酯、甘油二酯和脂肪酸	胃中产生的胃脂肪酶	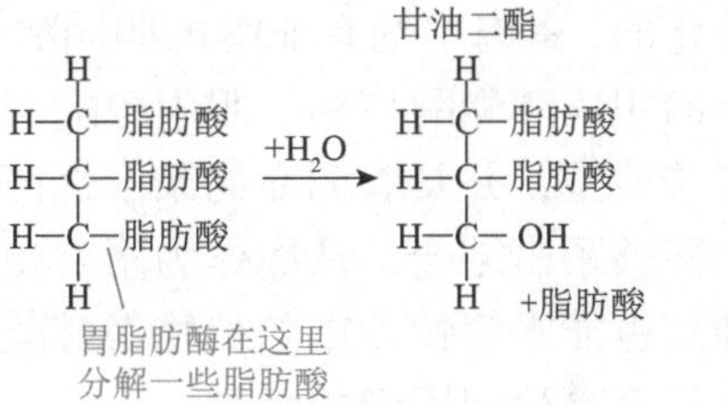
小肠	第Ⅰ阶段：乳化 ↓ 乳化甘油三酯、甘油二酯和脂肪酸胶束 ↓ 第Ⅱ阶段酶促消化 ↓ 甘油一酯和脂肪酸	胆汁，无脂肪酶；胰腺中产生的胰脂肪酶	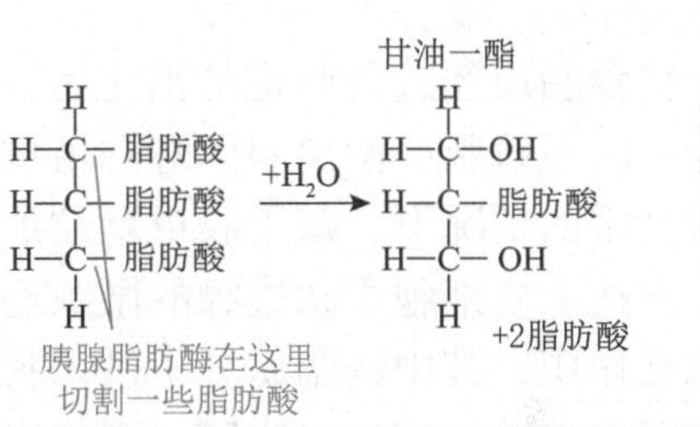

图 4.16　甘油三酯消化过程

目前已有靶向胃脂肪酶和胰脂肪酶的酶抑制剂——奥利司他，用于减少膳食中甘油三酯的吸收，从而减少热量的摄入。它以处方药 Xenical 和非处方药 Alli 的形式销售，Xenical 抑制吸收约 30%，相当于每天从脂肪中减少约 200 千卡的热量。奥利司他也会引起一些副作用，最常见的是胃肠不适、粪便失禁和脂肪泻（即粪便中有脂肪存在）。

4.2.2　磷脂的消化

磷脂被一种特殊的酯酶水解，即磷脂酶 A2，由胰腺产生和分泌。回顾第 2 章，除了膳食来源的磷脂，胆汁释放大量磷脂（特别是磷脂酰胆碱）进入小肠，可能比饮食提供的磷脂多 5 倍。磷脂酶 A2 可水解饮食和胆汁中的磷脂，靶向甘油酯的 sn-2 位上的脂肪酸。水解产物为溶血磷脂和一种游离脂肪酸。这些产物，连同甘油三酯消化的产物和胆汁盐，结合到产生的胶束中运输到肠道细胞。含有水解脂质的胶束带负电荷，其直径（约 5nm）比未水解的前体颗粒小得多，使它们能够进入肠黏膜的绒毛内间隙（间隙大小为 50～100nm）。

4.2.3　胆固醇酯的消化

膳食中游离态的胆固醇无须进行消化，可以直接结合到胶束中被肠上皮细胞吸收；但与脂肪酸酯化的胆固醇酯不能被直接吸收，必须水解成游离胆固醇和游离脂肪酸，结合到胶束中运送到肠道细胞才可被吸收。蛋黄中约有 10%的胆固醇是酯化的，禽肉中约有 50%的胆固醇是酯化的。胆固醇酯的消化过程由胰腺合成、分泌的胆固醇酯酶作用，胆固醇酯酶是由胰蛋白酶水解活化来的，约包含 100 个氨基酸残基，并具有明显的亲水性区域作为脂类的结合位点。胆固醇酯酶与胰脂肪酶能够紧密结合，从而作为附着在胆盐稳定脂滴上的胰脂肪酶的锚定点。胆固醇酯酶也能水解饮食中的植物甾醇酯，游离态的植物甾醇可以取代胶束中的胆固醇，从而减少胆固醇的吸收。

4.2.4　脂肪酸、甘油一酯和溶血磷脂的吸收

膳食脂质经过胃肠道的消化后，最终消化产物包括游离长链脂肪酸、2-甘油一酯、溶血磷脂、游离胆固醇和植物甾醇，以及脂溶性维生素等形成的胶束。在胆盐稳定的情况下，赋予胶束颗粒足够的水溶性，穿透肠上皮细胞表面的水溶液层，到达上皮细胞刷状边缘的微绒毛，即刷状缘膜处。胶束足够小，可以与微绒毛相互作用，其中的脂质分子进入肠上皮细胞中。作为脂质分子的稳定聚集体，胶束不能完整地穿过细胞膜，而仅作为临时结构存在，用于将消化的脂质产物输送到肠上皮细胞中。“吸收”指的是一个整体过程，包括消化后的脂质从肠腔穿过刷状缘膜，在上皮细胞中通过酯化反应重组，再释放到血液循环中。图 4.17 总结了膳食常见三种脂质的消化和吸收过程。

目前对于脂肪酸、甘油一酯和溶血磷脂等通过刷状缘膜的机制还不完全了解，但由于这些消化产物和细胞膜上的脂质具有相似的两亲特性，脂肪酸、甘油一酯和溶血磷脂在进入细胞内时能够与细胞膜上的脂质结合，通过被动扩散的方式进入肠刷状缘膜，这一过程常在肠腔中的脂肪酸、甘油一酯和溶血磷脂浓度超过肠上皮细胞中的浓度时发生。也有研究人员认为细胞膜一些磷脂的重组（即脂肪酸在 sn-1 位和 sn-2 位之间的转移）对被动扩散是必要的。另一种机制是依赖于膜上的转运载体的作用。肠上皮细胞表面存在特异性的转运载体，对于脂肪酸而言，目前已经发现了 CD36（也称 SR-B2）这一主要的脂肪酸膜转运载体。CD36 在全身各种细胞中均表达，除了脂肪酸，还能够将甘油一酯转运到细胞内，但能否转运溶血磷脂尚不清楚。目前在酵母中发现了明确的溶血磷脂转运蛋白，但尚未报道哺乳动物细胞中类似的蛋白质载体。

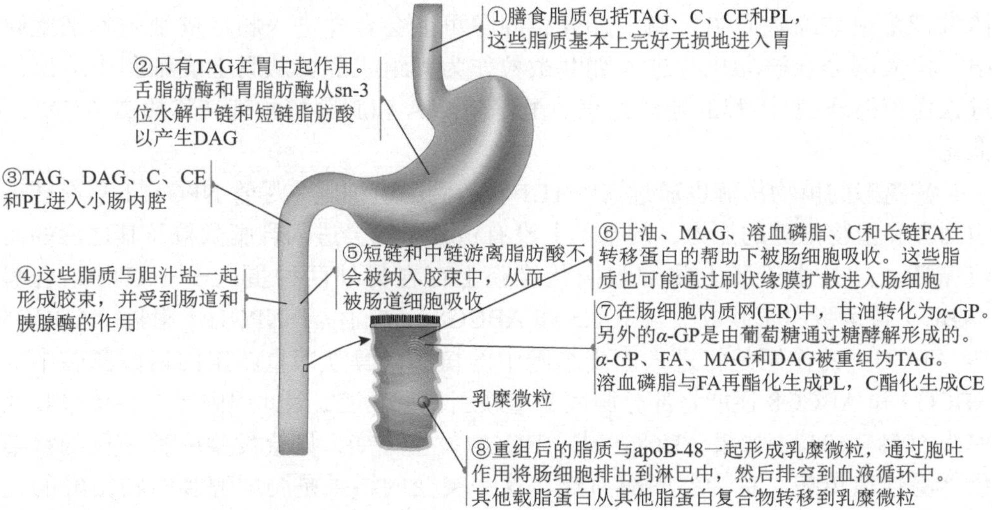

图 4.17　膳食脂质的消化和吸收

TAG：甘油三酯；C：游离胆固醇；CE：胆固醇酯；PL：甘油磷脂；DAG：甘油二酯；MAG：甘油一酯；FA：游离脂肪酸；α-GP：α-甘油磷酸即溶血磷脂（LPL）

在进入肠上皮细胞后，这些脂质消化产物会在脂肪酸结合蛋白（FABP）的转运作用下移动到内质网，在这里重新发生酯化反应。FABP 最初被发现能够转运脂肪酸，后来经研究发现还可以转运溶血磷脂和甘油一酯。在内质网中，酰转移酶将脂肪酸辅酶 A 分子转移到甘油一酯和溶血磷脂上，分别生成甘油三酯和磷脂。甘油三酯也可以通过 α-甘油磷酸途径合成。这种代谢产物既可以由游离甘油磷酸化生成，也可以由糖酵解途径中间产物磷酸二羟丙酮还原而成。

肠上皮细胞上的脂肪酸转运载体还包括一类称为脂肪酸转运蛋白（FATP）的蛋白质家族，特别是 FATP4。与明显作为膜转运体的 CD36 不同，FATP4 还能促进辅酶 A 与细胞内已有的脂肪酸结合，因此常被作为酶而非转运载体。通过为甘油三酯、磷脂和胆固醇酯的合成准备脂肪酸，重新酯化的脂质组装成乳糜微粒，然后运输到机体的各个组织。乳糜微粒的形成过程将在后面的外源性脂质转运系统部分详细介绍。

4.2.5　胆固醇的吸收

进入小肠的胆固醇有两个来源：膳食和胆汁。每天从膳食中摄入约 300mg 胆固醇，而胆汁能提供 800～1400mg 胆固醇。未被肠上皮细胞吸收的胆固醇会随粪便排出，这一过程也是机体胆固醇代谢中的主要降解途径。肠道中的游离胆固醇必须结合到胆汁酸盐胶束中，运输至肠上皮细胞并通过其表面称为 NPC1L1（Niemann-Pick C1 like 1）的载体蛋白被细胞摄取。进入细胞后，胆固醇通过甾体携带蛋白在细胞质中运输。部分胆固醇可能会合并进入肠上皮细胞的细胞膜中，但大部分会被酯化并进入乳糜微粒作为其组成部分从肠上皮细胞中运出，进入血液循环。胆固醇的酯化过程由酰基辅酶 A 和胆固醇酰基转移酶 2(ACAT2 ）催化。

游离态的植物甾醇也通过 NPC1L1 转运到肠道细胞。尽管 NPC1L1 具有转运胆固醇和植物甾醇的能力，但基本上没有植物甾醇会进入乳糜微粒及其之后的血液循环。这是由于肠上皮细胞刷状缘膜上存在另外两种蛋白——ATP 结合盒（ABC）转运蛋白家族成员 ABCG5 和 ABCG8，它们位于 NPC1L1 附近。ABCG5 和 ABCG8 的作用是将进入上皮细胞中的植物甾醇立即重新定向返回肠腔中。ABCG5 和 ABCG8 还能将部分胆固醇重新引导回肠腔，因此胆固醇的整体吸收效率为 50%～60%。如果 ABCG5 或 ABCG8 发生突变，则会发生一种罕见的常染色体隐性遗传病，称为谷固醇血症，这一突变的结果是胆固醇和植物甾醇的过度吸收。

自 20 世纪 50 年代，就开始研发能够抑制胆固醇吸收的分子。当时，高胆固醇血症患者常被给予一种悬浮在果味糖浆中的植物甾醇商业制剂(名为 Cytellin)，这是利用了植物甾醇可以从胶束微粒中置换胆固醇并竞争性地与 NCP1L1 结合的原理。但该产品效果十分有限，后来被强效处方药物取代，如直接抑制 NCP1L1 的依泽替米贝，可使血胆固醇水平显著降低（约 18%）。而对于不能耐受处方药物的患者，含有植物甾醇的食品和膳食营养补充剂也越来越多，且可有效降低血胆固醇水平。

4.2.6 膳食脂质的血液循环

为了使膳食脂质完全吸收进入循环系统中，它们必须首先以一种形式组装起来，以便在水相的血液循环中转运。在肠上皮细胞内质网中重新酯化的脂质被组装成大的脂质-蛋白聚合物结构，称为乳糜微粒。乳糜微粒的形成直接响应于含脂肪的食物的摄入，因此，乳糜微粒中各种脂质的比例也反映了膳食中各类脂质的比例。乳糜微粒是球形颗粒，其核心主要是疏水性的甘油三酯和一些胆固醇酯，表面则覆盖着两性磷脂、游离胆固醇和蛋白质。

乳糜微粒表面添加的主要蛋白质称为载脂蛋白 B-48（apoB-48），它有助于稳定乳糜微粒的结构。成熟的乳糜微粒被运送到肠上皮细胞之间的间隙，并通过胞吐作用释放到淋巴系统中（图 4.18、图 4.19）。乳糜微粒首先进入淋巴系统的代谢优势是绕过肝脏，先将其中的甘油三酯输送到其他组织，如肌肉和脂肪组织（在 4.3 节中详细介绍）。如果乳糜微粒进入肝门静脉，肝脏将分解其中的甘油三酯。

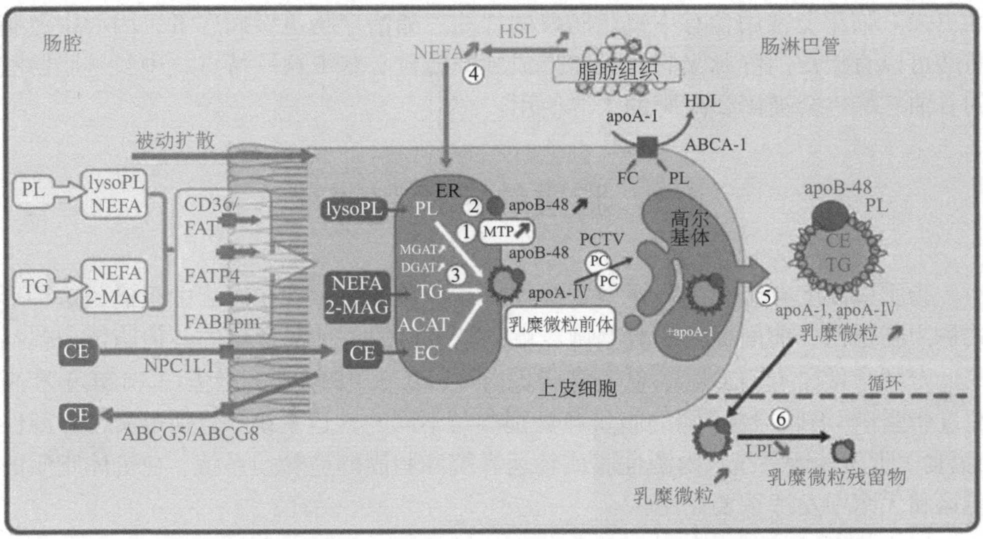

图 4.18　膳食脂质消化产物在肠上皮细胞中的转入、重新酯化和输出

TG：甘油三酯；PL：甘油磷脂；PCTV：PC 转运囊泡；lysoPL：溶血磷脂；CE：胆固醇酯；MAG：甘油一酯；NEFA：非酯化游离脂肪酸；HSL：激素敏感性脂肪酶；HDL：高密度脂蛋白；ABCA-1：ATP 结合盒转运蛋白 A-1

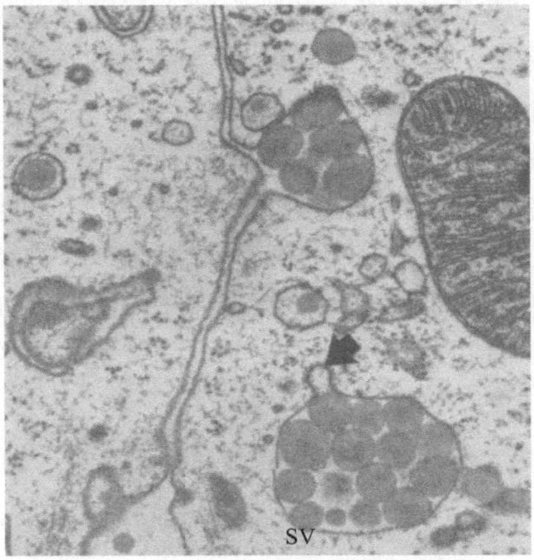

图 4.19　肠上皮细胞中的乳糜微粒组装

图中成熟的乳糜微粒（灰色球状颗粒）在内质网释放的乳糜微粒分泌囊泡（SV）中转运，分泌囊泡与细胞膜融合并释放到肠上皮细胞之间的细胞间隙（ICS）

需要注意的是，脂质消化产物中的含 6～12 个碳原子的中链脂肪酸，进入肠上皮细胞后可以直接进入门静脉，通过与白蛋白结合，直接运输到肝脏代谢。长链脂肪酸和中链脂肪酸的吸收途径不同是由于辅酶 A 合成酶对长链脂肪酸的特异

性更强。临床上常用含有中链脂肪酸的甘油三酯治疗肠道疾病患者，因为中链脂肪酸可以直接被门静脉吸收，无需形成乳糜微粒。基于这一特点，中长链脂肪酸的甘油三酯也会被需要减肥的人群使用。

4.3 脂质的转运和储存

脂质以高度有组织的脂蛋白复合物（或颗粒）的形式在血液中运输，这种形式称为脂蛋白。前面提到的乳糜微粒就是脂蛋白的一种。常见的其他脂蛋白包括极低密度脂蛋白（VLDL）、低密度脂蛋白（LDL）、中间密度脂蛋白（IDL）和高密度脂蛋白（HDL）。不同的脂蛋白类别参与不同的转运系统，分别定义为外源性（膳食）脂质转运系统、内源性脂质转运系统和胆固醇逆转运系统，在机体脂质的转运和代谢中发挥重要作用。

4.3.1 脂蛋白的结构

所有的脂蛋白都具有相似的结构特征，其中疏水性的、非极性的“中性”脂质（甘油三酯和胆固醇酯）位于脂蛋白结构中的球形核心中，被一层两亲性的磷脂和游离胆固醇包围，其将中性脂质和外周的水环境体系隔离开，并在表面增加了蛋白质（称为载脂蛋白或脱辅基蛋白），作为酶激活剂或细胞受体的配体，为脂蛋白的结构稳定和功能发挥提供支持。

图 4.20 展示了脂蛋白的脂质、磷脂和蛋白质等组分的分布排列。图示中将载脂蛋白分为周围型（主要存在于脂蛋白的外表面）和整合型（跨越磷脂层）。载脂蛋白被缩写为“apo”，并使用字母和数字进行标识。每种类别的脂蛋白都具有一组特定的载脂蛋白。例如，乳糜微粒中的载脂蛋白包括 apoB-48、apoA-1、apoC-2、apoE 等。表 4.3 列出了常见载脂蛋白的分子质量、与之相关联的脂蛋白类别及它们的生理功能。

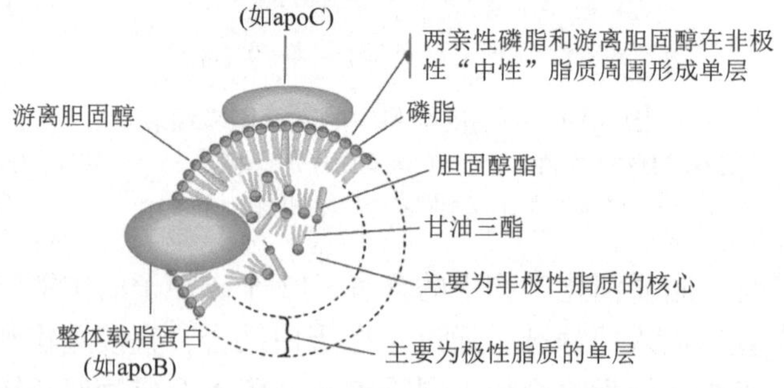

图 4.20 血液中脂蛋白的一般结构

表 4.3 常见的载脂蛋白

载脂蛋白	脂蛋白	分子质量/Da	生理功能
apoA-1	高密度脂蛋白、乳糜微粒	28000	卵磷脂激活剂:卵磷脂胆固醇酰基转移酶（LCAT）；HDL 受体配体
apoA-2	高密度脂蛋白、乳糜微粒	17000	以单体、同二聚体或异二聚体的形式存在于血浆中，与载脂蛋白 D 结合，缺乏可能导致高胆固醇血症
apoA-4	乳糜微粒分泌但转移到高密度脂蛋白	46000	与富含甘油三酯的脂蛋白的形成有关；功能未知
apoB-100	低密度脂蛋白、极低密度脂蛋白、中间密度脂蛋白	550000	在肝脏中合成，是乳糜微粒的载脂蛋白之一；LDL 受体配体
apoB-48	乳糜微粒、乳糜微粒残留	260000	在肠道中合成
apoC-1	极低密度脂蛋白、高密度脂蛋白和乳糜微粒	7600	LCAT 的可能激活剂
apoC-2	极低密度脂蛋白、高密度脂蛋白和乳糜微粒	8916	肝外脂蛋白脂肪酶激活剂
apoC-3	极低密度脂蛋白、高密度脂蛋白和乳糜微粒	8750	—
apoD	高密度脂蛋白亚组分	20000	—
apoE	极低密度脂蛋白、高密度脂蛋白、乳糜微粒、残留乳糜微粒	34000	乳糜微粒残留受体的配体

除了载脂蛋白组成，每种类别的脂蛋白都具有其特有的脂质组成、生理特性和代谢功能。最初，脂蛋白是通过电泳从血清中分离出来的，因此根据它们在电泳梯度下的移动而被命名。后来，它们通过离心分离并根据密度进行命名且被沿用至今，尽管现在通常使用其他方法进行分离。疏水核心中的脂质比例越高，脂蛋白密度越低。体积最大且密度最小的脂蛋白是乳糜微粒（CM），其脂质与蛋白质的比例高；体积最小且密度最大的是高密度脂蛋白，其脂质与蛋白质比例较低。每个脂蛋白类别中脂质和蛋白质的相对百分比如图 4.21 所示。

4.3.2 脂质转运系统

脂蛋白的主要功能是在血液中运输脂质。每种类别的脂蛋白在其所运输的脂质、运送的位置及完成任务后的代谢命运方面都有所不同。外源性脂质转运系统涉及乳糜微粒，是将膳食脂质（主要是甘油三酯）从肠道转运到外周组织用于储存或供能。该转运系统仅在摄入含脂质的膳食后才会开始运转。当所有膳食中的甘油三酯被运送到靶组织后，乳糜微粒会消失。内源性脂质转运系统涉及 VLDL、

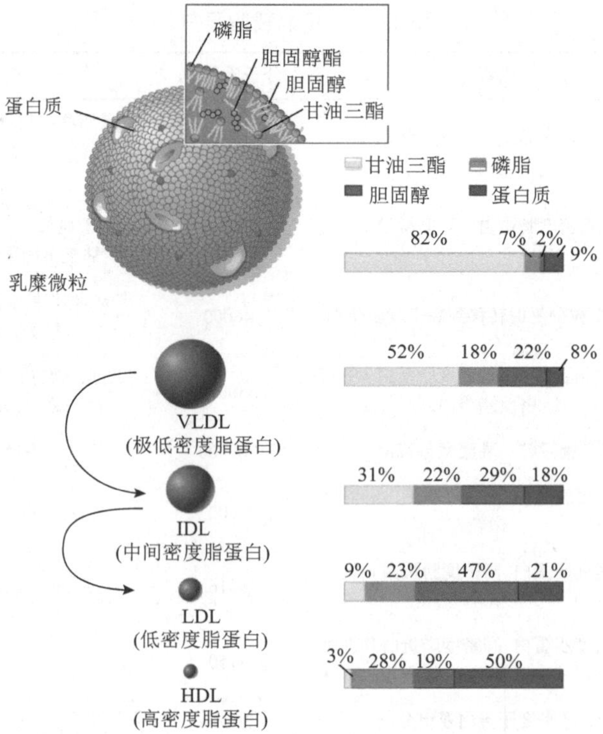

图 4.21　各类脂蛋白的脂质和蛋白质组成

IDL 和 LDL，主要是将肝脏中的甘油三酯转运到外周组织用于储存或供能。该系统的正常持续运转是维持正常代谢过程中在肝脏积累的脂肪酸和甘油三酯的平衡所必需的。胆固醇的逆转运涉及 HDL，指的是 HDL 从外周组织中收集过量胆固醇，将其运输到肝脏并转化成其他重要分子或通过胆汁排出体外的过程。

1. 外源性脂质转运

摄入含脂质的食物后，外源性（膳食）脂质被包装成乳糜微粒从肠上皮细胞中转运出，经由毛细淋巴管转运到外周组织，主要是肌肉和脂肪组织。当乳糜微粒从肠上皮细胞释放出来时，主要携带甘油三酯，并反映了膳食中甘油三酯的丰度。乳糜微粒以相对较缓慢的速率进入血液循环，这可以防止血液甘油三酯水平的过度升高。正常情况下，血液甘油三酯浓度通常在进餐后 30min～3h 达到峰值，并在 5～6h 内回到接近正常的水平。这些时间会受到胃排空时间的影响，而胃排空时间又取决于食物的量和组成。在进食大量富含脂肪的食物后，乳糜微粒在血液中循环的时间可持续长达 14h。富含甘油三酯的乳糜微粒的存在导致餐后血浆混浊（乳白色外观），并且可能会干扰“空腹甘油三酯”的临床值，因此，通常需要 12h 的禁食时间才能获得不含有乳糜微粒“空腹甘油三酯”的真实读数。

1）乳糜微粒的转运

小肠上皮细胞释放的乳糜微粒表面主要是 apoB-48 和 apoA-1。肠道产生的 apoB-48 蛋白与由肝脏产生的 apoB-100 蛋白来自同一基因，但肠上皮细胞翻译过程中含有一个终止密码子，导致分子量减少，apoB-48 的氨基酸序列只有 apoB-100 的 48%。乳糜微粒进入血液后，会从 HDL 中获得更多的载脂蛋白，主要是 apoE 和 apoC-2，从而赋予其在循环中与外周组织相互作用的能力。外源性脂质转运系统和乳糜微粒代谢的过程如图 4.22 所示。

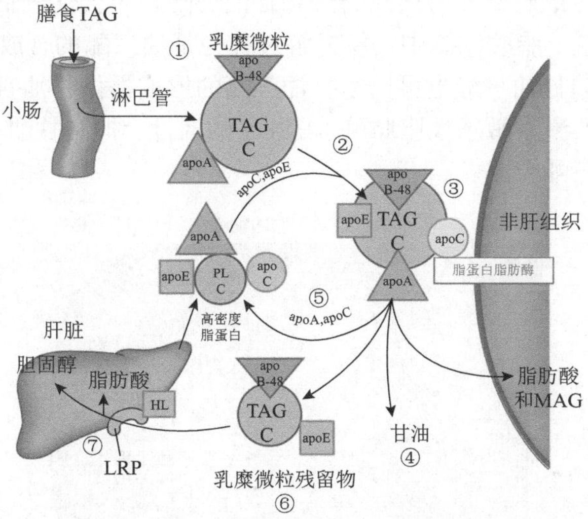

图 4.22　外源性脂质转运系统和乳糜微粒的代谢利用

TAG：甘油三酯；C：胆固醇及胆固醇酯；PL：甘油磷脂；MAG：甘油一酯；

LRP：LDL 受体相关蛋白；HL：肝脏脂肪酶

①乳糜微粒中含有 apoB-48 和 apoA-1。②载脂蛋白 E 和 C-2 从高密度脂蛋白转移到乳糜微粒上。③乳糜微粒将 TAG 输送到肝脏以外的组织，特别是脂肪和肌肉。④脂肪组织和肌肉不能磷酸化甘油，因此它们将甘油转移到血清中，由肝脏或肾脏吸收。⑤当大部分 TAG 从乳糜微粒转移时，它们变成乳糜微粒残留物。⑥乳糜微粒残留物将 apoA 和 apoC 转移回高密度脂蛋白。⑦乳糜微粒残留物附着在含有肝脂肪酶的肝脏结合位点，脂肪酸、胆固醇和胆固醇酯转移到肝脏

2）乳糜微粒的利用

循环中的乳糜微粒与表达脂蛋白脂肪酶的组织相互作用，主要是骨骼肌、心肌和脂肪组织（不包括肝脏）。这种相互作用是由于 apoC-2 的存在，被酶激活。乳糜微粒停靠在靶细胞表面，脂蛋白脂肪酶水解其中的甘油三酯，产生游离脂肪酸和 2-甘油一酯，并很快被细胞吸收。随着乳糜微粒疏水核心中的甘油三酯的逐渐耗尽，乳糜微粒的脂蛋白结构会缩小，但保留其他脂质成分。大约 80%的乳糜微粒以这种方式被输送到靶组织利用其中的甘油三酯。

脂肪细胞是机体甘油三酯的主要储存场所，也是富含甘油三酯的餐后乳糜微粒最可能转运到达的靶组织。通常，一个人在单次进食中摄入的脂肪量超过机体即时的能量需求，因此，大多数膳食中的甘油三酯必须被暂时储存起来，直到需要时才能用于供能。甘油三酯在脂肪细胞中处于动态平衡：甘油三酯的分解（能量不足时脂解）和再酯化合成甘油三酯（能量过剩时储存）。这两个过程不仅仅是同一反应的可逆过程，更是涉及了不同的酶和底物途径。

图 4.23 展示了进食后乳糜微粒在脂肪细胞中的代谢过程。在能量过剩状态下，脂肪细胞的代谢途径有利于甘油三酯的合成，这是一种受胰岛素强烈刺激的过程。胰岛素会促进脂肪细胞摄取游离脂肪酸和甘油一酯；还会促进葡萄糖进入脂肪细胞并转化为脂肪酸。脂肪细胞中的糖酵解过程为甘油三酯的合成提供了甘油-3-磷酸的来源，摄取的甘油一酯也可以为甘油三酯的形成提供甘油骨架。胰岛素通过抑制脂肪细胞内的激素敏感性脂肪酶（HSL）的活性，抑制甘油三酯的水解过程，进一步促进甘油三酯合成。

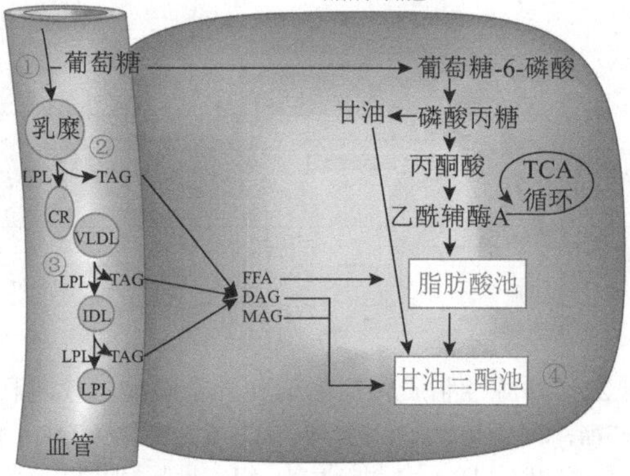

图 4.23　进食后膳食脂质在脂肪细胞中的代谢过程

①葡萄糖被代谢生成乙酰辅酶 A，乙酰辅酶 A 可以转化为脂肪酸。②脂蛋白脂肪酶作用于羟胺(CHYLM)中的 TAG，导致游离脂肪酸(FFA)和 MAG 进入脂肪细胞。③脂蛋白脂肪酶作用于 VLDL，因此 FFA 和 MAG 进入细胞。④这些途径有利于 TAG 的能量储存。胰岛素通过促进葡萄糖进入细胞并抑制将储存的 TAG 水解为 FFA 和甘油的激素敏感性脂肪酶的活性来刺激脂肪生成

3）残留乳糜微粒的肝脏代谢

一旦乳糜微粒中的甘油三酯消耗殆尽，其“残留物”颗粒将与靶细胞表面分离并重新进入循环系统中。乳糜微粒残留物可能会向 HDL 提供其表面的一些载脂蛋白，最终乳糜微粒残留物转运至肝脏，肝细胞表面的特征受体低密度脂蛋白受体相关蛋白 1（LRP1）识别其表面的 apoE 组分，使整个残留物粒子被肝细胞吸收，并从循环中清除。进入肝细胞后，乳糜微粒残留物在肝脏脂肪酶的作用下，水解其中剩余的甘油三酯和磷脂。

2. 内源性脂质转运

内源性脂质转运系统始于肝脏，也止于肝脏。简单来说，肝脏中的甘油三酯被装载在 VLDL 中，并以类似乳糜微粒的方式转运到外周组织。随着其中的甘油三酯被代谢利用，VLDL 中甘油三酯含量逐渐降低并相对富含胆固醇，最终转变为 LDL。作为 VLDL 的残留颗粒，LDL 通过细胞膜上的特定受体（主要是肝细胞）从循环系统中移除并被分解代谢。如果 LDL 受体数量不足，则 LDL 可能在血液中积累，导致与 LDL 相关的胆固醇浓度升高。

1）内源性脂质

肝脏能够利用非脂类前体（如葡萄糖、果糖和氨基酸）等来合成新的脂肪酸和甘油三酯；它还可以利用乳糜微粒残留物、LDL 和 HDL 之类的“预成型”脂质；加上肝脏吸收的血液中与血清白蛋白结合的游离脂肪酸，这些脂质共同构成了肝脏中内源性脂质的来源。血清中的游离脂肪酸可能来自膳食中直接被吸收到门静脉血中的中链脂肪酸或来自脂肪组织在脂解过程中释放到全身循环中的游离脂肪酸。图 4.24 描述了肝脏中内源性脂质的合成过程，以及碳水化合物和蛋白质代谢通路中与脂质的转化过程。

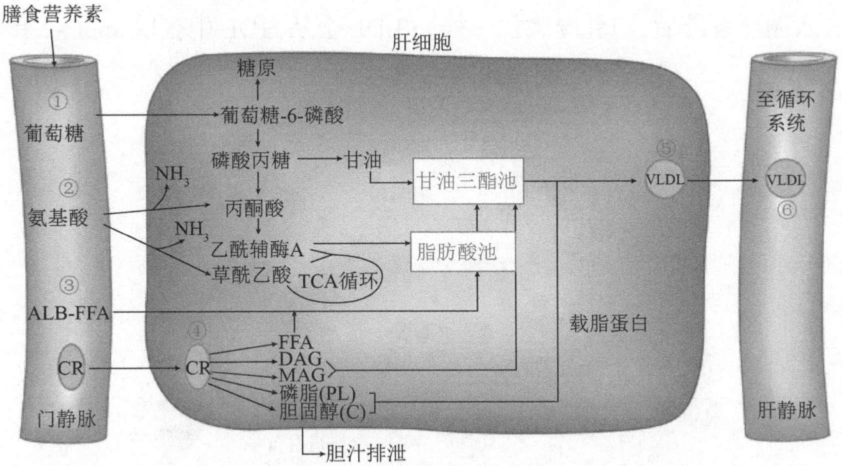

图 4.24 肝脏中的内源性脂质合成甘油三酯的过程

①膳食营养物质通过门静脉进入肝脏。葡萄糖可以转化为糖原或进入糖酵解。②氨基酸进入氨基酸库，其中一些被代谢产生丙酮酸和草酰乙酸。③与 ALB-FFA 进入脂肪酸池并转化为 TAG。④CR 通过内吞作用进入肝细胞，并被溶酶体吸收。FFA、MAG 和 C 被释放。脂质被改造成 TAG 和 CE 并包装。⑤TAG、C 和 PL 与载脂蛋白一起包装，并作为 VLDL 进入循环。⑥VLDL 向肌肉和脂肪组织输送甘油三酯

肝门静脉输入的葡萄糖、果糖和氨基酸，如果超过了身体对这些分子的需求，这些分子就可以转化为脂肪酸。多余的葡萄糖和果糖如果不能通过三羧酸循环用于能量代谢，就会导致乙酰辅酶 A 的积累，进入脂肪酸合成途径。合成甘油三酯

所需的甘油来自三磷酸酯，如甘油-3-磷酸。氨基酸可以代谢转化为乙酰辅酶 A 或丙酮酸，从而作为脂肪酸的前体物质。由此，肝脏中存在着内源性的甘油三酯。

除了甘油三酯，肝脏清除乳糜微粒残留物时从中获取的胆固醇和胆固醇酯可以有多种用途，如转化为胆汁酸并分泌到胆汁中；作为游离胆固醇直接分泌到胆汁中；作为游离胆固醇并入细胞膜；与甘油三酯一起组装成 VLDL，然后释放到血液中。同样地，乳糜微粒残留物中的磷脂可以并入细胞膜或用于与甘油三酯组装形成 VLDL。肝脏储存甘油三酯的能力有限，必须不断将其转移出来，让外围组织进行储存或用于能量代谢。肝脏合成和分泌 VLDL 中的甘油三酯有助于维持全身含能营养物质的平衡。

2）内源性脂质转运系统

内源性脂质转运始于肝脏 VLDL 的产生。在肝脏中，内源性甘油三酯的 VLDL 组装方式与在肠上皮细胞中摄取膳食甘油三酯时的乳糜微粒组装方式类似。如图 4.25 所示，脂质被运载到内质网，与其相应的载脂蛋白一起组装成 VLDL，并通过胞吐作用从细胞中分泌出来。VLDL 的主要结构载脂蛋白是 apoB-100，在每个 VLDL 粒子上与一分子 apoB-100 相关联。apoB-100 蛋白将 VLDL 颗粒包围并与磷脂单分子层中的几个区域相互锚定。新分泌的 VLDL 还包含 apoC-1 和 apoE，进入循环系统后，与乳糜微粒一样，VLDL 会从 HDL 中获取 apoC-2 和 apoE。

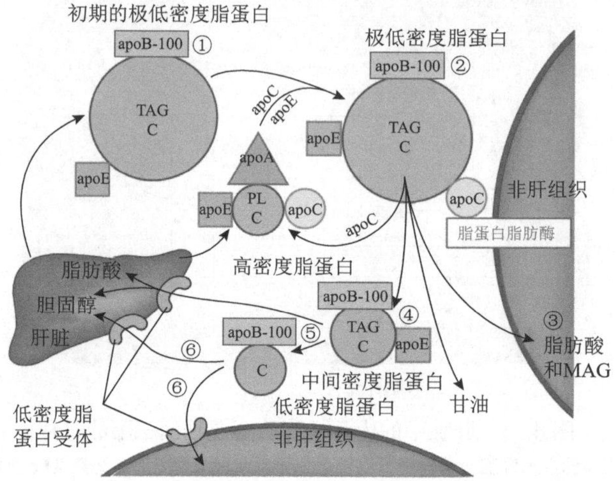

图 4.25　内源性脂质转运系统的形成过程

①初期的极低密度脂蛋白是在肝脏的高尔基体中产生的。②另外的载脂蛋白 C 和 E 是从高密度脂蛋白转移来的。③来自甘油三酯(TAG)的脂肪酸被主要存在于肌肉和脂肪组织中的脂蛋白脂肪酶水解。④当 TAG 从 VLDL 中移除时，粒子会变小并成为中间密度脂蛋白。⑤TAG 进一步丢失，变成低密度脂蛋白。⑥低密度脂蛋白被肝脏和非肝组织中的低密度脂蛋白受体吸收

由于 VLDL 表面 apoC-2 的存在，VLDL 能够与脂肪细胞和肌肉细胞上的脂蛋

白脂肪酶以类似乳糜微粒的结合方式相互作用，并水解其中的甘油三酯。在肌肉细胞内，来自 VLDL 中甘油三酯水解的游离脂肪酸和甘油一酯主要用于氧化供能，只有少量会重新合成甘油三酯并储存，尤其是在进行耐力训练的人的肌肉中。相反，在脂肪组织中，来自 VLDL 的游离脂肪酸主要用于重新合成甘油三酯进行能量储存。

随着 VLDL 中甘油三酯的移除，VLDL 会形成较小的瞬时 IDL 颗粒。一些 IDL 颗粒可能与细胞分离并返回循环系统，但大多数 IDL 会继续附着在靶细胞上，直到甘油三酯被完全去除，形成不含有甘油三酯的 LDL 颗粒。随着 LDL 颗粒的体积缩小，它们失去了除了 apoB-100 的所有载脂蛋白。LDL 的大小会受到与脂蛋白脂肪酶和其他脂蛋白在血管内发生脂质交换的程度的影响。临床研究表明，小而密集的 LDL 比体积大的 LDL 更易导致动脉粥样硬化，这体现了对心血管疾病有风险的个体进行更全面的 LDL 亚型分析的重要性。

当 LDL 颗粒与脂蛋白脂肪酶分离时，它们的脂质组成与 VLDL 有明显的不同。VLDL 富含甘油三酯，而 LDL 最初由肝脏在 VLDL 中分泌的其余脂质组成。LDL 中磷脂、游离胆固醇和胆固醇酯的相对百分比要显著大于 VLDL 中（图 4.21），使得 LDL 成为大多数人体内胆固醇的主要携带者，因此，从血液中清除 LDL 以防止胆固醇的积累非常重要。

3）LDL 的清除

LDL 从血液中清除是通过一种细胞表面受体——LDL 受体来实现的，该受体高亲和性和特异性地识别 apoB-100 以结合 LDL 颗粒并将其摄取到细胞内。LDL 受体和 apoB-100 之间的相互作用是细胞内化 LDL 的关键。LDL 受体也可以结合 apoE，因此表达 apoE 的脂蛋白也有通过 LDL 受体从循环系统中清除 LDL 的潜力。

位于肝细胞上的 LDL 受体可以清除循环系统中 70%～80%的 LDL。膜上的 LDL 受体结合 LDL 后通过内吞作用将其内化。图 4.26 描述了 LDL 颗粒与细胞膜

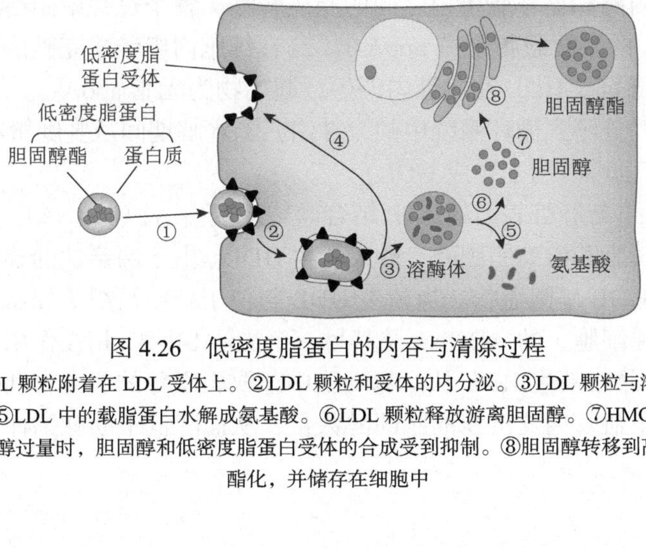

图 4.26 低密度脂蛋白的内吞与清除过程

①带有 apoB 的 LDL 颗粒附着在 LDL 受体上。②LDL 颗粒和受体的内分泌。③LDL 颗粒与溶酶体融合。④LDL 受体返回膜表面。⑤LDL 中的载脂蛋白水解成氨基酸。⑥LDL 颗粒释放游离胆固醇。⑦HMG-CoA 还原酶参与胆固醇合成。当胆固醇过量时，胆固醇和低密度脂蛋白受体的合成受到抑制。⑧胆固醇转移到高尔基体，用 ACAT 酯化，并储存在细胞中

上受体结合后的命运：内吞的 LDL 颗粒被带到溶酶体，LDL 受体被释放并返回到细胞膜表面。在溶酶体中，LDL 中的载脂蛋白和胆固醇酯成分被溶酶体酶水解成氨基酸、游离脂肪酸和游离胆固醇。形成的游离胆固醇会发挥以下调节功能：抑制肝脏中胆固醇合成的限速酶——3-羟基-3-甲基戊二酰辅酶 A 还原酶（HMG-CoA 还原酶）；调节胆固醇酯化的酶，激活脂酰辅酶 A 和胆固醇酰基转移酶（ACAT），促进胆固醇酯的合成和储存；抑制 LDL 受体的合成，防止 LDL 进一步进入细胞。

血清中较高的 LDL 胆固醇水平是导致动脉粥样硬化性心血管疾病（ASCVD）的危险因素，而影响细胞表面 LDL 受体数量的因素都会影响血液中 LDL 胆固醇的浓度。膳食组分会影响 LDL 受体的数量：饱和脂肪酸和反式脂肪酸会减少 LDL 受体数量，而可溶性膳食纤维和植物甾醇则会增加 LDL 受体数量。此外，肥胖会减少 LDL 受体数量，因此改善血清胆固醇水平的饮食干预在肥胖患者中效果较差。家族性高胆固醇血症人群会由于基因突变而 LDL 受体异常,引起极高的胆固醇水平。

3. 胆固醇的逆转运

虽然身体中的许多细胞可以合成胆固醇，但哺乳动物缺乏降解胆固醇所需的氧化酶。因此，从外周组织细胞将胆固醇转运到肝脏，通过胆汁以游离胆固醇或胆汁酸的形式排出体外，这是维持胆固醇稳态的关键途径。胆固醇也可以在肝脏和其他组织中转化为调节分子（激素），但与通过胆汁排泄的量相比，这种清除方式较少。HDL 从周围组织中收集多余的胆固醇，并将其传递到肝脏的胆固醇逆向转运中，如图 4.27 所示。

1）HDL 的形成

通过 HDL 从周围组织收集胆固醇并将其运送到肝脏的过程涉及多个细胞表面受体、血管内酶和循环脂蛋白之间的脂质转移。整个过程中始终存在的主要载脂蛋白是 HDL 的主要载脂蛋白 apoA-1。与在细胞内组装成完整的脂蛋白的乳糜微粒和 VLDL 不同，HDL 在血管内产生，起始物为无脂 apoA-1。apoA-1 是由肝脏和小肠产生并分泌到循环系统中的，甘油三酯水解期间从乳糜微粒和 VLDL 中释放的 apoA-1 也可以用于合成 HDL。

无脂 apoA-1 与肝脏表面的 ATP 结合盒转运蛋白 A1（ABCA1）受体结合，从肝细胞中获得磷脂和游离胆固醇，形成新生 HDL。由于两亲性的磷脂可以形成双分子层，新生 HDL 呈圆盘状。当新生 HDL 与位于外周组织（如肌肉、脂肪和冠状动脉内的巨噬细胞）的 ABCA1 及其另一个受体 SR-B1 相互作用时，会获得额外的磷脂和胆固醇。新生 HDL 从巨噬细胞中获取胆固醇的能力有利于心血管系统的健康，减少了血管内皮沉积的胆固醇数量，从而降低了动脉粥样硬化性心血管疾病的风险。

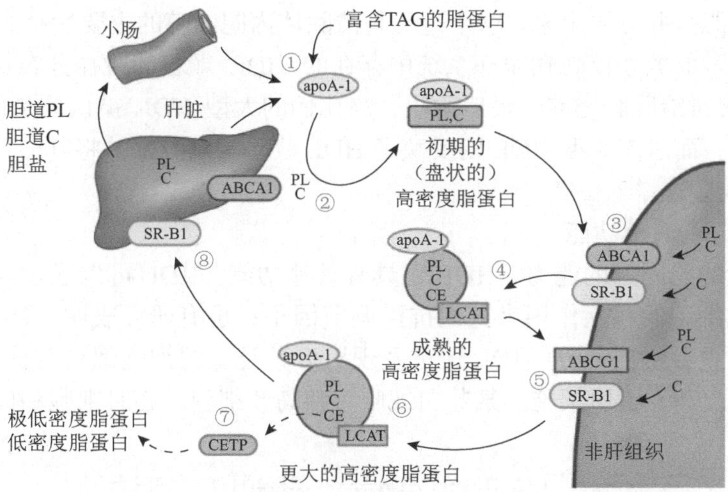

图 4.27 胆固醇的逆转运

①无脂 apoA-1 由肝脏和小肠分泌。在 TAG 水解过程中，它也从乳糜微粒和极低密度脂蛋白中释放出来。②apoA-1 通过与肝脏 ABCA1 的相互作用获得 PL 和 C，从而产生新生的高密度脂蛋白颗粒。③初期的高密度脂蛋白在外周组织中通过 ABCA1 获得额外的 PL 和 C，并通过 SR-B1 获得额外的 C。④携带在高密度脂蛋白颗粒上的酶 LCAT 将迁移到颗粒核心的 C 酯化为 CE。⑤球形成熟高密度脂蛋白在外周组织中继续通过 ABCG1 获得 PL 和 C，并通过 SR-B1 获得 C。⑥LCAT 继续将 C 酯化为 CE，形成更大的高密度脂蛋白。⑦一些 CE 在 CETP 的介导下被转移到极低密度脂蛋白和低密度脂蛋白。⑧肝脏 SR-B1 与高密度脂蛋白结合。CE 可能被选择性去除，或者高密度脂蛋白颗粒可能被内化和降解

2）HDL 收集胆固醇酯的过程

在新生 HDL 获得磷脂和胆固醇的同时，还会获得一种名为卵磷脂胆固醇酰基转移酶（LCAT）的血管内酶。这种酶通过催化来自磷脂酰胆碱的 sn-2 位的脂肪酸（通常是多不饱和脂肪酸）向 HDL 颗粒内的游离胆固醇传递，形成胆固醇酯。胆固醇酯由于具有疏水性，会迁移到 HDL 颗粒的中心，从而形成小球形的成熟 HDL。成熟 HDL 可以进一步与外周组织相互作用，通过其表面的 apoA-1 与 SR-B1 和 ABCG1 受体结合（成熟 HDL 结合 ABCG1，但不结合 ABCA1；新生 HDL 和成熟 HDL 都结合 SR-B1），从而使得 HDL 不断增大。HDL 中积累的胆固醇酯可以通过胆固醇酯转移蛋白（CETP）的作用转移到其他脂蛋白（如 VLDL 和 LDL）中，通过减小 HDL 的体积，优化其与细胞表面受体的相互作用，增强 HDL 接受更多胆固醇的能力。

3）HDL 中胆固醇酯的清除

胆固醇逆转运的最后一步是 HDL 与肝细胞表面的 SR-B1 结合。胆固醇酯可以选择性地沉积在肝细胞中，剩余的 HDL 则回到循环中，或者整个 HDL 颗粒被肝细胞内化和降解。HDL 在肝细胞内降解也是在溶酶体中进行的，类似于 LDL 的降解，其中的胆固醇酯被胆固醇酯酶水解，游离胆固醇可以直接分泌到胆汁中

或被转化为胆盐并分泌出来。这个过程是清除体内胆固醇的主要途径。HDL 接受和转运胆固醇的效率反映在循环系统中存在的 HDL 颗粒的粒径分布：由于大型 HDL 代表交付给肝脏之前的最后阶段，高比例的大型 HDL 被认为是低 ASCVD 风险的指标；而过多小型 HDL 则反映了 HDL 收集胆固醇酯并将其交付给肝脏的能力不足。

4）HDL 的其他功能

除了运输胆固醇的能力，HDL 还具有其他功能。HDL 可以通过与血管内皮和循环炎性细胞的相互作用来充当抗炎调节因子；也有研究表明，HDL 是先天免疫的一个重要组成部分。HDL 还被发现对多种类型的细胞都具有抗凋亡功能，包括血管内皮和平滑肌细胞、某些白细胞、胰岛 β 细胞、心肌细胞和成骨细胞。

4.4 脂质的合成、代谢与调控

4.4.1 组织内代谢

当摄食后，机体能量充裕时，膳食中多余的营养素如单糖和氨基酸可以转化为脂肪酸，并进一步形成甘油三酯储存在脂肪组织中。脂肪组织存储的甘油三酯是机体主要的能量储备库，当身体需要能量时，如运动、膳食能量不足或者睡眠期间，脂肪组织中存储的甘油三酯会被脂肪酶催化水解并以游离脂肪酸的形式释放到循环系统中。前面在内源性脂质来源部分也提到，循环系统中的游离脂肪酸通过与白蛋白结合进行运输，运输到身体大多数（除了红细胞）需要能量的细胞中，通过 TCA 循环氧化产生能量分子 ATP。因此，脂肪组织需要不断地摄入和释放脂肪酸，以满足在不规则的能量消耗情况下持续不断的能量需求。值得注意的是，只有脂肪细胞具有将游离脂肪酸释放到血液中的能力。

1. 甘油三酯和脂肪酸的分解代谢

1）甘油三酯的分解（脂解）

甘油三酯的完全水解会产生甘油和三个游离脂肪酸。在体内，这种水解作用主要通过三种脂肪酶的协同作用完成：脂肪甘油三酯脂肪酶（ATGL）、激素敏感性脂肪酶（HSL）和单酰甘油脂肪酶（MGL）。这三种酶依序从甘油骨架中水解一个脂肪酸，其中，ATGL 更倾向于水解 sn-2 位的脂肪酸（也可以较小程度地水解 sn-1 位的脂肪酸），HSL 水解 sn-3 位的脂肪酸，而 MGL 则水解剩余的 sn-1 位的脂肪酸（或 sn-2 位的脂肪酸，取决于 ATGL 的初始作用位点）。水解甘油三酯的酶的调节十分复杂，酶的激活是一个蛋白质磷酸化的过程，受到肾上腺素的调节。肾上腺素结合脂肪细胞表面的肾上腺素受体（$\beta_{1,2}$-AR），受体激活并与腺苷酸环化酶相互作用，激活腺苷酸环化酶后将细胞内的 ATP 转化为 cAMP，而细胞内 cAMP 的增加活化 cAMP 依赖的蛋白激酶 A，进一步磷酸化 HSL，使 HSL 转运至脂滴表面，蛋白激酶 A 的激活还可以磷酸化脂滴表面的脂滴包被蛋白 1（perilipin 1），促进另一种蛋白质 α/β 水解酶结构域蛋白 5（ABHD5，又称 CGI-58）的分泌，该蛋白质是 ATGL 的激动剂。

除了肾上腺素，利钠肽也可以刺激甘油三酯的分解。利钠肽家族中的 A 型利钠肽（ANP）和 B 型利钠肽（BNP）是反映心脏负荷/室壁张力的主要生物标志物，运动时会在循环系统中增加，是促进脂解的重要刺激因素。其作用过程包括：ANP 和 BNP 结合到 A 型利钠肽受体 1 上，受体激活并与鸟苷酸环化酶相互作用，激活的鸟苷酸环化酶将细胞内的 GTP 转化为 cGMP，胞内 cGMP 水平的升高会激活蛋白激酶 G，进一步磷酸化 HSL 和脂滴包被蛋白 1，从而起到类似激活蛋白激酶 A 相关通路的作用。

此外，促肾上腺皮质激素、促甲状腺素、生长激素、肿瘤坏死因子 α 和糖皮质激素等其他物质也可以通过受体介导的信号转导或通过影响脂解级联反应而作为调节因子。

甘油三酯完全水解后，释放出的游离脂肪酸被脂肪细胞分泌，并与循环中的白蛋白结合，以运输到需要能量的组织中。而另一产物甘油，不能被脂肪组织代谢，也会分泌到循环系统中。肝脏和某些其他含有甘油激酶的组织可以利用甘油作为能量底物，将甘油转化为甘油磷酸，进入糖酵解途径，从而进行氧化供能或进行糖异生作用生成葡萄糖（参考第 3 章相应内容）。

2）脂肪酸的分解代谢

许多组织通过一种称为 β-氧化的机制氧化脂肪酸供能。当脂肪酸进入细胞时，首先在胞质脂肪酸酰基辅酶 A 合成酶催化下变成其辅酶 A 形式，该步反应需要消耗 2 分子的 ATP，并且不可逆进行（图 4.28）。

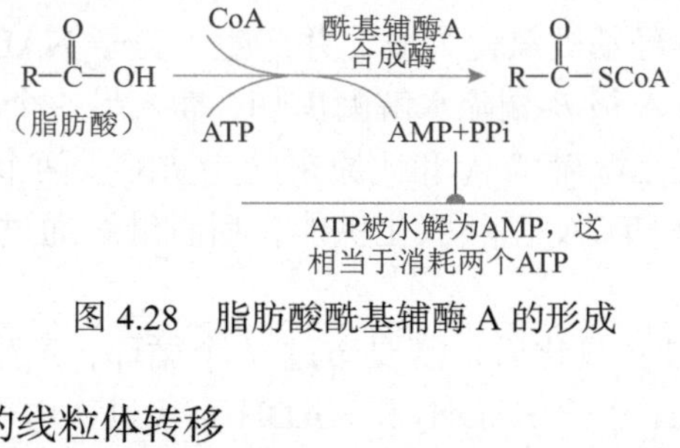

图 4.28　脂肪酸酰基辅酶 A 的形成

A. 酰基辅酶 A 的线粒体转移

脂肪酸的 β-氧化主要发生在线粒体内，通过氧化磷酸化产生能量。短链脂肪酸可以直接进入线粒体基质并在其内形成酰基辅酶 A 衍生物，而长链脂肪酸及其辅酶 A 衍生物仅可以穿过渗透性外膜，无法穿过线粒体内膜，因此需要一种膜转运系统。这个系统的载体分子是肉碱。肉碱可以从赖氨酸和甲硫氨酸合成而来，在肌肉中浓度很高。脂肪酸酰基辅酶 A 在外膜的胞质侧与肉碱共价结合，并在肉碱乙酰转移酶Ⅰ（CATⅠ）作用下将酰基肉碱移动到内膜；然后由位于内膜内面的肉碱乙酰转移酶Ⅱ（CATⅡ）释放酰基肉碱以形成脂肪酸酰基辅酶 A 和肉碱（图 4.29）。

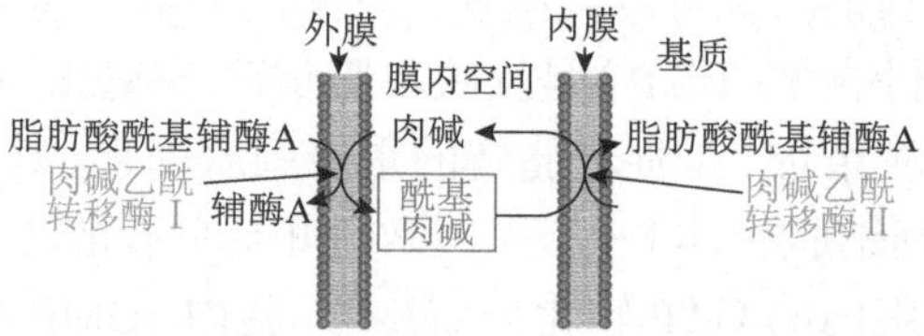

图 4.29　脂肪酸酰基辅酶 A 的线粒体膜转运

B. 脂肪酸的 β-氧化

脂肪酸酰基辅酶 A 在线粒体中进行一系列酶促反应，即 β-氧化，每一步酶促反应会从脂肪酸的羧基端以乙酰辅酶 A 的形式裂解失去两个碳。脂肪酸中的双键会影响 β-氧化的发生。

a. 饱和脂肪酸

图 4.30 列出了食品中最丰富的饱和脂肪酸棕榈酸（C16:0）的 β-氧化过程。棕榈酰基辅酶 A 受到酰基辅酶 A 脱氢酶的作用，该酶在 Δ^2 和 Δ^3 之间（羧基端，分别为 α-β-碳和 β-碳）引入一个双键。这种脱氢酶共有 4 种，分别作用于不同链长范围的脂肪酸，其中作用于较长链的脱氢酶结合在线粒体内膜上，作用于较短链的酶则在线粒体基质中。该反应最终产生一个反式双键，因此产物是不饱和的酰基辅酶 A，该反应还会产生一个 $FADH_2$ 分子，进入电子传递链。

接下来是在双键上加入一个水分子，形成一个 β-羟酰基辅酶 A。该反应由烯酰基辅酶 A 水合酶催化，该酶有时也称为丙烯酰酶。在 NAD^+依赖 β-羟酰基辅酶 A 脱氢酶的作用下，β-羟基被氧化为酮，并产生一分子 NADH（$+H^+$），进入电子传递链。β-酮酰基辅酶 A 被 β-酮硫水解酶剪切，插入另一个辅酶 A 并在 β-碳处断裂。该步反应的产物是乙酰辅酶 A 和比原来的脂肪酸少两个碳的链长缩短的饱和酰基辅酶 A，前者进入 TCA 循环氧化供能，后者继续通过 β-氧化，直至生成 2 分子的乙酰辅酶 A。

棕榈酸发生完全的 β-氧化后，需要通过 7 个循环，产生 8 个乙酰辅酶 A、7 个 $FADH_2$ 和 7 个 NADH 分子。$FADH_2$ 和 NADH 直接进入电子传递链，每个 $FADH_2$ 和 NADH 通过氧化磷酸化分别平均产生 1.5 个和 2.5 个 ATP；乙酰辅酶 A 则通过 TCA 循环完全氧化为二氧化碳和水，平均每个乙酰辅酶 A 可以产生 10 个 ATP。因此，棕榈酸的 β-氧化可以产生 106 个净 ATP（减去转化为酰基辅酶 A 需用的 2

个 ATP）。

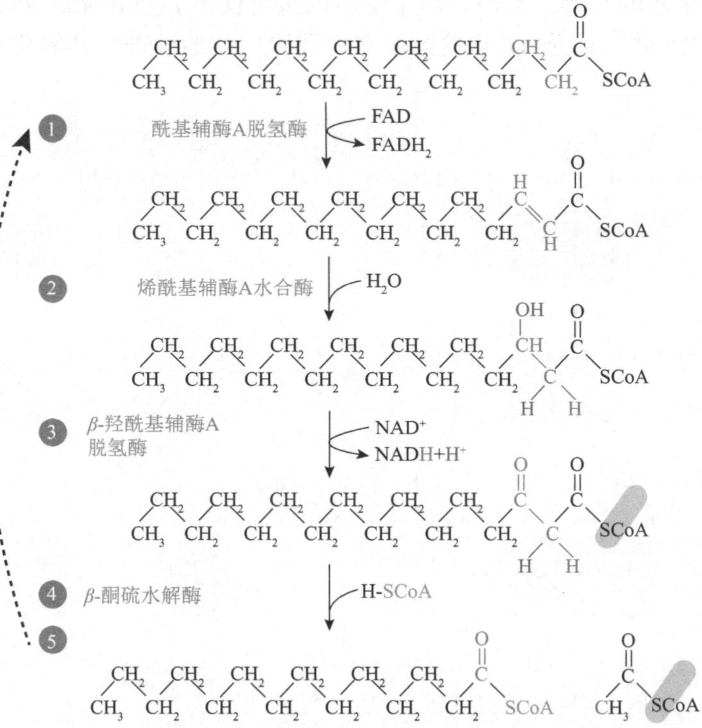

图 4.30 饱和脂肪酸棕榈酸的 β-氧化

①在 α-碳和 β-碳之间形成双键。有 4 种不同的酰基辅酶 A 脱氢酶，每种都对一系列链长具有特异性。该反应还产生进入电子传递链的 $FADH_2$。②水合反应在双键上添加一个水分子，形成 β-羟酰基辅酶 A。③β-羟基氧化成酮。该反应还产生 $NADH+H^+$，进入电子传递链。④辅酶 A 分子的插入和双碳乙酰辅酶 A 的切割(阴影)。每个乙酰辅酶 A 分子在 TCA 循环中被进一步氧化。⑤缩短的脂肪酸酰基辅酶 A 被激活并重新进入 β-氧化途径。每次通过 β-氧化途径产生额外的 $FADH_2$、$NADH+H^+$和乙酰辅酶 A

b. 不饱和脂肪酸

不饱和脂肪酸与对应的饱和脂肪酸的 β-氧化过程几乎相同，但与第一步反应引入双键的饱和脂肪酸不同，结构中已有双键的不饱和脂肪酸不是酰基辅酶 A 脱氢酶的底物。以油酸（C18:1）为例，由于在 Δ^9 和 Δ^{10} 之间已有一个双键，需要进行三次乙酰辅酶 A 的连续去除，直到使双键位于 Δ^3 和 Δ^4 之间，此时，需要另一种烯酰基辅酶 A 异构酶，移动双键的位置，使烯酰基辅酶 A 水合酶可以正常进行下一步反应。而对于多不饱和脂肪酸，则更加复杂。

以亚油酸（C18:2）为例，连续去除三个乙酰辅酶 A 后，剩下的脂肪酸已经缩短，第一个双键位于 Δ^3/Δ^4 位置（图 4.31）。烯酰基辅酶 A 异构酶将第一个双键移动到 Δ^2/Δ^3 位置，使第二个双键保持在 Δ^6 和 Δ^7 之间。去除一个乙酰辅酶 A 后，

剩下的双键则位于 Δ^4 和 Δ^5 之间。酰基辅酶 A 脱氢酶的作用正常进行，在 Δ^2 和 Δ^3 之间形成一个新的双键。然而，两个双键的接近使得 β-氧化无法继续，所以还需要 2, 4-二烯酰辅酶 A 还原酶将这两个双键还原后，继续进行 β-氧化直到完成。

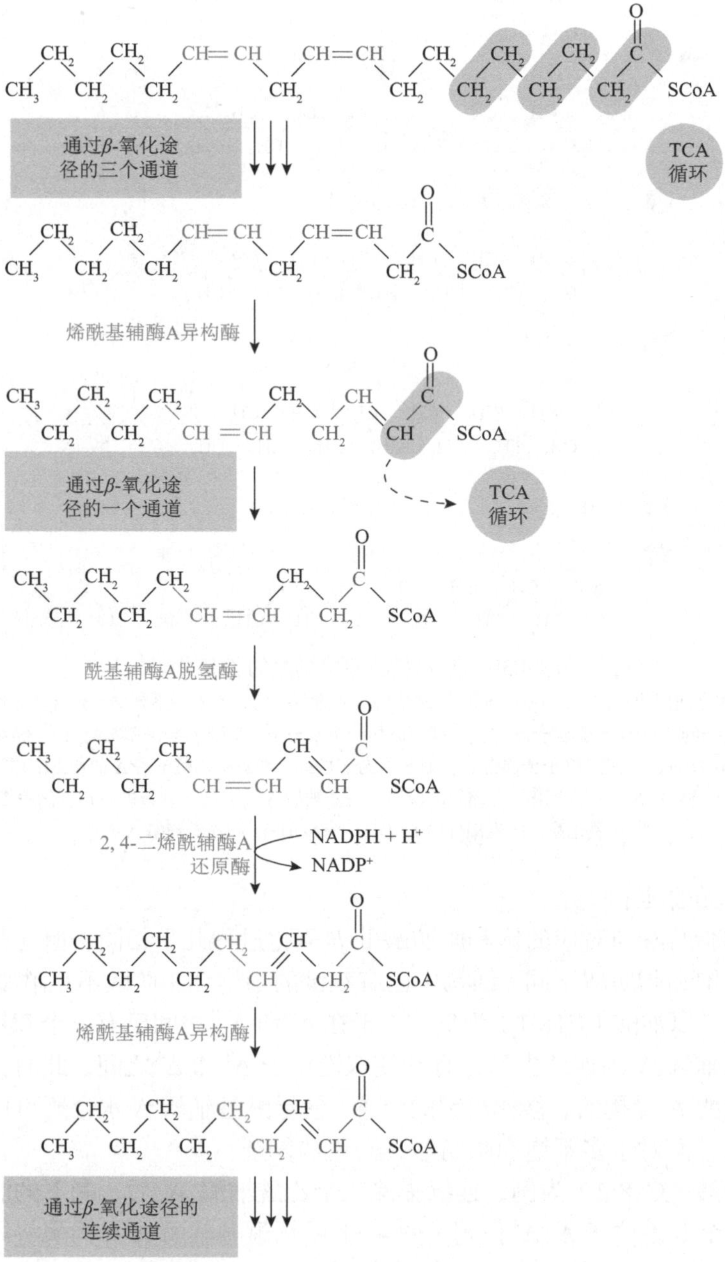

图 4.31　不饱和脂肪酸亚油酸的 β-氧化

相较于饱和脂肪酸，不饱和脂肪酸的 β-氧化生成的 ATP 较少。由于双键的存在，每次酰基辅酶 A 脱氢酶反应被跳过时，产生的 $FADH_2$ 分子数量就会减少一个，对应产生的 ATP 数量也会减少 1.5 个。

c. 奇数链脂肪酸

尽管含有奇数个碳原子的脂肪酸较少，但吸收后仍可以进行 β-氧化代谢供能。奇数链脂肪酸 β-氧化的最终产物是乙酰辅酶 A 和含有三个碳原子的丙酰辅酶 A。丙酰辅酶 A 的氧化需要先后在丙酰辅酶 A 羧化酶和甲基丙二酰辅酶 A 变位酶的作用下生成琥珀酰辅酶 A，再进入 TCA 循环供能，该酶促反应的发生还需要生物素和维生素 B_{12} 作为辅酶（图 4.32）。琥珀酰辅酶 A 还可以转化为葡萄糖，而奇数链脂肪酸在所有脂肪酸中是唯一可转化为葡萄糖的类型。

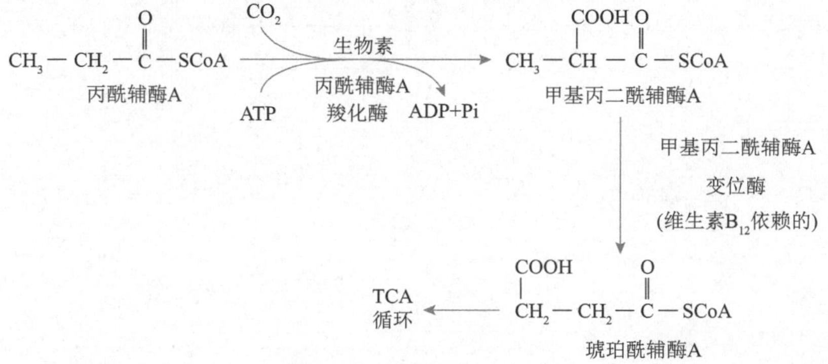

图 4.32 丙酰辅酶 A 的氧化

d. 支链脂肪酸

β-氧化还是支链脂肪酸的主要分解途径。支链脂肪酸结构中的甲基分支点通常不会干扰 β-氧化中酶的作用，尽管可能需要进行额外的反应。随着 β-氧化过程中乙酰辅酶 A 分子的断裂，甲基基团逐渐靠近羧基端。当酰基辅酶 A 脱氢酶遇到 Δ^2 位置的甲基支链时，反应将像平常一样进行。在这种情况下，β-酮巯基酰基酶反应的切割产物是一个三碳的丙酰辅酶 A（而不是乙酰辅酶 A）。然后，丙酰辅酶 A 将如图 4.32 所示被氧化。

然而，如果甲基基团位于 Δ^3 碳上，酰基辅酶 A 脱氢酶将无法发挥作用。在这种情况下，需要去除第一个碳原子（即 Δ^1 羧基碳原子）来缩短脂肪酸，并将甲基基团从 Δ^3 位置移动到 Δ^2 位置。去除 Δ^1 碳原子是在过氧化物酶体中通过一系列反应完成的，该过程称为 α-氧化。

膳食中大多数支链脂肪酸都是在 ω 端附近只有一个甲基支链，因此 β-氧化足以完全氧化脂肪酸。而植烷酸是一种多支链脂肪酸，在 Δ^3 碳处具有一个甲基基团，因此需要同时进行 α-氧化和 β-氧化才能完全氧化（图 4.33）。植烷酸首先在过氧

化物酶体中发生 α-氧化，产物是缩减了一个碳原子的原氨酰辅酶 A 和甲酰辅酶 A，甲酰辅酶 A 进一步被氧化为二氧化碳，而原氨酰辅酶 A 分子继续在过氧化物酶体中经过三次 β-氧化，产生一个乙酰辅酶 A 分子、两个丙酰辅酶 A 分子和一个 4, 8-二甲基壬酰辅酶 A 分子。这些产物每一个都被转化为肉碱共轭物（图 4.33），并被运输到线粒体中，在线粒体中进一步被氧化为二氧化碳和水，从而产生 ATP。

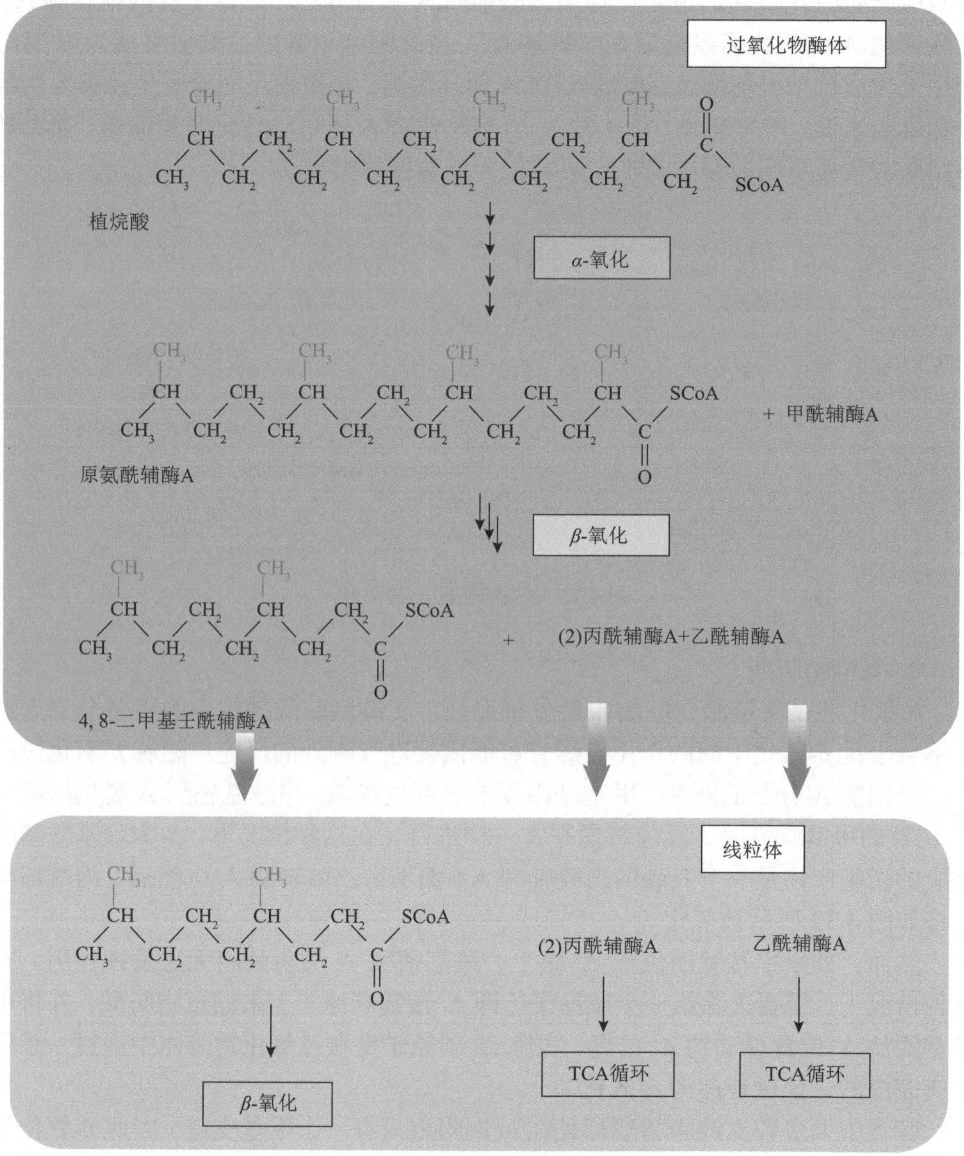

图 4.33　植烷酸的 α-氧化和 β-氧化

C. 酮体的形成

当摄入某种特殊的饮食结构（如利用生酮饮食减脂）或处于某种特殊的生理状态下（如未受控制的1型糖尿病），脂肪细胞释放出大量游离脂肪酸进入循环系统中，其含量超过了组织氧化它们的能力。脂肪酸的β-氧化产生的过量的乙酰辅酶A会在肝脏中转化为乙酰乙酸、β-羟基丁酸和丙酮（图4.34），丙酮的生成量相当小，并通过血液运输到外周组织。丙酮与乙酰乙酸、β-羟基丁酸约按2%、20%、78%的比例存在于血液中。乙酰乙酸和β-羟基丁酸这血液中被转化回乙酰辅酶A并通过TCA循环氧化供能。酮体形成反应仅在线粒体中发生，这是由于β-羟基丁酸脱氢酶催化反应具有可逆性，以及肝外组织中存在将乙酰乙酸转化为乙酰辅酶A的酶（图4.34中虚线箭头所示），这也揭示了酮体在这些组织中作为能量底物的产生途径。一般认为，酮体生成是乙酰辅酶A的"溢出"途径，为肝脏向周围细胞分配能量底物提供了另一种途径，而这也是应对脑中神经元和红细胞等需要葡萄糖的细胞无法使用脂肪酸作为能量底物的一种方式。

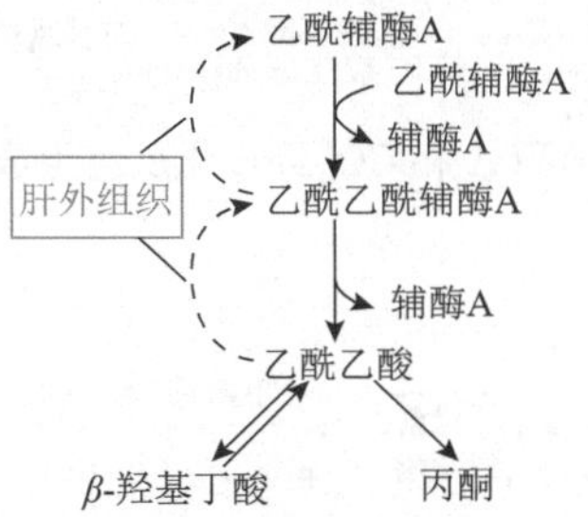

图4.34　肝脏中酮体的生成

通常情况下，血液中的酮体浓度很低，以上情况产生的酮体的增加通常不会造成伤害，即处于营养性酮症的状态。然而，在无控制的糖尿病、饥饿或长时间摄入非常低碳水化合物饮食的情况下，酮体可能会升高到危险的水平，降低血液的pH，导致酮症酸中毒。这是由于TCA循环中间体主要由糖酵解的最终产物丙酮酸形成。当碳水化合物的供应不足时，就没有足够的葡萄糖以正常速率进行糖酵解，产生的丙酮酸就会减少。因此，在TCA循环中与乙酰辅酶A结合氧化的草酰乙酸池（由丙酮酸直接转化形成）减少。随着细胞对碳水化合物的使用减少，脂肪酸的氧化加速，以提供TCA循环的底物（乙酰辅酶A）。这种向脂肪分解代谢的转变，再加上草酰乙酸可用性降低，导致乙酰辅酶A的积累，进而导致酮体生成的增加。未经治疗的酮症酸中毒可能会导致低血压、脱水、昏迷和死亡。

2. 脂肪酸的合成

除了必需脂肪酸亚油酸和α-亚麻酸外，大多数人类细胞都能够从乙酰辅酶A

合成脂肪酸。合成的主要部位包括肝脏、肺、脂肪组织、泌乳乳腺、大脑和肾脏。脂肪酸合成所需的乙酰辅酶 A 几乎都是在线粒体基质中由丙酮酸的氧化产生的，少部分直接从细胞质中的氨基酸分解中产生。丙酮酸可能来自葡萄糖和果糖（可能还有脂肪酸）的氧化，也可能来自一些氨基酸的碳骨架的降解。

脂肪酸合成的初始反应是一个羧化反应，在细胞质中发生，由乙酰辅酶 A 羧化酶催化。该反应需要生物素作为辅酶，需要 ATP 提供能量，才能将新的羧基与乙酰辅酶 A 结合在一起（图 4.35）。但是在线粒体基质内产生的乙酰辅酶 A 无法通过线粒体膜释放。将乙酰辅酶 A 转移到细胞质中的主要机制是将其与草酰乙酸盐反应形成柠檬酸盐，后者可以通过线粒体膜。在细胞质中，柠檬酸裂解酶将柠檬酸转化回草酰乙酸和乙酰辅酶 A（图 4.36）。这个反应基本上是 TCA 循环中柠檬酸合成酶反应的相反过程，但需要消耗 ATP。

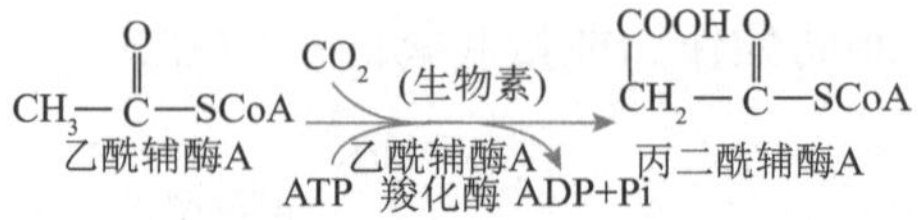

图 4.35　乙酰辅酶 A 和 CO_2 经羧化反应生成丙二酰辅酶 A

图 4.36　柠檬酸转化生成乙酰辅酶 A

参与脂肪酸合成的酶排列在一个被称为脂肪酸合成酶系统的复合物中。该复合物位于细胞质，其关键成分是酰基载体蛋白（ACP）和缩合酶（CE），两者都具有自由巯基（—SH），可连接乙酰辅酶 A 和丙二酰辅酶 A 组成的结构单元。ACP 在结构上类似于辅酶 A，都含有通过 β-丙氨酸与硫乙醇胺偶联的 4′-磷酸-泛酸结构基团，并带有磷酸基团。硫乙醇胺为复合物提供了游离的巯基，而缩合酶的游离巯基来源于半胱氨酸。

在脂肪酸链的延长开始前，两个—SH 基团必须正确地“装载”丙二酰和乙酰基团。乙酰辅酶 A 转移到 ACP 上，失去辅酶 A，形成乙酰 ACP；再将乙酰基团转移到缩合酶的巯基上，使得可用的 ACP-SH 上可以连接丙二酰辅酶 A，从而再次失去辅酶 A（图 4.37）。随后，脂肪酸链的延伸通过如图 4.38 所示的步骤依序进行，并包括催化它们的酶和辅酶。催化这些反应的酶也是脂肪酸合成酶复合物的一部分。

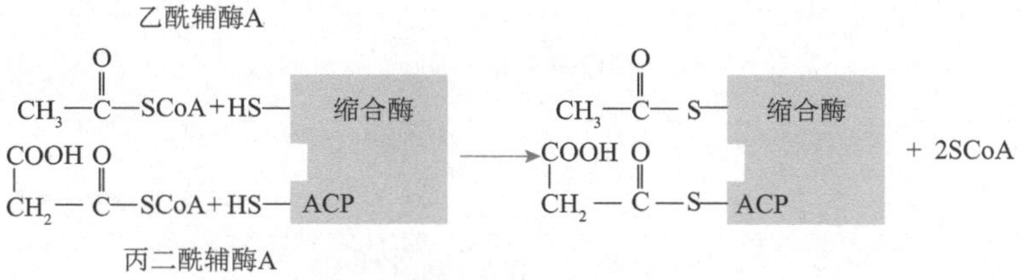

图 4.37　脂肪酸合成酶系统中巯基的"装载"

脂肪酸合成层级反应的第一步是将乙酰基的羰基碳与丙二酰 ACP 的 C-2 缩合，去除的丙二酰羧基以 CO_2 的形式排出；之后，NADPH 作为氢供体，还原 β-酮基，生成的羟基发生脱水作用，形成双键进一步还原为丁酰基 ACP；丁酰基转移到缩合酶上，使得 ACP 的巯基位点暴露，可以接受另一分子的丙二酰辅酶 A；第二次缩合反应将缩合酶上的丁酰基与丙二酰 ACP 的 C-2 连接在一起；之后重复第 2 步及之后的反应过程，直到将六碳链还原并转移到缩合酶上；接下来发生第三次缩合反应，将第三个分子的丙二酰辅酶 A 结合在 ACP-SH 上，以此类推（图 4.38）。

合成完的脂肪酸链从 ACP 上水解释放的过程不需要转移到缩合酶上。脂肪酸合成酶系统的正常产物是棕榈酸（C16:0），棕榈酸可以通过脂肪酸延长系统进一步延长，即在羧基端添加二碳单元，形成硬脂酸（C18:0）甚至更长的饱和脂肪酸。此外，通过不饱和反应，可以将棕榈酸和硬脂酸转化为相应的 Δ^9 单不饱和脂肪酸——棕榈油酸（C16:1）和油酸（C18:1），该反应由混合功能氧化酶催化。这是由于在反应中有两种不同的底物被氧化：脂肪酸（通过去氢原子形成新的双键）和 NADPH，氧是末端的氢和电子受体，最终形成 H_2O。

1）必需脂肪酸

人体细胞不能在 Δ^9 碳以外引入额外的双键，因为缺乏 Δ^{12} 去饱和酶和 Δ^{15} 去饱和酶，这也是亚油酸（C18:2 $\Delta^{9,12}$）和 α-亚麻酸（C18:3 $\Delta^{9,12,15}$）必须从饮食（植物来源）中获取，并且被称为必需脂肪酸的原因。西方饮食具有丰富的 n-6 亚油酸，一旦它被消耗掉，更长、更高度不饱和的脂肪酸可以通过延长和去饱和反应相结合而形成。当 n-3 系列的 α-亚麻酸被消耗时，它也会经过平行反应进行延长和去饱和。图 4.39 概述了以亚油酸和 α-亚麻酸为底物继续合成各种多不饱和脂肪酸的过程，这些多不饱和脂肪酸也可以进一步衍生出其他的生物活性物质，如前列腺素、血栓素和白三烯等。

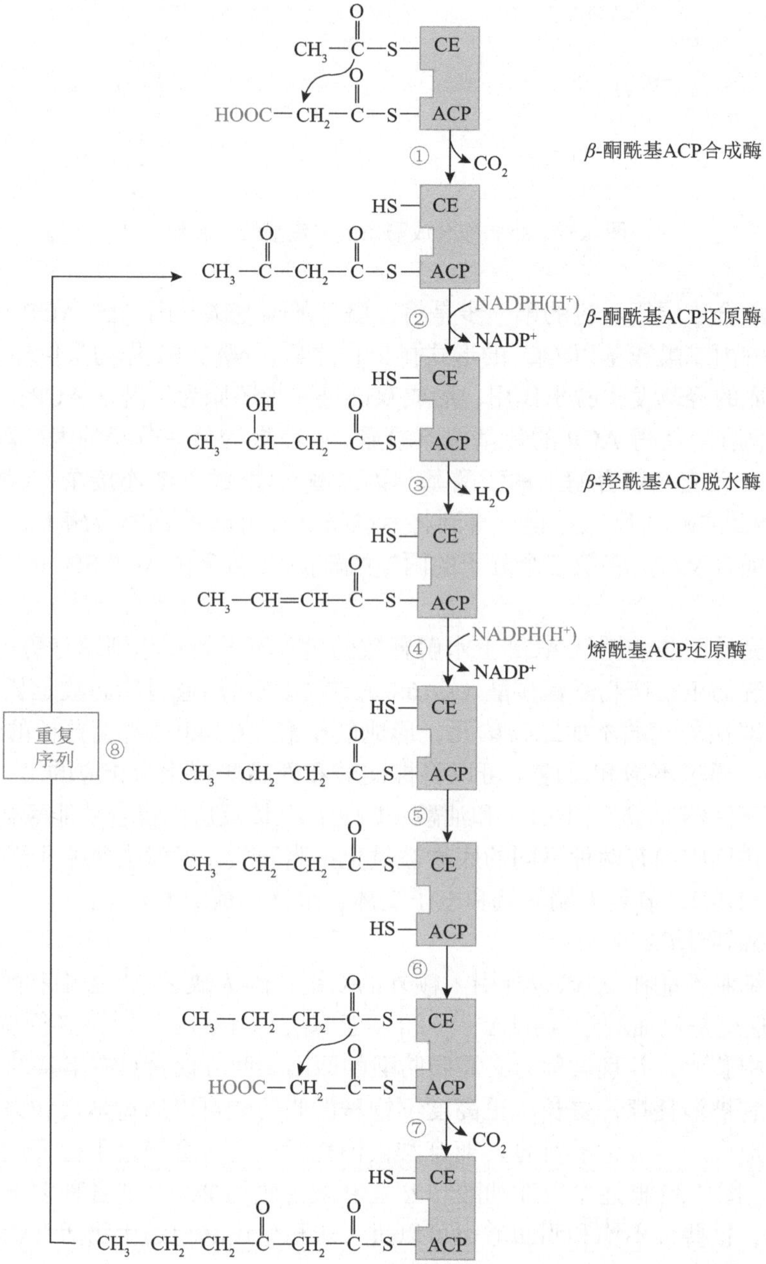

图 4.38　脂肪酸的合成

①乙酰基的羰基碳与丙二酰 ACP 的 C-2 偶联，丙二酰羧基以 CO_2 的形式消除。②*β*-酮基被还原，NADPH 作为氢供体。③*β*-羟酰基脱水，产生双键。④双键被还原为丁酰基 ACP，NADPH 作为还原剂。⑤丁酰基转移到 CE 上，使 ACP 巯基位点暴露于第二分子丙二酰辅酶 A。⑥第二个丙二酰辅酶 A 与 ACP 缩合。⑦发生第二个缩合反应，CE 上的丁酰基与丙二酰 ACP 的 C-2 偶联。然后通过重复步骤②～⑤将六碳链还原并转移到 CE。⑧该循环重复形成 C-16 脂肪酸（棕榈酸）

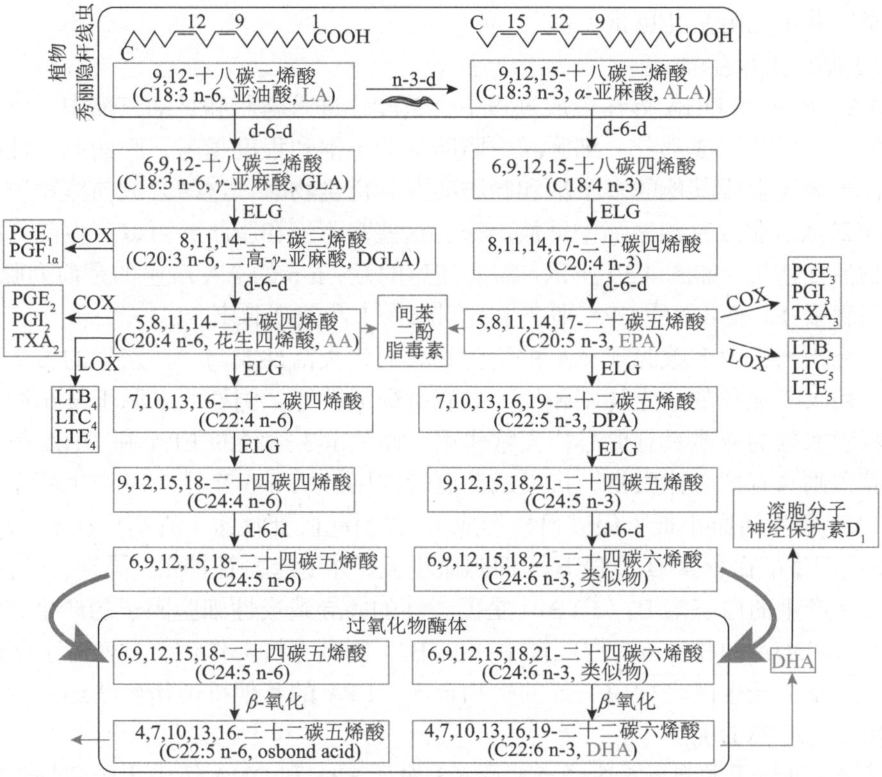

图 4.39　多不饱和脂肪酸的生物合成

必需脂肪酸的延长和去饱和发生在滑面内质网中。亚油酸经过 Δ^6 去饱和酶（d-6-d）的去饱和作用，形成γ-亚麻酸（C18:3 n-6），在延长酶（ELG）催化下进一步发生碳链的延长，形成二十碳三烯酸（C20:3 n-6）；通过第二次去饱和作用，形成花生四烯酸（AA；C20:4 n-6）。α-亚麻酸（n-3）经历类似的反应生成二十碳五烯酸（EPA；C20:5 n-3）。AA 在膜中占主导地位，因此 n-6 合成途径会更占优势。AA 和 EPA 在滑面内质网中经过进一步的延长和去饱和反应，形成二十四碳五烯酸（C24:5 n-6）和二十四碳六烯酸（C24:6 n-3）。这些脂肪酸转移到过氧化物酶体中发生 β-氧化作用，形成二十二碳五烯酸（C22:5 n-6）和二十二碳六烯酸（DHA；C22:6 n-3）。也正是由于 n-6 和 n-3 脂肪酸遵循相同的去饱和和延长的途径并使用相同的酶，二者相互竞争，并当某一类的合成途径大量进行时会引起另一条合成途径的显著变化。研究指出，在成年人和儿童身上的 n-6 系列脂肪酸的缺乏症状包括生长迟缓和皮肤异常，干燥或鳞屑皮肤、脱发等；n-3 系列脂肪酸的缺乏症状包括神经和视觉异常。人乳中含有更多的必需脂肪酸，以及比大多数婴儿配方奶粉更多的延长衍生物 EPA 和 DHA。有证据表明，必需的 n-3 脂肪酸缺乏症在早产儿中比足月儿更常见。

2）脂肪酸衍生物

AA、EPA 和 DHA 等在合成过程中会被酯化进入磷脂和甘油三酯中，成为细胞膜的一个重要组成部分。细胞膜中脂肪酸的不饱和程度越高，膜的流动性就越大。而当需要合成其他的多不饱和脂肪酸及其衍生物时，这些合成前体物质由磷脂酶 A2 从磷脂或甘油三酯中释放出来。这些多不饱和脂肪酸可以产生前列腺素等生物活性物质，如图 4.39 所示。需要注意的是，n-6 的 AA 产生的是前列腺素 2 和前列腺素 4，而 n-3 的 EPA 则产生前列腺素 1 和前列腺素 3。

研究指出，大多数源于 AA 的衍生物具有促炎活性或与一些疾病的发生发展相关，而 n-3 途径的衍生物则相反，具有抗炎活性等。例如，来源于 n-6 途径的前列腺素家族的介质具有促心律失常作用，而从 n-3 途径的 EPA 和 DHA 衍生的前列腺素则具有抗心律失常、抗炎或扩血管作用。从 n-6 途径 AA 产生的血栓素 B_2（TXB_2）激活血小板（促进血栓形成），并引起血管收缩（升高血压）；相反，n-3 途径产生的血栓素 B_3（TXB_3）抑制血小板，并引起血管扩张。同样，尽管 n-6 途径 AA 产生的白三烯 B_4（LTB_4）是促炎性的并导致炎性细胞因子的产生，但来自 EPA 和 DHA 的相应 n-3 白三烯 B_5（LTB_5）则具有抗炎作用，并实际上阻断了从花生四烯酸派生的炎性白三烯的生物合成。EPA 的其他抗炎衍生物还包括消退素（RVE1 或 RVD）。

表 4.4 列出了源自 n-6 途径 AA 及 n-3 途径 EPA 和 DHA 衍生出的各种生物活性物质。环氧合酶和脂氧合酶将 AA 转化为前列腺素-2、血栓素-2 和白三烯-4、各种羟基二十二碳四烯酸（HETE）衍生物，以及脂氧素 A_4；EPA 代谢成前列腺素-3、白三烯-5 和血栓素-3；DHA 可以代谢成神经保护素等生物活性物质。

表 4.4　n-3 和 n-6 脂肪酸衍生物及其生理作用

衍生物种类	n-6 途径（AA）	生理效应	n-3 途径（EPA 和 DHA）	生理效应
前列腺素类	PGD_2	致心律失常	PGD_3	抗心律失常
	PGE_2		PGE_3	
	PGF_2		PGF_3	
	PGF_2	致心律失常	PGI_3	抗心律失常
血栓素	TXA_2	血小板活化剂	TXA_3	血小板抑制剂
	TXB_2	血管收缩	TXB_3	血管舒张
白三烯	LTA_4		LTA_4	
	LTB_4	促炎	LTB_5	抗炎

续表

衍生物种类	n-6 途径（AA）	生理效应	n-3 途径（EPA 和 DHA）	生理效应
白三烯	LTC_4 LTE_4 LTD_4		LTC_5 LTE_5 LTD_5	
环氧二十碳三烯酸衍生物	5, 6-EET 8, 9-EET 11, 12-EET 14, 15-EET	促炎		
羟基二十二碳四烯酸衍生物	5-HETE 12-HETE 15-HETE			
脂氧素类	LXA_4			
消退素			RVE1 RVD	抗炎 抗炎
神经保护素			NPD1	抗炎

3）饮食对脂肪酸合成的影响

在高碳水化合物饮食后，肝脏等组织中脂肪生成作用增强，尤其是在饱腹状态下，摄入的碳水化合物通常超过机体的能量需要，因此多余的碳水化合物首先储存在肝脏和肌肉的糖原中。当肝糖原储存达到容量时，剩余的碳水化合物将被转化为脂肪酸和甘油三酯。

餐后到达肝脏的主要碳水化合物是葡萄糖和果糖。葡萄糖和胰岛素在全身循环中的存在刺激了脂肪合成酶的活性；果糖则可能是通过非胰岛素依赖机制刺激脂肪合成。尽管如此，未立即用于肝脏能量的葡萄糖和果糖都可以转化为脂肪酸和甘油三酯，然后通过 VLDL 转运出去。摄入高葡萄糖和果糖的饮食会导致甘油三酯在脂肪组织和肝脏中积累，从而引发非酒精性脂肪性肝病（NAFLD），尽管对于“过量”的具体数值还存在争议。

3. 甘油三酯和磷脂的合成

甘油三酯和磷脂的合成拥有相同的前体物：脂肪酸酰基辅酶 A 和甘油-3-磷酸，后者可以通过甘油激酶介导的甘油磷酸化或甘油-3-磷酸脱氢酶介导的磷酸二羟丙酮还原产生。具体合成路径如图 4.40 所示，从甘油二酯开始合成磷脂酰胆碱的两条途径，经由磷脂酰乙醇胺的合成途径是主要途径，然而，在必需氨基酸甲硫氨酸缺乏时，通过补救途径合成磷脂酰胆碱的途径会增强。在肝脏中合成的甘油三酯被组装成 VLDL 并分泌到循环中，转运至表达脂蛋白脂肪酶（主要是脂肪组织和心肌、骨骼肌）的组织；在外周组织中合成的甘油三酯则直接储存在合成的组织中。

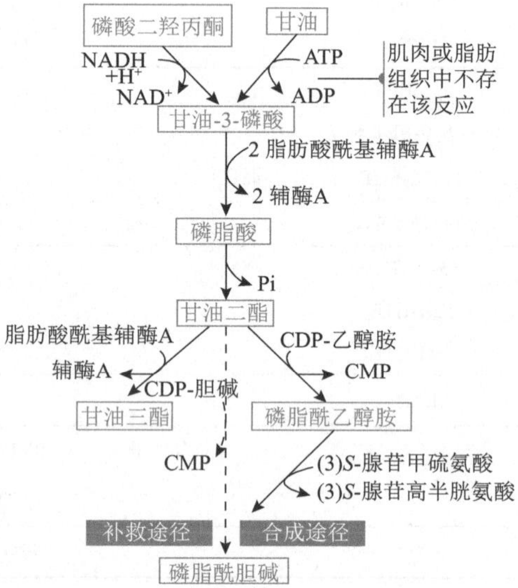

图 4.40　甘油三酯和磷脂酰胆碱的合成途径

4. 胆固醇的合成和稳态维持

与甘油三酯和脂肪酸不同，胆固醇不是一种供能营养素，它也不需要依赖膳食摄入，因为所有的细胞都可以合成胆固醇。胆固醇的另一个特征是，哺乳动物中不存在降解（氧化）胆固醇的酶，因此胆固醇降解途径依赖于转化为其他分子，或通过胆汁从体内排出。胆固醇的四环核心结构在其降解过程中完整保持。

机体胆固醇的稳态维持，包括机体合成（约 80%）和膳食摄入（约 20%），以及以游离胆固醇或胆盐（肝脏由胆固醇转化形成）的形式通过胆汁排出两部分。虽然胆固醇也可以转化为性激素和 7-去氢胆固醇（经紫外线照射即可形成维生素 D_3），但这些途径与胆汁排出量相比很小，故通常在全身胆固醇的稳态维持中不被考虑。

机体胆固醇的合成从乙酰辅酶 A 开始，至少需要 26 个反应过程。通常将这些反应分为三个阶段（图 4.41）：①3 分子乙酰辅酶 A 形成 3-羟基-3-甲基戊二酰辅酶 A（HMG-CoA）；②将 HMG-CoA 转化为角鲨烷，包括胆固醇合成的重要限速步骤——HMG-CoA 被 HMG-CoA 还原酶还原成甲羟戊酸；③从角鲨烷逐步形成胆固醇。

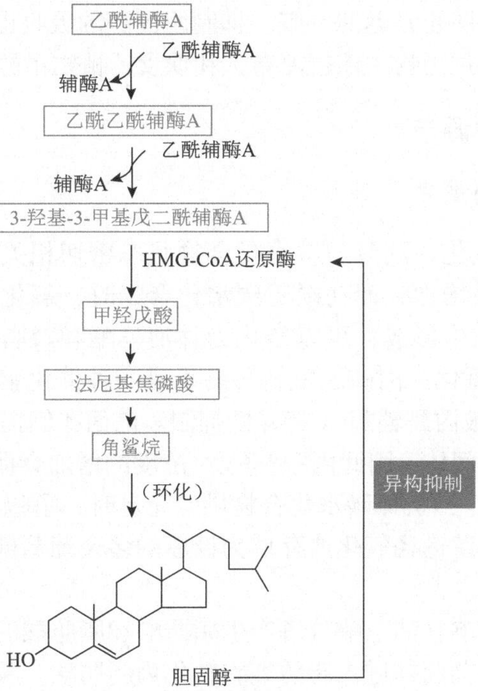

图 4.41　胆固醇在肝细胞中的生物合成

胆固醇的合成速率通过对 HMG-CoA 还原酶催化的限速步骤的负反馈调控来控制。目前临床上广泛使用的他汀类的降血脂药物就是一种 HMG-CoA 还原酶的抑制剂，可以抑制内源性胆固醇的合成，并增加细胞（尤其是肝脏）表面的 LDL 受体，从循环系统中获取机体所需的胆固醇而非从头合成。

肝脏是维持胆固醇稳态的核心器官。胆固醇主要以其酯的形式存在，作为乳糜微粒残留物、低密度脂蛋白和高密度脂蛋白的组成部分，被转运至肝脏。胆固醇酯可以通过胆固醇酯酶水解成其游离形式，直接分泌到胆汁小管中，或者转化为胆盐再构成胆汁。将胆固醇转化为胆盐的过程包括向其环结构中添加羟基基团，并将侧链与甘氨酸或牛磺酸结合，从而增强其水溶性，促进其分泌到胆汁中。胆汁中的胆盐含量比胆固醇多 10 倍，具体比例会受到诸多因素的影响，包括饮食结构及胆盐与肠道微生物间的相互作用。

含有胆盐和胆固醇的胆汁可以被重新吸收并作为肠肝循环的一部分返回肝脏，这一过程可以影响它们的粪便排出速率，从而影响整体胆固醇平衡。从肠道返回肝脏的胆盐抑制了 HMG-CoA 还原酶的合成；但若阻止胆盐返回肝脏，该酶活性增强，从而促进胆固醇转化为胆汁酸并促进其排出。临床上，去除胆盐也是治疗高胆固醇血症的一种方法，通过利用不可吸收的阳离子树脂（胆酸螯合剂）

在肠腔中结合胆盐并防止其返回肝脏。抑制胆固醇的吸收也是治疗高胆固醇血症的有效方式，可以通过药物（依折麦布）和饮食（植物甾醇）实现。

4.4.2 脂质代谢的调节

1. 脂肪酸代谢的调节

脂肪酸合成和氧化的调节与碳水化合物状态密切相关——当摄入足够的碳水化合物时，合成会增加，而在缺乏碳水化合物时，氧化会增加。脂肪酸在脂肪合成细胞的细胞质中形成，可以转化为甘油三酯和磷脂，也可以通过肉碱转运到线粒体进行 β-氧化。肉碱乙酰转移酶 I 是一种催化脂肪酰基转移到肉碱上的酶（图 4.29），会被丙酰辅酶 A 特异性抑制。前面我们提到，丙酰辅酶 A 是脂肪酸合成的第一个中间体，因此丙酰辅酶 A 浓度的增加会促进脂肪酸的合成，同时抑制脂肪酸的氧化。当机体碳水化合物供应充足时，丙酰辅酶 A 的浓度会增加，此时，不能通过糖酵解途径氧化或存储为糖原的多余葡萄糖会被转化为脂肪酸，然后存储为甘油三酯。

血糖水平也会影响甘油三酯分解产生脂肪酸和脂肪酸的氧化。高血糖会引发胰岛素的分泌，促进葡萄糖进入脂肪细胞转化为脂肪酸。胰岛素还可以抑制脂肪细胞内激素敏感性脂肪酶的活性，抑制脂解作用。

参与脂肪酸合成调节的一个重要的非同源酶是乙酰辅酶 A 羧化酶，它从乙酰辅酶 A 形成丙二酰辅酶 A（图 4.35）。该酶在胞质中受到柠檬酸的刺激被激活，但在柠檬酸缺乏的情况下几乎不活跃。柠檬酸不断地在线粒体内作为 TCA 循环的中间产物产生，但在胞质中的浓度通常很低。当线粒体柠檬酸浓度增加时，它可以通过一种名为柠檬酸载体的转运蛋白逃逸到胞质中。在胞质中，柠檬酸作为正向非同源信号作用于乙酰辅酶 A 羧化酶，从而增加生成丙酰辅酶 A 的速率，导致脂肪形成。近期研究指出，富含 PUFA 而不是 SFA 或 MUFA 的饮食可以通过降低柠檬酸载体的转录和翻译从而抑制柠檬酸进入胞质，并随之降低乙酰辅酶 A 羧化酶和脂肪酸合成酶活性。这些结果表明 PUFA 丰富的饮食可能通过特定的机制，保护肝脏避免脂肪积聚，可能还可以作为治疗 NAFLD 的有效方法。

乙酰辅酶 A 羧化酶可以被脂肪酸合成的终产物棕榈酰辅酶 A 负调节。当甘油-3-磷酸不足时，结合脂肪酸形成甘油三酯的能力不足，使得游离脂肪酸浓度升高，从而倾向于发生脂肪酸的氧化。

2. 胆固醇代谢的调节

肝脏是维持胆固醇平衡的中枢器官。肝细胞中的胆固醇代谢在全身细胞中十分重要，因为肝脏可以：①合成胆固醇；②通过脂蛋白受体从循环中吸收胆固醇；

③将多余的胆固醇储存为胆固醇酯；④将胆固醇酯包装到 VLDL 中并将其分泌到循环系统中；⑤将胆固醇转化为胆汁盐；⑥通过胆汁释放胆汁盐和游离胆固醇进入小肠，然后排出体外。这些功能共同调节血清 LDL 和 HDL 胆固醇的浓度，以及整个身体的胆固醇平衡。

细胞内胆固醇池的大小对于调节各项贡献于胆固醇平衡的代谢途径至关重要。细胞内胆固醇池主要存在于内质网膜中的游离胆固醇中，它的存在可以影响酶、受体、转运蛋白等调节蛋白的活性。当细胞内胆固醇池增加时，首先通过下调 HMG-CoA 还原酶的表达来抑制胆固醇合成；其次，通过降低 LDL 受体的表达，并将受体转移至细胞表面以防止进一步从循环系统中摄取 LDL；再次，通过上调酰基辅酶 A 胆固醇酰基转移酶（ACAT）的表达来促进胆固醇的酯化，从而形成可以储存在细胞质小泡中或作为 VLDL 的组分被细胞分泌出去的胆固醇酯；最后，通过上调限速酶胆固醇 7α-羟化酶（CYP7A1）的表达促进胆汁酸合成。上述所有酶都存在于内质网中，因此受到胆固醇池的直接调控。与 LDL 受体一样，它们也在内质网中合成，并受到直接调控。

相反，当细胞内胆固醇池减少时，首先 HMG-CoA 还原酶表达上调，从而合成更多的胆固醇；其次，LDL 受体合成增加，并转运到细胞表面，从循环中吸收更多的 LDL 胆固醇；再次，储存在细胞质小泡中的胆固醇酯被胆固醇酯酶（有时也包括激素敏感性脂肪酶）水解以产生更多的游离胆固醇；最后，CYP7A1 表达下调，减少胆汁酸的合成，机体一天内产生的胆盐量相对较多，因此这并不会对胆汁功能产生不良影响。

第 5 章　能量与代谢的整合与调控

人体需要维持能量的输入来进行心脏和骨骼肌收缩等机械运动，分子和离子的主动转运，蛋白质等复杂大分子的合成过程。细胞对能量的需求和从食物中摄取的能量并不同步，因此机体需要不断调整代谢途径以维持能量的稳态。这个过程虽然很复杂，但机体的代谢可以整合为细胞使用一种共同的能量分子（即 ATP）和很少的中间产物（如丙酮酸和乙酰辅酶 A）的能力，这些中间产物将不同的代谢途径联系在一起，这也使得前面章节介绍的碳水化合物、脂质和蛋白质这三种宏量营养素的代谢相互联系，共同调节机体的能量稳态。

5.1　细胞的能量稳态

代谢途径通常分为两大类：产生能量的途径（降解途径或分解代谢途径）和需要能量的途径（合成代谢途径）。分解代谢反应的主要目的是分解营养素，从而释放其固有能量并转化为 ATP。尽管 ATP 是主要的细胞能量载体，但也会有小部分通过代谢途径形成其他高能分子，如 GTP 和 UTP。合成代谢反应则是通过利用 ATP 能量（在一些关键反应中也会利用 GTP 和 UTP），从简单的前体分子合成复杂分子。尽管机体内发生的反应多达数千种，但只有少数常见途径控制细胞或器官是否参与分解代谢或合成代谢。如图 5.1 所示，丙酮酸和乙酰辅酶 A 是连接碳水化合物、脂质和蛋白质代谢途径中的关键连接点。细胞的能量状态在很大程度上决定了分子流动的方向：如果需要细胞能量（ATP），糖酵解产生的丙酮酸被送到线粒体，脱羧为乙酰辅酶 A，类似地，脂肪酸在线粒体中分解代谢为乙酰辅酶 A，乙酰辅酶 A 进一步通过 TCA 循环氧化，通过氧化磷酸化产生 ATP（见第 3 章 3.2.2 节单糖的代谢利用）；而当碳水化合物和脂质供应短缺时，氨基酸会转化为丙酮酸和乙酰辅酶 A，从而为 ATP 的生产提供所需的能量。氨基酸还可用于补充 TCA 循环的许多中间体，以确保循环的持续运行（图 5.1）。

当细胞能量状态有利于合成代谢反应时，丙酮酸和乙酰辅酶 A 可用于产生更复杂的分子。如图 5.1 所示，丙酮酸通过糖异生转化为葡萄糖，乙酰辅酶 A 则主要用于脂肪酸合成。然而，丙酮酸转化为乙酰辅酶 A 是一个不可逆的反应，这可以防止大量的乙酰辅酶 A 进入糖异生反应；而其他代谢中间体，特别是 TCA 循

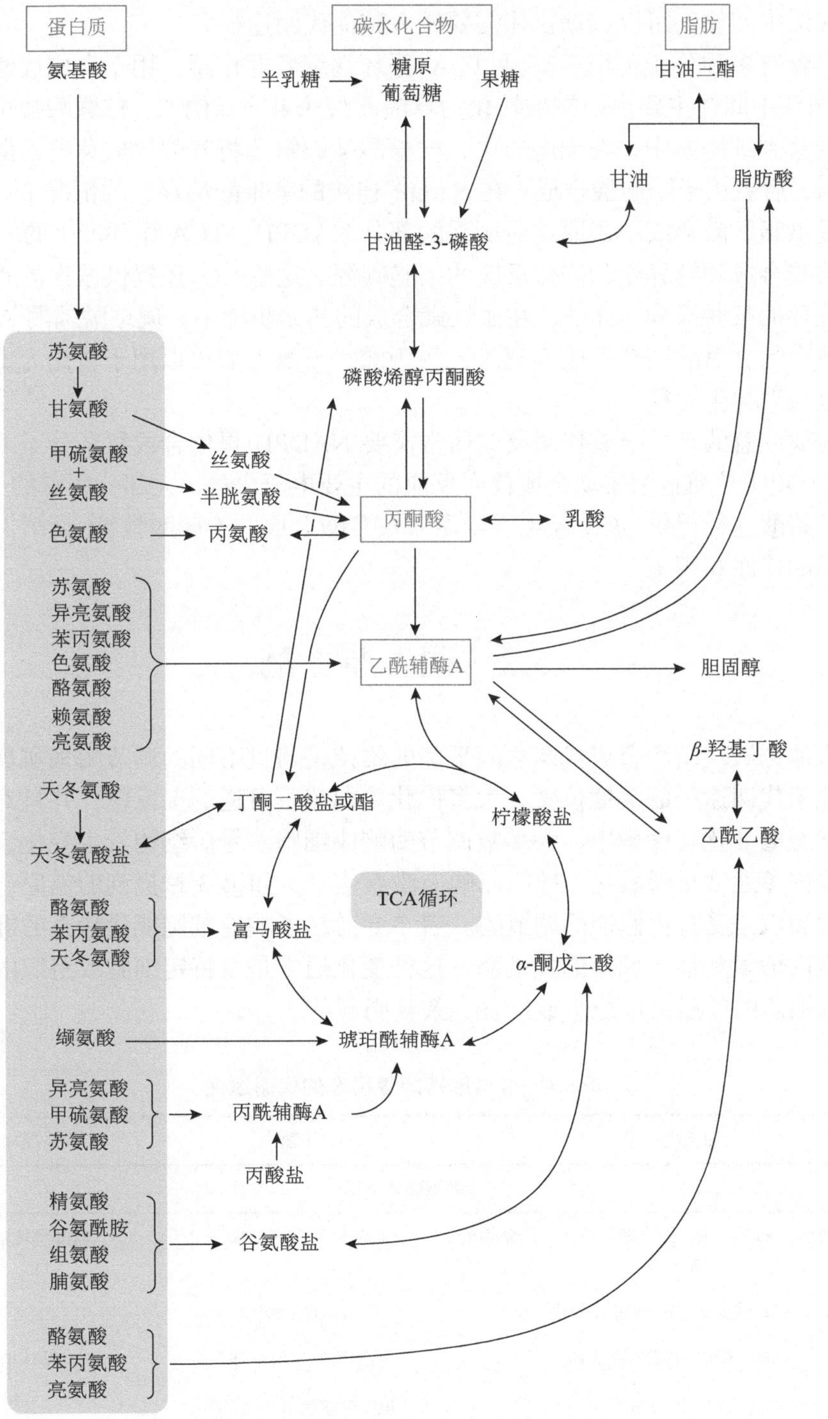

图 5.1　参与维持能量稳态的代谢途径

环的代谢中间体，可以根据机体需要转入其他代谢途径。

尽管有多种分子可用于确保 TCA 循环继续发挥作用，用于合成代谢反应的 TCA 循环中间体主要由丙酮酸转化为草酰乙酸来补充。例如，柠檬酸盐可以从线粒体转移到细胞质中，在细胞质中，柠檬酸盐裂解酶将其裂解成草酰乙酸和乙酰辅酶 A，后者用于脂肪酸合成。在 $NADP^+$连接的苹果酸酶存在的情况下，苹果酸可能提供脂肪酸合成中还原反应所需的部分 NADPH。TCA 循环产生的 CO_2 是引发脂肪酸合成和糖异生的羧化反应的细胞碳源。这些 CO_2 还提供尿素的碳及嘌呤和嘧啶环的某些部分。此外，在血红素合成的初始步骤中，琥珀酰辅酶 A 可以与线粒体中的甘氨酸结合形成 δ-氨基乙酰丙酸；草酰乙酸可以用于转化为氨基酸，或者进入糖异生途径。

需要注意的是，合成代谢反应通常需要 NADPH 提供合成复杂分子的还原能力，NADPH 是细胞中驱动合成代谢反应的主要电子供体。大部分所需的 NADPH 由戊糖磷酸途径提供，该途径也产生用于核苷酸合成的 5-磷酸核糖（见第 3 章 3.2.2 节单糖的代谢利用）。

5.2 调 节 酶

机体分解代谢和合成代谢之间平衡的维持是通过不同的调节酶来实现的，这些酶位于代谢途径的关键位置，大多催化单向（不可逆的）反应，并且对细胞内能量状态的变化高度敏感。大多数调节酶响应细胞信号后结构发生变化，或是受共价修饰（通常是磷酸化）控制以响应激素信号，如第 3 章提到的糖原合成酶和磷酸化酶就是受共价修饰的调节酶。表 5.1 总结了响应细胞能量状态的即时变化的细胞内信号和参与调控的关键酶，这种变化通常是由特定细胞或组织的代谢活动（如锻炼时的肌肉细胞）或饮食、禁食引起的。

表 5.1 参与维持能量稳态的代谢途径

细胞内信号	调节酶	代谢反应
	细胞能量不足	
AMP 增加，ATP 减少，柠檬酸盐减少，乙酰辅酶 A 减少	磷酸果糖激酶增加	糖酵解增加
ATP 减少，乙酰辅酶 A 减少	丙酮酸激酶增加	
ADP 增加，丙酮酸盐增加	丙酮酸脱氢酶增加	TCA 循环增加
ADP 增加	异柠檬酸脱氢酶增加	

续表

细胞内信号	调节酶	代谢反应
	细胞能量不足	
AMP 增加	果糖-1, 6-二磷酸酶减少	葡萄糖新生减少
丙二酰辅酶 A 减少	肉碱酰转移酶 I 增加	脂肪酸 β-氧化增加
	细胞能量充足	
ATP 增加，柠檬酸盐减少	磷酸果糖激酶减少	糖酵解减少
ATP 增加	异柠檬酸脱氢酶减少	TCA 循环减少
ATP 增加	α-酮戊二酸脱氢酶减少	
乙酰辅酶 A 增加	丙酮酸羧化酶增加	葡萄糖新生增加
柠檬酸盐增加	果糖-1, 6-二磷酸酶增加	
柠檬酸盐增加	乙酰辅酶 A 羧化酶增加	脂肪酸合成增加
丙酰辅酶 A 增加	肉碱乙酰转移酶 I 减少	

随着细胞能量状态的下降，糖酵解、脂解（β-氧化）和 TCA 循环反应减少，乙酰辅酶 A、柠檬酸盐和 ATP 的浓度也随之下降。同时，ADP 和 AMP 的增加表明 ATP 在合成代谢反应中已经耗尽，需要更多的 ATP。此外，丙二酰辅酶 A 浓度的降低反映了在低能状态下很少或没有脂肪酸合成。这些细胞信号中的每一个都会触发调节酶的变构刺激，增加糖酵解、β-氧化和 TCA 循环反应，以补充 ATP。

当细胞 ATP 含量充足时，ATP、乙酰辅酶 A 和柠檬酸盐的浓度相对较高。这些分子的作用是变构抑制控制糖酵解和 TCA 循环的调节酶，同时刺激糖异生和脂肪酸合成，储存能量供以后使用。

5.2.1　丙二酰辅酶 A

丙二酰辅酶 A 在脂肪酸合成和 β-氧化中都有作用，其能量调节作用是通过控制肉碱乙酰转移酶 I（CAT I）的变构实现的，尽管在细胞水平丙二酰辅酶 A 是由 AMP 活化蛋白激酶（AMPK）的磷酸化介导的。第 4 章介绍过，CAT I 可以将脂肪酸的活性形式（脂肪酸酰基辅酶 A）转运到线粒体中进行氧化。细胞内丙二酰辅酶 A 浓度的升高抑制了 CAT I 并阻止了脂肪酸酰基辅酶 A 的转运和随后的氧化。图 5.2 展示了调控细胞内丙二酰辅酶 A 浓度的信号通路。

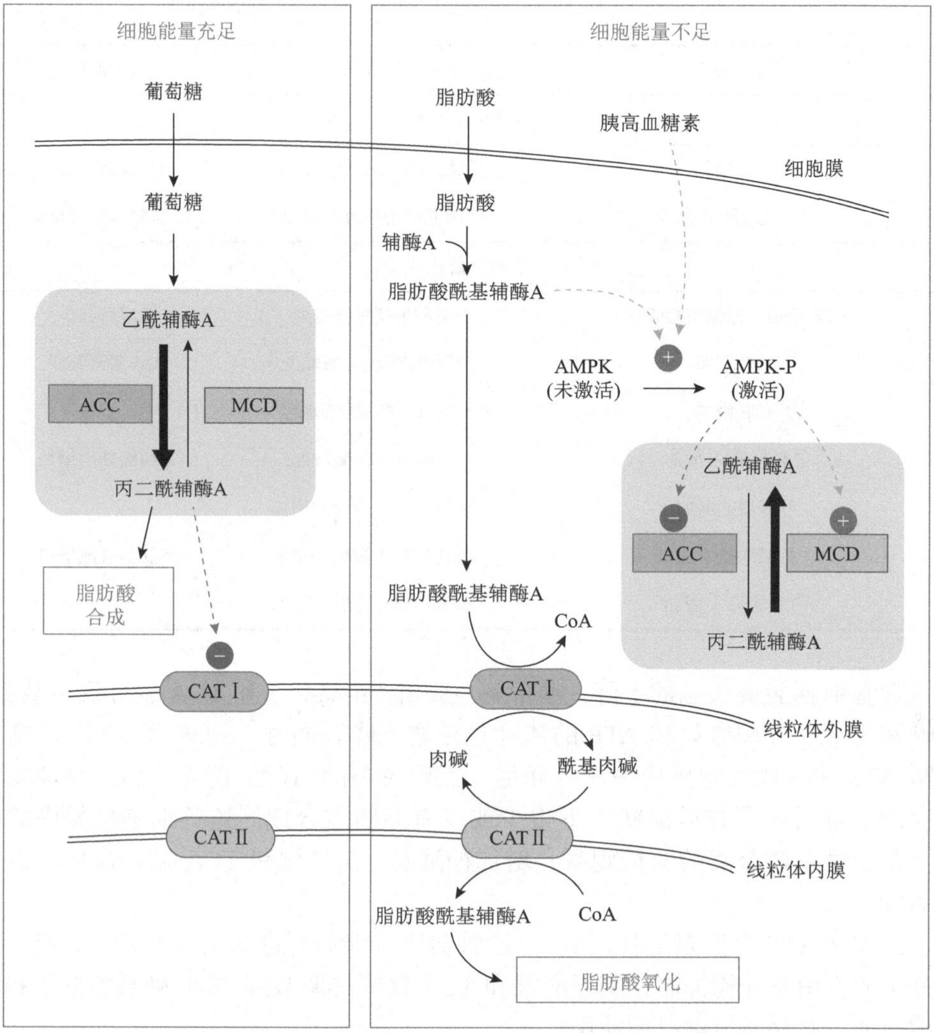

图 5.2　丙二酰辅酶 A 在脂肪酸合成和氧化中的作用

丙二酰辅酶 A 和乙酰辅酶 A 是细胞质中快速循环的一部分，该循环由两种相反的酶[乙酰辅酶 A 羧化酶（ACC）和丙二酰辅酶 A 脱羧酶（MCD）]介导（图 5.2）。如果细胞能量充足，乙酰辅酶 A 将被羧化形成丙二酰辅酶 A，这是脂肪酸合成的第一步；而在进食状态下，细胞内丙二酰辅酶 A 水平达到峰值，并随着禁食而下降（后面摄食-禁食循环将详细介绍）。此时，葡萄糖和胰岛素增加了骨骼肌中丙二酰辅酶 A 的含量，导致 AMPK 失活、脂肪酸的 β-氧化降低。在肝脏、脂肪组织和哺乳期乳腺等脂肪生成组织中，丙二酰辅酶 A 是棕榈酸从头合成的胞质脂肪酸合成酶系统的共同底物。

当细胞的能量不足时，如禁食和肌肉运动消耗，循环系统中脂肪酸的补充（脂肪组织甘油三酯分解）会增加胞质脂肪酸酰基辅酶 A 的浓度（图 5.2）。在这些条件下，脂肪酸酰基辅酶 A 和胰高血糖素水平的增加通过磷酸化 AMPK 使 AMPK 激活，进而激活 MCD 并通过磷酸化 ACC 使其失活。在心肌细胞中，50%～80%的能量来自脂肪酸。脂肪酸在低碳水化合物膳食后提供较少的能量，而在高脂肪膳食后提供较多的能量。

丙二酰辅酶 A 也是胰岛 β 细胞分泌胰岛素以应对血糖水平升高的信号之一。β 细胞中丙二酰辅酶 A 水平的升高抑制了脂肪酸向线粒体的转移，而细胞质中脂肪酸水平的升高则是胰岛素分泌的偶联因子。

5.2.2　AMP 活化蛋白激酶

AMP 活化蛋白激酶（AMPK）在机体能量代谢中发挥着更大的作用，是最主要的能量感应系统，调控着所有宏量营养素涉及的分解代谢和合成代谢途径。对 AMPK 有响应的调控系统代表了连接碳水化合物、脂质和蛋白质代谢的另一种常见调节机制。细胞 AMP 的增加和 ATP 的下降（即高 AMP/ATP 值）会激活 AMPK，表明细胞能量不足，这可能是由禁食期间细胞葡萄糖下降、肌肉收缩（运动）时 ATP 利用率增加及缺氧等干扰 ATP 产生的代谢应激引起的。目前发现，膳食中许多植物化学物质可以激活 AMPK，包括辣椒等中的辣椒素、红酒和葡萄等中的白藜芦醇、姜黄中的姜黄素及绿茶等中的表没食子儿茶素没食子酸酯等。

AMPK 能够通过多种方式影响葡萄糖代谢。为了响应 AMP/ATP 值的增加，激活的 AMPK 反过来激活脂肪细胞和肌肉细胞中参与 GLUT4 向质膜转运的转运蛋白，从而增加细胞对葡萄糖的摄取。治疗 2 型糖尿病的常见药物二甲双胍，其作用机制是通过激活 AMPK 和通过独立于胰岛素的机制增加 GLUT4 向细胞表面的易位来降低血糖。AMPK 还可以通过激活已经位于细胞质膜中的转运蛋白来促进仅表达 GLUT1 的细胞摄取葡萄糖。

在以脂肪酸供能为主的心肌细胞内，AMPK 主要通过磷酸化磷酸果糖激酶-2 刺激糖酵解过程，产生的 2, 6-二磷酸是磷酸果糖激酶的一种强效变构激活剂。此外，激活的 AMPK 可以通过抑制糖原合成酶和葡萄糖生成酶——磷酸烯醇丙酮酸羧激酶和葡萄糖-6-磷酸酶来防止细胞能量转移到合成代谢途径。当细胞 AMP/ATP 值高时，即能量缺乏时，AMPK 还可以通过增加脂肪酸转运体 CD36 向细胞膜的转运来增强心肌细胞对脂肪酸的摄取。AMPK 的激活还会抑制参与甘油三酯和磷脂合成的酰基转移酶及胆固醇合成中的限速步骤 HMG-CoA 还原酶的表达，从而减少合成代谢途径。

此外，AMPK 本身是一种蛋白激酶，控制包括蛋白质合成在内的许多细胞过程。AMPK 还通过其在身体主要食欲控制中心下丘脑的作用在能量代谢中发挥作用。

5.3　碳水化合物、脂质和蛋白质代谢的整合

前面的内容主要集中在单一代谢途径和特定酶对这些途径的调节，广义上看，许多途径通过共同的细胞和细胞外信号同时发挥协调作用，机体必须持续同步才能正常代谢，这就需要细胞内、细胞间，甚至组织和器官之间的一种“交流”。全身各种组织的代谢状态不断变化，这就需要神经系统、内分泌系统和血管系统的远距离交流，从而实现能量底物分子在身体组织之间相互转换和重新分配，以维持能量的稳态。

5.3.1　能量底物分子间的相互转化

身体需要宏量营养素的持续能量供应才能发挥最佳功能。摄入的食物量和摄入的频率对维持短期（min、h）和长期（天、周、月）分解代谢和合成代谢平衡的代谢途径有着深远的影响，这在本章后面讨论。大部分的 ATP 分子由膳食中的碳水化合物和脂质生成，氨基酸也可以用来提供能量，但机体对蛋白质的高需求通常会将大多数食物来源的氨基酸转移到蛋白质合成途径中，只有当碳水化合物和脂质均不足时，才可能需要氨基酸来提供能量。

前面的图 5.1 说明了宏量营养素如何分解代谢为常见的中间体（丙酮酸和乙酰辅酶 A），这些中间体如何根据细胞的代谢状态重新合成为葡萄糖、甘油三酯和氨基酸。丙酮酸和乙酰辅酶 A 是代谢路线图中的关键交叉点，使得营养物质之间可以发生相互转化：某些氨基酸可以在体内由碳水化合物或脂肪酸合成；大多数氨基酸可以作为葡萄糖或脂肪酸/甘油三酯合成的前体。碳水化合物可以用来合成脂肪酸和甘油三酯，但脂肪酸不能用来制造葡萄糖，这是因为人体缺乏将乙酰辅酶 A 转化为丙酮酸或糖异生途径中的任何中间产物所必需的酶。从这个角度看，TCA 循环是一个双代谢途径，它不仅在碳水化合物、脂肪酸和氨基酸的氧化分解代谢中起作用，还为许多生物合成途径提供前体，特别是糖异生途径。氨基酸可以转化为几种 TCA 循环中间体，如在需要时，α-酮戊二酸酯、琥珀酸酯、富马酸酯和草酰乙酸酯均可作为糖异生前体。

当机体需要 ATP 时，葡萄糖和氨基酸可能被分解代谢为丙酮酸，丙酮酸从细胞质转运到线粒体，同时脱羧为乙酰辅酶 A。乙酰辅酶 A 可以通过 TCA 循环和氧化磷酸化被氧化为 CO_2 和 H_2O 并产生 ATP。丙酮酸的另一个去路是在细胞质中被还原成乳酸，乳酸可以被运输到其他组织，在肌肉中转化回丙酮酸并被氧化，

或者在肝脏中用于糖异生。大多数乙酰辅酶 A 是通过脂肪酸在线粒体中的 β-氧化产生的。当乙酰辅酶 A 参与合成代谢反应时，它必须通过线粒体膜被转运回细胞质，而线粒体膜对它是不可通透的；但线粒体中的乙酰辅酶 A 与草酰乙酸结合形成柠檬酸盐（如在 TCA 循环中）则可以自由穿透线粒体膜。柠檬酸盐进入细胞质并再次分解为草酰乙酸和乙酰辅酶 A。乙酰辅酶 A 羧化酶催化乙酰辅酶 A 发生羧化反应生成丙二酰辅酶 A，启动脂肪酸合成的第一步反应。

葡萄糖是脂肪组织中甘油三酯的甘油部分的前体分子，可以由糖酵解过程中的三碳中间体磷酸二羟丙酮形成。甘油-3-磷酸脱氢酶和 NADH 还原磷酸二羟丙酮生成甘油-3-磷酸。脂肪组织中甘油三酯的脂肪酸成分可以来自膳食，也可以来自脂肪组织的脂质分解产物，还可以来自肝脏，在肝脏中合成并包装后通过 VLDL 传递给脂肪细胞。甘油三酯是由甘油-3-磷酸与脂肪酸酰基辅酶 A 酯化反应生成的。但肌肉和脂肪组织缺乏可以直接磷酸化甘油的甘油激酶，必须通过糖酵解获得甘油-3-磷酸（详见第 4 章）。

不同于碳水化合物既可以转化为甘油，又可以转化为甘油三酯的脂肪酸组分，脂质（甘油三酯）只有甘油部分可以转化为碳水化合物。脂肪酸无法转化为碳水化合物，因为丙酮酸脱氢酶反应是不可逆的，这使得乙酰辅酶 A（偶数碳链脂肪酸的唯一分解代谢产物）无法直接转化为葡萄糖异生的丙酮酸。此外，作为 TCA 循环中间体的乙酰辅酶 A 不能发生糖异生，因为每两个以乙酰辅酶 A 形式进入 TCA 循环的碳，在循环的早期反应中就会因脱羧而损失两个碳。因此，乙酰辅酶 A 不可能净转化为丙酮酸或 TCA 循环的糖异生中间体。任何来源产生的乙酰辅酶 A 都必须用于 ATP 生成、脂肪生成、胆固醇合成或生酮。

与具有偶数个碳原子的脂肪酸相反，具有奇数个碳原子的脂肪酸具有部分生糖作用。所谓的奇数碳链脂肪酸可以部分转化为葡萄糖，因为丙酰辅酶 A（$CH_3CH_2COSCoA$）最终通过 β-氧化形成，羧基化并重排为琥珀酰辅酶 A，这是一种糖原性 TCA 循环中间体。奇数碳链脂肪酸在日常膳食中的含量较低，主要来源于反刍动物的肉和乳脂肪以及一些鱼类。

氨基酸的代谢产生了各种各样的代谢中间体，其中一些产生葡萄糖（生糖），而另一些通过转化为乙酰辅酶 A 或乙酰乙酰辅酶 A 产生酮体（生酮）。只有亮氨酸和赖氨酸这两种氨基酸是仅能够生酮的。非必需的生糖氨基酸可以转化为碳水化合物，但像生酮氨基酸一样，它们也可以通过氧化成乙酰辅酶 A 间接转化为脂肪酸。脂肪酸不能转化为生糖氨基酸的原因与脂肪酸不能转化为葡萄糖的原因相同，即丙酮酸脱氢酶反应的不可逆性。虽然在代谢上是可能的，但将糖异生氨基酸转化为脂肪酸是相当罕见的。只有当蛋白质供能比很高时，生酮氨基酸才有可能用于脂肪酸合成。所有直接产生乙酰辅酶 A 的氨基酸（异亮氨酸、苏氨酸、苯丙氨酸、色氨酸、酪氨酸、赖氨酸和亮氨酸）都是机体的必需氨基酸。

5.3.2 不同组织的能量分布

这些相互转换的能量底物分子对于维持体内能量稳态至关重要，因为每个组织的新陈代谢都是独特的。在一个组织中发生的代谢会显著影响其他组织的代谢。这样，在所有代谢条件下，能量底物分子都在不断地通过血液在组织之间相互转化和运输，从而在需要的地方提供能量。下面将介绍机体参与能量底物分子分配的主要的能量代谢组织器官及其代谢特征和主要差异。

1. 肝脏

肝脏在机体的合成和分解代谢中具有核心作用。小肠吸收的大部分营养物质首先要经过肝脏，许多由肝外组织释放的能量底物分子也会前往肝脏进行额外的加工。图 5.3、图 5.4 和图 5.5 展示了葡萄糖-6-磷酸、氨基酸和脂肪酸在肝脏中的代谢路径（详细代谢过程见对应的宏量营养素章节）。

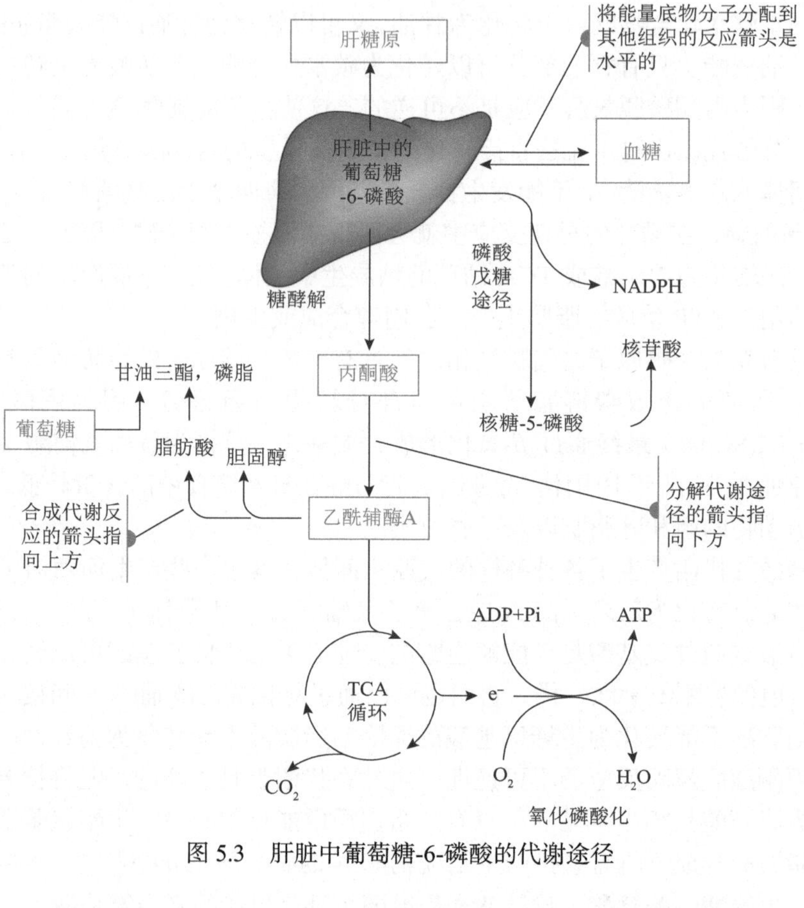

图 5.3　肝脏中葡萄糖-6-磷酸的代谢途径

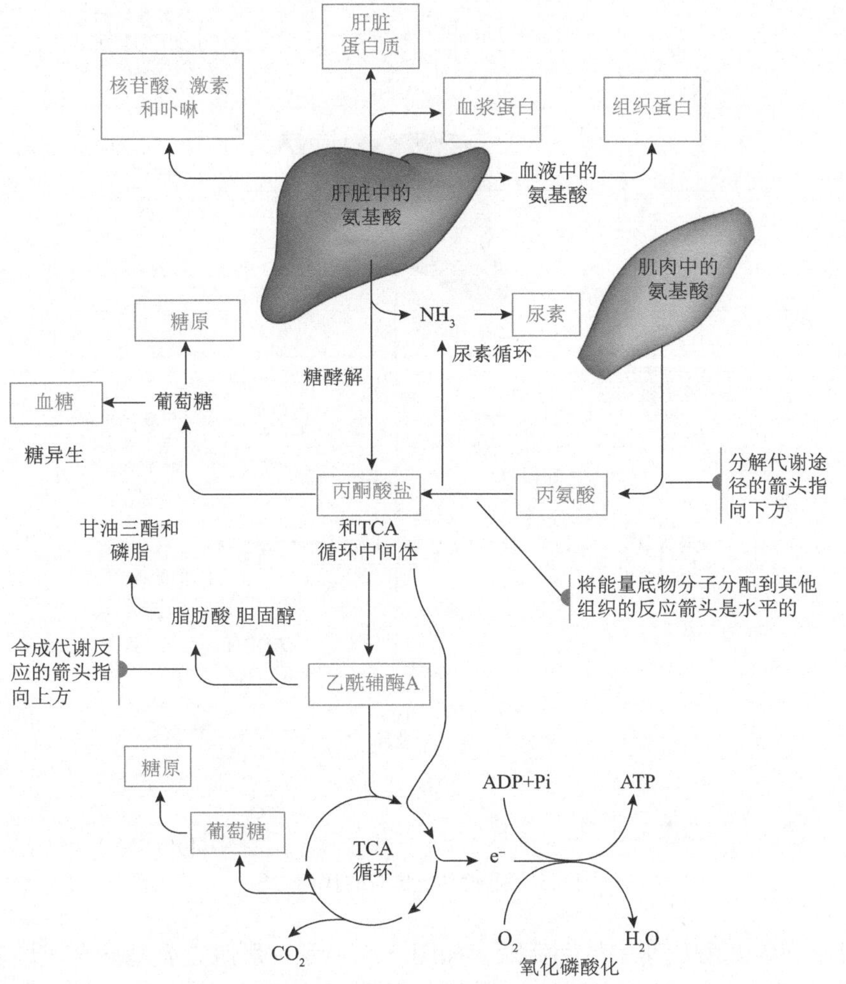

图 5.4　肝脏中氨基酸的代谢途径

肠道消化吸收的碳水化合物分解产生的能量底物分子葡萄糖从肝门静脉进入肝细胞，并在葡萄糖激酶的催化下转化为葡萄糖-6-磷酸。膳食中的半乳糖也可被磷酸化并重排为葡萄糖-6-磷酸。如图 5.3 所示，肝脏会利用含量相对较少的葡萄糖-6-磷酸来满足自身的能量需求，更多的葡萄糖-6-磷酸会进一步代谢转化为糖原的形式储存，这一过程发生在血糖水平高，肝脏吸收更多葡萄糖的时候，尤其是饭后。葡萄糖-6-磷酸约有三分之二来自小肠吸收的葡萄糖，其余的来源于糖异生作用新合成的葡萄糖。糖异生在所有代谢条件下都持续进行。这是由于肝外组织，尤其是骨骼肌和红细胞代谢产生的乳酸不断通过体循环进入肝脏，肝脏必须将其转化为葡萄糖-6-磷酸，从而控制血液中的乳酸水平。

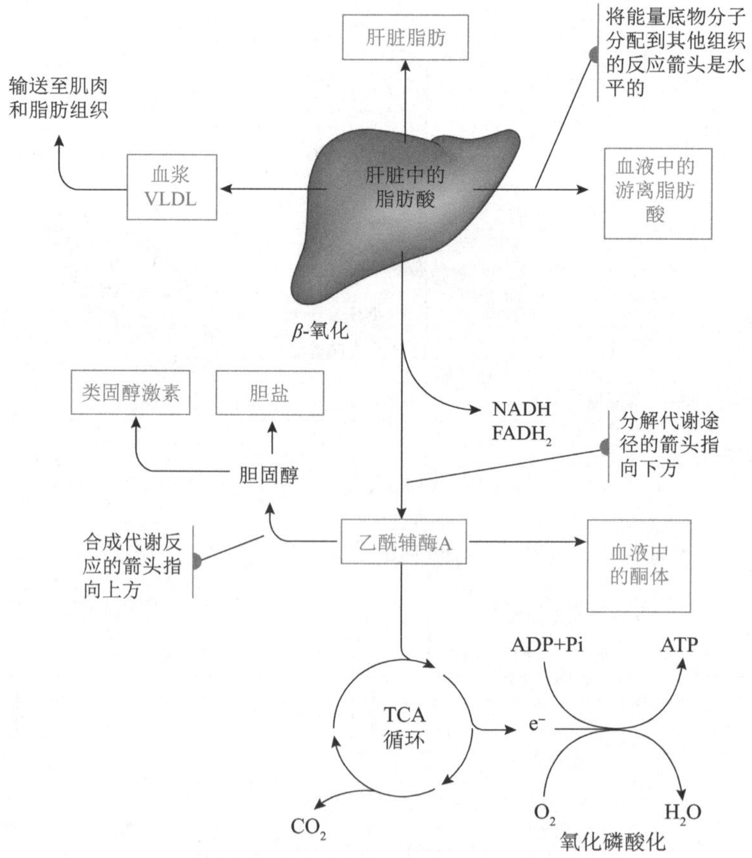

图 5.5 肝脏中脂肪酸的代谢途径

肝脏在氨基酸代谢中特别活跃，如图 5.4 所示，肝脏是氨基酸合成许多不同蛋白质的场所，包括结构蛋白和血浆蛋白等。肝脏还可以将氨基酸转化为非蛋白质产物，如核苷酸和卟啉。肝脏中也进行着氨基酸的分解代谢，其中大多数被转氨化并降解为乙酰辅酶 A 和其他 TCA 循环中间体，进而被氧化为能量或转化为葡萄糖或脂肪酸。新合成的葡萄糖可以被运送到肌肉、大脑、神经细胞、红细胞和其他组织中进行能量利用；新合成的脂肪酸则可以运输到脂肪组织储存或用作心脏和骨骼肌的能量底物。此外，肝细胞是形成尿素的唯一场所，尿素是氨基酸衍生氮的主要排泄形式。

脂肪酸在肝脏中的代谢途径如图 5.5 所示。肝脏中的脂肪酸来源于乳糜微粒残留物和从头合成两个途径。在人体中，大多数脂肪酸的合成发生在肝脏而不是脂肪组织中。脂肪酸可以被组装成肝脏甘油三酯，并以血浆 VLDL 的形式释放到血液循环中。循环中的 VLDL 与表达脂蛋白脂肪酶的组织（即肌肉和脂肪组织）

相互作用，使得甘油三酯在其中进行转运。脂肪细胞储存甘油三酯，而肌肉则主要水解甘油三酯并氧化生成的脂肪酸以产生 ATP。在大多数情况下，脂肪酸是通过 TCA 循环和氧化磷酸化向肝脏提供能量的主要能量底物。不能用作能量的乙酰辅酶 A 可能会转化为酮体，作为某些外周组织（如大脑和心肌）的重要能量底物分子，特别是在长时间禁食期间，这也是生酮饮食的内在机制。

2. 肌肉

脂肪酸和葡萄糖是骨骼肌和心肌的主要能量底物。当脂肪酸和葡萄糖的可用性不足时，肌肉也可以利用酮体供能。心肌需要持续的能量供应，而骨骼肌在静息状态对能量底物分子的需求相当低，但会随着肌肉收缩的增加而增加。脂肪酸和葡萄糖在骨骼肌中使用的相对贡献可以根据身体活动的持续时间和强度而发生巨大变化（将在 5.6 节运动与营养部分详细介绍）。

当血液中葡萄糖和胰岛素浓度升高时，骨骼肌和心肌在细胞表面表达 GLUT4。GLUT4 是唯一一个功能依赖于胰岛素的 GLUT 蛋白（表 3.1）。因此，肌肉细胞可以摄取大量葡萄糖并通过已糖激酶迅速将其磷酸化为葡萄糖-6-磷酸，可以形成糖原供以后使用；但心肌合成糖原的能力非常有限，会使用葡萄糖-6-磷酸来满足即时的能量需求。骨骼肌和心肌细胞也表达其他 GLUT 蛋白，并能在禁食或能量需求超过碳水化合物膳食摄入量时从循环系统中摄取葡萄糖。在这些情况下，血液中的葡萄糖是通过糖原分解或肝脏糖异生产生的，经葡萄糖-6-磷酸酶去磷酸化后，肝脏将葡萄糖释放到循环中。肌肉细胞由于缺乏这种酶，不能向循环系统中输出葡萄糖，因此，作为糖原储存在肌肉中的葡萄糖在能量不足时用于糖酵解供能。

脂肪酸是心肌和静息状态下骨骼肌的主要能量底物。当葡萄糖充足时，虽然会增加心肌对葡萄糖分子的利用，但仍倾向于脂肪酸作为主要的能量底物，脂肪酸的 β-氧化也在线粒体中进行，因此心肌细胞具有高浓度的线粒体。同样，当有充足的葡萄糖、胰岛素和 GLUT4 时，静息状态下的骨骼肌可以在进食状态下增加对葡萄糖的利用；活跃状态（运动等）下的骨骼肌可以通过在线粒体附近储存适量甘油三酯来增加对脂肪酸的利用。然而，随着体力活动的增加，骨骼肌更加倾向于依赖葡萄糖作为能量底物。骨骼肌和心肌中用来提供能量的大多数脂肪酸都来自血液循环的供给。心肌和骨骼肌的细胞表面表达脂蛋白脂肪酶，它将与循环中来源于膳食后肠道的外源性脂质转运系统乳糜微粒和来源于肝脏的内源性脂质转运系统 VLDL 结合，从中获取转运的甘油三酯，并被脂蛋白脂肪酶水解，产生的脂肪酸被转运到细胞中。心肌和骨骼肌细胞也可以利用脂肪组织释放、结合到血清白蛋白上转运的游离脂肪酸。

3. 脂肪组织

脂肪组织能够储存大量的甘油三酯，在体内充当能量的储存库。从膳食中摄入的甘油三酯通过乳糜微粒运输到脂肪组织，来源于肝脏的甘油三酯也通过VLDL转运到脂肪组织，在脂肪组织中脂蛋白脂肪酶水解甘油三酯，促进脂肪酸进入细胞。脂肪酸被摄取到脂肪细胞后，立即与甘油-3-磷酸酯化，重新形成甘油三酯。脂蛋白脂肪酶并不能促进甘油进入细胞，因此脂肪细胞依赖于葡萄糖的存在作为甘油-3-磷酸的来源。游离甘油可被运送到肝脏，作为糖异生的前体。

脂肪细胞表面表达GLUT4，当血糖水平升高时，GLUT4摄取葡萄糖，并迅速将葡萄糖转化为葡萄糖-6-磷酸，进入糖酵解途径。糖酵解途径不仅可以为脂肪组织中甘油三酯的合成提供甘油-3-磷酸，还可以将丙酮酸转化为乙酰辅酶A。一些乙酰辅酶A可以通过TCA循环氧化供能以满足细胞的能量需求，而剩余的则用于脂肪酸合成；一些葡萄糖-6-磷酸进入戊糖磷酸途径，以提供必要的NADPH。以单位质量看，肝脏的脂肪生成速率要高于脂肪组织，但由于脂肪组织的总量比肝脏大很多倍，特别是在肥胖个体中，所以提供了主要的脂肪生成量，这也表明摄入过量的碳水化合物会导致肥胖。

当膳食能量供应不足时，脂肪组织中的甘油三酯被水解，并释放出游离脂肪酸到循环系统中，通过与血清白蛋白结合转运到其他组织。人体内的许多组织都可以使用脂肪酸作为能量底物，尤其是心肌和骨骼肌组织。

4. 大脑

葡萄糖是大脑和神经细胞的主要能量底物。正常情况下，葡萄糖是其唯一的能量来源，但大脑也可以适应在长期能量不足时使用酮体供能，如在能量限制饮食和饥饿时。大脑不能直接利用脂肪酸供能，因为这些分子不能通过血-脑屏障。

与大脑不同，骨骼肌的能量需求变化很大，取决于其活动量；而脑力活动不会增加大脑对能量的需求。大脑占人体总能量消耗的20%～25%；静息状态下血液中的大部分葡萄糖也是提供给大脑代谢消耗的。

大脑需要持续且相对大量的葡萄糖供应，因此，维持足够的血糖水平对正常的脑功能十分重要。在短期内，当膳食不能提供足够的葡萄糖时，肝脏会通过糖原分解和糖异生过程将葡萄糖释放到血液循环中。长时间的能量不足会使得脂肪组织中甘油三酯的分解加速，脂肪酸迅速增加，使得肝脏将其氧化生成的乙酰辅酶A升高。乙酰辅酶A被转化为酮体，进入大脑和其他组织中后，会被重新转化回乙酰辅酶A，并通过TCA循环和氧化磷酸化用于ATP的生成。

5. 红细胞

在所有代谢条件下，红细胞都完全依赖葡萄糖作为唯一的能量底物。在红细胞的发育过程中，红细胞会失去包括线粒体在内的细胞器，使得厌氧的糖酵解途径成为其产生 ATP 的唯一途径。这种代谢的优势是使得红细胞无法消耗它们所运输的氧气；缺点则是 ATP 生成效率低，并且糖酵解的最终产物（丙酮酸）会迅速转化为乳酸，释放到血液中。为了维持血液中乳酸水平的正常，乳酸会被肝脏吸收，通过糖异生作用合成葡萄糖，并释放回血液循环中。

6. 肾脏

肾脏维持机体能量稳态方面的作用目前研究得较少。其实可以将肾脏视为两个独立的器官，葡萄糖的利用主要发生在肾髓质，而葡萄糖的合成和分泌发生在肾皮质，这些相互独立的过程是位于肾脏各个区域内不同酶作用的结果。在正常情况下，肾髓质与大脑相似，它需要葡萄糖作为能量底物，将其转化为葡萄糖-6-磷酸，进入糖酵解；肾皮质则是使用脂肪酸作为主要的能量底物。肾髓质的细胞缺乏葡萄糖-6-磷酸酶，无法将葡萄糖释放到循环中；相反，肾皮质细胞拥有糖异生酶（它们缺乏磷酸化能力，不能合成糖原），因此可以制造和释放葡萄糖。在长期饥饿期间，肾皮质会促进葡萄糖的合成，并可能贡献多达一半的循环葡萄糖。此外，肾髓质糖酵解产生的所有乳酸都可以被肾皮质用于糖异生。

5.4　摄食-禁食循环

摄食-禁食循环是理解代谢途径的整合及不同器官和组织参与代谢的最佳场景。人类在常规时间摄食，并以不摄食的时期为间隔。摄食时，大多数食物提供的能量远远超过了当时的需要，会激活用来摄取和储存多余能量的激素和酶，并以糖原和甘油三酯的形式储存在组织中。由于葡萄糖是组织的主要能量底物分子，所以无论是刚刚摄食还是处于禁食状态，都需要维持葡萄糖的体内稳态。如果摄入最后一餐开始的时间少于 18h，机体维持葡萄糖稳态的机制与延长禁食间隔状态时使用的机制不同。不同器官参与碳水化合物、脂肪酸和氨基酸代谢的程度在构成人类饮食习惯基础的摄食-禁食循环内也是不同的。一个摄食周期可以分为 4 个状态或阶段：①摄食状态，摄食后持续约 3h，以胰岛素分泌为特征；②吸收后状态，发生于饭后 3～18h，伴有胰高血糖素分泌增加；③禁食状态，持续 18h 至约 2 天，不额外摄入食物，并伴有胰高血糖素进一步增加；④饥饿状态或长期禁食，完全适应的食物剥夺状态，持续时间超过 2 天。

分配给每个阶段的时间框架只是近似值，并会受到活动水平、膳食的能量和营养成分及人的代谢率等因素的影响，但各阶段的标志性事件是明确的。在正常的饮食习惯中，只存在进食状态和吸收后状态两个阶段，在极端节食、非自愿饥饿和某些代谢疾病中才会出现长时间的能量剥夺。

5.4.1 进食状态

图 5.6 说明了在进食状态（有时称为餐后状态）期间，葡萄糖、氨基酸和甘油三酯在主要组织中的分布情况。进食状态的一个主要指标是胰岛 β 细胞因血糖水平升高而释放胰岛素。肝脏是第一个有机会利用膳食葡萄糖的组织，在第一次能量底物分子的“传递”时，只有一部分葡萄糖保留在肝细胞中，大约三分之二的葡萄糖进入血液循环。肝脏保留的葡萄糖可进入糖酵解，或在较小程度上转化为糖原。肝糖原优先利用新合成的葡萄糖（糖异生产生）作为底物分子。即使在进食状态下，当膳食中有充足的葡萄糖存在时，糖异生仍持续发挥作用，因为红细胞中不断发生糖酵解的乳酸，以及某些条件下骨骼肌生成的乳酸（在 5.6 节运

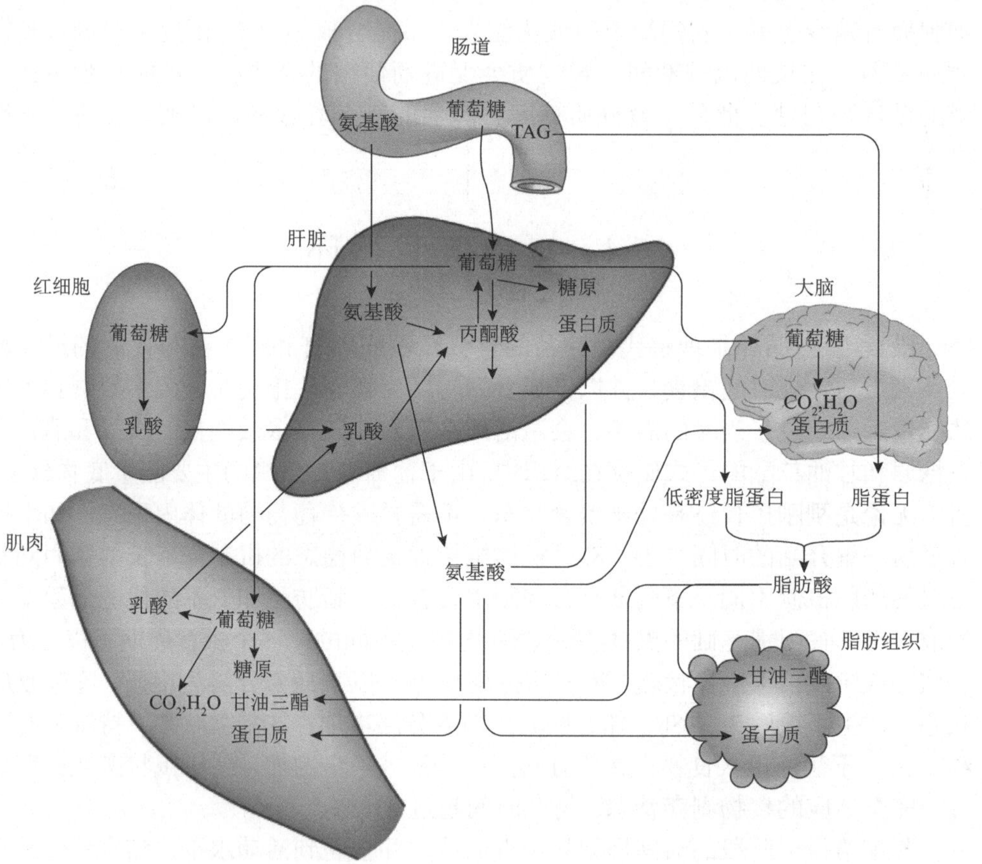

图 5.6 进食状态下葡萄糖、氨基酸和甘油三酯的组织分布

动与营养部分继续介绍）需进入肝脏代谢。在葡萄糖的生理浓度下，肝脏葡萄糖激酶的低磷酸化活性（高 K_m）使得其可以使糖原合成优先使用糖异生的产物。

绝大多数的膳食葡萄糖进入血液循环，并被输送到红细胞、骨骼肌、大脑和神经组织、脂肪组织等其他组织。红细胞和大脑依靠葡萄糖提供能量，这些组织不能制造糖原或储存甘油三酯，可以获得的葡萄糖立即被氧化产生 ATP。另外，在进食状态下，骨骼肌可以将葡萄糖作为糖原储存，并储存适量的脂肪酸和甘油三酯。除了红细胞外，图 5.6 中包括的所有组织都通过糖酵解和 TCA 循环积极地将葡萄糖分解代谢为能量。

当机体可用的葡萄糖或其糖异生的前体超过肝脏的糖原储存能力时，多余的葡萄糖可以转化为脂肪酸（和甘油三酯），如图 5.3 所示。这一过程几乎只发生在能量摄入超过能量消耗的进食状态下，因此碳水化合物的长期过量摄入会导致肝脏中甘油三酯的积累，并增加分泌富含甘油三酯的 VLDL 进入循环系统，将其脂质运送到脂肪组织储存，由此导致体脂增加。尽管脂肪组织中大多数甘油三酯是由循环系统中的脂蛋白转运传递的，脂肪组织中的脂肪细胞也可以使用葡萄糖作为甘油三酯的甘油和脂肪酸组分的前体分子。

5.4.2　吸收后状态

随着机体进入吸收后状态，组织不能再直接从摄入的大量营养素中获取能量，而是必须开始依赖体内已经存在的能量底物来源（图 5.7）。这一阶段通常在进食后 3～18h 的短时间内存在，标志为肝糖原分解产生的葡萄糖进入血液，并输送到其他组织作为能量底物分子。当发生糖原分解时，肝脏中糖原和甘油三酯的合成减少，葡萄糖的重新合成（糖异生）及输出成为维持血糖水平更重要的来源。应对低血糖状态时，以上每一个过程主要由胰腺分泌的胰高血糖素调控。红细胞代谢利用葡萄糖释放的乳酸，称为肝脏糖异生恒定的非碳水化合物碳源。骨骼肌也可能进行无氧糖酵解反应产生乳酸，葡萄糖在肌肉中被磷酸化，以乳酸或丙氨酸的形式存在。第 2 章讲到的葡萄糖-丙氨酸循环，也是肝脏中糖异生反应的途径之一：在骨骼肌中，丙氨酸不能转化为葡萄糖，但可以从肌肉细胞转运进入肝脏，然后发生转氨反应，将丙氨酸的氨基转移到 α-酮戊二酸而生成丙酮酸，进而进入糖异生途径。在吸收后状态下，肝脏提供给肌肉的葡萄糖主要来自乳酸和丙氨酸的再循环，部分来自肝糖原分解。肌肉中的糖原分解仅能够为储存糖原的肌肉细胞本身提供葡萄糖作为能量底物分子，因为肌肉缺乏将葡萄糖-6-磷酸转化为游离葡萄糖的葡萄糖-6-磷酸酶。

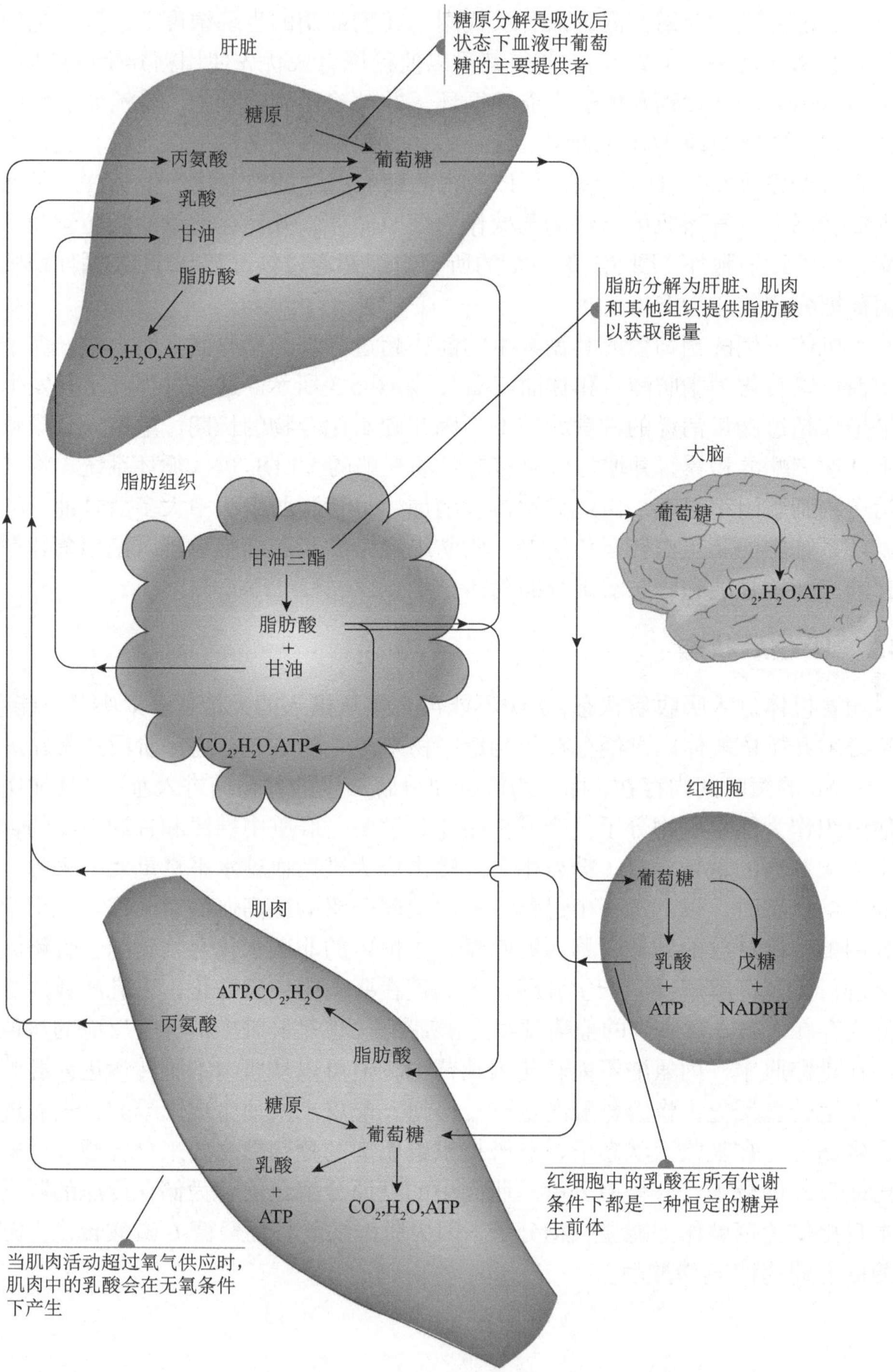

图 5.7　能量底物分子在吸收后状态下的分布与代谢

大脑是葡萄糖的重要消耗者，将其完全氧化以获取能量，而不释放丙酮酸等糖异生的前体物质。在静息状态下，大脑虽然只占身体质量的 2%左右，但会消耗 20%～25%的能量。脑力活动的强弱并不会增加或减少大脑对能量的利用。在吸收后状态下，葡萄糖的使用速率大于糖异生产生葡萄糖的速率，因此肝糖原的储存开始迅速减少。在晚上的整个睡眠过程中，几乎所有储备的肝糖原都被大脑代谢利用耗尽。

脂肪组织释放的脂肪酸是组织细胞间“传递”的另一种能量底物来源，可代谢为 TCA 循环的中间产物而氧化供能。大脑、神经细胞和红细胞不能利用脂肪酸，但心脏（心肌）和骨骼肌都很好地适应了使用脂肪酸代谢供能的途径。脂肪组织中甘油三酯水解产生的甘油被释放到循环中，并被肝脏用作糖异生前体。游离态的甘油（没有磷酸化或附着在脂肪酸上的甘油）不能被脂肪细胞利用，而是被释放到血液中。因此，血液中游离甘油水平常被用作脂肪组织中甘油三酯转化的评价指标。

5.4.3　禁食状态

在不进食的 18～48h 后，吸收后状态逐步演变为禁食状态。在肝脏中，特别值得注意的是肝糖原耗竭后发生的糖异生增加（图 5.8）。在此期间，肌肉蛋白分解产生的氨基酸为糖异生提供了主要的底物，尽管脂肪分解产生的甘油和红细胞产生的乳酸（如果进行无氧运动，还会由骨骼肌产生）继续提供糖异生的前体物质。在早期禁食状态，脂肪组织继续发生甘油三酯的分解从而释放脂肪酸，该反应的速率与吸收后状态下大致相同或略高。这一过程为许多组织提供了用于生成 ATP 的能量底物分子——脂肪酸，而另一个产物甘油则在肝脏中转化为葡萄糖。

在禁食状态下，利用氨基酸进行糖异生的代谢途径转变是由胰高血糖素和皮质醇的分泌增加驱动的。此时，蛋白质在肌肉细胞中加速水解，为糖异生提供氨基酸。肌肉蛋白的分解率高还伴随着每天大量的氮通过尿液流失。在所有氨基酸中，只有亮氨酸和赖氨酸不能直接促成糖异生，因为它们是生酮型氨基酸，但这两种氨基酸可以转化为乙酰辅酶 A 和酮体（乙酰乙酸酯和 β-羟基丁酸酯），因此可以用于能量合成过程，从而为大脑、心肌和骨骼肌提供能量。

在禁食状态下，随着肌肉蛋白分解为氨基酸，氨基酸中的氮被转氨化为 α-酮戊二酸（在 TCA 循环中形成），生成谷氨酸。接着，谷氨酸中的 α-氨基被转氨化成丙酮酸（糖酵解形成），生成丙氨酸。丙氨酸特别重要，可以通过丙氨酸-葡萄糖循环（图 2.8）。禁食期间，丙氨酸进入血液，被运送到肝脏，在肝脏代谢转化为丙酮酸和 α-酮戊二酸，前者进入糖异生途径，后者可以进一步转化为谷氨酸。在蛋白质高度水解的时期，该循环将氮从肌肉中移除，并重新转化为葡萄糖，运送回肌肉供能。

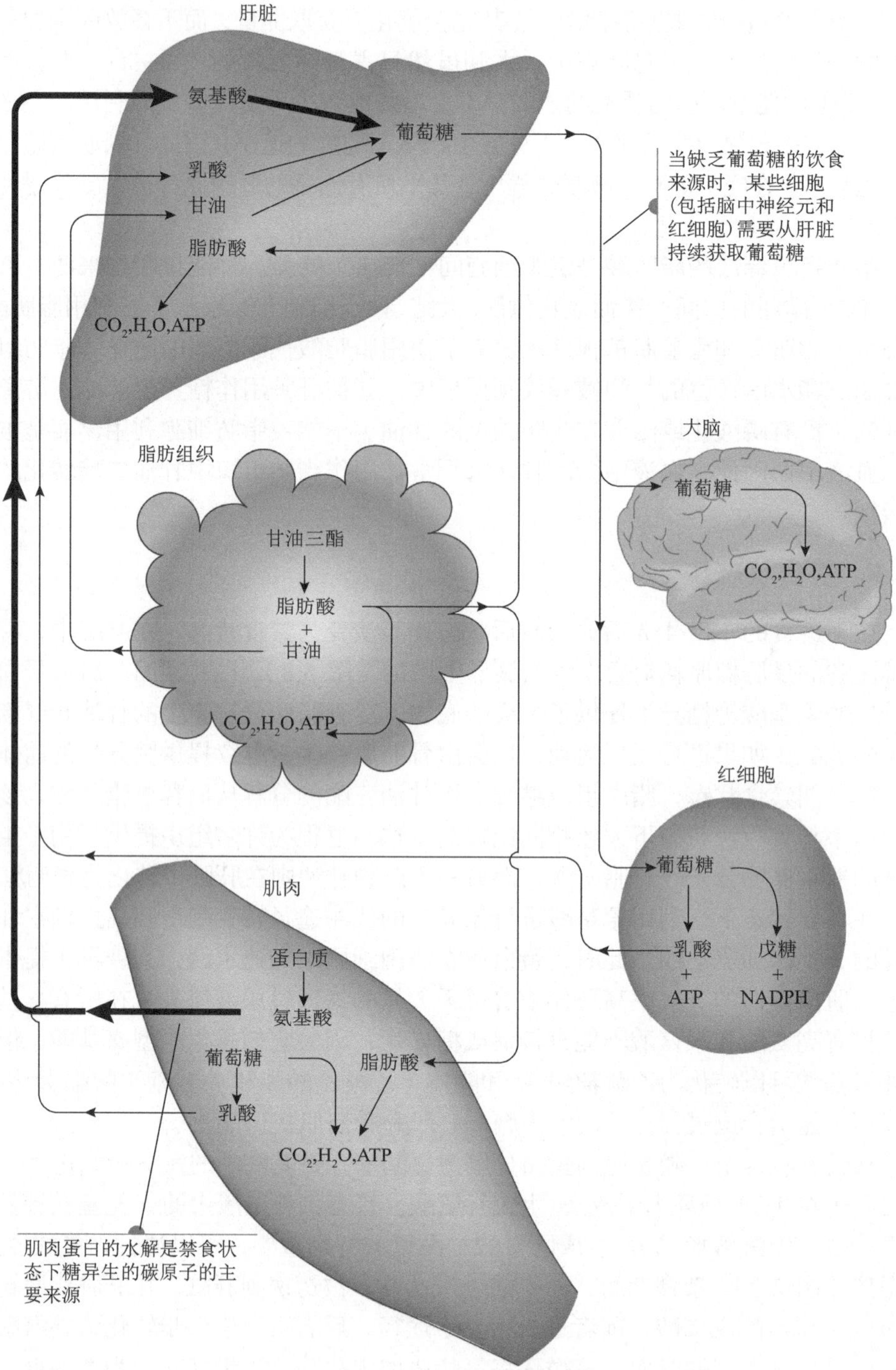

图 5.8　能量底物分子在禁食状态下的分布与代谢

谷氨酰胺在氨基酸氮的运输和排泄中也起着核心作用。在禁食状态下，氨基酸氮会大大增加，包括大脑在内的许多组织都由谷氨酸结合氨形成谷氨酰胺，使得氨以谷氨酰胺的形式从组织中释放出来，并通过血液分别以尿素或铵离子的形式进入肝脏或肾脏排泄。图 5.9 概述了组织器官间协同代谢利用氨基酸的途径。

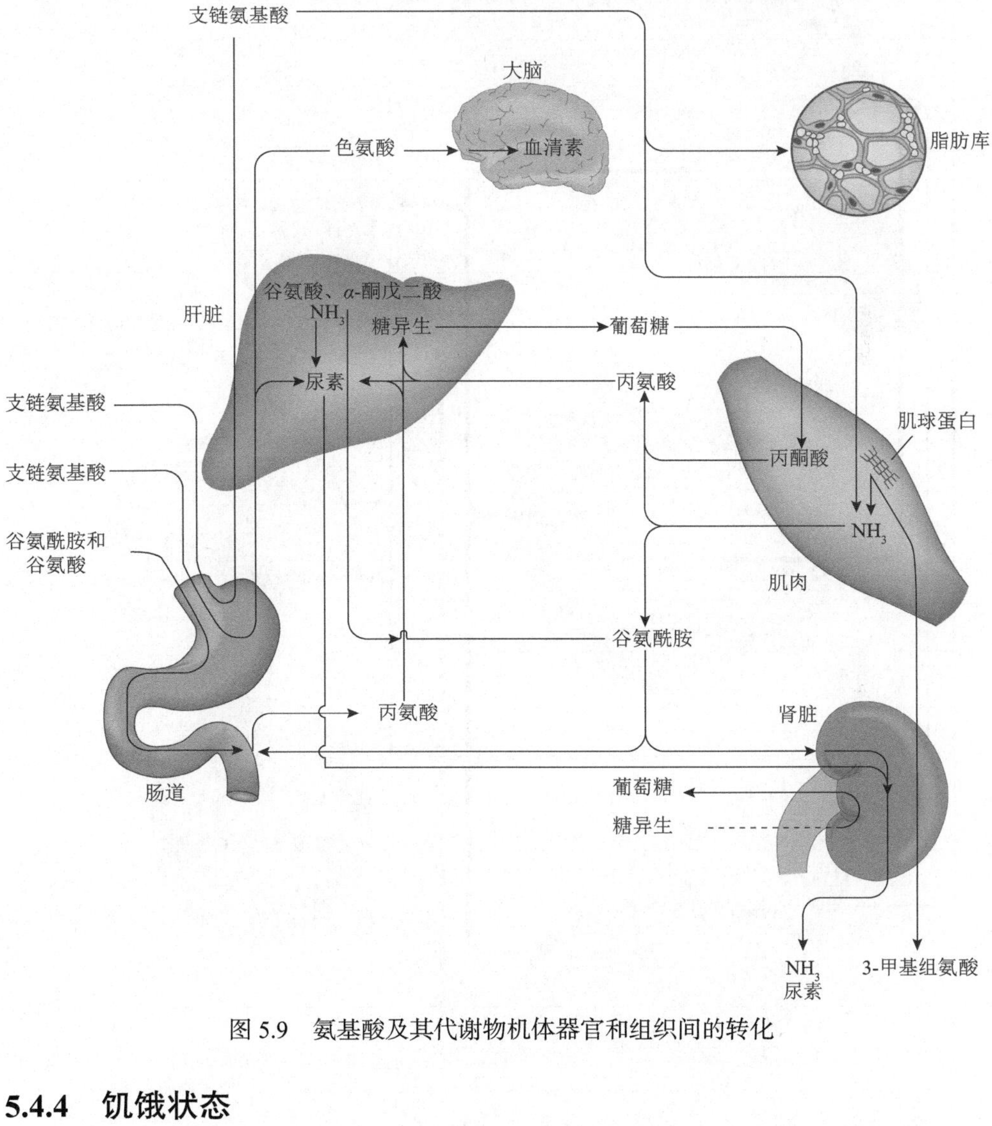

图 5.9　氨基酸及其代谢物机体器官和组织间的转化

5.4.4　饥饿状态

如果禁食状态持续，将进入饥饿状态（通常也称长期禁食状态），此时会发生更剧烈的能量代谢底物的转变，从而减少体内蛋白质。因为蛋白质构成了许多对机体正常生理功能至关重要的物质，如将氧气输送到组织所必需的血红蛋白。为了避免重要功能蛋白质的丢失，饥饿状态下的代谢特征发生了几个重要的变化：①脂肪分解加速；②某些组织中增加使用脂肪酸作为能量代谢底物；③增加使用甘油进行糖异生的过程；④增加酮体的合成和利用（图 5.10）。

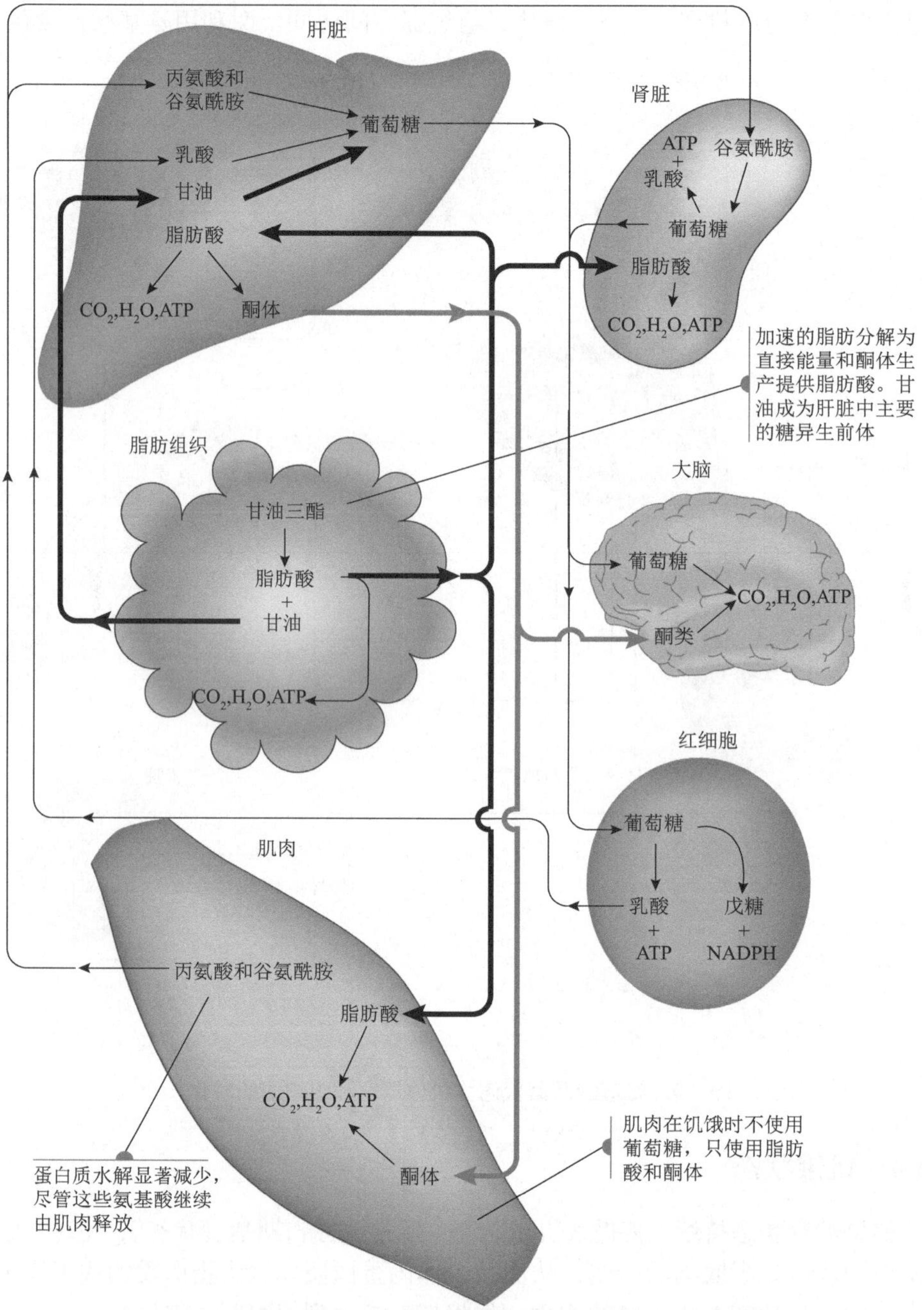

图 5.10　能量底物分子在饥饿状态下的组织间分布与代谢

在大多数人体内，为节省蛋白质转向脂肪分解的方式充分利用了机体储存的甘油三酯。脂肪组织释放的游离脂肪酸成为肾脏、肝脏、心脏（心肌）和骨骼肌的主要“燃料”，释放的甘油分子成为肝脏糖异生的主要碳原子来源。乳酸作为糖异生的前体分子的代谢路径依旧存在，因为红细胞在所有代谢条件下都会不断地通过糖酵解产生乳酸。但肌肉蛋白分解明显减少，尽管肌肉细胞仍会释放一些氨基酸（尤其是丙氨酸和谷氨酰胺）用于糖异生。在此期间，肾脏也会利用谷氨酰胺和甘油作为糖异生作用的底物分子，并成为葡萄糖的主要供应者。人体在饥饿状态下，葡萄糖的总产量约为 80g/d。

饥饿状态的后期，TCA 循环的中间物质过多进入糖异生途径，这会耗尽草酰乙酸的供应。草酰乙酸不足，加上脂肪酸分解代谢快速产生乙酰辅酶 A 引发的积累，促进肝脏中形成乙酰乙酰辅酶 A 和酮体。酮体随后被释放到血液中，输送到组织，尤其会优先输送到骨骼肌、心肌和大脑，从而通过 TCA 循环氧化酮体供能。实际上，饥饿几周后，大脑能量供应的底物分子约三分之二来自 β-羟基丁酸盐和乙酰乙酸盐。表 5.2 列出了连续饥饿多日，酮体利用率的急剧增加过程。

表 5.2　饥饿状态下的能量代谢

能量底物分子的交换和消耗	24h 内形成或消耗的量/g	
	第 3 天	第 40 天
大脑利用的能量底物分子		
葡萄糖	100	40
酮体	50	100
葡萄糖的所有其他用途	50	40
能量底物分子的输入		
脂肪组织脂解	180	180
肌肉蛋白降解	75	20
肝脏的能量底物分子的输出		
葡萄糖	150	80
酮体	150	150

肾脏代谢氨基酸产生氨（NH_3），从而中和与酮体相关的酸，避免引起酮症酸中毒的问题。此外，虽然心肌和骨骼肌可以使用脂肪酸，当条件合适时，它们也会转而利用酮体供能。这些不再使用葡萄糖作为能量底物的转变有助于为那些完全依赖葡萄糖作为能量底物的组织保障足够的葡萄糖供应。只要通过增加脂解和

肝脂肪酸氧化来维持高浓度的酮体，机体对葡萄糖和糖异生的需求就会减少，从而避免有重要生理功能的蛋白质组分的降解。

机体在饥饿状态下的生存时间主要取决于饥饿前储存的甘油三酯的数量。正常体重和肥胖的人脂肪组织中储存的甘油三酯可以提供足够的能量底物，能够维持 3 个月左右的基础代谢。一个非常肥胖的成年人可能储存了足够支撑一年多的禁食的甘油三酯，但由此伴随的极端酮症酸中毒可能导致生理损伤甚至死亡。当甘油三酯储备耗尽后，机体开始代谢利用构成机体组成的蛋白质，导致肝脏和肌肉功能丧失。

综上所述，图 5.11 说明了摄入单一餐食后血液中能量底物分子的浓度变化。在吸收后状态下，葡萄糖逐渐减少并刺激胰高血糖素分泌、抑制胰岛素分泌。在正常的饮食模式下，吸收后阶段会被再次摄入食物而逆转，从而防止进入禁食状态和饥饿状态两个更剧烈的变化阶段。

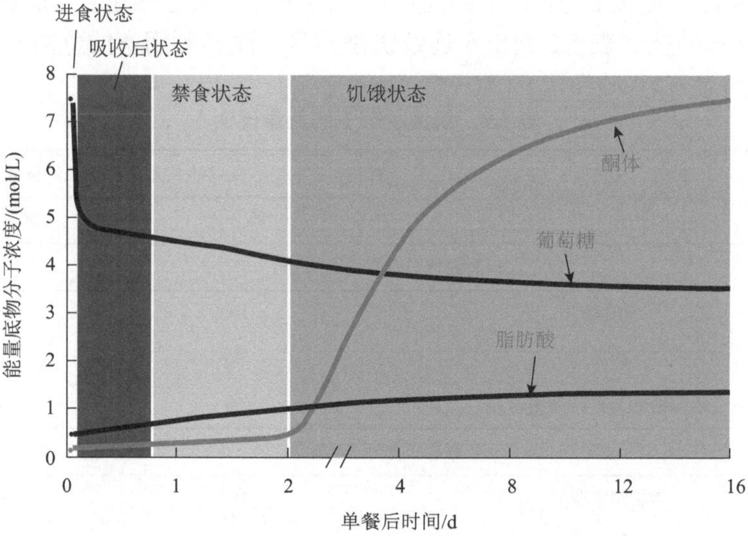

图 5.11　单一餐食后血液中能量底物分子的浓度变化

5.5　激素对代谢的调节

内分泌系统（器官）通过分泌激素，调节机体的合成和分解代谢。对激素有响应的组织和细胞被称为靶组织和靶细胞，通过表达与激素结合的膜受体，与激素结合后触发一系列细胞内反应（称为信号转导），调控下游的各种代谢反应。胰岛素与其受体结合而产生的代谢事件是激素信号通路的经典例子（图 3.10）。

调控代谢的激素一般可分为促进合成代谢反应和储存能量的激素（如胰岛

素），以及促进分解代谢反应和能量消耗的激素（如胰高血糖素、肾上腺素和皮质醇）。根据靶组织的不同，有些激素既能引起合成代谢反应，也能引起分解代谢反应（如生长激素）。表 5.3 总结了关键的代谢调控激素的作用和主要的靶组织。

表 5.3　能量代谢的激素调节

生理过程	胰岛素	胰高血糖素	肾上腺素	皮质醇	生长激素	脂联素
糖异生	↓肝脏	↑肝脏		↑肝脏		↓肝脏
糖原分解		↑肝脏	↑肝脏，骨骼肌	↑肝脏，骨骼肌	↑肝脏	↓肝脏
糖原生成	↑肝脏，骨骼肌	↓肝脏	↓肝脏，骨骼肌			
糖酵解	↑肝脏，骨骼肌	↓肝脏	↑骨骼肌			↑骨骼肌
GLUT4 摄取葡萄糖	↑肝脏，心脏，骨骼肌					↑骨骼肌
脂肪酸氧化		↑肝脏				↑骨骼肌
脂肪酸合成	↑脂肪组织，骨骼肌，肝脏	↓脂肪组织，肝脏	↓脂肪组织，骨骼肌，肝脏			
血浆脂蛋白对脂肪酸的摄取	↓ 骨骼肌，↑ 脂肪组织		↑骨骼肌		↑骨骼肌，肝脏	↑骨骼肌
甘油三酯合成	↑ 脂肪组织	↓肝脏				
甘油三酯分解（脂解）	↓脂肪组织	↑脂肪组织	↑脂肪组织，骨骼肌	↑脂肪组织	↑脂肪组织	
蛋白质合成（DNA 翻译）	↑骨骼肌，肝脏				↑骨骼肌	
蛋白质分解（蛋白质水解）	↓骨骼肌			↑骨骼肌	↓骨骼肌	
酮体生产		↑肝脏				

5.5.1　胰岛素

胰岛素是影响葡萄糖、脂肪酸和蛋白质合成及储存的主要合成代谢激素。它是胰岛 β 细胞分泌的一种使血糖降低的蛋白质类激素，在循环系统中的半衰期为 4～6min。胰岛素的作用在进食状态下是至关重要的，因为此时必须“清除”血液中大量的葡萄糖以防止高血糖的发生。胰岛素通过刺激 GLUT4 从存储囊泡转运到细胞膜表面来促进葡萄糖被肌肉和脂肪组织摄取（图 3.10）；它还能促进肝脏和骨骼肌中的糖原合成、抑制肝脏中的糖异生。在血糖控制方面，胰岛素的作用是独一无二的。胰岛素活性的异常会导致高血糖、糖尿病并增加心血管疾病的风险。

胰岛素还能够刺激脂肪酸的合成——通过使用过量的葡萄糖和果糖作为底物分子，从而增加储存能量的甘油三酯的生成。肝脏中新合成的甘油三酯被装载在VLDL 中，并运送到脂肪组织储存。作为一种合成代谢激素，胰岛素会抑制脂肪组织中甘油三酯和肌肉中蛋白质的分解，同时促进肌肉、肝脏和许多其他表达胰岛素受体的组织中的蛋白质合成。

5.5.2 胰高血糖素

胰高血糖素的所有代谢作用都体现在膳食中没有碳水化合物摄入的情况下，此时机体需要释放储存的能量底物分子产生 ATP，同时维持正常的血糖水平。胰高血糖素引起的代谢反应与胰岛素相反，它在血液中的浓度随着饥饿状态的临近而逐渐增加。

胰高血糖素是一种在血糖水平下降时由胰腺的 α 细胞分泌的蛋白质类激素，在血液循环中的半衰期为 3～6min。表达胰高血糖素受体的组织主要是肝脏和脂肪组织。在肝脏中，胰高血糖素引起糖异生和糖原分解作用的增强，同时抑制糖原的合成过程，其主要的作用结果是释放更多的葡萄糖进入血液循环，与胰岛素的作用正相反（表 5.3）。胰高血糖素还可以增加脂肪组织的脂解作用，从而将游离脂肪酸释放到循环中，随着饥饿状态的持续，肝脏中脂肪酸 β-氧化和酮体生成增加。胰高血糖素还能刺激棕色脂肪组织产热，从而在能量低摄入或不摄入期间维持正常的体温。

骨骼肌不表达胰高血糖素受体，因此对胰高血糖素的刺激无响应。肾脏中虽然有胰高血糖素受体，但胰高血糖素对肾脏功能的调控目前还有待研究，有研究指出胰高血糖素可能有助于促进饥饿期间发生在肾脏皮质中的糖异生反应途径。

5.5.3 肾上腺素

肾上腺素是在肾上腺髓质中由苯丙氨酸和酪氨酸代谢产生的儿茶酚胺，它在神经系统中属于一种神经递质，在血液循环中又是一种激素分子。肾上腺素在血液循环中的半衰期为 1～2min。通过与细胞膜上的两类肾上腺素能受体——肾上腺素能 α 受体和肾上腺素能 β 受体结合，激活 cAMP 信号通路，从而促进心肌的收缩、血管的舒张使血液流向骨骼肌和肝脏。肾上腺素可以与胰腺 β 受体结合，刺激胰高血糖素的分泌；而在脂肪组织和骨骼肌中则刺激脂肪分解，抑制脂肪酸合成。

运动时肾上腺素水平会升高。此时，在胰腺中，肾上腺素与其受体结合，抑制胰岛素的分泌；在肝脏和骨骼肌中，肾上腺素刺激糖原分解，抑制糖原合成；

在骨骼肌中，肾上腺素还能促进糖酵解的发生。以上每一种反应都会导致血糖和游离脂肪酸的增加，当膳食不足时，就可以使用机体储存的能量底物分子。

5.5.4　皮质醇

皮质醇是在肾上腺皮质中由胆固醇产生的一种类固醇激素，在低血糖时释放出来，在血液循环中与白蛋白和皮质类固醇结合球蛋白（也称转肾上腺素）结合。皮质醇在血液循环中的半衰期约为 1h。

皮质醇转运到其靶细胞后，可自由地穿过细胞膜，然后与驻留在细胞质中的细胞内皮质醇受体结合。在肝脏中，皮质醇不仅能够刺激糖异生和糖原分解过程，还能提高葡萄糖-6-磷酸酶的活性，从而促进新产生的葡萄糖释放到循环系统中；在骨骼肌中，皮质醇刺激糖原分解，抑制 GLUT4 向细胞膜的转运；在脂肪组织中，皮质醇刺激甘油三酯的分解，从而为肝脏、肾脏、心脏和骨骼肌提供游离脂肪酸。长时间禁食（饥饿）和剧烈运动状态下，皮质醇水平持续升高，刺激骨骼肌中的蛋白质分解，产生氨基酸用于糖异生。

5.5.5　生长激素

生长激素（GH）也被称为生长素，是一种由垂体前叶产生的蛋白质类激素。GH 与生长激素结合蛋白结合在循环系统中运输，半衰期为 12～16min。GH 的分泌是机体响应各种刺激后的反应，如禁食和剧烈运动等。肝脏、脂肪组织、心脏、骨骼肌、肾脏、大脑和胰腺中均表达 GH 受体。在脂肪组织中，GH 刺激脂肪分解、释放脂肪酸进入循环系统，这种脂解作用主要发生在内脏脂肪组织中，在皮下脂肪组织中发生的程度较小。在骨骼肌中，GH 可以增强脂蛋白脂肪酶的活性，促进从循环系统中的 VLDL 中摄取甘油三酯。需要注意的是，GH 的功能发挥具有组织特异性，GH 对脂肪组织中的脂蛋白脂肪酶并没有影响。在肝脏中，GH 通过诱导脂蛋白脂肪酶和肝脂肪酶的表达来促进 VLDL 对甘油三酯的组装，这种情况主要发生在饥饿状态下，作为一种从循环中重新获取能量底物分子的方式。GH 还可以通过抑制蛋白质分解和刺激蛋白质合成来保存蛋白质。

5.5.6　脂联素

脂联素是一种主要由脂肪细胞产生的蛋白质类激素，以三聚体、六聚体或高阶多聚体的形式存在于血液中。由于其多聚体形式，脂联素在血液循环中的半衰期为 30min～1.5h。尽管在下丘脑、胰腺、平滑肌和各种其他组织或器官中都发现了脂联素的受体，但其主要的靶器官是肝脏和骨骼肌。

在骨骼肌中，脂联素通过激活 AMP 活化蛋白激酶（AMPK），从而增加脂肪

酸的 β-氧化以产生能量。脂联素还会促进肌肉细胞表面的脂蛋白脂肪酶的表达和活性，从而促进 VLDL 中甘油三酯的水解产生游离脂肪酸。脂联素通过促进 GLUT4 向细胞表面的转运来促进对血糖的摄取。在肝脏中，脂联素会抑制糖原分解和糖异生，从而有助于将血糖浓度维持在正常范围内。

尽管肥胖个体中脂肪组织量较大，但循环系统中脂联素浓度较低，这也使得脂联素可以作为一种重要的分子，将肥胖（和低脂联素）与高血糖、高甘油三酯血症和其他代谢综合征相关疾病关联起来。

5.6　运动与营养

机体运动需要骨骼肌的收缩，因此参与体力活动的人群需要大量的能量来支持肌肉功能。无论是通过适量运动保持身体健康的普通人还是专业运动员，营养素摄入的数量、种类和时间都会影响机体的健康状况，人们对运动和营养之间关联的关注也逐渐增强。

5.6.1　骨骼肌的组成与功能

骨骼肌由横纹肌细胞（称为肌细胞或肌纤维）组成，这些细胞通常延长肌肉的长度。肌肉中的主要蛋白质是肌动蛋白和肌球蛋白。受到运动等刺激后，肌球蛋白 ATP 酶水解 ATP，为肌肉收缩提供能量。肌纤维还含有肌红蛋白，它可以储存氧气，以便在需要时迅速提供氧化磷酸化所需的氧气。肌肉呈现红色也是由于肌红蛋白的存在。

根据肌纤维的代谢特性，可以将肌纤维分为Ⅰ型、Ⅱa 型和Ⅱx 型。Ⅰ型肌纤维也称慢收缩氧化型肌纤维，含有大量的线粒体和相对高浓度的肌红蛋白，这两种特征都是为了支持有氧代谢。与其他类型的肌纤维相比，这些肌纤维周围有更多的毛细血管，以保障氧气的运输。Ⅰ型肌纤维能够通过 TCA 循环和氧化磷酸化将脂肪酸和葡萄糖氧化为 CO_2 和 H_2O 并产生 ATP。由于依赖有氧代谢供能，Ⅰ型肌纤维的收缩速度缓慢，但可以抗疲劳。

与之相反的是Ⅱx 型肌纤维，也称快收缩糖酵解型肌纤维。Ⅱx 型肌纤维的线粒体和肌红蛋白明显减少，因此这类纤维呈白色。这种类型的肌纤维储存糖原的能力增强，并增强了糖酵解途径，参与糖酵解的磷酸果糖激酶活性更高，使其可以在缺氧的情况下快速产生 ATP。

Ⅱa 型肌纤维的代谢特性介于Ⅰ型肌纤维和Ⅱx 型肌纤维之间，同时具有糖酵解（快速）和氧化（慢速）功能。Ⅱa 型肌纤维外观呈红色，含有中等水平的线粒体和肌红蛋白。Ⅱa 型肌纤维可以抗疲劳，但具有相对较高的肌球蛋白 ATP 酶活性，必要时可迅速收缩。

骨骼肌中不同类型的肌纤维组合使得人体能够对各种生理需求做出反应。Ⅱx 型肌纤维可以实现快速而强烈的肌肉收缩，而Ⅰ型肌纤维可以抵抗疲劳、增强肌肉的耐力。当需要较低的力量时，肌肉收缩主要与Ⅰ型肌纤维有关；当需要的力量不断增加时，则要求更多的Ⅱa 型肌纤维，在最大力时则需要Ⅱx 型肌纤维。机体的每块肌肉根据其功能表现出不同比例的肌纤维类型。例如，参与保持姿势的肌肉因需要进行长时间但相对低强度的收缩，因此具有高比例的Ⅰ型肌纤维；进行快速或强力收缩的肌肉，如咬肌，具有高比例的Ⅱa 型和Ⅱx 型肌纤维。一个人拥有的每一种肌纤维的比例（相对数量）是由基因决定的，但通过适当的运动训练，可以通过影响肌纤维大小及其成分的变化而重塑肌肉的代谢潜力。

锻炼肌肉会引起激素和其他调节分子的变化。这些变化是必需的，以支持肌肉不断增加的能量需求，同时维持其他依赖葡萄糖提供能量的组织的血糖水平。运动可以增加循环系统中的肾上腺素、皮质醇和生长激素的水平，这些激素分子共同促进糖异生、糖原和甘油三酯的分解，从而促进更多的葡萄糖和脂肪酸释放到血液中。大多数脂肪酸和一些葡萄糖可以被肌肉吸收并用作能量，而剩余的葡萄糖则去往大脑和红细胞。高强度的运动会激活 AMPK，导致甘油三酯分解和脂肪酸氧化的增强，并增加 GLUT4 转运到肌肉细胞膜表面以依赖胰岛素作用摄取葡萄糖。此外，缺乏运动与动脉粥样硬化和胰岛素抵抗等慢性疾病状态有关。研究表明，即使是未经训练的成年人的一次运动，也会刺激骨骼肌分泌细胞因子，促进循环中葡萄糖和脂蛋白的清除，并可能改善胰岛素的敏感性。

衡量运动能力的一个重要指标是最大耗氧量（$V_{O_2\,max}$）。随着体力活动的增加，身体吸收的氧气量也会增加。$V_{O_2\,max}$ 被定义为运动强度的进一步增加不再导致摄氧量增加的点。$V_{O_2\,max}$ 对每个人来说都是独特的，通常以每千克体重每分钟消耗的氧气毫升数[mL/(kg·min)]表示。当一个人从未经运动的状态进入运动状态时，$V_{O_2\,max}$ 会升高。一个久坐不动（未运动）的人可能有 30mL/(kg·min)或 40mL/(kg·min)的 $V_{O_2\,max}$，而一个训练有素的跑步者可能有 80mL/(kg·min)或 90mL/(kg·min)的 $V_{O_2\,max}$。因此，$V_{O_2\,max}$ 也可以作为衡量心血管健康的指标。$V_{O_2\,max}$ 的另一个应用是量化运动量。如果一个人的 $V_{O_2\,max}$ 是已知的，那么运动强度可以用 $V_{O_2\,max}$ 的百分比来表示。处于静息状态时，相对运动强度低于 10%$V_{O_2\,max}$；轻体力活动的运动强度，如慢走，可能相当于 25%的 $V_{O_2\,max}$。

5.6.2　静息状态下骨骼肌的能量来源

在静息状态下，骨骼肌也需要最少的能量来维持其基础功能，包括主动运输、补充糖原和储存甘油三酯，以及持续合成和分解蛋白质（即蛋白质的周转）。在非肥胖者中，骨骼肌占体重的近一半，在静息状态下，骨骼肌仅占身体能量消耗的20%～25%。这些能量需求主要通过脂肪酸和葡萄糖的氧化来提供，其相对贡献取决于所处的摄食周期阶段。葡萄糖是进食状态下的首选能量底物，当有充足的葡萄糖可供利用时，血糖是主要的能量底物来源，而不是储存的糖原。在吸收后状态和禁食状态下，葡萄糖对其他组织更加珍贵，静息状态下的骨骼肌会转向代谢利用从脂肪组织释放的游离脂肪酸，同时，静息状态下的骨骼肌也可以通过细胞表面的脂蛋白脂肪酶从循环的 VLDL 中获得甘油三酯并水解产生脂肪酸。

5.6.3 运动过程中骨骼肌的 ATP 产生

运动过程中肌纤维的收缩需要 ATP。骨骼肌对 ATP 的需求是高度可变的，完全取决于肌肉收缩的强度和持续时间。为了满足广泛的能量需求，骨骼肌拥有三个提供 ATP 的能量系统：ATP-磷酸肌酸系统、乳酸系统（无氧糖酵解）和氧化系统（有氧代谢）。

1. ATP-磷酸肌酸系统

ATP-磷酸肌酸系统是肌细胞中的一个协同系统，利用磷酸肌酸的高能磷酸键快速再生 ATP。当身体处于静息状态时，对氧气的需求较低，很容易通过肺部的气体交换得到充足的氧气并由心血管系统输送到肌肉，此时骨骼肌的能量需求是通过葡萄糖和脂肪酸的氧化供能来满足的。在身体开始活动或运动时，肌肉收缩的能量需求最初是由现有的 ATP 满足的。然而，肌纤维中储存的 ATP 量是有限的，最多只能提供几秒钟运动所需的能量。当 ATP 水平不足时，通过将高能磷酸盐从磷酸肌酸转移到 ADP 以再生 ATP，从而迅速补充 ATP。肌纤维中磷酸肌酸的浓度只比 ATP 高 4～5 倍，因此，在剧烈运动 15～25s 后，由该系统提供的能量就会减少。当 ATP-磷酸肌酸系统耗尽时，乳酸系统（无氧糖酵解）增强以产生更多的 ATP。高强度、短时间的运动，如举重、100m 短跑、体操和各种短时间的田径项目，主要依赖于 ATP-磷酸肌酸和乳酸系统的供能。较低强度的运动可能使骨骼肌能够连续几分钟联合使用 ATP-磷酸肌酸和乳酸系统供能。

2. 乳酸系统

乳酸系统涉及糖酵解供能途径，骨骼肌中一个葡萄糖分子不完全分解为两个乳酸分子，通过底物磷酸化厌氧产生 ATP（图 3.17）。葡萄糖的来源主要是肌糖原分解，少部分来源于血液循环系统。乳酸系统可快速产生 ATP，以满足高强度运动的能量需要。ATP 水解导致细胞 AMP 迅速升高，刺激糖酵解中最重要的调节酶——磷酸果糖激酶的变构（表 5.1）。正如第 3 章单糖代谢部分所指出的，从产生 ATP 数量的角度来看，乳酸系统并不高效，但由于这个过程能够迅速产生相对少量的 ATP，因此常用于在短时间内提供重要的能量。

乳酸系统产生的乳酸分子会迅速穿过肌肉细胞膜进入血液，然后被肝脏等其他组织代谢清除，用于糖异生或继续有氧代谢产生 ATP。如果乳酸的生成速率超过其清除速率，血液中的乳酸就会积累。刚开始剧烈运动时，乳酸的释放量很低，但当乳酸累积时，血液 pH 会降低，进一步导致疲劳。在这种情况下，机体无法长时间持续进行运动。

肌纤维参与乳酸系统，在缺氧的情况下提供快速的能量来源。当氧气供应不足，有氧系统无法提供足够的 ATP 来满足运动需要时，乳酸系统将在短时间内持续发挥作用，导致所谓的“氧债”（oxygen debt）。“氧债”是运动 1min 所需氧量和实际供氧量之差，是评定一个人无氧耐力的重要指标。虽然乳酸系统在剧烈运动最初就开始运作，但只有在肌肉中储存的磷酸肌酸耗尽后才会成为能量的首要供应者，常发生在最大运动 15～25s 后。作为 ATP-磷酸肌酸系统的后备力量，乳酸系统在持续 20～75s 的高强度无氧运动项目中十分重要，如 800m 短跑和 100m 或 200m 游泳项目。在这类项目中，无氧乳酸系统和有氧氧化系统在最大运动时各提供约 50%的能量。

3. 氧化系统

氧化系统包括 TCA 循环和氧化磷酸化过程，将葡萄糖、脂肪酸和一些氨基酸完全分解为 CO_2 和 H_2O。氧化系统是持续时间超过 2～3min 的运动形式的主要能量供应者。许多类型的耐力运动都属于这种供能方式，包括长跑、长距离游泳和越野滑雪等。此时，葡萄糖和脂肪酸几乎提供了所有的 ATP 生成所需的有氧能量。葡萄糖和脂肪酸可以从骨骼肌中分解产生，也可以从血液循环中获取。

从产生 ATP 数量的角度来看，氧化系统是高效的。因为氧气是系统运作所必需的，一个人的心血管健康水平由 $V_{O_2\ max}$ 测量，这也使其成为评价运动能力的一个重要因素。影响 $V_{O_2\ max}$ 的因素包括血液向肌肉输送氧气、葡萄糖和脂肪酸的能力，肺通气能力，血红蛋白结合氧的能力，以及肌肉中的血红蛋白释放氧气的能力。这些过程中任何一个环节效率低都会限制长时间最大运动的输出速度。

三种能量系统在运动前 5min 最大输出时的贡献如图 5.12 所示。所有系统在任何时候都能发挥作用，但根据运动强度和持续时间的不同，其贡献程度不同。在运动开始时，无氧代谢系统（ATP-磷酸肌酸和乳酸系统）占主导地位，以便为参与立即爆发活动的骨骼肌提供“快速能量”，通过为骨骼肌提供现成的 ATP，使个体能够摆脱“危险”（进化中的“fight or flight”理论）。ATP-磷酸肌酸系统在最初的几秒钟是最重要的，其次是乳酸系统。随着运动时间的延长，氧化系统变得越来越重要。跑 100m 的速度比 800m 的要快，因为氧化系统需要更多的时间将葡萄糖和脂肪酸完全代谢为 CO_2 和 H_2O，这个过程完全依赖于身体向肌肉细胞输送氧气的能力。

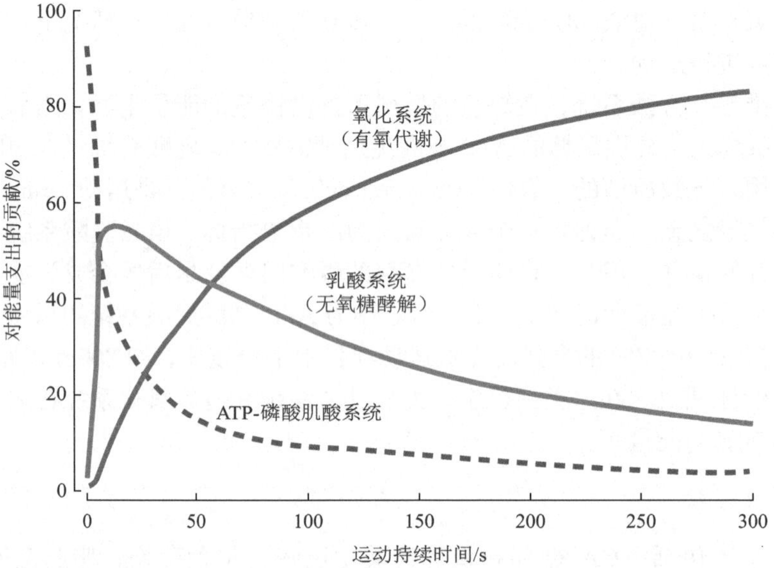

图 5.12　运动前 5min 过程中三种能量系统的贡献率变化

4. 运动过程中的能量底物来源

1）运动强度与持续时间

运动强度和持续时间决定了所使用的能量底物的来源。骨骼肌主要利用葡萄糖和脂肪酸，需要时也会使用氨基酸。回想一下，在进食状态下，静息肌肉使用血糖作为首选的能量来源，但在吸收后和禁食状态下，肌肉会转向使用脂肪组织释放的循环脂肪酸。当进行日常较轻的体力活动（20%～40% $V_{O_2\ max}$）时，骨骼肌优先使用脂肪酸作为主要能量底物分子，就像在静息状态的非进食状态一样，以此作为一种保存血糖及肌肉储存糖原和甘油三酯的方式。在这种持续的低强度的活动下，为满足能量消耗会使得脂肪组织发生脂解并释放游离脂肪酸到循环系统中，脂肪分解的速率可能增加到静息状态下的 3 倍。此时，甘油三酯合成也受到抑制，从而进一步促进脂肪酸释放到血浆中，在满足能量需求的同时维持葡萄糖含量。如图 5.13 所示，进行 25% $V_{O_2\ max}$ 的运动时，代谢利用脂肪酸供能占总能量消耗的 80%～90%。

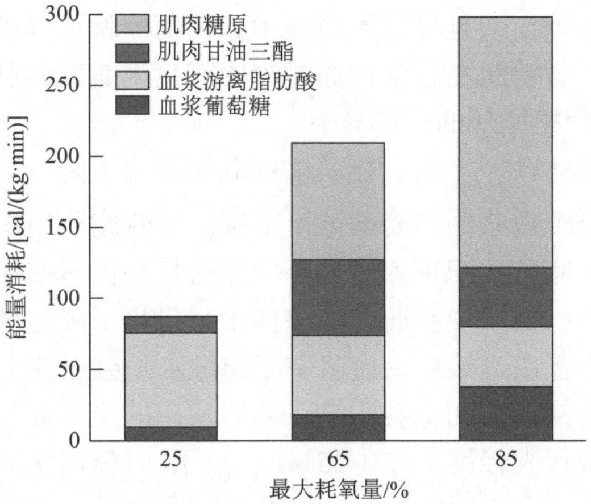

图 5.13　不同运动强度下运动 30min 后的能量底物利用情况

数据来源：Coyle E F. Substrate utilization during exercise in active people. Am J Clin Nutr, 1995，61: 968S-979S.

当运动强度增加到 65% $V_{O_2\ max}$ 时，骨骼肌主要依赖储存的糖原和甘油三酯来满足增加的能量需求（图 5.13）。来自循环系统的脂肪酸虽然略有减少，但仍能贡献相当一部分的能量。加上肌肉甘油三酯分解提供的额外脂肪酸，这两种来源的脂肪酸为在这种运动强度水平下的骨骼肌约提供了需要的总能量的一半。运动强度高达约 50% $V_{O_2\ max}$ 时，脂肪酸成为最有优势的能量底物。当运动强度在 60%～75% $V_{O_2\ max}$ 时，由于脂肪酸转运进入线粒体的速率的限制，随着运动强度的增加，葡萄糖成为重要的能量底物。当运动强度达到 65% $V_{O_2\ max}$ 时（相当于进行较高强度的篮球或游泳运动），肌糖原分解产生的葡萄糖，而不是血液中的葡萄糖，成为主要的能量底物。虽然此时血浆葡萄糖的利用率确实有所增加，但在这种运动水平下，葡萄糖对总能量消耗的贡献率仍然很小。

当运动强度增加到 85% $V_{O_2\ max}$ 时，碳水化合物氧化代谢对总能量消耗的相对贡献急剧增加（图 5.13）。此时，肌糖原的降解持续增加，并提供大部分能量代谢底物燃料。这种方式往往对应高强度运动，如越野滑雪运动员和中长跑运动员，也很难长时间维持这种供能方式。与低强度运动相比，肝糖原分解和糖异生过程增强，血液葡萄糖增加 3～4 倍。

维持血糖水平始终是机体的首要任务，即使在高强度运动中也是如此。肝脏可获得几种糖异生反应的底物分子。由于 85% $V_{O_2\ max}$ 的高肌肉收缩率需要更多的无氧糖酵解，当氧气水平不足以将丙酮酸完全氧化为 CO_2 和 H_2O 时，乳酸在肌肉中积累、释放到血液循环中，并进入肝脏转化回丙酮酸，用于合成葡萄糖。肝脏将肌肉来源的乳酸转化为葡萄糖的能力，以及肌肉吸收该葡萄糖并将其用于糖酵解的能力，构成了“Cori 循环”，即乳酸循环。此外，脂肪组织中脂解产生的甘油进入肝脏转化为葡萄糖。一旦释放到血液中，葡萄糖就可以被肌肉吸收并用作能量底物分子。最后，骨骼肌在正常代谢过程中产生丙氨酸，肝脏将其转化为葡萄糖，作为丙氨酸-葡萄糖循环的一部分。

当运动强度为 85% $V_{O_2\max}$ 时，脂肪酸的利用率会下降。脂肪组织释放到血浆中的脂肪酸减少，导致血浆中脂肪酸浓度下降。尽管脂肪组织中的脂解率持续较高，但由于脂肪酸从脂肪组织进入体循环的血流量和白蛋白输送不足，游离脂肪酸在脂肪细胞中积累，血浆中脂肪酸的整体水平仍呈下降趋势。在停止运动、恢复充足的血流量和白蛋白运输后，血浆中脂肪酸水平会迅速上升。

不同强度运动的持续时间也会影响骨骼肌使用的能量底物来源。如前所述，正常的日常活动通常代表轻度工作（25% $V_{O_2\max}$），骨骼肌优先使用脂肪酸作为主要能量底物。在 65% $V_{O_2\max}$ 下进行 30min 的高强度运动，会使肌肉利用储存在肌肉中的葡萄糖（糖原）和脂肪酸（甘油三酯），如图 5.13 所示。相比之下，图 5.14 描绘了在 65%～75% $V_{O_2\max}$ 的高强度下持续长达 4h 的运动过程中能量底物来源的变化。在前 30min 内，肌肉储存的糖原和甘油三酯提供了大约三分之二的能量。经过 4h 高强度运动后，糖原完全耗尽，肌肉中储存的甘油三酯也会消耗一半。这意味着，要想长时间持续进行高强度运动，血液来源的能量底物至关重要。从脂肪组织释放到血液中的脂肪酸成为持续 1h 以上的高强度运动的主要能量底物，这也是马拉松运动员的能量供给的典型特征。但持续长期高强度运动则需要保证血液中葡萄糖的供给，因此摄入碳水化合物是维持高强度运动所必需的。

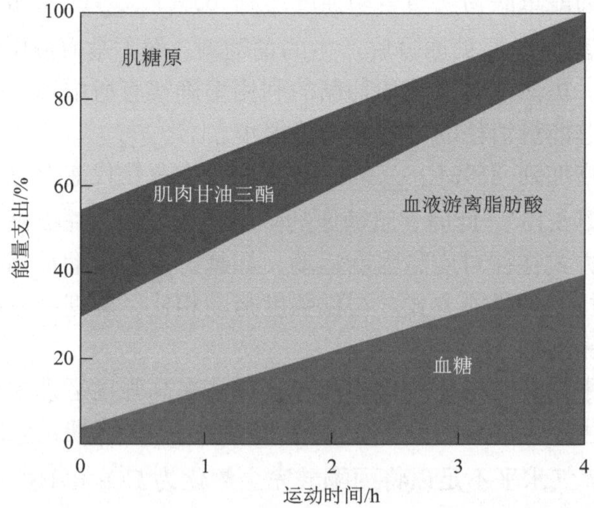

图 5.14　最大摄氧量为 65%～75%时，长时间运动时能量底物的利用率

数据来源：Coyle E F. Substrate utilization during exercise in active people. Am J Clin Nutr, 1995，61: 968S-979S

骨骼肌直接利用氨基酸生成 ATP 能量的能力十分有限，但在机体保持正常的蛋白质周转过程中肌肉会释放氨基酸。骨骼肌是蛋白质的巨大储备仓库，骨骼肌中的蛋白质周转占所有蛋白质周转的 25%～35%。骨骼肌蛋白质降解产生的氨基酸，一部分（主要是支链氨基酸）可以转化为 TCA 循环的中间体，另一部分（主要是丙氨酸和谷氨酰胺）可以被转运到肝脏进行糖异生。此外，运动也会影响肌肉蛋白的分解和合成过程。耐力运动会促进肌肉蛋白的分解（可能是通过皮质醇的作用），同时抑制蛋白质的合成，而耐力运动后立即摄入蛋白质可以促进骨骼肌中蛋白质的合成，这是增肌健美人士的调控方式。运动后若摄入碳水化合物，则会通过增加胰岛素分泌和作用，进而刺激蛋白质的合成，抑制蛋白质的分解（表 5.3）。抗阻训练对运动过程中的蛋白质周转速率影响不大，但剧烈的抗阻训练后，蛋白质的合成和分解都会加速。基于此，建议同时摄入蛋白质和碳水化合物以增加抗阻训练带来的骨骼肌的增加等其他健康益处。

2）疲劳

骨骼肌的疲劳有多种原因，其中就包括能量底物的可利用度。例如，当葡萄糖供应不足时，如肌糖原不足或低血糖时，就会出现疲劳。因此，在马拉松跑步等长时间运动中，葡萄糖的补充是必要的，因为可能暂时延缓疲劳。当肌肉开始出现疲劳时，必须降低运动强度，如降低至 30% $V_{O_2\ max}$，以配合骨骼肌能量消耗依靠的脂肪酸氧化。造成这种限制的原因，以及肌肉对葡萄糖作为能量底物的依赖，可能基于两个因素：①脂肪酸的氧化受到 CAT Ⅰ 的限制，该酶能介导脂肪酸酰基辅酶 A 在线粒体膜上的运输；②CAT Ⅰ 的活性会被丙二酰辅酶 A 抑制，当肌肉中葡萄糖的可用性高时，葡萄糖衍生的丙二酰辅酶 A 会抑制 CAT Ⅰ 的活性从而减少脂肪酸的氧化供能。

3）运动的好处

耐力训练可以在相同的绝对运动强度下提高有氧运动的能力。首先，耐力训练的肌肉显示出线粒体数量和大小的增加，Ⅰ型肌纤维的肥大，以及机体心血管和肺活量的增加。在 65% $V_{O_2\ max}$ 时，耐力训练的人的肌肉氧化酶活性比未训练的高 100%，并使得在次极限运动中更多地使用脂肪酸作为能量底物。在骨骼肌中，脂肪酸的氧化会抑制葡萄糖的摄取和糖酵解。因此，训练有素的运动员在比赛中受益于脂肪酸氧化增强引起的碳水化合物节约效应，使得肌糖原和血液葡萄糖消耗得更慢。这种效应在很大程度上解释了长时间训练引起的运动耐力的增加。

在相同的运动强度下，与未经训练的运动员相比，训练有素的运动员的血液中脂肪酸浓度更低，脂肪组织的脂解也更少。这一发现表明，受过训练的运动员使用的能量底物脂肪酸主要来源于肌肉内储存的甘油三酯，而不是脂肪细胞中的甘油三酯。运动后，肌内脂肪酸的甘油三酯来源发生改变，变成利用脂肪中甘油三酯水解提供的血液脂肪酸，这个过程可以减小脂肪组织，这也是运动减肥的内在机制。

耐力训练也会导致肌肉糖原储存能力的增加。因此，训练有素的运动员不仅受益于较慢的肌糖原消耗速度，还会受益于在比赛开始时骨骼肌就具有较高的糖原储存能力。高肌糖原储备水平可以使运动在次最大负荷下持续更长的时间。即使在没有碳水化合物负荷的情况下，在持续超过 1h 的运动期间，初始糖原水平与疲劳时间、表现水平或两者之间存在很强的正相关关系。但这种相关性不适用于低强度运动（25%～35% $V_{O_2\ max}$）或短时间高强度运动，因为在这些条件下糖原消耗并不是限制因素。也有研究认为，初始肌糖原储存的重要性与葡萄糖和脂肪酸不能足够快地穿过细胞膜，为线粒体呼吸提供足够的底物有关。

4）碳水化合物负荷（超量补偿）

碳水化合物负荷是一种饮食和运动策略，旨在最大限度地提高肌肉和肝脏中糖原的储存，以提高耐力。糖原消耗与肌肉疲劳密切相关，碳水化合物负荷为从事长跑和越野滑雪等长时间耐力项目的个人提供了更大的能量储备。图 5.15 列出了经典和改良的肌糖原超量补偿方案。

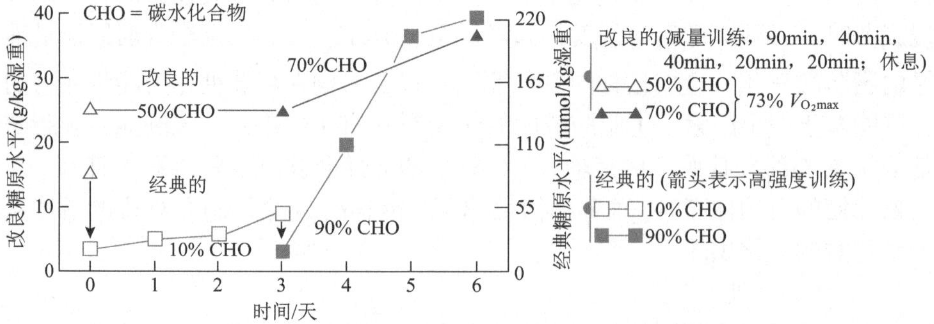

图 5.15　经典和改良的肌糖原超量补偿方案的示意图

碳水化合物负荷的经典方案源于 20 世纪 60 年代末斯堪的纳维亚科学家的研究。该方案包括两次高强度运动，直至精疲力竭，以消耗肌糖原储存，再通过间隔 2 天的低碳水化合物饮食（＜10%）来消耗完肌肉的碳水化合物，之后是为期 3 天的高碳水化合物饮食（＞90%）。经典方法测得的肌糖原水平接近 220mmol/kg 湿重，是运动员静息状态水平的 2 倍多。然而，由于经典方案的各种不良副作用，如易怒、头晕和运动能力下降，改良产生了一种不严格限制饮食和运动的方案，也能够产生相对较高的肌糖原水平。改良方案期间，通过逐渐减少运动并休息 1 天的运动方式，饮食方面为连着 3 天摄入 50%碳水化合物饮食、连着 3 天摄入 70%碳水化合物饮食。在饥饿状态下发生的长期能量剥夺会导致身体脂肪和肌肉质量的严重损失，改良方案可使肌糖原储存量比正常水平增加 20%～40%，已被证明与经典方法一样有效，而且副作用更少。

与碳水化合物负荷相反，最新研究表明，在耐力训练中采用低糖原储备方法也可以提高成绩。通过在低碳水化合物摄入的条件下进行日常训练，以促进骨骼肌适应限制糖原储存的状态，从而增加线粒体，提高氧化能力，尤其是脂肪酸氧化能力。然后在一场重要的比赛之前，立即摄入一顿高碳水化合物的饮食，尽管尚未建立起最佳方案，但也有一些运动员声称使用这种“低训练，高竞争”的方法取得了成功。

第 6 章　代表性维生素

6.1　维生素 C（抗坏血酸）

维生素 C 又称抗坏血酸（AH_2）。在生理 pH 下，抗坏血酸失去一个氢，以电离形式存在（AH^-）（有时也被称为抗坏血酸[单]阴离子或单脱氢抗坏血酸）。抗坏血酸氧化产生抗坏血酸自由基（$A\cdot^-$），该形式比抗坏血酸少一个电子和一个质子，通常不具有活性，且会发生分解，形成抗坏血酸和脱氢抗坏血酸。脱氢抗坏血酸是抗坏血酸的氧化形式（去除两个电子和两个质子/氢），该形式具有抗坏血酸活性，因为它可以在体细胞中还原成抗坏血酸。这些形式的抗坏血酸结构及其相互转化如图 6.1 所示。

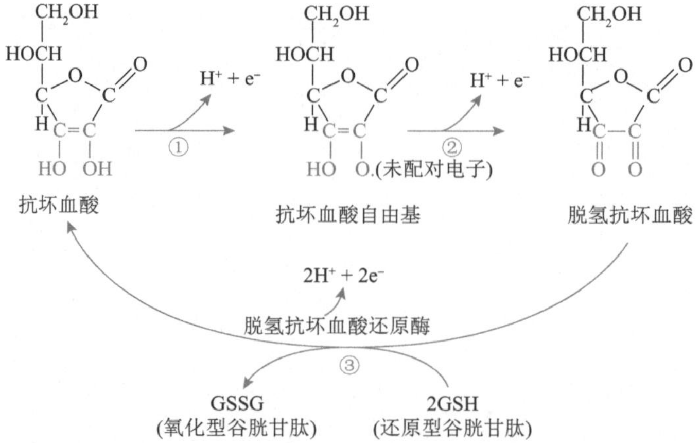

图 6.1　抗坏血酸、脱氢抗坏血酸的结构和相互转化

①在抗坏血酸的氧化过程中，形成了一种称为抗坏血酸自由基的自由基(也称半脱氢抗坏血酸自由基、抗坏血酸盐自由基、维生素 C 基、单脱氢抗坏血酸基)，但半衰期短，与氧反应差，因此不形成活性氧。②抗坏血酸自由基形式的氧化。③脱氢抗坏血酸可以用还原型谷胱甘肽(GSH)提供的氢还原成抗坏血酸

抗坏血酸于 1928 年被分离出来，并在 1933 年确定了结构。早在其分离及解析之前，由于其缺乏导致的坏血病已经流行了几个世纪，其中最广为人知的是出现在航海员中。后来发现从酸橙中提取的汁液具有预防坏血病的作用，于是在 18 世纪 90 年代末和 19 世纪初，航海员及水手开始服用酸橙，以预防坏血病并取得

了良好的效果。

抗坏血酸存在 D 型和 L 型两种异构体形式，但只有 L 型异构体在人体中具有生物活性。人类（以及非人类的灵长类动物、果蝠、豚鼠和一些鸟类）由于缺乏抗坏血酸合成途径中的最后一种酶——古洛酸糖内酯氧化酶，而无法以葡萄糖为原料合成抗坏血酸（图 6.2）。

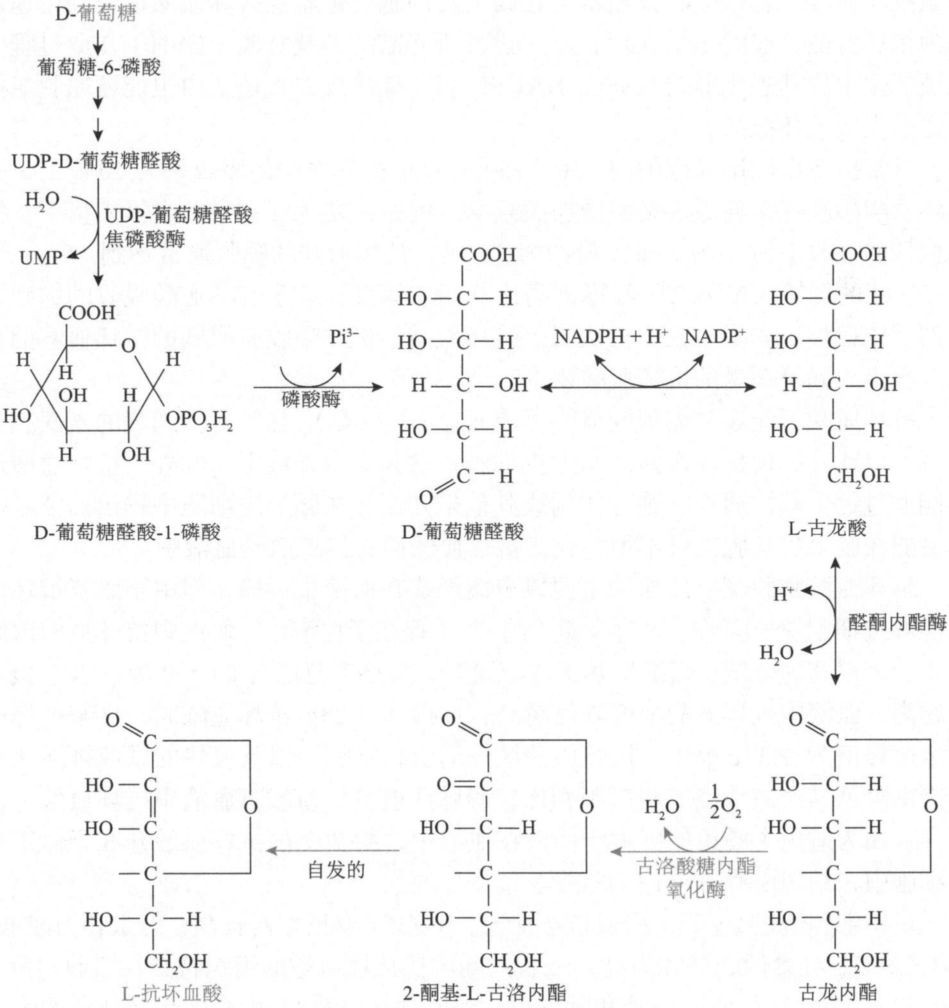

图 6.2　抗坏血酸的体内合成途径

6.1.1　吸收、转运与代谢

膳食中的抗坏血酸不需要消化就可被人体直接吸收。抗坏血酸主要在空肠近端上被吸收，这个过程需要钠依赖性维生素 C 转运蛋白（SVCT）1 和 2 的参与。

SVCT1 是负责肠道抗坏血酸吸收的主要载体，可以携带两个 Na^+和一个抗坏血酸分子（类似于第 3 章单糖吸收的载体 SGLT）。当膳食中抗坏血酸含量较高时，其吸收率会降低，以限制超生理剂量的抗坏血酸的吸收。

食物中的脱氢抗坏血酸或抗坏血酸在胃肠道中氧化后形成的脱氢抗坏血酸经过葡萄糖转运蛋白（GLUT），主要是 GLUT1 和 GLUT3，通过易化扩散被吸收。脱氢抗坏血酸一旦被吸收，通常会在肠上皮细胞内被脱氢抗坏血酸还原酶迅速还原为抗坏血酸，如图 6.1 所示，这一过程所必需的谷胱甘肽（GSH）在此过程中则被氧化生成其氧化形式 GSSG。NADPH 和二硫醇戊二氧还蛋白也能还原脱氢抗坏血酸生成抗坏血酸。

日常抗坏血酸摄入范围内（30～150mg/d），抗坏血酸的吸收率为 70%～95%。抗坏血酸的吸收率随摄入量的增加而减少。例如，在 12g 左右的高摄入量下，抗坏血酸的吸收率为 16%，摄入量约为 1g 时，抗坏血酸的吸收通常不到 50%，而约 20mg 的低摄入量下其吸收率则高达 98%。因此，鉴于抗坏血酸吸收的饱和性和剂量依赖性，如果一天中多次摄入抗坏血酸，机体吸收获取到的抗坏血酸的量比一次摄入同等剂量的抗坏血酸要多。

抗坏血酸可能通过体积调节阴离子通道（VRAC），在肠上皮细胞的基底膜上形成开口或孔，使抗坏血酸从肠上皮细胞扩散到细胞外液中。此外，抗坏血酸还可能通过钙依赖性通道、胞吞作用或其他未知途径从肠上皮细胞中排出。脱氢抗坏血酸在肠上皮细胞内可不用转化为抗坏血酸而直接扩散到血液中。

抗坏血酸和脱氢抗坏血酸主要以游离形式在血液中运输，但由于脱氢抗坏血酸能够被细胞快速吸收，只有少量（约 5%）存在于血液中。血液中抗坏血酸浓度处于一个很宽的范围，当维生素摄入充足时，其参考范围为 0.6～2.0mg/dL。摄入量越高，血液中抗坏血酸浓度峰值越高；如摄入 1.25g 抗坏血酸时，血浆抗坏血酸浓度峰值为 2.37mg/dL，抗坏血酸被外周组织吸收，以及较快的尿液排泄速率会帮助降低其血液浓度。与口服相比，静脉注射抗坏血酸时血液中抗坏血酸浓度更高，因为避免了肠道的屏障作用。在血液中，约 70%的抗坏血酸存在于血浆和红细胞中，约 30%存在于白细胞中。

机体细胞通过 SVCT1 摄取抗坏血酸，SVCT1 容量相对较高，但亲和力较低，SVCT2 则是容量低、亲和力高，二者共同调控抗坏血酸的组织特异性吸收过程。SVCT1 主要表达于肠、肝脏和肾脏中；SVCT2 则表达在大多数代谢活跃的组织中，如大脑、神经元、骨骼和内分泌腺。而对于脱氢抗坏血酸，细胞是通过 GLUT 摄取，主要是 GLUT1 和 GLUT3。抗坏血酸在实体组织、器官中的浓度常远超过血液中的浓度。例如，白细胞中抗坏血酸的含量是血液中的 80 倍。

肾上腺和脑垂体及眼睛、大脑、白细胞和神经元等特定组织中抗坏血酸的含量较高，为 30～50mg/100g 湿重；其次是肝脏、脾脏、心脏、肾脏、肺脏、胰腺和肌肉，为 10～15mg/100g 湿重。而骨骼肌总量大，其中的抗坏血酸含量共 1000～1500mg/100g 湿重。

6.1.2　抗氧化等功能

抗坏血酸除了提供电子/氢离子促进还原形式的辅酶[如四氢生物蝶呤和矿物质辅助因子（铁和铜）]的生成外，在某些情况下还可以作为还原剂或电子供体发挥抗氧化功能。因此，抗坏血酸常作为一种抗氧化剂，其结构中的两个羟基和羰基分别可以提供氢和电子供体，从而减少自由基、活性氧及活性氮的数量。自由基及其活性物质如果没有被清除，会攻击 DNA 中的核酸、磷脂中的多不饱和脂肪酸及蛋白质中的氨基酸。已经证实，抗坏血酸可以在这些自由基损害机体之前与其发生相互作用。此外，抗坏血酸的抗氧化活性优于其他常见水溶性抗氧化剂。例如，防止脂质过氧化能力从大到小的顺序依次是抗坏血酸、硫醇、胆红素、尿酸和维生素 E。

抗坏血酸可以减少氧中心自由基和活性物质，包括过氧化氢自由基（HO_2·）、超氧自由基（·O_2^-）、烷氧基自由基（RO·）、过氧自由基（RO_2·）、单线态氧（$^1O_2$·）、羟基自由基（·OH）、过氧化氢（H_2O_2）和次氯酸（HClO）；氮类物质，如过氧亚硝酸盐和二氧化氮（NO_2）；抗氧化剂来源的自由基，如尿酸自由基（UH·）和巯基自由基（RS·）。

抗坏血酸还可以提供电子/氢离子以再生其他抗氧化剂，如维生素 E 和谷胱甘肽（图 6.3）。这种再生过程是十分必要的，因为抗氧化剂与自由基和活性物质发生反应后自身会被氧化，需要恢复到它们的还原状态以继续发挥其抗氧化功能。为了完成这种再生过程，可能会发生几种不同的反应。例如，在氧化应激水平较高的情况下，两个抗坏血酸自由基可以发生反应生成抗坏血酸和脱氢抗坏血酸。此外，在许多组织中存在的还原酶可以将抗坏血酸自由基和脱氢抗坏血酸还原为抗坏血酸。烟酸辅酶[NAD（P）H]和硫醇（如二氢硫辛酸酯、谷胱甘肽和硫氧还蛋白）也有助于抗坏血酸的再生。

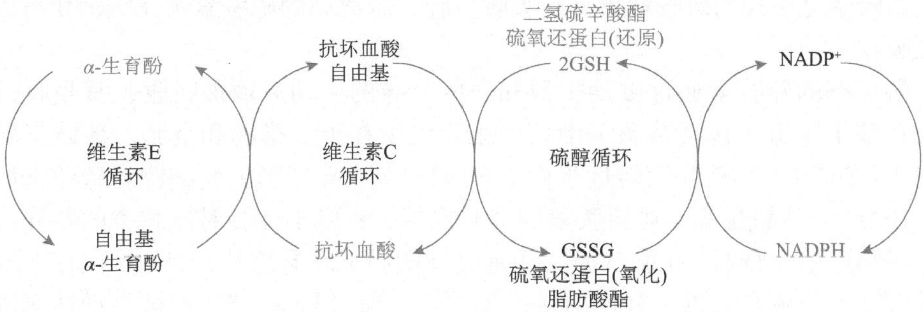

图 6.3　抗氧化剂的再生过程

6.2　维生素 B_1（硫胺素）

19 世纪末，荷兰科学家 C. Eijkman 首次发现了维生素 B_1 的重要性：以煮熟的精米（没有外层胚芽和麸皮层，主要含有富含淀粉的胚乳）为食的家禽会出现神经问题，这种症状现在称为脚气病。1912 年，C. Funk 从米糠中分离出可以治疗脚气病的物质，并将其称为硫胺素。大约在 20 世纪 30 年代中期，美国科学家 R. Williams 确定了这种维生素的结构，如图 6.4 所示，硫胺素由一个嘧啶环和一个由亚甲基（CH_2）桥连的噻唑基组成，噻唑基含有一个硫原子。

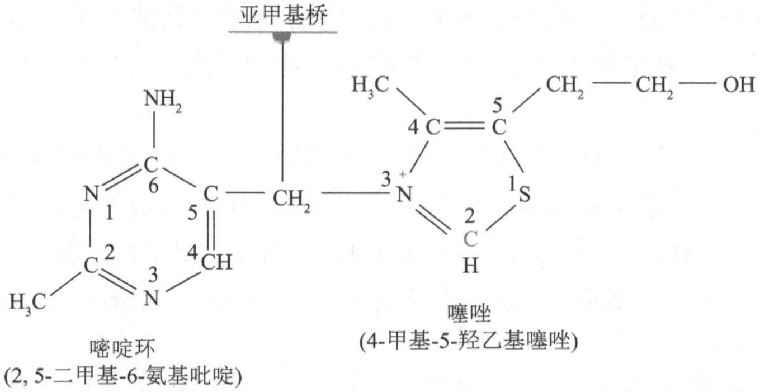

图 6.4　维生素 B_1 的结构

6.2.1　吸收、转运与代谢

在植物性食物中，硫胺素以游离（非磷酸化）形式存在；但在动物性食品中，约 95%的硫胺素被磷酸化，主要以二磷酸硫胺素（thiamine diphosphate，TDP）的形式存在，另外约 5%以单磷酸硫胺素（thiamine monophosphate，TMP）和三磷酸硫胺素（thiamine triphosphate，TTP）的形式存在。进入肠道中，肠磷酸酶会消化这些磷酸化形式的硫胺素再进行吸收过程，游离态的硫胺素则无需消化可以直接被吸收。

游离态的硫胺素通过被动扩散和载体介导的主动运输被吸收，其吸收过程发生在整个肠道（包括结肠）中，但主要发生在十二指肠和空肠。硫胺素转运蛋白 1（ThTr1）和硫胺素转运蛋白 2（ThTr2）介导了肠上皮细胞对硫胺素的转运。ThTr1 表达量更高，对硫胺素的容量也更大；但 ThTr2 对硫胺素的特异性更高。在肠道中，ThTr1 在刷状缘膜和基底外侧膜上均有表达，ThTr2 仅存在于基底外侧膜上。硫胺素以一种反向转运的方式，通过与 H^+交换，被主动转运进入肠上皮细胞中。当摄入约 5mg 硫胺素时，该转运过程达到饱和。硫胺素摄入量少时，会促进 ThTr2 的合成，以增加吸收率。酒精会抑制肠道中 ThTr1 和 ThTr2 的表达，从而影响硫胺素的吸收。酒精的抑制作用还会延伸到结肠细胞，但其抑制机制尚不清楚。在结肠及其他非肠道组织中还发现了 TDP 的转运载体。

硫胺素转运和代谢相关蛋白的编码基因存在突变。例如，编码 ThTr1 的 *SLC19A2* 基因的缺陷会导致一种称为巨幼细胞贫血综合征的硫胺素反应性缺陷病，也被称为硫胺素反应性巨幼红细胞性贫血和硫胺素代谢功能障碍综合征。这种罕见的常染色体隐性遗传疾病的主要特征为巨幼红细胞性贫血、耳聋及葡萄糖不耐受（或糖尿病）。补充药理剂量的硫胺素（25～100mg）可以改善但不能完全治愈该综合征。

在肠上皮细胞内，硫胺素可被硫胺素焦磷酸激酶（也称二磷酸激酶）磷酸化，消耗能量生成 TDP。但在穿越肠细胞的基底外侧膜进入血液之前，硫胺素需要经过去磷酸化。通常情况下，膳食摄入的硫胺素会在 1～2h 内从肠上皮细胞吸收并释放至血液中，以分布到各外周组织中。

6.2.2　糖代谢、脑调控等功能

硫胺素是一种辅酶分子，以 TDP 的形式作为丙酮酸脱氢酶、*α*-酮戊二酸脱氢酶和支链 *α*-酮酸脱氢酶复合物的一部分，参与能量产生和营养代谢过程。在过氧化物酶体中，作为 2-羟基辅酶 A 裂解酶的一部分，参与脂肪酸降解以产生能量。TDP 也是营养代谢所必需的，作为转酮激酶的一部分，用于磷酸化糖的相互转化，以及合成核苷酸和一些 B 族维生素辅酶。硫胺素还以非辅酶的形式在神经系统功能中发挥作用。

1. 营养代谢和能量产生中的辅酶作用

丙酮酸、*α*-酮戊二酸和三种支链氨基酸（异亮氨酸、亮氨酸和缬氨酸）氧化脱羧产生多种辅酶 A 代谢产物，并对能量（ATP）的产生起着关键作用。该反应的还原或抑制，尤其是对丙酮酸和 *α*-酮戊二酸的反应，会减少 ATP 的合成。此外，丙酮酸氧化的减少会下调乙酰辅酶 A 的产生，而乙酰辅酶 A 对于神经递质乙酰胆碱的合成及脂肪酸、胆固醇和其他重要化合物的合成至关重要。反应的抑制也会导致丙酮酸、乳酸和 *α*-酮戊二酸的积累，图 6.5 列出了一些 TDP 参与的具体反应，并在后面进行详细讨论。

2. 丙酮酸脱氢酶复合物和 *α*-酮戊二酸脱氢酶复合物的氧化脱羧作用

如图 6.6 所示，丙酮酸氧化脱羧形成乙酰辅酶 A 的步骤需要一种称为丙酮酸

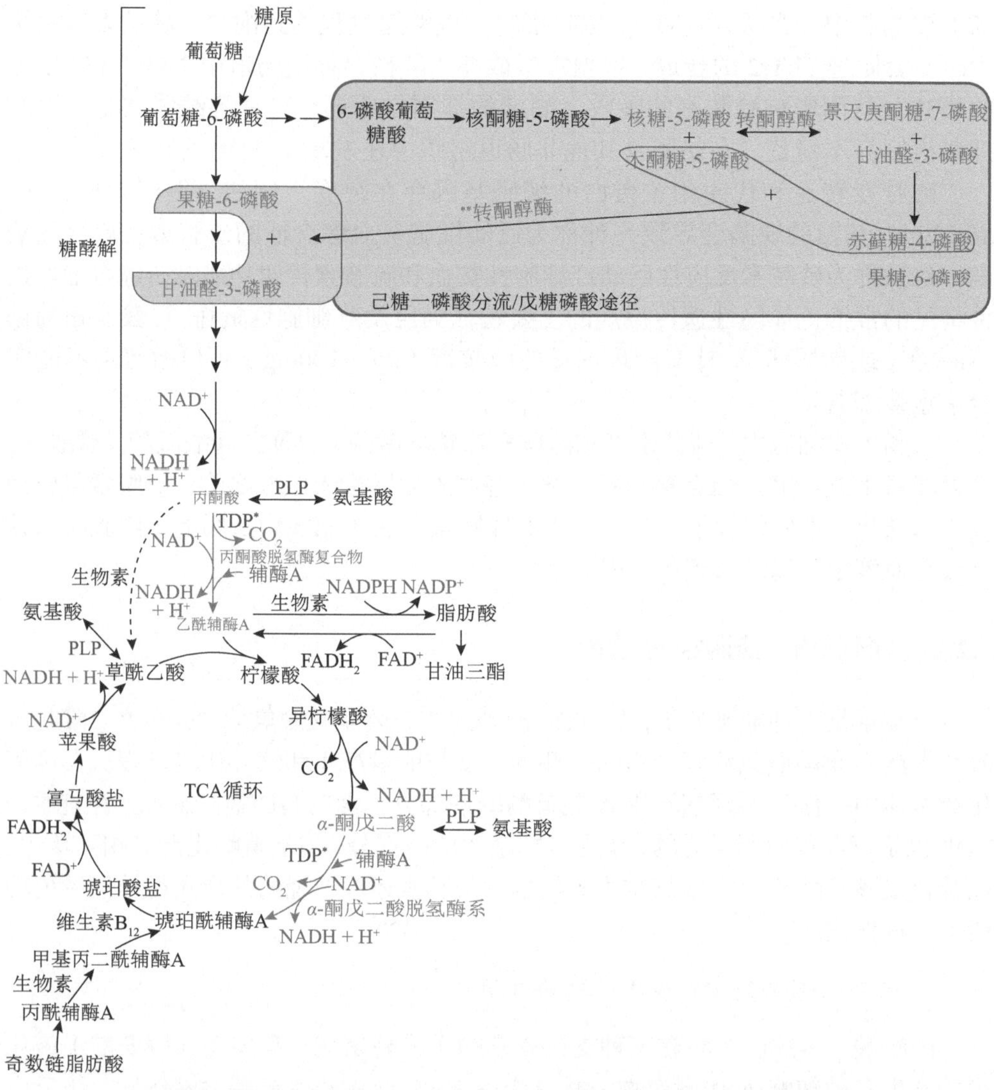

图 6.5 TDP 作为辅酶因子在能量代谢中的作用部位（星号表示）

NAD^+、NADH、NADP 和 NADPH 含有烟酸。FAD 和 $FADH_2$ 含有核黄素。PLP 含有吡哆醇/维生素 B_6。

*TDP 也称 TPP，含有硫胺素。辅酶 A(CoA)含有泛酸。**转酮醇酶含有硫胺素

脱氢酶复合物的多酶复合物。该复合物与线粒体膜结合，由三种酶组成：TDP 依赖的丙酮酸脱氢酶、硫辛酸依赖的二氢硫辛酸转乙酰基酶和 FAD 依赖的二氢硫辛酸脱氢酶。该过程的 4 种维生素——二磷酸硫胺素（TDP）、黄素腺嘌呤二核苷酸（FAD）、烟酸（NAD^+）和泛酸（CoA 的组分）在这一过程中的作用在图 6.6 和图 6.7 中均有标出。

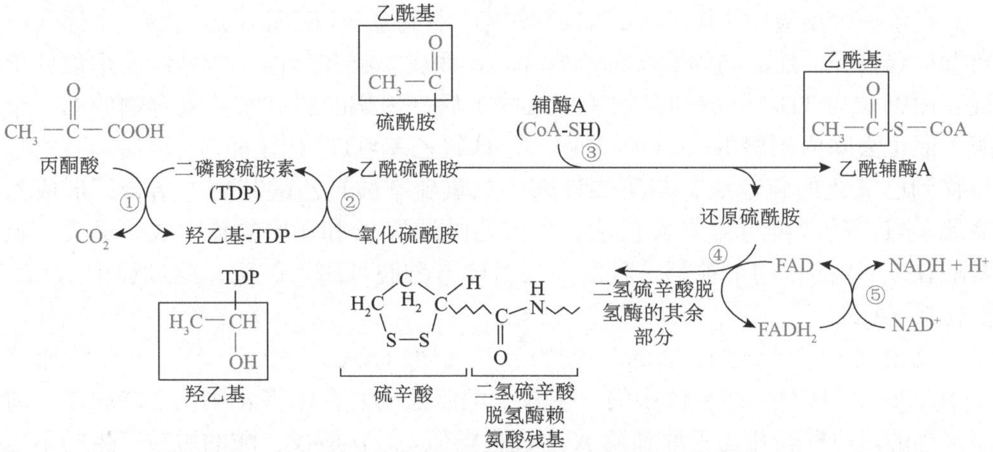

图 6.6　丙酮酸脱氢酶复合物对丙酮酸的氧化脱羧作用

①从丙酮酸中除去 CO_2，并且剩余的化合物（羟乙基）附着到 TDP 上以形成羟乙基-TDP。②羟乙基被转移到氧化的硫酰胺上，硫酰胺由硫辛酸组成，硫辛酸通过酰胺（CO-NH）连接到二氢硫辛酸转乙酰基酶的赖氨酸残基上。随着羟乙基的转移，生成乙酰硫酰胺。③乙酰硫酰胺与辅酶 A（CoA-SH）反应生成乙酰辅酶 A 和还原硫酰胺。④还原硫酰胺被 FAD 依赖的二氢硫辛酸脱氢酶氧化。⑤还原型黄素腺嘌呤二核苷酸（$FADH_2$）蛋白被 NAD^+氧化，然后将还原当量转移到电子传递链

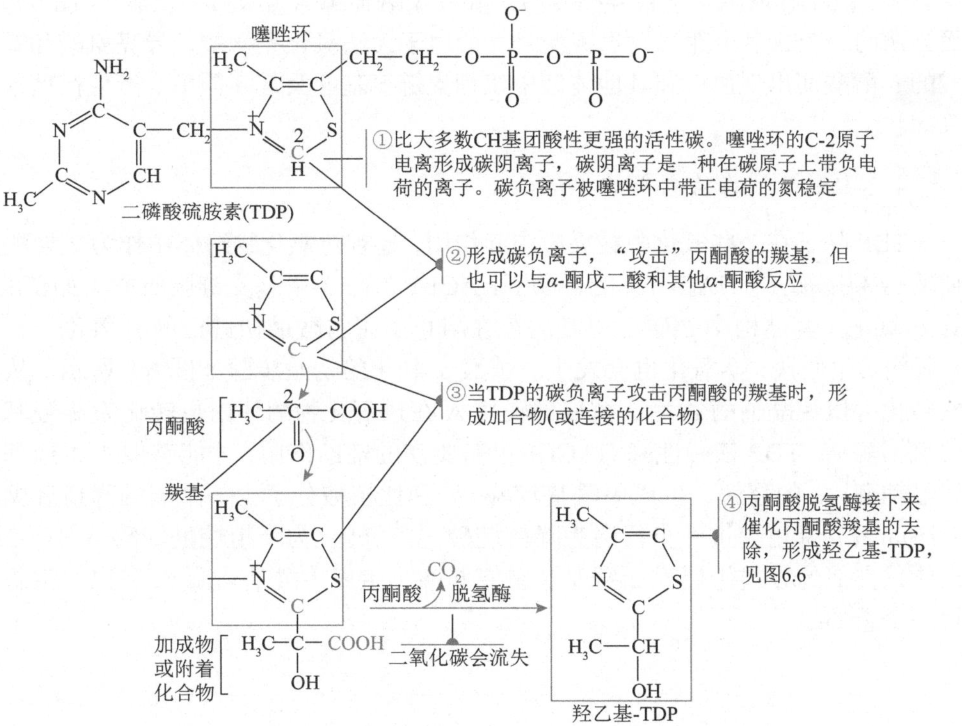

图 6.7　二磷酸硫胺在丙酮酸脱羧过程中的第一步催化的反应过程

在第一个反应中（图 6.7），TDP 噻唑环中氮原子和硫原子之间的 C-2 原子电离形成碳离子，然后与丙酮酸的 2-羰基、α-酮戊二酸和其他 α-酮酸结合形成共价键。丙酮酸与 TDP 形成加合物（连接物）后，丙酮酸脱氢酶（复合物的第一个酶）催化去除丙酮酸的—COO^-基团，形成羟乙基-TDP（图 6.6）。之后，羟乙基转移到已氧化的硫辛酸，与第二种酶（二氢硫辛酸转乙酰基酶）结合，形成乙酰硫辛酸，后者再与辅酶 A 反应，形成乙酰辅酶 A 和还原的硫辛酸。最后，硫辛酸在 FAD 的作用下被第三种酶（二氢硫辛酸脱氢酶）氧化，此过程中 NAD^+ 氧化成 $FADH_2$。

也就是说，该过程总的反应为：丙酮酸+NAD^++辅酶 A$\longrightarrow$乙酰辅酶 A+NADH+H^++CO_2。线粒体中的 α-酮戊二酸脱氢酶复合体将 α-酮戊二酸脱氢与前面描述的丙酮酸转化为乙酰辅酶 A 的过程类似。但 α-酮戊二酸的脱羧产生的不是乙酰辅酶 A，而是 TCA 循环中间体琥珀酰辅酶 A。

3. 支链 α-酮酸脱氢酶复合物的氧化脱羧作用

与前面描述的氧化过程相似，由缬氨酸、异亮氨酸和亮氨酸转氨化引起的支链 α-酮酸的脱羧也是一种氧化过程。脱羧反应生成异丁酰辅酶 A（来自缬氨酸）、α-甲基丁酰基辅酶 A（来自异亮氨酸）和异戊酰辅酶 A（来自亮氨酸）（图 6.8）。而当酶的一个或多个亚基发生突变时，会由于无法氧化亮氨酸、异亮氨酸和缬氨酸的 α-酮酸而出现血液和其他体液中累积支链氨基酸及其 α-酮酸，产生枫糖尿症等症状。

4. 2-羟酰基辅酶 A 裂解酶 1 活性

TDP 除了在一些氧化脱羧反应中起作用，还在过氧化物酶体中作为 2-羟酰基辅酶 A 裂解酶 1（HACL1）的辅酶。HACL1 参与 3-甲基支链脂肪酸（如植酸）的 α-氧化。其结构中 β-碳上甲基的存在阻止了脂肪酸最初进行的 β-氧化，一旦 α-氧化发生脱羧，β-氧化也会发生。植酸 α-氧化的初始步骤如图 6.9 所示。从植酸转化为植烷酰辅酶 A 后，植烷酰辅酶 A 在过氧化物酶体内再转化为 2-羟基植烷酰辅酶 A。TDP 依赖性酶 HACL1 也需要镁的辅助作用，才能够催化 2-羟基植烷酰辅酶 A 的裂解，生成甲酰基辅酶 A 和比植酸分子少一个碳的降植烷戊醛（pristanal）。降植烷进一步代谢为降植烷酸，然后转化为降植烷酰辅酶 A。HACL1 也能以类似的方式作用于 2-羟基长链脂肪酸，生成甲酰基辅酶 A 和比原脂肪酸短一个碳的醛。

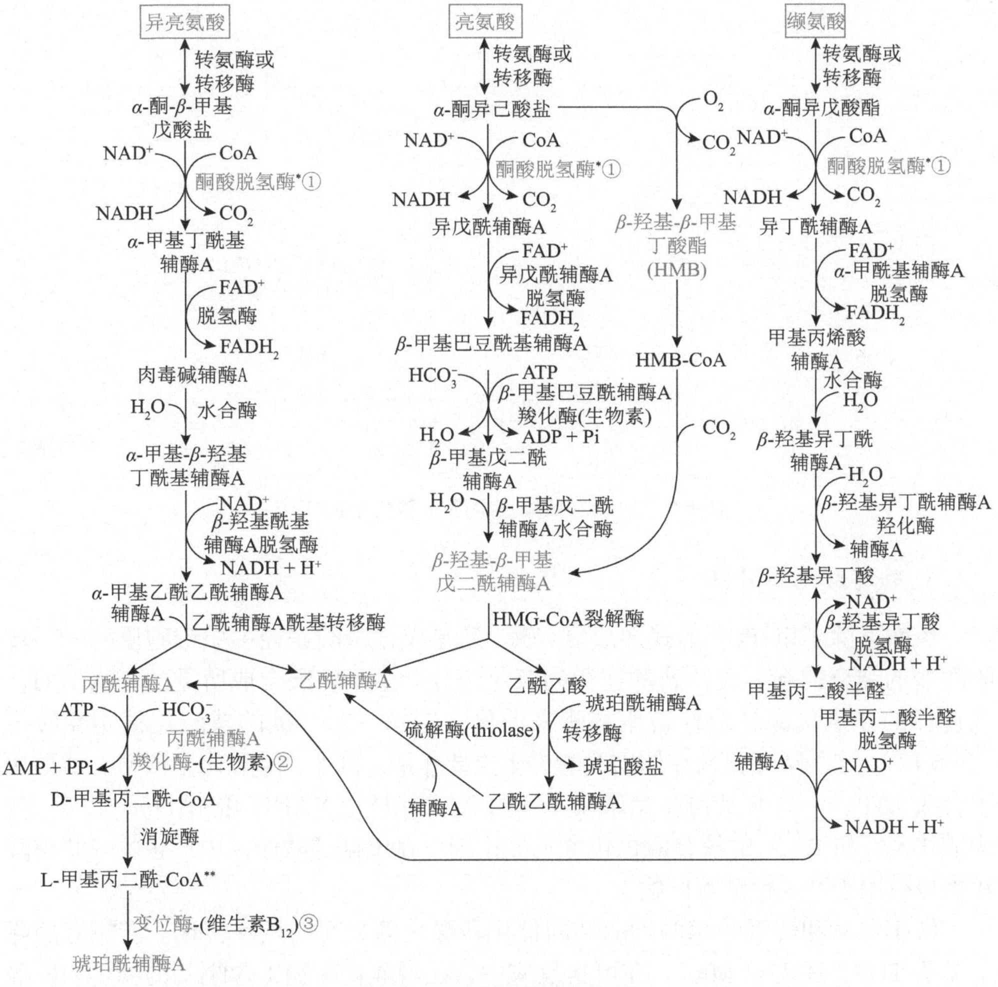

图6.8　支链氨基酸的代谢

*支链 α-酮酸脱氢酶(BCKAD)，需要硫胺素作为 TDP/TPP，烟酸作为 NADH，以及来自泛酸盐的 Mg^{2+}和辅酶 A。

**甲硫氨酸、苏氨酸、异亮氨酸和缬氨酸分解代谢的常见中间体

①这种酶复合体的缺陷会导致枫糖尿症。②这种酶的缺陷会导致丙酸血症。

③这种酶的缺陷会导致甲基丙二酸血症

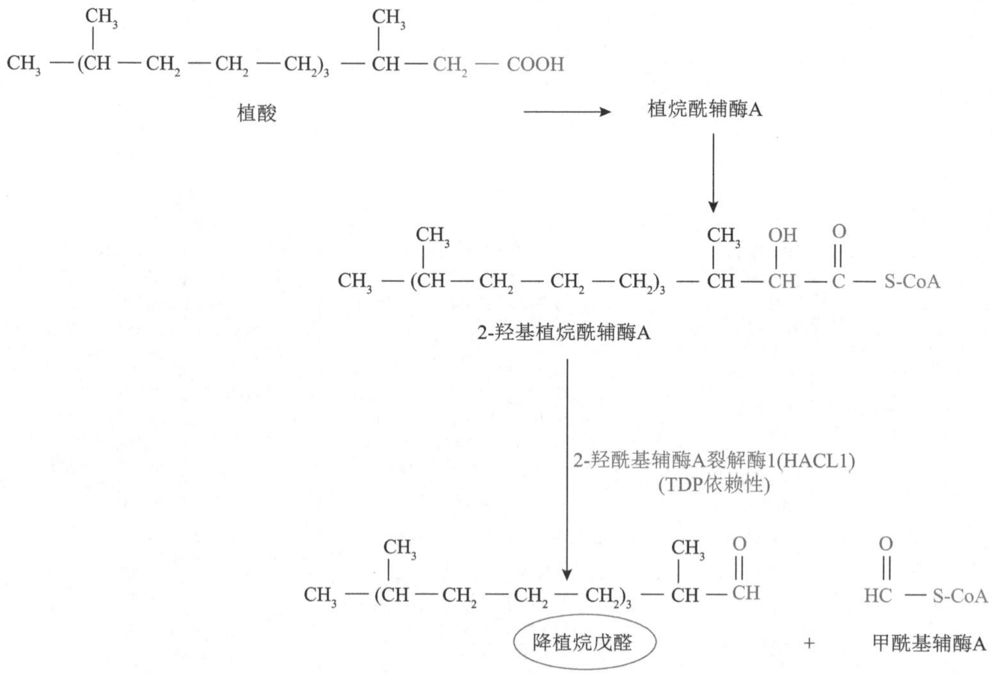

图 6.9 硫胺素辅酶在植酸 α-氧化中的作用

5. 转醇酸化酶活性

硫胺素除了以 TDP 形式形成复合酶，还是戊糖磷酸途径中关键胞质酶——转酮醇酶的结合辅基。戊糖磷酸途径的氧化部分产生脂肪酸合成所需的 NADPH，该途径的非氧化部分依赖转酮醇酶来催化含有 3～7 个碳的磷酸化糖相互转化（图 6.10）。这些磷酸化糖在体内起着许多重要作用。例如，磷酸化糖核糖 5-磷酸用于合成 ATP，一些 B 族维生素辅酶（辅酶 A、NAD^+、$NADP^+$和 FAD），以及一些构成 DNA 和 RNA 的核苷酸也包含磷酸化糖。在戊糖磷酸途径中产生的一些磷酸化糖也被用于产生糖酵解产物。

转酮醇酶和转醛醇酶两种酶共同催化磷酸化糖之间的相互转化。转酮醇酶除了需要 TDP，还需要 Mg^{2+}，在可逆反应中，在磷酸化酮糖（含酮基的糖）和磷酸化醛糖（含醛基的糖）之间转移碳片段。例如，景天庚酮糖-7-磷酸中的两个碳通过转酮醇酶转移到醛糖甘油醛-3-磷酸形成酮糖木糖-5-磷酸和醛糖核糖-5-磷酸。转醛醇酶催化磷酸化糖之间的进一步相互转化，将景天庚酮糖-7-磷酸（碳酮糖）和甘油醛-3-磷酸（三碳醛糖）转化为赤藓糖-4-磷酸（四碳醛糖）和果糖-6-磷酸（六碳酮糖）。在转酮酶催化的第二个反应中，碳片段被转移，使赤藓糖-4-磷酸（四碳醛糖）和木糖 5-磷酸（五碳酮糖）被用来生成果糖-6-磷酸（六碳酮糖）和甘油醛-3-磷酸（三碳醛糖）。

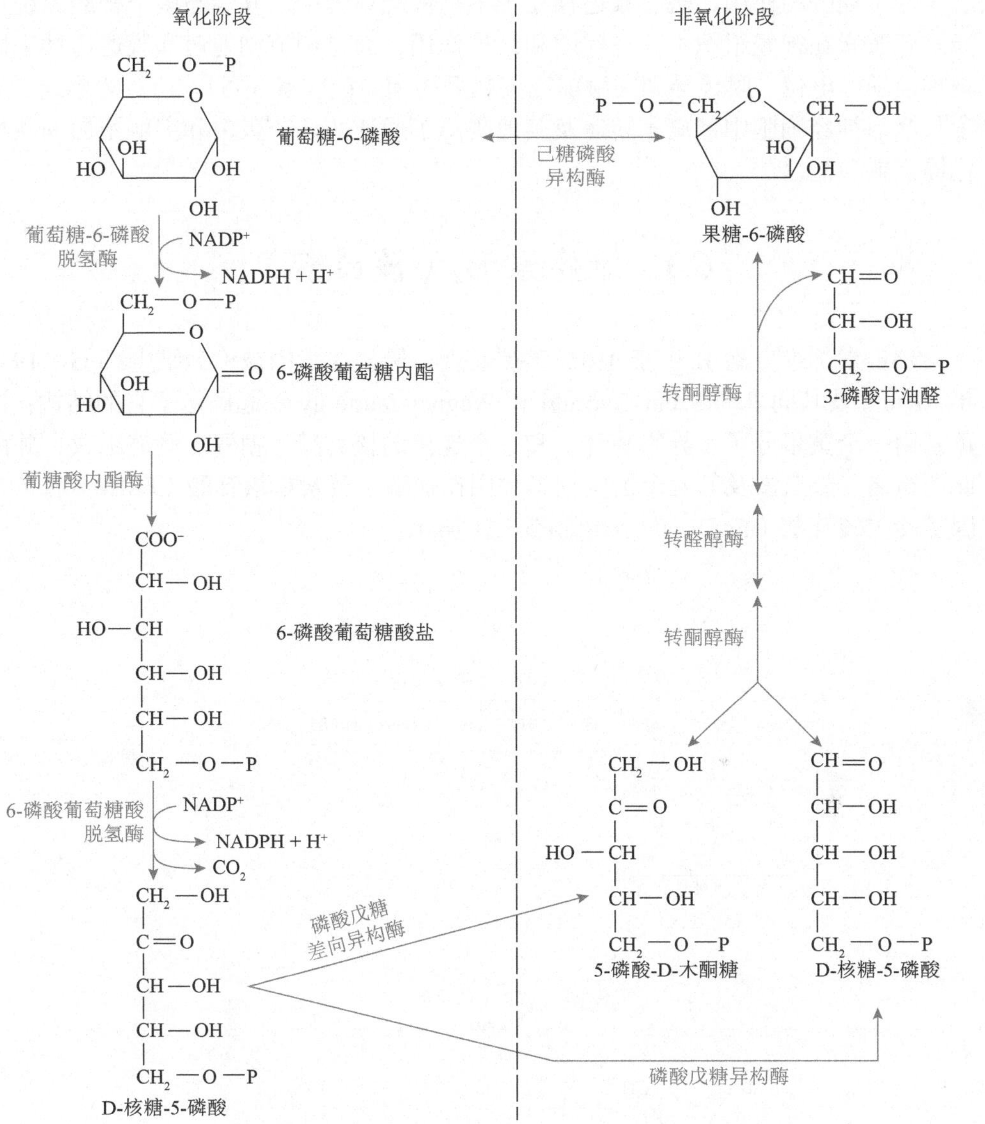

图 6.10　戊糖磷酸途径的氧化阶段和非氧化阶段

6. 在神经系统功能中的作用

在大脑中，硫胺素与其他器官和组织一样，作为一个辅酶参与能量产生的过程。其中，丙酮酸转化为乙酰辅酶 A 的过程尤为重要，因为乙酰辅酶 A 不仅在神经元中用于能量产生，还作为神经递质乙酰胆碱和髓磷脂（覆盖神经细胞的轴突，是神经冲动传导所必需的）的前体物质。

除了辅酶的作用，硫胺素还存在于中枢神经系统中，并参与多个神经系统功能。硫胺素在神经组织中参与代谢和结构作用，通过调节钠通道和膜通透性来影响神经动作电位、膜传导和突触前或突触后传递。硫胺素还可以 TTP 的形式，为参与激活神经细胞中氯离子转运及其他阴离子通道的调节蛋白和突触蛋白的磷酸化提供磷酸盐。

6.3 维生素 B_2（核黄素）

核黄素（维生素 B_2）于 1917 年被发现，最初在美国被称为维生素 G。1933 年，Kuhn 及其同事与 Szcnt-Györgyi 和 Wagncr-Jauncrgy 一起确定了它的结构：核黄素由一个黄素分子（异咯嗪环）和一个连接的核糖醇（糖醇）侧链组成，并由此而得名。核黄素及其两个衍生物（常用作辅酶）黄素单核苷酸（FMN）和黄素腺嘌呤二核苷酸（FAD）的结构如图 6.11 所示。

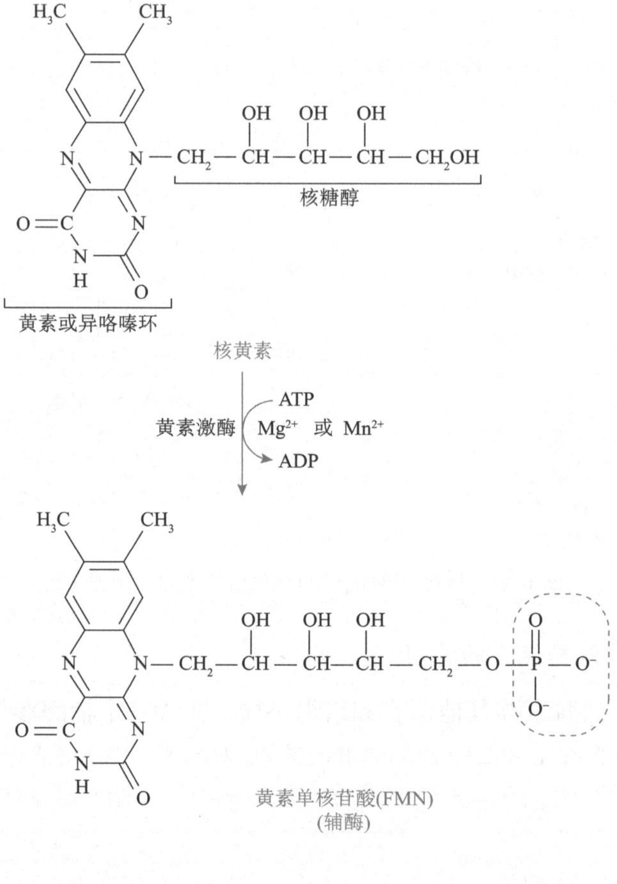

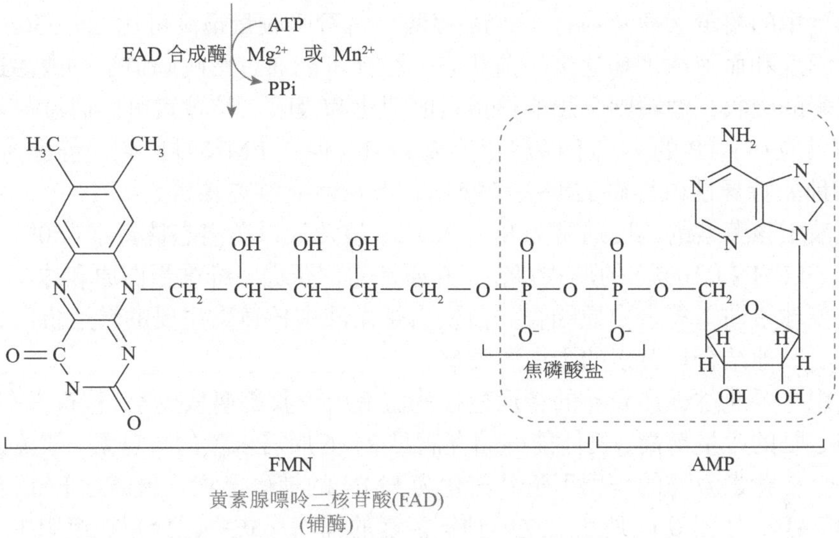

图 6.11　核黄素的结构及其辅酶形式

6.3.1　吸收、转运与代谢

膳食中的核黄素是以与蛋白质非共价结合的形式存在的，因此核黄素必须从蛋白质中释放出来才能被吸收。这个过程是通过胃内分泌的盐酸和胃、胰腺与小肠分泌的蛋白酶的作用来完成的。膳食中以 FAD、FMN 及核黄素磷酸形式存在的核黄素也必须从其中释放后才可被吸收。FAD 焦磷酸酶将 FAD 转化为 FMN，FMN 又被 FMN 磷酸酶转化为游离核黄素；其他肠道磷酸酶，如核苷酸二磷酸酶和碱性磷酸酶，则可从核黄素磷酸中水解释放出核黄素。然而，并非所有结合态的核黄素都能被水解并吸收。约 7%的 FAD 可与组氨酸或半胱氨酸共价结合，因此，摄入结合在上述氨基酸上的 FAD 后，蛋白质虽会被降解，但核黄素仍然结合在组氨酸或半胱氨酸残基上，无法在体内进行功能性利用。

游离态的核黄素通过能量依赖性核黄素维生素转运体（RFVT）在肠刷状缘膜上被吸收。RFVT2 在组织中广泛表达，并与 RFVT3 共同运输核黄素跨越小肠刷状缘膜。核黄素穿过肠上皮细胞基底外侧膜则是由 RFVT1 介导的。除了载体介导的转运，核黄素也可能受浓度梯度的驱动而通过被动扩散的方式被吸收。若 RFVT2 和 RFVT3 发生基因突变，会导致核黄素转运载体缺乏的 Brown-Vialetto-van Laere 综合征和 Fazio-Londe 综合征，表现为神经退行性病变，包括听力丧失、感觉共济失调、进行性上肢无力和视神经萎缩等。这些疾病是由核黄素的吸收紊乱导致的，通常以每天 10～80mg/kg 体重的剂量补充核黄素的方式来改善或延缓一些症状。

膳食中的核黄素通常约有 95%被吸收，每餐吸收量最高可达 25～30mg，此时吸收程度和血液浓度均达到峰值状态。胆汁可能通过影响肠道蠕动或渗透而促进核黄素的吸收，酒精则会影响核黄素的消化和吸收。核黄素可以通过黄素激酶催化的反应在 ATP 的参与下磷酸化形成 FMN，但在 FMN 排出到门静脉血之前，会被一种非特异性碱性磷酸酶去磷酸化，重新生成游离核黄素。

血液中核黄素的浓度通常为 8～19μg/L，核黄素以游离态核黄素（50%）、FAD（40%）和 FMN（10%）的形式存在，并通常与白蛋白、纤维蛋白原和球蛋白（主要是免疫球蛋白）等蛋白质结合。白蛋白是血液中核黄素主要的转运蛋白，尽管也发现了其他结合核黄素的蛋白质类型。

组织主要通过载体介导的转运过程从血液中吸收游离核黄素。核黄素在肝脏、肾脏和心脏的含量最高，机体能够储存满足 2～6 周需求量的核黄素。核黄素进入细胞后，在黄素激酶的作用下将其转化为 FMN 的辅酶形式，再通过 FAD 合成酶转化为 FAD，如图 6.11 所示。这两种核黄素的辅酶形式广泛分布在组织中，特别是肝脏、脾脏、小肠、肾脏和心脏。细胞内的主要形式是 FMN（60%～95%），其次是 FAD（5%～20%）。核黄素向其辅酶形式的转化过程受到多种激素的调控，包括促肾上腺皮质激素（ACTH）、醛固酮和甲状腺激素等，通过增加黄素激酶的活性加速转化过程。该反应也会受到终产物的抑制。核黄素一旦合成其辅酶形式，会与酶结合为黄素蛋白，成为其辅基，参与氧化还原反应。

6.3.2 辅酶等功能

核黄素的两种辅酶形式可以作为氧化剂，因为其能够接受一对氢原子。如图 6.12 所示，异咯嗪环经过两次连续的电子转移而被还原，中间形成半醌自由基；异咯嗪环的还原产生了还原形式的黄素蛋白，从而参与构成 $FMNH_2$ 和 $FADH_2$。

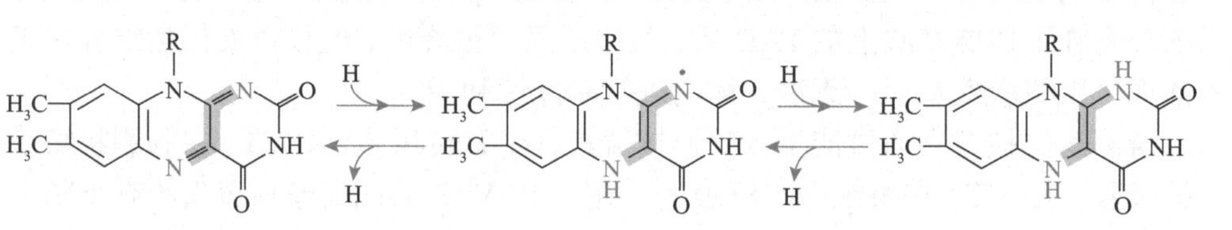

图 6.12 异咯嗪环的氧化还原

1. 能量产生中的作用

黄素蛋白具有广泛的氧化还原电位，在中间代谢中可以发挥多种作用。细胞内存在不同的载体，用于输送 FAD 和 FMN，如从细胞质转运到线粒体，从而确保这些辅酶能够在细胞器内发挥酶的功能，并防止其被降解。黄素蛋白的辅酶作用不仅影响电子传递链中能量的产生（图 6.13 和图 3.22），还影响营养物质的代谢。

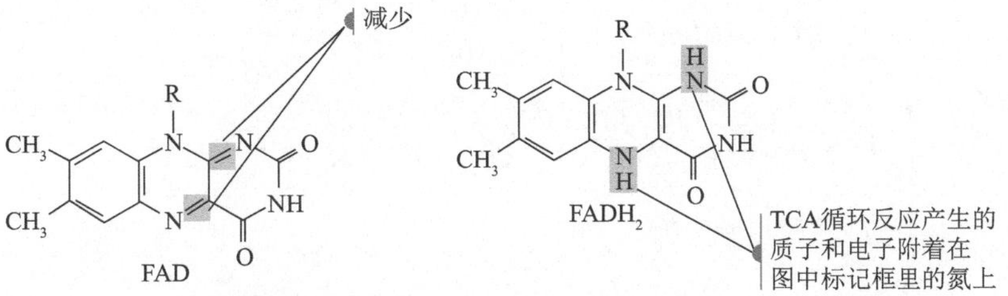

图 6.13　黄素腺嘌呤二核苷酸（FAD）及其还原形式（$FADH_2$）

2. 宏量营养素代谢中的作用

宏量营养素代谢中一些辅酶作用包括：

（1）丙酮酸（图 6.5）和 α-酮戊二酸的氧化脱羧，其中 FAD 作为中间电子载体，NADH 是最终还原产物；

（2）琥珀酸脱氢酶是一种 FAD 黄素蛋白，它从琥珀酸中获得电子形成延胡索酸酯，并将 FAD 转化为 $FADH_2$（图 6.5），这些电子通过辅酶 Q 进入电子传递链（图 6.14）；

（3）酰基辅酶 A 脱氢酶需要 FAD 进行脂肪酸 β-氧化（图 6.14）；

（4）鞘氨酸氧化酶需要 FAD 来合成鞘氨酸；

（5）L-氨基氧化酶利用 FMN 将 L-氨基酸脱氢成亚胺酸。

6.4　维生素 B_9（叶酸）

19 世纪 70 年代末和 80 年代初，科学家在寻找治疗巨幼红细胞性贫血的方法时，发现了叶酸（维生素 B_9）和维生素 B_{12}。Mitchell 及其同事在 1941 年发现了叶酸；1945 年，有实验室报道了它的化学合成。叶酸（folate）一词来自意大利语，意为“叶子”（foliage）。

叶酸也称蝶酰谷氨酸，由三部分组成，三个结构组分都对其活性起到重要作用。这三个结构组分包括：2-氨基-4-羟基蝶啶，通常称为蝶啶，由亚甲基（—CH_2—）偶联；对氨基苯甲酸（PABA）生成蝶酸，PABA 的羧基与肽结合；谷氨酸的氨基。虽然人体可以合成这些结构成分，但缺乏将蝶呤分子与 PABA 偶联以形成蝶酸所必需的偶联酶，因此需要从膳食中摄入。

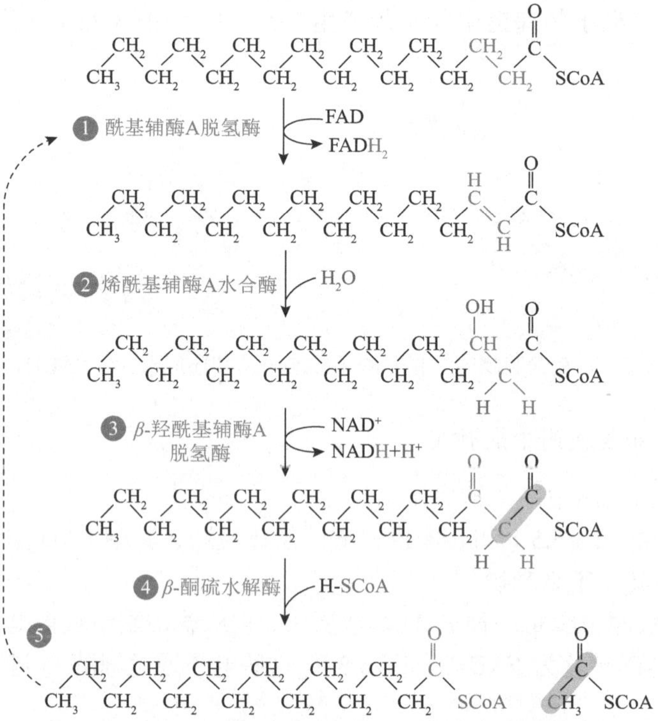

图 6.14　饱和脂肪酸棕榈酸的线粒体 β-氧化

①在 α-碳和 β-碳之间形成双键。有 4 种不同的酰基辅酶 A 脱氢酶，每种都对一系列链长具有特异性。该反应还产生进入电子传递链的 $FADH_2$。②水合反应在双键上添加一个水分子，形成 β-羟酰基辅酶 A。③β-羟基氧化成酮。该反应还产生 $NADH+H^+$，进入电子传递链。④辅酶 A 分子的插入和双碳乙酰辅酶 A 的切割（阴影）。每个乙酰辅酶 A 分子在 TCA 循环中被进一步氧化。⑤缩短的脂肪酸酰基辅酶 A 被激活并重新进入 β-氧化途径。每次通过 β-氧化途径产生额外的 $FADH_2$、$NADH+H^+$和乙酰辅酶 A

叶酸是一个总称，包括多种形式，有在体内和食物中发现的所有形式[包括四氢叶酸（THF）及其衍生物]，还有在强化食品和大多数补充剂中发现的 THF 的氧化形式。图 6.15 显示了以单谷氨酸盐的形式存在的四氢叶酸和叶酸。然而，在人体细胞和食物中，叶酸的谷氨酸残基通常附着在其他谷氨酸残基上（最多 8 个），这些谷氨酸通过 γ-肽键与叶酸中的谷氨酸相连。当附加了这些额外的谷氨酸时，这种形式的叶酸有时也被称为叶酰聚谷氨酸。食物中和人体细胞中均含有四氢叶酸和 THF 衍生物（图 6.15）。通过在 THF 的 5 位和 10 位上的氮原子上添加特定的一碳基团，可以形成 THF 的衍生物。这些一碳基团包括甲基、亚甲基、甲烷基、甲酰基和甲氨基。

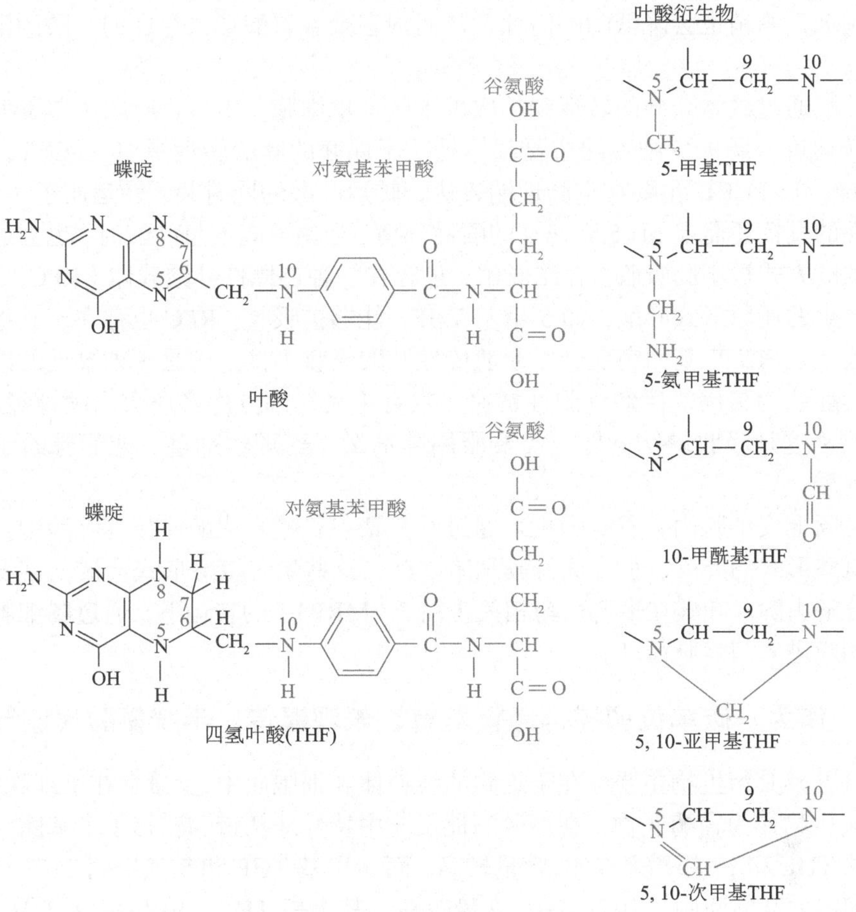

图 6.15　叶酸和四氢叶酸的结构

6.4.1　吸收、转运与代谢

从强化食品和补充剂中获得的叶酸，以及膳食营养补充剂中的 5-甲酰基 THF 和 5-甲基 THF 不需要进行消化，因为它们已经以单谷氨酸形式存在。然而，食物中以聚谷氨酸形式存在的叶酸，则需要通过消化转化为单谷氨酸形式才能被吸收。

THF 和 THF 衍生物的聚谷氨酸形式的消化是由近端小肠中的叶酸水解酶（也称谷氨酸羧肽酶）完成的。该酶作为外源性肽酶，逐步地脱除每个谷氨酸，最终生成单谷氨酸。这种酶的活性依赖锌，锌缺乏或 pH 处于酸性条件时（如胰外分泌功能不全引起的胰液中碳酸氢盐含量减少）酶活性会降低，从而减少叶酸的消化和后续的吸收。某些食物如豆类、扁豆、卷心菜和橙子中存在叶酸水解酶的天然抑制剂，酒精也会降低酶的活性，从而损害聚谷氨酸形式存在的叶酸的消化及吸收。

叶酸通过载体介导的转运和扩散进入肠上皮细胞，负责将叶酸（单谷氨酸形式）转运进入肠上皮细胞的主要载体是质子偶联的叶酸转运蛋白（PCFT，也称 SLC46A1）。PCFT 主要在空肠近端表达，转运叶酸的同时共同转运质子（H^+），其活性的发挥还需要 pH 5.5～6.0 的酸性环境。当摄入高剂量叶酸时，也会通过被动扩散的方式被小肠吸收。在结肠中，还存在一种还原性叶酸载体（RFC），使得细菌产生的还原形式叶酸，如 5-甲基 THF，能够被吸收。RFC 也存在于其他组织细胞膜上。*PCFT* 基因突变会引起遗传性叶酸吸收不良，这是一种罕见的遗传疾病，其症状为腹泻、巨幼细胞性贫血、发育不良，部分患者还会出现神经问题。为了改善这种吸收缺陷问题，需要服用高剂量（药理学剂量）或静脉给予低剂量的叶酸。

在肠上皮细胞内，谷氨酸也可通过叶酸聚谷氨酸合成酶连接到叶酸中，生成聚谷氨酸形式的叶酸；但在离开肠细胞之前，这些聚谷氨酸形式会被 γ-谷氨酰水解酶分解去除。叶酸在多药耐药相关蛋白 3（MRP3）的转运下，通过肠细胞的基底外侧膜进入门静脉循环。

6.4.2 作为一碳单位调控神经管发育、表观遗传、半胱氨酸代谢等

THF 及其衍生物主要存在于细胞的线粒体和细胞质中，少量存在于细胞核中。THF 衍生物作为辅酶底物，在多种酶促反应中特异地携带和转移单个基团。线粒体中的 THF 和 10-甲酰基 THF 含量较高，而 5-甲基 THF 和 5-氨甲基 THF 含量较少。细胞内叶酸池中 5-甲基 THF 含量较高，其次是 THF、10-甲酰基 THF 和 5-氨甲基 THF。细胞核内叶酸的形式尚不清楚，目前认为包括 THF 和 5, 10-亚甲基 THF 等形式。

叶酸参与多种氨基酸（包括丝氨酸、甘氨酸、组氨酸和甲硫氨酸）的代谢，以及胆碱/甜菜碱的代谢。在这些反应中 THF 衍生物释放的一碳单位，可用于嘌呤和嘧啶的合成（图 6.16），从而影响 DNA、组蛋白、RNA 和核受体功能。表 6.1 列出了 THF 衍生物及其在蝶啶环 N5 和/或 N10 处（通常省略 N）与 THF 相连的一碳基团的类型。

甲酰衍生物是最容易氧化的形式，除 THF 外，5-甲基 THF 是最容易还原的形式。除了 5-甲基 THF 不能直接转化回 5, 10-亚甲基 THF 外，表 6.1 中列出的衍生物之间可以相互转换（图 6.17）。

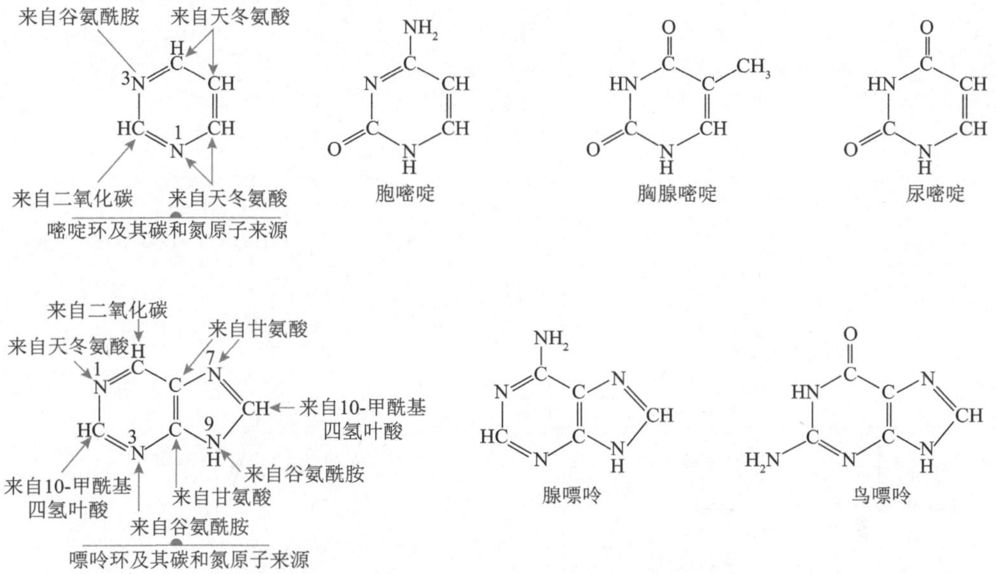

图 6.16　嘧啶和嘌呤环结构以及嘧啶和嘌呤碱基

表 6.1　THF 衍生物及其在蝶啶环 N5 和/或 N10 处的一碳基团

THF 衍生物类型	一碳基团
5-甲酰基 THF、10-甲酰基 THF	O═CH
5-亚胺甲基 THF	—HC═NH—
5, 10-甲川 THF	═CH—
5, 10-亚甲基 THF	$—CH_2—$
5-甲基 THF	$—CH_3$

1. 丝氨酸和甘氨酸代谢

丝氨酸和甘氨酸是叶酸反应中一碳单位的主要来源，它们都可以根据需要在线粒体和细胞质之间相互转换。丝氨酸通过丝氨酸羟甲基转移酶代谢，将一个碳单元从丝氨酸转移到 THF，生成 5, 10-亚甲基 THF 和甘氨酸。该酶活性的发挥需要维生素 B_6 以磷酸吡哆醛（PLP）的形式作为辅酶。该反应可逆，甘氨酸（由丝氨酸或蛋白质降解生成或通过饮食摄入）可以通过甘氨酸裂解系统降解，并提供给 THF 一碳单位，生成 5, 10-亚甲基 THF、铵盐和二氧化碳，同时 NAD^+ 生成 NADH 和 H^+。该反应在所有组织（尤其是肝脏和肾脏）的所有细胞的细胞质和线粒体中均可发生。

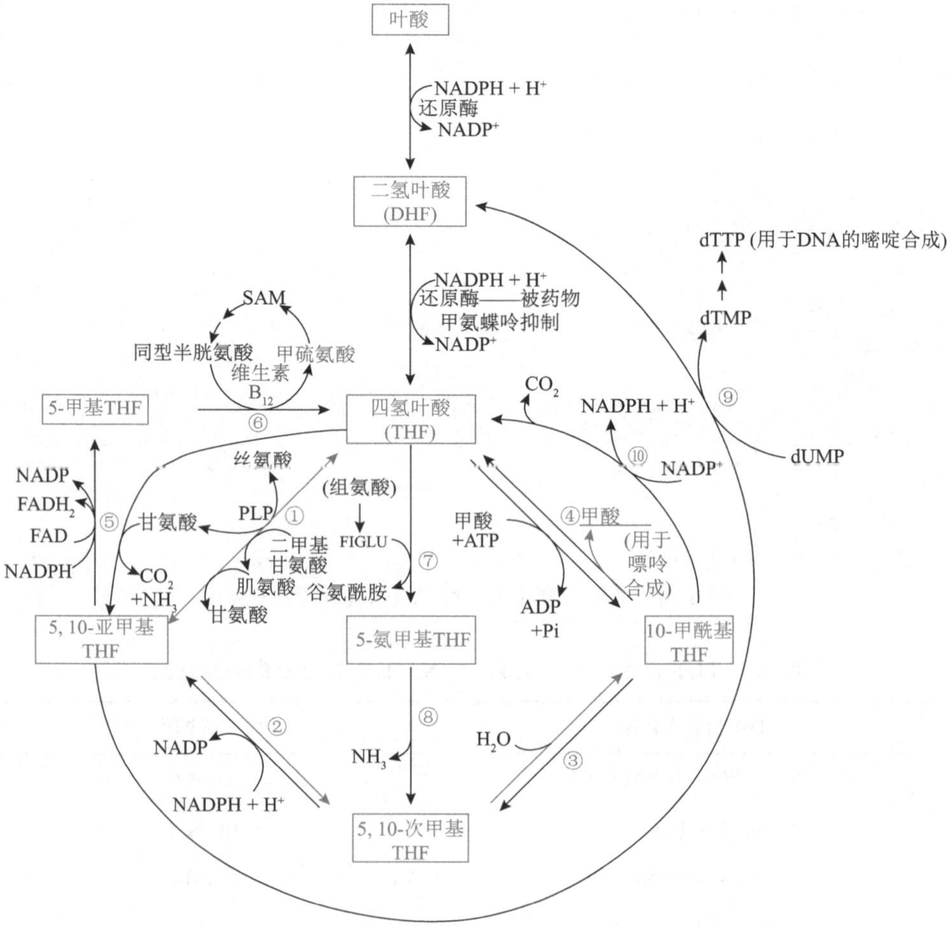

图 6.17　叶酸代谢和四氢叶酸衍生物的作用概述

红色箭头表示线粒体中甲酸盐合成途径的主要方向

参与 THF 辅酶形式相互转化的酶：①丝氨酸羟甲基转移酶(辅酶 PLP)——叶酸从丝氨酸中以 5, 10-亚甲基的形式接受碳单元，从而产生 5, 10-亚甲基 THF 和甘氨酸。②亚甲基 THF 脱氢酶——鉴于 5, 10-亚甲基 THF 在丝氨酸合成和嘧啶合成中的作用，从 5, 10-亚甲基 THF 产生 5, 10-甲基 THF 是重要的。③甲基 THF 环水解酶。④形成 THF 连接酶/合成酶。10-甲酰基 THF 对嘌呤合成特别重要。⑤亚甲基 THF 还原酶——5-甲基 THF 的产生对同型半胱氨酸合成甲硫氨酸至关重要。⑥甲硫氨酸合成酶(辅酶 B_{12})。⑦甲酸亚氨基转移酶——叶酸接受来自 FIGLU 的甲酸氨基，并促进组氨酸分解代谢的最后一步。⑧环化脱氨酶。⑨胸苷酸合成酶——5, 10-亚甲基 THF 为嘧啶合成所需的反应提供醛基。⑩10-甲酰基 THF 脱氢酶

由丝氨酸和甘氨酸代谢产生的 5, 10-亚甲基 THF 可以在细胞质中生成 5-甲基 THF，也可在细胞质和线粒体中转化为 10-甲基 THF，随后转化为 10-甲酰基 THF（图 6.18）。

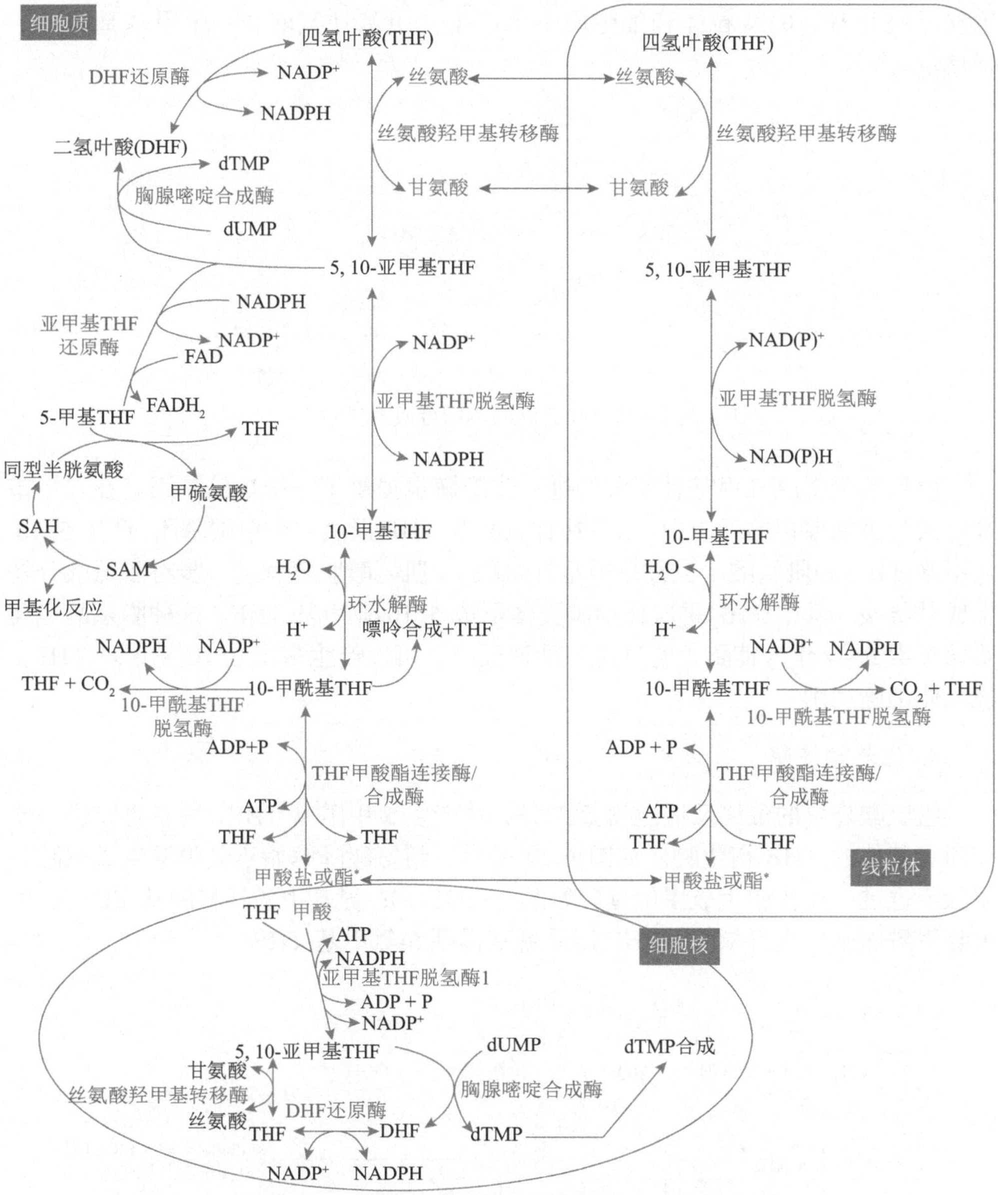

图 6.18　细胞质、线粒体和细胞核中的叶酸代谢

*甲酸盐或酯也在细胞中由支链脂肪酸的 α-氧化及色氨酸和组氨酸分解代谢过程中产生

2. 胆碱和甜菜碱代谢

甜菜碱（也称三甲基甘氨酸）存在于食物中，也可以由胆碱生成（主要在肝脏中）（图 6.19）。胆碱可以在体内合成也可来自膳食。甜菜碱代谢（主要发

生在肝脏和肾脏的线粒体和细胞质中）产生二甲基甘氨酸和一个甲基基团（一碳单位）。

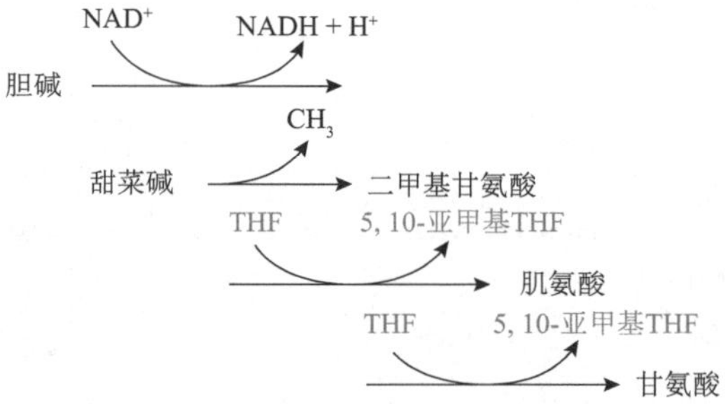

图 6.19　甜菜碱的体内合成及代谢

由甜菜碱生成二甲基甘氨酸的进一步降解也提供了一个单碳基团。在二甲基甘氨酸脱氢酶催化的反应中，二甲基甘氨酸为 THF 提供一个单碳基团，产生 5, 10-亚甲基 THF 和肌氨酸（也称单甲基甘氨酸）。肌氨酸脱氢酶进一步将肌氨酸分解生成甘氨酸，其中 THF 再次作为碳受体形成 5, 10-亚甲基 THF。这种脱氢酶也需要核黄素 FAD 作为辅酶。通过这一系列反应，可以产生多个 5, 10-亚甲基 THF，被机体细胞利用。

3. 组氨酸降解

组氨酸降解的最终反应也需要 THF，并产生 5-甲酰基 THF，后者可以进一步代谢为其他的 THF 衍生物。如图 6.20 所示，组氨酸降解始于其脱氨生成尿酸，尿酸经过进一步代谢生成甲氨基谷氨酸（FIGLU）；氨基甲酰转移酶从 FIGLU 中去除甲酰氨基生成谷氨酸；THF 接受酰基得到 5-氨甲基 THF。

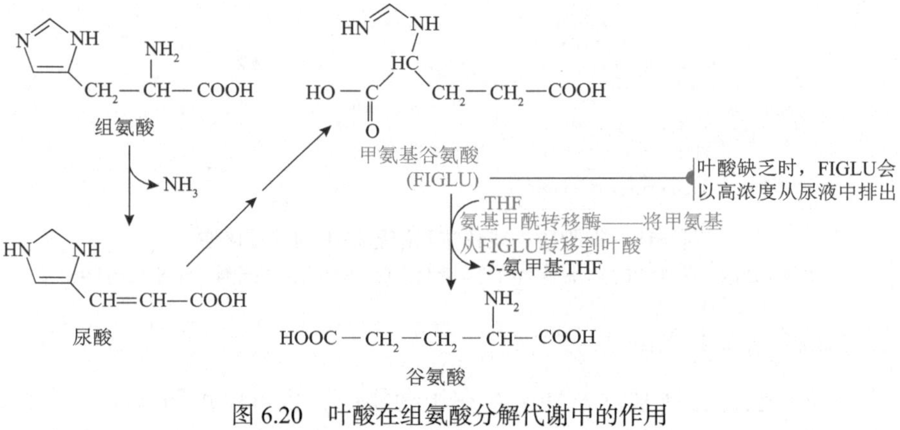

图 6.20　叶酸在组氨酸分解代谢中的作用

这个反应曾被用于诊断叶酸缺乏。受试者摄入一定剂量的组氨酸，然后测量尿液中 FIGLU 的排泄量。在叶酸缺乏的情况下，FIGLU 会在血液中积累，并以高于正常浓度的尿液排出体外；而在叶酸充足的情况下，THF 转化为 5-氨甲基 THF，FIGLU 转化为谷氨酸，尿液中几乎不会出现 FIGLU。

该反应产生的 5-氨甲基 THF 可通过环脱氨酶和亚甲基 THF 脱氢酶分别转化为 5, 10-甲基 THF 和 5, 10-亚甲基 THF（图 6.17）。因此，与丝氨酸、甘氨酸和胆碱/甜菜碱一样，组氨酸也是一碳单位的来源。

4. 嘌呤和嘧啶合成

以上代谢反应产生的 5, 10-亚甲基 THF 在线粒体、细胞质和细胞核中用于产生其他的 THF 衍生物，包括 10-甲酰基 THF 和甲酸（图 6.18）。线粒体利用 5, 10-亚甲基 THF 产生 10-甲酰基 THF，随后可用于 *N*-甲酰化合成 Met-tRNAiMET（起始转移 RNA）。10-甲酰基 THF 还可以水解为甲酸。甲酸可以在细胞内间隔自由穿梭，然后进入细胞质，在那里再次形成 10-甲酰基 THF。此外，细胞质中 10-甲酰基 THF 提供了位于 2 位和 8 位的一碳单位，用于腺嘌呤和鸟嘌呤的合成。这些嘌呤是 DNA 和 RNA 核酸的合成所必需的。甲酸也可以进入细胞核，在那里生成 5, 10-亚甲基 THF，用于胸苷的合成。

如图 6.17 所示，在嘧啶合成中，胸腺苷酸合成酶利用细胞质和细胞核中产生的 5, 10-亚甲基 THF 通过还原甲基化反应将 dUMP 转化为胸苷酸（dTMP）和二氢叶酸（DHF）。形成的 DHF 可以通过二氢叶酸还原酶（一种需要 NADPH 的酶）转化为 THF。胸苷（经过额外的磷酸化形成 dTTP）用于 DNA 合成。

然而，胸苷在中枢神经系统中还扮演着另一个角色，即用于产生鸟苷三磷酸（GTP）。GTP 参与四氢生物蝶呤（BH_4）的生成，BH_4 是多种神经递质（包括多巴胺、血清素和一氧化氮）合成酶的辅助因子。

5-甲基 THF 浓度的降低还与一氧化氮浓度的变化有关。一氧化氮是一种有效的血管扩张剂，并影响内皮功能。在叶酸水平较低的人群中，一氧化氮浓度降低可能是由叶酸缺乏导致的，并是由此导致的高血压和脑卒中风险增加的机制之一。

由于 THF 衍生物参与嘌呤和嘧啶的合成，所以叶酸对 DNA 和 RNA 合成及细胞分裂至关重要。叶酸依赖的胸苷生成反应是 DNA 复制速率的限制步骤，若叶酸不足会抑制嘌呤/嘧啶环的形成，进而影响 DNA 和 RNA 的合成。本身寿命较短的细胞（如肠上皮细胞和红血细胞）中 DNA 和 RNA 的合成更易受到叶酸不足的影响。

叶酸在细胞分裂中的作用使其成为某些药物治疗的“靶点”。胸苷酸合成酶和二氢叶酸还原酶在肿瘤细胞等中特别活跃。甲氨蝶呤是用于治疗某些癌症、类风湿性关节炎和银屑病等疾病的有效药物，通过作为一种拮抗剂，结合到二氢叶酸还原酶的活性位点上，阻止 THF 及细胞分裂所需的 DNA 和 RNA 的合成。胸苷酸合成酶也是一种用于治疗癌症的药物，通过靶向结合 5-氟尿嘧啶合成酶，导致 dTMP（和 dTTP）的生成减少，造成 dUMP 的积累，DNA 合成减少（尤其是在迅速分裂的细胞中），最终导致细胞死亡。

5. 甲硫氨酸和 SAM 合成

叶酸作为5-甲基THF在同型半胱氨酸再生甲硫氨酸过程中充当一碳单位载体（特别是作为甲基供体）（图 6.21）。该反应在细胞质中发生，需要甲硫氨酸合成酶（也称为同型半胱氨酸甲基转移酶）和维生素 B_{12}（钴胺素）作为辅助因子参与。当钴胺素与甲硫氨酸合成酶结合时，会从 5-甲基 THF 中获得甲基基团，生成甲基钴胺素和 THF；然后甲基钴胺素作为甲基供体，将甲基基团提供给同型半胱氨酸，形成甲硫氨酸。甲硫氨酸的产生至关重要，因为它提供了 *S*-腺苷甲硫氨酸（SAM）合成所需的甲基。

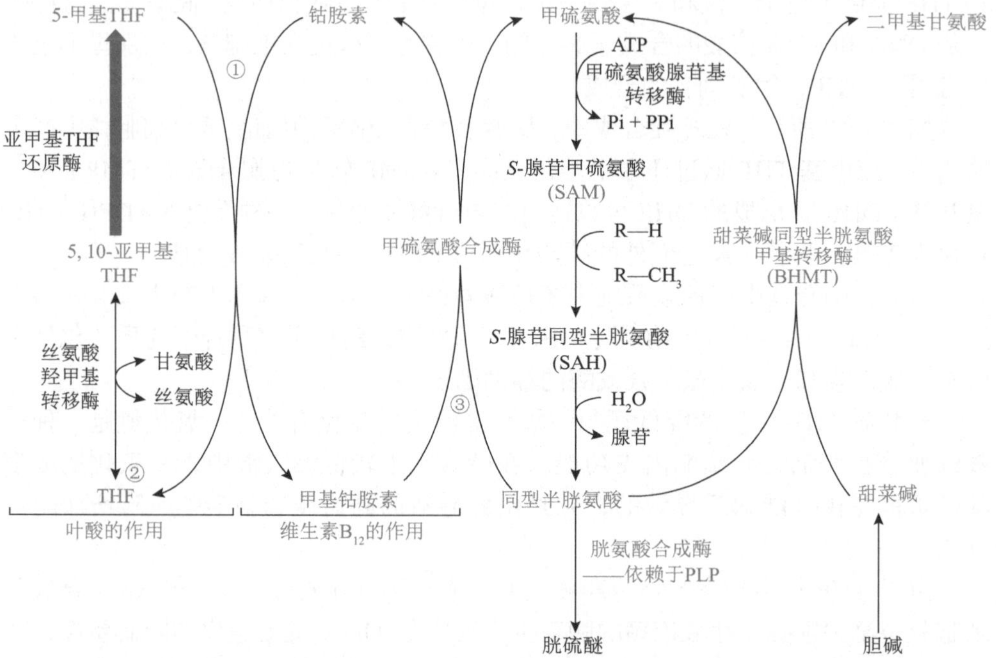

图 6.21　同型半胱氨酸重新合成甲硫氨酸，展示了叶酸和维生素 B_{12} 的作用

①与甲硫氨酸合成酶结合的钴胺素在 5-甲基 THF 上吸附甲基，形成 THF 和甲基钴胺素。②甲基钴胺素仍然与甲硫氨酸合成酶结合，将甲基转移至同型半胱氨酸，然后同型半胱氨酸形成甲硫氨酸并重新生成钴胺素。③THF 必须重新转化为 5-甲基 THF，反应才能再次进行。这个过程首先需要丝氨酸羟甲基转移酶催化两个反应生成 5, 10-亚甲基 THF。其次，亚甲基 THF 还原酶将 5, 10-亚甲基 THF 转化为 5-甲基 THF，后者可以再次将其甲基转移至钴胺素

除了叶酸和维生素 B_{12}，甜菜碱也可以用于同型半胱氨酸的再甲基化。从膳食中获得或在肝脏中由胆碱降解产生的甜菜碱，通过肝酶甜菜碱同型半胱氨酸甲基转移酶提供甲基基团给同型半胱氨酸，从而生成甲硫氨酸（图 6.21），进而用于产生 SAM。

SAM 在体细胞中作为重要的甲基供体，在超过 100 个甲基化反应中发挥作用，包括 DNA、RNA 和蛋白质（包括组蛋白）的甲基化、髓磷脂维持、神经功能及多胺、肉碱和儿茶酚胺的合成等。DNA 甲基化和组蛋白会影响基因的表达。

SAM 浓度和叶酸的可用性在一定程度上调节甲硫氨酸代谢，特别是影响从同型半胱氨酸合成甲硫氨酸和同型半胱氨酸降解的过程。SAM 浓度的增加会促进转硫化途径，通过半胱氨酸酶将同型半胱氨酸不可逆地降解为半胱氨酸（图 6.21）。较高的 SAM 浓度和叶酸的利用率（如 5-甲基 THF）也会抑制亚甲基 THF 还原酶活性，从而减少 5, 10-亚甲基 THF 转化为 5-甲基 THF。相反，较低的 5-甲基 THF 利用率会降低同型半胱氨酸的再甲基化、甲硫氨酸和 SAM 的形成。SAM 不足时，会减少细胞中的甲基化反应。

6.5　维生素 A

维生素 A 最初是在动物性食物中发现的一种必需的生长因子，是一种脂溶性维生素。维生素 A 又称为维生素 A 醇或类视黄醇，通常用来指一组具有全反式视黄醇生物活性的化合物。

类视黄醇包含一系列视黄醇、视黄醛、视黄酸和视黄酯，以及合成的结构类似物。在结构上，类视黄醇包含一个 β-离子环和一个醇基[视黄醇，图 6.22（a）]、醛基[视黄醛，图 6.22（b）]、羧酸基[维甲酸，图 6.22（c）]或酯基[视黄酯，图 6.22（d）]，如硬脂酸视黄酯或棕榈酸视黄酯[图 6.22（e）]；侧链由 4 个异戊二烯单元组成，并具有一系列共轭双键。双键可以存在于反式构型中（如全反式视黄醇），也可以存在于顺式构型中。

膳食中常见的是维生素 A 的前体——类胡萝卜素，这是一种主要存在于植物中的红色、橙色和黄色的脂溶性色素。在自然界中发现的 700 多种类胡萝卜素中，只有不到 10%的类胡萝卜素存在于日常食用的食物中，而仅有约 10 种类胡萝卜素可以在人体的血液和组织中检测出来。从结构上看，类胡萝卜素由含有共轭双键的扩展碳链组成，通常在链的一端或两端，但并非总是具有未取代的 β-离子环。有三种类胡萝卜素可以在体内转化为视黄醛，称之为维生素 A 原类胡萝卜素，包括 β-胡萝卜素[图 6.22（f）]、α-胡萝卜素[图 6.22（g）]和 β-隐黄素[图 6.22（h）]。这些类胡萝卜素通常以全反式形式存在，但也存在顺式异构体。在这三种类胡萝卜素中，β-胡萝卜素的维生素 A 原活性最高。还有一些重要的类胡萝卜素不是维生素 A 的前体（非维生素 A 原类胡萝卜素），包括番茄红素[β-胡萝卜素的开链类似物；图 6.22（i）]和许多氧化类胡萝卜素（也称氧化类胡萝卜素或叶黄素），如角黄素[图 6.22（j）]、叶黄素[图 6.22（k）]和玉米黄素。

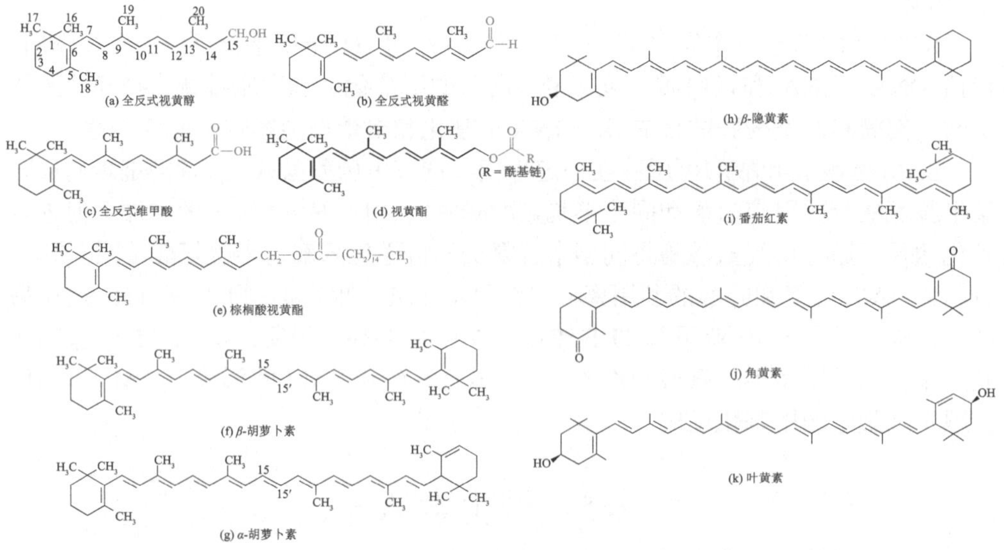

图 6.22　维生素 A 及代表性类胡萝卜素的结构

6.5.1　吸收、转运与代谢

膳食中的维生素 A 常与其他食物组分结合在一起，因此，需要消化才能被小肠吸收。例如，视黄醇通常以视黄醇酯的形式与脂肪酸结合[图 6.22（e）的棕榈酸视黄酯]，而且像食物中的类胡萝卜素一样，视黄醇也可能与蛋白质结合，需要从蛋白质中释放出来。尽管加热植物性食物会使一些复合物（如蛋白质-类胡萝卜素复合物）稳定性变差，但仍然需要酶进行进一步的消化。类胡萝卜素和视黄酯最初是由胃蛋白酶从蛋白质中水解释放出来的，因其脂溶性高，被释放的（即不再与蛋白质结合）视黄酯和类胡萝卜素通常与其他脂质结合，在胃中形成脂肪球。这些含有脂溶性维生素的脂肪球进入十二指肠，被胆汁乳化分解成更小的液滴，进一步消化水解。

十二指肠中的蛋白酶可以水解胃中未释放的任何剩余的蛋白结合视黄酯或类胡萝卜素；与此同时，胰脂肪酶和胰胆固醇酯酶分泌到小肠的管腔内消化脂质，从而释放结合的维生素。此外，肠刷状缘膜上的酶如视黄酯水解酶和磷脂酶，也可以促进维生素 A 的消化。胰水解酶裂解短链视黄酯，而肠刷状缘膜水解酶作用于长链视黄酯。

接下来，在小肠腔内，胆汁、脂质消化产物、维生素 A 和一些类胡萝卜素形成混合胶束，并通过肠腔和邻近上皮细胞的静止水层扩散，与刷状缘膜形成紧密接触。在这里，混合胶束成分解离，使得维生素 A 和类胡萝卜素可以沿着浓度梯度以被动扩散的方式进入肠细胞。然而，最新研究表明，类胡萝卜素的吸收还存在其他机制。

类胡萝卜素也通过一种需要与 B 类 1 型清道夫受体（SR-B1）结合的促进过程而被吸收。这些受体/转运载体存在于小肠和其他组织中，转运类胡萝卜素和一些其他的脂溶性维生素进入肠上皮细胞；这些受体还能促进高密度脂蛋白进入各种组织。肠道上皮细胞刷状缘膜上 SR-B1 的可用性受到肠道特异性同源盒（ISX）转录因子的负反馈调节。因此，在细胞内维生素 A（视黄酸）较高的情况下，SR-B1 对类胡萝卜素的吸收减少。这种减少是由于视黄酸促进了 ISX 表达的增加，通过与 *SR-B1* 基因转录因子的启动子区域相互作用，抑制 *SR-B1* 基因的表达；它还可以通过抑制 β-胡萝卜素-15, 5′-加氧酶 1 的基因表达来减少 β-胡萝卜素向视黄醛的转化。

维生素 A 和类胡萝卜素的吸收效率有所不同。只要饮食中含有一定量（5～10g 或更多）的脂肪，就有 70%～90%的膳食维生素 A 醇被吸收；β-胡萝卜素的吸收率一般在 20%～50%，有些情况下也可能低于 5%。增加某些类胡萝卜素的吸收可能会降低其他类胡萝卜素的吸收或生物利用度。除了膳食中脂质组分的存在，摄入量高及食物的热加工处理都会促进某些类胡萝卜素的吸收；而颗粒的大小、食物中纤维含量（尤其是可能干扰脂滴胶束形成的纤维）和过量维生素 E 的存在等，都可能减少某些类胡萝卜素的吸收。

6.5.2　视觉功能

维生素 A 是视觉、细胞分化、生长、繁殖、骨骼发育和免疫系统功能等方面的必需物质。就视觉而言，维生素 A 以 11-顺视黄醛与视蛋白结合。对于其他生物过程，则需要全反式视黄酸和 9-顺视黄酸。

眼睛的多个部分共同协作才可以确保正常的视觉功能。如图 6.23 所示，角膜是覆盖眼睛前部的最外层组织，光线通过角膜进入眼睛，虹膜肌肉根据光线的亮度调节瞳孔的大小。在较暗的光线下瞳孔变大，在较亮的光线下瞳孔变小。之后，光线穿过晶状体和玻璃体，到达视网膜，也就是眼睛后部的内层。视网膜包含特殊的细胞，称为视杆细胞和视锥细胞，含有感光色素（视杆细胞只含有一种感光色素，而视锥细胞含有三种对不同颜色光敏感性不同的感光色素），并介导光转化为大脑电信号的光传导过程。视锥细胞在明亮的光线下（白天）使视觉清晰；当光线变暗（夜晚）时，视杆细胞充当光受体。也就是说，当环境较为明亮时，我们主要依靠视锥细胞来感知光线和色彩；而在进入相对较暗的环境时，视杆细胞则承担起主要的光感受器作用。视杆细胞含有光敏化合物视紫红质，由视黄醛（也称网膜素，由维生素 A 氧化形成，以 11-顺视黄醛形式存在）和视蛋白组成。

视紫红质促进光子的捕获和转化为一系列信号（本质上是化学物质），从而在光线昏暗的环境中保证视觉的清晰。

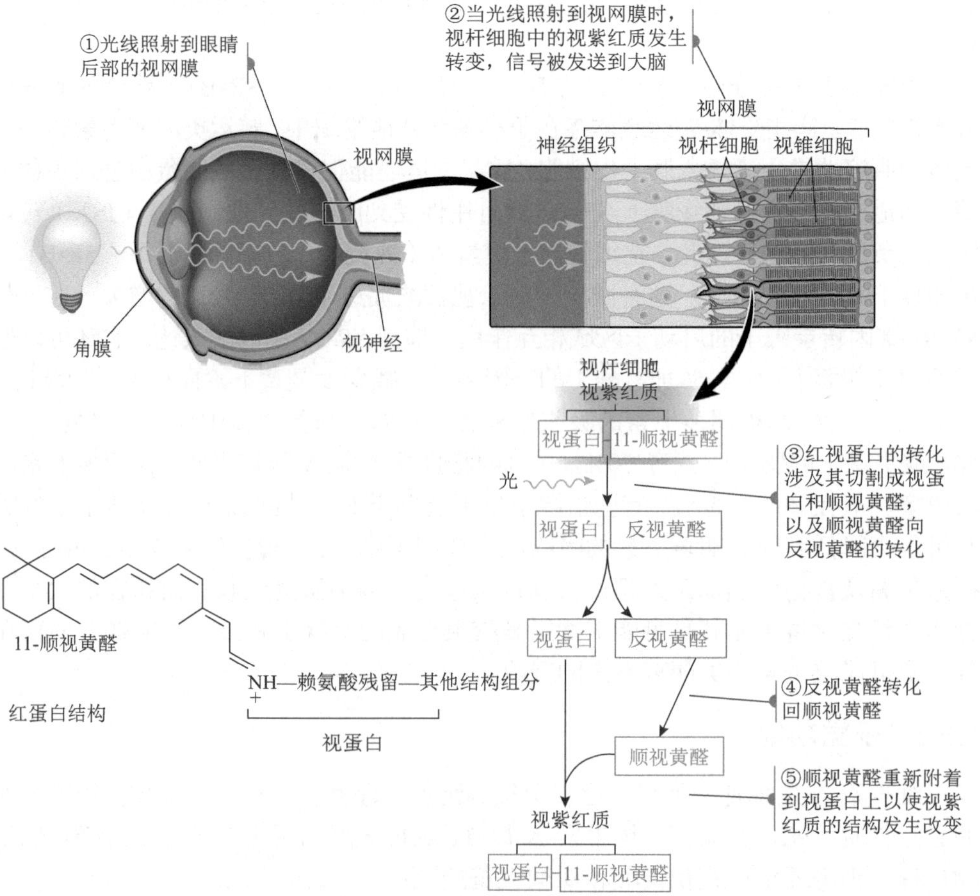

图 6.23　维生素 A 作为视紫红质的一部分在视力中的作用概述

视觉调控是一个循环过程。当光线的闪烁触及视网膜（如离开黑暗的电影院时），会发生一系列级联反应：视紫红质的顺视黄醛部分转变为反视黄醛，视紫红质分子被裂解，从而向调控视力的大脑区域发送信号。而为了在黑暗条件下恢复视力（如重新进入黑暗的电影院），视紫红质分子必须使用维生素 A 作为顺视黄醛重新制造出来。反视黄醛（当光线“击中”眼睛时产生）从光感受器杆细胞运输到视网膜色素上皮细胞中，在那里将其转化回顺视黄醛。顺视黄醛被运输回视杆细胞，在那里它重新结合到视蛋白上形成视紫红质。因此，维生素 A 不足会破坏视紫红质的再生能力，并导致在黑暗（昏暗光线）中视力下降，这种情况被称为夜盲症。

6.6　维生素 D

维生素 D 也称钙化醇，与骨骼生长和强壮的骨骼有关。这是因为在 20 世纪早期，人们发现通过饮食摄入脂溶性 D 因子或身体暴露于紫外线可以预防佝偻病，这是一种以骨骼发育不正常为特征的儿童疾病。之后，所有对佝偻病具有治疗作用的化合物都被称为维生素 D，直至 E. McCollum 于 1922 年发现了真正的维生素 D。

结构上，维生素 D 是一种类固醇衍生物，因其结构中的四个环中有一个是断裂的，因此被称为开环类固醇。维生素 D 包含三个完整的环（A、C 和 D），在 C-9 和 C-10 之间的 B 环有一个断裂（图 6.24 中维生素 D_3 前体的结构）。维生素 D_2（也称麦角钙化醇）和维生素 D_3（也称胆钙化醇）是维生素 D 的两种主要形式（图 6.24），它们的侧链结构不同，但在体内的代谢或功能上没有差异。

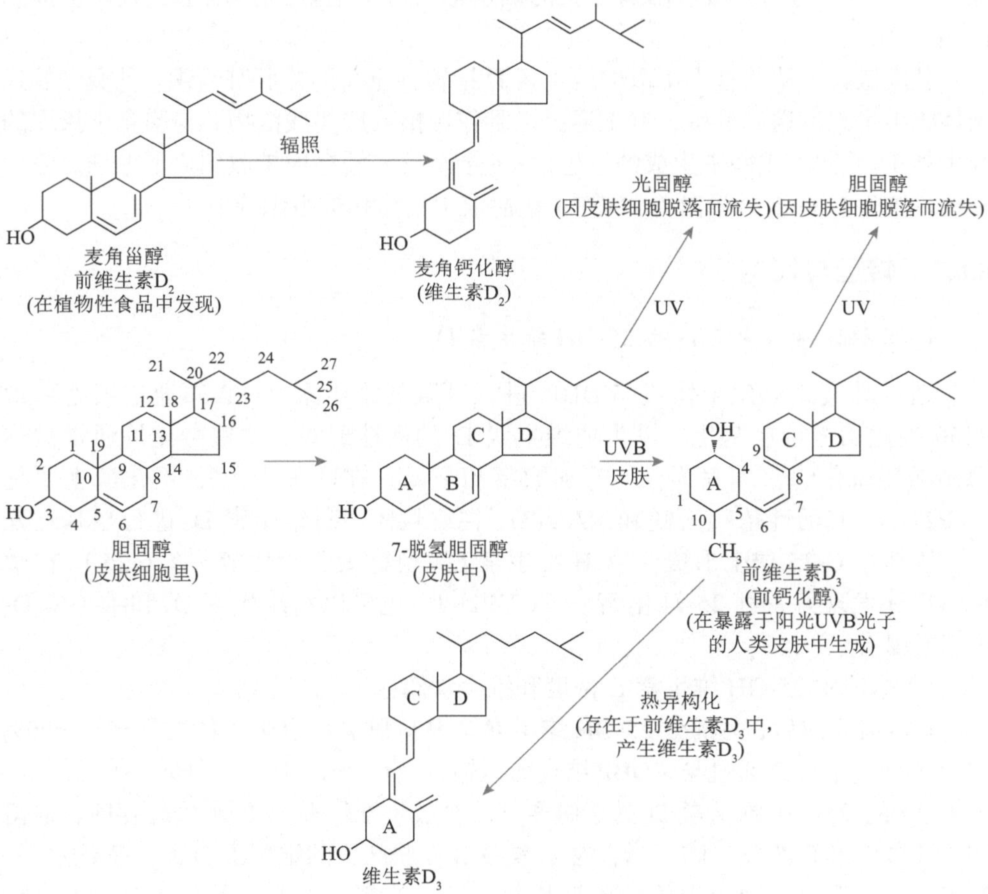

图 6.24　维生素 D_2 和维生素 D_3 的生成

6.6.1 吸收与转运

膳食中的维生素 D（维生素 D_3 和维生素 D_2）不需要消化。维生素 D 及其他的脂溶性维生素通过与脂肪、脂质消化产物和胆汁在小肠腔内形成混合胶束的形式被吸收，该胶束通过小肠腔和与肠上皮细胞相邻的静止水层扩散，并与刷状缘膜紧密接触。从这个部位，维生素 D 通过被动扩散的方式进入肠细胞。目前尚不清楚维生素 D 的吸收是否如其他脂溶性维生素一样，需要载体。

大约 50%的膳食维生素 D 能够被吸收。尽管维生素 D 在十二指肠和空肠近端吸收速度最快，但空肠吸收的维生素 D 最多。由手术切除等导致的空肠缺失患者，维生素 D 缺乏的发生风险约增加 5 倍。

在肠上皮细胞内，维生素 D 主要与乳糜微粒结合，通过胞吐作用释放到毛细淋巴管中经淋巴系统运输，然后通过乳糜管进入全身循环（即血液中）。与维生素 A 一样，与脂肪吸收障碍相关的因素都会对维生素 D 的肠道吸收产生抑制作用。

乳糜微粒将从饮食中摄取的维生素 D 运输到全身的非肝脏组织。乳糜微粒残余体将维生素运送到肝脏，肝脏通过内吞作用摄取这些残留物。与膳食中摄取的维生素 D 不同，皮肤中生成的维生素 D_3 会从皮肤缓慢地扩散到皮下毛细血管，并通过维生素 D 结合蛋白（VDBP）在血液中运输和被组织摄取。

6.6.2 转运与代谢

1. 肝脏代谢维生素 D 为 25-OH 维生素 D

通过乳糜微粒残余体或 VDBP 进入肝脏的维生素 D 必须通过细胞色素 P450 羟化酶进行羟基化，以生成维生素 D 的活性形式。这些羟化酶通常被称为多功能氧化酶，缩写为 CYP 加数字和字母。在肝脏中，25-羟化酶主要是 CYP27A1，其活性依赖于镁和 NADPH，在线粒体中对维生素 D_3 进行羟基化处理，使其在 C-25 位上形成 25-OH 维生素 D，也称为胆钙化醇（图 6.25）。在微粒体中还发现另一种 25-羟化酶——CYP2R1，也可以对维生素 D_3 和维生素 D_2 进行羟基化。

1）血清中 25-OH 维生素 D 浓度和维生素储存

在肝脏合成后，大部分 25-OH 维生素 D 从肝脏分泌出来。血液中 85%～90%的 25-OH 维生素 D 通过与 VDBP 结合而运输，还有 10%～15%与白蛋白松散结合，不到 1%的 25-OH 维生素 D 处于游离态。血液是维生素 D 的最大储存库，血清 25-OH 维生素 D 浓度反映了膳食维生素 D 和皮肤产生的维生素 D 的羟基化水平。25-OH 维生素 D 在血液中的半衰期为 2～3 周。当摄入大量维生素 D 时，维生素

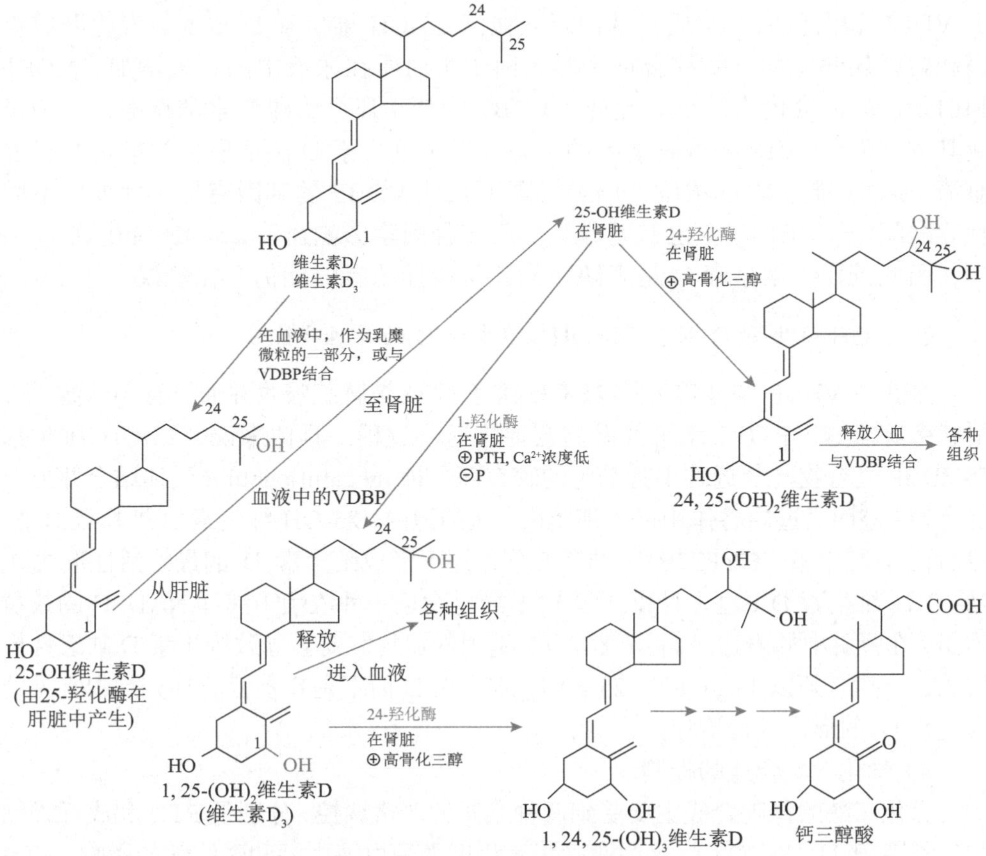

图 6.25　维生素 D 的羟基化活化过程

D 会在机体的脂肪组织中储存，但大部分为非羟基化形式，且从脂肪组织释放维生素 D 的速度较慢。除了血液和脂肪组织，肌肉中也有少量的维生素 D（包括非羟基化维生素 D 和 25-OH 维生素 D）存在。

血清 25-OH 维生素 D 浓度通常被用作反映维生素 D 状态的指标，该指标的检测通常包括以上提到的三种形式的 25-OH 维生素 D。一般情况下，血清中 25-OH 维生素 D 浓度在 30～40ng/mL（75～100nmol/L，将 ng/mL 转换为 nmol/L，需乘以 2.496）就足以维持骨骼和肌肉的正常需求。目前尚不清楚血清 25-OH 维生素 D 的最佳浓度，建议其范围为 30～60ng/mL。当浓度低于 20ng/mL 时，机体缺乏维生素 D。

2）影响血清 25-OH 维生素 D 的因素

血清中的 25-OH 维生素 D 浓度受到膳食维生素 D 摄入量、阳光暴露时间、肝脏功能及影响 VDBP 和白蛋白的因素的调控。例如，感染、炎症和外伤会减少 VDBP 和白蛋白的合成，从而降低血清 25-OH 维生素 D 浓度。发生肝脏疾病和肾脏疾病（如肾病综合征）时，由于蛋白质在尿液中的丢失增加，VDBP 和白蛋白的浓度也会减少。此外，VDBP 的产生还会受雌激素的调控，在绝经期其浓度降低。VDBP 编码基因的多态性以及维生素 D 激活所需的酶也会影响血清 25-OH 维生素 D 浓度，已经发现了几种 VDBP 的基因变异。此外，不同种族之间的 VDBP 产生也有差异。由于多种因素影响血清 25-OH 维生素 D 浓度，因此其作为维生素 D 是否缺乏的评价指标的有效性仍存在争议。

2. 25-OH 维生素 D 到 1, 25-$(OH)_2$ 维生素 D 的肾脏代谢

血液中 VDBP 结合转运的 25-OH 维生素 D 被肾脏吸收并通过肾小球滤过，甲状旁腺激素（PTH）水平的升高会促进这一过程。具体来说，25-OH 维生素 D-VDBP 复合物与肾近端小管细胞的膜表面一种 megalin-cubulin 受体结合并形成复合物，进而通过内吞作用进入细胞内。在细胞内，25-OH 维生素 D 被释放出来，然后在 1-羟化酶（CYP27B1）的羟基化作用下形成维生素 D 的最终活性形式 1, 25-$(OH)_2$ 维生素 D（也称骨化三醇）。1-羟化酶是一种依赖于镁和 NADPH 的线粒体酶，在肾脏中的表达最高。*CYP27B1* 基因的遗传突变会导致维生素 D 缺乏性佝偻病，该病必须以 1μg/mL 1, 25-$(OH)_2$ 维生素 D 而不是膳食营养补充剂中常见的维生素 D_3 的形式进行治疗。

1）骨化三醇合成的控制

骨化三醇的肾脏合成主要受到两种激素的严格调控，分别是 PTH 和成纤维细胞生长因子 23（FGF23），这些激素很大程度上受血液中钙和磷浓度的影响。PTH（主要在血清钙浓度低时分泌，但在血清镁浓度低时也有少量分泌）刺激 1-羟化酶的合成，从而刺激骨化三醇的合成。相反，由成骨细胞分泌的 FGF23 则会降低 1-羟化酶的表达，从而减少骨化三醇的生成，并刺激 24-羟化酶以促进 24, 25-$(OH)_2$ 维生素 D 的合成，即进入维生素 D 的降解步骤。高血清钙浓度（高钙血症）和磷浓度（高磷血症）也会抑制骨化三醇的合成。

此外，骨化三醇作为 1-羟化酶的最终产物，通过与 1-羟化酶基因启动区的维生素 D 反应元件（VDRE）结合来抑制 1-羟化酶的表达，从而降低维生素 D 的活化；骨化三醇还刺激另一种多功能氧化酶 24-羟化酶（CYP24A1）的产生。24-羟化酶（CYP24A1）存在于大多数体细胞中，通过对 25-OH 维生素 D 的羟基化生成骨化三醇，并通过对骨化三醇的羟基化生成 1, 24, 25-$(OH)_3$ 维生素 D（图 6.25），这些 24-羟基化反应是维生素 D 失活的步骤。

尽管膳食中摄入的维生素 D_2 较少，但在体内会通过同样的 25-羟化酶和 1-羟化酶代谢生成骨化三醇。然而，维生素 D_2 的代谢相对于维生素 D_3 会产生额外的代谢产物，并且在骨化三醇的产生效率上不如维生素 D_3 高效。

2）血浆骨化三醇浓度

肾脏中产生的骨化三醇释放到血液中，与 VDBP 结合转运。与 25-OH 维生素 D 一样，一些骨化三醇也可能在血液中以游离态存在。VDBP 与骨化三醇的结合比较松散,用于促进骨化三醇释放到组织中被利用,这与 25-OH 维生素 D 与 VDBP 的紧密结合形成鲜明对比。骨化三醇在血液中的半衰期为 2～6h；正常血液骨化三醇浓度为 20～40pg/mL，明显低于血液中 25-OH 维生素 D 的浓度。

3）骨化三醇的靶组织及肾外骨化三醇合成

维生素 D 的靶组织非常广泛，如肠道、骨骼、肾脏、心脏、肌肉、胰腺（β 细胞）、大脑、皮肤、结肠、前列腺、乳腺、造血系统、中枢神经系统和免疫系统中都有维生素 D 的受体。此外，尽管肝脏具有较高的 25-羟化酶活性，但在其他器官中也发现了这种酶，表明维生素 D 可能在非肝脏组织中被羟基化，以供细胞内（局部）使用。同样，尽管肾脏是可被组织利用的活性形式骨化三醇的主要来源，但许多其他组织也具有 1-羟化酶（CYP27B1）并且可以利用血浆中的 25-OH 维生素 D 生成骨化三醇，但前提是血液中有足够的 25-OH 维生素 D。例如，巨噬细胞和其他免疫系统细胞以及角质细胞等皮肤细胞中都表达 CYP27B1。

25-OH 维生素 D 和骨化三醇进入组织进行利用的机制尚不完全清楚。骨化三醇与 VDBP 的较松散结合以及维生素 D 对白蛋白的较低亲和力可以促进与活性维生素 D 的解离，从而允许维生素 D 的活性形式进入组织中被利用。另一种可能是与骨化三醇-VDBP 和膜转运体之间的相互作用，以促进骨化三醇的细胞摄取。

6.6.3　骨骼调控等功能

骨化三醇与 PTH 的作用是将血清钙浓度提高到正常范围，为 8.5～10.5mg/dL（2.12～2.62mmol/L）。当血清钙短暂降低或出现低钙血症（即低于 8.5mg/dL）时，钙感应受体激活，进而刺激甲状旁腺分泌 PTH 进入血液。血清 25-OH 维生素 D 低于 30ng/mL 及镁浓度低时也会促进 PTH 的分泌；随着 25-OH 维生素 D 浓度升高到 30～40ng/mL，PTH 浓度趋于平稳。PTH 也会进入骨骼和肾脏中发挥作用，在肾脏中，可刺激 1-羟化酶将 25-OH 维生素 D 转化为骨化三醇。

骨化三醇一旦合成，会在肾脏内发挥作用。骨化三醇也会与 VDBP 结合并释放到血液中，然后单独或与 PTH 一起作用于其他靶组织（肠道和骨骼），使血清钙浓度上升至正常范围内。骨化三醇对其靶组织（肾脏、肠道和骨骼）的影响如图 6.26 所示。

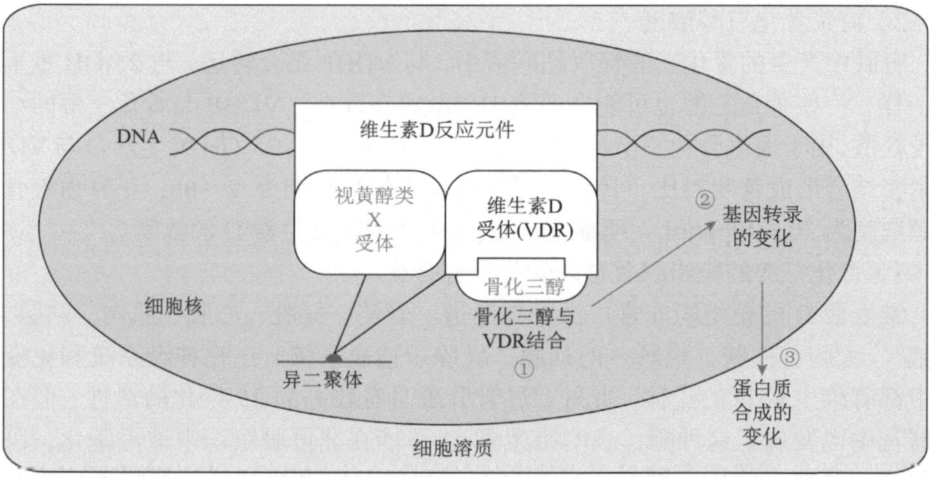

图 6.26　骨化三醇与维生素 D 受体（VDR）结合调控基因表达

血清 PTH 浓度增加，骨化三醇与成熟成骨细胞的细胞核内物质发生相互作用，诱导一种称为 NF-κB 配体受体激活剂（RANKL）的细胞因子的表达；成骨细胞释放 RANKL 与未成熟破骨细胞前体细胞表面的受体蛋白 RANK 相互作用，刺激破骨细胞的分化、产生和成熟；成熟的破骨细胞反过来释放盐酸、碱性磷酸酶、胶原酶及其他水解酶和物质，溶解和降解骨基质，特别是骨的外表面，增加血清中的钙（和磷）浓度；PTH 还通过刺激钙泵的活性，将骨液（位于骨膜和相邻骨骼之间）中存在的钙移动到细胞膜之外，然后从骨表面释放出钙，以弥补骨液中丢失的钙，这种方式更快。

除了促进骨吸收以增加钙的利用外，维生素 D 还能抑制骨基质的矿化。骨化三醇通过增加骨桥蛋白编码基因和几种促进焦磷酸盐（PPi）产生的酶的表达来实现这一功能。焦磷酸盐和骨桥蛋白都可以抑制骨矿化。维生素 D 还会影响其他蛋白质的合成，包括骨钙素以及骨骼和其他结缔组织中发现的基质 Gla 蛋白。

虽然骨化三醇被认为不能直接参与降低血清钙浓度（高于正常水平）（高钙血症），但骨化三醇通过对 PTH 的影响间接参与血钙浓度的调节。骨化三醇和游离血钙浓度的升高均下调 FGF23 并通过直接和间接作用减少 PTH 的产生：骨化三醇通过与 PTH 基因中的维生素 D 相应元件（VDRE）相互作用，减少甲状旁腺激素基因的转录；或者通过血清钙浓度的升高抑制甲状旁腺分泌 PTH 的间接作用方式。

此外，随着血清钙浓度升高，甲状腺滤泡旁细胞释放降钙素。降钙素通过抑制破骨细胞活性来阻止钙从骨骼中释放。降钙素还会抑制肾小管对钙的吸收，促进尿钙排泄。此外，与骨化三醇和 PTH 高浓度时具有有害影响相反，当骨化三醇和 PTH 以正常浓度存在并具有足够的钙和磷时，会促进骨合成代谢和矿化。

6.7　维生素 E

维生素 E 包括 8 种化合物，其中每一种都含有一个苯酚官能团，位于一个色原烷醇/色烷环上（有时被称为分子的头部）和一个附着的植基侧链（有时称为分子的植基尾部）。这 8 种化合物（图 6.27）通常被分为侧链饱和、含有 16 个碳的生育酚和侧链不饱和、含有 16 个碳的生育三烯酚两种。生育酚这个词来源于希腊语词汇 tocos，意思是“分娩、生育或生产”。生育酚由 H. Evans 和 K. Bishop 于 1922 年发现，给老鼠喂食变质的猪油时，它们无法繁殖。后来从小麦胚芽油提取了这种维生素，并将其命名为维生素 E（继发现的维生素 D 之后），其化学结构在 1938 年被确定。

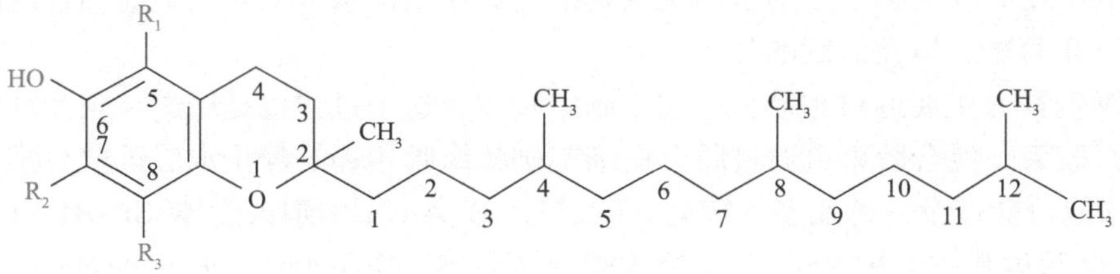

生育酚

	R_1	R_2	R_3
α-生育酚	CH_3	CH_3	CH_3
β-生育酚	CH_3	H	CH_3
γ-生育酚	H	CH_3	CH_3
δ-生育酚	H	H	CH_3

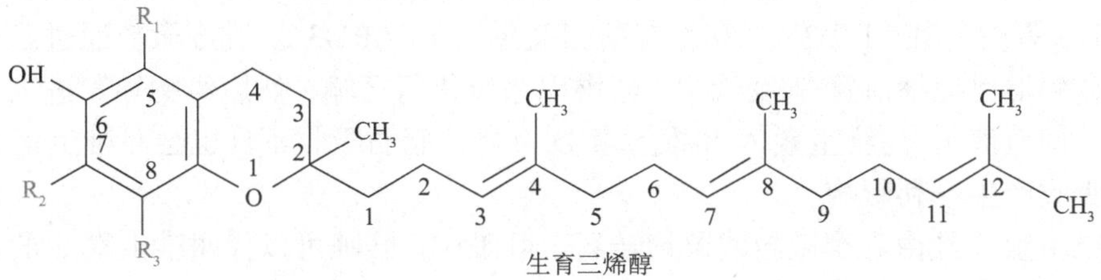

生育三烯醇

	R_1	R_2	R_3
α-生育三烯醇	CH_3	CH_3	CH_3
β-生育三烯醇	CH_3	H	CH_3
γ-生育三烯醇	H	CH_3	CH_3
δ-生育三烯醇	H	H	CH_3

图 6.27　不同形式的生育酚和生育三烯醇的结构

生育酚和生育三烯酚每一类都包含 4 种亚型，它们在色烷环上的甲基基团的数量和位置有所不同，分别标记为 α、β、γ 或 δ。但只有 α-生育酚具有生物活性，能够满足人体对维生素 E 的需求，人体也无法实现这些维生素 E 的形式之间的互相转化。在结构上，生育酚和生育三烯酚含有三个手性中心，其配置为“*R*”。*R* 和 *S* 用于指代像维生素 E 这样的不对称分子的立体异构体。α-生育酚的天然存在和生物活性形式只有一个立体异构体，即 *RRR* α-生育酚。在这种 *RRR* 形式中，*R* 对应的位置位于色烷环的 C-2 及侧链的 C-4 和 C-8。

6.7.1 吸收、转运与代谢

生育酚在食物中以游离形式存在，而生育三烯酚则以酯化形式存在，因此必须在吸收前消化水解。同样，生育酚的合成酯形式，如醋酸生育酚或琥珀酸生育酚，在吸收前也必须经过消化。胰脂肪酶，特别是十二指肠黏膜酯酶（也称羧酯羟化酶）在肠腔或肠上皮细胞刷状缘膜中发挥作用，水解生育三烯酚和合成酯形式的 α-生育酚，以便后续的吸收。

维生素 E 主要通过被动扩散在空肠中吸收，这个过程也是通过与胆汁乳化形成混合胶束，混合胶束再通过肠上皮细胞刷状缘膜相邻的静止水层扩散。维生素 E 的摄取可能涉及一种或多种转运载体，包括 B 类 1 型清道夫受体（SR-B1）、CD36（脂肪酸转运载体）和 NPC1L1（胆固醇转运载体，Niemann-Pick cholesterol 1-like 1）。膳食脂质与维生素 E 同时摄入、消化可提高维生素 E 的吸收率，但摄入过高剂量的维生素 E 会减少其吸收。

通常情况下，维生素 E 吸收率为 20%～70%。被吸收的生育酚和生育三烯酚在肠上皮细胞中与其他脂溶性维生素、胆固醇酯、磷脂、甘油三酯和脂蛋白一起，结合到乳糜微粒中（不经过酯化反应）。细胞内转运维生素 E 所需的蛋白包括 sec 14p-like 蛋白（SEC14L2-4）和生育酚相关蛋白（TAP1-3）。乳糜微粒通过胞吐作用释放到淋巴毛细血管/乳糜管中，经淋巴系统进行运输，然后经胸导管进入全身循环（即血液）。与维生素 A 和维生素 D 一样，脂肪吸收不良也会对维生素 E 的肠道吸收产生不利影响。

维生素 E 经由乳糜微粒残留物转运至肝脏中。肝脏可以代谢维生素 E 的各种形式，但只有 *RRR* α-生育酚会被组装到新生 VLDL 中。这一过程中的转运由肝脏产生的 α-生育酚转运蛋白（TTP）介导，在转运的同时还能防止维生素 E 的氧化。ATP 结合盒 A1 转运蛋白（ABCA1）也可促进富含 α-生育酚的 VLDL 从肝脏转移和释放到血液中。遗传突变引起的 TTP 缺乏或缺失会导致机体维生素 E 的缺乏。此外，影响肝脏功能的疾病，如非酒精性脂肪肝和代谢综合征等，可能会干扰维生素 E 的转运并影响其活性发挥。也正是由于 TTP 的特异性，其他形式的维生素 E 不能再分泌到循环系统中。

α-生育酚是血液中维生素 E 的主要存在形式,其他形式的维生素 E 浓度很低。在血液中，维生素 E（生育酚和生育三烯酚）在各种脂蛋白之间交换，这些脂蛋白维持维生素 E 的血液浓度并将其运送到组织。维生素 E 在脂蛋白（主要是 LDL 和 HDL）之间的交换是通过磷脂转运蛋白（PLTP）介导的。LDL 含有的维生素 E 浓度最高，每个 LDL 分子中含有 5～9 个 α-生育酚分子。*RRR* α-生育酚在血浆中的半衰期为 48h，血液中 α-生育酚（与脂蛋白结合）的浓度通常为 5～20mg/L。

细胞对生育酚的摄取与脂蛋白的摄取有关。因此，维生素 E 的吸收有以下途径：①受体介导的 LDL 摄取；②脂蛋白脂肪酶介导的乳糜微粒和 VLDL 的水解；③HDL 的转运；④其他机制。PLTP 可以促进维生素 E 从脂蛋白转移到细胞膜。维生素 E 通过血-脑屏障的转运过程目前被认为是通过 SR-B1 受体摄取 HDL 时发生的；由星形细胞产生的载脂蛋白 E 能够摄取维生素 E 并将其运输到中枢神经系统中。在细胞质及细胞的其他位置（包括细胞核）内，α-生育酚与肠细胞中类似的蛋白质结合、转运，如 TAP1、TAP2、TAP3 和 SEC14L2、SEC14L3、SEC14L4。ABCA1 也参与了维生素 E 在细胞内的转运和外排，并可能也参与了胆固醇和磷脂的转运过程。

在细胞内，维生素 E 主要结合在包括血浆、线粒体和内质网等的磷脂双分子层膜中。维生素 E 头部的色酚基团指向膜表面（在磷脂的磷酸区附近），而尾部的植酸则指向碳氢化合物区。膜内维生素 E 的存在会影响膜的特性，包括流动性、渗透性、稳定性和形状（曲率）。通过存在于膜的特定微域，维生素 E 还间接影响参与信号转导的蛋白质受体和酶的活性。

维生素 E 没有一个专门的储存器官。超过 90%的维生素 E 以非酯化形式集中在脂肪组织的脂肪滴中。脂肪组织中维生素 E 的浓度随膳食维生素 E 的吸收呈线性增加，但与维生素 D 相似，从脂肪组织中释放维生素 E 的过程十分缓慢，即使在维生素 E 摄入量低时也是如此。肝脏、肺脏、心脏、肌肉、肾上腺、脾脏和大脑中也存在少量维生素 E。与脂肪组织不同，这些组织中的维生素 E 浓度保持相对恒定，或者随着维生素 E 摄入量的增加而缓慢增加；在维生素 E 摄入量低时，肝脏、骨骼肌和血浆是维生素 E 的可用来源。

6.7.2　抗氧化等功能

维生素 E（包括生育酚和生育三烯酚）的主要功能是作为抗氧化剂，从而保护细胞膜和细胞器膜（线粒体、内质网等）膜磷脂中不饱和脂肪酸避免发生过氧化反应。细胞膜特别容易氧化的组织包括肺脏、脑和红细胞。红细胞膜易受到氧化的原因是它们含有大量的多不饱和脂肪酸，并且暴露在高浓度的氧气中。

作为一种抗氧化剂，维生素 E 可以破坏单线态氧，并可以阻止涉及自由基的反应（有时被称为自由基终止或链断裂）。单线态氧（$^1O_2$）非常活跃且具有破坏性，可以在体内通过膜的脂质过氧化、光的能量转移（光化学反应）、中性粒细胞的呼吸（氧化）爆发（酶促反应）和超氧化物的解聚（自发反应）形成。单线态氧很容易与蛋白质、脂质和 DNA 等有机分子发生反应，因此，除非将其去除，否则会破坏细胞成分。

猝灭是电子激发分子（如单线态氧）失活的过程。具体来说，物理猝灭发生在单线态受激氧失活且不发光时，通常涉及电子能量转移。和类胡萝卜素一样，维生素 E 也有灭氧能力。维生素 E 物理猝灭单线态氧的能力与维生素 E 铬环第 6 位的游离羟基有关（图 6.27）。然而，并非所有的生育酚都具有相同的猝灭能力；α-生育酚在猝灭单线态氧方面与 β-生育酚和 γ-生育酚一样或更有效，δ-生育酚次之。同样，在生育三烯酚中，δ-生育三烯醇比 β-生育三烯酚更有效地消除自由基，其次是 γ-生育三烯醇和 α-生育三烯醇。

6.8　维生素 K

维生素 K 源自丹麦语中“koagulation”一词，意思是凝血。在 1929 年，H. Dam 发现喂养低脂低胆固醇饮食的小鸡出现出血过多的情况，并且血液凝固时间很长。直到 1935 年左右，人们才发现一种名为 K 的维生素可以改善这个问题，Dam 与 Doisy 因这一发现于 1943 年获得了诺贝尔生理学或医学奖。

具有维生素 K 活性的化合物有一个 2-甲基-1, 4-萘醌环，萘醌环的 3 号位有一个取代基。天然形式的维生素 K 是维生素 K_1，在环的 3 号位有一个植基（2-甲基 3-植基-1, 4-萘醌），称为叶绿醌；而维生素 K_2（甲基萘醌）在 3 号位置有一个不饱和的多戊烯基。根据类异戊二烯的数量，可进一步分为几种甲基萘醌亚型，并命名为 MK-n，其中 n 表示侧链中类异戊二烯链的数目。其中，甲基萘醌-4（MK-4）可以由体内的叶绿醌合成，而叶绿醌在体内不能产生其他的甲基萘醌。图 6.28 展示了叶绿醌和甲基萘醌-7（MK-7）的结构。

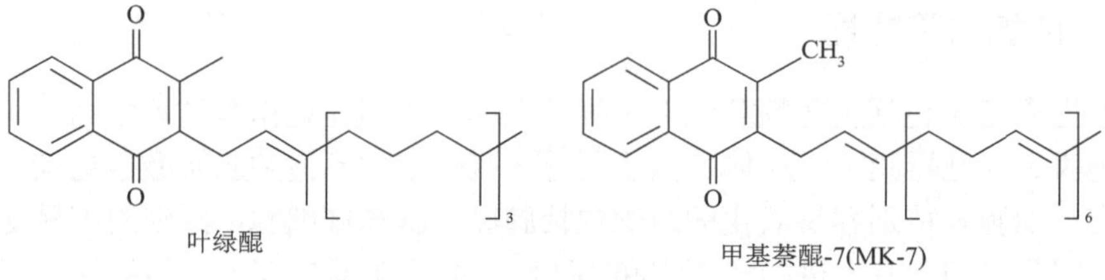

图 6.28　叶绿醌和甲基萘醌-7 的结构

6.8.1　吸收、转运与代谢

叶绿醌无需消化，可从近端小肠（尤其是空肠）吸收。但其他形式的维生素 K（如膳食中的 MK-4 和 MK-7）则需要与胆汁、脂质和其他脂溶性维生素一起形成小肠腔内的混合胶束，胶束溶液通过肠上皮细胞附近的管腔和静止水层扩散，使其与刷状缘膜紧密接触。在这里，混合胶束组解离，从而使维生素 K 沿浓度梯度通过肠道细胞吸收。除了被动扩散的方式，肠上皮细胞还可以通过 B 类 1 型清道夫受体（SR-B1）、CD36 和 NPC1L1 摄入叶绿醌。与其他脂溶性维生素一样，叶绿醌和 MK-4 与 MK-7 的吸收均受到膳食脂肪、胆汁盐、胰腺酶和消化液的影响。同时，脂肪吸收障碍导致胆汁和/或胰腺酶和消化液分泌受损，也会对其吸收产生不利影响。

大肠中的微生物也可以合成甲基萘醌，进而通过被动扩散从回肠和结肠被吸收。机体吸收和利用肠道微生物代谢产生的维生素 K 的能力存在较大的个体差异。

在肠细胞内，维生素 K 被合并到乳糜微粒中，乳糜微粒将其携带到淋巴系统，然后进入循环系统，将维生素 K 运送到组织中。乳糜微粒残留物将未被组织吸收的维生素 K 运送到肝脏。在肝脏中，VLDL 携带维生素 K 分泌到血液和运输到肝外组织。除了进入肠细胞内的乳糜微粒，叶绿醌也可能被部分代谢。这种代谢包括通过切割酶去除维生素 K 的叶基侧链，从而形成甲基萘醌（图 6.29）。甲基萘醌作为乳糜微粒的一部分进入淋巴系统，随后进入血液，被靶组织吸收。

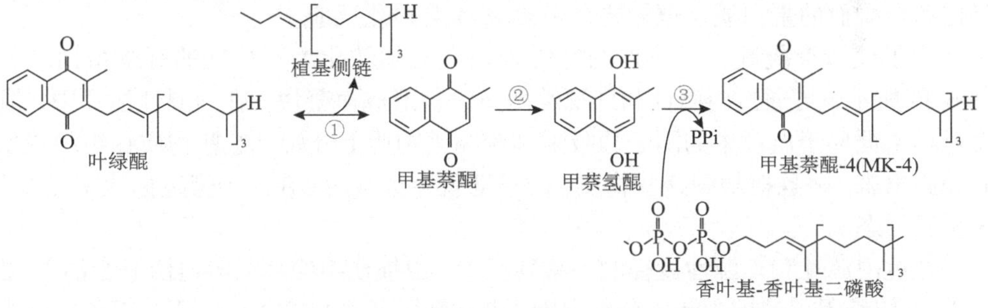

图 6.29　叶绿醌代谢与甲基萘醌-4 的生成

①一种酶切割叶绿醌产生甲基萘醌。②在靶组织中，甲基萘醌被还原为甲萘氢醌。③在需要香叶基-香叶基二磷酸的异戊二烯化反应中，甲萘氢醌通过 UbiA 异戊二烯基转移酶结构域蛋白 1（UBIAD1）转化为甲基萘醌-4

在肝脏以外的靶组织内，叶绿醌产生的甲基萘醌会进一步代谢为 MK-4：首先，甲基萘醌被还原为甲萘氢醌；之后甲萘氢醌在 UbiA 异戊二烯基转移酶结构域蛋白 1（UBIAD1）的催化下，通过双（牻牛儿基）二磷酸盐（GGPP）进行戊烯基化反应，形成 MK-4。膳食摄入的叶绿醌中有 5%～25%转化为 MK-4。

叶绿醌是维生素K在血液中的主要循环形式，但也可能存在少量的甲基萘醌。叶绿醌出现在血液后常在24h内被组织迅速吸收并利用。血液中叶绿醌的正常浓度为0.2～3.2ng/mL（0.5～6.4nmol/L）。

叶绿醌主要储存在肺脏、肾脏、骨髓、胰腺、心脏、大脑和肾上腺的细胞膜中；MK-4则遍布全身，尤其是胰腺、肾脏、唾液腺、大脑和骨骼中。肝脏能迅速代谢维生素K，只保留约10%，而较长链甲基萘醌则会被转化为MK-4。在肝脏中，叶绿醌的浓度为2～20ng/g；而甲基萘醌类（主要是MK-6、MK-7、MK-10和MK-11）的浓度比叶绿醌约高出10倍。人体的维生素K储存量为50～100μg，相较于其他脂溶性维生素较低，且机体维生素K的周转速度相当快，约为1.5天。

6.8.2 凝血、骨骼调控等功能

维生素K对于蛋白质中特定谷氨酸（谷氨酰胺）残基翻译后羧化形成γ-羧基谷氨酸（Gla）残基是必需的。Gla残基的形成对血液凝固（止血）和骨矿化非常重要，有些蛋白质依赖于维生素K，从而调控吞噬、细胞增殖、细胞黏附、迁移、凋亡和基因表达等过程。

1. 凝血

谷氨酸残基的维生素K依赖性翻译后羧化在血液凝固所需的几种蛋白质上形成γ-羧基谷氨酸。研究最为广泛的4个维生素K依赖性凝血蛋白分别是因子Ⅱ（也称为凝血酶原）、因子Ⅶ、因子Ⅸ和因子Ⅹ。此外，C蛋白、S蛋白、Z蛋白和M蛋白参与凝血的蛋白质，也需要维生素K参与羧化反应。

为了使血液凝固，可溶性的纤维蛋白原必须转化为不溶性的纤维蛋白。如图6.30所示，可通过内源性和外源性两条途径形成血凝块。在内源性途径中，凝血过程由循环于血液中的因子Ⅻ吸附到胶原等物质上开始，这些物质在组织受伤时暴露出来。一旦接触到这些物质，因子Ⅻ就会被激活（在因子旁边标注字母“a”表示激活态）。

通过内源性和外源性途径的一系列反应（由损伤组织释放凝血活酶激活），维生素K依赖因子Ⅹ被激活，分别由因子Ⅸa和因子Ⅶa产生Ⅹa。Ⅹa因子反过来激活维生素K依赖因子Ⅱ（凝血酶原）产生Ⅱa（凝血酶）；凝血酶催化纤维蛋白原蛋白水解生成纤维蛋白；纤维蛋白分子聚集形成网状聚合物，然后通过纤维蛋白稳定因子的交联作用形成不溶性纤维蛋白凝块并止血。

其他凝血蛋白（C蛋白、S蛋白、Z蛋白和M蛋白）也是维生素K依赖的羧化蛋白。蛋白M的功能尚不清楚，但其他三种蛋白抑制血液凝固过程，从而表现出抗凝血功能。Z蛋白抑制因子Ⅹa，C蛋白使因子Ⅶa和Ⅴa失活，并与S蛋白一起增强纤维蛋白溶解，破坏凝血过程。S蛋白还可能参与破骨细胞活性的调节。

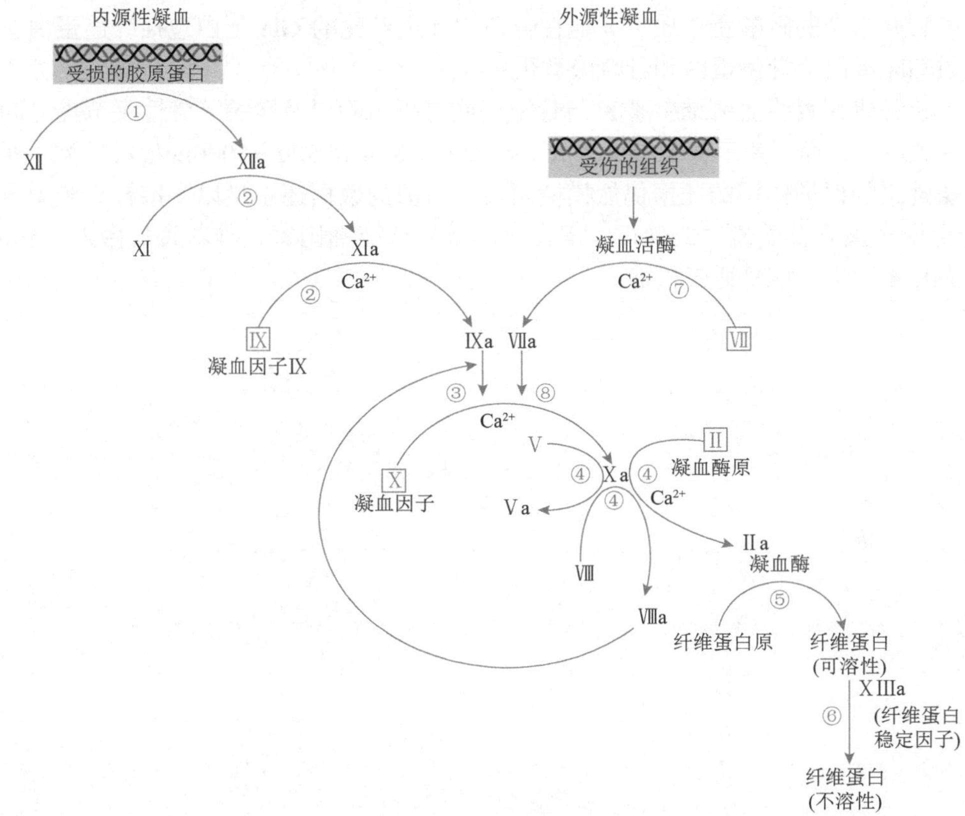

图 6.30　血液凝固的概述

①第一步：因子Ⅻ吸附在胶原蛋白等物质上，胶原蛋白会随着组织损伤而暴露。接触后，因子Ⅻ被激活(用“a”表示）。②因子Ⅺa 被Ⅻa 激活，激活因子Ⅸ——一种维生素 K 依赖性蛋白质。③因子Ⅸa 激活因子Ⅹ——另一种维生素 K 依赖性蛋白质。④因子Ⅹa 将因子Ⅱ、凝血酶原（维生素 K 依赖性）转化为凝血酶。⑤凝血酶改变纤维蛋白原以产生纤维蛋白形成血栓。⑥因子XⅢa——纤维蛋白稳定因子，为最终血栓形成产生不溶性纤维蛋白。⑦在外源途径中，因子Ⅶ——一种维生素 K 依赖性蛋白质，在损伤组织释放的凝血活酶存在的情况下被激活。⑧因子Ⅶa 与因子Ⅸa 一起激活因子Ⅹ

2. 骨矿化

骨骼以受体依赖的方式从循环脂蛋白中吸收维生素 K。在骨骼中，维生素 K 发挥类似于“血液凝固”部分中描述的羧化反应。骨骼、软骨和牙本质中主要的维生素 K 依赖性蛋白质是骨钙素（有时也称骨 Gla 蛋白）。在骨骼中，骨钙素主要由成骨细胞在细胞外基质（蛋白质）形成过程中分泌。在维生素 K 依赖性羧化反应后，骨钙素结构中的三个 Gla 基团有助于钙离子与骨细胞基质中的羟基磷灰石晶体的结合。因此，血液中骨钙素水平有时被用作评价骨形成的指标。

在骨骼中还存在另一种丰富的 Gla 蛋白，称为骨粘连蛋白，它是一种能够与钙和胶原结合的磷酸蛋白质。其他在骨骼中促进矿化的 Gla 蛋白包括纤连蛋白、基质 Gla 蛋白、骨桥蛋白和骨唾液酸蛋白-1。

大量研究表明血清维生素 K 与骨密度或骨折风险以及膝关节骨性关节炎之间存在关联。然而，关于补充维生素 K（45μg/d MK-4 和 500～5000μg/d 叶绿醌）对骨骼健康的保护作用的证据仍然模棱两可，目前的数据还不足以支持补充维生素 K 可用来预防骨质流失或骨折，但在日本等一些亚洲国家，推荐每日摄入 45μg 的 MK-4 用于治疗骨质疏松症。

第 7 章 代表性矿质元素

7.1 钙 与 磷

钙是人体中最丰富的矿物质，约占体内矿物质总量的 40%，占体重的 1.5%～2.0%。机体约 99%的钙存在于骨骼和牙齿中，剩余 1%的钙则存在于细胞外液（即血液）和软组织中。膳食钙的最佳来源为乳制品，尤其是牛奶、奶酪和酸奶。根据《中国居民膳食营养指南》的建议，每天摄入 300～500mL 乳制品，即能满足每天所需的钙摄入量。尽管一些杏仁奶和豆奶会添加钙，钙含量与牛奶相当，但并非所有植物性奶制品都额外添加了钙。

磷是人体中含量仅次于钙的第二丰富的矿物质。人体磷占体重的 0.8%～1.4%，机体约 85%的磷存在于骨骼中，1%的磷存在于细胞外液（即血液）中，其余 14%的磷在软组织中。

7.1.1 吸收、代谢与稳态调控

1. 钙

钙必须首先从食物中释放出来，才能被身体组织吸收和利用。

1）吸收

钙以相对不溶性盐的形式存在于食物和膳食补充剂中。在酸性 pH（如在胃中）下，钙需要约 1h 才能从大多数钙盐中释放出来，变成游离的 Ca^{2+}形式；然而，游离 Ca^{2+}的形式尽管提高了溶解性，但也容易与其他膳食成分结合，限制其吸收及生物利用度。钙在小肠内的吸收主要通过跨细胞和细胞旁两条途径。

A. 跨细胞吸收途径

钙的跨细胞吸收途径主要发生在十二指肠和空肠近端，占小肠中总钙吸收的 50%～60%，需要转运载体和能量，主要是在钙离子浓度较低时，受到骨化三醇（维生素 D 的活性形式）调节。钙的肠道吸收包括三个环节，如图 7.1 所示。首先，钙离子在瞬时受体电位亚家族 V 成员 6（TRPV6，又称钙转运蛋白 1 或 CaT1）的作用下通过肠上皮细胞的刷状缘膜。其表达随着年龄的增长而下降，这也是老年人钙的每日推荐摄入量更高的原因之一，骨化三醇和雌激素可促进转运载体 TRPV6 的合成。之后，在肠上皮细胞中，钙离子在钙结合蛋白 Calbindin-D9k 的

作用下输送到肠上皮细胞的基底外侧膜。一分子 Calbindin-D9k 能够结合两分子钙离子，骨化三醇能够促进其合成，与 TRPV6 一样，Calbindin-D9k 的表达随着年龄的增长而下降。最后，钙离子从 Calbindin-D9k 中释放，通过肠上皮细胞的基底外侧膜排出，进入血液。这个过程主要是由具有高亲和力但有限容量的钙离子泵（Ca^{2+}-ATP 泵，也称 PMCA1b）以及具有低亲和力的钠钙交换蛋白（Na^+/Ca^{2+}交换蛋白，也称 NCX1）介导的。NCX1 用三个 Na^+交换一个 Ca^{2+}；PMCA1b 则是通过消耗 ATP 将 Ca^{2+}排出细胞外。骨化三醇能够促进钙离子泵和钠钙交换蛋白的合成。常见的细胞间钙转运系统如表 7.1 所示。

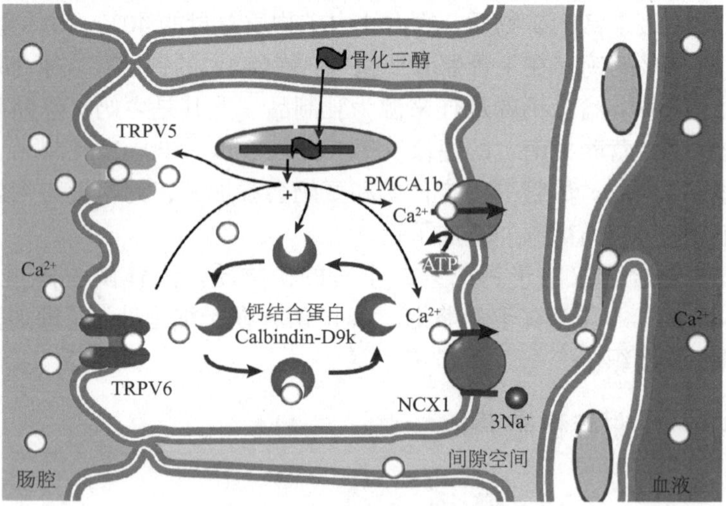

图 7.1　钙离子的肠道跨细胞吸收过程

表 7.1　细胞间的钙转运系统

名称	亚型	组织分布	相关疾病
PMCA（Ca^{2+}-ATP 泵）	PMCA1、PMCA4	几乎所有组织	高血压、心血管疾病、小脑共济失调
	PMCA2、PMCA3	大脑、横纹肌和乳腺	
NCX（钠钙交换蛋白）	NCX1	心脏、脑、肾脏	心律不齐、心肌缺血/再灌注
	NCX2	大脑	
	NCX3	大脑、骨骼肌	
	NCX4	辐鳍鱼类、两栖类和爬行类物种	

B. 细胞旁吸收途径

钙的细胞旁吸收途径在整个小肠中均可以发生，但主要发生在空肠和回肠段。这种吸收过程是通过溶剂阻力或不同梯度介导的。溶剂阻力是由钠离子外流引起的细胞旁的高渗状态（通过 Na^+/K^+-ATP 酶作用），此时，水会从肠腔内向血液中扩散。随着水的移动，钙离子等离子也会一同移动。肠细胞管腔侧和基底外侧/血液之间的高钙浓度梯度也增加了肠细胞间的渗透性，可以促进细胞旁钙的吸收。

目前尚未完全明确钙离子细胞间吸收的分子过程，但许多因素会影响肠上皮细胞之间的紧密连接，从而影响细胞旁吸收。跨膜蛋白 Claudin-2、Claudin-12 和 Claudin-15 能选择性增强细胞旁钙吸收。例如，Claudin-2 可以通过其细胞外区域中带有负电荷的天冬氨酸残基形成具有电荷选择性的孔道，延伸到细胞旁。这种突起形成的紧密连接孔道，不仅对钙离子，还对镁离子和其他溶质都有渗透性。此外，骨化三醇也发挥一定的作用，它可以促进跨膜蛋白的基因表达，从而通过调节细胞间的紧密连接结构以增加钙渗透性。因此，在钙浓度较高、Claudin-2 增加及骨化三醇充足的情况下，钙的细胞旁吸收增强。

如上所述，绝大多数的钙是在小肠中吸收，但膳食中 4%～10%（约 8mg）的钙可以在结肠中被吸收。结肠中的微生物在分解与钙结合的可利用膳食纤维时会将钙释放出来，从而被结肠吸收。

C. 钙的吸收率

总体而言，成年人的钙吸收率为 25%～30%。膳食补充剂（约含 250mg 钙）中的钙吸收率为 27%～39%，具体取决于补充剂中使用的钙盐的形式，也会取决于在空腹时摄入还是与食物一起摄入。钙的摄入量也会影响其吸收，通常在 500mg 或更低剂量时钙的吸收率更高。因此，当机体对钙需求量大于 600mg 时，应分多次补充。

2）稳态调节

钙浓度在细胞内和细胞外都受到严格控制。

A. 细胞外钙浓度调节

血液中的钙浓度受到严格的控制，血清总钙浓度通常为 8.5～10.5mg/dL，钙离子的浓度为 4.6～5.2mg/dL。主要有三种激素参与调节钙的稳态：甲状旁腺激素（PTH）、骨化三醇和降钙素。

离子钙通过三种方式从血液中排出：分泌作用进入消化道，随尿液排出体外，被组织摄取吸收。甲状旁腺（以及肾细胞和肠细胞等）中的钙离子感应受体（CaSR），可以监测血钙浓度，并在几分钟内由甲状旁腺向血液中释放 PTH，PTH 对血清钙降低做出反应，并与骨化三醇一起通过以下作用提高血钙浓度。

（1）PTH 通过与肾脏的相互作用增加血清钙浓度。在肾脏中，PTH 刺激 1-羟化酶的转录，促进 25-OH 维生素 D 转化为骨化三醇。骨化三醇通过与维生素 D 受体相互作用，诱导编码肾脏钙重吸收所需蛋白质（TRPV5、钙结合蛋白 D28k 和外排泵）的基因转录，从而增加钙的肾脏重吸收。

（2）PTH 通过与骨骼的相互作用增加血清钙浓度。PTH 与成骨细胞表面受体相互作用，增强其生成破骨细胞的能力，破骨细胞会促进钙从骨骼释放并被再吸收到血液中，使血清钙浓度增加。

（3）骨化三醇在小肠中促进钙的跨细胞吸收。如前所述，骨化三醇促进肠道钙吸收，与维生素 D 受体相互作用，诱导肠道吸收所需蛋白质（TRPV6、钙结合蛋白 D9k 和外排泵）基因的转录。

（4）骨化三醇还通过其对特定 Claudin 蛋白合成编码基因的影响，促进肠道细胞旁钙的吸收。骨化三醇还可能通过与基底外侧膜上特定的膜相关快速反应类固醇结合（MARRS）蛋白受体结合，并随后激活细胞内第二信使（如磷脂酶 A2 和蛋白激酶 C）来影响钙的产生。

PTH 和骨化三醇作用的净效应是使血清钙浓度增加到正常范围（图 7.2）。一旦血钙浓度适宜，PTH 和骨化三醇的分泌和作用即被抑制。PTH 的抑制来自：①通过第二信使传递信号，钙离子与甲状旁腺上 CaSR 之间的相互作用；②骨化三醇通过与甲状旁腺核受体的相互作用。骨化三醇的减少是基于以下原因：①PTH 减少；②钙离子与肾细胞上的 CaSR 相互作用，骨化三醇水平降低导致血清钙浓度减少，包括减少肾脏钙重吸收，导致尿钙排泄增加，以及肠道钙吸收减少。

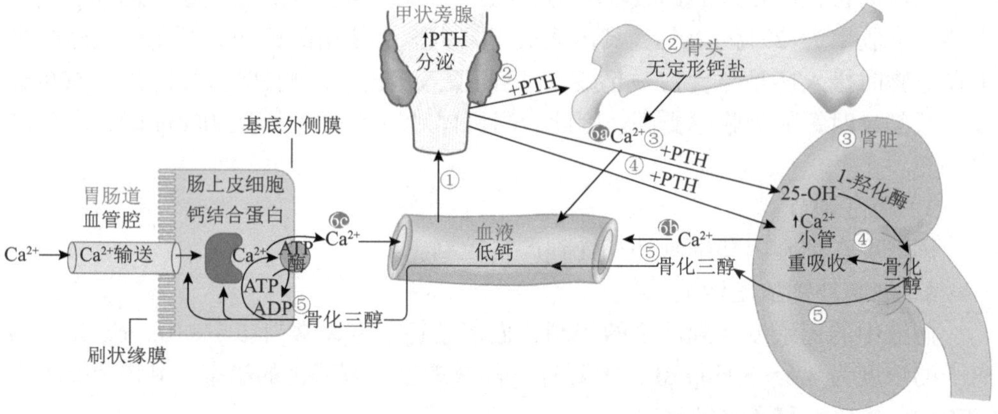

图 7.2　甲状旁腺激素（PTH）和骨化三醇对低血钙的调节

①血清钙水平降低时，甲状旁腺释放甲状旁腺激素（PTH）进入血液。②PTH 与骨细胞受体结合，并触发骨矿物质的吸收或分解，从而将钙释放到血液中。③甲状旁腺激素作用于肾脏合成活性形式的维生素 D——骨化三醇。④甲状旁腺激素和骨化三醇促进钙从肾脏重新吸收并进入血液。⑤骨化三醇离开肾脏并进入肠道，在那里它促进钙通过刷状缘膜的吸收，其在胞质溶胶中运输并排出到血液中。⑥钙进入血液。6a 代表从骨骼肌释放的钙；6b 代表从肾脏释放的钙；6c 代表肠道吸收的钙

血清钙的升高也会触发甲状旁腺释放降钙素。降钙素抑制 PTH 的产生和释放，抑制破骨细胞的活性。表 7.2 总结了甲状旁腺激素、骨化三醇和降钙素的作用。

表 7.2　甲状旁腺激素、骨化三醇和降钙素对钙稳态的影响

钙指标	甲状旁腺激素	骨化三醇	降钙素
血清钙	↑	↑	↓
骨钙	↓	*	↑
肾钙重吸收	↑	↑	↓
肠道钙吸收	↑	↑	没有效果

*与甲状旁腺激素共同发挥作用。

B. 细胞内钙浓度调节

在正常的静息状态下，细胞质内维持着较低浓度的游离 Ca^{2+}（大约是细胞外液中浓度的 0.0001）。但当细胞处于活跃状态时，钙离子需要进入细胞质并以较高浓度存在从而参与许多功能；一旦钙进入细胞质发挥其功能（图 7.3），细胞必须重新建立正常的低静息钙浓度（即钙必须从细胞质中排出）。通过将钙移出细胞或将钙固定在细胞器中，从而从细胞质中去除钙。

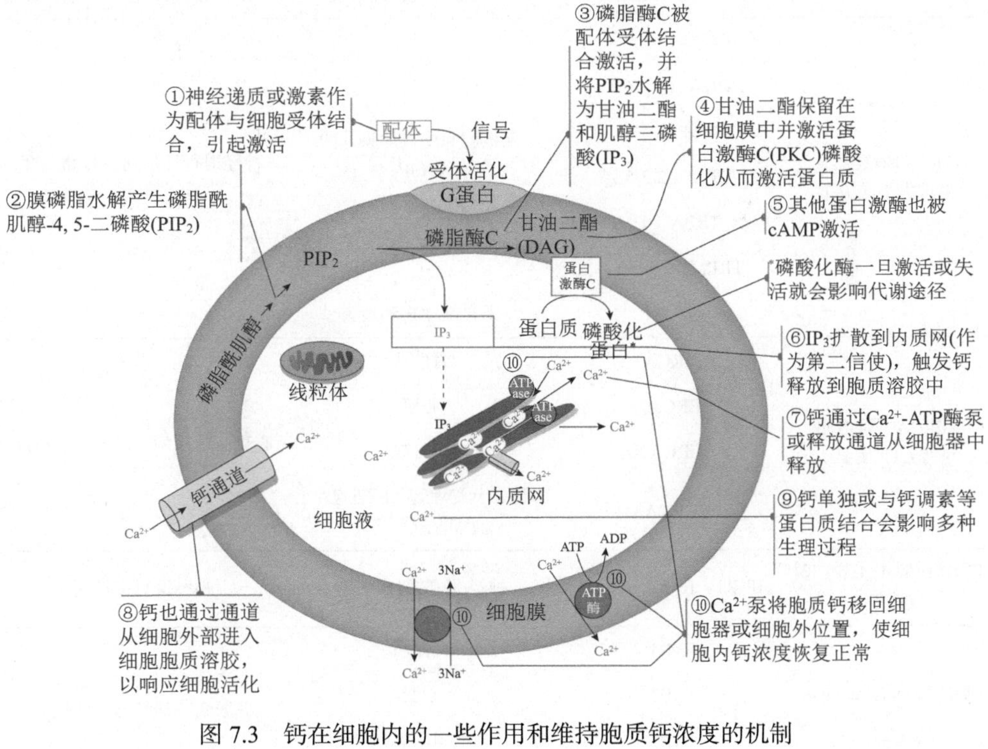

图 7.3　钙在细胞内的一些作用和维持胞质钙浓度的机制

钙进入细胞质的途径包括以下两种：①通过细胞膜通道（如电压依赖性钙通

道 VOC、电压依赖性钙通道 ROC）；②细胞内通道，如内质网和线粒体等细胞器中钙的外排通常需要 Ca^{2+}-ATP 酶泵或释放通道（如骨骼肌肌质网的高通量钙离子通道 Ryanodine 受体，简称 RyR），如表 7.3 所示。

表 7.3　细胞内的钙转运系统

名称	亚型	组织分布	相关疾病
VGCC（电压门控钙通道）	Cav1（L 型钙通道）	骨骼肌、心血管、神经系统、视网膜	高血压、心绞痛、充血性心力衰竭
	Cav2（P/Q、R、N 型钙通道）	神经元	神经痛
	Cav3（T 型钙通道）	兴奋性细胞	癫痫、神经痛、失眠、帕金森病、癌症
L-VGCC	NMDA 受体	神经突触及突触后致密物	癫痫
	nAChR	神经肌肉接头、海马神经元	阿尔茨海默病
	P2X1～P2X7	中枢及外周神经系统	HIV-1 感染、血栓、败血症
TRP（瞬时受体电位离子通道）	TRPC（1～7）	除核膜和线粒体膜外的生物膜	神经退行性疾病、骨骼发育不良、肾病、疼痛
	TRPV（1～6）		
	TRPM（1～8）		
	TRPP（2/3/5）		
	TRPA（1）		
	TRPML（1～3）		
	TRPN	无脊椎动物和鱼类	
SERCA（肌内质网钙 ATP 酶泵）	SERCA1	骨骼肌	心衰、糖尿病、高血压、癌症
	SERCA2a	心肌	
	SERCA2b	分布广泛	
	SERCA3	肺脏、上皮细胞、B 细胞、小脑浦肯野神经元	
IP_3R（肌醇-1, 4, 5-三磷酸受体）	IP_3R1、IP_3R2、IP_3R3	神经/肝脏/肌肉细胞	神经退行性疾病
RyR（Ryanodine 受体）	RyR1	骨骼肌	心衰、心律失常、肌病、糖尿病、神经退行性疾病
	RyR2	心肌	
	RyR3	组织低表达	
TPC（双孔通道）	TPC1～TPC3	内溶酶体和质膜	帕金森病、脂肪肝、埃博拉病毒感染

负责将钙移出细胞的主要系统是 $Ca^{2+}/3Na^{+}$交换器，它对钙具有低亲和力，但容量高。$Ca^{2+}/2H^{+}$（质子）-ATP 酶泵对钙具有高亲和力，但容量较低。通过这两个系统的作用，分别可以通过交换三个钠离子或换取两个 H^{+}（质子），排出 Ca^{2+}。但这种泵的作用只能解释细胞钙浓度的微小变化。

当细胞处于静息状态时，细胞器（如线粒体、内质网、核和囊泡）可以将多余的钙离子储存起来，并在需要时释放出来，以维持细胞内钙离子浓度的平衡。这个功能是由 Ca^{2+}-ATP 酶完成的，它将 Ca^{2+}从细胞质中泵入细胞器中储存，直到用于维持细胞功能或者细胞质的钙浓度低于静息水平时会再次回到细胞质中。在细胞器内，钙与蛋白质结合（如肌质网中的肌集钙蛋白）或与磷酸盐结合（如在线粒体中）。钙结合蛋白在细胞内起着重要的缓冲作用，防止游离钙过量。

2. 磷

1）吸收

无论在膳食中的存在形式如何，大多数磷都是以游离的无机磷酸盐形式从胃肠道吸收。因此，食物中的结合态的磷必须被酶消化，释放出游离的无机磷酸盐，才可以被吸收。

食物中结合态的磷水解酶包括锌依赖的磷脂酶 C、碱性磷酸酶等。磷脂酶 C 可以水解磷脂中的甘油磷酸键；碱性磷酸酶则是在肠上皮细胞的刷状缘膜上起作用，从某些但不是全部的结合形式（如植酸）中释放磷酸盐，其活性受到骨化三醇的调节。

磷的吸收贯穿整个小肠（图 7.4），但主要发生在空肠。50%～80%的膳食磷被吸收，从动物产品中吸收的磷是吸收范围的上限，从植物性食物，特别是含植酸的食物中吸收的磷是吸收范围的下限。食品中作为添加剂的无机磷酸盐约有70%或更多被吸收。

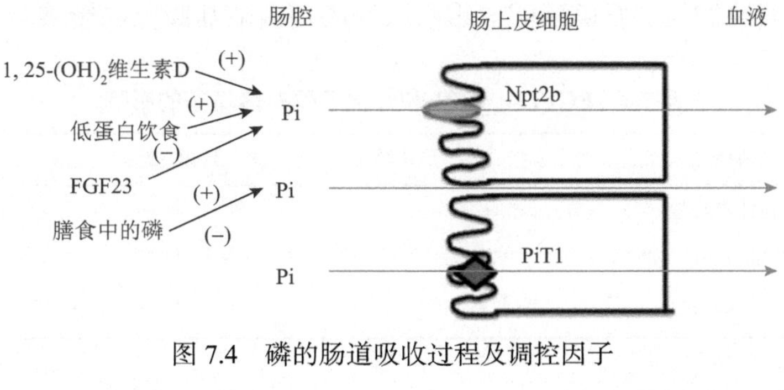

图 7.4　磷的肠道吸收过程及调控因子

磷的吸收通过两个途径：载体介导的跨细胞主动运输和细胞旁的被动扩散。从膳食中摄入的大部分磷是通过细胞旁的被动扩散进行的。当膳食磷摄入量较低时，则主要通过肠细胞刷状缘膜的载体介导转运吸收。这种载体是一种钠磷（Na^+-Pi）共转运体（NaPi2b，也称 Npt2b），每个磷酸盐离子（作为 $H_2PO_4^-$或 HPO_4^{2-}）运输时会伴随三个钠离子的共转运。磷酸转运蛋白 PiT1 和 PiT2 则负责肠上皮细胞（以及其他细胞）内的磷酸盐转运。磷酸盐在肠细胞基底外侧膜上的转运是通过易化扩散进行的。

2）稳态调控

血清磷酸盐的正常浓度范围相较于血清钙的狭窄范围较宽泛，其水平可通过肠道对磷酸盐的吸收、肾脏的排泄及磷酸盐在骨骼和其他细胞中的进出来维持。影响这些过程的三种激素包括成纤维细胞生长因子 23（FGF23）、PTH 和骨化三醇，起主要作用的是由成骨细胞分泌的 FGF23。

当血液磷酸盐浓度增加时，FGF23 被释放，通过减少肾脏中骨化三醇的合成等途径降低血清磷酸盐。首先，FGF23 下调肾脏中磷酸盐重吸收所需的转运蛋白 NaPi2a 和 NAPi2c 的数量，增加尿液中磷酸盐的排泄。其次，FGF23 还可以通过下调肠道中 NaPi2b 转运体的数量来减少肠道对磷酸盐的吸收，但 FGF23 对肠道的作用主要是通过 FGF23 继发的血清骨化三醇水平降低介导的。FGF23 可以降低肾脏中 1α-羟化酶活性从而减少骨化三醇的合成，并增加 24-羟化酶活性从而增加骨化三醇的分解。PTH 也能减少肾脏中磷酸重吸收所需的 NaPi2a 和 NAPi2c 的表达，但 PTH 的合成和分泌主要受血清钙变化的调控。血清骨化三醇升高及 FGF23 都可以在一定程度上抑制 PTH 的释放。

当血清磷浓度降低时，骨细胞分泌的 FGF23 也会减少，但相关机制尚不明确。FGF23 的减少会促进骨化三醇合成，促进肠道的磷吸收。由于 FGF23 减少和骨化三醇诱导的 PTH 抑制，肾磷酸重吸收所需转运蛋白的合成增加。因此，在较低的血清磷酸盐浓度下，肾脏过滤的大部分磷酸盐被重新吸收。骨吸收作用增强从而增加血清磷酸盐的方式尚未明确界定具体过程。表 7.4 总结了 FGF23、PTH 和骨化三醇对血清磷酸盐、肾脏磷酸盐重吸收和肠道磷酸盐吸收的影响。

表 7.4　FGF23、PTH 和骨化三醇对磷稳态的影响

磷指标	FGF23	骨化三醇	PTH
血清磷酸盐	↓	↑	不清楚
肾脏磷酸盐重吸收	↓	↑	↓
肠道磷酸盐吸收	↓	↑	↑

7.1.2　骨骼调控等功能

钙在人体中具有重要作用，包括骨骼矿化、肌肉收缩、血栓形成、信号转导，并参与酶的激活等。

磷存在于身体的所有细胞中，具有许多功能，是几种重要化合物的组成部分。大部分体内磷酸盐存在于骨骼中并用于形成矿物质，剩余的磷酸盐大部分作为磷脂的一部分存在于细胞膜内，并在细胞内充当细胞的主要阴离子。在软组织中，磷酸盐以磷酸酯的形式存在，附着在蛋白质（磷酸化蛋白质）上或以游离形式存在。

钙最广为人知的功能是对牙齿和骨骼矿化的作用。在牙齿中，钙与磷酸盐、碳酸盐和镁一起存在于外层的牙釉质表面。钙和其他矿物质广泛分布在骨骼中，50%～70%的骨骼由矿物质组成。

骨组织可分为两种主要类型：皮质骨和骨小梁。大多数骨骼都有一层致密的外层皮质骨，包裹着骨小梁。有些骨头，如成人的胸骨、肋骨、椎骨和骨盆，也含有骨髓腔。皮质骨和骨小梁的一些特征如表 7.5 所示。由于其较高的周转率，当摄入钙量不足时，与皮质骨相比，骨小梁可以更快地消耗钙。因此，骨小梁也更容易患骨质疏松症。

表 7.5　皮质骨与骨小梁的比较

皮质骨	骨小梁
紧实、致密	多孔、有弹性
占机体骨骼的 75%～80%	占机体骨骼的 20%～25%
由多层矿化的蛋白质层构成	由相互连接的矿化蛋白质构成
主要存在于所有骨骼表面、四肢长骨的轴或中心区域（骨干），覆盖并保护骨小梁和骨髓	在中轴骨骼（椎骨和骨盆区域）和长骨末端（骨骺），如髋关节和膝关节附近的股骨中浓度相对较高
代谢活性较低，周转率低于骨小梁	代谢活性较高，周转率高于皮质骨

如图 7.5 所示，骨骼由有机基质（由蛋白质和基质组成）、水、脂质和矿物质组成。矿物质有助于维持骨骼的强度和硬度，尽管这些特性也受骨质量、构成骨骼的材料特性和骨骼结构等因素的影响。

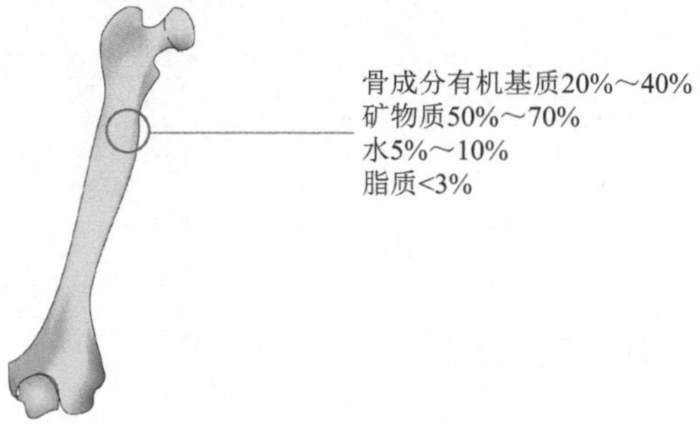

图 7.5　骨头的组成

钙占骨骼矿物质质量的 37%～40%，磷占 50%～58%，还包含少量的镁以及其他矿物质，如钠、钾、氟化物和锶。其中一些矿物质和羟基组成羟基磷灰石 [$Ca_{10}(PO_4)_6(OH)_2$]，这是一种与蛋白质和骨骼基质结合的晶格状物质。碳酸盐也存在于骨骼中，占骨骼质量的 2%～8%，通常与钙、钾和钠结合，但骨骼中的总体含量会有所不同，特别是受系统酸碱平衡变化的影响。骨骼中的矿物质主要以小的羟基磷灰石晶体的形式存在。关于骨骼中是否存在一些无定形和/或其他形式的钙、磷和镁及其是否能转化为羟基磷灰石，仍存在争议。

磷酸盐和钙、镁一样，在骨骼组织中非常重要，骨骼组织中的磷约占体内磷的 85%。在骨骼中，磷也主要以羟基磷灰石的形式存在，并沉积在胶原蛋白上。在无定形骨中，钙磷比大约是 1.3∶1，与细胞外液相似；然而，在结晶骨中，这个比例为 1.5∶1～2.0∶1。每天约有 200mg 磷酸盐进出骨骼。磷酸盐在骨骼中的沉积取决于细胞外液中的浓度，骨骼释放出的磷酸盐通过血管进入细胞外液。

7.2 钠 与 钾

人体中钠总量约为 105g，大部分（60%～70%）存在于细胞外液中，30%～40%位于骨骼表面。在大多数神经和肌肉组织中，细胞内的钠含量要低得多（约 10%以下）。钠离子占体液阳离子的 93%左右，是体内含量最丰富的离子之一（表 7.6）。钾离子是细胞内主要的阳离子，体内约 98%的钾离子存在于细胞内，只有约 2%存在于细胞外。

表 7.6　体液的电解质组成

项目	血浆	间质流体	细胞内液体
阳离子含量/（mmol/L）	153	153	195
Na^+含量/（mmol/L）	142	145	10
K^+含量/（mmol/L）	4	4	156
Ca^{2+}含量/（mmol/L）	5	2～3	3.2
Mg^{2+}含量/（mmol/L）	2	1～2	26
阴离子含量/（mmol/L）	153	153	195
Cl^-含量/（mmol/L）	103	116	2
HCO_3^-含量/（mmol/L）	28	31	8
蛋白质含量/（mmol/L）	17	—	55
其他物质含量/（mmol/L）	5	6	130
渗透性/（mg 渗透分子/kg 水）	280～295	约 300	约 300

表 7.7 概述了钠、钾和氯的功能、体内含量、缺乏症状、膳食来源和适宜摄入量。

表 7.7　常见电解质的功能、含量、缺乏症状、膳食来源和适宜摄入量

种类	生理功能	体内含量	缺乏症状	膳食来源	适宜摄入量
钠	水、pH 和电解质调节；神经传导、肌肉收缩	105g	厌食、恶心、肌肉萎缩，生长不良，体重减轻	食盐、加工食品和零食食品、腌肉、海产品、调味品、牛奶、奶酪和面包	1500mg，19～50 岁
钾	水、电解质和 pH 平衡；细胞膜极化	130g	肌肉无力、心律失常、瘫痪	水果、蔬菜、豆类、坚果和乳制品	男性 3400mg，女性 2600mg，19～50 岁
氯	液体和 pH 平衡，胃酸成分	105g	虚弱、嗜睡、低钾血症，代谢性酸中毒	食盐、海鲜、肉类和鸡蛋	2300mg，19～50 岁

7.2.1　吸收、代谢与稳态调控

1. 钠

95%～100%的钠在小肠和结肠被吸收。如图 7.6 所示，钠的吸收机制包括：①营养物质偶联的 Na^+协同转运蛋白，如钠离子/葡萄糖协同转运（第 3 章单糖的吸收和转运）在整个小肠尤其是空肠中发挥作用；②电中性的 Na^+和 Cl^-协同转运，这种协同转运蛋白载体在小肠（空肠、回肠）和结肠中表达；③电压门控钠离子通道，一般较少发挥作用，主要在结肠的远端区域起作用。

钠一旦被人体吸收，就会在血液中自由运输。血清钠浓度一般维持在相当窄的范围内，为 135～145mmol/L。血清钠浓度反映了体液平衡，浓度较低（低钠血症）表明血浆中的液体过多，而浓度较高（高钠血症）则表明液体流失。机体通过抗利尿激素、血管紧张素Ⅱ、醛固酮和钠利尿激素等调节电解质和液体的平衡。

2. 钾

膳食钾的吸收率通常为 85%～90%，其吸收过程发生在整个小肠中，结肠中吸收较少。根据肠腔内的浓度，钾可以通过被动扩散或 K^+/H^+-ATP 酶的主动转运两种方式被吸收。K^+/H^+-ATP 酶将细胞内的 H^+与肠腔内的 K^+进行交换实现钾的吸收。此外，钾还可以通过刷状缘膜上的钾离子通道而被吸收，积聚在肠上皮细胞中的钾通过钾离子通道扩散穿过基底外侧膜，从而进入血液。这也是结肠内的吸收途径。

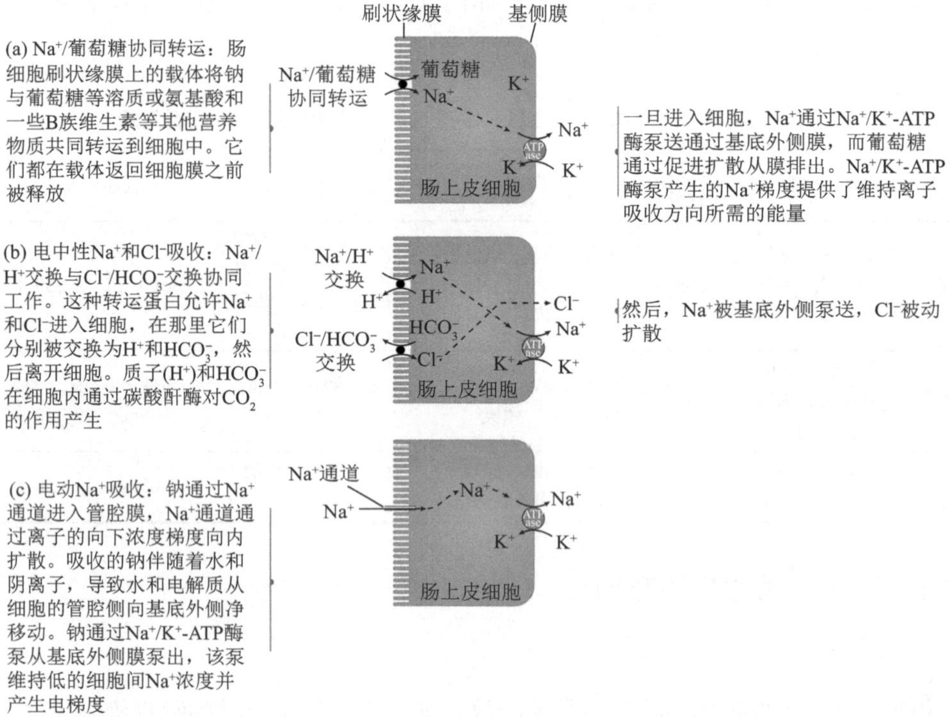

图 7.6 肠道中钠的吸收

血钾浓度保持在 3.5～5.0mmol/L 的较窄范围内。细胞外液中钾离子的浓度主要通过激素和肾功能进行调节。在摄入富含钾的食物后，血钾浓度通常会迅速升高，而进食引起的胰岛素水平的升高，也会通过促进肝脏和肌肉细胞对钾的主动摄取来调节血液中钾浓度。膳食钾也会通过一种尚未阐明的机制向肾脏发出信号，从而引起肾脏增加尿液中的钾排泄来降低血钾浓度。在两餐之间，肌肉将钾释放回血浆，肾脏钾重吸收增加，排泄减少，以确保血浆钾浓度保持在正常范围内。而肾脏损伤（如肾功能衰竭）和激素功能的状况对血浆钾浓度和机体功能具有深远影响。

7.2.2 血压调控等功能

钠是最早发现与高血压直接相关的营养素之一。过去的几十年，已有大量研究证实了膳食盐和/或钠的摄入量与血压直接相关，并与脑卒中等心脑血管疾病的风险有关，这些相关性在肥胖、糖尿病患者、65 岁以上和血压较高的人中更明显。一般来说，成人每天摄入 3g 食盐，即可维持生理基本需要。我国疾病预防与控制中心通过 24h 尿钠和尿钾的测定方法研究发现，在过去的 40 年之间，我国成年人平均每天人均食盐摄入量约 10g，而 3～6 岁儿童每天人均食盐摄入量达到 5g，6～16 岁人群每天人均食盐摄入量高达近 9g。《中国居民膳食指南（2022）》建议，人均每天食盐摄入量不高于 5g。

钾摄入量不足会增加过量钠对高血压的发病风险，但钾摄入量与血压之间也存在独立相关性。较高的钾摄入通常能降低血压，特别是对于那些患有高血压、摄入大量钠的人群。已有研究报道，高血压患者钾补充（约 1380mg）后的血压降低为 4～5mmHg；而正常血压者摄入类似剂量的钾也会导致略微的血压降低（约 2mmHg）。在同时摄取较大量钠的个体中，钾补充对降低血压的效果更为显著。根据《中国居民膳食营养素参考摄入量（2023）》的建议，成年人每天钾的适宜摄入量为 2000mg。大多数研究探讨钾对血压的影响时，主要以补充剂的形式提供钾（通常为氯化钾）。然而，摄入富含钾的食物并减少膳食中的钠摄入也能有效降低血压，富含钾的食物包括豆类、坚果、种子和低脂乳制品等，可以帮助个体改善膳食中钾的摄入并降低血压。

7.3　铁

人体内含铁量为 2～4g，其中超过 65%的铁存在于血红蛋白中，约 10%存在于肌红蛋白中，1%～5%作为酶的一部分，剩余的约 20%的铁存在于血液和以储存的形式存在于体内。自然界中铁存在多种价态，但在体液和膳食中只有三价铁（Fe^{3+}）和二价铁（Fe^{2+}）的形式是稳定的。

铁以两种形式存在于食物中：血红素铁和非血红素铁。血红素铁是指在图 7.7 所示的卟啉环结构中的铁。血红素铁主要来自血红蛋白和肌红蛋白，因此主要存在于动物产品，尤其是畜肉、鱼肉和禽肉。畜肉、鱼肉和禽肉中 50%～60%的铁是血红素铁，其余是非血红素铁。非血红素铁是植物性食物中铁的主要形式，尤其是全谷物、坚果、豆类（包括扁豆和豌豆）、一些水果和蔬菜以及豆腐。

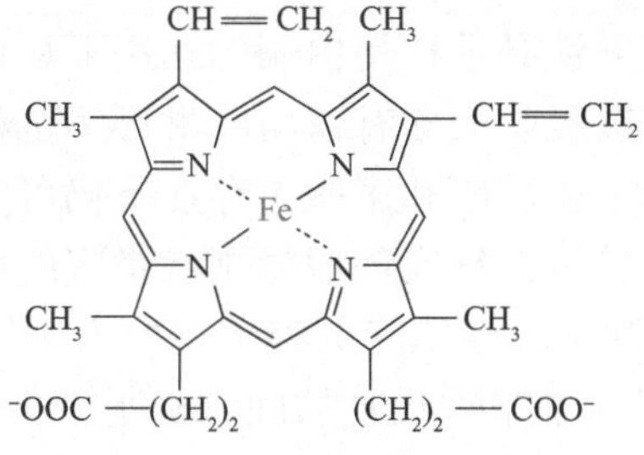

图 7.7　血红素铁（金属卟啉）

7.3.1 吸收、代谢与稳态调控

图 7.8 概述了铁的消化、吸收和转运，以及铁在肠上皮细胞中的去向。

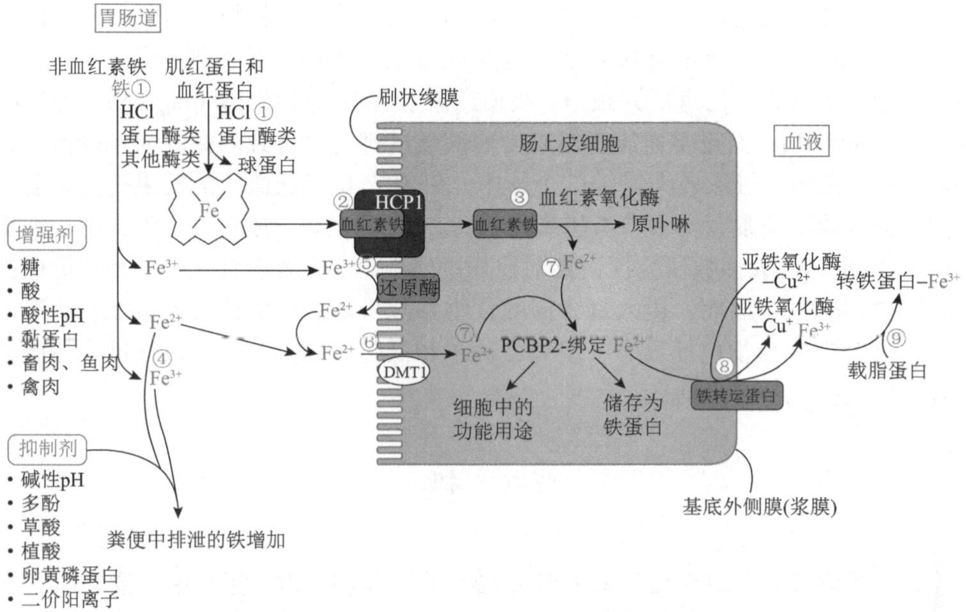

图 7.8 铁的消化、吸收、肠道利用及转运

①铁从结合的食物成分中释放出来。胃中的一些 HCl 可能将 Fe^{3+}还原为 Fe^{2+}。②游离血红素铁被主要位于小肠近端的血红素载体蛋白 1(HCP1)完整吸收。③在肠细胞内，血红素铁被血红素氧化酶分解代谢为原卟啉和 Fe^{2+}。④小肠中的非血红素铁可能与一种或多种抑制剂发生反应，从而促进粪便中铁的排泄。⑤还原酶，主要是十二指肠细胞色素 b(DCYTB)，催化 Fe^{3+}还原为 Fe^{2+}。⑥二价金属转运蛋白 1(DMT1)携带 Fe^{2+}穿过刷状缘膜进入肠细胞的胞质溶胶，而且存在内吞作用。DMT1 作为胞吞作用的一部分也可以使铁被吸收。⑦Fe^{2+}与聚(rC)结合蛋白 2(PCBP-2)结合以在胞质溶胶中转运；铁也可以在细胞内使用或作为铁蛋白的一部分储存。⑧铁转运蛋白通过基底外侧膜运输铁。⑨铁的转运与铁被血红素铁氧化为 Fe^{3+}有关

1. 血红素铁的消化和吸收

在胃和小肠中，血红素铁必须在蛋白酶的作用下从血红蛋白和肌红蛋白的球蛋白部分中水解出来才能被吸收。含有铁与卟啉环（也称金属卟啉）结合的血红素铁在球蛋白的降解产物（氨基酸和多肽）存在下仍可溶解，并且可在十二指肠和近端空肠中完整吸收。转运血红素铁通过刷状缘膜的载体蛋白为血红素载体蛋白（HCP1），转运血红素铁穿过细胞膜的载体蛋白为血红素响应基因-1（HRG-1，又称血红素转运蛋白），但血红素铁吸收的确切机制尚不完全清楚，食物中约 25%（范围为 15%～35%）的血红素铁能被吸收。

在肠上皮细胞内，血红素铁的卟啉环在血红素氧化酶的作用下水解为 Fe^{2+}和

原卟啉。释放出的铁与细胞质蛋白结合以进行胞内运输。这些铁要么被肠上皮细胞利用，以铁蛋白形式储存起来，随着肠细胞的脱落而排出体外，要么运出肠细胞，供其他身体组织使用。

2. 非血红素铁的消化和吸收

非血红素铁通常与食物成分结合，且必须从胃肠道中释放（水解）才能被吸收。胃中的盐酸和胃肠道中的蛋白酶有助于从某些食物成分中释放非血红素铁，主要为 Fe^{3+}形式。这些作用还导致胃中部分三价铁（Fe^{3+}）被还原为二价铁（Fe^{2+}）。前面讲到，Fe^{2+}在胃的酸性环境和小肠的碱性环境中仍然可以保持一定的可溶性。因此，非血红素铁必须被还原为 Fe^{2+}才能被运输进入肠细胞。

从胃进入小肠的 Fe^{3+}与由胰腺分泌到肠道的碱性消化液混合。在这种碱性更强的环境中，一些 Fe^{3+}可能会络合生成氢氧化铁[$Fe(OH)_3$]，这是一种相对不溶的化合物，容易聚集和沉淀，使铁不易于被吸收。另外，Fe^{3+}可能被存在于十二指肠肠上皮细胞刷状缘膜上的一个或多个还原酶还原成 Fe^{2+}。催化这一还原反应的主要的三价铁还原酶是十二指肠细胞色素 b（DCYTB），STEAP 蛋白（前列腺六跨膜上皮抗原家族蛋白）家族的酶也能够催化 Fe^{3+}还原成 Fe^{2+}。细胞内的抗坏血酸是促进还原反应的主要电子供体。

胃肠道中存在一系列的金属阳离子的转运蛋白，肠细胞刷状缘膜上的二价金属转运蛋白 1（DMT1）是 Fe^{2+}的主要转运蛋白。DMT1 主要存在于十二指肠，在酸性 pH（约为 5.5）下发挥作用，除铁外，还转运其他矿物质如锌、锰、铜、镍和铅。铁等矿物质通过 DMT1 与 H^+耦合转运（共转运）进入肠上皮细胞。DMT1 的合成受铁状态的影响，肠上皮细胞内铁含量低时 DMT1 的合成增加，而细胞内铁浓度增加则会导致 DMT1 表达的下调。缺氧（低血氧）也会通过产生特定转录因子（如缺氧诱导因子 2α，HIF-2α）刺激 *DMT1* 基因表达的增加。

Fe^{3+}的吸收机制尚不清楚，在总铁摄取中只起很小的作用。肠上皮细胞表面的膜蛋白整合素可能参与了肠上皮细胞刷状缘膜对 Fe^{3+}的吸收。整合素是富铁蛋白复合物的一部分，该复合物包括胞内铁转运蛋白、铁结合蛋白 Mobilferrin 和黄素依赖性铁还原酶。

7.3.2　缺乏与过量相关疾病

对于我国成年男性而言，铁的膳食推荐摄入量为 12mg/d，对于女性的推荐摄入量则根据不同的生理状态有更细致的区分。对于 12 岁及以上女性，每日推荐摄入铁 18mg；对于绝经后女性，铁的膳食推荐摄入量为 10mg/d；怀孕期间，虽然没有月经流失，但胎儿、循环血液容量扩张及组织和储存物质都需要铁，因此孕中期、孕晚期和哺乳期的女性铁的膳食推荐摄入量在原有的 18mg/d 基础上，分别增加 7mg/d、11mg/d 和 6mg/d。

1. 缺乏

铁缺乏最常见的原因是摄入不足，最容易缺铁的人群包括：

（1）婴儿和幼儿（6 个月到 3 岁）：牛奶和其他首选食物中铁含量较低、生长速度快及铁储备不足无法满足 6 个月以上的铁需求。

（2）青春期早期的青少年：快速生长和扩张性红细胞数量的需求。

（3）育龄期女性：月经导致铁流失。

（4）怀孕的女性：血液容量扩大，胎儿和胎盘的需求以及分娩期间的血液流失。

此外，许多在育龄期的未怀孕女性由于能量（热量）摄入受限和富含铁的食物摄入不足而无法满足铁的每日推荐摄入量。肾脏疾病患者促红细胞生成素合成减少，导致红细胞合成能力受损，从而发生缺血性贫血。

铁的需求量也可能因其他铁流失或铁吸收受损而增加。与铁流失增加有关的情况包括出血、血液透析（一种肾脏替代疗法，可导致红细胞过早破坏）、腹泻引起的胃肠道转运时间缩短（快于正常生理状态）以及寄生虫感染（如钩虫）等。胃肠道疾病以及与十二指肠和空肠近端损伤或切除相关的外科手术（如 Roux-en-Y 胃旁路术）也会减少铁吸收并引起贫血。蛋白质能量营养不良、肾脏疾病、胃液缺乏症（胃液中缺乏盐酸）及长期使用增加消化道 pH 的药物，如抗酸剂和质子泵抑制剂（用于治疗胃灼热、GERD 和溃疡）也会导致铁的吸收受损。依赖植物为基础饮食的人更容易出现铁缺乏，因为其中的非血红素铁不易被吸收利用。

图 7.9 展示了人体铁含量逐渐减少的过程。机体缺铁如果不加以治疗，通常会发展为缺铁性贫血，进而损害血液的氧运输能力。缺铁更常见于儿童，症状包括脸色苍白、无精打采、行为障碍、在某些认知任务中表现下降、一些不可逆转的学习能力受损和注意力持续时间较短。成年人缺铁会对工作状态和工作结果产生负面影响。

治疗缺铁性贫血通常需要使用 30～65mg（有时高达 120mg）的铁补充剂。口服铁补充剂对红细胞计数和血红蛋白浓度产生初始影响需要大约 2 周的时间，想要增加体内铁储存的铁疗法可能需要进行 3 个月～1 年。使用铁补充剂可能会出现便秘、黑便、恶心和/或胃痛等副作用。口服补充剂如果无法耐受或不能充分改善铁状况，可以使用静脉注射的铁剂，如右旋糖酐、葡萄糖酸铁钠和蔗糖铁。

通常建议铁缺乏的风险较高的特定人群要额外补充铁补充剂。例如，通常建议孕妇服用含铁的产前补充剂（通常至少 30mg 铁），如果缺铁，通常建议服用铁

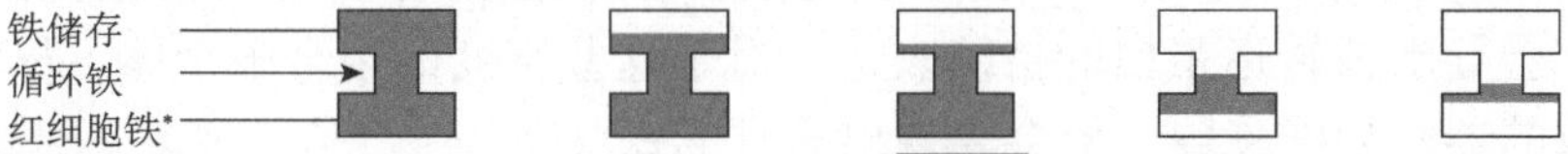

	一般	早期负铁平衡	铁耗尽	铁缺乏性红斑病	缺铁性贫血
骨髓的网状内皮细胞中铁的价态	2^+~3^+	1^+	0～1^+	0	0
转铁蛋白结合能力/(μg/dL)	330±30	330~360	360	390	410
血浆铁蛋白含量/(μg/L)	100±60	＜25	20	10	＜10
铁吸收率/%	5～10	10～15	10～15	10～20	10～20
血浆铁离子含量/(μg/dL)	115±50	＜120	115	＜60	＜40
转铁蛋白饱和度/%	35±15	30	30	＜15	＜15
铁粒幼红细胞百分比/%	40~60	40~60	40~60	＜10	＜10
红细胞原卟啉含量/(μg/dL)	30	30	30	100	200
红细胞	正常	正常	正常	正常	小细胞低色素性
血清转铁蛋白受体	正常	正常-高	高	非常高	非常高
铁素体	正常	正常-低	低	非常低	非常低

图 7.9　与缺铁有关的铁状态的连续变化

*循环红细胞内的铁及其前体

补充剂。此外，对于主要以母乳喂养的不满 1 岁的婴儿，可能建议使用铁强化配方奶粉。对于那些 4～6 个月且既往没有食用铁强化谷物的母乳喂养婴儿，也可以建议补充铁。但婴儿和幼儿通过膳食补充过多的铁可能会导致不良反应，因此需要谨慎使用。

2. 毒性

成人铁的可耐受上限摄入量为 45mg/d。急性铁中毒可能是致命的，主要发生于意外铁过载，如摄入过量的含铁药丸或含铁的多种维生素/矿物质补充剂。急性铁中毒时，过量的铁原子超过了转铁蛋白的运输承载能力，而游离的铁会促进自由基的产生，损害胃肠道和其他组织。急性中毒的临床表现最初包括腹痛、呕吐和腹泻。粪便也可能会因铁的存在而颜色变深，铁过量引起的消化道黏膜损伤也会导致出血，使得呕吐物和粪便中带有血液。严重时，发生过度失血，导致低血容量性休克。其他铁过量的临床表现还可能包括酸中毒、昏迷和肝功能衰竭。

慢性铁中毒通常与遗传性血色素沉着病相关，这种疾病最常见于高加索男性，并在 20 岁左右愈发明显。血色素沉着病的特征是铁吸收增加（至少是正常的两倍），通常是基因突变导致肝铁蛋白合成减少，使得机体无法准确感知铁储存并下调肠道铁吸收，从而引起该疾病。例如，稳态铁调节因子（HFE）蛋白的 C282Y 突变，导致半胱氨酸被酪氨酸替代，抑制了 HFE 刺激肝铁蛋白的合成，使肠道细胞下调铁吸收。同时，H63D 的突变也会减少肝铁蛋白合成，铁转运蛋白的 Q248H 突变则会导致铁转运蛋白的持续表达。对于这些突变的杂合子个体，尽管没有出现严重的器官功能障碍，但会表现出异常的铁状态。

尽管一些突变可导致血色素沉着病，但在大多数的患者中，尽管铁储存较高，但铁的吸收通常不受调节。如果不治疗，血色素沉着病中的血清铁蛋白浓度将继续上升，可能超过 1000mg/L（正常值：＜300mg/L）。而吸收的铁逐渐沉积于全身各处（包括关节和组织，尤其是肝脏、心脏和胰腺），导致广泛的器官损伤，并最终导致器官衰竭。例如，肝脏中铁的沉积通常在 50 岁左右导致肝硬化。

血色素沉着病的患者需要频繁地进行静脉切开术治疗（血液的清除），通常每周清除 400～500mL，其中含有 200～250mg 的铁。此外，可能会使用除铁胺治疗。除铁胺治疗是通过与体内铁螯合（结合）并增加尿中铁排泄。对于血色素沉着病的治疗，目标是将血清铁蛋白浓度调整到 50～150mg/L，转铁蛋白饱和度低于 45%。一旦达到这些水平，接受治疗的频率可以减少。

其他存在铁超载高风险的人群包括具有铁负荷性贫血、地中海贫血和铁粒幼细胞性贫血等患者，这些人骨髓中红细胞生成增加导致铁吸收增加。

7.4 锌

人体内含有 1.5～3g 锌，锌存在于所有的器官、组织（尤其是骨骼和肌肉）和体液中，普遍以二价离子（Zn^{2+}）形式存在。

锌在食物中与核酸和氨基酸形成复合物，这些氨基酸是肽和蛋白质的组成部分。食物中的锌含量差别很大，红肉（尤其是内脏肉）和海鲜（尤其是牡蛎和软体动物）是锌的优质来源，此外，还包括禽肉和乳制品等。全谷物和豆类也提供适量的锌，水果含锌量很少，植物来源的锌被吸收的程度也低于动物来源（如肉类）的锌。

对某些食物进行加工可能会影响锌的可利用性。例如，热处理会使食物中的锌形成抵抗水解的复合物，从而使锌的吸收变得不容易；美拉德反应产物，即由褐变产生的氨基酸-碳水化合物复合物，尤其会抑制锌的吸收。

锌的膳食补充剂有多种形式，包括口服片剂和含片、喉部或鼻部喷雾剂及鼻部凝胶。锌的存在形式包括氧化锌、硫酸锌、乙酸锌、氯化锌和葡萄糖酸锌，分别结合了不同含量的锌。例如，葡萄糖酸锌的锌含量约为 14.3%，而硫酸锌的锌含量为 23%，乙酸锌的锌含量为 30%，氯化锌的锌含量为 48%。氯化锌、硫酸锌和乙酸锌的溶解性较好，碳酸锌和氧化锌相对不溶解。多种维生素/矿物质补充剂含有约 15mg 的锌，而单一营养素补充剂可提供 10～100mg 的锌。口服锌补充剂应空腹摄入，避免同时摄入其他矿物质补充剂，如铁或钙。使用锌补充剂常见的副作用包括腹痛（如胃烧灼感）、消化不良、恶心、呕吐和腹泻。

含锌的外用产品通常是氧化锌或氯化锌的形式，常用于创面修复，包括膏状绷带、闭塞性黏剂敷料、海藻酸盐和含锌盐的敷料。锌的经皮吸收取决于皮肤的完整性，并需要在皮肤表面的酸性湿润条件下才能释放出来（如氧化锌或氯化锌），若皮肤不完整，如发生烧伤或其他损伤，会有更多的锌被吸收。在皮肤屏障完整的情况下，锌从酸性环境中的氧化锌或氯化锌盐释放后会与表皮角蛋白中的巯基结合，少量的锌会穿透表皮角质形成细胞，进入血液循环，整个过程从外用之时起大约需要 60min。未进入循环系统的剩余锌将与表皮角质细胞中的金属硫醇蛋白（通过外用锌引起）结合，并最终随着皮肤细胞周转而脱落。

除了膳食来源，来自胰腺、肠道和胆汁分泌物的内源性锌（最多约 4.5mg），随着食物摄入被释放到胃肠道，食物来源和膳食补充剂中的锌含量增加。分泌的锌可以被人体重新吸收，这是维持体内锌稳态的重要手段。

7.4.1　吸收、代谢与稳态调控

图 7.10 概述了锌的消化、吸收和转运过程，以及在肠细胞中锌的一些代谢途径。

前面提到，膳食中的锌需要从氨基酸和核酸中水解才能够被吸收，这一过程是通过胃和十二指肠上部的酸性环境以及胃和小肠中的蛋白酶和核酸酶释放出来的。锌的吸收主要发生在小肠近端，即十二指肠和空肠上部。锌在肠道的吸收有两种机制：载体介导转运和细胞旁扩散（图 7.10），通常情况下，通过饮食摄入的锌，最高可达 7～9mg，其吸收机制主要为载体介导的方式。蛋白质载体 Zrt 和 Irt 样蛋白 4（ZIP4）是锌通过肠上皮细胞刷状缘膜的主要转运蛋白，并在整个胃肠道中表达。锌的膳食摄入量也会影响 ZIP4 的表达，当锌摄入量高时，ZIP4 降解更快，从而下调锌的吸收，而锌不足则增强了 ZIP4 mRNA 的稳定性，快速诱导 ZIP4 合成，并将 ZIP4 蛋白转移到刷状缘膜。ZIP4 合成的增强是通过上调转录因子 KLF4（Kruppel-like factor 4）的表达介导的，该转录因子与 *ZIP4* 基因的启动子区结合。

除了载体介导转运，锌还可以通过肠上皮细胞的紧密连接处细胞间（即细胞之间）扩散来进行吸收。当锌的摄入量（通常为 20mg 或更多）超过 ZIP4 载体的容量时，该过程有助于锌的吸收。

ZIP4 的基因突变会引起乳糜性锌缺乏症。该疾病以锌吸收不良为特征，临床表现为皮肤病变（经常被感染），尤其是在面部、膝盖和臀部；发育不良；低血浆锌浓度，这些都是锌缺乏的症状和体征。如果不及时治疗，可能会导致死亡。通常情况下，通过细胞间扩散可吸收高剂量的锌（30～150mg/d），以补偿受损的 ZIP4

转运蛋白。

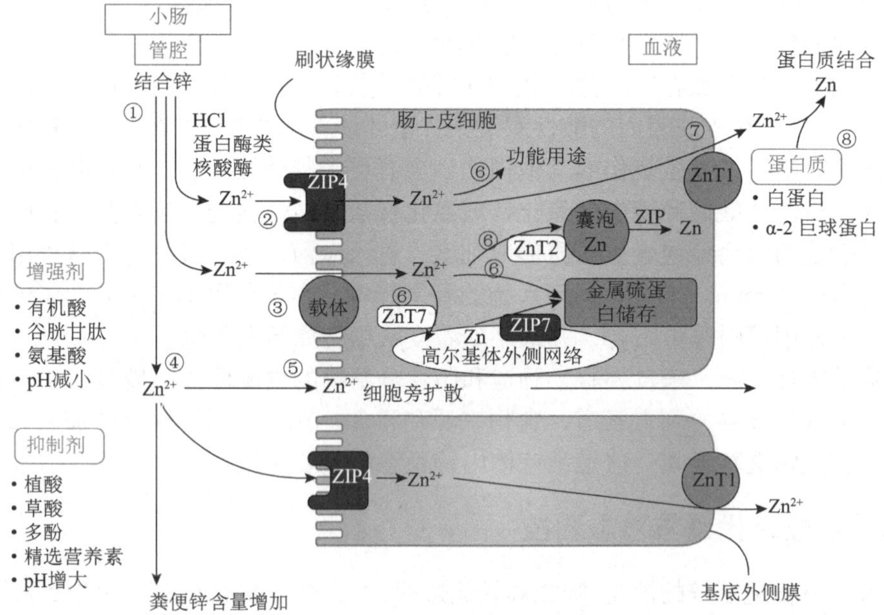

图 7.10 锌的消化、吸收、肠细胞利用和运输

①结合锌是从食物成分中释放出来的，主要是蛋白质和核酸。②大多数锌通过刷状缘膜被 Zrt 和 Irt 样蛋白 4(ZIP4) 吸收。③二价矿物转运蛋白 1（DMT1）和氨基酸可能在锌通过刷状缘膜的吸收中起次要作用。④一些锌可能会与膳食中的锌的抑制剂或螯合剂结合，而无法吸收。⑤锌摄入量高时，锌可能在细胞之间被吸收（即细胞旁）。⑥在细胞内，锌可以功能性地使用或储存在囊泡中、反式高尔基体网络中或作为金属硫蛋白的一部分。⑦锌可以通过 ZnT1 转运通过基底外侧膜。⑧锌与蛋白质结合以在血液中运输

尽管在胃肠道中存在其他载体蛋白（如 DMT1）与锌结合，但它们对锌的吸收贡献作用很小。同样地，一些锌可能与组氨酸等氨基酸结合，并可能通过氨基酸转运蛋白进入上皮细胞，这对锌的吸收贡献也很小。肠刷状缘膜上还表达ZIP11，其合成也受到锌的调控。尽管目前有研究指出 ZIP11 也在锌吸收中有作用，但作用很小。

总体而言，锌的吸收率在 10%～80%；摄入量越高，吸收率越低，而摄入量越低，吸收率越高。例如，摄入量小于 1mg 时，可以吸收 100%的锌，而摄入 12mg 时，可吸收约 40%的锌。这种吸收的上调和下调以及增加和减少锌排泄的能力对于维持体内锌稳态非常重要。

7.4.2 生理调控功能

锌在促进数百种生化反应中发挥着重要作用。由于锌具有广泛的酶功能，影响着包括碳水化合物、蛋白质、核酸和脂质代谢在内的大多数的代谢途径。锌也

是成千上万种转录因子的结构组分，对基因表达产生影响，并进而影响体内的许多生理过程。

1. 锌依赖酶

作为金属酶的组成部分，锌具有两个主要功能：①通过直接结合到氨基酸残基并稳定酶的三级结构，使酶具有结构稳定性；②参与催化位点的反应。有超过 300 种不同种类的酶（氧化还原酶、水解酶、裂解酶、异构酶、转移酶和连接酶）都需要锌。常见的需要锌作为结构重要组分的酶有碳酸酐酶、碱性磷酸酶、乙醇脱氢酶、羧肽酶、氨基肽酶、δ-氨基乙酰丙酸脱水酶、超氧化物歧化酶、磷脂酶 C、聚谷氨酸水解酶、基质金属蛋白酶、聚合酶、激酶、核酸酶、转录酶等。

1）碳酸酐酶

碳酸酐酶主要存在于红细胞和肾小管细胞中，对酸碱平衡/缓冲和呼吸至关重要。该酶对锌具有高亲和力。与血浆中的锌相比，在红细胞中与该酶结合的锌约为血浆中的 8～9 倍。碳酸酐酶催化以下反应：$CO_2+H_2O \rightleftharpoons H_2CO_3 \rightleftharpoons H^++HCO_3^-$，从而快速处理二氧化碳。当氧气被释放到组织中时，碳酸氢盐进入血浆参与缓冲反应，与碳酸分离的 H^+还原氧合血红蛋白。锌缺乏对该酶的浓度没有显著影响，但低锌饮食（每天 3.8mg，持续数周）会使红细胞活性降低。

2）碱性磷酸酶

每个碱性磷酸酶分子含有四个锌原子，其中有两个锌原子是酶活性所必需的，另外两个用于维持适当的蛋白质构象结构。该酶主要存在于骨骼和肝脏中，少量存在于血浆中。碱性磷酸酶缺乏底物特异性，可水解多种化合物中的磷酸酯结构的单酯键。锌缺乏时，会降低该酶的活性。

3）乙醇脱氢酶

每个乙醇脱氢酶分子含有四个锌原子，其中两个用于催化活性，两个用于维持蛋白质的构象。该酶通常缺乏特异性，在 NADH 依赖的醇转醛反应中起重要作用。例如，在维生素 A 代谢中，乙醇脱氢酶将视黄醇转化为视黄醛；在乙醇代谢中，该酶将乙醇转化为乙醛。

4）羧肽酶 A、羧肽酶 B 和氨基肽酶

羧肽酶 A 和羧肽酶 B 是胰腺分泌到十二指肠的外肽酶，是蛋白质消化所必需的。锌与羧肽酶紧密结合，对酶的活性至关重要，因此，该酶活性随着锌的缺乏而降低。氨基肽酶由一组参与蛋白质消化的酶组成，通常含有一个或两个催化活性所需的锌原子，该酶可将肠道消化的蛋白质或多肽的氨基端的氨基酸水解下来。

5）δ-氨基乙酰丙酸脱水酶

δ-氨基乙酰丙酸脱水酶是血红素铁合成所需的酶，也依赖于锌。该酶由 8 个亚单位组成，每个亚单位结合一个锌原子。锌对于维持酶中的游离巯基（—SH）

至关重要，因为锌可以防止巯基的氧化，从而阻止酶内二硫键的形成。该酶催化两个 Δ-氨基乙酰丙酸分子的缩合，形成胆色素原（图 7.11）。如果体内存在高浓度的铅（如铅中毒），铅会取代酶中的锌，从而降低血红素铁的合成能力。

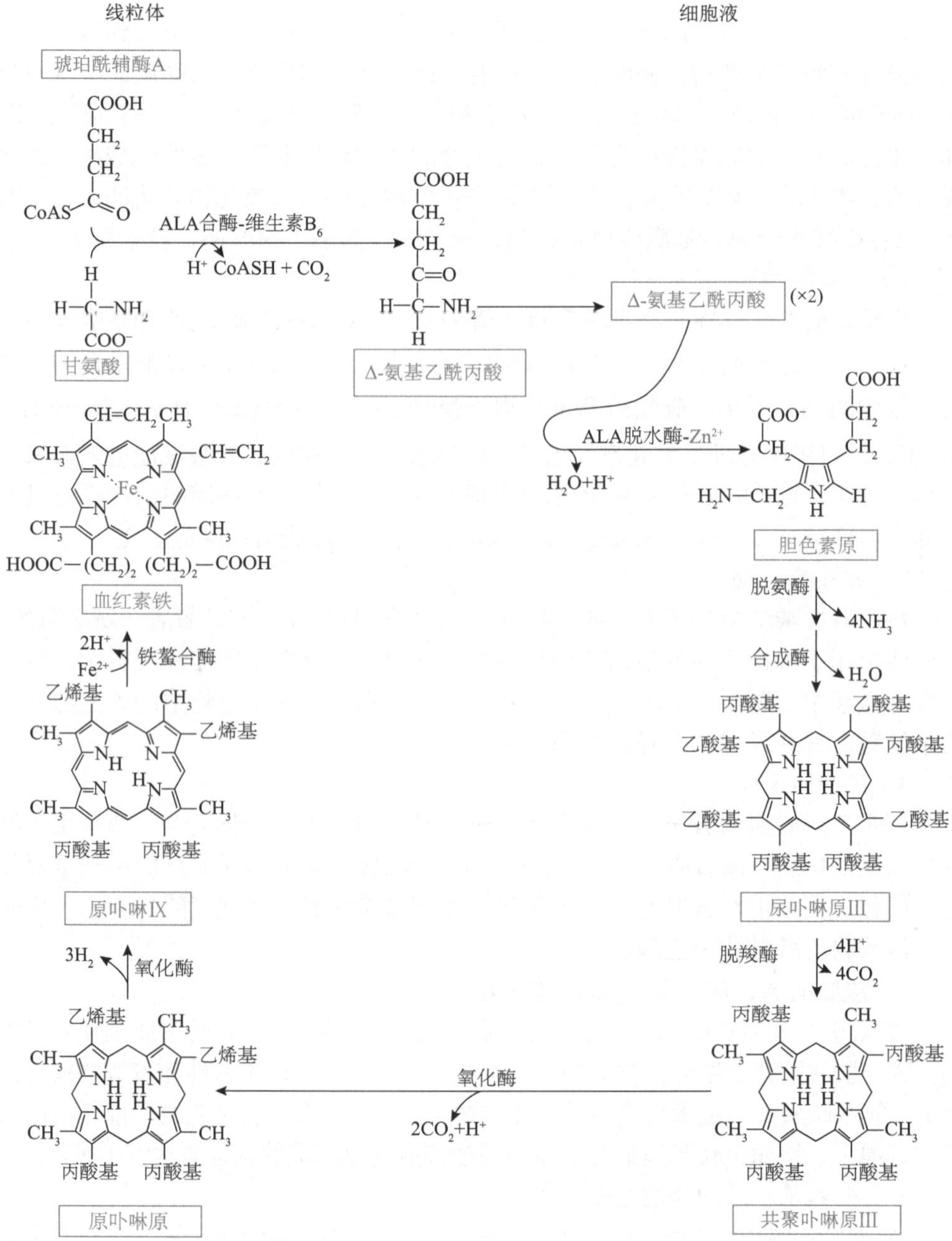

图 7.11　血红素铁的生物合成

6）超氧化物歧化酶

细胞质中的超氧化物歧化酶 1（SOD1 或 CuZn-SOD）需要两个锌原子和两个铜原子才能发挥功能；细胞外的 SOD3 也依赖于锌和铜，并且对锌的敏感性似乎比细胞质内的更高。SOD3 存在于血浆、淋巴、滑液和肺脏中，在细胞表面和血浆之间处于平衡状态。细胞质和细胞外的不同形式的超氧化物歧化酶均通过催化超氧自由基（$\cdot O_2^-$）与氢离子反应形成过氧化氢（H_2O_2），从而清除自由基。

7）磷脂酶 C

磷脂酶 C 需要三个锌原子才能发挥催化活性。磷脂酶 C 选择性地水解磷脂酰肌醇-4, 5-二磷酸（PIP_2）的甘油磷酸酯键，产生甘油二酯（DAG）和肌醇-1, 4, 5-三磷酸（IP_3）。DAG 和 IP_3 都是重要的第二信使，调控着许多细胞过程，并且是其他信号分子合成的底物。

8）聚谷氨酸水解酶

聚谷氨酸水解酶，也称 γ-谷氨酰水解酶，是一种锌依赖的酶，是胃肠道中的叶酸消化所必需的。叶酸是一种 B 族维生素，在食物中与多个（即多聚）谷氨酸残基结合，必须消化去除其他谷氨酸仅保留一个谷氨酸才能被吸收。聚谷氨酸水解酶催化从叶酸中去除谷氨酸，如缺乏锌则会减少叶酸的吸收。

9）基质金属蛋白酶

基质金属蛋白酶是一组含锌的内切酶，存在于角质细胞、巨噬细胞、成纤维细胞和内皮细胞中。基质金属蛋白酶以非活性酶原形式合成，在存在多种可溶性介质和细胞损伤生成的细胞外基质组分的作用下变为活性形式，锌位于底物结合的催化位点。基质金属蛋白酶通常在伤口愈合过程中发挥作用，降解细胞外基质成分（以及其他作用），以重塑细胞外基质蛋白和修复组织。根据结构元素，基质金属蛋白酶可以被分类为胶原酶（对伤口清创很重要）、明胶酶、基质溶素或溶血素（用于伤口收缩）等。

10）聚合酶、激酶、核酸酶、转移酶、磷酸化酶和转录酶

核酸合成及细胞复制和生长中具有重要作用的聚合酶、激酶、核酸酶、转移酶、磷酸化酶和转录酶都需要锌。脱氧胸腺嘧啶激酶有助于胸腺嘧啶的保存或利用，胸腺嘧啶是 DNA 中特有的嘧啶底物。此外，RNA 的降解也会受到锌的调节，因为锌对核酸酶活性有影响。脱氧核苷酸转移酶、核苷酸磷酸化酶和逆转录酶等也依赖于锌。

2. 基因表达

锌在基因的转录调控中起着重要的结构作用，是通过与一种“锌指蛋白”的转录因子结合，“锌指”是指与锌结合时转录因子蛋白的二级结构（构型）。锌指蛋白由一个锌原子连接的约 30 个氨基酸组成，锌通过半胱氨酸残基或半胱氨酸和

组氨酸残基的组合与其中 4 个氨基酸结合，稳定其结构。锌指蛋白与特定的 DNA 序列相互作用，这些序列位于选择基因的启动子区域中，被称为金属应答元件或金属调控元件（MRE），以增强或抑制基因的转录（图 7.12）。目前已鉴定出的数千种转录因子中，有超过 2000 种需要锌。此外，一些锌指蛋白还与 mRNA 相互作用以调节翻译过程，还有一些可能促进蛋白质间的相互作用。

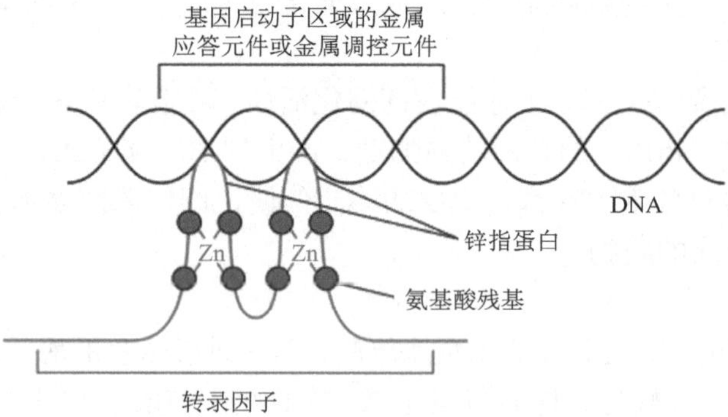

图 7.12　锌在基因表达中的调控作用

7.5　镁

在主要的矿物质中，镁在人体内的总丰度中排名第六（Ca＞P＞K＞Na＞Cl＞Mg），但在细胞内，镁含量仅次于钾。人体含有 21～28g 镁，其中 50%～60%在骨骼中，另外 39%～49%位于软组织中（约 25%在骨骼肌），约 1%位于细胞外液中。镁存在于各种各样的食物中，富含镁的食物包括坚果、种子和全谷物（尤其是燕麦和大麦）。谷物过度加工，如去除胚芽和外层麸皮的精制全麦，会减少超过 75%的镁含量。绿叶蔬菜中的叶绿素也含有大量的镁，豆类、香料、海鲜和乳制品也是膳食镁的主要来源。自来水（即“硬水”）也可能具有少量矿物质（50～60mg/L 的镁）。

7.5.1　吸收、代谢与稳态调控

1. 吸收

食物中的镁不需要消化就可直接被吸收。镁在小肠中被吸收的过程与钙的吸收过程相似。

镁的吸收发生在整个小肠中，结肠也能吸收镁，尤其是当疾病干扰了小肠对镁的吸收时。镁在小肠中的吸收通过载体介导的跨细胞转运和细胞旁扩散两种途径。载体介导的镁吸收具有饱和性，需要能量和瞬时受体电位（TRP）、瞬时受体电位离子通道蛋白（TRPM6）作为载体，这些载体存在于肠上皮细胞的刷状缘膜上，并会受到细胞质内高镁离子浓度的抑制。因此，这种途径介导的镁吸收会随细胞内镁浓度的增加而减少。这种载体系统主要在远端小肠（较下部的空肠和回肠）中起作用，在镁摄入量充足的情况下，负责约 30%的镁吸收，当镁摄入量较低时，这个百分比会增加。

镁的细胞旁扩散发生在整个小肠，并随着腔内镁浓度的增加而增加。经研究发现，80%以上的膳食镁是通过这种被动转运、浓度依赖的途径吸收，尤其是在镁摄入量较高的情况下。镁的细胞间吸收与钙类似，通过溶剂拖曳或不同的浓度梯度的方式进行。溶剂拖曳是由钠外流引起的细胞间隙的高渗环境（通过 Na^+/K^+-ATP 酶）驱动的，这种高渗透环境会引起水从腔内向血浆扩散。随着水的流动，镁和钙等离子也会随之移动或“拖曳”进入细胞内。肠上皮细胞腔侧和基底侧/血浆之间的高镁浓度梯度还会增加肠上皮细胞之间的渗透性，促进细胞旁镁的吸收。镁通过肠上皮细胞间的紧密连接受到几种跨膜蛋白的调节。骨化三醇可能通过增加编码跨膜蛋白的基因表达来增加细胞旁镁的吸收。例如，Claudin-2 形成带电荷的选择性孔道，促进渗透性，从而促进细胞间隙肠道对镁、钙和其他溶质的吸收。

总体而言，25%～75%的膳食镁被肠道吸收。当镁的摄入量超过约 550mg，其吸收率下降到不足 30%；相反，当镁摄入量低于 40mg 时，镁的吸收率可能会增加到 60%以上，甚至高达 75%。镁从细胞中的外流是通过 Na^+/Mg^{2+}反向转运系统发生的，该系统依赖 Na^+/K^+-ATP 酶维持钠梯度的作用。图 7.13 展示了镁的肠道吸收和转运过程。

2. 代谢

50%～60%的镁以 Mg^{2+}的形式游离在血液中，20%～30%与蛋白质结合（主要是白蛋白，少量与球蛋白结合），5%～15%与柠檬酸盐、磷酸盐、硫酸盐或其他带负电荷的阴离子络合。与钙类似，离子化的镁是其生理活性形式，结合态的镁会在细胞/组织吸收，离子态的镁用于代谢时释放出来。与钙类似，骨骼提供了一个可供储存和释放镁离子的可交换库，为了维持血液中镁浓度的稳定，骨骼中的镁也会被释放出来。临床上界定血液镁的正常浓度为 1.8～2.3mg/dL。

3. 稳态调节

体内镁的维持依赖于胃肠道吸收和肾脏排泄，主要是肾脏控制（增加或减少）尿中镁的排出以维持体内稳态。尽管确切的调节机制尚不清楚，但血浆镁浓度和激素（如 PTH）的波动会影响这一过程。具体来说，PTH 会增加肠道对镁的吸收，减少尿液中镁的排泄[促进亨勒（Henle）袢和远曲小管中镁的重吸收]，并增强骨

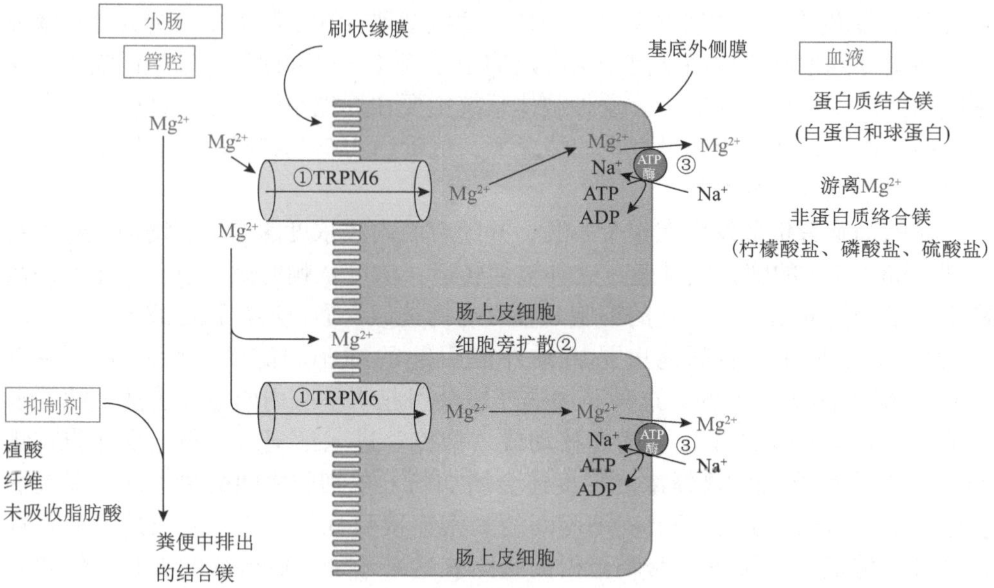

图 7.13　镁的肠道吸收和转运

①Mg^{2+}通过镁通道 TRPM6 穿过肠细胞的刷状缘膜。②Mg^{2+}也可以在细胞之间被吸收，这种传输受到电子化学梯度和溶剂阻力的影响。③Mg^{2+}通过钠依赖性 ATP 酶从基底外侧膜被泵出细胞

骼中镁的吸收，从而提高血液镁浓度。较高的血液镁浓度会抑制 PTH 的分泌，而较低的血液镁浓度可促进 PTH 的分泌。PTH 浓度的增加对血清钙也有类似的影响，而对磷只会增加肠道吸收。

通过改变细胞膜摄取、细胞器内储存及细胞通量，细胞内游离镁浓度严格维持在 0.2～1.0mmol/L 内。大多数细胞内镁与核酸、ATP、蛋白质和磷脂结合。几种镁转运载体参与维持细胞内的镁浓度，包括 TRPM7（在心脏、脂肪组织和骨骼中）、TRPM6（在肾脏和肠道中）、MgT1（镁转运体 1，在上皮细胞中）和 MgT2（镁转运体 2）、NIPA Mg^{2+}转运体和 SLC41 Na^+/Mg^{2+}交换体。MgT1 和 MgT2 参与某些细胞器内的镁离子转运；TRPM7 是一种活性离子通道，可同时运输镁和钙，受细胞内镁浓度的调节；TRPM6 在小肠和肾脏中调节镁离子的转运，并影响全身镁浓度；Na^+/Mg^{2+}交换体在各种细胞中广泛表达，负责细胞内镁离子的外流。

7.5.2　代谢调控等功能

镁在人体中发挥着广泛的作用，包括骨矿化、酶反应、氧化磷酸化、核酸合成、血小板活性、激素受体结合和信号传递、细胞膜离子转移以及钙调节等功能。在细胞内，镁与细胞膜（血浆、内质网和线粒体）上的磷脂结合，同时也与蛋白质和核酸相关。

1. 骨矿化

体内 50%～60%的镁存在于骨骼中，但确切的作用尚未阐明。镁能够诱导羟基磷灰石晶体的形成并稳定已形成的晶体。大约 30%的骨骼镁存在于表面，作为维持血浆镁浓度的储备。与骨骼相关的镁的非晶态形式尚存在争议，但可能包括 $Mg(OH)_2$ 和 $Mg_3(PO_4)_2$ 等形态。

2. 酶促反应

细胞内的镁与包括酶在内的许多蛋白质有关。超过 300 种不同的酶促反应都需要镁，它可以作为结构辅助因子来稳定酶的结构，也可以作为酶活性的蛋白质变构激活剂。此外，在细胞内，镁与 ATP 和 ADP 的磷酸基团的氧原子相连，有助于磷酸基团的转移。蛋白激酶将镁-ATP 的 γ-磷酸基团转移到底物上。镁参与葡萄糖、脂肪、蛋白质、维生素和核酸代谢中的酶的形式包括：①糖酵解（己糖激酶、葡萄糖激酶和磷酸果糖激酶）；②TCA 循环（氧化脱羧）；③戊糖磷酸途径（转酮醇酶反应）；④磷酸肌酸的形成（肌酸激酶）；⑤β-氧化中的酰基辅酶 A 合成酶；⑥碱性磷酸酶和焦磷酸酶；⑦氨基酸激活和蛋白质合成（如核糖体聚集和将 mRNA 与核糖体亚基结合）；⑧维生素 D 的羟基化活化；⑨嘧啶和嘌呤合成、DNA 复制/合成和降解、DNA 螺旋物理完整性和核酸构象及 RNA 转录。

3. 其他作用

除以上功能外，镁还影响以下几个生理过程。

（1）减少血小板聚集，从而减少血栓形成。

（2）激素受体结合和第二信使信号的激活。细胞膜受体激活后，与 GTP 等核苷酸结合的镁参与腺苷酸环化酶的激活，从而导致 cAMP 的产生及其细胞内信号转导效应。因此，镁在一定程度上介导多种激素的作用，包括甲状旁腺激素等。

（3）离子通道的调节，特别是钾和钙通道，在细胞内部，镁在这些离子穿过细胞膜的通量中起作用，影响心脏和平滑肌的收缩能力、正常心律、神经冲动传导和神经肌肉传导、血管张力和正常血压。

（4）细胞内钙的拮抗作用，即在细胞受到刺激后，镁抑制钙的释放（从细胞器中的细胞内储存）并刺激钙的再摄取（通过 Ca^{2+}-ATP 酶泵入肌质网）以降低胞内 Ca^{2+}浓度。镁可以取代钙结合位点上的钙，或与钙竞争非特异性结合位点，从而抑制骨骼肌和平滑肌收缩。

（5）胰岛素的产生、释放和作用/信号转导，镁对于参与胰岛素分泌的细胞内蛋白（如葡萄糖激酶、ATP 酶和蛋白激酶 C）的活性发挥具有至关重要的作用。同时，有研究表明，镁能够通过作用于受体酪氨酸激酶和胰岛素受体底物 1、胰岛素受体底物 2、磷脂酰肌醇 3-激酶和蛋白激酶 B 的磷酸化，直接参与外周组织中的胰岛素敏感性；还可以间接通过减少氧化应激和慢性低度炎症，改善胰岛素抵抗，从而可以促进细胞对葡萄糖的摄取和利用。

7.6 硒

硒是一种具有类金属特性的非金属元素，与硫的化学性质相似，因此，硒通常可以代替硫。全身含硒 5～20mg。

7.6.1 吸收、代谢与稳态调控

1. 消化和吸收

膳食中的硒以有机态和无机态两种形式存在，有机态的和无机态的硒不需要消化就可被肠上皮细胞吸收，吸收过程发生在整个小肠段。有机态的硒氨基酸的吸收是通过氨基酸转运系统进行的，吸收率超 80%，其中硒甲硫氨酸比硒半胱氨酸吸收更好，可高达 97%。无机态的硒酸盐主要在小肠远端通过钠依赖的主动转运吸收，亚硒酸盐主要通过被动扩散在空肠中吸收。通常，超过 90%的膳食硒酸盐和超过 50%的膳食亚硒酸盐被吸收进入肠上皮细胞。硒的吸收似乎不受调节，因此在体内硒稳态中不起作用。在肠细胞内，一些亚硒酸盐还可以通过谷胱甘肽或其他硫醇还原为硒化物。

增强硒吸收的因素包括维生素 C、维生素 A 和维生素 E，以及肠腔中的还原型谷胱甘肽。汞和植酸等通过螯合或沉淀可抑制硒的吸收。

2. 代谢

硒氨基酸和无机形式的硒在肝脏中进行代谢（图 7.14），在其他组织如肾脏中也会进行一定程度的代谢。饮食中摄入的硒酸盐还原为亚硒酸盐，与直接从膳食中摄入的亚硒酸盐，一并进一步还原成硒化物。硫氧还蛋白还原酶和谷胱甘肽介导亚硒酸盐的还原，但硒酸盐如何还原成亚硒酸盐的机制尚不清楚。

膳食中的硒甲硫氨酸储存在组织中的氨基酸池中，用于蛋白质合成；或通过多个反应（称为转硒化）分解为硒半胱氨酸；或直接在 γ-位点裂解产生硒化物。后一种反应通常是在摄入过量硒时发生。硒半胱氨酸可以通过硒甲硫氨酸代谢而来或从膳食中获取，主要通过硒半胱氨酸 β-裂解酶催化降解产生硒化物。

如图 7.14 所示，硒化物是机体合成硒依赖酶（硒酶）的重要中间体。硒化物来源于亚硒酸盐、硒酸盐、硒甲硫氨酸和硒半胱氨酸。在正常代谢过程中，硒化物可以被甲基化并通过尿液排出，维持硒的稳态平衡。将硒化物转化为硒磷酸酯对于合成硒依赖酶至关重要。

硒蛋白合成所需的硒形式是硒半胱氨酸，但直接从膳食摄入或者从硒甲硫氨酸降解获得的硒半胱氨酸无法被利用，只能是体内由丝氨酸合成并与tRNA 结合的硒半胱氨酸形式才可以被利用，这个过程中的硒供体是硒磷酸盐（图 7.14）。

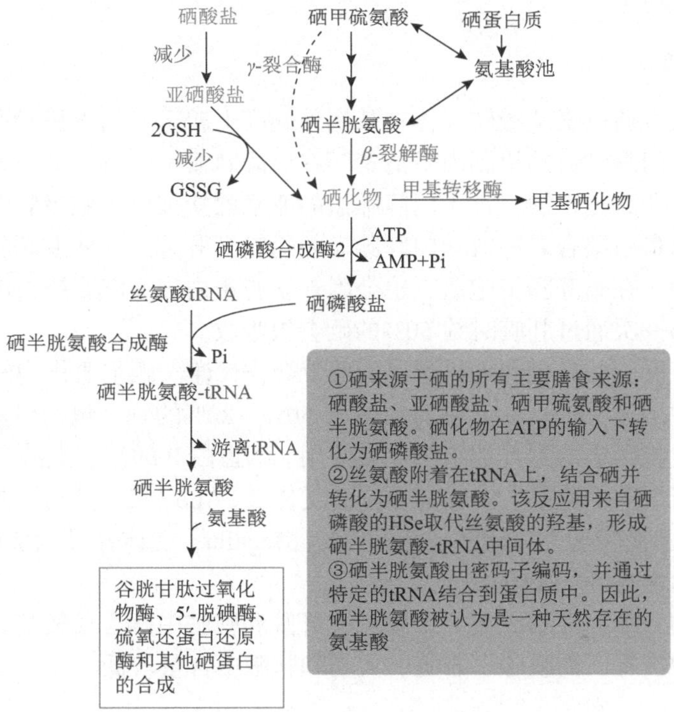

图 7.14　硒在肝脏中的代谢

硒磷酸盐的合成由含有硒半胱氨酸的酶——硒磷酸合成酶 2 催化，并依赖ATP 提供能量。接下来，当丝氨酸与 tRNA 结合时，丝氨酸转化为硒半胱氨酸-tRNA 的中间体（Sec-$tRNA^{[Ser]Sec}$ 或 $tRNA^{SEC}$）。如果硒磷酸盐的生成量不足，那么随后产生的所有硒蛋白都会减少。完全终止硒蛋白合成是致命的。此外，即使是一些硒蛋白的活性减弱，也会导致由硒蛋白正常提供的抗氧化剂/细胞氧化还原反应的减少，进而造成大量的细胞损伤。

连接到 tRNA 的硒半胱氨酸的插入涉及 UGA 终止密码子被重新编程为一个有义密码子的过程，这种重新编程需要 $tRNA^{SEC}$、硒蛋白 mRNA 的 3′-非翻译区存在硒半胱氨酸插入序列（SECIS）、硒半胱氨酸插入序列结合蛋白 2（SBP2）及硒半胱氨酸延伸因子。具体过程是，硒半胱氨酸插入序列位于硒蛋白 mRNA 的 3′-非翻译区。硒半胱氨酸插入序列结合蛋白 2 与 mRNA 上的插入序列结合，使其能够与特定的延伸因子和硒半胱氨酸-tRNA 相互作用。在这些元素的存在下，硒半胱氨酸被插入 UGA 密码子中，并且 UGA 不被解读为终止密码子。因为硒半胱氨酸由一个密码子编码，并由特定的 tRNA 结合到蛋白质中，因此它被广泛认为是遗传密码中的第 21 种天然氨基酸，其三个字母缩写是 Sec，一个字母缩写是 U。

3. *稳态调节*

硒氨基酸可通过氨基酸转运体在基底外侧膜上转运，而无机硒通过肠细胞基底外侧膜进入门静脉血的机制尚不清楚。在门静脉血中，游离的硒氨基酸可自由地进入到肝脏和其他组织。进入门静脉血的亚硒酸盐被红细胞吸收并还原为硒化物，然后与白蛋白结合后释放回门静脉血并运输到肝脏。一些亚硒酸盐，及其他无机形式的硒，在离开肠细胞后，也会附着在脂蛋白表面载脂蛋白的巯基上，以进入肝脏。第一次通过肝脏时约 50%的硒会被吸收。

一旦进入肝脏，有机和无机形式的硒就会被代谢。硒主要作为硒蛋白 P 的一部分在血液中运输，硒蛋白 P 含有血浆中 50%～80%的硒。包括白蛋白在内的其他转运蛋白也将硒输送到其他组织供其使用。硒蛋白 P 的半衰期约为 3h，其受体存在于某些组织的细胞膜上。载脂蛋白 E 受体 2（ApoER2）参与调控硒蛋白 P 进入大脑和睾丸的过程。在肾脏中，巨蛋白（Megalin）受体介导硒蛋白 P 的摄取。血浆硒浓度通常在 60～150ng/mL。

硒浓度的分布存在组织差异，肾脏、肝脏和脾脏中硒含量较高，骨骼肌、骨骼和红细胞中次之，而胰腺、心脏、大脑和肺脏中含量较低。

7.6.2 硒蛋白

硒的作用主要与其作为机体特定蛋白质/酶的组成部分有关。已在人类中发现超过 24 个编码这些硒蛋白的基因，这些蛋白质主要在抗氧化中发挥作用，从而调节细胞的氧化还原状态。下面将介绍一些硒蛋白的作用。

1. *硒磷酸合成酶 2*（SPS2）

硒磷酸盐是在机体合成其他含硒半胱氨酸的蛋白质/酶（如谷胱甘肽过氧化物酶、脱碘酶、硫氧还蛋白还原酶和硒蛋白 P 等）所必需的关键化合物。已经确定了至少两种形式的硒磷酸合成酶，其中一种形式（SPS1）不含硒半胱氨酸，可以从硒半胱氨酸中回收硒；另一种形式，硒磷酸合成酶 2 含有硒半胱氨酸，并催化硒化物（H_2Se）合成硒磷酸盐（$HSePO_3^{2-}$），该反应需要消耗能量。

硒磷酸合成酶 2 的突变或硒磷酸合成酶 2 活性的缺失会显著促进硒蛋白合成，从而促进活性氧生成和细胞凋亡。

2. 谷胱甘肽过氧化物酶

硒的一个最明确的功能是作为谷胱甘肽过氧化物酶（glutathione peroxidase，GSH-Px）的组成部分。已经鉴定出 7 种谷胱甘肽过氧化物酶（以 GSH-Px 后跟数字表示），其中大多数是硒依赖的，含有硒半胱氨酸，分别在不同的组织中催化相同的基础反应。在细胞内，约 70%的谷胱甘肽过氧化物酶存在于细胞质中，约 30%存在于线粒体基质中。GSH-Px1 存在于大多数的身体组织中，尤其是肝脏、肾脏和红细胞中。与其他 GSH-Px 同工酶相比，缺硒时 GSH-Px1 浓度的减少更为明显。GSH-Px2 主要存在于胃肠道和肝脏中；GSH-Px4 主要与细胞膜有关；GSH-Px6 存在于嗅觉上皮组织中；GSH-Px3 起源于肾脏，但会释放到血浆（细胞外）中；GSH-Px3 占血浆中硒的 10%～30%，半衰期约为 12h。为了优化 GSH-Px3 的活性，建议血清硒浓度约为 70ng/mL 或 80ng/mL，硒摄入量约为 37μg/d（硒甲硫氨酸）或 66μg/d（亚硒酸盐）。

GSH-Px 可以催化去除过氧化氢（H_2O_2）和脂质等有机过氧化物（ROOH）。GSH-Px4 在类似的作用下，去除与细胞膜相关的磷脂类过氧化物（命名为 LOOH）。过氧化氢在身体的许多细胞中通过正常代谢产生，白细胞在吞噬外来物质时可能产生大量的过氧化氢。如果不去除，这些过氧化物通常会损坏细胞膜和其他细胞组分，包括蛋白质和 DNA。有机过氧化物由核酸和其他分子，包括不饱和脂肪酸等形成。谷胱甘肽是一个含有甘氨酸、半胱氨酸和谷氨酸的三肽，存在于大多数体细胞中。谷胱甘肽以其还原形式（GSH）参与 GSH-Px 催化的反应。还原型谷胱甘肽被认为是细胞中最丰富的抗氧化剂，提供还原当量，如图 7.15 所示。

GSH-Px 活性发挥过程中产生的氧化型谷胱甘肽（GSSG），必须再生为还原形式（GSH），才能够维持细胞适当的氧化还原稳态。谷胱甘肽还原酶是一种黄酮酶，催化这一还原反应，该反应依赖于来自戊糖磷酸途径的 NADPH 和 H^+。还原型谷胱甘肽的再生过程是由谷胱甘肽还原酶催化的，一分子 GSSG 转化为 2 分子 GSH，同时 NADPH 和 H^+转化为 $NADP^+$。

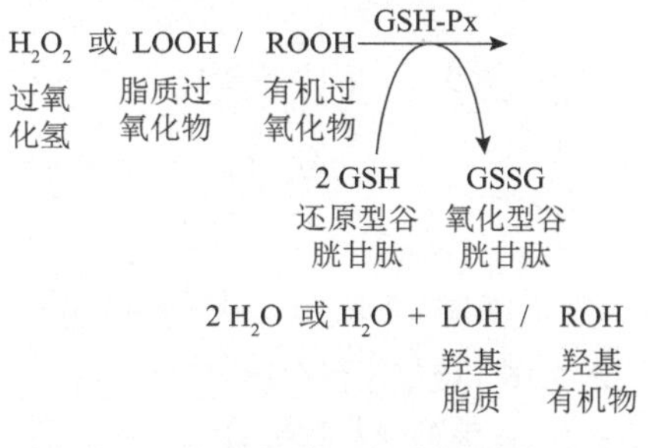

图 7.15　谷胱甘肽过氧化物酶介导的氧化还原反应

3. 硒蛋白 P

硒蛋白 P 是一种糖蛋白，主要在肝脏合成，大脑中也可合成，遍布全身。该蛋白将硒从肝脏转运到某些组织进行利用，同时还具有抗氧化功能，如清除过氧亚硝酸盐。过氧亚硝酸盐是在活化的白细胞（如在感染部位）中由超氧自由基和一氧化氮合成的。如果不能及时清除，过氧亚硝酸盐会导致 DNA 单链断裂，造成脂质过氧化的损伤。硒蛋白 P 也可能催化膜磷脂氢过氧化物还原为醇，类似于 GSH-Px4 的功能。

与大多数硒酶（含有 1～4 个硒原子）不同，硒蛋白 P 含有多达 10 个硒半胱氨酸残基。但在机体硒含量有限的条件下，硒蛋白 P 可以用较少的硒半胱氨酸残基合成。也就是说，如果细胞中没有足够的硒，硒蛋白 P 可能只含有两个或三个左右的硒半胱氨酸，而不是 10 个。此外，当硒含量受限时，相对于 GSH-Px 等其他硒酶，硒蛋白 P 会优先获取硒。硒蛋白 P 在血清中的浓度约为 120ng/mL 时达到最佳状态。

4. 硫氧还蛋白还原酶（TrxR）

硫氧还蛋白还原酶（TrxR）是一种黄素酶（含 FAD），与谷胱甘肽过氧化物酶、硒蛋白 P 和硒磷酸合成酶 2 一样，在其活性位点含有硒半胱氨酸。这种酶以三种形式存在：TrxR1 通常存在于细胞质中，TrxR2 存在于线粒体中，TrxR3 主要存在于睾丸中。在细胞内，TrxR 通过还原氧化的硫氧还蛋白（TrxS-SxrT）和氧化的谷氧还蛋白，以及众多其他氧化分子和蛋白质底物（包括转录因子、受体和酶等），帮助维持氧化还原状态，防止氧化应激损伤。DNA 合成中将核糖核苷酸转化为脱氧核糖核苷酸时也需要 TrxR 的作用（图 7.16）。

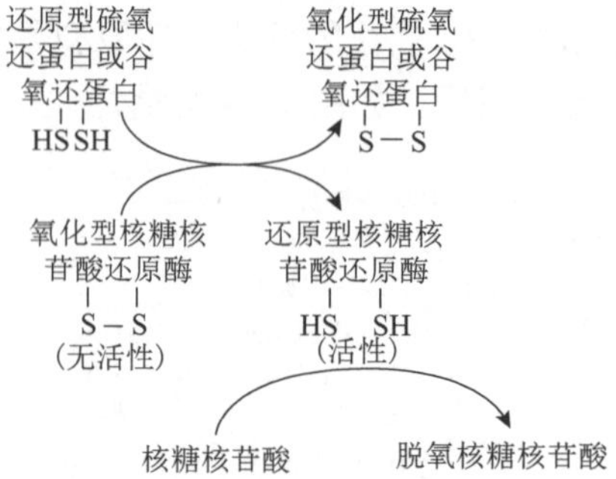

图 7.16　硫氧还蛋白还原酶介导的核糖核苷酸酶活性

具体来说，硫氧还蛋白还原酶通过其结合的 FAD 将 NADPH 的还原等价物转移到氧化底物内的还原二硫键（S—S），即 $TrxS_2$ 转化为 $Trx(SH)_2$，同时 NADPH 和 H^+转化为 $NADP^+$。

一些转录因子在其 DNA 结合区含有半胱氨酸，并依赖硫氧还蛋白-硫还原酶系统（由硫氧还蛋白、硫氧还蛋白还原酶和 NADPH 组成），包括激活蛋白 1（AP1）、p53 和核因子 κB（NF-κB）。此外，硫氧还蛋白和谷氧还蛋白被认为能调节细胞内信号级联反应，从而影响其他细胞过程。例如，硫氧还蛋白通过与凋亡信号调节激酶 1（ASK1）的相互作用抑制细胞凋亡，从而影响细胞分裂、增殖和寿命。

5. 碘化甲状腺原氨酸 5′-脱碘酶（DIO）

硒作为脱碘酶的组成部分，对于碘代谢也是必需的，包括甲状腺激素的生成。脱碘酶是含硒半胱氨酸的酶，硒半胱氨酸存在于活性位点。脱碘酶有三种类型，

DIO1 主要存在于甲状腺、脑垂体、肝脏和肾脏中；DIO2 广泛存在于组织中，包括甲状腺、大脑/中枢神经系统、心脏、脑垂体、骨骼肌和棕色脂肪组织；DIO3 主要存在于大脑和一些其他组织中，如皮肤，血清硒浓度约为 60ng/mL 时，脱碘酶活性达到最佳。

5′-脱碘酶催化甲状腺激素的 5 位或 5′位及其代谢物脱碘。DIO1 和 DIO2 能够去除甲状腺激素甲状腺素（T_4）中的 4 个碘原子，从而产生 3, 5, 3′-三碘甲状腺素（T_3）。T_3 是机体代谢和正常生长发育的主要调节因子；硒缺乏会降低 T_3 浓度并升高 T_4 浓度。DIO2 在特定组织中可以产生并利用 T_3，这种功能使得特定的组织对外界环境做出适应性的反应。例如，在寒冷环境中，棕色脂肪组织中 DIO2 表达增加，从而导致产热增加。多余的 T_3 被降解为无活性的 T_2（也被称为 3, 3′-二碘甲状腺素），而 T_4 通过 DIO1 和 DIO3 被降解为无活性的反式(r)T_3。

6. 甲硫氨酸 *R*-亚砜还原酶（原硒蛋白 *R*）

甲硫氨酸亚砜还原酶催化 *R* 型和 *S* 型甲硫氨酸亚砜的还原，该酶存在于细胞的细胞质和细胞核中，调节细胞氧化还原水平。具体而言，该酶利用还原的硫氧还蛋白和 GSH 依赖的谷氧还蛋白。当自由基引起甲硫氨酸残基氧化时，蛋白质中产生甲硫氨酸亚砜（met-R-O）。甲硫氨酸 *R*-亚砜还原酶催化的反应为：蛋白质-met-R-O+Trx$(SH)_2$$\longrightarrow$蛋白质-met+$TrxS_2$+$H_2O$。蛋白质中亚砜的存在会破坏蛋白质的正常功能，而在甲硫氨酸亚砜还原酶的作用下，甲硫氨酸得到修复，从而恢复了正常的蛋白质功能。

7. 其他硒蛋白

已经发现了几种含有至少一个硒半胱氨酸的硒蛋白质，但对它们的功能了解甚少。表 7.8 概述了这些硒蛋白的一些特征和功能。

表 7.8　其他硒蛋白的功能

蛋白质	作用部位	功能
硒蛋白 W	骨骼肌和心肌	结合谷胱甘肽，抗氧化作用和肌肉生长
硒蛋白 N	肌肉细胞、内质网	钙的调节和抗氧化作用
硒蛋白 H	—	抗氧化作用和转录因子上调硒蛋白表达
硒蛋白 M	神经元、内质网	抗氧化、钙释放调节和蛋白质折叠作用
硒蛋白 K 和 15	—	在内质网中蛋白质的折叠过程和/或折叠中的作用
硒蛋白 S	—	内质网中错误折叠蛋白质的去除与抗氧化功能
硒蛋白 T	—	内质网中的钙动员与神经内分泌功能
硒蛋白 O、I、V	—	功能尚未阐明（有研究报道与脑功能相关）

7.6.3　缺乏与过量相关疾病

1. 缺乏

硒缺乏广泛存在，包括中国部分地区、中非和欧洲。硒缺乏与克山病和大骨节病有关。克山病的特征是心肌病伴心源性休克、充血性心力衰竭或两者兼而有之，伴有心脏组织多灶性坏死，并被纤维组织取代。有研究指出，柯萨奇病毒感染是克山病发展的一个辅助因素，在机体硒缺乏的情况下，良性病毒株会发生突变，导致病毒变得有毒性。大骨节病的特点是骨关节病变，包括关节和腿（主要是膝盖和脚踝）、手臂（主要是手指、手和肘部）的骺板软骨的慢性变性和坏死。硒缺乏是导致大骨节病发展的原因之一。

在接受全肠外营养的人群中观察到硒缺乏，其症状包括生长不良、肌肉疼痛和无力、头发和皮肤色素沉着丧失及甲床变白等，这些生长不良的症状可能与硒在甲状腺激素代谢中的作用有关。感染 HIV 和患有肝硬化的人由于吸收不良和腹泻引起的硒流失增加。硒缺乏的典型治疗方法是每天补充 100～200mg 硒，有机态的硒甲硫氨酸的吸收通常优于无机态的亚硒酸盐。但肝功能受损的人，可能因代谢硒甲硫氨酸能力受损，补充亚硒酸盐的效果更好。

在一些危重疾病和炎症性疾病患者中，也出现了受损或低硒状态。硒缺乏有时与免疫系统功能和机体的抗炎反应减弱有关。硒可能通过一些氧化还原功能调节这两个过程。硫氧还蛋白-硫氧还蛋白还原酶系统通过转录因子对基因表达的控制能够阻止炎症因子的产生。此外，硒通过诱导细胞凋亡和/或细胞毒性作用，对炎症或过度活化的细胞（如多形核中性粒细胞）起到短暂的促氧化作用。在一些炎症性疾病患者中，硒补充并不是一直有益；在一些危重疾病患者中，大剂量硒补充在一些研究中与炎症减少和较低的死亡率有关，但目前对于补充的证据仍存在争议。

2. 中毒

硒中毒常出现在矿工和使用过量硒补充剂的人中，其症状包括恶心和呕吐、疲劳、腹泻、头发脆性和脱落、指甲变脆和增厚、肌肉痉挛、感觉异常、硫代谢紊乱（主要是巯基氧化）和蛋白质合成抑制。摄入克量级硒引起的急性中毒是致命的，大多数器官系统都会受到损害。根据《中国居民膳食营养素参考摄入量（2023）》，成年人每人每日硒元素的推荐摄入量为 60μg，可耐受的最高摄入量为 400μg。

中国科学院研究生教育基金会资助出版

国科大文丛

丛书主编/任定成

科学技术与社会研究

胡志强　李　斌◎编

科学出版社
北京

图书在版编目(CIP)数据

科学技术与社会研究/胡志强，李斌编．—北京：科学出版社，2013. 3
（国科大文丛）
ISBN 978-7-03-036820-1

Ⅰ. ①科… Ⅱ. ①胡…②李… Ⅲ. ①科学技术-关系-社会发展-文集
Ⅳ. ①G301－53

中国版本图书馆 CIP 数据核字（2013）第 039401 号

丛书策划：胡升华 侯俊琳
责任编辑：邹 聪 王昌凤/责任校对：包志虹
责任印制：赵 博/封面设计：黄华斌

科学出版社 出版
北京东黄城根北街 16 号
邮政编码：100717
http://www.sciencep.com
北京凌奇印刷有限责任公司印刷
科学出版社发行 各地新华书店经销
*
2013 年 4 月第 一 版 开本：720×1000 1/16
2025 年 7 月第十次印刷 印张：15
字数：254 000
定价：128. 00 元

丛书弁言

“国科大文丛”是在中国科学院大学和中国科学院研究生教育基金会的支持下，由中国科学院大学人文学院策划和编辑的一套关于科学、人文与社会的丛书。

半个多世纪以来，中国科学院大学人文学院及其前身的学者和他们在院内外指导的学生完成了大量研究工作，出版了数百种学术著作和译著，完成了数百篇研究报告，发表了数以千计的学术论文和译文。

首辑“国科大文丛”所包含的十余种文集，是从上述文章中选取的，以个人专辑和研究领域专辑两种形式分册出版。收入文集的文章，有原始研究论文，有社会思潮评论和学术趋势分析，也有专业性的实务思考和体会。这些文章，有的对国家发展战略和社会生活产生过重要影响，有的对学术发展和知识传承起过积极作用，有的只是对某个学术问题或社会问题的一孔之见。文章的作者，有已蜚声学界的前辈学者，有正在前沿探索的学术中坚，也有崭露头角的后起新锐。文章或成文于半个世纪之前，或刚刚面世不久。首辑“国科大文丛”从一个侧面反映了中国科学院大学人文学院的历史和现状。

中国科学院大学人文学院的历史可以追溯至1956年于光远先生倡导成立的中国科学院哲学研究所自然辩证法研究组。1962年，研究组联合北京大学哲学系开始招收和培养研究生。1977年，于光远先生领衔在中国科学技术大学研究生院（北京）建立了自然辩证法教研室，次年开始招收和培养研究生。

1984年，自然辩证法教研室更名为自然辩证法教学部。1991年，自然辩证法教学部更名为人文与社会科学教学部。2001年，中国科学技术大学研究生院（北京）更名为中国科学院研究生院，教学部随之更名为社会科学系，并与外语系和自然辩证法通讯杂志社一起，组成人文与社会科学学院。

2002年，人文与社会科学学院更名为人文学院，之后逐步形成了包括科学哲学与科学社会学系、科技史与科技考古系、新闻与科学传播系、法律与知识产权系、公共管理与科技政策系、体育教研室和自然辩证法通讯杂志社在内的五系一室一刊的建制。

2012年6月，中国科学院研究生院更名为中国科学院大学。现在，中国科学院大学已经建立了哲学和科学技术史两个学科的博士后流动站，拥有科学技术哲学和科学技术史两个学科专业的博士学位授予权，以及哲学、科学技术史、新闻传播学、法学、公共管理五个学科的硕士学位授予权。

从自然辩证法研究组到人文学院的历史变迁，大致能够在首辑“国科大文丛”的主题分布上得到体现。

首辑“国科大文丛”涉及最多的主题是自然科学哲学问题、马克思主义科技观、科技发展战略与政策、科学思想史。这四个主题是中国学术界最初在“自然辩证法”的名称下开展研究的领域，也是自然辩证法研究组成立至今，我院师生持续关注、学术积累最多的领域。我院学术前辈在这些领域曾经执全国学界之牛耳。

科学哲学、科学社会学、科学技术与社会、经济学是改革开放之初开始在我国复兴并引起广泛关注的领域，首辑“国科大文丛”中涉及的这四个主题反映了自然辩证法教研室自成立以来所投入的精力。我院前辈学者和现在仍活跃在前沿的学术带头人，曾经与兄弟院校的同道一起，为推进这四个领域在我国的发展做出了积极的努力。

人文学院成立以来，郑必坚院长在国家发展战略方面提出了“中国和平崛起”的命题，我院学者倡导开辟工程哲学和跨学科工程研究领域并构造了对象框架，我院师生在科技考古和传统科技文化研究中解决了一些学术难题。这四个主题的研究也反映在首辑“国科大文丛”之中。

近些年来，我们在“科学技术与社会”领域的工作基础上，组建团队逐步在科技新闻传播、科技法学、公共管理与科技政策三个领域开展工作，有关研究结果在首辑“国科大文丛”中均有反映。学校体育研究方面，我们也有一些工作发表在国内学术刊物和国际学术会议上，我们期待着这方面的工作成果能够反映在后续“国科大文丛”之中。

从首辑“国科大文丛”选题可以看出，目前中国科学院大学人文学院实际上是一个发展中的人文与社会科学学院。我们的科学哲学、科学技术史、科技新闻、科技考古，是与传统文史哲领域相关的人文学。我们的科技传播、科技法学、公共管理与科技政策，是属于传播学、法学和管理学范畴的社会科学。我们的人文社会科学在若干个亚学科和交叉学科领域已经形成了自己的优势。

健全的大学应当有功底厚实、队伍精干的文学、史学、哲学等基础人文学科，以及社会学、政治学、经济学和法学等基础社会科学。适度的基础人文社会科学群的存在，不仅可以使已有人文社会科学亚学科和交叉学科的优势更加持久，而且可以把人文社会科学素养教育自然而然地融入理工科大学的人文氛围建设之中。从学理上持续探索人类价值、不懈追求社会公平，并在这样的探索和追求中传承学术、培养人才、传播理念、引领社会，是大学为当下社会和人类未来所要担当的责任。

首辑“国科大文丛”的出版，是人文学院成立10周年、自然辩证法教研室建立35周年、自然辩证法组成立56周年的一次学术总结，是人文学院在这个特殊的时刻奉献给学术界、教育界和读书界的心智，也是我院师生沿着学术研究之路继续前行的起点。

随着学术新人的成长和学科构架的完善，“国科大文丛”还将收入我院师生的个人专著和译著，选题范围还将涉及更多领域，尤其是基础人文学和社会科学领域。我们也将以开放的态度，欢迎我院更多师生和校友提供书稿，欢迎国内外同行的批评和建议，欢迎相关基金对这套丛书的后续支持。

我们也借首辑“国科大文丛”出版的机会，向中国科学院大学领导、中国科学院研究生教育基金会、我院前辈学者、“国科大文丛”编者和作者、科学出版社的编辑，表示衷心的感谢。

2012年12月30日

序

1931年，苏联物理学家赫森在第二届国际科学史大会上宣读了《牛顿原理的社会经济根源》一文，提出了经济需求决定科研方向与选题的观点，对国际学术界关于科学与社会关系的研究产生了重大影响。受到马克思主义的影响，贝尔纳、李约瑟等学者开拓性地研究了科学技术对社会生产力的促进，以及科学发展所需要的社会条件等问题。默顿的科学社会学研究受到了以上关于科学与社会研究的影响，更加注重文化与科学之间的互动。在此基础上，库恩及随后的科学知识社会学学者，试图进一步建立我们之前视为客观的科学知识本身与社会之间的关联。当前，科学技术作为一种知识体系、实践活动和社会建制，已经全面渗入我们的社会生活之中。随着科学技术的快速发展，科学技术与社会之间的关系更加紧密和复杂，许多关于科学技术与社会研究的新理论和新思想不断涌现，科学技术与社会研究已经成为永久性的话题。

中国科学院大学人文学院及其前身一直致力于科学技术与

社会的研究。1956年中国科学院哲学研究所自然辩证法研究组成立，同年，《自然辩证法研究通讯》创刊。研究组和《自然辩证法研究通讯》发表了大量科学技术与社会的文章，推动了科学家与人文学者之间的互动。1978年，中国科学院成立了自然辩证法教研室，于光远、赵中立、何祚庥、范岱年、许良英等一批前辈学者在科学技术与社会领域从事研究工作，为我院的科学技术与社会研究打下了坚实基础。经过30多年尤其是近10年的发展，人文学院在科学技术与社会这一领域的研究上呈现出积极向上的发展态势。

科学技术与社会既是一个学术领域，又是一个现实领域。本书汇集了改革开放以来尤其是近10年来我院师生（包括我院研究生导师在外校指导的学生）在这个领域的部分研究成果。本书包括三部分内容：科学技术与社会研究的多重视角、科学技术的社会功能和科学技术发展的社会条件。科学技术与社会研究的多重视角部分主要介绍了STS研究30年概况、STS的首次国际峰会，以及四篇科学与社会的文章。科学技术的社会功能部分主要讨论了科学技术对环境、法律、经济和文化的影响。科学技术发展的社会条件部分主要讨论了科学发展所需要的体制、文化、规范和技术条件等因素。

本书是对我院近10年来一批中青年学者对科学技术与社会问题的研究、思考和评论的检视。我们的工作虽有一定的成绩，但是距离国际水平还有一定差距。我们的努力方向是以国际视野来研究中国现象。我们期待着本书的读者关注我们的工作，并提出批评和建议，也期待着本书作者继续取得更好成绩。

本书的责任编辑邹聪女士为本书出版付出了很多努力，在此表示感谢。

胡志强　李　斌

2012年9月8日

目录

第二部
科学技术的社会功能

第三部
科学技术发展的社会条件

第一部

科学技术与社会研究的多重视角

中国科学技术与社会研究30年概况*

一、文献调查计量统计说明

本次计量统计所涉及的刊物为《自然辩证法通讯》（以下简称《通讯》）、《自然辩证法研究》（以下简称《研究》）、《科学技术与辩证法》（以下简称《辩证法》）三种，时间节点从1979年至2008年。

为了使得本次调查统计数据更加准确，本次调查统计按照一定的程式和原则进行。

第一，分别收集三种期刊，每年每期所载论文目录。《通讯》是1979年创刊的，《辩证法》是1984年创刊的，《研究》是1985年创刊的，如此，1979～1983年的相关数据只涉及《通讯》，1984年的数据涉及《通讯》和《辩证法》，1985～2008年的数据涉及全部三种期刊。

第二，在以上工作的基础上，将每种期刊每期目录中的科技与社会（STS）类论文筛选出来。筛选的原则是：

1）只要和科技与社会相关的论文目录都在本次调查收集范围内。

---

* 本文作者为肖显静，原题为《中国科学技术与社会研究三十年概况——从科学技术哲学三种主要期刊文献计量看》，原载《自然辩证法研究》，2010年第26卷第1期，第69～76页。

2）科技与社会类论文目录的收集并不是完全根据各期刊“科技与社会”栏目进行，在收集期刊目录的过程中发现，在各期刊其他非“科技与社会”栏目，如技术哲学、自然哲学以及诸如“学人论坛”、“科学前沿”、“问题讨论”、“专题研究”等栏目中，也有一些和科技与社会相关的文章。如对于《研究》，最近几年一些“科学与环境”专题文章被放到了自然哲学栏目中，一些“科技与文化”、“科技与政治”、“科技与伦理”专题文章被放到了“科学哲学”、“技术哲学”等栏目中。对这些相关论文目录我们一并进行了收集并统计。

3）对于某些文章，虽然和科技与社会相关，但是，由于它们较短或它们的性质不属于论文，就不作为科技与社会类论文收集并进行统计。例如，三种期刊中所涉及的书评、学术动态及会议消息没有算作学术论文；如果是涉及学术并且篇幅较长的纪念专刊，算作学术论文并进行收集统计；而对于纪念某刊物的文章就不算作论文了。

对于专题文章目录，我们收集并统计的原则是：如果是短论，就不算作论文。如《通讯》2000 年安排了“共建学术规范，整饬学术道德”专题，在第 2、3、4、5、6 期共载文章 40 篇，这些文章是短论，如果将此算作论文进行统计就不是很合适了；而对于某些专题文章，如果篇幅较长，学术性较强，则算作论文并进行统计，如对于《研究》中的某些专题文章，尤其是 2000 年以后的一些专题文章，由于篇幅较长，学术性较强，就将此算作学术论文进行相关收集和统计。

第三，在完成每种期刊所有年份科技与社会类论文目录收集后，再从中按照“科技与社会总论”、“科技与政治”、“科技政策与管理”、“科技与经济”、“科技与军事”、“科技与法律”、“科技与文化”、“科技与伦理”、“科技与宗教”、“科技与教育”、“科技与心理”、“科技与传播”、“科技与环境”共 13 个专题进行筛选，收集并整理出每一刊物、每年、每一专题的相关文章目录。

需要说明的是，由于“科技与文学艺术”、“科技与人类生活”、“科技与人类未来”这三个专题的文章太少，这里没有将它们单独列出加以统计，而将其放于“科技与文化”专题；“科技与社会总论”专题包括科学社会学、科技社会学、社会建构论、科技与社会的总体影响或者某项科技与社会的总体影响；“科技与伦理”专题部分不包括环境伦理，但包括学术规范；“学派”、“科学研究中心”被放到了“科技与教育”专题中。对于其他专题，如“科技与环境”，都是采取这样的方式处理的，即只要是涉及环境问题的，如环境伦理、环境经济等都包括在“科技与环境”专题之内，而有关科技与环境的相互影响也包括在内。

第四，在完成各种期刊上述相关目录的整理后，进行相关统计分析，得出中国科学技术与社会 30 年总的研究概况和各专题研究概况，以及各专题主题的研究概况。当然，研究概况的获得是仅就这三种期刊而言的，对于这三种期刊，更多的是从事科技哲学研究的人员在其上发表的论文，由此看来，所得到的结论应该是针对自然辩证法研究者的，但是，由于在中国从事科技与社会研究的人员主要集中在科技哲学领域，他们所撰写的科技与社会类论文也主要发表在这三种期刊上，因此，由这三种期刊综合统计出来的相关的结论，一定程度上能够反映中国科技与社会研究的大概状况。

二、30 年中国科技与社会研究总体概况

首先，考察三种期刊每年所发表科技与社会论文总数及变化趋势（图 1）。

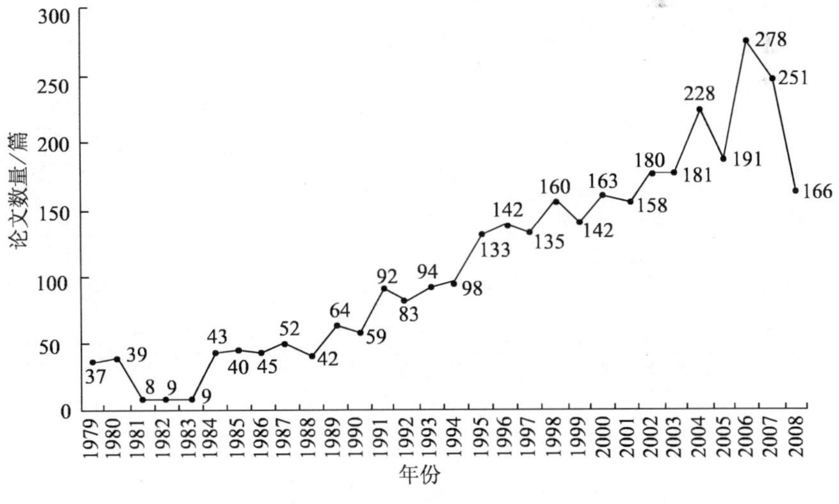

图 1　三种期刊每年所刊载科技与社会论文总数及变化趋势

根据图 1，三种期刊每年所发科技与社会论文总数基本上呈逐年上升趋势。其中 1979 年、1980 年的数据与后三年的数据相比数值较大，主要原因在于《通讯》在这两年所发的科技与社会论文相较于其他栏目的论文明显较多，分别占所有发文的 80% 和 44%（图 2），而且所发论文较短；1981～1983 年《通讯》刊发科技与社会论文数量减少。1984 年所发论文总数由 1983 年的 9 篇猛增到 43 篇，究其原因在于《通讯》发文数量由上一年的 9 篇猛增到 30 篇，还有就是《辩证法》发文 9 篇造成的。1985～1988 年，发文数量没有什么大的变化。1989～1990 年有一个较小幅度的增加，1991 年与 1990 年相比又有一个较大的变化。

概括而言，20 世纪 80 年代有关科技与社会的研究比较薄弱，年发文总数没有超过 100 篇，而进入 20 世纪 90 年代之后，有关科技与社会的研究逐年加强，发文数量总体而言逐年增加，从 1995 年开始年发文数量就超过 100 篇了，最多年份（2006 年）达到 278 篇。这表明进入 20 世纪 90 年代后，有关科技与社会的研究有了进一步的加强。

其次，考察三种期刊年载科技与社会论文数占该年份所有论文总数的百分比（图 2）。

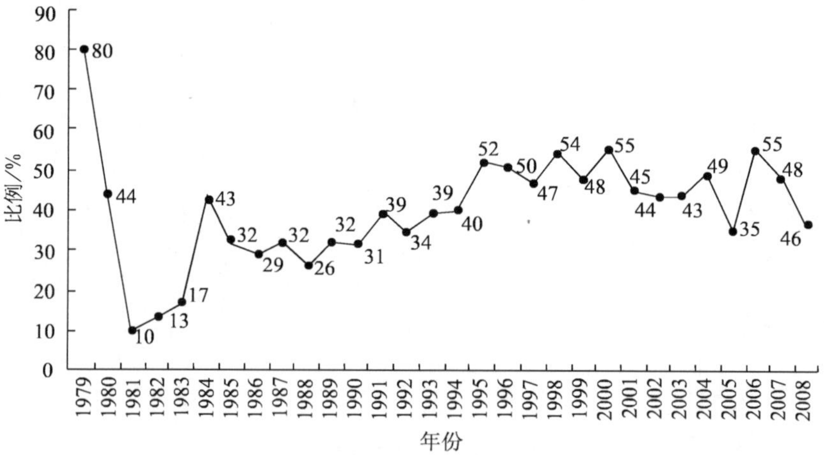

图 2　三种期刊年刊载科技与社会论文数占所有论文总数的比例

从图 2 可以看出，三种期刊年刊载科技与社会论文总数占年载所有论文总数的比例，随年份的推移而逐渐增加，科技与社会论文比例逐渐加大。除 1979 年、1980 年、1984 年、2005 年、2008 年数据情况比较特殊外，1985～1990 年所占比例在 30% 左右，1991～1994 年在 40% 左右，1995 年之后所占比例为 45%～55%，所载科技与社会论文几乎占到半壁江山。当然，在 2007 年和 2008 年，所发科技与社会论文总数有所降低，其原因有待探讨。这表明，在过去的 30 年，随着时间的推移，相较于科技哲学其他栏目，科技与社会研究更加受到自然辩证法研究者的重视，所发论文在科技哲学所有栏目论文中的比重加大，科技与社会研究得到了进一步加强。

三、30 年科技与社会各专题研究概况

（一）30 年科技与社会各专题研究总体概况

针对三种期刊 1979～2008 年所发各专题论文总数进行统计，并对其占科技与社会类论文总数百分比进行计算，得到图 3。

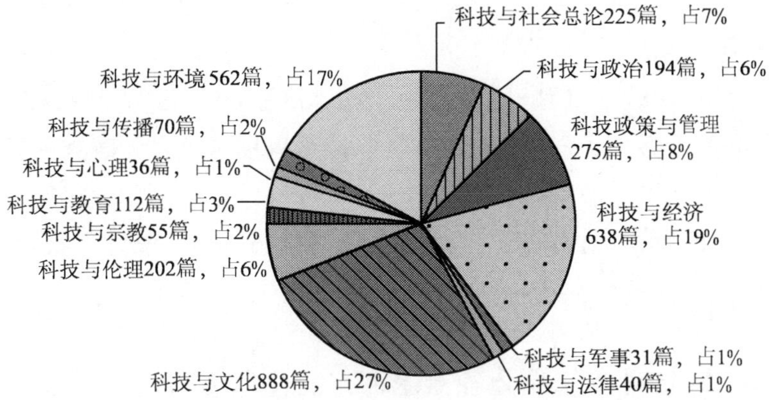

图 3　各专题论文数及占“科技与社会”类论文总数百分比

从图 3 可以看出，三种期刊各个专题在所有年份所载论文总数由多到少的顺序是：“科技与文化”、“科技与经济”、“科技与环境”、“科技政策与管理”、“科技与社会总论”、“科技与伦理”、“科技与政治”、“科技与教育”、“科技与传播”、“科技与宗教”、“科技与法律”、“科技与心理”、“科

技与军事”。从发文的总数看，首先，“科技与文化”、“科技与经济”、“科技与环境”专题论文数基数最大，载文数量远超过其他栏目。其次是“科技政策与管理”、“科技与社会总论”、“科技与伦理”、“科技与政治”四类专题，载文数量较多，达194～275篇。其余的专题类论文数量相对来说就很少了，最多的属“科技与教育”专题，总数只有112篇，平均每年发文少于3篇，最少的属“科技与军事”专题，总数只有31篇，平均每年发文约为1篇。

如果按照科技与社会13个专题来计算，平均每个专题每年发文要占到该年度“科技与社会”论文总数的7.69%，才算平均分配。从三种期刊各个专题在所有年份所占“科技与社会”论文总数百分比来看，首先，最高的“科技与文化”专题，占到27%，其次是“科技与经济”，占到19%，再次是“科技与环境”，占到17%，它们各自所占的百分比已经远远超过平均数，总共占到63%，已经超过一半。对于“科技政策与管理”、“科技与社会总论”、“科技与伦理”、“科技与政治”四类专题，它们所占的百分比分别为8%、7%、6%、6%，基本与平均数持平，共占到27%。其余六类专题论文总共只占到10%。

从上面的数据可以看出，在过去30年的中国，有关“科技与文化”、“科技与经济”、“科技与环境”专题研究是“科技与社会”研究的重点，得到了充分的发展；“科技政策与管理”、“科技与社会总论”、“科技与伦理”、“科技与政治”四类专题研究，得到了一定程度的发展；其余六类专题研究，则进行得很不够，远没有充分地开展起来。

（二）30年科技与社会各专题研究变化趋势

每一专题研究30年的变化情况，可以从该专题每年刊文数及其变化概括性地看出。鉴于此，我们统计了三种期刊每年所发各专题论文总数，以及每年所发各专题论文数占该年份所发科技与社会文章总数的比例（表1）。

表 1　三种期刊每年所发各专题论文总数

年份	科技与社会总论/篇	科技与政治/篇	科技政策与管理/篇	科技与经济/篇	科技与军事/篇	科技与法律/篇	科技与文化/篇	科技与伦理/篇	科技与宗教/篇	科技与教育/篇	科技与心理/篇	科技与传播/篇	科技与环境/篇	年发 STS 论文占所有年份的比例/%
1979		6	6	7			17						1	1.1
1980		10	2	7			10		4				6	1.2
1981		1	2	3			1		1					0.2
1982		1	5	2					1					0.3
1983	1	1	5				1	1						0.3
1984	3	5	4	8		1	10		1	6			5	1.3
1985	4	6	9	11	1		8			2			5	1.4
1986	14	1	7	10	2		4		1	2		1	3	1.4
1987	6	4	6	12			15		2	3	1		3	1.6
1988	5	3	6	6	2		6	1	1	3		1	8	1.3
1989	9	6	9	9	2		14		1	7	1		6	1.9
1990	4	3	6	17	4		14		3	2			6	1.8
1991	9	8	19	16			26	3	1	2		2	6	2.8
1992	9	2	3	22	1	1	20		4	4		2	15	2.5
1993	8	4	10	32			20	4	2	2	1	2	9	2.8
1994	7	6	10	28		2	23	3	1	1			17	2.9
1995	11	6	9	19	3	2	33	3	2	2	1		42	4.0
1996	8	6	10	31	1		35	2	4	8	4	2	31	4.3
1997	13	1	16	32	2	2	30	7	1	4	1		26	4.1
1998	10	2	27	36		3	49	4	1	9			19	4.8
1999	5	4	6	36	2		36	11	1	4		3	34	4.3
2000	11	8	5	31		2	45	10	1	8	1	3	38	4.9
2001	7	7	5	39	1	4	52	16		1	3	3	20	4.7
2002	19	7	13	35	3	4	51	11	4	1	1	3	28	5.4
2003	4	12	14	24	1	3	63	12	2	9	2	6	29	5.4
2004	12	17	7	34	1	6	69	23	8	6	3	8	34	6.9
2005	8	11	9	30			59	17	1	4	3	6	43	5.7
2006	13	21	17	42		5	70	22	5	8	4	8	63	8.4
2007	19	19	12	36	3		57	32	6	5	8	10	44	7.5
2008	6	6	16	23	2	5	50	20	2	3	2	10	21	5.0
合计	225	194	275	638	31	40	888	202	55	112	36	70	562	100

从表 1 可以看出，“科技与社会总论”各专题研究在过去 30 年内随着时间延续的变化情况。

“科技与社会总论”专题：1979～1982 年，这方面没有论文发表；1983～1990 年，每年有少量的论文发表；1991 年之后，发文数量有了增加，但增加幅度不大。

“科技与政治”专题：1979～1980 年发文数量较多，分别为 6 篇和 10 篇，这与当时的社会背景以及《通讯》刚刚创刊有关；1984～1999 年，发文数量有所增加，但增加不多，除了 1991 年达到 8 篇之外，其余年份都少于 6 篇；2000～2002 年有所增加，而且 2002 年之后，增加明显，从 11 篇至 21 篇不等，这表明进入 21 世纪之后，“科技与政治”专题研究受到重视，已经成为科技与社会研究中的一个重要研究方向或新的研究的生长点。

“科技政策与管理”专题：1979～1984 年，发文较少；1985～1990 年，发文数量有所增加，但都少于每年 10 篇；之后发文数量有所增加，绝大多数年份都在 10 篇以上，且基本上没有超过 20 篇。

“科技与经济”专题：1979～1984 年，年发文数量很少，不超过 8 篇；1985～1989 年有了增加，但增加不多，没有超过 12 篇；1990 年有了比较大的增加，发文 17 篇；1993～2007 年，年发文数量保持相对稳定，绝大多数年份都在 30 篇以上，最高年份（2006 年）达到 42 篇。从数据来看，“科技与经济”专题研究一直以来都得到自然辩证法研究者的重视，是“科技与社会”中的一个重要研究专题。

“科技与军事”专题：1979～1984 年，没有相关论文刊发；之后，除了 8 个年份没有论文刊发外，其余年份发文都在 4 篇以下。这表明在过去的 30 年，有关“科技与军事”专题研究非常薄弱，进行得很不够。

“科技与法律”专题：1979～1993 年，除了 1984 年和 1992 年各有 1 篇论文刊发外，其余年份发文数量都为 0；之后，有 4 个年份发文数量为 0，其余年份发文数量都在 2～6 篇，发文数量并不多。这表明该专题研究在自然辩证法领域还是比较薄弱的，至于中国在这方面的研究状况，考虑到法律专业研究者对该主题的研究论文可能发到其他法律类的刊物上，尤其是《科技与法律》这一期刊上，还需要进一步考察。

“科技与文化”专题：1979～1990 年，年发文数量都在 20 篇以下，1991～1994 年，发文数量为 20～26 篇；之后发文数量随年份变化总体缓慢增加，都在 30 篇以上，最高年份（2006 年）达到 70 篇。这表明“科技与文化”专题研究是科技与社会研究中的一个重点。

“科技与伦理”专题：1979～1990 年，除 1983 年和 1988 年各有 1 篇论文刊发外，其余年份发文数量都为 0，这表明在这些年份几乎没有科技伦理的相关研究；1991～1998 年有了这方面的研究，但研究很少，年发文数量多在 3 篇或 4 篇；从 1999 年开始，发文数量有了一个较大的增加，1999 年为 11 篇，2004 年开始超过 20 篇，最高年份（2007 年）达到 32 篇。这表明，“科技与伦理”专题研究在 21 世纪之前总体比较薄弱，进入 21 世纪后受到重视，这种薄弱的状况得到了一定程度的改善。

“科技与宗教”专题：1984 年之前，年发文数量都为 0，可以看做没有研究或几乎没有什么研究。1984～2001 年，除 1985 年和 2001 年发文数量为 0 外，其余绝大多数年份发文数量都为 1 篇或 2 篇，最多没有超过 4 篇，这表明在该时段内该专题发文数量没有什么变化，科技与宗教研究非常之少且没有加强，基本处于停滞状态。2002～2008 年，年发文数量总体有所增加，但不明显，最多年份也只有 8 篇，这表明目前有关“科技与宗教”研究的薄弱状况并没有得到很大改善。

“科技与教育”专题：1979～1983 年，除 1980 年有 4 篇论文刊载外，其余年份发文数量都为 1 或 0，这表明该时段内本专题研究几乎为空白。1984～1995 年，除 1984 年和 1989 年发文数量较多外（分别为 6 篇和 7 篇），其余年份都少于 4 篇，绝大多数为 2 篇，这表明该时段内该专题研究非常之少，基本处于停滞状态。1995 年之后，发文数量有所增加，但增加趋势不明显，年发文量没有超过 10 篇，该专题研究仍然比较薄弱。

“科技与心理”专题：1979～1986 年，没有发文，基本没有相关研究；1987～2000 年，有 7 个年份发文数量为 0，其余年份除 1996 年（为 4 篇）外发文都为 1 篇，这表明该时段该专题研究几乎没有进行。进入 21 世纪后，发文数量有所增加，但没有超过 8 篇（2007 年），绝大多数年份都在 4 篇以下，这表明在现阶段该专题研究仍然非常之少，研究薄弱状况没有得到改善。

“科技与传播”专题：1979～1985 年，没有相关论文刊发。1986～1998 年的 13 年间，有 7 年没有论文刊发，有 2 个年份刊发 1 篇论文，4 个年份刊发 2 篇论文。1999～2002 年，每年刊发 3 篇论文。2002 年之后，刊文数量有所增加，但没有超过 10 篇（2008 年）。由此看来，该专题研究 2002 年之前进行得很少，研究非常薄弱；2002 年之后，情况有所好转，发文数量逐渐增加，但增长势头并不猛。作为“科技与社会”栏目中的一个非常重要的专题，其发文数量相对较少，有关每一个主题的相关研究都不充分，研究还是显得薄弱，需要进一步加强。

“科技与环境”专题：1979～1983年，除头两年分别发文为1篇和6篇外，其余年份为0，这表明该时段该专题研究几乎没有进行。1984～1991年，除1988年发文8篇外，其余年份发文都没超过6篇，说明该时段该专题研究虽然有一些，但还很不够。1992年有了一个突增，达到15篇。之后，从1995年开始，年发文数量超过20篇，绝大多数年份都在30～40篇，而且年增加趋势不明显，这表明该时段该专题研究保持稳定，而且从发文数量看，自1995年以后，该专题研究成为科技与社会研究的一个重要领域。

以上是从各专题研究随时间延续的变化情况考虑的，如果从各专题内部进行比较，看它们的总体变化情况，将会发现：近几年发文比重有所上升的专题有“科技与政治”、“科技与法律”、“科技与伦理”、“科技与心理”、“科技与传播”；发文比重有所下降的专题有“科技与社会总论”、“科技政策与管理”、“科技与经济”、“科技与教育”；发文比重几乎没有变化的专题有“科技与军事”、“科技与文化”、“科技与宗教”、“科技与环境”。

四、30年科技与社会各专题主题研究概况

（一）“科技与社会总论”专题

这一专题文章主要包括科技社会学（科学社会学、技术社会学），科学、技术与社会之间的相互关系两大主题，共发文154篇，约占所该专题发文总数的68%，这应该是该专题研究的重点。

对于“科技社会学”主题，共发表论文54篇，进入20世纪90年代后，尤其是进入21世纪之后，有关科学知识社会学和社会建构主义的论文多了起来，共27篇，在此之前，传统科学社会学以及技术社会学的文章相对较多。

对于科学、技术与社会的一般关系，共发表论文100篇。其中有关“科学技术对社会总的影响”以及“社会对科技发展总的影响”的一般性论述的

论文较多，而针对某一科学技术学科、专业与社会或社会某一方面的相互影响的深入研究较少。论述科技应用与社会之间的关系的论文较多，而针对具体化的科学知识对社会的影响或社会对科学家所从事的某一项具体的科技实践的影响的论文较少。

（二）“科技与政治”专题

从研究的主题来看，涉及“科技与政治之间一般性的关系”论文共 28 篇，2000 年之后共 15 篇，之前共 13 篇。这表明该主题研究在近几年得到重视。

“科技对政治的影响”主题论文共 45 篇，其中涉及技治主义或专家政治的有 7 篇。而且，就该主题而言，还涉及西方技术哲学家对科技与政治的相关论述、科技与政治制度、自由、平等、民主、权利，科技与国际关系、国内就业等方面，但是，从发文数量看，有关这些方面的相关研究进行得很不够。

“政治对科技的影响”主题论文共 64 篇，其中科技组织活动中的政治化论文 16 篇，主要集中在 2000 年之后；领袖人物的科技思想 7 篇，主要集中在 1995 年之前。该主题还涉及“文化大革命”时期中国科技政治、政治对科学家的影响以及历史上的政治对科技的影响等。同样的，由于该主题涉及多个方面，因此每一方面研究得还不够，需要加强。

“科技与公共政策”论文共 19 篇，主要集中在近几年，20 世纪 90 年代初有关三峡工程决策的论文有几篇。由于科技与公共政策是一个新的研究领域，而且对科技与社会发展意义重大，因此，这方面研究进行得还不够，应该加强。

以上四类主题论文共 176 篇，占所有“科技与政治”专题论文总数的约 91%。

除上面几个主题外，其他主题研究论文共 18 篇，有关这些主题研究就非常之少了。

（三）“科技政策与管理”专题

由于“科技政策与管理”专题论文除发表在上述科技哲学三种主要期刊

外，还刊发在与这一主题直接相关的其他刊物上，如《科研管理》、《科学学研究》、《中国科技论坛》、《科学学与科学技术管理》、《科技管理研究》、《科学管理研究》等，如此，关于这一主题的研究状况单纯从《研究》、《通讯》、《辩证法》这三种期刊来进行统计分析，就显得很不够了，既不能从一定程度上反映科技哲学界对该专题的研究概况，也不能反映中国在这方面的整体研究概况。鉴于此，本文对这一主题在过去 30 年中的研究状况不作深入探究。

（四）“科技与经济”专题

该专题的研究与国家经济形态变革紧密相关。如在 20 世纪 90 年代，自“科学技术是第一生产力”这一命题提出后，共发表该主题论文 31 篇。比如，自 20 世纪 90 年代中期提出“知识经济”后，在短短的几年内，共发表有关“知识经济”的论文 38 篇。在该专题中，有关“技术创新”主题的文章是最多的，单是论文标题中涉及“技术创新”的论文就有 91 篇。

对于“科技与经济”专题，进行该方面的研究不单纯是科技哲学领域中的学者，在其他人文社会科学领域的学者，也对该专题进行了大量的研究。如此，仅通过该专题统计分析并不能充分反映中国 30 年该方面的研究概况。

（五）“科技与军事”专题

从研究的主题来看，有关“科技进步与军事变革及战略”的文章 11 篇，有关“科技发展与军事政治伦理”的 14 篇，有关“科学家与军事”的 3 篇。由此看来，这方面的研究很少，研究人员不多，造成这种情况的原因需要进一步思考。

（六）“科技与法律”专题

这方面的研究主要集中在“知识产权与专利制度”主题上，所刊发的论文共 20 篇，占论文总数的 50%，其他各个主题所刊发的论文很少，这表明科技与法律在自然辩证法领域研究得还很不够。究其原因在于《知识产权法》、《专利法》等的研究由法律系统进行，而法律专业出身的人员很少有从事自然辩证法事业的，这限制了科技与法律研究的进行。

（七）“科技与文化”专题

这部分所涉及的主题非常分散，本文仅就下面几个主要主题作了统计。

“科学、技术与文化概论”主题：该主题包括科学文化、技术文化、科技（包括具体的某项科技）与文化之间的关系，共发文 104 篇，约占所发表论文总数的 12%。

“科学、技术与人文”主题：该主题包括科学、技术与人文之间关系的一般概述，具体化的科学技术的人文影响，人文对科学技术的影响，科学价值，科学精神，科学对人类思维和生活方式的影响，科技与人的生活等，共发文 220 篇，约占所发论文总数的 25%。其中有关科学、技术与人文关系的有 63 篇，有关科学精神的有 24 篇，有关科学价值的有 28 篇。

“网络文化”主题：该主题是 20 世纪 90 年代至今备受关注的一个主题，既有单纯网络文化的（32 篇），也有关于网络与人类生存的（26 篇），共发文 58 篇，占所发论文总数的 6.5%。

“传统文化与科技”主题：涉及中国传统文化中的科学思想、中国传统文化对科技发展的意义、“李约瑟难题”等，共发文 96 篇，占所发论文总数的 11%，其中有关“李约瑟难题”的共 9 篇。

“伪科学、反科学”主题：共发文 32 篇。

其他的还有女性与科学、地方性知识等有关科学技术论的研究主题，也是自 20 世纪 90 年代尤其是近几年研究的热点主题，发表了一些相关论文。

（八）“科技与伦理”专题

在该专题中，有关“科学家和工程师的社会伦理责任和学术道德规范”主题的文章共 57 篇，占所发论文总数的 28%。其中有关学术不端行为或规范共 30 篇，有关科学家伦理责任相关的论文 18 篇，与工程师伦理责任相关的论文有 7 篇，其他 2 篇。

有关“科技伦理的元问题”研究，这部分的主题包括科学与社会道德伦理之间的关系、技术伦理和工程伦理的一般性研究，共 63 篇，占所发论文总数的31%。

有关“科技应用伦理学”主题论文共有66篇，占所发论文总数的33%，主要涉及生命伦理和网络伦理。其中涉及生命伦理的文章共有49篇，具体论题有医学伦理如安乐死、代孕问题、医患关系等，克隆人的伦理问题，转基因技术的伦理问题等；涉及网络伦理的有13篇。其他方面的论文7篇。这表明，在科技应用伦理学研究上，研究主题分布并不平衡，相比较而言，生命伦理研究最多，其次是网络伦理，除此之外，其他具体化的科技伦理研究太少，几乎为空白。

（九）“科技与宗教”专题

对“科学与宗教”主题的研究占绝大多数（54篇），占所发论文总数的98%；对技术与宗教的相关研究非常之少，只有1篇。而且研究科学与宗教的人员大多数并不是进行这方面的专门研究，而是在进行其他专业研究方向的同时，进行顺带研究，有关这方面，可以从作者队伍看出。就科学与宗教方面的研究，只是综述性的、一般性的、广泛意义上的，如中世纪神学与西方近代科学的起源概述（5篇），科学与宗教的一般关系（21篇），科学家、科学研究与宗教的一般关系（14篇），中国宗教如佛教与科学等（7篇），没有对科学与宗教进行全方位的、专题性的、深入的研究。研究主题不广泛，研究不够深入和专业，没有或很少在对科学、技术和宗教深刻理解的基础上，发现并针对一些具体的问题进行学术性探讨。这方面与国外的差距相当大。

（十）“科技与教育”专题

从所发表的论文看，“科技教育与人才培养”主题论文共53篇，占发文总数的47%，“科技教育史”主题论文共23篇，“科技教育思想”主题论文共7篇，这三种主题论文占所发论文总数的74%。有关科技教育的，如教育改革与科技人才培养（包括科学活动中心以及学派）、科技教育史、科技教育思想的论文相对较多，也就是说涉及教育对科技进步的影响相对较多，而有关科技发展对教育的影响则涉及较少甚至没有涉及；与科学教育相关的论文相对较多，而与技术工程教育相关的论文相对较少。

（十一）“科技与心理”专题

近30年来，“科技与心理”专题研究很少。在所刊载的论文中，主要涉及两类主题，一是有关心理学的研究与应用范式的，即与实验心理学和人本主义心理学相关的，共14篇，占所发表论文总数的39%；二是有关科技发展对人的心理认识及其影响，包括网络与生物学的发展对人类心理的认识及影响，共9篇，占所发表论文总数的25%。另外有关机器心理论文共3篇。

（十二）“科技与传播”专题

从该专题论文研究内容看，科技传播的一般性的宏观研究，如科技传播媒体、科学传播的内容、作用、模式，以及公众理解科学、科学素养的较多，而进行相关方面的微观研究非常少。在这方面，有关科技媒介、专家与传播、科学的风险与传播、具体化的科学技术传播等研究几乎没有开展起来。

（十三）“科技与环境”专题

该专题论文涉及多个主题。涉及“环境伦理学”主题的有111篇，占所发表论文总数的19.8%；涉及“可持续发展”主题（以标题中含有可持续发展来确定）的有86篇，占所发表论文总数的15.3%；涉及“科学、技术与环境或环境科学与工程”的有103篇，占所发表论文总数的18.3%；涉及“人与自然之关系”（包括“人类中心主义”）的有66篇，占所发表论文总数的11.7%；涉及“人工自然”的有25篇，占所发表论文总数的4.5%；涉及“环境经济”的有30篇，占所发表论文总数的5.3%。这几类主题所刊发论文总共占到该专题所发表论文总数的74.9%。

有关“环境伦理学”的研究是从20世纪90年代开始的，在2000年以前所发表文章不多，总数不到20篇，进入21世纪以后，有关该主题的研究多了起来，每年发文量都在10篇左右，在“科技与环境”专题年发文中的比重较大，成为一些科技哲学研究者工作的中心。另外，从该主题文章标题来看，进行一般性的环境伦理学或环境伦理学概论的研究文章非常之多，对国外环境伦理学者的思想进行概括叙述、介绍评论性的文章较多，而就环境价值、环境正义、环境权利、生态女权主义、生态社会学、深生态学等的研究较少，而且对环境伦理学的分析型研究不够。

有关“可持续发展”的相关研究是从20世纪90年代以后开始的，90年代共发文48篇，而2000～2008年共发文38篇，应该说随着时间的延续变化不大。今后该主题的相关研究应该朝专题性的、区域性的方向发展，这对于研究者的基本素质是一个挑战。

有关“科学、技术与环境”或“环境科学与工程”的相关研究，20世纪80年代较少，主要集中在90年代以后，涉及的方面非常之散，有科技在经济生产中的环保应用、科技的环境影响、环境科学与工程等的相关文章，与环境科学相比较，环境技术或生态技术类的论文较多。尤其需要说明的是，从哲学角度探讨科学技术何以会造成环境问题，以及发展一个什么样的科学技术解决环境问题的文章很少。这是值得注意的。作为科技哲学工作者，应该加强从这一视角进行相关研究。

关于人与自然之间的关系的研究从20世纪80年代就开始了，自90年代以来发文数量年份分布变化不大，今后有关这方面的研究将会继续进行。

除上述几类文章外，其他文章涉及环境政治、环境文化、生态马克思主义、生态美学、生态与宗教等多个主题，每个主题发文数量并不多。

(**致谢**：我的研究生王茜、佟大伟为本论文的写作提供了部分相关目录统计并制作了图表，在此致谢！)

参考文献

[1]《自然辩证法研究》1985～2008年目录.

[2]《自然辩证法通讯》1979～2008年目录.

[3]《科学技术与辩证法》1984～2008年目录.

科学的批判品格与观念创新*

马克思“把科学首先看成是历史的有力的杠杆，看成是最高意义上的革命力量”[1]。科学对于人类历史发展的这种杠杆作用和革命作用，包含着实践上和理论上或人们的物质生活和精神文化这两个层次。科学的迅猛发展不仅通过其技术应用推动了社会生产力的极大发展，改变着人类的物质生产和生活水平，而且其发展也必然影响到从哲学、文学、艺术到道德、伦理、宗教等人类知识和精神生活的其他方面，丰富和提升着人类文明的内容和形式，从而促进着人类社会的整体进步。时至今日，科学不仅作为人类精神文化的重要内容，渗透到全社会文化生活的各个层次和方面，而且正以不断加速的发展趋势，成为整个人类思想文化中发展最为迅速、最为积极和革命的因素，成为人们关注的焦点。

若以牛顿的代表作《自然哲学的数学原理》的发表作为标志，近代科学的确立至今也不过300余年，而就在这短短的300余年中，它却获取了深刻而确实的理论知识，建立起学科林立、分类庞杂的学科体系，成就了人类认识自然和自身的宏伟事业，使得人们不禁会问：这一切究竟是何以可能的？其动因何在？

毫无疑问，对这个问题的回答可能会多种多样，因为促进科学发展的内

---

* 本文作者为胡新和，节选于《“科学、技术与社会发展”笔谈》，原载《中国社会科学》，2002年第1期，第20～30页。

在的和外部的动因的确很多。我想在此强调的，是其中无可回避的，也是主要的一种，即科学的那种本质上的批判精神，那种与生俱来的批判品格。科学是人类探索未知、寻求真理的理性事业。这就使它不同于其他人类文化形式，在赞美大自然外表的壮观美丽的同时，要进而透过批判性的眼光，通过仔细的观察，精心设计的实验，以及各种数学工具去描述和揭示其内在的结构、秩序和规律，要对为此而提出的各种尝试性假说加以近乎苛刻的严格检验，让它们在实证的理性的法庭上经受批判审查，并证明自身的合法性。即使是那些比较成熟、业已为人们所接受的科学理论，也不能游离于这种批判的视野之外，因为它们并没有终结真理，也不应被当做不变的教条，而只不过是人类认知道路上的里程碑和继续前进的指南。

正是这种对于自然的理性考察，对于假说的严格检验，尤其是这种对既有理论的非教条的开放心态，构成了科学思维的批判性特征。科学哲学家卡尔·波普尔以此作为科学区别于非科学和伪科学的本质特征，即科学的态度和思维是批判的，强调理论的批判性检验和可否证性。而非科学的，如宗教中对于教义的态度和思维则是教条的。爱因斯坦也曾指出："马赫的真正伟大，就在于他的坚不可摧的怀疑态度和独立性。"

正是科学思维的这种批判性特征，或者说批判品格，促成了科学理论的不断完善和迅猛进展，也带来了相应的哲学观念的一系列变革。在科学哲学家托马斯·库恩所说的常规科学时期，它促使科学家们应用业已确立的理论范式于尽可能多的领域和各种难题，从而使其得以不断充实完善。而在科学革命时期，当新的观察和实验事实与既有理论日益冲突，理论的内在矛盾日益显露出来时，它又引领那些思维敏锐、勇于理论创新的科学家冲破传统的羁绊，大胆地提出新的假说，成为新的科学革命的弄潮儿。这些科学革命的爆发，不仅极大地改变了科学既有理论图景的地平线，标示出人类认识里程上的新阶段，也为与之相关的人类哲学思想观念的变革，提供了重要契机。

20 世纪初开始的科学革命和其后半叶以来的新技术革命，或许是这方面最为典型的范例。仅就我们目前关心的观念而言，它至少酝酿并昭示着如下的观念变革：

1）实在观的变革。实在是科学认识的对象。作为科学对象的实在究竟是怎样的，它们与科学理论的关系如何，这些始终是现代科学哲学中的中心问题，即所谓实在论问题。总体上讲，西方传统哲学中主流的实在观，是亚里士多德以来的实体观。亚里士多德认为，“实体”是现实世界背后的基础性、本原性的东西，是独立不变的实在，而其他的数量、性质、关系等范畴都是对于实体的表述，都是实体这一主词的谓项，因而亚氏以实体作为其“第一哲学”的对象。但随着近代科学的发展，由于人们观察、测量和用公式所表达的，都是物理实体的各种性质，如广延、持续时间、惯性等及它们之间的关系，由此，一种新的实在观渐次发展起来，这就是洛克等主张的性质观或“第一性质观”。这种性质观认为这些“第一性质”规定着实体的本质，它们是独立不变的实在。然而 20 世纪初的物理学革命揭示出这些性质无论在量上还是在质上，都不仅仅取决于其自身，而与我们所处的参考系和选取的仪器有关，即与我们的实践方式有关，因此至少在高速运动状态和微观领域，我们所认识的不仅仅是外在的自然界，也包括我们的科学实践，即我们的实践同样是实在的、客观的。这就突破了笛卡儿“主客二分”的教条，而回应了马克思的把对象、实在、感性当做人的活动，当做实践去理解，从主体方面去理解，把人的活动本身理解为对象性的活动的主张[2]。

2）思维方式的转换。人们是如何理解世界和决策自身的行为的，就是我们所说的思维方式问题。传统科学的思维模式是还原论和决定论的。因为认识的对象是实体和性质，而经典力学又获得了极大成功，这样他们就倾向于把对象还原为最简单、最基础的力学微粒，把各种复杂的科学性质还原为最基本的力学性质，并由这些微粒和性质在空间和时间中按照决定论力学定律的连续运动，来说明所有现象，并对未来做出决定性的预言。这种模式被推而广之，出现了把人及其行为还原为由基因所决定、把社会经济现象还原为个人的决策和行为所决定等理论倾向。然而，量子力学、系统理论、混沌学、复杂性科学等学科的发展告诉我们，对于自然界和人类社会中的各种系统应当做整体论、生成论的理解，不同的结构层次和不同的运动形式之间并非总是可以还原的，空间和时间中的运动也并非总是连续的和可逆的，我们在科学中获取的许多知识是不确定的，因此我们对于未来的预言至多是概率性的，而不是决定论的。这一点与科技发展和人的实践活动正相吻合。因为人是具有高度能动性、创造性的生物，他的行为及其后果的可能性空间是开放的、潜在的、无穷的，不可能为简单的科学定律所限定，更不可能决定论性地被预言；对于人类的各种创新性活动而言，正是科学的这种关于未来的不确定性，为他们提供了理论上的依据和出发点。

3）科学理性的拓展。“是”与“应当”、“事实”与“价值”的区分，在西方思想史上古已有之。经休谟和康德之后，这种截然二分和对立更加明确起来，成为西方哲学中一系列著名的二元区分和对立的教条之一。事实上，价值与事实的二分，是与主客二分、心物二分、人与自然二分，以及纯粹理性与实践理性的区别密切相关的。按照这种观点，科学陈述是对于事实的认识，它追求按事物的本来面目去认识客体，遵循客观性原则，其最高目标是真理，因而是与涉及人的主观情感表达的价值无关，或价值中立的。人们在自身的科学活动、理论建构及其评价中所诉诸的科学理性，只包括逻辑、实验、数学等认知理性形式，而无关乎其价值取向和伦理负荷。这显然是一种比较纯粹的知识论理想。而 20 世纪以来科学技术的发展态势及其与社会间彼此的相互作用告诉我们，这种科学模式过于简单化、理想化了。从理论上讲，如前所述，科学认识的对象绝非纯粹的客体，而包括由认识主体参与其中的人的实践。同样作为由科学家共同体所从事的活动，科学也不可能不受到其内外各种价值的约束和影响。尤其是在今天，即便科学家主观上选择了为科学而科学的认识价值，在现实中，他要受限于社会化的大科学模式所需要的仪器、技术、资金和人员上的支持，也不能再无视以原子武器的问世和生态环境的恶化为代表的科技成果被滥用的实际，不能不考虑其研究成就所可能具有的伦理后果。因此，价值理性应当成为科学理性的重要因素，而时下盛行的“科技以人为本”的口号，正体现了这种对于科技发展的人性化要求，体现了科学与人文、纯粹理性与实践理性相统一的趋势。

4）社会角色的演进。如果说研究对象、思维方式和科学理性等方面的观念变革还主要限于科学共同体内部，限于理论层面的话，那么科学的社会形象在人们的社会生产和生活实践中所起的作用方面所发生的变化，则无疑有着更为巨大的社会影响。直至 19 世纪末，科学似乎还不过是实验室里的事，科学家们给人的印象也还不过是困守书斋、远离尘世的苍白形象。但在今天，科学技术却几乎已成了奇迹和万能的代名词，科学家们也成了时代的英雄、媒介的宠儿和大众心目中的精英。这既是因为科学及其技术开发所带来的物质成果已渗透到人类生活的各个层次和角落，科学文化也已无可置疑地在社会文化中占据着强势地位，更因为在即将来临的知识社会中，知识正成为最为紧俏的资源，创新能力正成为最为关键的生存和竞争能力，基于科技的文明将成为人们的基本生活方式。

可以说，无论就科学自身的进展，还是其带来的哲学观念的变革而言，科学的批判品格都体现了科学实践的精髓，体现了开拓创新的精神，因而表现为一种与时俱进的品格。

参考文献

［1］马克思，恩格斯．马克思恩格斯全集．第19卷．北京：人民出版社，1963：372.

［2］马克思，恩格斯．马克思恩格斯选集．第1卷．北京：人民出版社，1995：54.

从 STS 的首次国际峰会看社会中的科学技术*

2004 年 11 月 14～16 日，首届科学技术与社会（STS）论坛在日本国立京都国际会馆举行。这是一次跨国界、跨界别的高峰会议，有 50 个国家和地区的部长级官员、科学界领袖、高技术公司的企业家、政策制定者共约 480 位代表出席论坛，以非正式的方式进行对话。日本时任首相小泉纯一郎说，这是“世界上处理人类在对付科学和技术的明面和暗面时所面临的问题以及人类未来的问题的第一个尝试”，肯定将会“翻开人类知识活动中新的一页”。

一、倡　　议

回顾 20 世纪人类社会的发展，思考 21 世纪人类面临的问题，人们首先想到的就是科学技术。科学技术以前所未有的速度迅猛发展，带来了许多国家和地区的经济繁荣，极大地改善了许多人的生活条件。然而，也可以看到三个方面的问题：①世界上的多数人并没有享受到科学技术发展所应带来的益处，因此需要进一步发展科学技术并使之为世界上更多的人服务；②人类社会进一步发展所提出的健康、能源以及人类福利的许多其他方面的需求，

---

* 本文作者为任定成、祝贺，原题为《STS 的首次国际峰会：社会中的科学技术京都论坛》，原载《科学》，2005 年第 57 卷第 2 期，第 3～6 页。

仍然有赖于科学和技术的持续进步；③科学技术的进展引起了重要的伦理、安全和环境问题，其可能的负面作用正在威胁着人类的未来。

这三个方面的问题在全球化和国际竞争的背景下正变得日益复杂，任何一个国家、任何一个界别都无法单独解决这些问题。因此，有必要聚集全世界的学者和研究者、立法者和政策制定者、企业家和舆论界领袖，聚会讨论21世纪的科学技术问题，采取跨国界的活动，确立共同价值。

由于不同国家、不同界别的人士所处立场和看问题的角度不同，因此，需要建立一个非正式的开放的讨论机制，建立一个能及时解决由科学技术的应用所引起的新类型问题的共同体。这个共同体还将阐明科学技术可能带来的机遇，并且提出如何消除障碍，以便使用科学和技术解决那些人类面临的问题。在这个过程中，参与者有可能提供新的方法论，建立新的关系，使人类更好地理解和识别涉及科学及其对于社会应用的重要问题，探寻将来解决这些问题的可能途径。

1997年12月，由160个国家参加的联合国气候变化框架公约第三次缔约方大会在日本京都召开，会议的结果就是《联合国气候变化框架公约的京都议定书》(简称《京都议定书》)。为建立一个非正式的论坛和一个稳定的对话机制，讨论社会中的科学技术问题，日本有关人士主动与有关国家和地区的人士联系，希望继《京都议定书》之后，以另外一种形式，从京都开始，提供一个独特的跨国界和跨界别的在全球水平上讨论问题的平台。

在这种背景下，日本参议院议员、前科学技术政策国务大臣尾身幸次，美国国家科学院院长艾伯茨（B. Alberts)，英国科学与创新大臣塞恩斯伯里勋爵（Lord D. Sainsbury）和日本产业技术综合研究所理事长吉川弘之四人共同发起倡议，创立这个STS论坛，希望把来自全世界的学者和研究者，以及来自全世界的政府官员、企业界领袖和舆论界领袖集合起来，聚会讨论21世纪社会的科学技术问题。

谈到这个倡议的初衷，尾身幸次说："我希望这个倡议能被公认为人类悠久历史中的划时代事件。"塞恩斯伯里表达的愿望是："但愿这个论坛可以证明科学在创造财富以及解决诸如气候变迁、疾病和饥饿之类的全球问题中，能够起到极为重要的作用。"艾伯茨认为："这些复杂的问题不能仅由科学共同体去对付。"吉川弘之则认为："科学和技术的发展正在超越我们人类的智慧。”

人们对这个倡议寄予很大期望。美国辉瑞公司董事会主席兼执行总裁小麦金内尔（Jr. H. A. McKinnell）说：“科学和技术现在是企业和商业的飞轮。这个论坛将帮助我们企业把科学成就转化成为全球性的机遇。”

倡议发出后，得到41位著名人士的响应。于是，这些倡议者和响应者成为论坛的创始者。这45位创始者中，有17位是政府部长级官员，21位是科学界领袖，7位是企业家。当然，这样的区分是就其目前担当的主要社会角色而言的，有些政治家本身就是科学家，有些企业家也曾是研究者。

二、基　　调

笔者出席论坛时有两个疑问，一是为什么说这次论坛是首届STS论坛；二是为什么STS国际论坛基本不邀请STS领域的学者出席。

据笔者观察，称这次论坛是首届STS论坛基于两个原因。首先，这次论坛赋予STS的说法是“社会中的科学技术”，而不是STS的两个传统含义“科学、技术与社会”和“科学技术研究”。其次，这次论坛是针对人类今天面临的最紧迫的全球问题进行的跨国界、跨界别高峰对话，既不是学者圈子中的纯学理讨论会，也不是具体的技术性学术会议。

此前，“科学、技术与社会”领域的研究注重把STS作为一个就社会现实问题进行讨论和对话的平台，或者为这种讨论和对话提供比较直接的案例分析和理念，当然也有科学教育改革的计划和独立的大学计划。“科学技术研究”领域注重的是对科学技术的批判研究，侧重学术方面，比如，科学知识社会学、女性主义科学观、社会建构论、科学的文化批判、后现代主义科学观等。这两种意义上的STS都兴起于20世纪60年代。与这两个领域相比，这次京都论坛显然具有自己的特色。

正是由于STS领域原有的不少研究都是批判性的研究，所以当笔者问及参与筹办这次论坛的日本社会技术研究所理事长佐藤征夫，为什么论坛基本没有邀请STS的学者来参加时，他回答说，因为有些STS学者是反科学的。这次论坛的主题是“社会中的科学技术：光明与阴影”。论坛的讨论基础是，科学技术带来了繁荣，充实了许多人的生活，但是也引发了许多新的问题，只有依靠科学技术才能解决这些问题。这也是参加论坛者的共识。

小泉纯一郎在论坛开幕式上发表了基调演讲。他陈述了自己的信念，即环境保护和经济发展可以共同取得成就，科学和技术才具有实现这个双重目标的力量。他回忆起40年前，当日本的经济发展每年超过10个百分点时，污染变得非常严重。当时人们认为，考虑环境保护会造成巨大的代价。但是，在他执政的三年半时间里，日本政府的所有轿车都变成了低排量轿车，虽然这种轿车单位成本高，但由于政府的购买，制造商们开始更多地投资生产这种轿车，单位成本也就相应下降。同时政府以身作则，也带动了整个社会购买亲和环境的产品。这就是环境和经济可以成功地彼此支持的例证，而能够成功做到这一点的关键就是依靠科学和技术。日本政府租购了第一辆人们长期期待的零排放量车辆即氢能源轿车，第一个供住宅使用的固定的零排放量氢能源系统也于2005年春天安装在日本首相官邸。小泉也指出，科学和技术不仅有"光明"，也有"阴影"，必须集中包括科学家、政治家、政策制定者、企业界领袖和新闻界人士在内的社会各方面的智慧，共同解决科学和技术引起的问题。他希望在《京都议定书》签订的地方，这个新的努力可以扩展到全世界，把更多的"光明"带给越来越多的人。

三、议　　题

本次论坛的中心主题是科学和社会在防止技术进步的非意想后果方面一起行动的责任。全体会议的议题是"建立基调"，旨在为来自政府、产业和学界的领袖创造一个框架，讨论这三个界别如何合作处理科学和技术的"光明与阴影"，以促进人类状况的改善。大会发言者是时任印度信息系统技术公司董事会主席兼首席执行长默西（N. R. N. Murthy）、俄罗斯研究中心库尔恰托夫研究所所长费里科霍夫（E. Velikhov）、中国科学技术部副部长程津培、美国英特尔公司高级副总裁兼首席技术官格尔辛格（P. Gelsinger）以及欧盟爱沙尼亚议会议长爱尔玛（E. Ergma）。

程津培在谈到各方的责任时提出，政府要保证社会各阶层有平等的机会接触科学和技术，政府有责任推动科学和技术方面的国际交流与合作；科学家有特别的责任向政府和公众说明所进行的研究可能带来的正面和负面的影响。政府、媒体和学界应共同合作保证公众的安全以及公众对科学和技术的信任。

全体会议之后进行的五个并行会议的议题分别是：能源、生物技术伦理、电子社会、大学与人才、瘟疫与生物恐怖主义。

能源主题分为“应对能源需求的挑战”和“清洁能源的‘承诺’”两个子题。对于任何经济的持续发展来说，充裕而独立的能源至关重要，每个国家都在探寻一条能生产足够能源而又尽可能不影响环境的道路。会议讨论如何通过国际合作，找到能满足经济增长的能源需求并减少对地球环境影响的道路，以及工业化国家就采取最佳的实践方式，有效、清洁地使用能源问题，应当如何向其发展中的邻国建言。中国国家发展和改革委员会能源研究所所长周大地在发言中指出，像中国这样的发展中大国，要实现经济社会的可持续发展，需要的能源是巨大的。因此，要解决能源问题不能遵循发达国家在发展过程中的道路，必须通过发展科学和技术，找到新的清洁能源和更有效的能源利用方式。中国在这些方面的努力将会对世界的发展作出巨大贡献。

生物技术伦理主题分为“生殖性克隆和治疗性克隆的伦理问题”和“为发展中国家提供基因改良作物的伦理问题”两个子题。会议讨论在一个由体现着许多不同价值体系的群体组成的行业中，如何定义道德标准。在农业方面，基因改良作物已经增强了承受诸如旱灾、虫害、瘠土之类环境压力的能力。经过改良的作物产量要高得多，因此能够养活更多的人，然而它是否影响健康还没有得到充分检验。在这种情况下，向世界上处于饥饿的人们提供这些作物的伦理后果，值得探讨。

电子社会主题分为“e社会的未来”和“‘e发展中的’世界”两个子题。互联网和第一代主流在线应用技术已经趋于成熟，而今后的发展方向又是什么？分会讨论了“e技术”是否能够帮助发展中国家实现跨越式前进，发展中国家是否能够使用数字技术来克服快速发展的障碍以及在“e技术”方面有哪些需求。

大学与人才主题分为“大学在建设知识社会中的作用”和“从人才流失与到人才引进”两个子题。世界各地的大学都处于危机之中，因为它们不能满足高等教育、研究和创建知识社会诸方面的要求。大学如何能够适应当今的现实，如何重新评价它们与产业和社会的关系？富裕和最开放的经济系统总是吸引最好的人才，工业化国家和发展中国家能够采取什么行动去接受这种迁移的不可避免性，并转人才流失为人才引进？

在讨论中有人问及，中国派往日本的MBA学员一般只在日学习一两个月，是否是怕他们学成后不回国服务？祝贺认为，中国经济增长速度快、发展机会多，越来越多在国内外攻读MBA学位的中国学生更愿意在中国就业。任定成谈到中国的另外一种人才流失现象，就是与以前相比，更多的中国学生愿意选择经济学之类的社会科学以及技术、工程、医学等专业而不是科学专业，学科学专业的毕业生也更多地愿意在企业和政府工作而不是在大学和研究机构工作。

瘟疫与生物恐怖主义主题分为“今日新旧瘟疫”和“为安全和治安社会服务的科学”两个子题。当世界医学资源因对抗AIDS和SARS那样的新疾病而显得紧张的时候，某些缠绕旧世界的疾病就重新出现。这种出现的条件是什么，人们如何能够在这些疾病获得新的立足点前，就防止和控制其传播？国际社会将如何合作以遏制正在增长的生物恐怖主义的威胁？

在五个并行会议之后，论坛安排了另外两个全体并行会议，其议题分别是“纳米技术：承诺，承诺”和“科学与技术：国家战略中的中心角色”。

在目睹了许多天花乱坠的新技术之后，公众已经带点儿怀疑地对纳米技术做出可理解的反应了。分会讨论的是科学共同体如何教育公众，以使他们能够评价纳米技术将把人们带到奇妙的新方向。日本物质·材料研究机构理事长岸辉雄、中国科学院副院长白春礼、日本日立公司执行总裁兼执行官中村道治、美国国家科学基金会纳米技术高级顾问罗科（M. Roco）、日本东京大学教授十苍好纪、澳大利亚联邦科学与工业研究组织的董事布拉赫-马克斯维蒂斯（V. Braach-Maksvytis）、美国杜邦性能涂料公司研发副总裁康诺利（M. S. Connolly）等，分别从政府、科学共同体和企业的角度，批评了社会上滥用纳米名词的现象，就如何赢得公众对纳米技术的信任问题发表了看法。

在关于21世纪国家科学技术战略的分会上，考虑的主要问题是两个。第一，你们国家促进科学技术的战略是什么？第二，要考虑的国际合作的基础规则是什么？美国、日本、波兰、苏丹、韩国和爱尔兰的科技政策制定者分别发表了演讲。

日本科学技术政策国务大臣棚桥泰文介绍了日本科学技术的目标和新近发展。这就是日本1995年颁布的《科学技术基本法》，其中确定了促进科学技术的基本原则以及日本政府应当采取的政策。1996～2000年的第一个科学技术基本计划，实际投入17.6万亿日元，并且设置了1万个博士后资助项目；2001年重组政府部门和机构，内阁成立了综合科学技术会议；2001～2005年拟投入24万亿日元，确定科学技术的战略优先领域并进行科学技术体制改革。他接着介绍了日本科学技术政策的最高机构综合科学技术会议，由首相任主席，内阁成员有科学技术政策国务大臣、内阁官房长官、公共管理国内事务邮政通讯大臣、财政大臣、教育文化体育科技大臣、经济贸易工业大臣，学术会议主席也参加了会议，另有7位执行成员（5位来自学术界，2位来自企业界）。在委员会之下，设有7个专家组，即优先领域促进战略专家组、评估专家组、R&D体制改革专家组、生命伦理专家组、太空开发利用专家组、知识产权管理专家组、人力资源专家组。棚桥泰文强调指出，科学技术得到公众的理解和接受越来越重要。

在并行会议之后的全体会议上，报告了并行分会的讨论结果。谈到科学和社会在防止技术进步的非意想后果方面一起行动的责任时，英国皇家学会会长梅勋爵（Lord R. May）说，科学可以打开各个大门，而我们必须一起决定打开哪些大门。出席论坛者得出结论，政府、企业领袖和科学家必须合作和创新，以保证科学和技术给生活在发展中国家的大多数世界人民提供非常多的利益，并再次肯定了科学和技术在社会中的基础性的正面作用。

会议邀请日本名古屋大学教授、2001年诺贝尔化学奖得主野依良治，韩国高等理工学院校长、美国2001年诺贝尔化学奖得主劳克林（R. B. Laughlin）和法国科学院名誉终身秘书格罗（F. Gros），就科学共同体在保持公众的信任方面所承担的责任，讨论科学与社会之间的关系。

野依良治谈道，过去人类通过克服自然界的困难而生存，但是人类未来的命运却掌握在自己手中。当今社会具有内在矛盾，那些应对这些矛盾负责的人正在逃避责任。全球的问题是人口激增、正在恶化的北-南问题、扩展着的工业化和生活方式导致的自然和社会环境效应，正是过度的人类活动引起了严重的气候波动和环境变化，导致资源和能源的耗竭。他对科学家和工程师提出四条建议：①参与社会需要的项目；②预言未来社会的形态；③整合包括人文社会科学知识在内的所有知识；④进行创造性的研究以建设未来。谈到科学研究，他认为其本质是“灵感”，基于直觉的发现是发明的起始和新领域的先导。但是，灵感伴随着不确定性，因此与计划和目标不一致。这就是强调“目标管理”的政客、官僚和企业执行官们怀疑和不信任科学共同体的根源。他说：“‘灵感’与‘目标管理’同样重要，这两种心态的相互理解很重要。”

在闭幕会议上，与会者们就如何促进面向政府、学术界和产业界之间的全球合作，以获得科学可以为人类提供的最佳结果进行了展望。程序委员会主席尾身幸次留下三个主题：①全球变暖是人类面临的中心问题，为了解决这个问题我们需要用科学；②许多人发出了发达国家致力于将其大部分援助用于增强发展中国家科学技术能力的必要性的声音；③今日世界，我们比以往任何时候都更加确信，科学和技术应当用于增强人类的安全保障。

这个论坛既是高峰会议，同时又是非正式会议。除了与会者名单和会议日程之外，会上基本不提供其他文字材料。论坛上散发的“什么是 STS 论坛”的单页材料提出了论坛的四个原则。①平等关系：政治家、企业家和科学家有同等的责任来组织和运作这个论坛。②个体参与：任何参与者都不代表他们所属的机构，而是代表本人。③宽广视野：不要求参与者具有深入独特的专门知识，但要求有广博知识支持的智慧。④新颖视角：本论坛旨在创造看待科学与社会的新视角。据笔者统计，共有 120 位政要、科学界领袖和高技术企业家在论坛上发表了演讲，所有出席会议者均参加了讨论。

会议秘书处还要求与会者在论坛结束后半个月内，以“能给人类未来福祉作贡献的科学技术”为题，撰写一篇报告交论坛秘书处。论坛结束后，日本科学技术振兴机构北京代表处首席代表加藤芳宏和日本驻华使馆经济部负责科学技术的一等秘书神田忠雄约访了笔者，以了解参与者对于论坛的感觉和建议。

虽然“STS 国际论坛”是一个非正式会议，但由于参加者多是科学、政治和企业界具有重要地位和影响的人士，会议所讨论的问题和倡导的精神必然会对世界范围内科学技术发展的相关方面产生深远影响。遗憾的是，论坛只邀请了非常少的非政府组织代表或社会科学领域的人士。最著名的民间国际论坛之一“世界经济论坛”所邀请的代表包括国家元首、政府首脑、部长和经济、金融、财政、文化、艺术、教育、新闻等各个领域的人士参加。笔者认为，科学和技术对于社会的影响是全方位的，其他领域代表的加入必将会给论坛核心议题的讨论带来新的贡献。

STS京都论坛将于每年9月在日本京都举行，希望这个论坛对人类的未来能够起到积极的作用。

科学论的转折：从科学-哲学传统到社会学的视野*

一、引　　言

在科学社会学的名作《小科学，大科学》中，普赖斯提出了科学增长的规律。按照他的观点，科学在产生后的一段时期内会呈指数式增长，但是经过一个指数式增长的阶段后，科学的增长就会逐渐偏离指数曲线，放慢增长速度，并最终逼进增长的饱和状态。普赖斯对科学增长规律的完整描述是逻辑斯蒂曲线，如图 1 所示。

显然地，“指数式增长”只是对科学增长曲线的前面一段的描述，把普赖斯提出的科学增长的规律称为指数增长规律并不确切。我们有理由把兴趣放在这条曲线的后半段：当科学增长接近饱和状态时会怎么样？科学增长什么时候会接近饱和状态？这些问题很难有简洁明了的答案，但是巴恩斯(Barry Barnes)以英国为个案的研究暗示科学发展到了某种转折的关头[1]。凑巧的是，20 世纪五六十年代以来科学的文化地位在西方忽然受到了强烈的质疑。后现代主义高举反思现代性的旗帜，女性主义要求对男性的文化霸权

* 本文作者为袁海军，原载《自然辩证法通讯》，2005 年第 27 卷第 4 期，第 75～80 页。

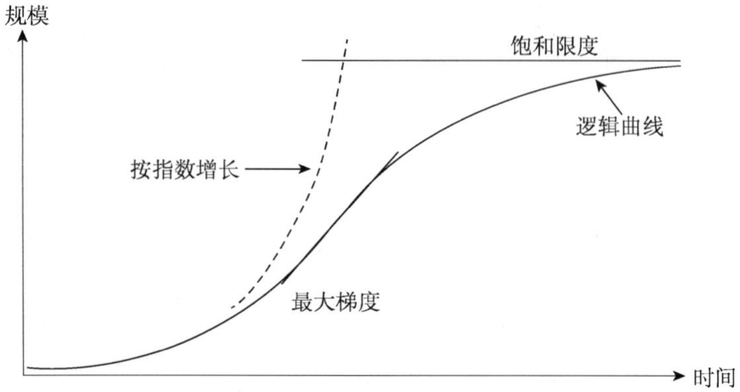

图 1　逻辑斯蒂曲线

进行清算，形形色色的环境保护主义者对工业化的谴责等，构成了第二次世界大战以后西方文化景观非常重要的一个侧面，而在繁复的主张与要求背后，对科学的批评显然是它们最重要的共同点之一。批评科学并不是什么新鲜事，启蒙时代的卢梭、19 世纪欧洲文学中的浪漫主义运动、斯宾格勒等，隐约勾画了一条或明或暗的反科学的思想脉络。但是，面对像 20 世纪后半叶这样浓烈的反科学氛围确实是科学遇到的一个严峻的挑战。这种挑战主要的并不是直接指向实际的科学研究，而是科学的文化形象。

20 世纪六七十年代，首先在英国发展起来的科学知识社会学在关于科学的这场文化混战中显得非常特别。一方面，他们声称要用科学的方法研究科学本身，并且科学知识社会学就是科学事业的一个组成部分，科学知识社会学的研究工作具有可重复性、主体间性、客观性等科学家和科学哲学家通常用来描述科学的那些特征，而他们的文化目标则是沟通“两种文化”。另一方面，传统的理性主义科学哲学家和大多数科学家则把科学知识社会学视为反科学主义，认为它是反理性、反科学传统新的变种。在双方已有的争论与“对话”中，自说自话俯拾皆是，而真正的思想交锋则难得一见，误解自然也就难以避免。

从文化的角度来看，可以说理性主义科学哲学发挥了一种科学发展的助推器的作用。而科学知识社会学则似乎断定科学得到了充分发展并开始减速，并试图就此做出某种文化上的回应。实际上，理性主义的科学哲学和科学知识社会学在考察科学时的立足点、理论目标、研究方法及其文化后果等方面都存在着基本的差别，它们分属于不同的学术传统，可以分别称之为科学论的科学-哲学传统和社会学传统。也正是这些基本差别阻碍了它们之间有效的交流与沟通。

二、科学论中的科学-哲学传统

按照约翰·洛西的说法，科学哲学始于亚里士多德。如果把科学理解为近代科学，那么科学哲学就应该始于笛卡儿，虽然那时候科学与哲学还没有完全分离，因此不可能有现代意义上的“科学哲学”。现代的科学哲学则始于逻辑实证主义。但是，不论我们以哪一种方式理解科学哲学，有一个现象非常引人注目，即绝大多数有影响的科学哲学家在我们现在称之为科学与哲学的两个方面都有相当的造诣，甚至两个方面都极有成就。就这一点来举例很可能是多余的：亚里士多德、毕达哥拉斯、伽利略、笛卡儿、莱布尼兹、康德、马赫、迪昂、彭加勒、石里克、波普尔等。这一现象能够说明两个问题。第一，在西方的文化传统中，科学与哲学是不分家的，古代的几何学和近代以来的物理学尤其如此。第二，如何“科学地”认识世界从来就是西方哲学思考的中心问题之一，近代以来的西方哲学因为经受了近代自然科学的洗礼这一点更加突出出来。

当然，也存在相反的现象，即没有科学上的成就也没有专业的科学背景，但是科学哲学却颇具影响。最著名的例子可能是休谟。如果说在科学论中始终存在一个科学—哲学传统，那么休谟就是一个例外。但是这个反例是可以克服的。事实上，所谓科学论中的科学-哲学传统，并不只是意味着那些对科学进行过深入思考的哲学家们自身有深厚的自然科学功底甚至取得过重大的科学成就，更重要的含义在于他们审视科学时采取的是一种“科学的”视角，或者干脆称之为“科学家的视角”。

形象地说，科学论中“科学家的视角”就是指哲学家在审视科学时仿佛是“向后转”的科学家：科学家们面对自然，探索未知，留在身后的则是作为他们探索结果的科学知识；哲学家非常熟悉科学家的工作（很可能身兼二任），可是他们不是面向自然，而是就在科学家的位置上转过身来研究科学家的活动成果——科学知识。很自然地，（科学）经验的性质及其可靠性，

(科学) 理论的性质、结构以及经验与理论的关系，科学知识的增长模式等，就成了科学哲学家们思考的主题。可以说，科学哲学家思考的问题也是科学的发展必然会或多或少地遇到的问题，只是科学哲学家以更为系统的方式思考了它们从而推进了对这些问题的认识。这也从一个侧面说明了为什么许多伟大的科学家也是有影响的科学哲学家。

科学论中的科学—哲学传统具有如下一些特征。首先，科学家在这种科学论的视野之外。这是非常自然的，因为即使是“向后转”的科学家也无法把自己纳入视野之内。当然，我们习惯于说科学哲学不考虑科学家是因为科学家的主观特征与科学知识的增长等科学哲学关注的问题没有关系，科学知识的增长是一个“无主体的过程”，科学的精神气质决定了作为个人或集体的科学家的社会、政治和文化背景等非智力方面的特性与科学研究的整个过程无关。我更愿意把这里的因果关系颠倒过来：是科学-哲学传统视野的局限使他们无法考虑那样的问题。其次，科学-哲学传统持有的是一种个体主义的知识观，它所采取的“科学家的视角”中的“科学家”是作为个体的科学家，而不是作为群体的科学家。因此，它很难容纳像“科学共同体”这样的概念。在科学-哲学传统中，经验与理论是刻画科学知识的最基本的范畴之一，因为它要就科学知识本身来探讨它的种种性质与特征就必须对科学知识进行更细致的区分，从而“深入”科学知识的内部。而在库恩引入科学共同体与范式等超越了单纯的科学知识的概念后，经验与理论作为一对范畴的理论地位就显著地下降了，甚至成为无关紧要的了。在不同的科学共同体或者不同范式下工作的科学家那里，经验与理论的划分标准以及不同的经验与理论的相对重要性甚至什么会被接受为知识的标准都会发生改变。

实际上，科学-哲学传统的视野是一个以认识主体的姿态反思他的认识活动及其成果的科学家的视野。与此相伴的是这种传统的第三个特征：科学是全部人类认识活动的权威。科学家对知识的反思聚焦于科学知识并以其为模板是再正常不过的事。康德对人的认识活动和认识能力的刻画是以自然科学，尤其是牛顿力学为样板的。逻辑实证主义则把一个命题能否得到经验证实看做该命题是否有意义的标准，人们恰如其分地称之为“科学主义”。波普尔抛弃了把命题的意义与经验联系在一起的观点，但他仍然认为认识论的中心问题是研究科学知识的增长[2]。

三、科学–哲学传统的“终结”

按照常识，科学知识显然是某种真理性的东西。实际上，在西方哲学史上知识始终是与真理密切相关的一个概念，更为重要的是人们对人类能够把握真理的乐观态度。柏拉图认为人在出生前的知识是完备的，但出生后就忘记了。所以人可以通过回忆重新把握到那些出生前具备的真正的知识。柏拉图的后继者中最著名的有亚里士多德、笛卡儿和培根等。他们在许多方面是不同的，但是都坚信人可以最终把握真理。波普尔明确地反对这种认识论的乐观主义。他在以爱因斯坦为旗帜的物理学革命的鼓舞下，在为“归纳问题”与划界问题寻求答案的过程中，提出科学理论本质上都是假说，因而是可错的。这种可错性是知识的真正本质，没有哪种知识可以例外，包括牛顿力学与爱因斯坦的狭义相对论。知识的可错论的提出确实是知识论传统中的一种基本的变革，它似乎是对文艺复兴以来人们重新高涨起来的对人类理性的自信和乐观的一种反动。但是这种反动很可能是对关于理性的乌托邦的背离，因而应该被看做是一种进步[3]。

迪昂—奎因论题与知识的可错论处在同一个阵营中，这个阵营使经验与理论或者物理世界与我们的知识之间的对应关系趋于松动。沿着同一方向，我们还可以发现所谓“观察渗透理论”的观点，它们共同的作用是使经验与理论或者观察与理论的二分变得模糊起来，经验不像传统上所认为的那么纯粹、可靠了，而理论也因此失去了牢固的基础。在传统的科学哲学中，经验论认为知识的可靠性来源于经验。可是如果观察中渗透着理论，没有纯粹的观察，那么知识的本质看起来就是理论性的了。知识的理论本性在库恩之前是由一些零散的观点支持的，而在库恩之后则变得显而易见。

按照库恩的观点，以经验与理论的二分来分析科学知识的本性是完全不得要领的。范式的含义虽然并不明确，但它的基本内容可以理解为“共有的知识体”[4]。这个“共有的知识体”既包括“经验的”内容，也包括理论的内容，还包括一些形而上学的信念以及一些重大的科学成就。更重要的是，这种共有的知识体会发生革命性的变化，在那样的变化之后，科学家看到了一个不同的世界，经验与理论的划分方式、它们的相对重要性以及什么是知识的可接受性标准都可能发生了变化。这种变化是格式塔式的整体性变化，而不是沿着某种逻辑通道的渐变过程。

在海德格尔说哲学已经终结的意义上，也许可以说科学论的科学-哲学传统已经终结了。因为它充分发掘了自身的种种可能性，培育了自己的替代者，并且实际上已经严重腐蚀了它自身借以展开的理论框架。这种腐蚀集中表现在对“经验与理论”二分法的摒弃和知识的理论本性的确立。

扼要地说，知识的可错性论点、迪昂—奎因论题，特别是库恩的科学哲学已经为科学知识社会学的兴起作了充分的准备。当然这一点仍需要说明。从科学知识社会学的立场来看，上述来源不同的各种观点都是滋养这一纲领的思想养分。有趣的是，那些观点的持有者——最著名的是拉卡托斯和库恩——则明确地反对科学知识社会学的研究纲领。下面我们尝试勾画科学论中的社会学传统，或者相对于科学-哲学传统中研究者采取的科学家——科学研究的当局者——的视角而称之为旁观者的视野。

四、视点的转移：“旁观者”的科学论

不是站在科学家的“位置”上，而是以旁观者的视角对科学展开研究是主要由默顿开创的事业。当然，以旁观者的角度力求给出关于研究对象的中立、客观的描述是社会学、人类学等学科的当然要求。默顿开辟了社会学的一个新领域，但他对科学的研究准确地说是对科学体制或者“科学的社会运行”的研究，是科学家的社会学。默顿关于社会对科学的影响的最强烈的说法是社会会影响到科学注意的焦点、科学发展的速度等。而关于科学知识，默顿的观点与逻辑实证主义之间没有根本的分歧。因此，当默顿以局外人的视角看科学时，他看到的只是科学体制；当谈论科学知识时，他采取的则是“科学家的视角”，这时他已不再是一个社会学家。科学知识在社会学的视野之外。

在西方的文化传统中，关于知识的研究从来就是哲学的专有领地，直到20世纪二三十年代知识社会学的兴起。按照曼海姆的观点，知识社会学是由中世纪统一的神学世界观解体以后，重建一个统一的世界观的认识论努力与心理学努力的失败而来的担当那种重建任务的新的尝试。知识社会学的新颖之处在于放弃了为知识寻找某种永恒基点的做法，而把知识看做总是与特定

的社会历史背景有着千丝万缕联系的信念系统。知识不是真理，时代不同、社会地位不同的人们会有不同的知识。但是科学是个例外，因为它不受社会因素的影响，是对物理世界的客观的认识。知识要进行社会学研究，但科学知识仍是社会学的禁地。

科学知识社会学明确宣称要复兴知识社会学研究，并把它贯彻到科学知识的领域。正如知识社会学把知识看做信念，并因而着眼于信念的产生、维持及其传播过程一样，科学知识社会学把知识看做是人们持有的信念，而不是与实在对应的真理。它关注的是科学知识的生产、维持及传播的方式与过程等，而不是科学知识的有效性、增长模式、作为一种知识类型的独特性等。这样一来，与科学家所关注的是自然（物理世界）和科学哲学家关注的是知识不同，科学知识社会学家首先看到的是人群，即作为集体的科学家。然后，他注意的是这一群人（科学家）是如何生产出被人们叫做科学知识的东西的。在对这个“如何”进行考察的过程中，他看到的仍然是人群内部与外部的人与人之间的互动，而不是人与自然（实在）之间的互动。（显然，对科学家、科学哲学家和科学知识社会学家的这种描绘是漫画式的，它忽略了许多细节，但突出主要特征也正是漫画的优势。）这是非常令人费解的，但好在还不是不可理解。

科学知识社会学中的“社会”一词，基本的含义当然是相对于个人的群体，但是仍有细分的必要。从范围上说，既指科学共同体也指范围更大的其他社会领域，如政治系统、经济系统等。从认识论的角度看则指相对于个体主义认识论的“集体主义认识论”。按照这样的分类，我们确实可以看到科学知识社会学家是如何站在不同的“地点”“旁观”科学活动的。

在科学共同体内部来探讨科学知识的社会建构过程，科林斯（Harry Collins)、平奇（Trevor Pinch）和皮克林（Andrew Picking）的工作大概是最重要的。这类工作的实质是通过对实践中的科学家的考察来揭示科学研究的实际进程，反对存在所谓的“科学方法”。比如，科林斯提出的“实验者的后退”论点，它说明的只是不存在一种明确的科学研究的逻辑方法。很少有人坚持存在一种从事科学研究的逻辑方法，科学家们只是指出通过实验的多次重复可以避免那样的困境[5]。但是从逻辑上讲“实验者的后退”是难以避免的，关键在于那个问题本质上不是一个逻辑问题。科林斯把它作为一个逻辑问题来思考就只能陷入休谟式的怀疑主义境地，但它也许从未使一个科学家感到真正的困惑。

皮克林在对高能粒子物理学史进行经验研究之后，得出的结论是高能粒子物理学中的范式变迁根本不是用一个更合乎实在的、更紧凑的范式代替一个较为松散的、较小解释力的范式，实际上很难判断哪一个范式更好些。发生那样的范式更迭，只是由社会学的原因引起的。这是对科学家与传统的科学哲学家的观点的真正挑战。在科学家就此做出认真的反击后，科学知识社会学家的回应并不一致，甚至可以说是自相矛盾。一方面，皮克林显然介入了科学理论的评价，因为他主张两个范式就其认识论价值而言是等价的；另一方面，科林斯、平奇、布鲁尔（David Bloor）和麦肯奇则声称科学知识社会学只是对科学知识进行社会学的考察，而并不是要取代科学家的工作，也绝不涉及诸如理论的评价这样的科学的内部事务①。也许，皮克林在某个方向上走得太远了。

把科学研究过程放在更大的社会范围内来考察，最重要的工作是福曼（Paul Forman）对量子力学的研究，沙弗（Simon Schaffer）和夏平（Steven Shapin）对波义耳和霍布斯之争的研究和马尔凯（Michael Mulkay）对达尔文进化论的研究等。这一类研究的目标是要在科学理论与更广阔的政治、文化背景之间建立或强或弱的联系。问题的核心是科学的自主性。科学的自主性是变化不定的，要视它的内外部情况而定。因此，就此展开的案例研究更多的只具有个别的意义，而不能随意地做推广。相对而言，达尔文的理论受到了马尔萨斯的观点的影响比较容易接受，而量子力学引入不确定性原理直接地就是魏玛共和国特定政治氛围的结果则很难令人信服。

对个体主义认识论的批评和集体主义认识论的阐释主要与布鲁尔的工作联系在一起。布鲁尔把维特根斯坦（L. Wittgenstein）晚期哲学解释为一种指导对科学知识进行社会学考察的研究纲领。沿着维特根斯坦的思路深入到人类语言的深处来阐释科学知识的理论本性，断言科学知识是人们集体持有的一种信念体系。后面我们会谈到，布鲁尔对语言游戏概念的经验主义发挥造

---

① 科学家的反击：Kurt Gottfried，Kenneth G. Wilson 的 *Science as a culture construct*.（*Nature*，1997，386：545-547）。布鲁尔和皮克林等的回应：Andrew Picking，Collins H M，Trevor Pinch 等的 *Science as a culture construct*（*Nature*，1997，387：543-544）。

成了科学知识社会学自身显见的理论困难。

对科学知识社会学工作的简述表明它具有如下一些区别于科学论的科学-哲学传统的特征。首先，科学知识社会学的研究对象是包括科学家、科学仪器、科学的研究对象以及更大的社会文化环境在内的一个系统。当然，并不是每一个研究者都涉及所有这些方面。但是，无论如何他们绝不局限于科学知识内部来谈论科学知识的结构，也不探讨科学知识与物理世界之间的关系。这个系统具有物理的、文化的和社会的等几个侧面。其中社会的侧面是核心，而物理世界由于同样地作用于不同的科学家个人或群体往往退隐为研究的背景，对科学家的行为失去了解释力。正是这种对物理世界的常规性忽视使科学知识社会学家的著作给人一种奇怪的印象：科学知识是科学家协商的某种随意的结果，外部世界在其中没有发挥任何作用。但是科学知识社会学确实承认存在一个独立于我们的外部世界，像所有的唯物主义者一样[6]。这让人感到困惑：他们到底在说什么，想说什么？科学知识社会学对这个问题的回答是明确的：科学就其文化属性而言不具有特殊性，它是人类的一种普通的文化事业，没有相对于其他文化门类的优越性。这不是在说科学事业没有什么独特性，而是说科学作为人类文化的一支，具有一切人类的学术努力的共性：人类心智的产物，可错性，地方性等。这里的关键词也许是“作为文化的科学”，科学的有效性等成了这种讨论的背景而非关注的中心。说科学是人类文化的一个分支，这没有什么挑战性，就像说人是动物一样没有挑战性。具有挑战性的是把人仅仅说成是动物，科学知识社会学让人难以忍受之处就在于它把科学仅仅描述为某种社会的、文化的普通产物，科学知识与物理世界的独特的联系方式及其有效性在他们的研究中则完全消失了。

其次，科学知识社会学具有某种唯名论的色彩。科学知识社会学家作为科学活动的研究者的基本特征是他们的“旁观者”身份，其理论目标却是揭示科学知识的本质。知识作为认识活动的结果，要描述它的性质总要涉及认识的主体、认识的方法和认识的客体。但是，在科学知识社会学的工作中，我们只是看到不同的科学家个人与群体之间的互动，而客体只是作为通过某些装置得出的结果进入这种互动过程之中，仿佛它们仅仅是一些符号，它们既没有对科学家的约束力，也完全与外部世界断绝了联系。犹如科学-哲学传统的科学论者无法把科学家作为自己的研究对象一样，“旁观者”的科学论也无法进入科学活动的深处去探索科学家与外部世界的复杂互动。当科学知识社会学家把对科学知识的无知当做从事这项工作的一个优势时，他们对科学知识的本质的说明确实也只能停留在一个“旁观者”的层次。

再次，科学知识社会学把科学看做人类文化的一个普通的分支，它既不是人类认识活动的权威，也不是人类文化价值的中心。科学是人类多种多样的认识活动中的一种，科学家是人类社会分工中普通的一个人群，作为一个群体它并没有什么特异性。科学活动及其成果所具有的价值也是人类所追求的众多价值中的一种或几种，既不是那些价值的全部也不是它们的中心。

也许科学的独特性的一大部分可以归因于它的研究对象的稳定性及由此发展起来的那套方法。但是科学论的科学—哲学传统不愿意承认这一点，因为那会限制科学方法的普遍性；科学知识社会学也不愿意承认这一点，因为那将赋予科学以某种文化上的独特性。但是我看不出由科学研究对象的独特性而来的科学的文化上的独特性会有怎样不利的后果。一方面，科学方法并非无条件地适用于其他的认识活动，因为方法乃是与对象相适应的，对象不同方法自然也不同。科学的认识论权威地位及其对其他学科的方法论的压力将会减弱。另一方面，科学既不同于占星术也不同于文学艺术，它在认识自然方面取得的成功是无可否认的。

五、结　　语

科学知识社会学的理论与经验研究实际上存在一个从激进到保守的谱系。最激进的分支确实把科学看做社会建构的产物，而实在则在科学研究中没有发挥什么作用。对于这种观点，那些最有影响的科学知识社会学家，如布鲁尔、巴恩斯、柯林斯等都明确反对，因而没有进行严肃讨论的必要。

但是，主流的科学知识社会学依然面临着真正严峻的理论困难。首先，如我们前面已经提到的，在科学知识社会学的著作中几乎看不到实在或物理世界的影子，令人难以想象他们居然是在讨论科学知识的本质。在布鲁尔和拉都尔（Bruno Latour）关于对称性的争论中，科学知识社会学的这一特点暴露得非常充分。正如拉都尔指出的那样，布鲁尔坚持的对称性实质上是极端的不对称，因为它在解释科学知识的本质的过程中用社会的因素来说明实在在科学中发挥的作用，突出了社会因素而忽略了实在世界①。因此，拉都尔和卡龙（M. Callon）主张“转向之后的进一步转向”，用行动者网络理论取代科学知识社会学。与此相关，科学知识社会学也有所谓的向“技术塑形论”的转向。远离对知识本性的讨论，科学知识社会学的研究纲领也许会有更好的发展前景。

其次，科学知识社会学对科学实践的许多细节性研究能说明的问题似乎很少。这里的关键在于，维特根斯坦用语言游戏来说明语言的本质，在某种程度上松动了语词与世界之间的联系，因为维特根斯坦常常设想不同类型的语言游戏[7]。布鲁尔据此要求对科学家的语言实践进行经验性研究，并且以此揭示科学语言的社会本性。如果科学知识的表述是社会协商的结果，那么断言科学知识的社会本性似乎就是顺理成章的。但是正如弗里德曼指出的，维特根斯坦本人一再声明对语言的本质的研究不是经验科学的任务，它是哲学的研究对象。更重要的是，语言游戏的规则具有“规则的尊严”，它实际上是我们应该保持缄默的对象，而不是经验研究能够把握的[8]。

此外，科学知识社会学以社会学术语说明科学知识的本质也让人联想到利奥塔对“宏大叙事”的批评。按照利奥塔对语言游戏的理解，“语言游戏”概念的要义在于指出各种语言游戏的规则是不同的，因而不能用一种语言游戏的规则衡量、评判另外一种语言游戏的好坏。宏大叙事解体的根源正在于它试图把多种多样的语言游戏囊括到一个巨大的理论体系中，而在这个过程中对不同语言游戏的扭曲就是必然的。随着宏大叙事的解体，知识的后现代状况的基本特征是各种语言游戏互不干涉，各玩各的游戏。科学知识社会学试图用社会学的术语来说明包括科学知识在内的各种知识类型的本性，确实具有宏大叙事的某种特征。而曼海姆的理论目标正是用知识社会学取代近代以来的认识论与心理学理论，重建统一的世界观。也许可以说，科学知识社会学从思想根源上讲就具有跨越不同语言游戏的特质，具有“社会学霸权主

---

① 主要文献包括：Latour，Bruno. “A one more turn af ter the social turn……” *In*：Mc Mullin, E.，*The Social Dimension of Science*. Notre Dame：Indiana University of Notre Dame Press，1992；Bloor，David. “Anti -Latour.” *Studies in History and Philosophy of Science*，1999，30（1）；Latour，Bruno. “For David Bloor……and Beyond：a reply to David Bloor's ‘Anti -Latour’.” *Studies in History and Philosophy of Science*，1999，30（1）. 此外，张锦志的《两种形而上学标准之争——对布鲁尔与拉都尔论战的哲学考察》（《自然辩证法研究》，2001 年第 7 期）对这场争论进行了深入的分析。

义”的倾向。有趣的是，利奥塔的后现代理论和科学知识社会学都以维特根斯坦的语言游戏概念作为自己最重要的思想资源之一，但却对它作了截然不同的发挥。

科学知识社会学真正的贡献在于揭示了从科学共同体内部到科学共同体外部科学事业复杂的社会学方面与文化人类学方面，而不是提供了关于科学知识的完备说明。当科学知识社会学家试图从对科学的社会学方面的研究深入到对科学知识的本质的说明时，他们确实停留在了“旁观者”的层次，那些关于科学知识的大胆断言似乎也越出了社会学的视野，闯入了知识论的领地。而在知识论方面，真正有分量的发言也许来自科学事业的“局内人”——科学家和科学哲学家。

参考文献

[1] 巴恩斯．局外人看科学．鲁旭东译．北京：东方出版社，2001：2-8.

[2] 波普尔．科学知识进化论．纪树立译．北京：生活·读书·新知三联书店，1987：5.

[3] 拉卡托斯．科学研究纲领方法论．兰征译．上海：上海译文出版社，1986：16.

[4] 科恩．科学中的革命．鲁旭东，赵培杰，宋振山，等译．北京：商务印书馆，1998：33.

[5] 罗杰·G 牛顿．何为科学真理．武际可译．上海：上海科技教育出版社，2001：33，34.

[6] Bloor D. Knowledge and Social Imagery. 2nd ed. Chicago：University of Chicago Press，1991：34.

[7] 徐友渔，周国平，陈嘉映，等．语言与哲学——当代英美与德法传统比较研究．北京：生活·读书·新知三联书店，1996：285.

[8] Friedman M. On the sociology of scientific knowledge and its philosophical agenda. Studies in History and Philosophy of Science，1998，29（2）：256-264.

默顿一般社会学理论与其科学社会学理论的关系*

一、默顿的双重身份

罗伯特·默顿（Robert Merton）是一位社会学大师，也是科学社会学的奠基者。很多人都注意到他这种双重身份，也有人提到过默顿的一般社会学与科学社会学的关系。德国科学社会学家斯德尔（Nico Stehr）在概述默顿的科学社会学时就指出："默顿对科学活动和科学组织的分析表征了他一般理论的进路。"[1]

乔纳森·科尔（Jonathan Cole）和朱克曼（Harriet Zuckerman）注意到了默顿的科学社会学和一般社会学之间的连续性，他们指出，默顿对科学中优先权竞争的分析与他广为人知的对越轨行为的研究密切相连，在科学社会学中应用了很多他的一般理论进路，例如：①在马太效应的研究中应用了"非预期后果"的分析；②过度遵从所导致的非适应性①；③自我增强、自我例证的社会进程②[2]。

---

* 本文作者为郑丹，原载《科学文化评论》，2007年第4卷第1期，第53～73页。

① 最重要的表现是科学界的越轨行为是由部分科学家对业内报偿的过分追求所致。

② 科学社会学的建制化过程即该专业无形学院的形成过程，这一学科的发展例证了其自身蕴涵的理论。

新西兰社会学家克拉德斯（Charles Crothers）对默顿笔下的科学模型进行了“结构主义”的解读，认为默顿后期的科学社会学工作体现了他在一般社会学理论中的“结构分析”进路，即科学作为社会体制，有其内在结构：主要体制目标和个人化目标，这些目标在实现的过程中又反过来影响科学及相关体制的结构[3]。克拉德斯这种分析固然有合理之处，但以“结构分析”一言欲蔽默顿科学社会学的众多论题，似乎太过粗略。

默顿的学生、美国社会学家布劳（Peter Blau）赞同克拉德斯的观点，认为默顿一生中理论发展的趋势之一就是从“文化理论”向“结构理论”的转型，默顿科学社会学的发展过程表征了一般理论的这种转型[4]。与布劳相对应，夏平（Steven Shapin）在评述青年默顿与成年默顿的区别与连续性时，认为文化理论和结构理论之间只有研究对象上的区别，在方法上并没有差异[5]。

美国科学社会学家伯纳德·巴伯（Bernard Barber）认为：“20 世纪 40 年代初，由于思想上和社会上的（在德国纳粹对科学的摧残）原因，默顿发表了他关于科学的规范结构的另一些经典性论文。值得注意的是，默顿出版他的著作或发表文章，并不是为了把科学社会学作为一门社会科学专业建立起来。此后的 50 年里，作为一名社会学家，默顿主要的、压倒一切的兴趣一直在于发展社会理论。”[6] 这样，科学社会学就成了默顿发展一般社会学理论过程中的副产品。

美国科学史家吉利斯皮（Charles Gillispie）在为《科学》杂志写的文章中，对“默顿论题”及其之后的科学社会学理论发展进行了分析。他认为默顿在发展科学社会学的过程中，社会学家的身份流露得太过明显，其社会学进路并无损于科学内在的智识一致性。用这位科学史家的眼光看来，由于默顿社会学家的“职业敏感”，他对科学领域的研究留下了过多的社会学烙印[7]。

朱克曼在回顾科学社会学这门学科 50 年的发展历程时，曾试图从科学社会学和社会学关系的角度进行评述，她提道：“在考察科学社会学的研究议程中，我会定期指出相通之处以显示它对社会学事业的贡献，同时，也会定期指出有明显学科特征的观念、问题和程序。这样就能展现出科学社会学与社会学之间的联系，以及科学社会学在依赖并发展社会学的过程中是如何独立发展起来的。"[8]尽管她在后面的文章中偶有提及科学社会学与社会学之间的联系，但对默顿自身创建并致力发展的社会学理论却未作专门探讨。

国内学者出于引介默顿社会学理论或科学社会学理论的目的，所做研究多限于两者其一，对两个领域之间的关系尚无系统研究，当然，也有研究者触及这一论题。有学者认为："默顿科学社会学的建立是其一般社会学思想在科学这一特殊社会系统中的应用。"[9]这种看法虽然看到了两个体系在理论内容上的逻辑联系，却忽视了它们在时间上的先后顺序，因此结论有失偏颇。

默顿的一般社会学与科学社会学的关系虽然屡有学者提及，但他们要么把它当做思考其他问题的背景（如斯德尔、布劳、吉利斯皮），要么只关注某几个理论的关系（如克拉德斯、科尔和朱克曼），要么只得出简单的决定论（如巴伯、樊春良），要么低估了默顿在一般社会学方面工作产生的影响（如夏平）。默顿的研究者们对两种理论关系的认识是模糊的或从简单预设出发的。他们都关注到这个理解默顿的基本问题，但又普遍缺乏系统而合理的分析。默顿的一般社会学与科学社会学之间关系虽有多种可能，这里暂且将两者当做彼此相对独立的系统，分开进行分析。

默顿于2003年去世，学术活动画上了句号，他留下了大量的著作、论文，尤其是他从1938年到1982年的一般社会学和科学社会学论著，包含了默顿一生中最重要的工作①。这些论文和海内外学者的相关著述，是研究默顿的基本材料，透过这些材料，会发现默顿两种理论体系之间的关系并非一种对另一种的简单扩展或直接应用，二者之间有着复杂的历史和逻辑关系。本文将要梳理这种关系，以呈现出默顿思想体系的全貌，了解默顿一般社会学与科学社会学理论互相作用的方式，并显示默顿对自身身份的认证（identity）。

---

① 根据 Piotr Sztompka 的观点，默顿最具代表性的著作包括：*Science，Technology and Society in Seventeenth-Century England*（1938），*Social Theory and Social Structure*（共三个版本，1949年、1957年、1968年各一），*The Sociology of Science*（1973），*Sociological Ambivalence*（1976），*Social Research and Practicing Professions*（1982）[10]。作者认为默顿最重要的科学社会学论著还应该包括默顿后来回顾科学社会学发展历程的集子 *The Sociology of Science：An Episodic Memoir*（1979）。上面提到的这些著作除了 *Sociological Ambivalence* 一书及 *Social Theory and Social Structure* 的一部分外，在中国内地均已有中译本。

二、两理论发展的历史线索及相互作用

纵观默顿整个学术生涯，他在一般社会学方面提出了很多影响深远的观点。1936 年，默顿针对社会行动的主观动机与客观结果时常不同的情形，在《有目的的社会行动未预料到的结果》一文中提出，社会结构的相互依存可以解释各类具体的非预见的后果①[11]。1938 年，默顿提出了用以解释越轨行为的失范理论，他承认社会规范的存在与合理性，指出人们不大可能通过合法的手段实现文化上限定的目标时，各种越轨行为（deviate behavior）（不仅仅是犯罪）的发生率最高[12]。1948 年，默顿通过对“托马斯定理”② 的意蕴深入研究，结合对现实案例的分析，指出当人们按照一个虚构的期望或预测去行动时，这个虚构的预想可能变成真实的结果，这一预想便是“自我实现预言”（The Self-Fulfilling Prophecy）[4]。

1949 年，默顿出版了最重要的社会学著作《社会理论和社会结构》，提出了中层理论（middle-range theory）、角色丛（role-set）理论、机会结构（opportunity structure）、功能分析范式（paradigm of functional analysis）和参照群体（reference group）理论。默顿主张发展介于巨理论③（grand theory）和具体经验调查之间的中层理论，它不仅具有理论导向，而且具有可操作性，与帕森斯（Talcott Parsons）的巨社会系统理论相对，默顿在这一倡导中阐明了他对社会理论发展方向的思考。角色丛理论则是默顿对于如何构建社会结构以便对其进行社会学分析的尝试，这种理论认为社会中的每一个人都占有多种地位，每种地位都有角色与之关联，社会运行秩序靠人们合理扮演社会结构中的地位和角色来维持，当各种地位和角色集一人之身时，本来自洽的地位和角色期望之间常常会发生“角色冲突”（role conflict）。机会结构是指与一定地位、角色相联系的机会资源，它决定着人们的努力能否获得回报。功能分析范式则是在社会学方法论上对社会学界普遍存在的“泛功

---

① 意指非预见的后果并不是失常条件下产生的，而是由合法的社会结构间的相互作用造成的。

② “托马斯定理”的内容是：“如果人们把情境当做是真实的，那么其结果将成为真实的。”[13]

③ 巨理论是指可以解释整个社会运行的宏大理论系统，帕森斯时代的结构功能主义就是这种理论。

能论"① 的矫正，它要求区分社会各部分的显功能（manifest function）和潜功能（latent function），区分社会行为的主观动机和客观结果②。参照群体指某个群体外的人如果向往加入一群体，便会根据该群体的规范和角色期望（role-expect）组织自己的行为，参照群体的划界乃以群体内外成员的角色行为（role-behavior）为标准[16]。1963 年，默顿面对同一社会角色内也会出现冲突的现象，从社会学视角（与心理学视角相对）提出了“社会学的两难情境”（sociological ambivalence），它主要是指同一角色包含多种规范期望，而这些期望之间却有深刻的矛盾，社会角色从而成为规范与反规范的动力系统[17]。

另外，默顿把科学看做一个微缩了的社会，他的科学社会学某种程度上是“科学家社会学”，它的研究对象是科学的社会组织——科学共同体。一言以蔽之，默顿科学社会学就是在勾画科学共同体能够正常运行的一整套机制。为描绘并分析这套机制，默顿提出了很多奠基性的论点。1938 年，默顿在其博士论文中提出：新教伦理促进了现代科学的产生③，而社会经济与军事需求影响了科学研究的关注点[18]。需要指出的是，默顿在最初关注的并不是科学共同体内部，而是科学与其他社会文化结构的互动关系。1942 年，默顿开始了把科学“社会学对象化”[19] 的努力④，他提出了科学的精神气质，即普遍主义、公有主义、无私利性和有组织的怀疑主义，科学家在实际工作中应该遵守这些规范[20]。

1957 年，默顿从科学规范的静态结构转而关注科学的动态运行，他发现科学有根据角色表现分配奖励的系统，谦恭美德与争夺科学发现优先权分开

---

① “泛功能论”是 20 世纪初重要的理论流派，对社会学产生了重大影响，它以人类学家马林诺夫斯基为代表，他提出：“关于文化的功能观点强调按原则来讲，在每一类文明中，每一习俗、物质对象、思想和信仰都实现了某种至关重要的功能。”[15]

② 当行动的主观动机与客观结果一致时，即具有显功能，当行动产生了不同于主观动机的客观结果，即具有潜功能。

③ 这个假说后来被学者们称为“默顿论题”（Merton Thesis）。

④ 这种努力是有条件和边界的。曼海姆所说的“知识社会学”实际上只涉及人文和社会科学知识；默顿号称的“科学社会学”虽然将社会学的触角延伸到了自然科学领域，但也只是考察科学建制，对于科学知识本身仍作为“黑匣子”处理，实际上只是“科学建制社会学”或“科学家社会学”。默顿对科学社会学研究对象的界定与劳丹的看法相似，劳丹认为：“当且仅当信念不能用它们的合理性来说明时，知识社会学才可以插手对信念的说明。”[19]

看都是合理的，之所以会产生矛盾是由奖励系统的体制所决定的[21]。1961年，默顿的研究体现出对科学认知内容的关注，他通过对历史案例的量化研究，指出自然科学界和社会科学界的多重发现是普遍存在的，不是偶然事件，多重发现能引发很多科学领域中其他的研究[22]。1963年，默顿在分析过科学家面对优先权之争的种种反映后，揭示了科学家的两难情境，他指出：独创性与谦恭这些相关价值之间的紧张状态，引起了已经内化了这两种价值观的科学家的思想冲突[23]。1967年，默顿经过对科学的评价制度和内部分层的持续关注，利用访谈资料和统计手段，进而揭示了科学界的马太效应（Matthew effect）：人们对那些著名科学人物的兴趣点会给予更多关注，是马太效应在科学界独特的社会心理学基础[24]。1979年，默顿提出了自己对“无形学院”（invisible college）的定义：地理上分散的一群科学家在更大范围的科学家群体中，这群人之间有着比跟其他人相比更为密切的交流、更为一致的认识[25]。虽然“无形学院”一词由来已久，但默顿的定义最为学界接受[10]。

如前所述，默顿最有影响的一般社会学理论工作大部分都是在20世纪50年代之前提出的，而其主要科学社会学研究却集中在1940年前后和1960年前后。在默顿一般社会学成果最为繁盛的1949年前后很长一段时间内，他并没有重要的科学社会学论文问世。因此，如果单纯地说一般社会学和科学社会学是单向度的决定与被决定关系，显然无法令人信服。考察“默顿在何时说了什么”，可以为该问题提供一些线索。

“有目的的社会行动的未预期结果”是默顿的科学社会学奠基性著作《十七世纪英格兰的科学、技术与社会》（以下简称《科学、技术与社会》）的理论主线。科恩在分析二者关系时指出：“也许在这儿①我们能看到默顿著名的‘非预期结果’理论的根源。”显然，是“默顿论题”在先还是“非预期结果”理论在先这个问题上，科恩将两者的关系颠倒了。且不说在经济学上个体行动产生的意外结果极为常见，在哲学界早有曼迪威尔（Mandeville）（1714年）注意到了“个体行动的非预期结果”引发的现象，而后，社会学的奠基人斯宾塞（Herbert Spencer）乃至于韦伯的工作也是建立在“社会进

① 即《十七世纪英格兰的科学、技术与社会》——作者注。

化是个体行动的非预期结果”这一思想基础上的[26]。虽然《科学、技术与社会》早在 1935 年就已经基本完成[27]，而《有目的的社会行动未预料到的结果》一文发表尚在 1936 年，但默顿后来在回忆中明确指出了二者的关系："社会行动的非预期结果是在 20 世纪 30 年代我所引入的一个中心主题……此后它在我的理论和经验研究中以各种特定的方式不断出现。它是我初次发表的专著《十七世纪英格兰的科学、技术与社会》中的一个社会学中心观点。"[27]默顿在博士论文中通过对集体传记的统计分析考察了清教价值观的无意识后果——近代经验科学在英国的产生，显然，这些经验材料分析和理论概括就是“各种特定方式”的体现。非预期结果理论尚未公开发表，就已经是默顿思考 17 世纪英格兰状况的前提了。

默顿对科学精神气质的论述，一方面分析了四种规范的种种益处，另一方面也揭示了它们可能带来的不良后果。虽然文中没有明确提出显功能和潜功能的概念，但却指出了四种规范具体的潜功能，因此那篇《论科学与民主》不但可谓功能分析范式的先声，也是在一般社会学理论定型之前对其应用的成功试验。巴里·巴恩斯（Barry Barnes）也有同样的看法："在 1945 年以前，默顿确立了一种研究方法，把科学看做是具有独特精神特质的社会制度，并对它进行了功能分析。"[28]

经过在科学社会学领域 15 年的沉寂之后，默顿开始关注科学奖励系统，这个系统为科学制度的运行提供了动力，优先权之争实际上是奖励系统的制度性结果。在解释部分科学家为获得优先权而越轨时，默顿运用的是他自己在 1938 年提出的“失范理论”，在无法通过遵从科学界的规范（包括技术规范和社会规范）达到目标时，通过不按规则办事（剽窃、抄袭、虚夸等）达到目的看起来是个不坏的选择。谁倾向于遵从，谁倾向于越轨，则要看该科学家处于“机会结构”的何种位置，一般来讲，处于有利位置的倾向于遵照规范，处于不利位置的倾向于违反规范。斯蒂芬·科尔（Stephen Cole）也关注到“机会结构”概念在科学社会学中的发展，他指出："以‘机会结构’为例，默顿在他关于越轨行为的著作中发展了这一概念，但它却超越了自身的范畴，影响到他科学社会学中的一些工作，这体现在默顿讨论科学家如何背离科学规范的时候。"[29]

默顿关注由个人担当的社会角色内部的不和谐由来已久，作为“功能-

结构”分析者，他一直尝试用社会学方法而不是心理学视角剖析各种地位角色冲突。《社会学的两难情境》和《科学家的角色两难》这两篇论文同是在1963年发表的，后来都被收录在1976年出版的《社会学两难情境及其他》里，文集的排版上《社会学的两难情境》在先，《科学家的角色两难》在后。而实际上，默顿对角色两难的探究源自于对科学家群体中普遍存在的心理冲突的关注，处理不好同一角色所包含各种规范的关系，尤其是由于过分遵从某一规范而导致的非适应性，常常会导致心理冲突①。这种心理冲突是和科学制度中对独创性与谦恭的推崇相联系的。这两种价值本身并不发生矛盾，但一旦内化到同一个科学家的角色中，就会产生矛盾，这种矛盾与个人品质无关，因此是社会性的。基于此，默顿考察了在更为广泛的社会群体中人们这种奇特的两难情境，进而发现只要人们在社会中要扮演某种角色，这种情境就会存在，后来默顿又应用这一概念分析了医生、领导者等社会角色所处的情境[30]。可见，对科学家两难情境的关注为默顿的一般社会学研究提供了经验素材，使他得以抽象出“社会学的两难情境”这一概念。

马太效应是默顿在科学评价过程中发现的一种重要现象。倘若只作为一种事实，它与一般社会学理论显然毫无瓜葛。但作为对这种现象的解读，默顿分析了对知名科学家的一系列访谈[31]中体现出的社会心理学因素，据此提出社会学解释：马太效应是一种自我实现预言的应验[32]。默顿通过对访谈材料的内容分析，揭示出科学家们个人体验下的社会学根源，从而解释了马太效应的成因：那些知名科学家预言他所做的工作是有前途的，而人们根据以往经验相信知名科学家的论断，进而给予科学家更大关注和更多支持，原来所作的预言变成了现实（这种预言即为自我实现预言）。

如果把科学家按照学科和学派分成不同的群体，那么整个科学界便可以看做是各个科学家群体的集合。对于同一个科学家来讲，这些群体或者是他所在的群体——内群体（in-group），或者是他不在其中的群体——外群体（out-group）。科学家之所以属于某个无形学院，是因为他与其中的他人互动

① 这也是科尔和朱克曼指出的默顿在科学社会学中应用一般社会学进路的一个方面[2]，但作者倾向于认为科学家对优先权的矛盾心理与默顿后期的“矛盾心理”理论关系更为密切，更有代表性。

更为频繁，无形学院实际上便是一个相对于整个科学家共同体来说彼此联系更为紧密的内群体。同时，如果一个局外人想加入一个无形学院，就必须参照它的学术主张和研究规矩办事，这个无形学院就是局外人的参照群体。默顿对无形学院的定义之所以应用最为广泛，是因为他准确把握住了无形学院的社会学内涵，这尤其要归功于他在一般理论层面上对内、外群体的明确划分。对于那些仰视膜拜科学殿堂的局外人，无形学院无疑是最为典型的参照群体。

三、两理论体系的同构性

以上选取了默顿若干重要的一般社会学理论和科学社会学理论，从历史角度梳理了二者关系。这种选取虽具有一定代表性，却不能反映默顿两种理论体系的全貌。下面将暂时搁置各单独理论间的动态关系，以展示两体系的整体结构及其关联性、相似性。

在一般社会学理论上，作为帕森斯和索罗金（Pitirim Sorokin）的学生，默顿显然深受结构功能主义影响。结构功能主义的最终目的便是建立一套可以解释整个社会如何维持在一起的巨理论。默顿认为实现这种抱负的时机还远未成熟，建立巨理论之前还需要很多具体的社会学建设，正是在这个前提下，默顿提出了影响深远的中层理论。他后来的社会学研究选题基本上都体现了中层理论的原则，但他的研究对象却与一般的结构功能主义者没有本质区别，即社会的维持与变革机制。不忽视变革与冲突，完善成熟的结构分析与功能分析手段，是默顿的贡献所在。

实际上，就默顿是否建立起了一套系统社会理论，一直存在着争论。由于默顿提出并宣扬中层理论作为指导社会学研究的方法论准则及反对构建巨理论的努力，很多学者一直认为默顿在中层理论上的工作不足以构成解释整个社会的系统理论，而默顿本人也没有写过论述对社会的整体看法的著作[33]。兹托姆卡（Piotr Sztompka）则认为在默顿的诸多理论著述和经验研究之下有一个潜在的系统社会理论。这个系统以功能主义和结构主义为取向，以社会结构和社会进程为研究对象[34]。布劳将默顿与齐美尔进行类比，认为二者虽然都没有明确提出系统理论，但实际上都形成了对社会较成熟的整体理论[4]。在这方面作者赞同兹托姆卡和布劳的观点，虽然默顿没有致力于构建巨社会系统理论，但他的所有理论探索都有其内在逻辑，实际上已经包含了一套解释社会的系统理论。

默顿对社会维持与变革机制的描述分析是从社会结构（social structure）和社会过程（social process）两个方面入手的。社会结构偏重于社会秩序的维持方面，社会过程则偏重于社会秩序的变革方面。角色丛理论是默顿构建社会结构的基石①，地位与角色是由社会体制所定义的，社会通过个人所占有的不同地位和角色联系在一起。角色的构成要素包括该角色必须遵从的规范、拥有的机会资源以及一些精神信条。与之相对应，默顿把社会结构进一步分解为规范结构（normative structure）、机会结构（opportunity structure）和理想结构（ideal structure）[10]。三种结构彼此互动制约，为达到价值上合理的目标，占有不同地位和不同机会的人采取不同的手段来行动，这种行动既可能是规范所允许的，也可能是规范所禁止的，这个产生遵从和越轨的过程便是行为适应模型。从角色行为（role behavior）的角度看，规范的存在并非总是带来积极的整合（与功能分析范式相和），角色丛中的各个角色要求的规范经常互不兼容，即使是与同一个角色相关的一组规范也会发生矛盾，这种矛盾作用在人的身上，通常会引起社会学的两难情境。从角色习得的角度看，已经扮演某一角色的属于内群体，尚未扮演该角色的属于外群体，外群体成员要想加入内群体，就必须信仰该参照群体的信条并按照其规范行动。

如果说对社会结构的分析体现了默顿结构功能主义者的本色，那么他对社会过程的探究，尤其是对社会变革的关注则体现了不同于帕森斯的一面。社会变革和社会行动构成了社会过程。社会变革首先是社会结构的变革，因此角色矛盾、越轨与遵从都会引起或大或小的社会变革，这种社会变革随后反作用于社会结构，对原有社会结构起着巩固或消解的作用。社会行动首先是角色行动，因此模仿参照群体的行动本身便是一种社会行动。实际上，早

① “角色和地位”对默顿如此重要，以至于他后40年的精力很大一部分都用在发展以“地位和角色”为基础的理论上，这些理论将被收在《社会结构的分析》（*Analysis of Social Structures*）一书中。但遗憾的是，这本书最终也没有出版，因此我们也无从了解其内容[29]。

在默顿提出“有目的的社会行动的非预期结果”理论时，便已开始了对社会过程的关注，这个理论更适合分析前后有序的历史事件，而不适于描述瞬间的全貌，它在默顿对社会过程的分析中起着基础性作用。在默顿的个人思想录中，“有目的的社会行动的非预期结果”被认为是贯穿其诸多理论的一条主线，“自我实现预言”是该理论的重要表现形式，而以“潜功能、反功能”为基础的功能分析范式是它在方法论上的合理延续。可以想见，功能分析范式反过来又是分析社会结构的主要工具。可见，社会结构描绘的是静态的社会，社会过程刻画的是动态的社会，和谐与冲突并存，这才是默顿眼中社会的全貌。如图 1 所示。

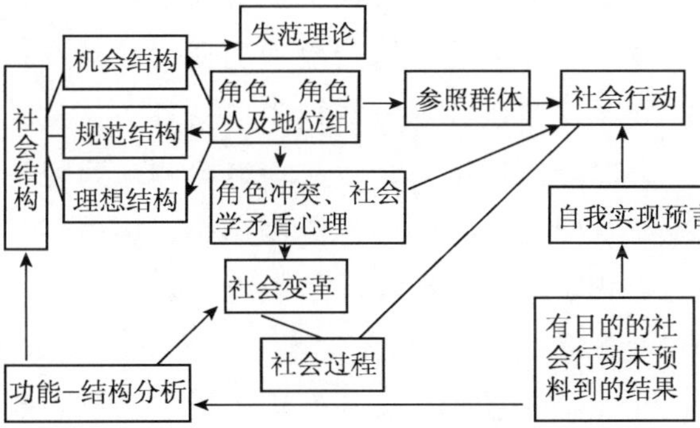

图 1　默顿一般社会学理论结构图

注：本图带箭头的直线表示逻辑关系，无箭头直线表示种属关系。

对默顿科学社会学发展阶段的分期也有很多看法。主流看法是按照研究对象将其分为两个阶段：现代科学的发展，以及现代科学的社会组织体制，科恩（I. B. Cohen）、斯德尔和克拉德斯都持这种看法[1,3,35]。较为特别的是吉利斯皮的划分，他根据默顿研究问题的不同，将默顿的科学社会学研究分为三个阶段：①“正确与否”，即与科学的一般发展规律（包括规范）是否相符；②“为何这样说”，即与门派或政治利益相纠葛的科学；③科学家在其职业生涯中的实际行动[7]。

以上的种种划分，各自在某种程度上都概括了默顿的工作，但作者认为最为直接的材料——《科学社会学》一书的编写结构本身已经提供了理解默顿科学社会学思想的最佳手段。与一般社会学理论结构相比，科学社会学的结构相对简单，其逻辑结构和时间顺序基本上一致。总的来说，默顿的科学社会学研究日程一方面包括科学与社会与境的相互联系，另一方面包括关于科学工作的社会组织问题。前者主要是指默顿在《科学、技术与社会》中的工作，其中采取了文献统计和内容分析的调查手段以及功能主义的社会学说明方式，后者主要是指默顿在 20 世纪 40 年代以后的工作，也大量应用了结构分析和功能分析的方法。

如果对默顿每个阶段的科学社会学工作详加区别，可以将其划分为五部分：经验科学的兴起与发展，科学规范系统，科学奖励系统，科学的评价与分层系统，无形学院。这五个部分在时间上先后有序，在内容上各成一体，彼此之间呈现出清晰的逻辑关系和发展轨迹。其中，关于清教与科学关系的“默顿论题”主要关注的是社会中的科学，是就科学与其他社会制度关系的分析。科学规范系统则是对科学自身社会文化结构的描绘，制度一旦稳定下来，必然需要规范与之适应，这里的规范包括技术规范与社会规范。而规范系统终归是一种静态的制度结构，要使科学制度“动”起来必然涉及其动力，科学奖励系统便是这部庞大复杂的科学机器有效而持久的动力。科学的评价和分层系统是对前面“基本范式的核心关注的拓展”[36]，其核心是科学家的角色表现与承认之间的关系。最后一部分是默顿对科学社会学学科本身建制化过程的分析，他对“无形学院”进行了明确定义，并应用这一概念解释了科学社会学起源和发展的历程。这一部分看似与前面几部分毫无关系，实际上，默顿之前讨论的所有科学活动都是在“无形学院”中进行的，无形学院更像是近代经验科学在英国兴起的结果，“无形学院”的预设是默顿对科学共同体展开讨论的逻辑前提。图 2 展示了默顿科学社会学理论的结构。

对照一般社会学和科学社会学理论体系的结构，二者之间的关系隐然可见（表 1）。默顿一般社会学关注的是社会维持和变革机制，与之相应，科学共同体的组织运作是维系科学系统运作的维持机制，而科学跟社会与境的相互作用则属于科学的发展变革方面。这样，《科学、技术与社会》不但具有重要的社会学价值，也是科学社会史的典范性著作，从这个意义上讲，史学讲究时间分析，讲求对事物发展前后脉络的把握，用这种时间分析检视近代科学从无到有的社会变革过程，最合适不过。科学规范系统是对科学共

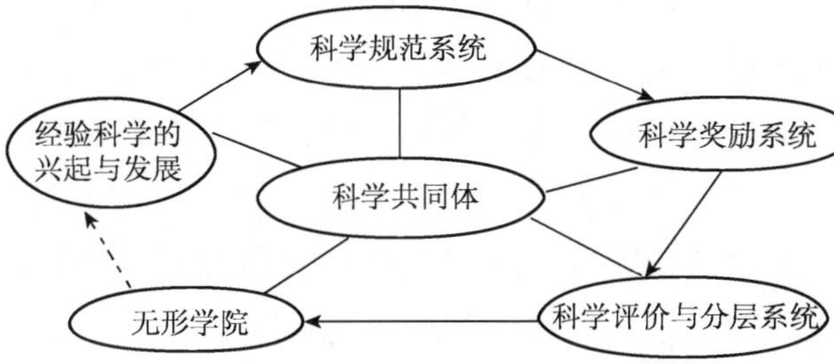

图 2 默顿科学社会学体系结构分解图

注：本图实线箭头表示兼具逻辑和历史关系，虚线箭头表示仅具逻辑关系，直线表示种属关系。

表 1 两个理论体系之比较

理论类型	研究对象	研究方法	提出论点
一般社会学理论	社会维持（社会结构）和变革机制（社会变革）	功能分析 结构分析	社会行动的非预期结果、角色、地位、规范（规范结构）、角色丛、机会资源（机会结构）、角色冲突、潜功能、反功能、社会学矛盾心理、参照群体
科学社会学理论	科学与社会与境的关系、科学共同体的组织运作	时间分析 功能分析 结构分析	清教伦理促进近代科学、科学的精神气质、科学发现优先权、马太效应、科学界的年龄结构、无形学院

同体中必须遵守规范、惯例的描绘，这恰好跟一般理论中的规范结构相对应。科学奖励系统和科学的评价与分层系统要以科学规范系统为基础，但二者更关注科学家的表现如何得到承认，科学家各自在科学共同体中的地位如何，这与一般理论中的机会结构所关注的问题十分相似——何谓机会资源，谁占有机会资源，如何获取新的机会资源。斯德尔也认为："默顿研究科学的关键问题同时也是他一般意义上社会学理论的关键问题：社会结构的某些方面如何导致或限制社会行动的类型。"[1]在方法论的进路上，默顿无论是对一般意义上的还是仅限于科学的社会结构的分解，一开始都是以结构分析将整体分割为部分，然后又用功能分析探究部分之间、部分对整体的影响——默顿对功能-结构分析的应用日益轻车熟路①。最后，尽管"无形学院"与

① 克拉德斯认为默顿从"功能分析"向"结构分析"的转型是根本性的[3]，作者不以为然，反而认为"结构分析"是"功能分析"自然发展的结果。正如布劳所说："在功能分析自身中早就存在基本的结构进路的因素。"[4]更进一步地说，"功能分析在不同的结构情境中区分社会现象的结果，结构分析在那些结构情境中寻找社会现象的决定因素，二者只是一个硬币的两面"[10]。

参照群体理论有所联系，但默顿用这一概念对学科建制化所作的剖析仍然只是科学社会学实践，与一般社会学理论没有必然联系。由此可以看出，默顿两种理论体系的结构呈现出某种同构性，这是因为默顿建立的科学社会学实际上是“科学家社会学”①，他把科学当做一种社会建制而不是科学知识进行研究。由此科学家群体成为整个社会的缩影，科学成为社会母系统的一个子系统，对科学共同体的规范结构和机会结构的探索是科学社会学的当然内容。

四、关系特征：“自洽”与“交错”

如前所述，第二部分从历史角度梳理了默顿一般社会学理论与其科学社会学理论的关系，第三部分则勾画了两个理论体系的网络结构。如何将动态与静态并置、历史与结构整合，使两种分析贯通起来，进而正确理解默顿两种理论的复杂关系呢?

两个理论体系之间关系的特征可用“自洽”与“交错”概括。所谓自洽，是指默顿的两种理论分别自成一体，在理论架构上都具有相对的完整性，在内在逻辑上都具有关联性，在发展历程上都具有自我延展性，每个论点在其各自的理论体系中都是必要而合理的。所谓交错，是指默顿的两套理论体系交互作用，很多理论的提出都受到来自另一套理论体系已有发现和观点的影响，或者是提出一种新的理论工具，或者是揭示一种新的社会现象。简而言之，即使某一论点相对于其理论体系是必要的，但该理论体系中产生这一论点却绝不是内在自洽、必然出现的，在这种情况下，来自另外一个体系的“契机”尤为重要。

当然，自洽不等于封闭。任何思想体系要发展壮大，都必须吸收其他思想的养分，不断扩大自身的研究范围，不断丰富自身的研究方法。实际上，默顿的一般社会学和科学社会学在研究对象、方法论视角及所提出论点上相当一致。正如默顿在一次访谈中提到的：“我涉猎过一些专门领域……最重

---

① 作者认为，以研究对象论，默顿的科学社会学被称为“科学家社会学”或者“科学共同体社会学”是没有问题的。

要的还是科学社会学。我觉得这些分支领域并不只需要各自独特的理论观点，一般理论构架也能够应用于这些不同领域的研究。”[37]另外，交错并不意味着两个理论“齿轮”完完全全咬合。每一个齿都有自己的特点，有时寻觅与齿相配的“槽”可能要跨越很大的距离，以至于二者似乎没有什么契合，也有时与之相配的那个槽根本就不存在。默顿还曾表示：“在社会学思想的这一发展历程①中，既有连续的发展，也出现过中断，从而呈现出一条错综复杂而非简单直线的发展路线。……”这一论述也适用于默顿的很多理论，无论是一般社会学，还是科学社会学。只有在历史的结构中不偏不倚地对每个齿和槽进行安置，才能使其各得其所。

在年轻的默顿写作博士论文之前，至少有两件事影响了他：其一是1920年马克斯·韦伯出版了《新教伦理与资本主义精神》②，其二是1931年第二届世界科学史大会上，苏联代表团成员赫森（Boris Hessen）提交的论文《牛顿〈原理〉的社会和经济根源》引起了国际科学史界的震动③。前者为默顿提供了一种新颖的一般社会学视角，后者则刺激了默顿敏锐的嗅觉，使他集中关注科学领域，两者结合的结果便是默顿用社会学的进路讲述解说科学史的尝试——《十七世纪英格兰的科学、技术和社会》，而这种尝试取得了非同寻常的成功。姑且不论“有目的的社会行动的非预期结果”理论与这部科学社会学奠基性著作的关系，仅从默顿迈出的第一步看，一般社会学传统和对科学进行研究的事业注定一生结伴而行。

这两个特征又是如何体现的呢？这需要回到具体的理论本身。结合第一部分与第二部分的分析，虽然理论本身错综复杂，但默顿两种理论体系之间的历史、逻辑脉络清晰起来。总的来说，默顿一般社会学理论和科学社会学理论的关系呈现出五种基本类型：①一般社会学理论应用在科学研究领域；②科学社会学理论的提出为一般社会学的发展创造契机；③在已具备一般社会学理论的条件下，科学社会学理论的提出取决于整个理论体系的发展；④兼具第二、第三种特征；⑤理论相对独立，与其他领域无直接关系。

---

① 这里是指对越轨行为的结构性阐述——作者注。

② 默顿引用的是该书1930年的英译本[38]。

③ 赫森在这篇文章中提出，牛顿的经典物理学体系并非牛顿个人天才的产物，而是当时社会经济条件的必然结果[39]。

如前所述，“有目的的社会行动未预期的结果”理论与“默顿论题”之间的关系是第一种关系类型的典型体现。自我实现预言与马太效应的关系也属第一种类型。由第三章论述已知自我实现语言是“非预期结果”理论的重要表现形式，因此也可以说在马太效应的研究中应用了“非预期结果”的分析，而这种优势积累，实际上是社会进程自我加强、自我例证的结果。这与本文开头提到的科尔和朱克曼的分析是一致的。有国内学者把默顿在《社会结构与失范》中提出的目标-规范模式跟科学的精神气质联系起来，认为后者是前者在科学这一特殊社会系统中的应用。他认为，默顿在《科学与社会秩序》中虽然提出了科学的精神气质这一概念，但“这样一个定义是科学史的描述，还不是社会学的概念。……借助于其社会学思想，默顿把科学的精神气质这个科学史的概念改造为社会学的概念”[9]。上文所提两种理论的关系并非如此。

《社会结构与失范》和《科学与社会秩序》同是在 1938 年前后发表的，前者发表在《美国社会学评论》（*American Sociological Review*）1938 年第三卷（该杂志每年出版六卷）上，后者最早曾在 1937 年 12 月召开的美国社会学学会的年会上宣读，后来发表在《科学哲学》（*Philosophy of Science*）1938 年第五卷（该杂志每年出版五卷）上。可见，在发表时间上二者相差不远，默顿对目标-规范模式的设想最晚在 1938 年前后就已初步形成，而为什么默顿在理论模型已经基本定型的 1938 年对科学精神气质的定义还是“科学史意义上的”，直到 1942 年才变成“社会学的概念”呢？显然，简单认为科学的精神气质在 1942 年的提出是目标-规范模式的应用是无法做出解释的。实际上，无论是 1938 年还是 1942 年，默顿的目标-规范模型都不曾最后成型。这一理论模型最初被提出用来解释越轨行为，它在科学社会学中的“应用”并非默顿有意为之，而默顿对“精神气质”的定义从“科学史意义”到“社会学概念”的发展更多是与他对科学社会学建制化的努力紧密结合①。1949 年，《社会理论与社会结构》一书的出版，方才标志着默顿对以角色、

① 默顿这样回忆他在科学社会学初期时的工作：“无论科学知识最终如何影响文化和社会，这些影响都是以科学本身变化着的制度结构和组织结构为中介的……因而有必要扩大我以前的努力去发现一种思维方式，以便思考作为制度化的精神特质的科学（它的规范方面）以及作为社会组织的科学（科学家之间的互动模式）。”

地位、规范为基础的社会结构描绘的完成，而直到 1957 年修订版《社会理论与社会结构》中收录了增删幅度很大的《社会结构与失范》后，这篇文章的观点才真正变得重要[29]。值得一提的是，在 1949 年版的《社会理论与社会结构》中也收录了那篇《论科学与民主》，但题目被改成了“科学与民主的社会结构”，而在 1973 年斯托勒主编的《科学社会学》一书中，这篇文章的题目又被改作“科学的规范结构”，由此可见默顿并非一开始就有意识地利用目标-规范模型对科学的精神气质进行分析，默顿社会学思想本身对科学的精神气质就有一个不断深化认识的过程。

第二种关系类型在“功能分析范式”的发展历程中体现得尤为明显。默顿提出的功能分析范式（1949 年）之所以能够区别于其他结构功能主义者的“泛功能论”，主要一点是因为它区分了正、反功能和显、潜功能，这种区分又建立在对制度安排的原始动机和客观效果的区分上。如前所述，在一般理论体系内部，“有目的的社会行动的非预期结果”理论早就（1936 年）探讨了个人及群体的主观动机与客观结果之间的异同，功能分析范式虽然把讨论对象扩大到了组织结构和制度安排，但它们基本的社会学意蕴却相当一致。默顿指出：“我所提出的潜功能和潜非功能概念及其意义，就是非目的性和非认识到的结果的（“非预期”的两种表现形式）基本理论类型。”[27]既然“非预期结果”理论与功能分析范式的关系如此密切，为何提出的时间竟相差 13 年？默顿在谈及科学社会学早期的变迁过程时说：“在 20 世纪 30 年代末，我的兴趣比以往任何时候都强烈地转向了知识社会学。”[25]这里的“知识社会学”主要指科学社会学。因此，考虑到默顿在这 13 年中所做的科学社会学工作——博士论文和《论科学与民主》，这个问题就容易理解得多。《科学、技术与社会》揭示了一种价值观导致的出人意料的结果，这说明不仅以价值观为指向的社会行动可能事与愿违，价值观念也可能南辕北辙。“在默顿的博士论文中已经有了初具骨架的（skeletal）功能分析进路——对非预期结果的关注和对不同体制领域间互动的兴趣”，克拉德斯这样评论道[3]。《论科学与民主》的主题实际上在《科学、技术与社会》中已有所预示，文中提出了科学的规范机构，并分析了这组制度规范带来的利弊，文中对“四气质说”深刻全面的社会学分析已基本具备功能分析范式的特征。克拉德斯又说：“虽然默顿在 20 世纪 30 年代第一次意识到功能进路与社会学的相关性，但他似乎直到20世纪40年代中期随着功能分析论文的发表，才形成了清晰的观点。”[3]正是通过这些铺垫与交错，一般社会学体系中从“非预期结果”理论到“功能分析范式”的自洽才完成。

第三种类型则体现在失范理论的发展过程中。失范理论早在1938年就已经被提出，虽然当时默顿已经涉足科学社会学领域，但这个理论并没有马上成为他用以分析解释科学共同体中越轨现象的框架。默顿在1957年重新修订《社会理论和社会结构》一书时增录了那篇《社会结构与失范》，可见默顿对失范理论从未丧失信念和热情。而只有当科学社会学作为一门学科进一步明确了自身的研究对象——科学共同体的构成及其运行机制，默顿的目光从规范结构又转到结构的动力——科学奖励制度上的时候，失范理论中的目标-规范模型才被用来解释由科学奖励制度引发的越轨行为。这种解释与失范理论本身一样，强调社会结构视角的分析，这跟精神病学的个体分析及“马克思主义的”[8]冲突论视角大相径庭。

“角色丛”理论和“科学家的两难情境”的发展是第四种关系类型的集中体现。“角色丛”理论是默顿思考很多社会学问题的基础，它关注的对象是担当很多地位和角色的个体，这些地位和角色是将个体与社会联结起来的中介，与不同地位和角色相联系的规范异常复杂，个体在选择行为时常常左右为难，面临所谓的“角色冲突”。虽然这个一般社会学理论是1949年提出的，实际上，对“角色冲突”的分析早在1942年就已开始[20]，其时默顿对战争中科学家的立场和资本主义企业中科学家的行为准则进行了剖析。但默顿一开始只注意到地位间冲突和角色间冲突，并未注意到与同一角色相联系的规范也会彼此矛盾①。1957年，默顿在《医学教育社会学前言》的文章中就论及了“矛盾心理”[21]。同年，默顿发表了会长致辞《科学发现的优先权》，开始了对科学奖励系统的研究和对多重发现的关注，并由此发表了一系列论文②。默顿拒绝用简单的心理和品质原因解释人们对多重发现研究的抵制，而是强调社会规范的作用。他通过对科学的技术规范与社会规范的功

① 这种角色内矛盾也就是他在1963年提出的“社会学两难情境”。

② 包括《科学中的单一发现和多重发现》（1961年）、《科学家的矛盾心理》（1963年）、《作为战略研究基础的多重发现》（1963年）。

能—结构分析，最终认定是科学家这一角色自身具备的两种规范相抵触。如果默顿没有敏锐地看到科学领域特有的优先权之争和多重发现现象，那么对这些现象进行社会学解释也就无从谈起。在发现科学领域的矛盾时，默顿异常敏锐地看到“角色冲突”分析进路的价值，不但解读了科学家的两难情境，而且拓展了“角色冲突”的内容。在这个过程中，如果没有对科学家的矛盾处境持续深入地研究，就不会产生成熟的“社会学两难情境”理论。

第五种关系类型看似简单，但断言某理论与其他领域无关本身很容易为反例所否证，只能说没有直接联系的相对独立理论。诚如朱克曼所言：“科学社会学的某些理论、观念、问题和程序是一般社会学所共有的，但有些理论、观念、问题和程序有明确的学科特性，仅限于对科学的研究。”[8]默顿对多重发现现象的研究实际上关注的已经不是科学的外部制度，它与强调社会结构和功能分析的社会学理论几乎没有瓜葛①，却跟知识社会学传统贴近得多。默顿把多重发现称作“战略研究的基础”②，但似乎默顿及其追随者后来只顾得上那些“战略研究”了，却逐渐远离了对其“基础”的深入分析。作为关注科学知识内容的多重发现研究，对后来的科学知识社会学家们的启发更大。科学共同体的内部分层是默顿后期科学社会学的重要论题，1972 年，他和朱克曼合作发表的《科学人员的年龄、老龄化与年龄结构》[42]就是一项重要工作。虽然 20 世纪 60 年代社会学界的分层研究非常流行，默顿对社会学的发展趋势也非常熟悉，但他“对科学分层的关注更多的是由默顿为科学发现优先权所安排的研究设计而来，而较少出于对一般问题的兴趣”[8]。默顿对科学分层的分析实际上是想回答这样一个问题：“科学家们对扩展知识所作贡献的程度是他们受到奖励的主要依据还是唯一依据?”[8]即科学家的资历深浅会不会对科学奖励的公正产生影响。朱克曼的这段评价从一个侧面表明，科学社会学的发展也遵循着某种独立于一般社会学的路线。

---

① 早在默顿之前发明社会学家奥格本和托马斯就已经对多重发现做了很多研究[41]，虽然这种现象可以用社会结构的视角进行必然性的分析，但默顿最后不得不承认：“确实存在这样的个案，即某些科学家发现的主要成分在文化中先出现了很长一段时间，从这个意义上讲，这些发现在实际完成之前可能会经历几代人甚至几个世纪。”[32]

② 默顿认为对多重发现的认识对促进如下方面的研究具有战略意义：第一，科学家的性格特点和他们的创造性研究的心理过程；第二，对科学家人际关系的研究；第三，科学家所在工作场合的正式组织对他们的影响；第四，帮助确认不同学科的科学家的相似性和差异。

五、结　　论

由此可见，科学社会学既非一般社会学理论在科学领域的直接应用，一般社会学理论也非科学社会学在整个社会范围的扩展。作为两个独立系统，二者的关系是复杂的，需要历时和共时相结合地具体分析。

理解一个人所提出的各种理论及其关系，不能脱离其完整的思想体系。默顿具有双重身份，并不是说他此时是社会学家，彼时又彻底变成了科学社会学家，而是对他终身工作做出的综合评价。斯蒂芬·科尔认为："必须注意到，默顿在科学社会学上的工作和在其他领域的工作并不能明显地划分。"[29]默顿思想作为一个有机整体，是不可分割的。某种意义上，一般社会学理论属于纯粹的社会理论，科学社会学则有着细致具体的研究对象和独特的问题群，对科学社会学问题的研究大部分属于经验研究，用默顿自己的话说："长期以来假想的那种社会理论和经验研究的相互脱离是我自始反对的，而使两者结合则是我的贡献。"① 一般社会学和科学社会学可看做是默顿学术研究的两个侧面——理论研究和经验研究。如前所述，可以将默顿的理论划分为两个独立的系统，即便如此，两个体系之间仍然存在着复杂的关系，这些关联的存在，说明两者共同构成了一种"一体化"的结构。两者具有相对独立性，但其间的联系是刚性的，其间的区别，实际上远远小于默顿当年探讨的"科学与宗教"之间的差别。

科学与社会的结构之间有着很多相似之处，也有很多不同的地方。默顿眼中的科学实际上是经过简化的，他把科学简化为科学共同体，把科学中的行为准则简化为四种精神气质。有学者认为，对科学规范结构的简化实际上代表了一种韦伯所说的"理想类型"（ideal type），默顿正是这种以"理想类型"为基础认识科学的[43]。默顿自己也屡次强调，以普遍主义、公有主义、无私利性和有组织的怀疑主义为特征的科学规范只是一种理想，而事实常常

---

① 见阎鹏：《真正的知识超越国界——访当代社会学大师罗伯特·默顿》，载《社会学研究》，1992年第3期，第2页。但有趣的是，默顿曾对斯蒂芬·科尔说："有多少人可以做经验验证，几百还是几千？又有多少人可以提出理论？少之又少。对理论进行经验验证不值得我花费时间。"[29] 在默顿看来，经验研究与经验验证是两码事。

并非如此。因此，科学家的行为只可能接近他所描述的“规范结构”，永远都不可能完全等于。而构成因素较为简单的科学相对于复杂的社会也是“理想类型”，当默顿的眼光从科学中穿过时，看到的是不是一个更接近真实的社会？另外，默顿对社会学理论的构建讲求经验研究对理论的支持，讲求可操作性，实际上这些都是以科学为模板重塑社会学的努力。“发展中层理论是默顿试图把社会学从社会哲学向社会生活的科学进行转化的最直接体现。”正如布劳所说：“默顿提供了让未来的社会学家建立起一门‘社会的科学’的基础。”[4] 可见，默顿的“社会学家”身份和“科学社会学家”身份之间既未陷入“两难情境”，也不是蕴涵的关系，中层理论作为两个系统的桥梁，使一般社会学理论具备了切实的经验基础，也使科学社会学有了在一般理论上的依归。从这个意义上讲，科学社会学在依赖并发展一般社会学的过程中，发展成一门独立的学科。

参考文献

[1] Stehr N. Robert K. Merton's sociology of science//Clark J. Robert K. Merton：Consensus and Controversy. Bristol：Falmer Press，1990：285-291，285，291.

[2] Cole J，Zuckerman H. The emergence of the scientific speciality：the self-exemplifying case of the sociology of science//Coser L. The Idea of Social Structure：Papers in Honor of Robert K. Merton. New York：Harcourt Brace Jovanovich，1975：160-162，285.

[3] Crothers C. Robert K. Merton. London：Tavistock Publications，1987：137-138，38，14-75，74，75.

[4] Blau P M. Structural constraints and opportunities：Merton's contribution to general theory//Clark J. Robert K. Merton：Consensus and Controversy. Bristol：Falmer Press，1990：141-153，145-148，148-153.

[5] Shapin S. Understanding Merton Thesis. ISIS，1988，79（4）：594-605.

[6] 伯纳德·巴伯．科学与社会秩序．顾昕，等译．北京：生活·读书·新知三联书店，1991：3.

[7] Gillispie C C. Mertonian Thesis. Science，1974，184：656-660.

[8] Zuckerman H. The sociology of science//Smelser N J. Handbook of Sociology. Newbury Park：Sage Publications，1988：514，522-523，514，526，526.

[9] 樊春良．默顿科学社会学理论新探．自然辩证法通讯，1994，(5)：40-41.
[10] Sztompka P. Robert K. Merton：an intellectual Profile. Basing stoke：Macmillan Education Ltd，1987：2，159，56，66.
[11] Merton R K. The unanticipated consequences of purposive social action. American Sociological Review，1936，1：89-904.
[12] Merton R K. Social structure and anomie. American Sociological Review，1938，3 (5)：672-682.
[13] Thomas W I，Thomas D S. The Child in America：Behavior Problems and Programs. New York：Alfred A. Knopf，1928：572.
[14] Merton R K. The self-fulfilling prophecy. Antioch Review，1948，Summer：193-210.
[15] Malinowski B. Anthropology. Encyclopaedia Britannica. 13th ed. Supplementary Volume 1. London & New York，1926：132，133.
[16] Merton R K. Social Theory and Social Structure. New York：The Free Press，1949.
[17] Merton R K. Sociological ambivalence//Merton R K. The Sociological Ambivalence and Other Essays. New York：Free Press，1976：3-31.
[18] Merton R K. Science，technology and society in seventeenth-century England//Sarton G. OSIRIS：Studies on the History and Philosophy of Science and on the History of Learning and Culture. Bruges：The St. Catherine Press，1938：362-632.
[19] 劳丹．进步及其问题．刘新民译．北京：华夏出版社，1999：207.
[20] Merton R K. A Note on science and democracy. Journal of Legal and Political Sociology，1942，(1)：115-126.
[21] Merton R K. Priorities in scientific discovery：a chapter in the sociology of science. American Sociological Review，1957，22 (6)：3-79.
[22] Merton R K. Singletons and multiples in scientific discovery. Proceedings of the American Philosophical Society ，1961，105 (5)：470-486.
[23] Merton R K. The ambivalence of scientists. Bulletin of the Johns Hopkins Hospital，1963，(112)：77-97.
[24] Merton R K. The Matthew effect in science：the reward and communication systems of science are considered (with Harriet Zuckerman) . Science，1968，5：55-63.
[25] 默顿．科学社会学散忆．鲁旭东译．北京：商务印书馆，2004：10，31.
[26] Boudon R. The two facets of the unintended consequences paradigm//Clark J. Robert K. Merton：Consensus and Controversy. Bristol：Falmer Press，1990：119.

[27] 默顿．社会研究与社会政策．林聚任，等译．北京：生活·读书·新知三联书店，2001：315，309，311.
[28] Barnes B. Sociology of Science，Selected Readings. London：Peguin Books，1972：9-10.
[29] 斯蒂芬·科尔．默顿对科学社会学的贡献．郝刘祥译．科学文化评论，2005，(3)：41-55.
[30] Merton R K. The ambivalence of physicians，the ambivalence of organizational leaders//Merton R K. The Social Ambivalence and Other Essays. New York：Free Press，1976.
[31] 朱克曼．科学界的精英：美国的诺贝尔奖金获得者．周叶谦，冯世则译．北京：商务印书馆，1979.
[32] 默顿．科学社会学．鲁旭东，林聚任译．北京：商务印书馆，2003：628，509.
[33] Bierstedt R. Merton's systematic theory//Clark J. Robert K. Merton：Consensus and Controversy. Bristol：Falmer Press，1990：71.
[34] Sztompka P. R. K. Merton's theoretical system：an overview//Clark J. Robert K. Merton：Consensus and Controversy. Bristol：Falmer Press，1990：53-64.
[35] Cohen I B. Introduction：the impact of the merton thesis//Cohen I B. Puritanism and the Rise of Modern Science：The Merton Thesis. New Brunswick，London：Rutgers University Press，1990：8.
[36] 诺曼·斯托勒．第五部分科学的评价过程：编者导读//默顿．科学社会学．鲁旭东，林聚任译．北京：商务印书馆，2003：573.
[37] 阎鹏．真正的知识超越国界——访当代社会学大师罗伯特·默顿．社会学研究，1992，(3)：2-3.
[38] Weber M. The Protestant Ethic and the Spirit of Capitalism. T. Parsons trans. New York：Charles Scribner's Sons，1930.
[39] Hessen B. The Social and economic roots of Newton's "Principia" //Bukharin N I，et al. Science at the Crossroads. Papers Presented to the International Congress of the History of Science and Technology. London，1971：152-177.
[40] Merton R K. Some preliminaries to a sociology of medical education//Merton R K，Reader G C，Kendall P. The Student-Physician. Cambridge：Harvard University Press，1957：635-659.
[41] Ogburn W，Thomas D. Are inventions inevitable? A note on social evolution. Political

Science Quarterly，1922，37（1）：83-100.

[42] Merton R K，Zuckerman H. Age，aging，and age structure in science//Riley M W，Johnson M，Foner A. A Theory of Age Stratification. Vol. 13. of Aging and Society. New York：Russell Sage Foundation，1972：292-356.

[43] 顾昕．科学的社会结构和运行机制——关于科学奖励系统．自然辩证法研究，1985，(4)：19.

20 世纪 70 年代末思想解放运动中的民主与科学*

真理标准讨论虽然讨论的是马克思主义哲学常识，却是中国发展转向的界标，是全面的拨乱反正和一个新的思想解放运动的先声。科学哲学在这个决定中国发展方向的重大事件中，发挥了强有力的论证作用。科学哲学在运用科学思想资源的同时，也显现出同现代迷信、语录标准、僵化模式及其最新表现“两个凡是”针锋相对的精神，这就是科学的精神，是科学作为一种文化力量的展现。而这一理解在 1979 年纪念五四运动 60 周年的活动中得到明确的理论确认，并且成为 20 世纪 80 年代思想解放运动的旗帜。

谈科学的文化意义肯定要回到“五四”，五四运动提出的科学与民主是那个时代思想解放的两面旗帜，思想批判的锋芒直指迷信与专制。五四精神孕育了一代知识分子，影响到中国社会各个领域，甚至新中国的建立也与“五四”有着不可分割的联系。这里要进一步考察的是，1949 年以后，科学与民主状况如何？利用现代信息工具，通过简单的文献数量分析就可以得出初步结论。在中国期刊网键入关键词科学与民主，时间选在 1949～1990 年。期刊网所显示的文献情况是：1949～1977 年没有这方面的文献；1978 年出

---

* 本文作者为李彤宇，原题为《七十年代末思想解放运动重提民主与科学之思考——从科学哲学的视角看》，原载《民主与科学》，2011 年第 2 期，第 32～34 页。

现论及科学与民主的文章，并把它与批判“四人帮”制造的蒙昧和专制联系起来，共有两篇；1979 年文章数量出现质的飞跃；自 1980 年以后，每年都有相关的论文发表，且紧紧与思想解放进程相随；1989 年论文发表的数量又是一个飞跃。这种文献变化状况是与国家的政治和意识形态的演变相一致的，与对五四运动的纪念密切联系在一起。

对 1978 年以前的情况要具体分析。新中国的成立，从当时的理论看，正是“五四”倡导的科学与民主精神变成了现实，所以就没有必要再按“五四”的方式讲科学与民主了，应当按照新社会的理论要求。科学方面谈论的是转变政治方向，为现实服务；民主方面谈论的是无产阶级专政。到 20 世纪 50 年代中后期，“左”的思想路线越来越占支配地位，强调阶级斗争和无产阶级专政，科学与民主与时代的政治方向格格不入。“文化大革命”时期实施的是蒙昧与专制，科学与民主无从谈起。因此，没有这方面的文献是显而易见的。

1978 年中国思想和政治格局的变化，有了重新反思历史、正视现实的条件和需要，科学与民主这一“五四”时期思想解放口号正好符合了时代需要。

1979 年是五四运动 60 周年，借着纪念的契机，科学与民主口号顺势而出。1979 年 5 月 3 日，由共青团中央举办的“纪念五四运动六十周年大会”在京隆重举行，当时的党和国家领导人华国锋、邓小平、李先念、汪东兴等出席大会。这是新中国成立以来首次召开的如此高规格的“五四”纪念会，有着鲜明的政治蕴涵，实际上是从政治上把当时正在进行的思想解放运动和“五四”的科学与民主精神联系起来，正如当年 5 月 4 日《光明日报》的社论所言：“一切从实际出发，研究新情况，解决新问题，千方百计把四个现代化搞上去，这就是高举马列主义、毛泽东思想的根本，坚持四项基本原则的根本所在，也是对五四运动的最好的纪念。”学术界纪念活动也同步展开，中国社会科学院于 1979 年 5 月 2～9 日，在北京召开“纪念五四运动六十周年学术讨论会”，这是新中国成立以来第一次纪念五四运动学术讨论会，规模盛大。参加过五四运动的许德珩致大会开幕词：“形成了一个思想上大解放的局面，形成一种学术上自由讨论的空气，是最有利于马克思主义传播和发展的。平等地、自由地开展讨论，能把一切伪科学的谬论揭露无遗，同时可以把马克思主义真理昭示天下。这正是我们今天举行五四学术讨论会，强调通过思想解放、百家争鸣的正确方针，来坚持和发展马克思列宁主义、毛泽东思想，繁荣社会科学的理由。”周扬在学术讨论会上做了学术报告《三次伟大的思想解放运动——在中国社会科学院召开的纪念五四运动六十周年学术讨论会上的报告》。他强调：“当社会发展到激烈变革的关键时刻，旧思想的枷锁严重阻碍着人们的觉醒的斗争，在这种情况下，思想解放就成为社会政治革命的先导，成为推动历史前进的强大力量。”他指出，20 世纪以来，中国人民经历了三次思想解放运动：五四运动，延安整风运动，目前正在进行的是第三次。第三次思想解放的中心任务就是彻底破除现代迷信，坚决摆脱新蒙昧主义的束缚，而“科学与民主”则是实现思想解放的最锐利的精神武器。周扬的报告把当时正要进行的思想解放运动放在历史中进行考察，给出了科学与民主和思想解放的关系的现实理解，这在当时影响非常大。

除以上两个纪念会以外，全国各地在政府、研究机构、高校的组织下以纪念会、座谈会、学术讨论会等形式举行纪念“五四”的活动。《人民日报》、《光明日报》、《哲学研究》等报纸杂志刊登了大量纪念“五四”的文章，这些文章或陈述思想、或评价人物、或回忆历史、或阐发意义、或谈论现实，文章内容尽管多样，但字里行间所表达的对“文化大革命”时期的蒙昧和专制的批判，对国家现实和未来的深深关切，由此显现出时代的呼声：“我们仍然需要科学与民主”（孙叔平）。

两个具有标志性的纪念会议，分别从政治上和学术上结束了 1949 年以来只强调五四运动的反帝反封建的政治意义而不讲其思想解放的历史传统，这两次纪念会是对思想解放传统的恢复，当然这是和中国当时思想解放的社会需求相适应的。通过重提科学与民主，有效地利用了五四运动的思想资源，并且为 20 世纪 80 年代的思想解放运动树立起两面旗帜。全国性的纪念活动和大量的纪念文章的发表，正是政治上和学术上弘扬“五四”精神的现实展开，起到了传播科学与民主精神的作用。需要指出的是，在 1979 年五四运动的纪念活动中，社会科学发挥主力作用，这意味着科学与民主精神进入到社会科学领域，相对于以往社会科学领域教条主义研究范式一统天下的历史相比，是一个具有重大历史转折的开端。科学的精神和方法进入社会科学，这和“五四”的科学理念是一致的；用平等、讨论的民主精神来研究社会科学，这同样是“五四”精神所要求的；社会科学这种根本性的变化意味着更为深入的思想解放运动的到来。

通过纪念五四运动，把科学与民主重新确立为文化旗帜，这是中国政治和文化发展的必然选择，从中也显示出，科学哲学在思想解放运动中发挥了巨大作用，在真理标准讨论中是如此，在弘扬科学与民主精神上同样如此。

张申府与李大钊（还有陈仲甫）在北京大学共同创办《每周评论》，是五四运动的发起人，时过60个春秋，忆及当年，感悟良多。他言道："特别使我回忆感想起来的一点，就是今日可说犹在五四运动中，或者还可以说，今日我们国家的情况，就是五四运动的继续，也可以说就是五四运动的发展。""在这个时期，就在五四运动的这个阶段，我们的中心口号，我们主要的标帜，就是科学与民主。到了今天（1979年），'科学与民主'，岂不也就是我们国家今日的中心口号，全国主要的标帜。从根本上来看，或只要肯思索观察，当也可见，只有科学与民主才能安定我们整个的国家。只有科学与民主才能团结我们全国的人民，团结我们全国各阶层、各方面的人民。既然如此，显然可见，只有科学与民主，才能促进我们的四个现代化，早日全部实现，全盘实现。"在他看来，现今科学与民主缺一不可，而且大有益处，"科学与民主，显然可见，同是今日人生社会的必要。没有科学，不能开发一切为美满人生所必要的物能。没有民主又怎能动员一切为前进社会所必要的人力"？"而且真正理解了科学与民主的意义，切实广泛地扩充了科学与民主的作用，不但有利于一国，有益于一时，必更可以有裨于认真反帝反霸，有功于全世界的彻底和平、真正和平。这也正是60年前，认真发动五四运动者之所向往"。张申府之言论，是人生体悟所得，道出了科学与民主对于国家与民族之意义所在。

科学界出现了一些新时期思想解放的引领者，他们对科学与民主进行了多角度的诠释和深入思考。于光远把科学与民主视为"文化大革命"付出巨大代价而觉悟到的两个最需要的东西，他说："我们提倡解放思想，就是主张坚持真理，而真理就是科学的认识。服从真理，也就是服从科学。追求真理，就是主张从事科学研究。研究科学不存在'过头'的问题。……思想解放也不存在过头的问题。"他强调："我们的思想解放，还要前进一步。……马克思主义不是封闭的，马克思主义要发展。我们研究马克思主义，研究科学，一定要学会思考问题。……要敢于进行伟大的创造性劳动。思想解放要彻底，要审查我们自己的所作、所说是否正确，是否合乎科学，是否合乎真理。所以，思想解放实际上是以最严格的要求来思考问题，对人对己都是如此。”于光远是用科学与民主的精神来解释马克思主义，意在强调反对把马克思主义教条化，注重用科学的精神来思考。许良英深入思考了科学与民主的社会功能，他认为科学是直接的生产力，是思想解放的先导。民主与科学密切关联，“可以说，政治上的民主和学术上的自由是科学繁荣的必要保证”。但是，“民主制对我们这个文明古国是十分陌生的，而在西方它却有较悠久的历史”。“从整个世界历史的现实和趋势来看，科学技术和工农业生产的现代化同政治的民主化是相辅相成、不可分割的。”他强调：“可以说，不实行真正的民主制，不真正让人民当家做主，就不能算是真正的社会主义。没有高度的民主，也就谈不上什么现代化。”“科学和民主是现代社会赖以发展、现代国家赖以生存的内在动力。显然，就我国目前的情况来说，要实现四个现代化，科学和民主是根本、是关键。”

到 1989 年，正值五四运动 70 周年，经过 10 年的思想解放，科学界、学术界和思想界都极为重视五四运动 70 周年，举行各种形式的纪念活动，发表了大量纪念“五四”的文章。反观历史，这些正是 20 世纪 80 年代思想解放的成果反映。科学哲学界当然也是这些活动的积极参与者，1989 年 3 月 24 日，《自然辩证法通讯》杂志社在京召开以“民主、科学与中国现代化”为主题的学术座谈会，邀请北京地区部分专家、学者聚会讨论。出席会议的代表围绕五四运动的遗产、中国现代化历史进程、民主与科学的社会功能等问题各抒己见。

科学哲学为纪念“五四”而对科学与民主精神的弘扬显示了科学哲学自真理标准讨论以来的思想解放风格，纵观 20 世纪 80 年代，这一风格一以贯之。可以说，在 20 世纪 80 年代的思想文化环境中，科学哲学承担着科学旗帜的旗手角色，是 20 世纪 80 年代科学思潮的直接推动者。科学哲学对科学知识、科学思想、科学方法、科学精神的阐发意义也和“五四”一样，就是力图使这些属于科学的内容越出科学范围，使之具有普遍的社会文化意义，产生解放思想的社会效应。

20 世纪 80 年代宏伟壮观的思想解放运动，正是上面讨论的科学与民主精神的展开，由此而言，20 世纪 80 年代的思想解放运动与五四运动是一脉相承的。

中国近现代科学史研究中的体制化问题*

一、引言：体制化界定与研究进路

有关中国近现代科学体制化的研究文献数量众多，涉及面也颇广，但是内容纷繁芜杂，全面而深入的论述较少。首先是如何界定科学体制化的问题。体制化（Institutionalization）是一个社会学概念，指某种特定的活动在各种社会的和组织的设置内部成长的过程和定型程度[1]。科学体制化的含义很多，对其界定需要大量篇幅，本文为体制化角度的中国近现代科学史综述研究，故这里主要采用科学社会学的研究权威本-戴维（Joseph Ben-David，1920～1986）等的观点。本-戴维在科学家角色与体制化的研究方面已是无可争议的权威人物。他认为科学体制化需要科学活动本身的价值得到社会承认并形成自己的规范，且这些规范能与社会其他规范相适应[2]。本-戴维关于体制化的观点与艾森斯塔特（S. N. Eisenstadt，1923～ ）关于体制的定义有密切的关系[2]。艾森斯塔特认为体制有三个基本方面需要强调：首先，由体制所规范的行为方式与所有社会的某些长期的、基本的问题相关；其

---

* 本文作者为黄小茹，原题为《中国近现代科学史研究中的体制化问题刍议》，原载《中国科技史杂志》，2008年第29卷第1期，第30～41页。

次，体制包括社会中与某些特定的、持续的和有组织的方式相符的个体行为规范；最后，由体制所规范的行为方式包括一个特定的标准化进程和规范[3]。艾森斯塔特将体制区别于那种把特定领域中社会活动的实际组织包含在“体制”中的习惯用法（而这也正是许多相关研究惯常的做法）。他尝试将体制或体制化的方式定义为规范的法则与特定的组织方式的结合。本-戴维借鉴了艾森斯塔特的意见，认为要成其为体制化，需要本身的价值得到社会承认，以及形成能与社会其他规范相适应的自己的规范。

本-戴维进一步指出，对科学而言，体制化意味着精确的试验方法和科学规范的确立。他赞同默顿（Robert King Merton，1910～2003）、巴伯（Bernard Barber）、斯托勒（Norman W. Storer）等的观点，“承认精确的以及经验的科学研究是一种探索方法，它导致了重要的新知识的发现。这些知识靠其他获取知识的途径（如传统、思辨、启示）是不能得到的。体制化把一些道德义务加给它的实践者，对于贡献进行完全一视同仁的评价；并公正地承认其他人的贡献；最后是在其他的体制化领域中也存在的各种各样的条件，如言论和出版自由，宗教和政治上宽容的措施（不然就难以保证一视同仁），以及使社会和文化适应不断变革的某种灵活性，这些不断的变革是探索自由的结果”[2]。

由此，本文尝试从下面这样一个科学体制化的意义和范围评述中国近现代科学体制化的研究文献：单论科学体制可以只限于对科学组织机构的考察，但是体制化意味着一个与社会其他子系统相协调的独立社会子系统的逐步形成的过程，那么，这个过程就将包括许多科学组织机构以外的东西。同时就科学文明的发生来讲，相对于西欧的科学原发型，中国属于科学继发型，科学在中国经历了传入、接受、整合的过程，而科学体制化也是这个过程的一部分，在体制化进程中必然存在着与中国社会的碰撞，由此，下文在这四个不同层面上从体制化问题看中国近现代科学史研究，即科学家角色、科学机构、科学共同体、科学规范。

就目前中国近现代科学体制化的研究现状来讲，第一、二层面的研究是相对较多的，第三、四层面的研究相对较少，系统的研究工作还不多见。但仍有一些研究循序而进地深入探讨了中国近现代科学体制化的问题，如由孙任以都执笔的《剑桥中华民国史》第八章专论学术界的发展（1912～1949），在论述科学体制化的具体过程和科学组织的具体活动之外，从几对关系入手来论述近代中国科学体制化的特点，涉及了近现代中国社会对科学价值的认识和科学规范在近现代中国的确立问题[4]。袁振东探讨了职业化学研究在中国的尝试，从“中央研究院化学研究所”的创建入手，在角色、机构、价值认可与政治规范的关系诸方面较为全面地论述了化学学科在中国的体制化过程[5]。

本文虽将相关研究分为四个部分来分析，但是这几个部分又是不能断然分开的，因为体制化本身是一个整体和过程，很多研究也涉及了其中的几个层面，所以在下文的论述中同一份文献可能会在不同的部分中都有论及。移植的科学在近现代中国扎根、发展的过程中，率先体制化的是各门分支科学，而科学作为一个整体，其体制化要在先导的分支科学之后。因此，对中国各分支科学体制化的研究有助于从不同侧面理解中国近现代科学体制化的整体。下文中将会把科学体制化的研究与各分支科学体制化的研究结合起来，从不同层面作具体整理和分析。

二、科学家角色

科学体制化最初的表现就是科学家角色的出现和科学团体的形成。科学家以科学为业，以此获得经济收入，这一职业化现象是角色物化的体现，也是社会认同的标志。对科学家角色的研究成为对科学体制化直接和常见的考察，也是研究相对较多的。

默顿注意到培根（Francis Bacon，1561～1626）曾按照人的不同能力确定其在科学机构中的不同位置，如科学情报人员、设法恢复科学信息的人、实验工作者、纯理论家等[6]。所以对科学家角色的研究就不仅包括了研究者，而且包括助手、资料员，甚至说教者、传播者、决策者，他们都是科学体制运作必需的人员要素。国内已有的对科学家角色的研究常局限于对人物生平事迹的介绍，不少科技哲学、科技史类期刊都曾刊登过此类传记或评论，这一类研究的专著也不少，在此不一一提及。

另有部分个人传记给予人物以相当透彻的研究，反映了近现代中国科学家角色的出现及其对科学体制化的作用，这类研究多为台湾及海外学者所作。这些学者有关中国科学知识分子的研究常采用人物传记这种形式，并常沿用西方知识分子的标准去研究中国的知识分子，如弗思（Charlotte Furth）把丁文江描述为爱国者、科学事业的开拓者和欧化很深的思想家[7]。中国台湾学者陶英惠对蔡元培的研究，着眼于他与中国近现代科学体制化的重要组织——北京大学、“中央研究院”的关系，考察了蔡元培在体制化过程中的活动、作用，并对与此体制化相关的一系列重要人物进行了研究[8]。杨翠华对任鸿隽科学思想及其事业进行了细致的研究，并将之放在近代科学思潮的时空架构之中，透过这些，审视民国时期科学体制化的过程中，任鸿隽等所思所为的时代意义及其局限性[9]。

一些研究集中考察某一学科内的科学家角色的出现和发展。例如，田淼论述了数学教育对数学的专业化及数学家的职业化的作用，探讨了清末数学教育对中国数学家职业化的影响[10]。

还有的研究从集体传记角度对近现代中国科学家角色进行分析。例如，张剑通过对《中国科学技术专家传略·农学编》所收录农学家中273位专家传记进行分析，指出近代农学家群体在出生时段的分布上与科学发展的趋势不合，认为这是近代国情与农业科学专家共同努力的结果[11]。

有关中国近现代科学家研究的论文和著作数量很多，对同一位科学家的研究也常有多篇研究论文或著作，且这些研究之间有很大差异。停留于生平介绍的一类研究往往以时间为序，平铺直叙人物事迹，虽有助于增加对人物的了解，但也使得这种了解趋于表面化。同时，这种研究还往往带有比较强烈的感情色彩或偏向性立场，多为赞扬科学家的高尚情操和卓越贡献，不能全面展现科学家的立场、观点、历史作用，以及科学活动、社会关系等，对于考察近现代中国科学体制化中科学家角色的形成、作用和各种社会关系，难以提供较深入的借鉴。一些较为深入的研究有助于从个体和群体角度了解近现代的科学体制化，但是其中许多研究存在着孤立的特点，主要表现在两个方面：一是仅单纯地对某位科学家个人的研究；二是只横向或者纵向地对一定时期或者某一学科的科学家群体的研究。这样的研究难免忽视了科学家角色出现及其职业化发展过程等方面的问题，从而难以揭示问题背后的原因、特点等。

三、科学机构

科学组织在社会中促进科学的传播和发展。近现代中国逐渐形成了科学的组织、机构，如社团、学会、研究所等，但这并不等于科学体制化了。某些科学组织仅仅起到了科学知识引进和传播、科学爱好者聚会等作用，它们虽然也是中国近现代科学体制化进程中的一部分，但是与科学体制化建制的意义还相距甚远。还有一些科学组织颇具规模，如 20 世纪以来的中国科学社、中央研究院、北平研究院、中国科学院等，它们是全国性的科学组织，从事科学活动和交流，促进科学传播和进步，对近现代中国科学体制化有直接的意义。

近现代科学体制化是在当时国家、社会发展的背景下进行的，对与体制化密切相关的科学组织的考察，显然不能仅仅局限于科学研究团体。从科学体制化的过程来看，三个社会系统都在实践这一进程：科学教育、科学研究、科学应用。对这三个系统的科学组织的研究已有大量文献，但以限于一个系统内的考察为多，有一部分涉及科学教育与科学研究两个系统，如刘大椿、吴向红的研究，综合的考察目前尚少。

有关近现代大学的研究资料非常丰富，涉及了对国立大学、私立大学和教会大学等不同类型大学的科学教育和科学研究的考察，其中以海外学者和“中央研究院近代史研究所”的工作最具代表性，考证非常翔实，如朗伯顿（Mary Lamberton）对 1879～1951 年上海圣约翰大学的考察[12]、苏云峰对南京大学的前身 1903～1911 年的三（两）江师范学堂的考察[13]。另一类研究侧重于对某一地区或某一类型大学的考察。叶文心（Yeh Wen-hsin）考察了 20 世纪二三十年代北京、上海和南京的大学生的学校生活，揭示出环境的变化如何促成学生态度的转变，而其中科学教育的引入起到了重要的作用[14]。魏定熙（Timothy Weston）对北京大学的研究和江永昌（Chiang Yung-chang）对燕京大学社会学系的研究也做了类似的工作。而徐明华研究了民国时期大学的科学教育体制与科学研究的发展，对当时众多大学科学教育和高校科学研究所的兴起、活动、规模、弊端作了详细的考察，并把大学科学教育体制的局限导致大学科学研究水平的低下视为造成近代中国科学落后于西方的重要原因之一[15]。段治文考察了大学院建制，并对近代全国大学研究所的设立情况作了统计和分析[16]。刘大椿和吴向红[17-18]考察了20世纪上半叶的现代大学和教会大学，指出现代大学对中国科学体制化影响深远，而教会大学由于强调宗教与科学并举且附属于教会学术独立较弱，从而对中国科学体制化的作用有限。芬恩（W. P. Fenn）阐述了中国基督教高等教育的转变，论述了基督教由初等和中等教育向高等教育的演变过程以及在这个过程中科学教育的加强[19]。奥博（R. A. Orb）对晚清直隶院校的研究中也涉及科学教育的情况[20]。此外，还有一些教育史的研究，对近现代科学教育的学制、演变等问题进行了考察，如早期的舒新城的《近代中国教育史料》[21]、《近代中国教育史稿选存》[22]，叙述了近代中国科学教育的兴起与演变、缘由与问题，并记录了许多一手的历史材料，经常被后来的研究所引用。

对近现代单个科学团体和科研机构的研究文献相当多，《自然辩证法通讯》、《中国科技史杂志》等刊登了不少这类论文。中国科学社和“中央研究院”是研究较多的机构，许多研究以这两个组织为中心来讨论近现代的科学体制化。范铁权使用了丰富的原始资料，直接从体制化的角度讨论了中国科学社体制化的路径和特点，指出中国科学社由于其在社团民间性质、学科建制和职业化等方面的问题，所以体制化程度较低[23]。他还对中国科学社下设生物研究所在西部进行的大量生物调查和研究活动进行了考察[24]。张剑认为中国科学社在科学救国方略上经历了从科学宣传到科学研究的转变[25]，对其组织结构变迁及中国科学组织结构体制化进行了研究[26]，并考察了其股东、股金与改组[27]。宋清波和童鹰对中国科学社在体制化方面如科学家社会角色的形成、专业科研机构的创建、进行科学交流的专业科学社团的产生、科学交流会议的召开、科学出版物的创办、科学奖励机制以及科学教育的专门化和职业化等进行了考察，认为中国科学社在发展时期可以说满足了科学体制化的条件，是中国科学体制化的重要里程碑[28]。徐明华对“中央研究院”与中国科学研究的制度化进行了考察[29]。陈时伟的博士论文对1927～1949年的中央研究院进行了细致的考察[30]。还有一些文献对“中央研究院”下属研究机构进行了研究。姜玉平以原始档案以及相关文献为基础，叙述北平研究院植物所及其与西北农学院合办之中国西北植物调查所的创办缘起和沿革、各个时期的工作和成就，澄清了一些历史事实，并初步分析了北平研究院植物所在中国近代生物学史上的贡献[31]。他还考察了自然历史博物馆、"中央研究院动植物研究所"。还有一些研究对东北地区的研究机构进行了研究。韩凌轩还对延安中央研究院作了考察[32]。

还有一些研究涉及对当时科学机构整体情况的考察，如胡先骕先生1950年即已撰文[33]介绍浙江、江西、华北三地农业研究机构，讲述各机构的创建始末、发展沿革、隶属变更、研究成果等。樊洪业通过对"研究院"东渐的考察[34]，回顾了中国科研团体和机构的形成，他还对近现代科学团体和协会做了大量的考证工作[35]。林文照考察20世纪前半期建立的数十个至上百个专门的或系统的科学研究机构，对机构的科学研究事业、研究人才、装置研究设备进行了较为详尽的考察[36]。刘大椿对近现代科研机构的沿革进行了考察，分析了近现代中国科学体制的转变[17]。段治文考察了近代科学研究体制从中国科学社到"中央研究院"的转变，认为这是科学机构从民间性、松散型向官办集中型的转换[16]。王永从时间和空间的角度，首次对民国时期科学技术体制化的重要表征——科研机构、高等院校及研究院院士的空间分布进行了初步的探讨，并从地域经济和文化教育的角度对其形成机制进行了分析[37]。

对科学的实际应用方面的考察相对少见。刘彦威以记事形式就中央农业试验所在良种选育、病虫害防治以及论著和出版方面的情况作了介绍，并评价了其作用和影响[38]。穆祥桐详细研究了清末农工商部农事试验场的创办、机构设置、物种引进和农业试验[39]。林文照对近现代以来的农业、工业、水利、医药卫生等方面的研究机构作了比较全面的统计[35]。考察文献资料相对较多的是对"永久黄"等工业团体的研究，樊洪业、傅金泉、伍钢柱、邸彦莉[40]等对其创办、活动、人员、贡献等作了较为详细的考察。

已有的对科学组织的研究存在的一个突出问题是，许多研究倾向于把科学团体和科研机构的成立作为中国近现代科学体制化的标志，认为"所谓中国科学研究的体制化，实际上是指中国科学研究机构的初步建立和逐渐完善的过程"[35]。例如，董光璧在《中国近现代科学技术史》中认为："中央研究院的设立标志着近代科学技术事业在中国进入了体制化的发展时期。"[41]认为近现代中国已经完成科学体制化的文献中比较凸现的有两种意见：一是以中国科学社为标志，二是以"中央研究院"为标志，前者的依据主要是认为它是第一个全国性的科学团体，后者的依据主要是科学活动的政府行为。但是这些观点均由国内学者提出，而国外学者则甚少提出中国近现代科学体制化的概念，也未见有对此作专门的研究。这些研究将从事科学技术活动的实际组织视为体制化，但是对组织的考察却常常限于人员、活动、刊物等。这种理解是存在偏差的，有待于进一步的研究。

四、科学共同体

科学共同体与科学家角色之间有着内在的联系，它为角色各方面的自我评价提供了参考框架。库恩（Thomas S. Kuhn，1922～1996）认为科学共同体是由一些学有专长的实际工作者所组成的科学家集团。他们由所受教育和训练中的共同因素团结在权威科学家周围；他们具有共同的信念和共同的探索目标，采用共同的研究方法，使用共同的术语，接受共同的评定标准，同时也包括培养自己的接班人[42]。这样一个集团的形成远比一个科学机构的形成更为复杂，其过程是漫长的，同时集团内部的结构和活动也更复杂，对其考察包含分层、交流、奖励等各个方面。

如同对科学机构的研究一样，中国科学社和“中央研究院”也常常成为讨论中国近代学术共同体的形成和发展的中心。张剑分析了中国科学社领导层理事会的更替情况，认为这一领导层的形成不完全以对社务关心的程度或学术成就的高低为标准，地域因素、同学关系及留学国别、所学学科等都是重要筹码，而这一情况是民国时期科学社团的普遍特征，在一定程度上影响了民国科学技术的发展[43]。他还以“中央研究院评议会”为中心，考察了中国学术评议奖励制度的形成，认为当时的学术评议是以政府主导为主、民间为辅的政府化学术评议奖励体制[44]。范铁权对中国科学社社员的时空分布进行了分析，考察了社员学科、籍贯分布，认为中国科学社在社员吸收上保证纯洁性，从而避免了“外行”干预和控制[45]。冒荣考察了中国科学社与国际学术界的交流活动，分述了社团参与和个人交往两种交流形式[46]。张齐政利用原始材料进行统计分析，考察了“中央研究院”第一届院士情况，得出当选院士的特点[47]。陈时伟从职业化的角度对当时“中央研究院”网罗的一批中国学术界杰出人物在学术评议、学术研究理念等方面进行了研究，认为他们在职业化的同时为近代职业学术研究在中国的普及和发展提供了体制空间[48]。

还有一些研究从近现代知识分子的群体视角来考察共同体的形成与发展，这有助于从整体层面了解体制化进程。段治文对20世纪二三十年代中国科学家群体作了社会学的分析，认为他们作为中国的第三代科学家，已经是真正具有现代意义的科学家群体[16]。施若谷考察了科学共同体在近代中国的形成，并对这一时期中国与西方的情况进行了比较，指出“科学共同体”未能于明末清初出现是中国科学在近代落后的内在原因之一，而其于20世纪上半叶的发展是科学向前推进的有力杠杆[49]。布克（Peter Buck）考察了近代年轻的科学家依靠国际学术界为推动中国科学发展所进行的“双轨”努力：既要移植并丰富获自国外的知识，又要对其进行改造以适应中国国情，他们面临着将科学思想和实践融入中国大众生活以改造落后面貌的重任，但是他们那种因中国的落后而产生的对国际的依赖，后来都被非难为殖民地性的烙印[50]。孙任以都通过对由国外培养的中国知识分子的生平和主要科学活动的记述，展现了他们身上的“双文化”现象，即国外的科学传统和中国传统文化的矛盾冲突，以及他们使用被他们视为法宝的以科学救国的实践[4]。汪一驹根据近代中国科学技术的发展，把新型知识分子划分为四代，描述了中国自留学兴起至其后的发展中留学生在国外以及回国后的成就，从总体上考察了知识分子与西方的关系[51]。

另有一些研究直接考察了科学体制化进程中某些制度的产生与发展。王扬宗利用大量数据资料阐述了新中国成立后从学部委员到院士制度的建立过程及其问题，认为我国院士学术资格相对较低，名额也过多，并且扩张过快，这些问题的日益严重使得院士制度改革刻不容缓[52]。

对交流活动的研究是科学共同体研究的重要内容。交流包括不同机构和不同系统之间的交流，交流方式有学术期刊、会议、合作等。王汉熙等考察了科学期刊在中国的发蒙，认为科学期刊从20世纪30年代开始已逐步走向专业化、体制化、国际化[53]。弗格森（Mary E. Ferguson）考察了中华医学会与北京协和医学院在1914～1951年一段富有成效的合作历史[54]。邹振环分析了晚清地理学共同体正式和非正式的学术交流网络[55]。

虽然以往的相关研究都对中国近现代科学共同体的交流、分层、奖励、控制、组织等，进行了相当深入的阐述，但是对诸如不同共同体内成员的不同教育、出身背景对共同体体制的形成的影响，不同共同体内外交流的正式途径和非正式途径以及中国独有的特征等方面的问题尚有待于进一步的研究。近代科学共同体是由与科学有关的个体和群体所组成的网络体系，包括各种性质不同的团体，这些不同性质团体的科学家组成不同层次、不同形式和不同规模的共同体，各种共同体之内和它们之间相互作用和相互交流形成大的共同体。对共同体的考察需要理清各种关系，并探讨这些关系所呈现的特性。以某一团体为例或从群体角度来研究，提出的问题和解决的视角都可能单一。

五、科学规范

科学规范是科学体制化的一个重要部分，科学规范存在于学术团体内，同时也联系团体与其他社会系统，使科学作为社会一个子系统存在和发展。对科学规范结构的研究，默顿的权威性毋庸置疑，这里主要采用他的观点。默顿指出了四种制度上必需的规范：普遍主义、公有性、无私利性以及有组织的怀疑态度。它们构成了现代科学的精神气质，既是学术上的规定，也是道德上的规定。科学的精神气质是约束科学家的有情感色彩的价值观和规范的综合体，这些规范以规定、禁止、偏好和许可的方式表达，并借助于制度价值而合法化[6]。对近现代科学体制化中科学规范的考察应包括科学共同体内规范的形成及其与社会中其他活动领域的规范逐渐相适应的过程。

王作跃考察了中国科学社两方面的活动，一方面是科学家们试图运用组织和刊物《科学》在中国创造一个民间的和公开的科学圈子；另一方面是与西方传统不同，即中国科学社虽然公开批评政府行为，但是仍要与政权保持密切的和复杂的关系。王作跃认为如果科学的专业主义促使科学社追求科学的自治和自由，科学民族主义仍使科学团体与国家政治在实践中交织在一起[56]。陈时伟的博士论文以“中央研究院”为中心考察民国时期的政府与学术，追溯了国家学术研究体制的职业化过程和该过程中政府对中国学术制度的影响，以及国家权力在其现代化的进程中与职业化知识分子群体之间的变动关系[30]。曹聪（Cao Cong）通过考察当代中国最高学术机构——中国科学院的变革，试图揭示科学和政治之间转化的动力学原理，在考察中作者发现，尽管有政治的动荡、历史的曲折，中国科学精英阶层的形成、院士制度的建立和院士的评选，主要还是根据对基础性科学研究的贡献，这符合科学具有普遍性的假说[57]。杨翠华、胡宗刚等考察了中华教育文化基金董事会对近代中国教育、科研的资助，讨论了国内科学界内部的关系、政治与科学的关系以及中美关系[58,59]。

以上的研究主要从某一机构来看科学规范与社会的关系，还有一些研究从近现代科学界的整体来研究科学规范的形成与冲突。安毅认为，科学规范即为默顿所提出的科学的精神气质，并以此衡量中国近现代科学体制化，从"对科学认知的偏差"和"社会规范与科学活动规范的冲突"几个特殊的角度来考察，认为虽然科学界在努力实现这些规范，但是由于我国缺乏一种能赋予科学体制运行以真实生命力的广泛心理基础和深刻的社会条件，故科学规范难以与社会其他规范协调[60]。孙任以都从几对关系入手来论述近代中国科学体制化中科学规范与其他社会规范的关系：首先是与国外的关系，其次是与政府的关系。孙任以都认为由此带来的问题：一是留学归来人员的"双文化"现象；二是如何周旋于旧传统与现代革命之间；三是处理学术与行政的关系。就近代中国科学精英们的社会地位和活动能力而言，他们实现期望的方式更多的是通过广泛的个人关系网来发挥作用，而非政治或军事手段[4]。汪一驹考察了嬗变中的中国知识界，认为知识分子（科学家）与政治始终脱不了干系，表现之一就是从公者颇多，如翁文灏、蒋廷黼、陈之迈等，但作者认为科学知识分子从公的行为正是服务于中国传统社会道德价值之一——为社会的和谐这一原则，所以可看成是知识分子报国的爱国行为[51]。

另有一些研究专门讨论了某一学科科学规范的形成，如李磊在考察中国地质科学体制化时认为，当时地质科学"虽归行政系统，实属专门科学"，尤其在当时贫弱的中国，服务经济是地质学的主要任务，地质学充分利用其不可替代的经济功能，获得了社会各界的支持，从而为其体制化开创了一片发展空间[61]。黄艳红考察了中医针刺麻醉在现代中国的发展，分析了不同力量、关系、学术规范在这一发展过程中的表现[62]。

已有的有关科学共同体内规范的研究多侧重于科学与政治和经济两个方面，而对于科学与社会中其他活动领域规范关系的研究则相对较为薄弱。关于中国近代科学界是否形成了科学规范以及这种规范能否与社会其他规范相适应，尤其是能否与政治规范相适应，一些学者提出了否定的看法，甚至继而否定中国近现代科学体制化的完成。如林登（Allen B. Linden）以 1927～1928 年大学院个案研究为例，探讨了民国政治与科学教育关系，指出在近代中国当科学规范遭遇政治时，无可避免地受到非难[63]。米勒（H. Lyman Miller）认为 20 世纪 80 年代中国科学界在政治舞台上自由呼声的重现正是某些科学家把他们相信的正常科学规范引入政治的结果[64]。安毅借用本-戴维和默顿的观点，通过考察中国实际情况，认为国内科学规范还难以与社会其他规范相协调，所以认为科学在我国并没有完全体制化[60]。

六、结语：已有研究的问题与歧见

本文借鉴本-戴维等关于体制化的观点来研究中国近现代科学体制化的问题。通过对中国近现代科学史研究中的体制化问题相关文献的整理和分析，可以发现已有研究还是比较多并且全面的，但相对来说综合系统的研究还比较缺乏，存在着一些问题和歧见，有待于进一步的研究。

第一，关于科学体制化的概念还未有统一的界定，尤其是常混淆“科学体制”与“科学体制化”二者的关系。科学体制化是一个渐进的过程，关键在于“化”上，并且这个“化”还应当有一个机制，到底是怎样一个机制，还未有深入的研究。体制化的背后必然还有一个推动力，即科学家角色的形成、科学组织的出现、科学共同体的形成、科学规范的形成及其与社会其他规范的适应等是外力的推动还是内力的作用？对这些问题的研究常常掩藏在学者文中观点的背后，或常常置于科学文化移植或者文化比较的讨论之下，很少放在体制化角度下。对它们的研究，也以国外的中国研究居多。

第二，近现代的科学体制化进程有着一定的发展轨迹，它本身经历了一个逐步完善的历史过程。不同学科、不同地区、不同系统等的体制化过程有着自己不同的进路，我国科学体制化的整体也会有属于自己的进路。在这些不同的进路中，不同类型的角色、机构的出现可能都会存在差别，但是已有的研究常没有弄清科学研究和科学教育的区别，行政机构和研究机构的区别，中国人主导的机构、研究与外国人主导的机构、研究的区别。李磊明确地指出，地质科学体制化的进程沿着研究机构—教育机构—学术共同体的路径完成[61]，但是这样的研究还不多见，在探讨体制化起点、进程时，一些研究常因没有清晰地区分不同类型机构、角色等而无法准确地反映中国近现代科学体制化的具体进程。

第三，中国属于科学的继发型国家，科学在中国经历了传入、接受和整合的过程，科学体制也经历了移植的过程，科学在中国的体制化过程必然存在接受与碰撞的进程。安毅依照默顿的四条精神气质探讨了在近现代中国科学体制化过程中科学规范的形成，认为这些规范还难以与社会其他规范相协调，但他却忽视了揭示是否形成了我国特有的规范。留学生作为中国科学体制化中不容忽视的群体，他们在“嫁接”科学时，身上所带有的“双语言”、“双文化”的矛盾，又对中国的科学体制化起到了什么样的作用？李磊、张培富、王婷、卫莉、郭贵春、胡延峰等探讨了地质科学、化学等领域留学生与体制化的关系，但是这些讨论更多地停留在机构的创建上，对作用机制、规范等方面却涉及不多。我们无法回避在科学的普遍规范与地方特色结合的过程中，是否形成了有中国特色的特有的规范或精神气质的问题。同样我们还需要追问科学体制在近现代中国本土化的过程中经历了什么样的变迁和形成了什么样的体制模式，现有对这些问题的研究还比较缺乏。

第四，近现代科学体制化研究作为史学研究，所有的研究方法、思路、材料都应该建立在严格的史料考证基础上。虽然考证性的研究工作已有许多，但是非常精细的考证工作还不是很多见。对近现代科学体制化所涉及的人员、组织、活动等，已有的研究也是以某些较为凸现的人物、事件为多，对一些发生在近代早期但与体制化密切相关的历史环节，以及众多作为体制化的延续的现当代的人物、事件，研究还较少。尚有大量的历史环节没有弄清楚，在一些史料方面也还存有争议乃至错误，甚至导致讹误相传。

通过科学体制化问题看中国近现代科学史研究，对已有相关文献进行整理和分析，既可以了解现今研究的状况，也可以透过它认识中国科学体制化历史的源头和发展的脉络，为今天科学体制的发展和改革提供借鉴。

（**致谢：**导师任定成教授和《中国科技史杂志》的三位匿名评审者对本文的写作和修改提出了许多宝贵意见，谨致谢忱。）

参考文献

[1] Mann M. The Macmillan Student Encyclopedia of Sociology. London：Macmillan，1983：172.

[2] 本-戴维．科学家在社会中的角色．赵佳苓译．成都：四川人民出版社，1988：147，148-166.

[3] Eisenstadt S N. Social institutions//Sills D L. International Encyclopedia of Social Sciences. Vol. 14. New York：Crowell Collier and Macmillan ，1968：409-410.

[4] 孙任以都．学术界的发展//费正清．剑桥中华民国史．章建刚，等译．上海：上海人民出版社，1992：393-455.

[5] 袁振东．国立中央研究院化学研究所的创建（1927—1937 年）：职业化化学研究在中国的尝试．中国科技史杂志，2006，27（2）：95-114.

[6] 默顿．科学社会学．鲁旭东，林聚任译．北京：商务印书馆，2003：363-365，478.

[7] 弗思．丁文江——科学与中国新文化．丁子霖，等译．长沙：湖南科学技术出版社，1987.

[8] 陶英惠．蔡元培与中央研究院（1927—1940）．中央研究院近代史研究所集刊，1978，7：1-50.

[9] 杨翠华．任鸿隽与中国近代的科学思想与事业．中央研究院近代史研究所集刊，1995，24（上册）：295-324.

[10] 田淼．清末数学教育对中国数学家的职业化影响．自然科学史研究，1998，（2）：119-128.

[11] 张剑．中国近代农学的发展——科学家集体传记角度的分析．中国科技史杂志，2006，27（1）：1-18.

[12] Lamberton M. St John's University Shanghai 1879—1951. New York：United Board for Christian Higher Education Asia，1955.

[13] 苏云峰．三（两）江师范学堂：南京大学的前身 1903—1911. 中央研究院近代史研究所专刊，1998.

[14] Yeh W H. The Alienated Academy：Culture and Politics in Republican China，1919—1937 . Cambridge：Council on East Asian Studies，Harvard University and distributed by Harvard University Press，1990.

[15] 徐明华．民国时期大学的科学教育体制与科学研究发展．自然辩证法研究，1992，8（1）：54-61.

[16] 段治文．中国现代科学文化的兴起 1919—1936. 上海：上海人民出版社，2001.

[17] 刘大椿．中国科技体制的转型之路．济南：山东科学技术出版社，1995.
[18] 刘大椿，吴向红．新学苦旅——中国科学文化兴起的历程．桂林：广西师范大学出版社，2003.
[19] Fenn W P. Christian Higher Education in Changing China 1880—1950. Grand Rapids：Wm. B. Eerdmans，1976.
[20] Orb R A. Chihli academies and other school in the late Ch'ing：an institutional survey//Cohen P A，Schrecker J E. Reform in Nineteenth-Century China. Cambridge：East Asian Research Center，Harvard University and distributed by Harvard University Press，1976.
[21] 舒新城．近代中国教育史料．上海：中华书局，1933.
[22] 舒新城．近代中国教育史稿选存．上海：中华书局，1936.
[23] 范铁权．体制与观念的现代转型——中国科学社与中国的科学文化．北京：人民出版社，2005.
[24] 范铁权．评中国科学社的西部活动．中州学刊，2004，139（1）：89-91.
[25] 张剑．从科学宣传到科学研究——中国科学社科学救国方略的转变．自然科学史研究，2003，22（4）：304-317.
[26] 张剑．中国科学社组织结构变迁与中国科学组织机构体制化//丁日初．近代中国（7）．上海：上海立信会计出版社，1997.
[27] 张剑．中国科学社股东、股金与改组．中国科技史料，2003，24（2）：95-103.
[28] 宋清波，童鹰．中国科学社与科学体制化——纪念中国科学社创办 90 周年．科学技术与辩证法，2005，22（3）：83-86.
[29] 徐明华．中央研究院与中国科学研究的制度化．中央研究院近代史研究所集刊，1993，22（下）：233-254.
[30] Chen S W. Government and Academy in Republican China：History of Academy Sinica，1927—1949. Harvard University Graduate School of Arts and Sciences，1998.
[31] 姜玉平．北平研究院植物学研究所的二十年．中国科技史料，2003，24（1）：34-46.
[32] 韩凌轩．论延安中央研究院．文史哲，2003，276（3）：39-46.
[33] 胡先骕．近世中国农业研究机构概况．中国科技史料，2004，25（1）：1-17.
[34] 樊洪业．"研究院"东渐考．自然辩证法通讯，1990，（4）：47-54.
[35] 樊洪业．欢迎"赛先生"．南京：江苏教育出版社，2003：97.
[36] 林文照．20 世纪前半期中国科学研究体制化的社会因素．自然科学史研究，1994，13（2）：97-105.

[37] 王永．民国时期科学技术的空间分布．科技进步与对策，2000，17（2）：119-120.
[38] 刘彦威．中央农业实验所活动记事．中国科技史料．1998，19（1）：52-61.
[39] 穆祥桐．农工商部农事试验场．中国科技史料，1987，8（4）：22-27.
[40] 邸彦莉．范旭东与“永久黄”工业团体．历史教学，2005，（4）：64-66.
[41] 董光璧．中国近现代科学技术史．长沙：湖南教育出版社，1997：3.
[42] 库恩．科学革命的结构．李宝恒，纪树立译．上海：上海科学技术出版社，1980.
[43] 张剑．传统与现代之间——中国科学社领导群体分析．史林，2002，（1）：83-93.
[44] 张剑．中国学术评议空间的开创——以中央研究院评议会为中心．史林，2005，（6）：88-100，124.
[45] 范铁权．民国科学社团发展变迁——中国科学社社员的时空分布透析．自然辩证法研究，2005，21（3）：107-110.
[46] 冒荣．中国科学社与国际学术界．南京理工大学学报（社会科学版），2000，13（1）：10-13.
[47] 张齐政．民国政府中央研究院第一届院士情况分析．衡阳师范学院学报（社会科学版），2004，25（2）：89-92.
[48] 陈时伟．中央研究院与中国近代学术体制的职业化 1927—1937 年．中国学术，2003，（3）：173-213.
[49] 施若谷．“科学共同体”在近代中西方的形成与比较．自然科学史研究，1999，18（1）：1-6.
[50] Buck P. American Science and Modern China：1876—1936. Cambridge，New York：Cambridge University Press，1980：216-226.
[51] 汪一驹．中国知识分子与西方．梅寅生译．台北：久大文化股份有限公司，1991.
[52] 王扬宗．中国院士制度的建立及其问题．科学文化评论，2005，2（6）：5-22.
[53] 王汉熙，张淼，王连弟，等．中国近代科技期刊发蒙考．出版科学，2002，（4）：66-67.
[54] Ferguson M E. China Medical Board and Peking Union Medical College：A Chronicle of Fruitful Collaboration 1914—1951. New York：China Medical Board of New York，1970.
[55] 邹振环．晚清西方地理学在中国——以 1815 至 1911 年西方地理学译著的传播与影响为中心．上海：上海古籍出版社，2000.
[56] Wang Z Y. Saving China through science：the science society of China，scientific nationalism，and civil society in republican China. Osiris，2002，17：291-322.

[57] Cao C. The changing dynamic between science and politics—Evolution of the highest academic honor in China 1949—1998. ISIS，1999，90（2）：298-324.

[58] 杨翠华．中基会对科学的赞助．中央研究院近代史所专刊，1991.

[59] 胡宗刚．关于中基会．东方文化，2003，（6）：78-85.

[60] 安毅．我国科学体制化过程中的认知问题及其影响．自然辩证法通讯，1990，12（2）：41-48.

[61] 李磊．中国地质科学体制化与留学生．北京：北京大学硕士学位论文，2004.

[62] 黄艳红．中国针刺镇痛机理研究的社会史分析．北京：北京大学博士学位论文，2006.

[63] Linden A B. Politics and education in nationalist China：the case of the university council，1927—1929. The Journal of Asian Studies，1968，27（4）：763-776.

[64] Miller H L. Science and Dissent in Post-Mao China. Seattle and London：University of Washington Press，1996.

第二部

科学技术的社会功能

科学的新发展与环境伦理学*

西方主流的环境伦理学是非人类中心主义伦理学，核心概念是人与自然的不可分离性、自然的有机整体性、自然的经验性和内在价值。这些概念提出后，受到人类中心主义伦理学的责难。非人类中心主义环境伦理学成立吗？对此的论证辩护，理论界主要是从哲学、伦理学的角度进行的，明显地缺少来自自然科学的证据。当然，一种环境伦理学不能完全建立在自然科学所发现的事实基础之上。因为伦理学更多是关于应然的陈述，而科学对自然所获得的更多的是关于事实的陈述。如果从科学关于事实的陈述来推出伦理学关于应然的陈述，是犯了“自然主义谬误”的错误，在逻辑上是行不通的。但是，这不是说，事实与价值、实然与应然一点关系也没有。实然中有应然，应然中有实然。实然中有应然的预设，体现着应然的本质；应然中有对实然的抽象，需要实然的支持。正是在这个意义上，唐纳德·沃斯特认为，道德框架之外的真理或事实，对人类理智是没有意义的；而仅仅展示不论及物质世界的道德幻觉，最终可能会是一项空洞的事业。类似地，罗尔斯顿坚信，实然和应然、事实与价值、描述与评价的截然二分，在人际伦理的范围或许适合，在环境伦理领域却行不通。如生态学既是描述的又是评价的，

---

* 本文作者为肖显静，原题为《科学的新发展与环境论理学的完善》，原载《自然辩证法研究》，2004年第20卷第4期，第98～100、104页。

在此，与其说应然是从实然中推导出来的，还不如说两者同时出现。“当我们从描述植物与动物、循环与生命金字塔、自养生物与异养生物的配合、生物圈的动态平衡，逐渐过渡到描述生物圈的复杂性、地球生物的繁荣与相互依赖、交织着对抗与综合的统一与和谐、生存并繁荣于其共同体中的有机体，直到最后描述自然的美与善时，我们很难精确地断定，自然事实在什么地方开始隐退了，自然价值开始在什么地方浮现了；在某些人看来，实然与应然之间的鸿沟至少是消失了，在事实被完全揭示的地方，价值似乎也出现了；它们二者似乎都是生态系统的属性。”[1]这就是说，世界的实然之道蕴涵着它的应然之道，自然科学对自然的认识以及在其基础上形成的自然观，一定程度上形成了人类对于自然的伦理价值观念。科学的发展与非人类中心主义环境伦理学的完善是紧密联系在一起的。下面的分析比较充分地说明了这一点。

一、人类和自然的不可分离性与反“人类中心主义”

人类是离不开自然的，每个人都同意这句话。问题是人类在什么样的意义上离不开自然界？是在生存的意义上，还是在存在演化的意义上？从前者考虑，人类与自然界仍然只具有外在关系，而无内在关联。自然界客体仍然可以离开人类而存在。而对于后者，人类与自然界就具有内在关联了。没有人类的自然界与没有自然界的人类都是不可想象的。

理论物理学家玻姆（David Bohm）就持后一种观点。根据他的“隐秩序”（implicate order）理论，永恒的事物不是像在“显性秩序”下所呈现的那样是相互分离的，而是相互重叠的。与部分包含于整体之中，并且部分之间只存在外在联系相对应，整体也主动包含于部分之中，事物之间具有深刻的内在联系。将这种观点扩展，就可顺理成章地得出这样的结论：主体不是独立于世界万物的实体，而是本质上具体化的并且实际上是与世界纠缠在一起的，两者相互包含并且彼此具有内在关系。“我们包含于世界中——不仅包含于其他人中，而且包含于整个自然界当中。我们已经看到了这一事实的端倪：当我们以一种片段性的方式看待世界时，世界的反应也相应是片段性的。事实上，可以说，世界若不包含于我们之中，我们便不完整；同样我们若不包含于世界，世界也是不完整的。那种认为世界完全独立于我们的存在之外的观点，那种认为我们与世界仅仅存在着外在的‘相互作用’的观点都是错误的。那么，如若我们将世界包含于我们的意识之中并施之以爱，包含着我们自身的世界就会有所回报。"[2]

这就将内在关系赋予各个等级上的个体，打破了它们之间的壁垒，克服了主体与客体的分离，随之也就克服了真理与德行的分离、价值与事实的分离、伦理与实际的分离，有利于环境保护。

不仅如此，生物学对生物学主义的追求以及人类学对人类学主义的追求，导致了人类主体和自然客体的分离，人类在自然面前成为一个神化的存在，从而在自然和社会之间划下一道智力的鸿沟。其实，在最近几十年里，当灵长类学家使类人猿接近人类时，史前史学家同时在编年史上使人类靠近类人猿。人与动物之间的距离缩小了，个人成为“生物—心理—社会”的整体[3]。人类不应该仅仅归结为社会学现象，生物不应该仅仅归结为生物学现象。人的概念应该向生物学开放，生物的概念应该向人类学开放。只有通过这种双向的开放，我们才能理解“人是通过自然形成的文化生物，因为它是通过文化形成的自然生物”[4]。这是人类化的动物、自然中的社会和与动物进化相联系的文化的创生的重叠。如此，生命的概念、动物的概念、人类的概念以及文化的概念失去了僵硬性和自足性；地球上的存在——人类与自然既不能设想成本质的、明确的、排他的实体，也不能设想为具有外在关系的实体，而是具有内在关系的存在。

人类与自然的不可分离性表明，人类不是自然的中心，而是自然的一部分，是与大自然具有内在关联的存在。现代性把个人与他人、他物的关系看做是外在的、偶然的和派生的是错误的。个人与他人、他物的关系是内在的、本质的、构成性的关系。作为主体的人类既是一种实体的存在，也是一种关系的存在，这种关系的存在使得他既可以作用于社会、自然，也可以被社会、自然所作用，由此使得作为主体的人类与作为客体的人类、自然有一种不可分离的关系。正是这种不可分离性，“破坏了主客二分法，摧毁了一方胜过另一方的权威地位，中断了与主体范畴相联系的独断权力关系，并由此消除了其隐藏的属系（等级系统）”[5]，这是反人类中心主义（anthropocentrism）的思想。既然如此，我们应从狭隘的、与大自然相独立分离的、对自然进行控制主导的“小我”（self）或“本我”（ego）中走出来，缩小自我与其他存在物的疏离感，与大自然融为一体，把其他存在物的利益看成自我利益，实现自我，成为深生态学所倡导的“大我”(self)，即“生态自我”(ecological self)。这就将内在关系赋予各个等级上的个体，打破了它们之间的壁垒，克服了主体与客体的分离，随之也就克服了真理与德行的分离、价值与事实的分离、伦理与实际的分离、是与应该的分离，有利于人与自然、人与人之间建立和谐的关系，有利于环境保护。

二、自然的有机整体性与生态中心主义的确立

按照传统的观点，不管环境如何，基因总是具有自我统一性的物质微粒。而根据现代生物学的研究，基因可以受到有机体的影响，分子可以以各种不同的方式体现出来。至于以何种方式，则取决于细胞的环境影响以及当时分子所处的环境。当代自组织理论提出：系统的性质并非各部分之和，整体和部分呈现复杂的关系，有的系统整体性质可以还原为部分特性，有的则不能。鉴此，应该用整体的观念去观察思考问题。

关于自然界事物之间的内部联系，现在虽然我们不能明确它究竟是什么，或有些事物之间是否真的存在内在联系，但是，仍然可以认识到有些事物之间确实存在着内在联系。在传统的生物科学中，生物在自然内部进化，它只限于从自然吸取能量和物质，只为着自身事物和其他物质需要而依赖自然。自然则是各种生物系统的选择者，而不是把各种生物系统结合为一体的生态系统。这个观点是错误的，可以这么说，“生态系统的关系不是两个封闭实体之间的外在关系，而是两个开放系统之间的相互包容的关系，其中每一个系统既构成另一个系统的部分，同时又继承整体。一个生物系统愈是具有自主性，就愈是依赖于生态系统，事实上，自主性以复杂性为前提，而复杂性意味着和环境之间的多种多样的极其丰富的联系，也就是说，依赖着相互关系；相互关系恰恰构成了依赖性，而这种依赖性是相对的独立性的条件”[4]。大气学家拉伍洛克于 1972 年提出的盖亚假说与这一观点相一致。

至于世界的层创进化和自我超越，哈里斯作了比较充分的论述。他把自然看成一个单一的不可分的彻头彻尾的有机论总体。“这个总体是由其内在形式的阶梯所组成的，每一层次在某种意义上都是独立自己的和渗透一切

的；然而，每一层次又都是借助于在它内部总体（在这一总体中，它不过是一个阶段）的内在原则所赋予的潜在性，引出比它更高的层次出现。这就是不仅把自然看做是一个包罗一切的活的动物，而且把它看做一个动态有机系统的自然观，这个系统在复杂性和一体化以及各方渐次增加的各层次上包含一连续系列的整体。它们在辩证关系中互为整体，因此这完整的系统表现为进化的系列。"[6]

生态系统的这种有机整体性的特征为生态中心主义的确立创造了条件。这也表明，所有生态之间都存在内在关系，共同形成生态社会。作为生态关系总体系统中的一部分，所有的生态系统都具有本质的平等，都有平等的权力和价值，共同体现生态民主的思想。

三、自然的目的性与自然内在价值的确立

1958年，皮滕德里希（C. S. Pittendrish）首次指出“目的性”（teleonomy）一词。它由词根teleo（目的）和nomy（学、法则）组成，既没有意向性的含义，也没有合目的性所具有的适合于谁的目的的含义，而是专指某一客体或系统指向目标的活动过程。他为什么创造这一词语呢？这一词语的创立是为了与生物学的研究相一致，摆脱传统的目的论（关于目的，也就是关于客体行为过程的必然趋向和最终要达到的状态，可实现某种需求的满足的学说）在生物学中的影响，强调在生物学中指向目标活动的重要性。用他自己的话说，就是：“作为有效的因果原理，为了强调定向性目的的识别与描述，而又不含有信奉亚里士多德派目的论的意味，如果一切指向目标的系统都由某个其他的术语，如目的性来表示，那么，生物学长期以来的混乱将会得到完全清除。"[7]此后，目的性这一概念被越来越多的生物学家和哲学家接受，广泛地应用于生物学和哲学的文献中。

如此，自然客体具有目的性吗？一般而言，天然的无机客体不存在指向目标的活动，而人工创造的无机系统，如由计算机操纵的目标跟踪系统，则可以称得上是指向目标的系统。对于有机体，则可以认为它们具有目的性。而且，自组织理论表明，目的性并非人类独有的特征，自组织系统也具有这一特性。目的性是自组织系统追求自身价值实现的动力，人类不能自诩为唯

一具有这一特性的生物。“在生物圈内，各种植物、动物、微生物与自然环境编成目的与手段的立体交叉网络，保持着生物圈的生态平衡。它们具有内在的目的性与不可替代的内在价值。”[8] “所在系统都有价值和内在价值。它们都是自然强烈追求秩序和调节的表现，是自然界目标定向、自我维持和自我创造的表现。”[9]普里戈金创立的耗散结构理论认为，形成耗散结构的先行条件是偏离并远离平衡态，失去稳定性，进入非线性区，才能形成新型的目的性的结构，它表现为依靠正反馈机制，自动搜寻目标，从而自行产生和维持这样的结构。哈肯的协同学阐明，所谓目的，就是在给定的环境中，系统只有在目的点和目的环上才是稳定的，离开了就不稳定，系统自己要拖到目的环上才停止，这也就是系统的自组织。而在混沌学中，任何吸引子刻画的都是系统演化的目的性趋势。混沌吸引子是混沌背后的内在有序结构，是一种特殊的目的性结构。这样一来，目的性概念就彻底摆脱了古代目的论自然观所具有的神秘色彩，成为解释世界的一种全新的概念。

自然是经验着的、有目的的存在。它们是“自己的目的”，而不是用来实现人类主体的目的和手段。这是自然的内在价值（naturogenic value）概念。它是客观的，一定程度上不依赖于主体的存在，由它的内在属性所决定的。这与泰勒（Taylor）所提出的生物的好（the good of living-being）、内在价值，雷根（Regan）提出的固有价值（inherent value），罗尔斯顿提出的自然价值（natural value）的含义相互支持，有助于人们树立生态整体主义的伦理观念，有助于构建起源并发展于动物、植物和生态系统的价值体系，弥补西方伦理学和传统哲学从否定自然内部价值出发，进而在自然和人类之间划定“事实”与“价值”的界限，“是”与“应当”的界限的缺陷，尊重非人类的自然物和一切生命的存在权利，尊重自组织系统对自身价值的追求，维持自然系统其他物种的福利，保护自然环境，保护自然系统的进化和完善。

四、自然的某些方面具有主体性与生命伦理的确立

对于生物学的研究，虽然社会现象在动物界以及植物界都非常广泛地存在着，但是由于缺乏适当的关于社会的概念，所以传统生物学只把它们看做“混乱的共生。……族类的本能、罕见的特例，而没有被看做是深刻地刻写

在生物世界中的社会性的标志"[4]。由此，生物学很少研究与通信、认识、智能有关的现象。这就将生物界与社会界分离开来，生物学被禁止在“生物学主义”的范围之内。

生物具有主体性吗？对这个问题的回答首先取决于我们对主体性的定义。定义主体性非常困难，好在它有一些表现，如智能、情感、文化等。当然，定义这些表现也是非常困难的事。不过它们也有一些外在的行为效应，可以通过科学观察实验，检验这些行为效应，来判断智能等的存在。动物心理学、动物社会学就是依据这一原理来确认动物主体性的存在的。概括起来有下列几点：动物有智能；动物有文化；动物有情感；动物有思想[10,11]。至于植物有没有智慧，这也是一个非常复杂的问题。科学研究有越来越多的证据表明某些植物可能并不像我们原先所想象的那样，只是一个不具有主体性的客体，它们可能也有智慧，如植物有计算能力与预见力，有多种感觉和对环境的反应，有决策能力和灵活性等[12]。

上述分析表明，生物界的一部分是存在一定程度的主体性的，进一步的问题是无机界是否具有哪怕些许的主体性呢？化学的新发展似乎为我们提供了部分的证据。化学家在 20 世纪 80 年代对冠醚的研究发现，分子之间的诸种作用力（范德华力、氢键力、静电力等）具有协同作用的特性。通过这种协同作用，分子间的这种相互作用能够形成一定方向性和选择性的强作用力，成为超分子形成、分子识别和分子组织的主要作用力。这里的“协同作用”、“方向性和选择性”、“分子识别”、“分子组织”等已经表示超分子有类同于一般社会群体和组织所具有的性质，具有有机组织，如生物、社会、经济等才具有的自我演化特征，即具有生物体所具备的基本功能特性。这就将化学和生物学联系了起来，为从无生命的物质进化到有生命的物质提供了某种可行的途径，打破了非生命体和生命体之间僵化的二分，为无生命的物质赋予某种生命性提供了条件[13,14]。

当然，这里的意思不是自然的全部都具有主体性或具有哪怕些许的主体性——泛主体论，而是说，自然中的某些事物具有主体性。尽管这样的主体性与人类的主体性不同，或这样的主体性随着事物的不同而不同，但是，我们确实不能否定自然的某些部分具有主体性。实际上，人类确实没有理由认为自己的主体性是全世界唯一的主体性。如果认为只有人类具有主体性，也就是承认人类已经成为自然进化的“终极”宇宙的中心。但是，从广阔无限的时空尺度看，自然进化完全可能产生出比人类更高级的生命形式。因此，各种形态的人类中心主义从主体性出发认为只有人类才具有主体性的观念是错误的。

将智能、情感等赋予动物，为人类伦理地对待动物提供了前提条件。它对于反对以笛卡儿为代表的“灵魂与肉体二元论”、以康德为代表的“理性优越论”具有一定的意义。他们都是以人类有感觉、心灵、理智而动植物没有，倡导人类对自然没有道德义务的。而现在自然科学的发展表明，人和生物并不是两类性质截然不同的存在物，生物和非生物也不是两类截然不同的存在物，它们中的一些程度不同地具有主体性。这为人类彻底克服人类主体与自然客体二元对立思维模式，为将自然作为道德客体，为建立人与自然之间弱意义上的“主体际”道德关系，甚至为承认自然的某些部分可以成为道德主体（moral agent）而不仅仅是道德客体（moral patient），为承认自然的某些部分之间存在伦理价值关系提供了理由。

参考文献

[1] 霍尔斯·罗尔斯顿．环境伦理学：大自然的价值以及人对大自然的义务．杨通进译．北京：中国社会科学出版社，2000：315.

[2] 大卫·格里芬．后现代科学——科学魅力的再现．马季方译．北京：中央编译出版社，1995：86.

[3] 肖显静．主客体之间的关系与环境保护——从建设性的角度看．自然辩证法通讯，2002，(2)：6.

[4] 埃得加·莫兰．迷失的范式：人性研究．陈一壮译．北京：北京大学出版社，1999：74，13-14，74.

[5] 波林·罗斯诺．后现代主义与社会科学．张国清译．上海：上海译文出版社，1998：21.

[6] 哈里斯 E. 自然、人和科学：它们变化着的关系．自然科学哲学问题，1980，(2)：30.

[7] Pittendrish C S. Adaptation，natural，selection and behavior//Roe A，Simpson G G. Behavior，Evolution. New Haven：Yale University Press，1958：391.

[8] Taylor P. Respect for Nature. New Jeresey：Princeton University Press，1986：119.
[9] 拉兹洛 E. 用系统论的观点看世界．北京：中国社会科学出版社，1983：88.
[10] 玛丽安·斯坦普·道金斯．眼见为实——寻找动物的意识．蒋志刚，等译．上海：上海科学技术出版社，2001.
[11] 雅克·沃克莱尔．动物的智能．侯健译．北京：北京大学出版社，2000.
[12] 田立．植物有没有智慧？百科知识，2003，(7)：25-27.
[13] 杜丹，王升富．自组装超分子膜修饰电极的研制及分析应用．化学研究与应用，2001，(6)：617.
[14] 闫莉．超分子化学——化学研究的新视角．世界科学，2001，(4)：6.

大科学与知识产权制度冲突的成因*

一、引　　言

要研究大科学，一个不能回避的问题就是知识产权问题，原因在于：一方面，大科学项目和一般科学研究的一个重大区别就在于其研究问题的基础性和前沿性，大科学项目使用的研究工具往往都是最尖端的技术和最前沿的研究成果，势必会广泛触及已有知识产权问题。无论是大科学工程还是分布式的大科学，尽管其后续的研究和发展属于基础研究，但它们都是在已知技术基础上进行的。这些已知技术可以是在项目启动时他人已获得专利权的专利成果，也可能是他人未获取专利权的申请中智力成果或专有技术，也可能会牵涉到他人获得法律保护的商标权、商号权等，甚至还可以是项目本身的阶段性研究成果。另一方面，大科学的产出主要是科学知识和技术成果，从某种意义上讲，大科学项目的整个运作过程可以看做是一端输入国家提供的巨额资金，另一端输出人才和智力成果，是由国家、参与项目科学家个人和科研机构为显在的法律关系主体之间以知识产权（广义上的知识产权）为核

---

* 本文作者为肖芳、胡新和，原题为《大科学与知识产权制度冲突的成因初探》，原载《自然辩证法研究》，2008年第24卷第2期，第71～75页。

心确立起来的利益关系。因此，我们在探讨大科学运行管理机制的过程中，就必然涉及其中的核心法律问题——知识产权问题。

然而，大科学与知识产权制度之间却存在着显见的矛盾。大科学项目，其投资的公共性、目的的公益性决定了其最终产品（科学发现和技术成果等）在某种程度上的公共性，而由这些研究成果衍生的知识产权从本质上讲则是一种私权，是国家法律赋予符合条件的组织和个人的一种专有权。由此就产生了一些问题，比如，如何在大科学项目所追求的公共利益与相关主体的私人权利之间取得恰当的平衡？在大科学研究成果（尤其是技术成果）的产权归属界定和推广应用的利益分配中如何维护国家、项目承担单位和科研人员这三方主体的利益？

对于上述大科学项目的知识产权问题，目前并没有相关的研究和论述，而要探讨解决这个问题的方法，就必须找到大科学与现行知识产权制度之间相互冲突的原因，进而针对问题产生的根源提出应对措施。本文作者将从法律的视角，来探讨大科学与知识产权制度冲突的原因，以期为解决两者之间的矛盾提供有益的尝试。

二、知识产权制度的两面性

（一）知识产权制度的基本理念是保护私权

知识产权是一种规范智力产品财产归属的私权[1]，属于民事权利的范畴，其本质属性是私权性。

从知识产权的历史演进来看，最初的知识产权是一种封建特许权，它以君主敕令或官府令状的形式，授予印刷商以出版独占许可证或赋予经营者制造、销售某种产品的专有权利[2]。当时的特许权是一种“钦定”的行政庇护，而不是一种法定的权利。也就是说，知识产权正是在这种看起来完全不合乎私权原则的环境下产生，而逐渐演变为今天绝大多数国家普遍承认的一种私权，一种民事权利[3]。进入资本主义社会后，掌握国家政权的资产阶级以法律的形式确定了反映自身利益的经济形态——商品经济的正当地位。商品经济的基本法律精神是私权神圣和契约自由，它确认了个人对私人财产的所有权和进行市场交易的自愿、平等和自治的原则。在这种背景下，科学研究多是在个人或企业的私人财产支配下进行的，其研究成果可以带来经济利益的特点也使其具备了可以进入市场交易的私人财产属性。由此，为了促进技术发明的产生和技术成果交易的发展，国家便以法律的形式确认了成果创造人对于研究成果的专有权，原本的特权便逐渐演变为由国家法律予以确认的一种法定权利。这种权利是国家对私人拥有智力成果的确认，是成果完成人基于成果的创造而享有的专有权利，属于典型的私人权利范畴。从此知识产权便成为一种民事权利，在此基础上形成的知识产权制度也以保护私人权利为基本理念，成为促进技术进步和社会发展的一种全新的法律制度形态。

（二）知识产权制度必须在保护私权和维护社会公益之间做出制度安排

实际上，一直以来，国家对智力生产活动的规制就处于两难选择之境地，其必须解决智力活动的经济效益和社会效益之间的冲突。尤其到了近代社会，人类智力活动完全转化成了一种私人模式，只有作为商品交易的对象，这种个人行为才体现出一种潜在的社会价值。为了在私人权利、经济效益和社会公益、社会效益之间寻找一个合理的平衡，在私权神圣和契约自由作为国家基本制度的社会，国家所能够采取的手段只能是智力成果权法定和授予成果创造人附期限的专有权。也就是说，一方面，为了最大限度地发挥智力成果的社会效益，提高私人从事科学研究的积极性，要赋予智力成果的创造者对其智力成果的独占权；另一方面，为了社会公共利益或国家利益，需要对私人垄断其智力成果使用权规定一个期限，并以强制手段保护他人和社会对智力成果的非营利性使用，以此来促进技术的进步。

综上所述，知识产权制度从诞生之日起，就面临着如何平衡私人权利和社会公益的问题，而这个问题在大科学项目中表现得尤为突出，也就是说，大科学项目与国家社会发展的强关联性和其资金来源的公共性更凸显了这一矛盾。

三、大科学项目和私人资助项目中国家主体地位的不同

在小科学项目，即私人资助的研究项目中，投资者和智力成果创造者之间是一种民事合同关系，双方是平等的民事主体，研究成果或者归投资者所有，或者依双方当事人的约定。而国家作为知识产权法律和政策的制定者以及市场的管理者，处于第三方的位置对市场主体的行为进行监管，并提供必要的服务。在这样的项目中，抛开知识产权制度自身的两面性不谈，项目投资者与智力成果创造者之间是纯粹的民事合同关系，不存在私人权利和社会公共利益的冲突。

与上述私人资助的项目不同，在大科学项目中，合同的主体和性质都有了变化。在合同主体方面，在大科学项目中，一方主体是国家或代表国家的政府主管部门，另一方是项目承担单位。在这里，国家不再是合同之外的第三方主体，而是作为项目的投资者，成为合同的一方主体而参与到科研合同的签订和履行过程中。在合同性质方面，大科学项目的合同并不是普通的民事合同，而是行政合同中的国家科研合同。科研合同是科研资金提供者（一般是科技主管部门）与科研机构、科研人员就科研项目签订的合同[4]。在大多数情况下，科研合同实际上是政府以契约形式为外壳，推行其科技政策，将国家科技项目计划加以落实的具体行政行为，实质上调整的是科技主管部门与科研机构之间的管理与被管理的纵向关系[5]。在国家作为一方主体参与的行政合同中，国家或政府所追求的公共利益、社会利益便成为合同履行的主要目的，在这样的情况下，就面临实现合同的公益目的与保护项目承担单位和科研人员私人权利的冲突，也就是说，项目研究成果是归国家所有还是归承担单位所有，项目承担单位的权利又该如何保护?

如果按照传统的谁投资谁受益的原则来推论，国家作为项目投资者理所当然应该成为研究成果的受益者，换言之，项目成果的知识产权和成果推广应用所产生的利益也应该归属于国家。我国改革开放初期的科技政策便遵循了这一原则。如 1984 年国家科学技术委员会发布的《关

于科学技术研究成果管理的规定（试行）》第七条明确规定：科技成果是国家的重要财富，全国各有关单位都可利用它所需要的科技成果，一切成果的完成单位都有向其他单位交流、推广（或转让）本单位科技成果的义务，绝不允许封锁和垄断。同时，我国1984年《专利法》和1992年的第一次修正都遵循了国家投资国家受益这一原则，规定全民所有制单位的专利所有权归属于国家，单位享有持有权。但何谓专利持有权，专利持有权与专利所有权有何区别与联系，到目前为止专家学者仍众说纷纭，莫衷一是。上述这些做法的直接后果就是：其一，研究成果实际管理主体的缺位，从而进一步导致职务发明推广应用的主体不明，效率低下，导致我国的技术成果在国际科技交流中屡屡被侵权，知识产权严重流失。其二，没有明确界定项目承担单位的权利和义务，忽略了项目承担单位和科研人员合法的私人利益，有损其进行科技创新的积极性。更为重要的是，缺乏经济利益驱动的机制必然会导致成果商业化的效率低下，从根本上阻碍了科技成果的经济效益和社会效益的实现，进而也有损于大科学项目所追求的社会公益目的的实现。

2000年12月，科技部颁发了《关于加强与科技有关的知识产权保护和管理工作的若干意见》，突破了谁投资谁享有这一传统的物权归属原则。根据这一文件的规定，执行国家科技计划项目所形成科技成果的知识产权，可以由承担单位所有。大科学项目作为科技计划项目的一种，项目承担单位依法可以享有研究成果的知识产权。但是，这样就使公共利益处于可能受损的潜在危险之中，因为项目承担单位作为一个独立的个体，不可避免地具有不同于国家利益的个体利益诉求，所以单位个体权利的不正当行使，如项目承担单位瞒报成果或者是研究成果推广应用后的收益分配不合理等，都会损害公共投资所期待的公共利益。因此，国家公权力的介入就有了必要。然而，国家介入权的内容应如何界定才能既不损害项目承担者权利，又能保证项目所追求的公共利益和社会效益的实现？

综上，国家在合同中主体地位的变化，直接导致了大科学项目中公共利益与个体权利的矛盾，如何在保证国家公共投资得到合理回报的同时，维护项目承担单位、科研人员个人的正当权益，是我们必须思考的问题。

四、大科学与知识产权制度在价值取向上的冲突

（一）现行知识产权制度是对智力成果的商业或经济价值的保护制度

知识产权制度是人类历史上第一个以智力成果的商业价值为核心和基础的、与自由竞争的市场经济相适应的成熟的法律制度体系。

知识产权制度具有以下显著特点：第一，知识产权的核心和重点在于财产权，人格权与财产权捆绑在一起，附从于智力成果权利人的财产利益。第二，权利种类和边界的法定性。这也是知识产权区别于其他民事权利的重要特点。我们知道，民法的一个基本理念是法无禁止即自由，民事权利的边界具有无限扩张性；而知识产权从产生之日起，就采取“特许令状”形式，近代以来，尽管有了“革命性”变革，但它的权利内容的确认仍采用法定主义模式。第三，权利的专有性。这是与权利法定主义紧密联系的，即知识产权归权利人所专有，除权利人同意或法律强制性规定外，权利人以外的第三人不得享有或使用该权利，否则就构成对权利人权利的侵犯。知识产权的专有性是近代以来知识产权制度的基本立足点。这里的专有性不仅仅是指这种权利与权利人人身权和精神利益的联系，更主要的是强调这种权利在法律规定的范围内专属于权利人，可以作为交易的客体物，作价值评估或变现为价值。

也就是说，知识产权制度用法律的方式确认了权利人对智力成果所享有的包括占有、使用、收益和处分权在内的专有权，权利行使所带来的经济收益是知识产权利益的重要内容。

因此，从某种意义上讲，知识产权制度的核心是对智力成果权利的私有化，是一种确认创造者的智力成果，并促进成果的商业化运作以实现其市场价值的法律制度。

（二）大科学项目对智力成果社会价值和人类价值的回归

知识产权制度是侧重于智力成果的经济价值或商业价值而做出的制度安

排。智力成果一般不能直接用于人们的生产和生活消费，它必须物化为一种有形产品，才能实现其价值，换句话说，纯粹的智力成果必须转化为现实生产力，转化为一种物质力量或有形产品，才能真正实现它的初始活动的全部意义。知识产权制度便是按照有形物制度模式建构的对智力成果进行保护的法律制度。这种制度按照商业机制和理念把人类所进行的每一项智力活动作商业价值考量，利用了人类智力活动的特殊性，把智力成果的商业价值和非商业价值明确区分开来。

然而，这种制度有它自身无法解决的矛盾：其一，制度本身成为刺激垄断的一个动因。知识产权制度通过授予和保护智力成果创造者的专有权来鼓励其进行创新，但是，这种专有权如果保护过度就会形成垄断，妨碍知识的传播和应用。另外，与有形物相比，智力成果不是一次性消费品，它可以也必须能够被复制或反复使用，它的耐用性成为鼓励人们为了商业利益而谋求垄断的一个动因。其二，知识产权制度只为智力研究活动的商业价值提供保障。而智力成果的商业价值恰恰是智力活动的表层价值、感性价值，与人类从事科学研究的根本目标——认识世界和改造世界相比，它不过是一个阶段性目标，那些不为知识产权制度所保障或无法提供保障的价值，恰恰是人类智力活动的根本价值所在。其三，在知识产权制度中，一般情况下，国家并不直接参与科学研究活动，不是智力成果的权利主体。国家作为智力研究活动的管理者，出于维护市场自由竞争的需要，限定私人智力成果申请国家保护的范围、规定私人独占的权利期限，要求智力成果必须满足法定的“公开”要求。但这些规定在保护权利人权利的同时，其本身也成为阻碍私人从事科学研究和申请国家保护的重要因素，这就导致许多有社会价值的智力成果由私人以其他方式秘密控制，无法为社会所共享，客观上强化了科学研究的商业价值，而损害了其蕴涵的社会价值和人类利益。

而大科学项目的社会价值取向却是显而易见的。

虽然我们从最初出现的大科学项目中很难发现它们的重大社会意义（譬如“曼哈顿计划”、“星球大战”等），因为它们的社会价值被这些项目产生的特定时代背景和承载的特殊历史使命遮蔽了。

但是，到 20 世纪 90 年代以后，大科学研究项目呈现出了新的发展趋势，涉及全球利益、人类共同利益的项目大大增加，例如，全球变化研究计划、国际大陆科学钻探计划、全球地震监测网、国际南极科学探险计划、人类和生物圈计划、全球植物基因测序计划、空间科学与空间天文学、地面天文学等[6]。这一时期的大科学研究明显具有和前一个时期不同的特点：第一，这些项目的研究目的主要不是为了追求它们的商业价值，而是考虑到这些项目对于国家的长远发展和社会的整体进步具有重大的意义。战略性、基础性和追求人类价值、社会价值是这类科学研究的显著特征。第二，这类科学研究的主体一般是国家，而不是个人或企业等一般意义上的市场主体。国家全程介入整个科学研究项目是这类科学研究的另一个显著特点。首先，这类科学研究项目耗资巨大，个人或企业无力完成此类投资项目，更为重要的是这类项目的社会效益大，而商业效益很小或无法预计，对私人资本缺乏吸引力。其次，这类科研项目风险很高，研究前景不确定，而整个研究过程却需要多学科合作，仅靠个人或私人组织根本无法完成项目运行过程中的协调工作。最后，这类项目预计完成周期一般都比较长，有人对美国 20 世纪 90 年代初规划的超过 5 亿美元以上的科学研究项目做过统计研究，结果发现，这类项目的平均工作寿命在 15 年左右，最长的规划期却有 30 年[7]。这不是私人或私人企业所能承受的投资回报周期，更何况成果目标能否达到预期还很不确定。第三，研究的国际性进一步加强，国际合作和交流成为研究项目取得成功的保障，国家在此类研究中所起的作用进一步强化，成为保障项目能够正常开展的协调机构。第四，国家利用市场化、社会化机制的长处，将科学家个人和企业科研部门、专业化科研机构等纳入大科学研究项目，使科学研究成为全社会专业人才的共同行动。

以上因素的共同作用，导致大科学研究项目的经济价值进一步淡化，而社会价值和人类价值得到了提升，科学研究的终极价值得以体现。

综上所述，从某种意义上讲，大科学项目是对传统知识产权制度保护智力成果商业价值这一基本理念的否定，是对智力成果社会价值和人类价值的回归。这也从基本理念、价值取向角度说明，相对于其他的国家资助的研究项目而言，为什么在大科学项目的运行和管理过程中，知识产权的归属与管理会面临更多难解的问题。

五、结　　语

为了找出大科学项目与现行知识产权制度冲突的根源，为解决大科学项目中的知识产权问题提供可行性思路，作者尝试从三个方面探讨了大科学项目与知识产权的矛盾。首先，知识产权制度本身就具有两面性，从诞生之初就面临着协调私人权利与公共利益的问题。其次，与一般的私人资助项目不同，大科学项目中国家是以项目投资者的身份出现的，这就导致项目成果的公益性与成果完成人和承担单位私人权利的矛盾。最后，知识产权制度保护成果商业价值的定位与大科学项目的公共利益追求也是导致冲突的一个原因。

参考文献

[1] 范在峰．知识产权私权性质的变化及其与技术创新政策的协调机制探析．河北法学，2003，21（5）：40-43.

[2] 吴汉东．关于知识产权私权属性的再认识．社会科学，2005，(10)：58-64.

[3] 郑成思．知识产权论．北京：法律出版社，1998：4-5.

[4] 张树义．行政合同．北京：中国政法大学出版社，1994：72.

[5] 郭润生，邬帅莉．论科研合同及其法律规范化．科学技术与辩证法，1998，(4)：42-48.

[6] 科学基金国际合作战略管理发展对策研究课题组．国际大科学研究计划简介．http：//www.powergis.net/show_article [2005-09-03].

[7] 苏开源．美国“大科学”研究概观．社会科学家，1993，(3)：64-72.

法律视野中的“大科学”*

目前，学者们对于大科学的理解大体上分为两个层面。第一个层面是与小科学（多指近代早期及以前由个人进行的小规模的自由研究）相对应的现代科研体制的层面。美国科学史家D. 普赖斯对大科学作了这样的描述："现代科学不仅硬件如此璀璨，堪与金字塔和欧洲中世纪大教堂相媲美，而且国家用于科学事业人力和物力的支出，也使科学骤然成为国民经济的主要环节。现代科学的大规模性，面貌一新且强而有力使人们不得不以‘大科学’一词来美誉之。"[1]这种观点对我国学术界产生了一定的影响。报刊文章上经常提及的“大科学时代”，便是从这个层面上对大科学的理解。我国比较有代表性的学者是较早研究大科学的中国管理科学研究院的赵红州研究员。他认为，所谓“大科学”体制，指的是建立在“规划科学”思想基础上，“以‘大科学项目’为主导，以众多‘小科学项目’为基础的现代科研体制"[2]。换言之，与小科学不同，现在的科学研究是建制化的、大规模的、政府主导或有应用旨向的研究。

第二个层面是指大科学研究项目本身。我们使用“大科学”这一术语，在更多情况下是从研究活动本身来讲的，赵红州认为："大科学就是国家资助的规模巨大的科研项目。"[2]何传启认为："一般而言，大科学研究是指需

---

* 本文作者为肖芳、胡新和，原载《科学技术与辩证法》，2008年第25卷第3期，第102～106页。

投入巨资和众多科学家才能完成的科学研究。"[3]"根据大型装置和项目目标的特点，我们可以将大科学研究分为两类，第一类是需要巨额投资建造、运行和维护大型研究设施的'工程式'的大科学研究，又称'大科学工程'，其中包括预研、设计、建设、运行、维护等一系列研究开发活动。第二类是需要跨学科合作的大规模、大尺度的前沿性科学研究项目，通常是围绕一个总体研究目标，由众多科学家有组织、有分工、有协作、相对分散地开展研究，如人类基因图谱研究、全球变化研究等即属于这类'分布式'的大科学研究。"[4]本文中所指的"大科学"主要针对的是第二个层面，即大科学项目。

一、大科学项目的特殊性

大科学项目本身的特殊性，是大科学运行和管理制度建构的根本出发点，也是法律介入的逻辑起点。这里，我们结合学者对大科学的已有研究成果来进一步考察大科学项目的特点。

（一）项目的基础性

大科学项目首先是基础研究项目。现有的对大科学项目的研究通常认为，大科学项目的特点主要表现为投资强度大、多学科交叉等。然而，科研项目的资金投入规模并不是大科学项目和小科学项目的分野；多学科交叉则是现代科学研究的普遍特征和趋势。这些特征都不足以表征大科学的法律特征。

使"大科学"区别于"小科学"的自然属性之一是大科学项目涉及的研究内容的基础性，主要表现在：其一，在学科发展中的基础性地位。大科学研究主要集中在基础研究领域，是"人类在现有对自然现象规律性认识的基础上寻求新知识"[5]。大科学研究输出的主要成果是科学发现，这些发现和科学知识是一切其他科学研究取得实质突破的前提和基础。其二，对社会发展的支撑作用和促进作用。大科学研究会提升国家的基础研究和前沿技术研究水平，促进国家高技术研究与开发、重大产品开发方面的能力和水平的提高，进而促进国家科技、经济、社会各方面的发展。其三，大科学研究牵涉国家民族的重大利益。大科学项目不仅可以表征一个国家的科技水平，而且也是包括政治、经济等因素在内的综合国力的具体体现，关系到国家的政治、军事和经济利益。

（二）项目成果的特殊性

这主要表现在两个方面：第一，成果形式的特殊性。与其他的科研项目不同，大科学项目多为前沿性、探索性的基础研究，其目的是为了探索自然科学前沿领域的重大科学问题，以取得重大的创新性的科学成果。因此，除了衍生的技术成果之外，大科学项目的主要研究成果便是科学发现。这些科学发现很多时候仅仅具有科学价值，经济效益很小或者是需要进行后续开发才有应用价值。因此，这部分成果的保护和管理也有一定的特殊性。同时，对于“工程式”大科学，其建成的大科学装置中有一部分是公共实验平台，这也可以看做是大科学研究成果的一种表现形式。第二，成果产出的不确定性。大科学研究多集中在当代科技发展的前沿领域，尽管在其立项之初就有明确的科研目标，但是，因为项目具有极强的开拓性和探索性，并且在实施过程中会受到来自社会各种因素的影响，所以能否达到预期目标、产生预期成果并没有一个肯定的答案。这就导致了大科学项目研究成果的不确定性。

（三）项目的国家主导性

大科学项目区别于其他科研项目的另一个特点是它所具有的国家主导性。大科学产生的历史清晰地表明了其所具备的国家主导性特点。“大科学”产生以前的历史，是“小科学”的发展史。在这个阶段中，科学研究是为个体目的（无论是客观还是主观）的实现服务的，属于个体行为，国家不主动为科学研究提供财政资金支持。随着自由资本主义逐渐转变为垄断资本主义，帝国主义之间的战争也逐渐成为影响科技发展的重要因素。由于科学技术对国家事务，尤其是战争的巨大影响，国家对科技的重视程度大大提高，科学研究的规模越来越大，科研经费的投入主体也发生了重大变化，经费数量也越来越可观。在这种情况下，“国家的巨额资助必然使科研领域的生产关系逐步由‘工场手工业’发展成为‘机器大工业’”[2]。这为大科学的诞生提供了经济基础。20 世纪 30 年代经济大萧条为“大科学”的诞生提供了契机，大萧条宣告了绝对的公民社会和政治国家二元对立的近代社会理念的终结，国家干预主义在国家生活中取得了统治地位，表征“大科学”工程的人类实践事业以美国“曼哈顿计划”的实施为标志诞生。

大科学项目的国家主导性特点是由国家在大科学项目中的独特身份所决定的。在大科学项目中，国家既是出资者，又是管理者，这就导致在项目立项、实施、运行和成果管理等各个环节，国家都居于主导地位。大科学项目的国家主导性主要表现在：

1）国家实施大科学的目的主要是为了实现公共利益。与其他科研项目相比，大科学项目投资大、风险高、回报周期长，由此，商业效益不高或短期内商业效益开发因受技术、环境等条件的限制而无法实现，很难吸引商业投资。而也正是其深远的社会意义、巨大的社会价值，才使国家在诸多的研究领域和研究方向之中，遴选出具有基础性、前沿性和战略性的重大科研课题作为大科学项目。

国家实施大科学主要是为了实现公共利益，主要表现在：其一，实施目的的非私人性。大科学研究并非为了某个组织或某些个人，而是国家从公共利益出发，为了提高国家整体基础研究能力和战略目标而系统考虑的。其二，手段的高技术性。大科学研究是前沿性的探索研究，对高技术有着极强的依赖性，尤其是大科学工程，其本身就是高技术的集成，这些工程的建设、运行、改进无不依赖诸多高技术手段的实施。其三，大科学项目与国家和民族的利益直接相关。这也使大科学项目与其他同样由国家资助的项目在这一特点上有了一定程度的区别。

2）国家制定法律法规，规范项目的运行和科研成果的管理。国家作为大科学项目的投资者，为了实现公共利益，有权对项目的运行和所产生的科研成果进行管理。其一，国家通过制定相应的法律法规，对项目的申报要求、申报程序、中期评估、结题验收、经费管理等做出详细的规定，并明确参与主体的权利和义务。其二，在大科学项目研究成果的管理上，为了充分发挥大科学项目的科学价值和社会效益，同时也兼顾各方参与主体的合法权益，国家可以通过制定法律、出台相关政策的方式，确定研究成果的归属模式、成果推广应用的收益分配以及相关权利人的权利和义务内容。

二、法律介入大科学项目的必要性

大科学项目具有巨大的科学价值和社会价值。首先，现阶段许多大科学项目关注的课题都是重大的综合性科学问题，与整个人类息息相关，如人类基因组计划、全球气候变化研究，以及关于能源问题、资源问题的研究等。这些项目的研究成果必然会对整个人类的活动和未来产生一定程度的影响。其次，大科学项目主要集中在基础研究领域，目的是科学创新，其产出的重要成果是科学发现，这些科学知识是相关领域进行技术创新、推动产业发展的重要基础。再次，大科学项目的研究不仅可以带动学科和产业的发展、提升一国的科技实力，满足国家的战略需求，而且对培养前沿学科科研人才、创造就业机会和提高公众科学素养都有着不可替代的作用。

对于一个具有如此重大科研价值和社会意义的科研活动，国内外学者的相关研究和探讨从未停止过。从目前检索到的文献资料来看，已有的研究主要集中在对大科学的社会意义、发展战略、政策研究、项目管理、国际科技合作等方面，而从法律视角对大科学项目进行的相关研究却很少见。但我们知道，作为这样一种大规模的、社会化的科研项目和科技活动，在对其运行和管理模式进行探讨和研究的过程中，法律视角的诠释和制度化分析是必不可少的。具体地，法律制度的建构和运行应当贯穿于大科学项目决策、立项、实施、评估、成果管理的各个环节。

（一）项目规划阶段

国家应成立相应的规划机构，根据国家宏观发展战略，“按照规范的程序，进行规划的制订和推进规划的实施”[6]，通过相应的立法明确规划的制定原则、规划机构的设立、规划期的设置、规划的具体制定程序等。

（二）立项阶段

在任何一个国家，大科学项目的立项都不是一个简单的过程，都需要进行长期的论证和研究。在这个阶段，如何建立起科学、民主、公开的论证和决策机制是至关重要的，也是法律应该介入、予以规范的重要环节。关于决策主体，在民主决策机制中“不仅应该包括直接利害关系群体及其代表，还包括没有直接关联的以及与决策目标相左的群体及其代表”[7]。因此，在大科学项目中，应该参与决策的不只是政府官员、相关领域专家，还应该包括其他利益相关者和一定范围的公众，同时也要吸纳一定数量的意见相左的人员参与决策。关于决策必须遵循的原则、决策程序、决策的监督机制以及立项评估、审批程序等也应该有相关法律予以明确的规定。

（三）项目实施、运行阶段

在这一阶段，法律应当介入的内容包括：针对“工程式”大科学和“分布式”的大科学建立专门的运行管理办法和考核评估制度，制定或完善运行经费的管理办法，建立开放共享的公益服务机制，明确各参与主体的权利义务关系，完善科研人员的考核指标体系等。

另外，鉴于大科学项目研究成果形式的特殊性和产出的不确定性，需要有针对性地确定成果的归属原则，建立健全成果保护和推广应用制度。

三、大科学项目的法律特征

从上文的介绍可以看出，无论是从投资规模、研究目标看，还是从项目的性质、成果的形式等看，所得出的大科学项目的特征只是在自然科学领域对大科学项目特点的描述，很大程度上不具备法律意义，因此，本文研究的第一步就是从对大科学项目研究的实证材料中发现具有法律意义的特征。

（一）大科学项目应该是建立在国家科研合同之上的科研活动

所谓科研合同是“科研资金提供者（一般是科技主管部门）与科研机构、科研人员就科研项目签订的合同”[8]。从本质上讲，科研合同是一种行政合同。与平等主体之间建立在自由合意基础上的一般民事合同不同，行政合同中加入了行政因素，是行政权力和契约的结合。其主要特征是：第一，行政合同的一方主体必须是行政主体（包括行政机关和法律法规授权的组织），具体地，科研合同中的一方当事人必须是国家，一般情况下是代表国家的科技主管部门或基金会，另一方主体是项目承担单位。第二，行政合同的目的是为了行使行政职能，实现公共利益。具体到科研合同，就是政府宏观调控在科技领域中的具体体现，“是国家为实现科技管理目标对科研活动实行的一种自上而下的集中管理”[9]。

大科学项目很大程度上来源于苏联的“规划科学”思想，其本身便是政府对科技领域进行宏观调控的一种方式。同时，大科学项目是前沿性、基础性的探索研究，所取得的科学发现在现阶段常常是各个学科领域中实现重大突破的焦点和热点。大科学项目不仅可以表征一个国家的科技水平，而且也是包括政治、经济等因素在内的综合国力的具体体现。正是为了提高我国的基础研究水平，政府有关部门才投以巨资，以投资者的身份成为合同的一方主体，与合同的另一方当事人——项目承担单位之间形成典型的行政合同关系。

（二）大科学项目法律主体之间的权利义务不同于一般法律关系——国家在项目立项中享有特权

在民事合同中，双方当事人地位平等，任何一方都不享有凌驾于另一方当事人的特殊权利。但在大科学项目中，国家或代表国家的政府有关部门与项目承担单位之间是一种行政合同关系。与一般的民事合同不同，为实现行政管理职能，法律赋予作为行政合同一方当事人的行政主体享有行政特权。主要有以下两点：

第一，决定合同标的的权利。在普通合同中，其标的是经当事人双方合意而定，但在行政合同中，“由于行政主体是公共利益的判断者，因而，合同的原则、范畴及标准的订立只能由行政主体决定，相对人无权对合同标的产生实际性影响”[10]。具体到大科学项目，国家有权自上而下地决定大科学项目的申报范围或决定是否批准某项项目的立项。

第二，选择合同相对方的权利。为了保证合同目的的实现，顺利实施行政管理职能，行政主体一方有权选择适合的单位作为合同的另一方当事人。

在大科学项目中，要求项目承担单位和具体承担人员必须具备一定的资格、素质和能力，尤其是对其科研能力、组织协调能力和科研道德水平都有一定的要求。

（三）大科学项目法律主体的多元化和相对独立性[11]

与其他的科研项目不同，大科学项目是由多个法律主体参与实施的科研活动。在一国内的大科学项目中，除了一个或多个项目承担单位之外，参与大科学项目的法律主体还有项目的承包和分包单位。在国际合作的大科学项目中，法律主体的多元化态势表现得更为明显。比如，著名的“人类基因组计划”就是由美国、英国、法国、德国、日本和中国这六个国家的十几个基因测序中心共同参与并最终完成的。

大科学项目法律主体的多元性是由大科学项目本身的特点决定的。大科学项目研究目标宏大、投资大、规模大，其所涉及的技术、成本和复杂性等问题已经远远超出了一个研究主体甚至单个国家的承受能力，所以必须多个主体同时参与，开展广泛的科技合作，才能保证科研目标的最终实现。

同时，参与大科学项目的主体本身是独立的，具有独立的法人资格。这一点与其他的科研项目有所不同。一般的科研项目，其承担者通常情况下是由相关领域专家和科研人员组成的课题组，这个课题组一般隶属于某个科研机构、大学或企业，不具备独立的法人资格。

四、大科学项目的法律关系和法律定义

一切理论研究的逻辑起点是从研究对象的特定化开始的。关于大科学的定义，国内学者已有诸多论述。比较有代表性的就是引言部分所引用的赵红州和何传启对大科学的界定。从这些定义可以看出，我们目前对大科学的研究基本上是局限于自然科学实证研究的范围，同时，这些定义都是描述性的，是对大科学项目内容方面的某些量的属性的概括，而不是对大科学项目的本质属性的抽象。因此，在这里，需要我们抛开大科学的具体研究内容，对大科学的内涵从法律视角进行重新界定，以作为对大科学项目运行机制进

行法律制度建构的理论支点。

从理论上讲，任何法律关系都由主体、客体和内容三个基本要素组成，我们对大科学的法律意义的界定，同样离不开这三个要素。

大科学项目研究的资金一般是由国家财政预算提供的，在现代社会中，一方面，国家常常是一些大科学项目的国际合作方，因而国家或代表国家的政府有关部门毫无疑问是大科学项目的法律主体之一。另一方面，国家仅仅是项目资金的支持者，项目是由具体参与者来推动的，包括参与项目的科学家、科研机构和承担项目研究任务的承包或分包企业等，而许多大科学研究项目的主要研究设备都是建立在已知的技术基础之上的，势必会将项目要加以利用的一些专利、商标、发现、商业秘密等的权利人卷入这种法律关系中来，他们也会成为大科学项目的利益主体。大科学项目中参与各方的法律关系的客体，即各方权利义务指向的对象因各方在项目中的地位和利益不同而不同，其中，国家或代表国家的政府作为大科学项目的资金注入方和其他实际承担项目研究工作的科学家、科研机构和承包企业之间的法律关系是最主要的，其指向的客体可以是科研成果（包括阶段性成果和最终成果）、项目资金或其他投入项目研究中的享有或不享有自主知识产权的已知智力成果（可以是专利、发现、商业秘密等）。大科学项目研究参与各方法律关系的内容是指各方在大科学项目中享有的权利和承担的义务。

由上，我们可以得出一个初步的大科学项目的法律定义。大科学项目是指国家为了公共利益的需要，主要由政府财政拨款，并由政府委托，组建由科研人员、科研机构等组成的科研团队，根据政府主管部门和其他各方之间依法律或合同确定的权利义务关系而进行的重大基础性的科研活动。

根据参与各方权利义务划分方式的不同，大科学项目模式可以分为市场化运营模式和行政主导模式。市场化运营模式是把现代市场化手段和工商管理理念应用于大科学研究项目管理的产物。在这一模式中，政府尽管是项目资金的提供者，但政府和项目承担单位之间是一种合作关系，政府和项目承担单位及项目承担单位内部之间通过层层的合同加以约束。美国自 1942 年启动“曼哈顿计划”起，一直是市场化运营模式的典范。行政主导模式源于苏联，是计划经济应用于科学研究的结果，它强调政府对科学研究的领导地位和作用，按照计划（planning）、组织（organizing）、人事（staffing）、指挥（directing）、协调（coordinating）、报告（reporting）、预算（budgeting）的科层制原理和原则管理大科学项目①。政府既是项目的决策者、资金的提供者，又是项目的管理者、参与者，政府和项目的其他参与者之间是一种领导和服从的关系。尽管政府和其他项目参与者之间也存在明确各方责任的各种形式的“合同”，但它的实质则是“责任状”或“军令状”，政府一方具有单方变更和废止合同的权力。进入20世纪90年代以来，随着公私合作、公众参与等社会化手段应用于大科学项目管理，又由于大科学项目国际合作的有力推动，上述两种模式出现了融合的趋势。作为一种行政合同的国家科研合同，因为它既有行政因素，可以保证项目实施目的是为了公共利益，又具备契约的部分特征，可以激发项目承担单位的积极性，保证项目的实施效率，所以便成为大科学项目两种运作模式融合后的一种选择。

综上所述，要建立大科学项目运行的法律制度，必须界定大科学的基本法律问题。正是出于这种考虑，作者对大科学的法律关系和法律特征进行了初步的探讨。在法律视野中，“大科学”是建立在科研合同基础之上的一种科研项目，是由国家、科研机构、科研人员、承包或分包单位等作为主体参与的，为实现国家或社会公共利益而进行的科研活动。

参考文献

[1] 赵红州．大科学观．北京：人民出版社，1988：1.

[2] 赵红州．“大科学”的由来及其发展．光明日报，1994-04-06.

[3] 何传启．我国的“大科学”研究与国际合作．科技导报，1997，(5)：17-19.

[4] 陈国栋．大科学研究的主要特征与运行模式．科学之友，2004，(10)：37.

[5] 魏蔚．国际大科学项目合作的形成、发展及特点．中国社会科学院院报，2006-04-27.

[6] 中国科学院综合计划局，基础科学局．我国大科学装置发展战略研究和政策建议．中国科学基金，2004，(3)：166-171.

---

① 这里采用美国公共管理学家古利克对传统行政管理精神实质予以精准概括的“POSDCORB”观点，见 Luther H. Gulick，Lydall Urwick. *Papers on the Science of Administration*. New York：Institute of Pub lic Administration，1937：13.

[7] 赵克．重大工程项目的决策向度述评．探索与争鸣，2004，(12)：15-17.
[8] 张树义．行政合同．北京：中国政法大学出版社，1994：72.
[9] 郭润生，邬帅莉．论科研合同及其法律规范化．科学技术与辩证法，1998，(4)：42-48.
[10] 侯丽萍．行政合同中的特权．检察实践，2004，(2)：41-42.
[11] 肖昂．大科学创新的机理、主体及其组织方式．南京：东南大学硕士学位论文，2004.

作为中介革命的网络交往*

“社会——不管其形式如何——是什么呢？是人们交互活动的产物。”[1]社会正是由人的交往形成的，社会关系是由人的交往活动建构和联结起来的，通过交往，实现着人们之间物质、能量、情感和信息诸方面的交流。交往是人的认识的重要中介，是人与外部世界的中介，也是人们形成自己的各种社会关系的中介。纵观人类交往方式的演变，实质是交往中介的发展变化过程。

一、人类交往方式的革命

人类的交往方式先后经历了五次革命，从封闭式交往逐渐向开放式交往过渡和发展。最初人类的交往是面对面的直接的互动，使用手和脸等身体部位的接触，通过这种最直接简单的肢体活动来进行信息交流。语言的出现，实现了人类交往方式的第一次革命。语言成了人类进行交往的工具，语言交流不仅简便易行，而且灵活迅速、生动传神，成为人类最普遍、最基本的交往形式。面对面语言交流方便有效，但是信息保留的时间较短，使用起来也受双方之间的距离和语种等条件的限制。以文字作为载体进行交往，是人类

---

* 本文作者为李志红、陈雅莲，原题为《网络交往——中介的革命》，原载《北京理工大学学报（社会科学版）》，2009年第11卷第2期，第25～27页。

交往方式的第二次革命。人类既可以用文字来记载口语、描绘事件和传播信息，也可以通过书信往来建立联系。文字的出现，使人类的交往首次突破了时间和空间的局限性，使得跨时空沟通成为可能。文字为人类提供了远距离交往的可能性，不过这种交往方式存在着异步沟通的时滞障碍。以印刷文字为载体的交往方式实现了人类交往方式的第三次革命。印刷文字的普及，使信息存储和信息传递的效率大大提高，为人类的交往提供了更大的便捷，但这种交往方式的效果，常常会受到保存方式和受众文化修养等的影响。

信息技术革命为人类的交往带来了广阔的发展前景，是人类交往方式的第四次革命。电话使人类交往既可跨越地域的界限，又可实现即时交谈。电话的普及弥补了人类面对面语言交流和文字交流的缺陷，但同时也显露出了交流范围窄、信息量少和不易存储等局限。电视集声、光、电、音、字和形于一身，对人类的信息交流也产生了重大而深远的影响，但受众只是被动的单向传播信息的接收者，交往地位并不平等。

数字化电子媒体的产生，实现了人类交往方式的第五次革命。尤其是网络技术的出现，以其独特的方式和丰富的内容为人们提供了一种全新的认识和把握事物的环境，从时间和空间上改变了人类传统的交往方式。远程数据处理技术的广泛应用是自文字产生以来人类历史上又一个极为重要的里程碑。它所创造出的一种新型的语言，即结构极为简单的计算机语言，使人类的交往更加方便，为人类提供了互动交往的平台。网络使人们有很高的个人参与性，人们不仅能够搜索和选择信息，而且能够输送信息，通过“电子信箱”可以全球交流，通过网络可以召开会议和远程会诊等。网络对人类社会的全方位渗透，极大地丰富了人类的生活内容，同时引发了人类交往方式的变革，打破了世界范围内人们交往的局限，并逐渐形成以网络技术为中介的交往模式。

二、交往中介技术化

技术革命推动了人类交往实践的变革，随着科技的发展交往中介技术化趋势更加明显，人类交往方式实质上是中介的革命。传统社会生产力不发达，人与自然是直接同一的。原始的、以血缘关系为纽带的低水平物质生产决定着人类的自然交往活动方式。人对自然的关系是狭隘的，人的行为也受自然条件的限制，这就必然使人依赖于自然和自然的秩序。这种人对人的狭隘关系，表现为人对人的直接依赖，是在血缘上或在政治上的从属关系与依附关系。个人的活动范围也被局限在“血缘”与“地域”的经纬之中，社会活动的天地极为狭小。一个农户就是一座庄园，一座庄园就是一个小社会或独立王国，其中农、林、牧、副、渔等行业差不多应有尽有，男耕女织，有吃有穿，几乎不需与外界发生联系，这种自给自足的封闭状态，使“人的生产能力只是在狭窄的范围内和孤立的地点上发展着”[2]。处于“人的依赖关系”阶段的人们，由于个体力量的软弱，无法面对自然和个体生存的压力，只能依赖人群共同体的力量征服与应付自然，在这种形态下，个体只有通过血缘纽带来维持自己的生存与发展，这时个人只是“狭隘的人群的附属物”。在这个阶段，人与人之间交流的形式与实践基础是面对面的直接依赖型。

科技的发展推动了人类社会的进程。随着技术的物质基础——生产工具高度发达，现代化的交通工具和信息手段的不断推出，可以用技术秩序支配自然，把自然环境改造为技术的、人工的环境，使人可以有效地利用自然和改造自然。人与人的交往即人的社会联系以物（商品、货币）为媒介，通过货币交换，使人与人的交往具有利益倾向。人与人之间不再是直接依赖，而是通过物的手段，实现一种间接依赖的交往。人与人的交往也更加普遍与扩展，扩大了人际交往的地理范围，造成一种超越血缘、地缘的新型交往关系。在“以物的依赖性为基础的人的独立性”的阶段，实现了人对“人的依赖关系”的解放，它用物的经济联系、技术手段、商品交换与货币关系代替了人的依赖关系。在这一阶段，社会交往的实践基础是间接中介型。人们的生活状态发生了变化，农民过去那种长期被束缚于土地上的耕作方式被彻底打破，他们可以有更多的精力和闲暇从事自我发展的活动。“劳动表现为不同以前那样被包括在生产过程中，相反地，表现为人以生产过程的监督者和调节者的身份同生产过程本身发生关系……工人不再是生产过程的主要当事者，而是站在生产过程的旁边。”[3]

网络技术对交往手段的革新，实现了人类交往的数字化、虚拟化和全球化，创造了新的社会关系和新的交往方式。网络技术的虚拟现实性，极大地改变了人类的交往关系和主体状况，改变了人们交往实践的方式。“互联网乃是全球计算机中介之沟通的骨干——互联网连接了大部分电脑网络。"[4]以网络为技术支撑的交往实践直接改变了人类的生存模式，人类的交往实践不再是单一的直接依赖型和间接中介型的模式，而是实现了既直接又无需中介的交往方式，同时人类交往的内容也具有了精神化的特质。在以网络空间为中介的交往中，人们抛弃了由经济收入、种族肤色和社会地位等造成的现实的壁垒，加入到自己喜欢的社区中与其他网络主体进行非功利性质的纯粹的精神交往，他们可以随时进入或退出某个群体而无需考虑太多的因素。网络技术的发展，使不同地域范围的人们之间的联系更加紧密，而且引发了更为广泛的社会参与。网络社会中实现了传统交往中的“点对点”或“一对一”的方式、“点对多点”或“一对多”的方式。网络发展起来的电子公告板(BBS)引发了更大规模的社会参与。以文字为主的博客可以充分展现个人的思想与感受。正如梅洛维茨（Meyrowitz）所指出的，媒体尤其是电子媒体改变了社会生活的“情境地理学”：“媒体愈来愈使我们成为其他地方所举行的演出的‘直接’观众，并使我们参与到不是‘物理在场’的观众之中。"[5]在虚拟空间中，人们可以寻求到理想的精神家园，交往的内容与形式都有了新的拓展。

三、网络交往是符号中介

符号化是网络交往的典型特征之一，网络交往实现了由实物中介向符号中介的转换。与传统的实物交往不同，通过网络进行交往是以符号为中介的交往活动，人们不再受地域、时间、国家和种族等各方面的限制。作为交往中介的符号本身虽然没有价值，但由于人们借助于符号达到了信息的传递和共享，同时也是意义的传递和共享，因此符号交往使人们彼此理解，并在此基础上协调行为，进而影响和改变了主体间的交往关系。主体间的交流是主体凭借工具系统和语言符号系统完成的，交往关系则是依此而建构起来的“主体-主体”结构。网络空间成为一种符号化的信息存储库，依赖各种各样的网络图标或象征符号作为人们行动的中介。符号不仅作为一种互动沟通的中介使用，而且进一步构成人们可以与之互动的对象。这种以符号为中介的互动，使人们在网络上能够彼此交流和沟通，并理解各自行为中所传达的信息、知识、情感和意义。

网络交往克服了现实交往中的一些限制，使交往变得简单易行。网络交往从根本上说是一种建立在实物交往基础上的符号交往，是以计算机和网络为基础的各种信息的交流。网络间流动的是比特，它把所有的信息都转化成了 0 和 1 这两个最基本数字的结合，数字在某种意义上已经决定了人们的存在方式，数字也不再仅仅是一种简单的代表性的符号，而是有意义的符号。人们把意义赋予符号，并通过符号的传递使自己的思想、情感和意志为符号接受者所理解，这种交往中介的改变使得人们能以最方便的方式进行交往，符号所传达的信息也以最集中丰富的形式传播到受众那里。网络最大限度地调动人们的视听感官，使语言在网络中的传播增加了许多辅助手段，以克服语言符号在传播中对信息的简化。语言符号在外形和意义上都发生了变化，被重新赋予了网络交流中新的意义，并成为网络惯常用语。表情符号是网络中的特有现象。网民可以使用“电子表情”，这是一种被符号中介的“表情”，这些表情符号标准化并成为网民的共识。人们可以对符号进行识别、理解和联想等来还原出这些符号的意义、理解这些表情。人们的网络行为在很大程度上是基于并依赖于信息符号及其相关的知识系统所构建起来的数字化空间。

网络形成了一种新的、全球性的社会组织形式——“虚拟社会”，以虚拟实在为基本的技术支撑。在虚拟空间的交往中，交往者的性别、年龄、相貌和身份等都能借助虚拟技术得以隐匿和篡改，人们的交往行为也因此赋予“虚拟化”和“非实体化”特征。虚拟生活中交往主体的“符号化”也直接导致了自身的不确定性，无法确定与之对应的现实生活中的人的真实身份及其他社会特征。活生生的人成了一种符号，人们只知道代表对方的符号，而不知道对方究竟是谁。网络为人们的交往和沟通提供了方便，却使人们的交往行为或多或少地非人化了。网络交往创建了一种超越现实世界的新交往领域。网络交往中的主体，在地位上都是平等的，其身份和角色没有定位，都是不确定的，甚至可以完全抛弃一个人在现实社会里所扮演的各种身份角色等，仅借助符号中介实现“非实体化”的交流。虚拟空间虽然是虚拟的，但它却是一种实在，使人的交往方式具有数字化意蕴。

参考文献

［1］马克思，恩格斯．马克思恩格斯选集：第4卷．北京：人民出版社，1995：532.

［2］马克思，恩格斯．马克思恩格斯全集：第46卷（上）．北京：人民出版社，1982：104.

［3］马克思，恩格斯．马克思恩格斯全集：第46卷（下）．北京：人民出版社，1982：218.

［4］曼纽尔·卡斯特．网络社会的崛起．北京：社会科学文献出版社，2001：429.

［5］Meyrowitz J. No Sense of Place. New York：Oxford University Press，1995：96.

中国彩电反倾销案例分析*

对外贸易的重要目标是提升本国社会福利总量、维护国家利益。因此，国家之间的贸易战时而打响，并伴随着各种经济贸易手段，使得贸易保护与歧视政策充斥其间。反倾销是世界贸易组织允许采取的维护公平贸易和保护国内安全的合法手段，却被经常用于国家的贸易保护政策中，人为夸大出口国的倾销幅度。针对国外愈演愈烈的反倾销调查，中国的出口企业应该尽快实现新的产品营销策略，将单纯的价格优势转化为性价比优势，即通过产品更新换代在高端产品领域发挥中国企业的综合成本优势。通过对彩电反倾销案的研究与思考，我们可以对贸易壁垒进行深入分析，提出解决此类问题的对策措施。

一、中国彩电反倾销案例描述

中美彩电反倾销博弈过程揭开帷幕。

2003 年 5 月 2 日，美国五河电子公司、国际电子业工人兄弟会、美洲国际电子产品、家具和通讯工会等向美国国际贸易委员会（ITC)、美国商务部(DOC）提起了反倾销申诉，认定包括长虹在内的 10 多家中国彩电企业和马来西亚的一些厂家存在倾销行为。

* 本文作者为李志红、孙峰，原载《工程研究》，2007 年第 3 卷，第 164～172 页。

2003年5月7日、23日，ITC、DOC分别就此申诉进行立案。6月16日，ITC做出了肯定性初步裁决：裁定有合理的迹象表明来自中国和马来西亚的彩电对美国产业造成实质性损害。同日，DOC向中国商务部发布调查问卷表，要求将问卷传递给中国所有在调查期间向美出口彩电的生产商/出口商（长虹、康佳、TCL控投和厦华等约15家公司），同时也将副本抄送给中国机械电子产品进出口商会，并规定了对调查表中不同部分做出反馈的最后期限。

2003年6月22日，因被调查对象过多，根据美国关税法规定，DOC裁定除中国政府外，长虹、康佳、TCL和厦华作为强制性应诉人。

DOC发起了第一轮质询，并给予了不利于中国的概念解释。

2003年7月7～21日，DOC收到了来自长虹等10家出口商就问卷A部分的反馈，其中长虹要求美国商务部确认中国的彩电行业是有市场行为倾向（MOI）的产业。但是，DOC通知长虹，其MOI主张须是代表整个中国彩电产业而非具体的一个出口商做出的。同月，DOC向没有被选为强制性应诉者但及时就A部分做出反馈的出口商和强制性应诉公司发布了问卷A部分的补充内容。

8月，DOC收到了这些问卷的回应。应诉人就市场导向产业、替代国、替代价值等向DOC递交了有关信息并提出了看法，但遭到DOC的否定，后者以印度为替代国计算我国彩电生产成本。11月21日，DOC发布了肯定性初裁，裁定海尔等9家公司的反倾销税率为40.84%，其中长虹为45.87%，康佳为27.94%，厦华为31.70%，TCL为31.35%，普遍税率为78.45%。

2003年12月和2004年1月，DOC对康佳、长虹、TCL和厦华4家公司的问卷反馈进行了确证，同时让各当事方对初裁进行评论。

2004年2月，DOC收到了所有申诉方和康佳等4家强制性回应公司的案件和反驳概要书，同时还收到了苏州菲利普公司、3家美国进口商及中国机械和电子产品进出口商会（CCME）的案件概览。3月3日，在长虹、康佳和TCL公司的要求下，美国商务部举行了公开听证会。

中国公司不满DOC的肯定性初裁，努力进行讨价还价。

2004年4月12日，DOC做出肯定性终裁，裁定海尔等9家公司的税率减为21.49%，其中长虹为24.48%，康佳为11.36%，厦华为4.35%，TCL

为22.36%，普遍税率为78.45%。

DOC在中国公司的强烈要求下，对肯定性初裁进行了反馈，产生了第二轮的出牌结果。

2004年4月15日，ITC举行了听证会。5月14日，ITC经过投票，最终裁定，由于从中国进口的产品以低于公平价值在美销售，使美国彩电业受到了严重损害；美国商务部纠正了其在计算过程中的错误，给出了最终征收的税率：将海尔等9家公司的税率调整为22.94%，其中长虹为26.37%，康佳为9.69%，厦华为5.22%，TCL为21.25%，普遍税率为78.45%。

由此，美国有关方面亮出了底牌，而中国方面已无力再反驳。

2004年5月21日，美国商务部签署反倾销征税令。

有关部门指出，虽然这次彩电反倾销案总价值约为16亿美元，但对中国彩电行业来说最惨痛的是：辛苦开拓的美国市场可能将不复存在，中国彩电业3500万台的产能将处于闲置状态。

二、中国彩电反倾销现状探源

从整体上看，此次的中国彩电反倾销是美国出于国家利益的考虑，人为设置了贸易壁垒，阻挠中国彩电制造业对美国的出口。美国为了对整个国家的产业体系进行资源配置调控，对每一具体产业均进行特定的开放或保护。与此同时，中国彩电业在美国既定的政策下，可以采取诸多必要的措施以避免出现反倾销情况。整个的博弈过程，最后以中国彩电业损失惨重而告终。中国彩电业的遭遇，其实有着多种深层次的原因，这些影响因素相互关联，相互制约与影响，本文主要从政治、技术、制度层面进行分析。

（一）政治壁垒——全球化竞争态势下愈演愈烈

当前，世界各国的全球化竞争日益激烈，每一个国家从本国利益最大化角度出发，进行国际的利益博弈。因此，各种矛盾层出不穷，人为设置贸易壁垒只是其中的一种方式。

1. 全球化竞争的实质

全球化竞争的实质是追求跨国公司自身利益的最大化。跨国公司的行动并不都是在推动贸易自由化的发展，只有贸易自由化能使其更容易地进入他国市场，而当其获取资源时，贸易自由化才是跨国公司响亮的口号。一旦这种自由化发展到危及其自身利益的时候，它就会毫不犹豫地举起贸易保护的大棒。全球竞争战略决定了跨国公司既可以成为贸易自由化的积极推动者，又会成为贸易保护主义的重要力量。如果经济的主导权控制在它们手中，那么发展中国家在面对自由化的冲击和贸易保护的壁垒时都将处于被动地位。

2. 美国国家新战略的影响

反倾销税征收的一个重要依据是认定某一外国产品以低于正常价值的价格在进口国进行销售，并对进口国生产相似产品的产业造成法定损害。

美国考虑到新国家安全战略在贸易方面的指导作用，认为进口依赖的单一性会威胁到美国的贸易安全，因此采取了相应的反倾销措施。这一理念的实施是美国国家新战略对国际贸易反倾销的直接影响。美国高度依赖进口的普通消费品，如果某类产品的进口完全依赖某个国家，就会造成这个国家过大的筹码。一旦该国家与美国发生涉及安全方面的矛盾，美国将没有回旋的余地。因此，美国必须考虑多个经济体份额相对均衡的进口数量来维系自己的贸易安全。近年来美国进口原产于中国的彩电数量急剧增长，美国政府开始担心彩电进口份额的均衡性，所以提出对中国彩电的反倾销案。

3. 贸易保护主义的推动

美国国内的保护主义团体，为了维护自身的经济和政治利益，往往通过国家的意志来转移国内的矛盾。针对美国出口能力不够，对外贸易逆差居高不下，政府只有通过打开国外市场，并同时对本国市场实行保护，才能平衡贸易赤字。反倾销本身是为了保障公平贸易，不是为了实行贸易保护主义，但美国政府有计划、有步骤地限制外国产品进入美国的做法，让中国的产品受到影响。

4. 贸易歧视政策的实施

不公平的贸易歧视政策，即我国的“非市场经济国家”地位。WTO 的有关规则基本上由西方发达国家制定，对于发展中国家来说本身带有不公平性。在反倾销中对“正常价值”的确定有两套标准：对于市场经济国家，是与出口国国内市场的价格相比较；对于非市场经济国家，则只能以经济发展水平相当的替代国的类似产品价格作为衡量标准。而且，为了维护本国的利益，它们往往选取发达国家或生产差异很大的国家作为“替代国”。

出于美国迄今不承认中国的“市场经济”地位，使得其在进行反倾销调查时不使用中国的“市场价格”作为衡量标准，而是极不恰当地选定了印度作为“替代国”来计算中国彩电的“正常价值”。中国家电市场化进程起步早、程度高，而印度彩电业至今垄断程度仍相当高，无论是规模、产量还是生产效率与中国同行业均相去甚远；中国的市场化程度远高于俄罗斯，而美国却给予了俄罗斯市场经济国家地位。这一系列不公平的参照与计算方法对于生产力价格低廉的中国来说影响非常大。

（二）技术壁垒——技术低端没有竞争力

不同类型产品，其技术含量有所不同；同一类型产品，高端与低端产品的技术含量也有所区别。中国彩电企业的出口产品，有很大比例属于技术低端类别，在美国市场上的竞争力比较低，因此，当前我国彩电企业在国际市场上的竞争策略存在两大误区。

1. 低价格竞争策略误区

根据美国国际贸易委员会的判决书，2003 年美国彩电厂商总产量为 380 万台，总价值为 19 亿美元，均价为 500 美元；相比之下，2003 年中国对美国出口彩电 180 万台，总价值为 3.189 亿美元，均价为 177.2 美元。相比之下，中国商品出口利润率较低，价格差别过大，降低了出口效益。中国出口商品多为劳动密集型产品，这样的商品和生产环节进入门槛不高，质量相对容易控制，因而差异不大。国内外供货商与日俱增，供货商或同行之间的竞争通常只能在成本上做文章，正常的竞争很快就会失控而滑向价格战。

2. 销量突变误区

中国产品的出口往往在一个集中时段内出现销量陡增的现象，这样很容易诱发反倾销起诉。比如，在这次案件中，长虹公司对美国出口量就是在短期内大幅度增长。中国家电业的资本投入主要偏向产能的增大，而不是技术创新。中国彩电在美国市场没有形成梯次，集中为单一的低端产品，在定价策略上也没有形成梯度弥补，所以中国彩电在美国市场很容易受到冲击。

（三）制度壁垒——没有建立有效的应对机制

制度壁垒是各项壁垒中最为重要的一环，涉及不同类别、不同层次的政策体系。本文从空间维度分析国内厂商的合力效应；从时间维度探讨相关的应急制度、预警制度。

1. 缺乏联合应诉导致失败

在美国五河公司向美国 ITC 提起申诉并要求对中国彩电进行反倾销调查后，国内各大彩电生产企业随即惊慌失措，众多企业的第一反应竟然是互相指责，甚至互相告发。如此相互指责和对事件的判断不一所造成的直接后果是：美国商务部毫不费力地得到了初裁产业损害存在的众多数据；中方企业则从一开始就丧失了反击的最佳时机。在反倾销调查中，国内彩电企业各方利益冲突很大。虽然我国机电商会一再号召彩电企业团结一致，但企业应诉阵营仍然很快出现分裂，各自为政。由于采取单独应诉的策略，美方在调查中最终可以逐一击破。

2. 预警机制缺失

2000～2002 年，中国彩电对美国出口增长了 1166 个百分点。如此迅猛的增长速度，使我国彩电出口企业在美国正式提起反倾销指控之前，并没有一点警觉，更没有采取积极有效的预防性措施去及时调整出口价格。中介组织的协调也很不足，中介组织得知美国准备立案反倾销时，没有赶在对方起诉之前，及时做好协调工作，没有与美国进口商合作，防止事态扩展。在这次彩电反倾销事件中，预警机制的缺陷，造成判断失误、信息不通，以至于不能提前采取应对措施。

3. 应急机制乏力

在彩电反倾销案件中，我国政府也曾向美方表态，希望美国政府在调查中公正地对待中国企业，并且对美国原告的指控表示过质疑，但应急机制乏力，外交攻势还是不够。马来西亚也曾面临相似情况。在反倾销案调查开始之际，马来西亚驻美大使代表本国政府分别给美国商务部和国际贸易委员会发出公函，这份公函引用世界贸易组织反倾销协定的有关条文，为马来西亚企业进行了积极的辩解，并要求美国反倾销主管机关对该案进行调查时谨慎从事。随着经济全球化的进程，我国在面对国际贸易争端等突发事件时，政府保护力度有待加强，应急机制有待改善。

三、中国应对反倾销的策略

反倾销关联面非常广泛，除直接关系涉讼企业外，还涉及政府、行业协会及中介组织等相关层面。应对反倾销，除了企业积极参与外，还需要各相关层面紧密配合，从而形成合力，在预防和应诉反倾销中赢得更大的主动。分析美国对我国彩电反倾销个案的深层原因和近年来我国企业应诉的实践经验之后，本文提出一些应对策略。

（一）尽快获取市场经济地位

发达国家在反倾销诉讼中，经常采取歧视政策，对发展中国家的市场经济地位予以否认，进而利用世界贸易协定中的反倾销规则，给予对自身有利的概念解释，获得本国最大利益。我国政府应充分解读与利用《中华人民共和国加入议定书》等世界贸易组织法律文件，尽快获取市场经济地位，减少针对我国的反倾销案件发生数量。

第一，通过政治谈判。我国应努力争取具有市场经济国家标准立法权的国家不再以此作为贸易要挟，不再使用《中华人民共和国加入议定书》中有关市场经济国家优先权的若干政策。第二，《中华人民共和国加入议定书》中强调，非市场经济国家地位在正式入世 15 年后才可终止，如果这一“帽子”届时再摘，近 10 年内我国的国际贸易都将受到严重制约。因此，我国应尽快说服以上相关国家（主要为美国、欧洲国家、加拿大等）在剩余年份中尽快放弃对中国非市场经济地位的判断。

（二）大力推进技术创新

应对反倾销，不仅要避开政治上的贸易壁垒，而且应更加注重在产品研发和创新方面的投入。目前我国彩电企业出口到国外的产品仍以中低端为主，主要以劳动力的差价来赢利。受产品质量稳定性和产品档次的限制，靠低廉的价格来换取出口机会，仍然是我国企业增加出口量可选择的手段，但这种手段很容易成为反倾销的目标。要避免和减少来自国外的各种贸易倾销案的起诉，关键是要培育自身品牌，多出口具有自主知识产权的产品。中国彩电企业目前在国外主要是走低端产品路线，这样容易授人以柄，造成倾销印象；而液晶、等离子这些高端彩电则不在反倾销范围之列。从长远来看，加快产业升级，是一个发展方向。因此，产品应该以高质量的形象出现在国际市场上。

此次美国反倾销的范围是来自中国的 21 英寸以上的彩色显像管和背投电视，其中大部分属于模拟电视，预计美国数字高清晰电视年需求量约 3000 万台，其中数字等离子电视、数字液晶电视均不在此次反倾销的范围之内，彩电行业只要适时调整产品结构，提高科技含量，向高端市场发展，在美国仍有极大的机会。

中国彩电企业正在积极调整生产布局，努力提高产品的科技含量，以期在美国市场的新一轮竞争中大显身手。目前创维已经着手减少传统 CRT 彩电的生产和出口，转而主攻等离子、液晶等高清彩电以及 21 英寸以下小型 CRT 彩电的出口，长虹方面将利用在海外相继成立的澳大利亚长虹、印尼长虹等企业，以及在美国、中东、俄罗斯、欧洲国家和地区等陆续开设的经营及研发机构，加大对高清背投等高端产品的出口力度。

举步维艰的厦华企业于2002年顶住压力，投入主要研发力量大举进军平板电视市场，至2004年11月，厦华企业已在海内外市场推出的平板电视超过了100个型号，并打入美国主流市场。长期以来，厦华在美国市场奉行的是“三高”策略，即“高技术、高端市场、高利润”，厦华在美国没有任何倾销行为，公司出口产品平均单价在所有被诉企业中是最高的，自然就获得了较低的税率，赢得了美国市场。

（三）加强企业联合应诉

1. 行业协会需加强整合作用

彩电反倾销案发生时，中国机电进出口商会等行业协会难以驾驭各个企业的应诉要求，究其原因，在于行业协会或政府引导的缺失。国内各彩电厂家应对美国反倾销行为的措施不统一，各自单独行动。美国商务部否定长虹等中国彩电业市场导向产业主张的理由是，应诉人没有提供涉及本行业所有生产商记录的必要信息。这一问题彰显了行业协会的无力以及核心企业单打独斗的实际。行业协会本质上是一种中介机构，其存在的意义就是对内整合行业企业的各项资源、协调企业之间的利益矛盾，对外代表本行业诉求，与国际贸易对手讨价还价，维护本行业的切实利益。

2. 争取行业市场的经济待遇

根据中国加入世界贸易组织的法律文件，只要被调查的生产商能够证明其所在行业的经营活动具备市场经济条件，外国反倾销调查机构就应当给予其市场经济待遇。因此，行业协会的重要意义毋庸置疑。行业协会应作为抗辩主体，代表行业内企业的整体利益，降低具体企业的申诉风险，确保本行业市场经济待遇的实现，从而在中观层面上与国外反倾销机构进行利益博弈。

（四）完善系统的预警机制

1. 着力建立反倾销预警机制

我国当务之急还要着力建立反倾销预警机制。目前在进口方面，我国已初步在汽车、化肥等行业建立了反倾销预警机制；但在出口方面，尚缺乏有效的预警机制，中国作为遭受反倾销最为严重的国家，迫切需要一整套有效的、能快速反应的反倾销预警机制，以便准确、迅速地预警中国厂商可能会受到某国的反倾销调查。这就要求我国的政府、企业、行业协会、海关、行会驻外机构和国外进口商必须通力协商合作，共同应对。

大部分反倾销诉讼案件的提起并非没有根据和征兆，一般都有某项产品在进口国数量的迅速增长和相应的舆论反应。只有建立有效的反倾销预警机制，及早发现可能导致反倾销诉讼的征兆和苗头，相应采取补救和防范措施，才能化解诉讼或在诉讼中取得主动。

作为直接参与者的出口企业，必须密切注意进口国的市场状况，及时发现市场异动，鉴于我国企业目前在获取国外市场信息能力相对薄弱的状况，政府和行业协会必须在反倾销预警中担负起重要责任，追踪外国的贸易政策，密切监测国内外市场的销售、价格、数量等信息，分析判断市场状况。如果出口商品价格出现异常波动，或者某类商品短期内出口激增，存在被反倾销的危险，应迅速通过预警机制把信息反馈给出口企业，以便企业迅速采取相应对策。

2. 建立彩电行业反倾销数据库

我国企业和政府需要收集主要贸易伙伴和一些替代国（如印度、新加坡等）彩电行业产品的销售状况、价格及生产成本等数据资料，建立反倾销数据库，使企业在确定出口商品的数量和销售价格时有据可查，而且在应对反倾销诉讼时也是非常有力的证据，从而，在面对反倾销压力时，我国企业可以掌握主动权。

参考文献

[1] ITC. 美国国际贸易委员会（ITC）网络数据库 . http：//www. ta. doc. gov/media/Factsheet/0504/television _ 051404. html [2003-05-14] .

[2] 李静妤 . 美对华彩电反倾销个案引起的思考 . 发展研究，2005，(4)：37-39.

[3] 李弘 . 中国彩电反倾销案败诉的原因及启示 . 重庆工商大学学报，2005，(3)：98-100.

[4] 赵立华．构筑三位一体的反倾销防御应诉体系——从美国彩电反倾销案引发的思考．商业研究．2005，(11)：4-6.

[5] 舒文．前车之鉴带来的警示——从美国对我国彩电反倾销案看电工行业内存在的问题．电器工业，2003，(7)：18-19.

[6] 姚琼．从积极角度看中美彩电反倾销．商业时代．2004，(26)：54，51.

[7] 郑重．彩电反倾销拒绝“阴谋”．互联网周刊，2004，(19)：4.

[8] 邓志涛．我国出口企业应对反倾销的反思与策略调整——以美国对华彩电反倾销案为例．东南亚纵横，2005，(4)：71-74.

[9] 马忠法．论我国应对反倾销案中“非市场经济地位”之策略——从“彩电案”的视角来分析．上海财经大学学报，2005，(1)：62-68.

[10] 杨光明．行业协会在反倾销中的作用及优劣势分析．中国科教博览，2004，(12)：126-129.

[11] 人民网．中华人民共和国加入议定书．http：//www. people. com. cn/GB/jinji/31/179/20020125/656050. html [2002-01-25].

[12] 刘娟，李萍．论 WTO 反倾销协定中的几个问题——分析美对华彩电反倾销案．湖南行政学院学报，2005，(2)：80-81.

启蒙与科学传播*

一、启蒙：新观念的产生及其传播

康德认为："启蒙就是人类摆脱自我招致的不成熟。不成熟就是不经过别人引导就不能运用自己的理智。如果不成熟的原因不是在于缺乏理智，而在于不经别人的引导就缺乏运用理智的决心与勇气，那么这种不成熟就是自我招致的。"[1]康德强调，启蒙就是使用理性从迷信中自我解放出来，能够在一切事情上都有公开运用自己理性的自由，启蒙的两个敌人是专制和迷信盲从。

启蒙有两个特征：一是观念的革新，即有新的观念，例如，启蒙塑造了一种不同于以往的价值观念体系，如自由、平等、人权等；以及与此相关的生活态度和生活方式；二是新观念的传播，即迅速地世俗化，只有大多数人或者绝大多数人都接受了新观念，启蒙才算完成，例如，启蒙运动带来新的价值观念，导致了对中世纪以来王权统治的挑战，致使民主制度成为新的社会政治权力的产生方式和社会生活的管理方式，而且，民主正日益成为世界各地普遍追求的社会理念。

在这两个特征之中，新观念的产生是启蒙得以进行的前提。剑桥大学历

---

* 本文作者为李斌，原载《科普研究》，2011年第6卷第4期，第18～22页。

史学教授阿克顿曾经说："我们的职责是关注和指导观念的运动，观念不是公共事件的结果而是其原因。"[2]就像韦伯所认为的，资本主义之所以能够兴起，原因在于资本主义精神，认为资本主义好在先，资本主义兴起在后，而非资本主义兴起之后认为它好。社会主义也一样，只有我们认识到社会主义好，社会主义才能在中国兴起。唯物主义强调物质对意识的决定性，同时也强调意识对物质的指导性，即人的主观能动性。

新观念的传播和世俗化是启蒙得以完成的关键。传播和世俗化的目的就是要让更多的人分享新观念和新思想。只有人们的想法变了，社会巨变才会发生。凯恩斯在《就业、利息和货币通论》一书中写道："经济学家以及政治哲学家之思想，其力量之大，往往出乎常人意料。事实上，统治世界者，就只是这些思想而已。许多实行者自以为不受任何学理之影响，却往往当了某个已故经济学家之奴隶。狂人执政，自以为得天启示，实则其狂想之来，乃得自若干年以前的某个学人。我很确信，既得利益之势力，未免被人过分夸大，实在远不如思想之逐渐侵蚀力之大。"[2]只要新观念成为大多数民众的自觉意识，启蒙的巨大力量便呈现出来。美国著名记者白修德甚至认为，美国是由观念产生的国家，不是美洲，而是《独立宣言》中所揭示的平等、自由以及每个人追求自己所认为的幸福的权利这样一个观念缔造了美国政府。

二、启蒙与科学

启蒙与科学的关系包括两个方面：科学对启蒙的影响；启蒙对科学的影响。

要理解启蒙的发生必须重视当时在科学领域中的重大突破，假如不了解科学突破对迷信的打击，我们就不可能了解启蒙。从启蒙运动以来，几乎所有西方乃至全球的进步思潮都是与科学的价值携手并进的。伏尔泰曾真诚地认为，只要法国人民都能理解并接受牛顿力学，那么就再也不会为暴君和教士所愚弄、欺骗[3]。

科学对启蒙的重要影响可举如下三例说明。

一是达尔文的进化论。进化论基本上解构了上帝中心。作为自然科学的达尔文理论，到了 19 世纪后期被用到社会和人文领域。"适者生存"的理论原本是纯粹生物学的理论，是上百万年演化的理论，被运用到社会文化领域，发展出一套关于进步的理论，你不进步就必然被淘汰。

二是工业革命成为现代化的成功典范，其深层的含义是突出科学技术的作用，突出经验和理性的作用。英国、荷兰、法国、德国这些地区工业革命的成功都被看做是科学技术的成就，尤其是技术运用的成功，而西班牙、葡萄牙和意大利则在竞争中落后了。

三是科学对政治思想的影响。英国资产阶级政治思想家詹姆士·哈林顿曾将《大洋国》作为建立新政治秩序的蓝图交给克伦威尔。约翰·亚当斯将哈林顿在《大洋国》中发现的权力、政府和财产三者之间的关系比作与哈维发现血液循环同样重要。托马斯·霍布斯认为，利维坦是清教徒共和政体的再现，是世俗化的上帝之国。他主张应该使用法律和自然科学来代替神学(他将法律称为“公民的良心”)。他与笛卡儿和后期加尔文主义一样，认为几何是一种纯科学，可以把人从野蛮、愚昧和情欲中拯救出来[4]。

要理解近代科学的发生与兴起，启蒙同样必不可少。启蒙运动的思想家倡导使用理性质疑权威与传统教条，以倡导自由平等为主要工作，强调人类进步的观念。启蒙运动重视权利，伏尔泰曾说过："我不同意你说的每一个字，但我誓死捍卫你说话的权利。”美国革命的起因之一就是英美传统中的“没有代表权就不纳税”。启蒙运动对理性和言论自由的重视，对科学的发展起到了重要的推动作用。

启蒙对科学的重要影响可举如下事例说明。

科学革命之后，牛顿是新世界的王者，他将人民从封闭世界带到了无限宇宙。从某种角度来看，牛顿关于宇宙的理论，将宇宙看做各种力量的平衡，也可以认为是将 1688 年的政治理论搬到了宇宙空间。例如，牛顿的万有引力定律说明了天体运行轨道的由来，正如洛克提出的宽容思想说明了当时英国宗教和政治的局势。有了对地上平衡的信心，才可能去研究宇宙的平衡，从而将地上运动与天上运动统一起来[4]。同时，17 世纪英格兰的清教对科学也具有显著的刺激作用。

18 世纪，经验主义及其在政治经济学、政治学，以及物理学、化学和生物学的应用一直在延续。很多思想家几乎都不质疑上帝存在。牛顿基本上用拉丁文写作，强调他所作的全部研究并不纯粹是作科学研究，而是为了证明上帝存在、上帝存在的合理性、上帝创造世界的合法性。

三、中国启蒙的偏离和中断

启蒙重视实证知识，导致了从 17 世纪后期到 19 世纪大规模的技术发现，配合“工具理性”世界观的流行，使得工业化成为启蒙精神的社会历史产物。英国以及后来的美国，因为工业化的成功，创造了最大规模的物质繁荣，成为与启蒙相关的现代化的典范。这种典范作用使得后起的发展中国家把现代性直接定义在富强之上，认为强国富民就是现代化的根本目标。要寻求富强，就必须走启蒙的道路，就必须大力发展科学技术，必须接受工具理性的原则[5]。

知识之学取代了智慧培养，工艺技能压倒了人生学问，这是中国启蒙偏离的重要特征。在早期中国启蒙的阶段上，曾经有过突出自由、突出人性解放这类人文价值，比如，严复强调“自由为体，民主为用”，这是他最重要的理念，也成为中国知识界深信不疑的价值。但是真正产生最大影响的是科学和民主。

对于影响最大的科学与民主，“五四”以来的自由主义知识分子试图将科学精神与自由民主理想结合起来。1922 年 5 月，胡适等创办了《努力》周报，这个杂志是随后的“科学与人生观”大论战的重要舞台。胡适试图将人生观科学化，提出了一种“建筑在二三百年的科学常识之上”的 10 条“科学的”人生观。1932 年 5 月，胡适、丁文江等创办《独立评论》，提出“永远保持一点独立的精神，不依傍任何党派，不迷信任何成见，用负责任的言论来发表我们各人思考的结果，这就是独立的精神”。20 世纪 40 年代，杨人楩认为：“科学的精神与民主的态度二者是相关的。……科学精神与民主态度配合，而成为促进社会进化的主要动力，此一动力可使愚昧及支持愚昧的强力同时消灭，从而可以使科学更发达、民主更彻底，可使我们易于合理地解决一切问题，易于消除一切阻遏社会进化的障碍。”殷海光在《论科学与民主》中认定：“民主不可无科学，科学也不可无民主，科学与民主二者，犹人之左右两腿，互相帮助，缺一不可。”[6] 许良英提出，科学和民主是现代社会赖以发展、现代国家赖以生存的内在动力。

但是，科学与民主的结盟并没有完全实现。在亡国灭种的压力下，中国启蒙的偏离和中断几乎是不可避免的。在救亡压倒启蒙的情况下，能否让这个国家迅速富强，是衡量一切思想价值的唯一尺度。在这样的心态下，很多深刻的、有远见的思想理念和精神价值根本不可能充分开展，只有具有工具性效果的东西才可能被接受。

人类历史上没有一个伟大的精神文明传统是仅仅靠工艺技能形成的，相反，只有依靠对真善美的理解、对意义世界的追求才可以形成观念价值体系。在“德先生”（Democracy）、“赛先生”（Science）之外，我们还需要“洛先生”（Law）、“费先生”（Freedom）和“莫先生”（Moral）。从这个意义上说，我们的启蒙任重而道远。我们可以借助于科学，为启蒙的价值寻找新的权威性来源；借助于科学，倡导精英分子参与社会事务，先完成知识分子的启蒙；借助于科学，倡导民众认识法制、道德、自由、民主和人权。

四、反思启蒙

反思启蒙，重启启蒙，需要反思理性的限度，注重启蒙价值理念在本土的实践检验，注重整合本土文化资源以充实启蒙内涵。

科学是20世纪及以后的强势力量。科学及其所代表的理性精神获得了巨大成功，人类生活发生了翻天覆地的变化。但是如果说20世纪是人类历史上最血淋淋的世纪，这多少与科学有关。彼得·伯杰（Peter Berger）说，任何人如果说受启蒙影响的现代性是了不得的人类理性的发展、现代化是人类的最大的幸福，只要一个词就可以反证这种肤浅的乐观主义，这个词就是“奥斯威辛”（Auschwitz），就是纳粹的集中营。

很多学者都对启蒙中的科学和理性进行了反思。费耶阿本德在《警惕科学》中呼吁通过民主体制限制科学，维护思想的多元化和思想自由。哈耶克认为，自然科学追求普遍性，与人文科学追求独特性是有区别的。他强调，自然科学的方法不能自动地运用于社会科学的问题上，如果强行为之，则会导致灾难性的后果，科学是有界限的。哈耶克和捷克总理哈韦尔都认识到了理性的傲慢，反对依靠理性可以控制一切的观念，因而反对所谓的“社会工程”和计划经济的理念。

反思启蒙的另外一个角度是实践考验。启蒙所代表的所有的普世价值观念需要接受本土经验的考验，才可能真正成为本民族的价值观念。民主在发展中国家面临的困境，证明了普世价值需要接受所在国的考验才能成为民众的自觉和自发的行动，才能真正融入到所在国的文化之中。这个世界上没有非本土化的现代化，北欧的现代化、英国的现代化、法国的现代化，乃至日本的现代化，背后都有自身的资源。它可以接受自由、平等、人权、民主价值，但这些原则都经过本土经验的考验。英国和法国的自由就不尽相同；而民主的样式更是五花八门，美国、英国、法国、德国、日本等各显其异、争奇斗艳。这些区别是来自于其自身的社会资本、文化资本的不同[5]。

反思启蒙的第三个方面是启蒙内涵的扩充。我们需要将同情、宽容、公平、和谐等普世的价值观念与民主、自由和法制等价值概念同等重视。在这一方面，我们的儒家文化传统或许能够发挥更大作用。此外，启蒙使得我们接受了一种线性的进步观念，认为我们的能力将会不断增强，这是一种人类中心主义的产物，造成了生态问题，也导致在各个方面出现严重的资源短缺和危机。去人类中心主义，人不是自然的主宰而是朋友的观念应该得到提倡。

五、科学传播与启蒙的互动

启蒙有助于科学传播的实现，是公众参与科学的前提和起点。李大光教授认为，在科学素养水平不高的群体中，启蒙可以起到引发公众思考，理解科学、技术或者工程的环境问题、公众利益问题和伦理问题等作用。只有在公众能够理解的基础上，他们才能真正参与科学决策。同时，公民参与科学的过程也是提高科学素养的过程。面对科学传播过程中存在的困难，启蒙对于解决困难具有十分重要的作用。启蒙的技巧也是十分重要的。例如，英国在对公众理解工程的定性调查中，采用了图片启发、引导讨论和促使联想等各种方法，使被访者由不理解到理解[7]。

科学传播是启蒙的重要组成部分，因此，它的一个重要的社会责任就是推动启蒙。在理论和实践方面，科学是人的科学，因此，科学传播需要也可以为启蒙做出贡献，要借助于科学的强势地位为普世价值的世俗化服务。

基于启蒙与科学的关系，科学传播应该进行全方位的科学启蒙。科学传播的内容不应只是作为载体的科学知识，更重要的是科学精神，是科学所代表的理性、求真、自由等价值。科学本身不属于意识形态，企图将意识形态强加给科学，是不可取的，但是科学思想和科学精神对意识形态能够产生巨大影响。“五四”时期，科学的传播，撼动了国人对迷信和封建宗法的权威的信念，使民众能独立依据自身的理性来指导生活。1915 年创刊的《科学》杂志是超越洋务运动在器物层面启蒙、维新运动在知识层面启蒙、五四新文化运动中《新青年》代表的激进派在价值层面启蒙的全方位的科学启蒙，传播了科学的理论、科学的应用、科学的本质和科学的社会建制等各方面，从而在整体上形成了一个完整的科学形象[8]。

科学传播要倡导参与公共事务，为启蒙在本土的实践提供有力支持。科学传播要激起知识精英及民众参与和管理公共事务的热情，促使他们使用理性、实证方法面对和解决公共事务问题。科学传播要借助于自身拥有的专业背景，对当前热点社会问题提供理性可行的解决方案，培育公民的自我管理和发展能力。

科学文化是精英文化，科学传播要推动精英文化与草根社会的结合。精英文化的缺席是当前文化建设面临的重要难题。在国家和社会缺乏对学术和科学必要的经济支持和体制支撑，知识精英远离和淡化政治，整个民族缺乏形而上的价值追求和缺少为科学而科学以及为学术而学术的理念，而精英文化却没有适时占据主导文化的情况下，社会出现了信仰的真空，这些都是精英文化存在的危机。“五四”精英失败的主要原因之一就是他们找不到他们可以代表的大众，而草根社会却找不到可以代表他们的精英；其后马克思主义在中国的胜利正在于它将两者巧妙地结合了起来。只有融合了西方科学精神以及法制、民主和自由等精神，中华民族的文化复兴才有希望。如何使科学成为中国文化中的创新之源、使追求科学和真理成为内生的主动行为，是当前中国的科学教育和科学传播所必须面对的课题。

科学传播要实现人的现代化。中华民族只有实现了人的现代化，整个民族才能够实现现代化。从梁启超的“新民”、谭嗣同的“新人”，到鲁迅的“改造国民性”，只有通过改造人，才能改造社会；只有改造人的灵魂头脑，才能真正地改造人。科学传播要倡导科学生活，要为人的现代化做出贡献。

只有启蒙成为全体人民的主动追求时，才能真正成功，仅有相对少数的知识分子的热情和呐喊是远远不够的。学者和青年具备了现代先进知识和青春开拓求新两大特质，应该走在科学传播的前列，推动启蒙。

参考文献

[1] 康德．历史理性批判文集．何兆武译．北京：商务印书馆，1991.

[2] 何怀宏．观念的力量．读书，2008，(1)：111-117.

[3] 蒋劲松．从科学走向民主——读《在理解与信赖之间》．民主与科学，2006，(1)：42-44.

[4] 希尔．欧洲思想史．赵复三译．南宁：广西师范大学出版社，2007：391-393，395.

[5] 哈佛燕京学社．启蒙的反思．南京：江苏教育出版社，2005.

[6] 何卓恩．“民主”所需要的“科学”——中国自由派学人科学与民主关系论述．武汉理工大学学报（社会科学版），2004，(4)：405-409.

[7] 李大光．启蒙：公众参与科学的起点//中国科普研究所．中国科普理论与实践探索——2009《全民科学素质行动计划纲要》论坛暨第十六届全国科普理论研讨会文集．北京：科学普及出版社，2009.

[8] 陈首，任元彪．《科学》的科学——对《科学》的科学启蒙含义的考察．自然科学史研究，2003，(1)：12-32.

第三部
科学技术发展的社会条件

中国手机书发展的非技术影响因素及对策分析*

一、中国手机书发展的现状

随着互联网络技术、全球3G商用的推进和拥有大容量存储能力的智能手机的日益普及，近几年，一种以手机作为媒介的书种——手机书悄然盛行起来。手机书具有其鲜明特色和优势：一是便于携带，可以随身、随时、随地、随意阅读；二是存储量大，可以容纳更多信息；三是成本低廉，节约资源；四是出版周期短，传播速度快，发行效率高；五是通过预先发行手机书，传统出版社可以实现对纸质图书的按需印刷①；六是具备音画媒体性，拓展了传统图书的功能，增强可读性[1]；七是方便信息检索，提高了人们的阅读效率。

正因为如此，手机书一经产生，就获得了迅猛的发展。从全球来看，手机书在日本、韩国已经获得了较好的发展，在美国、印度等国家也发展较快[2]；从我国来看，手机书也有了进一步的发展。

---

* 本文作者为肖显静、彭静，原载《山西大学学报（哲学社会科学版）》，2010年第33卷第6期，第1～10页。

① 按需印刷即“on-dem and printing”，又称“即时印刷”和“闪电印刷”，是数字技术在印刷环节的极好实践，即“按当天的订数印刷，第二天发货”。它始于20世纪80年代，能满足个性印刷、减少浪费及印刷品一步到位的要求，实现零库存、即时出书和可选择的个性印书。

（一）国民网络阅读率持续增长，势必带来手机书读者的增长

笔者根据中国出版科学研究所五次国民阅读调查结果①，得出 1999～2007 年国民网络阅读率趋势如图 1 所示。由图 1 可见，8 年来我国国民网上阅读率迅速增长，增长了 12.13 倍，每年平均增长率为 151.7%。这为手机书读者规模的扩张提供了基础。

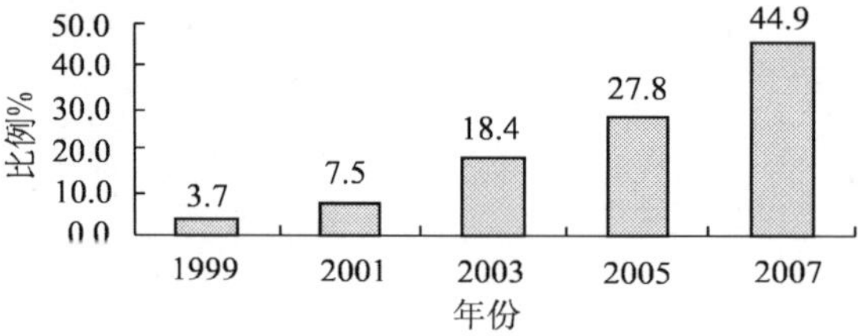

图 1　中国国民网络阅读率趋势图（1999～2007 年）

（二）手机网民手机阅读意向及比例有所增长

艾瑞咨询发布的《2007 中国无线互联网 WAP 用户行为研究报告》显示，在接受调查的 WAP 用户当中，约有 60% 的用户具有付费倾向。而在具有付费倾向的各项目中，手机游戏下载、聊天交友、手机阅读占据了前三位，所占比例分别为 12%、11% 和 10%；而在 WAP 内容需求调查中，手机阅读以 19% 的比例首次超越了手机游戏的 13%，仅仅次于娱乐图铃以及新闻。看来，手机阅读正成为手机用户的新宠[3,4]。另外，艾瑞咨询发布的统计数据显示，2008 年我国手机网民利用手机看手机报以 68.3% 的比例位居各项手机应用之首，看手机小说以 42.4% 的比例位居第五，大大超过其他业务[5]。

据中国互联网络信息中心（CNNIC）的相关数据，2006 年 10 月至 2007 年 3 月，手机网民中通过 WAP 在线阅读/下载电子图书的比例较高，为

① “全国国民阅读调查”是为了了解全国国民阅读倾向发展趋势与文化消费现状而进行的一项连续性、大规模的基础性国家工程，在 1999 年、2001 年、2003 年、2005 年、2007 年和 2009 年分别进行了一次。

34.9%[6]，见图2。

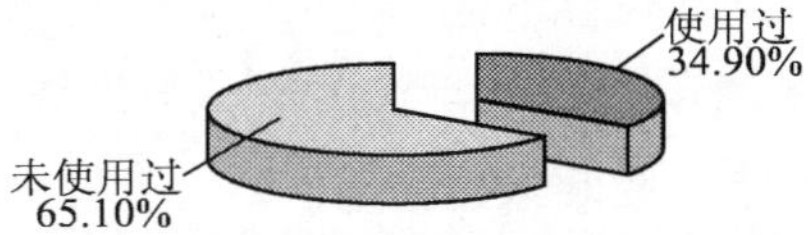

图 2　手机网民使用 WAP 在线阅读/下载手机书比例图示（2006.10～2007.3）

另据中国移动公司此前的一份调查数据显示，手机阅读（书报杂志）的人数已占手机上网人数的48%。中国互联网络信息中心发布的《第25次中国互联网络发展状况统计报告》显示，截至2009年年底，我国手机阅读用户占总体手机网民的75.4%，手机新闻网站、手机小说、手机报等业务已经成为影响手机网民的最重要应用之一[7]。

2009年4月22日，中国出版科学研究所全国国民阅读调查课题组发布了第六次全国国民阅读调查。数据显示，通过手机阅读的人数比例还是比较高的，占12.7%（图3）。全国约有37%的成年人只阅读各类数字媒介而不读纸质书[8]。

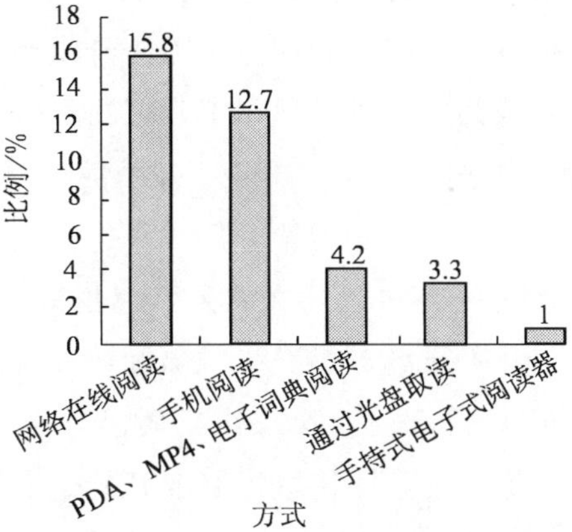

图 3　国民各类数字媒介阅读率分布

（三）手机书读者数量有了进一步增加

据手机书内容提供网站移动书城营销副总裁张毅介绍，截至2007年9月底，移动书城的注册用户已经达到了900万人，并以每天2万人的新增注册数逐日递增；而来自3G门户网站的统计资料显示，3G门户的手机书城频道的活跃用户已达750万人，每天点击率达9700万次，新增用户1.5万户，占总流量的20%。越来越多的年青一代选择了手机阅读这个廉价和个性化的阅读方式，而且这个趋势正在明显增大[9]。

（四）网络出版有了进一步发展，内容资源有了进一步丰富

北京新闻出版工作会议显示，2007年北京地区新增网络出版单位9家，同比增加64%；新增网上书店34家，同比增加59%。手机书、电子书、MP4等数字出版技术渐具产业规模。不少出版商看中了手机终端用户的巨大市场，用“版权换推广”的方式同一些手机阅读服务商合作。一些受欢迎的作家也接受了这种方式，如安妮宝贝就把她的新书《素年锦时》的部分内容在3G门户实现无线首发，并辅以配音及配乐，尝试多媒体的图书发行方式[10]。

2007年5月，中国移动宣布将与原创文学网站、原创文学写手、服务提供商合作打造“梦网书城”的计划。同年，方正全面进入移动出版领域，在开发基于智能平台手机嵌入式阅读软件后，首先开发出支持非智能平台手机的嵌入式阅读软件，并成为首家进入手机书领域的厂商。

2008年1月8日，方正阿帕比利用数字技术优势与天津科技出版社、中国对外翻译出版公司共同推出了国内第一部“手机、电子、纸质”三种形式同步发行上市的书——《吃什么，怎么吃》和《眉姐》。这一“吃螃蟹”之举对于开拓国内手机书业务市场，推进传统出版业变革起到了强有力的冲击作用。此次活动是我国出版行业首次采用纸质书与电子书、手机书联合出版、同步上市的方式，标志着我国传统出版业开始走上了与多种出版形式同步发行、相互促进、互为补充的发展轨道[11]。

2008年3月28日启动了“中国手机出版服务平台”[12]，这一平台由当时的中国出版科学研究所联合银河传媒共同搭建，是一种基于二维码的移动多媒体出版平台。该平台为读者提供的是一种延伸信息服务，读者通过自己的手机扫描二维码，即可上网获得更多内容和服务，相对于固化到书籍上的图文信息来说具有更丰富、更具时效性的内容。

2008年6月，“17K手机图书网”签约作家云天空，启用“云天空”、“混也是一种生活”两个无线网址，累计实现了3亿的页面阅读量，并在手机小说市场成功赚到120万元。17K趁热打铁相继启用了更多无线网址，如“图书”、“17K”，复制云天空的赢利模式，借无线网址打开手机小说市场。无线网址实现了对WAP网站的便捷访问，打开了手机书这个巨大市场的大门[13]。

2009年是中国电信业重组年，也是中国移动互联网元年。国内很多企业看到了这一趋势带来的巨大发展空间，开始紧锣密鼓地推出相关业务。比如，2009年3月，中国移动正式对外宣布在浙江建设手机阅读基地，计划5年内在浙江投资5亿元。基地刚刚试运行几个月，就有500万活跃用户，目前已经有6万册图书上线[14]。中国电信也计划于2010年在浙江建设移动阅读基地[15]。

据中国出版科学研究所出版的《中国数字出版产业年度报告》预测，2010年，90%以上的出版商将定期出版电子图书，当年出版的所有图书都将具有电子图书版。中国业内专家分析：到2015年，国内电子书的销售额将达到100亿元，出版社电子书的销售额将超过总销售额的20%，利润贡献超过50%，电子课本、电子书包将被大多数学校广泛接受[16]。

尽管手机书读者规模迅速扩大，发展形势乐观，由于诸多制约因素，手机书出版的产业链没有形成，商业模式也还不成熟，产业规模并不如预计的那样大[17]。究其原因既有技术方面的，如屏显清晰度差、电池续航力低、格式标准不统一等，也有非技术方面的，如真正付费读手机书的“有效消费者”并不多，电信资费相对昂贵，盗版图书传播猖獗，合理有效的运营模式尚未形成等。本文不对技术因素展开分析，而仅就非技术影响因素加以探讨，在其基础上提出相应对策。

二、阅读习惯的影响及其对策

从隋末唐初雕版印刷术的发明到现在，图书印刷媒介的发展已经经历了1400多年的历史，书籍制造出的阅读现象，已经成为人类最重要、最有质量的一种生活方式。在这种情况下，数千年形成的人类阅读传统本身肯定会对手机书以及手机阅读产生巨大的反弹力。

手机书是以手机为阅读终端的，其阅读方式可分为短信订阅、离线阅读与在线阅读三种方式。所谓短信订阅指通过向电信运营商订阅短信的方式阅读手机书籍；所谓离线阅读一般是指通过网络将书籍下载到手机上阅读；所谓在线阅读是指用手机直接上网寻找感兴趣的书籍进行阅读。在线阅读又分为三种形式：一是通过网址链接登录手机出版网站进行阅读；二是在手机上安装手机专用上网阅读软件来进行网络搜索和阅读；三是利用手机的摄像头扫描纸质出版物的二维码来访问相应网站和网站上的出版物。

综合这三种阅读方式，不难发现，手机书阅读是一种新型的阅读方式，与纸质图书阅读有很大的不同，可概括如表1所示。

表 1　纸质图书阅读与手机书阅读比较

阅读方式	阅读行为	信息组成要素	材料组织方式
纸质图书阅读	读者相对运动；水平阅读；视阈限制；精力集中	静态有序的文字图表；信息连贯；逻辑性	按照某种逻辑结构渐进地呈现；线性阅读；静态的
手机书阅读	快速的、跳跃的；阅读路线改变；随意性	组成信息的元素丰富：文字、色彩、图像、动画、弹出窗口等；非逻辑性	树型的；联想阅读；页面链接、网络文献与音频、视频的结合增加了深度和流动性

上述阅读习惯或方式的不同，实际上与人类的思维方式紧密相关。纸质图书的阅读本质上是一种翻译，更多地体现了线性思维、集中性思维、逻辑性思维；手机书的阅读本质上是一种创造，更多地体现了非线性思维、发散性思维、流动性思维。这是两种不同的思维习惯。前者思维方式更多地被中老年读者所持有，加之他们已经习惯于阅读纸质书，又不能比较熟练地使用计算机网络手机，故短时间内是较难习惯于阅读手机书的。而对于年轻人，他们能够更加容易接受新事物，思维方式更多地与手机书所蕴涵的思维方式相接近，不存在技术和阅读习惯上的障碍，故他们能够更多地进行手机书阅读。这样一来，也使得中国手机书阅读用户年龄结构相对年轻，这由表2的数据为证。

表 2　中国手机阅读用户年龄结构分布

年龄段	15～20岁	21～25岁	其他
所占比例	40.4%	38.3%	21.3%

注：该表是根据IT经济调研机构艾瑞咨询基于各地1.5万个有效样本的抽样结果做出的。

除此之外，虽然手机书和手机阅读相对于传统图书以及图书阅读，有这样那样的优势，但是，其所存在的缺点，如自由翻阅不如传统书籍，容易产生视觉疲劳，造成阅读舒适度下降，缺少印刷版书籍的缕缕墨香，需要一定的技术和技能，如熟练使用计算机、网络等，肯定会作为许多人拒绝手机书的理由。可以说，这一点在深受传统书籍阅读影响的中老年读者那里尤其突出，这应该也是手机阅读用户主要集中在年轻读者的重要原因。

要克服阅读习惯的障碍，改善手机书的普及程度，首先应该从阅读舒适度入手。具体来讲，尽可能地为读者提供更为愉悦的阅读体验，争取中年以及中年以上阅读群体的参与，同时进一步扩大对年轻群体的吸引力。从阅读舒适度来看，终端屏幕小、传输速度不够快等问题是制约读者阅读手机书的一个重要因素。对于这一问题的解决，建议从两个方面着手。一是采用合适的营销策略来培养读者的阅读习惯，比如，可以采用免费试读的方式，为手机用户提供部分免费试读体验，培养手机阅读的习惯。二是应该从技术层面去改善阅读工具的功能，比如，提供更加宽大并且可以自动调节光亮度的手机屏幕，以保护读者视力；提供做笔记、加批注、写批语、夹书签等阅读功能，以及丰富便捷的检索能力；满足读者诸如部分章节、相关内容整合等特定需求。

三、内容资源的影响及其对策

在手机阅读还处于用户阅读习惯培养阶段时，内容的选择显得尤为重要。而目前国内的情况是，手机书刚刚处于起步阶段，尽管手机小说写手在不断增加，但是符合手机出版特点的内容相对比较匮乏，大部分手机书的内容都是由传统图书直接转化而来，即“图书手机版”，创作的内容质量还有待提高。这样的内容无论是从手机的硬件特点、传播方式，还是从手机书读者阅读群体的阅读喜好来看，都不太适合手机阅读。

首先，手机偏小的阅读屏幕，更适合显示语言精练、篇幅短小的书，而传统图书的形式、文章长度甚至语言习惯等并不符合手机快速、简洁的传播方式的要求。

其次，现有的多数手机所显示的精度都达不到铜版纸的印刷精度，传统图书的图片内容放在手机上效果也较差，造成了阅读内容质量的形式感下降。

再次，我国目前的手机书还存在着形式单一的问题，主要是以文字为主体，还未能显示出手机阅读的互动性、多媒体效果，在视听、动漫等方面的阅读体验还较少，很难吸引消费者的眼球。

这表明，内容资源的稀缺已经成为影响目前中国手机书发展的一个重要因素。一部好的手机书应该真正适合通过手机阅读的内容，而非对传统图书内容的简单照搬与照抄。"内容产业"，内容为王。一般来讲，读者在前几次的阅读体验直接决定了他对手机阅读的态度。对于正处于读者阅读习惯培养阶段的手机书行业，内容建设成为摆在作者、出版社面前的一大课题。

在手机书的出版过程中，信息的选择权、主导权在读者手中，只有根据用户的实际需求来提供合适的信息，手机用户才会"主动"选择并购买阅读相关内容。个性化的阅读内容开发成为手机书出版产业发展的重中之重，新鲜好看并且可以持续刺激用户阅读的内容将成为最大的卖点。

对于手机书的读者而言，其主要阅读动机在于，以一种轻松的心态去获取信息，学习新知。IT 业大型分析机构"易观国际"发布的《中国手机阅读市场专题报告》显示，中国手机阅读体裁具有明显特征——基本上都是小说。言情、都市、武侠是最受用户欢迎的作品类型，以 18.0%、16.3%和 15.0%占据前三位，其他还有悬疑类、恐怖类、军事类等[18]。本文对手机书读者的网络问卷调查也显示，他们的阅读动机更侧重于休闲娱乐，更注重"一分钟的视觉消遣"。

从前述调研数据可以看出，手机书阅读群体主要是经常处于移动状态，没有时间进行深度阅读，但对资讯和愉悦阅读又迫切渴求的中青年读者群，内容的个性化尤显重要，应该以满足读者快乐体验阅读为理念，从手机书的内容着手，为读者提供符合他们阅读需求的内容。

具体来讲，手机书在内容的选择上要注重实用性、可读性、趣味性和娱乐性，比如，与生活结合紧密的实用信息以及轻松活泼的情感娱乐内容，都是比较适合通过手机阅读的。另外，由于受硬件设备的限制和阅读习惯的影响，手机书在文章长度上宜短小精悍，减少段落划分，语言生动精练，让读者在最短的时间内轻松获取大量的信息和愉悦的阅读感受[19]。除了在表现手法、文章结构、语言风格上适应手机阅读要求外，还可以充分利用彩信优势，整合图片与文章的内容、结构，可以考虑用短信文体发展小说写作，还可以开发一些资讯性图书，以及时、便利的服务性信息吸引读者、抓住读者，满足读者的工作生活等实用性需求，比如，可以推出手机时评等读者喜闻乐见的内容形式。

不仅如此，目前的手机作为阅读终端的缺陷还比较明显，只有给用户提供更有吸引力的内容，才能使用户忽略手机书阅读形式上的不足，将手机书阅读作为一种生活方式甚至潮流。要做到这一点，可以将手机用户培养成为重要的内容提供者。手机在操作上的简单方便，决定了手机书的内容具有全民参与性，而庞大的手机用户规模则决定了依赖手机用户完全可以产生大量原创内容作为手机书素材。出版商或运营商如果能充分利用这些素材，不仅可以节省大量的人力、物力、财力，还能保证手机书的内容贴近用户思想，是用户真正感兴趣的。这里有一点需要注意，就是对内容提供者要合理付费，要保证内容提供者的利益。比如，对于积极上传内容的作者，运营商可以付给他一定的费用作为报酬，也可以通过免费定制其他内容的方式来体现。一旦上传的内容被采用，运营商则可以付给作者更多的稿费作为奖励。如果此内容非常有价值，运营商还可以以分成的方式与作者共同分享收益，双方都获利。通过这样的方式，可以吸引全民参与到手机书内容提供者的行列，扩大内容信息源。随着越来越多的人开始提供内容，实现了原创手机书内容来源的多渠道和多元化，手机书的内容将会越来越丰富，质量也会越来越好。

四、盗版问题的影响及其对策

笔者调研后发现，目前手机书非法复制传播比较常见，具体有两种情况：一是尚在版权期限之内的图书被制作成电子版供别人免费下载阅读；二是原生手机书未经创作人许可被非法转载。现阶段，我国读者所阅读的手机书中免费盗版书占了绝大部分。笔者在网络上用百度搜索工具对“手机书免费下载”进行检索，能够搜索到多达 30 万条信息，大量的网站提供各种盗版电子书的免费下载业务。不论是通过计算机上网到互联网站下载免费图书再传输至手机阅读，还是通过手机直接上网在线阅读或者下载图书，免费下载都占大多数。同时，盗版现象不仅表现为个人在未取得合法授权的情况下将书籍内容数字化并在网上传播，甚至也表现为一些组织在未取得出版社授权的情况下成批地将纸质图书内容制作成电子书[20]。

尽管盗版书在转变传统阅读习惯、培养手机书潜在市场方面具有一定的作用，然而手机书首先是一个产业，赢利是它的最终目的，如果盗版泛滥，手机书的版权价值就无从谈起，赢利自然也就无从谈起，就没有发行商愿意投资到这个领域。这直接影响到我国手机书的发展。

（一）我国手机书盗版严重的原因

第一，版权保护困难。相对于传统图书来说，手机书的出版是在网络环境下进行的，网络的开放性、电子内容的易复制性、易传播性使得手机书盗版的成本很低，数字化的出版形式和开放的传播手段使得手机书版权保护变得更加艰难。

第二，版权意识淡薄。2006 年 8 月，中国出版科学研究所“第四次全国国民阅读与购买倾向抽样调查”结果显示，我国超过 60% 的居民“知道”版权这个概念，但有近半数的人不知道版权的具体内容，有两到三成的国民不会区分正版和盗版。这表明，社会公众的版权观念正在形成，但版权认知水平仍然较为初级，版权意识有待提高[21]。不仅如此，管理部门、发行商对作者权益不尊重，不珍惜作者千辛万苦创作的劳动成果，为了赢利，公然盗窃他人作品；反过来，作者维护自身权利的意识不强，姑息侵权行为的事例屡见不鲜。总体上来讲，不论是读者还是发行商，版权、版权保护及版权管理等方面的知识都比较贫乏，甚至一些图书编辑行业的工作人员版权意识也相当淡薄。版权意识淡薄的状况非常不利于原创手机书作品的创作和传播，不利于手机书产业的良性发展。

第三，法律法规不健全。在法规方面，我国现有关于出版的法规主要针对传统出版，如《出版管理条例》等。随着网络出版的出现，在著作权法修改后，2002 年新闻出版总署和信息产业部联合颁布了《互联网出版管理暂行规定》，另外，我国国家版权局制定了《关于信息网络环境下著作权保护的暂行规定》。不过，这两部“规定”都没有明确将通过手机刊载文学作品界定为出版活动[22]。如果将手机书出版解释成出版活动的一种，那么众多手机书出版的内容提供商如网络公司、电信公司是否具有出版权？如果不认为是一种出版活动，那么现行的手机书出版是否合法？这与现行的出版管理体制存在矛盾之处。

总之，目前手机书出版可以遵循的相关法律相对比较滞后，在实际的市场环境中已经暴露出很多问题，严重打击了手机书作者以及出版社等内容服务商的积极性，在一定程度上制约了产业发展。而目前手机书市场获利最大的技术支持方，则各自想办法努力规避版权纠纷的发生和版权责任的承担。目前我国手机书行业的现状是，运营商无法确保内容提供商所提供内容的版权真实可靠；同时内容提供商也无法监控运营商和用户规范地传播其出版物保证其不被非法复制。如果不解决手机出版的版权保护问题，手机出版产业必将持续混乱下去，无法得到良性发展。

（二）解决盗版问题的具体对策

版权管理是影响手机书出版市场化、规模化运作的重要因素，加强版权管理是我国手机书市场健康发展的必然要求。科学合理的版权管理体制应该能够在版权所有人和读者间建立科学合理的利益平等机制，满足对手机书的权利分配和利益整合的需要，从而孕育一个健康的出版环境。

一是强化版权保护技术。借助高科技手段，做好手机书编辑、出版、发行过程中身份认证、权限控制、网络安全等一系列防范工作，严防非法用户非法下载和转载。

二是增强版权意识。版权管理部门、宣传部门、相关协会、团体要向消费者、盗版者指出盗版手机书和对其版权的侵犯是违法的，非法复制、发行手机书是一种偷窃行为，应该受到处罚和教育。

从出版者的角度，要增强版权意识，尽量规避侵权误区。比如，移动书城通过发表免责声明的方式规避版权纠纷：

> 作为面向无线互联网服务的免费网络图书馆平台，我们向原创作者、发行人、电子书籍爱好者提供无偿的DIY录入功能以方便书友本人使用手机进行电子书籍阅读，内容仅供学习、娱乐和方便书友研究参考使用，移动书城声明不会用此进行牟利，也禁止任何个人和企业借此进行任何以赢利为目的的行为。对于选择公开书友分

享的作品，我们必须要求书友原创作品或者合法获得作品，内容健康，不违反国家相关法律法规，不主张也不鼓励书友搬抄有版权争议作品DIY上传给他人分享。若作品仅供个人学习与交流使用的请设置为草稿状态，不得发布共享，保护当事人合法权益是我们共同的义务。对于由于录入者原因导致的版权纠纷由录入者本人承担，产生一切法律后果移动书城概不承担。

三是健全法律法规。手机书作为一种新型图书，其实质是将著作权人作品进行数字化，并通过移动互联网络提供给阅读者下载、浏览等，下面分别对两种不同类型的手机书——图书手机版和原生手机书进行版权所属分析。

图书手机版实质是对传统媒体已发表作品的数字化。目前关于这类作品是否享有版权所属有两种认识：一种认为对著作权人作品数字化是属于一种类似于翻译的演绎行为，数字化作品实际是用一种语言方式将数字化前的作品翻译而来，二者在信息量和表现形式上均不是单纯的演绎关系，一些方面已有了本质的区别，因此数字化作品也具有独创性，享有新的版权保护，其版权不再属于原作者而属于对传统媒体已发表作品进行数字化的出版商。另一种则认为数字化转换属于复制行为，作品数字化是将人类语言转换成二进制的机器语言，是一种中间技术过程，并没有形成新的作品，因此也就不具备独创性，更不是新的智力劳动，所以数字化作品也就不享有新的版权保护，其版权仍属于原作者，对这类作品数字化应获得原著作权人的许可[23]。

笔者认为对这一问题应以作品是否具有独创性来加以分析。如果是将著作权人作品全文或绝大部分转换成数字化作品，一般应认定原著作权人仍旧享有著作权；如果是将著作权人作品极少部分作为素材重新运用到一个新的数字化作品中，应根据采集原作品占数字化作品比例大小来确定版权归属。

原生手机书实质是原始创作的手机书，如果是以网站为平台发表的，包括作者自行在网站上发表的和由网站组织完成的两种不同情况，其版权应属于开设网站的网络公司，或者称为网络出版商；如果是以手机短信方式发表的，其版权应属于短信发表者。

在明确手机书的版权归属的前提下，笔者认为手机书的版权保护至少应该从如下几个方面考虑：①如何确保合法获取，防止非法下载、复制；②如何保护手机书版权所有者的署名权、修改权、作品完整权；③如何管理和控制对手机书的合法传播等。

实际上，手机书的版权归属即便非常明确，也会由于网络的“潜规则”难以受到真正的保护[24]。这个“潜规则”就是，作者应该在互联网中发表作品之前了解网络的开放性及共享性，默认允许他人对自己的作品进行转载及非商业应用。由于数字化的手机书易于复制，消费者灵活多样的使用方法掩盖了侵权的本质，手机书非法下载、复制及传播的边际成本低得可以忽略不计，使侵权行为更加肆无忌惮和变本加厉。如何针对网络“潜规则”制定行之有效的法律法规，是摆在政府和相关管理部门面前的一项极为艰巨的任务。

五、运营模式与赢利情况的影响及其对策

考察我国目前手机书的运营模式和赢利一般情况，可用表3表示。

表3　中国手机书运营模式和赢利一般情况

运营模式	电信运营商	网络运营商	内容提供商（出版社或作者）	软件提供商
非移动互联网型	无	主要	少	/
WAP型	主要	主要	少	/
短信型	主要	/	少	/
阅读软件型	主要	主要	少	主要

（一）我国手机书在运营模式和赢利情况上存在的问题

1. 读者付费意愿偏低，合理的资费标准没有形成

手机书要开拓更广阔的市场，制定能被受众与发行商共同接受的资费标准，是非常重要的一个环节。由于大量免费盗版手机书的存在，读者为阅读手机书付费的意愿极低，对资费标准的期望值过低，这直接影响到发行商的赢利，使手机行业很难找到买卖双方共同认可的资费标准，合理的资费标准还没有形成。“易观国际”发布的《中国手机阅读市场专题报告》显示，根据读者期望的合理价格和电子版权的成本价格估算，1～2元是一本电子书的合理价格区间。具有付费阅读习惯的手机读者，47.6%每月花费5元以下，

33.5%控制在5～10元，月消费超过25元的仅为5.4%[25]。用户愿意为手机阅读付费的比例只有8%左右[26]。

2. 运营模式单一，不利于手机书产业链的良性发展

正因为盗版书在我国猖獗，读者付费意愿偏低，非移动互联网型手机书营运模式在我国成为最为普遍的运营模式。在该模式中，有线互联网络技术服务提供商成为此种模式的主要赢利者，次要赢利者则是提供内容的互联网站，移动通信运营商、移动互联网服务提供商从中均得不到任何赢利。

这种状况的存在虽然满足了大量无付费意向手机书读者的需要，也使网络运营商因为盗版而获取一定的额外利润，但是，它在一定程度上反过来鼓励了手机书的盗版现象，缩小了付费手机书读者群体，严重地打击了移动通信运营商、内容提供商从事手机书的积极性，极大地限制了手机书内容提供商的赢利，直接影响到原创手机书的发展，对于手机书赢利模式的形成、产业链的培育极为不利。这应该看做是中国手机书发展初级阶段的特殊形式。

3. 产业链各方不能有效整合

手机书出版的产业链包括电信运营商、网络运营商、内容供应商、硬件制造商、软件供应商、平台运营商等多个环节[27]。电信运营商、网络运营商提供手机书的传播渠道；内容供应商负责内容制作；硬件制造商提供先进的手机性能，比如，大屏幕显示器、大容量内存、优良的手机网络接收终端等；软件商提供手机阅读所需的阅读工具，等等；平台运营商则具体负责手机书的宣传、推广和日常维护工作。他们各负其责，在手机书产业链中各占据一定的地位。

(1) 内容提供商——提供手机书原始内容资源

事实上，要提高手机书付费用户数量，内容是吸引用户的决定性因素，内容提供商是手机书出版产业链上的关键一环。在我国，传统图书出版有着严格的审批制度与严谨的制作流程[28]，由于公信力较强、美誉度较高，传统出版社在出版内容方面具有得天独厚的优势，应该成为手机书内容的主要提供者；移动运营商脱胎于技术产业，其文化控制力和内容运作能力在较长的一段时间内还不如出版社，它可以作为内容提供者，如短信型，但是是很难

作为主要的内容提供者的。

(2) 网络运营商——加工手机书形成数字产品

由于手机书是借助于信息技术——网络技术和通信技术而得以产生和传播的，这就决定了它在内容和形式上都具有不同于传统书籍的很大特点。一般而言，传统书籍是不能直接作为手机书的，要对其加以处理，使它短小精悍、语言精练，适合读者阅读；音画时尚、超级链接，具有多媒体效果；扩展阅读，亲身体验，强化读者参与。所有这些都要借助于网络运营商来完成。网络供应商争取各出版社或作者的图书内容电子制作代理权，然后制作成手机书并将其放在网络公司自己的 WAP 网站，供读者浏览或下载阅读。在此，网络供应商实际上扮演了图书发行商的角色，他将原版图书加工成手机书供读者使用。

本来出版社也可以加强网络技术力量，既作为出版社，也作为网络出版商将自己的图书加工制作成手机书出版，但是，经过调研相关制度，笔者发现，传统出版业如果要进入信息产业经营，必须具备信息产业部规定的相关资质，而目前国内出版社大多不具备所需资质，所以，很难一身兼二职。这样一来，伴随着手机书被读者自发认可和接受，大量的网络提供商应运而生。

(3) 电信运营商——手机书阅读终端服务者

手机书，顾名思义是指在手机上供阅读的书，如此手机产业就与电信运营商紧密相关。它是出版社或网络运营商所提供的手机书的承载者，是手机书读者最终接触者，决定着读者的阅读终端成本和信息成本。当然，电信运营商也可以作为网络运营商和内容提供者全程进入手机书的产业链中，但是，从目前来看，要做到这一点非常困难。

(二) 手机书产业链结构存在问题

在上面所述四种运营模式中，产业链最简单的是短信型的，它只涉及移动运营商和内容出版商，非移动互联网型较少涉及电信运营商，除此之外，另外两种都要涉及电信运营商、网络运营商、内容提供商。要想手机书产业有一个健康的发展，它们之间应该有一个恰当的定位和明确的分工。但是综观我国手机书产业，产业链结构太长，利益分配相对复杂，产业链上的电信运营商、内容提供商、网络提供商、终端手机制造厂商都在寻求以自身为主导的手机阅读产业链，并没有形成以某一环节为核心的统一有序的产业链结构，更没有形成让各方都满意的运营和赢利模式，这在某种程度上制约了手机书产业的快速发展。

1. 以电信运营商主导手机书产业，无法实现良性循环

一个产业的良性发展需要产业链上各个环节的共同合作，绝不能一家独大。而在中国相对垄断的电信体制下，移动运营商在手机书出版产业链条中是绝对的主角，其他都只是“陪衬”而已。作为“卖场”的提供者，电信运营商几乎可以随意选择哪些网络公司、内容提供商等与之合作，可以对手机书自主定价，而内容服务提供商的生存空间较小。据专家介绍，在日本，内容提供商与电信运营商（包括服务提供商①）的分成比例是 7∶3，内容提供商拿走了手机出版的绝大部分收益，电信运营商只得到 9%，从而扶持了该产业的发展。而我国内容提供商与电信运营商（包括服务提供商）的分成比例是 3∶7[17]，这种状况很难激发内容提供商的服务质量，导致提供给读者的内容体验不够丰富。这种电信运营商主导的产业模式，势必会破坏产业的生态链，无法实现良性发展。

2. 出版社的地位没有充分体现，手机书内容质量受到影响

对于传统出版社来说，目前出版的垄断优势依然存在，多数出版社依靠现有的书号和教材教辅资源获得赢利[28]，自身发展手机书的动力不足，对手机书持观望态度，缺乏研究和认识。目前的现状是，由于重视程度不够，出版社往往只是将传统出版的内容以复制方式进行手机出版，即出版社授权同意移动运营商对印刷出版物通过手机数字化。在这样的模式下，出版社获取的利润微乎其微，自然对手机书出版的参与热情不是很高。实际上，从出版社的角度考虑，如果一味将自身拥有的内容资源交给移动运营商运作，将会

---

① 服务提供商，又称 SP，是英文 service provider 的缩写，通常是指在移动网内运营增值业务的社会合作单位。它们建立与移动网络相连的服务平台，为手机用户提供一系列信息服务，如娱乐、短信、彩信、WAP、彩铃、铃声下载、定位等。

逐渐导致自己主体地位的丧失，以致面临不得不附属于后者的危机。上述情况如果得不到调整和改变，直接后果就是手机书的内容重复现象非常严重，再加之缺乏第三方监管导致的行业生态混乱，最终势必会导致整个产业链的不均衡发展甚至畸形发展。

3. 版权管理缺失，赢利分配不合理

由于我国版权管理欠缺，盗版书的猖獗，在以上四种营运模式中，内容提供商（出版社和作者）只能获取份额较少的利益，这直接影响到内容提供商的工作积极性，使得我国原创性手机书发展严重受阻。要使手机书产业链进入良性发展，解决好移动运营商、网络运营商和内容提供商之间的利益分成矛盾是个关键问题，内容提供者是产业链上重要的一环，应该保证内容提供商的合理分成。

4. 手机书出版模式单一，手机小说运营的成功模式还未形成

从内容提供网站的角度，对于手机书的运营和赢利模式，基本可以分为三种情况：一是与作者签约，有偿发布作者作品，赢利与作者分成；二是与出版社合作，有偿发布出版社提供的图书手机版，赢利与出版社分成；三是为网友提供原创平台，网友可以利用此平台自愿发布具备正规版权的作品，这种情况的赢利寄希望于网友的作品质量，如果质量过硬，能够吸引读者，则技术支持方会与作者商讨合作线下出版。在这三种方式中，第三种是日本最为常见的一种手机书出版模式，即大量原生手机图书出版—无数手机用户（读者）筛选—大量原生手机图书被淘汰—少数原生手机图书聚集人气—出版印刷纸介质图书—发行销售成为畅销书。在日本，很多优秀的小说作者将其手机书通过传统方式印刷成册并出版，甚至搬上了银幕。但是，在中国，这种模式没有得到充分体现，应该向日本学习。

（三）完善我国手机书产业发展的对策

第一，加强版权意识，遏制盗版手机书，提高手机书读者的付费意愿；降低手机书获取成本如手机上网费用（或称流量费）和信息费，增大手机用

户付费上网的接受程度。只有当手机阅读的消费对大多数社会成员不构成负担时，手机阅读才能够真正得以普及。要从根本上解决这一问题，主要依赖于通过不断提高相关技术水平从而降低手机书获取成本，同时社会整体经济实力的提升以及移动通信体制的合理变革也是非常有必要的。

第二，改变运营模式单一的状况，减少非移动互联网型运营模式，鼓励短信型、阅读软件型，尤其是 WAP 型运营模式。在 WAP 型模式中，尤其是要为网友提供原创平台，并注意手机与纸质等其他类型图书甚至媒体良性结合进而实现整体赢利。

具体而言，可以尝试“手机书 2.0 运营模式”和“选购、阅读全过程一机完成模式”，促进手机书良性发展。“手机书 2.0 运营模式”，即利用手机用户对信息的较强互动性，使手机书的发行更加扁平化、突出互动。图书出版时通过手机阅读平台直接面向用户，通过互动功能，让读者能够找到作者、作者能够发现读者。根据读者的反映，准确把握读者的喜好，合理分析用户的阅读需求，实现精准的内容推广。这种模式更容易准确锁定热门图书，先到手机再到印刷机，经过手机测试读者欢迎度后再进行大规模印刷出版，可以减少风险，降低出版门槛，缩短产业链，更易在买方市场的激烈竞争中制胜[29]。“选购、阅读全过程一机完成模式”，即给手机赋予图书选购、阅读多种功能角色，使读者通过小小随身一机实现图书信息获知、选书到购买甚至阅读的全过程。比如，出版社可以通过手机短信或者邮件向读者发布图书资讯信息，读者查找到自己喜爱的图书，通过向出版社发送特定代码获得更进一步的图书信息，从而决定购买并通过手机支付。在赢利方面，除了订阅费和上网流量费之外，应努力开拓多种不同的赢利途径。可以考虑广告赢利、新书无线首发、全媒体出版以及移动数字图书馆等赢利方式。

第三，改变电信运营商占据主导的形势，完善手机书运营产业链。让各个环节早日实现投入与产出的良性循环，是打造手机书出版产业链的关键。如果某个环节投入很大，产出很少，参与者失去参与热情，这个环节就会比较薄弱，进而影响整个产业的发展。目前的实际情况是，手机书出版最大的受益者是通信网络运营商（如移动、联通等）。相比之下，其他参与者或多或少都承担了一定风险，但却没有得到应有的成本回报，这就挫伤了他们的积极性。手机书出版若要实现良性循环，必须处理好利润“蛋糕”的分配工作，这样整个产业链才有可能得到迅速发展。就国内目前的实际情况来看，应增大出版社以及作者等手机书内容提供商的赢利比例，改变电信提供商和内容提供商之间赢利倒挂的现象。移动服务提供商、内容提供商、网络提供商、个人版权所有者等各个环节应该制定多方共赢的合作模式，兼顾各方利益，应在“热”竞争中冷静思考各自在产业链中所承担的职责，各司其职，建立公平开放、合作共赢的产业链，共同克服手机书发展前期赢利、内容、终端等方面的瓶颈，促进手机书市场的健康发展。

总而言之，手机书要形成良好的商业模式，应该重视“整合”二字：传统出版与数字出版进行整合，打破把两者对立起来的思维误区；纸质图书、互联网、手机等不同媒体有效组合，把不同媒体由竞争对手变为合作伙伴；出版商、技术提供商、移动运营商等不同身份进行整合，实现角色的换位与融合；出版、电信、影视等不同行业合理融合，达到优势互补，资源共享；读者阅读选择与体验相整合，最大限度地满足读者的需求。

参考文献

[1] 刘爱力．手机阅读异军突起．http：//www. china. xwcb. com/xwcbpaper/html/2007-08/30/content _ 8323. htm [2007-08-30]．

[2] 陈磊．日韩手机出版发展趋势解读．出版参考，2008，(18)：11-12.

[3] 佚名．手机阅读渐成时尚．中国新通信，2008，(10)：34.

[4] 艾媒市场咨询．2007 中国无线互联网 WAP 用户行为研究报告．2007.

[5] 陆晓辉．行业标准将出移动阅读业或迎来爆发期．中国高新技术产业导报，2010-02-11.

[6] 中国互联网络信息中心．2007 年中国 WAP 发展状况调查报告．http：//www. cnnic. cn/html/dul/2007/05/15/4583. htm [2008-05-10]．

[7] 中国互联网络信息中心．第 25 次中国互联网络发展状况统计报告．http：//www. cnnic. net. cn/hlmfzyi/html/bg/2012/06/t201206/t201206/2 _ 26z16. htm [2010-08-20]．

[8] 中国新闻网．第六次全国国民阅读调查成果发布．http：//www. chinanews. com/cul/news/2009/04-24/1663257. shtml [2009-04-22]．

[9] 人民网．移动书城：未来的付费下载比广告模式更有诱惑．http：//www. people. com. cn/GB/64007/113340/113370/6693069. html [2007-12-24]．

[10] 网易科技．手机小说：6 亿多读者等“新米”下锅．http：//www. tech. 163. com/

09/0824/06/5HF908I00915BE. html [2009-08-24] .
[11] 朱音 . 手机引领移动阅读新视界 . 中国出版，2007，(6)：64.
[12] 金霞 . 手机二维码：书业营销新利器 . 出版发行研究，2008，(5)：53-55.
[13] 新快报 .60 余手机用户创作短信赚千元 . http：//news. 163. com/09/0903/00/568CGoV5000120GR. html [2009-09-03] .
[14] 苏靖 . 手机阅读渐流行 . 浙江日报 . http：//zjdaily. zjol. com. cn/html/2010-02/09/content _ 261577. htm? div=－1 [2010-02-23] .
[15] 大众数字报 . 中国电信将建移动阅读基地 . http：//paper. dzwww. com/shrb/date/20/00210/html/26/content _ 7. html [2010-02-09] .
[16] 石心平 . 电子书：传统图书的终结者还是伴侣 . 出版参考 . 2007，(18)：1.
[17] 惠天灵，方志 . 手机出版兵临城下 . 出版参考 . 2008，(6)：8-10.
[18] 搜狐新闻 . 1. 55 亿手机阅读群体更低龄言情武侠小说最受欢迎 . http：//news. sohu. com/20091221/n269085952. shtml [2009-12-21] .
[19] 方芝燕 . 学院与江湖的博弈——关于新媒介文学与传统文学的角力场之我见 . 理论界，2008，(2)：147-148.
[20] 李响 . 步入移动阅读时代——试论电子书发展趋势问题 . 北京：北京师范大学硕士学位论文，2005.
[21] 柳斌杰，于友先，邬书林 . 第四次全国国民阅读与购买倾向抽样调查成果发布会显示公众版权意识有待提高 . 中国出版年鉴，2007，(27)：56.
[22] 刘燕，厉春雷，钱永红 . 浅谈数字出版中的版权保护 . 编辑之友，2007，(4)：95-96.
[23] 李海丽 . 电子图书研究 . 武汉：华中师范大学硕士学位论文，2006.
[24] 罗丁瑞 . 网络出版新形态 . 武汉：武汉理工大学硕士学位论文，2008.
[25] 佚名 . 我国手机阅读用户达 1. 55 亿低龄群体占据四成 . http：//tech. qq. com/a/20091221/000162. htm [2009-12-21] .
[26] 佚名 . 小小手机阅读巨大市场蛋糕 . http：//www. enfodesk. com/sminisite/index/articledetail/typeid/z/info _ id/94108. html [2010-02-01] .
[27] 陶兰霞，吴迪 . 挖掘手机阅读商机 . 通信世界，2008，(32)：26-27.
[28] 胡晓媛 . 手机，图书出版业的移动加速器 . 成都：四川大学硕士学位论文，2007.
[29] 吴重生 . 让用户享受随身阅读新体验 . http：//www. chinaxwcb. com/xwcbpaper/html/2010-03/04/content _ 6225. htm [2010-03-04] .

20 世纪二三十年代中国科学家的社会声望问题*

一、引　　言

现代意义上的自然科学家在中国社会中始终不是一个独立的社会阶层，而是隶属于知识分子（脑力劳动者）阶层的一个特殊群体，其特殊之处在于：①虽然按照目前流行的一般观点来看，中国古代曾经保持了一个"西方望尘莫及"的科技水平，但科学家群体仍然是远在古代就已形成的中国知识分子阶层中最年轻的成员，这不过是 20 世纪以来才发生的事情；②虽然它是年龄最轻的群体，但却是发展最快的群体，辛亥革命的时候，中国还几乎没有一名真正现代意义上的科学家，而短短的 20 余年后的 1935 年，训练有素的科学家已逾上千名，经过一定专业训练的科学人才也有数万人了[1]。

中国现代科学家群体的形成过程，大致可以以中国科学社宣告成立的 1914 年为起点①，到 1935 年科学社 20 周年纪念时基本完成。在此期间，包

* 本文作者为王大明，原题为《试论二三十年代中国科学家的社会声望问题》，原载《自然辩证法通讯》，1988 年第 10 卷第 6 期，第 36～42 页。

① 中国科学社最早是在美国宣告成立，但其所出的杂志《科学》是在中国发行的。详情见任鸿隽《中国科学社概况》（《文史资料选辑》第 15 辑，1965 年）。

括地质调查所① （1916 年）、中央研究院（1928 年）、北平研究院（1929 年）、中国西部科学院（1930 年）等 34 个各种科学的研究机构，在全国各地陆续建立起来[2]，设有自然科学专业院系的几十所大学也建立起来了。此外，各主要学科的专业学会，如地质学会（1922 年）、物理学会（1932 年）、化学会（1932 年）和中华医学会（1932 年）等，也都陆续成立了。这些都标志着中国现代科学家群体的形成。

本文所要研究的是，在这个社会群体的形成过程中，这个新群体的社会声望究竟如何，或换言之，科学作为一种新兴的职业，它的职业兴趣怎么样。

需要指出的是，社会声望并不等于学术声望，这是两个既有关系，又有区别的概念。学术声望是指科学家在科学共同体内所享有的声望，在现代这种声望常常通过各研究者论文的被引证指数来测量，而社会声望则是科学家们在社会公众中所享有的声望。在正常的情况下，社会声望与学术声望有着类似正比的关系，也就是说，不排除有些沽名钓誉的人，利用其手段来获得作为一个科学家的社会声望的可能性，但从长远的观点看，科学建制的内在运行机制会首先从科学共同体内唾弃这样的人，从而使社会公众最终也明白他们，使他们名声扫地。这就保证了社会声望与学术声望的正常关系。

当然，社会声望也是一个反映科学家社会地位的综合指标，除了与政治、经济等因素相关之外，与民族文化传统也有密切的关系。本文准备先从政治、经济和历史传统三个方面进行一些讨论，然后利用统计的方法研究一下知名度问题，最后综合以上结果，讨论科学家群体的社会声望问题。

二、对中国古代社会的一个简短回顾

众所周知，古代中国曾经是世界上科学技术水平最先进的地区之一，历史上曾出现过不少著名科学家，但我们都知道，这些人从来就没形成一个具有相对独立性的社会群体，而且正如顾颉刚很久以前就已指出的那样，他们所谓的“著名”实际上是对现代人而言的，是经过了历史放大的，在当时的

---

① 虽然地质调查所名义上是在 1913 年成立的，但它真正开始各项工作和活动的时间是 1916 年，故实际上应以 1916 年为它的起点。

社会中，他们并不一定有多么高的社会名望，或者不是由于科学技术上的贡献而获得名望（也许中医行业中有个别例外的情况）。例如，我们考查一下号称形成中国数（算）学体系的所谓“算经十书”，则马上就会发现：在这十部著作中，有半数的作者不知是谁（虽然有些书的作者可能不止一人），另有差不多半数的算经原书早已失传了。另外，一些很重要的古代科技著作，如《考工记》、《氾胜之书》、《禹贡》、《黄帝内经》、《难经》等，其作者都不可考证了。这些当然也可以由于年代的久远，但与一些差不多同时代的著作的作者相比，毕竟其中有一个社会重视与否的问题在内。

另一个明显的例子是现在被中算史界称之为代表了中国古代数学第一座高峰的刘徽和祖冲之。幸运的是，虽然目前对刘徽的身世生平几乎一无所知，但刘徽所作的《九章算术注》流传下来了，使我们得以了解到他的杰出科学贡献，与此相反，虽然我们对祖冲之的生平略知一二，但他的主要著作《缀术》则早已佚失了。

其他一些在他们活着的时代就负有盛名的人，如沈括、一行、徐光启等，他们的名望主要是因为他们或者身居高位，或者与最高封建统治者之间有特殊的关系。

我们还可以看到的一个明显的情形是：相当一部分今天闻名于世的中国古代科学家都是官场上的失意者，如祖冲之、李时珍、宋应星等，而徐霞客则根本就没有做官的企图，所以他的著名游记问世还不到三个半世纪，就已佚失了其中的六分之五。

一些外国学者也曾撰文讨论过这个问题，如李约瑟曾论述过科学家和工程师在传统中国的地位[3]，他特别指出了一些青史留名的科技大师，但当时社会地位却十分低下的例子。日本的科学史家薮内清也讨论过中国古代所谓“居官的科学家”问题①。

总而言之，古代中国的科技水平虽然比西方高得多，但中国古代的科学家（或技术专家）却没有什么社会地位（如果他们不做官的话），这里稍稍有点矛盾，但如果我们注意到中国古代科学技术的绝对水平和它的经验色彩

① 见薮内清《中国科学的传统与特色》（《科学与哲学》，1984年第1期），“居官的科学家”是文章中的一个小标题。

时，就会理解何以低地位的科学家能维持高水平的科学了。

三、科学家的政治地位

按中国的传统观念，所谓政治地位往往反映在某社会群体的入仕机会上。前文已经说过，中国古代科学家并未形成有相对独立意义的社会群体，因此只能列举几个特殊的例子，来大致描述那些零散科学家们的社会地位。即便如此，我们也可以看出（其实对于研究中国古代科技史的人来说，这已为大家所公认），在中国古代，主要以科学技术方面的知识为所长的人（某些个别人，如郭守敬等例外），是很难有机会入仕的。但近代以来，随着西方列强的坚船利炮给中国人上了深刻的一课，许多知识分子，也包括部分封建统治阶层的人物，逐渐认识到了自然科学和技术在功利方面的意义。由此，整个情形产生了一点转机，科学家的境况有所好转，如果需要举例说明的话，清末的数学家李善兰的经历就清楚地表明了这一点，这是大家所熟知的，此处不再赘述。

辛亥革命以后，情况有了进一步的好转，尤其是在20世纪20年代中期之后，甚至基础科学的研究也受到了一定程度的重视，重视的标志，一是给钱，二是给官。正像有的学者所指出的那样，这样做的原因在于：中国社会传统上对于所赞赏的人物的最优厚奖励，就是给他们官做，古代如此，近现代乃至今日依然如此。

中国20世纪二三十年代，确乎有相当一批学有专长的科学家（或准科学家）走入仕途，下面是几个较典型的例子。

李书华（1890～?），1915～1922年在法国学习，1922年在巴黎大学获博士学位，他的导师是当时法国著名物理学家佩兰（J. Perrin）。他回国后曾先后担任过国立北平大学物理系教授和系主任（1922～1928年），北平研究院物理研究所兼任研究员及研究院副院长（1928～1929年），是中国物理学会的第一任会长（1932年），30年代以后他开始走上仕途，从1931年起成为当时的国民政府立法委员会委员，1931～1933年担任了教育部副部长（一度还担任了部长），1934年以后担任过中央博物院、中央研究院等机构的领导人，1945年以后成为国民党中央执行委员会的委员，从此彻底脱离了科学界，变成一名纯粹的官僚人物。

徐佩璜（1888～?），早年毕业于美国麻省理工学院化学系（1914 年），随后在美国的几家化工公司工作了几年，成为有名的肥皂和石油专家。1920 年回国后担任了南洋大学（上海交通大学的前身）化学和化工教授，曾三次担任中国工程师协会的会长。1927 年北伐战争的胜利也将他卷入了政界，他被任命为国民中央政治委员会上海分会秘书长，后来担任了上海市政府的一系列官职，也逐渐变成了一名纯粹的官僚人物。

诸如此类的著名人物还有丁文江（地质学家）、翁文灏（地质学家）、李耀邦（物理学家）、凌道扬（农林专家）、李顺卿（森林植物学家）、徐善祥（化学家）等。这些人走入仕途的一个特点是：他们大都没有什么别的政治背景，而能顺利地升官晋爵，其原因主要是他们有科学方面的一技之长。

另外，根据国民党政府 1933 年对中央机关公务人员的统计[4]，在总数为 12 671 人的中央机关公务人员中，学习理、工、农、医出身的人就有 1315 名，占总数的 10.4%。这证明学习科学的人有相当的入仕机会。

限于资料，我们无法将科学家的入仕机会同其他社会阶层进行比较，虽然单纯的一个入仕机会并不能完全反映科学家的实际参政状况，但就我们的目的来说，这已足以说明了这一点，即从政治地位来看，科学家群体（隶属于知识分子阶层）并没有沦为社会的最底层①。

四、经济收入

现代中国社会的经济命脉一直掌握在外国帝国主义者与少数军阀、官僚、买办和地主资本家手中，广大劳动阶级（包括体力和脑力劳动者）属于被剥削的对象。但就拿薪金阶层来说，科学家群体的经济收入并不处于社会的最低水平。下列几个表格列举了几种职业的经济收入情况，可以大致表明这种情况。需要说明的是，由于当时的科学家大部分都在大学里任教，而各种科学研究机构中的研究人员工资水平大致与大学教师的工资水平相当，并且各类人员之间的情况也大致有一定的对应关系，所以本文以大学教师的收入来表示科学家群体的收入情况；另外，虽然国内各大学的薪金水平有一定

① 聊胜于元朝时“娼之下、丐之上”的“老九”地位。

的差别，但从一些名牌大学的情况看，其差异并不很大，所以本文采用资料比较详细和准确的清华大学为例进行对比。

从表1至表4中可以看出，大学教师的工资水平比大学职员和军官的工资略高，而一般比工人的工资高数十倍。据当时的一些社会学研究者的研究[5]，在中国20世纪20年代中期至30年代后期的这段时期内，人民生活是相对稳定的，一般维持中等水平的个人生活费只需10块大洋足矣①。

表1　大学教师月薪　　（单位：银元）

类别	教授	讲师	教员	助教
月薪	300～500	166～280	120～200	80～140

注：这里的讲师大约相当于现在的副教授，教员则相当于现在的讲师。

资料来源：《国立清华大学一览》，1935年。

表2　大学职员月薪　　（单位：银元）

类别	主任	事务员	助理	书记
月薪	220～360	60～200	40～100	30～60

资料来源：《国立清华大学一览》，1935年。

表3　军队官员月薪　　（单位：银元）

类别	上校	中校	少校	上尉	中尉
月薪	240	175	125	80	60

注：军官一般还有一定数额的津贴，随职位的高低而有所不同。

资料来源：《文史资料选辑》，1985年第3期。

表4　工人月薪　　（单位：银元）

类别	男工	女工	童工
月薪	4～50	5～25	2～17

资料来源：《中华民国统计提要》，1935年。

尽管在中国的20世纪二三十年代，从整个国家来看教育和科学研究的经费常感不足，甚至有异常支出的时候[6]，但科学家的人数一直在稳步增长，并且取得许多科学研究成果，形成中国近代以来科学发展的第一次高潮，其原因可能是多方面的，但科学家群体能获得比较优厚的经济收入恐怕

① 关于科学家的生活水平状况，还有一个旁证材料，即《杨钟健回忆录》（地质出版社，1983年，第61页）。

也是重要因素之一。

五、社会知名度

如果社会新闻媒介本身是价值中性的，则通过它所反映出的某些社会阶层或群体的知名度的高低，就代表了整个社会公众舆论的某种价值取向。当然这不过是一种理想状况，实际社会生活是很难实现的，尤其是在 20 世纪二三十年代的中国社会中，一方面新闻媒介并未充分发达，另一方面，官方的价值取向往往起了决定性作用。这是我们应该加以注意的。

本文对知名度的研究，依据的是两部当时出版发行的人名辞典。其中第一部是由美国人编撰的《中国名人录》（*Who's Who in China*，1918～1950 年）[7]。这是当时一份在中国出版发行的英文周报《密勒氏评论报》（*The China Weekly Review*，后改名为 *The China Monthly Review*）报社编辑出版的英文辞典。此辞典共出过六版，第一版出版于 1919 年，收录当时中国社会中的名人 59 名；最后一版出版于 1950 年，收录名人 960 余名；全部六版（以及三个增补）先后收入的（不重复）中国现代名人 2500 余人。1982 年，香港中文大学中国资料中心将这部名人录的全部六个版本以及三个增补等一起出版印行，本文就是以这部新印的中国名人录为线索进行研究的。

关于这部名人录的可信度，笔者认为有如下几条证据：①本书每个版本的前言中都阐述了收录名人的唯一原则，即知名度，编者认为，此书虽可能没有“给出所有最优秀人物的名字……但它的确企图给出绝大部分知名人士的名字”；另外，由于此书由外国人编辑，并且主要是给外国人看的，所以它基本上不会太多地受到国内其他各种因素的影响，例如，在后几版中，此书就收录了许多当时还处于非法地位的中国共产党的著名人物。②本书的编辑态度是比较严肃的，例如，所收入的文学家包括鲁迅、郁达夫、丁玲、郭沫若、徐志摩等，都是有一定思想性的作家，而没有收入那些名噪一时的黄色作家的名字。③这部辞典不是由后人，而是由所收录名人的同时代人编写，没有时间距离，所以比较可信。当然，它决非完美无缺，编者的偏见和偏爱随处可见。例如，收录了相当数量的中国留美学生并大加赞扬，就是一个证明。所以由本书得出的统计结果虽有参考价值，但决非定论。这是应当说明的。

由于中英文人名翻译上的混乱，以及在确定人物身份时存在的具体困难，笔者只对这部名人录进行了初步的和非常粗略的半定量统计研究，结果见表5。

表5 《中国名人录》中科学家所占比例

版次	所收录的名人总数/名	科学家人数/名	所占比例/%
第一版（1919）	57	0	0
第二版（1920）	153	1	0.7
第三版（1925）	373	5	1.3
第四版（1931）	1336	17	1.3
第五版（1936）	2170	26	1.2
第六版（1950）	930	15	1.6
总计	2508	36	1.4

注：第三、四、五版的三个增补分别计入这三版之中。由于各版中都有重复出现的人物，所以总计不等于各版人数之和。

笔者没有详细统计其他各类人物的数目和所占的百分比，但估计军政方面的名人至少在80%以上，经济界（包括企业家、商人和金融银行家等）、文化界（包括新闻出版、文学艺术等）和律师业等名人所占的比例肯定也都大于科学界。

本文所依据的第二部人名辞典，是由樊荫南编纂的《当代中国名人录》（上海良友图书印刷公司，1931），这是由中国人自己编辑的第一部现代名人录，收入各类人物近5000人。虽然编者是民间人士，但其各种偏见仍是随处可见，故对它的统计结果，只能谨慎地作为参考之用。本文将其所收录的人物大致分为11大类，即政（包括政党、政府的官员和公务人员）、军、金商（金融工商，包括政府中的有关人员）、文教（包括文化、教育、出版和新闻等）、法（律师、法律部分工作人员）、外（外交和非金商方面的涉外人员）、工（工程技术人员）、理（数理、化、天、地、生等学科的科学家，包括这些学科的大学教授）、农（与农林科有关的专家教授）、医（医生及医学教授）、其他（主要是宗教、民间团社等其他人员）。需要指出的是，文教类中的大学教授不包括理、农、医等科的同类人员。统计结果如图1所示。

从结果中可看出：政、军、外各类，以及金商、法类中的相应人员的总和比例，大大超过了50%，而理、工、农、医四类的总和比例仅占14.5%，若再加上文教类，也不过是27.1%，若只计算纯粹的科学家，即理、农、医

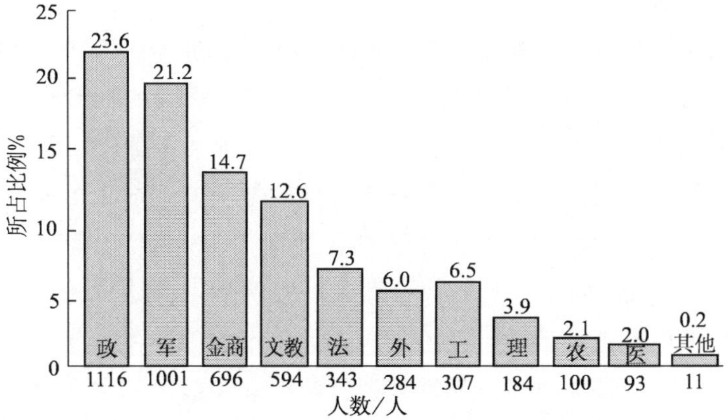

图 1　《当代中国名人录》所收人物分类比例示意图

注：总计 4728 人。

中的一部分，则比例当在 8% 以下。这个结果部分地印证了我们从前一个统计所推出的设想。

六、讨　　论

20 世纪二三十年代是中国科学史上的一个非常重要的时期，现代科学家群体的形成，也意味着现代科学在中国的立足，社会各方面对科学家群体的态度，也意味着对待现代科学的态度。历史事实表明：中国科学家成功地掌握了现代科学知识（值得注意的是，这些知识并不是中国古代科学的自然延续），并且做出了许多相当水平的工作（见文献［2］中各篇文章）。这除了科学家自身的原因之外，还有许多外部的原因，前文所叙述的政治和经济方面的因素，便是答案之一。

但就中国科学家的整个社会声望来看，相对于中国其他各社会阶层，仍然是偏低的，如果与世界上各发达国家相比，则更加悬殊①，例如，中国科学界中没有一位人物能为全社会所家喻户晓，而政界、军界，甚至知识界其

① 如果对默顿《十七世纪英国的科学、技术与社会》一书中关于职业兴趣的统计分布进行仔细考察[8]，就可以看出，17 世纪的英国科学家可能比 20 世纪的中国科学家具有更高的社会地位和社会声望。

他领域却存在着这样的人物。

按照默顿的看法[8]，战争和政治动乱，使得政治和军事职业兴趣增加，因此，很容易理解中国20世纪二三十年代政客和军人的社会声望为什么如此之高。由于职业兴趣是可变的，也就可以理解作为新兴职业的科学界社会声望为什么偏低。当然，这不过是一个唯象的解释，本质上的原因要涉及社会文化传统。几年前我国学术界关于“中国近代科学为什么落后”问题的讨论[9]，可能会为我们提供一些解释的线索。我们能否作这样一个结语：近代以来西方列强用先进的武器装备给中国人上了难忘的一课，使中国的上层统治者和相当一部分知识分子首先看到了自然科学和技术的功利上的用途，这是科学家之所以能有机会入仕和获得较丰厚报酬的基本原因之一；而一般民众教育程度的低下和一部分传统知识分子对西学（由于中国的现代科学完全是从西方输入的，因此也常被归类于“西学”）的抵触态度，造成了科学事业在中国社会中不能被充分理解和科学家社会声望的低下。

参考文献

[1] 中国科学社二十周年纪念大会记盛．科学，1935，19（12）：1906-1912.

[2] 刘咸．科学史上最近二十年//刘咸．中国科学二十年．北京：中国科学社，1937：13.

[3] 李约瑟．中国科学传统的贫困与成就．科学与哲学，1982，(1)：6-43.

[4] 国民政府主计处统计局．中华民国统计提要．北京：商务印书馆，1935：192.

[5] 陶孟和．北平生活费之分析．北京：商务印书馆，1929.

[6] 夏湘蓉，王根元．中国地质学会史．北京：地质出版社，1982：6.

[7] Cavanaugh J. Who’s Who in China 1918—1950. Hong Kong：Chinese Materials Center，1982.

[8] 默顿R K. 十七世纪英国的科学、技术与社会．范岱年，等译．成都：四川人民出版社，1986.

[9] 中国科学院自然辩证法通讯杂志社．科学传统与文化——中国近代科学落后的原因．西安：陕西科学技术出版社，1983.

中国科研人员的时间分配*

一、引　　言

科研时间问题是国内外科研管理中都会遇到的问题。美国自2005年秋开始的一项调查显示，美国大学的研究者平均58%的时间用于研究工作，其中65%的时间（即工作时间的38%）用于联邦资金资助项目[1]。在中国，一方面自20世纪50年代以来一直存在着研究时间不足的问题[2]，另一方面又存在工作时间过多导致知识分子"过劳死"现象[3]。中国科学技术协会2008年下半年进行的第二次全国科技工作者调查状况显示，科技工作者平均每周工作47.3小时，远高于国家法定每周工作40小时的时间。与工作时间形成对照的是媒体报道的2005年浙江省科学技术协会对科技工作者状况的调查，其结果显示该省科技工作者每年用于科研的时间平均只有4.11个月，而且职称越高，科研时间越少。

美国的调查对象是从事研究的大学教授，更多地关注科学家们用于受联邦政府资助项目的科研时间。中国科学技术协会和浙江省科学技术协会的调查涉及的是科技工作者的工作时间和研究时间，但在科学技术协会系统所称

---

* 本文作者为黄艳红，原题为《中国科研人员科研时间调查报告》，原载《河南社会科学》，2011年第19卷第2期，第148～154页。

的“科技工作者”中，除了占很小比例的研究人员外，多数是工程技术人员、卫生技术人员、农技推广人员、自然科学教学人员、科技管理人员。这些人除了少数分布在科研机构和大学之外，多数在中学和技校、医疗卫生机构、技术推广与服务组织、企业等机构服务，也就是说，这些人中多数人员的本职工作本来就不是从事研究的，因此对其科研时间的调查也就缺少了一些说服力。

为了呈现我国从事知识生产的科研人员的有效科研时间，2006 年 11 月到 2007 年 8 月，笔者及所属研究团队对我国一些公立科研机构及重点大学进行了调查。本文报道的是这次调查的结果。

二、调查对象、内容和方法

（一）调查对象

与科学技术工作相关的人员很多，除了研究人员之外，还有科学活动的组织者和管理者、科学知识的传授者和传播者、技术技能的推广者和中介服务者、医疗活动的从业者等。无论是原人事部《专业技术人员简要统计资料》中界定的“专业技术人员”，还是国家统计局和科技部《中国科技统计年鉴》中所界定的“科技活动人员”，都包括了大量与科学技术相关的从业者。科研成果产出者只是其中的一小部分。

而且，仅就科研成果的产出而言，管理人员和辅助性人员虽然也具有不可替代的作用，但是他们本身不直接创造科研成果。研究生是重要的研究人员，但他们前期处于课程学习阶段，后期进入研究阶段很少会有投入时间不足的情况。

科研成果的产出最终取决于科研人员从事的研究工作。目前在我国广受关注的，主要是科研时间投入不够，导致我国创新成果不足的问题。因此，本次调查的对象，是直接从事科学技术研究工作的具有中高级专业技术职称的人员，不涉及科研管理人员、科研辅助人员和研究生，更不包括中学理科教师、医疗卫生人员、技术推广人员等。

（二）调查内容

我们把科研人员的工作时间理解为三个部分，即直接科研活动时间，与科研相关的学术活动时间，以及从事其他活动的时间。科研时间与科研人员的工作内容、工作方式、工作角色、科研环境、科研管理制度和政策等密切相关，因此，除了科研人员工作时间的分配外，我们在调查内容上还纳入了与之相关的各种制度和政策状况，以及科研人员对这些情况的态度和评价。问卷调查的具体内容包括如下四部分：

1）工作概况和工作内容。主要了解调查对象在科研活动中的工作情况，包括工作团队、工作角色、工作内容、申请项目的数量和经费、完成项目需要的时间、参加学术会议、科研活动产出情况等。对这些情况的了解使我们对科研人员总体的工作内容和时间分配背景有一个大概的把握。

2）工作及科研时间的分配和支配。这是对工作时间和科研时间的定量划分，包括每天工作时间、每周工作时间，以及平均每年花费在各项活动中的时间。这些时间既包括绝对数值，也包括百分比。这样，我们就对调查对象如何分配自己的工作时间和科研时间就有了详细和准确的了解。

3）工作及科研时间的影响因素和评价。这包括调查科研人员对各种影响工作及科研时间分配的因素的看法，以及对自身工作和科研时间充分性的评价。问题涉及科研条件（硬件条件、基础设施和环境氛围等）、科研管理体制、评价体系等。这些问题的回答使我们对科研人员的时间分配和出现问题的原因有更深的了解。

4）被调查人员的基本信息。这些信息包括调查对象的年龄、性别、学历、职称、研究领域等。它们可以帮助我们理解前面的调查结果的差异。

（三）调查方法

我们按照科研人员服务机构的性质将他们分为两类，即公立研究机构的研究人员和研究型大学的研究人员。考虑到两类人员的工作内容和工作方式有差异，我们设计了两份问卷。两份问卷在保持问题基本意义一致的情况下，形式有所不同。

在设计问卷之前，我们对各类科研人员和科研管理者进行座谈和调查，确定了调查的各项内容，明确了提问方式，优化了问题答案。问卷设计过程中我们请有关调查公司的人员参与，提高了问卷设计和获得有效答案的有效性。问卷初稿完成后，在一些机构进行了预调查，由科研人员提出修改意见和进行试填写。

由于科研人员的工作重心、内容和方式并非每天相同，因此，我们试图调查他们在一个较长时段里科研时间的投入情况，而不是具体到每一天的情况。

科研时间的投入除了与研究内容、工作性质和角色、管理制度和方式、科研制度和政策相关之外，也与地方性政策和文化相关。所以，除了封闭式问题之外，我们还设计了一些开放性问题，以便掌握的资料更真实和全面。每份问卷共 49 个问题。

由于我国迄今尚没有科研人员的统计数据和分布资料，本次调查从中国科学院 7 个分院的 52 个研究所、2 个省级科学院和 33 所研究型大学直接从事科学技术基础和应用研究的科研人员中随机抽出样本，发放问卷进行调查。

问卷通过三种方式发放：①到有关单位发放纸面问卷；②通过有关部门发出通知，请科研人员网上填写问卷；③通过电子邮件与科研人员直接联系，请他们填写电子版问卷或网上填写。

正式问卷调研自 2007 年 3 月始，至 2007 年 8 月底，共回收有效问卷 1324 份。问卷中出现三个时间段，“最近 5 年”指 2002 年 1 月到 2007 年 1 月，“最近 3 年”指 2004 年 1 月到 2007 年 1 月，“最近 1 年”指 2006 年 1 月到 2007 年 1 月。问卷数据通过 SPSS11.0 版“统计产品与服务解决方案”(Statistical Product and Service Solutions) 软件包进行处理，采用的统计方法包括频次/交叉和平均数分析，其中采用了平均数和百分比检验。

为了分析数据，配合问卷调查，我们还在中国科学院所属五个分院、北京地区一个研究所及两所大学的国家重点实验室组织 200 余人次进行了座谈，并且访谈了中国科学院兰州分院院长程国栋院士、上海分院一位“海归”青年科研人员及数名大学实验室负责人。

三、调查对象的基本情况

（一）年龄

有1312份问卷的被调查者对自己的年龄均作了回答。统计结果是：30～39岁的最多，占被调查人数的40%。其次是40～49岁的，占34%。50～59岁的居第三，占13%。29岁及其以下的占11%。60岁及其以上的占2%。

（二）性别

被调查者在1308份问卷中给出了自己的性别。在这些被调查者中，男性约占76%，女性约占24%。男性科研人员的数量超过女性数量的2倍。

（三）学历

被调查者在1312份问卷中对自己的学历作了回答。被调查的科研人员呈现出高学历特点，有研究生学历的约占83%，其中博士研究生学历者占到一半以上，达65%，18%的具有硕士研究生学历。大学本科及以下人员只有18%。

（四）职称

被调查者中有1310份问卷填写了自己的职称。拥有正、副高级专业技术职称的科研人员各占39%，中级职称人员占18%，初级职称人员只占5%。

（五）从事的研究领域

有1290份问卷回答了被调查者自己从事的研究领域。在基础研究领域（包括数学、物理、化学、天文、力学）工作的占36%，在高技术研究领域（包括信息技术、新材料、化工、能源、光学电子）工作的占36%，资源与环境领域的科研人员占 11%，生命科学与生物技术领域的有 9%。还有 8% 的调查对象来自上述领域之外的其他领域。

（六）所属机构类型

有 1324 位被调查者注明了自己所属机构的性质。其中，53% 的来自公立研究机构，47% 的来自大学。

四、工作方式和工作内容

（一）研究团队规模与团队角色

被调查者在 1316 份问卷中回答了自己所在团队的规模和自己在团队中的角色。从规模看，首先，10～19 人的团队最多，占 34%；其次是 9 人及其以下的团队，占 30%；再次是 20～49 人的团队，占 21%；最少的是 50 人以上的团队，只有 15%。需要说明的是，这些团队成员包括研究生在内。

在团队角色方面，在这 1316 位接受调查的人员中，60% 的是团队中的项目负责人，55% 的是项目申请/规划/沟通者，43% 的是资料收集/整理/分析者，46% 的是实验设计/操作者，30% 的是技术/产品开发者，47% 的是论文写作/专利设计修改者。当然，一位团队成员的角色是多重的，从选择的频次来看，每人平均担任 2.7 个团队角色。

（二）学生培养

在招收和培养研究生方面，在 1226 份回收的问卷中，被调查者平均每人每年招收硕士生 1.6 个、博士研究生 0.8 个，目前每位被调查者平均负责指导硕士研究生 3.6 个、博士研究生 2 个。总体统计，每位被调查者平均每年招收研究生超过 2 个，目前指导的研究生超过 5 个。

在承担教学任务方面，有 1306 份回收问卷作了回答。其中，43% 的被调查者不承担授课任务，24% 的人每周上课 1～3 节，21% 的人每周上课 21

节，9%的人每周上课7～9节，每周上课10～12节和13节及其以上的被调查者各占2%。

（三）项目申请与完成

1. 纵向项目申请和获批情况

根据1316份问卷的回答，在最近3年中，有32%的人没有申请过国家自然科学基金、“863”项目和“973”项目等纵向项目，有36%的人申请了1～2项，有23%的人申请了3～4项，有9%的人申请了5项及以上。

根据1313份问卷的回答，在这3年中，有39%的人没有获批项目，减去32%未申请者，只有7%的人申请项目但一无所获；有61%的人至少1个纵向项目获批，其中27%的人获批1项、22%的人获批2项、13%的人获批3个及以上项目。根据1290份问卷的回答，从申请项目到获批的时间，1%的人在1个月内知道，2%的人需要1～2个月，4%的人需要2～3个月，48%的人需要3个月以上，另有45%的人回答不好说。

2. 横向项目申请和获批情况

在1312份问卷中，回答在最近3年中申请横向项目数时，有48%的人表示没有申请过，有45%的人申请了1～5项，有5%的人申请了6～10项，有2%的人申请了10项以上。

在1306份问卷中，回答在这3年中没有获批横向项目的占51%，减去没有申请的48%，大约只有3%的人申请了而没有获批，所占比例极小。获批1～2项的占33%，获批3～4项的占11%，获批5项及以上的占5%。

3. 项目完成时长

在1299份问卷中显示，有近一半的项目（45%）需要花2～3年的时间完成，17%的项目需要1～2年，14%的项目需要3年以上，5%的项目在1年之内就可以完成，有19%的项目需要的时间“不好说”。

项目需要花费的时间和项目的内容及要求直接相关，同时也常常意味着经费的数量。一个需要5年时间完成的项目一般是比较大的项目，如果能申请到这样的项目，意味着5年里一个研究团队有比较充裕的经费，可以比较安心地来做研究。当然，也有这样的情况：一个项目可能只需要1年就能完成，也就是说其经费只足够支撑1年，但是给的时间是3年，那么就意味着科研人员还需要申请其他的经费以保证科研活动的顺利进行。

（四）参加学术会议

1307份问卷显示，34%的被调查者在最近1年没有参加正式的国际学术会议，有51%的人参加了1～2次，有11%的人参加了3～4次，只有4%的人在这一年之内参加了5次及以上的国际学术会议。

1314份问卷显示，在最近1年，有22%的人没有参加过全国性学术会议，有73%的人参加了1～5次，有4%的人参加了6～10次，参加10次以上的只有1%。可见，95%的科研人员在一年内参加的学术会议不超过5次。

（五）科研经费

1284份问卷显示，一个团队年均科研经费在10万元以下的占24%，10万～20万元的占14%，20万～50万元的占16%，50万～100万元的占12%，100万～200万元的占11%，200万～500万元的占6%，500万元以上的占4%，不愿意回答的占13%。多半团队（54%）年均经费在50万元以内。

通过对每年科研经费与纵向项目申请的交叉分析发现，纵向项目申请越多，科研经费就越多。另外，通过对年科研经费与科研经费足够性的交叉分析发现，年均科研经费20万元以下者多认为自己的经费远远不够，年均50万元以上者多认为经费基本够或者已经充足了。

（六）研究成果与获奖

根据1316份问卷的统计，被调查者在最近5年间，平均每个团队完成最多的项目是其他机构委托项目（4.3个），其次是国家自然科学基金项目（3.3个），其他项目依次是省市（2.5个）、部门研究项目（2.4个）、本单位自立项目（2.2个）、“863”高技术研究项目（2个）、其他国家级重点项目（1.9个）、国际合作项目（1.7个）、“973”计划项目（1.4个）。

根据对研究项目完成数与团队规模的交叉分析发现，50人以上规模的团队完成的项目最多（10.1个国家自然科学基金、2.7个“863”项目、3.6个部门研究项目、3.8个本单位自己项目和5.7个其他单位委托项目），10～20人规模的团队完成其他单位委托项目最多（4.1个），20～50人规模的团队完成的其他单位委托项目最多（5.4个）。

从研究成果的形式和数量来看，对1316份问卷的统计显示，被调查者中最近5年每个团队平均发表SCI和EI论文26.3篇，国内一级学术期刊论文20.4篇，出版论著2.3部，获专利6.1项，建立模型3.9个，完成研究报告11.7篇。

我们从研究成果与团队规模的交叉分析发现，50人以上规模的团队完成了最多的SCI和EI论文、专利和研究报告，20～50人规模的团队完成了最多的国内一级学术期刊论文和论著，10～20人规模的团队只在出版论著和完成研究报告的数量上比较多。在1316份问卷中，每个团队最近5年中平均获奖的情况是：国家自然科学奖1.7项，国家科学技术进步奖1.4项，部级奖1.8项，省级奖1.8项，市级奖2.3项，本单位奖2.8项。

从获奖数量与团队规模的交叉分析可以看出，团队规模与获奖级别和数量有关。50人以上团队获得国家科学技术进步奖、部级奖、省级奖、市级奖、本单位奖均居首位，获得国家自然科学奖也较多。20～50人的团队获得部级奖、省级奖、市级奖、本单位奖均居第二。10～20人的团队获得国家自然科学奖最多，获得国家科学技术进步奖的数量位居第二。10人以下的团队在各种奖项的数量上均没有优势。

五、工作时间及其分布

（一）本职工作时间与兼职工作时间

对1282位被调查对象的统计表明，他们平均每天工作9.8小时，平均每周工作5.8天，这两个数字都分别超过国家规定的每天8小时、每周5天的正常工作时间。可见，目前我国科研工作者的工作时间较长。

可用于对比的对兼职工作时间做了详尽回答的问卷有478份。调查对象月均兼职工作时间为4.8天，月均学术兼职（包括国际与国内专业协会或学会兼职、专业学报或学术期刊兼职、学术委员会成员、课题组成员或有助于科研成果转化的企业内兼职等）工作时间为3.3天，月均社会兼职（包括与学术或科研无直接相关的兼职）工作时间是1.5天。总的来说，科研工作者用于兼职的时间不算太多。

（二）工作时间的总体分布

共有1264份问卷回答了工作时间的总体分布。统计显示，他们的直接科研活动（包括资料收集与整理分析、实验设计与实施、小组讨论、论文专利和模型等形成与修改、技术/产品开发等）时间，平均占工作时间的54.6%，为科研做准备（包括申请项目获取经费、购置和准备材料设备、培养研究生、参加各种评审活动等）的时间占19.8%，为获得社会承认从事活动（包括学术交流、申报评奖、接受考核与评审等）的时间占8%，行政活动（包括日常管理工作、处理日常事务、参加行政和党团会议等）时间占9.2%，社会活动（包括社会讲座、接受采访/来访、参与录制节目、撰写科普文章等各种服务于社会公众的活动）时间占2.9%，其他工作时间占6.1%。总的来说，他们多半时间是在从事直接科研活动（54.6%），间接科研活动花费1/5强的时间（20.6%），其他活动时间超过了1/6（18.2%）。

交叉分析显示（图1），认为自己的科研经费非常足够的科研人员在直接科研活动上投入的时间较长，而科研经费非常不够的人员则在为科研做准备等间接科研活动的时间上更长。然而，实际科研经费与科研时间分配的交叉分析结果显示，科研经费的数额与用于直接科研活动的时间之间没有什么关联性。这似乎又表明，直接科研时间投入的多少，仅与研究人员对课题经费是否足够的判断相关。

并且，我们通过对工作时间分配和直接科研活动时间足够性的交叉分析发现，认为自己的直接科研时间足够的人员，实际上在直接科研活动上投入

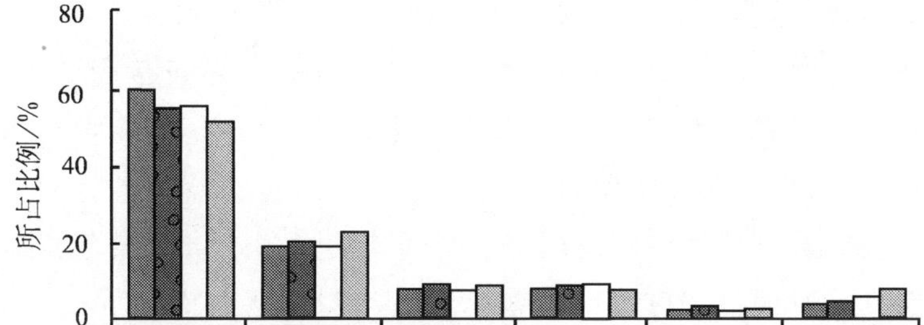

	直接科研活动	为科研做准备活动	获得社会承认的活动	行政活动	社会活动	其他工作
非常足够	59.40*	1.9	7.0	7.6	2.5	4.6
基本足够	54.8	19.6	8.6	9.4*	3.2	5.2
有些不够	55.5	18.9	7.3	9.7*	2.7	6.4
非常不够	51.1	22.4*	8.7	7.5	2.5	7.8*

图1　工作时间分配与研究经费足够性的交叉分析

*表示有显著差异，下同。

了比例更高的时间，而那些认为自己直接科研时间不够的人员，用于行政活动的时间比例更高。

（三）直接和间接科研活动时间

有1245份问卷对直接科研活动时间内的工作时间分布作了回答。统计显示，他们28.2%的时间用在实验设计与实施（包括实验、化验与测试，数据分析和总结等）上，27.3%的时间用于收集、整理和分析资料上，16.9%的时间用在论文、专利、模型的形成与修改上，14.8%的时间用在小组讨论上，9.5%的时间用在技术和产品的开发上，3.9%的时间用在其他直接科研活动上。

有1151份问卷对间接科研活动的时间分布作了回答。统计显示，首先，花费时间最多的是项目申请与管理（获取申请项目信息、搜集相关资料、填写申请表格、汇报、接受评审、公关等），占26.3%。其次是研究生培养（上课、指导学生实验和论文、开题与答辩等），占23%。最后是学术交流（14.4%）、评审活动（11.0%）及其他间接科研活动（6.1%）时间。

有1316份问卷回答了评阅论文和评审项目的数量和时间。每位被调查者平均每年评阅硕士或博士论文7.1篇，花费14天；评阅学术期刊论文

10.6 篇，花费 14.3 天；评审项目 8.2 项，花费 12.1 天。

回答申请项目、接受项目中期检查和结题检查的问卷也是 1316 份。统计发现，这些研究者平均每年花 29.9 天申请项目，花 16.4 天准备项目中期汇报检查，花 20.3 天准备项目的结题验收。

部分研究人员认为，项目程序性时间花费过多是导致直接科研时间不足的重要因素。对项目程序性时间与申请/评审/结题时间多的交叉分析显示，大学研究人员中有 32% 的人员认为课题申请花费时间过多，22.1% 的人认为项目结题花费时间过多，18.2% 的人认为中期检查花费时间过多；研究机构的研究人员中 28% 的人认为课题申请花费时间过多，18.5% 的人认为项目结题花费时间过多，14.7% 的人认为中期检查花费时间过多。

六、工作及科研时间的影响因素及评价

（一）工作环境和工作条件

1310 份问卷对自己实验室或办公室的满意程度作了回答，非常满意的占 8%，比较满意的占 58%，不太满意的占 29%，非常不满意的占 5%。这表明，目前我国科研人员从事科研活动的实验室条件大部分还是较好的。

1304 份问卷回答了对研究经费的满意度问题。4% 的人认为研究足够，39% 的人认为基本够，41% 的人认为有些不够，16% 的人认为极为不够。

1310 份问卷对利用所属机构的图书馆、数据库和网络设施获取资料的方便性作了回答。认为极方便和不太方便的均占 15%，认为较方便的占 69%，认为极不方便的只占 1%。由此可见，目前对于科学技术文献资料和信息基础设施建设，基本上能够满足我国科研活动的需要。

（二）与同行的合作

1311 份问卷回答了与多少位同行保持密切的问题。有 16% 的人员表示与 1～2 位同行保持密切联系，42% 的人表示与 3～5 位同行保持密切联系，31% 的人表示与 5～10 位同行保持密切联系，12% 的人表示与 10 位以上同行保持密切联系。这些同行中既包括国内同行也包括国外同行，联系的方式

包括经常参加同一个学术会议或者非正式讨论自己的研究进展。

1307 份问卷对寻找合作者难易程度问题给出了回答。认为寻找合作者极容易者占 8%，较容易者占 65%，较困难者占 26%，极困难者占 1%。

（三）工作投入及产出

1312 份问卷回答了工作时间长短的合适程度问题，认为工作时间长短较合适的占 48%，时间过长不合适的占 44%，时间不够不合适的占 8%。

有 1308 位被调查者对自己的工作量合适程度作了回答，有 42% 的人认为目前的工作量较合适，56% 的人认为工作量偏大不合适，只有 2% 的人认为工作量偏小不合适。

研究活动通常具有连续性，不能因下班而中断。在 1314 位被调查者中，反映经常加班的占 75%，有时加班的占 20%，偶尔加班的占 5%，几乎没有不加班的。由此可见，目前我国科研人员的工作时间还比较长。

有 1293 位被调查者对时间投入与产出成果之间作了比较。时间投入产出成果数量与研究经费足够性的交叉分析显示（图 2），自认为时间投入有些不够的人员中，觉得对于自己的研究课题来说，研究经费也比较不足。

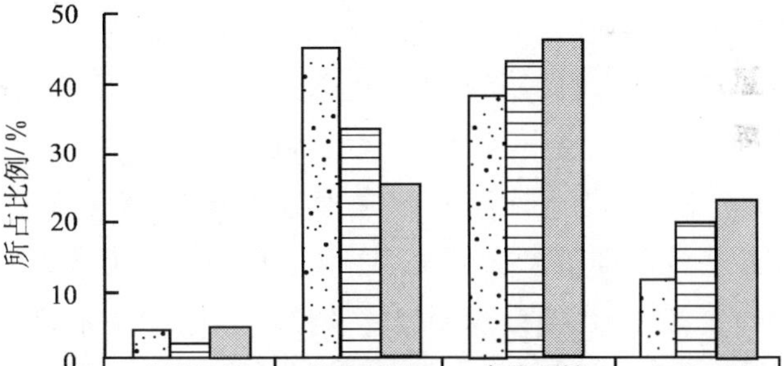

	非常足够	基本足够	有些不够	非常不够
比较相当	4	46*	38	12
成果产出有些不够	3	34*	44*	20
时间投入有些不够	5	26	47*	23*

图 2　时间投入产出成果与研究经费足够性的交叉分析

注：样本量：比较相当=607，成果产出有些不够=591，时间投入有些不够=86。

有 1307 位被调查对象评价了自己的科研工作效率。7% 的人评价自己的效率相当高，44% 的人评价自己的效率比较高，38% 的人选择了效率一般，

9%的人自我评价比较低，只有1%的人认为自己的科研工作效率非常低。

科研工作效率与研究经费足够性的交叉分析显示（图3），研究经费的充足与否与科研工作效率之间存在较强的关联性。研究经费越充足，工作效率越高。

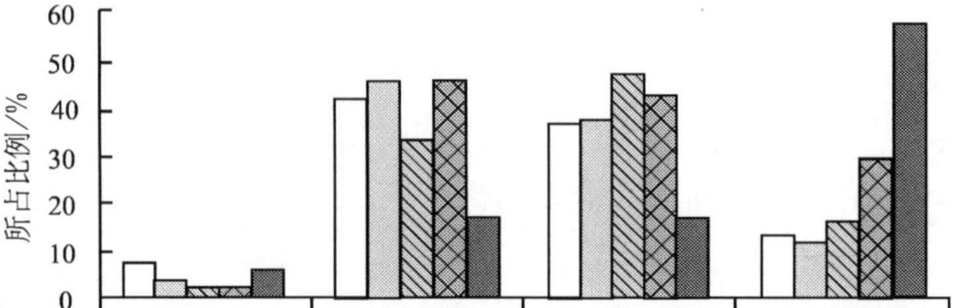

	非常足够	基本足够	有些不够	非常不够
□相当高	7	42*	37	14
▨比较高	4	46*	38	12
▧一般	3	34	47*	17
⊠比较低	3	25	43*	30*
■非常低	6	18	18	59*

图3　科研工作效率与研究经费足够性的交叉分析

注：样本量：工作效率相当高＝94，比较高＝564，一般＝498，比较低＝122，非常低＝17。

科研工作效率与工作量的交叉分析显示，如果工作量合适，科研工作效率就比较高。如果工作量不合适，不管是偏大还是偏小，科研人员自我感觉的工作效率都相对较低。

此外，觉得自己投入产出相当的人，其工作效率高的比例也比较高。而不管是投入不足还是产出不足的人员，其工作效率的自我评价也较低。

有1324位被调查者对于科研工作效率不高的原因作了选择回答。在我们给出的6个备选项中，选择最多的是时间分散（44%），其次是工作硬件条件不好（26%），其他依次是“其他相关部门配合不好”（22%）、“工作环境氛围不好”（22%）、“个人事务较多（8%）”和“技术知识更新速度”（6%）。通过座谈，我们发现，科研工作被打断，通常不是因为设备出了故障，也不是实验材料不够，主要是被各种杂事——开会、应付检查、填写报表、评奖等打断。

（四）研究项目及申请状况

对1298位被调查对象的统计显示，6%的人认为自己所属机构非常重视自己的研究方向和研究项目，54%的人认为所属机构比较重视，35%的人认为所属机构不太重视，5%的人认为所属机构很不重视。

1253份问卷回答了对于向国家和部门申请研究项目的过程和结果满意程度的问题。其中，4%非常满意，30%比较满意，31%一般满意，27%不太满意，9%极不满意。研究项目完成数、项目申请过程和结果满意度的交叉分析显示，对项目申请非常满意的科研人员在过去5年中完成的各种项目显著多于那些对项目申请不满意的科研人员。

有1324位被调查者对于申请研究项目困难的原因作了选择回答。认为原因是“有关的基金太少”的占27%，认为是“可以申请的资金渠道太少”的占41%，认为是“研究方向/申请的项目属于非共识方向”的占15%，认为是“本单位竞争力较弱”的占16%，认为是“项目评价不公”的占37%，选择“不清楚”的占16%。

（五）直接科研时间的足够与否及其原因

有1242位被调查者回答了自己直接科研时间是否够的问题，其中，觉得时间足够的占11%，基本够的占49%，有些不够的占35%，非常不够的占5%。

直接科研活动时间与研究经费足够性的交叉分析显示，研究经费越充足，被调查对象认为直接科研时间充足的比例越高；在研究经费不够的情况下，认为直接科研时间不够的比例也要高一些。

有493位认为直接科研时间不足的被调查者，选择占据太多直接科研时间的外部原因分别是：66%的人认为是“项目申请和管理”，54%的人认为是“各种评奖和考核”，46%的人认为是“教学和培养研究生”，45%的人认为是“行政活动”，16%的人认为是“社会活动”。这些选项加起来超过100%，因备选答案可多选。

这493位人士还选择了直接科研时间不够的自身原因：66%的人认为是“多重角色不可避免占用时间”，58%的人认为是“项目立项、管理和运作过程太繁复”，54%的人认为是“考核和评奖过于频繁”，24%的人认为是“工作效率有待提高”，13%的人认为是“知识更新速度太快”，5%的人认为是

“不善管理时间”，4%的人认为是“健康状况”。我们给出的这 7 个备选答案是可以多选的。

这 493 位人士对我们给出的 8 项提高直接科研时间的可能措施也作了选择。这些选项可多选。有 81% 的人选择“资金支持”，72% 的人选择“改善评价体系”，61%的人选择“简化项目程序”，49% 的人选择“精简行政活动”，48%的人选择“科研和服务部门配合”，38% 的人选择“研究人员遴选”，25%的人选择“加强时间管理”，20%的人选择“人才引进条件”。

我们在问卷中给出了可以多选的 6 项增加直接科研时间的措施，有 1324 位被调查者作了选择回答。有 51% 的人选择“给青年更多的支持”，47% 的人选择“增加项目金额”，45% 的人选择“增加科研服务”，43% 的人选择“减少统计报表”，35% 的人选择“减少鉴定报奖”，4% 的人选择“不清楚”。在开放的答案中，有人提出增加助手和研究生，有人提出减少会议、考核和事务性工作等，也有人提出管理方式和制度的改进，还有人提出良好的科研氛围，如鼓励自由探索、公正等。

（六）合适的工作时间分配

应当把多少比例的时间用于直接科研呢？在 1217 位被调查者中，认为应当拿出一半的工作时间用于直接科研的比例最高，占 31%；认为直接科研时间应占工作时间 2/5 和 4/5 的，各占 21%；认为直接科研时间应占工作时间 7/10 的有 11%；认为直接科研时间应占工作时间 3/10 的有 9%；认为 1/5及以下和 90%及以上工作时间用于直接科研的都只有 1%。可见，有近 70%的科研人员认为至少应当有一半时间用于直接科研活动。

以上是直接科研时间的情况。如果把直接科研时间和间接科研时间相加，则可以看出科学家们对于全部科研时间应占工作时间比例的看法，有 1227 份问卷反映了这一情况。在这些问卷中，希望科研时间要占工作时间的 4/5 的比例最高，为 39%；希望科研时间占工作时间的 9/10 者，是 36%；希望科研时间占工作时间的 7/10 者，是 19%；希望科研时间占工作时间的 3/5 者，是 3%；希望全部时间都用来做科研者，占 2%；希望一半及以下时间用来从事科研者，只占 1%。可见，有超过 75% 的人都希望科研时间占全部工作时间的 4/5 及以上。

七、结　　论

总结问卷调查的结果，辅之以集体座谈和个别访谈的内容，我们可以从一个侧面对我国科研人员的工作时间尤其是科研时间有一个概括性的认识。

（一）科研人员工作时间过长但直接科研时间比例不高

被调查的我国科学家中，有近 76% 的被调查者每周工作时间超过了 40 小时，有 44% 的人认为工作时间过长，超过一半的人认为工作量偏大。从绝对数字来看，这些科研人员平均每天工作 9.8 小时，每周工作 5.8 天，超过了法定工作时间。

科研人员的工作时间较多，工作量较大，有 3/4 的科研人员会经常加班。但是，在成果产出上，有近一半的人认为成果产出不够；在工作效率方面，有一半的人认为自己的科研工作效率不高。

然而，他们的平均直接科研时间仅占 50% 多，而且，有近一半的人用于直接科研活动的时间不超过工作时间的 50%，尤其是有 20% 的人只用了 30% 及以下的时间在直接科研活动上，而 60% 的人认为自己用于直接科研的时间已经足够。这反映出，大部分科研人员并没有对自己的直接科研时间状况感到不满意。

从自己认为合适的时间分配比例来看，有近 70% 的科研人员都认为应当至少有一半的时间用于直接科研活动。认为一半时间应该用于直接科研活动的比例最高。实际情况是，有将近一半的人用于直接科研活动的时间不超过工作时间的 50%。

可见，科研人员认为已经为自己的工作投入了较多的时间，但是直接科研时间还是不足，还没有取得自己满意的科研成果，对自己的科研效率还不尽满意。在被调查的科研人员被问及较合适的工作时间分配比例时，有近 70% 的人认为应当至少有一半的时间用于直接科研活动，而且调查的结果还表明，只有一半的人已经将 50% 以上的工作时间用于直接科研活动。两者相比，这中间还有差距。

既然直接科研时间实际上不多，那么为什么多数人认为已经足够了呢？

（二）科研经费不足是导致直接科研时间不足的直接原因

调查显示，时间是否足够与经费是否充足有一定关系。稳定的资金支持被认为是保证足够的直接科研时间最直接的措施。在调研和座谈中，我们常常会听到这样的呼声。因为，如果资金得不到保证，就需要经常去申请经费，这显然就需要占用较多的时间。调查数据也表明，研究经费越充足，直接科研时间相对就越多。经费够时间不够的情况并不多见，有足够的经费却没有时间来直接从事科研活动的人是最少的。

认为时间足够的人多数参与项目少。认为自己的科研时间足够的人，有近70%的人平均每年完成项目不超过1个；有近60%的人认为自己的科研时间基本够；而认为自己时间有些不够或非常不够的人中，这个比例分别是51%和40%。这就表明，对自己时间充足性的评价与完成项目数的多少成正相关。也就是说，认为自己时间足够的人多数是参与项目数量不多的人，而认为自己时间不够的人多数是参与项目数量较多的人。

从逻辑上看，没有足够多的研究经费和项目，就不需要花很多时间来做研究，因为没有经费，很多研究活动就无法进行。这样一来，也就不会出现时间不够的情况了。

我国科研项目来源过于集中（自然科学基金、国家大型计划等），竞争性太强，这些项目往往集中在少数人那里，覆盖全体科研人员的经费几乎没有。虽然国家对科研的整体投入在大幅度上升，但其覆盖面还不够大，科研人员投入直接科研活动的总体时间上升缓慢。

此外，我国科研资助的渠道还不够多。有32%的人对目前申请项目的过程和结果表示满意。25%的人不太满意，非常不满意的人为9%。只有60%的人表示能够接受目前申请项目的情况。在被问到申请困难的原因中，选择频次最高的就是“可以申请资金的渠道太少”。

（三）占用直接科研活动时间多的主要是间接科研活动

既然科研人员普遍工作时间较长，而他们从事直接科研活动的时间的比例不高，那么，这些时间他们用来做什么呢?

占用时间最多的三项活动分别是“项目申请和管理”、“应付各种考核和评奖”以及“教学和培养研究生”。这三项活动都属于我们所说的间接科研活动。这样看来，其他活动，如社会与行政活动，并不是占用直接科研时间最多的。

多数被调查对象申请和管理项目（包括申请、中期检查和结项）平均每年要花上整整一个月的时间。申请项目意味着获得研究经费，而研究经费对于科研活动来说是必需的。但是，如果花了过多的时间在项目的申请和应付检查上，甚至将这些作为重点，显然就是本末倒置了，并且，这也违背了项目设置的本意。在调查座谈中，不少科研人员反映，通常一个研究主题要去多个地方（即发放项目的地方，如科技部、自然科学基金委员会等）申请，一个大型项目的申请（包括准备活动）有时候就需要 1～2 年的时间，而刚开始进入研究不久，又要开始应付检查，检查完之后又要开始考虑结项的准备工作。于是，很多时候不是考虑如何开展研究，而是考虑如何写材料和填表，应付申请和结项。

（四）目前的科研评价体系是导致间接科研活动时间过多的主要原因

如此频繁的考核和评奖，问题又出在哪里呢？改善科研评价体系成为被选频次第二高的选项。目前的科研评价体系不够合理，导致考核和评奖过于频繁，因此占用时间过多。那么，这些不合理的现象有可能是哪些方面呢？在座谈中，不少科研人员谈到，由于很多单位都实行指标化的考核，每年都要进行至少一次，需要填写各种统计报表。

科学社会学早已发现，“对原创性的承认成为社会合法性的证明，它证明一个人已经成功地做到了对一个科学家最严格的角色要求”[4]。但是在我国，评价已经不是对独创性的社会确认，而是对于论文数目、载文刊物的影响因子、课题数目和获取经费等的片面追求了。如果一个科研人员不去申请奖励，就有可能影响他申请项目经费，如此一来，研究活动就无以为继了。将自己的研究成果集中，请专家来进行鉴定，从而得到鉴定结果，也成为很多科研人员使自己的研究工作得到认可的一种重要方式，但是，这种鉴定通常需要花费不少的时间。

考核评价体系一旦过于看重量化指标，很多人将会把这些指标作为自己科研的目标。这样在数量上也许很快得到了提高，但是研究的质量却没有得到大的提升，这样产生的大量的 SCI 论文没有引用率，基本上也很少有人读。

（五）影响科研时间投入和效率的主要是软环境

调查发现，科研人员对科研环境硬件条件、基础设施和人才储备情况基本是满意的。无论是对于实验室和办公室条件，还是对于单位图书馆、数据库和网络设施等方面，多数被调查者都选择了较好的评价。可以说，在被调查者那里，这些条件已经不是制约科研时间投入的主要不利因素了。

占用科学家直接科研时间的，主要是间接科研活动时间。究其原因，主要是“多重角色而不可避免占用时间”、“项目立项、管理和运作过程太繁复”、“考核和评奖过于频繁”等。要保证足够的直接科研时间，科研工作者需要的是“稳定的资金支持”、“改善科研评价体系”和“简化项目申请和审核程序”等。而且，在他们看来，“适当增加项目金额，减少项目数”、“减少鉴定和报奖的次数和程序”、“给青年研究人员更多的支持”、“减少各种统计报表”、“增加各种科研服务”等，都会有助于增加直接科研活动时间。这些情况表明，影响科研时间投入的软环境因素比较突出。

（**致谢**：王春法、汪前进和王扬宗三位研究员，郭世杰和罗兴波两位博士，彭冬玲女士和黄伯尧副教授参加了问卷设计和调查结果的讨论。中国科学院京区分院、兰州分院、西安分院、武汉分院、上海生命科学院、合肥分院、成都分院，北京大学，中国科学技术大学，中国地质大学，国防科学技术大学，西安交通大学，西北工业大学，西北农林科技大学，青岛海洋大学，大连理工大学，陕西师范大学，长安大学等机构，以及程国栋院士、李根群高级工程师、王大明教授、张志辉副教授、姜念云博士、孙凯处长、冯灿处长、张芹主任、王倩女士等人士对问卷的发放和回收给予了支持。谨此致谢。）

参考文献

[1] Dalton R. Researchers criticized for poor time-keeping. Nature，2007，449（7162）：512-513.

[2] 路振朝，王扬宗．二十世纪五六十年代中国科学家的科研时间问题．科学文化评论，2004，(2)：5-24.

[3] 和红，金承刚，杜本峰，等．亚健康“青睐”知识分子吗？——中国知识分子健康研究报告之二．人口研究，2005，(6)：2-11.

[4] Merton R K. Priorities in scientific discovery：a chapter in the sociology of science. American Sociological Review，1957，(6)：640.

从美国《物理评论》看学术期刊办刊方略对科学研究和人才培养的作用*

交流科研成果、引领学术研究、培养学科人才是学术期刊的主要目标，也是评价学术期刊办刊绩效的重要依据。本文以美国《物理评论》（*Physical Review*）为例，通过分析其百年办刊历史，探析学术期刊对科学研究的引领作用和对人才培养的促进作用。

1893 年，美国康奈尔大学物理系的三位教师创办了《物理评论》，这是美国第一种物理学科的专业期刊。经过大约半个世纪的发展，20 世纪 30 年代，《物理评论》成为整个物理学界最核心的刊物。时至今日，《物理评论》及其系列刊物的地位越来越高，是全世界物理学家了解物理学最前沿知识的重要媒介。

一、《物理评论》的创办与发展

19 世纪 70 年代，美国取得的科学成就比较少，既没有基础物理学的专业期刊，也没有专业物理学会，在物理学界处于边缘地位。科学的研究中心在欧洲，英国、德国和法国的科学家已经取得现代物理学的很多重要进

* 本文作者为杨睿、王大明，原题为《学术期刊办刊方略对科学研究和人才培养的作用——以美国〈物理评论〉为例》，原载《编辑学报》，2010 年第 22 卷第 6 期，第 558～561 页。

展[1]。19 世纪 90 年代，能称作物理学家的美国人大约有 200 名，其中只有 1/5 的物理学家能经常发表他们的研究成果。当时欧洲已有 6 种物理学专业期刊，分布在德国、法国、英国和意大利；但是由于研究水平落后，绝大多数美国物理学家与此无缘。

重实用、轻理论的思想，造成“纯科学”研究的落后状况，引起了美国一些物理学家的担忧，为唤起全社会对基础科学研究的重视而大声疾呼，并采取各种举措。Henry Augustus Rowland（1848～1901）等发起创立了美国第一个全国性的群众科学组织——美国科学促进会（AAAS），在其明尼苏达会议中，Henry 递交了《重视纯科学研究》的报告，他充满忧虑地写道：“美国人在物理学中取得的重要成果太少了。我此刻的心情就像农夫去田里收割，却只看见杂草。美国的科学研究水平不仅是代表美国的过去和现在，更关乎美国的未来。电话或电灯，诸如此类的发明不能代表美国的科学水平，虽然我无意轻视这些贡献……”[2]

19 世纪后期，美国高等教育界兴起了向研究型大学转型的热潮。美国虽然在经济发展上获得了巨大成功，但是学术研究以及高等教育方面却处于落后地位，因此，美国人希望在科学、教育领域能赶超欧洲国家。一大批美国教育改革家致力于创办世界一流的大学，倡导德国大学“教学自由”和“学习自由”的理念，在大学中要教学和科研并重，实施研究生教育。康奈尔大学的第一位校长是 Andrew D. White（1832～1918），早年曾留学德国接受高等教育，完全是一位古典学者，深知“纯科学”的重要性[3]。White 和其他一些大学校长鼓励教师及研究生进行学术研究并出版研究成果。随着师生们研究热情的高涨，美国有限的专业期刊越来越不能满足他们发表论文的要求。在这样的情况下，康奈尔大学物理系的三位教师在学校的支持下创办了《物理评论》。

从创刊之初，《物理评论》的编辑们就没有把期刊局限于美国物理学家发表研究成果的领地，不论是在美国基础物理研究水平处于世界边缘的时期，还是美国成为世界科学中心以后。早在刊物创办的准备阶段，有远见卓识的编辑们就开始向国内外约稿，许多物理学家给予了热情洋溢的回复，承诺会经常投稿[2]。

1893 年 7 月 1 日《物理评论》第 1 期出版，共 80 页，刊登了 5 篇文章。

1897 年 7 月以前为双月刊，后改为月刊。创刊初期，《物理评论》在物理学界影响很小，经历过各种困难：稿件缺乏，80%以上的文章来自本国，经费紧张，订阅量少。为了期刊的健康发展，也为了解决经费困难，1913 年，美国物理学会（American Physical Society，APS）接管《物理评论》。

在《物理评论》编辑的努力和国内外物理学家的支持下，《物理评论》得到平稳发展，容量不断增加。第一次世界大战期间曾经历低谷期，发稿量较少。1926 年由明尼苏达大学物理系教授 John Tate（1889～1950）出任主编后，迅速发展。到了 20 世纪 30 年代，《物理评论》成为全世界物理学界公认地位最高的期刊，声望卓著，许多欧洲物理学家每到出版时就会翘首盼望这份从北美运送过来的杂志。

1895～1914 年，全世界的物理学论文引用《物理评论》和德国的《物理学年刊》（*Annalen der Physik*，1799 年创办，是国际上历史最为悠久的物理专业学术期刊之一）上发表文章的比例是 1∶8。1931 年，《物理评论》第一次胜过了《物理学年刊》，在各种物理文献中被更多地引用，1930～1933 年，这两种期刊被引用的比例变为 3∶1[4]。

《物理评论》的容量也以同样的速度增长。康奈尔大学教授通过统计发现，从 1936 年开始，《物理评论》全年总页数翻倍的周期是 10 年。1926 年，《物理评论》全年的期刊摞在一起的厚度足有 2.7 米。15 年之后，即第二次世界大战前夕，这个厚度增加到 4.6 米，这还不包括《物理评论快报》（*Physical Review Letters*，PRL）和《美国物理学会通报》（*Bulletins of the American Physical Society*）[5]。

二、《物理评论》的办刊方略

（一）专家办刊与编辑队伍的相对稳定

《物理评论》的成功离不开那三位创刊人。他们的性格、爱好和研究领域虽然各不相同，但都是从事物理学研究的专家。

Edward L. Nichols（1854～1937）：《物理评论》创刊人中的第一位，1893～1913 年第一任主编，直到期刊由美国物理学会接管。他还在 1887～

1919 年任康奈尔大学物理系主任，1907～1909 年任 APS 主席。Nichols 著作颇丰，有一些至今还被图书馆收藏，如《电流计》、《物理学概要》、《物理及应用电子实验室手册》等。他曾经为美国的几所大学编写过物理学教材，对美国的一代物理学家产生过深远的影响。

Ernest Merritt（1865～1948）：《物理评论》创刊人中的第二位，他担任该刊编辑 20 年。从 1919 年继任康奈尔大学物理系主任，直到 1935 年退休，他在美国物理学会中服务时间长达 50 年，担任过多种职务，包括学会的秘书长和 1914～1916 年的学会主席。

Frederick Bedell（1868～1958）：《物理评论》创刊人中的第三位。期刊由美国物理学会接管后，他于 1913～1923 年任主编，为《物理评论》服务了近 30 年。Bedell 在耶鲁大学完成本科学习，1892 年在康奈尔大学获博士学位，1893 年晋升为康奈尔大学物理系副教授，1904 年成为应用电学教授。Bedell 对物理学的贡献主要在电力应用的理论和技术方面，他曾提出交流输电优于直流输电的理论，在这方面的先知先觉他甚至超过了爱迪生（Thomas Alva Edison，1847～1931）。

在《物理评论》的创办初期，这三位编辑还是期刊的主要撰稿人，除了物理学论文，还负责撰写书评、简讯以及一些纪念文章。同时，他们还是美国物理学会的发起人，可以说，他们是美国物理学发展的重要推进者[6]。

《物理评论》一直保持其引领地位，还有一个重要的原因就是编辑队伍相对稳定。比如，其子刊《物理评论快报》在办刊的 50 年（1958～2008）中，只换了 4 个主编。Sam Goudsmit（1902～1978）当了 16 年主编，直至 1974 年退休。现任主编 Jack Sandweiss（1930～　）是耶鲁大学教授，从 1987 年开始出任主编至今[7]。

（二）编辑部直接退稿与庞大的外审团队

随着科学技术的发展，从事物理及相关学科教学和科研的人数激增，大批科研成果需要发表，因此，编辑部的稿件接受量也逐年直线上升。但能正式见刊的论文数量却相对有限。比如，1987 年收稿约 500 篇，录用约 200 篇；1997 年收稿约 1000 篇，录用约 400 篇；2007 年收稿约 3500 篇，录用

1000 篇[7]。其原因，一是刊物版面有限，二是随着数量增加而稿件质量却相对有所下降。在这种情况下如何保持刊物的质量和领先性就是一个难题。

《物理评论》及《物理评论快报》的做法如下：

第一，增加编辑部退稿的数量和比例，即把质量差或者不是十分重要，不是很前沿的稿件直接由编辑部退回，因为编辑有最终的决定权。例如，《物理评论快报》编辑部，直接退稿的比例已经由 2004 年的 12%，提高到 2007 年的 24%，今后有望达到 35%。直接退稿减轻了外审专家的负担，这样也能使他们更精心地处理每一份稿件，填写最公正、客观的评审意见。

第二，聘请数量多、组成广泛的审稿专家队伍。美国物理学会的数据库里有 5 万多名审稿专家，他们不仅来自欧美，而是几乎遍及全球物理学研究比较发达的国家和地区。如《物理评论快报》的中国审稿人就超过 300 名。美国物理学会为此设立了"杰出审稿人奖"，以感谢这些默默奉献的无名英雄。

（三）重点推介"里程碑"式的论文

著名华裔管理学者徐淑英曾说过，做管理研究的作者，除了看全球顶级管理学期刊外，最重要的还要看每种期刊定期从发表的论文中评选出来的优秀（获奖）论文，那是对该论文的二次评价。她认为这些二次评选出来的论文代表了国际组织管理研究的范式和标准，有助于国内研究者从研究问题选择、研究方案设计、理论基础整合和分析方法的确定等多方面提高研究质量，以便参与国际管理学界的对话与交流。《物理评论》也是如此，在 APS 为期一年的庆祝活动中，有一项是从 1958～2000 年 PRL 所发表的文章里挑选出 50 篇"里程碑论文"，发布在"PRL 50 周年庆祝网站"上供人们免费阅读。这些里程碑式的论文包括以下 4 类[7]：第 1 类是报告重大物理学发现的文章；第 2 类是对物理学相关领域有很大的推动作用的文章；第 3 类是开创了新的研究领域的文章；第 4 类是导致不同学科的交流和促进，实现学科融合与新知识产生的文章。

这一举措，极大地提高了刊物的学术地位和学术影响力，其全球学术引领作用更加显现。

（四）广泛的国际推介活动培养潜在“作者源”

好的学术刊物离不开高质量、有影响的作者群，全球顶级期刊更需要全球推介行动的辅助。在 2008 年《物理评论快报》创刊 50 周年之际，美国物理学会在全球开展了为期一年的演讲和刊物推介活动，当时在中国的活动由 APS 所属期刊的总编辑吉恩·斯普拉尔斯负责，他率领 1984 年毕业于中国科技大学的 PRL 编辑缪凌博士等来到中国，对北京、上海、天津、合肥、武汉等地的大学和研究机构进行访问。这种全球性的演讲和访问以及相关推介活动对增进世界各国物理学界对《物理评论快报》投稿规则、稿件要求等诸多方面的了解非常有益，从另一方面说也是在培植自己的“作者源”。

三、《物理评论》对物理学研究的引领和对人才培养的促进作用

诺贝尔物理学奖从 1901 年开始第一次颁发，用以奖励在物理学领域有最重要发现和发明的人，备受世界各国关注，也是物理学界的最高奖项。学术期刊发表的成果若干年后能获得诺贝尔奖，也充分说明了刊物本身对科学研究的引领作用。1901～2000 年，物理学奖颁发了 94 届，共 162 人次（161 人），其中 67 位（68 次，巴比 2 次获奖）美国物理学家，占获奖总人数的 41.6%。第一次世界大战以前，美国仅有 1 人获奖，到第二次世界大战以前，美国的获奖人数是 7 人，低于英国和德国，第二次世界大战后，开始明显高于其他国家[8]。

笔者根据 1901～2000 年的所有美国诺贝尔物理学奖获奖者在《物理评论》上发表文章的情况进行了统计分析，得到表 1（据 SPSS 输出表整理）。

表 1　1901～2000 年美国诺贝尔物理学奖获得者在《物理评论》上发表的论文统计

参量	极差	最小值	最大值	均值	标准差
获奖年份	77	1923	2000	1973	18.91
论文数量/篇	293	3	296	63.03	52.41
首次发表文章年龄/岁	30	17	47	27.08	4.93
首次发表文章年份	93	1895	1988	1947	18.06
持续发表时间/年	60	6	66	39.98	15.76

现对表 1 作如下说明：

1）《物理评论》在美国物理学界以及全球物理学界具有重要地位，是 20 世纪物理学最重要和最权威的期刊。绝大多数美国一流的，乃至世界一流的物理学家都把《物理评论》作为自己与同行交流的重要平台。

在统计的 67 位美国获奖者中，有 64 位都曾在《物理评论》上发表过文章，占统计总人数的 95.5%，他们在《物理评论》上发表文章的人均篇数是 63 篇。获奖者在《物理评论》上发表文章的时间跨度平均是 39.98 年，时间最长的达到 66 年，可以说覆盖了几乎每位获奖者毕生的研究阶段，而且全部跨越于获奖前后，可以说得益于美国获奖者对本国的这份核心物理学期刊的保护与热爱，更应该说与《物理评论》自身水平分不开。

2）对年轻学者的悉心栽培，表现在《物理评论》对年轻的物理研究者始终给予大力扶持。获奖者们在《物理评论》上首次发表文章的年龄大多在 20～30 岁，也就是刚刚开始从事物理研究的时间。

在统计的 67 位获奖者中，首次在《物理评论》上发表文章的平均年龄是 27 岁，最年轻的仅 17 岁。在 67 位统计对象中，首次在《物理评论》上发表文章时年龄在 25 岁（含 25 岁）以下的有 25 人，占总人数的 39.1%，30 岁（含 30 岁）以下的有 58 人，占 87.5%。此外，更可贵的是，这种对青年物理学研究者的扶持贯穿了《物理评论》的发展初期和已获盛名的成熟期。

其中尤为突出的是：1965 年获奖者 Julian S. Schwinger（1918～1994），14 岁进入纽约市立学院学习，16 岁时发表了他的第一篇物理学论文，17 岁时就在《物理评论》上发表了两篇文章，一篇是《双散射下的电子极化现象》，另一篇是《中子的 β 衰变》。1983 年获奖者 Subrahmanyan Chandrasekhar（1910～1995）在印度马德拉斯大学读书期间，年仅 19 岁，在《物理评论》上发表了论文《统计理论的一般形式》。

这种做法在《物理评论》的创建早期或许还不足为奇，我们可以理解为期刊在物理学界的学术地位没有建立起来，已经成名的物理学家不会将自己的论文投给此时的《物理评论》，期刊就成了年轻人交流发言的领地；但从统计结果中我们看到，这种现象延续至今，一方面，说明《物理评论》有一支专业的审稿队伍，慧眼识人，使有思想的年轻人能脱颖而出。如果审稿人没有对物理学知识的深入了解和扎实的理论功底，是没有勇气发表在校大学生的论文的，当年还名不见经传的在校学生后来竟走在了物理学界的最前沿。另一方面，说明《物理评论》的任人唯贤的办刊理念，审稿人具有高尚的科学道德和严肃的专业精神。实际上，《物理评论》坚持执行严格的同行匿名审稿制度，不论投稿人的地位声望，只看文章的内容。《物理评论》在1936 年还曾经拒绝过爱因斯坦投来的一篇关于引力波的文章，因为这篇文章没有通过同行的匿名评审[9]。《物理评论》对所有投稿人不以个人的名气作为选稿的标准，从某种程度上也可以说成就了一批年轻人，对他们今后献身于物理学是一种极大的鼓舞[10]。

3）诺贝尔物理学奖获得者的国际分布表明世界科学中心的转移。获奖者越来越明显地集中在美国。20 世纪前 50 年，美国共有 8 人获得诺贝尔物理学奖，占获奖总人数的 15. 1%；20 世纪后 50 年，美国共有 59 人获得诺贝尔物理学奖，占获奖总人数的 55. 1%：标志着第二次世界大战后，美国成为世界科学活动的中心，也从一个侧面反映了一种优秀的学术期刊对一个国家科技昌盛的重要作用。

四、对中国学术期刊的启示

《物理评论》创办的意义远远超过了物理学知识的传播或者讨论，是美国物理学进入真正基础科学研究阶段的象征，使美国物理学在落后的状况下与外界展开对话，培养了一批优秀的物理学家[11]。《物理评论》为美国物理学从边缘地位走向中心地位起到了重要的推进作用。这给我们国内学术期刊一定的启示。

第一，坚持正确的办刊理念和价值取向，引领科学研究，为学科发展服务，培植本学科研究队伍应该成为主题。

第二，对稿不对人的编辑队伍以及勤奋公正、具有学科前瞻性眼光的外审队伍的建设是保证办刊质量的关键。

第三，对学术期刊的去行政化管理是一个大趋势，以保持刊物的科学特征。

第四，加强编辑部与本学科各方向学者的交流，加强对刊物的推介而不是坐等稿件，对于扩大稿源和提高稿件质量十分重要。

第五，快速给作者反馈评审意见，是产生良性互动的重要手段。

参考文献

[1] 卡约里．物理学史．桂林：广西师范大学出版社，2002：144.

[2] Hartman P. Amemoir on the Physical Review—A History of the First Hundred Years. New York：American Institute of Physics，1994：135-137.

[3] Westmeyer P. A History of American Education. Spring Field：Charles C. Thomas Publisher，Ltd，1985：93.

[4] 赵基明．AIP 及其活动．大学图书馆学报，1991，(3)：9-16.

[5] Stroke H H. The Physical Review—The First Hundred Years. American Institute of Physics. New York：The American Physical Society，1995：7-12.

[6] Lusting H. To advance and diffuse the know ledge of physics. Four corners section fall meeting. http：// www. aps. org/meetings [2010-07-12] .

[7] 王丹红．《物理评论快报》五十年成长记．http：//www. sciencetimes. com. cn [2010-08-10] .

[8] 郭奕玲，沈慧君．诺贝尔物理学奖一百年．上海：上海科学普及出版社，2002：299-302.

[9] Kennefic D. Einste in versus the physical review. Physics Today，2005，(9)：43-48.

[10] 刘寄星．爱因斯坦和同行审稿制度的一次冲突．物理，2005，(7)：487-490.

[11] 威尔特．最近五十年来的物理学．自然杂志，1983，(11)：822-826.

生态位理论与科技社团生态位*

随着科学技术在社会各领域的影响越来越广、越来越深，从事科学技术活动的科技工作者群体也越来越受到学者们的关注。作为联系广大科技工作者的桥梁的科技社团也因此被赋予厚望，而事实证明这种期望在理论和实践上是有根据的。时至今日，科技社团在国家的科技发展和创新中已经占据了一个很重要的地位，对整个科技活动也产生了重大影响。

一、科技社团的发展需要理论支撑

科技社团是科技工作者自愿组成，并且从事科技活动的一种群众性组织，它在学术交流与合作、科学普及与传播、科技咨询、人才培养与管理以及国际交流事务等方面正发挥着日益重要的作用，已成为科技建设中的一支重要力量。科技社团缘于学术交流，在近代科学起源时期，一些对自然界中的很多现象有着共同兴趣的人聚集在一起进行讨论和交流。他们或集中于各种形式的科学沙龙，或参加一些假日的聚餐，或畅谈于一些非正式的集会。

具有现代意义的科技社团可以追溯到近代早期，伴随着大学的诞生、文艺复兴和启蒙运动以及科学革命和工业革命的发生，科技社团经历了一次次

* 本文作者为李东升、李斌，原载《学会》，2007年第12期，第19～24页。

的兴衰发展到今天。科技社团的发展也因此引起很多学者的关注，成为他们的兴趣所在。迄今，国内外已有很多学者对科技社团的发展进行了一些较为深入的研究，着重探讨了科技社团的历史演变、发展和未来的发展趋势。比如，中国科学技术学会的杨文志认为科技社团是社会发展过程中的社会现象与文化现象[1]，是人类社会进步的客观反映，是科学技术自身发展的内在要求。在分析科技社团的发展历程后，作者指出科技社团发展呈现出组织边界的学际交叉、组织方式与活动的全球性、组织系统的开放性等时代特点。尹承恕则认为现代意义的科技社团的出现，是经济、社会、科技发展到一定历史阶段的产物，而且从社会发展的历史规律和趋势看，学术团体是只会发展而不会消失的[2]。他还提出，马斯洛的需要层次论预示了需要科技社团这种学术组织的存在。另外，关于科技社团的研究还涉及学术交流、科技创新和决策咨询等方面。然而，正如有的学者所呼吁的[3]，科技社团的发展需要理论支撑，要在继承前人的科技社团实践和理论成果基础上进行总结，使科技社团的发展更趋理性。从这个意义上看，本文既是对这种呼吁的一个回应，也是从理论方面建构科技社团功能定位的一次尝试。

二、生态位理论概述

关于“生态位”一词，很多学者从不同角度下了众多的定义。但公认的、最具代表性的是由格林内尔（Grinnell）、埃尔顿（Elton）和哈钦森(Hutchinson）三人提出的定义[4]。1917 年格林内尔使用生态位术语并首先给以定义，他指出，在同一动物区系中定居的两个种不可能具有完全相同的生态位。他把生态位定义为“恰好被一个种或一个亚种所占据的最后分布单位”。动物生态学家埃尔顿在 1927 年指出：“一个动物的生态位表明它在生物环境中的地位及其与食物和天敌的关系”[5]，他特别强调物种在群落营养关系中的角色。20 世纪 30 年代和 40 年代，关于生态位概念的研究处于相对沉寂时期。直到 50 年代后期，哈钦森从空间、资源利用等多方面考虑，对生态位概念予以数学的抽象，提出了生态位的多维超体积模式。他认为，生物在环境中受着多个而不是两个或三个资源因子的供应和限制，每个因子对该物种都有一定的适合度阈值，在所有这些阈值所限定的区域内，任何一点所构成的环境资源组合状态上，该物种均可以生存繁衍，所有这些状态组合点共同构成了该物种在该环境中的多维超体积生态位。这三种关于生态位的表述可以分别称为“空间生态位”、“功能生态位”和“多维超体积生态位”。有的学者甚至用一个相当生动的比喻把生态位说成是生物“职业”。当然，这种“职业”是有条件、有尺度制约的，脱离这个尺度，生物就会“失业”[6]。

而在国内，比较全面地介绍生态位理论和开展生态位研究工作是20世纪80年代以后的事。其中有一些学者对生态位概念进行了一些探讨，但由于数学化表述使生态位概念的生态学意义不甚明晰，或者由于对概念的高度扩展而使其在实践中难于操作。90年代之后，从事这一理论研究的人和领域逐渐增多，方法和理论也渐趋多元化。

为何一个概念会得到如此多的定义？显然一方面与这个概念本身的复杂性有关，另一方面也是由于各派在一些基本问题上没有达成共识。从历史上看，理论的发展离不开概念框架。因此要理解、发展和应用这一理论，概念的明晰性就显得非常必要。谢寿昌和张光明曾通过对生态位概念的历史进行了分析，并提出一些非常好的建议。他们认为，生态位概念混乱不清不能达成共识与概念的三个方面有很大关系[6]，即生态位到底是什么，表达生命体怎样的特征性质，也就是说生态位的本质含义是什么；当我们谈起生态位时是指谁的生态位，或者说生态位描述的主体是什么；生态位研究涉及多大范围，在哪一个生命层次中进行。总的来说，可以概括为本质问题、主体问题和尺度问题。最后他们认为，如果生态位概念及整个理论研究工作中最基本的问题不能很好解决和达成共识，那么生态位理论研究便很难取得长足进展。这也将是本文用生态位理论进行科技社团生态位考察的重要依据。

三、科技社团生态位的三个基本问题

生态位理论本是生态学中关于物种关系的普遍原理，但随着人们认识的进一步深化，这一理论现已超越了生物学范畴，渗透到了许多领域，并且就其应用性来看，已经取得了一些很有意义的成果。如今已有一些把生态位理论与大学教育[7]、企业发展[8]、科技期刊[9]等联系起来的研究，并形成了如大学生态位、企业生态位、科技生态位等新名词，这些在某种程度上可以看做是对生态位理论跨领域的扩展应用。

鉴于生态位理论在大学、公司等领域的扩张应用有了一定的成果，我们也可以尝试用该理论把对科技社团的研究也纳入这一框架之中，这样就可以把分属于科学技术活动与生态环境的两个概念联系起来。为了使这种理论分析更具可靠性和说服力，以下将从生态位理论的三个基本问题切入研究科技社团的生态位。以期通过对科技社团进行生态位的考察，进一步明确科技社团的定位，显然这既可以进一步扩展生态位理论的应用，还会由此衍生出一些很有价值的问题供以后深入探讨。

（一）科技社团生态位所描述的主体对象

从生态学角度上看，生态位在理论描述上是关于物种的，而在实际研究中的对象则是种群。因为当我们研究某一物种的生态位时，都是研究存在于某一特定群落或生态系统的物种。在任何时候，我们谈到某一物种的生态位也并不是指该物种在任何地域、任何生态系统内都具有某种相同的生态位，而一定是指它在特定尺度（如时间、空间等）下的生态位，这种放在特定尺度下进行研究的物种同样也是指种群。所以说，在实际研究生态位时其研究对象是种群，众多研究人员在全球不同尺度下研究同一物种不同种群生态位结果的集合，共同形成了该物种生态位的描述体系。

与生态学上的生态位主体特性一样，科技社团生态位的主体当然是由科技工作者的个人组成的科技社团，这里科技工作者相当于物种的个体成员，而科技社团则对应于更高一级的物种或种群。这样，我们在研究科技社团的生态位时，其对象就是研究在一个范围更广的学术系统或学术生态中的科技社团。由此可以看出，生态位总是在特定时空系统中才具有讨论的价值，笼统地说，某种机构的生态位是没有意义的，或者不能对其进行说明，或者根本不是一个问题。

（二）科技社团生态位的本质含义

前面已经提到，关于生态位的本质问题存在很多说法，而且常常因为各自的分析角度有很大差异，因而很难取得一致的见解。尽管如此，几种具有代表性的生态位模型即空间生态位、功能生态位和多维超体积生态位，还是得到了基本的认同。要问三者之中哪一个更能反映生态位的本质含义，大多数学者认同多维超体积生态位的全面性，虽然空间生态位、功能生态位也曾强调过生态位的空间属性和功能性。

如果把生态位多维超体积概念中较为抽象的含义具体化，就可以认为，研究生态位就是要研究某物种在一定层次和范围内生存发展时，需要什么条件、能够发挥什么作用即对该层次该范围内的“生态环境”有什么影响。也可以说，生态位应该是现实物种的一种属性特征，具有特有属性的物种一旦生存于特定生存环境就会表现出其独特的角色形象和活动方式及规律，而这些形象、方式及规律是应该可以加以定量描述的。

对科技社团生态位的本质而言，我们也可以说，对科技社团生态位的研究就是搞清楚科技社团在一个国家或地区乃至世界范围内的学术环境中生存发展时，需要哪些供其运行的条件（包括物资设备、资金来源、空间场所和时间等)，在这一过程中它会发挥什么作用，对整个系统会产生什么影响。这样我们就可以从生态位的理论上建立一个与科技社团这一特殊“物种”有关的科技社团生态位的多维超体积模型，通过分析这种模型中的若干要素而认识和把握科技社团的生态位。

（三）科技社团生态位的尺度问题

生态位的尺度问题，是指在谈及某一物种的生态位时，必须指出该物种在什么生命层次上、在哪里和在多大时空范围内的生态位。因为同一物种在不同的尺度下会表现出明显不同的生态位。其中生命层次上的差异，一般决定了研究生态位内容及其指标与研究手段的差异。而时空的变化也都可以从某物种生态位的相关方面找到其影响和意义。每个人在进行生态位研究时，都是在自己选定的生命层次和时空界限内实施，那么相应的研究结果也就只适用于这个特定的尺度下的生态位描述。表面上看，这样进行的生态位研究过于特殊化，其实不然，因为生态位问题说到底是一种特征描述，它必须与特定的微观条件结合起来。因此，只有进行“微观的”考察（相对而言的)，才会使其研究结果真正具有实在的价值。

应用于科技社团，我们可以从以下几个方面来确定科技社团生态位的尺度问题。首先，科技社团应该是一种介于科技工作者与学术生态之间层次上的机构。其次，从时空范围来看，科技社团时间范围可以从成立之初到某一个研究时刻，其范围可以是单学科性的或多学科性的，也可以是国家范围内的或是超越国家范围的。而具体到某一社团时，其尺度范围要进一步明确才能通过多维超体积模型进行分析说明。

综上所述，通过类比的方法我们用如下表述基本上可以阐明科技社团的生态位概念：一定学术生态环境中的某一科技人员的集合体（科技社团）在其形成、稳定、发展以至衰落、消亡过程中每个时间段上的各个方面所具有的功能地位的总和，称为该科技社团在该学术生态环境中的生态位。它既反映该科技社团在某一时期某一学术环境中所占据的空间位置，也反映该科技社团相关因素所形成的系统梯度上的位置，还反映该科技社团在学术生态的物质循环、能量流动和信息传递过程中的角色。

四、科技社团生态位的划分与重叠错位

通过对科技社团生态位三个基本方面的考察，可以看出这种生态位本质上是指在特定尺度下、在特定环境中的职能地位，包括对环境的要求和影响两个方面及其规律，科技社团的生态位是科技社团一些属性特征的表现，它反映了科技社团与学术环境的相互作用关系。科技社团生态位描述的对象既具有理论抽象意义，又具有实践操作意义。同样，科技社团的尺度问题一样不容忽视而且非常重要，离开尺度去谈生态位容易引起混乱且没有真正价值。确定了生态位的三个基本方面，接下来我们就可以在一个相对清晰的概念框架下针对科技社团生态位的不同层次作讨论分析。

（一）科技社团的位置和状态生态位

科技社团的生态位是在特定时期特定生态环境里能动地与环境及其他社团相互作用过程中所形成的相对地位与功能作用。它是联系科技社团自身生

存发展与科技社团生存环境的纽带，是体现科技社团竞争力的标志。

科技社团的位置和状态生态位是生态位原理的本质要求，其内涵是指科技社团在国家学术生态大环境下和社会大系统中所处的位置和状态。整个科技社团系统在整个社会系统中的生态位是跨边际的，在物质、能量和信息的分配上存在着竞争排斥，即在一定总量可利用的资源前提下，各个社团系统的资源量的输入会有竞争排斥，彼此之间应有恰当的比例；而且在其不同层次系统内部也存在着竞争排斥，即科技社团系统的子系统和亚系统之间也有竞争，例如，各社团之间（包括同类社团、同一层次的社团之间）、各类社团群体之间、各个专业社团体系之间等都会有竞争。竞争是生态位存在的本质体现，通过竞争可以改变科技社团的恒稳结构，使科技社团总处于一个相对开放的环境下，这样有利于信息、物质和能量的交流，有利于促进科技社团的发展。

在科技社团系统的子系统内部，各个群体之间（包括管理主体），由于所处的生态位尺度问题会发生重叠现象，因而彼此之间也有竞争，比如，各个科技社团的子系统之间、科技社团内部之间都会有竞争。竞争是处于同一生态位或相似生态位的群体之间发生的。处于不同生态位的群体由于面临的问题不同、隶属关系不同、经费渠道不同、具体功能不同，因而一般情况下不会发生竞争，如科技社团与宗教艺术社团之间就不会或很少有竞争。此外，处于同一生态位的科技社团之间，由于所处的层次相同，面临的问题相同，在一些关键的时刻，竞争尤为激烈。比如，科技社团中的个体成员都力争上游，把自己的水平和潜力充分发挥出来，争取在学术、职称、职务上能胜过竞争对手。同一生态位下的竞争，有其积极意义，它体现主动进取、不甘落后的精神，能起到鼓舞斗志、催人奋进的作用和效果，从总体上起了促进作用。不过“竞争”和“排斥”也有其消极影响，常常产生内耗。作为科技社团的主体，应该兼具思想和理智，需要进行自我调控和自我约束，不能滋长损人利己的排他思想，因为它是违背社会主义道德规范的，这是规范学术生态因子时所要限制和杜绝的。

（二）科技社团的理论和价值生态位

如果说位置和状态的生态位是生态位原理的具体表现，那么，理论和价值的生态位则是生态位原理的抽象表现。其内涵是指科技社团主体的理论素养和价值取向在科技社团管理和改革发展中的地位和作用。在我国现行的管理体制中，科技社团的管理主体充当着决定社团发展前途的角色，从一定程度上讲，管理主体的理论和价值代表着科技社团建设和发展的关键因素。另外，科技社团的管理主体承担着组织管理各种力量、高质量地推进社团管理的重任。具体来说，就是根据科技社团管理的客观实际和客观规律的要求，不断调整和完善科技社团管理的社会属性中不适应经济和学术发展要求的部分；改革自然属性中不适合时代要求的部分，使两种属性实现统一。要力求研究和探索具有国家特色的、不同地区、不同类型科技社团管理的目标、组织、内容、职能、方法和决策等内在规律，改革和完善科技社团的管理体制、管理思想和管理手段，充分发挥科技社团的社会效益、教育效益和经济效益。这些应该成为科技社团在社会经济发展过程中的价值定位，也就是理论和价值的生态位，它不应该是短视和急功近利的，应该是一个包含促进人的全面发展、加强学术的自由交流和整合学术的生态功能的整体价值定位。

（三）科技社团生态位的重叠错位

从整个社会大系统来看，科技社团应属于文化领域，确切地说属于科技文化领域，尽管它必然与政治领域、经济领域以及其他领域会有很多关联。尤其在经济利益先行原则的普遍影响下，使得科技社团的生态位发生异化，造成与其他领域发生重叠和错位现象。科技社团如过分考虑自身的经济利益而放弃自己的独立性，原有的生态位发生将漂移。

为此，科技社团应该以学术化作为其区别于其他社团的一种重要特征，同时将科技社团作为一种文化定位，为先进文化的普及服务。这样就要求科技社团必须做到立人先立己，以学术为先，志于为道，保持自己作为一个文化机构的本性。然而，在“以经济建设为中心”的今天，很多科技社团被束缚于一些经济目标和任务，其文化和学术作用并未得到充分的发挥。

总之，科技社团的定位是构建科技社团能力的必要步骤和重要依据，如何进行正确定位已成为当前科技社团面临的亟待解决的问题。只有理清科技社团与其他群体的关系，才能真正体现它自身存在的价值。凡有发展意图的社会组织，其有效管理行为均起始于准确的组织功能定位。没有准确的组织功能定位，就不可能有准确的发展思路、方向、目标和相应的措施，其发展和管理往往陷入盲目和混乱之中。科技社团是一种较为复杂的社会组织，能否准确定位，是科技社团生存和发展的关键，更是取得何种成果的关键。

五、科技社团的功能表现及变化

科技社团是社会中介组织的重要组成部分，其功能从最初的研究与调控并行，转变为以促进交流、发行社团刊物、对社团内外环境的评价并给予社团内学会一定资助为主，这是一个功能逐步外化的过程，这一点也可以从西方国家的典型学术生态的历史发展中得到验证。需要强调的是，科技社团不是一个由上到下、层次分明的单位，而是一个低约束、自由结合的学术共同体，它的成员是具有多种背景的。

科技社团生态位由环境状况、自身状况、环境对科技社团的影响以及科技社团对环境的作用共同决定。其中，环境状况和环境对科技社团的影响是科技社团主体所在的生态系统。简而言之，科技社团的生态位是由科技社团外部生态因子和内部自身因子共同决定的。由于它的生态位发生了重大转变，所以其在科技系统中的角色也发生了很大的变化。

从西方国家来看，最初的科技社团是一些有着共同兴趣、利用类似方法工作的一些人通过正式和非正式的场所进行交流的组织。因此，它的主要功能在于为有共同志趣的社会成员提供聚集的场所和渠道。比如，17 世纪英国皇家学会的建立就是为会员之间或学会与国外之间的科学交流提供方便，而并没有一些固定的有薪职位负责学会事务。然而，随着科技社团的重要性逐渐被政府认识，相当一部分政府职能慢慢地被科技社团承担起来。比如，重大科技政策和学科发展、行业发展政策的决策研究和论证；科技规划、科技项目、工程项目的评审和论证；技术引进、技术改造、技术事故、技术争议的评估和仲裁；技术标准和规程的制定；关键技术、共性技术、前沿技术的开发和成果鉴定；突破和消除国外技术壁垒的科技咨询；科技工作者的技术职称认证和培训等。

从我国的情况来看，据统计，已在国家民政部门登记的科技社团大多是由自然科学工作者、工程技术人员自愿组织起来的法人组织，它是联系广大科技工作者的桥梁和纽带，其基本功能是组织学术交流、促进学科发展与传播科学知识、推动科技成果的开发和转化、促进全社会的科技进步，发挥了政府、企业和其他机构不能替代的作用。但是，由于长期受计划经济体制的影响，上述职能基本上都分属各相关的政府部门。不过这种情况也在发生改变，随着经济体制的不断完善和政府职能的转变，科技社团组织已开始逐渐承接部分政府职能。如深圳市于 2001 年授权社会中介机构负责科技成果鉴定[10]，打破了我国数十年由政府科技行政主管部门进行科技成果鉴定的常规，为我国科技成果鉴定改革做了有益的探索。2002 年 9 月 1 日实施的《医疗事故处理条例》规定，医疗事故技术鉴定工作必须由相应的学术团体来负责，这更是科技社团回归的表现。自从成都市医学会承担医疗事故鉴定工作以来，建立了 860 多人的专家库，承担了 103 例医疗事故鉴定，得到了广大群众和政府有关部门的高度评价。通过这些例子我们可以看出，政府的部分职能向社会中介机构转移，一方面可以减轻政府的负担；另一方面又可以更加充分地发挥专业学术团体的智力优势，更好地体现公开、公平、公正的原则，更好地维护广大人民群众的利益。

结合国内外科技社团的功能变化，我们可以得出这样的结论：积极争取将原来分属各政府行政部门的有关职能交由相关学会、协会来承担，充分体现和发挥科技社团的生态位功能，是促进科技社团良性发展、发挥科技社团作用，让科技社团回归到自己的生态位上的重要举措。鉴于此，可以让科技社团在以下几个方面发挥作用：①专业技术职称评定与管理；②重大科技政策和学科发展、行业发展政策的决策研究和论证；③科技规划、科技项目、工程项目的评审、论证；④技术引进、技术改造、技术事故和技术争议的评估仲裁；⑤技术标准和规程的制定；⑥关键技术和前沿技术的开发及成果鉴定；⑦科技决策咨询；⑧科技工作者的教育培训等。同时，应进一步规范科技社团的管理，建立和完善不同科技门类的专家库，加强科技社团的能力建设，为承接政府转移的部分职能做好准备。

六、结　　语

根据生态位理论，可以看出生态位具有特有属性、一定的层次性、时空特性、可调性，同时还具有相对稳定性和可测量性。生态位的基础概念一旦明确统一，生态位理论便会很快进一步丰富和成熟起来。在此基础上，这种理论原理和方法就可以应用到更多的学科中。当生态位理论同相关学科的具体实践结合起来时，它会更为有效、更为准确地帮助我们认识生态位主体在功能与价值等方面的定位。

鉴于此，科技社团要发挥其内在的功能，必须明确地界定其生态位。因为根据生态位理论，生态位是独占的而不是共享的，生态系统处于平衡状态时，各个物种的生态位原则上不重合。如果出现重合现象，必然会带来整个系统的不稳定，也必定会通过某种竞争来削减生态位的重叠与错位，直到重新回到平衡状态为止。由此可以看出，科技社团生态位的确定与学术生态环境的稳定与否是相关的，换句话说，正确地界定科技社团的生态位可以为学术系统营造一个良好的、健康有序的学术生态环境。当前，我国正处于科学技术发展的一个重要历史时期，作为联系科技工作者的重要渠道的科技社团组织，应该而且也能够发挥这一优势和特点，在科技发展的关键时期作出更大贡献。正如2006年中国科学技术协会冯长根书记所指出的[11]，各级科技社团组织“作为科技工作者的群众组织和国家推动科学技术事业发展的重要力量，一定要认真履行党和政府联系科技工作者的桥梁和纽带职责，努力提高科学共同体内各成员自主创新的能力，推进科技进步”。

参考文献

[1] 杨文志．解析科技社团的发展历程．学会，2005，(3)：14-16.

[2] 尹承恕．科技社团的由来、发展和前景．科协论坛，2004，19 (12)：22-25.

[3] 杨文志．科技社团发展需要理论支撑．科协论坛，2005，20 (11)：1.

[4] Leibold M A. The niche concept revisited：mechanistic models and community context. Ecology，1995，76 (5)：1371-1382.

[5] 赵惠勋．群体生态学．哈尔滨：东北林业大学出版社，1990：13-28.

［6］张光明，谢寿昌．生态位概念演变与展望．生态学杂志，1997，16（6）：46-51.
［7］纪秋颖，林健．生态位理论在大学定位中的应用．高等工程教育研究，2006，（3）：45-47.
［8］闫安，达庆利．企业生态位及其能动性选择研究．东南大学学报（哲学社会科学版），2005，（1）：62-66.
［9］刘玉清．科技期刊的生态位与差异化生存之道．编辑学报，2005，（6）：167-168.
［10］佚名．在政府职能转变中应注意发挥科技社团组织的作用．http：//www.dstm.net.cn/szkj/doc/zxlh/html/html9.htm［2008-07-14］.
［11］冯长根．科技社团要提高主体意识加强科技创新．学会，2006，（10）：30-31.

主题索引

作者简介*

陈雅莲，中国科学院研究生院哲学硕士，研究方向为科技哲学。

胡新和，中国社会科学院研究生院哲学博士，中国科学院大学人文学院教授、博士研究生导师，《自然辩证法通讯》主编，研究方向为科学哲学、科技与社会。

黄小茹，北京大学哲学博士，中国科学院科技政策与管理科学研究所副研究员，在任定成教授指导下获博士学位，研究方向为中国近现代科技史、科技伦理、科技政策。

黄艳红，北京大学哲学博士，中国社会科学院马克思主义研究院副研究员，在任定成教授指导下获得博士学位，研究方向为中国传统科学、生命文化资源、科学无神论、科学与社会。

李斌，中国科学院研究生院哲学博士，中国科学院大学人文学院讲师，《自然辩证法通讯》主编助理，科学哲学与科学社会学系主任助理，研究方向为科学技术史。

---

* 以姓氏拼音为序。

李东升，中国科学院研究生院哲学博士，南宁市社会科学院副研究员，研究方向为科学技术史、科技战略。

李彤宇，中国科学院研究生院哲学博士，内蒙古自治区党校副教授，研究方向为科技哲学、科学文化。

李志红，中国人民大学哲学博士，中国科学院大学人文学院副教授、硕士生导师，研究方向为科技哲学、科技政策。

彭静，中国科学院研究生院哲学硕士，中国科学院大学教务处干部，研究方向为科技与社会。

任定成，北京大学哲学博士，中国科学院大学人文学院教授、博士研究生导师、执行院长，北京大学博士生导师，研究方向为中国传统科学、生命文化资源、科学方法论、公众理解科学。

孙峰，中国科学院研究生院哲学硕士，北京和君咨询有限公司合伙人，研究方向为科技哲学。

王大明，中国科学技术大学理学硕士，中国科学院大学人文学院教授，《自然辩证法通讯》编辑部主任，研究方向为科学技术哲学、科学技术史、科技传播。

肖芳，中国科学院研究生院哲学博士，中国气象局发展研究中心副研究员，研究方向为科学技术与社会。

肖显静，中国人民大学哲学博士，中国科学院大学人文学院教授、博士研究生导师、科学哲学与科学社会学系主任，研究方向为科学哲学、科学技术论。

杨睿，西北大学理学博士，西安文理学院物理系讲师，在王大明教授指导下获博士学位，研究方向为物理学史。

袁海军，北京大学哲学博士，内蒙古大学哲学系教授，在任定成教授指导下获博士学位，研究方向为科学知识社会学。

郑丹，北京大学哲学博士，中共中央宣传部政策法规研究室干部，在龚育之教授和任定成教授指导下获得博士学位，研究方向为科学与意识形态、科学社会学。

祝贺，北京大学法学学士，伦敦政治经济学院政治社会学硕士，《中国科技教育》杂志主编，任定成教授合作者。